심리학 13th Edition

능동적 모듈학습

Psychology: Modules for Active Learning,
13th Edition

Dennis Coon,
John O. Mitterer

Psychology: Modules for Active Learning, 13th Edition by Dennis Coon, John O. Mitterer
ISBN: 9781285739281

ISBN-13: 978-89-6218-461-7

Cengage Learning Korea Ltd.
14F YTN Newsquare 76 Sangamsan-ro
Mapo-gu Seoul 03926 Korea
Tel: (82) 2 330 7000
Fax: (82) 2 330 7001

Cengage Learning is a leading provider of customized learning solutions with office locations around the globe, including Singapore, the United Kingdom, Australia, Mexico, Brazil, and Japan. Locate your local office at: **www.cengage.com**

Cengage Learning products are represented in Canada by Nelson Education, Ltd.

To learn more about Cengage Learning Solutions, visit **www.cengageasia.com**

Printed in Korea
Print Number: 01 Print Year: 2019

PSYCHOLOGY
Modules for Active Learning

Dennis Coon
John O. Mitterer

심리학
능동적 모듈학습

곽호완, 고재홍, 김문수, 남종호, 박소현, 박창호,
배대석, 이광오, 이영순, 이재식, 이종선, 장문선,
장현갑, 천성문 옮김

Andover • Melbourne • Mexico City • Stamford, CT • Toronto • Hong Kong • New Delhi • Seoul • Singapore • Tokyo

옮긴이 소개

곽호완 경북대학교 심리학과 교수
고재홍 경남대학교 심리학과 교수
김문수 전남대학교 심리학과 교수
남종호 가톨릭대학교 심리학과 교수
박소현 서울대학교 심리학과 석사 수료, 전문 번역가
박창호 전북대학교 심리학과 교수
배대석 영남대학교 의료원, 임상심리전문가
이광오 영남대학교 심리학과 교수
이영순 전북대학교 심리학과 교수
이재식 부산대학교 심리학과 교수
이종선 강원대학교 심리학과 교수
장문선 경북대학교 심리학과 교수
장현갑 영남대학교 심리학과 명예교수
천성문 부경대학교 평생교육상담학과 교수

심리학 능동적 모듈학습 -제13판-

Psychology: Modules for Active Learning, 13th edition

제13판 1쇄 인쇄 | 2019년 2월 21일
제13판 1쇄 발행 | 2019년 2월 28일

지은이 | Dennis Coon, John O. Mitterer
옮긴이 | 곽호완, 고재홍, 김문수, 남종호, 박소현, 박창호, 배대석,
이광오, 이영순, 이재식, 이종선, 장문선, 장현갑, 천성문
발행인 | 송성헌
발행처 | 센게이지러닝코리아㈜
등록번호 | 제313-2007-000074호(2007.3.19.)
이메일 | asia.infokorea@cengage.com
홈페이지 | www.cengage.co.kr

ISBN-13: 978-89-6218-461-7

공급처 | ㈜학지사
주 소 | 서울시 마포구 양화로15길 20 마인드월드빌딩 5층
도서안내 및 주문 | Tel 02) 330-5114 Fax 02) 324-2345
홈페이지 | www.hakjisa.co.kr

정가 33,000원

역자 서문

본 역자가 쿤과 미터러의 『심리학: 능동적 모듈학습』을 처음 접하고 느낀 것은 이 책의 구성이 독특하다는 것이었다. 통상 10여 개의 챕터로 구성된 시중의 심리학 개론 책들과는 다르게 대략 80여 개에 이르는 모듈들로 구성되어 각 모듈은 좀 더 세밀한 주제들을 포함하고 있었다. 다시 말해서 통상 하나의 챕터는 대략 5개 정도의 모듈들로 확장되어 있었다. 이것을 보고 처음에는 내용이 너무 산만하지 않을까 걱정이 되기도 했지만, 이러한 독특한 구성이 장점도 있을 거라는 생각이 들었다.

우선 통상의 챕터 구성은 각 챕터가 수십 쪽에 이르고 그 내용 전체를 읽어 보기 전에 전반적인 내용이나 특정 주제에 대한 내용을 확인하기 곤란한 반면에 각 모듈은 대략 10쪽 이내로서 비교적 짧은 시간에 하나의 모듈을 소화하기 쉽게 보였고, 각 모듈 자체도 좀 더 세부적인 주제를 다루고 있기 때문에 필요한 정보를 좀 더 쉽게 확인할 수 있다.

더욱이 각 모듈은 그 단원성(modularity) 자체가 뜻하는 바대로 서로 독립적으로 구성되어 있어서 이전의 모듈을 다 섭렵하지 않고서도 특정 모듈로 건너뛰어 읽기가 가능하다는 점이다. 이러한 여러 가지 특징 때문에 대학에서 심리학을 가르치는 교수들에게도 특정 모듈의 구성으로 제한된 강의시간을 배분하거나 토론과 발표 수업을 운영하기가 쉬워지는 장점이 있다. 부가하여 각 모듈의 말미에 요약과 지식 쌓기(암기, 비판적 사고, 반영, 자기반영) 등의 교재내용에 대한 훈습과정이 포함되어 있어서 능동적 학습을 촉진하는 측면도 눈여겨볼 만하다.

심리학은 인간에 관한 여러 연구, 관찰, 이론들을 배우는 것으로 끝나는 것이 아니다. 그 내용들을 능동적으로 재구성하여 그 내용들이 서로 어떻게 연관되며, 우리의 일상생활과 개개인의 마음을 어떻게 이해할 수 있는가를 생각하여야 비로소 진정한 심리학을 공부하는 것이 된다.

한 가지 아쉬운 점은 책의 분량과 역자진 구성의 고려 등으로 인해 몇몇 모듈들이 최종 번역에서 제외된 점이다(의식, 동기와 정서, 인간의 성). 추후 개정판이 나온다면 이 부분을 보완할 계획이다. 끝으로, 본 역서의 출판과 편집을 도와주신 센게이지러닝의 권오영, 황은교 선생님에게 감사드리며, 교정 작업을 도와준 경북대 심리학과 지각신경심리 실험실 식구들에게도 감사를 표한다.

2019년 2월

역자 대표 곽호완

머리말

학생에게–심리학 공부로의 초대

우리는 여러분이 심리학이라는 분야와 인간 행동에 대한 끊임없는 이해를 탐험하는 동안 여러분의 가이드가 되길 바란다. 사실 우리는 여러분에 대해서, 여러분을 위해서, 그리고 여러분에게 이 책을 썼다. 우리가 그러하였듯이 여러분도 배우는 것이 친숙하고, 특이하고, 놀랍고, 도전적이라는 것을 발견하게 되길 바란다.

심리학을 읽는 것

이 책에서 우리는 여러분이 이 책을 즐겁게 읽을 수 있도록 우리가 상상할 수 있는 모든 일을 다 했다. 우리는 여러분이 심리학으로의 첫 여행에 꽤 흥미를 가지고 여러분의 일상에 아주 유용하다는 사실을 발견할 수 있을 것이라 믿는다. 각 모듈은 여러분을 성격, 이상행동, 기억, 의식, 그리고 인간발달과 같이 서로 다른 심리학의 세계로 안내할 것이다. 각 세계에는 여러 경로와 명소가 있으며 흥미로운 우회로도 발견할 수 있어 복잡하고 매혹적이다. 발견을 위한 다른 여행처럼, 심리학으로의 탐험은 자신과 타인, 자신을 둘러싼 세계를 더 잘 이해할 수 있게 도와준다. 이것은 확실히 가치가 있는 여행이다.

심리학을 공부하는 것

우리 중 누구도 사용법을 읽으며 새로운 모험을 시작하는 것을 좋아하지 않는다. 우리는 비행기에서 내리자마자 휴가를 시작하고, 바로 새로운 컴퓨터 게임을 하거나 새로 산 카메라나 스마트폰을 사용하기를 원한다. 이처럼 여러분도 이 교과서를 곧바로 읽기 시작하고 싶어 할 것이다. 제발 참아 달라. 성공적으로 심리학을 배우는 것은 어떻게 이 책을 읽는지와 더불어 여러분이 어떻게 공부하는지에 달려 있다.

심리학은 우리 각각에 대한 것이다. 심리학은 "우리가 어떻게 살고, 생각하고, 느끼고, 행동하는지에 대해 우리 스스로가 한 발짝 물러나 객관적으로 볼 수 있도록 할 수 있을까?"와 같은 질문처럼 반영적 태도를 요구한다. 심리학자들은 주의 깊은 사고와 관찰, 질의를 거쳐 답이 나온다고 믿는다. 보이는 것처럼 간단하게, 깊은 반영적 사고 과정이 성장할 기회를 준다. 이 과정이 뒤에 따라올 모든 것의 지침이 된다. 이 책은 단지 수동적인 읽기가 아닌 능동적인 학습에서 모험을 위한 여권이 될 것이다.

좋은 출발을 할 수 있도록 돕기 위해서, 이 책은 간결한 사용법인 모듈 1: "심리학 공부 방법"으로 시작한다. 여기에서 우리는 여러분이 이 책 전체나 심리학 수업과 다른 수업에도 사용할 수 있게 반영적인 SQ4R 방법과 같은 다양한 기술을 설명한다.

강사에게–심리학 강의로의 초대

여러분의 학생들과 강의를 위해 이 책을 선택한 것에 감사드린다. 마르셀 프루스트는 "발견을 위한 진짜 탐험은 새로운 대륙을 발견하는 것이 아니라 새로운 눈을 가지는 것이다."라고 말했다. 이런 정신을 이어서 우리는 이 책을 단지 인간행동에 대한 흥미를 불러일으키기 위해서뿐만 아니라 심리학자들의 관점을 평가하기 위해 집필하였다.

모듈 1: "심리학 공부 방법"에서 학생들에게 지적하듯이 경험하는 것과 경험을 반영하는 것에는 큰 차이가 있다(Norman, 1994). John Dewey(1910)에게 반영적 사고는 "사고를 지지하는 근거에 대한 어떤 믿음이나 지식의 가정된 형태에 대한 능동적이고 지속적이며 신중한 사고이다. 그리고 추후의 결론으로 이끌어 내어 주는 것"이다. 물론 심리학자들의 관점도 다양한 방식으로 인간행동을 반영하는 것을 포함한다. 심리학을 공부할 때, 반영적 인지는 여러분이 방금 읽은 것에 대해 능동적으로 사고하는 것을 요구하며 이것은 더 깊은 이해와 기억을 낳는다. 모듈 1 보는 것을 고려해 보라. 모듈 1은 어떻게 더 반영적인 학생이 되는지 자세히 설명해 주고 어떻게 이 책을 최대한 활용할 수 있는지 개요를 보여 주기 때문이다. 가능하다면 우리는 여러분이 학생들에게 그것을 읽어 오게끔 하도록 장려한다.

이 책 전반에 걸쳐서, 우리는 제시될 수 있는 많은 주제들 중에서 오직 최고의 것들을 선택하려고 노력하였다. 그럼에도 불구하고 이 책은 심리학 그 자체만이 아니라 심리학의 실제적 응용, 증가하는 신경과학의 중요성, 그리고 인간 다양성의 풍부함에 초점을 둔 최신의 지식도 다루고 있다. 새로운 정보, 일화, 관점 그리고 묘사들이 이 책 전반에 걸쳐 등장한다. 읽기 쉽고, 다루기 쉬우며, 유익하고, 동기를 부여하는 간결한 책이다. 동시에, 우리는 학생들이 효과적으로 학습하는 기술과 더 나은 비판적 사상가가 되는 기술을 통합하는 데 도움이 되도록 이 책을 구조화하였다. 이러한 기술들 없이는 학생들에게 Jerome Bruner(1973)가 말한 것처럼 "주어진 정보를 넘어서는" 일이 쉽지 않을 것이다.

가르치는 것에 대한 도전

만약 학생들이 심리학을 탐구하기 위한 높은 동기를 가지고 있고 우리가 그들에게 만들어 준 학습에 대한 도전과제들에 대응하기 위해 잘 준비해서 수업에 들어온다면 좋지 않을까? 이 책의 저자로서, 우리는 모두 합쳐 60년간 수십만 명의 대학생들을 가르친 경험이 있다. 우리는 대부분의 학생들이 일반적으로 좋은 의도를 가지고 있음을 알았지만, 우리 현대사회가 그들을 일, 직업, 가족, 이성 관계, 대중문화, 그리고 일반적인 삶에 몰두하게 한다. 우리는 항상 학생들의 제한된 주의력과 경쟁해야 하기 때문에 단지 심리학 수업을 하는 것을 넘어 더 노력해야 한다. 또한 우리는 학생들에게 읽고 배우기 위한 동기를 부여해야 할 뿐만 아니라 어떻게 효과적으로 배울 수 있는지에 대해 그들을 교육해야 한다 (Matthew & Sternberg, 2009; Paternoster & Pogarsky, 2009).

우리는 심리학 분야에의 더 깊은 학생 참여, 읽고 공부한 것에 대한 더 나은 기억, 어떻게 더 반영적인 학습자와 사상가가 되는지에 대한 깊은 이해를 촉진시키기 위해 이 책을 명쾌하게 디자인하고 집필하였다. 여러분과 여러분의 학생들이 이런 목표를 이루는 것을 돕기 위해 우리는 약 4개의 핵심 원리를 포괄하는 디자인 철학을 조직했다.

1. 융통성 있는 모듈 조직

수년 동안 많은 강사들이 우리에게 더 융통성 있게 사용할 수 있는 교과서를 만들어 달라고 부탁해 왔다. 그에 대한 답으로, 우리는 이 책을 집필했다. 맨 먼저, 이 책은 심리학에서 필요한 모든 것이 갖춰진 첫 번째 과정이다. 여러분에게 더 짧고 더 간결한 독립적인 모듈들이나 전형적인 챕터별 조직이 편할 수 있지만, 이 책은 여러분에게 어떤 효과를 가져다줄 수 있다. 이 책은 여러분이 수업을 위한 주제를 정할 수 있게 13개 중요한 모듈 모음(이것을 각 챕터들이라고 생각하라)으로 구성되어 있다. 각각의 모듈이 이에 상응하는 챕터 부분보다 더 독립적으로 작성되었기 때문에, 모듈을 생략하거나 모듈 모음의 순서를 재구성할 수 있다. 물론 만약 여러분이 학생들에게 모든 모듈 모음을 순서대로 읽게 할 의도를 가진다면 모듈들은 더 전형적인 방식인 챕터의 섹션별 형식처럼 흐름을 만들어 낼 수도 있다.

이 책에서 각 모듈은 요약과 "지식 쌓기"라고 하는 형식으로 끝난다. 이 작은 학습 가이드는 학생들이 스스로 질문할 수 있게 하고 관련된 개념들을 자신의 경험으로 만들고 배운 지식에 대해 더 비판적으로 사고할 수 있게 한다.

2. 읽기 쉽고, 풀어서 쓴 강조문

심리학 개론을 듣는 많은 학생들은 마지못해 책을 읽는다. 교과서를 골랐다는 것은 성공적인 수업을 위한 전투의 절반을 해낸 것이다. 좋은 교과서는 학생에게 많은 정보를 전달하는 일을 한다. 이는 토론, 추가적인 주제들, 혹은 미디어 발표로 수업을 자유롭게 한다. 또한 학생들은 더 많은 질문을 할 것이다. 책이 학생들을 압도하거나 흥미를 잃게 하면 가르치는 사람과 배우는 사람 둘 다 고통받게 된다. 만약 학생들이 교과서를 읽지 않는다면 읽은 것에 대해 반영적으로 생각할 수 없다.

그래서 우리는 명백하고, 읽기 쉽고 매력적인 교과서를 만들기 위해 열심히 노력했다. 이 책은 학생들이 세부적인 내용에 파묻히지 않고도 중요한 개념을 파악할 수 있게 디자인되었다. 동시에 심리학적 유산들의 풍부한 생각을 반영하는 폭넓은 개관을 제공한다. 우리는 학생들이 이 책이 유익하고 지적으로 고무적이라는 사실을 찾을 수 있을 것이라 생각한다.

우리는 학생들이 단순한 의무감이 아니라 대단한 흥미와 열정을 가지고 책을 읽기를 원하기 때문에 책 전반에 서술적 맥락을 짜기 위해 노력했다. 모든 사람들은 좋은 이야기를 사랑한다. 그리고 심리학적 이야기는 주목하지 않을 수 없는 이야기다. 이 책 전반에 걸쳐, 우리는 독서를 장려하고 흥미를 유지시키기 위해 흥미로운 일화와 예제를 사용하였다.

실제적 응용 학생들에게 심리학을 좀 더 흥미롭게 만들기 위해 우리는 심리학이 일상생활에서 실용적인 문제와 관련되는 많은 방식을 강조했다. 예를 들어, 이 책의 주요 특징은 책 전반에 걸쳐 배치된 "행동하는 심리학" 모듈이다. 매우 흥미로운 이 논의는 이론과 실제적 응용 사이에 다리가 되어 준다. 학생들이 "이것이 나에게 의미가 있나요? 내가 이것을 사용할 수 있을지, 만약 아니라면 내가 이것을 왜 배워야 하나요?"라고 묻는 것이 꽤 타당하다고 믿는다. 행동하는 심리학 모듈은 학생들에게 어떻게 실용적인 문제를 해결하고 자신의 행동을 다룰 수 있는지 보여 준다. 이것은 그들이 새로운 아이디어를 적용하는 이점을 보고 삶에 심리학적 개념을 적용하게 한다.

3. 능동적 학습을 위한 통합적 지원

교과서를 읽는 것보다 공부하는 것이 심리학자 Donald Norman (1993)이 *반영적*이라고 부른 능동적인 인지적 관여를 요구한다. 그의 최근 저서 『빠르고 느리게 생각하기(Thinking, Fast and Slow)』에서 Daniel Kahneman은 이것을 "시스템 2 사고"라고 묘사했다(Kahneman, 2011). 교과서를 읽을 때 반영적으로 되는 것은 여러분이 읽은 것을 이해하였는지, 그것이 이미 알고 있는 것과 어떻게 연관되는지, 읽은 것이 불러온 새로운 질문이 무엇인지 등을 묻는 과정을 포함한다. 아마도, 방금 전에 읽은 새로운 정보를 상세화한 결과는 이해를 증진시키고 기억을 지속하는 가장 좋은 방법일 것이다(Anderson, 2010a; Gadzella, 1995; Goldstein, 2011).

학생들이 보다 반영적이고 능동적인 학습자가 되도록 격려하기 위해 제13판의 디자인을 다시 개선하였다. 이러한 중요한 교육적 목표를 달성하기 위해, 전형적인 SQ4R 방식을 능동적인 학습 형식인 반영적인 SQ4R 방식으로 개정해서 심리학을 공부하는 것이 훨씬 더 보람 있는 경험이 되도록 하였다. 학생들이 개념을 탐구할 때 개념과 스스로의 경험에 관련된 생각들을 비판적으로 사고하도록 격려했다. 반영적 SQ4R 방식(*개관, 질문, 읽기, 암기, 반영, 복습*) 단계가 이 모듈 디자인에 어떻게 통합되는지 보자.

개관 각 모듈의 시작 부분은 다음에 오는 주제들에 대한 인지적 지도를 그릴 수 있게 도와주어서 선행조직자로서의 역할을 한다(Ausubel, 1978; Gurlitt et al., 2012). 사진과 간단한 미리보기는 흥미를 돋우고 모듈 전체에 대한 개관을 제공하고, 주어진 과제에 주의를 집중하게 한다. 또한 "개관 질문(Survey Question)"의 목록은 능동적 읽기를 위한 지침을 마련해 준다. 이 질문들은 번호가 매겨져 있어서 학생과 강사가 생각할 문제를 교과서 전반에서 등장하는 학습목표와 연결하는 것을 더 쉽게 해 준다.

개관 질문에 대답을 하는 것은 지적 경로를 열어 주고 심리학의 '거대한 개념'을 요약하게 한다. 궁극적으로, 그 대답은 학생들이 배운 내용을 잘 요약할 수 있게 한다. 이 모듈 도입부를 통해 우리는 학생들이 목적과 능동적으로 처리되는 정보를 가지고 책을 읽을 수 있게 한다. 이러한 모듈을 시작하는 특징적인 부분과 함께 우리는 학생들이 목적을 가지고 능동적으로 정보를 처리하면서 읽기를 안내한다.

질문 *어떻게 해야 교과서에서 질문을 만들 수 있을까?* 앞 문장과 같은 *이탤릭체*로 쓰인 대화형 질문은 학생들이 교과서의 한 부분을 읽기 시작하는 것처럼 그들이 사고할 것을 스스로 찾도록 하는 질문 유형이다. 이와 같이 그들은 질문과 예상되는 학생들의 반응을 모델로 만든다. 즉 대화형 질문은 학생들이 중요한 개념을 찾도록 도와주며 선행조직자로서의 역할을 하면서 능동적 학습을 할 수 있도록 한다.

게다가 이전에도 언급했듯이, 각각의 주요 모듈은 생각할 거리들로 시작한다. 따라서 학생들은 하나의 모듈을 읽으면서 이 질문들에 대한 답을 찾기 위해 노력할 수 있다. 그런 후에, 그들은 스스로의 대답을 모듈 요약 부분에 있는 정리된 내용들과 비교해 볼 수 있다.

읽기 우리는 이 책을 분명하고 읽기 쉽게 만들기 위해 노력했다. 이해를 돕기 위해서 우리는 하나의 전형적인 학습 자원을 완전히 갖추었다. 여기에는 색 있는 글자로 강조된 용어, 글머리 기호나 숫자가 매겨진 요약, 강렬한 그림, 요약 표, 색인 및 용어설명이 포함된다. 추가적인 자원으로 본문에서의 그림과 글 참조는 다른 색의 문자와 작은 기하학적 모양으로 구분된다. 이런 '플레이스 홀더'는 학생들이 표나 그림을 보기 위해 멈추었다가 읽던 자리로 돌아가는 일을 쉽게 해 준다.

우리는 이번 판에서 강렬한 색인 기능을 만들었다. 이 책의 마지막에 있는 찾아보기는 교과서 어디에서 중요한 정의를 설명했는지를 보여 주기 위해 주제 색인과 통합되어 있다. 이전 판처럼 용어설명 항목들은 본문에서 용어가 처음 나타날 때 굵게 표시되고 정의된다. 이것은 읽기에 도움이 된다. 왜냐하면 학생들은 그들이 필요로 하는 것에 대한 확실한 정의를 언제 어디에서든지 알 수 있기 때문이다. 게다가 학생들이 중요한 용어들을 찾고, 공부하고, 복습하는 것을 쉽게 만들기 위해 관련 페이지 여백에 주요 용어를 정의한다.

암기 각 모듈 끝에 있는 "지식 쌓기"는 학생들이 이전 개념에 대해 이해한 것을 상기시키고 더 발전시킬 기회를 제공한다. 각각의 지식 쌓기는 학생들이 능동적으로 정보에 접근하고 자신의 진행 정도를 평가할 수 있게 짧고 포괄적이지 않은 퀴즈인 암기 부분을 포함하고 있다. 수업에서의 시험만큼 어렵지 않은 암기 문제는 다양한 주제에 대해 학생들이 질문받을 표본을 제공하는 셈이다. 일부 문항을 실수한 학생들은 더 많은 것을 읽기 전에 앞으로 돌아가서 그들의 이해를 확실히 하도록 요구된다. 달리 말해서, 암기 문제를 완료하는 것은 학습을 향상시키기 위한 외우기의 한 형태로 작용한다.

반영 간단한 암기는 깊은 이해로 발전시키는 데는 충분하지 않다. 그래서 우리는 각 모듈에서 학생들에게 두 가지 다른 종류의 반영, 자기반영과 비판적 사고를 제안한다.

- **자기반영** 자기반영은 이미 알았던 지식과 관련하여 새로운 정보를 보다 더 의미 있게 만든다(Klein and Kihlstrom, 1986). 우리는 이 책 전반에서 많은 자기반영의 기회를 제공한다. 본문은 학생들이 그들이 읽고 있는 것과 자신의 삶의 경험을 쉽게 관련 지을 수 있도록 최신의 참조문과 예제, 이야기를 활용해서 집필되었다. 이전에도 언급하였듯이 일부 모듈마다 우리는 행동하는 심리학 모듈을 넣어 학생들이 심리학을 일상에서의 실제적 문제와 연관 지을 수 있게 했다.

  많은 모듈에 포함된 글상자 *심리학 발견하기*는 학생들이 자신의 행동에서 흥미로운 측면을 발견하고 자기를 평가할 수 있게 '시범'을 보인다. 이런 방법으로 학생들은 새로운 정보를 구체적인 경험과 연결시키는 또 다른 방법을 알게 된다. 마지막으로, 학생들이 새롭게 이해한 것을 더 정교화하기 위해서 각 지식 쌓기는 자기반영 질문들을 포함하여 새로운 개념을 개인적인 경험과 이전의 지식들과 연관시키게 한다.

- **비판적 사고** 심리학에 대해 더 반영적으로 사고하는 것은 "나와 내가 이미 알고 있는 것에 이것을 어떻게 적용시킬 수 있을까?"와 같은 자기반영적 질문을 하는 것보다 많은 것을 포함한다. 해당 분야에 대해 더 깊게 반영하는 것 또한 포함한다. 우리 책은 학생들이 심리학에 대해 비판적으로 생각하도록 한다.

  반영적인 SQ4R 방법의 능동적이고 의문을 가지는 특성은 그 자체만으로 비판적 사고를 유도한다. 게다가 모든 지식 쌓기는 "비판적으로 생각하기" 질문을 포함한다. 이러한 자극이 되는 질문들은 학생들에게 비판적이고 분석적으로 사고하도록 한다. 이 문제들은 학생들이 그들의 생각과 답을 비교해 볼 수 있게 간단한 답으로 이루어져 있다. 이 답들은 많은 부분이 연구를 기반으로 하며 유익한 정보를 제공한다. 본문에 있는 개념을 소개하는 대화형 질문들 또한 비판적 사고의 모델로서 역할을 한다.

  또한 모듈 2는 비판적 사고 기술에 대해 명시적으로 논의하고 유사심리학에 대한 합리적인 평가를 제공한다. 모듈 4와 5에 있는 연구 방법론에 대한 논의는 행동에 대해 어떻게 명백히 생각할 수 있는지에 대한 간단한 과정이다. 이러한 방법론 모듈들은 어떻게 대중매체에서 주장하는 것들을 비판적으로 평가하는지를 이야기하는 모듈 6, 행동하는 심리학 모듈에 의해 보강되었다. 인지와 언어, 창의성, 지능을 다루는 모듈 33부터 37까지는 비판적 사고와 관련된 많은 주제를 포함한다.

  책 전반에 걸쳐서, 글상자로 된 많은 흥미로운 부분들은 학생들이 건강한 회의론을 가지고 접근해야 하는 세부 주제들에 대한 비판적 사고를 촉진한다. "비판적 사고" 글상자는 심리학에서 비판적 사고의 이론적이고 경험적인 토대로의 반영적 접근법을 보여 준다. 또한 "인간 다양성"은 인간 경험의 다양성에 대한 반영을 활성화한다. "임상 파일"은 심리학의 임상적 응용에 대한 반영을 활성화시킨다. 그리고 "뇌파"는 뇌 구조와 심리학적 현상 기저에 일어나는 과정들에 대한 더 깊은 통찰을 촉진한다. 모아 보면 이것들은 학생들이 장기적으로 지속되는 가치들에 대해 생각하는 기술을 얻는 동시에 여러분의 수업과 심리학이라는 분야에 대해 더 반영적으로 생각하게 돕는다.

복습 이전에 언급했듯이, 모든 중요한 용어들은 본문 여백에 기술되어 복습하는 것을 보조한다. 게다가 주요 색인표는 찾아보기에 포함되어 있다. 복습을 할 때, 학생들은 개념의 정의를 그것이 소개되고 논의된 책의 정확한 부분과 쉽게 연결 지을 수 있다.

또한 언급했듯이, 이 책의 주기적인 행동하는 심리학 모듈은 학생들에게 심리적 개념을 개인의 삶에서의 문제점을 포함한 실용적인 문제들과 어떻게 연결하는지를 보여 준다. 이 책의 행동하는 심리학 모듈에서 찾을 수 있는 정보들은 심리학의 실용성을 설명하며 자기 참조를 유도함으로써 학습을 강렬히 하는 데 도움을 준다.

학생들이 학습을 더 강화할 수 있도록 각 모듈은 초반과 전반에 있는 개관 질문을 중심으로 구성되고 설명한 모든 주요 아이디어를 다시 정리한 "요약"으로 끝낸다. 이런 방식으로 우리는 반영적 SQ4R 과정을 끝내고 모듈에 대한 학습 목표를 강화한다.

4. 통합 주제: 전인적 인간

어떤 한 모듈로도 우리 분야의 연관성을 완전히 보여 줄 수 없다. 물론 우리는 보통 "더 많은 정보를 위해서 OO 모듈을 보라"라는 상호참조를 포함하였다. 그러나 이런 풍부함을 더 잘 전달하기 위해 우리는 이 책에서 더 자세한 주제들을 엮어서 심리학의 자연적인 복잡함을 탐구할 수 있게 했다.

하나의 주제는 *긍정심리학*이다. 지난 10년 혹은 20년 동안 120년간의 인간 행동에 대한 부정적인 측면에 집중한 이전의 심리학을 보완하여 긍정심리학에 대한 관심이 증가하였다. 예를 들어 우리가 사랑, 행복, 창의력, 웰빙, 자존감 그리고 성취에 대해 무엇을 아는가? 이런 질문에 대답하기 위해 우리는 일정하게 짧은 "전인적 인간" 부분을 통해 학생들이 질문에 대답할 수 있게 도울 것이다. 우리는 이 책을 읽는 학생들이 우리 모두가 최적의 기능을 발휘할 수 있는 가능성이 있음에 감사하길 바란다. 또한 우

표 I.1 능동적 학습을 위한 모듈

모듈	심리학에서의 신경과학	심리학에서의 자기 지식
모듈 2~6: 심리학 소개	신경과학과 생물심리학, 생물학적 관점, EEG와 꿈, 뇌와 행동의 연결점, Phineas Gage와 사례연구	자기 지식의 중요성, 연구 윤리, 심리학적 관점, 자기 실존, 상식 검사, 비판적 사고, 개인의 자유, 과학적 사고, 내성, 행동주의, 휴머니즘과 절충주의의 중요성
모듈 7~11: 뇌와 행동	신경 기능, 시냅스 전달, 신경전달물질, 신경계와 뇌의 부분, 기능의 국재화, 뇌 연구 방법, 내분비 계통, 손잡이	뇌와 나 자신, 자신 및 자기 주도적 신경가소성을 포함한 기능 국재화, 감금 증후군, 진실과 거짓, 지능, 전두엽, 뇌졸중과 자신, 분할 뇌 수술, 반구와 나 자신, 거울 신경원, 사고방식, 감정, 언어 발달의 순서
모듈 12~16: 인간의 발달	발달에서의 생물학적 요소들, 준비성, 성숙, 태아에게 미치는 생물학적 영향, 민감한 기간, 반응 범위, 언어에 대한 생물학적 소인, 인지 단계 및 뇌 성숙, 사춘기	기질, 신생아 민감성, 모방, 애착, 무서운 두 살배기, 자기중심성, 마음 이론, 자기 인지, 자기 인식, 정체성 추구, 도덕 발달, 역할 혼미, 자기 수용, 개인 성장, 자존감
모듈 17~22: 감각과 지각	감각 여과, 변환, 감각의 뇌 국재화, 뇌와 감각 신경에 대한 전기자극 후의 감각경험, 다양한 감각 수용기 및 감각 경로의 생리학, 감각 신호, 신경 행렬 이론, 지각 구성과 학습	지각 경험, 정신물리학, 현실 검증, 지각 인식, 지각 학습, 지각 습관 및 하향식 처리
모듈 23~27: 조건형성과 학습	눈 깜박임 조건화, 뇌, 자폐증 그리고 최소한의 의식, 조건화된 정서반응과 편도체, 1차 강화물과 두개 자기 자극	자기관리 행동
모듈 28~32: 기억	기억상실증과 기억의 유형, 소뇌와 절차적 기억, 뇌 외상과 기억상실, 응고화, 장기 전위화, 서술기억에서 해마의 역할, 대뇌 변연계와 섬광 기억, 피질과 장기 기억	일화 기억, 정교한 부호화, 자기 참조와 기억
모듈 33~37: 인지와 지능	루게릭 병과 지능, 심상과 뇌, 정신장애, 유전 및 지능	심상, 운동 감각 이미지, 이중 언어의 인지적 효과, 통찰력, 직관력, 창의성, 재능, 다중 지능, 지혜
모듈 38~42: 성격	행동유전학과 성격, 빅 파이브 특성, 뇌 체계, 그리고 신경전달물질, 변연계와 무의식	자기의 장기적 일관성, 자기개념, 자존감, 자신감, Freud 자아, 자유선택, 자아실현, 긍정적인 성격 요소, 자아상, (자아상과 이상적인 자기 사이의)일치, 가능성이 있는 자신, 자기효능감, 자기 강화
모듈 43~47: 건강심리학	스트레스 반응, 일반 순응 증후군, 심리신경면역학, 심신장애, 생체 자기 제어	질병에 대한 자기 검사, 건강, 인지적 평가, 대처, 인내력, 낙천주의, 행복, 스트레스 관리, 유머
모듈 48~52: 심리장애	기질성 정신병, 알츠하이머 치매, 정신분열증의 유전적 및 생물학적 원인, 정신분열증의 뇌, 생물학과 우울증, 정신병의 뇌	자기파괴적인 행동, 부조화, 주관적인 불안, 자기 상실, 자기 비판, 자기패배적 사고양식
모듈 53~57: 치료	약물요법, ECT, 뇌 자극요법, 정신외과술, 경두개자기자극	통찰력, 성장과 심리치료, 인간의 잠재력, 선택하기, 용기, 비합리적 신념 극복, 충분히 기능하는 사람, 행동의 자기관리
모듈 58~62: 사회심리학	공격성, 생물학, 그리고 뇌	사회 비교, 자기노출, 자기주장, 친사회적 행동, 상위 목표, 고정관념과 편견의 극복, 자기 정체성
모듈 63~66: 응용심리학		자기 관리, 의사소통 기술, 자기 이익을 넘어서, 스포츠와 신체적 자존감, 최고의 성과, 몰입

심리학에서 인간의 다양성과 문화	심리학에서의 성별
문화심리학, 인간의 다양성, 사회적 그리고 문화적 차이점을 인식하는 것, 문화의 영향, 문화의 상대성, 다양성에 대한 폭넓은 관점, 인간의 다양성과 대표적인 표본들	성별 심리학, 의사소통에서의 성차, 심리학에서의 여성, 연구에서의 편향 없는 표집, 성과 사회적 규범
척수 손상이 있는 사람들을 위한 생물학적 치료들, 뇌하수체 기능 저하증, 말단비대증, 손잡이와 편측성, 전신마비를 가진 사람들을 위한 뇌 인터페이스(컴퓨터와 뇌를 연결), 신경질환의 진단, 문화적 경험이 뇌, 손잡이, 그리고 문화를 형성	남성과 여성의 뇌, 편재화에서 성 차이, 호르몬의 차이, 성, 그리고 스테로이드
문화와 진화, 자녀양육에 있어 민족의 차이, 문화와 옹알이(재잘거림, 수다) 사이의 관계, 다른 문화에서의 아기 말, 인지발달의 사회문화적인 영향, 디딤돌, 스케폴딩, 근접발달영역, 청소년 지위와 문화, 다양성 그리고 정체성을 찾는 청소년, 민족적 혹은 개인적 정체성, 문화와 도덕적 추론, 노인에 대한 노인 차별과 근거 없는 믿음	태내발달, 어머니와 아버지의 양육방법, 정서적 애착 패턴, 성 역할 발달, 성과 사춘기, 남성과 여성의 도덕적 추론, 남성과 여성의 중년기 변화
얼굴인식에 있어서 '타 인종' 효과, 문화와 회화적 깊이 단서의 인식, 문화와 Müller-Lyer 착시, 다른 인종 간의 지각 목격자 정확성, 지각에 있어서 문화 차이	색채 결함에서의 성차
체벌과 문화	성 역할에 대한 아이들의 지각에 있어 텔레비전 영향
노화와 기억, 기억에 대한 문화적인 영향, 목격자와 다른 인종의 인식, 표시와 다른 사회집단으로부터의 사람들을 구분하고 기억하는 능력	
문화 간에 언어적 오해들, 이중 언어를 사용하는 사람들의 장단점, 청각장애인 공동체와 몸짓언어, 연령과 IQ, 발달장애, 인종, 문화, 민족성 그리고 지능, 지능에서의 문화적 차이(아이들을 가르친 것처럼), 문화공평지능검사	고정관념과 인지
문화적응 스트레스, 특성과 문화, 자존감과 문화, 공통적인 특성과 문화	남성과 여성의 특질에 대한 사회적 학습
문화 충격과 문화적응 스트레스, 민족 집단 구성원의 전가(고통을 준 본인을 벌할 수 없을 경우 다른 사람을 공격하는 현상)	사회적 지지를 추구하는 성 차이
정신 병리의 판단에 문화가 어떻게 영향을 미치는가, 전 세계의 문화적 결합 증후군, 정신병리학의 인종 차이	정신 병리의 판단에 성차가 영향을 미치는가, 불안장애 비율의 성 차이, 임상적 우울증의 성 차이 비율, 자살의 성별 차이(시도와 실현)
상담과 심리치료의 문화적 이슈, 문화적으로 인식하는 치료사	
배우자 선호에서의 남성과 여성 차이점, 인종 편견과 차별, 자기민족중심주의, 사회적 고정관념, 적대감과 공격성의 문화적 차이, 상징적인 편견, 외부단체의 거부와 악마화, 편견을 만들고 감소시키는 실험, 다문화주의, 편견의 관습을 깨뜨리기, 문화적 인식	신체적 매력의 영향, 배우자 선호에서 남성과 여성의 차이점, 남성과 여성의 배우자 선택에 대한 진화론적 시각, 테스토스테론 수치와 공격성, 포르노가 여성에 대한 성폭력에 미치는 영향
기업 문화, 개인 공간을 지배하는 규범의 문화적 차이, 도시 환경의 집중 과부하, 다른 문화의 자원 소비, 보편적 교수 설계	성 역할 고정관념과 지도력, 지도자로서의 여성

리는 심리학 개론을 다 듣고 떠날 때 학생들의 삶을 향상시킬 수 있는 감성적이며 지적인 도구를 가지고 살아가기를 바란다.

모듈 3을 시작하면서 우리는 사람의 행동은 생물학적 · 심리학적 · 사회문화적 측면, 세 가지 보완적인 관점에서 봤을 때 더 잘 이해된다는 개념을 확장한다. 여러분은 학생들에게 이런 견해를 명시적으로 설명할 것인지 정할 수 있다. 또는 학생들이 알아서 탐구하고 무의식적으로 흡수하도록 남겨 둘 수도 있다.

생물학적 관점: 신경과학의 중요성 증가 대중매체 덕분에 우리 학생들은 뇌와 신경계가 사람들의 행동을 형성하는 역할을 한다는 사실을 점차 인식하고 있다. *뇌와 행동*에 대한 모듈(모듈 7~11)에서는 뇌, 신경기능, 시냅스 전달, 신경계와 뇌의 구조, 내분비 시스템을 연구하는 방법과 같이 일반적인 주제를 다루는 반면 우리는 의도적으로 다른 모듈에서 생물학적 관점에 대해 토론할 만한 주제들을 포함하였다. 이를 위한 한 가지 방법으로 글상자 "뇌파"를 다른 모듈에 넣었다. 표 I.1은 생물학적 관점에서 논의되는 주제별 모듈 목록을 제공한다.

심리학적 관점: 자기 지식의 중요성 우리는 많은 방식으로 이 책 전반에 걸쳐 심리학적 관점을 꿰뚫고 있다. 이는 물론 심리학의 중심이다. 이번 제13판에서 우리는 특별한 주제인 자기에 대해 계속해서 강조한다. 그렇게 하면서 우리는 학생들이 그들 스스로에 대해 관심을 거의 가지지 않음에도 심리학 개론 수업에서 자기 지식에 대해 충분한 시간을 들여 탐색하지 않는다는 Timothy Wilson(2009)의 비판에 응대하였다. 게다가 이미 언급했듯이 우리의 능동적이고 반영적인 학습에 대한 관심은 학생들의 자기 인식을 향상시키기 위해 고안되었다. 책 전체를 통해 유아기의 자기 인식의 시작부터 노년기의 지혜까지 자기 발달을 따라간다. 표 I.1은 관련 논의의 모듈별 목록을 제공한다.

사회문화적 관점: 인간의 다양성, 문화 그리고 성별 당연하지만 인간의 다양성과 현대 사회의 다문화적이고 다면적인 성격에 대한 논의 없이는 심리학 개론서가 완성되지 않을 것이다. 이 책에서 학생들은 인종, 민족, 문화, 성별, 능력, 성적 성향 그리고 나이에서 오는 차이점을 포함하는 다양성에 대한 수많은 논의점을 찾을 수 있다. 그런 차이점이 사람들을 불필요하게 나눌 때가 너무 많다. 이 책에서 우리의 목표는 선입견, 편견, 차별 및 편협한 생각을 억제하는 것이다. 우리는 책의 성별을 중립적으로 하고 다양성에 대해 민감해지려고 노력했다. 여성과 남성이 포함된 지문과 예문은 성별에 따라 공평하게 나뉘어 있다. 도표, 사진 그리고 예제에서 우리는 풍부한 인간의 다양성을 담으려 노력했다. 게다가 책 전반에서 글상자로 제시된 "인간 다양성"은 학생들에게 어떻게 인간 다양성에 반응할지를 알려 준다.

많은 개념과 예제는 학생들이 사회적이고, 신체적이고, 문화적인 차이점을 존중하고 그것들이 인간의 자연스러운 부분임을 받아들일 수 있게 한다. 표 I.1은 인간 다양성, 문화 그리고 성별을 논의하는 모듈 목록을 제공한다.

이 책의 새로운 점

심리학계의 활력과 사려 깊은 교수님들의 여러 제안 덕분에 우리는 다시 이 책을 다방면으로 향상시킬 수 있게 되었다.

책을 구성할 때 우리는 이 책의 모듈화 정도와 더 전형적인 챕터 형식의 안정화를 위해서 검토자들의 의견을 반영했다. 동시에 우리는 개별 모듈의 모듈성을 향상시키고 학생들이 이해하는 데에 무리가 없게 각각의 모듈이 더 쉽게 역할을 하게 만들었다. 이런 중요한 개정을 반영하여서 목차는 이제 68개의 모듈로 구성되었다. 교수들은 간단히 입문 수업을 완성시키기 위해 이제 20개 정도 적은 모듈을 읽기 숙제로 낼 수 있다. 반면에, 전형적인 챕터 구성을 선호하는 교수들에게 이 판을 구성하는 13개의 제목으로 그룹 지어진 68개의 모듈이 13개 그룹으로 쉽게 구별되어 이전 판의 챕터별 구성을 유지한다.

교육학적으로 우리는 다시 능동적인 처리, 반영적 사고, 비판적 사고에 더 집중했다. 이 책의 학습시스템인 반영적 SQ4R은 학생들이 읽고 공부하는 동안 생각을 많이 하게 단순히 신호를 주는 것보다 낫다. 책 전반에 걸쳐 더 깊게 사고를 처리하게 하기 위해 기억력을 위해 정교하게 설계된 모듈부터 학생들에게 반복되는 요청까지 학생들이 훨씬 더 주의 깊게 하도록 우리는 가능한 모든 것을 했다.

내용적인 측면에서 이번 제13판은 광범위하게 업데이트되었으며 심리학에서 가장 최신의 흥미로운 정보와 완전히 갱신된 통계 및 광범위하게 확장된 참고문헌을 포함한다. 다음은 이번 제13판의 새로운 주제와 기능의 일부 주요내용이다.

모듈 1: 심리학 공부 방법

- 모듈 1은 어떻게 해야 효과적으로 읽고 공부하며 좋은 필기를 하는지, 시험을 준비하고 다양한 종류의 시험을 잘 수행하며 학습 계획을 세우고, 미루는 행위를 피하는지를 알려 주는 최신의 정보를 제공한다.
- 모듈 1은 자체적인 지식 쌓기로 완성된 완전한 모듈이다. 학생들은 이제 이를 읽는 동안 반영적 RSQ4R 방식을 '시험 운전'해 볼 수 있다.
- SQ4R에서 파생된 틀(반영적 SQ4R)은 개정되었다. 우리의

의도는 기억력을 강화하는 전형적인 SQ4R 방법을 가지고 비판적 사고의 이해를 강화하는 방법을 통합하는 것이다.

- 지식 쌓기의 반영적 부분은 다시 표기되어 학생들이 더 쉽게 반영적 SQ4R 방식과의 연결을 볼 수 있게 했다. 특히 반영적 부분은 이제 새로 표기된 비판적으로 생각하기 질문과 자기반영 질문을 포함한다. 이 조합은 지금껏보다 더 명료히 새로운 정보를 개인적 경험과 연관시키는 것과 새로운 정보에 대해 비판적으로 사고하게 하며 둘 다 자기반영 인지의 형태이다.

모듈 2~6: 심리학 소개

- 모듈 2, "심리학, 비판적 사고, 그리고 과학"은 2개의 오래된 모듈을 재구성했고 이제는 비판적 사고의 형태뿐만 아니라 과학으로서 심리학을 더 명료하게 설명한다.
- 우리는 점성술과 같은 유사심리학의 확증 편향에 반대되는 개념으로 과학적 이론의 왜곡가능성의 개념을 소개한다.
- 과학적 방식 부분은 이제 새롭고 더 최신의 연구 예시들로 구성되어 있다.
- 점성술에 대한 핵심은 이론의 부족함과 증거의 부족함이라는 두 가지 주요 반대점으로 재구성되었다.
- 심리학의 과거와 현재를 이야기하는 모듈 3은 과거에서부터 지금까지 심리학의 깊이와 너비를 더 명백히 보여 주기 위해 2개의 오래된 모듈을 재구성하여 만들었다.
- 동물 실험은 범고래 보존에 관한 새로운 사진과 설명과 함께 모듈 3에서 소개된다.

모듈 7~11: 뇌와 행동

- 학생들이 시냅스와 뉴런기능의 세부사항을 다루기 전에 신경계 전반적인 조직을 보다 쉽게 파악할 수 있음을 경험을 통해 보아 왔다. 따라서 우리는 뉴런 및 신경계를 이야기하는 모듈 7의 적용 범위 순서를 수정했다.
- 척추 반사 신경은 이제 단순 신경 네트워크로 다루어진다.
- *신경가소성과 신경발생*에 관한 자료는 이제 새롭게 통합된 부분인 신경가소성과 신경발생 부분에 수집되어 있다.
- 새로운 읽을거리 "함정!"은 후뇌 손상에 대한 이전의 적용 범위를 확장하고 모듈 10, "겉질밑 조직과 내분비계"에서 더 잘 설명하고 있다.
- 옥시토신 호르몬에 대해선 현재 논의되고 있다.

모듈 12~16: 인간의 발달

- 이 모듈은 성인 발달 및 아동 발달에 대한 더 나은 균형을 제공하도록 재구성되어 있다.
- 유아기와 유년기에 관한 자료는 재조직되고 간소화되었다.
- 모듈 15, "청소년기와 성인기"에서 Erikson의 정신 사회 개발 단계를 중심으로 2개의 이전 모듈을 효과적으로 재구성한다.
- 중년기에 대한 부분은 건강, 가족 그리고 직업 문제를 포함하여 확장되었다.
- 모듈 16, "행동하는 심리학: 안녕감과 행복"은 안녕감과 행복에 대해 설명하고 있다. 이전 판의 육아 자료는 유년기의 감정 및 사회 개발 모듈 13에 통합되었다.

모듈 17~22: 감각과 지각

- 모듈 17, "감각과 지각"은 재구성되고 재작성되어 이제 '초기' 감각 선택성(선택, 적응, 분석, 부호화)과 '후기' 선택성(선택적 주의)에 대한 자료를 통합한다.
- 로돕신과 요돕신은 이제 막대와 원추형 감광성 색소로 명백히 구별된다.
- 유전자(1000)에 의해 코드화된 인간의 냄새 수용기는 실제 표현된 수(400)와 구별된다.
- 모듈 20, "지각 과정"은 지각적 일관성, 형태주의 체제화 원리와 깊이 지각의 구성적 자연스러움을 더 잘 강조하기 위해 결합하고 간소화한다.
- 모듈 21, "지각과 객관적 타당성"은 지각적 오용의 개념을 명확히 하기 위해 이전 두 가지 모듈 단위의 재료를 결합하고 합리화한다.

모듈 23~27: 조건형성과 학습

- 모듈 23, "연합학습과 인지학습"은 연합학습과 인지적 학습의 유형을 더 명확히 구분하고, 고전적 조건화와 조작적 조건화를 비교하고 대조한다. 그리고 피드백의 개념을 포함한 인지적 학습을 다룬다.
- 폭력적인 매체를 시청하는 것이 이전에 생각했던 것만큼 해롭지 않다는 인식이 높아짐에 따라 매체에 대한 모방학습에 대한 절은 전반적으로 수정하였다.
- *강화물*이라는 용어 사용은 조작적 조건화에서의 일반적인 의미로 제한되어 왔으며 더 이상 고전적인 조건을 언급하는데 사용되지 않는다.
- John Watson과 Little Albert는 조건정서반응에 대한 논의에 언급되었다.
- 모듈 25, "조작적 조건형성"은 조작적 조건형성의 주제를 더 구체화하기 시작한 한편, 모듈 26, "강화와 처벌"의 세부

사항에서는 강화계획, 자극통제, 그리고 정적 처벌 및 부적 처벌(또는 반응대가)과 같이 더 전형적인 처벌의 중요한 주제에 대해 더 깊이 있게 다룬다.

- 미신적인 조건화에 대한 자료를 특별한 읽을거리, "우리는 비둘기보다 미신을 덜 믿는가?"로 개선하여 더 자세히 설명하였다.

모듈 28~32: 기억

- 모듈 28, "기억 체계"에서는 인간의 기억과 Atkinson-Schiffrin 모델에 대한 간결한 소개를 제공하기 위해 2개의 이전 모듈의 자료를 결합했다.
- *구성적 처리*라는 용어는 장기기억의 융통성을 언급하기 위해 장과 책 전반에 걸쳐 *정교한 처리*(elaborative processing) 과정이라는 용어로 대체되었다. 게다가 *정교한 부호화*는 정교한 처리라는 용어에 포함되었다.
- *거짓기억*과 *출처의 혼동*이라는 새로운 용어사전은 정교한 기억 처리의 주요 단점을 더 잘 설명한다.
- 사진 기억 및 사진적 심상 부분은 보다 명확하게 재작성되었다.
- 모듈 31, "기억: 우수한 기억력"과 모듈 32, "행동하는 심리학: 기억술"에 있는 자료는 자연적 기억과 학습된 기억의 우월성 간 차이뿐만 아니라 자연적 기억과 기억 전략들, 그리고 인공적인 것들(기억술) 사이의 구별을 확실히 하기 위해서 다시 작성되었다.

모듈 33~37: 인지와 지능

- 모듈 33은 경험적(유형 1) 처리와 반사적(유형 2) 처리의 차이점을 소개하며 새로운 설명적 그림을 포함한다.
- 새로운 특징, "내 포크의 북쪽에는 무엇이 있는가?"는 언어상대성 가설을 소개한다.
- 동물언어에 대한 절은 간소화되었다.
- 전문가에 대한 부분과 초보자에 대한 부분에는 이제 전문가의 경험적 처리에 대한 참조가 포함된다.
- 전체 토론은 모듈 34에 재배치되었다.
- '인기 있는' 인지 부분은 의사결정 스트레스에 대한 새로운 특징, "아주 뜨겁고, 디카페인에, 더블샷…"을 포함한다.
- 모듈 36, "지능"은 더 명확하게 재작성되었다.
- (다운증후군과 태아 알코올 증후군과 같은) 지적 장애의 근본적인 원인에 대해 논의한다.

모듈 38~42: 성격

- 모듈 38, "성격의 개관"은 성격평가의 자료와 함께 성격이론들에 대한 개관을 통합하여 성격의 개념을 소개한다.
- "당신의 음악 취향은 어떤가?" 심리학 발견하기가 개정되었다.
- Freud의 죽음의 본능의 개념이 분명해졌다.
- 인본주의는 심리학에서 '제3세력'을 분명히 확인하였다.
- 모듈 42, "행동하는 심리학: 수줍음을 이해하기"는 더 나은 명확성을 위해 재조직화되고 개정되었다.

모듈 43~47: 건강심리학

- 건강심리학을 다루는 모듈은 더 명확히 하기 위해 광범위하게 재작업되고 재조직되었으며, 전반적인 건강 통계가 개정되었다.
- 모듈 43, "건강심리학 개관"은 생물심리사회 모델을 바로 소개하고 의료 모델과 대조하기 위해 재작성되었다.
- 건강심리학의 정의는 인지적 및 행동적 요인을 포함하도록 보다 명확하게 확대되었다.
- 건강은 주관적인 안녕이라는 측면에서 정의된다.
- 모듈 44, "스트레스 요인"은 스트레스가 어떻게 평가되고 어떤 유형의 사건이나 자극이 스트레스 요인으로 작용할 수 있는지와 같은 스트레스의 심리학적 촉발기제에 대해 초점을 맞추고 있다.
- 모듈 45, "스트레스 대처"는 문제 및 정서중심 대처, 방어기제, 학습된 무기력과 같은 스트레스에 대한 심리적 반응에 초점을 둔다.
- 모듈 46, "스트레스와 건강"은 스트레스에 대한 신체적 반응(예 : Selye의 GAS 증후군 및 면역 체계 손상) 및 그 결과에 초점을 둔다.

모듈 48~52: 심리장애

- 이 모듈 군집은 DSM-5를 준수하며 개정된 정신건강 통계를 제공한다.
- 전반적으로 정신질환의 시작 부분이 간소화되었다.
- 심리학 및 법에 관한 자료가 확대되었으며 정신착란성방위에 대한 토론이 포함된다.
- 혼란을 피하기 위해 *기질성 정신장애* 및 *기질성 정신병*은 실제 DSM-5 범주가 아니기 때문에 더 이상 강조하지 않는다.
- 조현병의 네 가지 범주 분류를 삭제하는 것과 같은 다른 레이블 변경도 수행되었다.

- 주요문제와 이차적인 문제의 구분을 포함하여 공존이환에 대한 새로운 부분이 추가되었다.
- 새로운 부분인 *정신과적 진단의 유동성*은 DSM-5의 출판과 정신의학 진단의 변화에 관한 몇 가지 논란을 다룬다.
- 긍정적이고 부정적인 증상 사이의 구분은 조현병에 대한 논의에서 소개된다.

모듈 53~57: 치료

- 모듈 53, "치료: 정신적 고통 다루기"는 재작성되었으며 치료에 대한 개관을 제공하기 위해서 이전의 두 모듈의 자료를 통합하였다.
- 인지 행동 치료의 새로운 부분이 추가되었다.
- 개정된 부분, *치료의 범위—건강으로 가는 많은 경로들*은 심리치료의 유형을 분류하기 위해 재조직된 틀을 제공한다.
- 치료 목적을 위한 경두개 자기 자극의 사용은 이제 의학요법에 대한 모듈에서 설명된다.
- 뇌심부자극술은 현재 그러한 것으로 확인되었다.
- 모듈 57, "행동하는 심리학: 정신건강 문제와 마주하기"는 이전에는 다른 단위에서 제시된 기본적인 상담 기술에 대한 자료를 포함한다.

모듈 58~62: 사회심리학

- 사회심리의 적용 범위를 구성하는 모듈은 완전히 재구성되고 개정되었다.
- 모듈 58, "사회적 행동과 인지"는 사회인지를 중요한 구성요소로 식별하고 사회적 비교, 사회적 속성, 태도 형성 및 태도 변화, 설득, 인지 부조화의 범위와 함께 사회심리학을 소개한다.
- Zimbardo의 유명한 감옥 실험이 논의된다.
- 모듈 59, "사회적 영향"은 모든 관련 자료를 하나의 통합 모듈에 집중한다.
- 모듈 60, "친사회적 행동"은 친사회적 행동에 대해 동일하게 일어난다.
- 모듈 61, "반사회적 행동"은 집단 괴롭힘에 관한 새로운 자료를 포함한 반사회적 행동에 동일하게 적용된다.

모듈 63~66: 응용심리학

- 새로운 부분에서는 변혁적 리더십에 대해 논의한다.
- *원격근무*는 *유연근무제*의 보조 용어로 소개된다.
- (돌보는 회사의 맥락에서) 인원 삭감이 언급되었다.
- 직원의 권한 개념이 언급되었다.
- 스마트 미터는 보존에 관한 부분에서 소개되며, 이제는 통제뿐 아니라 피드백까지 강조한다.
- 배우는 방식의 견해는 교습 방식에 대한 기존 자료를 보완한다.
- 모듈 66, "행동하는 심리학 : 인적 요인 심리학"은 인적 요인 심리학자들에게 관심 있는 주제의 새로운 목록을 포함하고 있으며 구글 안경과 같은 최신 인터페이스 기술을 다룬다.

모듈 67: 행동통계학

- 모듈 도입부의 새로운 삽화와 사진은 학생들에게 통계에 대해 더 많이 읽도록 권유한다.

모듈 68: 심리학 공부 이후에

- 새로운 모듈, 수업 이후의 삶은 교과 과정을 거친 후 학생들이 직장을 다닐 때와 관련한 조언을 해 준다. 학습 내용이 기술 습득보다 덜 중요하다는 생각이 제기된다.

요약

우리는 진심으로 교사와 학생들이 일상으로부터 이 책과 보조 자료를 신선한 변화라고 생각하기를 바란다. 그것을 만드는 것은 꽤 모험이었다. 다음 페이지에서 우리는 학생들이 이론과 실천의 매력적인 조화와 심리학에서 가장 흥미로운 생각의 부분을 발견할 것이라고 생각한다. 무엇보다도 이 책을 사용하는 학생들이 대학 교재를 읽는 것이 즐겁고, 즐거운 동시에 유익할 수 있음을 알게 되기를 바란다.

감사의 말

심리학은 학자와 교사, 연구자, 학생으로 구성된 커다란 공동체의 재능과 에너지를 필요로 하는 협동적인 활동이다. 심리학에서 대부분의 노력과 마찬가지로 이 책은 많은 사람들의 결실을 나타낸다. 우리는 아래 교수님들의 공헌에 깊이 감사드린다. 그들의 현명한 조언은 이 책을 개선시키는 데 도움이 되었다.

Charlie Aaron, Northwest Mississippi Community College

Jarrod Calloway, Northwest Mississippi Community College

Amanda Dunn, Lincoln Memorial University

Paul Helton, Freed Hardeman University

Scott Keiller, Kent State University at Tuscarawas

Katherine McNellis, Lakeshore Technical College Sam Olive, Henry Ford Community College

Robert Strausser, Northwest Mississippi Community College

Victoria Wiese, Lakeshore Technical College

이 책을 집필하는 것은 만만치 않은 작업이었다. 우리는 이 책을 지원해 준 Erin Joyner와 Jack Calhoun에게 특별히 감사드린다.

또한 작년 한 해 동안 지식과 재능을 아낌없이 나누어 주신 Cengage 관계자 분들에게 감사드린다. 집필이 가능하도록 해 주신 분들이다. Jon David Hague, Jennifer Wahi, Charlene Carpentier, Jessica Alderman, Jasmin Tokatlian, Jennifer Levanduski, Don Schlotman.

Cengage에서 재능이 있는 전문가들, 그리고 많은 다른 사람들과 함께 일하는 것이 즐거웠다. 우리는 꾸준한 지지자인 Joann Kozyrev와 편집에 도움을 준 Shannon LeMay-Finn에게 특별히 감사드린다.

Upin St. Catharines, Barbara Kushmier, Kayleigh Hagerman과 Heather Mitterer가 도움을 주었다. 마지막으로, 여행을 가치 있게 만들어 준 우리의 아내들, Severn과 Heather에게 감사드린다.

저자 소개

Dennis Coon

데니스 쿤(Dennis Coon)

『심리학 여행(Psychology: A Journey)』과 『심리학 개론: 마음과 행동으로 가는 문(Introduction to Psychology: Gateways to Mind and Behavior)』, 『심리학: 능동적 모듈학습(Psychology: Modules for Active Learning)』의 저자로, 그의 책은 200만 명이 넘는 학생들이 읽었다. 출판사에서 논평과 고문인으로 활발히 활동하고 있으며, 베스트셀러인 *Choice*의 편집자이면서, PsychNow!의 대화형 디지털 모듈을 디자인하는 것을 도왔다. 그는 하이킹, 사진, 그림, 목공예, 음악을 하며 여가 시간을 즐기며, 클래식 기타와 포크 기타를 연주하고 디자인하고 만든다. 그는 심리학 이외에도 기타 디자인에 대한 기사를 썼으며 때때로 이에 관한 강의를 하기도 한다.

John Mitterer

존 미터러(John Mitterer)

캐나다 맥마스터대학에서 인지심리학 박사학위를 받았다. 최근에는 캐나다 브록대학의 교수진으로 있으면서 3만 명에 가까운 학생들에게 심리학 개론을 가르쳤다. 그는 2003년에 브록대학에서 우수 교육상, 온타리오대학 학부연맹협회에서 교육상, 2004년에 국립 3M교육협회, 그리고 2005년에 캐나다심리학협회의 심리학 교육과 훈련 우수공로상, 그리고 2010년에 브록대학 Don Ulsino 대형강의 최우수상을 받았다. 또한 2006년부터 2009년까지 3년간 브록대학 부총장 우수 교육상을 받았다. 그가 가장 사랑하는 것은 학부교육을 개선하기 위해서 인지적 원리를 적용하는 일이다. 그의 심리학 개론 수업을 위해서 학생과 강사 모두를 위한 교과서와 디지털 제품 같은 부수적인 자료 제작에 참여해 왔다. 캐나다와 미국 전역에서 학부 교육 출판을 하고 강의를 해 왔다. 그는 여가시간에 더 좋은 골퍼가 되려고 노력하며, 그의 평생목표인 세상의 모든 종류의 새를 보는 일을 성취하고자 노력한다. 이를 위해 그는 조류를 관찰하기 좋은 파푸아뉴기니, 우간다, 갈라파고스, 브라질, 중국 등을 여행한다.

요약 차례

차례

Module 8: 뇌와 행동: 뇌 연구 66

Module 9: 뇌와 행동: 뇌의 양 반구와 겉질의 엽 72

Module 10: 뇌와 행동: 겉질밑조직과 내분비계 81

Module 11: 행동하는 심리학: 손잡이 89

Module 12: 인간의 발달: 유전과 환경 93

Module 13: 인간의 발달: 아동기의 정서적 발달과 사회적 발달 104

Module 14: 인간의 발달: 아동기의 언어 발달과 인지 발달 113

Module 15: 인간의 발달: 청소년기와 성인기 124

Module 16: 행동하는 심리학: 안녕감과 행복 136

Module 21: 감각과 지각: 지각과 객관적 타당성 176

Module 22: 행동하는 심리학: 초감각 지각 184

Module 23: 조건형성과 학습: 연합학습과 인지학습 188

Module 24: 조건형성과 학습: 고전적 조건형성 198

Module 25: 조건형성과 학습: 조작적 조건형성 205

Module 26: 조건형성과 학습: 강화와 처벌 213

Module 27: 행동하는 심리학: 행동적 자기관리 223

Module 28: 기억: 기억 체계 227

Module 29: 기억: 기억의 측정 239

Module 30: 기억: 망각 244

Module 31: 기억: 우수한 기억력 256

Module 32: 행동하는 심리학: 기억술 263

Module 33: 인지와 지능: 사고의 양식 267

Module 34: 인지와 지능: 문제해결 278

Module 35: 인지와 지능: 창의적인 사고와 직관 284

Module 36: 인지와 지능: 지능 292

Module 37: 행동하는 심리학: 창의성 향상시키기 306

Module 38: 성격: 성격의 개관 310

Module 39: 성격: 특질 이론 321

Module 40: 성격: 정신역동과 인본주의 심리학 328

Module 41: 성격: 행동과 사회학습 이론 339

Module 42: 행동하는 심리학: 수줍음을 이해하기 348

Module 43: 건강심리학: 건강심리학 개관 352

Module 44: 건강심리학: 스트레스 요인 360

Module 45: 건강심리학: 스트레스 대처 373

Module 46: 건강심리학: 스트레스와 건강 382

Module 47: 행동하는 심리학: 스트레스 관리 388

Module 48: 심리장애: 정상과 정신병리학 393

Module 49: 심리장애: 정신병, 망상장애, 그리고 조현병 403

Module 50: 심리장애: 기분장애 413

Module 51: 심리장애: 불안관련장애와 성격장애 418

Module 52: 행동하는 심리학: 자살 431

Module 53: 치료: 정신적 고통 다루기 436

Module 54: 치료: 정신역동, 인본주의 그리고 인지 치료 446

Module 55: 치료: 행동치료 454

Module 56: 치료: 의학 치료 462

Module 57: 행동하는 심리학: 정신건강 문제와 마주하기 468

Module 58: 사회심리학: 사회적 행동과 인지 476

Module 59: 사회심리학: 사회적 영향 486

Module 60: 사회심리학: 친사회적 행동 497

Module 61: 사회심리학: 반사회적 행동 506

Module 62: 행동하는 심리학: 다문화주의 518

Module 63: 응용심리학: 산업/조직심리학 522

Module 64: 응용심리학: 환경심리학 533

Module 65: 응용심리학: 법, 교육 및 스포츠 심리학 544

Module 66: 행동하는 심리학: 인적 요인 심리학 553

Module 67: 부록: 행동통계학 560

Module 68: 부록: 심리학 공부 이후에 572

1) 참고문헌은 센게이지러닝코리아 홈페이지(www.cengage.co.kr) 자료실에서 다운받으실 수 있습니다.

Module 1

심리학 공부 방법 여러분, 잠시만 이리로!

이 책의 저자들로서 우리는 본 교재의 '사용 설명서'에 온 여러분을 환영합니다. 여러분, 잠깐만! 이 부분을 건너뛰지 마시기 바랍니다. 쭉 읽어 주시기를 부탁드리는 바입니다.

우리들 누구도 사용법을 읽은 후에 새로운 모험을 시작하고 싶어 하지는 않습니다. 비행기에서 내리자마자 휴가를 즐기고, 새로운 게임에 그냥 빠져들고, 신상품 카메라 또는 스마트폰을 바로 사용하고 싶을 수 있습니다. 하지만 인내심을 가져 주기 바랍니다. 심리학을 성공적으로 공부한다는 것은 여러분이 교재를 읽고, 강의시간에 경청하고, 시험공부를 하고, 그다음 그 내용들을 노트 필기할 때 얼마나 *반영적*인지에 달려 있습니다.

좋은 성적을 얻는 학생들은 좀 더 반영적이거나, 더 현명하게 공부하는 경향이 있습니다. 그저 오래 또는 열심히만 공부하지 않습니다. 그들은 또한 시험이 끝난 뒤 오랫동안 자신이 공부한 것을 더 많이 이해하고 기억하는 경향이 있습니다. 심리학은 자신들의 삶을 위한 것이지 단지 시험을 위한 것은 아닙니다. 이 모듈에서 우리는 좀 더 반영적인 학습자가 되기 위한 다양한 방식을 탐색하고자 합니다.

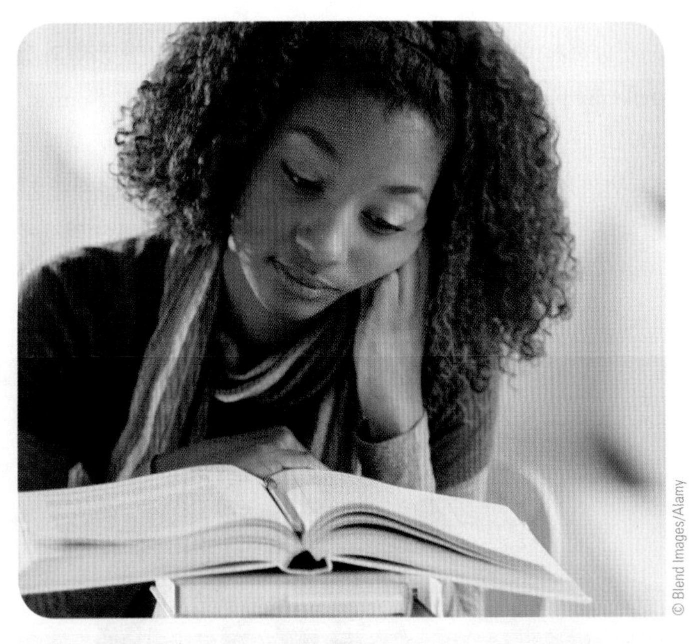
© Blend Images/Alamy

SURVEY QUESTIONS

1.1 반영적 학습이란 무엇인가?
1.2 교재를 읽는 최선의 방식은 무엇인가?
1.3 교실에서 학습을 어떻게 향상시킬 수 있는가?
1.4 무엇이 공부하는 최선의 방식인가?
1.5 좀 더 효과적인 수험생이 되는 방법은 무엇인가?
1.6 뒤로 미루기는 어떻게 극복될 수 있는가?
1.7 디지털 매체가 반영적 과정에 도움이 되는가?

반영적 학습-공부의 신

SURVEY QUESTION 1.1 반영적 학습이란 무엇인가?

여러분은 의심할 여지 없이 가끔 보는 텔레비전 앞에서 느긋하게 쉬는 저녁 시간을 보내고 있을 것이다. 틀림없이 TV는 흥미롭다. 그러나 여러분은 여러분이 무엇을 시청하고 있는지에 대해서 그렇게 많이 생각하고 있지 않다는 것, 그리고 여러분의 후속 기억은 그렇게 상세하지 않다는 것을 자각하고 있을지도 모른다. 여러분은 다소간 수동적으로, 별다른 노력 없이, 자동적으로 경험을 흡수하는 **경험적 과정**(experiential processing)에 종사하는 것이다(Kahneman, 2011; Norman, 1994). 경험적 과정에 보통은 아무런 잘못된 것이 없다. 우리 인간은 그것에 자주 의존한다. 이 책의 나중 모듈에서 보듯이, 대부분의 지각, 일부 학습, 직관, 그리고 창의성은 부분적으로 경험적 과정에 의존한다.

경험적 과정은 오락에는 적합하다. 그러나 여러분의 목표가 강의 내용을 공부하는 것이라면, 경험적 과정은 그렇게 잘 움직여 주지 않는다. 왜 이런 경우가 되는지 알아보기 위해서 최근의 입사 면접을 떠올려 보자. 여러분이 경험적 과정에만 의존해서 면접을 치렀을 것 같지는 않다(만일 여러분이 그렇게 했다면, 그 직장에 입사했을 것 같지는 않다). 대신에 여러분은 질문을 적극적이고 신중하게 듣고, 또 대답하기 전에 다른 방식으로 답변했을 때는 어떻게 받아들일지까지 생각하는 신중한 노력을 쏟는다. 여기서 여러분이 졸고 있지는 않을 것이다. 여러분은 면접을 마치고 깊은 안도의 한숨을 쉬기 전까지는 생각에 집중하고 스스로를 통제한다.

신중하게 반응함으로써(Siegel, 2007) 여러분은 **반영적 과정**(reflective processing)에 종사한 것이다(Kahneman, 2011; Norman, 1994). 단순하게 경험하기보다는 그것에 관해 적극적으로 생각했다. 반영적 과정은 경험적 과정이 충분하지 않을 때면 언제나 개입한다. 그리고 여러분은 적극적이고 노력을 쏟아 당면한 과제에 여러분의 생각을 통제해서 집중해야만 한다.

William Haefeli/www.cartoonbank.com

"대학 가서 공부하기에는 제가 너무 바빠서요."

반영적 학습(reflective learning)은 여러분이 신중하게 반영적이고, 적극적인 자기주도 학습에 종사할 때 일어난다(Hofer & Yu, 2003; Kaplan, 2008). 간단하게 얘기하면, 만일 여러분이 경험하는 것을 신중하게 되새긴다면, 여러분은 교재에서, 강의에서, 그리고 웹사이트에서 더 많이 배울 것이다. (기억 용어로 반영적 학습의 결과를 *정교화 과정*이라고 부르는데, 이것은 모듈 32에서 좀 더 배울 수 있다.) 일반적으로 여기서 제시하는 것은 수동적 학습을 반영적 학습으로 바꾸는 방법이다.

1. *구체적이고 객관적인 학습목표를 세워라.* 구체적 목표를 마음에 두고 각 학습 절을 시작하라. 어떤 지식 또는 기술을 마스터하려고 노력하는가? 달성하고자 희망하는 것은 무엇인가(Burka & Yuen, 2008)?
2. *학습 계획을 세워라.* 여러분의 목표를 어떻게 달성하려 하는가? 학습에 대한 매일, 매주, 매달의 계획을 세워라. 그다음 그것을 실천하라.
3. *스스로 선생이 되어라.* 효과적인 학습자는 조용히 스스로에게 지침을 주고, 자신에게 질문을 던진다. 예를 들면, 여러분이 배울 때 여러분은 자신에게 "여기서 중요한 아이디어는 무엇인가? 내가 기억하는 것은 무엇인가? 내가 이해하지 못하는 것은 무엇인가? 복습을 위해서 필요한 것은 무엇인가?"라고 묻는다.
4. *여러분의 진도를 점검하라.* 반영적인 학습은 자기 감독에 달려 있다. 우수한 학습자는 학습목표에 대한 자신의 진도를 기록한다(읽은 페이지, 공부한 시간, 끝낸 과제 등등). 그들은 공부하면서 스스로에게 퀴즈를 내고, 학습 지침을 사용하고, 자신의 이해를 점검할 수 있는 다양한 방식을 찾는다.
5. *스스로에게 보상하라.* 여러분이 매일, 매주 또는 매달 목표를 달성했을 때 어떤 방식으로, 예를 들면, 영화를 보러 간다든지 새로운 음악을 다운로드하는 식으로 여러분의 노력을 보상하라. 자기 칭찬도 학습을 보상할 수 있음을 자각하라. "이것 봐, 내가 해냈어!"라고 말할 수 있는 것도 보상이 될 수 있다. 장기적으로, 성공, 자기 향상, 그리고 개인적인 만족은 학습에 대한 실질적 요소이다.
6. *자신의 진도와 목표를 평가하라.* 여러분의 수행과 목표를 자주 평가하는 것도 좋은 생각이다. 여러분 학업의 어떤 구체적인 영역에서 향상이 필요한가? 만일 장기적인 목표를 향해서 진도가 제대로 나아가지 않는다면, 여러분의 단기적 목적을 수정할 필요가 있는가?
7. *교정적인 행동을 취하라.* 만일 여러분이 목표에 미달했다면, 시간을 분배하는 방식을 조정할 필요가 있다. 여러분은 인터넷으로 여기저기 돌아다니는 것, 멍때리기, 친구랑 수다 떨기, 아이팟으로 많이 듣는 한계를 확인해 보는 등의 집중을 방해하는 여러분의 학습 환경을 바꿀 필요가 있을 수도 있다.

만일 여러분이 어떤 지식 또는 기술의 부족을 발견했다면, 도움을 요청하고, 튜터링 프로그램 혜택을 받거나, 또는 강의 내용이나 교재를 넘어서는 정보를 찾아라. 반영적으로 학습을 제어하는 방법을 아는 것은 평생의 풍요로움과 개인적인 자율권을 위한 열쇠가 될 수 있다(Van Blerkom, 2012).

반영적으로 읽기–교재를 길들이는 방법

SURVEY QUESTION 1.2 교재를 읽는 최선의 방식은 무엇인가?

읽는 동안 어떻게 나 자신이 좀 더 반영적이 될 수 있는가? 강력한 방식의 하나로서 **자기참조**(self-reference)를 통해서 좀 더 반영

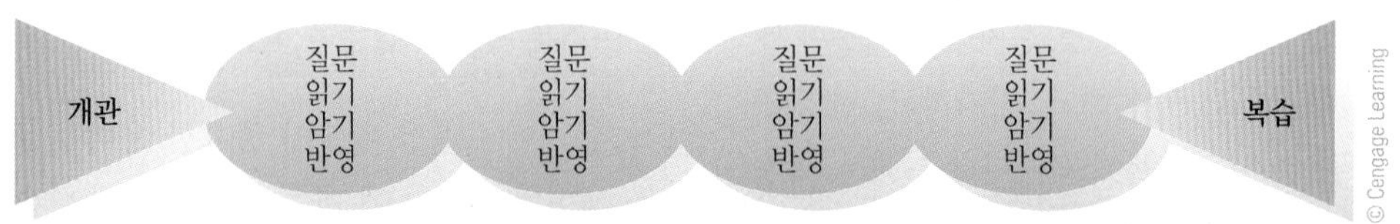

그림 1.1
반영적 SQ4R 방법은 능동적 학습과 정보처리를 촉진한다. 여러분은 얼마만큼 읽을지에 따라 모듈의 개관 또는 모듈 절의 개관으로 시작한다. 그리고 질문, 읽기, 암기, 그리고 반영의 주기를 따라 진행하고, 절 또는 전체 모듈에 대한 복습으로 끝을 맺는다.

적이 될 수 있다. 읽어 나가면서 새로운 사실, 용어, 개념을 이미 잘 알고 있는 자신의 경험과 정보에 연결시킨다. 이렇게 하면 새로운 아이디어가 좀 더 개인적으로 의미 있는 것이 되고, 기억하기 쉽게 된다. **비판적 사고**(critical thinking)는 좀 더 반영적이 되는, 또 다른 강력한 방식이다. 비판적인 사고는 잠시 멈춰서 자신이 읽고 있는 것을 평가하고, 비교하고, 분석하고, 그리고 종합하게 해 준다(Chaffee, 2012). 여러분 또한 이렇게 해야만 한다. 모듈 2에서 심리학에 관해 비판적으로 사고하는 방식을 배우게 될 것이다.

학습을 향상시키는 이러한 방식들은 **반영적 SQ4R 방법**(reflective SQ4R method)으로 결합될 수 있다. SQ4R은 *개관*(survey), *질문*(question), *읽기*(read), *암기*(recite), *반영*(reflect), 그리고 *복습*(review)을 말하는데, 이들은 여러분이 읽은 것에서 최대한을 뽑아내는 데 도움을 준다.

S = *개관*. 모듈을 읽기 전에 먼저 대충 훑어보라. 주제 제목, 그림 설명, 요약을 살펴보는 것으로 시작한다. 다음에 무엇이 있을지에 대한 커다란 그림을 그려 보도록 시도하라. 이 책은 짧은 모듈로 이뤄져 있기 때문에 원한다면 모듈 하나씩만 개관해도 좋다.

Q = *질문*. 읽어 나가면서 각 주제 제목을 한두 개의 질문으로 바꿔 써 보라. 예를 들면, "잠의 단계들" 제목을 읽으면 이렇게 물을 수 있다. "둘 이상의 단계가 있는가?" "잠의 단계들은 어떤 것들이 있는가?" "어떻게 다른가?" 질문을 하면 여러분이 목적을 가지고 읽도록 준비해 준다.

R1 = *읽기*. SQ4R의 첫 번째 R은 읽기를 뜻한다. 읽어 나가면서 한 질문들의 답을 찾아보라. 한 주제 제목에서 다음 주제 제목으로 짧은 단위로 읽고, 멈춰라. 상이한 내용에 대해서는 한 번에 한두 단락만을 읽을 수도 있다.

R2 = *암기*. 적은 양을 읽은 후에 멈춰서 암기 또는 되뇌기를 해야 한다. 자신의 질문을 속으로 대답하려고 노력하라. 또한 방금 읽은 것을 요약하는 간략한 노트를 만들어라. 노트를 만드는 것은 자신이 아는 것과 모르는 것을 드러내 주므로 자신의 지식의 빈 곳을 채울 수 있다(Peverly et al., 2003).

만일 여러분이 주요 아이디어를 요약할 수 없다면, 각 절을 다시 훑어보라. 방금 읽을 것을 이해하고 기억할 수 있을 때까지 더 읽어야 할 필요는 없다. 교재의 짧은 부분을 공부한 후에 다음, 제목을 질문으로 바꿔 보라. 그리고 그다음 제목이 나올 때까지 읽어라. 읽으면서 답변을 찾고, 계속 나아가기 전에 암기 또는 노트를 만들어야 함을 잊지 마라. "여기서 주된 아이디어가 무엇이지?"라고 반복적으로 물어라.

질문-읽기-암기 주기를 전체 모듈(또는 좀 더 짧은 단위를 읽기 원한다면 모듈의 한 부분만)이 끝날 때까지 반복하라.

R3 = *반영*. 읽어 나가면서 읽고 있는 것을 반영하라. 전에 말한 바와 같이, 이렇게 하는 강력한 방식 두 가지는 자기참조와 비판적 사고이다. 이것은 반영적 SQ4R 방법에서 가장 중요한 단계이다. 여러분이 여러분의 읽기에 마음 챙김, 그리고 진실한 관심을 좀 더 많이 가져오면 가져올수록 여러분은 더 많이 배우게 될 것이다(Hartlep & Forsyth, 2000; Wong, 2012).

R4 = *복습*. 읽기를 마쳤을 때 모듈을 다시 한 번 훑어보거나 자신의 노트를 읽어 보라. 그리고 암기하고, 다시 스스로 퀴즈를 해서 기억을 점검하라. 자신의 공부 습관에 자주 그리고 적극적으로 하는 복습이 일반적인 부분이 되도록 노력하라(● 그림 1.1 참조).

이것이 정말로 효과가 있을까? 당연히 효과가 있다. 반영적인 읽기 전략을 사용하는 것은 학습과 과목 성적을 향상시킨다(Taraban, Rynearson, & Kerr, 2000). 또한 향상된 이해는 장기간

경험적 과정 수동적, 노력이 없는, 자동적인 사고
반영적 과정 능동적, 노력이 있는, 통제된 사고
반영적 학습 생각이 깊게 반영적이고 능동적인 자기 지도 공부
자기참조 새로운 정보를 이전의 삶의 경험에 연계시키는 연습
비판적 사고 정보를 평가, 비교, 분석, 비판, 종합하는 능력
반영적 SQ4R 방법 개관, 질문, 읽기, 암기, 반영, 복습이라는 다섯 단계에 기초한 능동적인 공부-읽기 기법

유지된다. 단순하게 교재를 읽기만 하는 것은 지적인 차원에서 소화불량이 될 수 있다. 개관하고, 질문하고, 암기하고, 반영하고, 복습하고, 그리고 방금 읽은 정보를 소화시키기 위해서 자주 멈춰야 하는 이유가 바로 이것이다.

이 책을 사용하는 방법

여러분은 반영적 SQ4R 방법을 어떤 교재에도 적용할 수 있다. 그러나 우리는 여러분이 심리학을 능동적으로 학습하도록 돕기 위해 이 교재를 특별하게 설계하였다. 여러분이 이 모듈을 훈습할 때 다음과 같은 제안을 시범적으로 적용하는 것을 고려해 보라.

개관 각 모듈은 어떤 것들이 다뤄질지와 *개관 질문*(Survey Questions) 목록에 대한 짧은 소개를 포함하는 개관으로 시작한다. 여러분은 이런 특징들을 읽기 시작하면서 중요한 아이디어를 확인하는 데 사용할 수 있다. 이런 도입은 여러분이 읽어야 할 주제들에 대한 관심을 불러일으키는 데 도움이 될 것이며, 개관 질문은 여러분이 읽으면서 찾아야 할 종류의 정보에 대한 좋은 지침이다. 사실상 개관 질문에 대한 답변은 각 모듈에서 중심 개념들의 좋은 요약이다. 지금으로부터 수년이 지나서 여러분이 만일 이러한 중심 개념을 여전히 기억하고 있다면, 저자들은 정말로 기쁠 것이다.

이러한 특징들을 공부한 후에 그림 설명, 그리고 모듈 마지막에 첨부된 재료를 포함하여, 이 모듈에 대해 스스로 개관하는 시간을 잠시 가져라. 이렇게 함으로써 뒤따르는 주제에 대한 심적 지도를 형성하는 데 도움이 될 것이다.

질문 *읽기를 좀 더 흥미 있고 효과적으로 만들기 위해 반영적 SQ4R 방법을 어떻게 사용할 수 있을까?* 교재를 읽으면서 능동적으로 상호작용하려고 노력하라. 아마도 이렇게 하는 가장 효과적인 방법은 읽으면서 스스로에게 많은 질문을 하는 것이다. 예를 들면, 앞에서 언급한 바와 같이, 모듈들과 주요 모듈들은 제목으로 시작한다. 그것들을 질문으로 바꾸려고 노력해 보라. "*비판적 사고*-약방의 감초처럼 써라"가 모듈 2의 한 제목이다. 이것을 여러분에게 떠오르는 질문으로 바꿔라. 예를 들면, "왜 우리는 읽는 것에 대해 의문을 가져야만 하는가?" 만일 여러분이 이러한 질문들에 답변하려는 목적을 가지고 읽는다면, 여러분은 읽고 있는 것에 대한 중요 포인트를 얻기 더 쉬울 것이다. 이 단락을 시작한 것과 같은 *대화 질문*은 여러분이 읽으면서 정보를 찾는 데 집중하도록 도와준다. 이러한 질문들은 여러분과 같은 학생들이 이 책을 읽을 때 마음속에 흐르는 것과 훨씬 유사하다. 비슷하게 개관 질문은 중요 주제를 재인하는 데 도움을 주도록 각 모듈을 통하여 반복된다. 이러한 질문들을 예측하도록 노력하라. 더 좋은 것은 여러분 자신의 질문을 하는 것이다.

읽기 읽기에 도움을 주고자 중요한 용어는 굵은 글씨로 인쇄를 하고, 용어의 정의는 맨 처음에 등장할 때 나온다. 여러분이 읽고 있는 페이지의 하단 구석에서 *용어 설명*을 찾아볼 수도 있다. 따라서 기술적인 용어의 의미에 대해 더 이상 추측할 필요가 없다. 만일 여러분이 강의나 다른 모듈에서 나온 용어를 찾고자 한다면, *찾아보기*를 참고하라. 이 작은 사전집은 책의 마지막에 있다. 덧붙여 그림과 표는 중요한 개념을 빠르게 파악하도록 도와준다.

암기와 반영 작은 단위로 공부하기 수월하도록 본 교재의 각 모듈은 *지식 쌓기*라 불리는 학습지침으로 마무리한다. 지식 쌓기의 암기 질문에 답변하면서 여러분은 방금 읽은 것들을 얼마나 잘 기억하고 있는지를 점검할 수 있다. 덧붙여 *비판적 사고* 질문은 방금 읽은 것들의 방법과 이유에 대해 좀 더 깊게 반영할 수 있도록 이끈다. 그리고 *자기반영* 질문은 여러분 자신의 삶에 새로운 아이디어를 연결하도록 돕는 자기참조를 불러온다. (여러분 스스로 노트를 만들고, 암기하고 반영해야 함을 잊지 말라.)

이 책은 또한 여러분이 읽고 있는 것에 대해 스스로 반영할 수 있는 기회를 제공한다. 몇몇 모듈마다 여러분은 "행동하는 심리학" 모듈을 만나게 될 것이다. 이러한 논의는 여러분이 자신의 삶에 연계시킬 수 있는 실용적인 아이디어로 채워져 있다. 많은 모

표 1.1 반영적 SQ4R 방법 사용하기

개관	• 모듈을 여는 도입 • 개관 질문 • 그림 설명 • 모듈 요약
질문	• 주제 제목 • 개관 질문 • 본문 내 대화식 질문
읽기	• 굵은 글씨체 용어 • 용어 설명(본문 구석에 있음) • 그림과 표
암기	• 질문 암기(지식 쌓기에서) • 퀴즈 연습(온라인) • 노트 작성(읽는 동안 만들기)
반영	• (지식 쌓기에 있는) 비판적으로 생각하기와 자기반영 질문을 포함하여 질문 반영 • 행동하는 심리학(본문 전체에서) • 상자로 제시된 특징(본문 전체에서)
복습	• 모듈 요약 • 굵은 글씨체 용어 • 용어 설명(본문 구석에 있음) • 그림과 표 • 퀴즈 연습(온라인)

듈에서 "심리학 발견하기" 상자는 여러분을 심리학과 연계하도록 초대할 것이다. "비판적 사고" 상자는 여러분의 비판적인 사고 기술을 더 연마시키는 데 사용할 수 있다. 덧붙여 "인간 다양성" 상자는 여러분이 인간 경험의 풍부한 가변성에 대해 다시 생각하게 해 준다. "뇌파" 상자는 어떻게 뇌가 심리학과 연관이 있는지를 보여 준다. 그리고 "임상 파일" 상자는 임상적 문제를 치료하는 데 어떻게 심리학이 적용될 수 있는지를 보여 준다.

복습 각 모듈은 심리학의 커다란 아이디어와 지속적인 원리를 확인할 수 있도록 돕는 꼼꼼히 살피는 "요약"으로 마무리한다. 이러한 요약은 모듈의 시작 부분에서 읽은 동일한 개관 질문을 중심으로 조직되어 있다. 여러분은 나중의 복습을 위해 각 모듈에 걸쳐 용어집 항목으로 되돌아갈 수 있다.

표 1.1은 이 교재가 여러분이 반영적 SQ4R 방법을 적용하는 데 어떻게 도움이 되는지를 요약한다. 이런 모든 도움에도 불구하고 여러분 자신만이 할 수 있는 것들이 여전히 많이 있다.

반영적 노트 필기 – LISAN Up!

SURVEY QUESTION 1.3 교실에서 학습을 어떻게 향상시킬 수 있는가?

반영적으로 교재를 공부하는 것이 최상인 것처럼, 교실에서 배우는 것도 그렇다(Norman, 1994). 효과적인 읽기처럼 좋은 노트는 능동적으로 정보를 찾는 것으로부터 나온다. **반영적 수강자**(reflective listener)는 주의집중을 방해하는 것을 피하고, 아이디어를 능숙하게 모은다. 많은 학생들에게 성공적인 청취/노트 필기 계획을 여기에 소개한다. 청취(listen)라는 단어처럼 발음되는 LISAN은 다음 단계들을 기억하는 데 도움을 줄 것이다.

L = *Lead. Don't follow. 뒤좇지 말고 앞서 나아가라.* 수업에 오기 전에 배정된 자료들을 읽어라. 여러분의 교수가 무엇을 말할 것인지를 스스로에게 질문함으로써 예상을 해 보라. 만일 여러분의 교수가 강의 노트 또는 파워포인트 자료를 강의 전에 제공한다면, 수업에 오기 전에 그것들을 개관해 보라. 반영적인 질문은 이러한 자료, 학습 지침, 읽기 숙제, 또는 여러분 자신의 호기심에서 생길 수 있다.

I = *Ideas.* 모든 강의는 핵심 아이디어에 바탕을 두고 있다. 보통 어떤 아이디어는 설명 또는 보기가 뒤따른다. 스스로에게 종종 다음과 같이 질문하라. "지금 주된 아이디어는 무엇인가? 그것을 지지하는 아이디어는 무엇인가?"

S = *Signal words.* 강사가 취하려는 방향이 무엇인지를 말해 주는 단어에 귀를 기울여라. 예를 들어, 다음과 같은 일부 신호 단어가 있다.

여기에는 세 가지 이유가 있는데…	여기에 아이디어가 있다
가장 중요한 것은…	주된 아이디어
반면에…	반대 아이디어
예로서…	주된 아이디어를 지지
그러므로…	결론

A = *Actively listen.* 몰두할 수 있는 곳에 앉아서 질문하라. 지난 강의 또는 교재에서 답변되길 바라는 질문을 가지고 오라. 수업 시작 때 손을 들거나 또는 강의 전에 교수에게 다가가라. 여러분이 능동적이 되고, 정신 차리게 하고, 참여할 수 있게 도와주는 어떤 것이든지 하라.

N = *Note-taking.* 정확하게 강의 노트 필기를 하는 학생은 시험을 잘 보는 경향이 있다(Williams & Eggert, 2002). 그러나 그냥 베끼는 사람이 되려고 하지는 마라. 모든 것을 듣지만 선택을 하고, 중요 포인트만 받아 적어라. 만일 여러분이 너무 쓰기에만 바쁘면 교수가 말하고 있는 것을 완전히 이해하지 못할 수도 있다. 노트 필기를 할 때 좋은 이야기를 얻으려고 노력하는 리포터라고 자신을 생각하는 것이 도움이 될 수 있다(Ryan, 2001; Wong, 2012).

대부분 학생들은 상당히 좋은 노트 필기를 한다. 그리고 그것들을 사용하지를 않는다. 많은 학생들이 시험이 다가오기 전까지 복습하지 않고 기다린다. 그때가 되면, 자신들의 노트는 대부분 의미를 잃어버린 상태이다. 만일 여러분의 노트가 지렁이가 꾸물꾸물하며 춤추는 것처럼 보이기를 원하지 않는다면, 매일 복습하는 것이 낫다(Ellis, 2013).

노트를 사용하고 복습하기

여러분이 복습을 할 때 만일 다음의 추가 단계를 취한다면 더 배우게 될 것이다(Burka & Yuen, 2008; Ellis, 2013; Santrock & Halonen, 2013).

- 할 수 있는 한 일찍 빈틈을 채우고 생각을 완성시키고 아이디어 사이의 연결을 찾도록 노트를 반영하라.
- 여러분이 이미 알고 있는 것과 새로운 아이디어를 연결할 수 있도록 기억하라.
- 노트를 요약하라. 노트를 압축시키고, 조직하라.
- 각 수업 시간이 끝난 후 여러 주된 아이디어, 정의 또는 시

반영적 수강자 주의를 유지하고, 주의산만을 피하고, 강의에서 정보를 능동적으로 얻는 방법을 아는 사람

험 문제가 되기 쉬운 상세한 부분들을 적어 내려가라. 그리고 노트에서 질문을 만들고 그것에 답을 할 수 있는지를 확인하라.

요약 LISAN이란 철자는 능동적 학습의 지침이지만, 경청하기와 좋은 노트 필기만으로는 충분하지 않다. 여러분은 또한 새로운 아이디어를 복습하고, 조직하고, 반영하고, 확장하고, 숙고해야만 한다. 수업 시간에 몰입할 수 있도록 능동적 학습법을 이용하면, 여러분은 의심할 여지 없이 더 배우게 될 것이다(Van Blerkom, 2012).

반영적 학습 전략 – 성공 습관 만들기

SURVEY QUESTION 1.4 무엇이 공부하는 최선의 방식인가?

학점은 머리에 의존하는 것만큼이나 노력에 의존한다. 그러나 좋은 학생은 단순히 열심히만 공부하는 것이 아니라, 좀 더 효율적으로 공부한다는 것을 잊지 마라. 강의 노트를 재복사하고, 교재는 놔둔 채 수업 노트만을 공부하는 것(또는 수업 노트는 빼고 교재만 공부하는 것), 모듈을 대충 윤곽만 훑어버리고, 질문에 책을 펴서 대답하는 것, 그리고 (종종 파티가 되어 버리는) '그룹스터디' 등 많은 학습 상황은 반영적이지 않다. 최상의 학생들은 질을 강조한다. 그들은 자신의 교재와 노트를 깊이 있게 공부한다. 그리고 수업에 규칙적으로 출석한다. 나쁜 성적을 '자신의 통제를 넘어서는' 어떤 사상으로 탓하는 것은 잘못이다. 성공하려는 동기가 있는 학생들은 종종 더 나은 성적을 받는다(Perry et al., 2001). 여러분의 학습 습관을 향상시키기 위해 할 수 있는 몇 가지를 살펴보자.

특정 장소에서 공부하기 이상적으로, 조용하고 조명이 적당한, 주의가 산만하지 않은 장소에서 공부해야만 한다. 만일 가능하다면, 여러분은 또한 오직 공부만을 위한 한 군데 장소가 있어야만 한다. 거기에서는 다른 아무것도 하지 마라. 잡지, mp3 플레이어, 친구, 휴대폰, 애완동물, 트위터, 비디오 게임, 퍼즐놀이, 음식, 연인, 스포츠카, 코끼리, 피아노, TV, 페이스북, 그리고 다른 주의를 산만하게 만드는 것들을 그 영역에서 치워 버려라. 이런 방식이 특정한 장소와 공부의 습관을 강하게 연결하도록 만든다. 그러면 여러분이 공부하려고 굳이 노력하기보다는 공부하는 장소에 가는 것이 여러분이 해야 하는 유일한 일이다. 거기에 가면 공부를 시작하기가 비교적 쉬워진다는 것을 알게 될 것이다.

여유가 있는 공부 시기를 사용하기 시험을 앞두고 집중적으로 복습을 하는 것은 합리적이다. 그러나 만일 여러분이 오로지 (새로운 정보를 마지막 순간에 배우는 식의) 벼락치기 공부만 한다면 커다란 위험을 안게 된다. 분산학습이 훨씬 더 효과적이다(Anderson, 2010a). **분산학습**(spaced practice)은 상대적으로 짧은 학습 기간이 여러 개로 이루어져 있다. 길고, 쉼이 없는 학습 시간은 **집중학습**(massed practice)이라고 불린다. (만약에 여러분이 공부를 '왕창 밀어 넣으면' 아마도 펑 터져 버릴 것이다.)

벼락치기는 기억에 커다란 부담을 준다. 보통은 시험 전 마지막 날에는 어떤 주제에 대한 새로운 어떤 것도 학습하려고 노력하지 않는 편이 좋다. 매일 조그만 양을 공부하고 자주 복습하는 것이 훨씬 낫다.

기억술 시도하기 학습은 어디에선가 시작해야만 하고, 기억하는 것은 종종 그 첫 번째 단계가 된다. 기억을 향상시키는 많은 최선의 방법들을 모듈 31과 32에서 다루고 있다. 여기서는 그러한 기법 가운데 한 가지 유형만을 살펴보자.

기억술(mnemonic)은 어떤 기억 도우미이다. 기억술은 여러 가지 방식으로 창안해 낼 수 있다. 대부분의 기억술은 새로운 정보를 기억하기 쉬운 아이디어 또는 이미지와 연결한다. 예를 들면, 오리를 뜻하는 스페인 단어 *pato*(POT-oh로 발음)를 기억하기를 원한다면 어떻게 하겠는가? 기억술을 사용하기 위해서 여러분은 냄비(pot) 안에 있는 오리, 또는 냄비를 모자처럼 쓰고 있는 오리를 그려 볼 수 있다. (한국어 사용자들은 영어 단어 거북이를 뜻하는 turtle을 기억하기를 원한다면 어떻게 하겠는가? 기억술을 사용하기 위해서 여러분은 풍선에 다가가서 '터뜨~ㄹ'이는 거북이 이미지를 그려 볼 수 있다.) 유사하게 소뇌는 조화를 관장한다는 사실을 기억하려면 조화로운 소뇌라는 사람 모습을 그려 볼 수 있다. 최상의 결과를 위해서, 여러분의 기억술 이미지를 과장되고, 괴기스럽고, 상호작용하는 상황으로 만들라(Macklin & McDaniel, 2005; Radvansky, 2011).

기억술은 새로운 정보를 좀 더 친숙하고, 기억하기 쉽게 하는 데 도움이 된다. 머리에 냄비를 쓰고 있는 오리 이미지를 형성하면, 오리를 뜻하는 스페인 단어 pato를 기억하는 데 도움이 될 수도 있다.

스스로 시험 보기 학점을 향상시키는 최고의 방식은 실제 시험을 치르기 전에 연습 시험을 보는 것이다(Karpicke & Blunt, 2011). 다른 말로 하면 반영적 학습은 **자기검증**(self-testing)을 포함해야만 한다. 그것은 여러분이 스스로에게 질문하는 것을 의미한다. 플래시 카드, 지식 쌓기 암기, 비판적으로 생각하기, 질문의 자기반영, 온라인 퀴즈, 학습 지침, 또는 다른 방식들을 공부하면서 사용할 수 있다. 공부하면서 여러 질문을 스스로에게 물어보고, 거기에 대답할 수 있는지를 분명하게 한다. 자기검증 없이 공부하는 것은 바스켓 슈팅 없이 농구 경기를 연습하는 것과 같다.

좀 더 편리한 자기검증을 위해 여러분의 교수가 "학습 지침" 또는 별도의 책자로 된 "연습 퀴즈"를 준비했을 수도 있다. 여러분은 어느 것이나 복습을 위해서 사용할 수 있다. 연습 퀴즈는 나중에 소개하는 것처럼, "심리학 코스메이트" 웹사이트에서도 사용 가능하다. 그러나 연습 퀴즈를 여러분 교재나 강의 노트를 공부하는 것 대용으로 사용해서는 안 된다. 퀴즈 단독으로만 배우려고 하는 것은 아마도 여러분의 학점을 낮출 것이다. 여러분이 좀 더 깊게 공부할 필요가 있는 것이 무엇인지를 알아내는 데 퀴즈를 사용하는 것이 최상이다(Brothen & Wambach, 2001).

과잉학습 많은 학생들은 시험에 대해서 덜 준비한다. 그리고 대부분 자신들이 얼마나 잘할 것인가에 대해 과대추정한다. 두 가지 문제에 대한 해결책 하나는 **과잉학습**(overlearning)하는 것이다. 여러분의 어떤 주제에 대한 최초의 숙달 수준을 넘어서도 공부를 계속 하는 것이다. 다른 말로 하면, 여러분이 시험에 준비가 되었다고 생각한 후에도 과외의 공부를 하고 복습하는 것을 계획하는 것이다. 과잉학습의 한 가지 방법은 모든 시험이 주관식 시험이 될 것처럼 접근하는 것이다. 그런 방법은 여러분이 좀 더 완전하게 학습하게 만들고, 여러분은 공부한 것을 더 확실히 알게 된다.

반영적으로 시험 보기

SURVEY QUESTION 1.5 좀 더 효과적인 수험생이 되는 방법은 무엇인가?

내가 읽고, 경청하고, 효과적으로 공부한다면, 학점을 향상시키기 위해서 그 밖에 내가 할 수 있는 다른 어떤 것이 있는가? 여러분은 시험에서 여러분이 알고 있는 것 또한 보여 줄 수 있어야 한다. 여기에 시험 보기 기술을 향상시키는 몇 가지 방법이 있다.

일반적인 시험 보기 기술

여러분이 만약 다음 지침을 주시한다면, 모든 유형의 시험을 더 잘 보게 될 것이다.

1. 모든 지시와 문제를 조심스럽게 읽어라. 여러분에게 좋은 조언 또는 단서를 제공할 수도 있다.
2. 시험을 시작하기 전에 전체 시험을 빠르게 개관하라.
3. 좀 더 어려운 질문에 시간을 소비하기 전에 쉬운 질문에 답하라.
4. 모든 질문에 답변했는지 확실히 확인하라.
5. 시간을 현명하게 사용하라.
6. 필요하다면 해명을 얻기 위해 질문하라.

객관식 시험 객관식 시험에 대한 몇 가지 추가 전략이 여러분이 좀 더 잘할 수 있게 도와줄 수 있다. 사지선다 그리고 OX 문제 같은 객관식 시험은 틀린 답들 사이에서 정확한 답을 재인하거나 또는 참인 문장과 거짓인 문장 사이를 구분하기를 요구한다. 여기에 객관식 시험을 치르는 몇 가지 전략이 있다.

1. 질문을 여러분이 그 주제에 대해 알고 있는 것과 연계시키라. 그리고 그 대안 질문을 읽어라. 여러분이 찾고자 기대하는 답변과 일치하는 것이 있는가? 아무것도 일치하지 않는다면, 그 선택을 재점검하고 부분 일치를 찾아라.
2. 선택을 내리기 전에 각 문제에 대한 모든 보기를 읽어라. 그 이유는 다음과 같다. 만일 여러분이 즉각적으로 a가 답이라고 생각하고 읽기를 멈춘다면, 여러분은 a와 d같이 더 나은 답을 볼 기회를 놓칠 수도 있다.
3. 빠르게 읽고 확실하지 않은 항목은 건너뛰라. 어려운 항목에 답하는 데 도움이 되는 공짜 정보를 찾을 수도 있다.
4. 분명한 대안은 제거하라. 사지선다 시험에서 추측해서 4개 중 하나는 맞을 확률이 있다. 만일 2개의 대안을 제거할 수 있다면, 추측 확률은 50-50으로 증가한다.
5. 찍기에 대한 감점이 없는 한 건너뛴 문항에 대해서도 답을 했는지 점검하라. 비록 답에 대해 확실하지 않더라도 여러분이 맞을 수도 있다. 만일 답을 하지 않고 남겨 둔다면 자동으로 틀린 것이 된다. 여러분이 답을 찍어야만 한다면 답이 가장 긴 것이나, 바로 앞에서 답으로 나온 번호는 택하지 마라. 두 가지 전략은 무선 추측 전략에 비해서 점수를 낮춘다.
6. 다음과 같은 종류의 민간 지혜를 따르는 것은 오류다. "사지선다 문제에서 답을 바꾸지 마라. 보통은 처음에 선택한 답이 옳다." 이것은 틀렸다. 만일 여러분이 답을 변경한다면, 점수

분산학습 상대적으로 짧은 공부 기간이 많도록 분산된 학습
집중학습 길고, 중단 없는 공부 기간에 하는 학습
기억술 기억 보조 기구 또는 책략
자기검증 스스로에게 질문함으로써 학습을 평가하는 것
과잉학습 어떤 주제를 통달했다고 스스로 생각한 후에도 공부와 학습을 계속하는 것

를 잃기보다 얻을 가능성이 더 있다. 여러분이 처음 선택에 대해서 불확실하면 특히 사실이고, 또는 만일 두 번째 선택이 더 반영적이라면 그것은 예감이었을 것이다(Higham & Gerrard, 2005).

7. 각 질문에 최선인 답 하나를 찾아라. 어떤 답들은 부분적으로 옳을 수도 있지만 어떤 식으로는 오류가 여전히 있다. 만일 불확실하다면, 각 보기를 10점 만점으로 평정해 보라. 가장 높은 평정을 받은 것이 여러분이 찾던 것이다.
8. 항상 또는 결코 존재하지 않는 경우는 거의 없음을 기억하라. 가장, 적어도, 최선의, 최악의, 가장 큰, 가장 작은 등의 최상급이 포함된 답은 종종 틀린 것이다.

논술식 시험 논술식 문제는 조직화가 부족하거나, 자신의 아이디어를 지지하지 않거나, 또는 질문에 대한 답을 돌직구처럼 직접적으로 표현하지 않는 학생에게는 약점이 된다. 논술식 시험을 칠 때 다음을 시도해 보라.

1. 문제를 신중하게 읽어라. 비교하라, 대비하라, 논의하라, 평가하라, 분석하라, 기술하라 등의 중요 단어를 노트하는 것을 분명히 해라. 이러한 단어들은 모두 여러분 답변에서 어떤 강조점을 요구한다.
2. 문제에 답하라. 만일 문제가 정의와 사례를 요구한다면, 둘 다 제시하는 것을 분명히 하라. 정의만 제시하거나 사례만 제시하는 것은 반만 맞히는 것이다.
3. 잠시 동안 여러분의 답을 곰곰이 반영하고, 여러분이 만들고자 했던 주요 핵심을 목록으로 만들어라. 마음에 떠오르는 대로 적어라. 그러고 나서 논리적인 순서로 그 아이디어를 재배열하고, 작문을 시작하라. 상세한 계획이나 개요는 불필요하다.
4. 답을 빙빙 돌려 말하거나, 쭈뼛쭈뼛하지 마라. 돌직구처럼 직접적으로 써라. 핵심을 만들고, 그것을 지지하라. 아이디어 목록을 말로 만들어라.
5. 여러분이 작성한 답에서 철자나 문법에 오류가 있는지 살펴보라. 그것을 마지막으로 정리하라. 여러분의 아이디어가 더 중요하다. 만일 그러한 오류들이 학점에 영향을 준다면, 철자와 문법에 대해 별도로 작업할 수도 있다.

단답식 시험 빈칸 채우기, 용어 정의하기, 특정한 항목을 나열하기 등을 요구하는 시험은 어려울 수 있다. 보통은 질문 그 자체에 정보가 거의 담겨 있지 않다. 만일 답을 알지 못한다면 문제에서 그리 많은 도움을 얻지 못할 것이다. 단답식 시험을 준비하는 최상의 방식은 내용을 상세하게 과잉학습하는 것이다. 공부하면서 관련된 용어의 목록에 특별한 주의를 기울여라.

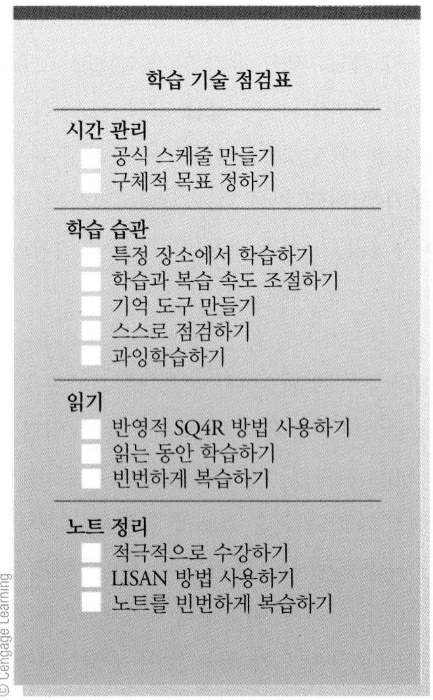

학습 기술 점검표

시간 관리
- ☐ 공식 스케줄 만들기
- ☐ 구체적 목표 정하기

학습 습관
- ☐ 특정 장소에서 학습하기
- ☐ 학습과 복습 속도 조절하기
- ☐ 기억 도구 만들기
- ☐ 스스로 점검하기
- ☐ 과잉학습하기

읽기
- ☐ 반영적 SQ4R 방법 사용하기
- ☐ 읽는 동안 학습하기
- ☐ 빈번하게 복습하기

노트 정리
- ☐ 적극적으로 수강하기
- ☐ LISAN 방법 사용하기
- ☐ 노트를 빈번하게 복습하기

그림 1.2

다시 한 번 답을 확실히 알고 있는 문제부터 시작하는 것이 최상이다. 다음은 여러분이 아마도 알고 있다고 생각하는 문제의 답을 채워 나가는 것이다. 답을 전혀 모르겠는 문제는 빈칸으로 남겨 둘 수 있다.

학습 기술의 요약은 그림 1.2를 보라.

미루기 – 최후의 순간에 오는 우울함을 피하기

SURVEY QUESTION 1.6 뒤로 미루기는 어떻게 극복될 수 있는가?

이 모든 반영적 기법은 좋다고 하더라도 미루기는 내가 어떻게 할 수 있겠는가? 미루는 경향성은 거의 보편적이다. 미루기가 실패로 이끌지 않는 경우에도 많은 고통을 불러올 수 있다(Sirois & Tosti, 2012; Wohl, Pychyl, & Bennett, 2010). 미루기를 하는 사람은 압박을 받는 상황 속에서만 공부하고, 수업에 빠지고, 늦게 낸 보고서에 거짓 이유를 제시하고, 자신들이 한 마지막 노력에 대해 부끄러워한다. 그들은 좌절감, 지루함, 죄의식을 좀 더 자주 느끼는 경향성이 있다(Blunt & Pychyl, 2005).

왜 그렇게 많은 학생들이 미루기를 하는가? 많은 학생들은 학점을 자신의 개인적 가치와 동격이라고 한다. 즉 그들은 마치 학점이 자신이 인생에서 성공할 수 있는 얼마나 좋고 스마트한 사람인지 말해 주는 것처럼 행동한다. 미루기를 함으로써 그들은

자신의 부족한 결과를 능력의 부족 때문이라기보다는 늦은 시작 때문이라고 탓할 수 있다(Beck, Koons, & Milgrim, 2000). 그렇게 되면 그것은 자신의 최선의 노력이 아닌 것이다. 그렇지 않은가?

완벽주의도 관련 문제이다. 만일 여러분이 불가능하다고 본다면, 과제를 시작하기 어려울 것이다. 높은 기준을 가지고 있는 학생은 "모 아니면 도"식의 학업 습관으로 마무리되는 경우가 종종 있다(Onwuegbuzie, 2000).

시간 관리

미루기를 하는 대부분의 사람들은 궁극적으로 자기 가치 문제에 맞닥뜨리게 된다. 그럼에도 불구하고 대부분의 사람들은 공부 기술과 더 나은 시간 관리를 학습함으로써 개선될 수 있다. 우리는 이미 일반적인 학습 기술을 논의하였고, 따라서 시간 관리에 대해서 좀 더 상세하게 살펴보도록 하자.

주간 시간 스케줄(weekly time schedule)은 공부, 일, 그리고 여가 활동을 위한 시간을 분배하는 명기된 계획이다. 스케줄을 준비하기 위해서 일주일간의 매일매일 모든 시간을 보여 주는 차트를 만든다. 그리고 잠자기, 식사하기, 수업, 아르바이트, 약속 등의 이미 관여하고 있는 시간들로 채운다. 다음에 여러 수업을 위해 공부하는 시간으로 채운다. 마지막으로 남은 시간은 여유 시간 또는 미정이라고 이름 붙인다.

매일매일 여러분의 스케줄을 점검표로 사용할 수 있다. 이런 방식으로 어떤 과제가 완결되었고 어떤 과제에 여전히 신경을 써야 하는지를 한 번에 알 수 있다(Burka & Yuen, 2008).

각각의 과목에 대하여, 모든 퀴즈, 시험, 보고서, 연구서, 그리고 다른 주요 과제들의 날짜를 열거해 놓은 **학기 스케줄**(term schedule)을 만드는 것도 유용하다고 알게 될 것이다.

여러분의 공부 시간을 중대한 전념 시간으로 취급해야 함을 명심해라. 그러나 여러분의 자유 시간도 또한 존중해야 한다. 그리고 기억하라. 열심히 공부하고 시간 관리를 실천하는 학생이 더 나은 학점을 받는다는 것을 말이다(Rau & Durand, 2000).

목표 설정

앞서 언급한 바와 같이, 반영적이고, 능동적인 학습자인 학생은 공부에 대한 **구체적 목표**(specific goals)를 정한다. 그러한 목표는 명백하고 측정 가능해야 한다(Burka & Yuen, 2008). 만일 여러분이 동기유지가 어렵다고 깨닫게 된다면, 그 학기, 그 주, 그 날, 그리고 짧은 공부 시간에 대한 목표를 정하려고 시도해 보라. 그리고 또한 수업 초기에 더 노력을 하면 나중에 받을 스트레스가 현격하게 줄어든다는 것을 자각하고 있어야 한다. 만일 여러분의 교수가 과제를 자주 내주지 않는다면, 자신의 일일 단위의 목표를 정하라. 이런 방식으로 여러분은 커다란 과제를 여러분이 완결해 낼 수 있는 일련의 작은 과제로 바꿀 수 있다(Ariely & Wertenbroch, 2002). 5일에 걸쳐 40페이지짜리 한 단원을 매일 8페이지씩 읽고, 공부하고, 복습하는 것이 보기가 될 것이다. 본 교재를 예로 들자면, 매일 한두 모듈을 읽는 것이 좋은 진도가 될 것이다. 기억하라. 작은 단계가 많이 모이면 인상적인 여정이 될 수 있다.

학습을 모험으로 만들기

기억해야 할 마지막 요점은 과제가 즐겁지 않다고 생각한다면 아마도 미루기 더 쉬울 것이라는 것이다(Pychyl et al., 2000). 배운다는 것은 힘든 작업이 될 수 있다. 그럼에도 불구하고 많은 학생들은 학업을 흥미롭고 즐길 만한 것으로 만드는 방법을 찾는다. 여러분의 학업을 게임, 스포츠, 모험, 또는 단순하게 더 나은 인간이 되는 법인 것처럼 접근하려고 시도해 보라. 가장 좋은 교육 경험은 도전적이지만, 여전히 재미있다(Ferrari & Scher, 2000; Santrock & Halonen, 2013).

사실상 모든 주제가 어떤 사람, 어떤 곳에서는 흥미롭다. 여러분은 남미 청개구리의 성생활에 특별하게 관심이 없을 수도 있다. 그러나 생물학자들은 여기에 매혹되어 있을 수도 있다(다른 청개구리도 역시). 만일 여러분이 교수가 그 과목을 흥미롭게 만들어 주기를 기다리고 있다면, 여러분은 요점을 놓치고 있는 것이다. 흥미란 여러분 태도의 문제이다(Sirois & Tosti, 2012).

디지털 매체를 사용하기–새로운 지식을 그물망 치기

SURVEY QUESTION 1.7 디지털 매체가 반영적 과정에 도움이 되는가?

디지털 매체는 좀 더 반영적이 되는 또 다른 방식을 제공한다. 기억상실증부터 동물원공포증까지 어떤 심리학 용어도 인터넷으로 찾으며, 여러분은 엄청난 양의 정보를 발견하게 된다. 웹사이트는 미국심리학회가 제공하는 것과 같은 권위적인 것에서부터 위키피디아와 개인 블로그까지 다양하다. 그러나 인터넷에서 얻은 정보는 항상 옳지 않다는 것을 잊지 마라. 대부분의 웹사이트를

주간 시간 스케줄 일주일 동안 공부, 일, 여가 활동을 위한 시간을 배정해서 써놓은 계획

학기 스케줄 전체 학기 동안 각 강좌에 대한 모든 주요 과제의 일정을 열거해서 써놓은 계획

구체적 목표 명확하게 정의되고 측정 가능한 결과를 지닌 목표

회의주의라는 예방약을 들고 접근하는 것이 현명하다.

심리학 웹사이트

인터넷상의 심리학에 대해서 더 알아보려면, 다음과 같은 고품격의 웹사이트를 살펴보라.

PsycINFO 심리학적 지식은 특별한 온라인 데이터베이스를 통해서도 찾아볼 수 있다. 최상의 것 중 하나가 미국심리학회(APA)가 제공하는 PsycINFO이다. **PsycINFO**는 심리학 분야에서 과학적이고 학술적인 문헌들에 대한 요약을 제공한다. PsycINFO에서 각 기록은 초록(짧은 요약)에다 저자, 제목, 출처, 그리고 다른 세부내용에 대한 노트를 더해 놓았다. 모든 항목은 주제어로 색인 정리되었다. 그러므로 여러분은 다양한 주제에 대해 약물 남용, 산후우울증, 창조성 같은 주제어를 입력해서 찾을 수 있다.

거의 모든 대학과 대학교가 PsycINFO를 구독하고 있다. 여러분은 보통 PsycINFO를 여러분이 다니는 대학교 도서관 또는 컴퓨터 센터의 터미널을 이용해서 찾을 수 있다. 물론 무료다. 미국심리학회 PsycINFO 다이렉트 서비스를 통해 직접적으로 접근할 수도 있다(비용이 든다). PsycINFO에 어떻게 접근해야 하는지에 관해서 더 정보가 필요하면, 웹사이트 www.apa.org/pubs/databases/psycinfo/index.aspx를 참고하라.

APA와 APS 웹사이트 APA와 APS(미국심리과학회)는 많은 주제에 관한 일반적으로 흥미가 있는 논문의 온라인 도서관을 운영하고 있다. 여러분이 심리학적 주제에 관한 질문이 있을 때 문의할 가치가 있다. 여러분은 www.apa.org와 www.psychologicalscience.org에서 그것을 찾을 수 있다. 신문이나 잡지에 실린 최근 논문에 대한 링크는 APA의 PsycPORT 페이지 www.apa.org/news/psycport/index.aspx를 찾아보라.

맺음말

선(禪)에는 살아 있는 말과 죽은 말이 있다. 살아 있는 말은 개인 경험에서 오고, 죽은 말은 대상에 관한 것이다. 여러분이 지적인 여정을 하려는 도전을 수용하지 않는 한 이 책은 오직 죽은 말들의 집합일 뿐이다. 여러분은 후속 페이지들에서 많은 도움이 되고 유용하고 흥분되는 아이디어들을 만나게 될 것이다. 그것을 여러분의 것으로 만들기 위해서는, 여러분이 할 수 있는 한 최대한 능동적이고 반영적으로 시작해야만 한다. 여기에 제시된 아이디어들이 여러분을 좋은 출발선에 놓았을 것이다. 행운을 빈다!

더 많은 정보를 위해서, 다음 책들 중 아무 것이나 골라 살펴보라.

Chaffee, J. (2012). *Thinking critically* (10th ed.). Belmont, CA: Cengage Learning/Wadsworth.

Ellis, D. (2013). *Becoming a master student: Concise* (14th ed.). Belmont, CA: Cengage Learning/Wadsworth.

Santrock, J. W., & Halonen, J. S. (2013). *Your guide to college success: Strategies for achieving your goals* (7th ed.). Belmont, CA: Cengage Learning/Wadsworth.

Van Blerkom, D. L. (2012). *College study skills: Becoming a strategic learner* (7th ed.). Belmont, CA: Cengage Learning/Wadsworth.

Wong, W. (2012). *Essential study skills* (7th ed.). Belmont, CA: Cengage Learning/Wadsworth.

PsycINFO 심리학의 과학적 · 학술적 문헌에 대한 간략한 요약을 제공하는, 탐색 가능한 데이터베이스

모듈 1: 요약

1.1 반영적 학습이란 무엇인가?

1.1.1 반영적 학습은 생각이 깊게 반영적이고 능동적인 자기지도 학습이다.

1.2 교재를 읽는 최선의 방식은 무엇인가?

1.2.1 지금 읽고 있는 것에 대해서 능동적으로 생각하는 것이 포함되는 반영적 읽기는 수동적 읽기보다 더 낫다.

1.2.2 좀 더 능동적인 독자가 되는 한 가지 방식은 개관, 질문, 읽기, 암기, 반영, 복습이라는 반영적 SQ4R의 여섯 단계를 따르는 것이다.

1.3 교실에서 학습을 어떻게 향상시킬 수 있는가?

1.3.1 수업 중 반영적 학습은 능동적으로 듣는 것이다.

1.3.2 좀 더 능동적인 청자가 되는 한 가지 방식은 뒤쫓지 말고 앞서 나아가기, 아이디어, 신호 단어, 능동적 듣기, 노트 필기라는 LISAN의 다섯 단계를 따르는 것이다.

1.4 무엇이 공부하는 최선의 방식인가?

1.4.1 더 반영적인 공부는 특정한 장소에서 공부하기, 학습 기간을 분산시키기, 기억술을 이용해 보기, 스스로 점검하기, 과잉학습하기를 포함한다.

1.5 좀 더 효과적인 수험생이 되는 방법은 무엇인가?

1.5.1 일반적인 시험 보기 능력을 향상시키는 다양한 지침서가 있다.

1.5.2 객관식 시험, 주관식 시험, 단답식 시험에 좀 더 특화된 전략이 있다.

1.6 뒤로 미루기는 어떻게 극복될 수 있는가?

1.6.1 미루기는 시간 관리, 목표 정하기, 학습을 모험으로 만들기를 통해 극복할 수 있다.

1.7 디지털 매체가 반영적 과정에 도움이 되는가?

1.7.1 디지털 매체는 모든 웹사이트에 회의주의라는 약방의 감초를 들고 접근하는 한 좀 더 반영적이 되는 또 다른 방식이 된다.

모듈 1: 지식 쌓기

암기

1. 학습 목표를 세우고, 자신의 진도를 검토하는 것은 ______ 학습의 중요한 부분이다.
2. 반영적 SQ4R에서 4개의 R은 read, recite, reflect, review를 나타낸다. O X
3. LISAN 방법을 사용할 때, 학생들은 강의 내용을 가능한 한 많이 받아 적으려고 노력해야 노트가 완성된다. O X
4. 분산학습 기간은 보통 집중학습보다 우월하다. O X
5. 연구에 따르면 여러분은 거의 항상 사지선다형 시험에서 최초에 택한 답을 고수해야 한다. O X
6. 과잉학습으로 알려진 기법을 사용하기 위해서 여러분은 어떤 주제를 통달했다고 느낀 후에도 계속 공부를 해야만 한다. O X
7. 미루기는 완벽을 추구하기와 자기 가치와 학점을 동등하게 보정하기와 관련이 있다. O X

반영

비판적으로 생각하기

8. 반영적 SQ4R 방법과 LISAN 방법이 어떻게 관련되어 있는가?

자기반영

여러분이 생각하기에 어떤 공부 기술이 여러분을 가장 많이 도울 수 있을까? 여러분이 이미 사용하고 있는 어떤 기법이 있는가? 여러분이 생각하기에 어떤 것을 시도해 봐야겠는가? 자기조절 학습에 여러분은 어느 정도까지 종사하고 있는가? 더 능동적이고, 목표지향적인 학습자가 되기 위해 여러분은 어떤 단계를 밟을 수 있는가?

정답

1. 반영적 2. O 3. X 4. O 5. X 6. O 7. O 8. 두 방법 모두 효과적으로 학습하는 방식으로 사람들을 반영적이 되도록 격려하고, 정보를 능동적으로 찾도록 격려한다.

2 Module

심리학 소개: 심리학, 비판적 사고, 그리고 과학

왜?

꿈꾸는 자에게 38.4km는 무엇일까? 2012년 10월, 펠릭스 바움가르트너는 바로 그 높이의 창공에서 기구로 띄워 올린 캡슐 밖으로 뛰어내렸다. 궁극의 스카이다이버는 시속 1,280km의 속도로 지상을 향해 곤두박질치다가, 낙하산을 펴고 활강을 하면서 안전한 착륙으로 마무리하였다.

여러분은 펠릭스 바움가르트너가 무슨 생각을 하고 있었을지 궁금할 것이다. 그러나 여러분은 사람들이 결혼하고, 해군에 자원입대하고, 철인삼종 경기를 하고, 장미를 키우고, 자살폭탄테러를 하고, 대학에 진학하고, 또는 수도원에서 평생을 보내는 이유에 대해 똑같이 궁금해 할 수도 있다. 여러분은 (꼭 집어서 이야기한다면, 바로 이 책의 저자들처럼) 아주 가끔은 왜 자신이 이렇게 행동했는지에 대해서 스스로에게조차 궁금해 할 수도 있다. 환언하면, 여러분은 인간 행동에 대해서 호기심이 있을 공산이 크다. 이것이 바로 여러분이 심리학 과목을 택해서 수강하고, 이 책을 읽는 이유 중 하나일 수도 있다.

일반적으로 심리학자들은, 예를 들면 "펠릭스! 왜 그랬어?"와 같은 인간 행동에 대한 질문에 답을 찾고자 어떻게 시작하는가? 이제 알아보도록 하자.

Jay Nemeth/ZUMAPRESS/Newscom

SURVEY QUESTIONS

2.1 심리학이란 어떤 학문이며, 그 목표는 무엇인가?
2.2 비판적 사고란 무엇인가?
2.3 행동에 관한 거짓된 설명과 심리학은 어떻게 다른가?
2.4 심리학 연구에 과학적 방법이 어떻게 적용되는가?

심리학–행동하라!

SURVEY QUESTION 2.1 심리학이란 어떤 학문이며, 그 목표는 무엇인가?

펠릭스의 익스트림 스카이다이빙에 관해 의아해하는 우리가 인간 행동에 관해 궁금증을 가진 최초의 인간은 아니다. 심리학이란 단어, *psychology*는 고대 그리스 어원의 마음을 의미하는 *psyche*와 지식 또는 학문을 의미하는 *logos*에서 유래되어 수천 년이나 오래되었다. 그러나 여러분은 마음을 보거나 또는 만져 본 적이 있는가? 마음이란 직접적으로 연구될 수가 없어서, **심리학**(psychology)은 외현적 행동과 정신 과정(내현적 행동)에 관한 과학적 연구라고 정의된다.

심리학을 정의하는 데 있어 행동이 지칭하는 것은 무엇인가? 먹기, 시간 죽이기, 잠자기, 떠들기, 또는 재채기 같은 직접적으로 관찰 가능한 어떤 행위 또는 반응이 *외현적* 행동이다. 공부, 도박, TV 시청, 신발 끈 매기, 누군가에게 선물하기, 스페인어 배

우기, 이 책을 읽는 것, 그리고 바로 그 익스트림 스카이다이빙도 외현적 행동이다. 그러나 심리학자들은 마음을 배제시키지는 않았다. 그들은 또한 *내현적 행동*을 연구한다. 생각하기, 꿈꾸기, 기억하기 등 개인적 정신 사상과 다른 정신 과정들이 내현적 행동이다(Jackson, 2012).

심리학의 현대 분야란 여러분이 자신과 타인을 좀 더 잘 이해할 수 있도록 도와줄 수 있는, 사람과 아이디어에 대해 항상 변하고 있는 전망을 지니고 있다. 심리학은 사랑, 스트레스, 치료, 설득, 최면, 지각, 기억, 죽음, 동조, 창의성, 학습, 성격, 노화, 지능, 성, 감정, 행복, 지혜, 그리고 그 밖의 더 많은 것에 관한 것이다. 비록 우리가 창공의 끝에서 스카이다이빙하는 사람, 브로드웨이에서 공연하는 사람, 바다의 심연을 탐험하는 사람, 달 표면을 걸은 사람을 질투한다고 하더라도 궁극적인 첨단은 바로 집 가까이에 있다. 모든 삶은 여행이고, 매일매일은 우리 자신이 엮어 나가는 모험이다.

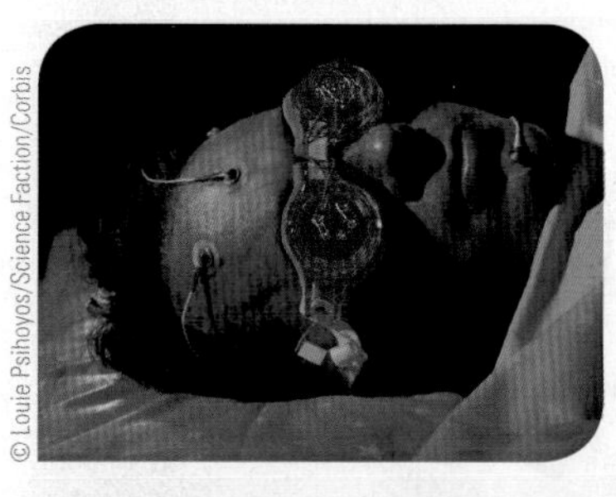

© Louie Psihoyos/Science Faction/Corbis

심리학자는 상담과 치료, 측정과 검사, 연구와 실험, 통계, 진단, 치료, 그리고 그 밖의 여러 분야에서 전문적인 능력을 지닌, 고도로 훈련받은 전문가이다. 이 사진에서 심리학자 Steven LaBerge는 또렷한 꿈을 꿀 기회를 높이기 위해 꿈을 꾸면 경보가 발생하는 안경을 쓰고 있다(Hobson, 2009).

오늘날, 심리학은 과학이면서 또한 전문직이다. 과학자로서 일부 심리학자들은 새로운 지식을 발견하기 위해서 연구를 한다. 다른 사람들은 정신건강, 사업, 교육, 스포츠, 법, 의학, 그리고 기계 설계에 이르는 여러 분야에 산재한 문제를 해결하기 위해 심리학을 적용한다(Davey, 2011). 여전히 다른 이들은 자신의 지식을 학생들과 공유하는 선생님들이다. 추후에 우리는 심리학 전문직을 다시 다룰 것이다. 지금은 어떻게 심리학자들이 지식을 만들어 가는지에 초점을 맞추자. 그들이 실험실이든, 임상연구실이든, 아니면 교실이든 어디에서 일하는지와는 상관없이 모든 심리학자는 비판적인 사고, 특히 과학적 연구에서 얻은 정보에 의존한다.

심리학에서 지식 추구

심리학은 정말 상식을 사용하는 문제일 뿐인가? 많은 사람들은 자신을 사람을 관찰하는 전문가로 간주하고 있으며, 행동에 관한 자기만의 상식이론을 형성한다. 그러나 여러분은 인간 행위에 관하여 혼자 정한 권위와 오랫동안 유지한 상식적인 믿음이 얼마나 자주 틀렸는지를 알게 되면 놀랄 수도 있다. 예를 들면, 어떤 사람은 좌뇌형 인간이고 어떤 사람은 우뇌형 인간이라고 들어 본 적이 있는가? 또는 하의식적인 광고가 실제로 효과가 있는가? 또는 남자와 여자는 서로 상이하게 의사소통을 하는가? 이러한 널리 퍼져 있는 믿음과 그 밖의 다른 것들은 틀린 것임이 밝혀졌다(Lilienfeld et al., 2010).

그러나 상식이 어떻게 그렇게나 자주 틀릴 수 있는가? 한 가지 문제는 상식을 거치는 많은 것들이 애매하고 일관성이 없다는 것이다. 예를 들면, "쇠뿔도 단김에 빼라"고 종종 이야기한다. 이것을 명심한다면, 여러분은 핸드폰 구매 결정을 당장 해야 하는데, 왜냐하면 그런 제안은 기간이 제한되어 있기 때문이다. 나중에 여러분은 친구에게 비싼 데이터 플랜에 노예계약을 맺었다고 불평을 할 때, 친구는 모든 사람이 "서두르는 일은 낭패 본다(급할수록 돌아가라)"는 모두가 아는 말로 여러분을 꾸짖을 것이다.

더욱이 이런 상식적인 말은 사후에 잘 들어맞는다. 만일 여러분의 핸드폰 결정이 잘된 것이었다면, 정말로 쇠뿔이 달궈진 상태였었다. 여러분의 구매가 말짱 꽝이었다면 여러분 친구의 지적은 전혀 통찰력이 없는 것이었다.

상식이 가진 다른 문제는 그것이 종종 제한된 개인의 관찰에 의존한다는 사실이다. 예를 들면, 여러분에게 어느 누가 뉴욕(또는 멕시코, 캐나다, 아니면 파리든 어디든지) 사람은 건방지다는 말을 하는 것을 들어 본 적이 있는가? 이것은 종종 어떤 사람이 단 한 번의 방문에서 재수 없는 인간을 만난 사건일 뿐이다.

그러한 일상의 관찰과는 달리 심리학자들은 **과학적 관찰**(scientific observation)에 의존한다. 비록 두 가지 모두 *경험적 증거*(직접 관찰에서 얻은 정보)를 수집하는 것에 의존한다고 해도 매일의 개인 경험과는 달리 과학적 관찰은 체계적이고, 또는 신중하게 계획된 것이다. 과학적 관찰은 또한 *간주관적*인데, 이는 둘 이상의 관찰자가 그 관찰을 확증할 수 있음을 의미한다.

때때로 상식적인 답변은 적합한 **연구 방법**(research method)—특정한 질문에 대한 답변을 구하려는 체계적이고 과학적인 접근—의 부재에도 이의를 달지 않는다. 과거에는 자신은 꿈을 꿔 본 적이 없다고 말하는 사람의 말을 그대로 받아들이는 것이 상식이었다. 그런데 EEG가 발명된 후에 어떤 EEG 패턴, 그리고 안구 움직임의 존재가 어떤 사람이 꿈을 꾸고 있는지를 밝힐 수 있다. 결코 꿈을 꾸지 않는다는 사람도, 알고 보면 꿈을 자주 꾼다.

심리학 외현 행동과 정신 과정(내현 행동)에 대한 과학적 연구
과학적 관찰 체계적이고 간주관적 방식(관찰은 다중 관찰자에 의해 신뢰가 있게 확증된다)으로 세상에 관한 질문을 답하도록 구조화된 경험적 조사
연구 방법 과학적 질문에 답하려는 체계적인 접근

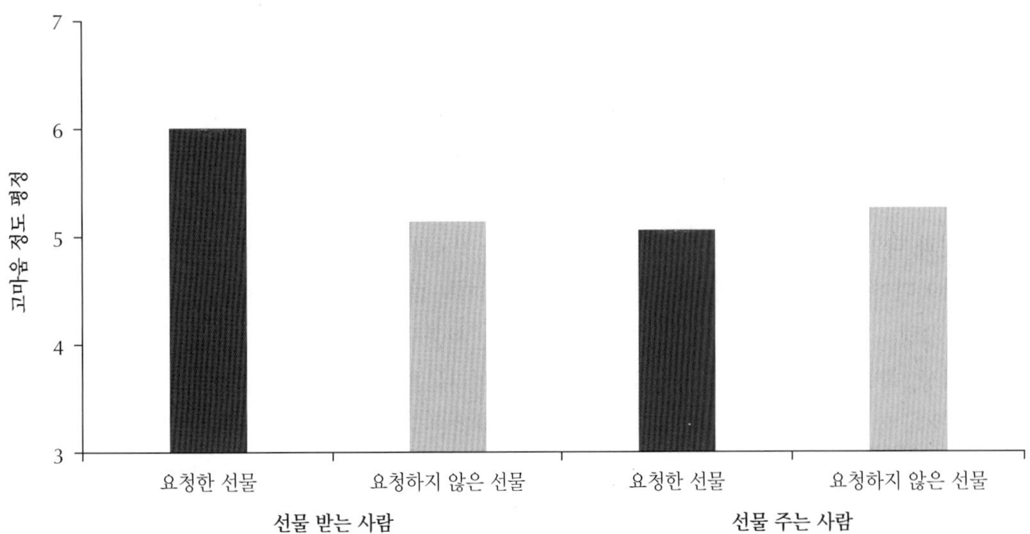

그림 2.1
경험적 연구의 결과. 그래프에 따르면, 선물은 받은 사람들은 선물을 한 사람들이 선택한 선물보다 자신들이 요구한 선물에 대하여 더 감사한다는 것이다. 선물을 한 사람들은 선물을 받는 사람들이 요청하지 않은 선물을 선호할 것이라고 믿는 경향이 약간 더 있었다(하지만 그 차이는 통계적으로 유의미하지는 않았다). (Gino & Flynn, 2011에서 수정된 자료.)

만일 그들이 *꿈꾸는* 동안 깨어 있으면 꿈을 생생하게 기억한다. 그러므로 EEG는 꿈 연구를 더 과학적으로 만드는 데 도움이 되었다.

기본적으로 과학적 접근은 "좀 더 객관적으로 살펴보자"고 말한다(Stanovich, 2013). 심리학자들은 체계적으로 수집한 자료(관찰된 사실)를 가지고 행동을 직접적으로 연구하며, 따라서 그들은 타당한 결론을 내릴 수 있다. 예를 들어, "옷이 날개다"라는 말이 사실이라고 이야기할 수 있겠는가? "사물을 겉모습만으로 평가하지 마라"는 말을 믿는가? 왜 이렇게 주장하는가? 심리학자로서 우리는 어떤 사람을 옷을 잘 차려입게 하거나 또는 그렇지 않게 하고, 과학적 관찰을 하고 다양한 상황에서 누가 더 나은지를 알아본다!

경험적 증거를 수집하는 예는 다음과 같다. 여러분은 선물을 주고받을 때, 정말로 몇 번을 생각하고 또 생각해서 고르는 것이 중요한지를 궁금하게 생각한 적이 있는가? Francesca Gino 그리고 Francis Flynn은 이를 알아보고자 했다. 그들은 선물을 주는 사람이 선택한 선물을 받는 것과 비교해서 자신이 요구한 선물을 받는 것에 얼마나 감사하고 있는지를 선물을 받는 사람에게 평정하도록 요청했다. 사람들은 선물을 주는 사람이 좋다고 생각한 선물보다 자신이 구체적으로 요청한 선물을 선호하는 것으로 밝혀졌다. 대조적으로 선물을 주는 사람은 자신이 고른 선물을 받는 사람이 거의 비슷하게 감사하고 있을 것이라고 믿었다(● 그림 2.1 참조).

이 연구의 결과는 상당히 예측가능한가? 만일 여러분이 다른 식으로 믿기 시작한다면 그렇지 않다. 때때로 연구 결과는 우리의 개인적 관찰 또는 상식적 믿음과 일치하고, 때때로 놀라움으로 다가온다. 이 예에서 여러분은 결과를 추측할 수 있을 것이다.

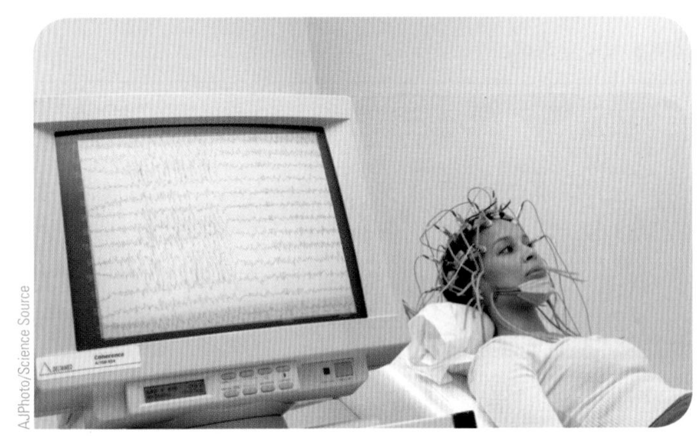

꿈에 대한 과학적 연구는 EEG의 사용으로 가능하게 되었는데, EEG는 사람이 자는 동안 뇌에서 발생하는 미세한 전기 신호를 기록한다. EEG는 이러한 전기 신호를 뇌 활동의 기록으로 적는다. 빠른 안구 움직임(REM)의 등장과 결합된 어떤 뇌 활동의 전환은 꿈꾸기와 강력한 연관이 있다.

여러분의 의심은 과학적 관찰에 의해 확증되었다. 그러나 상이한 방식으로 밝혀지기 쉽다.

선물로 현금을 주는 것은 어떤가? 차이가 있는가? Gino와 Flynn(2011)은 또한 이 문제도 밝혔다. 선물을 주는 사람이 정확하게 반대로 생각했음에도 불구하고, 선물을 받는 사람은 자신이 요청한 선물을 받는 것보다도 더 현금을 선호했다. 명백하게 우리는 우리가 선물을 받는 사람일 때보다 선물을 주는 사람일 때 몇 번을 생각하고 고른 선물인가라는 생각에 더 실랑이를 한다.

심리학의 목적

심리학자들이 성취하고자 희망하는 것은 무엇인가? 과학자로서 우리의 궁극적인 목표는 인류에 기여하는 것이다(O'Neill, 2005).

더 구체적으로, 심리학의 목표는 행동을 기술하고, 이해하고, 예측하고, 통제하는 것이다. 심리학의 목표가 현실에서 의미하는 것은 무엇인가? 알아보자.

기술 심리학적 질문에 답하기는 종종 행동에 대한 세심한 기술로 시작한다. **기술**(description), 또는 명명과 분류는 전형적으로 과학적 관찰을 상세히 기록하는 데 기초하고 있다.

그러나 기술이 어느 것이나 다 설명하지는 않는다, 그렇지 않은가? 그렇지 않다. 유용한 지식은 정확한 기술에서 시작한다. 그러나 기술은 중요한 "왜"라는 질문에 답하지는 못한다. 왜 자살시도는 여자가 더 많이 하는가? 그리고 왜 자살 성공은 남자가 더 많은가? 사람들은 불편할 때 왜 더 많이 공격적이 되는가? 왜 방관자는 종종 긴급 상황에서 도우려 하지 않는가? (그리고 왜 펠릭스는 익스트림 스카이다이빙을 했는가?)

이해 우리는 어떤 사상을 설명할 수 있을 때 심리학의 두 번째 목표를 만났었다. 즉 **이해**(understanding)는 우리가 행동의 원인을 말할 수 있음을 의미한다. 예를 들면 방관자의 냉담에 대한 연구에서 사람들은 도와줄 가능성이 있는 다른 사람이 주변에 있을 때 도움주기를 종종 실패한다고 밝혔다. 왜? 책임감의 분산이 발생한다. 기본적으로 아무도 도와야 할 의무감을 개인적으로는 느끼지 않는다. 그 결과 잠재적으로 도와줄 사람이 많을수록 사람들이 도우려는 가능성이 줄어든다(Aronson, Wilson, & Akert, 2013; Darley, 2000). 이제 우리는 이 당혹스러운 문제를 설명할 수 있다.

예측 심리학의 세 번째 목표인 **예측**(prediction)은 미래의 행동을 정확하게 내다보는 능력이다. 방관자의 냉담에 대한 우리의 설명은 도움을 받을 가능성을 예측한다. 만일 차량들이 바쁘게 달리는 고속도로에서 여러분이 자동차 사고로 오지도 가지도 못하게 된 경우라면 여러분은 이 예측의 정확성을 알아차릴 것이다. 잠재적으로 도와줄 사람들이 주변에 많다면, 누군가가 차량을 멈추고 도와줄 것이라는 보장이 없어진다.

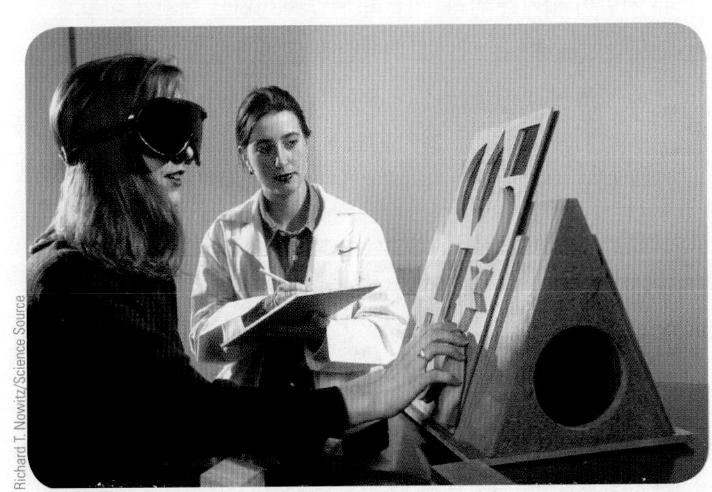

Richard T. Nowitz/Science Source

일부 심리학자는 지능검사, 창의성검사, 성격검사, 또는 태도검사와 같은 심리검사를 실시하고, 채점하고, 해석하는 데 전문적이다. 심리측정이라고 불리는 이런 전문분야는 미래 행동을 예측하는 데 심리학을 사용하는 예이다.

통제 *기술, 설명, 그리고 예측은 타당해 보이지만, 통제가 타당한 목표인가?* 통제는 개인의 자유에 대한 위협처럼 보일 수도 있다. 그러나 심리학자에게는 단순하게 **통제**(control)란 행동에 영향을 주는 조건을 바꾸는 능력을 의미한다. 만일 임상심리학자가 어떤 사람이 끔찍한 고소공포증을 극복할 수 있도록 도와주려면 통제가 개입된다. 만일 여러분이 학생이 더 잘 배우도록 도움을 주기 위해 교실에서의 변화를 제안하면, 여러분은 통제를 해야 한다. 또한 운전자가 치명적인 오류에서 벗어날 수 있도록 자동차를 설계하는 데도 통제가 관여한다. 명백하게 심리학적 통제는 현명하고도 인간적으로 사용되어야만 한다.

요약하면 심리학의 목표는 행동을 이해하려는 우리의 바람에서 자연스럽게 성장한 것이다. 기본적으로 그들은 다음과 같은 질문을 하는 것으로 압축할 수 있다.

이 행동의 본질은 무엇인가? (기술)

왜 이것이 발생했는가? (이해와 설명)

이것이 언제 발생할지를 예견할 수 있는가? (예측)

어떤 조건들이 이것에 영향을 주는가? (통제)

행동을 기술하고, 이해하고, 예측하고, 통제하는 목표를 달성하기 위해서 심리학자들은 비판적 사고와 과학적 방법에 의존한다. 비판적 사고는 대부분의 경우 종종 이론을 평가하기 위해 과학적 방법이 지도하는 대로 경험적 증거를 수집하는 형태를 취한다. 과학적 연구 방법의 도움 없이 인간 행동에 관한 대부분의 답변을 한다는 것은 불가능할 것이다.

비판적 사고–약방의 감초처럼 써라

SURVEY QUESTION 2.2 비판적 사고란 무엇인가?

비판적인 사고는 심리학에서 어떤 역할을 하는가? 우리들 대부분은 만일 진품 롤렉스 시계 또는 명품 디자인 선글라스를 이베

기술 과학적 연구에서 명명하고 분류하는 과정
이해 심리학에서 이해는 행동의 원인을 언급할 수 있을 때 성취됨
예측 심리학에서 행동을 정확하게 예견하는 능력
통제 심리학에서 행동에 영향을 주는 조건을 바꾸기

이에서 몇 푼 안 되는 가격에 판다고 하면 의심할 것이다. 그리고 우리들 대부분은 아원자 물리학에 대한 우리의 무지를 쉽게 수용한다. 그러나 우리는 매일매일 인간 행동을 다루고 있기 때문에 우리는 때때로 심리학에서 무엇이 진리인지 이미 알고 있다고 생각한다. 너무나 비일비재하게 우리는 인간의 성격과 그들의 미래를 묘사하는 심령술, 점성술, 마법의 약초, 치유의 수정구가 가진 힘에 대한 말도 안 되는 주장, 그리고 상식적인 믿음, 지방에 떠도는 전설을 쉽게 받아들이고 싶은 유혹에 빠진다.

이런저런 많은 이유로 비판적으로 사고하는 법을 배우는 것은 대학교육에서 얻을 수 있는 오래 유지되는 혜택 중 하나이다. 심리학에서 **비판적 사고**(critical thinking)는 반영의 한 유형인데, 특정한 믿음이 과학적 이론 또는 관찰에서 지지될 수 있는지를 확인하는 것을 포함한다(여러분은 모듈 1, "심리학 공부 방법"을 얼마 전에 읽지 않았는가?)(Yanchar, Slife, & Warne, 2008). 비판적으로 사고하는 사람은 어려운 질문을 함으로써 관습적인 지식에 도전한다(Jackson & Newberry, 2012).

예를 들면, 우리의 목표 도달이 가까워졌을 때 우리가 목표에 도달하기 전까지 얼마나 더 가야만 하는지에 초점을 맞추는 것이 더 나은가, 아니면 우리가 이미 성취한 것에 초점을 맞추어야만 하는가? 비판적으로 사고하는 사람은 직접적으로 다음과 같이 묻는다. "목표 초점 또는 성취 초점을 강조하는 것을 지지하는 어떤 이론이 있는가? 두 가지 방식에 대한 어떤 경험적인 증거가 있는가? 우리 스스로 알아내기 위해서 할 수 있는 것은 무엇인가?"(이 질문에 관한 증거 일부를 본 모듈의 후반부에서 찾아보라.)

비판적 사고의 원리

비판적 사고의 핵심은 어떤 아이디어에 대해 능동적으로 반영하려는 의도이다. 비판적으로 사고하는 사람은 자신의 믿음을 지지하는 증거를 분석하고, 추론에서의 약점을 캐물음으로써 아이디어를 평가한다. 그들은 가정에 의문을 품고, 대안적인 결론을 찾는다. 그들이 인지하기로는 진정한 지식이라는 것은 세상에 대한 우리의 이해를 검토 및 수정하는 것에서 온다. 비판적인 사고는 다음과 같은 기본적 원리에 근거를 둔다(Elder, 2006; Jackson & Newberry, 2012; Kida, 2006).

1. *논리적 분석 그리고 경험적 검토의 필요성을 초월하는 진리는 거의 없다.* 종교적 믿음, 개인적 가치는 믿음의 문제로서 유지될 수 있는 반면에 대부분의 다른 아이디어들은 논리, 증거, 그리고 과학적 방법의 원칙을 적용함으로써 평가될 수 있고 평가되어야만 한다.
2. *비판적으로 사고하는 사람은 종종 어떤 진실이 틀렸다고 보여주는 것이 어떤 비용을 치러야 하는지 의아해할 수 있다.* 비판적으로 사고하는 사람은 능동적으로 자기 자신의 믿음까지도 반증하려고 시도한다. 그들은 자신이 틀렸을 때 기꺼이 수용하고자 한다. Susan Blackmore(2000, p. 55)는 자신의 연구로 인하여 자신이 오랫동안 지켰던 믿음을 버리게 되었을 때 다음과 같이 말했다. "여러분이 틀렸다고 수용하기는 어렵다, 비록 그것이 모든 심리학자들이 배워야만 하는 기술이라고 할지라도." 결론적으로, 비판적으로 사고하는 사람은 반증하려는 시도에도 생존한 믿음들에 대한 더 큰 믿음을 지닐 수 있다.
3. *권위자 또는 전문가가 자동적으로 어떤 아이디어가 사실 또는 거짓이라고 할 수는 없다.* 교사, 스승, 유명인사, 또는 권위자가 수긍했기 때문에 또는 진심이라고 해서 그 사람을 자동적으로 믿거나 믿지 않아야만 함을 뜻하는 것이 아니다. "전문가의 말이 지지를 잘 받는 설명인가, 또는 좀 더 나은 설명이 있을까?"라고 여러분이 묻지 않는다면, 이것을 순진하게 수용하는(또는 거부하는) 것은 비과학적이며, 자기비하이다. 어떤 증거가 그 사람을 설득할 수 있을까?
4. *증거의 질을 평가하는 것이 결정적이다.* 여러분이 서로 주장하는 변호사의 제안을 판단하는 법정의 판사라고 상상해 보자. 올바르게 결정하기 위해서 여러분은 증거의 양으로 무게를 잴 수 없다. 여러분은 반드시 증거의 질 또한 비판적으로 평가해야만 한다. 그렇다면 가장 신뢰가 가는 사실에 더 큰 무게를 둘 수 있다.
5. *비판적으로 사고하는 것은 열린 마음을 필요로 한다.* 대담한 출발을 고려하고 증거가 이끄는 어디든 가려고 준비하라. 그러나 너무 열린 마음이 되어 여러분이 단순히 잘 속아 넘어가는 사람이 되지는 마라. 천문학자 칼 세이건은 언젠가 이렇게 말했다. "나에게는 나에게 가용한 모든 가정들을 가장 회의적으로 면밀히 조사하는 것과 동시에 새로운 아이디어에 대한 위대한 개방성이란 두 가지 갈등적인 요구 사이의 정교한 균형이 요구되는 것이라고 여겨진다"(Kida, 2006, p. 51).

이러한 원리가 작용하기 위해서는 여러분이 새로운 정보를 평가하려고 할 때 물어야 할 질문 몇 가지가 있다(Browne & Keeley, 2010; Jackson & Newberry, 2012).

1. 어떤 주장이 만들어져야 하는가? 함의가 무엇인가?
2. 주장이 이해 가능한가? 논리적으로 말이 되는가? 다른 가능한 설명은 없는가? 이것이 좀 더 간단한 설명인가?
3. 이 주장에 대한 (만일 있다면) 어떤 경험적 검증이 행해졌는가? 검증의 본질과 질적 수준은 어떤 것인가? 반복할 수 있는

가? 누가 검증을 했는가? 연구자는 얼마나 믿을 만하고 신용할 만한 사람인가? 그들에게 갈등관계에 있는 이익이 있는가? 그들의 발견은 객관적인 것으로 보이는가? 다른 독립적인 연구자가 그 발견을 반복 검증했는가?

4. 그 증거는 얼마나 좋은가? (일반적으로 과학적 관찰은 가장 높은 수준의 증거를 제공한다.)
5. 마지막으로 그 주장에 대해서 얼마나 많은 신뢰도를 줄 수 있는가? 상, 중, 하, 잠정적?

심리학 과목은 본질적으로 사고하는 기술을 풍부하게 만들어 준다. 이 책의 모든 모듈에는 여기서 여러분이 본 것들에 근거해서 질문을 "비판적으로 사고하기"라는 부분이 포함되어 있다. 이러한 질문에 도발해 보라. 이러한 노력은 여러분의 사고하는 기술을 예리하게 만들고, 학습을 더 활기차게 만들 것이다. 즉각적으로 사고하는 도전의 예로 행동을 설명한다고 주장하는 여러 비과학적인 시스템을 비판적인 시각으로 다뤄 보자.

유사심리학—손금, 행성, 그리고 성격

SURVEY QUESTION 2.3 행동에 관한 거짓된 설명과 심리학은 어떻게 다른가?

유사심리학(pseudopsychology)은 심리학을 닮은 근거 없는 시스템이다. 많은 유사심리학은 과학적인 것처럼 보이는 모습을 띠지만, 실제로는 거짓이다. (*Pseudo*는 거짓이란 뜻이다.) 유사심리학은 증거가 없거나, 반대되는 증거가 있음에도 불구하고 유지되는 근거 없는 믿음인 **미신**(superstition)의 한 유형이다.

진짜 심리학과는 달리 유사심리학은 시대의 흐름에서 변한 것이 거의 없는데, 이를 추종하는 사람들이 자신의 믿음을 확증하는 증거를 찾고, 그것을 반증하는 증거들을 피해 왔기 때문이다. 이와는 대조적으로, 비판적으로 사고하는 사람들, 과학자들, 그리고 심리학자들은 그들 자신의 이론에서조차 회의적이다(Schick & Vaughn, 2014). 그들은 능동적으로 지식을 진보시킬 수 있는 방법으로써 모순을 찾는다.

거짓심리학의 예로는 어떤 것들이 있는가? 골상학으로 알려진, 유사심리학의 하나가 독일 해부학 교사인 프란츠 갈에 의해 19세기에 대중화되었다. 골상학은 두개골의 형태가 성격 특질을 나타낸다고 주장한다. 그 이후로 심리학적 연구는 능력과 재능이 머리에서 튀어나온 부분과 아무런 관련이 없음을 밝혀 왔다. 골상학자들은 듣기를 관장하는 두뇌 부분이 호전성의 중추라고 지적할 정도로 아주 벗어나 있다. 수상학(手相學)은 손이 성격을 드러내 주고, 미래를 예측한다고 주장하는 유사한 거짓 시스템이

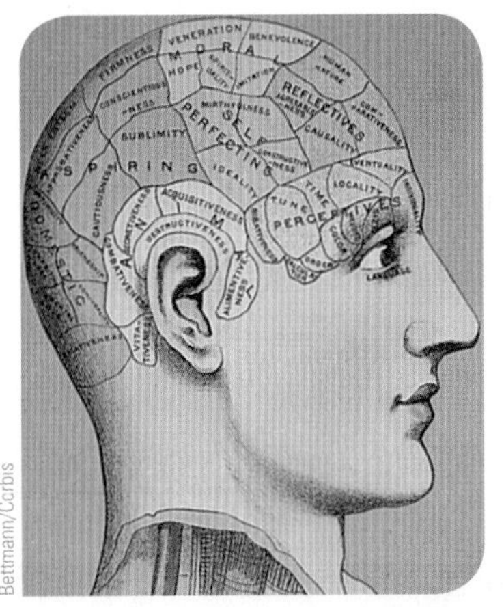

Bettmann/Corbis

골상학은 두개골의 다양한 영역을 조사해서 성격 특성을 평가하려는 시도이다. 골상학자들은 여기 제시된 그림과 같은 도해를 지침으로 사용한다. 다른 유사심리학자와 마찬가지로, 골상학자들은 자신들의 개념을 경험적으로 입증하려는 시도를 하지 않는다.

다. 골상학과 수상학에 대한 엄청난 반대 근거에도 불구하고, 유사심리학은 여전히 성황 중이다. 특히 수상학자는 많은 도시에서 어리숙한 사람들 주머니에서 현금을 잘 털어내고 있다.

언뜻 보면, *필적학*(筆跡學)이라고 부르는 유사심리학은 좀 더 근거 있는 것처럼 보인다. 어떤 필적학자들은 성격 특성이 필적에서 드러난다고 주장한다. 그런 주장에 근거해서, 어떤 기업은 직원을 선발할 때 필적학자를 이용한다(Bangerter et al., 2009). 이것은 헛수고인데, 왜냐하면 필적학자들은 성격 평정에 대한 정확성 검사에서 0에 가까운 점수를 받기 때문이다(Dazzi & Pedrabissi, 2009). 필적학자들은 성격과 직업 수행을 평정하는 데 훈련받지 않은 대학생보다 전혀 낫지 않다(Neter & Ben-Shakhar, 1989). 필적학회도 필적 분석이 직업을 위한 인사 선발에 사용돼서는 안 된다고

Would you hire this man?
Here's a sample of your
author's handwriting. What
do you think it reveals?
Your interpretations are
likely to be as accurate
(or inaccurate) as those
of a graphologist.

© Cengage Learning

비판적 사고 심리학에서 과학적 설명과 관찰을 통해서 신념을 지지하는 것이 포함된 반영의 한 유형

유사심리학 행동의 설명으로 제시되는 신념과 실제의 그릇되고 비과학적인 체계

미신 증거가 없거나 반증하는 증거가 있음에도 불구하고 유지되는 근거 없는 신념

제언한다(Simner & Goffin, 2003). (그런데 필적학이 성격을 드러내는 데 실패한다고 해도 문서 위조를 탐지하는 데 발휘하는 가치는 별개로 해야만 한다.)

필적학은 필적학자가 여러분의 필적을 좋아하지 않아서 직업 고용 면접에서 거부되었다고 상상하기 전까지는 전혀 해가 있지는 않다. 이런 거짓 시스템이 누가 고용되고, 은행 대출을 받고, 배심원으로 선발되는지를 결정하는 데 사용되어 왔다. 이런 상황과 유사한 상황에서 유사심리학자들은 사람들에게 실제로 해를 입힌다.

만일 유사심리학자들이 아무런 과학적 근거를 가지고 있지 않다면, 그들은 어떻게 생존하였고 왜 그것이 대중적이 되었는가? 여러 가지 이유가 그들의 생존과 대중성을 설명해 주는데, 그 모든 것이 점성술에 대한 비판으로 설명될 수 있다.

별점의 문제

충분한 근거를 갖고 주장하건대, 가장 대중적인 유사심리학인 점성술은 한 사람이 태어났을 때 별과 행성의 위치가 성격 특성을 결정하고, 행동에 영향을 준다고 간주한다. 다른 유사심리학과 마찬가지로, 점성술은 다음과 같은 두 가지 이유로 이론적으로나 경험적으로 아무런 과학적 타당성이 없다고 반복적으로 알려져 왔다(Kelly, 1999; Rogers & Soule, 2009).

1. **점성술 이론은 설득력이 없다.** 점성술은 고대 바빌론 문명시대로 거슬러가는 수천 년 전에 발명된 별자리 지도에 근거를 둔다. 항상 반증되고, 그에 따라 퇴출되거나 개정되는 과학적 이론과는 달리, 점성술의 기본 토대는 상대적으로 변하지 않은 채 남아 왔다. 오늘날까지 어떤 점성술사도 사람이 태어날 때 행성의 위치가 왜 미래에 어떤 영향을 주는지에 대한 설득력 있는 설명을 하고 있지 않다. 점성술사는 또한 왜 탄생의 순간이, 예를 들면 수정의 순간보다 더 중요한지를 설명하지 못하고 있다. (아마도 그것은 탄생의 순간을 계산해 내기가 상대적으로 쉽고, 수정의 순간을 결정하기는 까다롭기 때문일 것이다.) 뿐만 아니라 별자리는 점성술이 최초로 확립된 이후로 천궁에서 성좌의 한 사이클이 이동했다. (다른 말로 하면, 점성술에 따라 여러분이 전갈자리라고 한다면, 실제로 여러분은 처녀자리이다.) 그러나 대부분 점성술사는 이러한 변동은 간단하게 무시한다.
2. **점성술에 반대하는 증거가 설득력이 있다.** 유명한 점성술사가 만든 3,000개가 넘는 예언들에 대한 고전적 연구에 따르면, 오직 낮은 비율로만 정확하다고 밝혀졌다. 이러한 성공적인 예측은 애매하거나("봄에 동쪽 지방에 가면 불행이 있을 것이다.") 현재 사건에서 쉽게 유추되는 경향이 있다(Culver & Ianna, 1988). 유사하게 점성술사에게 사람들의 별자리를 맞혀 보라고 요청했을 때, 그들은 우연 수준으로 기대되는 것보다 낫지 않았다. 한 유명한 검증에서 점성술사는 법을 잘 지키는 사람과 살인자를 구분하는 데 그들의 별자리를 사용하지도 않았다(Gauquelin, 1970). 사실상 사람의 점성술 성좌와 지능 또는 성격 특성 사이에 아무런 관련이 존재하지 않는다(Hartmann, Reuter, & Nyborg, 2006). 또한 커플의 별자리 궁합과 그들의 결혼, 이혼 비율 사이의 연관이나, 별자리와 리더십, 신체적 특성, 또는 직업 선택 사이에 아무런 연관이 없다(Martens & Trachet, 1998).

요약하면, 점성술은 소용없는 것이다.

그렇다면 왜 점성술이 종종 맞는 것처럼 보이는가? 신문에 실린 오늘의 별자리운세는 무시무시하게 기분 나쁠 정도로 정확한 것처럼 보일 수 있다. 많은 사람들에게 이런 눈에 띄는 정확성은 점성술이 타당하다는 것을 의미할 수 있다(예로 Rogers & Soule, 2009 참조). 불행히도, 그러한 무비판적인 수용은 좀 더 간단한 심리학적 설명을 간과한다. 다음은 왜 점성술이 맞는 것처럼 보이는지를 설명한다.

무비판적 수용 별자리운세의 정확성에 대한 지각은 전형적으로 **무비판적 수용**(uncritical acceptance)—그것이 사실인 것처럼 보이거나 또는 그것이 사실이면 좋을 것 같기 때문에 주장을 믿으려는 경향성—에 근거하고 있다. 별자리운세는 일반적으로 대부분 알랑거리는 특성이 있다. 본질적으로, 여러분의 성격을 바람직한 용어로 묘사했을 때, 그러한 묘사가 진실성을 담고 있다는 것을 부인하기는 어렵다. 탄생 별자리운세가 다음과 같다면 이 점성술은 얼마나 많이 수용되겠는가.

> 처녀자리: 당신은 논리적 유형이고 무질서를 혐오한다. 당신의 꼬투리잡기는 여러분의 친구에게는 참을 수가 없는 것이다. 당신은 냉정하고, 무정하고, 보통은 사랑을 하는 동안에도 잠에 빠져 버리는 사람이다. 처녀자리 사람들은 좋은 문 버팀목이다.

확증편향 점성술 설명에 좋고 나쁜 특성들이 섞여 있을 때에도 맞는 것처럼 보일 수 있다. 그 이유를 알아내기 위해서 다음의 성격 묘사를 읽어 보라.

> 당신의 성격 프로파일 당신은 성격상 많은 장점이 있으며, 당신이 조절할 수 있는 약간의 약점도 있습니다. 당신은 자신을 받아들이려는 경향이 있습니다. 당신은 당신 삶의 틀에 편안함을 느낍니다. 그러나 때때로 다양한 경험을 즐기십시오. 비록 내부에서는 자신에 대해서 확신이 서지 않을지도 모르지만 당신은 다른 것들에 통제력을 가지고 있는 것처럼 보입니다. 비록 당신이 어떤 의문이 있다고 하더라도, 당신은 성적으로 잘 조절되어 있습니다. 당신 삶의 목적은 다소간 현실적입니다. 때때로 당신은

당신의 결정과 행동을 의심하는데, 왜냐하면 당신은 그것이 옳은지 확신하지 않기 때문입니다. 당신은 남들이 자신을 좋아해 줬으면, 그리고 부러워해 줬으면 하고 바랍니다. 당신은 당신의 잠재력을 완전히 사용하고 있지 않습니다. 당신은 혼자서 생각하기를 좋아하고, 다른 사람의 말을 철두철미하게 생각하지 않으면 항상 받아들이지 않습니다. 당신은 일반적으로 스스로를 타인에게 감추려는 경향이 있는데, 그것이 문제를 일으킬 수도 있습니다. 비록 당신이 파티 인생인 외향적인 사람이 될 수 있을 때가 있다고 하더라도, 당신은 본질적으로 내성적이고, 조심스럽고, 타인을 배려합니다.

이것이 당신 성격을 잘 묘사하고 있는가? 한 심리학자가 성격검사를 받은 대학생들에게 유사한 요약을 개인별로 읽어 줬다. 오직 몇 명의 학생들만이 성격 묘사가 틀렸다고 느꼈다. 다른 고전적 연구에서 사람들이 자신의 실제 별점보다 성격 프로파일이 더 정확하다고 평정했다(French et al., 1991).

이 묘사를 다시 읽으면, 다양한 성격 차원의 양면이 담겨 있다는 것을 알게 된다. ("당신은 본질적으로 내성적이다… 비록 당신이 외향적이 될 때가 있지만….") 이것의 표면적 정확성은 **확증편향**(confirmation bias)에 근거한 착각이다. 우리는 우리의 기대를 확증하는 것들을 기억하거나 알아차리고 나머지는 까먹는다(Lilienfeld, Ammirati, & Landfield, 2009). 유사심리학자들은 이 효과로 번창하고 있다. 예를 들면, 당신은 물병자리이기 때문에 물병자리 특성을 찾는다. 그러나 쭉 읽어 보면, 쌍둥이자리, 전갈자리 또는 그 어떤 자리의 특성도 찾을 수 있다. 아마도 이것이 흥미로운 전개에서 왜 유명한 연쇄살인범의 10쪽짜리 별자리운세를 받은 사람들 중 94%가 그것이 자신의 것이라고 수용했는지를 설명한다(Gauquelin, 1970).

청중의 죽은 친구, 친척과 이야기할 수 있다고 주장하는 영매도 확증편향에 의존한다. 한 분석은 이들이 적중(맞는 진술)하는 경우는 낮은 경향이 있음을 보였다. 그럼에도 불구하고 겉으로 보이는 적중한 것만을 기억하고 맞지 않는 것은 무시하는 우리의 본질적 경향성 때문에 많은 시청자들은 감동을 받는다. 물론 특별히 당혹스럽게 맞지 않는 경우는 텔레비전에 방송되기 전에 편집으로 제거된다(Nickell, 2001).

바넘 효과 유사심리학자들은 또한 **바넘 효과**(Barnum effect)를 이용한다. 이는 개인에 대한 묘사를 일반적인 용어로 하면, 그 묘사가 정확하다고 생각하는 경향이다(Kida, 2006). 피니어스 테일러 바넘은 유명한 서커스 쇼맨이었는데, 그에게는 성공의 비법이 있었다. "항상 모든 사람을 위한 약간의 어떤 것을 지녀라." 만능 성격 프로파일처럼 손금 읽기, 행운, 별자리운세, 그리고 유사심리학자들의 다른 기법들은 그런 일반적인 용어로 기술되고, 그래서 항상 "모든 사람을 위한 약간의 것들이 있다." 바넘 효과를 관찰하기 위해서, 여러 날 동안 신문에 나오는 매일의 별자리운세 12개 모두를 읽어라. 여러분은 여러분 자신의 별자리뿐만 아니라 다른 별자리에도 잘 들어맞는 예언이 있다는 것을 발견하게 된다. 친구에게 틀린 별자리운세를 가끔 줘 보라. 여러분의 친구는 별자리운세의 정확성에 아주 감동받을지 모른다.

점성술이 이처럼 대중성을 지니고 있다는 것은 많은 사람들이 타당한 것처럼 보이나 그렇지 않은 시스템에서 타당한 심리학을 구분해 내는 데 어려움이 있음을 보여 준다. 이러한 논의의 목표는 여러분을 인간 행동에 대한 좀 더 비판적인 관찰자로 만들고, 무엇이 심리학이고, 무엇이 심리학이 아닌지를 명확하게 만드는 데 있다. 여기에 별자리가 여러분의 미래에 관해서 이렇게 이야기하고 있다.

교육과 개인 향상에 강조를 두어라. 지속적인 가치를 지닌 배움이라는 경험이 당신을 기다리고 있다. 여가에 빠지기 전에 학술적 책임감을 지녀라. **심리학**이라는 단어는 당신의 미래에서 중요하게 등장할 것이다.

기억하라. 유사심리학이 기껏 성가신 것 정도로밖에 안 보일지도 모르지만, 그것은 정말 해를 끼칠 수도 있다. 예를 들면, 심리적인 이상에 대한 치유법을 찾는 사람들은 비효과적이고, 유사과학적인 치료를 제공하는 자칭 '전문가'의 희생자가 될 수 있다(Kida, 2006; Lilienfeld, Ruscio, & Lynn, 2008). 타당한 심리학적 원리들은 과학적 이론과 증거에 기반하고 있지, 한때의 유행, 개인 소견, 또는 그랬으면 어떨까라는 생각에 근거하지 않는다.

과학적 연구—심리학자처럼 생각하는 방법

SURVEY QUESTION 2.4 심리학 연구에 과학적 방법이 어떻게 적용되는가?

심리학에 관하여 비판적으로 생각하는 것은, 모든 과학의 핵심인 사실과 사건에 대한 세심한 기록에서 시작한다. *과학적*이기 위해서 우리의 관찰은 *체계적*이어야만 하고, 따라서 그것들은 행동에 관한 믿을 만한 어떤 것을 드러낸다(Stanovich, 2013). 이전의 사례를 사용한다면, 만일 여러분이 선물을 받는 사람이 자신이 요구한 선물을 선호하는지, 또는 자신을 위해 준비된 선물을 좋아

무비판적 수용 자기 자신에 대해 일반적으로 긍정적 또는 띄워 주는 기술을 믿는 경향

확증편향 불일치는 잊어버리고 자신의 기대에 맞는 정보만을 기억하거나 주목하는 경향

바넘 효과 개인에 대한 묘사가 일반적인 용어로 이뤄지면 그 묘사가 정확하다고 믿는 경향

하는지에 관심이 있다면, 여러분은 가족 생일 파티에서 선물을 주는 무계획한 관찰을 통해서는 배울 것이 별로 없다. 가치가 있기 위해서는 여러분의 관찰은 반드시 계획되고 체계적이어야만 한다.

과학적 방법

과학적 방법(scientific method)은 증거에 대한 세심한 수집, 정확한 기술, 측정, 정교한 정의, 통제된 관찰, 그리고 반복될 수 있는 결과 등에 근거하는 비판적 사고의 형태이다. 이상적인 형태에서 과학적 방법은 다음과 같은 6가지 요소를 지닌다.

1. 관찰하기
2. 문제를 정의하기
3. 가설을 제안하기
4. 증거를 수집하기/가설을 검증하기
5. 이론을 세우기
6. 결과를 출간하기

과학적 방법의 일부 요소에 대하여 좀 더 자세히 살펴보자. 앞서 우리는 만일 사람이 목표 초점(목표를 달성하기 위해서 해야 될 것이 얼마나 많이 남았는가를 강조)에 집중하거나 또는 성취 초점(이미 얼마나 많이 성취되었는지를 강조)을 유지한다면 목표가 좀 더 달성될 수 있을 것인가라는 질문을 고려하였다. 과학적 방법의 모든 기본적 요소는 플로리다주립대 심리학자인 Kyle Conlon과 그 동료들의 연구(2011) 예에서 보게 된다.

관찰하기 연구자들은 이전에 출간된 연구들을 검토하고, 목표 초점 접근과 성취 초점 접근이 대중적임을 확인하였다. 예를 들어, 만약 목표가 체중감량이라면, 목표 초점 접근은 체중감량을 카운트다운하는 것이고(이제 5kg만 더 감량하면 됩니다!), 성취 초점 접근은 특정 단계를 축하하는 것이다(5kg 감량을 축하합니다!).

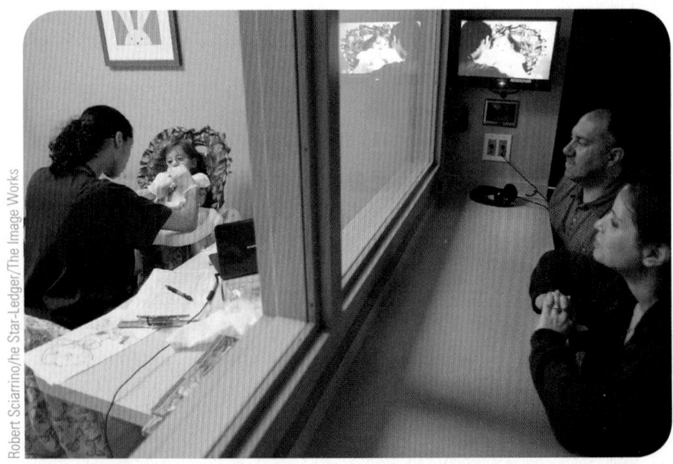
Robert Sciarrino/he Star-Ledger/The Image Works

과학적 방법을 행동 연구에 적용하기 위해 신중한 관찰이 필요하다. 이 사진에서 두 명의 심리학자가 한 아동의 섭식 행동을 검사하는 시기를 관찰하고 기록하고 있다.

문제를 정의하기 연구자들은 또한 목표 초점을 유지하는 것이 좀 더 목표지향적인 행위를 불러일으키는 것처럼 보인다는 것을 확인하였다. 따라서 그들은 그들의 주요 문제를 다음과 같이 정의하였다. "사람들이 체중감량을 목표 초점일 때 더 할 수 있는가, 아니면 성취 초점일 때 더 할 수 있는가?"

가설을 제안하기 *'가설'이란 정확하게 무엇인가?* **가설**(hypothesis)은 어떤 사상 또는 관계에 관한 잠정적인 진술 또는 설명이다. 일반적인 용어로 행동에 관한 검증 가능한 예측, 또는 경험에서 우러난 추측이다. 예를 들면 여러분은 다음과 같이 가설을 세울 수 있다. "좌절은 공격을 불러일으킨다." 이 가설을 어떻게 검증하겠는가? 첫째, 여러분은 어떻게 사람들을 좌절시킬지를 결정해야 한다. (이 부분은 흥미로울 수 있다.) 그러고 난 후 여러분은 그 사람이 좀 더 공격적이 되었는지를 측정하는 방법을 찾을 필요가 있다. (여러분이 조만간 이것을 해야 한다면 그렇게 흥미롭지는 않다.) 여러분의 관찰로 여러분의 가설을 확정하거나 반박하는 증거가 제공될 것이다.

우리는 좌절을 보거나 만질 수 없기 때문에 우리는 그것을 조작적으로 정의해야만 한다. **조작적 정의**(operational definition)는 개념을 표상하는 데 사용되는 바로 그 절차를 말한다. 조작적 정의는 관찰할 수 없는 아이디어, 예를 들면 내현적 행동을 실세계 용어로 검증할 수 있도록 한다(● 그림 2.2 참조). 예를 들면, 좌절을 직접적으로 측정할 수 없기 때문에 여러분은 좌절을 다음

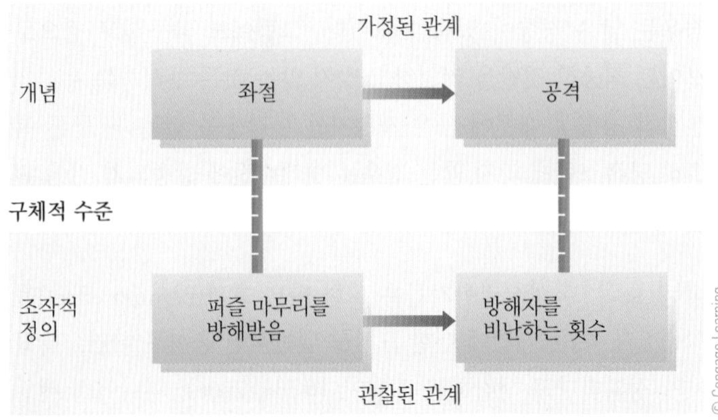

● 그림 2.2
조작적 정의는 개념과 구체적 관찰을 연결시키는 데 사용된다. 여러분은 제시된 예가 좌절과 공격에 대한 합당한 조작적 정의라고 생각하는가? 조작적 정의가 얼마나 개념을 잘 나타내고 있는지는 들쭉날쭉하다. 이러한 이유로 심리학에 있는 가설적인 관계에 관한 분명한 결론을 도출하기 위해서 많은 다양한 실험이 필요할 수도 있다.

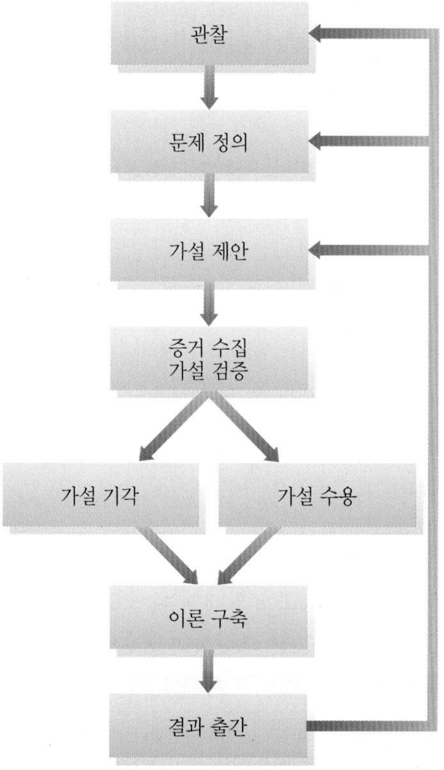

그림 2.3
심리학자들은 행동에 관한 질문에 답하기 위해 과학의 논리를 사용한다. 구체적인 가설은 자연주의적 관찰, 상관 연구, 통제된 실험, 임상 연구, 그리고 설문 연구를 포함하는 다양한 방식으로 검증될 수 있다. 심리학자들은 자신이 모은 증거가 반영될 수 있도록 이론을 개정한다. 그러면 새로운 이론 또는 개정된 이론이 새로운 관찰, 문제, 그리고 가설로 이끈다.

과 같이 정의한다. "성인이 퍼즐을 끝내고 아이패드를 획득할 수 있기 전에 방해하기." 그리고 공격성은 다음과 같이 정의될 수 있다. "퍼즐에서 작업을 방해하는 사람에게 좌절된 개인이 비난하는 횟수." 다른 말로 하면, 내현적 행동은 외현적 행동의 용어로 조작적으로 정의되고, 따라서 관찰되고 과학적으로 연구될 수 있다.

증거를 수집하기/가설을 검증하기 이제 체중감량이 목표 초점을 유지할 때 더 쉬운가라는 질문으로 되돌아가자. 자료를 모으기 위해서 연구자는 참가자들을 목표 초점, 성취 초점, 무초점 집단의 세 가지 체중감량 집단 중 하나에 배정한다. 각 집단은 12회의 주별 모임에서 만나고, 특정한 웹사이트에 접속한다. 예측된 바와 같이, 목표 초점 집단의 개인은 성취 초점 또는 통제 집단에 속한 개인보다 더 많은 체중감량을 했다. 그들은 자신들이 목표 체중에 접근하는 데 더 몰입될 수 있었다고 보고했다.

이론을 세우기 *이론들이 잘 맞는가?* **이론**(theory)은 기존의 자료를 요약하고 미래의 관찰을 예측하는 방식으로 개념과 사실이 상호 연관되도록 설계된 아이디어 시스템이다. 좋은 이론은 관찰을 요약하고, 설명하고, 예측을 가능하게 하고, 미래 연구를 지도한다(● 그림 2.3). 망각, 성격, 스트레스, 정신병리 등에 관한 이론이 없이는 심리학자들은 사실들이 여기저기 흩어져 있는 바닷속에서 익사해 버릴 것이다(Stanovich, 2013).

표 2.1 연구 보고서의 개요

요약	연구 보고서는 연구와 발견에 대한 간략한 요약으로 시작한다. 전체 논문을 읽지 않고도 요약만으로 전체 개관을 얻을 수 있다.
도입	도입은 조사하려는 질문을 기술한다. 또한 동일한 또는 관련된 주제에 대하여 이전의 연구들을 살펴봄으로써 배경 정보를 제공한다.
방법	이 절은 관찰이 어떻게 그리고 왜 이뤄졌는지를 알려 준다. 또한 자료를 수집하는 데 사용된 구체적인 절차를 기술한다. 이런 방식을 통하여 다른 연구자들이 자신도 동일한 결과를 얻을 수 있는지 연구를 반복해 볼 수 있다.
결과	조사 결과를 제시한다. 자료는 그래프로 그리거나, 표로 요약하거나, 통계적으로 분석한다.
논의	연구 결과를 원래 제기했던 질문과 관련해서 논의한다. 연구의 함의를 탐색하고, 후속 연구가 제안될 수도 있다.

© Cengage Learning

Conlon과 그의 동료들은 자신들의 결과를, 목표를 성취하기 위해서 앞으로 해야 할 작업이 얼마나 많이 남아 있는지를 자각하는 것의 중요성을 강조하는 동기 이론과 부합하는 것으로 해석하였다. 이러한 결과는 이러한 이론들을 또한 건강심리학 분야에 확장시키는 것과 건강개입 프로그램의 설계와 관련된 것으로 묘사된다.

결과를 출간하기 과학적 정보는 항상 반드시 *대중에게 가용*해야 하므로 심리학적 연구 결과는 보통은 전문 학술지로 출간된다(표 2.1 참조). 이렇게 되면 다른 연구자들이 연구 결과를 읽을 수 있으며, 연구의 발견에 대해 의심을 한다면 스스로 관찰을 할 수 있다(Jackson, 2012). 다른 연구자가 그 연구 결과를 반복 검증할 수 있다면, 이러한 결과를 더 믿을 수 있게 된다.

과학적 방법 신중한 측정과 통제된 관찰에 기반한 비판적 사고의 한 형태
가설 변인들 사이의 관계에 대한 실험자의 기대하는 결과 또는 근거가 있는 추측
조작적 정의 개념을 측정하는 데 사용되는 절차 또는 구체적 행위를 언급함으로써 과학적 개념을 정의함. 예를 들면, 배고픔은 음식을 박탈한 시간으로 정의될 수 있다.
이론 실존하는 자료를 요약하고 미래의 관찰을 예측하는 방식으로 개념과 사실을 상호 관련시키도록 설계된 아이디어 체계

*Journal of Experimental Social Psychology*에 학술적으로 출간된 논문에서 Conlon과 그 동료들(2011)은 자신이 조사한 문제, 사용한 방법, 목표 초점 집단과 성취 초점 집단을 비교한 연구의 결과를 기술하였다.

연구 윤리

과학자들이 자신이 연구하는 사람들을 어떻게 대해야만 한다는 방법에 관한 규칙이 있는가? 심리학 실험은 때때로 윤리적인 문제를 제기한다. Stanley Milgram의 복종 연구가 고전적인 예이다(모듈 59 참조). 참가자들은 자신이 생각하기에도 고통스러운 전기 쇼크를 다른 사람들에게 주라고 지시받았다(실제로는 아무런 쇼크도 주어지지 않았다)(Milgram, 1963). 자신이 타인을 해친다고 믿었기 때문에 많은 사람들은 실험실을 고통스럽고 불편한 상태로 떠났다. 몇 사람은 죄의식을 느꼈고, 그 이후로도 고통을 받았다. 그런 실험은 심각한 윤리적 문제를 제기한다. 그렇게 얻은 정보가 정서적 비용을 정당화하는가? 속임수는 정말로 필요했는가?

그러한 질문에 대한 답으로, 미국심리학회의 지침서는 다음과 같이 말하고 있다. "심리학자들은 반드시 연구를 연구에 참여한 사람들에 대한 존중과 그들의 존엄과 복지를 생각하면서 수행해야만 한다"(American Psychological Association, 2010a; 표 2.2 참조). 윤리 지침서는 또한 동물에게도 적용되며, 연구자가 기대하는 "동물의 복지와 복지를 보장하며 동물을 인간적으로 취급해야 한다." 윤리 지침서가 올바르게 적용되고 있는지 확실히 보장하기 위하여 대부분의 대학 심리학과에는 연구를 감시하는 윤리위원회가 있다. 그럼에도 불구하고 심리학이 제기한 윤리적 질문에 대한 간단한 대답은 존재하지 않는다. 그리고 특정한 실험에 관한 논쟁이 여전히 계속되고 있다.

표 2.2 심리학 연구자들을 위한 기본적인 윤리 지침
피해를 주지 않기
실험에 참가할 수도 있는 사람에게 위험성을 정확하게 기술하기
참가 여부는 자의로 정할 수 있도록 보장하기
참가자에게 어떤 불편함도 최소화하기
개인 비밀을 유지하기
불필요한 사생활 침해를 하지 않기
절대적으로 필요한 경우에만 속임수를 사용하기
속임수가 야기한 어떤 오해도 제거하기(해명)
참가자에게 결과와 해석을 제공하기
참가자를 존엄과 관심을 가지고 대하기

모듈 2: 요약

2.1 심리학이란 어떤 학문이며, 그 목표는 무엇인가?

2.1.1 심리학은 (외현의) 행동 그리고 (내현의) 정신 과정에 관한 과학이다.

2.1.2 심리학자들은 심리학적 지식을 생산하고 적용하는 전문가들이다.

2.1.3 심리학자들은 행동에 관한 질문에 답변하는 데 체계적으로 증거를 수집하고 경험적으로 분석하면서 비판적인 사고에 종사하고 있다.

2.1.4 심리학자들은 행동을 기술 · 이해 · 예측 · 통제하기 위해 과학적 자료를 수집한다.

2.2 비판적 사고란 무엇인가?

2.2.1 비판적 사고는 행동에 대한 과학적 방법, 심리학, 그리고 일상의 이해에서 핵심적이다.

2.2.2 비판적 사고는 과학적 설명과 관찰로 믿음을 지지하는 것이 포함된 열린 마음을 가진 반영이다.

2.2.3 논리적인 분석을 하고, 주장에 대한 지지와 반박의 증거를 평가하고, 증거의 질을 평가하는 것을 통해서 믿음의 타당성이 판단될 수 있다.

2.2.4 비판적인 사고를 하는 사람은 자동적으로 전문가의 말을 취하기보다는 스스로 결심을 하고 주장에 대한 반증을 찾는다.

2.3 행동에 관한 거짓된 설명과 심리학은 어떻게 다른가?

2.3.1 유사심리학은 타당한 심리학과 종종 혼동되는 근거 없는 체계이다.

2.3.2 심리학과 달리 유사심리학은 시대에 따라 변한 것이 거의 없는데, 왜냐하면 이를 추종하는 사람들은 자신의 믿음에 부합하는 증거만을 찾고, 모순되는 증거는 피하기 때문이다.

2.3.3 유사심리학에 대한 믿음은 부분적으로 무비판적인 수용, 확증 편향, 바넘 효과에 기초한다.

2.4 심리학 연구에 과학적 방법이 어떻게 적용되는가?

2.4.1 과학적 방법에서 체계적인 관찰은 행동과 정신적 사상에 관한 가설을 검증하는 데 사용된다. 자연적 세계를 관찰하고 타당한 결론을 내리는 강력한 방법으로서 과학적 연구는 행동과 정신 사상에 관한 가장 높은 품질의 정보를 제공한다.

2.4.2 심리학 연구는 문제를 정의하고, 가설을 제안하면서 시작된다. 개념은 경험적으로 연구되기 전에 조작적으로 정의되어야만 한다.

2.4.3 다음으로, 연구자는 가설을 검증하는 증거를 수집한다. 과학적 연구의 결과는 공개되며, 따라서 다른 사람들이 그것을 평가하고, 그로부터 배우고, 후속 연구로 이끄는 새로운 가설을 제안하는 데 사용할 수 있다.

2.4.4 심리학 연구는 참가자의 권리, 존엄, 그리고 복지를 보호하도록 윤리적으로 수행되어야만 한다.

모듈 2: 지식 쌓기

암기

1. 심리학은 ________과 ________과정에 관한 ________연구이다.
2. 상식적인 믿음은 종종
   a. 모호하다.
   b. 일관성이 없다.
   c. 제한된 관찰에 근거한다.
   d. 위의 전부
3. 다음 질문 중 행동을 이해하는 목표에 가장 직접적으로 관계된 것은 어느 것인가?
   a. 남자와 여자의 점수가 사고 능력 검사에서 다른가?
   b. 왜 뇌를 강타하면 기억 상실이 생기는가?
   c. 사무실에서 생산성은 실내 온도를 높이거나 낮추면 향상될 것인가?
   d. 시험 불안에 시달리는 대학생의 비율은 얼마나 되는가?
4. 유사심리학에서 제공한 성격 기술은 일반적인 용어로 진술되는데, 이것은 "모든 이를 위한 약간의 무엇"을 제공하고 있다. 이러한 사실은 ________의 기초이다.
   a. 수상가의 오류
   b. 무비판적 수용 패턴
   c. 확증 편향
   d. 바넘 효과
5. 어떤 심리학자가 운동이 웰빙의 느낌을 증가하는지 알아보고자 연구를 하였다. 이 연구에서 그는 ________을 검증하고자 한다.
   a. 가설
   b. 조작적 정의
   c. 경험적 정의
   d. 의인화 이론
6. __________행동은 __________행동의 측면에서 조작적으로 정의된다.
   a. 겉으로 보이는, 겉으로 보이지 않는
   b. 관찰 가능한, 겉으로 보이는
   c. 겉으로 보이지 않는, 겉으로 보이는
   d. 겉으로 보이지 않는, 추상적

반영

비판적으로 생각하기

7. 모든 과학은 그들이 연구하는 현상을 통제하는 데 관심이 있다. O X
8. 너무 일반적이어서 거의 모든 사람들이 자신에게 적용되는 것이라고 생각될 만한 몇 가지 바넘 진술문, 성격 진술문을 만들어 보라. 바넘 프로파일을 만들게 그것들을 묶을 수 있겠는가? 동일한 진술문을 바넘 별자리운세를 구축하는 데 적용할 수 있겠는가?

자기반영

먼저, 많은 학생들은 심리학은 일차적으로 이상 행동과 심리치료에 관한 것이라고 생각한다. 여러분은 어떤가? 여러분은 심리학 분야를 어떻게 기술하고 있는가?

여러분은 다른 사람이 만든 주장과 여러분 자신의 믿음을 얼마나 엄중하게 평가하는가?

여러분은 늙은 개에게 새로운 기술을 가르치지 못한다는 속담을 과학적으로 어떻게 검증하겠는가?

과학적 방법의 다섯 단계를 따라서 검증 가능한 가설을 제안하고, 어떻게 증거를 수집할지를 결정하라. (그나저나 여러분이 얻은 결과를 발표할 필요는 없다.)

정답

1. (겉으로 보이는) 행동, (내현적) 정신, 과학적 **2.** d **3.** b **4.** d **5.** a **6.** c **7.** X. 천문학과 고고학은 심리학의 네 번째 목표를 공유하지 않는 과학의 예이다. 잠시만 이것을 생각해 보라. 누구도 별을, 과거를 통제할 수는 없다. **8.** 바넘 진술(Barnum statement)이란 용어는 Levy(2003; Rogers & Soule, 2009도 참조)로부터 나왔는데, 그는 다음과 같은 예를 제시했다. 당신은 상처받기를 두려워한다. 당신은 자율감과 친밀성 사이에 균형을 찾고 있다. 당신은 과도하게 의존적이 되기를 원하지 않는다. 당신은 단지 이해받고 싶을 뿐이다.

3 Module

심리학 소개: 심리학의 과거와 현재

심리학 전체

심리학의 역사를 통해 존재해 왔던 다양한 관점이 우리가 인간 행동을 이해하고 해석하는 데 도움을 주었다. 예를 들면, 오른쪽 그림 속 디자인은 완전히 조각난 원으로 만든 것이다. 그러나 형태주의 심리학자들이 100년 전에 이미 논의한 바와 같이, 우리의 지각은 의미 있는 패턴을 형성하려는 강력한 경향을 가지고 있다. 이로 인해 여러분은, 비록 이것이 어떤 종류의 착시라 할지라도, 아마도 이 디자인에서 삼각형을 봤을 것이다. 여러분의 전체적인 지각 경험은 부분의 합을 넘어섰다. 심리학에서 형태주의 '학파'는 더 이상 존재하지 않지만, 그들이 제안한 중요한 통찰은 지각심리학에서부터 치료 현장에까지 모든 심리학 분야에 포함되어 왔다.

© Cengage Learning

오늘날 심리학은 하나의 학문 분야로 인정된 이후 130년 정도밖에 되지 않았지만, 생물학적 관점, 심리학적 관점, 사회문화적 관점이라는 세 가지 현대의 관점이 심리학 연구에서 연구와 이론화를 이끌고 있다. 또한 전 세계 심리학자들은 이제 연구하고 교육하고 넓은 분야의 전문가 영역에서 사람들을 돕고 있다. 이 모듈에서는 태동기에서 현재에 이르기까지 심리학 전체를 살펴본다.

SURVEY QUESTIONS

3.1 심리학 분야는 어떻게 출현했는가?

3.2 심리학에서 현대의 조망은 어떤 것인가?

3.3 심리학에서 중요 전문 분야는 어떤 것인가?

심리학의 약사–심리학 가족 앨범

SURVEY QUESTION 3.1 심리학 분야는 어떻게 출현했는가?

앞서 언급한 바와 같이, 사람들은 수천 년 동안 인간 행동을 형식 없이 관찰하고, 그것에 관해서 심각하게 이야기해 왔다. 대조적으로, 과학으로서 심리학의 역사는 독일 라이프치히의 130여 년 전 정도로 되돌아간다. 거기서 1879년 심리학의 아버지 Wilhelm Wundt는 의식 경험을 연구하는 실험실을 세웠다.

Wundt는 어떻게 우리가 감각, 이미지, 감정을 경험하게 되는지 궁금했다. 이를 알아보기 위하여 그는 체계적으로 다양한 종류의 자극(빛, 소리, 무게)을 관찰하고 측정하였다. **자극**(stimulus)이란 사람에게 영향을 주고, 반응을 불러일으키는 물리적 에너지다. 그 당시 Wundt는 다양한 자극에 대한 자신의 반응을 조사하는, 내면을 관찰하는 **내성법**(introspection)을 사용하였다. (여기서 읽기를 멈추고, 눈을 감고, 여러분 내면의 사고, 감정, 감각을 조사해 보라. 여러분은 지금 내성법을 하는 중이다.) 여

Wilhelm Wundt
(1832~1920)
Wundt는 심리학을 철학과 분리시켜 독립된 과학으로 만든 공로를 인정받는다. 그는 원래 의학을 공부했지만, 심리학에도 깊은 흥미가 있었다. Wundt는 자신의 실험실에서 감각, 이미지, 감정이 어떻게 결합되어 개인적인 경험을 만드는지를 조사하였다.

러 해 동안 그는 시각, 듣기, 미각, 촉각, 기억, 시간 지각, 그리고 다른 많은 주제들을 연구하였다. 체계적인 관찰과 측정을 강조함으로써 그는 일부 흥미로운 질문을 제기하였고, 심리학은 좋은 출발을 하였다(Schultz & Schultz, 2012).

구조주의

Edward Titchener는 Wundt의 아이디어를 미국으로 가지고 왔다. 그는 Wundt의 아이디어를 **구조주의**(structuralism)라고 불렀으며 정신적 삶의 구조를 기본적 요소, 즉 구성 요소로 분석하려고 노력했다.

그가 어떻게 그렇게 할 수 있었을까? 여러분은 화학 혼합물처럼 경험을 분석할 수 없지 않은가? 아마도 그렇게는 못할 테지만, 구조주의자들은 대부분 내성법을 사용하여 정신적 화합물의 분석을 시도하였다. 예를 들면, 관찰자는 사과를 들고 있고, 그가 색상, 둥근 정도, 무게 등의 요소를 경험하는 것을 결정한다. 구조주의자들이 물을 수 있는 다른 질문은 이렇다. "브로콜리, 라임, 베이컨, 딸기 치즈 케이크와 같이 다양하게 복합적인 맛을 만드는 기본적인 미각은 무엇인가?"

내성법은 대부분의 질문에 답변하는 데 매우 빈약한 것으로 증명되었다(Benjafield, 2012). 관찰이 아무리 체계적이라 할지라도 구조주의자들은 빈번히 서로 다른 의견을 내었기 때문이다. 상황이 그렇게 됐을 때, 간주관적인 차이를 조정할 방법은 없었다. 생각해 보라. 만일 여러분과 친구 두 사람이 사과에 대한 지각을 각자 내성한 결과로 상이한 기본 요소들을 열거하게 되었다면, 누가 옳은가? 그러한 제한점에도 불구하고, 내성은 여전히 최면, 명상, 문제해결, 기분, 그리고 다른 많은 주제를 연구할 때 통찰을 주는 한 가지 출처로 여전히 사용되고 있다.

기능주의

미국 심리학자 William James는 심리학을 동물 행동, 종교적 경험, 비정상 행동, 그리고 다른 흥미로운 주제들을 포함시켜 확장했다. James의 찬란한 첫 번째 책 *Principles of Psychology*(1890)는 독립된 학문 분야로서 심리학을 확립했다(Hergenhahn, 2009).

William James
(1842~1910)
William James는 철학자 Henry James, Sr.의 아들이자, 소설가 Henry James의 동생이다. 그는 오랜 학술 경력을 하버드대에서 해부학, 생리학, 심리학, 철학을 가르치며 보냈다. James는 아이디어란 인간 행위에 대한 실제적인 결과의 측면에서 판단되어야 한다고 강하게 믿었다.

기능주의(functionalism)라는 용어는 마음이 우리가 환경에 적응하는 데 어떻게 도움을 주도록 기능하는가에 대한 James의 관심으로부터 나왔다. James는 의식을 구조주의자들이 주장하듯이 하나의 생명이 없는 구성 요소의 집합이 아니라, 이미지와 감각이 항상 변화하는 흐름으로 간주했다.

기능주의자들은 Charles Darwin을 존중했는데, Darwin은 생존을 선호하는 방식으로 생명체가 진화해 왔다고 추론하였다. Darwin의 **자연선택**(natural selection)의 원리에 따르면 동물이 환경에 적응하도록 돕는 신체적 특성은 진화 과정에서 유지된다. 유사하게, 기능주의자들은 마음, 지각, 습관, 감정이 우리가 적응하고 생존할 수 있도록 돕는 방법을 알아내고자 했다.

기능주의는 현대 심리학에 어떤 영향을 미쳤는가? 기능주의는 동물 연구를 심리학으로 끌어들였다. 기능주의는 또한 교육심리학(학습, 연구, 교육, 교실 역동, 그리고 관련 주제에 대한 연구)을 촉진시켰다. 학습은 우리로 하여금 좀 더 적응할 수 있도록 만들며, 따라서 기능주의자들은 교육을 향상시키는 방법을 찾고자 노력했다. 비슷한 이유로 기능주의는 작업 현장에서 사람에 대한 연구인 *산업심리학*의 발현을 자극하였다(모듈 63 참조).

행동주의

기능주의와 구조주의는 곧바로 관찰 가능한 행동에 대한 연구인 **행동주의**(behaviorism)의 도전을 받았다. 행동주의자인 John B. Watson은 '마음' 또는 의식적 경험에 대한 마음 연구를 두고 강하게 이의를 제기하였다. 그는 내성법이 관찰자 사이의 의견 불일치를 조정할 객관적인 방법이 없기 때문에 비과학적이라 믿었다. Watson은 자신이 동물에게 질문을 하거나 그들이 무엇을 생각하는지를 알 수 없다 하더라도 동물의 외현적 행동을 연구할 수 있음을 깨달았다(Benjafield, 2012). 그는 단순히 자극(환경 속의 사상), 동물의 **반응**(response)(어떤 근육 활동, 내분비계 활동, 또는 다른 확인 가능한 행동의 측

John B. Watson
(1878~1958)
Watson이 가진 관찰 가능한 행동에 대한 강한 흥미는 생물학과 신경학에 대한 박사 연구에서 시작되었다. 그는 1908년 존스홉킨스대 교수가 되었고, 행동주의 이론을 진전시켰다. 1920년까지 존스홉킨스대에 머무르다가, 경력을 바꿔 광고업계로 진출하였다.

자극 유기체가 감각할 수 있는 어떤 물리적 에너지
내성법 안을 들여다보는 것. 자기 자신의 사고, 느낌, 또는 감각을 조사하는 것
구조주의 감각과 개인의 경험을 기본 요소로 분석하는 학파
기능주의 행동과 정신 능력이 사람이 환경에 적응하는 것을 어떻게 돕는지를 주시하는 학파
자연선택 진화는 생존 조건에 가장 잘 맞는 식물과 동물을 선호한다는 Darwin의 이론
행동주의 외현적이고, 관찰 가능한 행동의 연구를 강조하는 심리학파
반응 어떤 근육행동, 내분비 활동, 또는 다른 확인 가능한 행동의 측면

면) 사이의 관계를 관찰하였다. 이러한 관찰은 객관적인데, 거기에는 주관적 경험에 대한 내용이 포함되어 있지 않기 때문이다. 그는 다음과 같이 물었다. 왜 인간 행동에는 동일한 객관성을 적용하지 않는가?

Watson은 대부분 행동을 설명하는 러시아 생리학자 Ivan Pavlov의 *조건화* 개념을 수용했다. (*조건화된 반응*은 특정한 자극에 대한 학습된 반응이다.) Watson이 주장하기로, "나에게 건강한 12명의 유아를 데려와 달라. 그러면 잘 형성된, 나만의 특별한 세계에서 그들을 어느 누구든 상관없이 훈련시켜서 내가 선택한 어떤 전문가, 예를 들면, 의사, 변호사, 예술가, 거상, 그리고 거지와 도둑까지도 되게 만들 것을 보장할 수 있다"(Watson, 1913/1994).

대다수의 심리학자들이 Watson의 주장에 동의할까? 그렇지 않다. 초기의 행동주의자들은 모든 반응은 자극에 의해서 *결정*된다고 믿었다. 오늘날 이것은 과장된 진술이라고 여겨진다. 마찬가지로 관찰 가능한 행동에 대한 연구를 강조함으로써 행동주의는 심리학을 철학의 한 분야가 아닌 자연과학으로 만드는 데 도움을 주었다.

급진적 행동주의 가장 잘 알려진 행동주의자, B. F. Skinner는 우리의 행동이 보상과 처벌에 의해 통제된다고 믿었다. 학습을 연구하기 위해서 Skinner는 '스키너 상자'라 불리는 가장 유명한 조건화 공간을 만들었다. 그것을 사용하여 그는 동물에게 자극을 제시하고 동물의 반응을 기록하였다. 학습에 관한 많은 Skinner의 아이디어는 쥐와 비둘기에 대한 연구에서 성장했다. 그럼에도 불구하고 그는 동일한 행동의 법칙이 인간에게 적용된다고 믿었다. 급진적인 행동주의자로서 Skinner는 또한 내면적인 정신 사상, 예를 들면, 사고 같은 것도 행동을 설명할 필요가 없다고 믿었다(Schultz & Schultz, 2012).

우리가 학습, 조건화, 그리고 보상과 처벌의 적절한 사용에 관하여 알고 있는 많은 것이 행동주의자들 덕분이라고 평가받을 만하다. Skinner는 긍정적 보상에 기초하여 설계된 문화로 바람직한 행동을 고무할 수 있다고 확신하고 있었다. (처벌이 옳은 반응을 가르치지 않기 때문에 그는 처벌의 사용에 반대하였다.) 또 다시 그는 오도된 보상이 인구 과잉, 환경오염, 그리고 전쟁과 같은 문제를 만드는 파괴적인 행위로 이끈다고 믿었다.

인지적 행동주의 급진적 행동주의자들은 우리의 삶에서 사고가 하는 역할을 무시했다는 비판을 받았다. 어떤 비판은 스키너식 행동주의가 의식을 잃어버렸다고까지 고소하기도 했다. 그러나 **인지적 행동주의**(cognitive behaviorism)는 많은 비판에 답변하였는데, 이는 행동을 설명하는 데 조건화와 사고를 조합한 관점이다(Zentall, 2002). 예를 들면, 여러분은 특정 웹사이트를 빈번하게 방문하는데, 왜냐하면 거기에서 무료 비디오 서비스를 받기 때문이다. 어떤 행동주의자들은 여러분이 거기에 갈 때마다 흥미로운 비디오를 보는 즐거움으로 그 사이트에서 강화를 받았기 때문에 그곳을 방문한다고 이야기할 수 있다. 인지적 행동주의자는 여러분이 그 사이트에서 무료 비디오를 찾을 것을 기대한다고 덧붙일 것이다. 이것이 여러분 행동의 인지적 부분이다.

행동주의자들은 우리가 학습, 조건화, 그리고 보상과 처벌의 적절한 사용에 관해 알고 있는 것이 그들 덕분이라고 평가받을 만하다. 행동주의는 또한 행동치료의 출처이기도 한데, 행동치료는 학습 원리를 과식, 비현실적 공포, 또는 분노 폭발 등의 문제 행동을 바꾸는 데 사용한다(자세한 정보는 모듈 55과 57 참조).

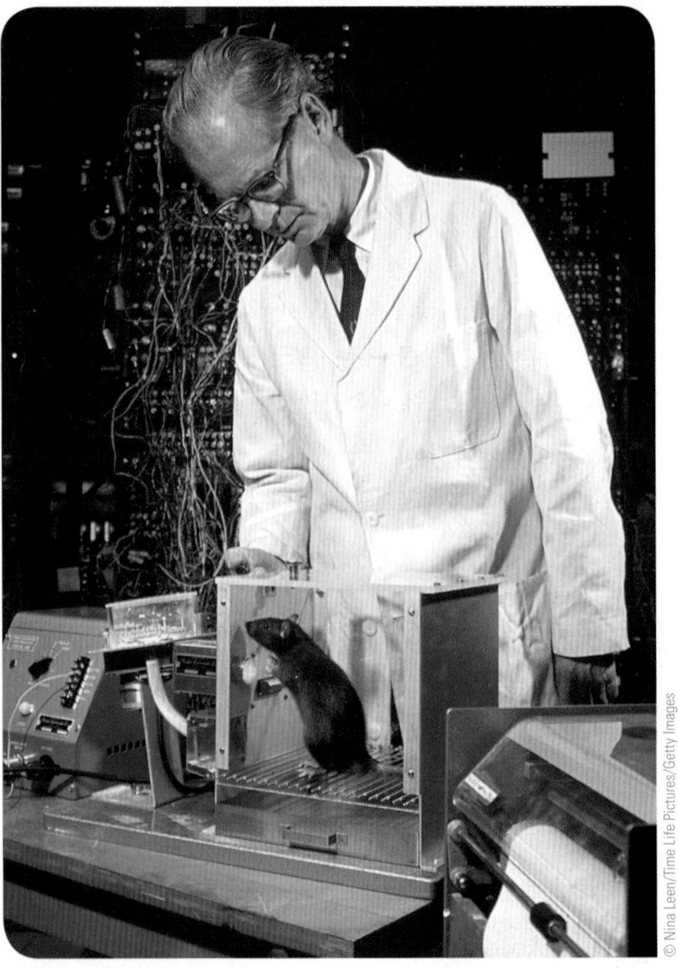

B. F. Skinner(1904~1990).
Skinner는 신중하게 통제된 조건 속에서 단순한 행동을 연구했다. 사진에서 보이는 스키너 상자는 단순화시킨 동물 실험에서 학습을 연구하는 데 광범위하게 사용되어 왔다. 그는 심리학을 진보시켰을 뿐만 아니라 자신의 급진적인 행동주의가 인간의 삶을 향상시키길 희망했다.

형태주의 심리학

여러분이 방금 "해피버스데이"를 플루트로 연주했다고 상상해 보라. 다음에 그 곡을 기타로 연주한다. 기타는 플루트의 어느 소리도 그대로 내지는 못한다. 여기서 우리는 어떤 흥미 있는 것을 알아차린다. 음표 사이의 *관계*가 동일하게 유지되는 한 멜로디는 여전히 알아차릴 수 있다.

"해피버스데이"의 음표를 올바른 순서로 연주하면서 음표 하나를 1시간 간격으로 한다면 어떤 일이 일어날까? 여러분의 의견은 어떤가? 아무것도 없다. 독립적인 음표는 더 이상 멜로디가 아니다. 지각적으로 멜로디는 멜로디를 정의하고 있는 개별적인 음표, 그 이상이다.

이러한 관찰이 형태주의 사고 학파를 출현시켰다. 독일 심리학자 Max Wertheimer는 형태주의 관점을 진보시킨 첫 번째 학자였다. 그는 구조주의학자들이 하듯이 심리적인 사상을 조각 또는 요소로 분석하는 것은 부정확하다고 하였다. 여기에 부응해서 **형태주의 심리학**(Gestalt psychology)은 경험을 부분으로 분석하지 않고 사고, 학습, 지각을 전체 단위로서 연구하였다. 그들은 "전체는 부분의 합보다 더 크다"는 슬로건을 내세웠다. 사실 독일어 단어 *Gestalt*는 형태, 패턴, 전체를 의미한다.

Max Wertheimer
(1880~1941)
Wertheimer는 착시를 설명하는 데 도움이 되는 형태주의 관점을 제안한 최초의 학자이다. 그는 형태주의 심리학을 지각, 문제해결, 사고, 사회적 행동뿐만 아니라 예술, 논리, 철학, 정치학도 이해할 수 있는 방식으로 향상시켰다.

멜로디처럼 많은 경험은 구조주의자들이 제안했듯이 더 작은 단위로 쪼개질 수 없다. 이러한 이유로 지각과 성격의 연구는 특히 형태주의 관점에 영향을 받았다. 형태주의 심리학은 또한 한 형태의 심리치료에 영감을 주었다(모듈 54 참조).

정신분석적 심리학

미국 심리학이 좀 더 과학적으로 성장하고 있을 때, Sigmund Freud라는 오스트리아 의사는 심리학뿐만 아니라 예술, 문화, 역사에서 새로운 지평을 여는, 급진적으로 상이한 아이디어를 발전시키고 있었다(Barratt, 2013; Chessick, 2010). Freud는 정신적인 삶이라는 것은 오로지 작은 부분만이 볼 수 있게 드러나 있는 빙산과 유사하다고 믿었다. 그는 개인이 자각할 수 있는 영역 바깥에 놓인, 마음의 이러한 영역을 **무의식**(unconscious)이라고 불렀다. Freud에 대해 따르면, 우리의 행동은 무의식적 사고, 충동, 그리고 특히 성과 공격성에 관련된 욕망 등에 깊게 영향을 받는다.

Sigmund Freud
(1856~1939)
50년이 넘도록 Freud는 무의식적 마음을 찾았다. 그렇게 함으로써 그는 인간 본성에 대한 현대의 관점을 바꿔 놓았다. 그가 초기에 실시한 히스테리에 대한 '대화 치료'라는 실험은 정신분석의 시작으로 간주된다. 그는 정신분석을 통하여 정신의학에 심리학적 치료를 추가했다.

Freud는 많은 무의식적 사고가 위협적이기 때문에 *억압*되거나, 의식 바깥으로 빠져 있다고 이론화하였다. 그러나 때때로 그것은 꿈, 정서, 또는 말실수에서 드러난다고 Freud는 말하였다. (수업에 늦은 학생이 말하기를 "아! 죄송해요, 좀 더 늦게 올 수 있었는데."라고 말하는 것처럼 Freud식의 말실수는 종종 유머가 있다.)

행동주의자들처럼 Freud는 모든 사고, 정서, 행동이 *결정*되어 있다고 믿는다. 다른 말로 하면, 우연인 것은 아무것도 없다. 만일 우리가 깊숙하게 탐색한다면, 우리는 모든 사고 또는 행동의 원인을 발견할 수 있다. 행동주의자와는 달리 Freud는 (외적인 자극이 아닌) 무의식적 과정에 책임이 있다고 믿었다.

Freud는 또한 아동기가 성인 성격에 영향을 준다는 진가를 알아본 거의 첫 번째 사람들 중 하나이다("아이는 어른의 아버지다."). 무엇보다도 Freud는 온전하게 발전된 첫 번째 정신치료인 **정신분석**(psychoanalysis) 또는 대화 치료를 만들었다고 알려져 있다. Freud식의 심리치료는 무의식적 갈등과 정서적 문제를 분석한다(모듈 53 참조).

Freud의 제자 일부가 그의 아이디어를 수정하는 데는 그리 오래 걸리지 않았다. **신프로이트주의자**(neo-Freudians)라고 알려진 그들은 Freud 이론에서 많은 것을 수용했지만, 또한 많은 부분을 수정하였다. 예를 들면, 많은 사람들이 성과 공격성을 덜 강조하고, 사회적 동기와 관계를 더 많이 강조한다. 그들 중 잘 알려진 신프로이트주의자들은 Alfred Adler, Anna Freud(Freud의 딸), Karen Horney, Carl Jung, Otto Rank, Erik Erikson이다. 오늘날 Freud의 아이디어는 상당히 많이 바뀌어서 철저한 정신분석적 심리학자는 거의 남아 있지 않다. 그러나 그의 전설은 여전히 어떤 종류의 **정신역동 이론**(psychodynamic theory)에서도 명백하게 있

인지적 행동주의 행동을 설명하기 위해서 인지(즉 지각, 사고, 기대)와 행동 원리를 결합하는 접근
형태주의 심리학 부분으로 분석하지 않고, 전체 단위로서 사고, 학습, 지각 연구를 강조하는 심리학파
무의식 자각, 특히 개인에게 직접적으로 알려지지 않은 충동과 욕망을 넘어서는 마음의 내용
정신분석 무의식적 갈등에 대한 탐색을 강조하는 심리치료에 대한 Freud식의 접근
신프로이트주의자 Freud 이론의 광범위한 특징을 수용하지만 자신의 개념에 맞도록 이론을 개정한 심리학자
정신역동 이론 내적 갈등, 동기, 무의식적 힘을 강조하는 행동 이론

으며, 여전히 내적 동기, 갈등, 무의식적인 힘을 계속 강조한다(Moran, 2010).

인본주의 심리학

인본주의(humanism)는 주관적 인간 경험에 초점을 두는 관점이다. 인본주의적 심리학자들은 인간의 잠재력, 이상, 그리고 문제에 흥미가 있다.

Abraham Maslow
(1908~1970)
인본주의 심리학의 창시자인 Maslow는 정신건강이 예외적인 사람들에게 흥미가 있었다. 그는 자기실현한 사람들은 자신의 재능과 능력을 완전하게 사용한다고 믿었다. Maslow는 자신의 인간 본성에 대한 긍정적인 관점을 행동주의와 정신분석의 관점에 대한 대안으로 제시했다.

인본주의적 접근이 다른 접근들과 어떻게 다른가? Carl Rogers, Abraham Maslow, 그리고 다른 인본주의자들은 우리가 무의식적 힘에 지배당하고 있다는 Freud의 아이디어를 거부했다. 그들은 또한 조건화에 대한 행동주의자들의 강조에 불편함을 느낀다. 두 종류의 관점은 행동은 우리의 통제를 벗어난 힘에 의해 결정된다는 아이디어, 즉 **결정주의**(determinism)라는 강력한 암류(어두운 흐름)를 가지고 있다. 대조적으로 인본주의자들은 자의적 선택을 할 수 있는 우리의 능력인 **자유의지**(free will)를 강조한다. 물론 과거 경험이 우리에게 영향을 준다. 그럼에도 불구하고 인본주의자들은 창의적이고, 의미가 있으며, 만족스러운 삶을 사는 데 인간이 자유롭게 *선택*할 수 있다고 믿는다.

인본주의자들은 사랑, 자존감, 소속감, 자기표현, 창조성, 영성에 대한 심리적 욕구에 흥미가 있다. 그들은 이러한 욕구가 음식이나 물과 같은 생물학적 충동만큼이나 중요하다고 믿는다. 예를 들면, 인간의 사랑이 결여된 신생아는 음식이 결여된 경우만큼이나 확실하게 죽을 수도 있다.

인본주의적 접근이 얼마나 과학적인가? 초기에 인본주의자들은 심리학을 과학으로 취급하는 데 관심이 적었다. 그들은 자기 이미지, 자기 평가, 그리고 참조틀 같은 주관적인 요인들을 강조하였다. (*자기 이미지*는 자기 자신, 신체, 성격, 능력에 대한 자신의 지각이다. *자기 평가*는 자신을 좋다 또는 나쁘다고 평가하는 것을 지칭한다. *참조틀*은 사건을 해석하는 데 사용된 정신적 관점이다.) 오늘날 인본주의자들은 여전히 어떻게 우리가 우리 자신을 지각하고, 세계를 경험하는지를 이해하려고 노력한다. 그러나 대부분의 학자들은 이제 다른 심리학자들이 하는 것처럼 자신들의 아이디어를 검증하고자 연구를 한다(Schneider, Bugental, & Pierson, 2001).

Maslow의 **자기실현**(self-actualization) 개념은 인본주의의 핵심 특징이다. 자기실현은 개인의 잠재력을 완전하게 발전시키고 가능한 최상의 사람이 되는 것을 가리킨다. 인본주의자들에 따르면, 모든 사람은 이런 잠재력을 가지고 있다. 인본주의자들은 그것이 발현하도록 돕는 방법을 찾는다.

심리학의 초기 발달에 대한 요약이 표 3.1에 있다.

표 3.1 심리학의 초기 발달

관점	연도	주목할 사건
실험 심리학	1875	William James가 첫 심리학 강좌를 제공함
	1878	첫 미국 심리학 PhD가 수여됨
	1879	Wilhelm Wundt가 독일에 첫 심리학 연구실을 개관함
	1883	존스홉킨스대학교에 첫 미국 심리학 실험실을 설립함
	1886	John Dewey가 첫 미국 심리학 교재를 집필함
구조주의	1898	Edward Titchener가 내성법에 근거하여 심리학을 진보시킴
기능주의	1890	William James가 책, *Principles of Psychology*를 출간함
	1892	미국심리학회 설립
정신역동 심리학	1895	Sigmund Freud가 첫 번째 연구를 발표함
	1900	Freud가 책, *The Interpretation of Dreams*를 출간함
행동주의	1906	Ivan Pavlov가 조건화된 반사에 대한 연구를 보고함
	1913	John Watson이 행동주의자의 관점을 제시함
형태주의 심리학	1912	Max Wertheimer와 다른 학자들이 형태주의 관점을 진보시킴
인본주의 심리학	1942	Carl Rogers가 책, *Counseling and Psychotherapy*를 출간함
	1943	Abraham Maslow가 "A Theory of Human Motivation"을 출간함

심리학 초창기에 다양성의 역할

초기의 심리학자들은 모두 백인이었는가? 비록 여성과 인종적 소수자들이 심리학자들 사이에서 과소하게 표현되었지만, 개척자들이 있다(Minton, 2000). 1894년 Margaret Washburn은 심리학에서 PhD를 받은 최초의 여성이었다. 미국에서 1906년까지 심리학자 10명 중 1명이 여성이었다. 1920년에 Francis Cecil Sumner는 미국에서 심리학 박사학위를 받은 최초의 아프리카계 미국인이었다. Inez Beverly Prosser는 1933년에 미국 최초로 박사학위를 받은 아프리카계 미국인 여성이었다.

Margaret Washburn
(1871~1939)
1908년에 동물 행동에 관한 영향력 있는 교재인 *The Animal Mind*라는 책을 출간했다.

Francis Cecil Sumner
(1895~1954)
하버드대학교 심리학과 과장을 역임했으며, 미국 대학이나 대학교에서 흑인들이 역할을 할 수 있는 기회가 적은 것을 비판하는 논문을 썼다.

Inez Beverly Prosser, ca.
(1895~1934)
흑인 아동을 교육시키는 가장 좋은 방법에 관한 논쟁에서 초기 지도자 중 하나이다.

초기의 백인 남성 심리학자들의 우세는 우려할 만한 일인데, 왜냐하면 심리학 이론과 연구에 편협함이 의도하지 않게 도입될 수 있기 때문이다. 연구자와 참가자의 인종, 민족, 연령, 성적 경향성과 관련된 편향으로 인하여 심리학 연구에서 우리의 이해가 결정적으로 제한을 받을 수 있다(Carroll, 2013; Guthrie, 2004). 너무나 많은 결론들이 인류의 풍부한 오묘하고도 무쌍함을 표현하지 않는 사람들의 작은 집단에 근거해서 만들어졌다.

그러나 2000년 이후로 모든 학부생과 대학원생 학위 중 70%가 여성에게 수여되었다. 유사하게 모든 심리학 학부학위의 25%와 박사학위 16%가 유색인종에게 수여되었다(American Psychological Association, 2003a). 심리학은 인류의 다양성을 좀 더 반영하는 방향으로 증대되고 있다(American Psychological Association, 2012; Hyde, 2013).

심리학의 오늘–행동에 대한 현대의 관점 세 가지

SURVEY QUESTION 3.2 심리학에서 현대의 조망은 어떤 것인가?

초기 학파의 사고로부터 나온 핵심적인 통찰은 현대 심리학을 형성하는 생물학적 · 심리학적 · 사회문화적 관점이라는 세 가지 넓은 관점의 발달에서 중요한 역할을 하였다(표 3.2).

생물학적 조망

생물학적 조망(biological perspective)은 뇌 과정, 진화, 유전자와 같은 생물학적 원리의 관점에서 행동을 설명하려고 한다. 새로운 기법을 사용함으로써 *생물심리학자*들은 인간의 두뇌가 사고, 느낌, 지각, 이상 행동, 그리고 다른 주제와 어떻게 연결되어 있는지에 관한 아주 흥미로운 통찰을 만들어 낸다. 생물심리학자들은 생물학자와 생화학자와 같은 뇌와 신경계를 연구하는 다른 연구자들과 함께 **신경과학**(neuroscience)이라는 더 넓은 분야를 탐구한다. **진화심리학**(evolutionary psychology)은 사람의 진화와 유전자가 어떻게 우리의 현재 행동을 설명할 수 있는지를 살펴본다.

심리학적 조망

심리학적 조망(psychological perspective)은 행동을 각 개인에 내재된 심리적 과정의 결과로 본다. 이러한 관점은 초기의 행동들이 그랬던 것처럼, 과학적 관찰에 대한 강조를 계속하고 있다. 그러나 심리학적 조망은 이제 *인지심리학*을 포함하고 있으며, 인지심리학은 정신과정, 사고와 감정 같은 우리의 행동에 영향을 주는 방법을 추구하고 있다(Reed, 2013). 최근에 인지심리학은 연구자들이 사고, 기억, 언어, 지각, 문제해결, 의식, 창의성과 같은 내현적 행동을 객관적으로 연구하는 연구방법을 고안해 냄에 따라 명성을 얻었다. 사고에 대한 관심을 새롭게 하면서 심리학은 드디어 "의식을 되찾았다"라고 말할 수 있게 되었다(Robins, Gosling, & Craik, 1998).

Freud식의 정신분석은 더 넓은 *정신분석적 관점*이 되도록 발전을 계속하였다. 비록 많은 Freud의 아이디어가 도전을 받았고 거부되었지만, 정신분석적 심리학자들은 우리 행동이 무의식적 정신 활동에서 자취 찾기를 계속하였다. 그들은 사람들이 더 행복하고 더 풍부한 삶을 살 수 있도록 돕는 치료법 개발을 추구하였다. 인본주의 심리학자들은 비록 무의식적 과정보다는 주관적 · 의식적 경험과 인간 본성의 긍정적 측면을 강조하고 있지만, 이들도 정신분석 심리학자들과 마찬가지 일을 하고 있다.

긍정심리학 심리학자들은 항상 인간 행동의 부정적 측면에 대해 관심이 많았다. 이는 인간 문제 해결의 필요성을 강조하기 때문에 쉽게 이해될 수 있다. 그러나 인본주의에 고무된 심리학자들을 포함하여 점점 더 많은 심리학자들이 다음과 같이 묻기 시작했다. "사랑, 행복, 창의성, 복지, 자신감, 성취 같은 것에 대하여 우리가 알고 있는 것은 무엇인가?" 이런 모든 주제는 인간

인본주의 인간의 경험, 문제, 잠재력, 이상에 초점을 둔 심리학 접근
결정주의 모든 행동에는 원인이 있으며, 그런 모든 원인이 알려져 있다면 개인의 선택과 행동을 완전하게 설명할 수 있다는 아이디어
자유의지 인간은 자유롭게 선택 또는 결정을 할 수 있다는 아이디어
자기실현 개인의 잠재력을 완전하게 발달시키는 진행 과정
생물학적 조망 행동을 내재된 생물학적 원리의 측면에서 설명하려는 시도
신경과학 생물학자와 생화학자와 같이 뇌와 신경계를 연구하는 사람들과 생물심리학자들의 폭넓은 분야
진화심리학 인간 진화와 유전이 어떻게 현재의 행동을 설명하는가에 대한 연구
심리학적 조망 행동은 개인의 수준에서 발생하는 심리적 과정에 의해 조성된다는 전통적인 관점

표 3.2 행동을 바라보는 현대의 방식

생물학적 조망

생물심리학적 관점

핵심 사상: 인간과 동물의 행동은 내부의 신체적 · 화학적 · 생물학적 과정의 결과이다.
뇌와 신경계, 생리, 유전적 특질, 내분비계, 생화학의 활동을 통하여 행동 설명을 추구. 인간 본성에 대하여 중립적, 환원주의적, 기계적인 관점

진화적 관점

핵심 사상: 인간과 동물의 행동은 진화라는 과정의 결과이다.
자연 선택에 기초한 진화 원리를 통하여 행동 설명을 추구. 인간 본성에 대하여 중립적, 환원주의적, 기계적인 관점

심리학적 조망

행동주의자적 관점

핵심 사상: 행동은 개인의 환경에 의해 조성되고 통제된다.
관찰 가능한 행동에 대한 연구와 학습의 효과를 강조. 외부의 보상과 처벌을 강조. 인간 본성에 대하여 중립적, 과학적, 다소간의 기계적인 관점

인지적 관점

핵심 사상: 정보의 정신적 처리라는 측면에서 많은 인간 행동이 이해될 수 있다.
사고, 지식 습득, 지각, 이해, 기억, 의사결정, 판단에 대해 다룸. 정보 처리 측면에서 행동을 설명. 인간 본성에 대하여 중립적, 다소간 컴퓨터와 유사하다는 관점

정신역동적 관점

핵심 사상: 행동은 종종 감춰져 있거나 무의식적인 개인의 성격 내의 힘들이 지휘한다.
(특히 무의식적인) 내적인 충동, 욕망, 갈등을 강조. 행동을 성격 내부의 힘들이 격돌한 결과로 봄. 인간 본성에 대하여 다소간 부정적, 비관적인 관점

인본주의자적 관점

핵심 사상: 행동은 개인의 자기상에 의해, 세계에 대한 주관적인 지각에 의해, 그리고 개인의 성장 욕구에 의해 인도된다.
주관적, 의식적 경험, 인간 문제, 잠재력, 그리고 이상에 초점. 행동을 설명하기 위해 자기상 그리고 자기실현을 강조. 인간 본성에 대하여 긍정적, 철학적인 관점

사회문화적 조망

사회문화적 관점

핵심 사상: 행동은 개인의 사회적이고 문화적인 맥락에 의해 영향을 받는다.
행동은 어떤 개인이 태어나고, 자라고, 매일매일 살아가는 사회적이고 문화적인 환경과 관련되어 있음을 강조. 인간 본성에 대하여 중립적, 상호주의자적 관점

의 강점, 덕목, 최적의 행동에 대한 연구라는 **긍정심리학**(positive psychology)을 만들었다(Compton & Hoffman, 2013). 긍정심리학으로부터 나온 많은 주제들은 본서에서 찾아볼 수 있다. 이상적으로, 그것들은 여러분의 삶이 더 긍정적이고 충만하게 되도록 도울 것이다(Snyder, Lopez, & Pedrotti, 2011).

사회문화적 조망

여러분이 아시다시피, 인간 행동을 하나 이상의 관점으로 보는 것은 도움이 된다. 이는 다른 관점으로 보아 또한 진실이다. **사회문화적 조망**(sociocultural perspective)은 사회적이고 문화적인 맥락이 우리의 행동에 주는 영향을 강조한다. 우리는 빠르게 다문화사회로 변해 가고 있다. 1억이 넘는 미국인이 이제는 흑인, 히스패닉, 동양인, 미 원주민, 태평양 제도민이다(Humes, Jones, & Ramirez, 2010). 디트로이트나 볼티모어 같은 일부 대도시에서는 소수집단이 다수집단이 되었다.

어떻게 이것이 심리학에 영향을 주는가? 과거의 심리학은 대부분 북미와 유럽 문화에 근거하고 있었다. 이제 우리는 서양 심리학의 원칙들이 모든 문화에 있는 사람들에게 적용되는 것인가라고 물어보아야만 한다. 일부 심리학적 개념은 다른 문화에서 타당하지 않은가? 어떤 보편성이 있는가? 심리학자들이 그런 질문을 탐색함에 따라 한 가지가 분명해진다. 우리가 생각하고, 느끼고, 하는 것들의 대부분은 이런저런 방식으로 우리가 살고 있는 사회적 · 문화적 세계의 영향을 받는다(Baumeister & Bushman, 2014; Henrich, Heine, & Norenzayan, 2010).

문화적 상대성 여러분이 임상심리학자라고 가정해 보자. 미국 원주민인 여러분의 내담자 린다는 여러분에게 자신의 집 가까이에 정령이 살고 있다고 말한다. 린다는 망상에 시달리는 것일까? 그녀는 비정상적인 것인가? 린다의 사례와 유사한 사례는 우리가 다른 사람을 판단하거나 집단을 비교할 때 편협한 기준을 사

Chris Parypa/Alamy

2013년 버락 오바마 대통령의 두 번째 취임식에서 나온 이 사진이 보여 주듯이, 미국은 더 다양한 국가가 되었다. 인간 행동을 완전하게 이해하기 위하여 연령, 인종, 문화, 민족, 성, 그리고 성적 취향에 기반을 둔 개인차를 반드시 고려해야 한다.

용하고 있는 것을 경계해야 한다고 가르쳐 준다. 명백하게, 만일 여러분이 린다의 문화적 믿음을 고려하지 못한다면, 여러분은 린다의 정신건강을 잘못 판단할 것이다. 행동은 그 행동이 발생한 문화의 가치와 비교하여 판단되어야만 한다는 아이디어인 **문화적 상대성**(cultural relativity)은 정신적 이상의 진단과 치료를 포함하여, '다른 사람'을 우리가 이해하는 데 엄청난 영향을 줄 수 있다(Lum, 2011). 효과적이기 위하여, 심리학자들은 자신과 인종적으로, 그리고 문화적으로 상이한 사람들을 민감하게 대해야 한다(Lowman, 2013).

다양성에 대한 더 넓은 관점 문화적 차이와 더불어 사람들의 행동은 연령, 민족, 성별, 종교, 장애, 그리고 성적 기호의 차이에 의해 영향을 받는다. 이러한 것들은 모두 행동을 지도하는 사회적 규범에 영향을 미친다. **사회적 규범**(social norms)은 다양한 집단의 구성원에게 수용될 수 있는, 그리고 기대되는 행동을 정의하는 규칙들이다. 또 다시 무엇이 평균이고, 정상이고, 옳은 것인가를 결정하는 데 말로 하지 않는 기준은 중년의, 백인의, 이성주의의, 중산층의 서양 남자의 행동이었다(Henrich, Heine, & Norenzayan, 2010). 인간의 다양성에 대한 좀 더 완전한 스펙트럼에 대한 가치 인정을 하는 것이 심리학에 대한 이해와 더불어 여러분의 삶을 풍부하게 할 수 있다(Helgeson, 2012).

온전한 인간 오늘날 많은 심리학자들은 하나의 조망으로 복잡한 인간 행동을 완전하게 설명할 수 있을 것 같지 않다는 것을 깨닫고 있다. 그 결과로서, 그들은 *절충적*이 되고, 다양한 조망으로부터 통찰을 끄집어내고 있다. 여러분이 이 책 전체를 통해서 보게 되듯이, 우리가 온전한 인간에 대한 더 나은 이해를 추구할 때, 한 관점으로부터 나오는 통찰은 종종 다른 관점으로부터 나오는 통찰에 의해 보완된다.

심리학자들—줄어들지 않을 것을 보장한다

SURVEY QUESTION 3.3 심리학에서 중요 전문 분야는 어떤 것인가?

모든 심리학자가 치료를 하고, 비정상적 행동을 치유하는가? 심리학자의 약 60% 정도가 임상심리학자와 상담심리학자이다. 여기에 상관없이, 모든 **심리학자**(psychologist)는 심리학의 방법, 지식, 이론에 대한 고도의 훈련을 받는다. 심리학자들은 보통 석사학위 또는 박사학위를 받고, 전형적으로 박사후(post-Doc) 훈련이 몇 년간 요구된다. 29%는 대학 또는 대학교에서 정규 직장을 얻게 되고, 교육, 연구, 컨설팅, 치료를 한다. 나머지 사람들은 다른 상황에서 심리검사를 하고, 연구를 하거나, 사업체, 공장, 정부, 군에서 컨설턴트로 종사한다(● 그림 3.1 참조).

현재 미국심리학회는 50개 이상의 분과로 이루어져 있으며, 각 분야는 특정한 기술 또는 관심 분야를 나타낸다. 그들이 어디에 고용되어 있건, 그들의 전문 분야가 무엇이건 간에 많은 심리학자들은 연구를 한다. 어떤 사람들은 자신의 지식을 탐구하고자 기초연구를 한다. 예를 들면, 어떤 심리학자는 기억이 작용하는 방식을 단순히 이해하기 위해 기억을 연구한다. 다른 사람은 운동선수의 수행을 향상시키는 방법을 찾는 것과 같은 실전문제를 즉각적으로 풀기 위하여 응용 연구를 한다(Davey, 2011). 어떤 사람은 두 가지 유형의 연구를 한다. 주요 전문 분야 중 일부 목록이 표 3.3에 나와 있다.

심리학자가 되기 위해서 어떤 비용을 치러야 하는지 궁금해 본 적이 있는가? 글상자 "직업으로서의 심리학이 여러분에게 맞는가?"를 보라.

긍정심리학 인간의 강점, 가치, 효과적인 기능에 대한 연구
사회문화적 조망 개인의 행동에 영향을 주는 사회적·문화적 맥락의 중요성에 초점
문화적 상대성 행동은 그것이 발생한 문화의 가치에 상대적으로 판단되어야만 한다는 아이디어
사회적 규범 집단의 구성원에게 수용 가능하고, 기대되는 행동을 정의하는 규칙들
심리학자 방법, 사실에 관한 지식 심리학 이론에 관하여 고도로 훈련을 받은 사람

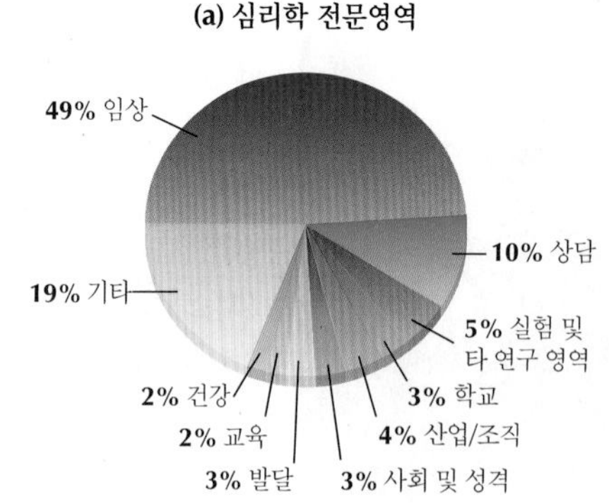

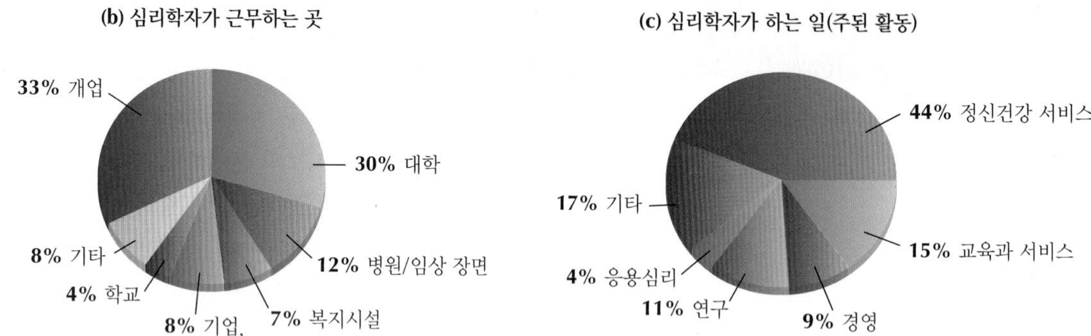

그림 3.1

(a) 심리학의 전문영역(APA Center for Workforce Studies, 2012). 제시된 비율은 대략적이다. (b) 심리학자들이 일하는 곳(Cheal et al., 2009). (c) 이 도표는 심리학자들이 일하고 있는 주요 활동을 보여 준다. 한 사람의 심리학자는 누구든지 근무 주간 동안 여러 가지 활동에 참여할 수 있다. 여러분이 보시다시피, 대부분의 심리학자는 응용 분야에 특화되어 있으며, 응용 장면에서 근무한다(Cheal et al., 2009).

동물과 심리학 *동물을 포함한 연구가 표 3.3에 열거된 심리학 전문 분야에 일부 소개되었다. 이게 뭐지?* 여러분은 심리학자들이 편충에서부터 인간까지, 살아 있는 모든 생명체의 행동에 흥미가 있음을 알게 되고 놀랐을 것이다. 실제로 어떤 비교심리학자들은 그들의 전 직업 경력을 쥐, 고양이, 개, 앵무새와 침팬지를 연구하는 데 쏟는다.

비록 동물이 포함된 연구가 심리학 연구에서 비율이 낮다고 하더라도, 여기에는 다양한 유형의 연구가 포함된다(Baker & Serdikoff, 2013). 어떤 심리학자들은 인간에게 적용될 원리를 발견하는 데 **동물 모형**(animal model)을 사용한다. 예를 들면, 동물 연구는 우리가 스트레스, 학습, 비만, 노화, 잠, 그리고 다른 많은 주제들을 이해하는 데 도움을 준다. 심리학은 또한 동물에게 혜택을 줄 수 있다. 행동 연구는 가정에서 키우는 동물들과 동물원에 있는 동물들이 더 나은 보살핌을 받을 뿐만 아니라 자연 세계에서 멸종위기에 처한 동물들을 보호할 수 있도록 도울 수 있다.

사람을 돕기

비록 대부분의 심리학자들이 이런저런 방식으로 사람을 돕지만, 정서적 문제에 흥미 있는 사람들은 보통 임상심리학 또는 상담심리학에 전문화되어 있다(표 3.3 참조). **임상심리학자**(clinical psychologist)는 심리적 문제를 치유하거나, 치료와 정신 이상에 대한 연구를 한다. 대조적으로, **상담심리학자**(counseling psychologist)는 덜 심각한 문제, 예를 들면, 직장이나 학교에서의 문제를 다룬다. 그러나 그러한 차이는 사라지고 있으며, 많은 상담심리학자들이 이제는 치료자로서 전격적으로 종사하고 있다.

임상심리학자가 되기 위하여 박사학위(PhD, PsyD, EdD)를 취득하는 것이 최선이다. 대부분의 임상심리학자들은 PhD 학위를 가지고, 과학자–치료자 모형을 따른다. 즉 그들은 연구 또는 치료 중 어느 하나를 할 수 있도록 훈련을 받는다. 많은 사람들이 두 가지를 다 한다. 다른 임상가는 PsyD 학위를 받는데, 이것은 연구보다는 치료 기술을 강조한다(Stricker, 2011).

심리학자가 치료를 제공하기 위하여 자격증이 필요한가? 한때 많은 주에서 누구나 심리학자로서 간판을 내걸 수 있었다. 이제 심리학자들은 엄격한 교육적 요구사항들에 부응해야 할 뿐만 아니라 그들은 반드시 엄중한 법적 요구를 맞춰야 한다. 임상심리학자 또는 상담심리학자로서 일하기 위해서 여러분은 반드시 주

심리학 발견하기

직업으로서의 심리학이 여러분에게 맞는가?

우리는 여러분이 이 모듈을 읽으면서 새로운 아이디어를 더 잘 이해하고 기억할 수 있도록 자신의 삶에 이것을 연관시키는 방식으로서 새로운 아이디어를 자주 반영할 것을 권유한다. 심리학의 각 부분들을 발굴해 내면 여러분은 어떻게 자신의 삶과 심리학이 연관되어 있는가에 대하여 스스로 더욱 반영적이 될 것이다. 여러분이 심리학도가 기꺼이 되려고 하는지 알아보는 다음 설문에 답해 보자.

1. 나는 인간 행동에 강한 흥미가 있다. O X
2. 나는 정형화된 양식을 재인하고, 증거를 평가하고 결론을 내리는 것을 잘한다. O X
3. 나는 정서적으로 안정되어 있다. O X
4. 나는 의사소통 능력이 있다. O X
5. 나는 이론과 아이디어가 도전적이고 활력적이라고 본다. O X
6. 주변 사람들은 내가 타인의 감정에 유난히 민감하다고 생각한다. O X
7. 나는 복잡한 프로젝트와 활동들을 계획해서 실행하는 것을 즐긴다. O X
8. 나는 심리학에 관한 프로그램과 대중서적에 흥미를 가지고 있다. O X
9. 나는 다른 사람과 같이 일하는 것을 즐긴다. O X
10. 나는 명백한 사고, 객관성, 날카로운 관찰에 끌린다. O X

만일 여러분이 이 설문의 대부분에 '그렇다'라고 답했다면, 심리학 분야에서 직업을 갖는 것이 좋은 선택일 수 있다. 많은 심리학 전공자들이 경영, 행정, 사회복지, 사업, 영업, 교육 등의 분야에서도 성공하고 있다는 사실을 잊지 말자(Kuther & Morgan, 2013).

미국과 캐나다 국경 근처의 태평양 해안을 따라 살고 있는 킬러 고래는 멸종위기종으로 분류되어 있다. 이 고래의 사회적 행동에 대한 연구는 이렇게 멋진 생명체를 보존하는 노력을 증진시킬 것이다(Foster et al., 2012).

정부 시험위원회에서 발행하는 자격증을 가지고 있어야만 한다. 그러나 법적으로는 여러분 스스로가 선택한 명칭–치료가, 재탄생자, 일차 감정 촉진자, 우주의 아우라 운영자, 또는 삶의 기술 코치–으로 불러 달라고 하는 것을 막을 순 없다. 또는 여러분의 서비스를 누구에게 돈 받고 팔려는 것을 막을 순 없다. 자칭 간판을 내거는 사람을 조심하라. 그들의 의도가 존경받을 만하더라도, 그들은 훈련을 거의 받지 않았다. 특정한 유형의 치료를 사용하려고 선택하는 자격증 있는 심리학자는 그런 기법에서 혼자서 훈련받은 사람과 동일하지 않다.

심리학자는 방송매체에서 종종 능력이 없는 치료자로 부정확하게 묘사되기도 한다. 어떤 영화에서는 심리학자가 자신의 환자보다 더 혼돈스러워하는 치료자로(〈성질 죽이기〉의 잭 니콜슨 역), 갈팡질팡하는 심리학자로(〈애널라이즈 디스〉에서 빌리 크리스탈 역) 등장하였다. 인터넷 시리즈 〈웹 테라피〉에서 시트콤 〈프렌즈〉의 스타 리사 쿠드로는 인터넷을 통해 3분 만에 진짜 치료가 될 수 있다고 생각하는 불운한 치료자 역을 연기했다. 그러한 역은 극적이고 흥미롭기는 하지만 책임감 있고, 열심히 일하는 심리학자들에 대한 대중의 지각을 심각하게 왜곡한다(Schultz, 2004).

진정한 임상심리학자와 상담심리학자들은 다음과 같은 점을 강조하는 윤리적 강령을 따른다. (1) 높은 수준의 능숙함, 통합성, 책임감, (2) 사생활에 대한 사람들의 권리, 존중, 존엄성, 비밀유지, 개인적 자유, 그리고 위에 언급된 모든 것, (3) 내담자 복지에 대한 보호(American Psychological Association, 2010a; Barnett et al., 2007). 심리학자들은 또한 자신들의 지식을 사회에 공헌하는 데 사용할 것이라고 기대를 받는다. 많은 심리학자들이 자신이 살고 있는 지역사회에서 자원봉사를 하고 있다.

동물 모형 연구에서 인간 행동에 적용할 수도 있는 원리를 도출하기 위하여 행동이 연구되는 동물
임상심리학자 심리적 · 행동적 장애의 치료에 특화된 또는 그러한 장애를 연구하는 심리학자
상담심리학자 심하지 않은 정서적 · 행동적 장애의 치료에 특화된 심리학자

표 3.3 심리학자의 유형과 하는 일

전문성		전형적인 활동	연구 주제의 예
생물심리학	B*	뇌, 신경계, 행동의 다른 신체적 기원을 연구	"나는 뇌가 배고픔을 통제하는 방법에 대한 흥미로운 연구를 진행해 왔다."
임상	A	심리치료 실시, 임상적 문제 조사, 치료 방법 발전	"나는 초기 아동기 외상과 성인의 인간관계 사이의 관계에 흥미가 있어서, 성인들의 혼인생활이 더 성공적일 수 있게 도울 수 있다.
인지	B	인간의 사고와 정보처리능력 연구	"추리, 문제해결, 기억, 그리고 다른 정신과정이 컴퓨터 게임을 하는 것과 어떤 관계가 있는지 알아보고 싶다."
지역사회	A	연구, 예방, 교육, 자문을 통해 지역사회 전반의 정신건강 증진	"어떻게 우리가 성병 전파를 좀 더 효과적으로 방지할 수 있는가? 그것이 내가 좀 더 이해하고 싶은 것이다."
비교	B	상이한 종, 특히 동물의 행동을 연구하고 비교	"개인적으로 나는 돌고래의 의사소통 능력에 매료되었다."
소비자	A	포장, 광고, 판매촉진 방법, 소비자 특성 연구	"나의 임무는 환경친화적인 제품의 판매가 늘도록 하는 것이다."
상담	A	심리치료와 개인상담을 실시. 감정장애와 상담 방법을 연구	"나는 사람들이 병적 수집가가 되는 이유와 이를 멈추게 할 수 있는 방법을 이해하는 데 초첨을 두고 있다."
문화	B	문화, 하위문화, 인종집단 소속감이 행동에 영향을 미치는 방식 연구	"나는 어떻게 문화가 인간의 섭식 행동, 특히 우리가 먹는 음식, 그리고 우리가 먹을 때 숟가락, 젓가락, 또는 손을 사용하는 선택에 영향을 주는지에 흥미가 있다."
발달	A, B	유아, 아동, 청소년, 성인 발달에 대한 연구 수행. 장애 아동에 대한 임상 활동 수행. 부모와 학교에 대한 자문가로 행동	"나는 청소년 시기에서 초기 성인기로의 이행에 초점을 두고 있다."
교육	A	학급 역동, 교습 방식, 학습 조사. 교육 검사 개발. 교육 프로그램을 평가	"상이한 학습 스타일을 가진 사람들이 효과적으로 학습할 수 있게 돕는 방법을 이해하려고 나의 열정을 쏟고 있다."
공학	A	상용, 산업용, 군사용의 기계류, 컴퓨터, 항공기, 차량 등의 설계에 대한 응용 연구 수행	"나는 Xbox Kinect 같은 움직임에 기반을 둔 컴퓨터 인터페이스를 사람들이 어떻게 사용하는지를 연구하고 있다."
환경	A, B	도시 소음, 북적임, 태도의 환경, 공간 사용에 대한 효과 연구. 환경 문제에 대한 자문가로 활동	"나는 지구 온난화를 걱정하고, 인간 문화에 기온 상승이 어떤 영향을 미치고 있는지를 이해하고 싶다."
진화	B	인류의 긴 역사 속에서 진화되어 온 패턴이 행동을 이끌어 가는 방식을 연구	"나는 남녀의 배우자 선택에 내재된 흥미로운 경향성을 연구하고 있다."
범죄	A	범죄와 범죄 예방의 문제, 재활 프로그램, 수용소, 법정 역동 연구. 경찰 업무를 위한 후보자 선발	"나는 재판 동안 목격자 증언의 신뢰성을 향상시키는 데 흥미가 있다."
성	B	남성과 여성의 차이, 성 정체성 획득, 생을 통한 성의 역할 연구	"나는 어린 소년과 소녀가 성 고정관념에 어떻게 영향을 받는지를 이해하고 싶다."
건강	A, B	행동과 건강 사이의 관계 연구. 심리학적 원리를 건강을 증진시키고, 질병을 예방하는 데 사용	"어떻게 하면 약물 중독을 더 잘 극복할 수 있는지가 내 연구 분야이다."
산업조직	A	직업 응시자 선발, 직능 분석, 직무 훈련 평가, 조직과 작업 상황에서 작업 환경과 인간 관계를 증진	"지능과 감성 중 성공적인 경영 스타일에 더 큰 역할을 하는 것은 어느 것인가? 그것이 내 질문이다."
학습	B	학습이 발생하는 이유와 방법 연구, 학습의 이론을 발전	"현재 나는 강화 패턴이 학습에 영향을 주는 방식을 조사하는 중이다. 나는 미신적 조건화에 특히 관심이 있다."
의료	A	질병의 정서적 충격, 암의 자가검진, 약 복용 준수 등 의료 문제를 관리하는 데 심리학을 응용	"사람들이 자신의 건강을 챙기도록 돕는 방법을 알고 싶다."
성격	B	성격 특질과 역동을 연구, 성격 특질을 평가하는 검사, 성격의 이론을 발전	"나는 극단적인 위험을 기꺼이 감수하는 사람들의 성격 프로파일에 특히 관심이 있다."

표 3.3 (계속)

전문성		전형적인 활동	연구 주제의 예
학교	A	학생에 대한 심리검사, 의뢰, 정서적인 문제 그리고 직업 문제 상담 실시, 학습 장애를 탐지하고 처치, 학급 내 학습 증진	"학생들이 퇴학당하지 않고 학교에 남아 있도록 하는 방법을 발견하는 데 나는 집중하고 있다."
감각 및 지각	B	감각 기관과 지각 과정 연구, 감각의 기제 조사, 지각이 발생하는 방법에 관한 이론 개발	"나는 어떻게 우리가 무리 속에서 얼굴을 재인할 수 있는지를 연구하고자 지각 이론을 이용하고 있다."
사회	B	태도, 동조, 설득, 편견, 우정, 공격, 돕기 등 인간의 사회적 행동을 조사	"나의 관심은 개인 사이의 매력에 있다. 나는 서로 모르는 두 사람을 한 방에 있게 하고, 어떻게 서로 강하게 끌리는지를 분석한다."

**이 분야의 연구는 전형적으로 응용(A), 기초(B), 또는 둘 다(A, B)이다.*

다른 정신건강 전문가

임상심리학자는 정신건강 분야에 일하고 있는 유일한 사람들이 아니다. 종종 그들은 자신의 노력을 다른 전문적으로 훈련받은 전문가들과 협조하고 있다. 심리학자, 정신과의, 정신분석가, 상담가, 그리고 다른 정신건강 전문가 사이의 차이는 무엇인가? 각각은 훈련과 기술에서 특정한 혼합비율이 있다.

심리학자들은 모두 축소되고 있지 않은가? 아니다. 축소되고 있는 것은 종종 심리치료를 함으로써 정신 이상을 치유하는 의사인 정신과 의사이다. **정신과 의사**(psychiatrists)는 또한 약을 처방할 수 있는데, 이는 보통의 경우 심리학자가 할 수 없는 일이다. 그러나 이것이 변하고 있다. 뉴멕시코와 루이지애나의 심리학자들은 이제 합법적으로 약을 처방할 수 있으며, 미 육군에 소속된 심리학자들도 그렇게 할 수 있다. 다른 주에서도 이와 유사하게 특권을 심리학자에게 허용할지 살펴보는 것도 흥미로울 것이다(McGrath & Moore, 2010).

정신분석가가 되기 위해서 여러분은 턱수염, 염소수염, 안경, 독일식 억양, 그리고 푹신한 침대의자가 있거나, 또는 대중매체에서 정형화된 방식대로 차리고 있어야만 한다? 실제로 **정신분석가**(psychoanalyst)가 되기 위해서 여러분은 MD 또는 PhD 학위를 가지고, Freud 정신분석에 대한 훈련을 추가로 받아야 한다. 다른 말로 하면, 일반 의사 또는 심리학자가 정신분석가가 될 수 있는데, 특정한 유형의 심리치료를 배워야 한다.

많은 주에서 상담가 또한 정신건강 일을 하고 있다. **상담가**(counselor)는 결혼, 직업, 학교, 직장 등과 연관된 문제 해결을 돕는 조언자이다. (결혼/가족 상담가, 아동상담가, 학교상담가 등과 같은) 자격증이 있는 상담가가 되기 위하여 전형적으로 석사학위를 필요로 하고, 1~2년 정도의 전업으로 감독을 받는 상담 경험이 있어야 한다. 상담가는 실질적 도움 기술을 배우고 심각한 정신이상을 다루지 않는다.

정신보건 사회사업가(psychiatric social worker)는 병원과 전문요양소에서 사회과학 원리를 적용하여 환자를 도움으로써 정신건강 프로그램에서 중요한 역할을 한다. 대부분 정신의료 사회사업가는 MSW(Master of Social Work) 학위를 갖고 있다. 종종 그들은 심리학자와 정신과 의사 팀의 일원으로서 조력한다. 그들의 전형적인 업무로서 환자와 가족을 평가하고, 집단 치료를 수행하고, 문제를 경감시키려고 환자의 집, 학교, 직장을 방문한다.

정신과 의사 정신적 · 정서적 장애의 진단과 치료에 대한 추가 훈련을 받은 의사

정신분석가 정신분석 실습으로 훈련받은 (보통은 의사인) 정신건강 전문가

상담가 심각한 정신장애를 포함하지 않은 문제를 가진 사람을 돕는 데 특화된 정신건강 전문가. 예를 들면, 결혼상담가, 직업상담가, 학교상담가

정신보건 사회사업가 사회과학 원리를 적용하여 의원과 병원에서 환자를 돕도록 훈련받은 정신건강 전문가

모듈 3: 요약

3.1 심리학 분야는 어떻게 출현했는가?

3.1.1 심리학 분야는 연구자들이 심리적인 사건을 직접적으로 연구하고 관찰한 때인 130여 년 전에 모습을 드러냈다.

3.1.2 최초의 심리학 실험실은 Wilhelm Wundt가 1879년 독일에 세웠으며, 그는 의식적 경험을 연구하였다.

3.1.3 심리학에서 최초의 학파는 구조주의였는데, 내성에 근거한 정신에 관한 화학의 일종이었다.

3.1.4 구조주의는 기능주의, 행동주의, 그리고 형태주의 심리학이 그 뒤를 이었다.

3.1.5 Freud의 정신분석 이론과 같은 정신역동적 접근은 행동의 무의식적 기원을 강조한다.

3.1.6 인본주의적 심리학은 주관적 경험, 인간의 잠재력, 개인적 성장을 두드러지게 한다.

3.1.7 대부분의 초기 심리학자들이 백인이었기 때문에 심리학 연구에 의도하지 않게 편향이 들어왔다. 오늘날 더 많은 여성, 소수인종들이 심리학자가 되고 있으며, 연구 참가자로서 연구되고 있다.

3.2 심리학에서 현대의 조망은 어떤 것인가?

3.2.1 현대 심리학에는 세 가지 사고의 흐름인 생물심리학과 진화심리학을 포함하는 생물학적 조망과 행동주의, 인지심리학, 정신역동적 접근, 그리고 인본주의를 포함하는 심리학적 조망과 사회문화적 조망이 있다.

3.2.2 심리학자들은 최근에 인간 행동의 긍정적인 측면 또는 긍정심리학을 공식적으로 연구하기 시작하였다.

3.2.3 우리가 생각하고, 느끼고, 행하는 대부분의 것은 우리가 살고 있는 사회적 그리고 문화적 세계에 의해 영향을 받는다.

3.2.4 오늘날 심리학 내에 있는 많은 관점들은 지금은 절충적으로 어우러지는 데 기여해 왔다.

3.3 심리학에서 중요 전문 분야는 어떤 것인가?

3.3.1 심리학 분야는 이제 수십 개의 전문분야를 가지고 있다.

3.3.2 심리학적 연구는 기초 또는 응용 연구가 될 수 있다.

3.3.3 심리학자들은 동물 행동에 직접적으로 흥미가 있거나 인간 행동에 관한 모형으로 동물을 연구할 수도 있다.

3.3.4 비록 심리학자, 정신과 의사, 정신분석가, 상담가, 정신보건 사회사업가 모두가 정신건강 분야에서 일하고 있지만, 그들이 받은 훈련과 사용하는 방법은 상당히 다르다.

모듈 3: 지식 쌓기

암기

1. 어떤 심리치료사가 자신과는 다른 인종인 내담자를 위해 일하는 중이다. 그(녀)는 어떻게 문화적 상대성과 _____이 행동에 영향을 주는지를 자각하고 있어야만 한다.
   a. 의인화 오류
   b. 편향된 표집
   c. 조작적 정의
   d. 사회적 기준

연구 분야와 다루고 있는 주제를 짝지어라.

_____2.	발달심리학	**A.** 태도, 집단, 리더십
_____3.	학습	**B.** 법체계와 관련된 행동
_____4.	성격	**C.** 뇌와 신경계
_____5.	감각 및 지각	**D.** 아동심리학
_____6.	생물심리학	**E.** 개인차, 동기
_____7.	사회심리학	**F.** 감각정보 처리
_____8.	범죄심리학	**G.** 조건화, 기억

9. 인간이 가진 정서적인 어려움을 치료하는 것에 전문화된 심리학자는 __________심리학자라고 불린다.

반영

비판적으로 생각하기

10. 심리학과 같은 현대 과학은 둘 이상의 관찰자가 확인할 수 있는 것, 즉 간주관적인 관찰을 기반으로 한다. 구조주의는 이러한 기준과 부합하는가? 부합하는 또는 그렇지 않은 이유는 무엇인가?

자기반영

현대의 조망 중 여러분 자신이 가진 행동에 대한 관점과 가장 가까운 것은 어떤 것인가? 그렇게 많은 심리학자들이 절충적인 입장을 취하는 이유를 설명할 수 있는가?

심리학의 전문 분야 가운데 여러분은 어떤 분야에 가장 관심이 있는가? 이 분야에 여러분이 가장 끌리는 점은 무엇인가?

정답

1. d **2.** D **3.** G **4.** E **5.** F **6.** C **7.** A **8.** B **9.** 임상 또는 상담 **10.** 아니다. 그렇지 않았다. 구조주의의 쇠락은 각 관찰자가 어떤 다른 사람도 관찰할 수 없는 자신의 마음의 내용을 조사하였다.

Module 4

심리학 소개: 심리학 실험

인과관계를 올바르게 세우기

그녀는 착용 컴퓨터 안경을 기묘하다고 느낄까? 샐리는 사람들이 멈춰서 얼빠진 듯이 바라보지나 않을까 걱정하고 있다. 이를 알아보기 위해서, 그녀는 이런 안경을 만드는 회사에 근무하는 사람에게서 하나를 빌렸다. 안경을 쓰고 며칠간 근무를 한 후, 그녀는 일반적인 안경과 비교했을 때 컴퓨터 안경에 별다른 차이가 없었음을 깨달았다. 샐리는 곧바로 하나를 구입하기로 결심했다.

샐리처럼 우리 모두는 원인–효과의 연관관계를 탐지하기 위하여 작은 실험을 수행한다. 좀 더 형식적인 방식으로, 그것은 바로 심리학자들이 왜 우리가 특정한 방식으로 행동하게 되는지, 그 이유를 설명하기를 원할 때 하는 것이다. 많은 다양한 연구 책략이 인간 행동을 탐색하는 데 사용될 수 있다. 그러나 보통 우리가 행동의 원인을 발견하기 위해서는 실험을 수행해야만 한다. 실험은 심리학자로 하여금 조심스럽게 조건을 통제하고, 원인–효과 관계를 예리한 초점 안으로 끌고 들어오게 한다. 그러므로 그것은 일반적으로 가장 강력한 과학적 연구 도구로서 수용되고 있다. 그 이유를 살펴보자.

AP Photo/Seth Wenig

SURVEY QUESTIONS

4.1 실험은 어떻게 수행되는가?

4.2 이중맹목 실험이란 무엇인가?

심리학 실험–원인과 효과는 어디서 만나는가?

SURVEY QUESTION 4.1 실험은 어떻게 수행되는가?

가장 강력한 심리학 연구 도구는 **실험**(experiment)—행동의 원인에 관한 가설을 긍정하거나 부정하려고 수행되는 공식적인 검사—이다. 심리학자들은 조심스럽게 원인–효과 관계를 확인하는 실험 조건을 통제한다. 실험을 수행하기 위해서 여러분이 해야 할 일은 다음과 같다.

1. 직접적으로 행동에 영향을 줄 거라고 생각하는 조건에 변화를 주어라.
2. 둘 이상의 피험자 집단을 만들어라. 이 집단은 여러분이 변화를 주는 조건만 제외하고 모든 방식에서 똑같다.
3. 조건에 변화를 주는 것이 행동에 어떤 효과가 있는지 기록하라.

운전하면서 핸드폰을 사용하는 것이 사고가 날 가능성에 영향을 주는지를 알아보기 원한다고 가정하자. 먼저, 여러분은 사람을 두 집단으로 나눈다. 그리고 한 집단의 구성원에게는 휴대폰을 사용하는 동안 운전하는 능력을 검사한다. 두 번째 집단은 핸드폰을 사용하지 않으면서 동일한 검사를 한다. 두 집단에 대한 평균 운전 능력 점수를 비교함으로써 여러분은 핸드폰 사용이 운전 능력에 영향을 주는지를 알려 줄 수 있다.

여러분이 보았듯이, 가장 간단한 심리학 실험은 행동이 관찰되는 동물 또는 사람으로 이뤄진 두 집단의 **실험 피험자**(experimental subjects)에 근거한다. 인간 피험자는 **참가자**(participants)라고 부른다. 한 집단은 *실험집단*이라 부르고, 다른 집단은 *통제집단*이 된다. 실험집단과 통제집단은 여러분이 의도적으로 변화를 주려는 조건(또는 *변인*)을 제외하고는 정확하게 동일하다.

변인과 집단

변인에는 어떤 종류가 있는가? **변인**(variable)이란 실험 결과에 영향을 줄 수 있는, 그리고 변화시킬 수 있는 어떤 조건을 말한다. 실험에서 원인과 효과를 파악하는 데는 세 가지 유형의 변인이 포함된다.

1. **독립변인**(independent variable)은 실험자가 그 크기, 양, 값을 정해서 바꾸거나 변화를 주는 조건이다. 독립변인은 행동에서 차이에 대한 원인이라고 의심되는 것이다.
2. **종속변인**(dependent variable)은 실험의 결과로써 측정된다. 즉 종속변인은 독립변인이 행동에 대해 가지고 있는 효과를 드러낸다. 그러한 효과는 종종 검사 점수와 같은 수행에 대한 측정으로 드러난다.
3. **외재변인**(extraneous variable)은 연구자가 실험 결과에 영향을 주지 못하도록 막고자 원하는 조건이다.

우리는 이 용어들을 휴대폰/운전 실험에 다음과 같은 방식으로 적용할 수 있다. 휴대폰 사용은 독립변인이다. 우리는 휴대폰 사용이 운전 능력에 영향을 주는지 알고 싶다. (운전 능력 검사에서 획득한 점수로 정의된) 운전 능력은 종속변인이다. 우리는 운전을 잘하는 능력이 그 사람이 휴대폰을 사용하는지 여부에 달려 있는지 알고자 원한다. 모든 다른 변인들은 외재변인이다. 운전 능력에 영향을 줄 수 있는 외재변인의 예를 들면 검사 전날 밤에 잠을 잔 시간, 운전 경험, 그리고 실험에서 사용된 자동차와의 친숙성이다.

그런데 심리학자 Davis Strayer와 그 동료들은 휴대폰으로 대화하는 거의 모든 운전자가 면허정지 수준 이상의 음주운전자보다 더 낫다고 할 수도 없게 운전하며, 문자메시지 사용자는 더 흉악한 운전자임을 확인하였다(Drews et al., 2009; Strayer, Drews, & Crouch, 2006; Watson & Strayer, 2010).

여러분이 알 수 있듯이, **실험집단**(experimental group)은 독립변인(앞의 예에서 휴대폰 사용)에 노출된 참가자로 구성된다. **통제집단**(control group)의 구성원은 독립변인(앞의 예에서 휴대폰 사용)을 제외한 모든 다른 변인에 노출된다.

다른 간단한 실험을 살펴보자. 여러분이 아이팟으로 음악을 들으면서 공부하는 것이 더 나은 것 같은지에 주목하게 됐다고 가정하자. 이는 음악을 들으면 학습이 향상된다는 가설을 제안한다. 우리는 이 아이디어를 음악과 함께 공부하는 실험집단을 구성하여 검증할 수 있다. 통제집단은 음악 없이 공부할 것이다. 그러면 우리는 그들의 시험 점수를 비교할 수 있다.

그들이 더 잘하는지를 알기 위해서라고 하는데, 통제집단이 정말로 필요한가? 사람들은 아이팟을 들으면서 그저 공부만 할 수 없는가? 무엇보다 더 낫다는 것인가? 통제집단은 실험집단의 점수와 비교를 위한 *참조 점수*를 제공한다. 통제집단 없이 음악이 학습에 어떤 영향이 있는지 알기는 불가능하다. 만일 실험집단의 평균 시험 성적이 통제집단의 평균보다 높다면 우리는 음악이 학습을 향상시킨다고 결론지을 수 있다. 만일 아무런 차이가 없다면 독립변인은 학습에 아무런 효과가 없다는 것이 명백하다.

이 실험에서 (시험 점수로 나온) 학습된 양은 *종속변인*이다. 우리는 다음과 같이 묻는다. 독립변인이 종속변인에 *영향을* 주는가? (음악을 듣는 것이 학습에 영향을 주는가?)

실험 통제

어떻게 우리는 한 집단에 있는 사람이 다른 집단에 있는 사람보다 더 똑똑하지 않음을 알 수 있는가? 지능에서 개인차가 실험에 영향을 줄 수 있음은 사실이다. 그러나 개인차는 사람들을 집단에 무선 배정함으로써 통제될 수 있다. **무선 배정**(random assignment)이 의미하는 것은 한 참가자가 실험집단 또는 통제집단에 있을 기회가 동등함을 의미한다. 무선화는 두 집단에서 개인차의 균형을 맞춘다. 우리의 음악 실험에서 이것은 간단하게 동전 던지기를 통해서 해결될 수 있다. 참가자들을 앞면이 나오면 실험집단에 배정하고, 뒷면이 나오면 통제집단에 배정한다. 이는 남자 또는 여자, 천재 또는 지진아, 배고픈 사람, 숙취에 시달리는 사람, 키 큰 사람, 음악을 사랑하는 사람 등등 여러 측면에서 각 집단별 사람들 수에 평균 차이가 조금 생기도록 만든다.

학습시간의 양, 방의 온도, 하루 중 시간, 빛의 양 등 다른 *외재변인*이 실험 결과에 영향을 주지 않도록 방지해야만 한다. 어떻게 하면 가능한가? 보통은 모든 조건을 두 집단에서 정확하게 동일하게 만듦으로써 가능하다. 모든 조건이 두 집단에서 오직 음악의 존재와 부재만을 제외하고 동일하면, 학습된 양의 어떤 차이도 음악에 의한 것임이 틀림없다(● 그림 4.1).

원인과 효과

이제 요약을 하자. 어떤 실험에서 둘 이상의 피험자 집단은 독립변인과 관련해서 다르게 취급된다. 그 외의 모든

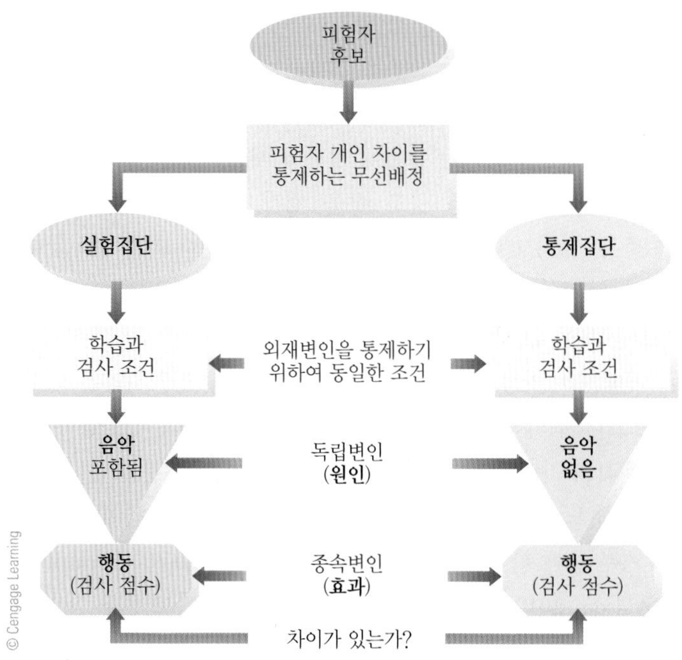

그림 4.1
학습하는 동안 음악을 듣는 것이 시험 점수에 미치는 효과를 평가하기 위한, 간단한 심리학 실험의 요소들.

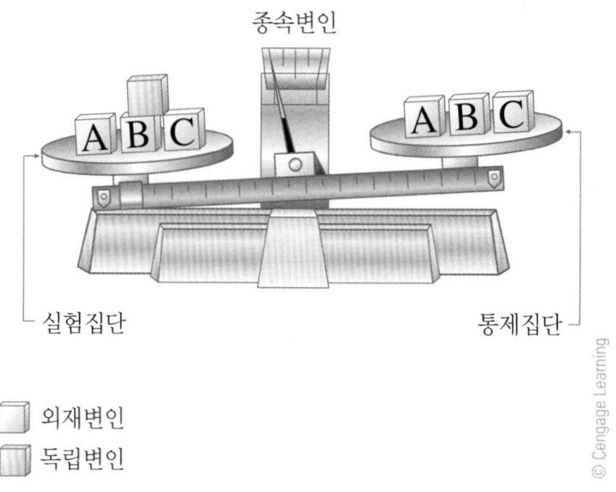

그림 4.2
실험 통제는 실험집단과 통제집단에 존재하는 외재변인을 균형 맞추면 된다. 예를 들면, 두 집단 모두 집단 구성원의 평균 연령(A), 교육(B), 지능(C)이 같도록 구성할 수 있다. 그런 다음 독립변인을 실험집단에 적용할 수 있다. 만일 그들의 행동(종속변인)이 (통제집단과 비교해서) 변한다면, 독립변인은 그 변화를 일으켰음에 틀림없다.

다른 방식으로는 동일하게 취급하는데, 즉 외재변인은 모든 집단에서 균등하게 된다. 그렇게 한 연후에 어떤 행동(종속변인)에 대한 독립변인의 효과가 측정된다. 세심하게 통제된 실험에서, 독립변인은 종속변인에서 주목된 어떤 효과에 대한 유일하게 가능한 원인이다. 이것이 분명한 원인과 효과의 연결 관계를 확인할 수 있게 해 준다(● 그림 4.2).

결과 평가하기 *독립변인이 실제로 차이를 만들었다고 어떻게 알 수 있는가?* 이 문제는 통계적으로 다뤄진다(더 많은 정보는 모듈 67 참조). 심리학 학술지에 실린 보고서는 거의 대부분 항상 "결과는 통계적으로 유의미하였다"는 진술문을 담고 있다. **통계적으로 유의미**(statistically significant)하다라는 말이 뜻하는 바는 얻은 결과가 우연만으로 발생하기에는 희귀하다는 것이다. 통계적으로 유의미하다는 것은 차이가 상당히 커서, 이런 결과가 우연에 의해서 발생할 경우가 100번 수행한 실험 중 5번보다 더 적어야 한다. 물론 발견이 다른 연구자에 의해서 *반복 검증*될 수 있을 때 더 확신할 수 있게 된다.

이중맹목—위약과 자기충족 예언

SURVEY QUESTION 4.2 이중맹목 실험이란 무엇인가?

한 연구자가 암페타민 약이 학습을 향상시킨다는 가설을 세웠다고 가정하자. 그녀는 자신의 가설을 실험 참가자들에게 설명하였고, 실험집단 참가자에게는 공부를 시작하기 전에 암페타민 알약을 주었다. 통제집단에게는 아무것도 주지 않았다. 나중에 그녀는 참가자들이 얼마나 학습했는지를 평가하였다. 실험이 타당해 보이는가? 그렇지 않다. 여기에는 여러 가지 이유로 심각한 결함이 있다.

실험 원인과 효과에 관한 가설을 확증 또는 반박하기 위해 취하는 공식적인 시행
실험 피험자 실험에서 조사되는 행동을 하는 사람 또는 동물(사람의 경우에는 참가자라고도 칭한다)
참가자 실험에서 조사되는 행동을 하는 사람
변인 변화하는 또는 변화하게 만들 수 있는 조건. 변하는 측정, 사건, 또는 상태
독립변인 행동에서 어떤 변화에 대한 가능한 원인으로 실험에서 조사되는 조건. 실험자는 이 변인이 취하는 값을 선택한다.
종속변인 실험에서 독립변인에 의해 영향을 받는 조건(보통은 행동)
외재변인 실험의 결과에 영향을 미치지 못하도록 배제하는 조건 또는 요인
실험집단 통제된 실험에서 독립변인 또는 실험 조건에 노출되는 피험자 집단
통제집단 통제된 실험에서 독립변인을 제외한 실험 조건 또는 변인에 노출되는 피험자 집단
무선 배정 피험자를 실험집단과 통제집단에 배정하는 데 우연 기회(예를 들면, 동전 던지기)를 사용하는 것
통계적으로 유의미 우연만으로 발생하기에 드문 실험 결과

왜 여기에 결함이 있는가? 실험집단은 약을 먹었고, 통제집단은 먹지 않았다. 그들이 학습한 양의 차이는 약에 의해서 생긴 것임이 틀림없다, 그렇지 않은가? 그렇지 않다. 약은 두 집단 사이에 존재하는 유일한 차이가 아니다. 처음부터 실험집단의 참가자들은 자신이 들은 것 때문에 더 학습할 것이라는 기대를 받았을 가능성이 있다. 어떤 관찰된 차이는 집단 사이의 실제 차이가 아니라, 기대에서의 차이를 반영할 수도 있다.

연구 참가자 편향

잘 설계된 실험에서, 여러분은 참가자에게 말하는 것에 대해 매우 조심해야 한다. 아주 작은 정보가 **연구 참가자 편향**(research participant bias) 또는 자신의 기대라는 영향에 의해 야기된 참가자 행동에서의 변화를 만들 수 있다. 실험집단 참가자가 약을 삼키고, 통제집단 참가자는 그렇지 않았음을 주목하라. 이것은 연구 참가자 편향의 다른 형태이다. 약을 삼킨 사람들은 무의식적으로 더 잘할 것이라고 기대했을 가능성이 있다. 결국 약이 치료제가 된다. 그렇지 않은가? 이것은 단독으로 **위약 효과**(placebo effect)—어떤 사람이 약을 먹거나 다른 치료를 받고 있다는 믿음이 야기한 행동에서 변화를 만들어 낼 수 있다. 연구자가 실험집단에게 암페타민 알약을 주지 않고 **위약**(placebo) 또는 가짜 약을

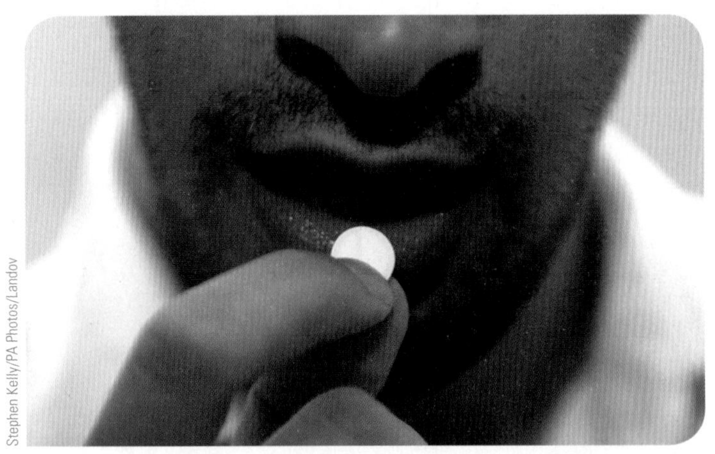

Stephen Kelly/PA Photos/Landov

위약 효과는 의학치료에서 중요한 요인이다. 여러분은 심리치료에서도 또한 위약 효과가 발생할 것이라고 기대할 수 있는가? 그렇다. 이는 새로운 심리치료의 효과성에 대한 연구를 복잡하게 하지만, 또한 심리치료의 효과성을 증진시킬 가능성도 있다(Justman, 2011).

주었다고 가정하자. 일반적으로 위약으로는 설탕 알약 같은 불활성 물질과 소금 주사가 쓰인다. 만약 위약이 어떤 효과가 있다면, 그것은 화학적이라기보다는 제안에 근거한 것임에 틀림없다(White & McBurney, 2013).

위약 효과는 상당히 강력할 수 있으며, 보통은 공식적 치료가 겉으로 보이는 효과성 중 적어도 3분의 1을 설명할 수 있다. 예를 들면, 소금물 주사는 고통을 경감시키는 데 몰 *모르핀* 주사의 70% 정도 효과적이다. 이것이 의사들이, 특히 아무런 신체적 근거 없는 것처럼 보이는 통증에 대해서 때때로 위약을 처방하는 이유이다. 위약은 고통, 공포, 우울, 경각, 긴장, 성적 충동, 알코올 중독, 그리고 다른 과정에 대해서 영향을 준다고 밝혀져 왔다(Justman, 2011; Wampold et al., 2005). (위약에 대한 더 자세한 정보는 모듈 43 참조)

어떻게 비활성 물질이 효과를 가질 수 있는가? 위약은 의식적으로나 무의식적으로 우리 자신의 정서적 · 신체적 반응에 관한 우리의 기대를 바꾼다. 우리가 치료제를 먹는 것을 좀 더 기분 좋게 느끼는 것과 연합시켰기 때문에 우리는 위약이 우리를 더 기분 좋게 할 것이라고 기대한다(Benedetti, 2009; Czerniak & Davidson, 2012). 어떤 사람이 위약을 먹은 후에 고통과 연결된 뇌 활동이 줄어들고, 따라서 효과는 상상이 아니다(Wager et al., 2004).

연구 참가자 편향 통제하기

어떻게 여러분은 연구 참가자 편향을 피할 수 있는가? 연구 참가자 편향을 통제하기 위해서 여러분은 **단일맹목 실험**(single-blind experiment)을 사용할 수 있다. 이 경우에 참가자들은 자신이 실험집단에 있는지 또는 통제집단에 있는지, 아니면 자신이 실제 약을 받는지 또는 위약을 받는지를 알지 못한다. 모든 참가자는 동일한 지시를 받고, 빠짐없이 알약을 받거나 주사를 맞는다. 실험집단에 있는 사람들은 진짜 약을 받고, 통제집단에 있는 사람들은 위약을 받는다. 참가자들은 조사하고자 하는 가설, 그리고 자신이 실제 약을 받는지를 모르는 *맹목* 상태이기 때문에 그들의 기대라고 하는 것은 (의식적 그리고 무의식적으로) 동일하다. 그들 행동에 어떤 차이도 약에 의해 야기된 것이 틀림없다. 그러나 이러한 준비는 충분하지 않은데, 연구자 자신이 때때로 참가자에게 영향을 행사함으로써 실험에 영향을 미치기 때문이다. 이것이 어떻게 발생하는지 살펴보자.

연구자 편향

연구자가 어떻게 참가자에게 영향을 행사하는가? 우리가 앞서 지적한 바와 같이, 실험자가 자신의 가설을 참가자에게 설명할 때 연구 결과에 선입견을 가지기 쉽다. 그러나 연구자가 단일 맹목 절차를 사용하여 미묘하게 참가자를 편향시키는 것을 피한다 하더라도, **연구자 편향**(researcher bias)—연구자의 의도적인 영향에 의해 야기된 행동의 변화—이 문제로 남는다. 인간은 그들에게 기대되는 것이 무엇인지에 관한 단서에 예민하기 때문에 연구자들은 자신들이 찾고자 기대하는 것을 찾으려는 위험을 무릅쓴

다(Rosenthal, 1994).

연구자 편향은 실험실 밖에서도 적용된다. 심리학자 Robert Rosenthal(1973)은 어떻게 기대가 사람들에게 영향을 주는지에 관한 고전적 사례를 보고하였다. 미국 공군사관학교 예비학교에서 100명의 신입생들은 5개의 상이한 수학 학급 중 하나에 배정됐다. 그들의 교사는 이러한 무선 배정에 대해 알지 못했다. 대신 각 교사는 자신이 맡은 학생들이 비범하게 높은 능력 또는 낮은 능력을 갖고 있다고 들었다. 높은 능력을 가지고 있다고 꼬리표가 붙은 학급의 학생들은 낮은 능력 교실에 있는 학생들보다 수학 점수에서 더 높은 향상을 했다. 그렇지만 최초에는 모든 학급의 학생들은 동일한 능력을 가졌다.

비록 교사들은 어떤 선입견도 의식하지 못했지만, 분명하게 그들은 학생들에 대한 자신의 기대와 교감하였을 것이다. 가장 흔하게, 그들은 이런 것을 목소리 톤과 신체 언어를 통해서, 그리고 격려 또는 꾸짖음으로써 했었다. 이러한 단서들은 돌고 돌아서 학생들에게 영향을 주는 자기충족예언을 만들어 낸다. **자기충족예언**(self-fulfilling prophecy)은 예언을 사실로 만드는 방식으로 사람들이 행동하도록 촉발하는 예언이다. 예를 들면, 많은 교사들은 인종적으로 소수인 학생들의 능력을 과소평가하는데, 이것이 학생들의 성공에 대한 기회를 해친다(Jussim & Harber, 2005). 요약하면, 사람들은 때때로 우리가 그들에 대해 원하는 것이 된다. 다른 이들은 그들에 대한 우리의 기대에 부응하는 경향이 있음을 기억하는 것이 현명하다(Madon et al., 2011).

이중맹목 실험

연구 참가자 편향과 연구자 편향 때문에 참가자와 연구자 둘 다 *맹목* 상태로 유지하는 것이 일반적이다. **이중맹목 실험**(double-blind experiment)에서 참가자도 연구자도 누가 약을 받고 누가 위약을 받는지를 포함해서, 어떤 사람이 실험조건에 있으며 어떤 사람이 통제조건에 있는지 알지 못한다. 이것은 연구자 참가자 편향을 통제할 뿐만 아니라, 또한 연구자가 의식적으로 참가자에게 영향을 주는 것을 방지한다.

어떻게 연구자가 맹목일 수 있는가? 이것은 그들의 실험이지 않은가? 약이나 주사를 준비하는 것을 포함하여 실험을 설계한 연구자는 전형적으로 참가자로부터 데이터를 수집하고자 연구조원을 고용한다. 연구조원은 어느 것이 진짜 약 또는 주사인지, 그리고 어떤 특정한 참가자가 실험 또는 통제 집단에 있는지를 알고 있지 못한다는 점에서 맹목 상태이다.

이중맹목 검사는 기적의 약 프로작과 같은 항우울제의 효과성 중 적어도 50%가 위약 효과 때문임을 보여 왔다(Kirsch & Sapirstein, 1998; Rihmer et al., 2012). 약초 건강 치료제의 인기 중 많은 것이 위약 효과에 근거를 두고 있다(Seidman, 2001).

연구 참여자 편향 참가자 자신의 기대라는 의도하지 않은 영향에 의해 야기된 연구 참가자 행동상의 변화

위약 효과 약(또는 다른 처치)이 효과가 있을 것이라는 참가자의 기대로 인한 행동상의 변화

위약 심리학 연구에서 약을 대체하여 제공되거나, 또는 아픔 호소를 암시를 줘서 치유하고자 원하는 의사가 주는 불활성 물질

단일맹목 실험 참가자가 자신이 실험집단에 있는지 또는 통제집단에 있는지 모르는 상태에 있도록 하는 배정

연구자 편향 연구자의 행동이라는 의도하지 않은 영향에 의해 야기된 참가자 행동상의 변화

자기충족예언 예측이 실현되도록 만드는 방식으로 사람들을 행동하도록 조장하는 예측

이중맹목 실험 실험 참가자와 실험자 모두가 참가자가 실험 또는 통제 집단에 있는지, 그리고 누가 약 또는 위약을 취급하고 있는지 모르는 상태에 있도록 하는 배정

모듈 4: 요약

4.1 실험은 어떻게 수행되는가?

4.1.1 실험에는 독립변인에 관련해서만 차이 있는 둘 이상의 집단이 포함된다. 그러고 나서 종속변인에 대한 효과가 측정된다. 모든 다른 조건(외재변인)은 일정하게 유지된다.

4.1.2 독립변인은 실험집단과 통제집단 사이에서 유일한 차이이기 때문에 종속변인의 변화에 대한 가능한 유일한 원인이다.

4.1.3 실험 설계는 원인–결과의 연결을 명확하게 확인할 수 있도록 하는 것이다.

4.2 이중맹목 실험이란 무엇인가?

4.2.1 연구 참여자 편향은 일부 연구에서 문제가 된다. 위약 효과는 약물이 포함된 실험에서 연구 참여자 편향의 출처가 된다.

4.2.2 연구자 편향은 연관된 문제이다. 연구자의 기대가 자기충족예언을 만들어 내고, 이로 인해 참가자가 기대한 방향으로 변한다.

4.2.3 이중맹목 실험에서 연구 참가자도 자료를 수집하는 연구자도 누가 실험 또는 통제 집단에 속하는지를 알지 못하며, 이로써 타당한 결론을 내릴 수 있게 한다.

모듈 4: 지식 쌓기

암기

1. 원인과 결과를 이해하기 위해서 간단한 심리학 실험은 두 집단, 즉 _____집단과 _____집단을 만드는 것이 초석이다.
2. 실험에서 고려해야 하는 세 가지 유형의 변인이 있다. (실험자가 조작하는) __________변인, (실험의 결과를 측정하는) _________변인, (특정한 실험에서 제외해야 하는 요인인) __________변인.
3. 어떤 연구자가 모의 교도소 환경에서 붐비는 조건에 있게 된 대학생들이 보이는 공격성 정도에 실내 온도가 영향을 미치는지를 알아보기 위해 실험을 수행한다. 이 실험에서 독립변인은 다음 중 어느 것인가?
   a. 실내 온도
   b. 공격성 정도
   c. 붐비는 정도
   d. 모의 교도소 환경
4. 심리학 실험에서 연구 참여자 편향과 연구자 편향을 동시에 통제하는 데 사용되는 절차는 무엇인가?
   a. 상관 방법
   b. 통제된 실험
   c. 이중맹목 실험
   d. 참가자의 무선 배정

반영

비판적으로 생각하기

5. 다음 진술문은 허점이 있다. "나는 비타민 C 알약을 꾸준히 먹었고, 1년 내내 감기에 걸리지 않았다. 비타민 C는 정말 대단하다!" 여기서 허점이란 어떤 것인가?

자기반영

우리 모두는 원인–효과 연계를 탐지하기 위하여 작은 실험을 수행한다. 예를 들어, 만일 여러분이 음악을 즐긴다면, 여러분은 상이한 유형의 헤드폰으로 즐기려고 시도할 것이다. 그러면 다음의 질문이 생긴다. "이어버드 또는 소음 제거 헤드폰 중 어느 것을 사용(독립변인)하는가에 따라 음악을 즐기는 것(종속변인)이 영향을 받을 것인가? 여러분이 지난달에 수행했던 비공식적인 실험을 상상할 수 있겠는가? 무엇이 변인이었는가? 결과는 무엇이었는가?

정답

1. 실험, 통제 **2.** 독립, 종속, 외재 **3.** a **4.** c **5.** 이 진술은 비타민 C가 감기를 예방한다는 뜻을 함의하고 있다. 그러나 감기에 걸리지 않은 것은 우연일 수 있다. 한 집단은 비타민 C를 제공하고 통제집단은 비타민 C를 먹지 않는, 통제된 실험이 비타민 C가 감기에 걸리기 쉬운 정도에 어떤 효과가 있는지를 알아보기 위해 필요하다.

Module 5

심리학 소개: 비실험 연구방법

까마귀 카메라를 만들다

실험을 수행하는 것이 항상 가능하지는 않기 때문에 심리학자는 많은 다양한 방식으로 증거를 수집하고 가설을 검증한다(Jackson, 2012). 예를 들면, 자연 상황에서 행동을 연구하고자 하는 심리학자는 *자연주의적 관찰*을 사용한다. 이 기법을 사용하여 아주 작은 까마귀 카메라를 입혀 놓은 뉴칼레도니아 까마귀가 잔가지를 사용하여 음식을 얻는 모습을 기록하였다. 사건들 사이의 흥미로운 관계를 찾고자 하는 심리학자는 종종 *상관적 방법*에 의존한다.

또한 실험적 방법으로 드문 사건이나 독특한 개인을 연구하는 것이 어렵거나 불가능할 수 있다. 우울이나 정신병 같은 정신 이상에 관해 좀 더 상세한 내용이 필요할 때, *사례 연구법*이 선호될 수 있다. 유사하게 *설문조사 방법*은 여론조사를 실시함으로써 대규모 사람들의 행동에 관한 답변을 얻을 수 있다. 이러한 비실험적 방법들이 심리학적 지식을 진보시키는 데 어떻게 사용되었는지 알아보자.

SURVEY QUESTIONS

5.1 심리학자들이 자연주의적 관찰에 의존하는 이유는 무엇인가?
5.2 상관 연구란 무엇인가?
5.3 사례 연구에서 얻게 되는 혜택은 무엇인가?
5.4 설문조사란 무엇인가?

자연주의적 관찰

SURVEY QUESTION 5.1 심리학자들이 자연주의적 관찰에 의존하는 이유는 무엇인가?

심리학자들은 때때로 **자연주의적 관찰**(naturalistic observation)—*자연적 상황*(사람이나 동물이 살고 있는 전형적인 환경)에서 행동의 관찰—에 의존한다. 예를 들면, 1960년 Jane Goodall은 탄자니아에서 야생 침팬지가 흰개미집 둔덕에서 흰개미를 끄집어내기 위해 풀줄기를 도구로 사용하는 것을 처음으로 관찰하였다(Van Lawick-Goodall, 1971). 자연주의적 관찰은 행동에 대한 기술만을 제공한다는 것을 주목하라. 관찰을 설명하기 위해서 우리는 다른 연구방법을 통해서 나온 정보가 필요할 수도 있다. 이와 마찬가지로 구달의 발견은 인간이 도구를 만드는 유일한 동물이 아니라는 것을 보여 주었다(Rutz et al., 2010).

동물원에 있는 침팬지들도 도구로서 물건을 사용한다. 그것이 동일한 것을 보여 주고 있지 않은가? 자연주의적 관찰은 우리로 하여금 외부 영향에 의해 바뀌거나 변경되지 않은 행동을 연구할 수 있게 해 준다. 자연주의 환경에서 침팬지를 관찰해야만 인간의 개입 없이 그들이 도구를 사용하는지를 알 수 있다.

제한점

인간 관찰자의 존재가 동물의 행동에 영향을 주는가? 그렇다. 관찰자 효과는 중대한 문제이다. **관찰자 효과**(observer effect)는 관찰당하고 있다는 자각이 야기한 피험자 행동에서의 변화를 말한다. 박물학자들은 그들이 관찰하고 있는 동물들로부터 거리를 유지하고, 동물들과 친구가 되는 것을 피하도록 매우 세심해야만 한다. 유사하게, 만일 여러분이 자동차 운전자가 왜 교통사고를 일으키는지 흥미가 있다고 해도 사람들 차에 타서 기록하기 시작할 수는 없다. 낯선 이로서 여러분의 존재가 운전자의 행동을 바꿀 가능성이 있다.

관찰자를 숨기는 것이 가능하다면 관찰자 효과는 최소화할 수 있다. 다른 해결책은 몰래카메라를 사용하는 것이다. 교통사고에 대한 자연주의적 연구는 100대의 자동차에 설치된 비디오카메라를 가지고 수행되었다(Dingus et al., 2006). 대부분의 자동차 사고는 전방의 교통 상황을 살피는 데 실패함으로써 발생된다는 것이 밝혀졌다. 또한 몰래카메라는 많은 종류의 동물에 대한 소중한 관찰을 제공해 왔다.

기록 장치들이 점차 초소형화됨에 따라 많은 동물들에게 작은 카메라를 직접 장착하는 것이 가능해졌고, 그들의 자연 서식지에서 관찰할 수 있게 되었다. 앞서 언급된 것처럼, 동물학자 Christian Rutz와 동료들은 부끄럼이 많은 뉴칼레도니아 까마귀에게 까마귀 카메라를 입혔고, 까마귀들이 음식을 얻기 위해 도구를 사용하는 것을 좀 더 잘 이해할 수 있었다(Rutz et al., 2007, 2010). 까마귀들은 잔가지를 음식에 도달하는 데 이용할 뿐만 아니라, 더 짧은 잔가지로 더 큰 잔가지를 획득하는 데도 사용할 수 있었다(Wimpenny et al., 2009). 인간과 다른 영장류들이 도구를 사용하는 유일한 종이 아니라는 것은 명백해졌다.

관찰자 편향(observer bias)은 관찰자가 그들이 보고자 기대하는 것을 보거나 또는 선택된 세부 내용만을 기록하는 것과 연관된 문제이다(Jackson, 2012). 예를 들면, 한 고전적 연구에서 교사들은 학습장애, 정신장애, 정서장애, 또는 정상이라고 명명된 정상적인 초등학교 아이들을 관찰하라고 요청받았다. 슬프게도 교사들은 사용된 명칭에 부응하여 상당히 상이한 평정을 내놓았다(Foster & Ysseldyke, 1976). 어떤 상황에서 관찰자 편향은 심각한 결과를 초래할 수 있다(Spano, 2005). 예를 들면, 범죄 행동을 기대한 경찰관은 그가 권총을 꺼내려고 한다고 자신이 가정한 사람을 쏠 수도 있지만, 그 사람은 단순히 지갑을 꺼내려고 한 것일 수 있다.

동물을 관찰할 때 피해야 할 특별한 잘못이 **의인화 오류**(anthropomorphic error)이다. 이것은 사람이 가지고 있는 생각, 감정, 동기를, 특히 그들의 행동을 설명하는 방식으로써 동물에게 귀인시키는 오류이다(Waytz, Epley, & Cacioppo, 2010). 동물이 화가 나 있고, 질투하고 있고, 지루해하고 있고, 또는 죄의식이 있다고 가정하려는 유혹은 매우 강력할 수 있다. 만일 여러분이 집에 반려동물이 있으면, 여러분은 아마 의인화하는 것을 피하기가 어렵다는 것을 알고 있을 것이다. 그러나 그것은 잘못된 결론으로 이끌 수 있다. 예를 들면, 만일 여러분이 키우는 개가 여러분이 데이트할 때 으르렁거린다면, 여러분은 그 개가 여러분의 친구를 좋아하지 않는다고 가정할 수도 있다. 그러나 여러분의 데이트 상대가 개의 코를 자극하는 향수를 뿌렸을 가능성이 있다.

자연주의적 연구를 수행하는 심리학자는 자료와 관찰에 대한 상세한 요약 또는 **관찰 기록**(observational record)을 작성함으로써 편향을 최소화하려는 특별한 노력을 기울인다. 교통사고 연구 그리고 소형카메라 사용 때 제안되었듯이 비디오 기록은 종종 모든 것에 대한 가장 객관적인 기록을 제공한다. 문제점에도 불구하고 자연주의적 관찰은 풍부한 정보를 제공할 수 있으며, 많은 흥미로운 궁금증을 제기한다. 대부분의 과학적 연구에서 자연주의적 관찰은 아주 뛰어난 출발점이다.

상관 연구

SURVEY QUESTION 5.2 상관 연구란 무엇인가?

어떤 심리학자가 부모와 자식의 IQ, 아름다움과 사회적 대중성, 또는 불안과 검사 수행 사이에 연관이 있음을 알아차렸다고 하자. 2개의 관찰 또는 사건이 어떤 순서가 있는 방식으로 연계되어 있을 때 **상관**(correlation)이 존재한다. **상관 연구**(correlational study)에서 2개의 요인이 측정된다. 그리고 상관의 정도를 파악하고자 통계적 기법이 사용된다(좀 더 자세한 정보는 모듈 67 참조). 예를 들면, John Simister와 Cary Cooper(2005)는 범죄와 날씨 사이에 상관이 있는지 알아보기로 결정했다. 그들은 4년의 기간 동안 로스앤젤레스에서 기온과 범법 행위에 관한 자료를 수집하였다. 그들이 기온과 폭행의 빈도를 그래프로 그렸을 때 분명한 상관이 드러났다. 폭행과 기온은 평행해서 상승과 하강을 하였다. (따라서 *열 받았다*는 문구와 뭔가가 있다.) 로스앤젤레스에서 기온을 알게 되면, 우리가 폭행이 얼마나 발생할지를 예측할 수 있게 되었다.

상관계수

상관의 정도는 어떻게 표현되는가? 관계의 강도와 방향은 **상관계수**(coefficient of correlation)로 표현될 수 있다. 이것은 +1.00에서 −1.00 사이의 수로 계산될 수 있다(모듈 67 참조). 관련성을 그래프로 그리면 관련성의 본질을 명확하게 하는 데 도움을 줄 수 있다(● 그림 5.1 참조). 만일 수가 0이거나 0에 가깝다면 두 측정치 사이의 관계는 약하거나 또는 존재하지 않는다(그림 5.1c 참조). 예를 들면, 신발 크기와 지능 사이에 상관은 0이다. (왕발을 가진 독자 여러분께는 미안하다.) 만일 상관이 +1.00이라면 완벽하게 정적인 관련성이 존재한다(그림 5.1e 참조). 만일 상관이 −1.00이라면 완벽하게 부적인 관계가 발견된 것이다(그림 5.1a 참조).

심리학에서 상관이 완벽한 경우란 거의 없다. 그러나 상관계수가 +1.00 또는 −1.00에 가까울수록 관련성이 강한 것이다. 예를 들면, 일란성 쌍생아는 거의 동일한 IQ를 갖는 경향이 있다. 대조적으로 부모와 자식의 상관은 일반적으로 유사하기만 하다. 부모와 자식 사이의 IQ는 일반적으로 유사하기만 하다. 부모와 자식 사이의 IQ 상관은 .35이고, 일란성 쌍생아의 상관은 .86이다.

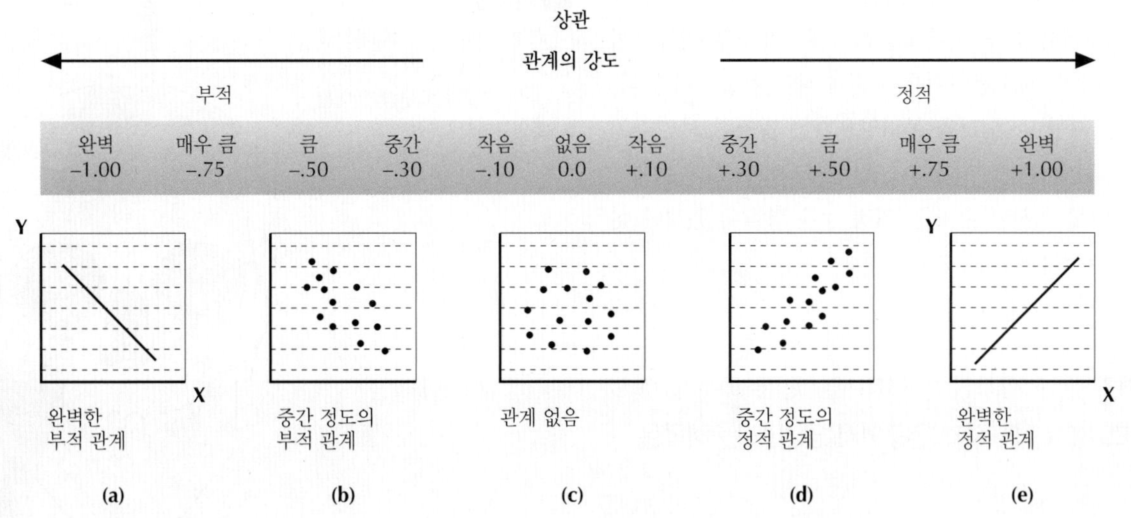

그림 5.1
상관계수는 두 척도가 얼마나 강하게 연관되어 있는지 알려 준다. 이들 그래프는 두 척도, X와 Y 사이에 관계의 범위를 보여 주고 있다. 만일 상관이 부적(–)이면(a), 한 척도의 증가는 다른 척도의 감소와 연합되었다. (X가 커짐에 따라, Y는 작아진다.) 만일 상관이 정적(+)이면(b), 한 척도의 증가는 다른 척도의 증가와 연합되었다. (X가 커짐에 따라 Y도 커진다.) 왼쪽에서 두 번째 그래프(b, 중간 정도의 부적 관계)는 컴퓨터 게임을 하느라 보낸 시간(Y)과 학점(X)을 비교하면서 얻은 결과일 수 있다. 컴퓨터 게임을 하느라 많은 시간을 보냈으면, 낮은 학점과 연합된다. 세 번째 그래프(c, 무관계)는 신발 크기(Y)와 IQ(X)를 그린 결과일 수 있다. 네 번째 그래프(d, 중간 정도의 정적 관계)는 어떤 대학생 집단의 고등학교 학점(Y)과 대학교 학점(X)을 그린 것일 수 있다. 고등학교 시절의 높은 학점은 대학에서 높은 학점과 연합되어 있다.

정적 또는 부적 상관이란 용어가 의미하는 바는 무엇인가? *정적 상관*에서 특정 차원에서 나온 높은 점수는 다른 차원에서 나온 높은 점수와 짝을 이룬다. 예를 들면, 중간 정도의 정적 상관은 높은 고등학교 성적과 대학 학점 사이에 존재한다. 고등학교 때 잘했던 학생은 대학에서도 잘하는 경향이 있다(그리고 반대의 경우도 있다)(그림 5.1d 참조). *부적 상관*에서 한 차원에서 나온 높은 점수는 다른 차원에서 나온 낮은 점수와 짝을 이룬다. 예를 들면 학생이 컴퓨터 게임을 하는 시간과 그가 받는 학점 사이에 중간 정도의 정적 상관을 관찰할 수도 있다(그림 5.1b)(컴퓨터 게임 좀비라고 잘 알려져 있다).

컴퓨터 게임을 너무 많이 하면 낮은 학점이 나온다고 말하고 있는가? 일견 그렇게 보이기도 하지만, 우리가 앞에서 지적한 바와 같이 원인–효과 관계가 존재하는지에 대해 믿을 수 있는 가장 좋은 방식은 통제된 실험을 하는 것이다.

상관관계 그리고 인과관계 상관 연구는 우리가 관련성을 발견하고 예측을 할 수 있도록 돕는다. 그러나 상관관계가 **인과관계**(causation)를 예시하지는 않는다(Jackson & Newberry, 2012). 예를 들면, 수업에 관심이 없는 학생은 컴퓨터 게임에 더 시간을 보낼 수 있다. 만일 그렇다면, 공부 부족과 낮은 학점은 무관심의 결과이지 과도한 컴퓨터 게임 때문이 아니다(이는 수업에 대한 무관심이 낳은 다른 결과이다). 한 가지가 다른 것과 직접적으로 관련된 것처럼 보인다고 해서 원인–효과 연계가 존재한다는 것을 의미하지는 않는다.

상관관계를 인과관계로 잘못 이끄는 다른 사례가 있다. 어떤 심리학자가 담배를 피우는 부모와 청소년 비행을 저지르는 자녀 사이에 관계를 발견했다면 어떤가? 부모의 흡연이 청소년 비행을 일으킴을 보여 주는가? 그러나 아마도 청소년 비행이 부모가 담배를 피우게 만들 수도 있다. 그러나 더 가능한 이야기로, 부모

자연주의적 관찰 자연 상황에서 펼쳐진 그대로 행동을 관찰하는 것
관찰자 효과 관찰되고 있음을 자각해서 생기는 유기체 행동의 변화
관찰자 편향 관찰자가 자신의 기대에 부응하도록 관찰 또는 지각을 왜곡하는 경향
의인화 오류 인간의 사고, 감정, 동기를 동물의 행동을 설명하는 방식으로 동물에게 귀인시키는 오류
관찰 기록 관찰된 행동의 영상기록 또는 관찰된 사건의 상세한 요약
상관 두 사건, 측정, 또는 변인 사이에 일관성 있고, 체계적인 관계의 존재
상관 연구 2개 이상의 사건, 측정, 또는 변인 사이에 있는 관계의 정도를 측정하도록 고안된 비실험적 연구
상관계수 관계의 방향과 정도를 나타내는, –1.00에서 +1.00까지 범위를 가지는 통계 지표
인과관계 효과를 일으키는 행위

의 흡연과 청소년 비행은 사회경제적 위치와 같은 제3의 요인에 연관되어 있을 것이다. 가난한 부모일수록 흡연가가 될 가능성이 높고, 가난한 가정의 청소년일수록 비행에 빠질 가능성이 높다. 환언하면, 한 가지가 다른 것을 불러일으키는 것처럼 *보인다*고 해서 그렇다고 *확인*하는 것은 아니다. 원인-그리고-효과 관계가 존재하는지에 대해 확신할 수 있는 가장 좋은 방식은 통제된 실험을 수행하는 것이다.

사례 연구

SURVEY QUESTION 5.3 사례 연구에서 얻게 되는 혜택은 무엇인가?

흔치 않은 정신 이상, 아동기 천재, 광란의 학교 총기 난사 같은 드문 사건을 연구하는 데 실험적 방법을 사용하는 것은 비실용적이거나, 비윤리적, 또는 불가능한 것일 것이다(Harding, Fox, & Mehta, 2002). 그러한 경우에, 단일 참가자에 대해 심도 있게 집중하는 **사례 연구**(case study)가 가장 좋은 정보 출처가 될 것이다. 임상심리학은 특히 우울 또는 정신병 같은 정신 이상을 연구하는 데 사례 연구에 강하게 의존한다. 또한 심리치료의 사례 연구는 정서적인 문제를 치료하는 방법에 관한 많은 유용한 아이디어를 제공해 왔다(Wedding & Corsini, 2011).

사례 연구는 때때로 *자연적 임상검사*(심리적 자료를 제공하는 사고 또는 다른 자연적 사건)로 간주될 수도 있다. 총상, 뇌종양, 사고로 발생한 독극물중독, 그리고 유사한 재난 등은 인간 두뇌에 관한 많은 정보를 제공해 왔다. 심리학의 역사에서 유명한 사례 하나를 J. M. Harlow 박사(1868)가 보고하였다. Phineas Gage 라는 작업조의 젊은 조장은 다이너마이트 폭발 사고의 결과로 약 6kg 무게의 쇠막대기가 그의 뇌 앞부분에 찍혔다(● 그림 5.2). 놀랍게도 두 달도 안 되어서 Gage는 정상적으로 걷고, 말하고, 움직일 수 있었다. 그러나 부상으로 인해 그의 성격은 영원히 달라졌다. 사고가 있기 전에는 정직하고 믿을 만한 노동자였던 그가 아주 더럽게 입만 열면 거짓말하는 사람이 되었다. Harlow 박사는 우연히 발생한 전두엽 절제술(파괴)에 대한 아마도 최초의 심도 있는 사례 연구인 것의 모든 상세한 내용을 조심스럽게 기록하였다.

로스앤젤레스의 목수 Michael Melnick은 1981년도에 유사한 부상을 입었을 때, 그는 아무런 지속적인 나쁜 효과 없이 완전하게 회복되었다. Melnick이 보여 준 유사한 부상에 대한 상이한 반응은 심리학자가 통제된 실험을 선호하고, 종종 두뇌 연구를 위하여 실험실 동물을 사용하는 그 이유를 보여 준다. 사례 연구는 공식적인 통제집단이 없다. 당연히 이것은 임상적 관찰로부터 내릴 수 있는 결론을 제한한다.

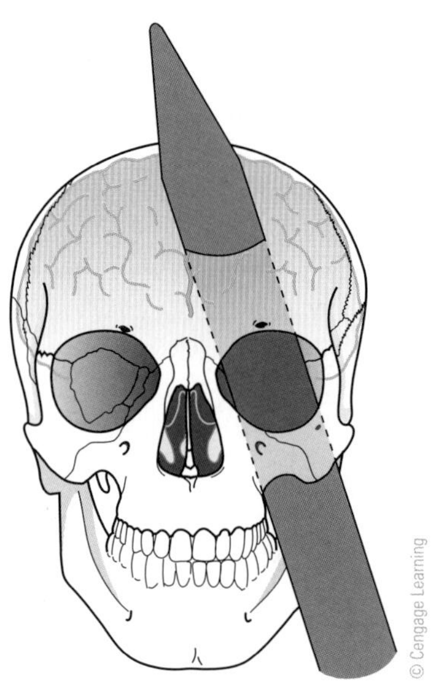

● **그림 5.2**
뇌 전두 영역의 손상 효과에 대한 초기의 일부 정보는 Phineas Gage의 우발적인 부상에 대한 사례 연구에서 나왔다.

그럼에도 불구하고 사례 연구는 흥미로운 질문에 대답하는 기회를 제공할 수 있다. 예를 들면, 심리학에서 고전적인 사례 연구는 Genain 자매들로 알려진 일란성 네쌍둥이에 관한 것이다. 동일한 유전자를 소유한 것에 더해서, 4명의 여성은 25세 전에 조현증이 되었다(Rosenthal & Quinn, 1977). 일란성 네쌍둥이가 모두 조현증이 될 확률은 약 15억분의 1이다.

네 자매에 대한 연구는 40년 이상 지속되었는데, 이들은 생애의 대부분을 정신병원을 입퇴원하면서 보냈다. 그들이 동일한 유전자를 공유한다는 사실은 유전이 정신 이상에 영향을 준다는 것을 제안한다. 어떤 자매가 다른 자매보다 정신장애가 더 심했다는 사실은 환경적 조건 또한 정신질환에 영향을 준다는 것을 제안한다. 4명 중 가장 덜 아팠던 Myra는 딸들을 위협하고, 감시하고, 성추행을 하는 알코올중독자인 그녀의 아버지를 피할 수 있었다. 그러므로 그들과 같은 사례는 어떤 다른 수단으로도 얻을 수 없는 통찰을 제공한다(Mirsky et al., 2000).

설문조사 방법

SURVEY QUESTION 5.4 설문조사란 무엇인가?

때때로 심리학자는 몇 개의 잘 택한 질문을 세상의 모든 사람에게 물어보고 싶어 한다. "당신이 어린아이일 때, 당신의 부모가 어떤 형태의 훈육을 사용했는가?" "여러분이 한 것 중 가장 정직하지 못했던 것은 뭐라고 생각하는가?" "여러분이 극한의 마라톤을 하는 이유는 무엇이라고 생각하는가?" 그러한 질문들에 대한 솔직한 답변은 사람들의 행동에 관해 많은 것을 드러낼 수 있다. 모든 사람에게 질문하는 것은 불가능하고, 따라서 설문조사를 하

그림 5.3
만일 여러분이 사람의 신장이 중요한 변인일 수 있는 설문조사를 실시한다면, 상단의 무선이 아닌 표집은 대표성이 없다. 난수표를 사용하여 선택한 하단의 표집은 전체적인 집단을 대표하고 있다.

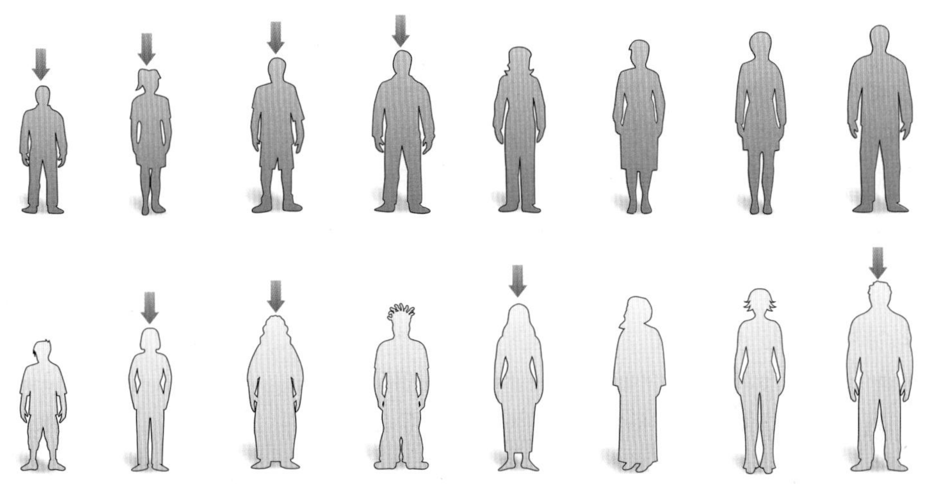

는 것이 좀 더 실질적이다.

설문조사(survey)에서 대중 의견 조사 기법이 심리학적 물음들에 대한 답을 얻는 데 사용된다(Babbie, 2013; Thrift, 2010). 전형적으로 대표성을 지니는 표본에 속하는 사람들은 일련의 세심하게 작성된 질문을 받는다. **대표성 있는 표본**(representative sample)이란 더 큰 모집단을 정확하게 반영하는 작은 집단이다. 좋은 표본이란 남성, 여성, 젊은이, 어르신, 전문가, 노동자, 민주당원, 공화당원, 백인, 흑인, 미국 원주민, 라틴 아메리카인, 아시아인 등등 전체로서 모집단에서 발견되는 것과 같이 동일한 비율을 포함해야만 한다.

모집단(population)은 특정한 범주에 속하는 동물 또는 사람의 전체 집단(예를 들면, 모든 대학생 또는 모든 미혼 여성)이다. 궁극적으로 우리는 전체 모집단에 관심이 있다. 그러나 우리는 더 작은 표본을 선택함으로써 모든 사람에 대한 의견 조사를 하지 않고도 더 큰 집단에 관한 결론을 내릴 수 있다. 포함될 사람을 *무선* 선택함으로써 종종 대표성을 갖는 표본을 얻는다(● 그림 5.3). (이것은 실험에서 참가자를 무선 배정하는 것과 유사하다는 것을 주목하라.)

설문조사 방법은 얼마나 정확한가? 갤럽과 해리스 의견 조사 같은 현대의 설문조사는 꽤 정확할 수 있다. 그러나 만일 설문조사가 *편향된 표본*에 근거하였다면 그것은 잘못된 결론을 그려낼 수 있다. 편향된 표본은 표본이 얻어진 모집단을 정확하게 반영하지 않는다. 잡지, 웹사이트, 그리고 온라인 정보 서비스가 수행한 설문조사는 상당히 편향될 수 있다. 〈오: 오페라 매거진(O: The Oprah Magazine)〉 그리고 〈총과 무기(Gun and Ammo)〉 잡지가 수행한 총기 규제 법안에 대한 설문조사에서는 아마도 상이한 결과가 얻어질 것이다. 그 어느 것도 일반 모집단을 반영하지 않는다. 이것이 설문조사를 사용하는 심리학자들이 자신들의 표본이 대표성을 갖는지를 분명하게 확인하는 데 그렇게 끝까지 노력하는 이유이다. 다행스럽게도 사람들은 전화 또는 인터넷으로 의견 조사를 받을 수 있는데, 이것은 더 큰 표본을 얻기 용이하게 해 준다. 3명 중 한 사람이 설문조사에 응답하기를 거부하더라도 결과는 여전히 타당할 가능성이 있다(Hutchinson, 2004).

수많은 세월 동안 심리학 실험에 참가한 사람들의 대다수가 심리학개론 강좌에서 모집되었다. 더욱이 이런 참가자들의 대다수는 중산층의 백인이고, 연구자들의 대다수가 백인 남성이었다(Guthrie, 2004). 이것들 중 어느 것도 자동적으로 심리학 실험의 결과를 타당하지 않은 것으로 만들지 않는다. 그러나 이것은 실험의 의미에 약간의 제한을 할 수 있다. 저명한 심리학자 Edward Tolman은 한때 심리학의 많은 부분이 쥐와 대학 2년생이라는 두 집단의 피험자에 근거하였다고 언급한 적이 있다. Tolman은 과학자들이 쥐는 분명히 사람이 아니고, 일부 대학 2년생 또한 그렇지 않을 수도 있다는 것을 기억해야 한다고 주장했다.

인터넷 설문조사 심리학자들은 인터넷을 이용하여 온라인 설문조사와 실험을 수행하고 있다. 웹기반 연구는 큰 집단의 사람들, 그리고 어떤 다른 방식으로 설문조사하기가 쉽지 않은 사람들에게 접근하는 비용효율이 높은 방법이 될 수 있다(Smyth et al.,

사례 연구 한 개인에 대한 모든 측면에 대하여 심도 있는 초점
설문조사 심리학에서 심리학적 질문에 답을 얻는 데 사용되는 대중 여론조사 기법
대표성 있는 표본 전체 모집단의 특성을 정확하게 반영하는, 소규모의, 더 큰 모집단으로부터 무선 선발된 일부분
모집단 특정한 범주에 속하는 동물 또는 사람의 전체 집단(예를 들면, 모든 대학생 또는 결혼한 모든 여성)

2010). 인터넷 연구는 분노, 의사결정, 인종편견, 사람을 역겹게 만드는 것, 종교, 성적 태도, 그 밖의 여러 가지 주제에 대한 흥미 있는 정보를 제공해 왔다. 편향된 표본은 웹기반 연구를 제한할 수 있다. 여러분의 온라인 질문지에 답하는 사람들을 통제하는 것은 쉽지가 않다. 그러나 심리학자들이 온라인으로 타당한 정보를 수집하는 데 점점 더 좋아지고 있다(Lewis, Watson, & White, 2009).

사회적 바람직함 잘 설계된 설문조사조차도 다른 문제로 인해 제한을 받을 수 있다. 만일 어떤 심리학자가 여러분에게 여러분의 과거 성경험과 현재 성행동에 관하여 상세한 질문을 하려고 한다면, 여러분의 대답은 얼마나 정확할 수 있을 것인가? 여러분은 과장할 것인가? 여러분은 당혹스러워할 것인가? 설문조사 질문에 대한 반응들은 항상 정확하거나 믿을 만하지는 않다. 많은 사람들은 독특한 예의 편향(공손하거나 또는 사회적으로 바람직한 답변을 주려는 경향)을 보여 준다. 예를 들면, 성, 음주 또는 마약 사용, 수입, 그리고 예배 참여와 관련된 질문에 대한 대답은 덜 믿을 만한 경향이 있다. 유사하게, 선거 다음 주에 실제 투표자보다 더 많은 사람들이 자신은 투표했었다고 말하려고 한다(Babbie, 2013).

요약 설문조사가 가진 한계에도 불과하고, 설문조사는 빈번히 가치 있는 정보를 제공한다. 예를 들면, 테러 공격을 방지하고 대응하는 우리의 역량을 개선시키려는 목적을 가지고 테러에 대한 미국 소매시장의 취약점을 조사한 설문조사 연구가 있었다(Rigakos et al., 2009). 요약을 하면, 설문조사 방법은 강력한 연구도구가 될 수 있다. 다른 연구방법처럼 설문조사 연구가 제한점이 있지만, 그러나 새로운 기법과 전략은 우리 행동에 관한 가치 있는 정보를 제공하고 있다.

심리학에서 과학이 필요하다고 지나치게 강조하는 것인가? 한마디로 말해, 그렇다. 과학은 세상에 대해 질문을 던지고, 신뢰가 가는 답을 얻는 강력한 방식이다. (표 5.1은 우리가 다룬 많은 중요한 아이디어를 요약한다.)

표 5.1 심리학 연구방법들의 비교

	장점	단점
실험적 방법	분명한 원인–효과 관계가 확인될 수 있다. 강력하게 통제된 관찰을 한다. 자연적인 사건을 기다릴 필요가 없다.	다소 인위적일 수도 있다. 일부 자연적인 행동은 실험실에서 쉽게 연구될 수 없다(현장 실험은 이러한 반론을 피할 수도 있다).
자연주의적 관찰	자연 상황에서 행동을 관찰한다. 풍부한 정보를 얻고, 추가 연구를 위한 가설과 질문이 구성될 수 있다.	통제가 거의 가능하지 않다. 관찰되는 행동은 관찰자의 존재로 인해 바뀔 수도 있다. 관찰은 편향될 수 있다. 원인이 단정적으로 확인되지 않는다.
상관적 방법	관계의 존재를 예로 보인다. 예측을 가능케 한다. 실험실, 임상 장면, 또는 자연 상황에서 사용될 수 있다.	통제가 거의 가능하지 않다. 관계는 우연에 의한 것일 수도 있다. 원인–효과 관계가 확증될 수 없다.
임상적 방법	자연적 임상 시행의 장점을 누리고, 희귀하거나 평범하지 않은 문제나 사건에 대한 조사를 가능하게 한다.	통제가 거의 가능하지 않다. 비교를 위한 통제 집단을 제공하지 않는다. 주관적 해석이 종종 필요하다. 단일 사례가 오도하거나 대표성이 없을 수도 있다.
설문 방법	엄청난 수의 사람들에 대한 정보를 수집할 수 있다. 다른 접근에서 답을 얻을 수 없는 질문을 제시한다.	대표성이 있는 표본을 얻는 것이 핵심이며, 어려울 수도 있다. 답변은 부정확할 수도 있다. 사람들은 자신들이 말한 것을 하지 않거나, 하는 것을 말하지 않을 수도 있다.

모듈 5: 요약

5.1 심리학자들이 자연주의적 관찰에 의존하는 이유는 무엇인가?

5.1.1 통제된 실험과는 달리 비실험적 방법은 보통 원인-효과 관계를 보여 줄 수 없다.

5.1.2 자연주의적 관찰은 많은 조사에서 출발점이다. 자연주의적 관찰이 지닌 두 가지 문제는 피관찰자에 대한 관찰자 효과, 그리고 관찰자 편향이다.

5.2 상관 연구란 무엇인가?

5.2.1 상관 방법에서 두 가지 특질, 반응, 사건 사이에 관계를 측정하고, 관계의 강도를 재기 위해 상관계수를 계산한다. 심리학에서 관계는 정적(+) 또는 부적(−)일 수도 있다. 상관은 예측은 허용하나, 원인-효과를 보여 주지 않는다.

5.3 사례연구에서 얻게 되는 혜택은 무엇인가?

5.3.1 사례연구는 다른 방법으로 얻을 수 없는 인간 행동에 관한 통찰을 제공한다.

5.4 설문조사란 무엇인가?

5.4.1 설문 방법에서 대표성을 지니는 표집에 있는 사람들은 조심스럽게 구성된 일련의 질문을 받는다. 설문 방법이 커다란 모집단을 연구하는 데 사용될 경우 대표성이 있는 사람들의 표본을 구하는 것은 핵심적이다.

모듈 5: 지식 쌓기

암기

1. 자연주의적 관찰에 있는 두 가지 주요 문제는 관찰자 효과, 그리고 관찰자 편향이다. **O X**
2. 인간이 가진 감정과 동기를 동물에게 귀인시키는 __________ 오류가 있다.
3. 상관은 전형적으로 인과관계를 보여 주지 않는다. **O X**
4. 다음 중 가장 강력한 관련성을 보여 주는 상관계수는?
   a. −0.86
   b. +0.10
   c. +0.66
   d. +0.09
5. 사례연구는 종종 자연적 검증이라고 간주될 수 있으며, 임상심리학자들이 자주 사용한다. **O X**
6. 설문 방법이 타당하기 위해서는 반드시 사람들에 대한 대표성이 있는 표본을 구해야 한다. **O X**
7. 설문 방법에 있는 문제는 질문에 대한 답변이 항상 __________ 또는 __________ 않다는 것이다.

반영

비판적으로 생각하기

8. 쇼핑몰에서 설문 면접을 하고 있는 심리학자가 지나가는 행인을 멈춰 세우기 전에 동전을 던진다. 만일 동전의 앞면이 나오면 그 사람을 면접하고, 뒷면이 나오면 그 사람을 그냥 보낸다. 이 심리학자는 무선 표집을 얻었는가?
9. 제대로 움직이지 않는 자동차에 불순한 동기가 있다고 귀인시키는 것은 의인화와 유사한 오류로 생각하는 것이다. **O X**

자기반영

"Critter Cam"을 인터넷으로 검색해 보고, 여러분도 볼 수 있는 것을 찾아보라. 어떤 종을 봤는가? 여러분이 관찰하고 기록할 수 있는 행동은 무엇인가?

여러분이 인간 행동이 관계된 정적 상관관계와 부적 상관관계를 적어도 하나씩 확인할 수 있는지 해 보자.

뇌손상 또는 뇌질환으로 고통받는 사람이 여러분 주위에 있는가? 그(녀)의 행동이 어떻게 변했는가?

설문을 끝까지 마쳐 달라고 요청받은 적이 있는가? 만일 여러분이 동의했다면, 여러분은 답변을 정직하게 했는가? 만일 많은 사람들이 정확하게 답하지 않는다면 정확성에 관해 뭐라고 말할 수 있는가?

정답

1. O **2.** 의인화 **3.** O **4.** a **5.** O **6.** O **7.** 정확한, 믿음이 있지 **8.** 심리학자가 한 동전 던지기는 몰에서 사람들에 대한 좋은 표본을 만들었을 수도 있다. 문제는 쇼핑몰에 가는 사람들이 도시의 일부분, 중상류층, 또는 다른 종류의 대표성이 없는 집단에서 오는 경우가 많다는 것이다. 심리학자의 표본은 심각하게 결함이 있을 가능성이 높다. **9.** O. 사람들은 다른 종들에 대해서나, 기계에 대해서조차 인간의 측면에서 생각하는 것을 멈추기가 쉽지 않아 보인다.

6 Module

행동하는 심리학:
대중 매체에 관하여 비판적으로 사고하기

클링온어를 말하는 사람이 필요하다

여러분은 "전화" 또는 "이어 전하기"라 불리는 게임을 해 본 적이 있는가? 한 사람이 다른 사람에게 어떤 문장을 속삭여 주고, 그 사람은 다음 사람에게 속삭여서 계속 전달하는 게임이다. 보통 그 줄의 맨 끝에 있는 사람이 전달된 문장을 재생할 때, 그 문장은 우스울 정도로 왜곡된다. 유사하게 현대의 매체들, 특히 인터넷은 소문, 거짓말, 카더라 통신, 그리고 뉴욕 하수도에 거대한 악어가 살고 있다는 도시 괴담으로 넘쳐나는 거대한 메아리 창고로 기능한다.

여러분이 심리학을 십분 활용하도록 돕기 위해서 이 책의 어떤 모듈은 행동하는 심리학이라고 이름 붙였다. 이러한 모듈들은 지금 또는 미래에 사용할 수 있는 아이디어를 제공한다. 심리학에 관한 실용적인 정보를 모아놓더라도 현대의 대중매체인 대물리기의 거대한 게임에 관해 비판적으로 사고하는 방식을 살피지 않고서는 소용이 없다.

Henning Kaiser/AFP/Getty Images

SURVEY QUESTIONS

6.1 대중 매체에서 발견된 심리학 정보는 얼마나 믿을 만한가?

대중 매체 속의 심리학—클링온어에 여러분은 능숙하십니까?

SURVEY QUESTION 6.1 대중 매체에서 발견된 심리학 정보는 얼마나 믿을 만한가?

심리학은 현대 대중 매체에서 대중적인 주제로 등장한다. 불행하게도, 여러분이 만나게 되는 것들 중 많은 것이 비판적 사고 또는 과학보다는 예능적 가치에 근거를 둔다. 오도하는 허구로부터 질 높은 정보를 분리해 내기 위한 몇 가지 제안이 있다.

제안 1: 의심하라. 우리의 시대를 초월하는 고전적 도시 전설 중 하나가 오리건주의 보건부에 관한 이야기인데, TV 드라마 〈스타트랙〉에서 사용되는 허구의 언어만으로 말하는 정신건강 환자를 위해 클링온어를 통역할 사람을 찾는 것이었다. 이 이야기는 한 신문이 어떤 정신병 환자가 말할 수 있다고 주장하는 언어 목록에 클링온어가 있다는 것을 보도하면서 시작되었다. 그 기사는 "실제로 어떤 환자도 클링온어로 의사소통을 시도해 본 적이 없다"라고 특별히 언급했다. 그럼에도 불구하고 이 이야기는 웹을 통해서 퍼져 나갔으며, 오리건주가 클링온어에 능숙한 사람을 찾고 있는 중이라는 것이 '사실'이 되어 버렸다(O'Neill, 2003).

대중 매체의 보고는 무비판적으로, 그리고 놀라운 발견을 보고하고 흥미위주의 이야기를 말하고자 하는 뚜렷한 편향을 담은 채 만들어지는 경향이 있다. 여러분이 "그것은 믿기 힘든데."라고 말할 때, 그것은 종종 "그것을 믿을 수가 없네."—종종 그것이 사실이라는 것을 의미한다(Hughes, 2008; Stanovich, 2013).

제안 2: 정보의 출처를 고려하라. 제품을 팔기 위해 사용된 정보가 종종 객관적인 사실보다는 이익을 얻고자 하는 욕망을 반영한다는 것은 전혀 놀라운 일이 아니다. 여기 전형적인 광고문구가 있다. "정부 조사에 따르면 어떤 수면제도 코마보다 강하거나 효과적이지 않음이 증명되었다." 이러한 진술은 모든 보통 코마와 검사된 다른 제품 사이에 *차이가 없음*을 의미한다. 어떤 다른 수면 보조제도 더 강력하거나 더 효과적이지 않다. 그러나 그 어느 것도 더 약하지 않다.

심리학 서비스 또한 상품화될 수 있음을 기억하라. 가정용 바이오피드백 기계, 자면서 학습하는 기계 등에 관한 제조사의 주장들을 읽을 때 출처가 어딘지 마음에 새겨라. 즉각적인 정신건강, 그리고 행복, 증가된 효율성, 기억, 초감각 지각, 또는 심령 능력, 무의식적 마음에 대한 통제, 그리고 흡연 종결자 등에 대해 약속하는 매우 비싼 강좌들을 조심하라. 보통 그들은 몇 명 되지 않는 소수의 추천사와 많은 지지받지 못한 증거들을 가지고 홍보한다(Lilienfeld, Ruscio, & Lynn, 2008).

심령적인 주장은 특별한 주의를 가지고 봐야만 한다. 구글로 magician James Randi's Million Dollar Paranormal Challenge를 검색해 보라. Randi는 통제된 상황에서 그런 능력을 보여 준다면 누구에게든 100만 달러를 주겠다고 오랫동안 제안하였다. 아무도 기본적인 검사조차 통과하지 못했다.

무대 마인드 마술사는 대중을 속임으로써 살아간다. 지극히 당연하게 그들은 자신들의 존재하지 않는 힘에 대한 믿음을 불러일으키는 데 고도의 흥미가 있다. 똑같은 것이 텔레비전 광고에서 홍보하는 심령 조언자에게도 똑같이 사실이다. 이런 사기꾼들은 그들에게 전화한 사람들에 관한 사적인 정보를 알고 있다는 착각을 만드는 바넘 효과(만일 개인에 대한 묘사가 일반적인 용어로 표현되면 그것이 정확하다고 생각하는 경향. 모듈 2 참조)를 사용한다(Nickell, 2001).

제안 3: 금전적 이득이라는 동기가 있는 과잉단순화를 조심하라. 세 번의 회기를 통해 새로운 성격으로 바꿔 준다는 강좌나 프로그램, 결혼에서 사랑 그리고 충만에 이르는 6단계 또는 마음과 우주의 힘을 봉인해제시키는 새롭게 발견된 비밀은 즉각적으로 의심이 된다.

과잉단순화에 대한 뛰어난 사례를 한 웹사이트가 제공하였는데, 무제한의 기쁨, 건강, 돈, 관계, 사랑, 젊음 등 여러분이 여태껏 원해 왔던 그 모든 것에 대한 비밀을 가르쳐 준다고 약속하는 비디오를 선전하고 있었다. 이 사이트에 따르면, 여러분이 해야 할 필요가 있는 것은 다만 여러분의 욕망을 우주에 내놓기만 하고, 그 우주는 여러분의 희망이 이루어짐으로써 반드시 반응한다. 그리고 이를 위해 필요한 비용이 비디오를 주문하는 비용뿐이다. (이런 게임에서 진짜 우승하는 사람이 홍보하는 사람이라는 것은 더 이상 비밀이 아니다.)

제안 4: '예를 들면'이 증명은 아니라는 것을 명심하라. 앞 모듈을 읽은 후, 여러분은 단일 사례를 선택하는 위험성에 민감해야 한다. 만일 여러분이 "법학전공 학생이 잠자면서 공부하는 도구를 사용하여 사법시험에 합격했다"는 기사를 읽었다고 해서 곧바로 하나를 구매하지 마라. 세계적인 연구가 이러한 도구는 아무 소용이 없다는 것을 오래전에 밝혔다(Druckman & Bjork, 1994). 이러한 제안에 당연히 수반되는 질문이 있다. 보고된 관찰이 중요한가? 또는 널리 적용되는가? 유사하게 2002년에 MLB 투수 랜디 존슨은 "온몸에 흐르는 전류를 안정화시킨다"고 만든 특별한 금속을 주입시킨 목걸이를 착용하기 시작했다. 2010년 월드시리즈까지 수백 명의 선수들이 어떤 과학적인 설명, 증거, 또는 효험 없이 미신적으로 하나씩 차고 있었다(Carroll, 2011).

보기, 일화, 단일 사례, 그리고 추천서는 모두 잠재적으로 현혹하는 것이다. 수많은 추천사에 따르면, 앞서 기술한 비밀의 힘을 믿는 사람들은 비디오를 시청한 즉시 돈, 성공, 행복 벼락을 맞았다고 한다. 어떤 사람들은 정말 운이 좋아서 로또에 당첨됐다고 한다. 불행하게도 그러한 *개인* (또는 여러) *사례*가 *일반적*으로 무엇이 진실인지에 관해서 아무것도 말해 주는 바가 없다(Stanovich, 2013). 비디오를 구매했는데도 얼마나 많은 사람들이 로또에 당첨되지 않았는가? 얼마나 많은 사람들이 마법의 목걸이를 사고도 아무 소용이 없었는가? 유사하게, 많은 집단의 사람들에 대한 연구에서 흡연은 폐암 가능성을 증대시킴을 보여 줬다. 만일 여러분이 평생 동안 담배를 피운 95세 된 사람을 안다면, 이는 덜 적절할 것이다. 일반적인 발견을 기억해야 한다.

제안 5: 통제집단이 있었는지 스스로에게 물어라. 어떤 실험에서 통제집단의 핵심 중요성이 세련되지 못한 사람들에 의해 종종 간과된다. 여러분이 더 이상 어떻게 할 수 없는 오류! 대중 매체는 통제집단 없이 수행된 실험들로 가득 차 있다. "식물에게 말하면 성장이 촉진된다." "아동의 과활동성을 통제하는 특별한 식이요법" "불 위를 걷는 세미나의 졸업생들은 자신의 구두가 무색했다."

마지막 보기를 생각해 보자. 사람들에게 맨발로 뜨거운 불 위를 걸을 수 있게 가르쳐 준다고 홍보하는 비싼 상업 강좌가 있었다. (사람들이 이런 일을 하고자 원하는 이유가 흥미로운 의문이다.) 불 위를 걷는 사람들은 아마도 신경언어학적 프로그램이라 불리는 기법으로 자신의 발을 보호한다. 많은 사람들은 이 기법을 배우려고 돈을 지불했으며, 그리고 대부분의 사람들이 석탄

Felix Ordonez/Reuters/Landov

불 위를 걷는 것은 초자연적인 심리적 통제에 기반하지 않고, 물리학에 기반하고 있다. 석탄의 온도는 650°C나 되는 고온이지만, 석탄은 달궈진 오븐 속의 공기와 같다. 석탄은 순간의 접촉만으로 열을 전달하는 데는 효율이 낮다.

위를 빠르게 걷는 법을 알게 되었다. 그러나 이 기술이 필요할까? 눈에 띄는 어떤 일이 일어났을까? 우리는 비교 집단이 필요하다.

다행히도 물리학자 Bernard Leikind가 그런 하나를 제공하였다. 그는 화상을 입지 않고도 석탄 위를 걸을 수 있다는 것을 자원자들을 써서 보였다. 이것은 가볍고, 뽀송뽀송한 탄소 덩어리인 석탄을 만졌을 때 열을 거의 전달하지 않기 때문이다. 이 원리는 손을 뜨거운 오븐 안에 살짝 넣는 것과 유사하다. 만일 여러분이 쇠접시를 만지면 금속은 열을 효율적으로 전달하기 때문에 화상을 입게 될 것이다. 그러나 만일 여러분의 손이 뜨거워진 공기 안에 머무른다면 공기는 열을 거의 전달하지 않기 때문에 괜찮다(Kida, 2006; Mitchell, 1987). 미스테리는 풀렸다.

제안 6: 상관관계와 인과관계 사이를 구분하는 오류를 찾아보라. 여러분이 이제 알고 있듯이, 단지 상관관계이기 때문에 어떤 것이 다른 것을 야기한다고 가정하는 것은 위험한 것이다. 그럼에도 불구하고 여러분은 많은 주장들이 의심스러운 상관관계에 근거하고 있음을 보게 된다. 여기에 상관관계를 인과관계로 잘못 안 사례가 있다. Jeanne Dixon은 유명한 점성술사로, 점성술에 아무런 과학적 근거가 없다고 주장했던 유명한 과학자 집단에게 "여러분이 여러분의 지방 경찰서에서 기록을 검토만 하더라도 폭력 범죄 비율이 달 주기에 따라 오르락내리락한다는 것을 잘 알게 될 것이다."라고 말하면서 답변을 한 바 있다. 물론 Dixon은 달이 인간 행동에 영향을 준다고 믿는다.

만일 폭력 범죄가 한 달의 어떤 특정 시기에 좀 더 빈번하다는 것이 사실이라면, 이것이 그녀의 핵심을 증명하는 것인가? 그것과는 거리가 멀다. 범죄가 증가하는 것은 밤이 더 컴컴하기 때문일 수도 있다. 우리는 보름달 동안, 또는 다른 유사한 여러 요인들에 의해 다른 사람이 더 미친 듯이 행동할 것이라고 기대하는 사실과 거리가 있다. 주장된 달 효과에 대한 직접적인 연구에 따르면, 그런 것은 발생하지 않는다고 밝혀졌다(Dowling, 2005). 나쁜 달이 떠올라서 영향을 끼치는, 약간 미친 것 같은 범죄는 허구이다(Iosif & Ballon, 2005).

제안 7: 관찰과 추론의 구분을 분명히 하라. 여러분이 어떤 사람이 우는 것을 보고, 그가 슬프다고 가정한다면 옳은 것일까? 이런 가정을 하는 것은 사리가 맞는 것처럼 보인다. 그러나 쉽게 틀린 것일 수 있다. 우리는 어떤 사람이 울고 있는 것을 객관적으로 관찰하지만 슬픔을 추론하는 것은 오류가 될 수 있다. 그 사람은 방금 3kg이 넘는 양파껍질을 벗겼을 수도 있다. 방금 로또 100만 달러에 당첨됐거나, 콘택트렌즈를 처음 껴 보는 중일 수도 있다.

심리학자, 정치인, 의사, 과학자, 그리고 다른 전문가들은 종종 가용한 사실을 넘어서 주장을 펼친다. 그렇다고 그들의 추론, 의견, 해석이 아무런 가치가 없음을 뜻하지는 않는다. 정신병, 범죄 행동, 학습 문제, 또는 그 어떤 것의 원인에 대한 전문가의 의견은 뭔가 드러낼 수 있다. 그러나 사실과 의견을 구분하는 데 유의해야 한다.

요약 우리는 모두 흡수하기 힘든 대규모의 새로운 정보를 융단폭격처럼 매일매일 맞고 있다. 심리학, 생물학 같은 영역에서 가용한 지식은 너무 넓어서 어느 누구 하나도 완전히 알고, 이해할 수는 없다. 이런 현실을 마음에 둔다면, 여러분이 비판적이고, 선택적이고, 사전정보가 풍부한 정보의 소비자가 된다는 것은 중요하다(Lilienfeld et al., 2010). 대중 매체에 대한 공정성에 관련해서, 디스커버리 방송의 〈미스버스터(MythBusters)〉 같은 프로그램이나 Snopes.com 같은 웹사이트 프로그램이 기록들을 곧이곧대로 만들어 보려고 노력한다는 것을 언급하는 것 또한 가치가 있다. (뉴욕 하수도에 도사리고 있는 악어는 없지만, 플로리다 에버글레이즈에 있는 비단도마뱀은 조심하라!)

모듈 6: 요약

6.1 대중 매체에서 발견된 심리학 정보는 얼마나 믿을 만한가?

6.1.1 대중 매체가 제공하는 정보는 질과 정확성에서 엄청나게 다르고, 회의주의와 조심성을 가지고 접근해야만 한다.

6.1.2 사실과 허위사실을 구별하기 위해서 (이런 문제에 관한 한 어떤 출처나 마찬가지이지만) 대중적인 출처에서 나온 정보를 비판적으로 평가하는 것이 필수적이다.

6.1.3 대중 매체의 보고에 있는 문제는 편향된 또는 신뢰가 없는 정보 출처, 통제가 안 된 관찰, 오도된 상관, 잘못된 추론, 과잉단순화, 단일 사례의 사용, 그리고 반복되지 않은 결과와 종종 연관되어 있다.

모듈 6: 지식 쌓기

암기

1. 대중 매체는 보통 객관적 정확성을 강조한다. **O X**
2. 무대 마술사와 심령술사는 종종 자신들의 행위에 속임수를 사용한다. **O X**
3. 폭력 범죄의 비율이 변동하는 것을 달의 주기 때문이라고 탓하는 것은 상관관계를 인과관계로 잘못 간주하는 예이다. **O X**
4. 어떤 심리학과 학생이 중간시험에 통과하기 위해서 수면-학습 도구를 사용한다면, 이는 도구가 실제로 효과가 있다는 것을 증명하는 것이다. **O X**

반영

비판적으로 생각하기

5. 신비주의에 따르면 태양이 적도 위를 정확하게 지나 낮과 밤의 길이가 같고, 세계가 완벽하게 균형이 잡혀 있을 때인 춘분 동안 신선한 달걀은 두툼한 끝을 세워서 균형 잡을 수 있다고 한다. 이 관찰에서 무엇이 잘못됐는가?

자기반영

어떻게 여러분은 능동적으로 권위자가 내세운 주장 또는 대중 매체에서 발견된 주장을 평가하거나 의문을 제기하겠는가? 여러분은 좀 더 비판적인 정보의 소비자가 될 수 있는가? 여러분은 좀 더 비판적인 정보의 소비자가 되어야만 하는가?

정답

1. X **2.** O **3.** O **4.** X **5.** 달걀은 여러분이 원하면 어느 때나 세울 수 있다. 통제집단이 부족해서 뭔가 엄청난 것이 발생했다는 착각을 일으키지만, 춘분과 달걀 세우기는 아무런 관련이 없다.

7 Module

뇌와 행동: 뉴런과 신경계

펀치드렁크

그는 2011년 2월에 자기 가슴에 총을 쏘았고 그 총상으로 인해 사망하였다. 머리가 아니고 가슴에다가 말이다. 왜냐하면 자신의 뇌가 과학적으로 연구되기를 바랐기 때문이다. 슈퍼볼(Super Bowl)에서 두 번이나 우승한 데이브 두어슨(Dave Duerson)은 은퇴 후 기억 장애, 단어 쓰기 장애, 우울증, 변덕스러움을 비롯한 여러 문제에 시달렸는데, 이를 경기장에서 거듭해서 겪었던 뇌진탕 때문이라고 생각했다. 아니나 다를까, 다른 십수 명의 은퇴한 NFL 선수에게서 발견되었던 것과 동일한 만성적 외상성 뇌손상 징후들이 부검에서 드러났다. 하키나 권투 같은 다른 격렬한 스포츠 분야의 선수에게서도 그런 현상이 나타나는데, 심지어 권투 선수의 경우엔 이에 대해 펀치드렁크(punch-drunk)라는 이름까지 붙었다.

우리를 인간이게 하는 그 모든 것에 신경계가, 특히 뇌가 하는 핵심적인 역할을 우리는 평소에 알아채지 못한다. 그러나 이 결정적인 체계에 데이브 두어슨이 입었던 것과 같은 손상이 생기면 사람이 영원히 극적으로 변해 버릴 수 있다. 이 모든 게 어떻게 작동할까? 이 매력적인 분야를 탐구해 보자.

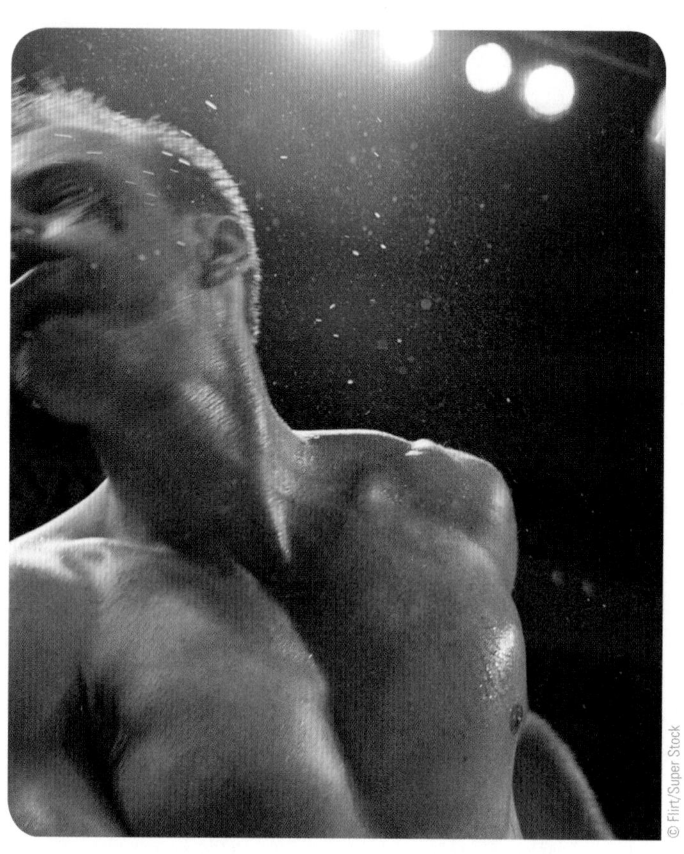

SURVEY QUESTIONS

7.1 신경계는 어떤 주요 구획으로 나뉘는가?

7.2 뉴런은 어떻게 작동하며 어떻게 서로 교신하는가?

7.3 신경계는 스스로 성장하고 치유할 수 있는가?

신경계–행위를 하도록 만들어진 체계

SURVEY QUESTION 7.1 신경계는 어떤 주요 구획으로 나뉘는가?

우리가 누구인가는 우리의 신경계 전체에 걸쳐 번쩍이는 전기적 충동에서 생겨나는 것일 수 있다. 만약 예컨대 뇌중풍(stroke, 뇌졸중)이 발생하면 어떤 일이 일어날까? (뇌중풍은 뇌에 피를 공급하는 동맥이 터지거나 막힐 때 일어나며 뇌 조직 일부가 죽게 만든다.) 그런 사람은 거의 즉시 무언가 잘못되었음을 알아차린다. 갑자기 움직일 수 없거나 신체 일부에 감각이 없거나 말을 못하게 되면 여러분 역시 즉각적으로 알아차릴 것이다. 하지만 어떤 뇌손상은 그렇게까지 명백하지 않다. 성격, 사고, 판단, 정서에 덜 극적이긴 하지만 똑같은 정도로 파괴적인 변화를 일으키는 뇌손상도 많다. 어떤 경우에는 데이브 두어슨에게서처럼 그 효과가 드러날 때까지 여러 해가 걸릴 수 있다(Banich & Compton, 2011).

공원에 나가서 프리스비를 던지며 놀고 있는 마이클과 몰리를 따라가면서 우리의 신경계가 건강할 때와 건강하지 못할 때를 더 잘 살펴보자. 프리스비를 던지고 받는 일이 비록 단순해 보일지 몰라도 이때 그들의 신경계를 구성하고 있는 뉴런(neuron)들 중 몇십억 개가 폭발적인 활동을 한다. 마이클이 던진 프리스비를 잡기 위해서는 엄청난 양의 정보가 몰리의 눈(프리스비가 어디로 날아가고 있지?)과 근육(내 손이 프리스비를 잡을 수 있는 위치에 있나?) 및 기타 감각(내 뒤에서 나는 저 소리는 뭐야?)에 의해 수집되고 뇌로 보내져서 해석되어야 한다. 그러고 나서 수많은 근섬유로 메시지(내 뒤에서 잔디밭에 누워 수다를 떨고 있는 저 커플을 피하면서 프리스비를 잡을 수 있게 몸과 손을 움직여라.)가 다시 보내져야 한다. 이런 일이 프리스비를 던지고 받으며 놀고 있는 동안 실시간으로 반복해서 계속 일어나야 한다. 자세한 사항을 파고들기 전에 이런 놀이를 가능하게 만드는 회로도의 개요를 살펴보자(Freberg, 2010).

● 그림 7.1에서 보듯이 중추신경계(central nervous system, CNS)는 뇌와 척수로 이루어져 있다. 뇌는 신경계에서 일어나는 '계산'의 대부분을 수행하며 척수라는 커다란 신경 묶음을 통해 신체와 교신한다. 말초신경계(peripheral nervous system, PNS)는 CNS와 신체 간에 정보를 전송하는 신경들의 복잡한 네트워크이다. 31쌍의 척수신경(spinal nerve)이 척수에 감각 및 운동 메시지를 전송한다. 게다가 12쌍의 뇌신경(cranial nerve)이 척수를 거치지 않고 뇌에서부터 직접 나온다. 이 신경들이 모두 함께 신체 전체와 뇌 사이의 교신을 담당한다.

신경이 뉴런과 똑같은 것인가? 아니다. 뉴런은 아주 조그마하다. 뉴런을 보려면 현미경이 필요하다. 신경(nerve)은 많은 뉴런 섬유[*축삭*(axon, 축색)이라 불리는]의 굵은 묶음이다. 신경은 확대하지 않고도 쉽게 볼 수 있다.

말초신경계

말초신경계는 두 주요 부분으로 나눌 수 있다. **체성신경계**(somatic nervous system, SNS)는 감각기관과 골격근에게, 또한 그

뉴런 개별 신경세포
중추신경계(CNS) 뇌와 척수
말초신경계(PNS) 뇌와 척수 이외의 신경계 모든 부분
척수신경 척수의 안팎으로 감각 및 운동 메시지를 전송하는 주요 신경들
뇌신경 척수를 통과하지 않으면서 뇌에서부터 나가는 주요 신경들
신경 뉴런 축삭들의 묶음
체성신경계(SNS) 척수를 신체 및 감각기관과 연결시키는 신경 체계

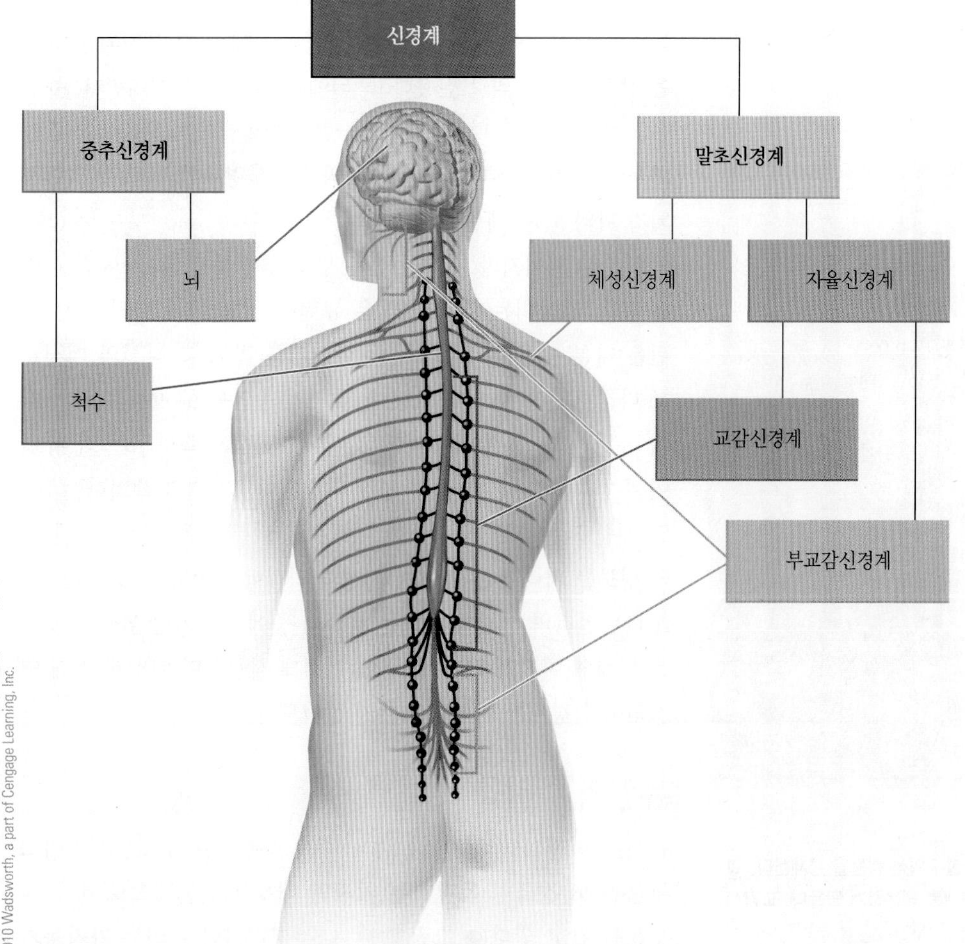

그림 7.1
신경계는 뇌와 척수로 이루어진 중추신경계와 신체를 중추신경계와 연결시키는 신경들로 이루어진 말초신경계로 나뉜다.

로부터 들어오는 메시지를 전송한다. 일반적으로 체성신경계는 마이클이 프리스비를 잡을 때마다 신나서 춤추는 경우와 같은 수의적 행동을 제어한다. 이와 대조적으로 **자율신경계**(autonomic nervous system, ANS)는 내장 기관과 분비샘을 담당한다. 자율이란 단어는 자기 자신을 다스린다는 뜻이다. 자율신경계가 제어하는 활동은 심박수, 소화 및 땀 흘리기처럼 주로 무의식적이거나 자동적인 것들이다. 따라서 체성신경계가 전송하는 메시지는 손을 움직이게 할 수는 있어도 동공이 확장되게 할 수는 없다. 마찬가지로 자율신경계가 전송하는 메시지는 소화를 촉진할 수는 있어도 글자 쓰기 같은 의도적 행위를 하게 만들 수는 없다. 만약 마이클이 프리스비를 놓쳐서 한순간 화가 나거나 몰리가 웃는 모습에 사랑이 솟아오름을 느낀다면 그의 자율신경계에 폭발적인 활동이 잠시 퍼져 나갈 것이다.

SNS와 ANS는 함께 작용하여 외부 세계에서 일어나는 사건에 대한 신체의 내적 반응을 조절한다. 예를 들면, 만약 개가 으르렁거리며 몰리에게 돌진한다면 몰리의 SNS는 뛰어 달아날 수 있도록 다리 근육을 제어한다. 동시에 몰리의 ANS는 혈압을 높이고 심박수를 올리는 등의 작용을 한다. ANS는 *교감신경*과 *부교감신경*의 두 가지로 나눌 수 있다.

자율신경계의 이 두 가지는 서로 어떻게 다를까? 둘 다 울기, 땀 흘리기, 심박수 같은 정서 반응과 기타 불수의적 반응에 관여

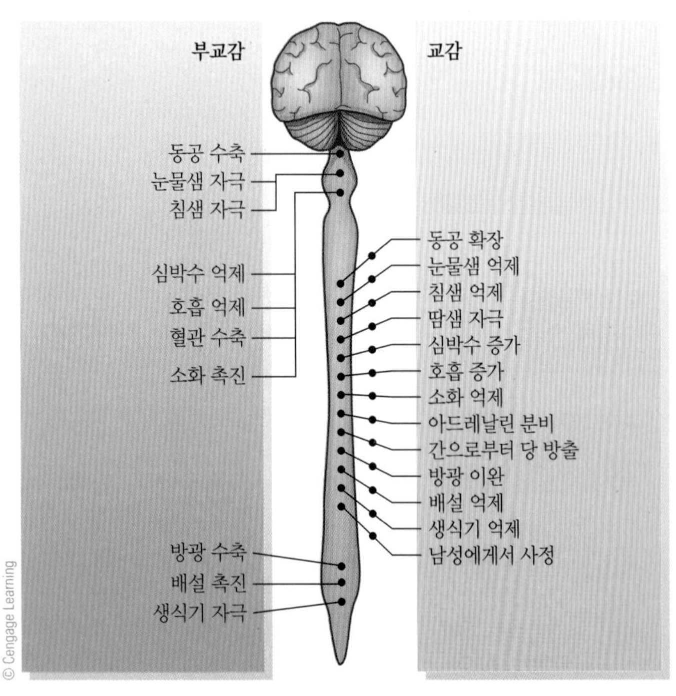

그림 7.2
자율신경계의 교감 및 부교감 가지. 두 가지 모두 불수의적 행동을 통제한다. 교감신경계는 신체를 활성화시키고 부교감신경계는 신체를 평온하게 만든다. 교감신경계는 척수 바깥에 있는 뉴런 뭉치를 통해 메시지를 중계한다.

한다(● 그림 7.2). 하지만 **교감신경계**(sympathetic nervous system)는 비상 체계이다. 즉 위협하거나 강한 정서가 개입될 때 '싸움 또는 도주(fight or flight)'를 하도록 신체를 준비시킨다. 반대로, **부교감신경계**(parasympathetic nervous system)는 신체를 조용히 시켜서 더 낮은 각성 수준으로 되돌려 놓는다. 즉 감정적 사건 직후에 가장 활발하게 작용한다. 부교감신경계는 또한 심박수, 호흡 및 소화 같은 생명과 관련된 과정들이 적당한 수준에서 유지되도록 돕는다. 물론 ANS의 이 두 가지는 항상 작용하고 있다. 어느 특정 순간에라도 이 둘의 조합된 활동이 신체가 어느 정도로 이완될지 또는 각성될지를 결정한다.

뉴런이 뇌 및 신경계의 다른 부분에 걸쳐서 어떻게 정보를 처리할까? 이에 대해서 알아보자.

뉴런—바이오컴퓨터 만들어 내기

SURVEY QUESTION 7.2 뉴런은 어떻게 작동하며 어떻게 서로 교신하는가?

현미경으로 보면 신경계는 대략 1,000억 개의 상호연결된 뉴런(즉 신경세포)의 거대한 네트워크이다(Banich & Compton, 2011). 적어도 10배나 많은 *아교세포*(glial cell, 교세포. 특히 뇌 속에서 뉴런을 여러 측면에서 지원해 주는 세포)에 의해 유지되는 뉴런은 감각 입력을 뇌로 전송하고, 뇌에서 그 입력을 처리한다. 뉴런은 또한 뇌로부터 나오는 출력을 전송하여 근육과 분비샘을 활성화시킨다. 뉴런의 대부분은 우리의 작전사령부인 뇌 속에 있어서 뇌가 거의 모든 '계산'을 한다.

이상한 일이지만 개개 뉴런은 별로 영리하지 않다. 예컨대 겨우 눈을 깜박이는 데만도 많은 뉴런이 필요하다. 하지만 각 뉴런은 다른 많은 뉴런으로부터 메시지를 받고 그 자신의 메시지를 다른 많은 뉴런에게 보낸다. 래퍼가 공연을 할 때는 수십억 개의 뉴런과 그 연결이 관여할 것이다. 특히 뇌 속에서는 각 뉴런이 수천 개의 다른 뉴런과 연결되어 있다. 그 결과 생겨나는 100조 개쯤 되는 연결의 광대한 네트워크 덕분에 우리는 엄청난 양의 정보를 처리할 수 있어서 지성과 의식이 생겨나게 된다(Toates, 2011). 인간의 신경계가 모든 컴퓨터 중에서도 가장 놀라운 것임은 의심의 여지가 없다. 뉴런이 어떻게 작동하며 어떻게 함께 연결되어 신경계를 이루게 되는지 살펴보자.

뉴런의 부위들

뉴런은 어떤 모양일까? 뉴런의 주요 부분들은 무엇일까? 어느 두 뉴런도 정확히 똑같지는 않지만 대부분 기본적으로 네 가지 부분을 갖고 있다(● 그림 7.3). 나무뿌리처럼 보이는 **가지돌기**

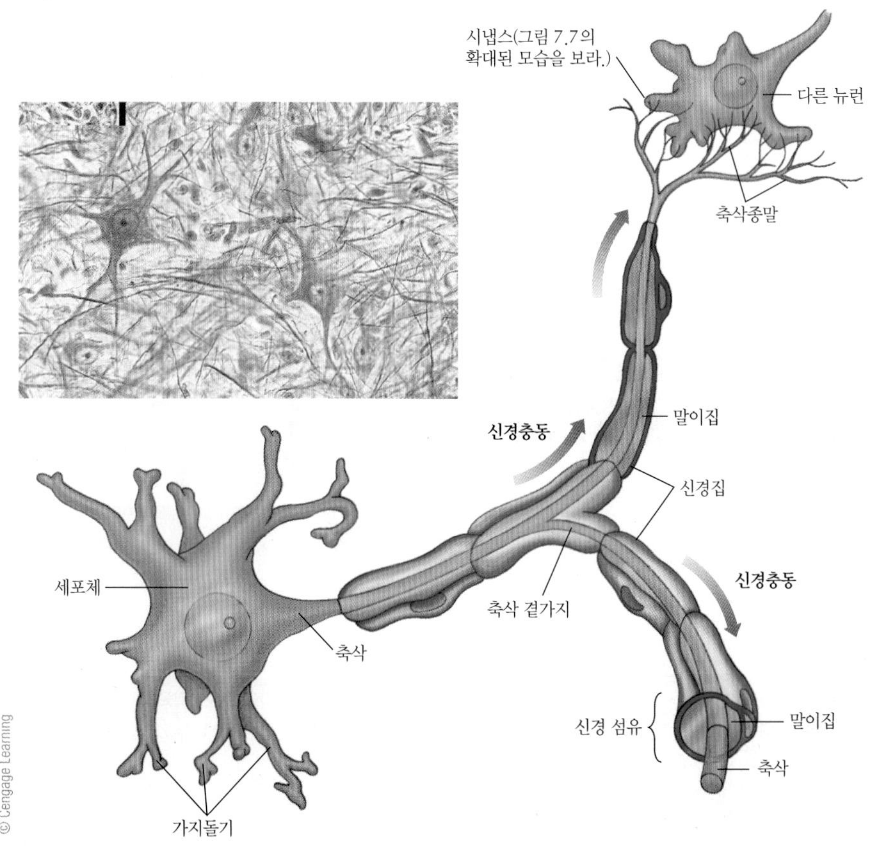

그림 7.3
뉴런, 즉 신경세포. 그림 오른쪽 부분에서 신경섬유의 절단면을 볼 수 있다. 왼쪽 위의 사진이 더 실제적인 뉴런의 모양을 보여 준다. 신경충동은 대개 가지돌기와 세포체로부터 축삭이 갈라진 끝까지 이동해 간다. 여기에 보이는 신경세포는 운동뉴런이다. 운동뉴런의 축삭은 뇌와 척수로부터 신체의 근육이나 분비샘까지 뻗어 있다.

(dendrite, 수상돌기)는 다른 뉴런들로부터 메시지를 받아들이는 뉴런 섬유이다. **세포체**(soma)도 똑같은 역할을 한다. 게다가 세포체는 **축삭**(axon, 축색)이라는 가는 섬유를 통해 그 자신의 메시지(신경충동)를 보낸다.

어떤 축삭은 길이가 겨우 0.1mm(사람 머리털이나 연필심의 두께 정도)에 불과하지만 다른 축삭은 1m 정도(예컨대, 척수 밑 부분에서부터 엄지발가락까지)나 길게 뻗어 신경계를 꿰뚫는다. 축삭은 가늘디가는 전선처럼 뇌와 신경계 전체에 메시지를 전송한다. 척수와 말초신경계 신경의 대부분이 축삭들의 굵은 묶음으로 구성된다. 모두 합쳐서 우리 뇌에는 약 483만 km의 축삭이 들어 있다(Breedlove, Watson, & Rosenzweig, 2010). 축삭은 더 작은 섬유들로 가지치기를 하여 끝에 가서는 전구 모양의 **축삭종말**(axon terminal, 축색종말)을 이룬다. 축삭종말은 다른 뉴런의 가지돌기 및 세포체와 연결을 형성함으로써 정보가 뉴런에서 뉴런으로 넘어갈 수 있게 한다.

비유를 들어 요약해 보자. 사람들이 서로 손을 잡고 길게 줄을 서 있는 속에 당신이 있다고 상상하라. 이 줄의 맨 왼쪽 끝에 있는 사람이 오른쪽 끝에 있는 사람에게 소리 없이 메시지를 보내려 한다. 그래서 자기 오른쪽에 있는 사람의 손을 눌러서 메시지를 보내면 그 사람이 또 자기 오른쪽에 있는 사람의 손을 누르고 또 그다음 사람이 같은 방식으로 메시지를 전달하는 식으로 이어진다. 이제 메시지가 당신의 왼쪽 손(당신의 가지돌기)에 도달한다. 당신은 그것을 전달할지 말지를 결정한다. (당신이 세포체다.) 메시지가 당신의 오른쪽 팔(축삭)을 통해 나간다. 당신은 오른쪽 손(축삭종말)으로 자기 오른쪽에 있는 사람의 손을 누르고, 그러면 메시지가 이동해 간다.

신경충동

각 뉴런의 내부에는 전하를 가진 분자인 *이온*(ion)이 존재한다. 뉴런의 바깥에도 다른 이온들이 존재한다. 어떤 이온은 양전하를 가진 반면, 다른 이온은 음전하를 갖는다. 뉴런이 활동하지 않고

자율신경계(ANS) 내장기관과 분비샘으로 또 그것들로부터 정보를 전송하는 신경 체계
교감신경계 신체를 각성시키는 ANS의 부분
부교감신경계 신체를 평온하게 만드는 ANS의 부분
가지돌기 들어오는 메시지를 받는 뉴런 섬유
세포체 뉴런이나 기타 세포의 주된 몸체
축삭 뉴런의 세포체로부터 정보를 운송해 나가는 섬유
축삭종말 축삭의 끝에 있어서 다른 뉴런의 가지돌기 및 세포체와 시냅스를 형성하는 전구 모양의 구조물

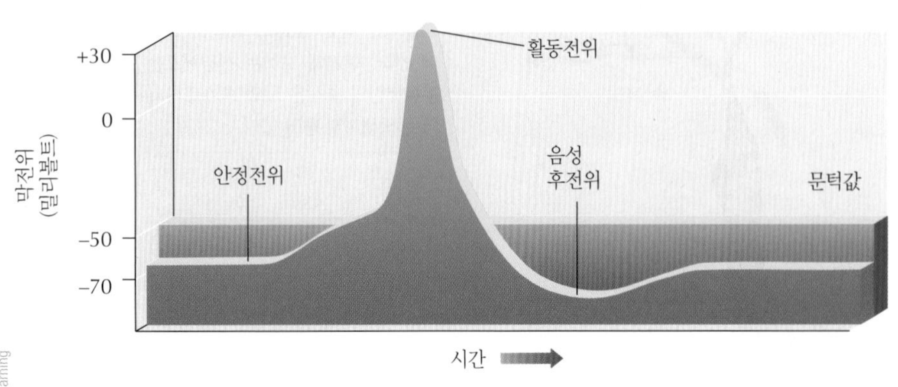

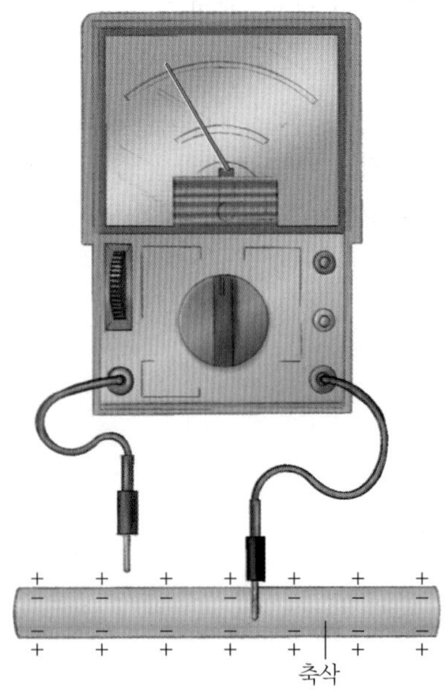

그림 7.4

축삭의 안과 밖에 배치된 전기 탐침이 축삭의 활동을 측정한다. (여기 있는 척도는 과장된 것이다. 그런 측정을 하려면 초미세 전극이 필요하다.) 휴식 시 축삭의 내부는 외부에 비해 대략 −60~−70밀리볼트이다. 뉴런에서 일어나는 전기화학적 변화가 활동전위를 생성한다. 양전하를 가진 나트륨 이온(Na^+)이 뉴런 속으로 밀려 들어오면 뉴런의 내부가 잠시 동안 양극으로 변한다. 이것이 활동전위이다. 활동전위 후에 양전하를 가진 칼륨 이온(K^+)이 축삭 밖으로 흘러나가면 축삭 내부의 음전하가 회복된다. (더 자세한 설명은 그림 7.5 참조)

있을 때는 뉴런의 외부에 양전하가, 내부에 음전하가 더 많이 존재한다. 그 결과 뇌 속에 있는 휴식 상태의 뉴런 내부는 축삭에서 약 −60~−70밀리볼트의 전하를 갖고 있다. (1밀리볼트는 1볼트의 1,000분의 1이다.) 이는 우리 뇌 속에 있는 모든 뉴런이 작디작은 생물학적 배터리처럼 작용한다는 의미이다.

비활동 상태의 뉴런이 띠는 전하를 **안정전위**(resting potential, 또는 휴지전위)라고 한다. 그러나 뉴런은 많이 쉬는 법이 별로 없다. 다른 뉴런들로부터 끊임없이 들어오는 메시지가 안정전위를 올리고 내리기 때문이다. 만약 그 전위가 약 −50밀리볼트까지 올라가면 뉴런은 *문턱값*(threshold, 역치), 즉 발화를 촉발하는 지점에 도달하게 된다(● 그림 7.4 참조). 이는 마치 뉴런이 "아하! 내 이웃들에게 메시지를 보낼 시간이로군."이라고 말하는 것과 같다. 뉴런이 문턱값에 도달하면 **활동전위**(action potential), 즉 신경충동이 최대 시속 약 320km로 축삭을 따라 휙 지나간다(● 그림 7.5). 이 속도가 빨라 보일 수 있는데, 그렇긴 해도 반응이 일어나는 데 적어도 몇 분의 1초가 걸린다. 이것이 프로야구 투수가 던

1. 안정 상태에서 축삭은 안쪽이 음극이다.
2. 활동전위 동안 양전하를 띤 원자(이온)가 축삭 안으로 쏟아져 들어온다. 이로 인해 축삭 내부의 전위가 음극에서 양극으로 짧게 변한다. 동시에 축삭 외부의 전위는 양극이 된다.
3. 양전하와 음전하가 역전되면서 전기적 활동이 축삭을 타고 움직임에 따라 활동전위가 앞으로 나아간다.
4. 활동전위가 지나가고 나면 양이온이 축삭 밖으로 재빨리 흘러나가서 음전하가 신속하게 회복된다. 양이온이 더 많이 유출됨으로써 축삭은 안정전위 상태로 돌아간다.

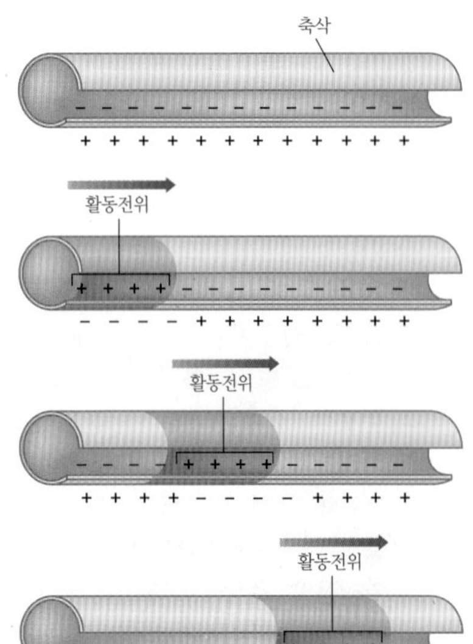

그림 7.5

축삭의 내부는 보통 음전하를 띠고 있다. 축삭 주위의 액체는 대개 양극이다. 활동전위가 축삭을 따라 흘러감에 따라 이 전하들이 역전되어 축삭의 내부가 일시적으로 양극이 된다. 이 과정이 그림 7.6에 더 자세히 묘사되어 있다.

지는 시속 160km짜리 공을 치기가 그다지도 힘든 한 가지 이유이다.

활동전위 동안 일어나는 일은 무엇일까? **이온통로**(ion channel)라는 작은 터널 또는 구멍들이 축삭 세포막에 뚫려 있다. 평소에 이 작은 구멍들은 문이나 개찰구 같은 역할을 하는 분자에 의해 막혀 있다. 활동전위 동안에는 그 문이 확 열린다. 그러면 나트륨 이온(Na^+)이 축삭 안으로 몰려 들어온다(Toates, 2011). 이온통로는 세포체에 가까운 데서부터 먼저 열린다. 그런 후 그다음 통로가 축삭의 끝까지 차례대로 열려 가면서 활동전위가 흘러가게 된다(● 그림 7.6).

각 활동전위는 *실무율(悉無律)적 사건*(all-or-nothing event)이다. 즉 신경충동은 최대 강도로 일어나든지 아니면 아예 일어나지 않는다. 축삭을 일렬로 세워 놓은 도미노라고 상상하는 게 도움이 될 수 있겠다. 도미노를 쓰러뜨리는 것은 실무율적 행동이다. 일단 첫 도미노가 넘어지면 연달아 넘어지는 도미노의 파도가 빠른 속도로 줄 끝까지 퍼져 간다. 마찬가지로 신경충동이 세포체 근처에서 촉발되면 활동의 파도(활동전위)가 축삭 끝까지 타고 내려간다. 이것이 무용수의 뇌가 박자에 맞추어 그다음에 무엇을 할지를 발에다가 명령할 때 뉴런들의 기다란 연쇄에서 일어나는 일이다.

각각의 신경충동 후에 뉴런은 잠시 동안 전하가 안정전위보다 아래로 떨어져서 발화하기 좀 더 힘든 상태가 된다. 이러한 **음성 후 전위**(negative after-potential)는 칼륨 이온(K^+)이 세포막의 통로가 열리면서 뉴런 밖으로 흘러나가기 때문에 생긴다(그림 7.6). 신경충동 후에는 이온들이 축삭 안팎으로 흐르면서 다시 활동할 수 있도록 재충전이 이루어진다. 우리의 도미노 모델에서는 도미노 줄이 즉각적으로 다시 준비된다. 축삭은 약간 시간이 걸리긴 하지만 곧 또 다른 활동의 파도를 일으킬 준비가 된다.

도약전도 (그림 7.3에 있는 것과 같은) 어떤 뉴런의 축삭은 **말이집**(myelin, 수초)이라는 지방층으로 둘러싸여 있다. 말이집들 사이에 있는 작은 틈은 신경충동이 더 빨리 움직이도록 도와준다. 활동전위가 축삭 전체를 따라 죽 흘러가는 대신에 한 틈에서 그다음 틈으로 점프하듯 움직이는데, 이런 과정을 **도약전도**(saltatory conduction)라 부른다. (*saltare*라는 라틴어는 도약한다는 의미이다.) 도약전도 덕분에 활동전위의 속도가 빨라지지 않았더라면 자동차 사고를 피할 만큼 빨리 브레이크를 밟는 것이 불가능한 경우가 아마도 많을 것이다. 말이집 층이 손상되면 무감각, 허약함 또는 마비를 겪을 수 있다. 이것이 *다발성 경화증*(multiple sclerosis)에서 일어나는 일인데, 이 병은 사람의 면역계가 말이집을 공격하여 파괴할 때 발생한다(Khan, Tselis, & Lisak, 2010).

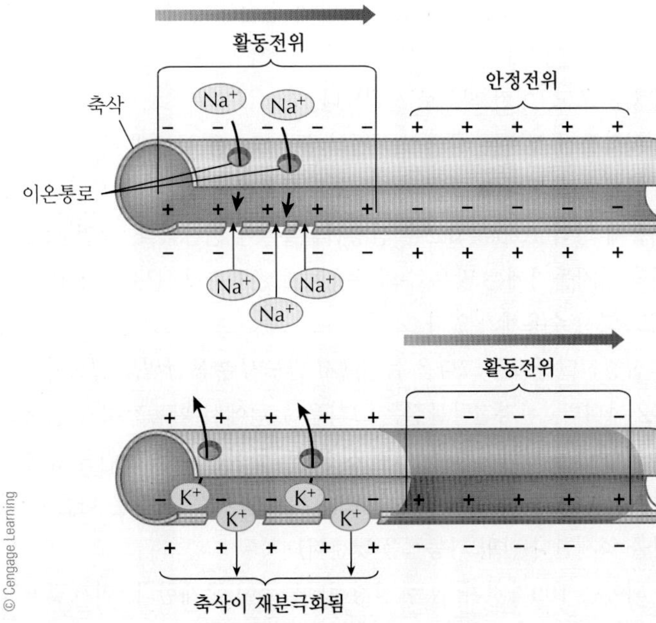

시냅스와 신경전달물질

정보가 어떻게 한 뉴런에서 다른 뉴런으로 움직일까? 신경충동은 기본적으로 전기적인 것이다. 그 때문에 뇌를 전기적으로 자극하면 행동이 영향을 받는다. 이를 입증하기 위해 연구자 José Delgado는 투우장에 망토를 입고 라디오 송신기를 들고 들어갔다. 황소가 돌진해 왔다. Delgado는 뒷걸음질쳤다. 마지막 순간에 달려오던 황소가 바로 앞에서 멈춰 섰다. 왜 그랬을까? Delgado는 그 황소의 뇌 속 깊이 라디오파로 작동시키는 전극(금속 전선)을 심어 놓았었다. 이것이 황소의 통제 중추를 자극하여 멈추게 만들었던 것이다(Blackwell, 2012; Horgan, 2005).

● 그림 7.6
축삭의 내부. 위쪽 축삭의 오른쪽 부분은 휴지 상태이다. 따라서 내부에 음전하를 갖고 있다. 이온통로가 열려서 나트륨 이온(Na^+)이 축삭 안으로 물밀듯 들어올 때 활동전위가 시작된다. 이 그림에서 활동전위는 축삭을 따라 왼쪽에서 오른쪽으로 흘러간다. 아래쪽 축삭에서는 활동전위가 오른쪽으로 이동했다. 활동전위가 지나가고 나면 칼륨 이온(K^+)이 축삭 밖으로 흘러나간다. 이는 축삭 내부를 재빨리 음극으로 만들고 따라서 축삭이 다시 발화할 수 있게 된다. 활동전위 동안 축삭으로 들어오는 나트륨 이온은 더 천천히 바깥으로 떠밀려나간다. 나트륨 이온이 제거되면서 원래의 안정전위가 회복된다.

안정전위 비활동 상태의 뉴런이 띠는 전하
활동전위 신경충동
이온통로 축삭의 막에 있는 작은 구멍
음성 후 전위 전위가 안정전위 아래로 떨어진 상태
말이집 일부 축삭을 둘러싸고 있는 지방층
도약전도 말이집이 있는 축삭을 타고 전송되는 신경충동이 말이집들 간의 틈마다 도약하며 나아가는 과정

표 7.1 주요 신경전달물질

신경전달물질	주된 작용 양태	뇌에서의 기능	균형이 깨질 때의 효과
아세틸콜린 (acetylcholine)	흥분성 신경전달물질	운동, 자율신경기능, 학습과 기억에 관여	결핍되면 알츠하이머병이 생길 수 있음
도파민 (dopamine)	흥분성 신경전달물질	동기, 보상, 행동의 계획에 관여	결핍되면 파킨슨병, 쾌감의 감소가 생길 수 있음. 과도하면 조현병이 생길 수 있음
GABA	억제성 신경전달물질	중추신경계에서 주요 억제성 효과, 기분에 관여	결핍되면 불안이 초래될 수 있음
글루탐산 (glutamate)	흥분성 신경전달물질	중추신경계에서 주요 흥분성 효과, 학습과 기억에 관여	과도하면 뉴런 죽음과 자폐증이 생길 수 있음. 결핍되면 피곤이 초래될 수 있음
노르에피네프린 (norepinephrine)	흥분성 신경전달물질	각성, 경계심, 기분에 관여	과도하면 불안이 초래될 수 있음
세로토닌 (serotonin)	억제성 신경전달물질	기분, 식욕, 수면에 관여	결핍되면 우울증 그리고/또는 불안이 생길 수 있음

Freberg, 2010; Kalat, 2013을 수정함

신경충동과는 달리 뉴런들 간의 교신은 화학적인 것이다. 두 뉴런 사이의 미세한 공간을 거쳐 메시지가 지나가는데 이 공간을 **시냅스**(synapse)라고 한다(● 그림 7.7).[1] 활동전위가 축삭종말 끝에 도달하면 **신경전달물질**(neurotransmitter)이 이 시냅스 틈(synaptic gap)으로 분비된다. 신경전달물질은 뉴런의 활동을 변경시키는 화학물질이다.

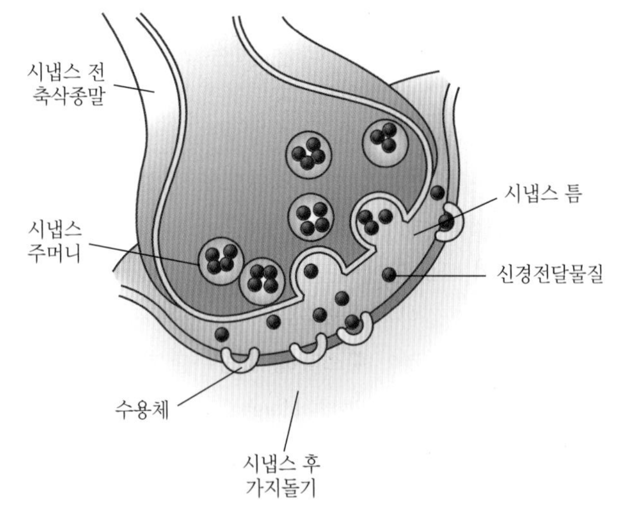

그림 7.7
높은 배율로 확대한 시냅스의 모습. *시냅스 주머니*(synaptic vesicle, 시냅스 소낭)라는 미소한 주머니 속에 신경전달물질이 저장되어 있다. 신경충동이 축삭의 끝에 도달하면 이 주머니들이 표면으로 움직여서 신경전달물질을 분비한다. 이 분자들은 시냅스 틈을 건너가서 그다음 뉴런에 영향을 미친다. 시냅스 틈의 크기는 이 그림에서 과장되어 있는데, 겨우 약 100만 분의 1인치이다. 어떤 신경전달물질은 다음 뉴런을 흥분시키는 반면 어떤 것은 억제한다.

사람들이 손을 잡고 줄을 서 있는 비유로 돌아가 보자. 좀 더 정확히 말하자면, 사람들이 서로 손을 잡고 있어서는 안 된다. 대신에 각 사람은 오른손에 물총을 들고 있어야 한다. 메시지를 전달하려면 자기 오른쪽에 있는 사람의 왼손에 물총을 쏘면 된다. 그 사람은 이 '메시지'를 받으면 역시 자기 오른쪽 사람의 왼손에 물총을 쏘고, 이런 식으로 진행된다.

화학물질 분자는 시냅스를 건너가면 그다음 뉴런의 특수 수용 부위에 부착된다(● 그림 7.7 참조). 세포막에 있는 이 작디작은 **수용체 영역**(receptor site)은 신경전달물질에 민감하다. 뉴런 세포체와 가지돌기에는 많은 수의 수용체가 존재한다. 근육과 분비샘에도 역시 수용체가 있다.

신경전달물질은 그다음 뉴런에서 반드시 활동전위를 일으키는가? 아니다. 신경전달물질은 그다음 뉴런에서 활동전위가 발생할 가능성을 변화시킨다. 어떤 신경전달물질은 다음 뉴런을 흥분시키고(더 발화하기 쉽게 만들고), 다른 신경전달물질은 다음 뉴런을 억제한다(발화 가능성을 낮춘다).

뇌에는 100가지가 넘는 신경전달물질이 존재한다. 아세틸콜린, 도파민, GABA, 글루탐산, 노르에피네프린, 세로토닌이 그 몇 가지 예이다(표 7.1).

1) 역자 주: 시냅스는 두 뉴런 사이의 공간을 가리킨다기보다 그 공간 양쪽의 시냅스전 뉴런 및 시냅스후 뉴런의 세포막까지 포함하는 것으로 보통 이야기한다. 두 뉴런 사이의 공간은 시냅스 틈(또는 시냅스 간극)이라고 부른다.

왜 신경전달물질의 종류가 그렇게나 많을까? 어떤 신경전달물질은 뇌의 여러 부위를 서로 연결하는 특정 경로에서 사용된다. 이는 마치 서로 다른 경로가 서로 다른 언어를 말하는 것과 같다. 아마도 그럼으로써 메시지가 서로 섞여서 혼동되는 일이 방지되는 데 도움이 될 것이다. 예를 들면, 뇌에는 주로 도파민이라는 언어로 *말하는* 보상체계 또는 쾌감체계(비록 다른 신경전달물질도 이 체계에 존재하지만)가 있다(Mark et al., 2011; Opland, Leinninger, & Myers, 2010).

신경전달물질 기능상의 사소한 차이가 유아기의 기질 차이나 성인기의 성격 차이와 관련될 수 있다(Ashton, 2007). 어떤 신경전달물질이라도 균형이 많이 깨지면 심각한 결과가 초래될 수 있다. 예컨대 지나치게 많은 도파민은 조현병을 일으킬 수 있다(Kendler & Schaffner, 2011). 반면에 너무 적은 세로토닌은 우울증을 일으킬 수 있다(Torrente, Gelenberg, & Vrana, 2012).

신경전달물질을 흉내 내거나 그 효과를 재현하거나 차단하는 약물이 많다. 예를 들면, 코카인의 화학 구조는 도파민과 비슷하다. 코카인은 단기적으로는 보상체계에서 도파민의 증가를 촉발하여 절정감을 일으킨다(España et al., 2010). 장기적으로 코카인 같은 향락용 약물의 과도한 사용은 보상체계를 과잉자극하고 도파민 기능을 방해하여 약물 중독을 일으킨다(Taber et al., 2012).

또 다른 예를 들면, 쿠라레(curare)라는 약물은 마비를 초래한다. 아세틸콜린은 보통 근육을 활성화시킨다. 쿠라레는 근육에 있는 수용체에 부착되어 아세틸콜린을 차단하는데, 그 결과 근육이 활성화되지 못한다. 따라서 쿠라레가 투여된 사람이나 동물은 움직일 수가 없다. 사냥할 때 쿠라레를 화살촉에 독으로 발라 사용하는 아마존강 유역의 남아메리카 인디언들에게 이는 잘 알려진 사실이다. 아세틸콜린 없이는 골프 치는 사람이 클럽을 휘두르기는커녕 움직일 수조차 없다.

신경조절자 더 섬세한 뇌 활동은 **신경펩티드**(neuropeptide)라는 화학물질에 영향을 받는다. 신경펩티드는 직접 메시지를 전송하지 않는다. 대신에 다른 뉴런의 활동을 조절한다. 그럼으로써 신경펩티드는 기억, 통증, 정서, 쾌감, 기분, 배고픔, 성 행동 및 기타 기초 과정들에 영향을 미친다. 예를 들면, 우리는 무언가 뜨거운 것을 만지면 급하게 손을 뗀다. 이런 행동을 일으키는 메시지는 신경전달물질에 의해 전달된다. 동시에 통증은 뇌로 하여금 *엔케팔린*(enkephalin)이라는 신경펩티드를 분비하게 만든다. 이 아편성 신경조절자들은 통증과 스트레스를 경감시킨다. 이와 관련된 *엔도르핀*(endorphin)이라는 신경펩티드는 뇌하수체에서 분비된다. 이 화학물질들은 다 함께 통증을 감소시켜서 행동하는 데 통증이 너무 걸림돌이 되지 않게 만든다(Bruehl et al., 2012).

우리는 이제 가짜약(placebo, 위약, 속임약)의 진통 효과를 설명할 수 있다. 즉 가짜약은 엔도르핀 수준을 높이기 때문이다(Price, Finniss, & Benedetti, 2008). 또한 달리기 도취감(runner's high), 피학대 음란증(masochism), 침술, 아기 출산 시 가끔씩 생겨나는 극도의 행복감, 고통스러운 성년식, 그리고 심지어 스카이다이빙의 밑바탕에는 엔도르핀의 분비가 있는 것으로 보인다(Janssen & Arntz, 2001). 각 경우마다 고통과 스트레스가 엔도르핀의 분비를 야기한다. 그러면 이 엔도르핀이 모르핀으로 인한 도취감과 비슷한 쾌감 또는 희열을 이끌어 낸다. 달리기에 '중독'되었다고 말하는 사람은 생각보다 더 사실에 가까운 말을 하고 있는 것일지도 모른다. 궁극적으로 신경조절자가 우울증, 조현병, 약물 중독 및 기타 수수께끼 같은 문제들을 설명하는 데 도움이 될 수 있다.

신경 네트워크

이제 신경충동과 시냅스 전달에 대해 우리가 알고 있는 것을 합쳐서 어떻게 **신경 네트워크**(neural network, 서로 연결된 뉴런들의 집합)가 신경계에서 정보를 처리하는지 살펴보자(Zimmer, 2010). 가장 단순한 네트워크인 **반사활**(reflex arc, 반사궁)은 어떤 자극이 자동적 반응을 유발할 때 작동한다. 그런 반사는 뇌로부터 아무런 도움도 받지 않고 척수 내에서 생겨난다(● 그림 7.8). 몰리가 가시를 밟는다고 상상해 보자. (그렇다. 마이클과 몰리는 아직도 프리스비를 갖고 놀고 있다.) 감각기관에서부터 CNS로 메시지를 전달하는 뉴런, 즉 *감각뉴런*(sensory neuron)을 통해 몰리의 발에서 통증이 탐지된다. 감각뉴런이 즉각적으로 발화하여 몰리의 척수로 메시지를 보내기 때문이다.

감각뉴런은 척수 속에서 *연결뉴런*(connector neuron, 다른 두 뉴런을 연결시켜 주는 뉴런)과 시냅스를 한다. 이 연결뉴런은 *운동뉴런*(motor neuron, CNS로부터 근육과 분비샘으로 명령을 전송하는 뉴런)을 활성화시킨다. 근섬유는 *효과기 세포*(effector cell,

시냅스 메시지가 통과하는, 두 뉴런 사이에 있는 미세 공간
신경전달물질 뉴런에서 분비되어 다른 뉴런의 활동을 변화시키는 모든 화학물질
수용체 영역 뉴런 및 기타 세포의 표면에서 신경전달물질이나 호르몬에 민감한 영역
신경펩티드 엔케팔린이나 엔도르핀처럼 뉴런의 활동을 조절하는 뇌 화학물질
신경 네트워크 뇌에서 정보를 처리하는 서로 연결된 뉴런들의 집합
반사활 한 자극이 한 자동적 반응을 유발하는 가장 단순한 행동

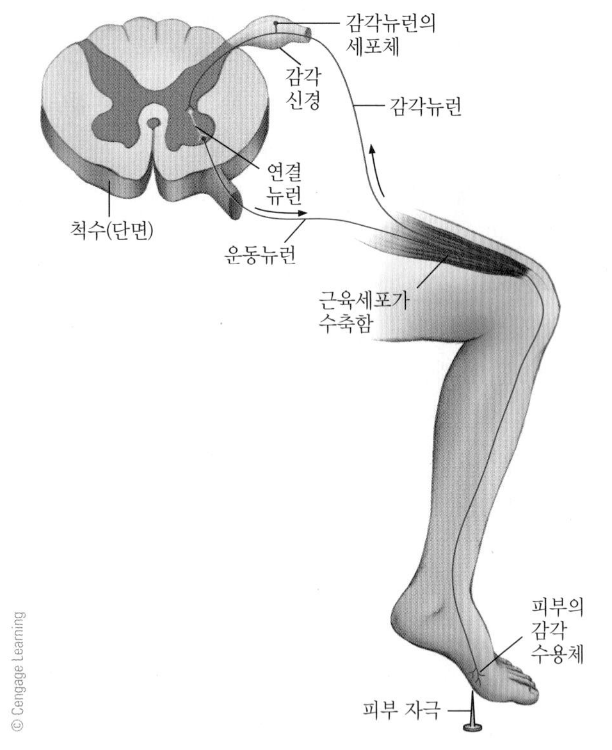

그림 7.8
피부(또는 신체 다른 부위)에 주어진 자극에 의해 어떤 감각–운동 활, 즉 반사가 작동한다. 신경충동이 척수로 움직여 가서는 근육으로 다시 돌아나오는데, 그러면 근육이 수축한다. 그런 반사가 신체를 자동적으로 보호하는 수단이다.

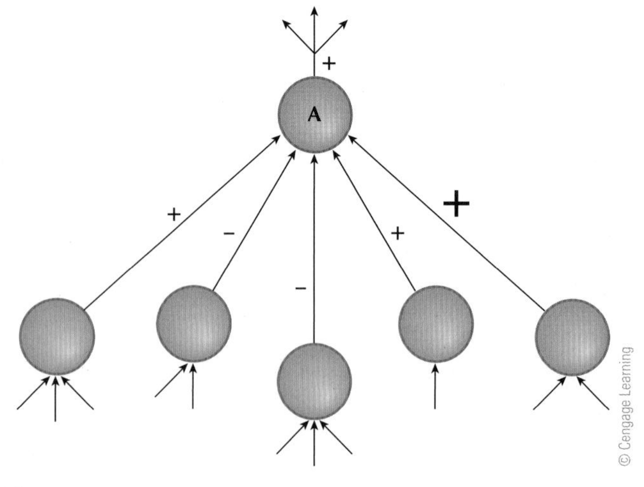

그림 7.9
작은 신경 네트워크. 이와 같은 결정을 처리하는 데 관여하는 실제 네트워크는 이 그림보다 훨씬 더 복잡하다. 하지만 기본적인 개념은 동일하다. 뉴런 A는 2개의 약한, 그리고 하나의 강한 흥분성(+) 연결과 2개의 억제성(–) 연결로부터 들어오는 입력을 조합하여 활동전위를 발화한다는 '결정'을 내린다. 이 활동전위는 다른 뉴런에서 시냅스 전달이 촉발되는 데 도움이 될 수 있다.

반응을 일으킬 수 있는 세포)로 이루어져 있다. 근육 세포가 수축하여 몰리의 발이 들리게 만든다. 반사활이 작동하는 데 뇌 활동은 전혀 필요 없음에 주목하라. 몰리의 몸이 자동적으로 반응하여 자신을 보호하는 것이다.

실제로는 단순한 반사조차도 더 복잡한 활동을 촉발한다. 예를 들면, 몰리의 몸의 무게중심이 이동함에 따라 넘어지지 않도록 다른 쪽 다리의 근육이 수축해야 한다. 이조차도 척수에 의해 실행될 수 있다. 하지만 더 큰 네트워크와 여러 척수신경이 관여한다. 또한 척수는 보통 그 작용을 뇌에게 알려 준다. 몰리는 가시로부터 발을 들어 올리면서 통증을 느끼고 '아얏! 이게 뭐야?'라고 생각할 것이다.

아마도 여러분은 척수가 스스로 반응하는 능력이 있다는 게 얼마나 적응에 유리한지 깨달았을 것이다. 그런 자동적 반응 덕분에 마이클과 몰리의 뇌는 이들이 눈부신 몸동작으로 프리스비를 잡을 때 다른 더 중요한 정보(나무와 가로등과 소풍 나와 떠드는 사람들의 위치 같은)에 주의를 쏟을 여유가 생긴다.

뇌의 신경 네트워크는 훨씬 더 복잡한 계산을 수행한다. ● 그림 7.9는 의사결정에 관여하는 작은 신경 네트워크를 보여 준다. 다섯 뉴런이 한 뉴런에 시냅스를 하는데, 이 뉴런은 또 다른 세 뉴런과 연결된다. 이 도식에 나타나 있는 시각에 이 한 뉴런은 하나의 강한, 그리고 2개의 약한 흥분성(+) 메시지를 받으며, 또한 2개의 억제성(–) 메시지도 받고 있다. 이 뉴런은 신경충동을 발화할까? 경우에 따라 다르다. 만약 충분한 흥분성 메시지가 비슷한 시간에 도달하면 이 뉴런은 문턱값을 넘어서게 되어 발화할 것이다. 하지만 문턱값에서 *멀어지게* 만드는 억제성 메시지를 너무 많이 받지 않는 한에서만 말이다. 메시지들은 이런 방식으로 서로 *조합*되어 뉴런이 실무율적 활동전위를 발화할지 말지를 '결정'하게 된다.

또 다른 비유를 보자. 당신이 친구 5명과 쇼핑을 나갔는데 사고 싶은 청바지를 발견했다. 친구 3명은, 특히 제일 친한 친구가, 당신이 그 청바지를 사야 한다(+)고 생각한다. 반면에 다른 두 친구는 사지 말아야 한다(–)고 생각한다. 여기서 입력은 평균하면 긍정적이기 때문에 당신은 사기로 한다. 어쩌면 당신은 다른 몇몇 친구에게 그 청바지를 사라고 말할지도 모른다. 마찬가지로 신경 네트워크 속에 있는 뉴런은 자신과 시냅스를 하는 다른 뉴런들의 '말을 들어서' 그 입력을 조합하여 출력을 내놓는다. 어느 순간에든지 뉴런은 몇백 또는 몇천 개의 입력을 조합한 후에 밖으로 나가는 메시지를 만들어 낸다. 그렇게 활동전위를 발화하고서 회복하고 나면 뉴런은 다시 입력을 조합하는데, 이제는 그동안에 입력이 변해서 다른 출력을 내보내게 되고, 이런 식의 일이 반복된다.

뇌 속의 각 뉴런은 이런 측면에서 하나의 작디작은 컴퓨터처럼 기능한다. 일반적인 PC와 비교하면 뉴런은 몹시 단순하고 느리다. 하지만 위와 같은 일에다가, 동시에 작동하고 있는 몇십억 개의 뉴런과 몇조 개의 시냅스를 곱해 보라. 그러면 깜짝 놀랄 만한 컴퓨터가, 구두상자에 쉽게 집어넣을 수 있는 크기의 컴퓨터가 생겨난다.

신경가소성과 신경발생—신경계여, 스스로 치유하라

SURVEY QUESTION 7.3 신경계는 스스로 성장하고 치유할 수 있는가?

우리의 뇌는 경험에 반응하여 변화하는데, 이런 능력을 **신경가소성**(neuroplasticity)이라 한다. 시냅스 연결은 더 강해질 수 있고 새로운 연결이 형성될 수도 있다. (그림 7.9는 특별히 강한 시냅스 하나, 즉 큰 + 표시가 된 것을 보여 준다.) 일반적으로 두 뉴런 사이의 시냅스를 거듭해서 활성화시키면 그 연결이 더 강해진다. 이를 *헵 규칙*(Hebb's rule)(Hebb, 1949)이라 한다. 비활동적인 시냅스 연결은 약화되고 심지어 사멸될 수도 있다.

결과적으로 우리가 하는 모든 새로운 경험은 우리 뇌의 변화에 반영된다. 예를 들면, 단순한 환경에서 자란 쥐보다 복잡한 환경에서 자란 쥐는 뇌에 더 많은 시냅스와 더 긴 가지돌기를 갖게 된다(Kolb, Gibb, & Gorny, 2003). 또는 유아일 때 뇌의 커다란 부분을 절제당한 니코와 브룩의 경우를 보자. 오늘날 이들은 잘 기능하고 있다. 세월이 지나면서 이들의 뇌가 손실된 부분을 보완해 온 것이다(Immordino-Yang, 2008; Kolb et al., 2011).

성인의 뇌 또한 신경가소성이 있을까? 데이브 두어슨의 뇌가 스스로 치유될 수 있었을까? 성인의 뇌는 신경가소성이 덜하지만 그래도 여전히 인내와 끈기가 있으면 변할 수 있다. 글상자 "당신은 마음을 바꿀 수 있지만 뇌도 바꿀 수 있을까?"를 보라. 안타깝게도 *만성적 외상성 뇌손상*(chronic traumatic encephalopathy)을 입은 데이브 두어슨 같은 사람의 경우에는 회복의 가망이 별로 없다. 왜냐하면 머리에 가해진 충격으로 인한 뇌손상이 광범위할 수 있고 또한 어떤 질병 과정이 촉발되어 애초의 충격이 끝난 지 오랜 후에도 뇌손상이 계속 진행될 수 있기 때문이다(Baugh et al., 2012).

신경계는 또 다른 이유로 '가소성'이 있다. 말초신경계에 있는 신경이 손상될 경우 다시 자라날 수 있다는 것은 오래전에 알려진 사실이다. 뇌와 척수 바깥의 신경 속에 있는 대부분의 뉴런의 축삭은 *신경집*(neurilemma, 신경초)이라는 얇은 세포층으로 덮여 있다(그림 7.3). 신경집은 손상된 신경섬유가 스스로 복구될 때 따라갈 수 있는 터널을 형성한다. 이 때문에 팔이나 다리가 절단된 환자가 절단 부분을 다시 붙였을 때 어느 정도의 통제력을 다시 얻기를 기대할 수 있다.

이와는 대조적으로 척수에 가해진 심각한 손상은 영구적인 것으로 오래전부터 생각되었다. 그러나 과학자들은 척수에 있는 손상된 뉴런을 치료하는 데 진전을 보이기 시작했다(Rossignol & Frigon, 2011). 예를 들면, 쥐의 절단된 척수 사이의 간극을 메꾸는 세포 다리를 만들어서 손상을 부분적으로 수선한 연구들이 있다. 절단된 신경섬유가 그 간극을 넘어 성장하도록 유도하기(Cheng, Cao, & Olson, 1996), 신경섬유를 이식하여 간극을 메꾸기(Féron et al., 2005), 줄기세포(여러 가지 전문화된 세포, 예컨대 뉴런으로 성장할 수 있는 미성숙 세포)를 간극에 주입하기(Watson & Yeung, 2011) 등이 그런 연구에서 사용된 전략이다. 생쥐(mouse)와 쥐(rat)를 대상으로 한 연구에 뒤이어 이미 인간을 대상으로 한 연구가 몇몇 이루어졌다. 휠체어에 앉아서 살아야 하는 사람에게 이것이 무엇을 의미할지 상상해 보라. 헛된 희망을

비판적 사고

마음은 바꿀 수 있지만 뇌도 바꿀 수 있을까?

우리는 언제라도 마음을 바꿀 수 있다. 하지만 그게 우리의 뇌와 어떤 관련이라도 있는 것일까? 뇌를 연구하는 과학자들에 따르면, 그 답은 "예"라야 한다. 왜냐하면 모든 정신적 사건에는 뇌의 사건이 개입된다고 그들은 생각하기 때문이다.

한 연구에서 거미에 대한 격심한 공포로 고생하던 사람들이 인지행동치료를 받은 후에 거미를 만질 수 있게 되었다. 그들의 뇌를 찍은 영상은 공포증과 관련된 뇌 영역들의 활동이 감소했음을 보여 주었다(Paquettte et al., 2003). 그들은 거미에 대한 자신의 마음을 변화시켰을 뿐 아니라 자신의 뇌 또한 변화시켰던 것이다.

다른 한 연구는 면허증을 따기 위해서는 수만 개의 거리 이름과 위치를 학습해야 하는 영국 런던의 택시기사들에 초점을 맞추었다. 숙련된 택시기사는 거리 정보에 대한 기억이 뛰어날 뿐만 아니라 그런 학습 과정을 담당하는 뇌 부위들 또한 더 커져 있다(Woollett & Maguire, 2011). 다시 한 번, 학습 경험이 뇌를 변화시킨 것이다.

여러분은 무언가를 배울 때마다 여러분의 살아 있는 뇌를 변화시키고 있다고 생각해 보라(Begley, 2006). 심지어 여러분이 지금 하고 있는 일을 묘사하는 근사한 용어까지 있다. *자기주도적 신경가소성*(self-directed neuroplasticity)이라고 말이다. 따라서 여러분은 이 심리학 교과서를 공부하고 있으면 심리학에 대한 여러분의 마음을, 또한 여러분의 뇌를 변화시키고 있는 것이다.

신경가소성 경험에 반응하여 뇌가 변화할 수 있는 능력

품게 하는 것은 현명하지 못한 일이지만 그런 문제에 대한 해결책이 생겨나기 시작하고 있다.

뇌손상 또한 치료될 수 있을까? 몇 년 전까지만 해도 우리는 평생 갖고 살 모든 뇌 세포를 갖고 태어난다고 믿었다(Ben Abdallah et al., 2010). 이는 뇌가 매일 수천 개의 뉴런을 상실하기 때문에 우리는 모두 천천히 내리막길을 걷는다는 우울한 생각으로 이어졌다. 이제 우리는 뇌가 꾸준히 쇠퇴한다기보다 75년 된 건강한 뇌는 25년 된 몸속에서 위태롭고 신나는 삶을 살고 있었을 때와 꼭 마찬가지로 많은 뉴런을 갖고 있음을 알고 있다.

뇌에서 세포들이 매일 상실된다는 것은 사실이지만 동시에 그것을 대체할 새로운 뉴런들이 성장한다. 이 과정을 **신경발생**(neurogenesis, 새로운 뇌 세포의 생산)이라고 부른다(Lee, Clemenson, & Gage, 2011). 매일 수천 개의 새로운 세포가 뇌 속 깊이에서 생겨나서, 표면으로 이동하여, 다른 뉴런들과 연결되어 뇌 회로의 일부가 된다. 이는 뇌 과학자들에게는 충격적인 뉴스였기 때문에 이 새로운 세포들이 무엇을 하는지를 이제는 알아내야 한다. 가장 가능성이 높은 일은 새 세포들이 학습과 기억에, 그리고 변화하는 환경에 적응하는 우리의 능력에 관여한다는 것이다(Canales, 2010).[2)]

성인의 뇌에서 일어나는 신경발생의 발견은 몇몇 유형의 뇌 손상에 대한 새로운 치료법으로 이어지고 있다(Ekonomou et al., 2011; Lagace, 2011). 뇌중풍을 겪은 바비라는 이름의 환자가 왼팔을 통제하는 뉴런 중 일부를 손상당했다고 하자. 그로 인한 부분 마비로부터 바비가 회복될 수 있도록 어떻게 도울 수 있을까? *제약 유도 운동치료*(constraint-induced movement therapy)라는 한 방법은 바비의 건강한 오른팔을 못 움직이게 제약함으로써 어쩔 수 없이 왼팔이 더 많이 활동하도록 강제한다. 바비는 왼팔을 사용함으로써 손상된 뇌 부위에서 신경발생을 증가시킬 수 있을 것이다(Taub, 2004). 다른 방법으로는 신경발생을 촉진하는 약물을 바비의 뇌의 손상된 영역에 주입할 수 있을 것이다(Zhang, Zhang, & Chopp, 2005). 이런 기술들은 우울증, 중독 및 조현병 같은 다른 다양한 질병으로 고생하는 사람들에게도 새로운 희망을 보여 주기 시작하고 있다(Chambers, 2012; Fournier & Duman, 2012).

하지만 이런 치료법은 바비의 뇌에서 아직도 신경발생이 가능하다는 것을 가정하고 있지 않은가? 만약 그렇지 않다면 어떻게 될까? 날카로운 지적이다! 뇌중풍이 뇌가 스스로 치유하는 능력을 손상시키는 일은 거의 없지만 다른 뇌 장애가 제 기능을 못하는 신경발생 때문에 생겨나는 일은 충분히 가능하다(Thompson et al., 2008). 사실 심각한 정신장애인 조현병을 설명하기 위해 Carla Toro와 Bill Deakin이 제안한 이론(Toro & Deakin, 2007)이 바로 그런 것이다. (조현병에 대해서는 모듈 49에서 더 살펴본다.) 조현병이 있는 사람의 뇌는 대개 정상인의 뇌보다 작은데, 이는 뉴런의 수가 더 적다는 것을 나타낸다. Toro와 Deakin의 생각은 조현병 환자의 뇌가 죽어 버린 뉴런을 대체할 새 뉴런을 계속 생성하는 능력이 없을 수 있다는 것이다. 만약 이런 생각이 옳다면, 신경발생을 촉진하는 새 요법이 가장 파괴적인 정신장애의 하나인 조현병을 치료하는 열쇠가 될지도 모른다(Inta, Meyer-Lindenberg, & Gass, 2011).

2) 역자 주: 이 문단만 보면 뇌 전체적으로 신경발생이 일어나는 것으로 오해할 수 있으나 사실 성인의 뇌에서 신경발생이 일어나는 부위는 몇 군데로 한정되어 있다.

신경발생 새로운 뇌 세포의 생산

모듈 7: 요약

7.1 신경계는 어떤 주요 구획들로 나뉘는가?

7.1.1 감각, 사고, 감정, 동기, 행위, 기억 및 다른 모든 인간의 능력은 신경계의 활동 및 구조와 관련된다.

7.1.2 신경계는 중추신경계(CNS)와 말초신경계(PNS)로 나눌 수 있다.

7.1.3 CNS는 신경계에서 대부분의 '계산'을 수행하는 뇌와 그 뇌를 PNS와 연결시켜 주는 척수로 구성된다.

7.1.4 PNS는 감각 정보를 뇌로, 그리고 운동 명령을 신체로 전송하는 체성신경계(SNS)와 무의식적이고 자동적인 신체 과정을 제어하는 자율신경계(ANS)로 이루어진다. ANS는 교감 및 부교감신경계로 나뉜다.

7.2 뉴런은 어떻게 작동하며 어떻게 서로 교신하는가?

7.2.1 뉴런의 가지돌기와 세포체는 신경입력을 조합한 후 출력을 축삭을 통해 축삭종말로 보내어 시냅스를 건너 다른 뉴런으로 가게 한다.

7.2.2 활동전위의 발화(신경충동)는 기본적으로 전기적 사건이다.

7.2.3 뉴런 간의 교신은 화학적이다. 즉 신경전달물질이 시냅스를 건너가서 수용체에 부착되어 수용 세포를 흥분시키거나 억제한다.

7.2.4 신경펩티드라는 화학물질이 뇌의 활동을 조절한다.

7.2.5 모든 행동은 뉴런들의 네트워크에서 생겨난다. 척수는 단순한 반사활을 담당한다.

7.3 신경계는 스스로 성장하고 치유할 수 있을까?

7.3.1 뇌의 회로는 고정되어 있지 않다. 뇌는 스스로 재배선을 할 수 있고 심지어 변화하는 환경 조건에 반응하여 새로운 신경세포를 생성할 수도 있다.

7.3.2 말초신경계의 뉴런과 신경은 흔히 재생될 수 있다. 현재로는 중추신경계에 일어난 손상은 대개 영구적이지만 학자들은 손상된 신경조직을 치료하는 방법을 연구하고 있다.

모듈 7: 지식 쌓기

암기

1. 체성신경계와 자율신경계는 _______의 부분이다.
2. 부교감신경계는 격한 감정이 일어날 때 가장 활동적이다. **O X**
3. 뉴런의 ________와 ________는 다른 뉴런으로부터 정보를 받아들이는 부위이다.
4. 신경충동은 ________을 따라 _________로 내려간다.
5. ________전위는 뉴런이 발화에 대한 문턱값을 넘을 때 ________ 전위가 된다.
6. 신경펩티드는 뉴런의 활동을 조절하는 데 도움이 되는 전달물질이다. **O X**
7. 가장 단순한 행동 연쇄는 ___________이다.

반영

비판적으로 생각하기

8. 어떤 약물이 신경전달물질이 시냅스를 건너가지 못하도록 막는다면 어떤 효과가 생겨날 것이라 예상하는가?
9. 뇌의 그 모든 '하드웨어' 속 어디에 마음이 있을 것이라고 생각하는가? 마음과 뇌 사이의 관계는 무엇일까?

자기반영

신경계의 주된 구획들의 기능을 기억하려면, 각 부분이 없을 경우 무엇을 할 수 없을지를 생각하라.

신경 네트워크는 컴퓨터의 중앙처리장치와 어떻게 다른가?

정답

1. 말초신경계 **2.** X **3.** 가지돌기, 세포체 **4.** 축삭, 축삭종말 **5.** 안정, 활동 **6.** O **7.** 반사활 **8.** 그런 약물은 어느 신경전달물질을 막는가에 따라 다양한 효과를 낼 것이다. 만약 흥분성 시냅스를 막는다면 뇌 활동이 저하될 것이다. 만약 억제성 메시지를 막는다면 그 약물은 강력한 흥분제로 작용할 것이다. **9.** 이런 의문은 마음–뇌 문제(mind-body problem, 심신 관계 문제)라고 하는데, 수 세기 동안 사상가들이 해결하지 못한 난제이다. 최근의 한 견해는 정신적 상태가 뇌 활동의 창발적 속성(emergent property)이라는 것이다. 즉 뇌 활동은 어떤 의미로는 부분들의 합 이상인 복잡한 패턴을 형성한다는 것이다. 또는 거칠게 비유하자면, 뇌가 악기라면 정신적 상태는 그 악기에서 연주되는 음악과 같을 것이다.

8 Module

뇌와 행동: 뇌 연구

뇌를 들여다보는 방법

약 1.4kg이 나가는 우리의 뇌는 호두처럼 주름이 져 있고, 큰 자몽 정도 크기이며, 두부와 같은 질감을 갖고 있다. 어떻게 그런 말랑말랑한 조직 덩어리가 우리로 하여금 신경과학자가 되게 할 수 있을까? 절묘하게 아름다운 음악을 만들어 내게 할 수 있을까? 암 치료법을 탐색하게 할 수 있을까? 사랑에 빠지게 할 수 있을까? 또는 이 책과 같은 것을 읽게 할 수 있을까? *생물심리학*(biopsychology)은 생물학적 과정이, 특히 신경계에서 일어나는 과정이 어떻게 행동과 관련되는지를 연구한다.

많은 생물심리학자는 뇌의 어느 부위가, 예컨대 얼굴을 인식하거나 손을 움직이는 것과 같은 특정 정신적 또는 행동적 기능을 통제하는지 알아내고자 한다. 다시 말하면, 뇌의 어디에 그런 기능이 국재화(localization)되어 있는지를 알고자 한다. 뇌 구조물과 그것이 통제하는 기능을 밝혀내는 데 도움이 되는 기법이 많이 개발되었다. 예를 들면, 옆의 CT 스캔 영상이 보여 주는 뇌는 뇌중풍(뇌졸중)으로 손상(빨간색으로 표시됨)되었는데, 뇌중풍은 뇌에 피를 공급하는 동맥이 출혈을 하거나 막혀서 일부 뇌 조직이 죽을 때 일어난다. 뇌중풍의 위치가 어떤 정신적 또는 행동적 기능이 훼손될지를 결정한다.

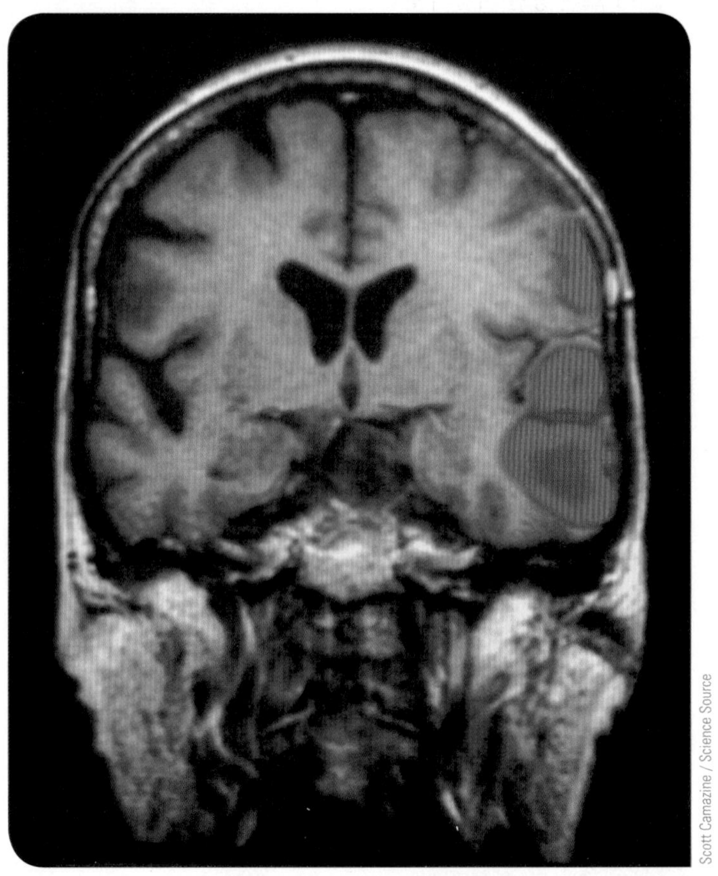

Scott Camazine / Science Source

SURVEY QUESTIONS

8.1 뇌의 서로 다른 부위를 어떻게 식별하는가?

8.2 뇌의 서로 다른 부위는 무슨 일을 하는가?

뇌 구조 지도 그리기–수수께끼 조각들

SURVEY QUESTION 8.1 뇌의 서로 다른 부위를 어떻게 식별하는가?

해부학자는 인간과 동물의 뇌를 부검하고 해부하여 현미경으로 관찰함으로써 뇌 구조에 대해 많은 것을 알아냈다. 해부를 하면 뇌가 많은 구별되는 영역 또는 부분들로 이루어져 있음이 드러난다. *CT 스캔*이나 *MRI 스캔* 같은 덜 침습적(invasive)이고 더 새로운 방법이 살아 있는 뇌의 구조를 알아내는 데 사용될 수 있다 (Kalat, 2013).

CT 스캔

컴퓨터화된 스캐닝 장비는 뇌 구조에 대한 연구에 혁명을 일으켰고 뇌 질병과 손상을 더 쉽게 파악할 수 있게 했다. 전통적인 X-선은 기껏해야 뇌의 그림자 같은 영상만 만들어 낼 뿐이다. **컴퓨터 단층 촬영**(computed tomographic scan, CT 스캔)은 뇌를 훨씬 더 잘 보여 주는 전문화된 X-선이다. CT 스캔에서는 많은 각도에서 촬영된 X-선 영상을 컴퓨터가 수집하여 뇌 영상으로 만들어 낸다. CT 스캔은 뇌 구조뿐 아니라 (이 모듈의 시작 부분에 있는 영상 같은) 뇌중풍, 손상, 종양 및 기타 장애가 발생한 위치도 나타낼 수 있다.

MRI 스캔

자기공명 영상화(magnetic resonance imaging, MRI)는 X-선이 아니라 강한 자기장을 이용하여 신체 내부의 영상을 만들어 낸다. MRI 스캔 동안 사람의 몸을 자기장 속에 넣는다. 그러면 컴퓨터 처리를 거쳐서 뇌나 신체의 삼차원 모형이 만들어진다. 신체의 어떠한 이차원 평면(절편)이라도 선택하여 컴퓨터 스크린에 영상으로 보여 줄 수 있다. MRI 스캔은 CT 스캔으로 가능한 것보다 더 세밀한 영상을 만들어 내기 때문에 살아 있는 뇌를 마치 투명한 것처럼 들여다볼 수 있다(● 그림 8.1).

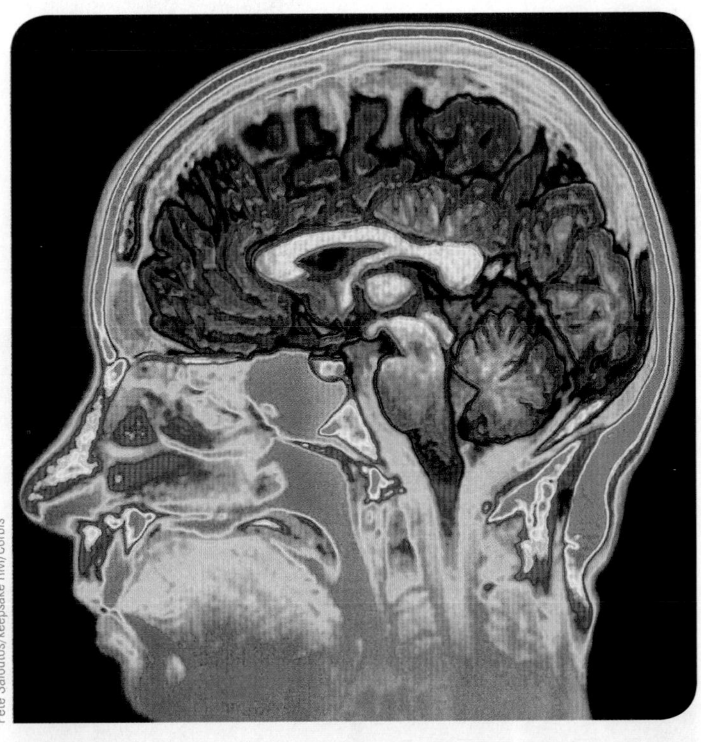

Pete Saloutos/keepsake RM/Corbis

● **그림 8.1**
뇌에 대한 컬러 MRI는 많은 것을 소상히 보여 준다. 식별할 수 있는 뇌 영역이 보이는가?

뇌 구조 지도 그리기-뇌 부위들이 하는 일

SURVEY QUESTION 8.2 뇌의 서로 다른 부위는 무슨 일을 하는가?

자동차 정비공이 여러분에게 차 부품을 하나 건네준다고 하자. 여러분은 그 부품의 구조를 분명히 볼 수 있지만(길이가 약 2.5cm이고, 한쪽 끝에 둥근 손잡이가 있고, 뿔 같은 게 있네…), 아마도 그냥 보기만 해서는 그것의 *기능*을 알아낼 수 없을 것이다(…그런데 이게 조향 시스템의 일부일까 브레이크 부품일까 아니면 뭐지?). 마찬가지로, CT나 MRI 스캔으로 만들어 낸 것과 같은 상이한 뇌 구조의 영상을 살펴보는 것이 유용하기는 하지만 그 구조들이 정상적인 뇌 기능상으로 어떤 역할을 하는지를 이해하는 것은 완전히 다른 문제다.

뇌의 어느 부위가 우리로 하여금 생각하고, 느끼고, 지각하고, 행동할 수 있게 할까? 이러한 의문에 답하려면 심리적 또는 행동적 능력을 특정 뇌 구조물과 연결 지음으로써 **기능을 국재화**(局在化, 또는 국지화, localize function)해야 한다. 많은 경우에 이는 **임상 사례연구**(clinical case study)를 통해 이루어져 왔다. 그런 연구는 뇌의 질병이나 손상으로 초래되는 성격, 행동, 감각 능력의 변화를 살펴본다. 만약 특정 뇌 부위의 손상이 항상 특정한 기능 상실을 가져온다면 우리는 그 기능이 그 구조에 *국재화*되어 있다고 말한다. 추정컨대 그 뇌 부위는 우리 모두에게서 동일한 기능을 통제할 것이다.

커다란 뇌 손상은 찾아내기가 쉽지만 심리학자들은 또한 뇌가 제대로 작동하고 있지 않다는 더 미묘한 징후를 탐색하기도 한다. **연성 신경학적 징후**(neurological soft sign)라 불리는 것으로는 서투름, 어색한 걸음걸이, 손-눈 협응의 곤란, 그리고 지각이나 소근육 통제와 관련된 기타 문제들이 포함된다(Raymond & Noggle, 2013). 숨기기 힘든 이러한 징후는 CT나 MRI 스캔처럼 뇌에 대한 직접적인 검사가 아니라는 의미에서 '연성(軟性)'이다. 장기적인 뇌 손상은 대개 처음에 연성 징후로 진단된다. 마찬가지로, 연성 징후는 심리학자가 아동기 학습장애부터 완전한 정신병에 걸친 다양한 문제를 진단하는 데 도움이 된다(Banich & Compton, 2011).

임상 연구에 의존하는 대신에 연구자들은 **뇌 전기자극**(electri-

컴퓨터 단층 촬영(CT 스캔) 뇌 또는 신체에 대한, 컴퓨터로 향상시킨 X-선 영상
자기공명 영상화(MRI) 뇌 또는 신체가 자기장에 반응한 결과를 바탕으로 만들어진 삼차원 영상을 생성하는 기법
기능의 국재화 뇌의 특정 구조물을 구체적인 심리적 또는 행동적 기능과 연관 짓는 연구 전략
임상 사례연구 한 사람에 대한, 특히 어떤 부상이나 질병을 겪고 있는 사람에 대한 자세한 연구
연성 신경학적 징후 서투름, 어색한 걸음걸이, 손-눈 협응의 저하 및 기타 지각적 문제나 운동 문제를 포함하는, 신경계의 기능 부전에 대한 미묘한 행동적 징후
뇌 전기자극(ESB) 뇌 조직에 대한 직접적인 전기적 자극과 활성화

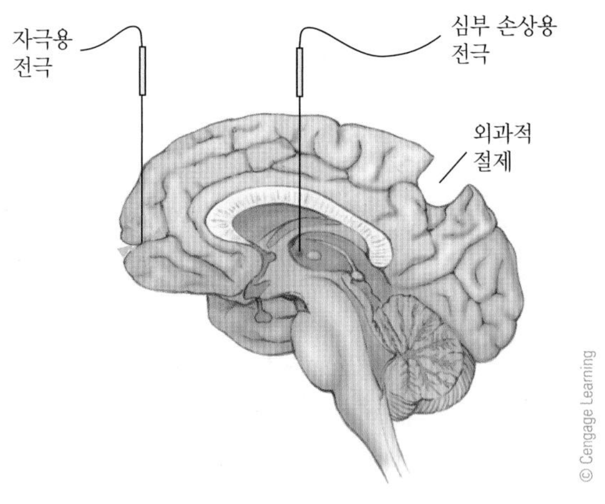

그림 8.2
뇌 구조물의 기능은 그것을 선택적으로 활성화하거나 제거함으로써 탐구한다. 뇌 연구는 전기자극을 이용할 때가 많지만 때로는 화학적 자극 또한 사용된다.

cal stimulation of the brain, ESB)을 통해 많은 것을 알아냈다(● 그림 8.2). 예를 들면, **전극**(electrode)이라는 절연된 가는 전선을 통해 뇌 표면에 약한 전류를 흘려 넣어 자극함으로써 뇌 표면을 '켤' 수 있다. 뇌수술 도중에 그렇게 자극하면 환자가 그 자극의 효과를 말로 이야기할 수 있다. (뇌에는 통증 수용기가 없기 때문에 환자가 깨어 있는 상태에서 뇌수술을 할 수 있다. 두피와 머리뼈에 국소마취제만 사용된다. 뇌수술에 자원할 사람 없는가?) 끝 부분만 빼고 절연된 자극용 전극을 뇌 속 목표 영역에 집어넣어서 뇌 표면 아래에 있는 구조물을 활성화시키는 일도 가능하다. ESB는 놀라운 힘으로 행동을 이끌어 낼 수 있다. 자극하자마자 즉각적으로 공격성, 경계심, 도피, 먹기, 잠자기, 운동, 도취감, 기억, 언어, 눈물, 그리고 더 많은 것이 일어날 수 있다.

ESB가 사람을 그의 의지에 반대되는 행동을 하도록 통제할 수 있을까? ESB가 사람을 로봇처럼 통제하는 데 이용될 수 있을 것으로 보일지도 모르겠다. 하지만 ESB에 의해 유발된 정서와 행동의 구체적인 내용은 성격과 상황에 따라 달라진다. 공상과학영화에서와는 달리, 무자비한 독재자가 사람의 뇌를 '전파로 통제함'으로써 사람들을 노예로 만들기는 불가능할 것이다.

다른 연구법은 **절제**(ablation), 즉 뇌의 일부를 외과수술로 제거하는 것이다(그림 8.2 참조). 절제로 인해 행동이나 감각 능력이 변화하면 우리는 또한 그 절제된 부위의 목적에 대한 지식을 얻게 된다. **심부 손상**(deep lesioning)이라는 기법을 사용하여 뇌 표면 아래의 구조물을 제거할 수도 있다. 이 경우, 뇌 내부의 목표 영역에 전극을 집어넣고 강한 전류를 흘리면 소량의 뇌 조직이 파괴된다(그림 8.2 참조). 또 역시, 행동의 변화가 손상된 영역의 기능에 대한 단서를 준다.

개별 뉴런이 무엇을 하고 있는지 알아내기 위해서는 미세전극 기록법을 사용해야 한다. *미세전극*(microelectrode)은 극도로 가느다란 유리관으로서 소금물로 채워져 있다. 미세전극의 끝은 *하나*의 뉴런의 전기 활동을 탐지할 수 있을 만큼 충분히 작다. 단 하나의 뉴런의 활동전위를 관찰하는 일은 행동의 진정한 기원을 엿볼 수 있는 황홀한 경험이다. (모듈 7의 그림 7.4에 나오는 활동전위는 미세전극으로 기록된 것이다.)

뇌 기능을 연구하기 위한 덜 침습적인 기법이 있을까? CT와 MRI 스캔은 뇌의 서로 다른 부위가 무엇을 하는지를 알려 줄 수는 없는 반면, 다른 기법은 뇌에 어떠한 손상도 입히지 않고 뇌 부위들의 활동을 우리가 관찰할 수 있게 한다. 그런 기법으로는 EEG, PET 스캔, fMRI가 있다(Kalat, 2013).

EEG

뇌파기록(electroencephalography)은 뇌의 표면 근처에서 발생하는 전기 활동을 측정한다. 작은 전극(둥근 모양의 금속판)이 사람의 머리 피부에 부착된다. 뇌에서 나오는 전기적 충동이 탐지되어 **뇌파 기록기**(또는 뇌전도, electroencephalograph, EEG)로 보내진다. EEG는 이 약한 신호(뇌파)를 증폭시켜서 움직이는 기록 용지나 컴퓨터 스크린에 기록한다(● 그림 8.3). 다양한 뇌파 패턴을 보고 종양, 뇌전증(간질) 및 다른 질병을 식별할 수 있다. EEG는 또한 수면, 백일몽, 최면 및 기타 정신 상태 동안의 뇌 활동 변화를 드러낸다.

PET 스캔

양전자방출 단층촬영술(positron emission tomography, PET)이라는 더 새로운 기법은 뇌의 표면 *근처*와 표면 *아래*의 활동 모두에

그림 8.3
EEG 기록

대한 더 자세한 영상을 제공한다. PET 스캔은 약한 방사성 포도당(당류)을 뇌가 소비함에 따라 방출되는 양전자(원자보다 작은 입자)를 탐지한다. 뇌는 포도당을 연료로 써서 활동하기 때문에 PET 스캔은 어느 영역이 더 많은 에너지를 사용하는지 보여 준다. 에너지 사용이 많을수록 활동이 많다는 의미이다. 따라서 머리 주위에 양전자 탐지기를 배치하여 자료를 컴퓨터에 보내면 뇌 활동 변화를 보여 주는 컬러 영상을 생성하는 게 가능하다. ● 그림 8.4에서 볼 수 있듯이 PET 스캔은 우리가 보거나 듣거나 말하거나 생각할 때 특정 뇌 영역이 활동함을 드러낸다.

뇌 활동은 활발할수록 좋다. 그렇지 않은가? 열심히 활동하는 뇌가 똑똑한 뇌라고 생각할지 모르겠으나 그 반대가 사실인 것으로 보인다(Neubauer & Fink, 2009). PET 스캔을 이용하여 심리학자 Richard Haier와 동료들은 어려운 추리 과제에서 성적이 좋은 사람들의 뇌가 성적이 나쁜 사람들의 뇌보다 에너지를 더 적게 소비한다는 것을 최초로 발견했다(● 그림 8.5). Haier는 이것이 지능이 뇌의 효율성과 관련됨을 보여 준다고 생각한다. 즉 덜 효율적인 뇌는 더 열심히 일하고도 이루는 것은 더 적다는 말이다(Haier, White, & Alkire, 2003). 우리 모두 그랬던 날들이 있지 않은가!

대부분의 사람은 뇌의 능력의 겨우 10%만 사용한다는 게 사실인가? 이는 뇌에 대한 오래된 통념 중 하나이다. 뇌 스캔은 우리가 깨어 있는 동안에는 뇌의 모든 부위가 활동적임을 보여 준다. 어떤 이들은 다른 이들보다 타고난 뇌 능력을 더 잘 이용한다는 것은 분명하다. 그럼에도 불구하고 정상적으로 기능하는 뇌는 숨겨져 있거나 미개발된 대단한 정신적 능력을 갖고 있지 않다.

fMRI

기능성 MRI(functional MRI, fMRI)는 MRI 기법을 이용하여 뇌의 활동을 시각적으로 나타낸다. PET 스캔처럼 fMRI도 또한 뇌 전체에 걸친 활동의 영상을 제공한다. 예를 들어, 여러분이 이 교과서를 읽고 있는 동안 여러분의 뇌를 스캔한다면 그 내용을 이

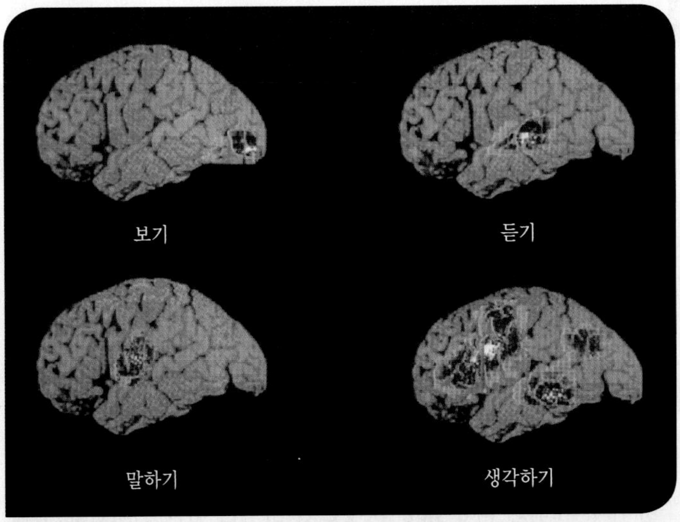

보기
듣기
말하기
생각하기

WDCN/Univ. College London/Science Source

● 그림 8.4
컬러 PET 스캔 영상은 우리가 서로 다른 과제를 하고 있을 때 뇌의 활동 패턴이 다름을 보여 준다.

전극 신경 조직을 전기적으로 자극하거나 파괴하거나 그 활동을 기록하는 데 사용되는 (전선, 바늘, 금속판 같은) 모든 도구
절제 조직을 외과 수술로 절제하는 것
심부 손상 전극을 이용하여 뇌 속 깊이 있는 조직을 제거하는 것
뇌파 기록기(EEG) 뇌의 전기활동을 탐지하고 증폭하고 기록하는 기구
양전자방출 단층촬영술(PET) 뇌의 포도당 소비를 토대로 뇌 활동에 대한 컴퓨터 영상을 생성하는 영상화 기법
기능성 MRI(fMRI) 뇌 활동을 기록하는 MRI 기법

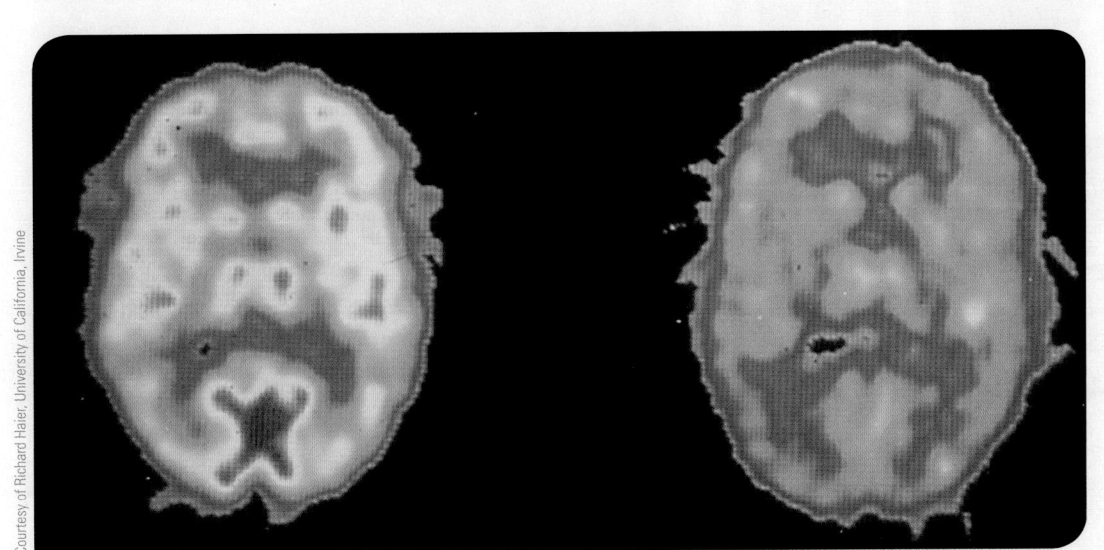

Courtesy of Richard Haier, University of California, Irvine

● 그림 8.5
여기 보이는 영상에서 빨강, 주황 및 노랑은 높은 포도당 소비를, 초록, 파랑 및 분홍은 낮은 포도당 소비를 보여 준다. 왼쪽의 PET 스캔 영상은 36개의 추리 문제 중 11개를 해결한 사람이 33개를 해결한 오른쪽 사람보다 포도당을 더 많이 소비했음을 보여 준다.

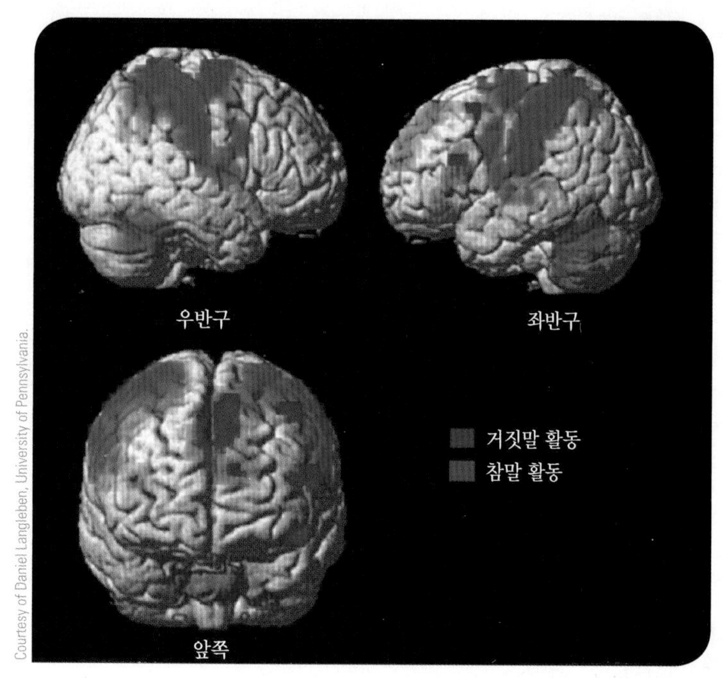

그림 8.6
참여자들에게 뇌를 fMRI로 스캔하는 동안 참말이나 거짓말을 하게 하였다. 뇌의 앞쪽 영역이 참말을 할 때(파란색으로 표시됨)에 비해 거짓말을 할 때(빨간색으로 표시됨) 더 활동했다. (Langleben et al., 2005를 수정함)

해하는 데 관여하는 영역들이 fMRI 영상에서 밝게 표시될 것이다. (이와 달리 만약 fMRI가 아니라 MRI를 쓴다면 여러분 뇌의 구조에 대한 아름다운 영상을 얻겠지만 어느 부위가 많이 혹은 적게 활동하는지는 전혀 알 수 없을 것이다.)

정신과 의사 Daniel Langleben과 동료들(Langleben & Moriarty, 2012)은 심지어 fMRI를 이용하여 사람이 거짓말을 하고 있는지 아닌지를 알 수 있었다. 그림 8.6이 보여 주는 것처럼 뇌의 앞쪽 부분이 사실을 말할 때보다 거짓말을 하고 있을 때 더 많이 활동한다. 이런 결과는 거짓말을 하는 데는 노력이 더 많이 들고, 그로 인한 추가적인 뇌 활동이 fMRI로 탐지되기 때문에 생기는 것일 수 있다(Langleben, 2008). 궁극적으로 fMRI가 거짓말, 즉 속이려는 의도로 하는 틀린 진술과 *말짓기*(작화, confabulation), 즉 사실이라고 믿고 하는 틀린 주장을 구분하는 데 도움이 될지도 모른다(Hirstein, 2005; Langleben, Dattilio, & Gutheil, 2006).

연구자들은 인간 뇌에 대해 더 많은 것을 알아내면서 디지털 삼차원 뇌 지도를 만들고 있다. 이 '뇌 도감'은 뇌 구조물들을, 그리고 심지어 거기에 수반되는 심리적 기능까지도 보여 준다. 이는 뇌 연구뿐 아니라 의학적 치료에도 유용한 길잡이가 될 것으로 기대된다(Jellinger, 2009; Majka et al., 2012). 사고라는 그늘진 내적 세계에 더욱 밝은 탐조등이 비치는 것도 시간문제일 뿐이다.

모듈 8: 요약

8.1 뇌의 서로 다른 부위를 어떻게 식별하는가?

8.1.1 뇌 구조는 해부, 그리고 덜 침습적인 CT와 MRI 스캔을 통해 연구한다.

8.2 뇌의 서로 다른 부위는 무슨 일을 하는가?

8.2.1 뇌 연구의 주요 전략 하나는 특정 뇌 구조물을 구체적인 심리적 또는 행동적 기능과 연결 짓는 기능의 국재화이다.

8.2.2 뇌 기능은 임상 사례연구, 전기자극, 절제, 심부 손상, 전기적 기록, 미세전극 기록뿐 아니라 덜 침습적인 EEG 기록법, PET 스캔 및 fMRI 스캔을 통해 연구한다.

모듈 8: 지식 쌓기

암기

1. 다음 연구 기법 중 어느 것이 뇌 손상 효과에 대한 임상 연구와 가장 많은 공통점을 갖고 있는가?
   a. EEG 기록
   b. 심부 손상
   c. 미세전극 기록
   d. PET 스캔
2. CT 스캔은 뇌의 어느 부위가 언어에 한몫하는지 알려 주지 못한다. 왜냐하면 CT 스캔은
   a. X-선을 사용하기 때문이다.
   b. 뇌 활동이 아니라 뇌 구조를 보여 주기 때문이다.
   c. 뇌 구조가 아니라 뇌 활동을 보여 주기 때문이다.
   d. 자기장을 사용하기 때문이다.
3. ________는 뇌 구조를 뇌 기능과 연결 짓는다.
4. 사람은 뇌 능력의 겨우 10%만 사용한다. **O X**

반영

비판적으로 생각하기

5. 심부 손상법을 써서 쥐의 시상하부의 한 영역을 절제한다. 수술 후 이 쥐는 먹이와 먹는 활동에 관심이 없어진다. 그 절제된 영역이 배고픔 중추라고 자동적으로 결론 내리는 것이 왜 잘못일까?

자기반영

여러분은 뇌의 어느 특정 부위가 위험 감수에 관련된다고 추측한다. 이 부위를 연구하기 위해 임상연구, 절제, 심부손상 및 ESB를 어떻게 사용할 수 있을까?

여러분은 사람이 얼굴을 볼 때 뇌 표면의 어느 영역이 가장 많이 활동하는지 알고 싶다. 어떤 방법을 쓸 것인가?

정답

1. b **2.** b **3.** 기능의 국재화 **4.** X **5.** 다른 요인이 그런 외관상의 식욕 상실을 설명할지도 모른다. 예를 들면, 먹이의 맛이나 냄새가 영향을 받을지도 모르고, 아니면 쥐가 단순히 잘 삼키지 못할지도 모른다. 또한 배고픔은 뇌의 다른 어느 부위에서 생겨나는데 그 절제된 영역이 쥐로 하여금 먹게 만드는 명령을 단순히 중계하는 곳일 가능성도 있다.

9 Module

뇌와 행동:
뇌의 양 반구와 겉질의 엽

크다고 좋은 게 아니다

큰 근육일수록 대개 힘이 더 세다. 마찬가지로 뇌가 클수록 영리하다고 생각하기 쉽다. 만약 그게 사실이라면 천재들은 엄청나게 큰 뇌를 갖고 있어야 할 것이다. 하지만 그렇지 않다. 예컨대 오른쪽 사진에 있는 아인슈타인의 뇌는 보통 크기이다.

다른 동물과 비교할 때 우리 인간의 지능은 우리의 뇌가 훨씬 더 큰 대뇌겉질을 갖고 있다는 사실과 특히 관련된다. 아인슈타인의 뇌가 바로 이런 측면에서 그의 천재성을 반영하는지도 모른다. 그의 뇌에서 공간 추리에 필요한 대뇌겉질 부위(b와 c에서 화살표가 가리키는 부분)는 독특한 해부학적 특징을 갖고 있으며 다른 대부분의 사람보다 더 크다.

겉질은 2개의 반구로 나뉘는데, 각 반구가 통제하는 능력이 다르다. 또한 겉질은 엽(葉, lobe)이라는 더 작은 영역들로 나뉜다. 여러 엽의 다양한 부위가 보고 듣고 움직이고 생각하고 말하는 능력을 각각 담당한다. 따라서 앞으로 보겠지만 대뇌겉질의 지도는 어떤 면에서는 인간 행동의 지도와 같다.

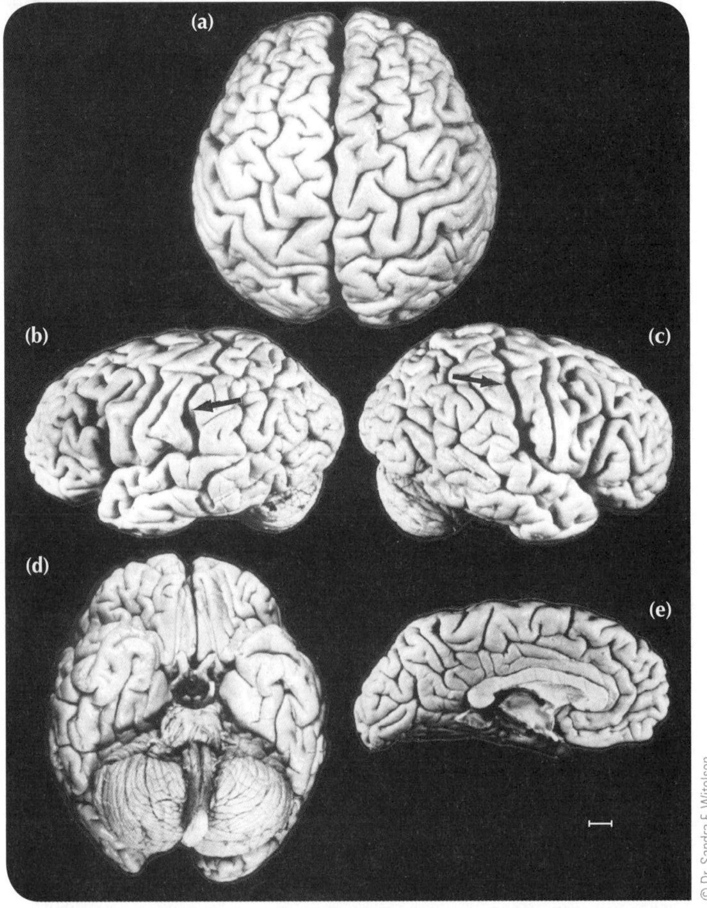

SURVEY QUESTIONS

9.1 좌뇌와 우뇌는 어떻게 다른가?

9.2 대뇌겉질의 여러 엽들의 기능은 무엇인가?

대뇌겉질—맙소사, 이렇게나 주름진 뇌라니!

SURVEY QUESTION 9.1 좌뇌와 우뇌는 어떻게 다른가?

우리 인간은 여러 면에서 그다지 별 볼 일 없는 존재이다. 다른 동물들은 힘, 속도, 감각 예민도 등 거의 모든 범주에서 우리보다 낫다. 그러나 우리는 지능 면에서는 확실히 뛰어나다.

이는 인간이 가장 큰 뇌를 갖고 있다는 의미일까? 아니다. 그런 명예는 저울의 바늘을 약 8.6kg까지 밀어 올리는 큰 뇌를 가진 고래에게 돌아간다. 약 1.4kg인 인간 뇌는 왜소해 보인다. 몸무게에 대비한 뇌 무게를 고려하기 전까지는 말이다. 그렇게 하면 향유고래의 뇌는 몸무게의 1/10,000인 반면에 인간의 경우 그 비율이 1/60임을 알게 된다. 하지만 나무두더쥐(다람쥐같이 생긴, 곤충을 먹는 작은 포유동물)의 경우에는 그 비율이 약 1/30이다. 따라서 인간의 뇌는 절대적 무게나 상대적 무게 어느 측면에서도 특출하지 않다(Coolidge & Wynn, 2009).

지능과 뇌 크기 사이에 약한 정적 상관이 있긴 하지만 전반적인 크기만으로 인간의 지능이 결정되는 것은 아니다(Johnson et al., 2008; Kievit et al., 2012). 사실상 우리 뇌의 많은 부분은 도마뱀 같은 다른 동물의 해당 뇌 영역과 놀라울 만큼 비슷하다. 우리를 다른 동물과 구분 짓는 것은 **대뇌겉질**(cerebral cortex, 대뇌피질)이 더 크다는 사실이다.

어떻게 보면 거대한 주름진 호두 같은 대뇌겉질은 뇌의 윗부분을 덮고 있는 2개의 반구로 구성된다. 이 양 반구는 엽(lobe)이라

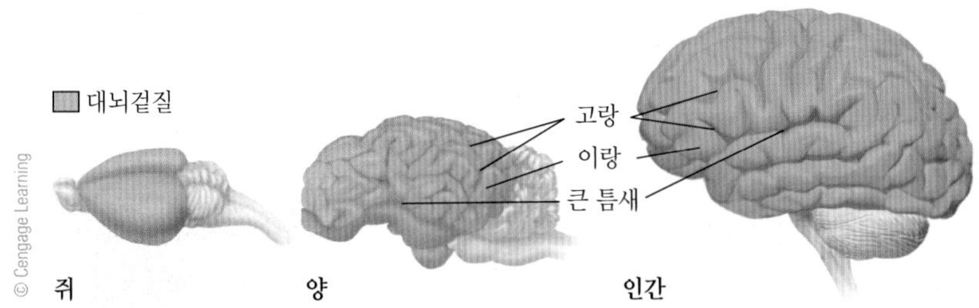

● 그림 9.1
주름이 더 많은 뇌가 더 큰 인지 능력을 갖고 있다. 광범위한 겉질화(피질화)가 인간 지능의 열쇠이다.

는 더 작은 영역들로 나뉜다. 대뇌겉질은 *회색질*(gray matter, 회백질. 대부분 세포체로 이루어진 해면 조직)이라는 껍질로 뇌의 대부분을 덮고 있다. 대뇌겉질은 두께가 겨우 3mm에 불과하지만 중추신경계 뉴런의 70%를 함유한다.[1] 언어를 사용하고 도구를 만들고 복잡한 기술을 습득하고 복잡한 사회 집단 속에서 사는 우리의 능력을 대부분 담당하는 것이 대뇌겉질이다(Coolidge & Wynn, 2009). 인간의 경우 겉질은 구부러지고 접혀 있으며 가장 큰 뇌 구조물이다. 하등 동물의 겉질은 매끈하고 작다(● 그림 9.1). 인간이 다른 동물보다 더 지적이라는 사실은 **겉질화**(corticalization, 피질화), 즉 겉질의 크기 및 주름의 증가와 관련이 있다. 겉질이 없다면 인간은 두꺼비보다 별로 더 똑똑하지 않을 것이다.

대뇌 반구

겉질은 2개의 *대뇌 반구*(cerebral hemisphere)로 이루어져 있는데, 이들은 *뇌들보*(corpus callosum, 뇌량)라는 축삭섬유들의 두꺼운 띠로 연결되어 있다(● 그림 9.2). 왼쪽 뇌는 신체의 오른쪽을 주로 통제한다. 마찬가지로, 오른쪽 뇌는 주로 신체 왼쪽 부분을 통제한다. 만약 아인슈타인의 뇌에 뇌중풍이 생겨서 왼쪽 팔이나 다리를 움직이지 못하게 되었다면 뇌 손상은 우반구에 일어났을 것이다.

한쪽 반구에 가해진 손상은 또한 *공간 무시*(spatial neglect)라는 신기한 문제를 일으킬 수도 있다(Silveri, Ciccarelli, & Cappa, 2011). 공간 무시 환자는 시야의 한쪽에는 주의를 주지 못할 수 있다(● 그림 9.3). 우반구가 손상된 환자는 접시의 왼쪽 부분에 있는 음식은 먹지 않기도 한다. 심지어 마비된 왼팔이 자신의 팔

대뇌겉질 뇌의 바깥쪽 층
겉질화(피질화) 대뇌겉질의 상대적 크기의 증가

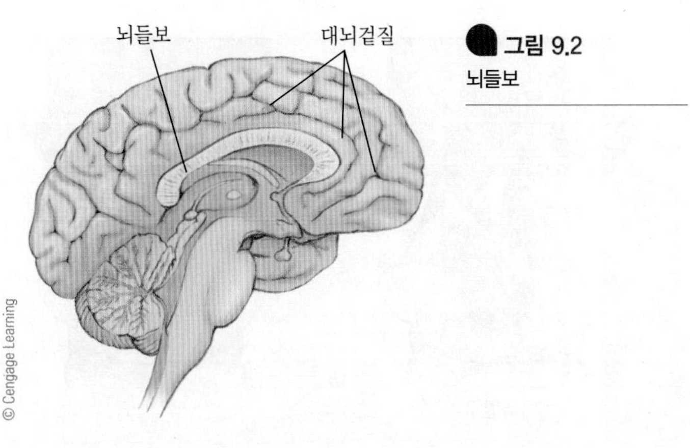

● 그림 9.2
뇌들보

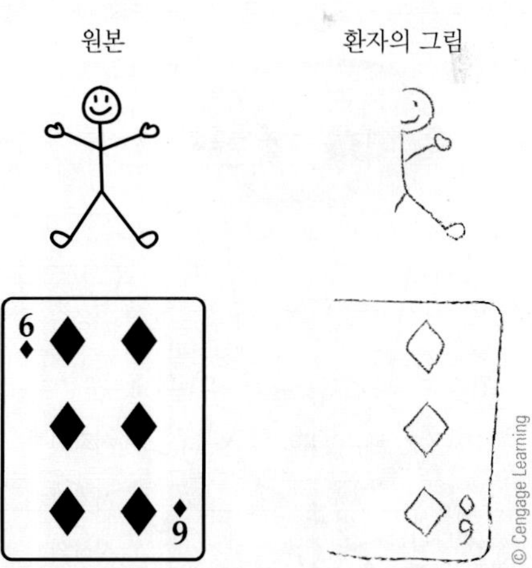

● 그림 9.3
공간 무시. 우반구 손상이 있는 환자에게 그림을 그대로 베끼라고 하면 그림의 왼쪽 부분을 무시하기 마련이다. 막대 같은 사람이나 카드를 보여 주면 그런 환자는 여기에 보이는 것과 같은 식으로 그릴 수도 있다. 우반구 손상을 입은 환자 중에 비슷한 무시를 나타내는 사례가 많다(Silveri, Ciccarelli, & Cappa, 2011). 물론 좌반구 손상이 있는 환자는 이런 그림들의 오른쪽 부분을 무시할 것이다.[2]

1) 역자 주: 소뇌가 대뇌(대뇌겉질을 포함하는)보다 훨씬 더 많은 뉴런을 갖고 있기 때문에 이는 정확하지 않은 서술이다. 특히 최근 연구(S. Herculano-Houzel, The human brain in numbers: a linearly scaled-up primate brain. *Frontiers in Human Neuroscience*, 2009, 3, article 31)에 따르면 인간의 뇌에 있는 뉴런의 수는 약 860억 개인데, 그중 160억 개가 대뇌겉질에 있으며, 소뇌에는 그보다 많은 690억 개가 있다. 중추신경계는 뇌와 척수를 가리키는데, 이 연구결과에 따르면 대뇌겉질에 중추신경계 뉴런의 70%가 있을 수 없다.

2) 역자 주: 아니다. 좌반구 손상 시에는 공간 무시 현상이 거의 보고되지 않는다.

이라고 인정하기를 거부하는 이들도 있다(Hirstein, 2005). 만약 여러분이 그 '낯선' 팔을 가리키면 그 환자는 "아, 그건 제 팔이 아니에요. 다른 사람의 팔임이 분명합니다."라고 말하기 마련이다.

반구 전문화

Roger Sperry(1914~1994)는 뇌의 우반구와 좌반구가 언어, 지각, 음악 및 기타 능력에 대한 검사 점수가 다르다는 놀라운 발견을 한 공로로 1981년에 노벨상을 탔다(Corballis, 2010b).

뇌의 한쪽만 검사하는 것이 어떻게 가능할까? 한 방법은 **분할뇌 수술**(split-brain operation)을 받은 사람을 대상으로 연구하는 것이다. 이 드문 수술에서는 심한 뇌전증(간질)을 통제하기 위해 뇌들보를 절단한다. 그 결과 본질적으로 한 몸에 두 뇌를 가진 사람이 생겨난다(Schechter, 2012). 이 수술 후에는 정보를 다른 쪽 뇌가 아닌 한쪽 뇌에만 보내는 일이 가능하다(● 그림 9.4). 그러나 좌뇌와 우뇌가 분리되고 나면 각 반구가 각자의 지각, 개념 및 행동하려는 충동을 따로 갖게 된다.

분할뇌 수술을 받은 사람은 어떻게 행동할까? 한 몸에 2개의 '뇌들'을 갖는 것은 몇몇 흥미로운 딜레마를 만들어 낸다. 분할뇌 환자인 카렌은 통제할 수 없는 왼손과 함께 살아야 한다. 카렌은 다음과 같이 말한다. "내가 담배에 불을 붙여서 재떨이에 올려놓고 나면 내 왼손이 슥 나가서는 담배를 비벼서 꺼 버리곤 해요. 왼손이 내 핸드백에서 물건을 꺼내도 난 알지 못한 채로 그냥 걸어가곤 하죠. 무슨 일이 일어났는지 깨닫기도 전에 많은 물건을 잃어버렸어요"(Mosley, 2011). 하지만 이런 갈등은 드물다. 왜냐하면 두 반구가 보통 동시에 동일한 경험을 하기 때문이다. 또한 만약 갈등이 생기면 대개 한 반구가 다른 반구를 압도해 버린다.

분할뇌 효과는 전문화된 검사에서 가장 쉽게 볼 수 있다. 예를 들면, 분할뇌인 사람의 우반구에는 달러 표시를, 그리고 좌반구에는 물음표를 짧게 보여 준다(그림 9.4가 이것이 어떻게 가능한지 보여 준다). 그런 후 그가 본 것을 왼손으로, 왼손이 보이지 않는 상태에서 그리게 한다. 그의 왼손은 달러 표시를 그린다. 그런데 그 왼손이 그린 그림이 무엇인지 오른손으로 가리켜 보라고 하면 그는 물음표를 가리킨다(Sperry, 1968). 간단히 말하면, 분할뇌인 사람의 경우 한 반구는 다른 반구에서 무슨 일이 일어나는지 모를 수 있다. 이는 "오른손이 하는 것을 왼손이 모르게 하라"는 성경 구절의 궁극적인 예일 수밖에 없다! ● 그림 9.5는 분할뇌 검사의 또 다른 예를 보여 준다.

좌뇌/우뇌 *위에서 두 반구가 능력 면에서 서로 다르다고 이야기했다. 어떤 면에서 다른 것일까?* 뇌는 작업을 흥미로운 방식으로 나눈다. 우리 중 대략 95%는 언어(말하기, 글쓰기, 이해하기)에 좌반구를 사용한다. 게다가 좌반구는 수학, 시간과 리듬을 판단

● **그림 9.4**
기본적인 시각 신경회로. 각 눈의 왼쪽 절반은 좌뇌와, 마찬가지로 각 눈의 오른쪽 절반은 우뇌와만 연결됨에 주목하라. 뇌들보가 절단되면 분할뇌가 생긴다. 그러고 나면 그 사람이 정면을 바라보고 있는 동안 오른쪽이나 왼쪽 시야에 시각 정보를 짧게 비춰 주면 한쪽 반구로만 그 정보가 들어간다.

좌뇌
- 언어
- 말하기
- 글쓰기
- 산수
- 시간 감각
- 리듬
- 복잡한 움직임의 순서 짓기

우뇌
- 비언어적
- 지각적 기술
- 시각화
- 패턴, 얼굴 및 멜로디의 인식
- 정서의 인식과 표현
- 공간적 기술
- 단순한 언어 이해

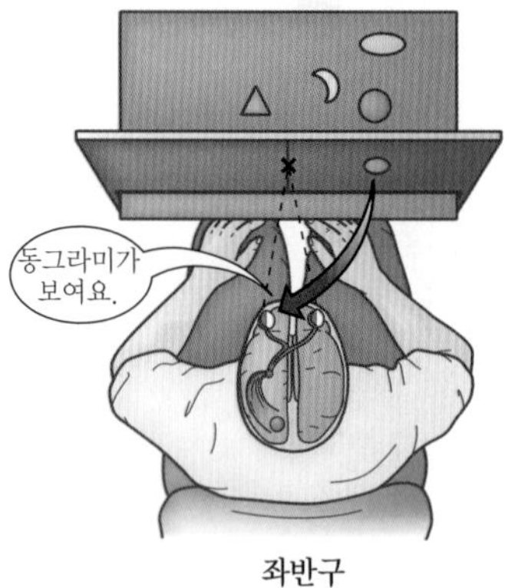
동그라미가 보여요.
좌반구

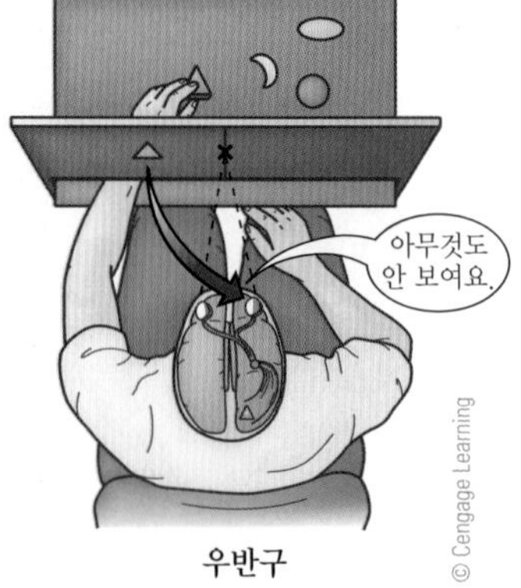
아무것도 안 보여요.
우반구

● **그림 9.5**
분할뇌 환자의 좌뇌에 동그라미를 짧게 비춰 주고 무엇을 보았는지 묻는다. "동그라미"라는 대답이 쉽게 나온다. 그는 또한 스크린에 가려 보이지 않는 물체들 중에서 오른손으로 만져 보기만 해서 동그라미를 집어낼 수 있다. 그러나 왼손으로는 동그라미를 집어내지 못한다. 삼각형을 그의 우뇌에 짧게 비춰 주면 그는 무엇을 보았는지 답하지 못한다(말하기는 좌뇌에 의해 통제된다). 또한 오른손으로 만져서 삼각형을 골라내지도 못한다. 하지만 이제 왼손은 아무런 어려움 없이 삼각형을 골라낸다. 다른 검사들에서 두 반구가 이 그림 위에 나열된 서로 다른 기술을 통제함이 드러났다.

하기, 말하는 데 필요한 것과 같은 복잡한 운동의 순서를 조정하기에 능하다(Kell et al., 2011; Pinel & Dehaene, 2010).

이와 대조적으로, 우반구는 가장 단순한 언어와 숫자만 사용할 수 있다. 우뇌를 연구하는 일은 겨우 10여 개의 단어만 아는 아이에게 말하는 것과 같다. 질문에 대답하려면 우뇌는 물체를 가리키는 것과 같은 비언어적 반응을 사용해야 한다(그림 9.5 참조).

우뇌는 언어 산출에는 젬병이지만 지각적 기술에 특히 능하다. 예컨대 패턴, 얼굴, 멜로디를 잘 인식하고, 조각을 합쳐 문제 해결하기를 잘하며, 그림도 잘 그린다. 또한 정서를 표현하고 다른 사람이 느끼고 있는 정서를 탐지하는 일도 잘한다(Borod et al., 2002; Castro-Schilo & Kee, 2010).

우뇌가 비록 '말은 거의 못하지만' 언어의 어떤 측면을 이해하는 데는 뛰어나다. 우뇌가 손상된 사람은 농담, 반어(irony), 풍자, 함축된 의미 및 기타 언어의 뉘앙스를 이해하는 능력을 상실한다. 기본적으로 우뇌는 무언가가 이야기되는 전반적인 맥락을 아는 데 도움을 준다(Beeman & Chiarello, 1998; Dyukova et al., 2010).

한 뇌, 두 스타일 일반적으로 좌뇌는 *주로 분석*(정보를 부분으로 쪼개기)에 관여하며 또한 정보를 *순차적으로*(한 항목 뒤에 다음 항목 순서로) 처리한다. 우뇌는 정보를 *전체적으로*(모두 한 번에) 그리고 *동시에* 처리하는 것으로 보인다.

더 요약하자면, 우뇌는 세상의 조각들을 일관성 있는 그림으로 조립하기를 더 잘한다. 즉 전반적인 패턴과 일반적인 연결을 본다고 할 수 있을 것이다. 좌뇌는 작은 세부사항에 초점을 맞춘다

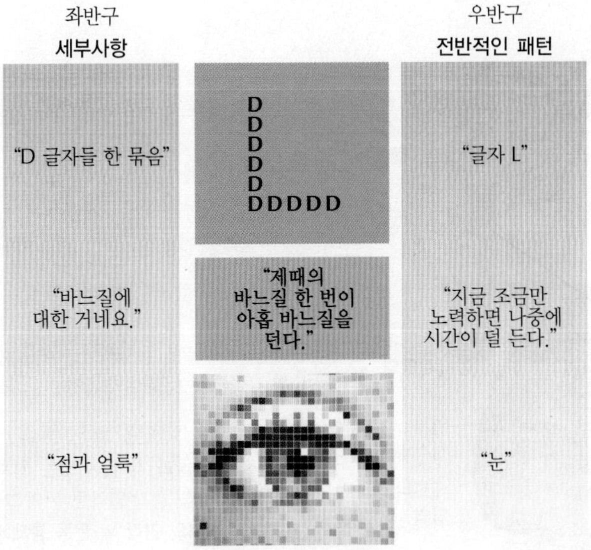

● 그림 9.6
좌뇌와 우뇌는 정보처리 방식이 다르다. 우뇌는 큰 패턴을 처리하는 반면, 좌뇌는 작은 세부사항에 초점을 맞춘다.

(● 그림 9.6). 우뇌는 광각으로 세계를 보고, 좌뇌는 특정 부분을 확대해서 본다. 좌뇌의 초점은 국지적(local)인 반면 우뇌의 초점은 전역적(global)이다(Hübner & Volberg, 2005).

좌뇌가 우세한 사람과 우뇌가 우세한 사람이 있을까? 수많은 책과 웹사이트가 좌뇌 또는 우뇌를 어떻게 사용하여 경영을 하고 가르치고 그림을 그리고 말을 타고 학습을 하고 심지어는 사랑을 할지에 대해 열렬히 이야기한다. 그러나 이는 완전히 과잉일반화이다. 왜냐하면 사람은 보통 뇌의 양쪽 모두를 항상 사용하기 때문이다. 어떤 과제에서 어느 한 반구가 *더 많이* 사용될 수 있음은 사실이다. 하지만 실생활에서는 대부분 두 반구가 작업을 함께 한다. 각 반구는 자신이 가장 잘하는 부분을 하면서 그 정보를 다른 반구와 공유한다.

똑똑한 뇌란 세부사항과 큰 그림 모두를 동시에 이해하는 뇌이다. 예를 들면 기타리스트는 콘서트를 할 때 좌뇌를 사용하여 시간과 리듬을 판단하고 손동작의 순서를 조절할 것이다. 그와 동시에 우뇌를 사용하여 멜로디를 인식하고 조화시킬 것이다.

대뇌겉질의 엽–어이, 네 가지 엽들아!

SURVEY QUESTION 9.2 대뇌겉질의 여러 엽들의 기능은 무엇인가?

대뇌겉질의 두 반구 각각은 더 작은 엽들로 나뉜다. **대뇌겉질 엽**(lobes of the cerebral cortex) 중 몇몇은 겉질 표면의 큰 틈새(fissure, 열)에 의해 경계가 정해진다. 각각의 엽들은 기능이 아주 다르기 때문에 서로 다른 부위로 간주된다(● 그림 9.7).

이마엽

이마엽(frontal lobe, 전두엽)은 고차 정신능력과 연관되며 자아감(sense of self)에 어떤 역할을 한다. 이 영역은 또한 운동 통제를 담당한다. 구체적으로, 이마엽 뒷부분에 있는 **일차 운동영역**(primary motor area)이라는 활 모양의 조직은 몸의 근육을 지배한다. 이 영역을 전기적으로 자극하면 신체의 다양한 부위가 움찔거리거나 움직인다. ● 그림 9.8의 운동겉질 주위를 둘러싸고 있는 그림은 신체의 비율과 일치하지 않는다. 왜냐하면 그것은 각

분할뇌 수술 뇌들보를 절단하는 수술
대뇌겉질 엽 왼쪽 및 오른쪽 겉질에 있는 영역들로서 주요 틈새나 기능에 의해 그 경계가 정해진다.
이마엽 운동, 자아감 및 고차 정신기능과 연관된 겉질 영역
일차 운동영역 운동 통제에 관여하는 뇌 영역

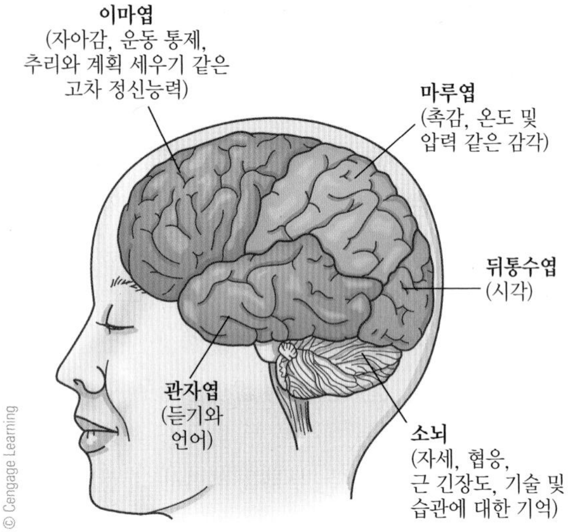

이마엽
(자아감, 운동 통제,
추리와 계획 세우기 같은
고차 정신능력)

마루엽
(촉감, 온도 및
압력 같은 감각)

뒤통수엽
(시각)

관자엽
(듣기와
언어)

소뇌
(자세, 협응,
근 긴장도, 기술 및
습관에 대한 기억)

그림 9.7
대뇌겉질의 엽들

신체 영역의 크기가 아니라 *기능*을 반영하기 때문이다. 여러분의 손이 왜 발보다 더 기술이 좋거나 민첩한지 궁금증이 생겨 본 적이 있다면 그 이유 한 가지는 발보다 손에 더 많은 운동겉질이 할당되어 있기 때문이다. 덧붙이자면, 신경가소성 덕분에 학습과 경험이 이 운동 지도를 변화시킬 수 있다. 예를 들면, 바이올린, 비올라, 또는 첼로를 연주하는 이들은 겉질의 손 지도가 더 크다 (Hashimoto et al., 2004).

운동겉질은 거울 뉴런(mirror neuron)이 있는 뇌 영역 중 하나이다. 이 뉴런은 우리가 어떤 행위를 수행할 때 그리고 다른 사람이 똑같은 행위를 수행하는 것을 우리가 단순히 관찰할 때 활동한다. (거울 뉴런에 대해 더 알고 싶으면 글상자 "거울 뉴런, 뇌 속의 거울"을 보라.)

이마엽의 나머지 부분은 흔히 *이마 연합영역*(frontal association area)이라 불린다. 대뇌겉질의 작은 일부(일차 영역들)만이 신체를 직접 통제하거나 감각기관으로부터 정보를 직접 받아들인다. 그 주변의 영역은 모두 연합영역(association area) 또는 연합겉질

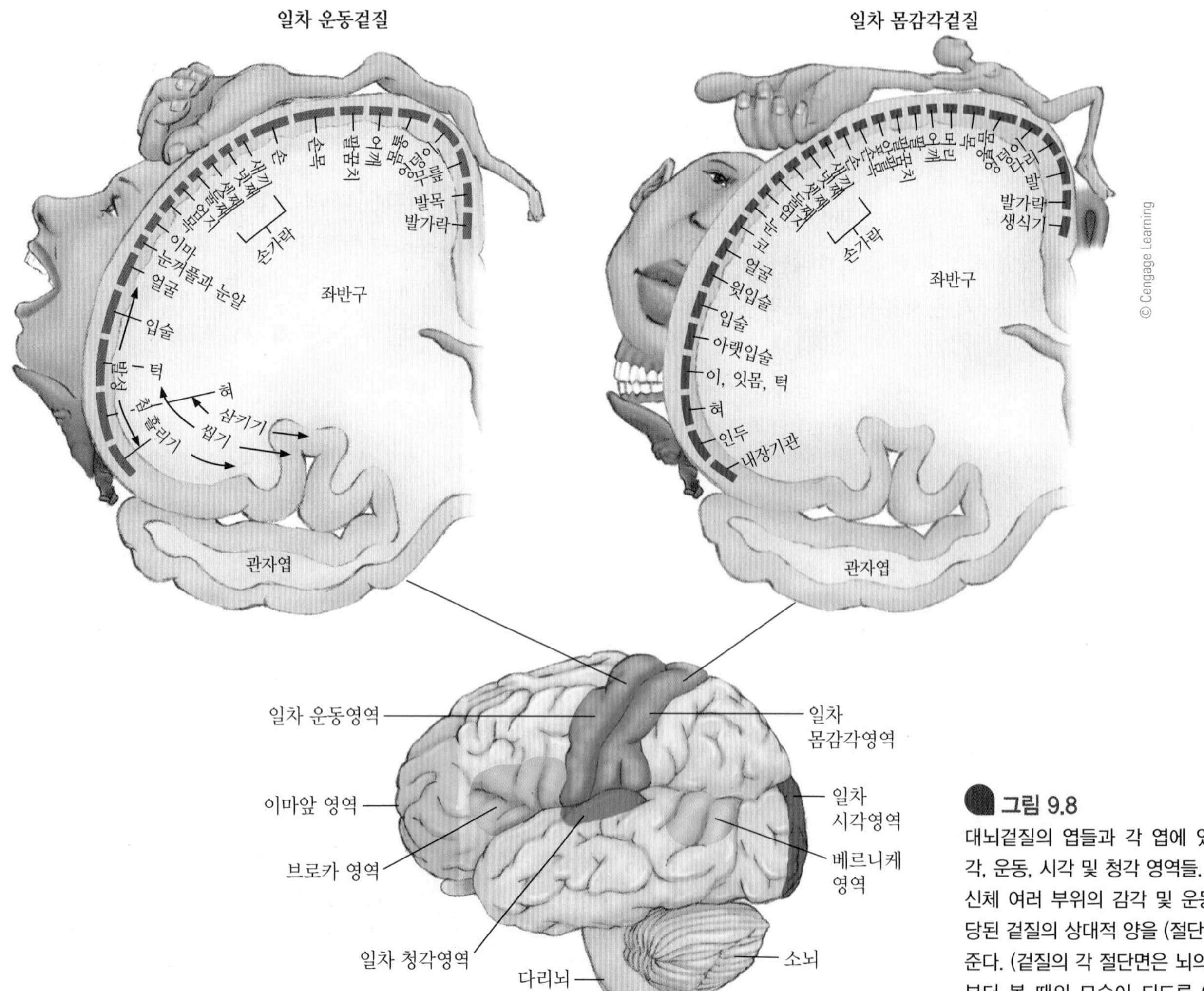

그림 9.8
대뇌겉질의 엽들과 각 엽에 있는 일차 감각, 운동, 시각 및 청각 영역들. 위의 그림은 신체 여러 부위의 감각 및 운동 통제에 할당된 겉질의 상대적 양을 (절단면으로) 보여준다. (겉질의 각 절단면은 뇌의 뒷부분에서부터 볼 때의 모습이 되도록 90도 회전된 상태이다.)

(association cortex)이라 불리며 정보를 조합하고 처리한다. 예를 들면, 장미가 보이면 연합영역이 일차 감각인상을 기억과 연결시키는 데 도움을 주어서 우리가 그 장미를 알아보고 장미라고 부르게 된다. 어떤 연합영역은 또한 언어 같은 고차 정신능력에도 기여한다. 예컨대 좌반구의 연합영역에 손상을 입은 사람은 **실어증**(aphasia), 즉 언어 사용의 장애를 겪을 수 있다.

실어증의 한 유형은 **브로카 영역**(Broca's area), 즉 왼쪽 이마 연합영역의 일부인 말하기 중추와 관련된다. (모든 사람의 5%에서는 오른쪽 이마 연합영역에 이 부위가 있다.) 브로카 영역의 손상은 *운동성*(또는 *표현성*) *실어증*, 즉 말하기나 글쓰기의 심각한 장애를 초래한다(Grodzinsky & Santi, 2008). 일반적으로 그런 사람은 무슨 말을 하고 싶은지 알고 있지만 그 말을 유창하게 뱉어내지 못하는 것으로 보인다(Burns & Fahy, 2010). 보통 그런 환자의 문법과 발음은 결함이 있으며 말도 느리고 힘들게 나온다. 예를 들면, bike 대신에 "bife"라고, sleep 대신에 "seep"라고, 또는 zodiac 대신에 "zokaid"라고 말할 수 있다.

이마 연합영역 중 앞부분은 **이마앞영역**(prefrontal area, 전전두영역) 또는 **이마앞겉질**(prefrontal cortex, 전전두피질)이라고 한다. 이 뇌 부위는 더 복잡한 행동에 관여한다(Banich & Compton, 2011). 이마엽이 손상된 사람은 성격과 정서적 상태가 완전히 바뀔 수 있다. 모듈 5에서 소개된 철도 노동자 Phineas Gage에 대해 읽은 기억이 나는가? 그는 우연한 사고로 이마겉질의 많은 부분

거울 뉴런 운동행위를 할 때 그리고 다른 개체가 똑같은 행위를 하는 것을 볼 때 활동하는 뉴런

연합영역(연합겉질) 대뇌겉질 중 그 일차적 기능이 감각이나 운동이 아닌 모든 영역

실어증 뇌 손상에 기인한 말하기 장애

브로카 영역 문법과 발음에 관련된 언어 중추

이마앞영역(이마앞겉질) 이마엽의 가장 앞쪽 부분으로서 자아감, 추리 및 계획 세우기에 관여함

비판적 사고

거울 뉴런, 뇌 속의 거울

이탈리아의 연구자들은 원숭이가 먹이로 손을 뻗을 때 운동겉질에 있는 한 뉴런의 활동이 증가함을 방금 기록한 참이었다. 몇 초 후에 어쩌다가 연구자 중 한 사람이 자신의 간식에 손을 뻗었다. 그러자 원숭이의 그 똑같은 뉴런이 마치 원숭이 자신이 그 간식을 향해 손을 뻗은 것처럼 굳이 반응을 했다. 놀랍게도, 특정 동작을 통제하는 데 관여하는 한 뉴런이 다른 누군가가 똑같은 동작을 하는 모습을 원숭이가 단지 보기만 해도 역시 활동한 것이다. 그렇게나 쉽사리 이탈리아 연구자들은 *거울 뉴런*을 발견했다(Rizzolatti, Fogassi, & Gallese, 2006). 이 뉴런들은 다른 개체가 하는 행위를 거울처럼 반영하기 때문에 우리가 다른 사람의 행동을 어떻게 직관적으로 이해하는지를 설명해 줄지도 모른다. 또한 우리가 새로운 기술을 모방을 통해 학습하는 능력의 토대가 될지도 모른다(Meini & Paternoster, 2012; Pineda, 2009).

Attila Kisbenedek/AFP/Getty Images

이 침팬지는 연구자 Jane Goodall을 거울 뉴런 덕분에 모방할 수 있는 것일까?

거울 뉴런의 발견은 폭발적인 관심을 촉발했다. 최근에 거울 뉴런이 다양한 뇌 영역에서 발견되며 인간 뇌에도 역시 존재하는 것으로 보인다는 것을 연구자들이 확인했다(Molenberghs, Cunnington, & Mattingley, 2012). 덧붙여서 신경과학자들의 추측에 따르면, 신생아(그리고 갓난 원숭이)가 다른 사람을 모방할 수 있는 이유는 다른 사람이 어떤 행위를 하는 모습을 신생아가 볼 때 거울 뉴런의 네트워크가 활성화되기 때문이다. 그러고 나면 똑같은 그 거울 네트워크가 그 행위를 수행하는 데 사용될 수 있다는 것이다(Lepage &Théret, 2007). 마찬가지로, 인간의 공감 능력(empathy, 다른 사람의 경험 및 느낌과 동일시하는 능력)이 거울 뉴런의 활성화로부터 생겨나는지도 모른다(Baird, Scheffer, & Wilson, 2011).

거울 뉴런은 심지어 *자폐스펙트럼장애*(autism spectrum disorder)를 부분적으로 설명할지도 모른다. 아동기 초기에 자폐증이 있는 아이는 다른 사람과 상호작용하고 이야기하는 능력의 손상으로 고생하기 시작한다. 머리 흔들기 같은 반복적이고 제한된 행동 또한 흔하다. *고장 난 거울 뉴런 가설*(broken mirror hypothesis)에 따르면 자폐증은 유전적 결함이나 환경의 위험 요인에 의해 거울 뉴런 체계가 손상을 입은 유아에게서 생겨날 수 있다(Gallese, Rochat, & Berchio, 2013). 이 설명은 흥미로운데 왜냐하면 의사소통과 사회적 상호작용의 장애라는 자폐증의 주요 특징이 다른 사람의 행위와 말을 반영하는 데 거울 뉴런이 하는 역할과 관련된 것으로 보이기 때문이다.

지금까지는 이런 것들이 경험적 검증을 기다리는 가설일 뿐이다. 더 중요한 점은 그런 가능성들이 이제 막 자폐증에 대한 새로운 요법의 개발로 이어지고 있다는 것이다(Wan et al., 2010). 그럼에도 불구하고 무언가를 기대하게 된다.

이 파괴되었다(Harlow, 1868). 그는 뇌 손상을 입은 후에 성격이 변했을 가능성이 높다. 왜냐하면 이마앞겉질이 현재의 정서 상태에 대한 우리의 자각을 비롯하여 자아감을 생성하기 때문이다(Jenkins & Mitchell, 2011).

논리적 추리나 계획 세우기 또한 영향을 받을 수 있다(Roca et al., 2010). 이마엽이 손상된 환자는 어떤 정신적 과제에 빠져서 똑같은 틀린 답을 계속 반복할 때가 많다(Stuss & Knight, 2002). PET 스캔은 우리가 지능이라고 부르는 것의 많은 부분이 이마겉질의 활동 증가와 관련됨을 시사한다(Duncan, 2005). 이마엽 기능의 감손은 또한 약물 중독 위험성의 증가를 비롯한 충동성의 증가를 유도한다(Crews & Boettiger, 2009). 그렇게 되면 약물 남용이 이 중요한 뇌 영역의 손상을 더 심화시킬 수 있다(Perry et al., 2011).

마루엽

신체 감각은 뒤통수엽 바로 위에 있는 **마루엽**(parietal lobe, 두정엽)으로 들어온다. 촉감, 온도, 압력 및 기타 몸감각이 마루엽의 **일차 몸감각영역**(primary somatosensory area, 체감각영역)으로 흘러든다. 여기서도 역시 몸감각 지도는 왜곡되어 있다. 몸감각겉질의 경우 그림 9.8은 신체 영역의 크기가 아니라 *민감도*를 반영한다. 예컨대 입술은 민감도가 높기 때문에 이 그림에서 커다란 반면에 등과 몸통은 덜 민감해서 더 작게 그려져 있다. 손도 이 신체 민감도 지도에서 커다랗다는 것에 주목하라. 이는 분명히 음악가, 타이피스트, 시계제조공, 마사지 치료사, 연인들 및 뇌외과의사에게 도움이 되는 일이다.

관자엽

관자엽(temporal lobe, 측두엽)은 뇌의 양 귀 쪽에 위치해 있다. 청각 정보가 청각신경을 통해 **일차 청각영역**(primary auditory area)으로 직접 보내진다. 만약 여러분이 좋아하는 노래를 듣는 동안 여러분의 뇌를 PET 장비로 스캔한다면 일차 청각영역이 제일 먼저 활동할 것이고 관자엽의 연합영역이 뒤따를 것이다. 비슷하게 여러분의 관자엽의 일차 청각영역을 전기적으로 자극한다면 여러분은 일련의 소리가 '들릴' 것이다.

베르니케 영역(Wernicke's area)이라 불리는 좌반구 관자엽의 한 연합영역 또한 언어 중추의 하나로 기능한다(그림 9.8을 보라. 또한 모든 사람의 5%에게서는 이 영역이 우반구 관자엽에 있다). 여기가 손상되면 *수용성*(또는 *달변*) *실어증*이 초래된다. 그런 사람은 말의 의미를 이해하기 어려워한다. 따라서 의자 그림을 보여 주면 브로카 실어증이 있는 사람은 "tssair"라고 말할 수도 있다. 반면에 베르니케 실어증이 있는 사람은 *유창*하기는 하지만 "truck"이라고 틀리게 말할 수도 있다(Robson, Sage, & Ralph, 2012).

뒤통수엽

뇌의 뒷부분에는 **뒤통수엽**(occipital lobe, 후두엽)이라는, 시각에 관여하는 겉질 영역이 있다. 눈으로부터 입력을 받아들이는 최초의 겉질 부위인 **일차 시각영역**(primary visual area)에 종양(뇌 활동을 방해하는 세포 성장)이 있는 사람은 시야에서 암점(暗點)을 경험한다.

겉질의 일차 시각영역은 본 것에 직접 대응될까? 이미지는 이 겉질에 투영되는데, 그 지도는 대단히 확대되고 왜곡된다(Toates, 2011). 그렇기 때문에 시각영역을 뇌 속에 있는 작은 텔레비전 스크린처럼 생각해서는 안 된다. 시각 정보는 뉴런에게서 복잡한 활동 패턴을 생성해 낸다. 텔레비전 같은 영상을 만들어 내는 게 *아니*라는 말이다.

뇌 손상이 일으키는 가장 놀라운 결과 중 하나는 보는 물체를 식별하지 못하는 **시각인식불능증**(visual agnosia, 시각실인증)이다. 이 장애는 흔히 뒤통수엽의 연합영역 손상으로 초래되며(Farah, 2004), 때로는 *정신시각상실*(mindblindness, 정신맹)이라고도 불린다. 예를 들면, 시각인식불능증 환자는 촛불을 보여 주면 그것을 보고 "위로 올라갈수록 가늘어지는 긴 물체"라고 묘사할 수 있다. 심지어 그 촛불을 정확히 그릴 수도 있지만 그 이름을 대지는 못한다. 하지만 그 촛불을 만져 보게 하면 즉각 이름을 댄다. 요약하면 이 환자는 여전히 색깔, 크기 및 모양을 볼 수 있다. 다만 물체의 의미를 지각하는 데 필요한 연합을 형성할 수 없을 뿐이다.

인식불능증이 물체에만 한정될까? 그렇지 않다. 정신시각상실의 한 흥미진진한 형태는 친숙한 얼굴을 지각하지 못하는 **얼굴인식불능증**(facial agnosia, 안면실인증)이다(Farah, 2006; Sacks, 2010). 이 장애가 있는 한 환자는 남편이나 어머니가 병문안을 왔을 때 그들을 알아보지 못했고, 자기 아이들의 사진도 식별해 내지 못했다. 그러나 방문자가 말을 하자마자 그 목소리로 즉각 누구인지 인식했다.

얼굴과 그 얼굴에 동반되는 정서를 인식하는 데 전념하는 부위는 뒤통수엽과 이마엽의 연합영역에 자리 잡고 있다(Prochnow et al., 2013). 이 영역들은 대단히 전문화된 것으로 보인다. 왜 뇌가 오로지 얼굴만 처리하기 위한 영역을 따로 챙겨 놓고 있을까? 진화적 관점에서는 그게 그다지 놀라운 일이 아니다. 어찌 되었건 우리는 사회적 동물이어서 얼굴 인식이 매우 중요하다. 이러한 전문화는 우리가 의식이라는 얼마나 놀라운 기관을 갖고 있는지 보여 주는 한 예일 뿐이다.

인간 다양성

남자 뇌와 여자 뇌?

남자와 여자의 뇌 사이에 물리적인 차이가 많이 발견되었다. 비록 그것이 무엇을 의미하는지는 덜 분명하지만 말이다(Cahill, 2006). 시간의 검증을 이겨 낼지도 모를 한 가지 일반화는 남자와 여자의 뇌가 서로 다른 방식으로 전문화되어 있는 상태에서 똑같은 능력에 도달한다는 것이다(Tomasi & Volkow, 2012; Zaidi, 2010).

예를 들면, 일련의 고전적인 연구에서는 사람들이 언어 과제를 하는 동안 뇌 활동을 관찰했다. 예상대로 남녀 모두 정확히 좌뇌의 브로카 영역에서 활동이 증가했다. 그런데 놀랍게도 검사받은 여성의 절반 이상에서 좌뇌와 우뇌가 모두 활성화되었다(● 그림 9.9 참조). 이러한 차이에도 불구하고 남녀 모두 단어를 소리 내어 읽는 과제를 똑같이 잘했다(Shaywitz et al., 1995).

이번엔 지능에 초점을 맞춘 또 다른 연구도 여성이 남성보다 뇌의 양쪽 모두를 사용할 가능성이 더 높음을 발견했다(Tang et al., 2010). 다른 연구에서는 IQ가 비슷한 남자와 여자들의 뇌 영상에서 지능에 관여하는 뇌 영역에 중요한 차이가 있음이 드러났다(Haier et al., 2004). 일반적으로 남자는 회색질(gray matter, 뉴런의 세포체)이 더 많은 반면 여자는 백색질(white matter, 말이집으로 둘러싸인 축삭)이 더 많았다. 더욱이 여자는 남자보다 이마엽에서 회색질과 백색질의 집중도가 더 높았다. 남자의 회색질은 이마엽과 마루엽 간에 나뉘어 있는 반면, 백색질은 대부분 관자엽에 있었다.[3]

언어 및 기타 형태의 지능을 위해 뇌의 양쪽을 모두 사용하는 데는 큰 이점이 있을 수 있다. 예를 들면, 브로카 영역이 손상될 경우, 어떤 여성들은 우뇌를 사용하여 손실을 보상함으로써 다시 말을 할 수 있게 된다(Sommer, 2010). 비슷한 손상을 입은 남성은 영구적인 장애를 겪을 수도 있을 것이다. 따라서 남자는 "내 생각을 너한테 말할지 말지 마음이 반반이야."라고 말할 때 야릇한 진실을 말하고 있는 것일 수 있다. 어쨌거나 자연은 남자와 여자의 뇌에 동일한 능력으로 이어지는 서로 다른 길을 만들어 준 것으로 보인다(Burgaleta et al., 2012).

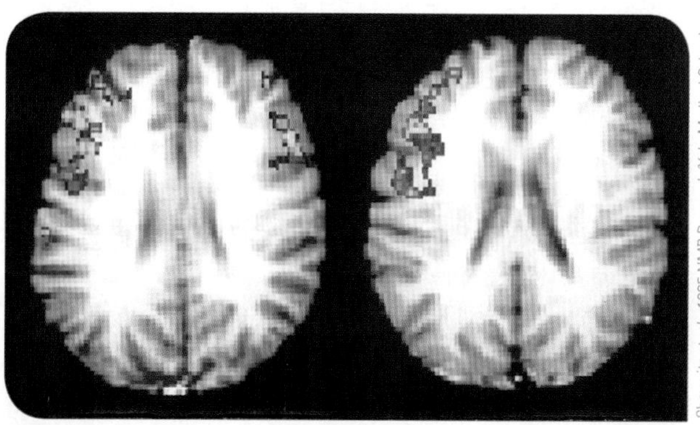

Shaywitz et al., 1995 NMR Research/Yale Medical School

● 그림 9.9
언어 과제는 여성에게서는 뇌의 양쪽을 모두 활성화시키는 경우가 많으나 남성에게서는 좌반구만 활성화시킨다.

남자와 여자의 뇌는 어떨까? 남녀의 뇌는 서로 다른 방식으로 전문화되어 있을까? 그렇다. 글상자 "남자 뇌와 여자 뇌?"가 어떻게 다른지 설명해 준다.

요약하면, 우리의 일상적인 경험 대부분과 세계에 대한 모든 지식은 겉질의 서로 다른 영역들과 연관시킬 수 있다. 인간의 뇌는 지구 상에 있는 뇌를 소유한 종들 중에서 가장 앞서 있고 가장 정교한 것일 수 있다. 물론 그렇다고 해서 우리의 이 놀라운 바이오컴퓨터가 완벽히 가동될 것이라는 보장이 있는 건 아니다. 그렇지만 우리의 뇌가 가진 잠재력에 우리는 놀랄 수밖에 없다.

마루엽 신체 감각이 들어오는 부위를 포함하는 겉질 영역
일차 몸감각영역 신체 감각을 받아들이는 영역
관자엽 뇌에서 청각이 들어오는 부위를 포함하는 겉질 영역
일차 청각영역 청각 정보가 처음 등록되는 관자엽의 부위
베르니케 영역 언어 이해에 관련된 관자엽의 한 영역
뒤통수엽 시각이 뇌로 들어오는 대뇌겉질 부위
일차 시각영역 눈으로부터 입력을 처음으로 받는 뒤통수엽의 부위
시각인식불능증 보이는 물체를 식별하지 못하는 장애
얼굴인식불능증 친숙한 얼굴을 지각하지 못하는 장애

3) 역자 주: 이 문장은 오해의 소지가 크다. "백색질이 대부분 관자엽에" 있다면 다른 부위에는 별로 없다는 뜻인데 그럴 수는 없다.

모듈 9: 요약

9.1 좌뇌와 우뇌는 어떻게 다른가?

9.1.1 인간의 뇌는 전체 크기가 아니라 겉질화, 즉 대뇌겉질의 확장이 앞서 있다는 점이 두드러진 특징이다.

9.1.2 뇌들보를 절단함으로써 분할뇌가 생겨날 수 있다. 분할뇌를 가진 사람은 좌반구와 우반구 간에 놀라울 정도의 독립성을 나타낸다.

9.1.3 좌반구는 분석에 능하며 작은 세부사항을 순차적으로 처리한다. 대부분의 사람은 좌반구에 언어 중추를 갖고 있다. 좌반구는 또한 글쓰기, 계산하기, 시간과 리듬을 판단하기, 복잡한 동작을 순서대로 배치하기를 전문적으로 한다.

9.1.4 우반구는 전반적인 패턴을 탐지한다. 즉 정보를 동시에 전체적으로 처리한다. 우반구는 대략 비언어적이며, 공간적 및 지각적 기술, 시각적 상상, 패턴과 얼굴과 멜로디를 인식하기에 뛰어나다.

9.2 대뇌겉질의 여러 엽들의 기능은 무엇인가?

9.2.1 이마엽에는 일차 운동영역(많은 거울 뉴런을 갖고 있는)이 있고 정보를 조합하여 처리하는 연합영역이 많이 있다. 브로카 영역이 손상되면 말하기나 글쓰기의 장애, 즉 운동성 실어증이 생긴다. 이마앞겉질은 추상적 사고와 자아감에 관여한다.

9.2.2 마루엽에는 신체 감각을 처리하는 일차 감각영역이 있다.

9.2.3 관자엽에는 일차 청각영역이 있으며 듣기와 언어를 담당한다. 베르니케 영역이 손상되면 말의 의미를 이해하지 못하는 달변 실어증이 생긴다.

9.2.4 뒤통수엽에는 시각을 담당하는 일차 시각영역이 있다.

9.2.5 남자와 여자의 뇌는 서로 다른 방식으로 전문화되어 있다.

모듈 9: 지식 쌓기

암기

아래 항목들을 서로 연결지어 보라.

1. ________	뇌들보	A. 시각영역
2. ________	뒤통수엽	B. 언어, 말하기, 글쓰기
3. ________	마루엽	C. 운동겉질과 추상적 사고
4. ________	관자엽	D. 공간적 기술, 시각적 상상, 패턴 인식
5. ________	이마엽	E. 말하기 장애
6. ________	연합겉질	F. 듣기
7. ________	실어증	G. 뇌에서 겉질의 비율 증가
8. ________	겉질화	H. 신체 감각
9. ________	좌반구	I. 심각한 뇌전증의 치료
10. ________	우반구	J. 본 물체를 식별하지 못함
11. ________	분할뇌	K. 두 대뇌반구를 연결하는 섬유들
12. ________	인식불능증	L. 기능상 감각도 운동도 아닌 겉질

반영

비판적으로 생각하기

13. 만약 여러분의 뇌를 꺼내어 새로운 몸에다가 넣고 여러분의 몸에는 다른 뇌를 넣는다면, 새로운 뇌를 가진 예전의 몸과 예전의 뇌를 가진 새로운 몸 중 어느 것을 여러분 자신이라고 간주하겠는가?

자기반영

뇌 엽들의 기능을 배우는 일은 지도 상의 영역들을 배우는 것과 비슷하다. 겉질의 지도를 그려 보라. 서로 다른 모든 '나라'(엽)를 표시할 수 있는가? 그 기능을 말할 수 있는가? 일차 감각영역은 어디에 있는가? 일차 몸감각영역은? 브로카 영역은? 뇌 지도가 더 자세하게 될 때까지 계속 다시 그려 보라. 그러면 쉽게 그릴 수 있게 된다.

정답

1. K 2. A 3. H 4. F 5. C 6. L 7. E 8. G 9. B 10. D 11. I 12. J 13. 이 질문에 '정답'이란 없지만 여러분의 성격, 지식, 개인적 기억, 자기개념은 모두 뇌 활동에서부터 생겨난다. 그렇다면 이는 새로운 몸에 있는 예전의 뇌가 더 '진정한 자신'이라는 강력한 논거가 된다.

Module 10

뇌와 행동: 겉질밑조직과 내분비계

우리의 동물 뇌

우리의 대뇌겉질이 인간을 독특한 존재로 만들기는 하지만 더 원시적인 겉질밑조직과 그것이 내분비계와 갖는 연결이 얼마나 중요한 역할을 하는지를 인식하는 것이 중요하다. 예를 들면, 대뇌겉질은 물리적 생존에는 놀라우리만큼 불필요하다. 대뇌겉질의 많은 부분을 잃어버린다 해도 우리는, 적어도 우리의 몸은, 계속 살아 있을 것이다. 대뇌겉질 바로 아래에 있는 겉질밑조직이 없이는 그럴 수 없다. 겉질밑조직, 즉 하위 뇌(lower brain)가 심하게 손상되면 혼수상태에 빠지거나 심지어 죽을 수도 있다. 배고픔, 목마름, 잠, 주의집중, 성 행동, 숨쉬기 및 기타 많은 필수적 기능이 겉질 아래 부위들에 의해 통제된다.

마찬가지로 우리의 행동도 오로지 신경계의 산물만은 아니다. 내분비샘이 신체의 이차적이고 더 원시적인 교신체계를 형성한다. 호르몬은 성격과 정서로부터 배고픔과 스트레스 반응에 이르기까지 모든 것에 영향을 준다. 이제 우리의 동물 뇌(animal brain)를 살펴보자.

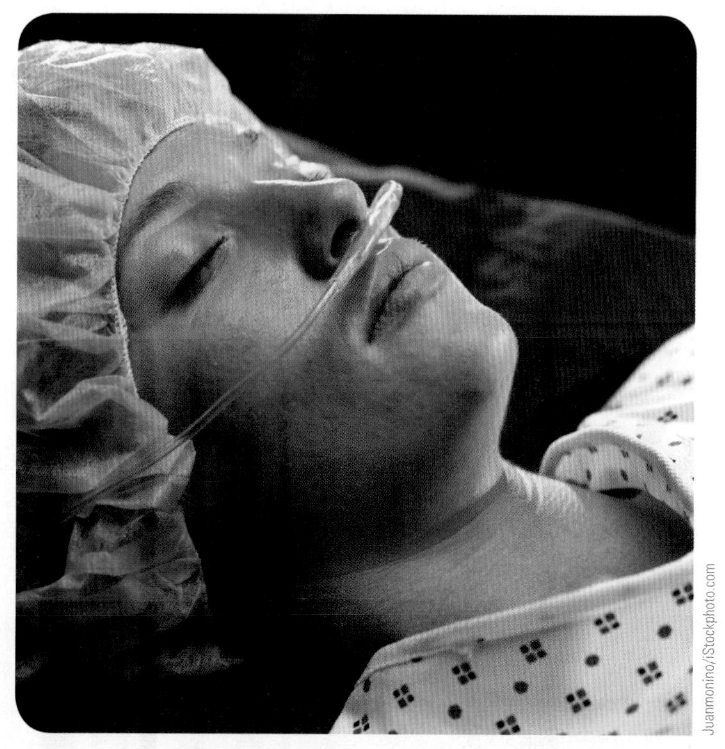

Juanmonino/iStockphoto.com

SURVEY QUESTIONS

10.1 겉질밑조직의 주요 부위는 무엇인가?

10.2 분비샘은 어떻게 행동에 영향을 미치는가?

겉질밑조직–(뇌) 문제의 핵심적 위치

SURVEY QUESTION 10.1 겉질밑조직의 주요 부위는 무엇인가?

겉질밑조직(subcortex, 피질 하부, 겉질밑층)은 대뇌반구의 바로 아래에 있다. 이 영역은 *뇌줄기*[brainstem, 뇌간, 또는 *마름뇌*(hindbrain), 후뇌][1], *중간뇌*(midbrain, 중뇌), *앞뇌*(forebrain, 전뇌)로 나눌 수 있다. (앞뇌는 모듈 9에서 그 크기와 중요성 때문에 따로 살펴본 대뇌겉질도 포함한다.) 우리 입장에서는 중간뇌를 앞뇌와 뇌줄기 간의 연결 고리로 볼 수 있다. 따라서 겉질밑조직의 나머지 부분(● 그림 10.1)에 초점을 맞추어 보자.

마름뇌

왜 하위 뇌가 그다지도 중요할까? 척수는 뇌를 만나면서 넓어져서 뇌줄기가 된다. **뇌줄기**(brainstem)는 주로 숨뇌와 소뇌로 구성된다.[2] **숨뇌**(medulla, 연수)에는 심박수, 호흡, 삼키기 같은 것을 비롯한 생명 유지에 필수적인 기능들의 반사적 통제에 중요한 중추들이 있다. 여러 가지 약물, 질병 및 손상이 숨뇌를 파괴하여

1) 역자 주: 뇌줄기와 마름뇌가 동일한 것처럼 서술되어 있으나 사실은 아니다. 뇌줄기는 마름뇌에다가 중간뇌를 더한 것이고, 어떤 이는 시상까지 뇌줄기에 포함시키기도 한다.

2) 역자 주: 뇌줄기의 정의는 학자마다 좀 다른데, 소뇌는 일반적으로 뇌줄기에 포함되지 않으며, 대개 숨뇌뿐 아니라 다리뇌와 중간뇌가 뇌줄기의 주된 구성요소로 간주된다.

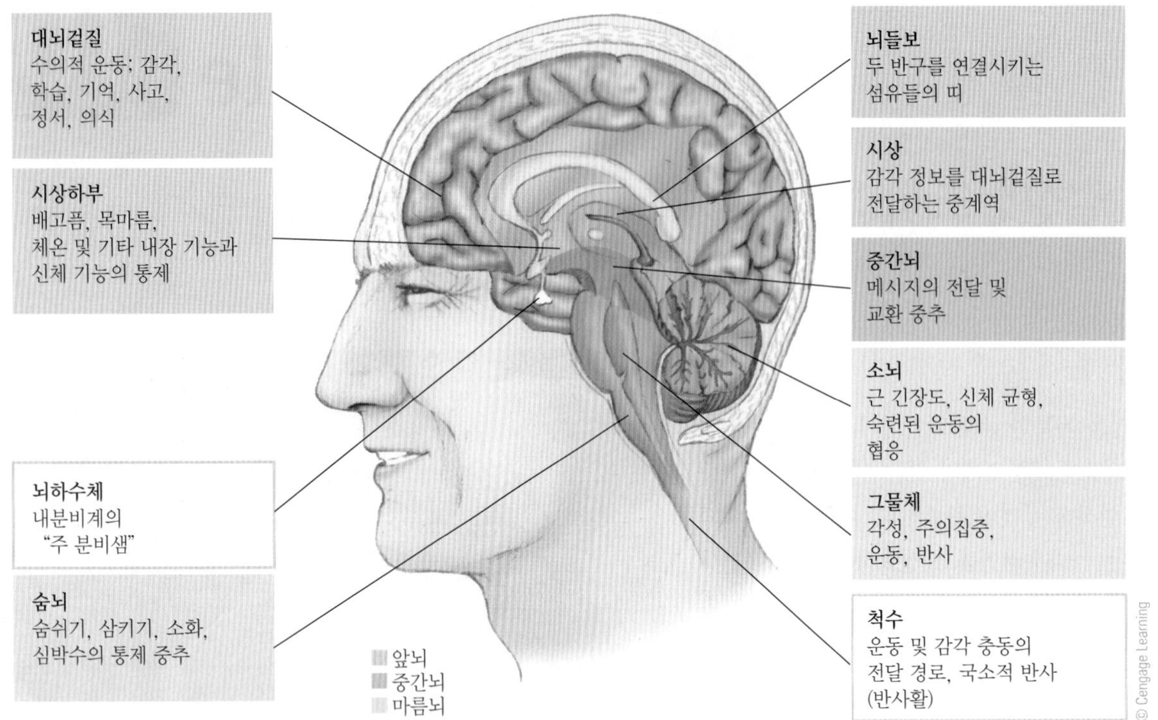

그림 10.1
이 단순화된 그림은 인간 뇌의 주요 구조물을 보여 주며 그 가장 중요한 특징을 몇 가지 이야기한다. (아랫부분의 색깔 표시를 참조하여 어느 영역이 앞뇌, 중간뇌, 마름뇌의 일부인지 식별할 수 있다.)

생명을 끝장내거나 위협할 수 있다. 또한 숨뇌 손상은 *갇힘증후군*(locked-in syndrome, 감금증후군)을 일으킬 수 있다(글상자 "갇혀 버렸어!"를 보라).

뇌줄기에 난 작은 혹 같아 보이는 **다리뇌**(pons, 뇌교)는 숨뇌와 다른 뇌 영역들 사이의 다리 역할을 한다. 다리뇌는 소뇌를 비롯한 다른 많은 부위와 연결될 뿐 아니라 수면과 각성에도 영향을 미친다.

축소된 대뇌겉질처럼 보이는 **소뇌**(cerebellum)는 뇌의 밑바닥에 자리 잡고 있다. 인지와 정서에도 한몫한다는 증거(Schmahmann, 2010)가 늘어나고 있지만 소뇌는 일차적으로 자세, 근 긴장도 및 근육 협응을 조절한다. 또한 소뇌는 기술 및 습관과 관련된 기억도 저장한다(Christian & Thompson, 2005). 경험이 뇌를 형성시키는 사례를 여기서 또 다시 본다. 즉 평생에 걸쳐 특수한 운동 기술을 연습하는 음악가들은 소뇌가 평균보다 더 크다(Hutchinson et al., 2003).

소뇌가 손상되면 무슨 일이 일어날까? 소뇌가 없으면 걷기, 달리기 또는 공을 던지고 받기 같은 과제가 불가능해진다. *척수소뇌변성증*(spinocerebellar degeneration, 척수소뇌실조증)이라는 심한 질환의 첫 증상은 떨림, 현기증 및 근력 약화이다. 종국에는 환자가 단순히 서 있기, 걷기 또는 스스로 식사하기도 힘들게 된다.

그물체 신경섬유와 세포체의 네트워크인 **그물체**(reticular formation, RF, 망상체)는 뇌줄기 속에 자리 잡고 있다. 메시지가 뇌 속으로 흘러 들어갈 때 RF가 어떤 것에는 우선권을 주고 다른 것은 옆으로 제쳐 놓는다(Kalat, 2013). 그렇게 함으로써 RF는 *주의집중*에 영향을 준다. RF는 청년기까지 완전히 성숙되지 않는데, 이것이 아동의 주의폭(attention span)이 그다지도 짧은 이유일지도 모른다. 또한 RF는 뇌에서 신체로 나가는 명령을 수정하기도 한다. 이를 통해 RF는 근 긴장도, 자세, 그리고 눈, 얼굴, 머리, 몸통 및 사지의 움직임에 영향을 준다. 동시에 RF는 호흡, 재채기, 기침 및 구토에 관여하는 반사도 통제한다.

RF는 또한 우리가 경계하고 각성하며 깨어 있게 한다. 감각기관에서 들어오는 메시지는 가지를 쳐서 **망상활성계**(reticular activating system, RAS)라는 RF의 한 부분으로 들어간다. RAS는 겉질을 폭격하듯 자극하여 활동적이고 각성된 상태로 유지시킨다. 예를 들면, 졸음이 오는 운전자가 길모퉁이를 돌자 길에 서 있는 사슴과 마주친다고 하자. 운전자는 정신이 번쩍 들면서 브레이크를 밟는다. 이는 RAS가 그의 뇌의 다른 부분을 깨워서 사

임상 파일

갇혀 버렸어!

케이트 애덤슨은 33세 때 뇌중풍이 발생하여 뇌줄기에 파괴적인 손상을 입었다. 그로 인해 그녀는 *갇힘증후군* 환자가 되어 버렸다. 뇌중풍 직전까지 그녀는 정상이었는데 그다음 순간 완전히 마비되어 자신의 몸속에 갇힌 채 가까스로 호흡을 할 수 있었다(Cruse et al., 2011). 근육 하나도 움직일 수 없지만 여전히 완전히 깨어서 자각이 있는 상태로 그녀는 다른 사람에게 자신의 가장 단순한 생각이나 감정도 전달할 수 없었다.

케이트는 죽게 될 거라고 생각했다. 그녀가 *지속성 식물인간상태*(persistent vegetative state, 즉 뇌사)[3]라고 생각한 의사들은 호흡관과 영양보급관을 그녀의 목에 집어넣을 때 진통제를 투여하지 않았다. 시간이 지나자 케이트는 눈을 깜박거려서 의사소통을 할 수 있음을 알게 되었다. 아무리 보아도 기적이라고 할 수밖에 없이 회복된 후에 그녀는 더 나아가 미국 하원의회에 출석했고 심지어 자신의 경험에 대한 책까지 썼다(Adamson, 2004).

모두가 그렇게 운 좋은 것은 아니다. 케이트가 눈을 깜박거리기조차도 할 수 없었다면 어떤 일을 당했을지 상상해 보라(Schnakers et al., 2009). 등골이 오싹해지는 한 연구에서 혼수상태 연구자 Steven Laureys와 동료들은 이미 뇌사로 진단받은 54명의 환자를 fMRI를 이용하여 다시 검사했다. 환자에게 테니스 라켓을 휘두르거나 친숙한 거리를 걷는 상상을 하라고 거듭 요청하였다. 환자 중 5명은 어떠한 방식으로도 의사와 이야기할 수 없음에도 불구하고 그 두 과제에 대하여 분명히 다른 뇌 활동을 나타냈다(Laureys & Boly, 2007).

만약 이 환자들이 '의지'로 컴퓨터를 동작시켜 말을 할 수 있다면 어떨까? 바로 그거다! 이런 결과는 모든 갇힘증후군 환자가 뇌사 상태인 것은 아님을 시사하며 마침내는 뇌–컴퓨터 인터페이스를 개발하여 그들을 자신의 신체 감옥에서 해방시키는 데 도움을 줄 수 있을 것이라는 희망을 보여 준다(Monti et al., 2010; Shih & Krusienski, 2012).

고를 피하게 한 덕분이다. 이 모듈을 읽는 동안 졸음이 온다면 귀를 꼬집어 보라. 약간의 통증은 RAS로 하여금 일시적으로 겉질을 깨우게 만들 것이다.

앞뇌

우리 몸의 가장 중요한 부위 중 2개가 마치 매장되어 있는 보물처럼 뇌 깊숙이 숨어 있다. *시상*과 그 바로 아래 영역인 *시상하부*가 앞뇌의 핵심 부위들이다(그림 10.1 참조).

이것들이 어떻게 이미 살펴본 다른 영역들보다 더 중요할 수 있을까? **시상**(thalamus)은 감각 메시지가 겉질로 가는 도중에 있는 '중계역'의 역할을 한다. 시각, 청각, 미각 및 촉각 모두가 미식축구공같이 생긴 이 작은 구조를 통과한다. 따라서 시상의 작은 영역이라도 손상되면 듣지 못하거나 보지 못하거나 다른 감각(후각을 제외하고)을 할 수 없게 될 수 있다.

인간의 시상하부는 작은 포도알 정도의 크기이다. 작기는 해도 **시상하부**(hypothalamus)는 정서 및 많은 기본 동기를 통제하는 일종의 사령탑이다(Toates, 2011). 시상하부는 성 행동, 분노, 체온조절, 호르몬 분비, 먹기와 마시기, 수면, 각성, 정서 등 다양한 행동에 영향을 미친다. 기본적으로 시상하부는 뇌의 많은 영역을 연결시키는 교차로이다. 또한 많은 종류의 행동에 대한 최종 경로이기도 하다. 다시 말하면, 메시지가 뇌를 떠나기 전에 많은 행동이 조직화되는, 즉 그에 대한 '결정이 내려지는' 마지막 장소가 시상하부로서 그 결과에 따라 신체가 반응하게 된다.

둘레계통 시상하부, 시상의 일부, 편도체, 해마 및 기타 구조가 한 집단으로 둘레계통을 구성한다(● 그림 10.2). **둘레계통**(limbic system, 변연계)은 정서 및 동기화된 행동을 만들어 내는 데 주된 역할을 한다(LeDoux, 2012). 분노, 공포, 성 반응 및 강한 각성은 둘레계통의 다양한 지점과 관련지을 수 있다. 인간의 사회생활

겉질밑조직 대뇌겉질 아래에 있는 모든 뇌 구조물
뇌줄기 소뇌, 숨뇌, 다리뇌 및 그물체를 포함하는 뇌의 가장 아래 부분
숨뇌 뇌를 척수와 연결시키고 생명 유지에 중요한 기능을 통제하는 구조
다리뇌 숨뇌와 다른 구조물 간의 다리 역할을 하는 뇌줄기의 한 영역
소뇌 자세, 근 긴장도 및 협응을 통제하는 뇌 구조물
그물체(RF) 숨뇌와 뇌줄기 내에 있는 네트워크로서 주의, 각성 및 몇몇 반사와 관련됨
망상활성계(RAS) 대뇌겉질을 활성화시키는 그물체의 한 부분
시상 감각 정보를 대뇌겉질로 전달하는 뇌 구조물
시상하부 정서 행동과 동기를 조절하는 뇌의 한 작은 영역
둘레계통 정서 반응과 밀접하게 연결된 앞뇌의 한 체계

3) 역자 주: 뇌사와 지속성 식물인간상태는 다르다. 뇌사는 뇌 활동의 조짐이 전혀 없고 어떤 자극에도 반응하지 않는 상태인 반면, 지속성 식물인간상태는 수면과 약간의 각성 상태를 왔다 갔다 하지만 각성 상태에 있을 때조차도 주변 환경에 대한 자각을 보이지 않는다. 이 글상자에서는 뇌사로 진단받은 사람이 의식을 회복한 이야기를 하고 있으나 사실상 뇌사는 불가역적인 상태여서 의식을 회복할 수 없으며, 여기서 '뇌사'라고 적힌 부분은 모두 지속성 식물인간상태라고 해석해야 한다.

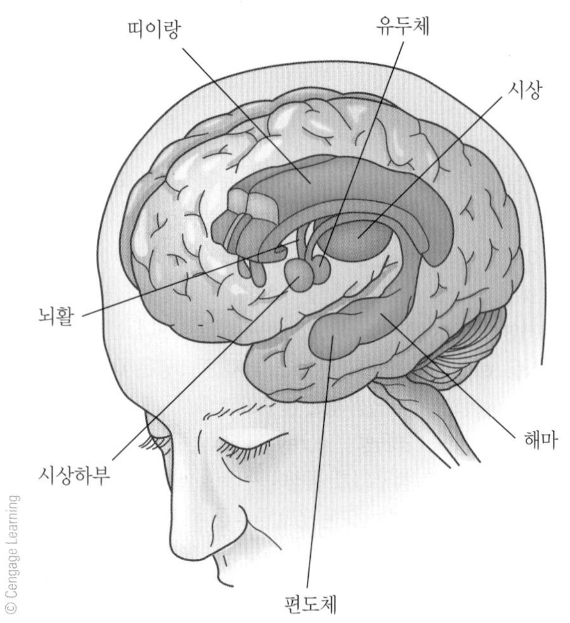

그림 10.2
둘레계통의 부분들. 여기서는 한쪽 편만 보여 주지만 해마와 편도체는 뇌의 양쪽 관자엽 속에 길쭉하게 들어 있다. 둘레계통은 정서와 깊이 연관된, 뇌의 일종의 원시적 핵심이다.

의 즐거운 부분인 웃음도 또한 둘레계통에서 나온다(Wild et al., 2003).

진화 동안 둘레계통은 앞뇌에서 가장 먼저 발달한 층이었다. 하등동물에게서 둘레계통은 기본 생존반응, 즉 먹기, 도망가기, 싸우기 및 번식하기를 조직화한다. 인간에게서도 정서와의 연관성은 명백하게 남아 있다. 특히 편도체(amygdala)는 공포와 깊이 관련된다(Amano et al., 2011).

편도체는 겉질로 가는 원시적이고 빠른 경로를 제공한다. 하등동물과 마찬가지로 우리는 놀람반사를 할 수가 있는데, 그런 점에서 무슨 일이 일어나고 있는지 완전히 알기도 전에 위험한 자극에 대해 반응할 수 있다(LeDoux, 2012). 군대 전투에서처럼 진짜 위험이 존재하는 상황에서는 편도체의 신속한 반응이 생존에 도움이 될 수 있다. 그러나 뇌의 공포 체계의 혼란은 대단히 파괴적일 수 있다. 한 예로 자동차가 역화(backfire)하는 쾅 소리에 참전용사가 자동적으로 덤불로 몸을 던져 숨는 경우를 들 수 있다. 공포증이나 심한 불안으로 고생하는 사람이 이유도 모른 채 두려움을 느끼는 현상도 정서에서 편도체가 하는 역할로 설명될 수 있을지 모른다(Lamprecht et al., 2009; Schlund & Cataldo, 2010).

둘레계통의 어떤 부분은 고차 수준의 기능을 덧붙여 떠맡게 되었다. 해마(hippocampus)라는 부분은 오래가는 기억의 형성에 중요하다(Jurd, 2011). 해마는 관자엽 내부에 자리 잡고 있는데, 그 때문에 관자엽을 자극하면 기억이나 꿈과 비슷한 경험이 야기될 수 있다. 해마는 또한 우리가 주변의 공간을 돌아다니도록 도와준다. 예를 들면, 차를 운전하여 마을을 통과하는 계획을 정신적으로 세우고 있을 때는 해마가 더욱 활발히 활동한다(Aradillas, Libon, & Schwartzman, 2011).

심리학자들은 동물이 둘레계통에 전기자극을 받기 위해 레버를 누르기를 배운다는 것을 발견했다. 동물은 마치 그 전기자극이 만족스럽거나 쾌감을 주는 것처럼 행동한다. 사실 둘레계통의 여러 영역이 보상 경로, 즉 '쾌락' 경로로 작용한다. 그런 영역이 시상하부에서 많이 발견되는데, 이것은 목마름, 성 및 배고픔을 통제하는 영역들과 겹친다. 모듈 7에서 언급했듯이 코카인, 암페타민, 헤로인, 니코틴, 마리화나, 알코올처럼 흔히 남용되는 약물은 이 똑같은 쾌락 경로 중 많은 부분을 활성화시킬 때가 많다. 이것이 그런 약물이 그다지도 즐거운 느낌을 주는 이유 중 하나인 것으로 보인다(Niehaus, Cruz-Bermúdez, & Kauer, 2009).

여러분을 '소름 돋게' 만드는 음악도 뇌 속의 쾌락 체계를 활성화시킨다는 것을 알면 흥미가 생길지도 모르겠다. 이것이 여러분의 등줄기에 전율을 일으킬 수 있는 음악의 힘을 일부 설명할 수도 있다(Salimpoor et al., 2011). (이는 또한 왜 사람들이 콘서트 표에 그다지도 많은 돈을 쓰는지 설명할지도 모른다.)

처벌 영역, 즉 혐오 영역도 또한 둘레계통에서 발견되었다. 이 부위들이 활성화되면 동물은 불쾌함을 나타내며 그런 자극을 꺼버리기 위해 열심히 노력한다. 우리 행동의 많은 부분이 쾌감을 추구하고 고통을 피하는 데 기반을 두고 있기 때문에 이런 발견은 심리학자들을 계속 매료시키고 있다.

전인적 인간

인간의 뇌가 엄청나게 많은 민감한 세포와 신경섬유의 놀라운 조합이라는 것을 보았다. 뇌는 필수 신체기능을 통제하고, 외부 세계의 정보를 끊임없이 얻어 내며, 근육과 분비샘으로 명령을 내보내고, 현재의 필요에 반응하며, 그 자신의 행동을 조절하고, 심지어 마음을, 그리고 의식이라는 마법을 생성해 내기까지 한다. 그 모든 것을 동시에 말이다.

이제 마지막으로 두 가지 단서를 달아야겠다. 첫째, 오로지 설명을 단순하게 하기 위해 우리는 뇌가 마치 컴퓨터인 것처럼 뇌의 각 부위에 기능을 할당하였다. 이는 일부만 옳은 이야기다. 실제로 뇌는 방대한 정보처리 체계이다. 들어오는 정보는 뇌 전체에 걸쳐서 흩어지며 다시 모여서 척수를 통해 근육과 분비샘으로 나간다. 이 체계 전체는 우리가 각 부분을 따로따로 살펴본 것이 의미하는 것보다 훨씬 더 복잡하다. 둘째, 우리는 뇌가 어떻게 사람의 모든 경험의 바탕이 되는지를 강조하였다. 이 또한 일부만 옳은 이야기다. 모듈 7에서 언급했듯이 사람의 경험이 또한 뇌 회로를 변화시킨다(Kolb & Whishaw, 2013). 예를 들면, 택시 운전, 수학, 음악 같은 기술을 연습하면 수행이 향상될 뿐만 아니라 뇌의 변화도 일어난다(Woollett & Maguire, 2011).

내분비계—호르몬 때문에 내가 그런 거야

SURVEY QUESTION 10.2 분비샘은 어떻게 행동에 영향을 미치는가?

우리의 행동은 오로지 신경계의 산물인 것만은 아니다(Kalat, 2013). 내분비샘이 몸에서 똑같이 중요한 교신 체계를 형성한다. **내분비계**(endocrine system)는 화학물질을 혈류나 림프계로 직접 분비하는 내분비샘들로 이루어진다(● 그림 10.3). **호르몬**(hormone)이라 불리는 이 화학물질들은 몸 전체를 순환하면서 내적 활동과 외적 행동에 영향을 준다. 호르몬은 신경전달물질과 관련이 있다. 다른 신경전달물질처럼 호르몬은 몸속의 세포를 활성화한다. 세포는 특정 호르몬에 대한 수용체를 갖고 있어야 반응할 수 있다. 호르몬은 사춘기, 성격, 소인증(왜소증), 시차 부적응을 비롯한 많은 것에 영향을 준다.

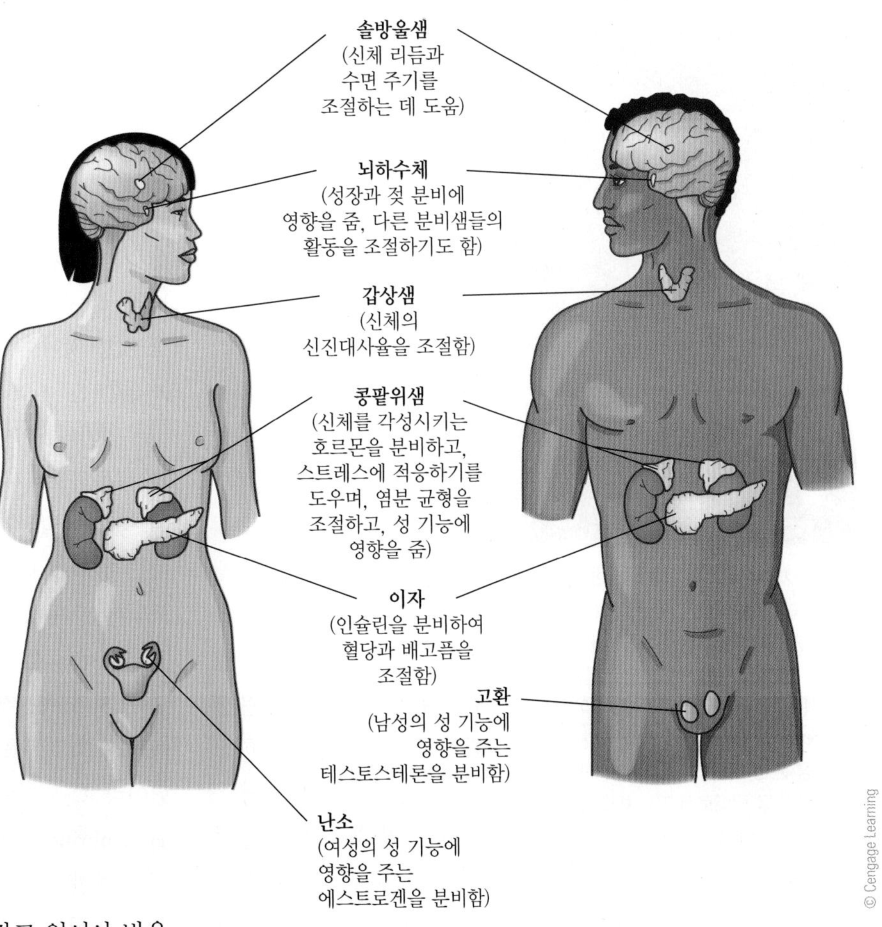

● **그림 10.3**
내분비계

호르몬이 어떻게 행동에 영향을 미칠까? 우리가 직접 자각하는 경우는 거의 없지만 호르몬은 많은 면에서 우리에게 영향을 준다(Toates, 2011). 간단한 예를 보자. 콩팥위샘(부신선)에서 나오는 호르몬 출력은 스트레스 상황에서 높아진다. 안드로겐('남성' 호르몬)은 남녀 모두에게서 성 추동과 관련된다. 강렬한 정서가 일어날 때 분비되는 호르몬은 기억 형성을 증강시킨다. 청소년기의 정서적 혼란 중 적어도 일부는 호르몬 수준의 증가에 기인한다. 그리고 우리가 화났을 때와 두려워할 때는 서로 다른 호르몬이 주로 분비된다. 임신 시에 그리고 엄마가 되면 모성 행동에 관련된 변화를 야기하는 호르몬이 분비된다(Henry & Sherwin, 2012). 심지어 비정상적인 성격 패턴도 호르몬의 이상과 연관될 수 있다(Evardone, Alexander, & Morey, 2007). 이는 그냥 예들일 뿐이므로 호르몬이 몸과 행동에 미치는 영향을 몇 가지 더 살펴보자.

뇌하수체(pituitary gland)는 뇌의 밑바닥 부분에 매달려 있는 콩 정도 크기의 둥그런 구조이다(그림 10.1 참조). 뇌하수체의 중요한 역할 중 하나는 성장을 조절하는 일이다(Beans, 2009). 아동기에 뇌하수체는 신체 성장을 촉진하는 호르몬을 분비한다. 이 **성장호르몬**(growth hormone)이 너무 적게 분비되는 사람은 평균 이하의 작은 체구에 멈출 수 있다. 이 병이 치료되지 못하면 아동이 또래보다 15~30cm가량 키가 더 작을 수 있다. 성인 중에서는 *하수체성 왜소발육증*(hypopituitary dwarfism)이 되는 사람도 있다. 그런 사람은 신체의 비율이 완전히 정상이나 체구가 아주 작다. 성장호르몬을 규칙적으로 투여하면 그런 아이의 키가 대개 평균 범위 내의 하위 수준까지 자라게 된다.

성장호르몬이 너무 많으면 *거인증*(gigantism)이 생기게 된다. 성장기 말기에 성장호르몬이 너무 많이 분비되면 팔, 손, 발 및

편도체 공포 반응과 연관된 둘레계통의 일부
해마 기억의 저장과 연관된 둘레계통의 일부
내분비계 혈류나 림프계로 직접 물질을 방출하는 분비샘
호르몬 신체 기능이나 행동에 영향을 주는, 분비샘에서 나오는 물질
뇌하수체 다른 내분비샘들에 영향을 주는 호르몬을 분비하는, 뇌의 밑바닥에 자리 잡고 있는 우두머리 분비샘
성장호르몬 뇌하수체에서 분비되는, 신체 성장을 촉진하는 호르몬

왜소한 사람이 모두 뇌하수체의 활동 저하 때문에 그렇게 되는 것은 아니다. TV 드라마 〈왕좌의 게임〉에서 교활한 티리온 라니스터 역할로 에미상과 골든글로브 상을 받은 피터 딘클리지는 *연골무형성증*(achondroplasia)을 갖고 태어났다. 왜소증의 가장 흔한 원인인 연골무형성증은 유전적인 뼈 발달 장애로서 지나치게 짧은 팔다리를 만들어 낸다.

얼굴뼈가 커지는 *말단비대증*(acromegaly)이 초래된다. 말단비대증은 독특한 얼굴 특징을 만들어 내는데, 어떤 이들은 이를 이용하여 특정 역할의 배우나 레슬러 같은 분야의 경력을 쌓기도 했다.

뇌하수체에서 분비되는 또 다른 중요한 호르몬인 옥시토신(oxytocin)은 전반적으로 행복에 관여하는 많은 행동을 조절하는 데 광범위한 역할을 한다(Viero et al., 2010). 임신, 양육 행동, 성 활동, 사회적 유대관계, 신뢰 등을 조절하고 심지어는 스트레스 반응을 줄이는 것이 그런 행동들이다(Gordon et al., 2010; Kingsley & Lambert, 2006; Stallen et al., 2012).

뇌하수체는 종종 '우두머리 분비샘(주 분비선, master gland)'이라고 불리는데, 왜냐하면 다른 내분비샘(특히 갑상샘, 콩팥위샘, 난소 또는 고환)에 영향을 미치기 때문이다. 그리하여 이 분비샘들은 신진대사, 스트레스에 대한 반응 및 생식 같은 신체 과정을 조절한다. 그렇지만 이 우두머리 분비샘에게도 우두머리가 있다. 즉 뇌하수체는 그 바로 위에 있는 시상하부의 감독을 받는다. 시상하부는 이런 면에서 신체 전체에 걸쳐 분비샘에 영향을 줄 수 있다. 따라서 이것이 뇌와 호르몬 간의 주요 연결고리이다(Kalat, 2013).

솔방울샘(송과선, pineal gland)은 한때 쓸데없는 진화의 잔재로 여겨진 적이 있다. 어떤 어류, 개구리 및 도마뱀에게서는 솔방울샘이 소위 *제3의 눈*이라 불리는 잘 발달된 빛 민감성 기관과 관련된다. 인간에게서는 솔방울샘의 기능이 이제 막 조명을 받기 시작하고 있다. 솔방울샘은 매일의 빛 변화에 반응하여 **멜라토닌**(melatonin)이라는 호르몬을 분비한다. 혈중 멜라토닌 수준은 해질녘에 증가하기 시작하여 한밤중에 최고조에 이르렀다가 아침이 가까워지면서 다시 떨어진다. 뇌의 입장에서는 멜라토닌 수준이 증가할 때가 취침 시간인 것이다(Norman, 2009).

목에 있는 **갑상샘**(갑상선, thyroid gland)은 신진대사를 조절한다. 생물학 수업을 들었던 기억을 떠올려 보자면, *신진대사*(metabolism)란 몸에서 에너지가 생산되고 소비되는 비율이다. 갑상샘은 신진대사를 변경시킴으로써 성격에 꽤 큰 영향을 미칠 수 있다. *갑상샘 기능 항진증*(hyperthyroidism, 갑상샘의 과도한 활동)에 걸린 사람은 몸이 마르고 긴장해 있으며 쉽게 흥분하고 초조해하는 경향이 있다. *갑상샘 기능 저하증*(hypothyroidism, 갑상샘의 비정상적으로 낮은 활동)은 성인에게서 무활동, 졸음, 느림, 비만 및 우울증을 일으킬 수 있다(Joffe, 2006). 유아기에는 갑상샘 기능 저하증이 신경계의 발달을 제한하여 심각한 지적 장애를 초래한다.

우리가 놀라거나 화가 나면 몇 가지 중요한 반응이 우리의 몸을 행동하도록 준비시킨다. 즉 심박수와 혈압이 올라가고, 저장된 당류가 혈류로 분비되어 신속히 에너지로 되며, 근육이 긴장하면서 피를 더 많이 받고, 부상을 당할 시에는 피가 더 빨리 응고되는 상태에 들어간다. 앞서 살펴본 바와 같이 이런 변화는 자율신경계의 통제를 받는다. 구체적으로 말하면 ANS의 교감신경 가지가 콩팥위샘으로 하여금 *에피네프린*과 *노르에피네프린*이라는 호르몬을 분비하게 한다. (에피네프린은 또한 아드레날린이라고도 하는데, 이 이름이 더 친숙할 수도 있다.) **에피네프린**(epinephrine)은 공포와 관련이 있어서 신체를 각성시킨다. 뇌에서 신경전달물질로도 기능하는 **노르에피네프린**(norepinephrine)도 역시 신체를 각성시키지만 이는 분노와 관련된다.

콩팥위샘(부신선, adrenal gland)은 가슴우리(흉곽)의 등쪽 바로 아래에, 콩팥(신장)의 꼭대기에 있다. *부신속질*(부신수질, adrenal medulla), 즉 콩팥위샘의 안쪽 핵 부위는 에피네프린과 노르에피네프린의 원천이다. 콩팥위샘의 바깥쪽 '껍질'인 *부신겉질*(부신피질, adrenal cortex)은 코르티코이드라는 일군의 호르몬을 생산한다. 그 작용 중 하나는 몸의 염분 균형을 조절하는 것이다. 사람에게서 어떤 코르티코이드가 결핍되면 짠맛에 대한 강력한 갈망이 생길 수 있다. 코르티코이드는 또한 몸이 스트레스에 적응하는 것을 도우며, 성호르몬의 이차적 근원이기도 하다.

콩팥위샘 성호르몬의 과잉 분비는 *남성화*(virilism, 과장된 남성적 특징)를 야기할 수 있다. 예를 들어 여성에게서 수염이 나거나 남성의 목소리가 너무 낮아서 알아듣기 힘들 정도가 될 수도 있다. 어릴 때 과잉 분비가 일어나면 *조발 사춘기*(premature puberty, 아동기에 완전한 성적 발달이 일어남)가 야기될 수 있다. 가장 놀라운 사례 중 하나는 페루의 5세 여자 아이가 아들을 낳았다는 보고이다(Strange, 1965).

우리가 성호르몬이란 주제를 다루는 김에 관련된 한 가지 문제를 언급할 필요가 있겠다. 주요 안드로겐(남성 호르몬) 중의 하나는 테스토스테론인데, 이는 콩팥위샘에서도 소량이 분비된다. (고환이 남성에게서 테스토스테론의 주된 원천이다.) 일부 운동선수들이 몸집을 키우거나 근육 성장을 촉진하기 위해 단백동화 스테로이드제를 사용한다는 이야기를 아마도 들은 적이 있을 것이다. 그런 약물은 대부분 합성 테스토스테론 제제이다.

스테로이드가 실제로 경기력을 향상시키는지에 대해서는 동의하지 않는 이들도 있지만 스테로이드가 심각한 부작용을 일으킨다는 것은 널리 인정되고 있다(Kanayama et al., 2012; Sjöqvist, Garle, & Rane, 2008). 여성은 목소리가 굵어지거나 대머리가 되는 문제, 그리고 남성은 고환이 위축되거나 발기불능, 또는 유방이 커지는 문제가 생긴다(Millman & Ross, 2003). 호전성과 공격성이 위험 수준으로 높아지는 '스테로이드 분노(로이드 레이지, roid rage)'도 또한 스테로이드 사용과 연관된 바 있다(Lumia & McGinnis, 2010). 청소년이 스테로이드를 사용할 경우 심장마비, 뇌중풍 및 간 손상의 위험 증가와 성장의 정체도 흔히 일어난다. 당연하게도 거의 모든 주요 스포츠 단체는 단백동화 스테로이드 사용을 금지한다.

내분비계에 대한 이 짧은 논의에서 우리는 중요한 내분비샘 몇 가지만을 다루었다. 그렇기는 해도 행동과 성격이 몸 속 호르몬의 오르내림과 얼마나 밀접하게 연결되어 있는지 그것만 가지고도 알 수가 있다.

옥시토신 뇌하수체에서 분비되어 임신, 양육 행동, 성 활동, 사회적 유대 관계, 신뢰 등을 조절하고 심지어는 스트레스 반응을 감소시키는 등 광범위한 역할을 하는 호르몬
솔방울샘 신체 리듬과 수면 주기의 조절에 한몫하는, 뇌 속의 분비샘
멜라토닌 매일의 낮과 밤 주기에 대한 반응으로 솔방울샘(송과선)에서 분비되는 호르몬
갑상샘 신진대사율을 조절하는 내분비샘
에피네프린 신체를 각성시키는 부신 호르몬으로서 공포와 관련이 있다. (아드레날린이라고도 함)
노르에피네프린 뇌의 신경전달물질이자 부신 호르몬이기도 한 물질로서 신체를 각성시킨다. 분노와 관련이 있다. (노르아드레날린이라고도 함)
콩팥위샘 신체를 각성시키고, 염분 균형을 조절하며, 스트레스에 대해 몸을 적응시키고, 성 기능에 영향을 주는 내분비샘

모듈 10: 요약

10.1 겉질밑조직의 주요 부위는 무엇인가?

10.1.1 뇌는 앞뇌, 중간뇌 및 마름뇌로 구분될 수 있다. 겉질밑조직으로는 겉질 아래에 있는 앞뇌의 아래쪽 부분들뿐 아니라 마름뇌와 중간뇌 구조들도 포함된다.

10.1.2 숨뇌에는 심박수, 호흡 및 기타 필수 기능에 필요한 중추가 있다.

10.1.3 다리뇌는 숨뇌를 다른 뇌 영역들과 연결시킨다.

10.1.4 소뇌는 협응, 자세 및 근 긴장도를 유지시킨다.

10.1.5 그물체는 감각 및 운동 메시지를 보내는데, RAS라는 그물체의 일부는 대뇌겉질을 활성화시키는 체계로 작용한다.

10.1.6 시상은 감각 정보를 겉질로 전달한다.

10.1.7 시상하부는 먹기, 마시기, 수면 주기, 체온 및 다른 기본적인 동기와 행동에 대해 강력한 통제력을 행사한다.

10.1.8 둘레계는 정서와 긴밀히 관련된다. 또한 둘레계는 보상 영역과 처벌 영역을 따로 갖고 있으며 기억 형성에 중요한 해마라는 영역도 갖고 있다.

10.2 분비샘은 어떻게 행동에 영향을 미치는가?

10.2.1 내분비샘은 체내의 화학적 교신체계로 작용한다. 내분비샘에서 나와서 혈류로 들어가는 호르몬의 오르내림은 행동, 기분, 성격에 영향을 미친다.

10.2.2 많은 내분비샘은 뇌하수체(우두머리 분비샘)의 영향을 받는데, 뇌하수체는 또한 시상하부의 영향을 받는다. 따라서 뇌는 신속한 신경계와 느린 내분비계 모두를 통해 신체를 통제한다.

모듈 10: 지식 쌓기

암기

1. 뇌의 세 가지 주요 구획은 뇌줄기 또는 ___________, ___________, ___________이다.

2. 심장박동과 호흡을 통제하는 반사중추는 어디에 있는가?
   a. 소뇌 b. 시상
   c. 숨뇌 d. RF

3. RAS라는 그물체의 일부는 뇌 속에 있는 ________체계의 역할을 한다.
   a. 활성화 b. 부신
   c. 적응 d. 혐오

4. _________은 감각 정보가 겉질로 가는 길에 있는 마지막 중계역, 즉 환승역이다.

5. 보상 영역과 처벌 영역은 ________계통 전체에 걸쳐 발견되는데, 이 계통은 또한 정서와도 관련된다.

6. 몸이 스트레스에 저항하는 능력은 부신_____의 작용과 관련이 있다.

반영

비판적으로 생각하기

7. 인간의 겉질밑구조들은 그에 대응되는 동물의 하등 뇌 영역들과 아주 비슷하다. 이런 사실을 알면 왜 겉질밑조직이 무슨 기능을 통제하는지를 대강 예측할 수 있게 되는가?

자기반영

주요 겉질밑조직은 어떤 것들이 있으며 그것이 통제하는 기능은 무엇인가? 둘레계통을, 그리고 그것이 우리의 정서 생활에 어떤 역할을 하는지를 이해하는 것이 왜 특별히 중요한가?

정답

1. 마름뇌, 중간뇌, 앞뇌 **2.** c **3.** a **4.** 시상 **5.** 둘레 **6.** 겉질 **7.** 겉질밑조직은 모든 고등동물에게 공통적인 기본 기능, 즉 동기, 정서, 수면, 주의집중, 그리고 심장박동, 호흡, 체온조절 같은 필수 기능과 관련되어 있음에 분명하기 때문이다. 또한 겉질밑조직은 감각기관들로부터 들어오는 정보와 근육으로 나가는 명령을 전달하고 처리한다.

Module 11

행동하는 심리학: 손잡이

Christopher Lee/Getty Images for Ricoh

테니스 칠 사람?

역사적으로 사람들은 왼손잡이를 좋게 보지 않았다. 왼손잡이의 특징은 흔히 서투르거나 어색하거나 재수 없거나 불성실하다는 것이었다. 왼쪽을 가리키는 라틴어는 실제로 불길하다는 뜻의 *sinister*이다! 이와 반대로 오른손잡이는 미덕의 화신이다. 오른쪽을 가리키는 라틴어는 운이 좋다는 뜻의 *dexter*이며, 오른손잡이는 솜씨 좋고 균형 잡혀 있으며 능숙하고 올바른 사람으로 묘사되기 마련이다. 그런데 이런 태도에 정말로 약간이라도 근거가 있는 걸까?

항상 그런 건 아니다. 예컨대 옆에 보이는 2012년 프렌치 오픈 테니스 챔피언 라파엘 나달 같은 왼손잡이는 펜싱이나 테니스 같은 스포츠에서 이점이 있다. 왼손잡이의 움직임은 십중팔구 상대편에게 덜 익숙한 것일 것이다. 왜냐하면 대개는 오른손잡이와 싸우니까 말이다. 왜 왼손잡이보다 오른손잡이가 더 많을까? 왼손잡이는 오른손잡이와 어떻게 다를까? 왼손잡이가 되면 어떤 문제 또는 이점이 생길까? 이런 질문에 대한 답은 우리를 손잡이가 시작되는 곳인 뇌로 다시 돌아가게 이끈다. 연구가 손잡이, 뇌, 그리고 우리 자신에 대해 무엇을 밝혀냈는지를 살펴보자.

SURVEY QUESTIONS

11.1 왼손잡이는 오른손잡이와 어떤 면에서 다른가?

손잡이—여러분은 왼손잡이인가 오른손잡이인가?

SURVEY QUESTION 11.1 왼손잡이는 오른손잡이와 어떤 면에서 다른가?

여러분은 왼손을 잘 쓰는가 오른손을 잘 쓰는가? 다시 말하면 여러분의 **손잡이**(handedness)는 어느 쪽인가? 이를 알려면 종이에다가 여러분의 이름을 처음에는 오른손으로, 그다음에는 왼손으로 써 보라. 아마도 여러분은 우세한 손으로 글자를 쓰는 것이 훨씬 더 편했을 것이다. 이는 흥미로운 일인데 왜냐하면 손 그 자체는 힘이나 능숙함이 실제로 다르지 않기 때문이다. 우세한 손의 민첩성은 뇌의 어느 한쪽의 운동 통제의 우월성의 외적 표현이다. 여러분이 오른손잡이라면 여러분의 왼쪽 뇌에 오른손을 통제하는 영역이 더 넓다. 왼손잡이라면 그 반대이다.

방금 한 이름 쓰기는 여러분이 완전히 오른손잡이 또는 왼손잡이임을 시사한다. 그러나 손잡이는 정도의 문제이다. 여러분의 손잡이를 더 잘 진단하려면 워털루 손잡이 질문지(Waterloo Handedness Questionnaire; Brown et al., 2006)에서 뽑아낸 몇 가지 질문에 대해 적절한 곳에 체크를 해 보라. 오른쪽에 체크를 많

당신은 오른손잡이일까 왼손잡이일까?

	오른손	왼손	왼손 또는 오른손
어느 손으로 붓을 잡고 벽에 페인트칠을 하겠는가?	___	___	___
어느 손으로 책을 집어 들겠는가?	___	___	___
어느 손으로 숟가락을 들고 국을 먹겠는가?	___	___	___
어느 손으로 팬케이크를 뒤집겠는가?	___	___	___
어느 손으로 종이 한 장을 집어 들겠는가?	___	___	___
어느 손으로 그림을 그리겠는가?	___	___	___
어느 손으로 열쇠를 자물쇠에 집어넣고 돌리겠는가?	___	___	___
어느 손으로 공을 던지겠는가?	___	___	___

이 했을수록 여러분은 그만큼 더 오른손잡이이다. 모든 사람의 약 90%는 오른손잡이이고 10%가 왼손잡이이다. 대부분의 사람(약 75%)은 심한 오른손잡이이거나 심한 왼손잡이이다(McManus et al., 2010). 나머지 사람들은 손 선호도가 어느 정도 비일관적이다. 여러분은 어느 쪽인가?

왼발잡이 같은 게 있을까? 훌륭한 질문이다. **측부성**(側部性, sidedness)은 흔히 손, 발, 눈, 귀의 선호도를 평가함으로써 측정한다(Greenwood et al., 2006). 우리는 또한 일반적으로 숨 쉴 때 선호하는 어느 한쪽 콧구멍이 있으며, 심지어는 키스할 때 어느 쪽으로 머리를 기울이는지에 대한 선호도 있다(van der Kamp & Cañal-Bruland, 2011). 그렇지만 측부성을 나타내는 단 하나의 가장 중요한 행동 지표를 들라고 하면 손잡이다.

어떤 사람이 심하게 왼손잡이라면 그것은 우반구가 우세하다는 의미인가? 꼭 그렇지는 않다. 우반구가 왼손을 통제하는 것이 사실이지만 왼손잡이인 사람의 언어 중추가 있는 반구, 즉 **우세 반구**(dominant hemisphere)는 좌반구일 수 있다.

반구 우세성

오른손잡이의 약 95%는 좌반구가 말하기를 처리하며 따라서 좌반구 우세이다. 왼손잡이의 70%라는 꽤 많은 사람이 오른손잡이와 꼭 마찬가지로 좌반구에서 말하기를 담당한다. 모든 왼손잡이의 약 19%와 오른손잡이의 3%가 우반구를 사용하여 언어를 처리한다. 일부 왼손잡이(약 12%)는 언어 처리에 양쪽 반구 모두를 사용한다. 이 모든 것을 종합하면, 인구의 90% 이상이 언어에 좌반구를 사용한다(Szaflarski et al., 2011).

자신의 좌우 반구 중 어느 것이 우세한지 알 수 있는 방법이 있을까? 한 가지 고전적인 단서는 글을 쓸 때의 손 모양이다. 정상적인 손 모양으로 글씨를 쓰는 오른손잡이와 갈고리 모양으로 손가락을 구부려서 펜을 잡고 글씨를 쓰는 왼손잡이[1]는 언어에서 좌반구가 우세하기 마련이다. 글줄 아래쪽에서 글씨를 쓰는 왼손잡이와 갈고리 모양의 자세로 글을 쓰는 오른손잡이는 우반구가 우세할 가능성이 더 높다. 또 다른 힌트는 손 제스처이다. 말할 때 오른손으로 손짓을 대부분 하는 사람에게서는 아마도 좌반구가 언어를 처리할 것이다. 왼손으로 제스처를 하는 것은 우반구 언어 처리와 관련된다(Hellige, 1993). 하지만 글쓰기 자세와 손 제스처가 완벽한 지표는 아니다. 반구 우세성을 알아내는 유일하게 확실한 방법은 한 번에 한 반구를 평가하는 의학적 검사를 실시하는 것이다(Jones, Mahmoud, & Phillips, 2011).

손잡이의 원인

손잡이는 부모로부터 물려받는 것일까? 적어도 부분적으로는 그러하다(Corballis, 2010a). 출생 전부터 손 선호도는 명백히 드러나며(● 그림 11.1) 출생 후 적어도 10년 동안 지속된다(Hepper, Wells, & Lynch, 2005). 이는 손잡이를 강요할 수 없음을 시사한다. 부모가 왼손잡이 아이를 오른손을 사용하도록 강제하려고 해서는 안 된다. 그렇게 하면 말하기나 읽기에 문제가 생길 수도 있다(Klöppel et al., 2010).

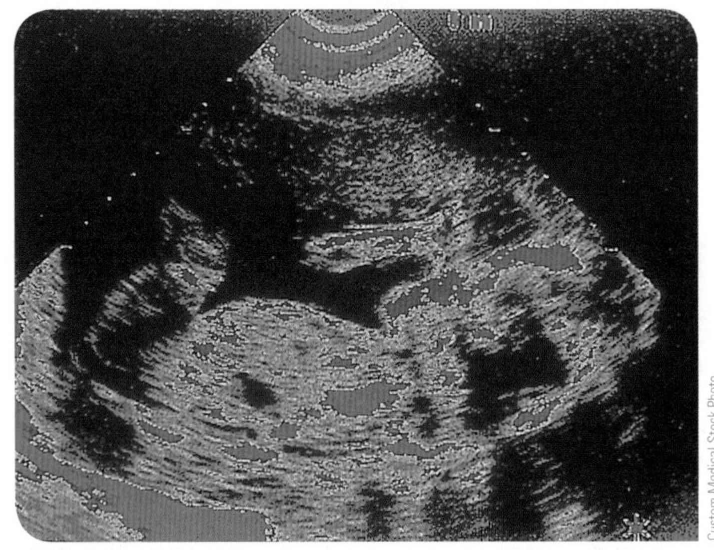

Custom Medical Stock Photo

그림 11.1
이 초음파 영상에서 4개월 된 태아가 오른손 엄지를 빨고 있다. 연구에 따르면 이 아이는 출생 후 오랜 시간이 지나서도 계속 오른손을 선호할 것이며 성인이 되어서도 오른손잡이일 것이다.

1) 역자 주: 영어를 쓰는 왼손잡이는 이렇게 쓸 때 글줄 위쪽에서 글을 쓰게 된다.

그러나 일란성 쌍둥이 연구는 손 선호도가 눈동자나 피부의 색깔처럼 직접 유전되는 것은 아님을 보여 준다(Ooki, 2005; Reiss et al., 1999). 그렇기는 해도 부모가 모두 왼손잡이일 경우 모두 오른손잡이인 경우보다 왼손잡이 아이를 가질 가능성이 더 높다(McKeever, 2000). 현재까지 가장 좋은 증거는 왼손잡이가 남성에게서 더 흔하며 X(여성) 염색체상의 단일 유전자의 영향을 받는다는 것을 보여 준다(Papadatou-Pastou et al., 2008).

한편으로, 학습이나 분만 시 외상, 오른손을 사용하게 만드는 사회적 압력 같은 환경 요인이 어느 손을 더 많이 쓰게 되는가에 영향을 줄 수 있다(Bailey & McKeever, 2004; Domellöf, Johansson, & Rönnqvist, 2011). 과거에는 많은 왼손잡이 아이들이 글쓰기, 먹기 및 기타 기술에 억지로 오른손을 쓰도록 강요당했다. 이는 왼손잡이가 특히 부정적인 것으로 간주되는, 인도나 일본 같은 집단주의적 문화에서 특히 그러하다. 그런 사회에서 왼손잡이의 비율이 미국이나 캐나다 같은 개인주의적 문화에서 발견되는 것의 겨우 절반이라는 것은 당연한 일이다(Ida & Mandal, 2003).

오른손잡이의 강점 *왼손잡이에게 어떤 결점이라도 있을까?* 왼손잡이 중 적은 일부는 분만 시 외상(조산, 저체중, 태아가 엉덩이나 다리부터 나오는 역산 같은) 때문에 왼손잡이가 된 사람들이다. 이들은 알레르기, 학습장애 및 기타 문제를 겪을 확률이 더 높다(Betancur et al., 1990). 마찬가지로 (일관성 있는 왼손잡이와 비교하여) 혼합 손잡이인 사람은 면역계 관련 질환에 걸릴 위험이 더 높다(Bryden, Bruyn, & Fletcher, 2005). (혼합 손잡이란 어떤 것은 오른손으로, 어떤 것은 왼손으로 더 잘하는 것을 의미한다.)

오른손잡이가 왼손잡이보다 더 오래 산다는 게 사실인가? 나이 많은 왼손잡이가 적음은 사실이다. 가능한 설명 하나는 왼손잡이가 사고를 더 잘 당한다는 광범위한 발견이다(Dutta & Mandal, 2005). 그러나 왼손잡이가 서툴러 보이는 것은 오른손잡이 중심의 세계에서 사는 당연한 결과일 수 있다. 한 연구는 기관사 중 왼손잡이인 사람이 사고율이 더 높음을 보여 주었으며 그 이유가 기관차 조종 장치의 설계 때문임을 시사했다(Bhushan & Khan, 2006). 잡거나 돌리거나 당겨야 하는 어떤 것이면 아마도 오른손잡이를 위해 설계되었을 것이다. 심지어 변기 손잡이도 오른쪽에 붙어 있다.

다른 한편으로, 매우 나이 많은 왼손잡이 노인이 별로 없다는 것은 단순히 과거에 왼손잡이 아동이 오른손잡이가 되도록 강요를 받은 적이 많다는 사실을 반영하는 것일 수 있다. 만약 그렇다면 많은 왼손잡이가 노년기까지 오래 생존하지 못하는 것처럼 보일 수 있다. 실제로는 왼손잡이도 오래 살지만, 오른손잡이인 척하는 사람이 많다(Martin & Freitas, 2002).

왼손잡이의 강점 *왼손잡이인 것이 어떤 이점이라도 있을까?* 왼손잡이에게는 몇 가지 분명한 이점이 있다(Faurie et al., 2008). 역사적으로 레오나르도 다 빈치와 미켈란젤로부터 파블로 피카소와 M. C. 에셔에 이르기까지 상당히 많은 예술가가 왼손잡이였다. 최근 7명의 미국 대통령 중 5명도 왼손잡이였음은 흥미로운 일이다(Smits, 2011). 아마도 우반구가 심상과 시각적 능력이 우월하기 때문에 그림을 그리는 데 왼손을 사용하는 것이 좀 유리할 것이다(Wilkinson et al., 2009). 적어도 왼손잡이는 삼차원 물체를 시각적으로 상상하기를 확실히 더 잘한다. 이것이 왼손잡이인 건축가, 예술가, 체스 선수가 예상보다 더 많은 이유일 수 있다(Shimoda, Takeda, & Kato, 2012). 마찬가지로, 오른손잡이라고 해서 스포츠에서 뛰어나다는 보장이 없다. 왼손잡이들은 권투, 펜싱, 핸드볼 및 테니스 등의 다양한 프로스포츠에서 두각을 나타냈다(Dane & Erzurumluoglu, 2003; Gursoy et al., 2012; Holtzen, 2000).

편재화(lateralization, 편측화)란 뇌 반구의 능력상 전문화를 가리킨다. 왼손잡이의 한 가지 놀라운 특징은 오른손잡이보다 일반적으로 덜 편재화되어 있다는 것이다. 사실상 왼손잡이의 두 반구는 물리적 크기와 모양조차 더 비슷하다. 여러분이 왼손잡이라면 여러분의 뇌가 대부분의 사람보다 더 균형이 잡혀 있다는 사실에 자부심을 느껴도 된다! 일반적으로 왼손잡이는 눈 우세(eye dominance, 또는 지배안), 지문, 심지어 발 크기를 비롯하여 거의 모든 면에서 더 대칭적이다(Bourne, 2008).

어떤 상황에서는 편재화가 덜된 것이 정말로 유리할 수 있다. 예를 들면 중간 정도로 왼손잡이이거나 양손잡이(양손을 똑같이 잘 쓰는 사람)인 사람은 음 높낮이 기억이 평균보다 더 좋은데, 이는 기본적인 음악적 기술이다. 따라서 음악가 중에는 정상적으로 예상되는 것보다 양손잡이가 더 많다(Springer & Deutsch, 1998).

수학 능력 또한 우반구를 더 완전하게 사용하는 데서 혜택을 본다. 극단적으로 뛰어난 수학 영재들은 왼손잡이이거나 양손잡이일 확률이 훨씬 더 높다(Benbow, 1986). 일반적인 산수 능력의

손잡이 대부분의 활동에서 오른손이나 왼손을 선호하는 것
측부성 손, 발, 눈, 귀의 선호도의 조합
우세 반구 한 사람에게서 언어를 담당하는 쪽의 뇌에 대개 적용되는 용어
편재화 신체 양쪽 사이의 차이, 특히 뇌 반구들의 능력상 차이

경우에조차 왼손잡이가 더 뛰어난 것으로 보인다(Annett, 2002; Annett & Manning, 1990).

왼손잡이일 경우의 가장 명백한 이점은 뇌 손상을 입었을 때 드러난다. 왼손잡이인 사람은 편재화가 더 약하게 되어 있기 때문에 어느 뇌 반구가 손상을 입어도 언어의 상실을 더 적게 겪으며 더 쉽게 회복한다(Geschwind, 1979).

모듈 11: 요약

11.1 왼손잡이는 오른손잡이와 어떤 면에서 다른가?

11.1.1 거의 대부분의 사람은 오른손잡이이며 따라서 운동 기술에 대해 좌반구 우세이다. 오른손잡이의 90% 이상과 왼손잡이의 약 70%가 또한 좌반구에서 언어를 산출한다.

11.1.2 반구 우세성과 뇌 활동이 우리가 오른손잡이인지 왼손잡이인지 아니면 양손잡이인지를 결정한다.

11.1.3 대부분의 사람은 심한 오른손잡이이다. 소수의 사람은 심한 왼손잡이이다. 어떤 사람은 중간 정도거나 혼합된 손 선호도를 갖고 있고, 또는 양손잡이이다. 따라서 손잡이는 단순히 예/아니요로 말할 수 있는 특질이 아니다.

11.1.4 왼손잡이는 오른손잡이보다 편재화가 더 약하게 되어 있는 경향이 있다(즉 뇌가 그만큼 전문화되어 있지 않다).

모듈 11: 지식 쌓기

암기

1. 왼손잡이의 약 95%는 오른손잡이와 똑같이 좌반구에서 언어를 처리한다. **O X**
2. 글줄 아래에서 글씨를 쓰는 왼손잡이는 우반구 우세일 가능성이 높다. **O X**
3. 사람은 기본적으로 학습을 통해 왼손잡이나 오른손잡이가 된다. **O X**
4. 일반적으로 왼손잡이는 뇌와 신체 전체에 걸쳐 편재화가 덜 나타난다. **O X**

반영

비판적으로 생각하기

5. 왼손잡이가 더 젊어서 죽는 경향이 있다는 신문기사는 중요한 측면에서 결함이 있다. 왼손잡이 참가자들의 평균 나이가 오른손잡이 참가자들의 것보다 더 적었기 때문이다. 이것이 왜 결론을 내리는 데 영향을 미칠까?

자기반영

이 모듈을 읽기 전에 여러분이 손잡이와 왼손잡이인 사람들에 대해 알고 있었던 것을 잠시 생각해 보라. 여러분의 생각 중 어느 것이 맞는 것이었나? 손잡이에 대한 여러분의 지식이 어떻게 변했는가?

정답

1. X **2.** O **3.** X **4.** O **5.** 사망률의 차이를 손잡이와 평균 연령 중 어느 것이 설명하는지 알 수 없다. 예를 들어 만약 20~30세인 사람 집단을 갖고 시작한다면 몇 사람이 죽을 경우 평균 사망 연령이 20세와 30세 사이가 되어야 한다. 만약 30~40세인 사람 집단을 갖고 시작한다면 몇 사람이 죽을 경우 평균 사망 연령이 30과 40 사이여야 한다. 따라서 왼손잡이 집단이 단순히 처음부터 더 젊었기 때문에 평균 사망 연령이 더 낮았을지도 모른다.

Module 12

인간의 발달: 유전과 환경

아들입니다!

이 말을 듣는 순간 글로리아는 갓 태어난 조셉을 처음으로 언뜻 보았다. 자신이 낳았지만 놀라웠다. 전 세계 모든 부모들처럼 글로리아와 남편 제이는 조셉의 인생이 어떻게 펼쳐질지, 그 녀석이 어떤 사람이 될지, 행복한 청소년이 되고 결혼도 하고 아버지도 될지, 흥미로운 직업을 가질지, 충만하고 만족스러운 삶을 살지 궁금했다.

출생과 유아기에서부터 성숙, 노화, 그리고 죽음에 이르는 인간의 성장과 발달에 관한 연구는 대단히 흥미로운 이야기를 전해 준다. 자신의 발달을 이해한다면 두 가지 중요한 물음에 답하는 데 도움이 될 것이다. 첫째는 "내가 어떻게 오늘의 '나'라는 사람이 되었는가?"이고, 둘째는 "내일은 내가 어떤 사람이 될 것인가?"이다.

조셉과 마찬가지로, 우리가 물려받은 것과 우리의 환경은 우리 삶의 모든 단계에 영향을 준다. 우리가 유전적으로 물려받은 것이 우리가 삶에서 경험하는 것과 어떻게 조합되어 지금 우리, 그리고 앞으로의 우리를 형성할까? 이 춤과 같은 과정을 좀 더 자세히 살펴보자.

SURVEY QUESTIONS

12.1 유전과 환경이 어떻게 발달에 영향을 미치는가?

선천성과 후천성: 손뼉도 마주쳐야 소리가 난다

SURVEY QUESTION 12.1 유전과 환경이 어떻게 발달에 영향을 미치는가?

우리는 발달이라고 생각하면 자연스럽게 아이가 성인으로 자라는 것을 떠올린다. 그러나 성인이 되어서도 우리는 사실상 결코 변화를 멈추지 않는다. 행동과 능력의 점진적인 변화에 관한 연구인 **발달심리학**(developmental psychology)은 수정에서부터 죽음까지 혹은 자궁에서 무덤까지 삶의 모든 단계를 다룬다(Kail & Cavanaugh, 2013). 유전(우리의 '선천성')과 환경(우리의 '후천성') 역시 평생 우리에게 영향을 미친다. 이를테면 조셉이 언제 성적 성숙에 이를 것인가처럼 일부 사건은 주로 유전에 의해 지배된다. 한편 조셉이 수영, 글 읽기 혹은 운전 같은 것을 배우는 것은 주로 환경의 문제이다.

그런데 유전과 환경 중 어느 것이 더 중요한가? 둘 다 아니다. 생물심리학자 Donald Hebb이 유용한 비유를 든 적이 있다. 직사각형의 넓이를 결정하는 데 높이와 너비 중 어느 것이 더 중요한가? 물론 두 치수 모두 중요하다. 높이 그리고 너비 없이는 직사

각형이 있을 수 없다. 이와 마찬가지로 조셉이 커서 저명한 인권 변호사가 된다면 그의 성공은 유전과 환경 두 가지 모두에 의한 것이 될 것이다.

유전은 우리 각자에게 다양한 잠재력과 한계를 준다. 그러나 이 잠재력과 한계는 결국 학습, 영양, 질병 및 문화 같은 환경 요인에 영향을 받는다. 궁극적으로, 오늘의 '나'라는 사람은 선천성과 후천성이라는 힘 사이의 지속적인 *상호작용*(interaction 혹은 interplay)을 반영한다(Kalat, 2013).

유전

유전[heredity, '**선천성**(nature)']은 부모에게서 자식에게 신체적 및 심리적 특징이 유전자에 의해 전달되는 것을 말한다. 개인의 특징 중 놀라우리만치 많은 것들이 정자와 난자가 합쳐지는 수정 시에 설정된다.

유전은 어떻게 작동하는가? 인간의 모든 세포의 핵에는 **DNA[디옥시리보핵산**(deoxyribonucleic acid)]가 들어 있다. DNA는 화학 분자의 짝으로 이루어진 사다리같이 긴 사슬이다(● 그림 12.1). 이 분자들, 즉 유기 염기의 순서가 유전 정보에 대한 암호 역할을 한다. 각 세포에 든 DNA에는 인간을 만드는 데 필요한 모든 설명에 대한 기록이 들어 있고, 거기에는 변화의 여지도 남겨져 있다. 인간 유전체 규명 프로젝트(Human Genome Project)가 인간 DNA의 화학 염기쌍 30억 개의 배열을 모두 알아내자 과학에서 주요한 이정표가 세워졌다(U.S. Department of Energy Office of Science, 2012).

인간 DNA는 46개의 **염색체**(chromosome)로 구성되어 있다. [염색체란 색이 있는 물체(colored body)를 뜻한다.] 실같이 생긴 이 구조가 유전을 위한 암호화된 지시를 담고 있다(● 그림 12.2). 이에 대한 주목할 만한 예외가 23개의 염색체만을 지닌 정자와 난자이다. 따라서 조셉은 글로리아에게서 23개, 그리고 제이에게서 23개의 염색체를 받았다. 이것이 조셉이 유전적으로 받은 유산이다.

똑같은 유전자를 공유하는 쌍둥이(일란성 쌍둥이)는 유전이 미치는 강력한 영향을 보여 준다. 일란성 쌍둥이들은 떨어져서 양육되더라도 운동 기술, 신체 발달 및 외양이 놀랍도록 닮아 있다. 이와 동시에 쌍둥이들은 어렸을 때에 비해 성인이 되어서는 덜 비슷한데, 이것은 환경의 영향이 작용하고 있음을 보여 준다(Freberg, 2010; Larsson, Larsson, & Lichtenstein, 2004).

유전자(genes)는 DNA의 작은 분절인데, 특정 과정 혹은 개인적 특성에 영향을 미치는 분절이다. 때로는 단 하나의 유전자가 하나의 유전된 특질을 담당하기도 하는데, 조셉의 눈동자 색깔 같은 것이다. 유전자는 우성일 수도 있고 열성일 수도 있다. **우성 유전자**(dominant gene)가 통제하는 특질은 그 유전자가 존재하는 한 매번 출현한다. **열성 유전자**(recessive gene)는 두 번째 열성 유전자와 짝지어져야만 그 효과가 나타나게 된다. 예를 들어, 조셉이 제이에게서 파란 눈 유전자를 물려받고 글로리아에게서 갈색 눈 유전자를 받았다면 조셉은 갈색 눈을 가질 것인데, 그 이유는 갈색 눈 유전자가 우성이기 때문이다.

만약 갈색 눈 유전자가 우성이라면 왜 때로는 부모가 모두 갈

DNA
당-인산 뼈대
유기 염기
세포
핵
염색체

● 그림 12.1
(왼쪽 위) 서로 연결된 분자들(유기 염기)이 DNA의 나선형 분자 사다리의 가로대가 된다. 이 분자들의 순서가 유전적 정보를 나타내는 암호 역할을 한다. 이 암호가 (일란성 쌍둥이를 제외하면) 개개인에게 유일무이한 유전적 청사진을 제공한다. 이 그림은 DNA 가닥 1개에서 작은 분절만을 보여 주고 있다. DNA 1개의 전체 가닥은 작은 분자 수십억 개로 구성된다.
(왼쪽 아래) 몸속에 있는 세포 하나하나의 핵에는 DNA가 빽빽하게 감긴 코일로 이루어진 염색체가 들어 있다. (이 그림을 보고 잘못 해석해서는 안 된다. 염색체는 현미경으로 봐야만 보이고, DNA를 구성하는 화학 분자들은 이보다 더 작다.)

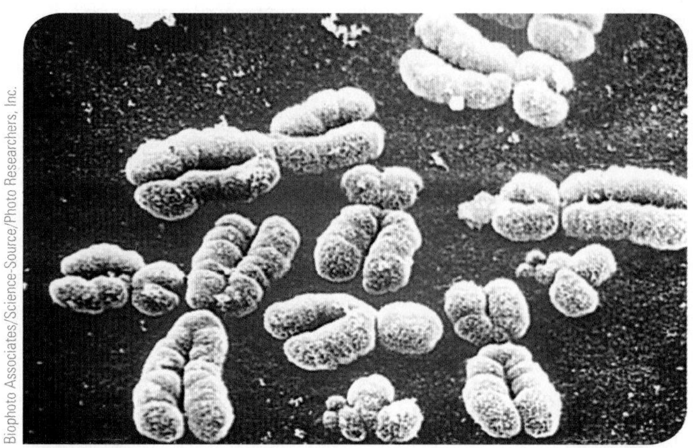

Biophoto Associates/Science-Source/Photo Researchers, Inc.

그림 12.2
이 사진은 주사형 전자 현미경으로 찍은 것으로 인간 염색체 여러 쌍을 보여 준다. (색깔은 인위적으로 넣은 것이다.)

색 눈인데도 파란 눈을 가진 아이가 태어날까? 만약 부모 중 한 사람 혹은 두 사람 모두 2개의 갈색 눈 유전자를 지녔다면 이들의 아이는 갈색 눈일 수밖에 없다. 하지만 부모가 모두 갈색 눈 유전자 하나와 파란색 눈 유전자 하나를 가졌다면? 이 경우에는, 부모는 모두 갈색 눈일 것이다. 그렇지만 그들의 아이가 2개의 파란 눈 유전자를 지녀서 눈 색깔이 푸를 확률은 4분의 1이다(그림 12.3).

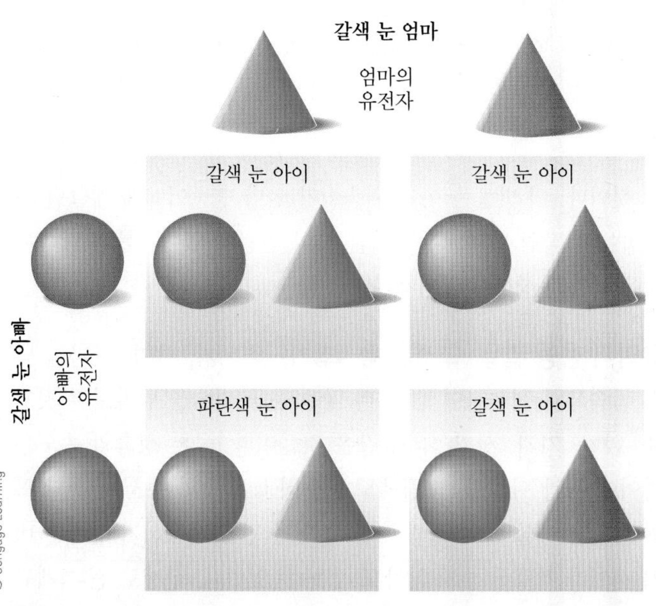

© Cengage Learning

그림 12.3
부모 모두가 갈색 눈 유전자 하나와 파란 눈 유전자 하나를 가졌을 경우 아이들의 유전자 패턴. 갈색 눈 유전자가 우성이므로 4명 중 1명의 아이가 파란 눈을 가질 것이다. 따라서 부모가 모두 갈색 눈인데 아이가 파란 눈으로 태어날 확률이 상당하다.

실제로는 우리의 특징 중 단 하나의 유전자에 의해 통제되는 것은 거의 없다. 오히려 대부분의 특징은 많은 유전자의 조합된 작용에 의해 통제되는 **다원유전자성**(polygenic characteristic)이다. 따라서 예컨대, 단 1개의 큰 키 유전자, 단 1개의 작은 키 유전자는 없다. 실은 키를 결정하는 데 어떤 역할을 하는 것으로 드러난 유전자만 해도 이미 거의 *200개*이다(Allen et al., 2010). 유전자의 발현을 통해 눈 색깔, 키, 피부색 그리고 일부 질병에 대한 취약성을 유전이 결정한다. 또한 유전자는 특정 나이 혹은 발달 단계에서 스위치가 켜지듯(혹은 꺼지듯) 켜질(또는 꺼질) 수 있다. 이런 식으로 유전이 신체, 뇌 그리고 신경계의 물리적 성장과 발달이라는 **성숙**(maturation) 전반에 막강한 영향력을 계속해서 행사한다(Cummings, 2011). (유전자 내의) *인간 성장 배열*(human growth sequence)이 풀어지면서 유전적 지시가 몸의 크기와 체형, 키, 지능, 운동 능력, 성격 특질, 성적 성향 및 다수의 다른 세부 사항들에 영향을 미친다(표 12.1).

신생아의 성숙

신생아들이 가진 신체적 능력과 정신적 능력은 연구자들을 계속해서 놀라게 하고, 부모를 계속 기쁘게 한다. 이런 능력들의 출현은 많은 경우 뇌, 신경계 그리고 신체의 성숙과 밀접하게 관련된다.

그렇다면 인간의 아기는 자궁에 있는 동안 이미 성숙 중이었다? 속아서는 안 된다. 인간 *신생아*는 성인의 돌봄이 없으면 죽을 것이며, 머리를 들지도 몸을 뒤집지도 스스로 먹을 것을 찾아 먹을 수도 없지만, 어느 정도의 기본 생존 기술 그리고 아찔한 속도로 계속 성숙하는 능력을 갖고 태어난다.

예를 들어, 태어났을 때 조셉에게는 여러 가지 적응적 유아 반사가 있다(Siegler, DeLoache, & Eisenberg, 2011). *움켜잡기반사*

발달심리학 수정에서부터 죽음에 이르기까지 행동 및 능력의 점진적 변화를 연구하는 학문
유전('선천성') 유전자를 통해 부모에게서 자손에게 신체적 특징과 심리적 특징이 전달되는 것
DNA 디옥시리보핵산, 암호화된 유전 정보를 포함하는 분자 구조
염색체 세포 하나하나의 핵 속에 있는 색깔 있는 실 같은 물체로, DNA로 이루어짐
유전자 DNA 가닥에서 유전 정보를 담고 있는 특정 영역
우성 유전자 존재할 때마다 매번 그 효과가 표현되는 유전자
열성 유전자 두 번째 열성 유전자와 짝지어질 때에만 그 효과가 표현되는 유전자
다원유전자성 서로 조합하여 작용하는 많은 유전자들에 의해 영향을 받는 성격 특질 혹은 신체적 특성
성숙 신체와 신경계의 생리적 성장과 발달

표 12.1 인간 성장 순서

단계	기간	기술하는 명칭
출생전 단계	수정에서 출생까지	
수정란 단계	수정 후 첫 2주	접합자
배아기	수정 후 2주부터 8주까지	배아
태아기	수정 후 8주부터 출생까지	태아
신생아기	출생부터 출생 후 몇 주까지	신생아
유아기	출생 후 몇 주부터 아이가 안전하게 걷게 되기까지. 1세가 되기 전에 안전하게 걷는 아이도 있고, 17~18개월이 될 때까지 그렇지 않은 아이도 있음	유아
아동기 초기	대략 15~18개월부터 대략 2~2.5세	걸음마기 아동
	2~3세부터 대략 6세까지	학령전기 아동
아동기 중기	대략 6세부터 12세까지	학령기 아동
불완전 사춘기(pubescence)	사춘기 이전 약 2년	
사춘기	불완전 사춘기에 나타나는 생물학적 변화가 정점에 달하는 발달의 시점으로 성적 성숙이 두드러짐	
청소년기	불완전 사춘기의 시작부터 완전한 사회적 성숙에 도달할 때까지(이 단계의 기간은 정하기가 어려움)	청소년
성인기 성년 초기(19~25세) 성인기(26~40세) 성숙기(41세 이후)	청소년기부터 죽음까지. 때로는 왼쪽에 보이는 것같이 세분됨	성인
노년기	모든 사람에게 적용되는 정의된 한계가 없음. 극도로 가변적임. 생리적 및 심리적 퇴보가 뚜렷한 것이 특징	(노년의) 성인, '노년'

** 참고: 여러 성장 단계들이 정확한 시작과 끝이 정해져 있지 않다. 위의 연령들은 대략적인 것이고, 각 단계는 다음 단계로 녹아 들어가는 것으로 생각될 수 있다. (표는 Tom Bond 제공)*

(grasping reflex)를 끌어내기 위해 신생아의 손바닥에 물체를 바짝 대면 신생아가 놀라운 힘으로 그것을 꽉 움켜질 것이다. 실은 많은 유아들이 꼬마 공중 곡예사처럼 철봉 같은 것에 매달릴 수 있다. 움켜잡기반사는 유아들이 떨어지지 않도록 도와서 생존을 돕는다. 손가락으로 조셉의 볼을 건드리면 *포유반사*(rooting reflex, 반사적으로 고개를 돌리고 젖을 먹는 것)를 관찰할 수 있다. 조셉은 즉각적으로 마치 무언가를 찾는 것처럼 손가락 쪽으로 몸을 돌릴 것이다. 포유반사는 유아가 우유병 혹은 유방을 찾는 것을 돕는다. 그러다가 젖꼭지가 유아의 입을 건드리면 *빨기반사*(sucking reflex, 리드미컬하게 젖을 빠는 것)가 필요한 음식을 먹을 수 있도록 유아를 돕는다. 다른 반사들처럼 이는 유전적으로 프로그래밍된 행동이다.

모로반사(Moro reflex) 역시 흥미롭다. 조셉의 자세에 갑작스런 변화가 있거나 큰 소리 때문에 놀라면 조셉은 안기는 동작을 취할 것이다. 이 반응은 아기 원숭이가 엄마 원숭이에게 매달릴 때 취하는 움직임과 비교된다. (둘 사이 연관이 있는지를 판단하는 것은 독자의 상상에 맡기겠다.)

유아기 운동 발달 조셉은 움켜잡기, 젖 먹기, 빨기, 안기를 넘어 급속도로 성숙하여 점점 더 많은 운동 기술을 발달시킬 것인데, 앉기, 기기, 서기, 걷기 같은 것들이다. 물론 성숙의 속도는 아이에 따라 다르다. 그럼에도 불구하고 성숙의 *순서*는 거의 보편적이다. 예를 들어 조셉은 설 수 있을 만큼 성숙하기 전에 아버지 제이가 지탱해 주지 않아도 앉을 수 있었다. 실제로 전 세계적으로 유아들은 전형적으로 기기 전에 앉고, 서기 전에 기고, 걷기 전에 선다(● 그림 12.4).

희한하게도, 조셉은 긴 적이 없었다. 조셉처럼 앉는 것에서 서는 것 그리고 걷는 것으로 바로 가는 아이들이 있기는 하

그림 12.4
운동 발달. 대부분의 유아들은 질서정연한 패턴의 운동 발달을 거친다. 아이들이 발전하는 순서는 유사하지만, 각각의 능력이 어느 연령에 나타나는가에는 큰 개인차가 있다. 위에 나열된 나이는 미국 아이들의 평균이다. 많은 능력이 평균보다 1개월 내지 2개월 빨리 혹은 수개월 늦게 나타나더라도 이상한 일이 아니다(Adolph & Berger, 2011). 아이가 평균과 조금 다르더라도 부모가 놀라서는 안 된다.

다. 그렇기는 하지만 이 아이들의 운동 발달도 순서대로 이루어진다. 일반적으로 근육 통제는 *두미방향*(cephalocaudal, 머리에서 발끝으로 가는 방향) 그리고 몸의 중심부에서 말단부로 가는(proximodistal) 형태로 퍼진다.

성숙이 큰 영향을 미치기는 하지만 운동 기술이 그냥 출현하는 것은 아니다. 조셉은 자신의 동작을 통제하는 것을 학습해야만 한다. 아기들이 기거나 걷기 시작할 때에는 새로운 움직임을 능동적으로 시도해 보고 잘 작동되는 것들을 선택해야만 한다. 조셉의 첫 번째 시도는 흠이 많았을 것이다. 못 앉고 쓰러지거나 첫 몇 걸음은 흔들흔들했을 것이다. 그런데 연습을 거치면서 아기들은 자신의 움직임을 더 부드럽고 더 효율적으로 조절한다. 그와 같은 학습은 태어난 첫 몇 달부터 분명히 나타난다.

유아기 감각 발달 일반적인 생각과는 달리 갓 태어난 아기들이 주변을 감지하지 못하는 것이 아니다. 신생아는 보고, 듣고, 냄새 맡고, 맛보고, 통증과 촉각에 반응할 수 있다. 아기들은 감각이 덜 예리하기는 하지만 반응은 매우 잘한다. 태어나서부터 조셉은 움직이는 물체를 눈으로 따라갈 수 있고 소리가 나는 쪽으로 고개를 돌릴 수 있었다.

유아의 시각을 검사해 보면 그들의 세계를 흥미롭게 관찰할 수

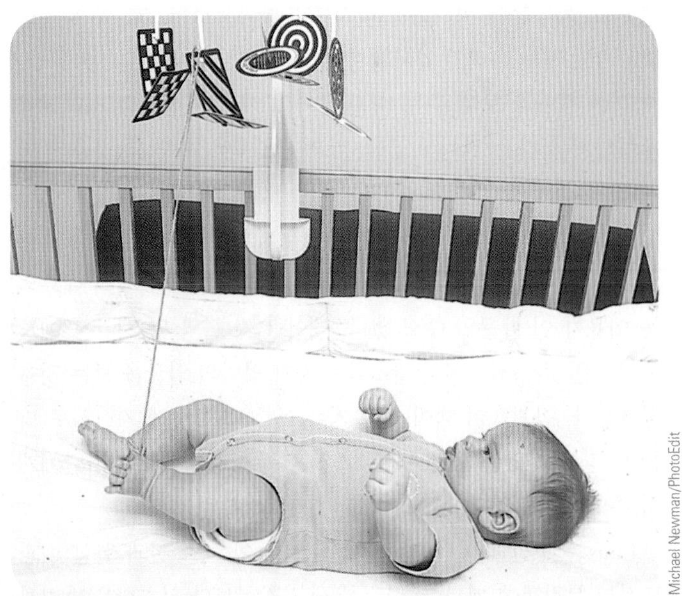

그림 12.5
심리학자 Gloriayn Rovee-Collier는 3개월밖에 안 된 아기들이 자신의 움직임을 통제하는 것을 학습할 수 있음을 보여 주었다. 그녀의 실험에서 아기들은 알록달록한 모빌이 달린 아기침대에 누워 있었다. 아기의 발목에 리본을 매어 리본을 모빌에 연결하였다. 아기들이 자발적으로 다리를 찰 때마다 모빌이 움직이고 딸랑딸랑 소리를 냈다. 몇 분 안에 유아들은 발을 더 빨리 차는 것을 학습했다. 차는 것에 대해 그들이 받는 보상은 모빌이 움직이는 것을 볼 기회였다(Hayne & Rovee-Collier, 1995).

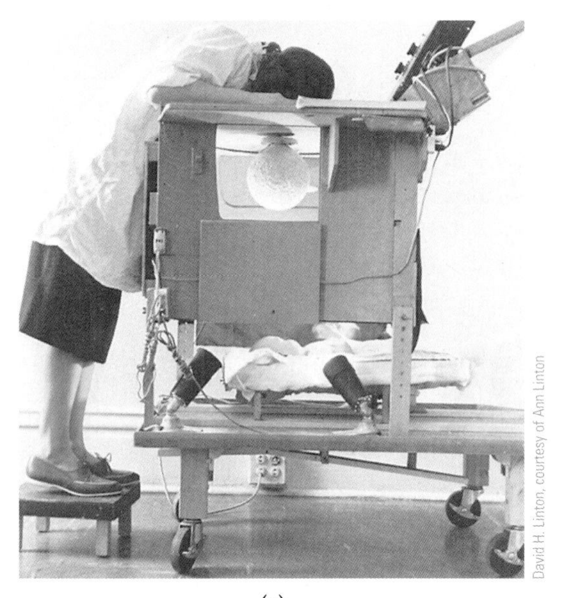

(a)

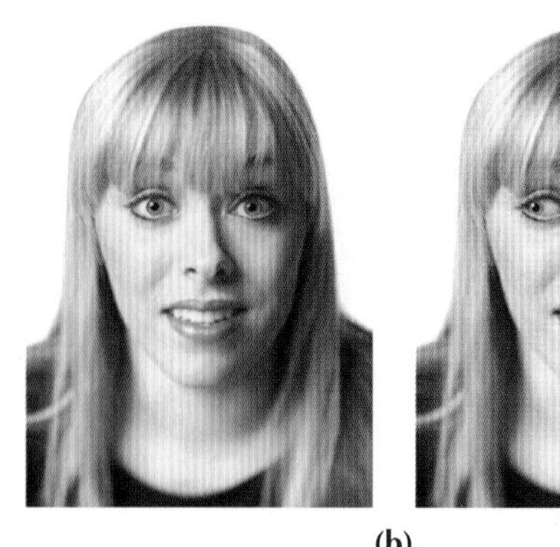

(b)

그림 12.6
(a) Fantz의 들여다보는 방(Fantz, 1961) 안에서 유아들의 눈 움직임과 응시점을 관찰한다. (b) 태어난 지 불과 며칠 만에 유아들은 자기를 똑바로 쳐다보는 사람의 얼굴에 더 주의를 기울인다.

있다. 그러나 그런 검사는 유아들이 말을 할 수 없기 때문에 힘들다. Robert Fantz는 유아들이 무엇을 볼 수 있고 무엇이 그들의 주의를 끄는지를 알아내기 위해 *들여다보는 방*(looking chamber)이라는 도구를 고안하였다(● 그림 12.6a). 조셉을 이 방 안의 바닥에 눕혀 놓아 위쪽의 불이 켜진 부분이 보이게 한다고 가정해 보자. 그러고는 2개의 물체를 방 안에 넣는다. 조셉의 눈 움직임 그리고 조셉의 눈에 비치는 이미지를 관찰함으로써 조셉이 무엇을 보고 있는지를 우리가 알아낼 수 있다.

그런 검사가 보여 주는 바는 유아의 시각이 성인의 시각만큼 또렷하지 않다는 점이다. 그들은 자신에게서 대략 30cm쯤 떨어져 있는 물체를 가장 뚜렷하게 볼 수 있다. 마치 자기를 사랑하고 돌봐 주는 사람들을 보려는 준비가 제일 잘되어 있는 것 같다(Leppänen, 2011). 어쩌면 아기들이 사람의 얼굴에 특별히 매료되는 이유가 이 때문일 수도 있다. 태어난 지 불과 몇 시간 후에도 아기들은 낯선 사람의 얼굴보다는 자기 엄마의 얼굴을 보는 것을 선호한다. 아기들이 태어난 지 겨우 이틀 내지 닷새 지나서도 다른 데를 보고 있는 사람보다는 자신을 똑바로 쳐다보는 사람에게 더 주의를 기울인다(Farroni et al., 2004)(● 그림 12.6b).

Fantz는 또한 태어난 지 3일 된 아기들이 체스 판과 화살의 과녁같이 복잡한 형태를 더 단순한 색 사각형보다 선호함을 발견하였다. 조셉이 6개월이 되면 모양과 색깔이 다른 물체들의 항목을 인지할 수 있게 된다. 9개월 즈음에는 개와 새 혹은 다른 동물군 사이의 차이를 가려낼 수 있게 된다. 1세 즈음에는 그가 자기 부모만큼이나 잘 볼 수 있게 될 것이다(Sigelman & Rider, 2012). 그러니까 그렇게 작은 몸 안에 진짜 사람이 들어 있는 것이 맞다!

준비성 조셉은 몇 개월이 되면 혼자 먹을 수 있고, 혼자 걸을 수 있고, 기저귀를 뗄까? 그런 획기적인 사건은 빠른 학습에 대한 아이의 **준비성**(readiness)에 의해 결정된다. 즉 많은 기술의 경우 배울 수 있게 되기 전에 최소한 어떤 수준의 성숙이 일어나야만 한다. 부모가 아이에게 기술을 너무 일찍 혹은 너무 늦게 배우도록 강요한다면 실패를 자초하는 것이다(Joinson et al., 2009).

예컨대 아이들이 자기 몸을 통제할 수 있을 만큼 성숙하기 전에 변기를 사용하는 것을 가르치려면 더 어렵다. 현재의 지침에 따르면 배변 훈련은 18개월에서 24개월 사이에 시작하는 것이 가장 순조롭다고 한다. 지나치게 극성맞은 부모가 14개월 된 아이를 배변 훈련시켜서 12주 동안 허위 경보와 사고를 겪는 경우를 고려해 보라. 아이가 20개월이 될 때까지 기다렸더라면 단 3주 만에 성공했을 수도 있다. 배변 훈련의 시작 시기를 부모가 통제할 수는 있지만 그것이 완결되는 시기는 성숙이 좌우하는 경향이 있다(Au & Stavinoha, 2008).

반면에 배변 훈련의 시작을 상당히 미루는 부모들도 더 잘하는 것은 아니다. 배변 훈련을 시작하는 연령이 늦을수록 아기가 완전한 방광 통제 발달에 실패하고 낮에도 오줌싸개가 될 가능성이 더 높아진다(Joinson et al., 2009). 그러니까 무엇 때문에 자연에 대항하겠는가?

환경

우리의 환경 역시 우리의 발달에 지대한 영향력을 행사한다. **환경**[environment, '**후천성**(nurture)']은 어떤 사람에게 영향을 미치는 모든 외부 조건들의 총합을 가리킨다. 예를 들어, 갓 태어난 아기의 뇌는 성인의 뇌보다 *가지돌기*(dendrites, 신경세포 가지)와

신생아는 사람 얼굴에 특별한 관심을 보인다. 자기 엄마의 얼굴을 보는 것에 대한 선호가 엄마와 아기의 사회적 상호작용을 독려한다.

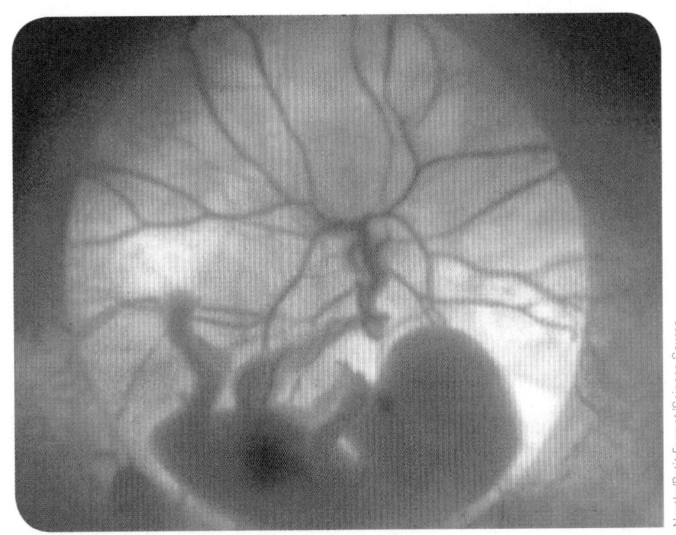

11주 된 태아. 기본 구조들이 급속히 성장하기 때문에 발달 중인 태아는 여러 가지 질병, 약물, 그리고 방사선의 원천에 대해 민감하다. 이는 잉태(임신) 후 첫 3개월 동안 특히 그렇다.

시냅스(synapses, 신경세포 사이의 연결)가 더 적다. 그렇지만 신생아의 뇌는 *가소성*(경험에 의해 수정될 수 있는 가능성)이 매우 높다. 태어나서 처음 3년 동안 뇌에서는 매일 수백만 개의 새로운 연결이 형성된다. 동시에, 사용되지 않은 연결은 사라진다. 그 결과 초기의 학습 환경이 시냅스 '꽃 피우기와 가지 자르기'를 통해 말 그대로 발달 중인 뇌의 모양을 형성한다(Nelson, 1999; Walker et al., 2011).

인간 문화가 인간 DNA가 진화하는 속도를 가속화하고 있지만 현대 인간은 여전히 3만 년 전에 살았던 동굴 서식자들과 유전적으로 상당히 유사하다(Cochran & Harpending, 2009; Hawks et al., 2007). 그렇기는 하지만 오늘날 태어난 똑똑한 아기는 발레 무용수든, 엔지니어든, 갱스터 랩 가수든 혹은 수채화 그리기를 좋아하는 생화학자든 거의 모든 것이 될 수가 있다. 하지만 석기시대 아기라면 사냥꾼 혹은 수렵 생활자밖에 될 수 없었을 것이다.

태내 영향 환경적 요인은 사실상 태어나기 전에 발달에 영향을 주기 시작한다. *자궁 내*(intrauterine) 환경은 단단히 보호를 받고 있지만 그럼에도 불구하고 환경적 조건들이 발달 중인 아이에게 영향을 줄 수 있다. 예를 들어, 글로리아가 임신 중일 때 마지막 몇 달 동안은 엄마 목소리를 들을 때마다 조셉의 태아 심박률이 달라졌다(Kisilevsky & Hains, 2011).

만약 글로리아가 임신 기간 동안 과도한 스트레스를 경험했다면 조셉이 더 작고 약한 아기로 태어났을 수도 있다(Schetter, 2011). 만약 글로리아의 건강이나 영양이 안 좋았거나, 풍진, 매독 혹은 HIV에 걸렸다거나 알코올이나 약물을 복용했다면, 아니면 X-선이나 방사선에 노출되었더라면 조셉의 성장 순서에 손상이 생겼을 수도 있었을 것이다. 그런 경우 아기들은 **선천적 문제**(congenital problems), 즉 타고난 장애를 겪을 수 있다. 이런 환경적 문제는 발달 중인 태아에게 영향을 주고 출생 시에 드러나게 된다. 반면에 **유전적 장애**(genetic disorders)는 부모에게서 물려받은 것이다. 예로는 겸상 적혈구성 빈혈, 혈우병, 낭포성 섬유증, 근육위축병, 알비노증 그리고 지적 장애 중 일부 유형이 있다.

배아 혹은 태아가 해를 입는 일이 어떻게 가능할까? 어머니와 그녀의 뱃속 아기의 혈액이 직접 혼합되는 일은 일어나지 않는다. 그러나 일부 물질(특히 약물)은 태아에게 도달한다. 자궁

준비성 특정 기술을 빠르게 습득할 수 있게끔 성숙이 충분히 진행되었을 때 존재하는 상태
환경('후천성') 발달, 특히 학습의 효과에 영향을 미치는 모든 외부 조건들의 총합
선천적 문제 자궁 내에서 태내 발달 동안 비롯되는 문제 혹은 장애
유전적 장애 유전자 혹은 유전된 특징이 원인인 문제

내에서의 정상적인 발달에 지장을 줄 수 있는 것은 어떤 것이든 **기형 발생 물질**(teratogen)이라고 부른다. 때로는 여성이 자기도 모르는 사이 방사선, 납, 살충제 혹은 폴리염화비페닐(PCB, polychlorinated biphenyls, 환경오염 물질)에 노출된다. 그러나 임신 중인 여성은 많은 기형 발생 물질에 대해 직접적인 통제를 할 수가 있다. 예를 들어 코카인을 복용하는 여성은 자신의 태아를 다치게 할 심각한 위험을 무릅쓰는 것이다(Dow-Edwards, 2011). 요컨대, 임신 중인 여성이 약물을 복용하면 그녀의 태중의 아이도 똑같이 복용하는 것이다.

불행히도, 미국에서는 알코올과 약물이 아직 태내에 있는 아이들이 처한 가장 큰 위험 요인이다(Keegan et al., 2010). 사실상 임신 중 반복적인 폭음이 미국에서는 가장 흔한 선천성 기형의 원인이다(Liles & Packman, 2009). 그에 영향을 받는 유아들에게는 *태아 알코올 증후군*(fetal alcohol syndrome, FAS)이 생기고, 여기에는 출생 시 저체중, 작은 머리, 그리고 얼굴 기형이 포함된다. 많은 아이들이 정서, 행동 및 정신적 장애도 겪는다(Hepper, Dornan & Lynch, 2012; Jones & Streissguth, 2010).

만약 어머니가 모르핀, 헤로인 혹은 메타돈에 중독되어 있다면 그녀의 아기 역시 중독된 채로 태어날 수 있다. 흡연 또한 유해하다. 임신 중 흡연은 태아에게 가는 산소를 크게 감소시킨다. 골초들은 유산하거나 저체중의 미숙아를 낳아서 출생 후 곧 사망할 가능성이 높다는 위험이 있다. 흡연하는 어머니의 아이들은 언어 및 정신 능력 검사에서 더 낮은 점수를 얻는다(Clifford, Lang, & Chen, 2012). 다시 말하면, 태어나지 않은 아이의 미래가 '연기 속으로' 사라질 수 있다. 이는 마리화나 흡연에 대해서도 마찬가지이다(Goldschmidt et al., 2011).

민감기 초기의 경험이 특히 영구적인 효과를 낼 수 있다. 예를 들어, 학대를 받은 아이들은 일생 동안 정서적 문제를 겪을 수 있다(Shin, Miller, & Teicher, 2013). 동시에 특별히 잘 돌보면 처음의 좋지 않은 시작이 가져온 효과를 때로는 되돌릴 수도 있다

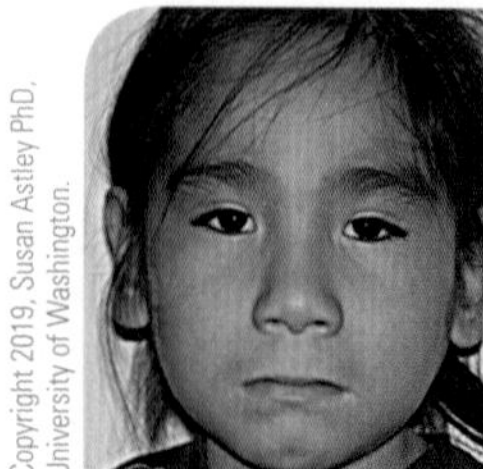
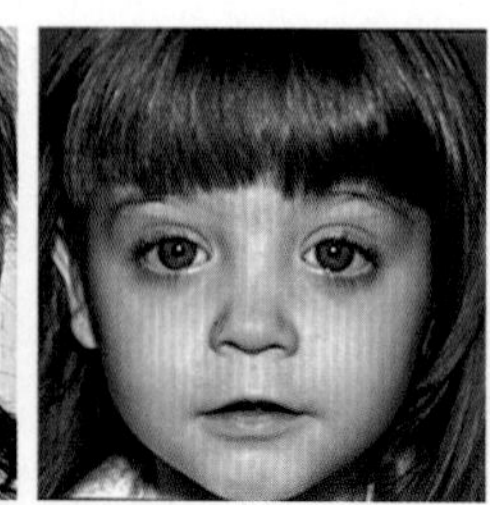
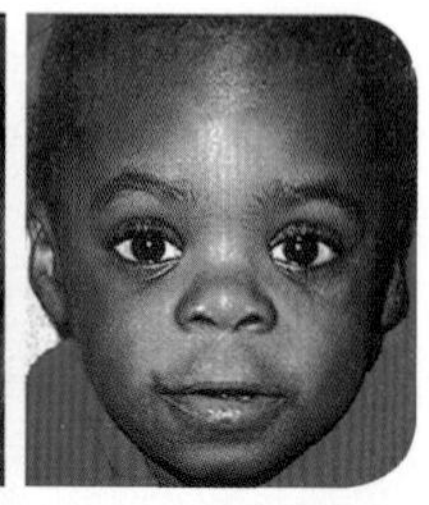

세 가지 인종에서 태아 알코올 증후군(FAS)의 얼굴 표현형 사례들(작은 눈, 완만한 인중, 얇은 윗입술). (A) 인디언, (B) 백인, (C) 흑인

(Walker et al., 2011). 요약하자면 환경의 영향이 평생 동안 더 좋은 쪽으로 혹은 더 나쁜 쪽으로 인간 발달을 이끈다.

왜 어떤 경험은 다른 것보다 더 지속적인 효과를 미칠까? 그 답의 일부가 **민감기**(sensitive period)에 있다. 이는 아이들이 환경적 영향력 중 특정 종류에 특히 민감한 시기이다. 민감기 중에 일어난 사건들이 발달 과정을 영구적으로 바꿀 수 있다(Bedny et al., 2012). 예를 들어 아주 어렸을 때 양육자와 애정 있는 유대관계를 형성하는 것이 최적의 발달을 위해서 중대해 보인다. 마찬가지로 태어나서 1년 동안 아기들이 정상적인 언어를 듣지 않으면 언어 능력이 손상될 수 있다(Gheitury, Sahraee, & Hoseini, 2012; Thompson & Nelson, 2001).

결핍과 풍요 일부 환경은 *결핍된* 환경 혹은 *풍족한* 환경이라고 정의할 수 있다. **결핍**(deprivation)은 정상적인 영양, 자극, 안락함 혹은 사랑의 부족을 가리킨다. **풍요**(enrichment)는 의도적으로 자극, 사랑 등등이 더 많게끔 만들어진 환경에 존재한다.

아이들이 심한 결핍을 겪는다면 어떻게 될까? 비극적이게도 소수의 학대받은 아이들은 태어나서 처음 몇 년을 옷장, 다락방 혹은 다른 좁은 환경에서 보내기도 한다. 처음 발견되었을 때 이 아이들은 보통 말이 없고 지적 능력이 떨어지며 정서적으로 문제가 있다(Wilson, 2003). 다행히도 그와 같은 극단적인 결핍은 흔치 않다.

그럼에도 불구하고 더 가벼운 지각적, 지적 혹은 정서적 결핍이 많은 가정, 특히 가난과 싸워야만 하는 가정에서 일어난다(Matthews & Gallo, 2011). 가난은 최소한 두 가지 방식으로 아이들의 발달에 영향을 미칠 수 있다(Huston & Bentley, 2010; Sobolewski & Amato, 2005). 먼저 가난한 부모들은 영양가 있는 식사, 의료 혹은 학습 교재 같은 필수품과 자원을 주지 못할 수가 있다. 그 결과, 빈곤한 아이들은 더 자주 아프고, 정신 발달은 뒤처지고, 학교에서도 잘 못한다. 둘째로, 가난이 주는 스트레스가 부모들을 힘들게 하여서 부부 문제나 별로 긍정적이지 않은 양육을 낳고 부모와 자식의 관계도 더 나쁘게 한다. 그로 인한 정서적 혼란이 아이의 사회정서적 발달에 손상을 줄 수 있다. 극단적인 경우 그것이 비행과 정신장애의 위험을 증가시킬 수 있다.

가난하게 자란 성인들은 계속되는 가난이라는 악순환에 갇혀 있는 경우가 흔하다. 2011년 미국인 4,600만 명이 빈곤선 이하에 있으므로 이 어두운 현실이 매일 수백만의 미국 가정에 드리운다(U.S. Census Bureau, 2012).

환경을 개선하면 발달을 향상시킬 수 있을까? 이 질문에 답하기 위해 심리학자들이 *풍요로운 환경*을 만들어 냈는데, 이는 특

가난하게 자라는 아이들은 여러 형태의 결핍을 겪게 될 위험이 크다. 아이들이 심한 초기 결핍을 겪어야 할 경우 사회적 · 정서적 · 인지적 발달에 지속적인 손상이 일어난다는 증거가 있다.

별히 새롭고 복잡하고 자극이 많은 환경이다. 풍요로운 환경이 더 똑똑한 아이들이 성장하는 토양일 수 있다. 이를 설명하기 위해 쥐를 일종의 '쥐 놀이공원'에서 키우는 것의 효과를 살펴보자. 쥐장의 벽이 알록달록한 무늬로 장식되어 있고, 각각의 장에는 계단과 사다리와 작은 방들이 있었다. 이 쥐들은 다 커서 미로 학습을 더 잘했다. 이에 덧붙여, 이들의 뇌는 더 크고 무거웠으며 겉질이 더 두꺼웠다(Benloucif, Bennett, & Rosenzweig, 1995). 물론 쥐에서 사람까지 가려면 큰 도약이지만 실제 뇌 크기의 증가는 인상적이다. 별도의 자극이 쥐처럼 하위 동물의 지능을 향상시킬 수 있다면 인간의 유아 역시 풍요의 혜택을 받을 가능성이 높다. 많은 연구가 풍요로운 환경이 능력을 개선시키거나 발달을 증진한다는 것을 보여 준다(Phillips & Lowenstein, 2011). 제이와 글로리아가 조셉의 몸을 위한 영양을 공급하는 것뿐 아니라 조셉의 정신을 풍요롭게 하는 데도 신경 쓰는 것이 현명할 것이다(Monahan, Beeber, & Harden, 2012).

아이의 환경을 풍요롭게 하기 위해 부모가 무엇을 할 수 있을까? 부모들이 아기의 관심을 끄는 것이 무엇인지에 주의를 기울여서 탐색과 자극이 되는 놀이를 장려할 수 있다. 아이가 만질 수 있는 것들을 엄격하게 제한하는 것보다는 집을 아이에게 안전하게 만드는 것이 더 낫다. 감각 경험을 능동적으로 풍요롭게 만드는 것 역시 유익하다. 유아들은 식물이 아니다. 아이들을 밖으로 데리고 나가거나 아기침대 위에 모빌을 달아 주거나 근처에 거울을 놓거나 음악을 틀어 주거나 이따금씩 방 배치를 바꾸어 주는 것 등은 매우 일리가 있는 일이다. 아이들은 책임감 있는 부모와 집에 자극이 되는 놀잇감이 있을 때 가장 빠르게 발전한다(Beeber et al., 2007). 이런 측면에서 아동기 전체를 *상대적인 민감기*로 보는 것이 현명하다(Nelson, 1999; Walker et al., 2011).

전인적 인간

후천성이 흔히 유전적 성향의 발현에 영향을 미치는데, 이는 계속적인 상호 영향을 통해서이다. 그와 같은 영향을 보여 주는 좋은 예가 자라고 있는 유아가 자기 부모의 행동에 의해 바뀜과 동시에 부모의 행동에 영향을 미친다는 사실이다.

신생아들은 기질(temperament) 면에서 현저히 다르다. 이는 성격의 유전된 물리적 핵이다. 여기에는 민감성, 까다로움, 주의산만성 및 전형적인 기분이 포함된다(Shiner et al., 2012). 영향력이 큰 한 이론에 따르면 모든 신생아의 40%가 느긋하고 유쾌하고 순한 *쉬운 아이*들이다. 10%는 변덕스럽고 거세고 쉽게 화를 내는 *어려운 아이*들이다. *더디게 친숙해지는 아이*들(대략 15%)은 자제하거나 표현을 덜하거나 부끄러워한다. 나머지 아이들은 어느 한 범주에 깔끔하게 들어맞지 않는다(Chess & Thomas, 1986).

기질의 차이로 인해 어떤 아이들은 다른 아이들보다 더 잘 웃거나, 울거나, 소리를 내거나, 손을 뻗거나, 주의를 기울일 가능성이 더 높다. 그 결과 아기들은 신속히 자기 스스로의 환경에 영향을 미치는 능동적인 참여자가 된다. 예를 들어, 조셉은 자주 웃고 쉽게 먹일 수 있는 순한 아이이다. 이는 글로리아로 하여금 조

기형 발생 물질 선천적 장애의 원인이 되는, 태아 발달을 비유전적 방식으로 바꿀 수 있는 모든 것

민감기 발달 도중, 환경의 영향에 대해 민감성이 더 높아지는 기간. 정상적인 발달이 일어나기 위해 특정 사건들이 일어나야만 하는 시기이기도 하다.

결핍 발달에서 정상적인 자극, 영양, 안락함, 사랑 등등의 결핍 또는 부재. 부족한 상태

풍요 발달에서 환경을 의도적으로 더 자극이 많이 되게, 영양가 있게, 안락하게, 사랑이 더 풍부하게 등등으로 만드는 것

기질 정서적 민감성과 지각적 민감성, 에너지 수준, 전형적인 기분 등을 포함하는 성격의 물리적 핵

셉을 만지고, 먹이고 또 노래도 부르게끔 촉진한다. 글로리아의 애정이 조셉에게 보상이 되고, 이로 인해 조셉은 더 많이 웃는다. 곧 어머니와 아이 사이에 역동적인 관계가 꽃피게 된다. 마찬가지로 부모의 올바른 양육이 부끄러움이 많은 아이에게 상호 영향을 주어서 결국 부끄러움을 덜 타는 아이가 될 수 있다.

그 반대도 일어난다. 힘든 아이는 부모의 기분을 나쁘게 하고 더 부정적인 양육을 하도록 만들 수 있다(Parke, 2004). 위에서와 반대로 부정적인 양육은 약간 부끄러움을 타는 아이를 매우 부끄러움이 많은 아이로 만들 수 있다. 이는 유전된 기질이 아이의 경험에 의해 역동적으로 수정된다는 점을 시사한다(Bridgett et al., 2009; Kiff, Lengua, & Bush, 2011).

어떤 사람의 발달 수준(developmental level)은 그 사람의 신체적 · 정서적 · 지적 발달의 현재 상태이다. 요약하자면 삶의 어느 단계에서든 어떤 사람의 발달 수준을 결정하는 데는 *유전*, *환경* 그리고 *그 자신의 행동*이라는 세 가지 요인이 조합되며, 각각은 다른 것들과 단단히 뒤얽혀 있다(Easterbrooks et al., 2013).

발달 수준 개인의 신체적 · 정서적 · 지적 발달의 현재 상태

모듈 12: 요약

12.1 유전과 환경이 어떻게 발달에 영향을 미치는가?

12.1.1 유전(선천성)과 환경(후천성)은 인간 발달을 위해 모두 필요한 서로 상호작용하는 힘이다. 그러나 양육자는 환경에만 영향을 줄 수 있다.

12.1.2 몸의 각 세포에 있는 염색체와 유전자는 유전의 지시문을 담고 있다. 대부분의 특성들은 다원유전자성이고 우성 유전자와 열성 유전자의 조합된 효과를 반영한다.

12.1.3 신체와 신경계의 성숙은 운동 기술과 지각 기술, 인지 능력, 정서 및 언어의 질서정연한 발달을 기초로 한다. 성숙의 속도는 사람마다 다르다.

12.1.4 인간의 신생아는 움켜잡기반사, 포유반사, 흡입반사, 모로반사 등 여러 가지 적응적 반사를 갖고 태어난다.

12.1.5 들여다보는 방을 가지고 한 검사는 신생아들이 단순한 무늬보다는 복잡한 무늬를 선호함을, 얼굴 무늬 특히 친숙한 얼굴을 선호함을 보여 준다.

12.1.6 태어나서 익히는 초기 기술들은 많은 경우 준비성 규칙의 지배를 받는다.

12.1.7 태내 발달은 어머니의 식생활, 건강 및 정서뿐 아니라 질병, 약물 및 방사선을 포함한 여러 가지 기형 유발 물질의 영향을 받는다.

12.1.8 발달의 민감기 동안에는 유아가 환경의 특정 영향에 더 민감하다.

12.1.9 태어나서 일찍 겪는 지각적, 지적 혹은 정서적 결핍은 발달을 심각하게 지체시키는 반면, 환경을 의도적으로 풍요롭게 해 주면 유아에게 유익한 효과가 있다.

12.1.10 기질은 유전적이다. 대부분의 유아들은 순한 아이, 어려운 아이, 더디게 친숙해지는 아이라는 세 가지 기질 부류로 분류된다.

12.1.11 아이의 발달 수준은 유전, 환경 그리고 아기 자신의 행동의 효과를 반영한다.

모듈 12: 지식 쌓기

암기

1. DNA 분자에서 유전자라 불리는 영역은 우성 염색체와 열성 염색체로 이루어져 있다. O X
2. 대부분의 유전된 특징은 다원유전자성이라고 말할 수 있다. O X
3. 부모 중 한쪽이 우성의 갈색 눈 유전자와 열성의 파란 눈 유전자를 가지고 다른 한쪽은 2개의 우성인 갈색 눈 유전자를 가졌다면, 그들의 아이가 파란 눈을 가질 확률은 얼마인가?
   - **a.** 25%
   - **b.** 50%
   - **c.** 0%
   - **d.** 75%
4. 많은 기본 반응들이 나타날 때 질서정연한 순서가 관찰되는 것은 ____________________에 기인할 수 있다.
5. ____________________는 환경의 영향에 민감성이 증가되는 시기이다.
6. 더디게 친숙해지는 아이는 자제하거나 표현을 덜하거나 부끄러워한다. O X
7. 아이가 발달하면서 유전과 환경의 힘 사이에는 계속적인 ____________ 이 나타난다.

반영

비판적으로 생각하기

8. 환경의 영향이 유전이 프로그래밍한 것과 극도로 직접적인 방식으로 상호작용할 수 있다. 그것이 무엇인지 추측할 수 있겠는가?

자기반영

유전과 환경의 힘이 합쳐져서 여러분의 발달에 영향을 준 방식을 보여 주는 뚜렷한 예를 생각해 낼 수 있겠는가?

유아에게 숟가락을 가지고 먹는 것을 가르칠 수 있는 가능성에 성숙이 어떻게 영향을 주겠는가?

여러분이 유아일 때 어떤 종류의 기질을 가졌는가? 그것이 여러분의 부모 혹은 양육자와의 관계에 어떤 영향을 주었는가?

정답

1. X **2.** O **3.** c **4.** 성숙 **5.** 민감기 **6.** O **7.** 상호작용 **8.** 환경적 조건이 때로는 특정 유전자의 스위치를 켜거나 꺼서 그것이 유전적 경향에 직접적인 영향을 준다.

13 Module

인간의 발달:
아동기의 정서적 발달과 사회적 발달

"가까이 있어 줘!"

인간 유아는 눈부신 속도로 무기력한 아기에서 독립적인 작은 사람으로 성숙해 간다. 유아기를 제외하면 발달이 그렇게 급속히 진행되는 때가 없다. 태어난 지 3년 안에 아기들은 보통 서고, 걷고, 말하고, 탐색할 수 있다. 그와 같은 기간 동안 대체로 성숙에 의해 통제되는 시간표에 따라 아기의 초기 정서적 생활과 다른 사람과의 관계 또한 발전한다.

사회적 발달은 아기가 성인과 정서적 유대를 처음 형성하면서 갖는 정서적 애착 그리고 물리적 접촉에 대한 필요성에 뿌리를 두고 있다. 애착을 보여 주는 한 가지 표지는 잘 시간에 아기를 혼자 두었을 때 가끔씩 아기들이 소란스럽게 우는 것이다. 많은 부모가 알겠지만 그런 울음은 봉제 인형이나 좋아하는 담요같이 안도감을 주는 물체가 존재하면 달래지는 경우가 많다. 부모가 초기 사회적 발달에는 가장 중요한 영향 원인이지만, 다른 아이들과 놀면서 아이의 사회생활이 가족 밖으로 확대되기 시작하면서 이후의 발달이 증진된다. 우리의 초기 정서적 발달과 사회적 발달을 추적해 보자.

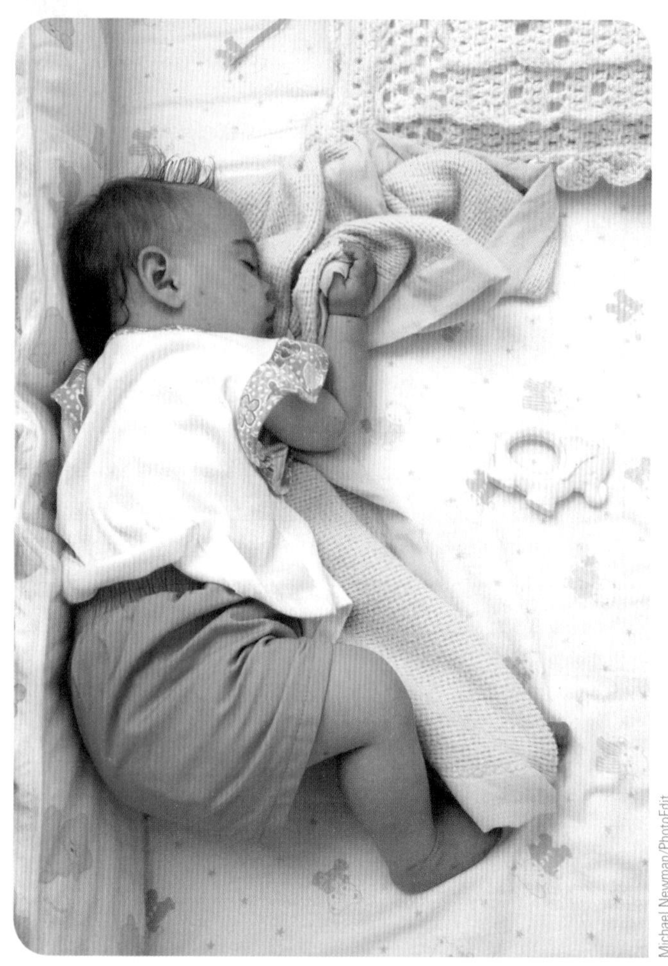
Michael Newman/PhotoEdit

SURVEY QUESTIONS

13.1 유아기 동안 정서가 어떤 순서로 발달하는가?
13.2 아이가 성인과 맺는 정서적 유대의 중요성은 무엇인가?
13.3 부모의 양육 방식은 얼마나 중요한가?

유아기의 정서적 발달-'신기해, 아가야?'

SURVEY QUESTION 13.1 유아기 동안 정서가 어떤 순서로 발달하는가?

정서가 정확하게 얼마나 일찍 나타나는지에 대해 전문가들이 아직 합의하지 못하고 있지만(Oster, 2005), 초기의 정서적 발달 역시 성숙과 밀접하게 연결된 형태를 따른다(Music, 2011; Panksepp & Pasqualini, 2005). (학습된 것은 아닌 것처럼 보이는) *분노*, *공포*, *기쁨* 같은 기본 정서조차도 시간이 지나야 발달한다. 일반적인 *흥분*만이 갓 태어난 아기가 분명하게 표현할 수 있는 유일한 정서이다. 그러나 제이와 글로리아가 말해 줄 수 있듯이, 아기의 정서적 삶은 급속하게 발전한다. 한 연구자(Bridges, 1932)는 기본적인 인간 정서 모두가 2세 이전에 나타난다는 점을 관찰하였다. Bridges는 정서가 일관된 순서로 나타나며 최초로 기본적으로 분리되는 것은 유쾌한 정서와 불쾌한 정서라는 점을 발견하였다(● 그림 13.1).

심리학자 Carroll Izard는 유아들이 10주 때부터 이미 여러 가지 기본 정서를 표현할 수 있다고 생각한다. Izard는 아기의 얼굴을 세밀하게 바라보자 정서의 조짐을 넘칠 정도로 많이 볼 수 있었

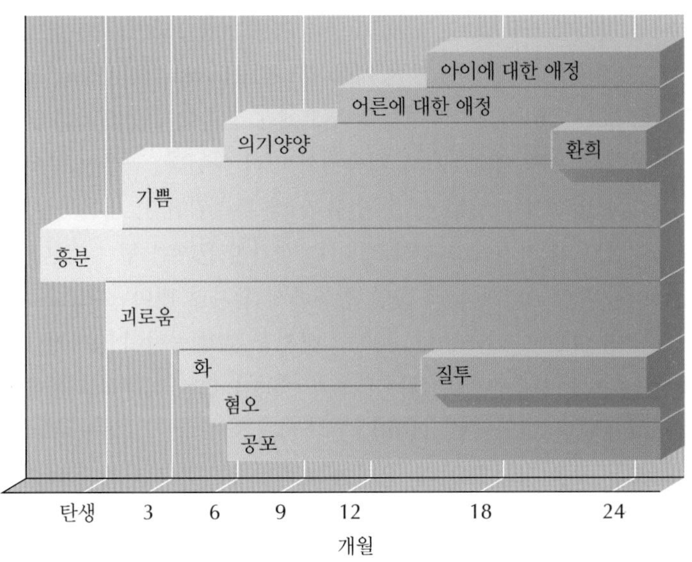

그림 13.1
유아기에 대한 전통적인 관점에 따르면 처음에 가진 흥분할 수 있는 능력에서부터 정서가 급속히 분화된다. (K. M. B. Bridges, 1932에서 가져옴. Society for Research in Child Development, Inc.의 허락하에 게재)

다(Izard, Woodburn, & Finlon, 2010). 그는 가장 흔한 유아의 표정은 흥분이 아니라 *관심*임을, 그리고 다음으로는 *기쁨*, *분노*, *슬픔*이 있음을 발견하였다(Izard et al., 1995).

Izard가 맞다면 정서가 유전에 의해 선천적으로 짜 넣어져 있는 것이며 진화와 연관이 된다. 어쩌면 아기들이 보이는 가장 흔한 반응 중 하나가 웃기인 것은 그래서일 수도 있다. 웃기가 어쩌면 부모로 하여금 아기를 돌보게끔 촉구하여 아기의 생존을 도울 수도 있다.

처음에는 아기의 웃음이 우연이다. 그러나 8개월 내지 12개월 즈음에는 유아들이 다른 사람이 가까이 있을 때면 더 자주 웃는다(Jones & Hong, 2001; Mcquaid, Bibok, & Carpendale, 2009). 이런 **사회적 웃음**(social smile)이 부모들에게는 특히 보상이 된다. 유아들이 심지어 어떤 물체에 대한 관심을 알리기 위해 사회적 웃음을 이용할 수도 있다. 조셉이 자기가 좋아하는 곰인형을 바라보고 그다음에 자기 엄마에게 웃는 표정을 지었을 때처럼 말이다(Parlade et al., 2009). 반면에 막 부모가 된 사람들은 아기가 우는 소리를 들으면 짜증 또는 신경질이 나거나 불안하거나 기분이 나빠진다. 전 세계의 모든 아기들이 재빨리 자기가 좋아하는 것과 싫어하는 것을 남들에게 알릴 수 있게 되는 것처럼 보인다. (유모차를 끌 기회가 있으면 이를 한번 겪어 보라.)

사회적 발달—'아가, 너에게 빠졌어!'

SURVEY QUESTION 13.2 아이가 성인과 맺는 정서적 유대의 중요성은 무엇인가?

아기의 **애정 욕구**(affectional needs, 사랑과 애정에 대한 욕구)는 어느 모로 보나 먹을 것, 물 그리고 물리적 돌봄같이 좀 더 뚜렷한 것에 대한 욕구만큼이나 중요하다.

그들의 애정 욕구를 충족시키기 위한 일환으로 유아들은 재빨리 주 양육자에게 **정서적 애착**(emotional attachments), 즉 밀접한 정서적 유대를 형성하기 시작한다(Music, 2011). 유아들이 보통은 부모 중 한 사람인 성인에게 최초로 정서적 유대를 형성하면서 또한 자기 자각을 발달시키고 다른 사람을 자각하기 시작한다(Easterbrooks et al., 2013). 이런 초기 **사회적 발달**(social development)이 차후에 부모, 형제, 친구 그리고 친척들과 맺는 관계에 대한 초석이 된다(Shaffer & Kipp, 2014).

어머니와 유아의 관계를 연구하기 위해 Harry Harlow는 새끼 붉은털원숭이들을 태어나자마자 어미와 분리시켰다. 진짜 어미는 **대리모**(surrogate mothers, 대체 엄마)로 대체되었다. 대리모 중 일부는 차갑고 유연성이 없는 철사로 되어 있었다. 다른 것들은 부드러운 수건천으로 감싸여 있었다(● 그림 13.2).

아기 원숭이들에게 두 가지 엄마 중 선택하게 해 주자 그들은 껴안고 싶은 수건천 엄마에 매달려서 대부분의 시간을 보냈다. 심지어 철사 엄마가 젖병이 꽂혀 있어서 먹을 것의 원천이 될 때에도 그랬다. 천으로 된 복제품에 새끼 원숭이들이 보인 '사랑'과 애착은 진짜 엄마를 향한 것과 동일했다. 예를 들어 고무 뱀, 태엽 장난감 및 다른 '공포 자극' 때문에 놀라면 아기 원숭이들은 천 엄마에게 달려가서 안도감을 위해 그것에게 매달렸다. 이런 고전적인 연구들은 애착이 **접촉 위안**(contact comfort)으로 시작된다는 점을 시사한다. 접촉 위안이란 유아가 무언가 부드럽고, 따뜻한 것, 특히 자기 엄마를 만짐으로써 얻는 기분 좋고 안심이 되는 기분이다.

사회적 웃음 부모의 얼굴을 보는 것 같은 사회적 자극으로 유발되는 웃음
애정 욕구 사랑과 애정에 대한 정서적 욕구
정서적 애착 유아가 부모, 양육자 혹은 그 밖의 사람과 형성하는 특별히 밀접한 정서적 유대
사회적 발달 자기 자각, 부모 혹은 양육자에 대한 애착 그리고 다른 아이들과 성인들과의 관계의 발달
대리모 엄마를 대체하는 것(동물 연구에서는 흔히 무생물 또는 사람 인형)
접촉 위안 무언가 부드럽고 따뜻한 것, 보통은 자기 엄마를 만지거나 그것에 매달림으로써 유아가 얻는 기분 좋고 안심이 되는 상태

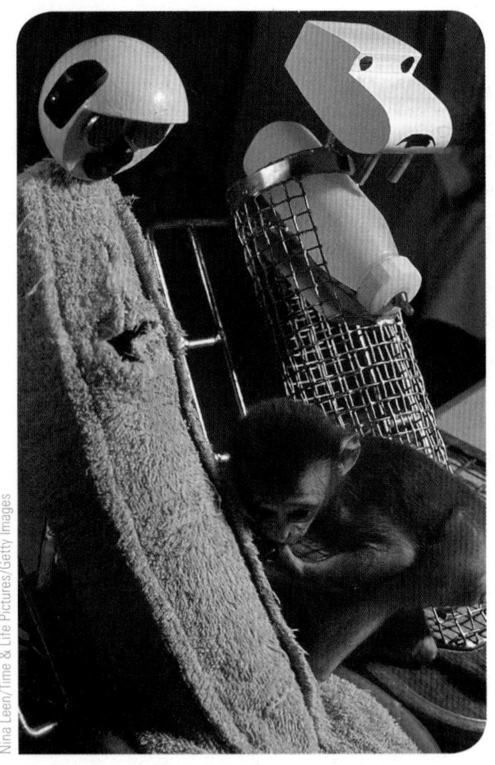

Nina Leen/Time & Life Pictures/Getty Images

그림 13.2
아기 원숭이가 천으로 덮인 대리모에게 매달리고 있다. 아기 원숭이는 천으로 된 '접촉 위안' 엄마에게는 애착을 형성하지만 유사하게 생긴 철사 엄마에게는 그렇지 않다. 철사 엄마가 먹을 것을 공급할 때조차도 그렇다. 접촉 위안은 또한 아이들이 담요나 봉제 인형 같은 무생물인 물체에 애착을 형성하는 경향의 토대가 될 수도 있다.

최적의 발달을 위해 접촉 위안이 일어나야만 하는 민감기(대략 태어나서 첫 1년)가 있다. 이 기간 동안 조셉의 애착이 조셉과 엄마 글로리아를 계속 가깝게 해 주어서 글로리아가 조셉에게 안전함, 자극, 그리고 탐색의 출발점이 되는 안전한 '본거지'를 제공하였다.

어머니들은 대개 아기가 태어나기 전에 애착을 느끼기 시작한다. 아기의 입장에서는 성숙하면서 자기 엄마와 유대를 형성할 수 있는 능력이 점점 더 커진다. 첫 몇 달 동안 아기들은 모든 사람에게 거의 동일하게 반응한다. 2개월 내지 3개월에 이르면 대부분의 아기들이 낯선 사람보다는 자기 엄마를 선호한다. 7개월 무렵에는 아기들이 일반적으로 엄마에게 정말로 애착이 되어서 가능하면 엄마 뒤를 따라 기어 다닌다. 그로부터 얼마 지나지 않아 아기들은 아빠, 조부모 혹은 형제자매 같은 다른 사람에게도 애착을 형성하기 시작한다(Sigelman & Rider, 2012).

정서적 유대가 형성되었다는 직접적인 표지가 8개월 내지 12개월 즈음에 나타난다. 그 시기에는 조셉을 혼자 혹은 낯선 사람과 두면 **분리 불안**(separation anxiety, 울음과 공포의 조짐)을 보이게 된다. 가벼운 분리 불안은 정상적이다. 그것의 강도가 높다면 문제를 드러낼 수 있다. 20명의 아이들 중 1명이 살면서 어느 시점에선가 *분리 불안 장애*를 겪는다(Herren, In-Albon, & Schneider, 2013). 이 아이들은 부모에게서 떨어지면 슬퍼하고, 부모에게 계속 매달리거나 계속해서 따라 다닌다. 일부는 부모를 잃어버려서 다시는 볼 수 없을까 봐 두려워한다. 많은 아이들이 학교에 가기를 거부하고, 이는 심각한 문제가 될 수 있다. 아이들은 자라면서 분리 불안 장애에서 쉽사리 벗어난다(Dick-Niederhauser & Silverman, 2006). 하지만 분리 불안이 강하거나 한 달 이상 지속될 경우에는 부모가 아동을 위한 전문적 도움을 구해야 한다(Allen et al., 2010).

모든 것을 고려했을 때, 유아가 태어나서 처음 1년 동안 최소한 한 사람의 타인과 신뢰와 애정이 있는 유대를 형성하는 것이 핵심적인 사건이다. 부모들이 때로는 아기에게 너무 지나친 관심을 주어서 '버릇을 망치지' 않을까 두려워하는데, 이는 생후 한두 해 동안은 거의 불가능한 일이다. 사실 나중에 따뜻하고 애정 어린 관계를 경험할 수 있는 능력이 여기에 달려 있을 수 있다.

애착의 질 심리학자 Mary Ainsworth(1913~1999)에 따르면 엄마가 아이와 잠시 떨어져 있다가 돌아왔을 때 아기가 어떻게 반응하는가에 의해 애착의 질이 드러난다(Ainsworth, 1989). **안정 애착**(secure attachment)이 발달된 유아들은 안정되고 긍정적인 정서적 유대를 갖는다. 그들은 어머니(혹은 양육자)가 없어지면 속상해하고, 그녀가 돌아왔을 때 가까이 있고자 한다. **불안정 회피성 애착**(insecure-avoidant attachment)이 있는 유아들은 불안한 정서적 유대를 갖는다. 그들은 어머니(혹은 양육자)가 돌아왔을 때 외면한다. **불안정 양가성 애착**(insecure-ambivalent attachment) 역시 불안한 애착 유대이다. 이 경우 아기들은 뒤섞인 감정을 갖는다. 그들은 돌아온 어머니(혹은 양육자) 가까이 가고자 하면서도 그녀와 접촉하는 것을 화를 내며 거부한다(그림 13.3).

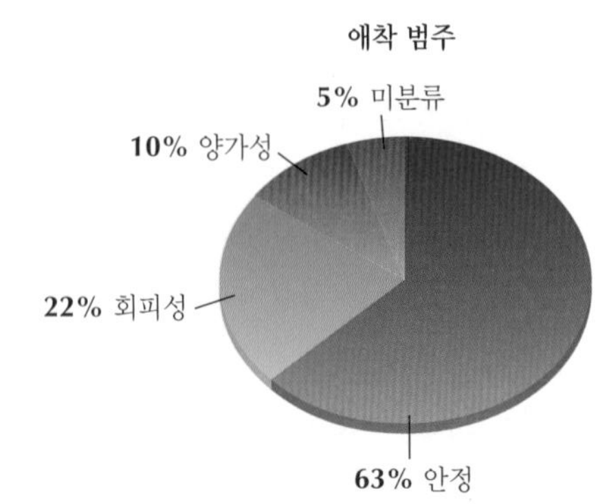

그림 13.3
미국에서 중산층 가정의 모든 아이들 중 3분의 2는 안정 애착을 형성한다. 대략 3명 중 1명의 아이가 불안정하게 애착을 형성한다. (비율은 대략적인 것임.) (Kaplan, 1998에서 가져옴)

심리학 발견하기

여러분의 애착 유형은?

우리가 최초에 형성한 애착이 성인이 되어서도 우리에게 영향을 줄까? 어떤 심리학자들은 그런 애착이 우리가 친구 및 연인과 어떤 관계를 맺는지에 영향을 미친다고 생각한다(Bohlin & Hagekull, 2009; Vrtička & Vuilleumier, 2012). 다음 문장을 읽고 성인이 되어 여러분이 맺은 인간관계를 가장 잘 기술하는 것이 무엇인지 살펴보라.

안정 애착 유형

일반적으로 나는 대부분의 사람들이 선의를 갖고 있고 믿을 만하다고 생각한다.
다른 사람과 친해지는 것이 비교적 쉽다고 느낀다.
나는 다른 사람에게 의지하는 것도, 다른 사람이 나에게 의존하는 것도 편하다.
다른 사람이 나를 버리는 것에 대해 별로 걱정하지 않는다.
다른 사람이 나에게 정서적으로 가까워지기를 원할 때에도 편안하다.

회피성 애착 유형

나는 어떤 관계가 잘 진전되지 않으면 물러나는 경향이 있다.
진정한 사랑이라는 개념에 대해 어쩐지 회의적이다.
연애 관계에서 상대를 신뢰하기가 어렵다.
내가 헌신하기를 다른 사람들이 지나치게 원하는 경향이 있다.
누군가가 정서적으로 너무 가까워지면 약간 겁이 난다.

양가성 애착 유형

나는 연애 관계에서 잘 이해받지 못한다거나 진가를 인정받지 못한다고 느낀 경우가 종종 있다.
내 친구나 연인들이 무언가 믿을 만하지 못했던 경우가 있다.
나는 연인을 사랑하지만 상대방이 나를 진짜로 사랑하는지 걱정한다.
연인에게 더 가까워지고 싶지만, 그 또는 그녀를 신뢰하는지 확신이 없다.

위의 문장들 중 친숙한 것이 있는가? 그렇다면 그것이 여러분의 성인 애착 유형을 기술하고 있을 수 있다(Welch & Houser, 2010). 대부분의 성인들이 친절함, 지지, 이해가 있는 안정 애착 유형을 지닌다. 그러나 다른 사람에 대한 친밀함과 헌신을 거부하는 경향을 나타내는 회피성 애착 유형을 갖는 것이 드문 일은 아니다(Collins et al., 2002). 양가성 애착 유형은 사랑과 우정에 대한 감정이 복합적인 것이 특징이다(DeWall et al., 2011). 여러분의 현재 인간관계와 어린 시절 애착 경험 사이에 유사성이 보이는가?

애착은 영구적인 효과를 낼 수 있다(Bohlin & Hagekull, 2009; Morley & Moran, 2011). 유아기 동안 안정된 애착을 형성한 유아들이 나중에 유치원에서도 유연성, 호기심, 문제 해결 능력 그리고 사회적 기술을 보여 준다. 반면에 애착 실패는 큰 악영향을 미칠 수 있다(Santelices et al., 2011). 예를 들어, 심각하게 포화상태인 고아원에서 어렵게 자란 아이들을 고려해 보라(Rutter et al., 2009). 이 아이들은 태어나서 첫 1년 혹은 2년 동안 성인의 관심을 거의 받지 못한다. 일단 입양되고 나서는 많은 아이들이 양부모에게 애착을 잘 형성하지 못한다. 예를 들어 일부는 낯선 사람들을 따라가고, 불안해하고 냉담하며 다른 사람들이 만지는 것 그리고 다른 사람들과 눈을 맞추는 것을 좋아하지 않는다(O'Conner et al., 2003). 요약하자면 아주 어렸을 때 애정 어린 보살핌을 받지 못한 것이 성인기까지도 줄곧 지속되는 정서적인 충격을 남긴다. (글상자 "여러분의 애착 유형은?" 참조)

안정 애착을 촉진하려면 안정 애착으로 가는 한 가지 열쇠는 포용적이며 아기의 신호와 리듬에 세심한 어머니이다. 어머니의 행위가 부적절하거나 불충분하거나 거슬리거나 지나친 자극을 주거나 퇴짜를 놓을 경우 좋지 않은 애착이 형성된다. 예를 든다면 유아가 졸린데 놀려고 하는 어머니나, 어머니를 보고 소리를 내는 아기를 무시하는 어머니를 들 수 있다. 예민한 양육과 안정 애착 사이의 관련은 모든 문화에 적용되는 것으로 보인다(Santelices et al., 2011).

아버지에 대한 애착은 어떤가? 안정되게 애착이 형성된 유아들의 아버지는 활발하고, 유쾌하고, 결혼 생활이 행복한 경향이 있다. 일반적으로, 어머니 그리고 아버지의 세심한 보살핌이 있는 따뜻한 가정 분위기가 안정된 아이들을 만든다(Gomez & McLaren, 2007; Mattanah, Lopez, & Govern, 2011).

어린이집

상업적인 어린이집이 애착의 질에 간섭을 일으킬까? 그것은 어린이집의 질에 의존한다. 전반적으로 질 좋은 어린이집은 부모에 대한 애착에 악영향을 미치지 않는다. 사실 질 좋은 어린이집은 아이의 사회적 기술과 정신적 기술을 향상시킬 수 있다(National Institute of Child Health and Human Development, 2010a). 질 좋

분리 불안 부모 혹은 주 양육자와 떨어졌을 때 유아가 보이는 괴로움
안정 애착 안정되고 긍정적인 정서적 유대
불안정 회피성 애착 부모 혹은 양육자와 다시 만나는 것을 회피하는 경향이 있는 불안한 정서적 유대
불안정 양가성 애착 부모 혹은 양육자와 같이 있고자 하는 욕구와 함께 다시 만나는 것에 대한 거부감이 있는 불안한 정서적 유대

은 어린이집의 아이들은 자기 어머니(혹은 양육자)와 더 좋은 관계를 가지며 행동 문제도 덜한 경향이 있다. 또한 그들은 인지 기술과 언어 능력도 더 좋았다(Li et al., 2012).

그런데 바로 위에서 언급한 긍정적인 효과들이 질 낮은 어린이집에 대해서는 뒤집어진다(Phillips & Lowenstein, 2011). 심지어 질 낮은 어린이집은 이전에는 없었던 행동 문제를 만들어 내기도 한다(Pierrehumbert et al., 2002). 아이들을 보낼 어린이집의 질을 평가하고 감시하는 부모가 현명한 부모이다.

어린이집의 질을 평가하려면 부모가 무엇을 살펴보아야 할까? 질 좋은 어린이집을 찾는 부모라면 충분한 관심 그리고 풍부한 언어와 인지 자극을 제공하는, 잘 반응해 주고 세밀한 보모가 있는지를 보아야만 한다(Phillips & Lowenstein, 2011). 이는 최소한 다음의 조건을 만족하는 곳에서 가능성이 더 높다. (1) 보모 한 사람당 돌봐야 하는 아이들의 수가 적은 곳, (2) 한 반의 전체 인원이 적은 곳(12~15명), (3) 훈련된 보모가 있는 곳, (4) 이직률이 최대한 낮은 곳, (5) 안정되고 일관성 있게 아이를 양육해 주는 곳이다.

"네 아빠랑 나는 때로는 널 감옥에 보내는 것만이 유일한 처벌이라고 믿게 되었단다."

부모의 영향—엄마, 아빠와의 삶

SURVEY QUESTION 13.3 부모의 양육 방식은 얼마나 중요한가?

태어나서 처음 몇 해는 양육자가 아이의 세상에서 중심이 되고, 그때부터 성인이 될 때까지 어머니와 아버지가 얼마나 양육을 잘하느냐는 매우 중요하다.

양육 방식

심리학자 Diana Baumrind(1991, 2005)는 세 가지 주요 양육 방식의 효과를 연구해 왔다. **양육 방식**(parental styles)이란 부모가 아이를 돌보고 아이와 상호작용하면서 두드러지는 패턴이다. 그녀가 말하고 있는 양육 방식들을 만나 본 적이 있는지 보라.

권위주의적 부모(authoritarian parents)는 엄격한 규칙을 강요하고 권위에 대한 절대적인 복종을 요구한다. 그들은 전형적으로 자기 아이들에게 그다지 권리는 없고 성인과 유사한 의무만 있다고 간주한다. 아이들이 문제를 일으키지 않기를 요구하고 부모가 옳거나 그르다고 간주하는 것을 이의 없이 수용하기("내가 하라면 해!")를 기대한다. 권위주의적 부모는 **권력 행사**(power assertion)를 통해 아이들을 훈육하는 경향이 있는데, 이는 체벌을 하거나 장난감이나 특권을 뺏는 것 등으로 힘을 보여 주는 것이다. 권력 위주의 기법, 특히 가혹한 혹은 심한 체벌은 공포, 부모에 대한 증오 그리고 자발성과 따뜻함의 결여와 연관된다(Olson & Hergenhahn, 2013).

다른 방법으로는 권위주의적 부모가 **애정 철회**(withdrawal of love), 즉 애정을 주지 않는 방법을 써서 아이에게 말하는 것을 거부하거나, 떠난다고 협박하거나, 아이를 거부하거나 아니면 다른 방식으로 아이가 일시적으로 사랑받을 수 없는 척 행동한다. 권위주의적 부모의 아이는 보통 순종적이고 자제력이 있다. 그러나 그들은 또한 정서적으로 뻣뻣하고, 내향적이고, 두려워하며 호기심이 부족하고 성인에게 인정을 받으려 한다. 또한 그들의 **자존감**(self-esteem)이 낮아질 수도 있다. 낮은 자존감은 체벌과 애정 철회와 연관이 있다. 왜 그렇지 않겠는가? 부모가 아이를 때리거나 사랑받을 자격이 없다고 말한다면 아이가 어떤 교훈을 얻겠는가?

지나치게 허용적인 부모(overly permissive parents)는 별로 지도를 하지 않거나 너무 많은 자유를 주거나 아이의 행동에 대해 아이에게 책임을 묻지 않는다. 전형적으로, 아이들에게는 성인과 유사한 권리가 주어지지만 의무는 별로 없다. 규칙은 강요되지 않고, 아이가 보통은 자기 뜻대로 하게 된다("무엇이든 원하는 대로 해."). 허용적인 부모는 종종 비행을 저지르는 의존적이며 미성숙한 아이들을 만든다. 그런 아이들은 이렇다 할 목표가 없고 (특히 공공장소에서) 미쳐 날뛸 가능성이 있다.

아이들의 행동에 거의 제한을 두지 않고, 그들이 특별하다고 느끼게끔 해 주고, 그들이 원하는 것을 전부 줌으로써 아이들 스스로에게 권한을 부여하려는 것이 지나치게 허용적인 부모들 중 일부가 진심으로 바라는 바이다(Mamen, 2004). 그러나 그런 좋은 의도가 역효과를 낳아서 아이들이 부자연스럽게 높은 수준의 자존감과 권리 의식만 발달시키는 결과가 초래될 수 있다. 지나친 권한을 부여받은 아이들은 흔히 버릇이 나쁘고, 제멋대로 행동하고 자제력이 부족하다(Crocker, Moeller, & Burson, 2010).

Baumrind는 **권위 있는 부모**(authoritative parents)를 사랑과 애정과 함께 확고하고 일관된 지도를 하는 부모라고 이야기한다. 그런 부모들은 자기 자신의 권리와 아이들의 권리 사이의 균형을 잘 맞춘다. 그들은 바람직한 행동을 장려하기 위해 칭찬, 인정, 승인, 규칙, 추론 등등의 것을 조합한 **관리 기법**(management techniques)을 통해 아이들의 행동을 통제한다. 일반적으로 효율적인 부모들은 아이가 책임감 있게 행동하고 생각을 하고 올바른 판단을 하도록 장려한다. 이 양육 방식은 *회복력이 좋고*(나쁜 경험 뒤에 바로 돌아옴) 어려운 상황에서도 잘 지내기 위해 필요한 힘을 발달시키는 아이들을 만든다(Bahr & Hoffmann, 2010; Kim-Cohen et al., 2004). 권위 있는 부모의 아이들은 능력 있고, 자제력 있고, 독립적이고, 적극적이며 호기심에 차 있다. 그들은 자신의 정서를 관리할 줄 알고 긍정적인 대처 기술을 사용한다(Eisenberg et al., 2003; Lynch, Geller, & Schmidt, 2004).

어머니와 아버지의 영향

어머니와 아버지가 아이를 돌보는 방식이 다를까? 그렇다. **어머니의 영향력**(maternal influences, 어머니가 자기 아이에게 미칠 수 있는 모든 영향)이 더 효과가 크기는 하지만 아버지 역시 양육에 고유의 영향을 미친다(Bjorklund & Hernández Blasi, 2012). 아빠들이 아이와 함께 보내는 시간이 많아지기는 했지만, 특히 어린 아이일 때에는 양육과 돌봄을 더 많이 하는 사람은 여전히 엄마들이다(Craig, 2006).

아버지의 영향력(paternal influences, 아버지가 자기 아이에 대해 미치는 모든 영향의 합)에 관한 연구는 아버지들이 아이들과 놀아 주고 아이들에게 이야기를 해 주는 경우가 좀 더 많음을 보여 준다. 이에 반해 어머니들은 아이를 신체적으로 그리고 정서적으로 돌보는 것을 책임지는 경우가 전형적이다(● 그림 13.4).

놀이친구로서 아버지의 역할이 덜 중요해 보일지도 모른다. 그런데 그렇지 않다. 조셉이 제이와 보내는 놀이 시간은 꽤 소중하다. 태어나서부터 줄곧 아버지는 어머니보다 아이에게 시각적으로 더 주의를 기울인다. 아버지들은 촉각을 더 많이 이용하고(아기를 들어 올리고, 간지럽히고, 손으로 만진다), 물리적으로 더 각성을 일으키고(더 소란스러운 놀이를 한다), 특이한 놀이(예를 들어, 아기를 흉내 냄)를 할 가능성이 더 높다. 이에 비교해서 어

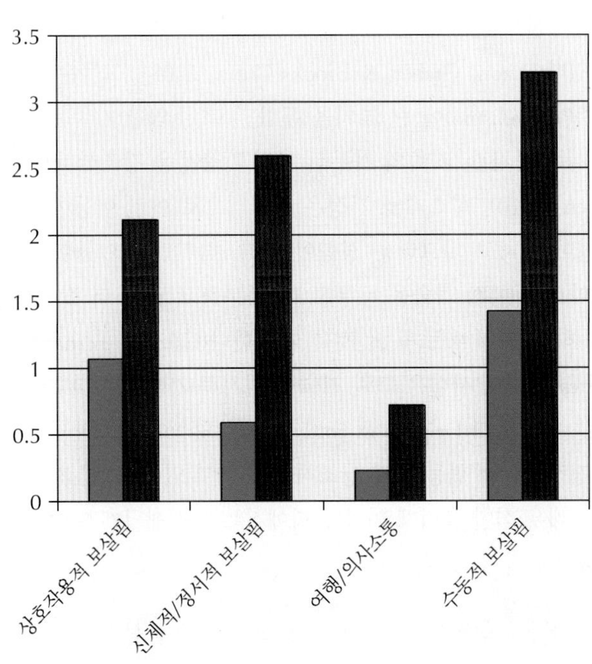

● 그림 13.4
어머니와 아이 그리고 아버지와 아이의 상호작용. 이 그래프는 호주의 1,400개 이상의 가정을 표본으로 하여 통상적인 날들에 일어난 일을 보여 준다. 어머니는 아버지와 비교했을 때 매일 아이 양육에 두 배로 많은 시간을 보냈다. 나아가 어머니들은 신체적 양육과 정서적 양육(예: 먹을 것 주기, 목욕시키기, 달래기)에 상호작용 양육(예: 놀아 주기, 책 읽어 주기, 같이 활동하기)보다 많은 시간을 보냈다. 아버지들은 그 반대의 패턴을 보인다. 마지막으로 어머니들이 이동(예: 운동이나 음악 수업을 위해 아이를 차로 데려다 주기), 의사소통(예: 아이에 관해 선생님과 이야기하기), 그리고 수동적 양육(예: 아이들이 노는 동안 감독하기)에 더 많은 시간을 보냈다. (Craig, 2006에서 수정됨.)

양육 방식 부모가 아이를 돌보고 아이와 상호작용하면서 두드러지는 패턴

권위주의적 부모 융통성 없는 규칙을 강요하고 권위에 대한 엄격한 복종을 요구하는 부모

권력 행사 가정교육을 실시하기 위해 체벌 혹은 강압을 사용하는 것

애정 철회 가정교육을 실시하기 위해 애정을 주지 않는 것

자존감 자신을 가치 있는 사람이라고 여기는 것, 자신에 대한 긍정적인 평가

지나치게 허용적인 부모 별로 지도를 하지 않거나 지나치게 많은 자유를 주거나 아이에게 책임질 것을 요구하지 않는 부모

권위 있는 부모 사랑과 애정과 함께 확고하고 일관된 지도를 하는 부모

관리 기법 가정교육을 실시하기 위해 칭찬, 인정, 승인, 규칙, 추론 등을 조합하는 것

어머니의 영향력 어머니가 자기 아이에게 미치는 모든 심리적 영향의 총합

아버지의 영향력 아버지가 자기 아이에게 미치는 모든 심리적 영향의 총합

BananaStock/SuperStock

아버지의 돌봄은 초기 발달에 기여하는데 그 강조점이 어머니의 돌봄과는 다르다.

머니들은 유아에게 말을 더 많이 하고 좀 더 보편적인 놀이(숨바꼭질 같은)를 하고, 위에서 언급한 것처럼 아이를 돌보는 일에 시간을 더 많이 쓴다. 자기 아버지와 많은 시간 같이 논 어린 아동들은 여러 면에서 더 능력이 있는 경향이 있다(Paquette, 2004; Tamis-LeMonda et al., 2004).

전반적으로 아버지는 어머니만큼이나 애정이 많고, 세심하고 반응을 잘하는 사람일 수 있다. 그렇기는 하지만 유아 및 아이들이 남성과 여성에 관해 매우 다른 관점을 갖게 되는 경향이 있다. 편안하게 해 주고 애정으로 돌봐 주고 언어적 자극을 제공해 주는 여성은 가까운 곳에 있는 듯하다. 남성은 왔다 갔다 하는데, 있을 때에는 활기찬 일과 모험 그리고 위험을 감수해야 하는 일이 만연하다. 그렇다면 어머니와 아버지의 양육 방식이 아이의 성 역할 발달에 주요한 영향을 미치는 것이 이상한 일이 아니다(Holmes & Huston, 2010; Malmberg & Flouri, 2011).

인종 차이: 양육의 네 가지 '맛'

양육의 인종 차이가 아이들에게 독특한 방식으로 영향을 줄까? Diana Baumrind의 연구는 양육 효과를 총체적으로 잘 요약해 준다. 그러나 그녀의 결론은 그 뿌리가 유럽인인 가정에 가장 타당할 것이다. 또 다른 인종 집단에서 아이를 양육하는 일은 다른 관습과 신념을 반영하는 경우가 많다. 문화적 차이는 특히 아이의 행동에 부여하는 의미와 관련해서 뚜렷하게 나타난다. 특정 행동이 '좋은가' 아니면 '나쁜가'? 그것을 장려해야 하는가 아니면 막아야 하는가? 그 답은 부모의 문화적 가치관에 달려 있다(Sorkhabi, 2012).

사람의 집단을 두고 일반화하는 일은 언제나 위험이 따른다. 그럼에도 불구하고 북미에 거주하는 인종 공동체 간에 아이를 키우는 방식에서 전형적인 차이가 관찰되었는데, 여기서 이를 살펴본다(Parke, 2004).

아프리카계 미국인 가정 전통적인 아프리카계 미국인의 가치관은 가족 구성원 간의 충성과 상호 의존, 안전, 긍정적인 인종 정체성 형성 그리고 역경에도 포기하지 않는 것을 강조한다(Rowley et al., 2012). 아프리카계 미국인 부모는 전형적으로 복종과 노인에 대한 공경을 강조한다(Dixon, Graber, & Brooks-Gunn, 2008). 아이를 꽤 엄하게 훈육하는 경향이 있지만(Parke, 2004), 많은 아프리카계 미국인 부모는 이를 필요한 일로 보며 안전이 문제가 되는 도시 지역에 살 경우 더욱더 그렇다. 자립심, 지략, 어려운 상황에서 스스로를 돌볼 능력도 아프리카계 미국인 부모가 자식들에게 길러 주려는 특성들이다.

히스패닉 가정 아프리카계 미국인 부모와 마찬가지로 히스패닉 부모들도 훈육에 관해서 상대적으로 엄한 기준을 가지는 경향이 있다(Dixon, Graber, & Brooks-Gunn, 2008). 그들은 또한 *가족주의*(familismo)에 큰 가치를 둔다. 가족주의란 가족 중심주의로 가족 가치관, 가족의 자부심 그리고 충성을 강조한다(Glass & Owen, 2010). 히스패닉 가정은 전형적으로 어린 아동에 대해서 애정이 넘치고 너그러운 경향이 있다. 하지만 아이들이 성장함에 따라 사회적 기술을 배우고 더 차분하고 말도 더 잘 듣고 더 공손하고 예의 바르게 굴 것을 기대한다(Calzada, Fernandez, & Cortes, 2010). 사실은 그런 기술을 인지적 기술보다 더 소중하게 여길 수도 있다(Delgado & Ford, 1998). 덧붙여 히스패닉 부모들은 경쟁보다는 협동을 더 강조하는 경향이 있다. 그런 가치가 경쟁이 매우 심한 유럽계 미국 문화에서는 히스패닉계 아이들을 불리하게 만들 수 있다.

아시아계 미국인 가정 아시아 문화는 집단 중심적인 경향이 있고 개인 간의 상호의존을 강조한다. 이에 반해 서양 문화는 개인의 노력과 독립성을 중요시한다. 그 차이가 아시아계 미국인의 아이 양육 관행에 반영되는 경우가 많다(Park et al., 2010). 아시아계 미국인 아이들은 흔히 그들의 행동이 가족에게 자부심을 주거나 수치심을 준다는 교육을 받는다. 따라서 가족의 더 큰 이익이 걸려 있을 때에는 자기 스스로의 욕망을 어쩔 수 없이 무시해야 한다(Parke, 2004). 부모들은 집에 있는 선생님 역할을 하는 경향이 있어서 노력, 도덕적 행동 그리고 성취를 장려한다. 태어나서 처음 몇 년 동안은 양육이 관대하고 응석을 받아 준다. 그러나 대략 5세 이후에는 아시아계 미국인 부모들이 자식들에게 공경, 순종, 자제력 그리고 자기 수양을 기대하기 시작한다.

아랍계 미국인 가정 중동 문화에서는 아이들에게 예의 바르고, 얌전하고, 규율 있고, 순종적일 것을 기대한다(Erickson & Al-Timimi, 2001). 아이들에게 주는 벌은 때리기, 놀리기 혹은 다른 사람들 앞에서 망신 주기 등이 될 수 있다. 아랍계 미국인 아버지는 아이의 좋지 않은 행동으로 가족이 부끄러워지지 않도록 순종을 요구하는 강한 권위자가 되는 경향이 있다. 가족의 명예를 추구하므로 노력, 절약, 보수주의 그리고 교육적 성취를 장려한다. 개인의 정체성보다는 가족의 행복이 강조된다. 따라서 아랍계 미국인 아이들은 그들의 부모, 확대가족의 다른 구성원들, 그리고 다른 성인들을 공경하게끔 길러진다(Medhus, 2001).

의미 전 세계에서 아이들이 길러지는 방식은 놀랄 만큼 다양하다. 사실상 어린아이들을 혼자 자게 하는 것같이 북미에서 하는 많은 일들이 다른 문화에서는 이상하거나 틀렸다고 간주될 것이다. 결론적으로 어떤 아이가 들어가려고 준비하는 문화적 또는 인종적 공동체를 알아야만 양육에 대한 판단을 내릴 수 있다(Sorkhabi, 2012).

모듈 13: 요약

13.1 유아기 동안 정서는 어떤 순서로 발달하는가?

13.1.1 정서는 일관된 순서로 발달하여서 그 시작은 신생아가 모든 상황에서 일반적으로 보이는 흥분이다. 세 가지 기본 정서인 공포, 분노, 기쁨은 학습된 것이 아닐 수 있다.

13.2 아이가 어른과 갖는 정서적 유대의 의의는 무엇인가?

13.2.1 아기의 애정 욕구를 충족시키는 것이 신체적 양육에 대한 욕구를 충족시키는 것만큼이나 중요하다. 인간의 유아가 정서적으로 애착을 형성하는 것은 어린 시절의 결정적인 사건이다.

13.2.2 유아의 애착은 분리 불안에 나타난다. 애착의 질은 안정 애착, 불안정 회피 애착 또는 불안정 양가성 애착으로 분류될 수 있다.

13.2.3 질 좋은 어린이집의 양육은 아이에게 해를 끼치지 않는 것으로 보인다. 질이 낮은 어린이집은 위험할 수 있다.

13.3 양육 방식은 얼마나 중요한가?

13.3.1 여러 연구들은 양육 방식이 정서적 발달과 지적 발달에 상당한 영향을 미친다고 시사한다.

13.3.2 권위주의적 방식, 허용적인 방식 그리고 권위 있는(효과적인) 방식이 세 가지 주요 양육 방식이다. 권력 행사나 애정 철회가 아닌 관리 기법에 더 의존하는 권위 있는 양육 방식이 아이들에게 가장 도움이 되는 것으로 보인다.

13.3.3 어머니들이 전형적으로 유아를 보살피는 일에 집중하는 반면 아버지들은 유아에게 놀이 친구 역할을 하는 경향이 있다.

13.3.4 양육 방식은 문화에 따라 다르다.

모듈 13: 지식 쌓기

암기

1. 일반적인 흥분 혹은 관심은 신생아에게 존재하는 가장 뚜렷한 정서적 반응이다. 하지만 이후 얼마 지나지 않아서 기쁨과 괴로움에 대한 의미 있는 표현이 나타난다. O X
2. 신생아는 이르면 출생 후 10일 만에 사회적 웃음을 보인다. O X
3. 유아에게서 분리 불안이 생기는 것은 부모에 대한 애착 형성과 상관관계를 보인다. O X
4. 질 좋은 어린이집은 아이들의 사회적 기술과 정신적 기술을 향상시킬 수 있다. O X
5. 아버지들은 자기 아이들에게 보살피는 사람보다는 놀이 친구 역할을 하는 경우가 더 많다. O X
6. Diana Baumrind의 연구에 따르면 효율적인 부모는 자기 아이들의 행동에 대한 접근에서 권위주의적이다. O X
7. 아시아계 미국인 부모들은 유럽인이 뿌리인 인종 집단의 부모들보다 더 개인 중심적인 경향이 있다. O X

반영

비판적으로 생각하기

8. 출생 이전에 정서적 유대가 형성될 수 있는가?
9. 아이들에게서 섭식장애를 낳을 가능성이 가장 큰 양육 방식은 무엇이라고 생각하는가?

자기반영

아이일 때 여러분의 경험, 이를테면 여러분의 초기 애착 패턴이 성인이 되었을 때 삶에 영향을 준다고 생각하는가? 스스로의 삶에서 들 수 있는 예로 생각나는 것이 있는가?

어린아이가 있는데 양육 방식이 권위주의적이거나 허용적이거나 권위 있는 부모들을 알고 있는가? 그들의 아이들은 어떤가?

양육 방식이 인종 집단에 따라 달라진다고 생각하는가? 그렇다면 혹은 아니라면 왜 그렇게 생각하는가?

정답

1. O **2.** X **3.** O **4.** O **5.** O **6.** X **7.** X **8.** 부모의 입장에서는 물론 그럴 수 있다. 임신 중인 여성이 태아의 움직임을 느끼기 시작하면 자기 안에서 아기가 생명을 얻고 있음을 자각하게 된다. 마찬가지로, 예비 부모가 병원에서 태아의 심박 소리를 듣거나 태아의 초음파 사진을 보면 태어나지 않은 아이에게 정서적으로 애착이 되기 시작한다(Santrock, 2011). **9.** 먹는 것에 대한 갈등에서 너무 적극적으로 물러나는 허용적인 부모뿐 아니라 아이들이 무엇을 먹는지를 지나치게 통제하는 권위주의적 부모도 아이들에게 문제가 생기게 할 수 있다(Haycraft & Blissett, 2010).

Module 14

인간의 발달: 아동기의 언어 발달과 인지 발달

"아빠! 더 따뜻하게 만들어 주세요!"

아기의 초기 언어와 사고 발달에는 무언가 거의 기적과 같은 것이 있다. 이는 종종 부모로 하여금 머리를 긁적이게 한다. 예를 들어, 조셉이 3세였을 때 일이다. 조셉은 목욕물이 너무 뜨겁다고 생각했고 아빠 제이에게 "아빠! 더 따뜻하게 만들어 주세요!"라고 말했다. 처음에는 제이가 헷갈렸다. 목욕물은 이미 꽤 뜨거웠다. 그는 조셉이 뜻한 것이 "목욕물을 우리가 '따뜻하다'라고 부르는 온도에 가깝게 해 주세요"임을 깨닫고는 싱긋 웃었다. 그렇게 보면 완벽하게 말이 된다.

유아일 때 우리가 어떻게 언어와 사고의 세계로 도약할 수 있었을까? 성숙(선천성)이 언어 학습과 인지 발달의 초석을 제공하지만 사회적 발달(후천성) 역시 결정적인 역할을 한다. 예를 들어 부모들이 유아에게 말을 할 때에는 '모성어' 혹은 '부모어'라 불리는 독특한 양식을 사용한다. 선천성과 후천성이 어떤 방식으로 협동하여 어린 아동에게서 언어와 인지 발달을 조성하는가? 살펴보도록 하자.

Gary Conner/Photolibrary/Getty Images

SURVEY QUESTIONS

14.1 아이가 어떻게 언어를 획득하는가?

14.2 아이가 어떻게 생각하기를 학습하는가?

언어 발달–유아어를 하는 것이 누구일까?

SURVEY QUESTION 14.1 아이가 어떻게 언어를 획득하는가?

언어 발달은 성숙과 밀접하게 연결되어 있다(Gleason & Ratner, 2013). 모든 부모가 알듯이 아기들은 태어나자마자부터 울 수 있다. 1세가 되면 주의를 끌기 위해 울음을 이용한다. 대개 부모는 유아가 배가 고픈지, 화가 났는지 아니면 아픈지를 울음소리를 듣고 알 수 있다(Nakayama, 2010). 6주에서 8주쯤 아기들은 *초기 옹알이*('우우'나 '아' 같은 모음 소리를 반복하는 것)를 시작한다.

7개월이 되면 조셉의 신경계가 충분히 성숙해서 물체를 쥐고, 미소 짓고, 소리 내어 웃고, 똑바로 앉고 진짜 옹알이를 할 수 있게 된다. 옹알이 단계에서는 자음 b, d, m 및 g가 모음 소리와 조합되어 dadadadadada나 bababa 같은 무의미한 소리들이 나온다. 처음에는 옹알이가 전 세계적으로 똑같다. 하지만 곧 부모가 하는 언어가 영향을 주기 시작한다(Goldstein & Schwade, 2008). 그래서 일본 아기들은 일본어와 비슷한 소리로 옹알이를 하고 멕시코 아기들은 스페인어와 비슷한 소리로 옹알이를 하는 식이다(Kuhl, 2004).

대략 1세가 되면 아이들이 "아니야" 혹은 "안녕!" 같은 실제 단어에 반응하게 된다. 얼마 지나지 않아서 단어와 대상 사이의 연결이 최초로 생기고 아이들이 부모를 "어마" 또는 "빠빠"라고 부르기도 한다. 18개월에서 2세 무렵 조셉의 어휘가 100단어나 그 이상이 될 수 있다. 처음 단계는 단일단어 단계로 아이들이 "가",

"주스", "위"같이 한 단어를 사용한다. 얼마 지나지 않아서 *전보식 언어*(telegraphic speech)라 불리는 단순한 두 단어 문장으로 단어를 배열하여서 "까까 줘", "어마, 없어" 같은 말을 쓴다.

언어 그리고 미운 두 살

아이들은 두 단어 혹은 세 단어를 붙여서 말하기 시작하는 시기와 거의 동시에 훨씬 더 독립적이 된다. 2세 아이들은 부모가 하는 명령들을 어느 정도 이해하지만 항상 그것을 이행하려고 하지는 않는다. 조셉과 같은 아이는 "마셔 아니", "나 해", "나 컵, 나 컵" 같은 말로 자신의 독립성을 주장할 수 있다. 물론 훨씬 더 안 좋을 수도 있다. 2세 아이가 여러분을 뚫어지게 보면서 눈을 마주치고 "안 돼, 안 돼"라는 여러분의 말을 듣고도 고양이에게 주스를 끼얹을 수도 있다.

돌이 지나고 나면 아이들이 짓궂은 장난과 떼쓰기를 점점 더 많이 할 수 있게 된다. 따라서 이 시기를 '미운 두 살'이라고 부르는 것은 전적으로 부적절한 것은 아니다. 1세 아이도 부모가 원치 않는 많은 것들을 할 수 있다. 그런데 부모가 원치 않기 때문에 어떤 일을 하는 것은 보통은 2세 아이들이다(Gopnik, Meltzoff, & Kuhl, 2000). 어쩌면 고집 세고 부정적인 2세 아이들은 그냥 단지 독립성이 강해지고 있다는 점을 안다면 부모가 위안을 받을 수도 있겠다. 조셉이 2세일 때에는 글로리아와 제이가 "이 또한 지나가리라"는 것을 기억해 두는 것이 현명할 것이다.

2세 이후 아이의 단어에 대한 이해와 사용이 극적으로 도약한다. 이 시점 이후로 어휘와 언어 기술이 경이적인 속도로 성장한다(Fernald, Perfors, & Marchman, 2006). 1학년 무렵에는 조셉은 8,000여 개의 단어를 이해하고 약 4,000개를 사용하게 될 것이다. 그는 진정 언어의 세계에 들어가게 된다.

언어의 뿌리

이런 언어 폭발을 설명하는 것이 무엇일까? 언어학자 Noam Chomsky(1975, 1986)는 인간에게는 언어를 발달시키려는 **생물학적 소인**(biological predisposition) 혹은 유전된 준비성이 있다고 오랫동안 주장해 왔다. Chomsky에 따르면 언어 패턴은 선천적이어서 아이가 걷는 것을 조정하는 것과 매우 유사하다. 그런 선천적인 언어 인식이 실제로 존재한다면 전 세계의 아이들이 처음 사용하는 문장들의 패턴의 수가 제한되어 있는 이유를 설명할 수도 있다. 전형적인 패턴(Mussen et al., 1979)은 다음과 같다.

인식:	"고양이 봐."
부재:	"우유 다 없어."
소유:	"나 인형."
주체–행위:	"엄마 줘."
부정:	"공 아니."
질문:	"강아지 어디?"

Chomsky의 이론이 언어가 어떻게 그렇게 급속하게 발달하는지를 설명하는가? 확실히 그런 면이 있다(Saxton, 2010). 하지만 많은 심리학자들이 Chomsky가 언어 발달을 형성하는 학습과 사회적 맥락의 중요성을 과소평가한다고 느낀다(Behne et al., 2012; Hoff, 2014). *언어심리학자들*(psycholinguists)은 성인을 모방하는 것과 단어를 올바로 사용하는 것(이를테면 아이가 쿠키를 달라고 할 때)에 대한 보상이 언어 학습의 중요한 부분임을 보여 주었다. 또한 아기들은 "이거 뭐?" 같은 질문을 하여 능동적으로 언어 학습에 참여한다(Domingo & Goldstein-Alpern, 1999).

아이가 언어 오류를 범했을 때 부모들은 보통 아이의 문장을 따라 말하고 필요한 부분을 고쳐 주거나 아니면 아이가 오류에 주목하게끔 명확하게 해 주는 질문을 한다(Hoff, 2014). 더 중요한 사실은 아이가 말을 할 수 있게 되기 훨씬 전부터 부모와 아이가 의사소통을 하기 시작한다는 점이다. 부모와 *사회적으로* 상호작용하려는 준비성이 타고난 언어 인지만큼이나 중요할 수 있다. 다음 절이 그 이유를 설명한다.

초기 의사소통 *유아가 말을 아직 하지 못할 때 부모가 어떻게 의사소통을 할까?* 부모들은 아기가 웃고 소리를 내게 하기 위해 많은 수고를 마다하지 않는다. 그렇게 함으로써 그들은 곧 유아의 주의, 각성 및 활동을 적정한 수준으로 계속 유지하기 위해 자신들의 활동을 바꾸는 것을 학습한다. 친숙한 예가 '"잡으러 가자~" 놀이'이다. 이 놀이에서 성인이 "널 잡으러 가자, 잡으러 가자, … 잡으러 가자! 잡았다!"라고 말한다. 그런 놀이를 통해 성인과 아이들이 유사한 리듬과 기대를 공유하게 된다(Carroll, 2008). 곧 공유 **신호**(signals)의 체계가 형성되는데, 여기에는 만지기, 입으로 소리 내기, 쳐다보기, 미소 짓기가 포함된다. 이런 것들이 이후 언어 사용의 기초를 마련하는 데 도움이 된다(Tamis-LeMonda, Bornstein, & Baumwell, 2001). 구체적으로, 그런 신호들이 번갈아 '대화'에 참여하는(메시지를 교대로 보내고 받는) 패턴을 확립한다.

글로리아	조셉
	(웃음)
"오! 예쁘게도 웃네!"	
"웃으니까 얼마나 좋아?"	(트림)
"실례했어요!"	

"잘했어, 잘했어." (소리를 낸다)

"그래, 그래." (웃음)

"뭐가 그렇게 재밌어?"

밖에서 보면 말과 행동을 그렇게 주고받는 것이 의미 없어 보일 수 있다. 하지만 실제로는 그런 것이 진짜 의사소통을 나타낸다(Behne et al., 2012). 한 연구는 6주 된 아기들이 성인이 말하는 것이 바뀌면 그 사람의 얼굴을 쳐다보는 눈길을 바꾼다는 점을 발견하였다(Crown et al., 2002). 4개월밖에 안 된 유아들도 소리를 낼 때 성인과 왔다 갔다 하며 할 수 있다(Jaffe et al., 2001). 부모와 상호작용을 더 많이 할수록 아이들은 말하는 것을 더 빨리 배우고 사고능력도 더 빨리 배운다(Hoff & Tian, 2005). 사회적 관계가 초기 언어 학습에 기여함이 틀림없다(Hoff, 2014; Vernon-Feagans et al., 2011).

부모어 유아에게 말을 할 때 부모들은 **모성어**(motherese) 또는 **부모어**(parentese)라 불리는 과장된 말하기 형태를 사용한다. 전형적으로 그들은 목소리 톤을 높이고, 짧고 단순한 문장을 사용하고, 반복해서 말하고 빈번하게 동작을 쓴다(Gogate, Bahrick, & Watson, 2000). 또한 그들은 말하는 속도를 늦추고 과장되게 음성을 조절하여 말한다. "조셉 전~부 다 먹었쪄?" 같은 식이다.

그런 변화의 목적이 무엇인가? 부모들이 아이가 언어를 학습하는 것을 도우려는 것으로 보인다(Soderstrom, 2007). 아기가 아직 옹알이를 할 때 부모들은 길고 성인 양식의 문장을 사용하는 경향이 있다. 하지만 아이가 첫 단어를 말하자마자 그들은 부모어로 바꾼다. 아이가 4개월이 될 즈음에는 아이들이 정상적인 언어보다 부모어를 선호한다(Cooper et al., 1997).

더 단순할 뿐 아니라 부모어는 독특한 '음악 같은' 성질이 있다(Trainor & Desjardins, 2002). 어머니가 어떤 언어를 하든 아이에게 위안을 주거나 칭찬을 하거나 경고를 할 때 사용하는 멜로디, 숨 돌림 그리고 억양이 전 세계적으로 보편적이다. 심리학자 Anne Fernald는 모든 국가의 어머니들이 자기 아기에게 이야기할 때 어조의 변화가 유사함을 발견하였다. 예를 들어 우리는 아기를 칭찬할 때 어조를 올렸다가 다시 내린다("와! 잘했어.", "멋진 아기네!"). 경고는 짧고 날카로운 운율로 전달된다("Nein! Nein!" "Basta! Basta!" "No! Dude!" "안 돼!"). 위안을 주기 위해서는 부모들이 낮고 부드럽고 길게 끄는 억양을 쓴다("Oooh poor baaa-by." "Oooh pobrecito." "우쭈쭈. 아가~~야."). 높은 억양의 올라가는 멜로디는 대상에게 주의를 끌 때 사용된다("See the pretty BIRDIE?" "귀여운 새~애 좀 봐.")(Fernald, 1989).

부모어는 부모로 하여금 아기의 주의를 끌고, 그들과 의사소통을 하고 언어를 가르치는 것을 돕는다(Thiessen, Hill, & Saffran, 2005). 이후 아이의 말하기가 향상되면 부모는 아이의 언어 능력에 따라 자신의 말을 조정하는 경향이 있다. 18개월부터 4세까지는 특히 부모가 아이가 말하는 것을 분명하게 해 주고 아이로 하여금 더 많이 말하도록 유도한다.

요약하자면 언어의 어떤 요소는 선천적이다. 그럼에도 불구하고 언어를 배우려는 우리의 경향이 우리가 할 언어가 영어인지 베트남어인지 스페인어인지 아니면 러시아어인지를 결정하지는 않는다. 환경적 요인들 역시 어떤 사람이 단순한 언어 기술을 발달시킬지 아니면 고급 언어 기술을 발달시킬지에 영향을 미친다. 태어나서 첫 7년이 언어 학습의 민감기이다(Hoff, 2014). 분명한 것은 언어가 활짝 피어나려면 세심한 수련이 필요하다는 점이다.

인지 발달–아이처럼 생각하라

SURVEY QUESTION 14.2 아이가 어떻게 생각하기를 학습하는가?

이제 우리의 조셉이 말을 하니까 인지 발달에 관한 좀 더 넓은 관점으로 넘어가 보자. 아기들은 많은 사람들이 생각하는 것보다 똑똑하다. 초기에는 학습된 지식과 기술, 즉 *결정성 지능*(crystallized intelligence)을 가지고 있지 않지만 아기들은 빠르게 학습할 수 있는 놀랄 만한 능력, 즉 *유동성 지능*(fluid intelligence)을 갖고 있다. 진화적 관점에서 아기의 정신은 정보를 빨아들이도록 고안되어 있으며, 실제로 깜짝 놀랄 속도로 그렇게 한다(Bjorklund, 2012). 아기 조셉은 새로운 경험을 빨아들이는 '스펀지'였지만 83세가 되면 새로운 기술(외국어를 유창하게 하는 것)을 배우는 일이 훨씬 더 힘들다는 것을 알게 될 것이며 이미 알고 있는 것에 대부분 의존함을 깨닫게 될 것이다.

태어나자마자 바로 그날부터 아기들은 세상이 어떻게 돌아가는지를 배운다. 그들은 즉각 보고, 만지고, 맛보고 또 다른 방식으로 주변을 탐색하기 시작한다. 태어나서 첫 한 달 동안 아기들은 점점 더 사고를 할 수 있게 되고 보는 것으로부터 배울 수 있게 되고, 예측을 할 수 있게 되고, 설명을 찾을 수 있게 된다. 예

생물학적 소인 특정 기술을 학습하는 인간에게 유전된 것으로 보이는 준비성. 이를테면 언어를 어떻게 사용하는가 혹은 특정 방식으로 행동하려는 준비성 같은 것

신호 초기 언어 발달에서 부모와 아이 사이의 비언어적인 상호작용 그리고 번갈아 참여하기를 가능하게 해 주는 만지기, 소리 내기, 바라보기 혹은 웃기 같은 행동

모성어(부모어) 유아들에게 이야기할 때 사용되는 언어 형태. 높은 음조의 목소리, 짧고 간단한 문장, 반복되고 속도가 느린 말, 과장된 목소리 억양이 특징

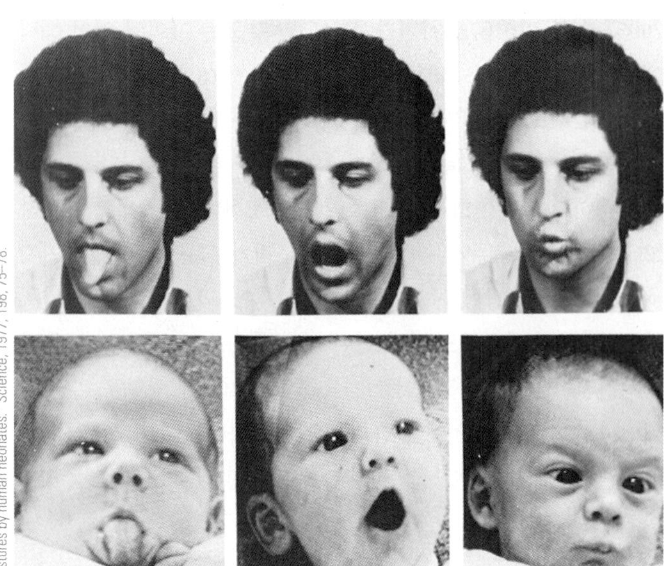

A.N. Meltzoff & M.K. Moore, "Imitation of facial and manual gestures by human neonates," Science, 1977, 198, 75–78.

그림 14.1
유아의 모방. 그림 윗줄은 Andrew Meltzoff가 유아를 보면서 얼굴을 움직이는 모습이다. 아랫줄은 아기의 반응을 기록한 것이다. Meltzoff와 검사 대상이었던 유아를 찍은 비디오 영상이 객관성의 보장에 도움이 되었다.

를 들어 Jerome Bruner(1983)는 3주 내지 8주 된 아기들이 어떤 사람의 목소리와 몸이 반드시 연결되어 있다는 것을 이해하는 듯하다고 했다. 아기가 자기 엄마가 서 있는 자리에서 엄마 목소리가 나면 조용히 있다. 만약 엄마 목소리가 몇 미터 떨어진 확성기에서 나면 아기가 동요하고 울기 시작했다.

또 다른 예로 심리학자 Andrew Meltzoff는 아기들이 타고난 흉내쟁이임을 발견하였다. 그림 14.1은 Meltzoff가 20일 된 여자 아기에게 혀를 내미는 모습, 입을 벌리는 모습, 입술을 모으는 모습을 보여 준다. 아기가 따라 할까? 아기들을 찍은 영상은 아기들이 어른을 볼 수 있는 동안은 어른들의 얼굴 모양을 따라 함을 보여 주었다(거울 뉴런이 생각나는 독자도 있을 것이다). 9개월이면 이미 유아들은 행위를 보고 하루가 지난 뒤에 그것을 기억하고 따라 할 수 있다(Heimann, Meltzoff, 1996; Meltzoff, 2005). 그런 따라 하기가 유아기의 신속한 학습을 돕는 것이 확실하다.

스위스 심리학자이자 철학자인 Jean Piaget는 아이들의 인지 기술이 일련의 성숙 단계를 거쳐 진보한다고 제안하였는데 이는 아이들이 어떻게 사고능력을 발달시키는지에 대한 최초의 중요한 통찰이었다. 또한 많은 심리학자들이 아이들이 그들의 문화에서 중요한 기술을 어떻게 학습하는지에 흥미를 갖게 되었다. 전형적으로 아이들은 능숙한 '개인지도 선생님'(부모와 여타 사람들)의 지도에 따라 그것을 배운다.

Piaget의 인지 발달 이론

Piaget의 생각은 아이들에 대한 우리의 관점에 깊은 영향을 미쳤다(Miller, 2011). Piaget(1951, 1952)에 따르면 일반적으로 말해서 아이들의 사고는 성인의 사고보다 덜 추상적이다. 그들은 지식의 기초를 특정한 예와 보거나 만질 수 있는 대상에 두는 경향이 있다. 또한 아이들은 일반화, 범주와 원칙을 덜 사용한다. Piaget는 또한 모든 아이들이 지적 발달의 일련의 단계를 거쳐서 성숙한다고 믿었다. 그의 개념들 중 많은 것이 자신의 아이들이 다양한 사고 문제를 해결하는 것을 관찰한 데서 나왔다. (Piaget의 걸출한 이력이 어느 날 그의 부인이 "장, 아이들 좀 잠깐 봐요!" 하는 말에서부터 시작되었다고 상상하고 싶어진다.)

Farrell Grehan/ Historical/Corbis

Jean Piaget(1896~1980). 철학자, 심리학자이며 아이들을 예리하게 관찰한 사람.

정신 과정 Piaget는 그가 동화와 조절이라고 부른 과정을 거쳐 지성이 성장한다고 믿었다. **동화**(assimilation)는 새로운 상황에서 이미 갖고 있는 심적 패턴(mental pattern)을 사용하는 것을 가리킨다. 어린 샐리를 데리고 시골로 드라이브를 갔다고 해 보자. 그녀는 들에서 인생 처음으로 살아 있는 말을 보고는 손으로 가리키면서 "말!"이라고 소리친다. 그녀는 이미 TV에서 말을 본 적이 있고 심지어 말 봉제인형도 가지고 있다. 이 경우 그녀는 이 새로운 경험을 이미 갖고 있던 '말'이라는 개념에 추가한다. Piaget는 이미 있던 지식 구조에 이 경험이 '동화'되었다고 말할 것이다.

조절(accommodation)은 새로운 필수 요건을 만족시키기 위해 이미 있는 개념들을 수정하는 것이다. 예를 들어 한 달 뒤 샐리가 동물원에 가서 얼룩말을 최초로 본다고 해 보자. 그녀는 자랑스럽게 "말!"이라며 환호성을 지른다. 이번에는 엄마가 "아니, 아가, 저건 얼룩말이야."라고 대답한다. 어린 샐리가 이번에는 그녀가 갖고 있던 말 개념에 얼룩말을 *동화시키는 데 실패*했다. 이제는 '얼룩말'이라는 새로운 개념을 만들어서 갖고 있던 말이라는 개념을 수정함으로써(검고 흰 줄무늬는 없음) *조절*해야만 한다.

감각운동기(sensorimotor stage, 0~2세) 이 책에서 눈을 떼고 방 안에 있는 무언가가 여러분의 주의를 끌 때까지 있어 보라. 이제 눈을 감는다. 이 책이 여전히 방 안에 있는가? 어떻게 아는가? 성인인 여러분은 대상의 심상을 여러분의 '마음의 눈' 속에 담아 둘 수 있다. Piaget에 따르면 신생아들은 심상 같은 *내적 표상*을 만들 수 없다. 그 결과 그들에게는 대상이 눈앞에서 사라지더라도 계속 존재함을 이해하는 **대상영속성**(object permanence)이라는 것이 없다.

이런 이유로 태어나서 처음 2년 동안은 조셉의 지적 발달이 대체로 비지성적이고 비언어적으로 일어난다. 그는 감각을 통해 온 정보를 자신의 운동과 통합하는 것을 학습하는 것에 주로 관심을 가질 것이다. 그런데 첫 돌이 되기 전 어느 시기부터 아기들이 사라지는 물체를 능동적으로 추적하기 시작한다. 2세가 되면 스크린 뒤에 있는 물체의 움직임을 예상할 수 있게 된다. 예를 들어, 조셉이 장난감 기차가 움직이는 것을 바라볼 때 기차가 터널로 들어가면 기차가 사라진 지점이 아니라 터널 끝을 먼저 바라보고 있을 것이다.

일반적으로 이 단계의 발달은 아이의 개념이 좀 더 *안정적인* 것이 되어 감을 나타낸다. 물체가 더 이상 마법처럼 나타났다 사라지지 않으며, 혼란스럽고 잘 연결되지 않는 유아기의 감각들을 좀 더 질서 있고 예측 가능한 세계가 대체한다.

전조작기(preoperational stage, 2~7세) 다시 눈을 감는다. 여러분이 자는 방을 상상해 보라. 여러분이 그 방 천장에 걸터앉아 있고, 침대가 없다면 방이 어떻게 보일까? 그렇게 할 때에는 갖고 있는 심상을 *변형*시킴으로써 마음속에서 조작을 가하고 있다. Piaget에 따르면 전조작기의 아이들이 심상 혹은 개념을 형성할 수는 있으나 그 심상이나 개념을 머릿속에서 조작하기 위한 **변형**(transformations)을 쉽게 사용할 수 없기 때문에 전조작기에 있다.

아이들은 6세나 7세 이전에 *상징*을 사용한 사고를 하고 언어를 사용하기 시작한다. 하지만 변형하는 데 어려움이 있기 때문에 여전히 구체적이고 **직관적인 사고**(intuitive thought)를 하며 추론과 논리를 거의 사용하지 않는다. (어린 시절 길을 걸으면 해와 달이 여러분을 따라온다고 생각했던 것이 기억나는가?) 그런 사고는 흔히 *미신적*(superstitious) 사고로 불리는데, 아동기 후기나 성인기에도 지속되면 특히 그렇게 불린다(Wargo, 2008).

다시 5세의 조셉으로 돌아가 보자. 그에게 낮고 넓은 유리잔에 담긴 우유와 높고 좁은 유리잔에 담긴 우유를 보여 주면 조셉은 (실제로는 그렇지 않은데) 높은 잔에 담긴 우유가 더 많다고 할 가능성이 크다. 여러분이 낮은 잔에 담긴 우유를 비어 있는 높은 잔에 따르는 것을 보여 주더라도 그렇다고 할 것이다. 더 나이를 먹은 아이들은 우유를 따르는 것을 머릿속에서 *거꾸*로 생각하여서 쉽게 심적으로 변형하여 용기의 모양이 그것이 담고 있는 우유의 부피와는 무관하다는 것을 이해한다. 그러나 조셉은 아직 전조작기이다. 그는 높고 좁은 잔에 든 우유를 낮고 넓은 잔에 든 우유로 다시 변형시키는 심적 조작을 수행할 수 없다. 따라서 그는 우유가 적은 양에서 많은 양으로 변형된 것으로 보이는 사실

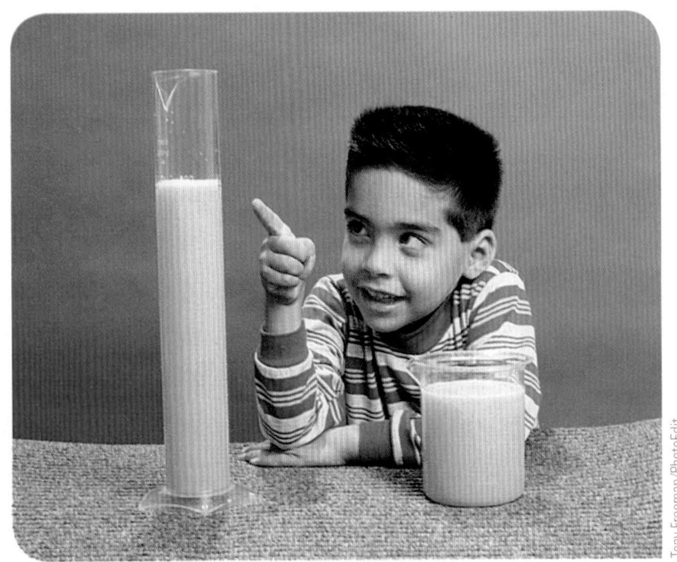

Tony Freeman/PhotoEdit

그림 14.2
7세 이하의 아이들은 액체를 낮고 넓은 용기에서 높고 좁은 용기로 따르면 액체의 부피가 증가한다고 직관적으로 생각한다. 이 그림의 소년도 높은 용기가 낮은 용기보다 더 많은 양을 담고 있다고 생각한다. 실제로는 각 용기가 같은 양의 액체를 담고 있다. 아이들은 액체의 부피가 아닌 높이에 기초하여 그런 판단을 내린다.

에 개의치 않는다. 그보다는 *더* 높은 것이 *더 많음*을 뜻하는 것으로 보인다는 사실에만 반응한다(그림 14.2).

대략 7세가 지나면 아이들이 더 이상 이런 상황에서 속지 않는다. 어쩌면 그래서 7세가 '옳고 그름을 구분할 수 있는 나이'라고 불리고 있는 것일 수도 있다. 7세 이후에는 좀 더 합리적이고 성인과 비슷한 사고로 향하는 뚜렷한 경향을 볼 수가 있다.

전조작기 동안에는 아이가 **자기중심적 사고**(egocentric thought)에 몰두하여서 다른 사람의 관점을 취할 수가 없다. 아이

동화 Piaget의 이론에서 새로운 상황에 기존의 심적 패턴을 적용하는 것(다시 말해 이미 존재하는 심적 도식에 새로운 상황이 동화된다.)
조절 Piaget의 이론에서 새로운 요구에 맞추기 위해 이미 존재하는 심적 패턴을 수정하는 것(다시 말해, 새로운 정보 혹은 경험을 조절하기 위해 심적 도식이 바뀐다.)
감각운동기 감각 입력과 운동 반응의 협응이 이루어지는 지적 발달의 단계
대상영속성 유아기에 얻는 개념으로 물체가 눈에서 보이지 않을 때에도 계속해서 존재한다는 개념
전조작기 아이들이 언어를 사용하고 상징적인 사고를 시작하지만 사고가 여전히 직관적이고 자기중심적인 지적 발달의 단계
변형 어떤 물질(예를 들어, 찰흙이나 물)의 외양이나 형태를 심적으로 변화시키고 그것의 부피가 계속 같다고 지각할 수 있는 정신적 능력
직관적 사고 추론과 논리를 전혀 혹은 거의 사용하지 않는 사고
자기중심적 사고 자기가 중심에 있고 다른 사람들의 관점을 고려하지 못하는 사고

의 자아가 아이의 세계에서 중심에 있는 듯하다. 이를 보여 주기 위해 전조작기의 아이에게 양면 거울을 보여 준다. 그러고는 당신과 아이 사이에 거울을 놓아서 아이가 자기 모습을 볼 수 있게 한다. 아이에게 당신이 볼 수 있는 것이 무엇이라고 생각하는지 물으면 아이는 당신이 보는 것이 당신의 얼굴이 아니라 거울에 비친 자신의 얼굴일 것이라고 상상한다. 아이는 자신이 보는 관점을 당신에게 보이는 관점으로 머릿속에서 변형하지 못한다.

그런 자기중심성이 아이들이 때로는 몹시 짜증나도록 이기적이거나 협조하지 않는 것처럼 보이는 이유가 된다. 당신이 TV를 보고 있는데 샐리가 TV 앞에 서서 안 보이게 할 때에는 자신에게 보이니까 당신에게도 보인다고 생각하고 있다. 샐리에게 좀 잘 보이도록 움직이라고 하면 자신에게 잘 보이도록 움직일 수도 있다! 샐리가 보통의 의미로 이기적으로 구는 것이 아니다. 그녀는 단지 자신의 관점과 당신의 관점이 다르다는 것을 인식하지 못하는 것이다.

이에 덧붙여 아이들의 언어 사용도 겉보기만큼 세련된 것이 아니다. 아이들은 단어를 그것이 표현하는 대상과 혼동하는 경향이 있다. 샐리가 장난감 블록을 '자동차'라고 부르는데 당신이 그 블록을 '집'을 만드는 데 사용하면 샐리가 싫어할 수도 있다. 아이들에게는 어떤 대상의 이름이 그것의 크기, 모양, 색깔만큼이나 그것의 한 부분이다.

Kokyat Choong/Alamy

전조작기 아이에게는 차가 많은 길을 건너는 것이 위험할 수 있다. 어린 아동은 생각이 아직도 자기중심적이기 때문에 자기들은 차를 볼 수 있는데 왜 운전자들이 자기들을 볼 수 없는지 이해하지 못한다. 7세 이하의 아이들은 또 자신을 향해 오는 차의 속도와 거리를 일관되게 판단하지 못한다. 어른들이 어린 아동의 '똘똘함'을 과대평가하기 쉽다. 아이들에게 신호등이 있는 건널목에서 건너거나 누군가의 도움을 받아서 건너라고 가르치는 것이 바람직하다.

구체적 조작기(concrete operational stage, 7~11세) 이 단계의 가장 큰 특징은 생각을 *거꾸로* 돌리는 것과 같은 심적 조작을 수행해 낼 수 있는 능력이다. 전조작기에 있는 4세 된 아이는 다음과 같은 (아이의 사고가 가역성이 없음을 보여 주는) 대화를 할 수 있다.

"남자 형제 있어?"

"응."

"형제 이름이 뭔데?"

"빌리."

"빌리는 남자 형제 있어?"

"아니."

사고의 가역성은 구체적 조작기의 아이에게 4 곱하기 2가 8이면 2 곱하기 4도 같다는 것을 인지하게 해 준다. 더 어린 아이들은 각각의 관계를 따로 외워야만 한다. 따라서 전조작기의 아이는 4 곱하기 9가 36인 것은 알 수 있지만 9 곱하기 4가 그와 똑같다고 말하지 못할 수 있다.

심적 조작의 발달이 보존(conservation, 양, 무게 및 부피가 대상의 모양이 바뀌더라도 변하지 않고 있다는 개념)에 숙달될 수 있게 해 준다. 아이들이 공 모양의 찰흙을 '뱀'으로 만들어도 찰흙의 양이 증가되지 않는다는 것을 이해하면 보존을 학습한 것이다. 마찬가지로 액체를 높고 좁은 잔에서 얕은 접시에 따라도 액체의 양이 줄어들지 않는다. 각각의 경우 형태나 외양의 변화에도 불구하고 부피는 유지된다. 원래의 양이 *보존된다*(그림 14.2 참조).

구체적 조작기 동안 아이들은 시간, 공간 및 수의 개념을 사용하기 시작한다. 아이는 구체적인 대상이나 상황, 범주 그리고 원리에 대해서 합리적으로 사고할 수 있다. 그런 능력이 이 단계에 이르면 왜 아이들이 산타클로스를 더 이상 믿지 않게 되는지를 설명하는 데 도움이 될 수 있다. 아이들이 부피의 *보존*을 이해하기 때문에 산타의 주머니가 수백만 명의 소년, 소녀들에게 줄 장난감을 다 넣기란 불가능함을 알게 된다.

형식적 조작기(formal operational stage, 11세 이후) 대략 11세 이후 아이들은 구체적인 대상과 특정한 예로부터 벗어나기 시작한다. 사고가 민주주의, 명예 혹은 상관관계 같은 좀 더 추상적인 원리를 기초로 한다. 이 단계에 도달한 아이들은 자신의 사고를 내성하게 되고 덜 자기중심적으로 된다. 아동기 후반의 아이들과 어린 청소년들은 또한 서서히 가상적인 가능성(가정, 추측 혹은 추정)을 고려할 수 있게 된다. 예를 들어 어린 아동에게 "사람들이 갑자기 날 수 있게 된다면 어떻게 될까?"라고 묻는다면 아이가 "사람들은 날 수가 없어요."라고 대답할 것이다. 더 나이가 든 아이들은 그런 가능성을 더 잘 고려할 수 있다.

형식적 조작기 동안 완전한 성인의 지적 발달에 도달한다. 더 나이가 든 청소년들은 귀납적 추론과 연역적 추론을 할 수 있고,

수학, 물리학, 철학, 심리학 및 기타 추상적인 체계들을 이해할 수 있다. 그들은 과학적 방식으로 가정을 검증하는 것을 학습할 수 있다. 물론 모든 사람이 이 수준의 사고에 도달하는 것은 아니다. 또한 많은 성인들이 특정 주제에 대해서는 형식적으로 사고할 수 있지만 주제가 친숙하지 않을 때에는 사고가 구체적으로 된다. 이는 형식적 사고가 성숙보다는 문화와 학습의 결과일 수 있음을 함의한다. 어쨌든 청소년기 후기 이후에는 지성의 향상이 기본적인 사고 능력의 도약보다는 특정한 지식, 경험 그리고 지혜를 습득하는 것에 달려 있다.

부모들이 Piaget의 개념을 어떻게 적용할 수 있을까? Piaget의 이론은 지적 발달을 이끄는 이상적인 방법은 약간만 새롭거나 이상하거나 도전적인 경험을 제공하는 것임을 시사한다. 아이의 지성은 주로 조절을 통해 발달함을 기억하라. 보통은 *한 걸음만 앞서 나가는 전략*(one-step-ahead strategy)을 따르는 것이 최선이다. 이는 가르치려는 노력이 아이가 현재 이해하고 있는 수준보다 약간만 더 높은 수준을 목표로 하는 것이다(Brainerd, 2003).

부모들은 강요된 교육 혹은 '조기교육'을 피해야 할 것이다. 이는 마치 식물을 억지로 너무 이르게 꽃피우도록 하는 것과 같다. 아이들에게 읽기, 수학, 체조, 수영 혹은 음악을 너무 일찍 배우도록 억지로 시키는 것은 아이들을 지겹게 하거나 억압할 수 있다. 진정한 지적 풍요로움이란 아이들의 관심을 존중하는 것이다. 그것은 아이들이 무언가 수행해야 한다는 압력을 느끼게 하지 않는다.

오늘날의 Piaget

오늘날 Piaget의 이론은 아이들이 어떻게 사고하는지를 이해하는 데 소중한 지침으로 남아 있다. 넓은 범위에서 보면 Piaget의 개념들 중 많은 것이 잘 버텨 왔다. 그러나 특정 세부사항에 대해서는 의견이 일치하지 않는 면이 있다. 예를 들어 학습 이론가들에 따르면 아이들은 계속해서 구체적인 지식을 습득하기 때문에 일반적인 정신적 능력이 계단식으로 도약하지는 않는다(Miller, 2011; Siegler, 2005). 반면에 뇌세포 사이의 연결의 성장은 Piaget의 단계와 아주 유사한 물결 모양으로 일어난다(● 그림 14.3 참조). 따라서 진실은 Piaget의 단계 이론과 현대의 학습 이론 그 사이 어딘가에 있을 수 있다.

이에 덧붙여, 아이들이 Piaget가 원래 생각했던 것보다 좀 더 일찍 인지 기술을 발달시킨다는 점이 널리 수용되고 있다(Bjorklund, 2012). 예를 들어 Piaget는 1세 이하의 유아들은 사고할(내적 표상을 사용할) 수 없다고 생각했다. 그는 그런 능력은 감각운동 발달이 한참 진행되고 나서야 출현한다고 믿었다. 아기들은 보이지 않는 사람이나 물체에 대한 기억이 없다는 것이다.

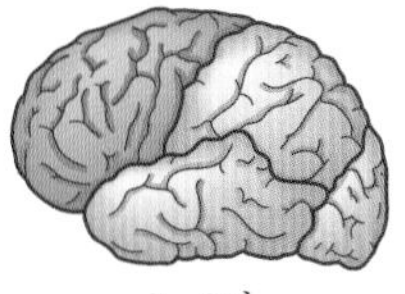
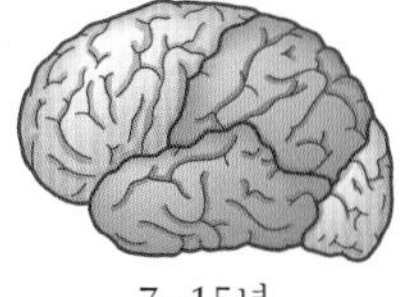

● **그림 14.3**
3세와 6세 사이에는 뇌의 이마겉질에 있는 뉴런들 사이에 놀라운 성장의 물결이 일어난다. 이것이 아이들의 상징적 사고가 급속하게 발전하는 시기에 대응된다. 7세와 15세 사이에는 시냅스 성장의 정점이 관자겉질(측두피질)과 마루겉질(두정피질)로 옮겨 간다. 이 시기 동안에는 아이들이 관자겉질의 특기인 언어 사용에 점점 더 능숙해진다. 10대 후반에는 뇌가 불필요한 연결, 특히 이마겉질에 있는 것들을 능동적으로 파괴한다. 이렇게 쓸데없는 가지를 쳐 내는 것이 뇌의 추상적 사고 능력을 더 날카롭게 한다(Restak, 2001).

하지만 우리는 유아들이 아주 일찍부터 표상을 형성하기 시작한다는 것을 이제는 알고 있다. 예를 들어 3개월밖에 안 된 아기들도 물체는 실체가 있으며 시야에서 사라지더라도 없어지지 않음을 아는 것처럼 보인다(Baillargeon, 2004).

"얘야! 네 방에 가서 대뇌겉질이 성숙할 때까지 거기 좀 있어!"

Piaget는 왜 유아의 사고 기술을 탐지하는 데 실패했을까? 아마도 그가 아기들의 제한된 신체적 기술을 정신적 능력 부족으로 오해했을 수 있다. Piaget의 검사는 아기들에게 물체를 찾거

구체적 조작기 아이들이 시간, 공간, 부피와 수의 개념을 사용할 수 있게 되지만 추상적이지 않고 여전히 단순화되고 구체적인 방식으로 사용하는 지적 발달의 단계
보존 Piaget의 이론에서 물체의 외양이나 모양이 변하더라도 물질의 무게, 양 및 부피가 변치 않는다는(보존된다는) 개념을 마스터하는 것
형식적 조작기 추상적이고, 이론적이고 가상적인 개념을 포함하는 사고가 특징인 지적 발달의 단계

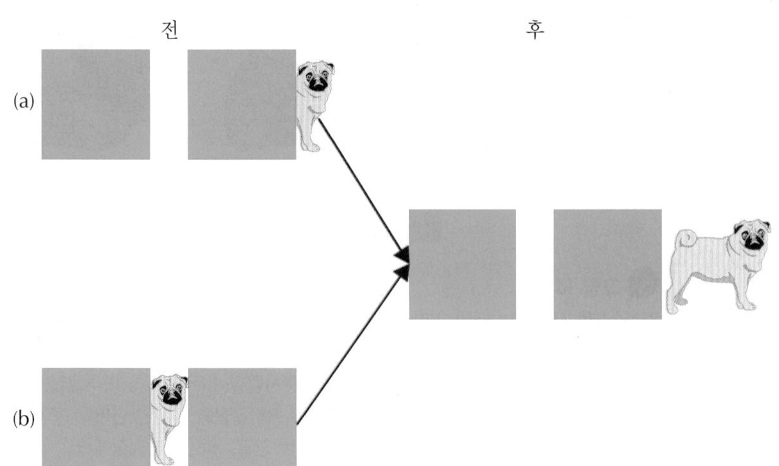

그림 14.4
한 유아가 2개의 스크린 중 오른쪽 것의 뒤에 장난감이 놓이는 장면을 본다(a). 70초가 지난 뒤 장난감이 오른쪽 스크린 뒤에서 다시 꺼내어지는 장면이 보이는 가능한 사건이 일어난다. 다른 경우에는, 장난감이 2개의 스크린 중 왼쪽 것의 뒤에 놓이는 장면을 유아가 본다(b). 이제는 장난감이 또다시 오른쪽 스크린 뒤에서 꺼내어지는 불가능한 사건이 일어난다. (똑같은 장난감이 검사 전에 거기에 숨겨져 있었다.) 8개월 된 유아들은 자기 앞에서 불가능한 사건이 일어나는 것을 보면 놀란 반응을 한다. 그들의 반응은 장난감이 숨겨진 곳을 기억한다는 것을 의미한다. 유아들은 Piaget가 감각운동기에 가능하다고 주장했던 것을 훨씬 뛰어넘는 기억과 사고 능력을 가지고 있는 것으로 보인다. (Baillargeon, De Vos, & Graber, 1989를 수정함)

나 손을 뻗어 그것을 만지는 것을 요했다. 좀 더 새롭고 좀 더 민감한 방법들이 Piaget가 간과했던 능력들을 밝혀내고 있다. 그 방법 중 하나가 아기들도 성인과 마찬가지로 '불가능한' 혹은 예상치 않은 일이 일어나는 것을 보면 놀란 것처럼 행동한다는 사실을 이용한다. 이 효과를 사용하기 위해 심리학자 Renee Baillargeon(1991, 2004)은 유아들 앞에서 작은 '마술 쇼'를 벌였다. 그녀의 '극장'에서 장난감이나 다른 물체들에게 가능한 사건과 불가능한 사건들을 아기들이 보고 있다. 3개월 된 유아들 중 일부는 예를 들어 2개의 단단한 물체가 서로 뚫고 지나가는 것같이 불가능한 사건을 보면 놀란 것 같은 행동을 하고 더 오래 쳐다본다. 8개월이 되면 아기들은 물체가 있었던 곳(혹은 있어야 할 곳)을 최소한 1분간 기억할 수 있다(그림 14.4).

비판적 사고

마음 추측: 나는 나! … 그리고 너는 너!

인간 발달에서 주요한 한 단계가 자신을 한 사람으로 자각하게 되는 것이다. 여러분이 거울을 볼 때 (어쩌면 월요일 이른 아침을 제외한다면) 자신을 쳐다보고 있는 상이 스스로의 상임을 인식한다. 그런 사건 중 많은 것들과 마찬가지로 최초의 자기 자각은 신경계의 성숙에 의존한다. 자기 인식을 검사하는 전형적인 검사에서는 유아들에게 자신의 모습을 TV로 보여 준다. 대부분의 유아들은 18개월이 되어야 스스로를 인식한다(Nielsen & Dissanayake, 2004).

Ursula Markus/Science Source

약 18개월 무렵에 자아감, 즉 자기 자각이 발달한다. 자기 자각이 발달되기 전 아이들은 거울에 비친 자기의 상을 인식하지 못한다. 그들이 또 다른 아이를 보고 있다고 생각하는 것이 전형적이다. 일부 아이들은 거울 속의 아이를 껴안거나 거기 보이는 아이를 찾기 위해 거울 뒤로 가기도 한다(Lewis, 1995).

그렇지만 2세 아이가 자기가 '나'임을 안다고 해서 상대가 '너'임을 안다는 것을 의미하지는 않는다(Samson & Apperly, 2010). 3세에 에릭은 손으로 자기 눈을 가리고 친구 로렌스에게 "이제 나 안 보이지!"라고 한 적이 있다. 그는 자신의 관점이 있음은 알았지만 친구의 관점은 자신의 것과는 다를 수 있다는 것은 몰랐다. 앞에서 우리는 어린 아동의 이 사랑스러운 특징을 가리켜서 *자기중심성*(egocentrism)이라는 용어를 사용하였고 어린 아동은 7세 즈음 구체적 조작기로 들어가기 전까지는 여전히 자기중심적이라고 이야기한 것을 보았다. 보다 최근의 증거는 아이들이 대략 4세부터 시작하여 덜 자기중심적으로 됨을 시사한다(Doherty, 2009). 앞에서 언급한 것처럼 그 시기에 발달하는 이 능력을 *마음 추측*(theory of mind)이라고 부른다(Gopnik, 2009).

다른 사람들에게는 자기만의 정신 상태가 있다는 것을 아이들이 이해하는지를 가늠하는 한 가지 방법은 틀린 믿음(혹은 샐리–앤) 과제이다. 아이에게 샐리와 앤이라는 2개의 인형을 보여 준다. 샐리에게는 바구니가 하나 있고, 앤에게는 상자가 하나 있다. 샐리는 자신의 바구니에 동전을 하나 넣고 밖으로 놀러 나간다. 그 사이 앤이 샐리의 바구니에서 동전을 꺼내서 자신의 상자에 넣는다. 마음 추측을 가늠하기 위해 아이에게 샐리가 동전을 찾기 위해 어디를 볼 것인가를 묻는다. 아이는 동전이 앤의 상자에 있는 것을 알고 있지만 정답은 샐리가 자신의 바구니를 찾아볼 것이라는 것이다. 정답을 말하려면 샐리의 관점에는 아이가 본 것이 포함되지 않는다는 점을 아이가 이해해야만 한다.

마음 추측은 시간이 감에 따라 발달한다. 다른 사람들이 거짓말을 할 수도, 빈정댈 수도, 농담을 할 수도, 비유를 사용할 수도 있음을 인식하려면 추가적인 발달이 필요하다. 어른 중에도 이를 잘 못하는 사람들이 있다. 실제로 현재 나온 증거들은 자폐스펙트럼장애가 있는 아이들이 이 과제를 특히 못한다고 시사한다(O'Hare et al., 2009).

마찬가지로 Piaget는 전조작기 동안에는 아이들이 여전히 자기중심적이고 7세가 되어서야 비로소 자신이 아닌 다른 사람들의 관점에 대해 자각하게 된다고 생각했다. 연구자들은 이후 이 발달을 **마음 추측**(theory of mind, 또는 마음 이론)이라고 부르게 되었다. 이는 사람들에게 사고, 신념, 의도 같은 정신적 상태가 있으며 다른 사람의 정신적 상태는 자신의 것과 다르다는 것을 이해하는 것이다. 현재는 심리학자들이 4세밖에 안 된 아이들도 다른 사람의 정신적 상태가 자신의 것과 다르다는 것을 이해할 수 있다고 생각하고 있다(Doherty, 2009). (이 놀라운 발달에 대해 더 알고 싶다면 글상자 "마음 추측: 나는 나! … 그리고 너는 너!"를 보라.)

Piaget에 대한 또 다른 비판은 그가 문화가 지적 발달에 미치는 영향을 과소평가했다는 점이다. 다음 절은 조셉이 그의 문화가 가치 있게 여기는 지적 도구들에 어떻게 숙달되는지를 알려 줄 것이다.

Vygotsky의 사회문화적 이론

Piaget가 인지 발달에서 성숙의 역할을 강조한 반면 러시아 학자인 Lev Vygotsky(1896~1934)는 사회문화적 요인들의 영향력을 강조하였다. 많은 심리학자들이 Piaget가 학습이 일어나는 환경의 효과를 너무 인정하지 않았음을 납득하고 있다. 예를 들어 도자기가 만들어지는 마을에서 자란 아이들은 찰흙의 보존에 관한 문제를 Piaget가 예측할 때보다 더 일찍 맞힐 수 있을 것이다. Vygotsky(1962, 1978)의 핵심적인 통찰은 아이들의 사고가 좀 더 능력이 있는 사람들과의 대화를 통해 발달한다는 것이다.

그것이 지적 성장과 어떻게 관련이 될까? 아직까지는 '지구 생활에 대한 아동용 지침서'란 책을 출간한 사람이 아무도 없다. 대신 아이들은 부모, 교사 그리고 손위 형제자매 같은 여러 '과외 선생님'에게서 삶에 대해 배워야만 한다. '지구 생활에 대한 아동용 지침서'가 존재한다 하더라도 우리는 모든 문화에 대해서 개별적인 판본이 필요할 것이다. 아이들이 어떻게 사고할지를 배우는 것만으로는 충분치 않다. 아이들이 자기 문화에서 가치 있게 여겨지는 구체적인 지적 기술들을 배워야만 한다.

Piaget와 마찬가지로 Vygotsky도 아이들이 새로운 원리를 발견하려고 능동적으로 노력한다고 믿었다. 그러나 Vygotsky는 아이의 가장 중요한 '발견' 중 많은 것들을 능숙한 과외 선생님이 지도한다고 강조했다. 심리학자 Jay Shaffer와 Katherine Kipp(2014)은 다음의 예를 제시한다.

> 4세 아이 타니아는 이제 막 생일선물로 인생 최초의 조각그림 맞추기 퍼즐을 받았다. 그녀는 퍼즐을 맞춰 보려고 시도했지만 아버지가 와서 곁에 앉아 그녀에게 좀 가르쳐 주기 전까지는 전혀 진전이 없었다. 아버지는 모서리를 제일 먼저 맞추는 것이 좋은 생각이라고 제안하고 모서리 조각 하나의 가장자리에 있는 분홍색 부분을 가리키면서 "분홍색 조각을 하나 더 찾아보자."라고 말한다. 타니아가 좌절한 것처럼 보이자 그는 서로 맞물리는 2개의 조각을 가까이 놓아서 그녀가 알아차리게 하고 타니아가 맞추는 데 성공하면 격려의 말을 한다. 타니아가 점점 요령을 알게 되면 그는 뒤로 물러나서 점점 더 독립적으로 하도록 둔다(p. 233).

이런 상호작용은 아이의 **근접발달 영역**(zone of proximal development) 내에서 일어날 때 가장 도움이 된다.

Vygotsky가 근접발달 영역이라고 말한 것은 무슨 의미일까? 근접이라는 단어는 밀접하거나 가깝다는 것을 의미한다. Vygotsky는 어떤 특정한 시점에 일부 과제는 그저 아이들이 다가갈 수 있는 범위 밖에 있다는 점을 인식했다. 아이가 그 과제를 하기에 필요한 정신적 기술을 갖는 데 근접해 있지만 혼자서 숙지하기에는 약간 지나치게 복잡하다. 그러나 이 영역 안에서 과제를 하고 있는 아이는 숙련된 동반자에게서 세심한 지도를 받는다면 급속히 발전할 수 있다(Morrissey & Brown, 2009). (이는 앞서 기술한 한 걸음만 앞서 나가는 전략과 유사함을 주목하라.)

또한 Vygotsky는 자신이 **비계**(scaffolding)라고 부른 과정을 강조하였다. 비계는 뼈대 혹은 임시적인 지지대이다. Vygotsky는 문제를 해결하거나 원리를 발견하려는 아이들의 시도에 성인이 '비계'가 됨으로써, 즉 지지를 해 줌으로써 그들이 어떻게 사고할지를 배우도록 돕는다고 믿었다(Daniels, 2005). 가장 효율적이려면 비계는 아이들의 요구에 잘 응답해야만 한다. 예를 들어 타니아의 아버지가 그녀가 퍼즐을 맞추는 것을 도왔던 때 그는 타니아의 발전하는 능력에 맞도록 힌트와 지침을 잘 조정했다. 타니아가 퍼즐을 어떻게 맞추는지를 더 잘 이해할 수 있도록 부녀가 둘이서 한 번에 한 단계씩 같이 작업을 하였다. 타니아의 아버지는 그녀가 새로운 정신적 영역으로 들어가는 것을 돕도록 여러 개의 일시적인 다리들을 지어 준 것이다. Vygotsky의 이론의 예언에 따르면 8~10세 아이들의 읽기 기술은 어머니들이 3세부터 4세까지 제공하는 언어적 비계의 양과 밀접하게 관련이 있다(Dieterich et al., 2006).

다른 이들과의 협업을 통해 아이들은 중요한 문화적 신념과 가치를 배운다. 예를 들어 한 소년이 자신이 가진 야구선수 카드가

마음 추측 사람들에게 사고, 신념, 의도 같은 정신적 상태가 있으며 다른 사람의 정신적 상태는 자신의 것과 다르다는 것을 이해하는 것

근접발달 영역 아이가 아직 혼자서는 마스터할 수 없지만 좀 더 잘하는 동반자의 지침이 따른다면 할 수 있는 과제의 범위를 가리킴

비계 초보자의 행동에 민감하게 반응하도록 그리고 문제를 이해하거나 정신적 기술을 습득하려는 초보자의 노력을 지지하도록 지시를 조정하는 과정

몇 장인지를 알고 싶어 한다고 가정해 보자. 그의 어머니가 카드를 쌓고 세는 것을 돕고 있는데, 세어 가면서 카드 한 장 한 장을 새로운 무더기에 쌓는다. 그다음에 그녀는 소년이 기억할 수 있도록 종이에 어떻게 숫자를 적는지를 보여 준다. 이는 아이에게 수를 세는 것에 대해서뿐만 아니라 우리 문화에서는 적는 것도 중요하다는 점을 가르쳐 준다. 세계의 다른 지역에서라면 수를 세는 것을 배우는 아이에게 막대기에 표식을 만드는 것 혹은 끈에 매듭을 짓는 것을 보여 주었을 수 있다.

함의 Vygotsky는 아이들이 아는 것에 성인이 결정적인 역할을 한다는 점을 보았다. 아이들은 세상을 판독하려고 노력하면서 세상일이 어떻게 돌아가는지를 이해하기 위해 어른들의 도움에 의존한다. Vygotsky는 추가적으로 성인들이 무의식적으로 자신의 행동을 수정하여 아이들이 관심 있어 하는 문제들을 해결하기 위해 필요한 정보를 준다는 점 또한 주목하였다. 이런 식으로 아이들은 자신의 문화와 사회에 대해 배우기 위해 성인들을 이용한다(Gredler & Shields, 2008; Morrissey & Brown, 2009).

모듈 14: 요약

14.1 아이가 어떻게 언어를 획득하는가?

14.1.1 언어 발달은 울기에서 초기 옹알이, 옹알이, 단일 단어의 사용 그리고 그다음에는 전보식 문장 사용으로 진행된다.

14.1.2 전보식 언어의 근본적인 패턴은 언어를 습득하려는 생물학적 소인이 있음을 제안한다. 이런 선천적 경향이 학습에 의해 확장된다.

14.1.3 부모와 아이 사이의 언어 이전의 의사소통은 서로 공유된 리듬, 비언어적 신호 그리고 교대로 하는 것이 포함된다.

14.1.4 모성어 혹은 부모어는 아이들이 언어를 배우는 것을 돕기 위해 부모들이 사용하는 단순화된 음악적 양식의 말하기이다.

14.2 아이가 어떻게 생각하기를 학습하는가?

14.2.1 신생아는 태어나자마자 학습을 시작하고 그들의 행위의 효과를 자각하는 것처럼 보인다.

14.2.2 아이의 지성은 어른의 지성보다 덜 추상적이다. Jean Piaget는 지적 성장은 동화와 조절의 조합을 통해 일어난다는 이론을 주장했다.

14.2.3 Piaget는 또한 아이들이 일련의 정해진 인지적 단계를 거친다고 생각했다. 그 단계와 대략적인 연령은 감각운동기(0~2세), 전조작기(2~7세), 구체적 조작기(7~11세) 그리고 형식적 조작기(11세~성인)이다.

14.2.4 양육자는 아이의 인지 발달 수준에 적절한 학습 기회를 제공해야만 한다.

14.2.5 학습 원리는 인지 발달이 연속적이며, 단계별로 일어나지 않는다고 가정하는 대안적인 설명을 제공한다.

14.2.6 1세 이하의 유아들에 대한 연구는 Piaget가 관찰한 것 이상을 훌쩍 뛰어넘는 사고가 가능함을 시사한다. 마찬가지로 아이들은 4세만 되어도 자기중심성에서 벗어나기 시작한다.

14.2.7 Lev Vygotsky의 사회문화적 이론은 아이의 정신적 능력이 더 능력 있는 동반자와의 상호작용에 의해 개선된다는 점을 강조한다. 정신적 성장은 아이의 근접발달 영역 내에서 이루어지는데, 그 안에서 좀 더 기술이 좋은 사람이 아이의 발전에 비계를 마련해 준다.

모듈 14: 지식 쌓기

1. 단순한 두 단어 문장이 ____________ 언어의 특징이다.
2. Noam ______________는 언어 습득이 선천적인 패턴 위에 지어진다는 생각을 제시했다.
3. 언어 이전에 교대로 소리 주고받기와 사회적 상호작용은 언어심리학자들이 특히 관심을 갖는 주제이다. O X

암기

각각을 다음의 단계에 대응시켜라.

a. 감각운동기
b. 전조작기
c. 구체적 조작기
d. 형식적 조작기

4. ___________ 자기중심적 사고
5. ___________ 추상적 혹은 가설적
6. ___________ 의도가 있는 움직임
7. ___________ 직관적 사고
8. ___________ 보존
9. ___________ 사고의 역전
10. ___________ 대상영속성
11. ___________ 비언어적 발달
12. Vygotsky는 새로운 정신적 능력을 학습하기 위한 지지의 일시적인 틀을 제공하는 과정을 _______________라고 불렀다.

반영

비판적으로 생각하기

13. 서양 문화에서는 이르면 4세부터 아이들이 다른 사람에게 자신과 다른 정신적 상태가 있음을 이해한다. 다시 말해 그들이 마음 추측을 발달시킨 것이다. 이 능력이 서양 문화에 독특한 것인가 아니면 다른 문화에서 온 아이들도 마음 추측을 발달시키는가?

자기반영

여러분이 태어나서부터 2세가 될 때까지 발달하면서 생긴 언어 능력을 그 순서대로 명칭을 대고 흉내 낼 수 있는지 보아라.

여러분이 다양한 나이의 아이들과 쿠키를 만들려고 한다. Piaget의 단계를 가려낼 수 있는지 그리고 그 단계의 아이들이 어떻게 할 것인지 예를 들어 보라.

아이가 계산기를 써서 단순한 덧셈을 하는 것을 배우는 것을 도와 달라는 요청을 받았다. 이 과제에 대한 아이의 근접발달 영역을 여러분이 어떻게 가려내겠는가? 아이의 학습에 어떻게 비계를 만들어 주겠는가?

정답

1. 전보식 **2.** Chomsky **3.** O **4.** b **5.** d **6.** a **7.** b **8.** c **9.** c **10.** a **11.** a **12.** 비계 **13.** 모든 인간은 자신의 행위의 기초가 될 다른 사람들의 의도, 욕망 및 생각에 대한 이해가 필요하다. 예컨대 태평양의 작은 섬들의 제도인 마이크로네시아의 아이들도 4세 무렵에 마음 추측을 발달시킨다 (Oberle, 2009).

15 Module

인간의 발달: 청소년기와 성인기

언제나 철들까

인간 발달이라는 개념에 대한 한 가지 흔한 오해는 아동기나 청소년기 초기에 발달이 끝난다는 것이다. 그 시점에 여러분의 성장은 끝나고 '성인(grown-up)'이 된다. 우리 개개인의 발달이 우리가 어렸을 때 더 명확할 수는 있지만 실제로는 우리 삶이 끝날 때까지 발달이 결코 끝나지 않는다. 성격 이론가 Erik Erikson의 심리사회적 이론은 '전형적인' 삶 동안 일어나는 주요한 발달의 심리적 단계에 대한 좋은 개요를 제공한다.

청소년기와 젊은 성인기는 원기왕성함과 젊은이 특유의 탐색의 시간이다. 또한 그 시기는 걱정과 문제의 시기일 수도 있다. 성인기로의 이행이 그보다 더 이후의 나이에 일어나더라도 청소년기 동안 그 사람의 정체성과 도덕관이 더 뚜렷해진다. 성인기 후기에는 우리 모두가 더 많은 추가적인 도전에 직면하게 되고 여기에는 신체적 노화도 포함된다. 그럼에도 불구하고 성공적으로 늙어 가는 것은 가능하다. 또한 우리는 피할 수 없는 각자의 죽음에 직면해야만 한다.

arekmalang/iStockphoto.com

청소년기와 성인기에 초점을 두고 Erikson의 단계들을 살펴보자.

SURVEY QUESTIONS

15.1 수명을 다할 때까지 해야만 하는 전형적인 과제와 딜레마는 무엇일까?
15.2 청소년기에서 성인기로의 전이가 특별히 힘든 까닭은 무엇인가?
15.3 우리가 도덕과 가치관을 어떻게 발달시키는가?
15.4 성인기 중기와 후기 동안의 행복과 관련이 있는 것은 무엇인가?
15.5 사람들은 전형적으로 죽음에 어떻게 반응하는가?

일생의 이야기—거친 자갈밭 아니면 꽃길?

SURVEY QUESTION 15.1 수명을 다할 때까지 해야만 하는 전형적인 과제와 딜레마는 무엇일까?

모든 삶에는 *발달 면에서 중요한 이정표*가 되는 사건이 여러 개 있기 마련이다(Kail & Cavanaugh, 2013). 이것들은 개인의 발달에서 주목할 만한 사건, 표지 혹은 전환점이다. 그 예로 탄생, 말 배우기, 학교 가기, 학교 졸업하기, 처음으로 투표하기, 결혼, 아이가 집을 떠나는 것을 보는 것(혹은 다시 돌아오는 것을 보는 것), 부모를 묻는 것, 조부모가 되는 것, 은퇴 그리고 마지막에는 사망이 있다. 여태까지는 우리가 삶의 첫 몇 년 동안의 발전을 추적해 왔다. 우리가 청소년기와 성인기 동안 직면해야만 하는 도전들에는 어떤 것이 있을까?

Erikson의 심리사회적 이론

어쩌면 한 인생을 미리 볼 수 있는 방법 중 가장 좋은 것이 심리적으로 중요한 사건과 우리가 직면할 가능성이 높은 도전 중 일부를 고려하는 것일 것이다. 사람들의 유아기, 아동기, 청소년기,

성격이론가 Erik Erikson(1903~1994)은 인간 발달에 대한 삶의 단계 이론으로 가장 유명하다.

성인기 초기, 성인기 중기, 노년기라는 인생의 단계에서 폭넓은 유사성을 찾아볼 수 있다. 발달의 각 단계에서는 사람에게 새로운 **발달 과제**(developmental tasks)가 닥치는데, 이는 최적의 발달을 위해 능숙해져야만 하는 구체적인 도전이다. 예로서 아동기에는 읽기를 배우는 것, 청소년기에는 성적 성숙에 적응하는 것, 성인이 되어서는 직업을 확고히 하는 것 등이 있다.

『아동기와 사회(Childhood and Society)』라는 제목의 영향력 있는 저서에서 Erik Erikson은 삶의 각 단계에서 우리는 특정한 심리사회적 딜레마 혹은 '위기'에 직면한다고 제안한다. **심리사회적 딜레마**(psychosocial dilemma)는 개인적인 충동과 사회적 세계 사이의 갈등이다. 각각의 딜레마를 해결하는 것이 어떤 사람과 사회 사이의 새로운 균형을 만들어 낸다. 여러 번의 '성공'은 건강한 발달과 만족스러운 삶을 가져온다. 불리한 결과는 우리를 심란하게 하고 이후의 위기에 대처하는 일을 더 힘들게 만든다. 삶이 '자갈밭'이 되고 개인적 성장이 저해당한다. 표 15.1은 Erikson(1963)의 딜레마를 나열하고 있다.

표 15.1 Erikson의 심리사회적 딜레마

나이	특징적 딜레마
출생~1세	믿음 대 불신
1세~3세	자율성 대 수치심과 의심
3세~5세	주도권 대 죄책감
6세~12세	근면성 대 열등감
청소년기	정체성 대 역할 혼란
성인기 초기	친밀감 대 고립감
성인기 중기	생식성 대 정체
성인기 후기	온전함 대 절망

주요 발달 과제와 삶의 위기는 무엇인가? 각각의 심리사회적 딜레마를 다음에 간략하게 기술한다.

1단계, 태어난 첫해 태어나서 1년 동안 아이들은 전적으로 다른 사람들에게 의존한다. Erikson은 이 시기에 **믿음 아니면 불신**(trust or mistrust)의 기본 태도가 형성된다고 믿었다. *믿음*은 아기들에게 따스함, 접촉, 사랑 그리고 신체적 돌봄이 주어졌을 때 확립된다. *불신*은 부적절하거나 부족한 양육 그리고 차갑거나 무관심하거나 잘 받아주지 않는 부모가 원인이 된다. 기본적인 불신은 이후 불안, 의심이 많은 것 혹은 다른 사람들과 관계를 맺지 못하는 것의 원인이 될 수 있다. 아이들이 부모에게 안정되게 애착이 되도록 돕는 것과 똑같은 조건에서 믿음이 나옴을 주목하라.

2단계, 1~3세 2단계에서는 아이들이 기어오르기, 만지기, 탐색하기 및 자기 스스로 무언가를 하려고 하는 것을 통해 점점 더 자라나는 자기통제를 표현하면서 **자율성 아니면 수치심과 의심**(autonomy or shame and doubt)을 발달시킨다. 제이와 글로리아는 아기 조셉이 새로운 기술을 해 보는 것을 격려함으로써 *자율성*을 길러 주었다. 그러나 그가 처음 노력했을 때에는 미숙해서 물을 쏟고, 넘어지고, 오줌을 싸고 다른 '사고'를 치게 된다. 제이와 글로리아가 조셉을 놀리거나 지나치게 보호한다면 조셉은 자신의 행위에 대해 *수치*스러워하거나 자신의 능력에 *의심*을 갖게 되는 원인이 될 것이다.

3단계, 3~5세 3단계 때 아이들은 단순한 자기통제에서 더 나아가 **주도권 아니면 죄책감**(initiative or guilt)을 발달시키게 된다. 놀이를 통해 아이들은 계획을 세우고 과제를 실행하는 것을 학습한다. 부모는 아이들에게 놀고, 질문을 하고, 상상력을 발휘하고 활동을 선택할 자유를 줌으로써 *주도권*을 강화한다. 부모가 심하게 비판을 하거나 노는 것을 막거나 아이의 질문을 막으면 활동을 주도하는 것에 대한 *죄책감*이 형성된다.

발달 과제 적절한 발달을 위해 숙달해야만 하는 기술 혹은 일어나야만 하는 개인적인 변화
심리사회적 딜레마 개인적 충동과 사회적 세계 사이의 갈등
믿음 대 불신 타인과 세상을 믿는 것을 배우는 것에 관한 삶의 초기에 겪는 갈등
자율성 대 수치심과 의심 점점 자라나는 자기 통제(자율성)가 수치심 혹은 의심과 대립하는 갈등
주도권 대 죄책감 주도권을 잡는 것을 배우는 것 그리고 그렇게 하는 것에 대한 죄책감을 극복하는 것 사이의 갈등

4단계, 6~12세 아동기 중기의 많은 사건들은 여러분이 처음으로 학교에 간 운명의 날로 상징화된다. 어지러운 속도로 여러분의 세계는 여러분의 가족 너머로 확장되고 모든 일련의 새로운 도전들에 직면하게 된다.

초등학교 시절은 아이에게 '삶으로 들어가는 입구'이다. 학교에서 아이들은 사회가 가치 있게 여기는 기술들을 배우기 시작하며 그 성공 혹은 실패가 아이의 **근면성 아니면 열등감**(industry or inferiority)이라는 감정에 영향을 줄 수 있다. 아이들은 만들기, 그림 그리기, 요리하기, 읽기 및 공부하기 같은 생산적인 활동에 대해 칭찬을 받으면 *근면성*의 느낌을 알게 된다. 아이의 노력이 지저분하거나 유치하거나 부적절한 것으로 간주되면 *열등감*이라는 느낌의 원인이 된다. 최초로 선생님, 반 친구 그리고 집 밖의 성인이 자신에 대한 태도를 형성하는 데 부모만큼 중요해진다.

5단계, 청소년기 우리가 언급한 것처럼 청소년기는 흔히 격변의 시기이며 청소년들은 **정체성 아니면 역할 혼란**(identity or role confusion)을 발달시킨다. Erikson은 "나는 누구인가?"라는 질문에 답해야 할 필요성을 청소년기 동안의 주요한 과제로 간주했다. 조셉이 정신적으로 그리고 신체적으로 성숙함에 따라 그는 새로운 감정, 새로운 몸 그리고 새로운 태도를 갖게 된다. 다른 청소년들처럼 그는 자신의 재능, 가치관, 생활사(史), 관계, 그리고 자신의 문화가 요구하는 바에 따라 일관된 *정체성*을 형성해야만 한다(Côté, 2006). 학생으로서, 친구로서, 운동선수로서, 근로자로서, 아들로서, 연인으로서 또 다른 자격으로서 그가 겪는 갈등으로 찬 경험을 통합하여 통일된 자기에 대한 감각을 만들어 내야 한다. 자아정체감을 발달시키지 못한 사람들은 *역할 혼란*을 겪는데 이는 자신이 누구인지 그리고 어디로 향하고 있는지를 잘 모르는 것이다.

6단계, 성인기 초기 6단계에서는 개인이 자신의 삶에서 **친밀감 아니면 고립감**(intimacy or isolation)을 발달시키는 과제에 직면한다. 안정된 자아정체감을 확립한 뒤에는 어떤 사람이 타인과의 의미 있는 사랑 혹은 깊은 우정을 공유할 준비가 되게 된다(Beyers & Seiffge-Krenke, 2010). Erikson에게 친밀함이라는 말은 다른 사람들을 배려하고 그들과 경험을 공유할 수 있는 능력을 의미한다. 그런데 결혼 혹은 성적 관계가 친밀감을 보장하지는 않는다. 즉 많은 성인들의 관계가 얕고 만족감을 주지 못한다. 타인과의 친밀감을 형성하지 못하는 것은 심한 고립의 느낌을 초래한다. 이는 삶에서 혼자라고, 그리고 아무도 돌봐 주지 않는다고 느끼는 것이다. 이는 흔히 이후 겪을 어려움의 시초가 된다.

7단계, 성인기 중기 Erikson에 따르면 다음 세대를 인도하는 데 대한 관심은 **생식성 아니면 정체**(generativity or stagnation)에 이른다. Erikson은 이 성질을 *생식성*이라고 불렀다. 성인기 중기의 정서적 균형은 자신, 자신의 아이들 그리고 미래 세대에 대해 관심을 갖는 것으로 표현된다. 조셉은 자기 아이들을 이끌거나 예를 들어 교사 혹은 코치로 다른 아이들을 도움으로써 생식성을 성취할 수 있다(Hebblethwaite & Norris, 2011). 생산적인 작업 혹은 창의적인 작업 역시 생식성을 표현할 수 있다. 어쨌거나 사람은 타인 그리고 전체 사회의 복지를 포함하도록 자신의 관심과 에너지의 폭을 넓힐 수 있어야만 한다. 그렇게 하지 못하면 자신만의 요구와 안위에만 관심이 있는 *정체*된 느낌이 생기게 된다. 삶이 의미를 잃고 그 사람은 씁쓸하고 음울하고 갇힌 것처럼 느끼게 된다(Friedman, 2004).

Erikson에 따르면 미래 세대에 대한 관심이 최상의 성인 발달을 특징짓는다.

8단계, 성인기 후기 *Erikson은 노년에 해결해야 할 갈등이 무엇이라고 볼까?* 성인기 후기는 성찰의 시기이며 **온전함 아니면 절망**(integrity or despair)을 낳는다. Erikson에 따르면 조셉이 나이가 들어서는 자신의 삶을 돌아보면서 수용과 만족감을 느낄 수 있으면 좋다. 풍요롭고 책임감 있게 산 사람은 *온전함* 혹은 자기존중의 느낌을 발달시킨다. 이는 그들로 하여금 노화와 죽음을 품위 있게 직면하게 해 준다. 삶의 과거 사건들을 바라보며 후회를 느끼면 노인은 *절망* 혹은 심적 고통과 회한을 경험한다. 이 경우에는 삶이 일련의 빗나간 기회로 보인다. 그런 사람은 이미 지나간 일을 되돌리기에는 너무 늦었음을 알고 있기에 자신이 실패자라고 느낀다. 그러면 노화 그리고 죽음의 위협이 공포와 우울의 원천이 된다.

전인적 인간 일생을 몇 페이지에 짧게 요약해 넣기 위해 우리는 셀 수 없이 많은 세부사항들을 무시할 수밖에 없었다. 많은 것을 놓쳐 버렸지만 결과는 전체 인생 주기에 대한 좀 더 분명한 그림이다. 그렇다면 Erikson의 이야기가 어떤 이의 독특한 과거와 미래를 보여 주는 정확한 지도일까? 아마도 그렇지 않을 것이다. 그래도 심리사회적 딜레마는 많은 사람들의 인생에서 주요한 사건들이다. 그것을 아는 것이 스스로의 삶에서 전형적인 문제 지점을 예측할 수 있게 해 줄 수 있다. 또한 친구와 친척들이 삶의 주기 동안 다양한 시기에 겪을 문제와 느낌을 이해할 준비가 더 잘 될 수 있다.

청소년기와 성인기 초기–가장 좋은 시절, 가장 나쁜 시절

SURVEY QUESTION 15.2 청소년기에서 성인기로의 전이가 특별히 힘든 까닭은 무엇인가?

청소년기(adolescence)는 아동기와 성인기 사이에 있는 문화적으로 정의된 기간이다(Bjorklund & Hernández Blasi, 2012). 사회적으로 청소년은 더 이상 어린이가 아니지만 아직 성인도 아니다. 거의 모든 문화가 이와 같은 과도기적인 상태를 인정한다. 그러나 청소년기의 길이는 문화에 따라 크게 다르다. 예를 들어 북미에 사는 대부분의 14세 소녀는 집에서 살고 학교에 다닌다. 이에 반해 개발이 덜된 많은 나라의 시골 마을에 사는 14세 여성은 많은 수가 결혼을 했고 아이가 있다. 북미의 문화에서는 14세는 청소년이다. 다른 문화에서는 14세가 성인일 수 있다.

북미에서 결혼은 성인이라는 지위의 주요한 기준인가? 아니다. 심지어 상위 세 가지 기준 안에도 못 든다. 오늘날 가장 널리 수용되는 기준은 (1) 스스로에 대해 책임지기, (2) 독립적으로 결정하기, (3) 경제적으로 독립하기이다. 실생활에서는 이것이 직업을 얻고 독립된 주거를 확립하여 부모로부터 떨어져 나오는 것을 뜻한다(Arnett, 2010).

사춘기

많은 사람들이 사춘기를 청소년기와 혼동한다. 그런데 사춘기는 *생물학적* 사건이지 사회적 상태가 아니다. 사춘기(puberty) 동안에는 호르몬의 변화가 급속한 신체적 성장과 성적 성숙을 촉진한다. 생물학적으로는 대부분의 사람들이 10대 초반에 번식을 위한 성숙에 도달한다. 그러나 사회적 성숙과 지적 성숙은 그로부터 수년이 지나야 한다. 어린 청소년들이 정신적으로 그리고 사회적으로 미성숙함에도 불구하고 자신의 전체 인생에 영향을 줄 수 있는 결정을 내리는 경우가 흔히 있다. 비극적으로 높은(미국에서) 10대 임신율과 약물 남용의 비율이 주요한 예이다. 그런 위험에도 불구하고 대부분의 사람들이 심각한 심리적 문제를 만들지 않고 청소년기를 용케 무사히 넘긴다(Rathus, 2011).

사춘기의 타이밍이 얼마나 큰 차이를 일으킬까? 소년들에게는 일찍 성숙하는 것이 일반적으로 도움이 된다. 전형적으로 그것이 그들의 자아상을 개선시키고 사회적으로 그리고 체육 면에서도 득이 된다. 일찍 성숙하는 소년들은 보다 느긋하고, 우세하고, 자기 확신이 있고 더 인기가 있는 경향이 있다. 그러나 이른 사춘기에는 위험이 따르기도 하는데, 그 이유는 일찍 성숙하는 소년들은 약물, 성, 알코올 및 반사회적 행동으로 문제를 일으킬 가능성 역시 높기 때문이다(Steinberg, 2001).

소녀들에게는 일찍 성숙하는 것의 혜택이 덜 명백하다. 초등학교에서는 빨리 성숙하는 소녀들이 *덜* 인기 있고 자아에 대한 상도 더 나쁜데, 아마도 그 이유는 그들이 반 친구들보다 더 크고 몸무게도 더 나가기 때문일 것이다(Deardorff et al., 2007). 이는 점점 더 커지고 있는 문제인데 미국의 소녀들은 점점 더 이른 나이에 사춘기가 오기 때문이다(Biro et al., 2010). 그러나 중학생이 되면 이른 발달에 성적 특질이 포함된다. 이는 좀 더 긍정적인 신체상과 동년배들 사이에서 선망을 *더 높이고*, 성인으로 인정받게 해 준다. 일찍 성숙하는 소녀들은 이성교제를 더 빨리 하고 더 독립적이고 학교에서 더 활동적인 경향이 있다. 그렇지만 일찍 성숙하는 소년들과 마찬가지로 그들 역시 학교에서 문제를 일으키는 경우가 더 흔하고 일찍 성관계를 할 가능성이 더 높다(Negriff & Trickett, 2010).

여러분이 보는 것처럼 이른 사춘기에는 대가도 있고 혜택도 있다. 이른 성숙에 한 가지 더 추가되는 대가는 미성숙한 정체성 형성을 강요할 수 있다는 점이다. 조셉이 10대인데 성인처럼 보이

근면성 대 열등감 근면한 행동이 지지받지 못할 경우 생기는 아동기 중기의 갈등으로, 열등감을 낳을 수 있음

정체성 대 역할 혼란 청소년기의 갈등으로 개인의 정체성을 확립하려는 욕구와 관련됨

친밀감 대 고립감 타인과 친밀감을 확립하여 고립의 느낌을 극복하려는 도전

생식성 대 정체 성인기 중기의 갈등으로 자기에 대한 관심과 다음 세대를 지도하는 것에 대한 관심이 충돌할 때 생김

온전함 대 절망 노년의 갈등으로 온전함의 느낌과 삶의 과거 사건들을 보면서 후회를 느끼는 절망 사이의 갈등

청소년기 아동기와 성인기 사이에 있는, 문화에 의해 규정되는 기간

사춘기 어떤 사람이 성적으로 성숙하고 생식이 가능하게 되는, 생물학적으로 규정되는 기간

기 시작한다면 성인 취급을 받을 수 있다. 이상적으로는 이 변화가 더 큰 성숙과 독립성을 장려할 수 있다. 그러나 정체성 탐색이 너무 일찍 종결되면 왜곡되고 제대로 형성되지 않은 자아감을 조셉에게 남길 수 있다.

정체성 탐색

정체성 형성은 청소년들이 직면하는 핵심적인 도전이다(Schwartz, 2008). 물론 정체성의 문제는 다른 시기에도 일어난다. 그러나 진정한 의미에서 사춘기는 새롭고 보다 성숙한 자아상을 형성하기 시작할 시기라는 신호이다(Rathus, 2011). 사회 내에서 청소년이 해야 할 역할에 대한 불분명한 기준으로부터 많은 문제가 야기된다. 그들이 성인인가 아니면 아동인가? 그들이 자율적이어야 하는가 아니면 의존적이어야 하는가? 그들이 일을 해야 하는가 아니면 놀아야 하는가? 그런 모호함이 젊은이들에게 자신에 대한 분명한 상을 형성하고 어떻게 행동해야 할지를 어렵게 만든다.

"나는 누구인가?"라는 질문에 답하는 것에 박차를 가하는 것은 인지 발달도 있다. 청소년들은 형식적 조작 단계에 도달한 뒤에 세상에서 자기들이 차지하는 위치에 대해 그리고 도덕, 가치관, 정치 및 사회적 관계에 대해 질문을 더 잘할 수 있게 된다. 또 그 시기에 가상적인 가능성에 대해 생각할 수 있게 되는 것이 청소년들로 하여금 미래에 대해 그리고 좀 더 현실적으로 "내가 어떤 사람이 될까?"에 대해 생각할 수 있게 해 준다(Côté, 2006, 글상자 "민족 다양성과 정체성"을 보라).

성인 이행기

스무 살이 훨씬 넘었는데 아직도 부모님 집에서 살고, 아직 결혼도 안 하고, 아이도 없고 확정된 경력도 없는 사람을 만난 적이 있는가(어쩌면 여러분 이야기인가)? 오늘날 정체성 형성이라는 도전을 더 복잡하게 만드는 사실은 점점 더 많은 젊은이들이 성인기 초기를 미룬다는 점인데, 이들은 연애나 일에서 장기적인 선택을 행하기 전 정체성 탐색을 20대까지 연장하기를 선호한다. 미국이나 캐나다같이 산업화된 서양 사회에서는 사회적으로 수용되는 확장된 청소년기인 **성인 이행기**(emerging adulthood)에 대해서 점점 더 관대해지고 있다(Arnett, 2010).

그런 사람들이 아직 자신의 정체성을 찾는 데 남들보다 더 오래 걸리는 청소년일까? 아니면 '성숙 공백(maturity gap)'에 빠져 헤어 나오지 못하는 제멋대로 사는 성인인가(Galambos, Barker, & Tilton-Weaver, 2003)? 둘 중 어느 쪽이든 성인 이행기는 정체성과 삶의 가능성을 탐색하기 위한 불안정하고, 중간에 끼여 있고 자기에 집중하는 시기이다(Arnett, 2004).

심리학자 Jeffrey Arnett에 따르면 성인 이행기는 이제 전 세계에 걸쳐 풍족하며 서구화된 문화 안에서는 점점 더 흔해지고 있다(Arnett, 2011). 하지만 덜 풍족한 국가에서 그리고 미국을 포함하여 모든 국가의 더 가난한 지역에서는 대부분의 청소년들이 계속해서 훨씬 더 어린 나이에 '성인이 된다'(Arnett & Galambos,

인간 다양성

민족 다양성과 정체성

민족적 전통은 개인의 정체성에서 중요한 측면이다(Weisskirch, 2005). 소수 민족 혈통의 청소년들에게는 "나는 누구인가?"만의 문제가 아닌 경우가 많다. 그뿐만 아니라 "집에서 나는 누구인가? 학교에서 나는 누구인가? 동네 친구들과 있을 때 나는 누구인가?"이다.

미국에서 소수 민족이 지위가 높아지고 점점 더 두드러짐에 따라 그 청소년들이 사회에서 자신들의 위치를 찾으려 할 때 그들의 민족적 전통 때문에 거부당했다거나 소외되었다고 느낄 가능성이 점점 더 낮아졌다. 이는 다행스러운 일인데 왜냐하면 소수 민족의 청소년들이 그들의 지성, 성적 취향, 사회적 지위, 태도 등등과 관련하여 비하하는 고정관념에 직면하는 경우가 흔했기 때문이다. 그 결과로 자부심이 저하되고 역할, 가치관 및 자기 정체성에 대한 혼란이 올 수 있다(Charmaraman & Grossman, 2010). 동시에, 현대 미국 사회가 점점 더 다문화적 성격이 강해지므로 청소년들에게 미국인이라는 것이 무엇을 의미하는지에 대한 새로운 질문을 야기한다(Schwartz, 2008).

정체성 형성에서 소수 민족의 청소년들은 스스로에 대해 어떻게 생각해야 할지에 대한 물음에 직면한다. 로리는 미국인인가 아니면 중국계 미국인인가 아니면 둘 다인가? 제이미는 라티노인가, 치카노인가 아니면 멕시코계 미국인인가? 그 답은 보통 청소년들이 자신의 가족 그리고 민족 공동체와 얼마나 동질감을 느끼는가에 달려 있다. 자신의 민족적 전통을 자랑스러워하는 10대들은 자존감이 더 높고, 자아상도 더 좋고 개인의 정체성도 더 강하게 느낀다(Galliher, Jones, & Dahl, 2011; Roberts et al., 1999). 그들은 또한 약물 복용을 할 가능성도 더 낮고(Marsiglia et al., 2004), 폭력적인 행동을 할 가능성도 더 낮다(French, Kim, & Pillado, 2006).

집단 자부심, 긍정적인 모델 그리고 보다 관대한 사회가 모든 청소년들에게 개방된 넓은 범위의 선택지를 유지하는 데 큰 기여를 할 수 있다.

2003). 따라서 *청소년* 혹은 *성인기* 같은 단어는 신체적 성숙의 용어만으로는 정의될 수 없다. 사회문화적 요인들 역시 우리가 언제 아이이기를 멈추는지 혹은 성인이 되는지를 정의하는 데 한몫을 한다(Arnett, 2010).

조셉이 성인기로의 이행을 미루어서 20대 중반까지 글로리아와 제이와 함께 살 수도 있다. 그렇지 않고 전통적으로 성인기로 이행하는 18세에서 21세 사이의 기간 동안 성인기 초기로 들어갈 수도 있다. 그에 상관없이 그는 결국 결혼, 아이 그리고 경력이라는 성인에게 주요한 사안들에 직면할 것이다. 그가 어떻게 해내는지, 특히 핵심적인 관계를 어떻게 감당하는지가 그가 친밀감의 느낌을 갖게 될지 아니면 타인에게서 고립되었다고 느끼게 될지를 결정한다.

여러 면에서 사춘기와 성인기 초기는 중년 혹은 노년보다 정서가 요동친다. 이 기간의 중요한 측면 하나는 옳고 그름 사이의 갈등, 즉 도덕관을 발달시켜야 할 필요성이다.

도덕 발달–양심의 성장

SURVEY QUESTION 15.3 우리가 도덕과 가치관을 어떻게 발달시키는가?

불치병에 걸린 사람이 엄청나게 고통스러워하고 있다. 그녀는 죽게 해 달라고 애원한다. 그녀의 삶을 연장하기 위한 특별한 의료 노력을 기울여야 할까? 친구 한 명이 어떤 시험에 통과해야 하는 절박한 상황이라 여러분에게 부정행위를 도와 달라고 부탁한다. 부탁을 들어주겠는가? 이런 것들은 *도덕적* 질문이며 양심에 관한 질문이다.

도덕 발달(moral development)은 아동기에 시작하고 성인기까지 계속된다(Nucci & Gingo, 2011). 이 과정을 거치면서 책임감 있는 행동을 이끄는 가치관, 믿음 그리고 사고방식을 습득한다(King, 2009). 도덕적 가치는 자기 통제와 추상적인 사고가 증가함에 따라 청소년기와 성인기로 이행할 때 더 뚜렷하게 부각될 가능성이 높다(Hart & Carlo, 2005). 개인의 발달 중 흥미로운 한 측면인 도덕 발달을 간략하게 살펴보자.

도덕 발달의 수준

도덕적 가치관이 어떻게 습득되는가? 심리학자 Lawrence Kohlberg(1981)가 한 유력한 설명은 우리가 사고와 추론을 통해 도덕적 가치관을 배운다는 것이다. 도덕 발달을 연구하기 위해 Kohlberg는 나이가 다른 아이들에게 딜레마를 제시했다. 다음은 그가 사용한 도덕적 딜레마 중 하나이다(Kohlberg, 1969에서 수정됨).

> 한 여성이 암으로 거의 죽음에 가까이 있는데 그녀를 구할 수 있는 약물은 하나밖에 없었다. 그것을 발견한 약제사가 약물을 만드는 데 필요한 것보다 열 배를 더 달라고 했다. 아픈 여성의 남편이 낼 수 있는 돈은 1,000달러밖에 안 되지만, 약제사는 2,000달러를 원했다. 약제사에게 더 싼 값에 약을 팔거나 나중에 값을 지불하게 해 달라고 요청했다. 하지만 약제사는 안 된다고 했다. 그래서 그 남편은 절박해진 나머지 가게에 들어가 부인을 위해 약을 훔쳤다. 그가 그렇게 해야만 했을까? 그것이 틀린 일인가 아니면 옳은 일인가? 그 이유는 무엇인가?

각각의 아이들에게 그 남편이 어떤 행동을 취해야 할지를 물었다. Kohlberg는 각 선택지에 대한 이유를 분류했고 도덕 발달의 세 가지 단계를 구분하였다. 각 단계는 선택한 선택지보다는 그 선택지에 도달하기 위해 사용된 추론에 더 많이 달려 있다.

가장 낮은 수준에는 전인습적 도덕 추론(preconventional moral reasoning)이 있는데, 이 수준에서는 도덕적 사고를 이끄는 것이 행위의 결과(처벌, 보상 혹은 호의의 교환)이다. 예를 들어 이 수준에 있는 사람은 "그 남자는 약을 훔쳐서는 안 됐어요. 왜냐하면 잡혀서 감옥에 갈 수 있기 때문이에요."(처벌을 회피하기)라는 이유, 아니면 "약을 훔쳐도 그에게는 좋은 것이 없을 텐데 왜냐하면 그가 감옥에서 나오기 전에 아내가 죽을지도 모르기 때문이에요."(사욕 추구)라는 이유를 댈 수 있다.

도덕 발달의 두 번째 수준인 인습적 도덕 추론(conventional moral reasoning) 수준에서는 사고의 기초가 다른 사람들을 기쁘게 하려는 욕구 혹은 일반적으로 용인된 권위에 따르려는 욕구에 있다. 예를 들어, 중간 수준의 도덕 수준인 이 단계에 있는 사람은 "그가 약물을 훔치지 않아야 하는 이유는 다른 사람들이 그를 도둑이라고 생각하기 때문이에요. 그의 아내는 도둑질로 목숨을 건지기를 원치 않을 거예요."(비난을 피함) 혹은 "그의 아내가 그 약물이 필요하기는 하지만 그것을 얻기 위해 법을 어겨서는 안 돼요. 누구든 법을 지켜야 해요. 그의 아내의 질병이 도둑질을 정당화하지는 않아요."(권위라는 전통적 도덕성)라고 말할 수 있다.

가장 높은 수준인 후인습적 도덕 추론(postconventional moral

성인 이행기 청소년기의 연장이라고 사회적으로 받아들여지는 기간으로, 서양과 서구화된 사회에서 이제는 흔함

도덕 발달 무엇이 수용가능한 행동인지와 관련하여 지침 역할을 하는 가치, 믿음 및 사고 능력이 발달하는 것

전인습적 도덕 추론 자신의 선택 혹은 행위의 결과(처벌, 보상 혹은 호의의 교환)를 근거로 한 도덕적 사고

인습적 도덕 추론 타인을 기쁘게 하거나 수용되는 규칙과 가치를 따르려는 욕구에 근거한 도덕적 사고

후인습적 도덕 추론 세밀하게 심사되고 스스로 선택한 도덕 원칙에 근거한 도덕적 사고

reasoning) 수준에서는 도덕 행동을 이끄는 것이 자기가 선택한 윤리적 원리인데, 이 원리들은 일반적이거나 포괄적이거나 보편적인 경향이 있다. 이 수준의 사람들은 정의, 품위 및 공정성에 높은 가치를 둔다. 예를 들어 매우 원칙에 입각한 사람들은 "그는 약물을 훔치고 그러고는 그렇게 했다고 당국에 알려야만 해요. 그는 벌을 받아야 하지만 한 사람의 삶을 구한 셈이 될 거예요."(스스로 선택한 윤리적 원칙)라고 말할 것이다.

모든 사람들이 결국에는 가장 높은 수준에 도달할까? 사람들이 향상되는 속도는 서로 다르고 많은 사람들이 도덕 추론의 후인습적 수준에 도달하는 데 실패한다. 실제로 어떤 사람들은 인습적 수준에도 미치지 못한다. 예컨대, 대학 1학년인 남자들 중 많은 사람들이 원치 않는 성적 공격이 수용가능한 것이라는 생각을 갖고 있다(Tatum & Foubert, 2009).

전인습적 수준은 어린 아동이나 범죄자들에게서 가장 특징적으로 나타난다(Forney, Forney, & Crutsinger, 2005). 인습적이고 집단 지향적인 도덕관은 더 나이가 든 아이들이나 대부분의 성인에서 전형적으로 나타난다. Kohlberg는 성인 인구의 20%만이 자기 결정과 더 상위의 원칙을 나타내는 후인습적 도덕성에 도달한다고 예측했다. (이런 사람들 중 정치에 입문하는 이는 거의 없을 것이다!)

'도덕 나침반'을 발달시키는 것은 성장의 중요한 부분이다. 우리가 매일 하는 선택 중 많은 것들이 옳고 그름에 대한 근본적인 문제와 관련된다. 그런 물음들에 대해 분명하게 생각할 수 있는 능력이 책임 있는 어른이 되는 데 필수적이다.

정의 혹은 배려? Carol Gilligan(1982)은 Kohlberg의 체계가 주로 *정의*와 연관되어 있다고 지적했다. 실생활의 딜레마에 직면한 여성들을 대상으로 한 연구를 기초로 Gilligan은 타인에 대한 *배려*라는 윤리도 존재한다고 주장했다. 한 예로 다음의 이야기를 11세에서 15세인 미국 아이들에게 제시하였다.

> 고슴도치와 두더지
>
> 추위를 피해서 은신처를 찾던 고슴도치 한 마리가 두더지 일가족에게 겨울 동안 동굴을 공유하자고 요청한다. 두더지 가족은 이에 동의했다. 그러나 동굴이 작아서 그들은 곧 고슴도치가 움직일 때마다 자기들이 긁힌다는 사실을 발견하였다. 마침내 그들은 고슴도치에게 떠나 달라고 요청했다. 그런데 고슴도치는 "두더지 당신네들이 불만이 있으니 내 제안은 당신들이 떠나는 것이오."라고 말하면서 거부했다.

이 이야기를 읽은 소년들은 딜레마 해결을 위해 정의를 선택하는 경향이 있었다. "그건 두더지들의 집이었어요. 이렇게 해야 해요. 고슴도치가 떠나는 게 맞아요."라고 한다. 반면에 소녀들은 모든 쪽을 행복하고 편하게 해 줄 해결책을 찾는 경향이 있어서 "고슴도치를 담요로 덮어요."라고 말했다.

Gilligan의 요지는 남성 심리학자들이 대개는 정의와 자율성의 측면에서 도덕적 성숙을 정의했다는 점이다. 이런 관점에서는 여성들이 관계에 관심을 갖는 것이 강점이 아니라 약점으로 보일 수 있다. (타인을 기쁘게 하거나 도울 수 있는 것이 무엇인지에 관심을 갖는 여성은 Kohlberg의 체계에서는 관습적 수준에 놓이게 된다.) 그러나 Gilligan은 배려 역시 도덕 발달의 주요한 요소라고 생각하며 남성들은 이를 이루는 데 뒤처질 수 있다고 말했다(Botes, 2000; Lambert et al., 2009).

많은 연구들이 남성과 여성의 전체적인 도덕 추론 능력에서 별로 차이를 발견하지 못하거나 전혀 차이를 발견하지 못했다(Glover, 2001). 실제로 남성과 여성 양쪽이 다 도덕적 판단을 내리기 위해 배려 그리고 정의를 사용할 수 있다. 그들이 사용하는 도덕 척도는 직면한 상황에 의존하는 것으로 보인다(Wark & Krebs, 1996). 그럼에도 불구하고 Gilligan은 도덕적 선택을 내리는 제2의 주요한 방식을 가려냈다는 평가를 받을 만하다. 우리가 내리는 최선의 도덕적 선택은 정의와 배려를, 추론과 정서를 조합한다고 주장할 수 있으며, 이것이 우리가 지혜라고 할 때 의미하는 것일 수도 있다(Pasupathi & Staudinger, 2001).

성인기 중기와 후기—이제 당신은 성인이에요!

SURVEY QUESTION 15.4 성인기 중기와 후기 동안의 행복과 관련이 있는 것은 무엇인가?

Erikson의 딜레마가 성인기까지도 확장되기는 하지만 성인들이 직면하는 도전은 그것만이 아니다. 이 절에서는 이에 대해 논의할 것이다.

성인기의 다른 도전들

성인기 중기(35세부터 64세까지)와 *더 노년의 성인들*(65세와 그 이상)은 몇 가지만 들자면 경제적 압박, 법적 갈등 및 개인적 비극 같은 도전에 직면하게 된다. 그런데 성인기의 도전은 대부분 건강, 직업, 결혼, 아이 그리고 부모를 중심으로 하고 있다(Damman, Henkens, & Kalmijn, 2011).

건강 조셉의 아버지 제이는 막 물리치료를 받고 왔다. 그는 터치풋볼[1] 경기를 하다가 무릎이 탈골되었다(그는 상대 남성이 '터치' 이상을 했다고 맹세하고 있다!). 고등학교 미식축구 스타였던 제이는 40세가 되자 명백한 사실에 직면했다. 나이가 들고 있는 것

1) 역자 주: 미식축구의 일종으로 태클 대신 터치를 함

이다. 성인들 중 일부는 심장마비부터 암에 이르기까지 훨씬 더 심각한 건강 문제에 부딪히기도 하지만 모든 성인이 노화에 의한 보통의 마모에 직면하게 된다. 성인기에 그런 피할 수 없는 느린 쇠퇴에 그 사람이 어떻게 대처하는가가 그 성인의 삶의 만족도에 강력한 영향을 미친다(Lachman, 2004). 다행히도 대부분의 경우 삶의 경험이 증가함으로써 상쇄될 수 있을 정도로 천천히 쇠퇴가 일어난다. 대부분의 성인들은 신체적으로나 정신적으로나 '더 똑똑하게' 기능하는 것을 학습한다(Santrock, 2012).

직업 성인들이 하는 일(주부, 자원봉사, 시간급 노동자 혹은 직장 생활) 역시 성공했다고 느끼는 데 결정적이다(Sterns & Huyck, 2001). 이 기간 동안 가장 많이 버는 것이 흔한 일이지만, 아이 돌보기에서부터 아이들을 위한 학원비, 그리고 주택 임대료에서부터 융자까지 늘어나는 소비가 재정적 문제를 계속해서 만들 수 있다. 성인의 행복에 직업상의 어려움과 실직이 그토록 심각한 문제를 야기할 수 있는 한 가지 이유가 바로 이것이다. 물론 또 다른 이유는 많은 성인들이 자신의 일에서 자신의 정체성 중 많은 부분을 찾는다는 점이다(Santrock, 2012).

결혼, 아이 그리고 부모 대부분의 미국인 성인들은 자기들의 사회적 관계(특히 아이들, 배우자 그리고 부모와의 관계)를 성인의 삶에서 또 다른 중요한 측면으로 인정한다(Markus et al., 2004). 사회적 관계를 맺고 유지하는 일은 아이 양육, 아이들이 떠났을 때 '빈 둥지 지킴이'가 되는 것, 조부모가 되는 것, 부부간의 불화를 겪거나 이혼을 하는 것, 독신으로 혹은 혼합 가족[2]으로 사는 것, 부모가 늙어 가고 도움을 필요로 하고 죽는 것을 보는 것 같은 스트레스를 헤쳐 나가는 일이며, 이것들은 성인이 직면하는 흔한 사회적 도전 중 일부만을 언급한 것이다.

중년의 위기? *사람들이 살면서 이 시기에 '중년의 위기'를 겪지 않는가?* 살면서 직면하는 도전 중 충분한 몫이 성인기에 닥치지만 남성과 여성 중 약 4분의 1만이 중년의 위기를 경험했다고 생각한다(Wethington, Kessler, & Pixley, 2004). 중년에 '위기'에서 살아남는 것보다 '중간궤도 수정'을 하는 것이 더 흔한 일이다(Freund & Ritter, 2009; Lachman, 2004). 이상적으로는 중년의 변화에는 오래된 정체성을 다시 고치는 것, 가치 있는 목표를 성취하는 것, 자기만의 진실을 찾는 것 그리고 노년을 준비하는 것이 포함된다. 중년에는 재점검을 하는 일이 특히 가치 있는 일이지만 미래를 준비하기 위해 과거의 선택들을 되돌아보는 일은 어느 나이에서나 도움이 된다. 어떤 사람들에게는 삶에서 어려운 전환점이 '경종'이 되어 개인적 성장에 대한 기회가 되기도 한다(Weaver, 2009; Wethington, 2003).

성인기의 도전에 직면하기

현대 생활의 괴로운 시련의 집중적 공격을 받으면서 사람들이 어떻게 행복한 상태를 유지할까? 심리학자 Gloria Ryff는 성인기의 행복에는 여섯 가지 요소가 있다고 생각했다(Ryff & Singer, 2009; van Dierendonck et al., 2008).

1. 자기 수용
2. 타인과의 긍정적인 관계
3. 자율성(개인적 자유)
4. 환경에 대한 장악
5. 삶에서의 목적
6. 계속되는 개인적 성장

Ryff는 많은 성인들의 경우 긍정적인 인간관계를 통해, 그리고 생활상 필요한 일을 더 잘해 냄으로써 나이와 연관된 쇠퇴가 상쇄됨을 발견하였다(Ryff & Singer, 2009). 따라서 삶의 즐거움과 슬픔을 다른 사람들과 공유하고, 이와 함께 세계가 어떻게 돌아가는지를 더 잘 이해하는 것이 사람들이 중년을 거쳐 이후의 시간을 헤쳐 나가는 데 도움을 줄 수 있다(Lachman et al., 2008; Ryff, Singer, & Palmersheim, 2004). 우리 문화에서는 젊음을 강조하는 데 반해 중년과 그 이후가 사람들이 안정되고, 행복하며 자신감을 느끼는 풍요로운 삶의 시기가 될 수 있음을 주목하는 것이 중요하다(Rubenstein, 2002).

노년

50대 후반 이후에는 육체적 노화가 개인의 발달을 더 복잡하게 만든다. 그러나 대부분의 노인들이 아프거나 병약하거나 노쇠했다는 생각은 틀린 것이다. (오늘날에는 60세가 새로운 40세인데, 본 교재의 저자 두 사람은 이에 전폭적으로 동의한다!) 65세 이상 중 5%만이 요양원에 있다. 정신적으로는 많은 노인들이 적어도 평균적인 젊은 성인만큼은 능력이 있다. 지능 검사에서 65세 이상이 얻은 최상급 점수는 35세 이하 남성의 평균과 비슷하다. 이들 흰머리 스타들을 구별 짓는 것은 무엇일까? 전형적으로 이들은 계속해서 일을 하고 지적인 활동을 유지해 온 사람들이다(Hooyman & Kiyak, 2011; Salthouse, 2004). **노인학자**(gerontologist, 노화와 노인들을 연구하는 심리학자) Warner Schaie

노인학자 노화와 노인을 연구하는 심리학자

2) 역자 주: (특히) 미국에서 각각 자녀를 데리고 재혼한 뒤 둘 사이에 또 다른 자녀를 둔 부부를 중심으로 한 가족

(1994, 2005)는 다음의 조건을 만족하면 노년에 지적으로 예리하게 남아 있을 가능성이 높음을 발견하였다.

1. 건강을 유지한다.
2. 좋은 환경에서 산다. (교육을 받았고 자극이 되는 직업이 있으며, 평균 이상의 수입이 있고, 온전한 가족이 있다.)
3. 지적으로 자극이 되는 활동(독서, 여행, 문화 이벤트, 교육을 계속 받기, 클럽 활동, 전문 연합)에 참여한다.
4. 융통성 있는 성격을 갖는다.
5. 지적인 배우자와 결혼한 상태이다.
6. 활동적으로 살아서 지각 처리 속도를 유지한다.
7. 중년의 성취에 대해 만족스러워한다.

이 목록을 짧게 요약하면 "지혜대로 사는 사람은 지혜와 함께 죽는다."이다.

성공적인 노화 *성공적인 노화의 열쇠는 무엇인가?* 그것은 중년의 행복을 위한 요소와 별로 다르지 않다. 가장 건강하고 행복한 노인들이 공유하고 있는 심리적 특징들은 다음과 같다(de Leon, 2005; Vaillant, 2002).

- 낙관주의, 희망 그리고 미래에 대한 관심
- 감사와 용서, 삶에서 좋은 것에 집중할 수 있는 능력
- 공감, 다른 사람의 감정을 공유하고 그들의 눈으로 세계를 볼 수 있는 능력
- 다른 사람과의 연결, 남들과 접촉하고 사회적 지지를 주고받을 수 있는 능력

이것은 성인기의 어느 단계에서든 행복을 위한 훌륭한 지침들이다.

요약하자면 노화에 대한 현명한 관점은 노인들의 강요된 쇠퇴에 종말을 고한다. 집단으로서 노인은 우리가 버릴 여유가 없는 기술, 지식 그리고 에너지의 중요한 원천을 나타낸다. 우리가 이 행성이 처한 도전에 직면하여 얻을 수 있는 모든 도움이 필요한 때이다!

노화 그리고 연령차별 **연령차별**(ageism)은 나이를 기초로 한 차별 혹은 편견을 가리키는데 노인뿐 아니라 젊은이도 억압할 수 있다(Bodner, 2009). 예를 들어, 어떤 일자리에 지원한 사람이 "나이가 너무 많아요."라는 말을 듣는 것과 똑같이 "나이가 너무 어려요."라는 말도 들을 수 있다. 일부 사회에서는 연령차별이 노인에 대한 존경으로 표현될 수 있다. 예컨대 일본에서는 노화가 긍정적인 것으로 여겨지며 나이가 많은 것이 더 높은 지위와 존경을 가져온다. 그러나 대부분의 서양 국가에서는 연령차별이 나이가 많은 사람들에게 부정적인 영향을 주는 경향이 있다.

연령차별은 흔히 깔보는 언어로 표현된다. 나이 든 사람에게는 지나치게 예의 바르고, 느리고, 크고 단순한 방식으로 말하는 경향이 있어서 그들이 노쇠하지 않음에도 노쇠했다고 암시한다(Nelson, 2005). '더러운 늙은이', '참견쟁이 할마씨', '노망 든 멍청이' 등에 대한 대중적인 고정관념 역시 노화에 관한 신화를 영구화시킨다. 하지만 그런 고정관념은 명백하게 틀렸다. 노인들 사이에서도 굉장한 다양성이 존재해서 노쇠한 사람부터 에어로빅을 하는 할머니들까지도 있다.

많은 직종에서 나이 든 근로자들이 속도와 기술 모두를 요구하는 일에서 잘 해낸다. 물론 사람들이 나이가 들면서 *유동성 지능*(fluid intelligence, 속도 혹은 빠른 학습을 요하는 능력)의 점진적인 감소를 경험하는 것이 사실이지만, 어휘와 축적된 지식 같은 *결정성 지능*(이미 배운 지식이나 기술과 관련된 능력)에 의해 상쇄될 수 있다. 결정성 지능은 적어도 60대까지는 사실상 더 나아질 수가 있다(Schaie, 2005). (유아들은 정반대의 패턴, 즉 유동성 지능은 높고 결정성 지능은 낮은 패턴을 보임을 기억하라.) 전체적으로 근로자들이 나이 듦에 따라 직무 수행도의 손실이 크게 일어나지 않는다(Agrigoroaei & Lachaman, 2011). 전문직에서는 지혜와 전문 지식이 대개는 정신적 민첩성을 상쇄하는 것 이상이다(Ericsson, 2000). 오로지 어떤 사람의 나이에만 기반해서 은퇴 시기를 결정하는 것은 별로 이치에 맞지 않는다.

© SAM MIRCOVICH/Reuters/Landov

2012년에 열린 스타들로 가득 찬 90세 생일 축하연에서 찍힌 베티 화이트의 모습. 그녀가 인기 있는 연예인으로 산 70년 이상의 삶은 노화가 반드시 도전적인 활동을 그만두는 것을 의미하지 않음을 보여 준다.

죽음 그리고 죽는 과정—마지막 도전

SURVEY QUESTION 15.5 사람들은 전형적으로 죽음에 어떻게 반응하는가?

우리는 이 모듈에서 내내 발달의 과정에서 주요한 경향을 이해하는 것이 소중함을 보아 왔다. 이를 염두에 두고 모든 삶의 피할 수 없는 결론인 죽음에 대한 정서적 반응을 탐색해 보자.

임박한 죽음에 대한 반응

죽음에 대한 정서적 반응에 대한 매우 영향력 있는 설명이 Elisabeth Kübler-Ross(1926~2004)의 연구에서 나온다. Kübler-Ross는 **사망학자**(thanatologist, 죽음을 연구하는 사람)였다. 여러 해에 걸쳐서 수백 시간 동안 그녀는 불치병에 걸린 사람들의 임종을 지켰고, 임박한 죽음에 대한 다섯 가지 기본 정서 반응을 관찰하였다(Kübler-Ross, 1975).

1. **부인 그리고 고립.** 최초의 전형적인 반응은 죽음의 현실성을 부인하고 죽음이 실제로 일어날 것임을 확증하는 정보로부터 스스로를 고립시키는 것이다. 처음에는 그 사람이 '전부 틀렸어'라고 확신하기도 한다. '의사가 실수를 했음이 분명해'라고 생각한다.
2. **분노.** 많은 죽어 가는 사람들이 분노를 느끼고 "대체 내가 왜?"라고 묻는다. 삶과 억지로 떨어져야만 한다는 최후의 위협에 직면함에 따라 그들의 분노가 살아 있는 사람들을 향한 격노로 번질 수 있다.
3. **협상.** 흔히 나오는 또 다른 반응으로 불치병자는 자신 혹은 신과 협상을 하기도 한다. 죽어 가는 사람이 '조금만 더 살게 해주면 그것을 얻기 위해 무엇이라도 하겠다'라고 생각한다.
4. **우울.** 죽음이 가까이 다가오고 그것을 막지 못한다는 점을 인지하기 시작하면 허무감, 피로 그리고 깊은 우울증이 올 수 있다.
5. **수용.** 죽음이 급작스럽지 않으면 많은 사람들이 죽는 것을 받아들이는 법을 배우게 되면서 차분해진다. 죽음을 수용한 사람은 행복하지도 슬프지도 않되 피할 수 없는 죽음에 대해 편안해진다.

불치병 환자 모두가 이 반응들을 전부 보이는 것도 아니며 그 반응이 항상 이 순서대로 일어나지도 않는다. 일반적으로 죽는 것에 대한 어떤 사람의 접근은 그의 삶의 방식을 그대로 반영할 것이다(Yedidia & MacGregor, 2001). Kübler-Ross의 목록을 특정 순서대로 거쳐야 할 일련의 단계로 생각하거나 어떤 사람이 이 정서들을 모두 보이지 않는다고 해서 무언가 잘못되었다고 생각하는 것은 오류를 범하는 것이다. 그보다는 그 목록은 임박한 죽음에 대한 전형적인 반응을 기술하고 있다. 뿐만 아니라 동일한 반응들 중 많은 것들이 이혼, 화재에 의해 집을 잃는 일, 반려동물의 죽음 혹은 실직 같은 주요한 상실에도 동반됨을 주목하라.

© Michael Newman/PhotoEdit

죽음은 피할 수 없겠지만 존엄하게 그리고 때로는 심지어 유머를 가지고 죽음을 대할 수 있다. 방송인 멜 블랭크의 유명한 방송 종료 멘트 "다 끝났어요, 여러분(That's all folks)."이 그의 무덤에 세워진 대리석 비석에 새겨져 있다. 블랭크는 많은 미국 만화영화 캐릭터의 목소리를 연기했다.

함의 *이 정보를 어떻게 이용할 수 있을까?* 먼저, 죽어 가는 사람과 살아남은 사람들 모두가 우울, 분노, 부인 및 협상의 기간을 인지하고 그에 대처하도록 도울 수 있다. 둘째로, 어떤 사람의 가까운 친구 혹은 친지 역시 그 사람의 죽음을 전후로 동일한 정서를 많이 느낄 수 있음을 인식하는 데 도움이 되는데, 왜냐하면 그들 역시 상실에 직면하기 때문이다.

어쩌면 인지해야 할 가장 중요한 점이 죽어 가는 사람이 자신의 감정을 공유하고 죽음에 대해 터놓고 논의할 필요가 있다는 점이다(Corr, Nabe, & Corr, 2013). 죽어 가는 사람들이 고립되어 있다고 느끼고 다른 사람들로부터 떨어져 있는 경우가 너무도 흔하다. 여러분 삶의 누군가가 죽어 가고 있다면 다음이 그에 대한 조언이다(Dyer, 2001).

- 평소의 여러분의 모습대로 사람과 사람으로서 관계를 맺어라.
- 듣고 또 들을 준비를 하라.
- 존경심을 가져라.
- 감정과 비언어적 단서를 알아차려라.
- 침묵을 편안히 여겨라.
- 진실하라.

무엇보다, 함께 있어 주어라.

연령차별 어떤 사람의 나이를 근거로 한 차별 혹은 편견
사망학자 죽음 그리고 죽는 과정에 대한 정서적 그리고 행동적 반응을 연구하는 전문가

모듈 15: 요약

15.1 일생에 걸쳐서 해결해야 할 전형적인 과제와 딜레마는 무엇인가?

15.1.1 Erik Erikson은 우리가 나이가 듦에 따라 생겨나는 일련의 구체적인 심리적 딜레마들을 정의했다. 이것들은 유아기에 믿음을 얻기 위한 욕구에서부터 노년기에 온전함이 있는 삶에 대한 욕구에까지 이른다.

15.1.2 딜레마를 성공적으로 해결하면 건강한 발달을 낳는 반면에 성공적이지 못한 결과는 이후의 위기에 대처하는 것을 힘들게 만든다.

15.2 청소년기에서 성인기로 가는 전이가 특히 도전적인 일인 까닭은 무엇인가?

15.2.1 사춘기라는 시기가 청소년기의 주요 과제인 정체성 형성이라는 과제를 더 복잡하게 만든다. 정체성 형성은 소수 민족 출신의 청소년들에게는 더욱더 도전적인 일이다.

15.2.2 서구의 공업화된 사회에서는 성인기로의 전이가 20대 중반(성인 이행기)까지 점점 더 지연되어서 더 복잡해지고 있다.

15.3 우리가 도덕과 가치를 어떻게 발달시키는가?

15.3.1 Lawrence Kohlberg는 전인습적, 인습적, 후인습적 수준의 도덕 추론을 각각 구별하였다. 성숙한 도덕 기준을 발달시키는 것 역시 청소년기의 중요한 과제 중 하나이다.

15.3.2 대부분의 사람들은 인습적 수준의 도덕성으로 활동하지만 일부는 이기적인 전인습적 수준에서 벗어나지 못한다. 소수의 사람들만이 가장 높은 혹은 후인습적 도덕 추론 수준에 도달한다.

15.3.3 Carol Gilligan은 Kohlberg의 정의 관점을 또 다른 관점인 배려 관점과 구분하였다. 성숙한 성인의 도덕성에는 그 둘이 모두 관여할 가능성이 크다.

15.4 성인기 중기와 후기의 행복에는 무엇이 관련되는가?

15.4.1 물리적 노화는 성인기 초기에 시작된다. 모든 성인은 노화에 성공적으로 대처할 방법을 찾아야만 한다. 소수의 사람들만이 중년의 위기를 겪지만 중년에 경로를 수정하는 것은 더 흔한 일이다.

15.4.2 성인기의 행복에는 여섯 가지 요소가 있는데, 자기 수용, 타인과의 긍정적인 관계, 자율성, 환경에 대한 장악, 삶에서 목적을 갖는 것 그리고 계속되는 개인적 성장이 그것이다.

15.4.3 노화와 연관된 지적인 쇠퇴는 제한적인데, 최소한 70대까지는 그렇다. 이는 정신적으로 활동적인 생활을 하는 사람들에게는 특히 사실이다.

15.4.4 연령차별은 나이를 근거로 한 편견, 변별 및 고정관념화를 가리킨다. 그것은 모든 연령의 사람들에게 영향을 주지만 나이가 많은 사람들에게 특히 더 피해를 준다. 대부분의 연령차별은 고정관념, 신화 및 잘못된 정보에 기반하고 있다.

15.5 사람들은 죽음에 전형적으로 어떻게 반응하는가?

15.5.1 임박한 죽음에 대한 전형적인 정서적 반응에는 부인, 분노, 협상, 우울 및 수용이 포함되지만 모든 사례에서 그 순서대로 일어나는 것은 아니다.

15.5.2 죽음은 삶의 자연스러운 부분이다. 죽음을 이해하고 수용하는 데 가치가 있다.

모듈 15: 지식 쌓기

암기

1. 성인기 중기 동안에는 문제가 생식성 대 ______________이다.
2. 정체성 형성은 ______________와 ______________에 의해 자극된다.
3. Jeffrey Arnett에 따르면 풍요롭고 서양화된 문화에서 젊은이들이 성인 역할을 할 때까지 더 오래 걸리는 것을 허용해 주는 경향을 ______________라고 부른다.
   a. 성인 이행기
   b. 허둥지둥하는 아동기
   c. 성숙 공백
   d. 연장된 청소년기
4. Gilligan은 정의에 대한 감각을 얻는 것을 도덕 발달의 주요 근거로 본다. **O X**
5. 65세 이후 노인 중 많은 비율이 정신적 장애의 조짐을 보이며 대부분이 특별한 돌봄을 필요로 한다. **O X**
6. Kübler-Ross가 협상이라고 부르는 반응에서 죽어 가고 있는 사람은 "대체 왜 나인가?"라고 묻는다. **O X**

반영

비판적으로 생각하기

7. 청소년 혹은 젊은 성인 같은 명칭이 유전 혹은 환경을 반영하는가?

자기반영

여러분이 아는 사람 중 Erikson의 심리사회적 딜레마 중 하나에 직면해 있는 사람이 있는지 생각해 보라. 이제 그와 다른 딜레마 각각에 대처하는 듯이 보이는 특정한 사람이 떠오르는지 보라.

정체성 형성이라는 개념이 청소년기 동안 여러분 자신의 경험에 어느 정도로 적용되는가?

여러분의 생각에는, 성인 이행기에 있는 사람(여러분도 그중 하나인가?)이 정체성을 찾는 데 더 오래 걸리는 청소년인가 아니면 성인의 세계 속에서 스스로를 확고히 할 필요성을 회피하는 어린 성인인가?

여러분이 목격한 연령차별 사례 세 가지를 이야기해 보라.

정답

1. 정체 **2.** 사춘기, 인지 발달 **3.** a **4.** X **5.** X **6.** X **7.** 유전이 아니라 환경이 더 나은 답이다. 더 나은 답은 '청소년' 혹은 '성인' 같은 용어의 의미는 문화에 따라 상당히 달라서 실제로는 정의의 문제임을 나타낸다는 것이다.

16 Module

행동하는 심리학: 안녕감과 행복

좋은 삶을 만드는 것은 무엇인가?

여러분에게 행복감을 주는 것은 무엇인가? 사랑? 돈? 음악? 스포츠? 파티? 종교? 행복을 위한 단순하고 보편적인 공식이 없음은 명백한 사실이다. 좋은 삶을 누린다는 것은 무슨 의미인가? 건강의 문제인가? 아니면 성취, 우정, 여가생활, 또 개인적 성장의 문제인가? 역시나 단순한 답은 없다. 그럼에도 불구하고 심리학자들은 행복하게 잘 사는 것의 의미 중 일부 측면들을 알아 가기 시작하고 있다. 그들의 연구결과는 어떻게 하면 성공적으로 살 수 있는지에 관해서 소중한 힌트를 제공한다.

일반적으로는, 행복 그리고 '좋은 삶'을 누리는 것이 개인의 욕구와 문화적 가치에 크게 의존한다. 가장 중요한 것은 행복감과 삶의 만족도가 사건을 지각하고, 해석하고 처리하는 방식에 달려 있다는 점이다. 경험을 어떻게 생각하느냐가 사건만큼이나 중요하다. 여러분의 주관적인 안녕감은 어떠한가? 이에 대해 알아보자.

SURVEY QUESTIONS

16.1 행복한 삶에 가장 크게 기여하는 요인은 무엇인가?

주관적 안녕감—행복한 삶을 위하여

SURVEY QUESTION 16.1 행복한 삶에 가장 크게 기여하는 요인은 무엇인가?

행복을 연구하기 위해 심리학자 Ed Diener와 동료들은 **주관적 안녕감**(subjective well-being)이라는 것에 초점을 맞췄다. 그들에 따르면, 사람들이 자신의 삶에 일반적으로 만족할 때, 긍정적 정서를 빈번하게 가질 때 그리고 부정적 정서를 상대적으로 적게 가질 때 안녕감 혹은 행복감이 나타난다(Diener, Scollon, & Lucas, 2009; Tay & Diener, 2011).

생활 만족도

생활 만족도(*life satisfaction*)*는 무엇을 의미하는가?* 여러분이 다음 문장들에 강하게 동의하면 생활 만족도가 높은 것이다(Diener, 2009 '생활 만족도 척도'에서).

1. 대부분의 측면에서 내 생활은 나의 이상에 가깝다.
2. 내 삶의 조건들은 훌륭하다.
3. 나는 내 삶에 만족한다.
4. 이제까지 나는 내가 삶에서 원하는 중요한 것들을 얻었다.
5. 내가 내 삶을 다시 산다면 나는 거의 아무것도 바꾸지 않을 것이다.

이 문장들은 행복한 것이 의미하는 바 대부분을 다루고 있는 듯하다. 그러나 Diener와 그의 동료들은 날마다 겪는 정서적 경험 역시 중요하다고 생각한다.

정서

오늘 여러 가지 유쾌하거나 보상이 되는 사건들이 일어났다고 상상해 보라. 이 사건들이 여러분에게 웃음, 환희, 기쁨 그리고 만족의 순간을 경험하는 원인을 제공했다. 그 결과 여러분은 행복하다고 느끼고 삶이 좋게 보인다. 이에 반하여 여러분의 하루가 불쾌하거나 처벌이 되는 일련의 사건들로 망쳐져서 슬픔을 느끼게 되었다고 상상해 보라. 물론 실제로는 우리의 날들이 전적으로 좋거나 전적으로 나쁜 경우는 거의 없다. 인생은 보상이 되는 사건과 처벌이 되는 사건의 혼합이어서 모든 사람들이 긍정적 정서와 부정적 정서 두 가지를 다 가진다. 같은 사람이 긍정적 감정을 많이 가지고 그러면서 부정적 감정을 많이 가지는 것도 가능한 일이다. 행복감이란 좋은 감정을 갖는 것만이 다가 아닌 이유가 거기에 있다. 가장 행복한 사람들은 긍정적 정서적 경험은 많이 하고 부정적 정서적 경험은 상대적으로 적게 하는 사람들이다(Diener, Scollon, & Lucas, 2009).

인생의 사건 *그렇다면 인생에서 좋은 사건과 나쁜 사건이 사람의 행복감을 좌우하는가?* 삶에서 좋은 사건과 나쁜 사건은 행복감과 관련이 있지만 상상하는 것보다 그 영향이 적다. 그 이유는 행복감이 그 사람 안에서 나오는 경향이 있기 때문이다. 주관적인 행복은 우리의 문화, 목표, 선택, 정서, 가치관 및 성격에 의해 영향을 받는다(Scollon, Koh, & Au, 2011). 사건이 지각되고, 해석되고 처리되는 방식은 사건 자체의 본질만큼이나 중요하다. 인생의 역경을 잘 피하는 사람들은 자신의 '운'을 만들어 내는 경향이 있다. 그 결과 그들은 더 행복하고 삶의 요구와 더 순조롭게 협상을 하는 듯하다(Wong, 2011).

개인적 요인

수입, 나이 혹은 결혼 여부는 어떨까? 그것들이 행복감과 관련이 있을까? 개인적 특징은 종합적인 행복과 적은 연관성이 있을 뿐이다. 왜 그런지 살펴보자.

부 부가 행복감을 가져온다는 생각은 솔깃할 것이다. 어떤 지점까지는 그것이 사실이다. 즉 가난하게 사는 사람들에게는 더 많은 자원이 행복을 가져올 수 있다(Howell & Howell, 2008). 그러나 돈과 행복 사이의 전반적인 연관은 약하다. 실제로 복권에 당첨된 사람들은 당첨되기 전보다 덜 행복한 경우가 흔했다(Lutter, 2007). 어떤 사람의 삶에 즉각적인 부가 대개 가져오는 스트레스가 조금이라도 있는 부의 긍정적인 효과를 상쇄시키는 경향이 있다. 돈이 삶에서 기본 욕구들을 충족시키는 것을 가능하게 해 주기는 하지만, 좋은 삶은 구매할 수 있는 게 아니다. 행복감은 보통 다른 원천에서 비롯된다(Diener et al., 2010; Scollon & King, 2011).

교육 교육을 더 많이 받은 사람들은 덜 받은 사람들보다 약간 더 행복한 경향이 있다. 그러나 이는 부와 행복 사이에 적은 연관성이 있다고 말하는 또 다른 방식에 지나지 않을 가능성이 크다. 높은 교육 수준은 일반적으로 더 높은 수입과 더 높은 사회적 지위라는 결과를 낳는다.

결혼 결혼한 사람들은 이혼했거나 별거 중이거나 독신인 사람들보다 행복감이 더 높다고 보고한다. 더 행복한 사람들이 단순히 결혼을 할 가능성이 더 높을 수도 있다. 그러나 이 연관성에 대한 더 나은 설명은 행복한 사람들이 결혼을 하고 계속 결혼 상태를 유지할 가능성이 더 높다는 것이다. 대부분의 사람들은 결혼 직후에 행복감이 약간 올라간다. 하지만 대부분은 결혼하기 전에 가졌던 것과 동일한 수준의 행복감으로 결국에는 돌아간다(Lucas et al., 2003).

종교 행복감과 영적인 믿음을 갖는 것 사이에는 작지만 긍정적인 연관성이 존재한다(Diener, Tay, & Myers, 2011). 정신적 믿음은 삶에서 존재의 목적과 의미가 있다는 느낌을 더해 주어서 그 결과 행복감을 더 크게 해 줄 수 있다. 또 다른 가능성은 교회에 속하는 것이 단순히 사회적 지지를 제공하여서 삶의 부정적인 사건의 영향을 완충해 줄 수 있다는 것이다.

나이 모든 것이 불만스러운 괴팍스러운 노인이라는 고정관념은 부정확하다(Sorrell, 2009). 삶의 만족도와 행복감이 일반적으로 나이와 함께 감소하지는 않는다. 사람들은 더 오래 살고 나이 들어서까지도 더 건강하게 살면서 나이와 관련된 쇠퇴를 크게 지연시키고 있다. 쇠퇴가 일어나는 때에도 오늘날의 노인들은 그에 더 잘 대처하는 듯하다.

성 종합적으로 보면 남성과 여성이 행복감에서 차이가 있지는 않다(Brannon, 2011). 그러나 여성이 남성에 비해 정서적으로 기쁠 때 더 기뻐하고 슬플 때 더 슬퍼하는 경향이 있다. 따라서 극단적으로 행복하거나 극단적으로 불행한 몇 안 되는 사람들 중에서 여성들을 더 많이 볼 수 있다.

일 자신의 직무에 대해 만족해하는 사람들은 더 행복해하는 경향이 있지만 그 연관성은 약하다. 실은 이것이 자신의 삶에 대해 만족하는 사람들은 자신의 직무에 대해서도 만족하는 경향이 있음을 반영할 뿐일 수도 있다.

성격 어느 정도까지는 어떤 사람들은 인생의 사건들과 상관없이 기질적으로 더 행복해하는 경향이 있다. 또한 일반적으로 더 행복한 사람들은 외향적이고(사교적이고), 낙관적이고, 걱정을 안 하는 경향이 있다. 이 조합이 어쩌면 어떤 사람이 느끼는 긍정적 정서와 부정적 정서의 균형에 영향을 줄 수도 있다(Lucas & Diener, 2009).

주관적 안녕감 보편적인 삶의 만족도로 빈번한 긍정적 정서 그리고 상대적으로 별로 없는 부정적 정서와 조합됨

목표와 행복감

앞의 정보가 누가 행복감을 느낄지에 대해 어느 정도 통찰을 제공하지만 우리는 사람들의 목표를 관찰함으로써 더 많은 것을 알 수 있다. 누군가가 행복한지를 알기 위해 "그 사람이 삶에서 추구하는 바가 무엇인가? 그에 얼마나 성공하고 있는가?"라고 물을 수 있다.

건강하고 튼튼한 체력을 원하는가? 공부를 잘하고 싶은가? 친구들이 좋아하는 사람이 되기를 원하는가? 녹음 스튜디오를 가지고 싶은가? BMW를 가지고 싶은가? 사람들이 선택하는 목표는 폭넓게 다양하다. 그럼에도 불구하고 우리가 결론 내릴 수 있는 일반화된 원리 하나는 사람들이 자신의 개인적 목표를 이루면 행복해하는 경향이 있다는 점이다. 이는 여러분이 장기적인 삶의 목표와 관련된, 매일매일을 기초로 한 작은 목표를 향해 나아가고 있다고 느낀다면 특히 그렇다(King, Richards, & Stemmerich, 1998).

개인적 목표의 중요성은 특정 상황들이 행복감에 대해 말해주는 바가 왜 그렇게나 적은지를 설명하는 데 도움이 된다. 어떤 사람이 삶에서 이루고자 하는 것이 무엇인지를 알지 못한 채 어떤 사건이 좋은지 나쁜지를 알기란 어려운 경우가 많다(Diener, Scollon, & Lucas, 2009).

목표와 행복감 요약하자면 더 행복한 사람들은 결혼했고, 직업에 대해 편안하고, 외향적이고, 종교적이고, 낙관적이고, 자신의 삶에 대해 일반적으로 만족하는 경향이 있다. 그들은 또한 자신들의 목표를 향해 나아가고 있다. 그러나 우리의 더 깊은 관심과 가치를 표현하지 못하는 목표를 획득하는 것은 행복에 별로 도움이 되지 않을 수 있다(Scollon & King, 2011).

그렇다면 좋은 삶을 만드는 것은 무엇인가? 목표와 의미는 삶의 모든 시점에서 행복의 중요한 원천이다(Ryff & Singer, 2009). 좋은 삶은 행복하고 그러면서 의미 있는 삶이다(Shrira et al., 2011).

모듈 16: 요약

16.1 행복한 삶에 가장 크게 기여하는 요인은 무엇인가?

16.1.1 주관적 안녕감(행복)은 전반적인 생활 만족도에다가 부정적 정서보다는 더 많은 긍정적 정서가 결합된 것이다.

16.1.2 생활 사건과 여러 가지 인구학적 요인들은 행복감에 영향을 별로 주지 않는다.

16.1.3 외향적이고 낙천적이며 걱정이 없는 사람들이 더 행복한 경향이 있다.

16.1.4 목표를 향해 전진하는 것이 행복과 관련된다.

16.1.5 전반적인 안녕감은 행복감과 인생의 의미의 결합인데, 후자는 자신의 깊은 관심과 가치관을 표현하는 목표를 추구하는 데서 나온다.

모듈 16: 지식 쌓기

암기

1. 주관적 안녕감은 ______________, 긍정적 정서 그리고 부정적 정서의 혼합으로 이루어진다.
2. 긍정적 정서를 많이 경험하는 사람은 정의상 매우 행복한 사람들이다. O X
3. 행복감이 부와 갖는 긍정적 상관관계는 작을 뿐이다. O X
4. 독신인 사람은 결혼한 사람에 비해 일반적으로 더 행복하다. O X
5. 중요한 ______________를 향해 매일매일 나아가는 것이 행복감의 중요한 원천이다.

반영

비판적으로 생각하기

6. "너 자신에게 진실되라"는 말이 상투적인 문구로 보일 수 있겠지만 행복하고 의미 있는 삶을 탐색하기 위해 나쁘지 않은 출발점이다. 스스로에게 진실되다는 것이 무엇을 의미하는지를 설명해 보라.

자기반영

객관적인 행복의 세 가지 요소에 대해 여러분은 몇 점을 받을 것이라고 생각하는가? 이 절에서 논의된 다른 어떤 요인들이 여러분의 행복감 수준과 관련이 있는가?

학생들은 자기에게 부과된 목표를 추구하는 것이 보통이다. 여러분의 활동 중 어느 것을 가장 의미 있는 것으로 간주하는가? 그것들은 여러분의 개인적 신념 및 가치관과 어떻게 관련되는가?

정답

1. 생활 만족도 2. X 3. O 4. X 5. 삶의 목표 6. 스스로에게 진실된다는 것은 온전함이 있는 삶, 의미 있는 삶의 목표를 추구함으로써 행복을 찾는 것이다(McGregor, McAdams, & Little, 2006).

Module 17

감각과 지각: 감각 과정

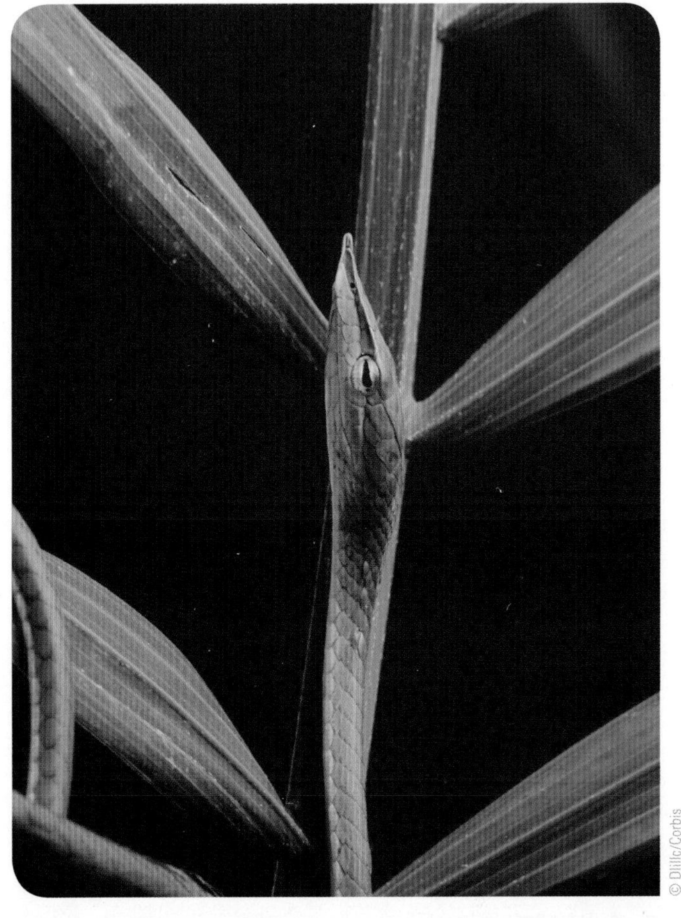
© Dillc/Corbis

눈이 있는 나무

이 책의 저자 중 한 명이 아름다운 열대우림을 산책하고 있었을 때 누군가가 자신을 관찰하고 있다는 묘한 느낌을 받았었다. 몇 분 동안 우거진 숲 주변을 별 성과 없이 찾아보았다. 맙소사! 자신의 머리와 한 자도 떨어져 있지 않은 위에서 뚫어지게 노려보고 있는 뱀 머리가 있었다. 그 뱀은 완벽하게 위장하고 있었다. 돌출된 가지에서 움직임 없이 매달려 있었고 아무리 봐도 그냥 또 다른 녹색 덩굴이라고밖에 보이지 않았다(이 뱀이 녹색덩굴뱀이라고 불리는 충분한 이유가 있다).

이 이야기에서 보듯이 세상을 지각하는 데 세상을 감각하는 것이 바로 첫 단계이다. 비록 눈이 뱀으로 지각하는 데 필요한 기본적 시각 정보를 수집하지만, 뇌는 지각적 퍼즐을 맞출 수가 없다. 감각 정보는 다양한 방식으로 해석될 수 있고 또한 잘못 해석될 수 있다. 이것이 세상을 경험하는 두 번째 단계이다. 이 모듈은 바로 첫 단계인 감각을 소개한다. 두 번째 단계인 지각은 그 다음 모듈에서 탐색한다.

SURVEY QUESTIONS

17.1 감각 체계는 보통 어떻게 기능하는가?

17.2 어떤 감각을 다른 감각보다 더 잘 자각하는 이유는 무엇인가?

감각 체계 – 첫 단계

SURVEY QUESTION 17.1 감각 체계는 보통 어떻게 기능하는가?

지금 여러분은 전자기 방사선, 열기, 압력, 진동, 분자 그리고 기계력의 소용돌이치는 변화무쌍한 환경 속에 몸을 푹 담그는 중이다. 말하자면 빛, 열기, 또는 소리의 형태로 이런 물리적 에너지의 일부가 여러분의 감각을 두드리고 있으며, 바로 그 직후에 여러분은 호박벌이 윙하고 지나가거나, 따스한 햇살이 얼굴에 내려쬐거나, 또는 머리에 쏙쏙 들어오는 새로운 선율이 라디오에서 나오는 것을 알아차리게 된다. 즉각적으로 여러분이 감각 정보를 탐지하고, 분석하고, 해석하는 동안에 놀라운 일련의 사건들이 발생한다. 그러나 여러분의 감각이 이러한 힘을 뇌가 이해할 수 있는 형태로 번역하지 않는다면, 여러분은 침묵과 어둠의 공간만을 경험하게 될 것이다. 구체적인 감각들을 좀 더 자세하게 살펴보기 전에 뇌가 처리해야만 하는 정보의 양을 감각과 선택적 주의가 어떻게 감소시키는지를 탐구해 보자.

감각의 일차적인 기능은 생물학적 **변환기**(transducer), 즉 한 형태의 에너지를 다른 형태로 전환시키는 기구로서 역할을 하는 것이다(Fain, 2003; Goldstein, 2014). 각 감각은 특정한 유형의 외부 에너지를 신경의 활동 패턴(활동 전위)으로 바꾼다. 감각 기관으로부터 도착한 정보는 **감각**(sensation)을 불러일으킨다. 그리고 뇌는 이런 메시지를 처리한다. 뇌가 감각들을 의미 있는 패턴으로 조직화하면, 우리는 지각(perception)에 대해 말하게 된다. '보기'와 '듣기'의 발생장소가 눈이나 귀가 아닌 뇌라는 것을 깨닫게 되면 대단히 흥미가 생긴다.

예를 들어 우리가 세상에 대해 폭넓은 접근을 가능하게 해 주는 시각을 살펴보자. 어떤 순간에 여러분은 수십 광년 떨어진 별빛을 볼 수 있고, 그다음 순간에 이슬방울의 초소형 세계를 자세히 들여다볼 수 있다. 거기에 시각은 또한 우리가 아마 볼 수도 있는 것을 좁힌다. 다른 감각들처럼 시각은 *자료 축소 체계*로 작용을 한다. 가장 중요한 자료를 부호화해서 뇌로 보내기 위하여 정보를 선택하고 분석한다(Goldstein, 2014).

선택

감각 자료 축소는 어떻게 이뤄지는가? 감각 수용기들은 접하는 모든 에너지를 변환하지 못하기 때문에 상당한 양이 선택된다. 예를 들어, 기타는 줄의 진동을 음파로 변환한다. 줄을 튕기면 기타는 소리를 낸다. 그러나 줄을 움직이지 못하는 자극은 아무런 효과가 없다. 만일 기타 줄에 빛을 비추거나 찬물을 부어도 기타는 소리를 내지 않는다. (이 순간에 기타 주인은 상당히 큰 소리를 낼 것이다!) 유사한 방식으로 눈은 전자기 방사선을 변환하고, 귀는 음파를 변환한다. 많은 다른 유형의 자극은 직접적으로 감각할 수 없는데, 그런 에너지를 변환할 수 있는 수용기가 없기 때문이다. 예를 들어, 사람은 다른 생명체의 생체전기장을 감각할 수 없지만, 상어는 그렇게 할 수 있는 특별한 기관을 가지고 있다(Fields, 2007). (상어는 그런 생체전기장을 듣는 걸까, *느끼*는 걸까 아니면 뭘까?)

정신물리학(psychophysics) 분야에서 음파나 전자기 방사선 같은 물리적 에너지는 측정되고, 음량이나 밝기같이 우리가 경험하게 되는 결과적인 감각의 차원과 연관시킨다. 감각 수용기는 대상이 되는 에너지 범위의 일부만을 변환한다고 정신물리학 연구가 밝혔다(Fain, 2003). 예를 들어, 눈은 *가시 스펙트럼*이라고 불리는 전자기 에너지의 아주 좁은 일부 범위만을 변환한다. 꿀벌의 눈은 인간에게 보이는 범위의 전자기 스펙트럼을 변환할 수 있으며, 따라서 볼 수 있다. 비슷하게 박쥐는 인간이 변환하기 불가능한 아주 높은 소리를 낸다. 그러나 박쥐는 자신이 낸 소리의 반향을 들을 수 있다. 이런 능력을 *반향 위치 측정*(echolocation)이라고 부르는데, 아주 깜깜한 어둠 속에서 날아다니면서 충돌을 피하고, 곤충을 잡을 수 있다.

유사하게 어느 정도의 최소 강도의 에너지가 감각이 발생하는데 필요하다. 감각에 필요한 최소 강도를 감각 체계에 대한 **절대역**(absolute threshold)으로 정의한다. 예를 들어 조금만 더 크면 들릴 수 있는 아주 부드러운 소리는 인간이 들을 수 있는 절대역에 미치지 못한다. 물론 밤에 사냥하는 올빼미는 듣기에 대한 절대역이 훨씬 낮다. 여러분이 알 수 있듯이 우리가 가진 풍부한 감각 경험은 감각이 가능한 것과 일부 동물들이 감각할 수 있는 것의 아주 작은 부분에 불과하다.

Brandon Cole Marine Photography/Alamy

절대역은 때로는 심각한 귀결에 이르는 인간과 동물의 감각 세계를 정의한다. 멸종위기종인 플로리다 매너티(바다소)는 수명이 60년이 넘는 온순한 초식동물이다. 지난 10년간 보트에 치어 죽은 매너티의 수는 놀랄 만큼 증가하였다. 무슨 문제가 있었을까? 매너티는 천천히 움직이는 보트가 내는 낮은 주파수의 소리에 민감도가 낮다. 현행법은 매너티가 살고 있는 지역에서 배가 속도를 늦추도록 하는데, 이는 오히려 점잖은 바다소를 더욱 위험에 빠뜨리는 조치일 수 있다(Gerstein, 2002).

감각 순응

뇌로 향하는 감각의 흐름은 다른 방식으로 축소된다. 홍어회, 신김치, 청국장으로 저녁상을 갓 차린 집으로 귀가했다고 해 보자. 혹자는 이 냄새에 이미 기절할 수도 있겠지만, 보통 사람은 이 집에 얼마간 머물러 있다 보면 음식 냄새를 자각하지 못할 수도 있다. 왜일까? 감각 수용기는 변화가 없는 자극에는 덜 반응하기 때문인데, 이 과정을 **감각 순응**(sensory adaptation)이라고 부른다.

다행히도 후각(냄새) 수용기는 빠르게 순응한다. 변화가 없는 냄새에 노출되면, 후각 수용기는 뇌에 더욱더 적은 양의 신경 충격을 보내게 되며, 결국은 냄새를 더 이상 알아차리지 못하게 된다. 손목시계, 허리밴드, 반지, 또는 안경이 주는 압력에 대한 순응도 동일한 원리에 기초한다. 감각 입력이 변하지 않는다고 뇌에 계속적으로 상기시켜 줄 이유가 보통 없기 때문에 감각 수용기는 일반적으로 자극에서의 *변화*에 가장 잘 반응한다. 아무도 본인이 신발을 신고 있음을 하루 종일 상기하고 싶지는 않을 것이다.

감각 분석

우리가 경험하는 것은 또한 **감각 분석**(sensory analysis)이 영향을 준다. 감각이 정보를 처리하면서 세상을 중요한 **지각적 세부특징**(perceptual features) 또는 기본 자극 패턴으로 나눈다. 예를 들어 시각 체계는 선분, 형태, 모서리, 얼룩, 색상 등과 같은 특정한 자극에 맞춰진 세부특징 *탐지기* 세트를 지니고 있다(Hubel & Wiesel, 2005). ● 그림 17.1을 보면서 빗금 선분의 무리 속에서 수직 선분 하나가 얼마나 눈에 확 잘 띄는지를 확인해 보라. *시각 돌출*이라 불리는 이 현상은 시각 체계가 이런 지각적 세부특징들에 고도로 민감하기 때문에 발생한다(Hsieh, Colas, & Kanwisher, 2011).

그림 17.1
시각 돌출. 이 돌출은 너무 기본적이어서 3개월밖에 되지 않은 유아도 여기에 반응한다. (Adler & Orprecio, 2006에서 수정)

유사하게 개구리눈은 작고 까만 움직이는 얼룩에 고도로 민감하다. 다른 말로 하면, 개구리눈은 근처를 날아다니는 벌레를 탐지하는 데 '조율'되어 있다(Lettvin, 1961). 그러나 곤충(얼룩)이 반드시 움직이지 않으면, 개구리의 벌레 탐지기는 작동하지 않는다. 개구리는 죽은 파리들에 둘러싸여 굶어 죽을 수도 있다.

지각적 세부특징에 대한 우리의 민감성이 신경 체계의 타고난 특징이라 하더라도 또한 생의 초기 경험에 의해 영향을 받는다. 예를 들면, 캠브리지대학교의 Colin Blakemore 교수와 Graham Cooper 교수는 새끼 고양이들을 벽이 세로 줄무늬로 칠해진 공간에서 키웠다. 다른 새끼 고양이 집단은 가로 줄무늬로 칠해진 공간에서 키웠다. 보통의 환경으로 되돌아왔을 때 '가로줄' 고양이는 의자 위에 쉽게 뛰어올랐지만, 바닥을 걸어 다닐 때 의자 다리에 부딪히곤 했다. 다른 한편으로 '세로줄' 고양이들은 의자 다리를 쉽게 피해 다녔지만 수평면에서 뛰어 오르내리지 못했다. 수직 줄무늬에서 자란 고양이들은 수평선에 '깜깜'했고, '수평 줄무늬'에서 자란 고양이들은 수직선이 보이지 않는 것처럼 행동했다(Blakemore & Cooper, 1970). 결여된 세부특징에 조율된 뇌세포가 실제로 감소했음을 다른 연구에서 밝혔다(Grobstein & Chow, 1975).

감각 부호화

감각 체계가 정보를 선택하고 분석할 때 정보를 부호화한다. **감각 부호화**(sensory coding)란 세상의 중요한 세부특징들을 뇌가 이해할 수 있는 신경 메시지로 바꾸는 것을 말한다(Hubel & Wiesel, 2005). 예를 들어 두 자극 사이의 모든 차이가 부호화되지는 않는다. 대신 차이는 충분히 커야만 한다. 정신물리학은 **차이역**(difference threshold)의 연구를 포함한다. 여기서 우리는 "차이가 뚜렷해서 부호화될 수 있으려면 두 자극은 어느 정도 차이가 있어야만 하는가?"를 묻고자 한다. 예를 들어 만일 커피 잔에 설탕 알갱이 하나를 더 넣으면 차이를 알아차릴 수 있을까? 얼마만큼이 있어야 할까? 몇 알갱이면 될까? 반 숟가락? 한 숟가락?

부호화가 작용하는 방식을 보려면 눈을 잠시 감아 보라. 손가락을 들어 눈꺼풀을 지긋이 눌러 보라. 눈이 살짝 찌그러질 정도로 힘을 더 줘 보라. 30초간 이를 유지한 후 어떤 일이 일어나는지 관찰해 보라(눈에 문제가 있는 독자나 콘택트렌즈 착용자는 시도하지 마라).

별, 장기판, 반짝이는 색상을 보았는가? 이것을 *안내 섬광*(phosphenes)이라고 부르는데 망막을 역학적으로 흥분시켜 야기된 시각 감각이다. 눈의 수용기 세포들이 보통 빛에 반응하는데 압력에도 어느 정도 민감하기 때문에 발생하는 현상이다. 눈은 압력을 포함한 자극을 시각 세부특징으로 부호화하도록 되어 있음을 주목하라. 결과적으로 여러분은 압력이 아닌 빛 감각을 경험한다. 또한 이 효과를 낳는 데 뇌의 *감각 국재성*(sensory localization)도 중요하다.

감각 국재성은 여러분이 경험하는 감각의 유형은 어느 영역의 뇌가 활성화되는가에 달려 있음을 의미한다. 어떤 뇌 영역은 시각 정보를 받아들이고, 다른 영역은 청각 정보를, 그리고 다른 영역은 미각 또는 촉각 정보를 받는다(모듈 9 참조). 어느 뇌 영역이 활성화되는지를 알면 일반적으로 어떤 종류의 감각을 느끼고 있는지를 알 수 있다.

변환기 한 종류의 에너지를 다른 형태로 바꾸는 기계/기구
감각 감각적 인상. 또한 감각 기관을 가지고 생리적 에너지를 탐지하는 과정
지각 감각을 의미 있는 패턴으로 조직하는 정신적 과정
정신물리학 물리적 자극과 이것이 인간 관찰자에게 불러일으킨 감각 사이의 관계에 대한 연구
절대역 감각을 생성하는 데 필요한 최소한의 물리적 에너지
감각 순응 변화가 없는 자극에 대한 감각 반응의 감소
감각 분석 감각 정보를 중요한 요소로 분리
지각적 세부특징 선, 형태, 모서리, 색상 등의 자극의 기본적 요소
감각 부호화 감각 기관이 정보를 뇌로 보내기 위해 사용하는 부호
차이역 관찰자가 탐지가능하기 위한 두 자극 사이의 최소한의 차이

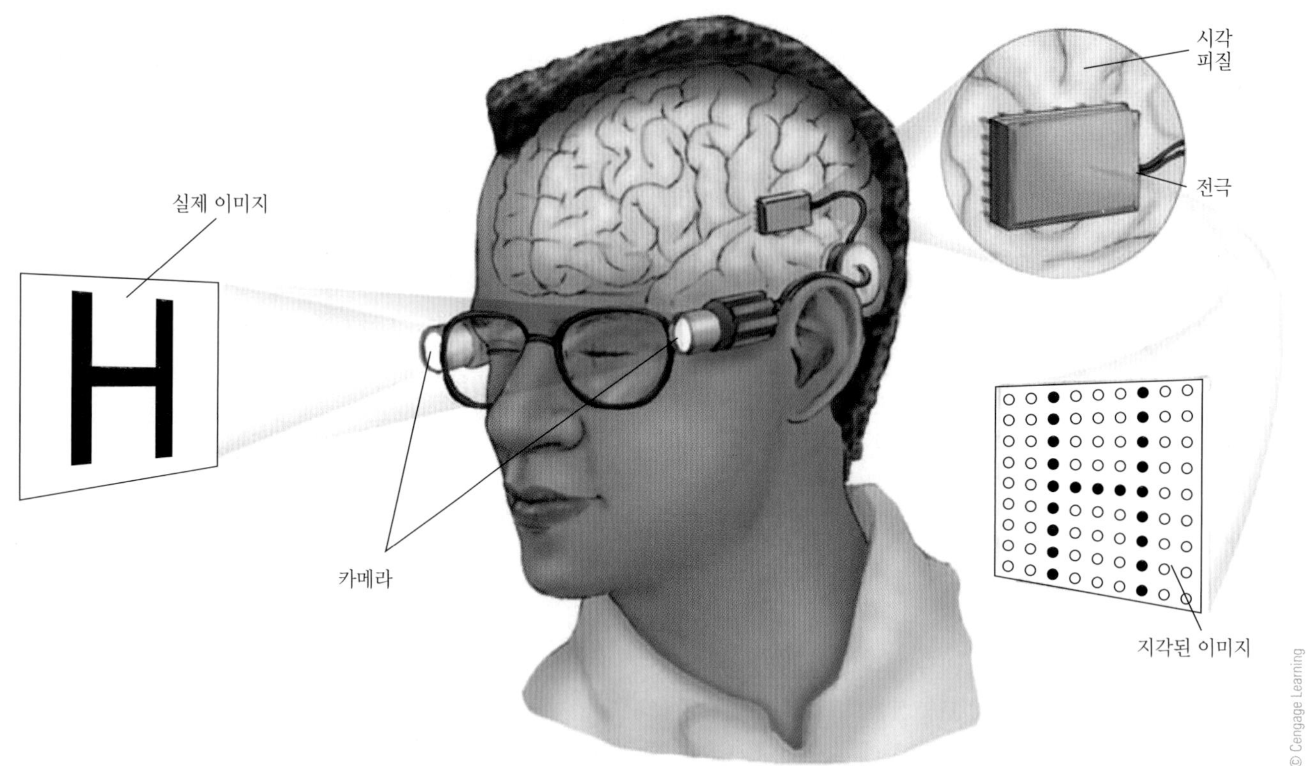

그림 17.2
인공 시각 체계. 비디오카메라는 빛을 시각 피질을 자극하는 전기 충격으로 바꾸고 초보적인 시각 경험을 이끈다. 전기 충격을 청각 피질로 전한다면 이 사람이 무엇을 경험하게 될 것이라고 추측하는가?

감각 국재성은 시각, 청각, 그리고 다른 감각들을 인공적으로 되찾을 수 있게 하는 출발점이다. 한 가지 접근방식에서 연구자들은 손상된 눈과 시신경을 우회해서 뇌로 직접 전기적 신호를 보내는 데 초소형 카메라를 사용한다(● 그림 17.2)(Dobelle, 2000; Warren & Normann, 2005). 이와 같은 장비를 사용하여 그동안 시력을 잃어 왔던 사람들이 이제 글자, 단어, 그리고 칼과 포크 같은 흔한 대상들을 볼 수 있게 되었다(Nirenberg & Pandarinath, 2012).

감각 자료 축소에 대하여 사람들은 어느 정도의 통제력을 가지고 있는가? 여러분 주위에 떠도는 다른 것들을 의도적으로 무시하면서 공부에 주의를 집중하는 것 같은 것인가? 좋은 질문이다. 우리는 감각이 변환하고, 분석하고, 또는 부호화하는 어떤 에너지 범위에 대하여 아무런 실제적인 의식적 통제력을 가지고 있지 않다. 비슷하게 감각 순응을 의식적으로 통제하기는 어렵다. *선택적 주의*는 여러분이 통제할 수 있는 능력과는 다른 능력이다. 이제 주의를 집중해 보자.

선택적 주의 – 주목하기와 무시하기

SURVEY QUESTION 17.2 어떤 감각을 다른 감각보다 더 잘 자각하는 이유는 무엇인가?

비록 감각이 빛, 소리, 냄새, 맛, 촉감으로 뒤섞인 것을 좀 더 감당할 수 있는 양으로 축소시키기는 하지만, 여전히 뇌가 다 취급하기에는 양이 많다. 뇌가 *선택적 주의*를 통해서 감각 정보를 더 걸러내는 이유가 여기에 있다. 예를 들어, 앉아서 이 페이지를 읽고 있는 동안에도 의자에 닿아 있는 엉덩이가 느끼는 촉감과 압력을 담당하는 수용기는 뇌에 신경 충격을 보내고 있다. 비록 이러한 감각은 항상 존재했었지만 여러분은 아마도 바로 지금까지도 그런 것을 자각하지 못했을 것이다. 이런 '바지 궁둥이(seat-of-the-pants) 효과'가 특정한 감각 입력에 자발적으로 초점을 맞추는 **선택적 주의**(selective attention)의 예이다. 선택적 주의는 들어오는 감각 메시지를 선택하고 우회시키는 뇌 구조의 능력에 기초하고 있는 것처럼 보인다(Mather, 2011). 우리는 다른 감각들을 배제한 채 단일 감각 메시지에 채널을 맞출 수 있다.

다른 유사한 사례가 칵테일 파티 효과이다. 여러분이 군중 속에서 여러 목소리에 둘러싸여 있을 때에도 여전히 여러분은 얼굴

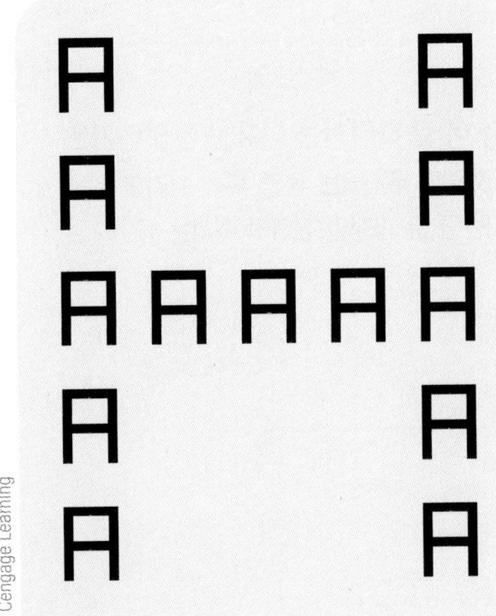

그림 17.3
주의의 '병목' 또는 '스포트라이트'는 확장될 수도 축소될 수도 있다. 만일 여러분이 이 도안의 국소 세부에 초점을 두면 A자가 13번 반복됨을 보게 된다. 만일 여러분이 주의의 전체 패턴을 다 담을 정도로 폭을 넓힌다면 여러분은 H자를 보게 될 것이다.

을 마주하고 있는 사람의 목소리를 선택할 수 있고 주의를 기울일 수 있다. 또는 그 사람이 따분해지면 방 안 여기저기서 들리는 대화를 엿들을 수도 있다. (얼굴에는 미소를 띠고, 가끔은 고개를 끄덕여야 한다!) 그러나 여러분의 대화상대가 아무리 재미있어도 여러분이 방 안 어디에선가 들려오는 본인의 이름을 들으면 그쪽으로 주의가 바뀐다(Koch et al., 2011). 남들이 우리에 관해 이야기하는 것은 무엇이든지 아주 흥미로워진다.

가끔은 주의가 다른 곳에 가 있어서 어떤 자극을 알아차리는 데 실패하는 **무주의맹**(inattentional blindness)에 시달리기도 한다(Thakral, 2011). 여러분 눈앞에 분명히 있는데도 어떤 것을 보지 못한다는 것은 여러분이 주의를 아주 집중하고 있을 때 일어나기 쉽다(Bressan & Pizzighello, 2008). 두 팀 중 한 팀은 흰 상의를, 다른 팀은 검은 상의를 입은 농구팀이 등장하는 영상을 참가자들에게 보여 주는 고전적 연구가 무주의맹을 생생하게 보여 준다. 참가자들은 영상을 면밀하게 보면서 두 팀 중 한 팀은 무시하면서 다른 팀이 몇 번이나 패스를 하는지를 세도록 하였다. 관찰자가 영상을 보면서 세고 있는 동안 고릴라 복장을 한 사람이 농구 게임이 벌어지는 장소의 한가운데로 걸어와서, 카메라를 보고, 가슴도 치고 나서 나간다. 관찰자의 절반이 이 놀라운 상황을 알아차리지 못했다(Simons & Chabris, 1999). 상대편 팀의 응원단이 종종 마치 완전히 다른 경기를 본 것처럼 행동하는 이유를 아마도 이 효과가 설명한다.

운전하면서 휴대폰을 사용하면 유사한 방식으로 무주의맹을 일으킬 수 있다. 여러분이 휴대폰에 주의를 집중하는 동안 고릴라를 무시하는 대신에 다른 자동차, 오토바이, 또는 보행자를 놓칠 수 있다. 이는 아마도 말할 나위도 없겠지만, 운전하면서 여러분이 휴대폰에 더 빠져 있을수록(대화 대신에 문자메시지 작성도 비슷하다), 문제는 더욱 커진다(Fougnie & Marois, 2007).

선택적 주의를, 병목 또는 감각을 지각으로 연계시키는 정보 채널에서의 협소화라고 간주하는 것이 도움이 된다고 깨달을 수도 있다. 한 메시지가 병목에 들어오면 다른 것들이 통과하는 것을 방해하는 것처럼 보인다(● 그림 17.3). 예를 들어 여러분이 차를 운전하는데 교차로에 접근 중이다. 여러분은 신호등이 여전히 녹색등임을 확인할 필요가 있다. 여러분이 확인하려는 바로 그 순간에 옆 좌석에 있던 친구가 도로 저편을 가리킨다. 만일 여러분이 신호가 방금 적색등으로 바뀐 것을 알아차리지 못했다면 사고는 순식간에 벌어질 뻔했다.

어떤 자극은 다른 자극보다 더 주의를 얻는가? 그렇다. 아주 강한 자극은 일반적으로 주의를 더 끈다. 더 밝고, 더 소리가 크고, 크기가 큰 자극은 주의를 포획하는 경향이 있다. 도서관에서 난 총소리를 무시하기란 쉽지 않다. 만일 환한 색상의 열기구가 대학 캠퍼스 한가운데에 착륙했다면 사람들이 구름처럼 모여들 것이다.

*반복되는 자극, 반복되는 자극, 반복되는 자극, 반복되는 자극, 반복되는 자극, 반복되는 자극*은 또한 주의를 끈다. 한밤중 똑똑 물 떨어지는 소리는 보통의 기준으로는 소음이 거의 되지 못한다. 그러나 반복하기 때문에 몇 배는 더 큰 처리로 주의를 끌게 된다. 이런 효과는 말하자면 TV와 라디오 광고에서 반복적으로 사용되고 있다.

주의는 또한 *자극에서의 대비* **또는 변화에 빈번하게** *연관되어 있다.* 앞선 문장과 대조적인 유형의 스타일은 기대한 바가 아니기 때문에 주의를 끈다.

무의식적인 감각 자료 축소는 선택적 주의와 더불어 감당할 만한 수준으로 뇌로 향하는 감각 정보의 흐름을 줄인다. 그러나 어떻게 개별 감각이 실제로 기능하는가? 우리는 이 주제를 다음 두 모듈에서 탐색한다. 그러나 먼저 여러분이 배운 내용에 주의를 기울일 기회를 제공한다.

선택적 주의 특정한 입력 감각 메시지에 우선순위를 부여하는 것
무주의맹 주의가 다른 곳에 초점을 두기 때문에 자극을 알아차리지 못하는 것

모듈 17: 요약

17.1 감각 체계는 보통 어떻게 기능하는가?

17.1.1 감각 입력에 의해 압도되지 않도록 감각은 선택적 자료축소 시스템으로 작동한다.

17.1.2 감각은 수용기 기관에서 변환된 후 시작한다. 다른 자료축소 과정은 감각 순응, 분석, 그리고 부호화이다.

17.1.3 감각은 부분적으로 뇌의 감각 국재화의 측면에서 이해될 수 있다.

17.2 어떤 감각을 다른 감각보다 더 잘 자각하는 이유는 무엇인가?

17.2.1 일부 감각 입력이 다른 것들이 무시되는 동안 후속 처리를 위해 선택되도록 하는 뇌에 기반을 둔 과정인 선택적 주의는 들어오는 감각에 영향을 준다.

17.2.2 운전하면서 통화하지 마라!

모듈 17: 지식 쌓기

암기

1. 감각 수용기는 한 유형의 에너지를 다른 유형의 에너지로 전환하는 생물학적 ________ 또는 장치이다.

2. 시간이 지날수록 옷 안의 피부 신경 종말은 뇌로 점차 적은 신호를 보내게 되고, 결국에는 옷을 입고 있다는 것을 느낄 수 없게 된다. 이 과정을 ________________이라고 부른다.
   a. 변환　　b. 차이역
   c. 역주의　　d. 감각 순응

3. _______라고 알려진 과정을 통해서 환경의 중요한 특징들은 뇌로 전달된다.
   a. 지각　　b. 부호화
   c. 탐지　　d. 감각 순응

4. 여러분이 어떤 감각경험을 갖게 될 것인지에 영향을 주는 뇌–중심 활동을 ________라고 한다.
   a. 감각 순응　　b. 정신물리학
   c. 선택적 주의　　d. 감각 편향

5. 주의를 끌기에 좀 더 효과적인 자극은 다음 중 어느 것인가?
   a. 기대하지 않은 자극　　b. 반복되는 자극
   c. 강한 자극　　d. 위의 모두

반영

비판적으로 생각하기

6. William James는 다음과 같이 말한 적이 있다. "만일 외과 명의가 청신경과 시신경을 교차시킨다면, 여러분은 천둥소리를 듣고, 번개를 보게 될 것이다." James가 뜻했던 바를 설명할 수 있겠는가?

자기반영

다른 일부 동물들처럼, 여러분이 다른 종류의 에너지를 변환할 수 있다면 어떻겠는가? 여러분이 살고 있는 감각세계가 어떤 식으로 바뀌겠는가? 박쥐가 된다면 어떨 것인가? 상어라면?

여러분이 앉아서 책을 읽는 동안 어떤 감각 입력이 순응에 들어갔는가? 주의 초점을 돌려 봄으로써 새로운 입력으로 자각하게 된 것은 무엇인가?

여러분은 한 번에 하나 이상의 감각 입력에 주의를 기울일 수 있는가?

정답

1. 변환기 **2.** d **3.** b **4.** c **5.** d **6.** 이 설명은 감각 국재화에 근거한 것이다. 만일 눈으로부터 온 메시지를 바꿔 뇌의 청각 영역을 활성화시킨다면, 여러분은 소리감각을 경험할 것이다. 비슷한 방식으로 귀가 천둥소리를 변환해서 신호를 시각영역으로 보낸다면, 빛의 감각이 일어날 것이다. 공감각자라고 불리는 일부 사람들은 자연스럽게 다른 감각의 형태로 감각 입력을 경험한다. 예를 들면, 한 공감각자는 고통을 오렌지색으로 경험하고, 다른 공감각자는 매운 치킨 맛을 찌르는 느낌으로 경험한다(Dixon, Smilek, & Merikle, 2004).

Module 18

감각과 지각: 시각

가장 중요한 감각?

Serg Zastavkin/Shutterstock.com

대부분의 사람들은 가장 상실하지 않았으면 하는 감각이 시각이라는 데 동의한다. 왜 안 그렇겠는가? 아침에 제일 먼저 눈을 뜨고 주위에 펼쳐진 시각적인 풍요로움을 알아차리는 데 어려움이 없다. 바로 그 시각적인 풍요로움으로 인하여 눈이 전자기 에너지의 전체 범위 중 *가시 스펙트럼*이라 부르는 아주 작은 일부분만을 변환한다는 사실이 모호하게 감춰진다. 여러분은 마이크로파, 우주선, X-선, 또는 라디오파와 같은 방대한 전자기 스펙트럼을 '볼' 수 없다.

유사하게 정상적인 시력을 지닌 사람들이 볼 수 있다는 용이함으로 인하여 믿기 힘든 복잡성이 모호하게 되어 버린다. 시각에서 감각 변환이 실제로 어떻게 일어나는가? 안경이 필요하다는 것은 무엇을 의미하는가? 어둠 속에서 어떻게 볼 수 있는가? 어떻게 색을 볼 수 있는가? 많은 의문들은 답이 얻어졌지만 여전히 의문으로 남아 있는 것도 많다. 그럼에도 불구하고 시각은 인상적인 감각 체계이며, 상세한 논의를 할 가치가 있다.

SURVEY QUESTIONS

18.1 시각 체계는 어떻게 작동하는가?

시각–광선 일부를 받기

SURVEY QUESTION 18.1 시각 체계는 어떻게 작동하는가?

빛과 시각의 기본 차원은 무엇인가? 눈이 반응하는 전자기 에너지의 범위인 가시 스펙트럼은 전자기 방사선 중 아주 좁은 범위의 파장으로 이루어져 있다. 가시광선은 보라색으로 지각되는 400nm(1nm = 1×10^{-9})의 단파에서 시작한다. 좀 더 긴 파장은 청색, 녹색, 황색, 주황색, 그리고 700nm의 파장에서 적색이 된다(● 그림 18.1).

*색상*은 '빨주노초파남보'라는 기본 색 범주를 가리킨다. 방금 언급했듯이 다양한 색상 또는 색 감각은 눈에 들어오는 파장과 대응된다(Mather, 2011). 반면에 흰색은 많은 파장이 혼합된 것이다. 파장의 좁은 영역에서 나온 색상은 아주 *채도*가 높다. (소방차의 빨간색은 벽돌의 빨간색보다 채도가 높다.) 시각의 세 번째 차원인 *밝기*는 파장의 진폭에 얼추 대응된다. 진폭이 큰 파장은 크고 더 많은 에너지를 운반하며, 우리가 그 색을 더 밝고 강하게 본다. 예를 들어 같은 벽돌 빨간색이라고 해도 조도가 강하고 높은 상황에서는 더 밝게 보이며 흐릿한 조명하에서는 칙칙하게 보인다.

눈의 구조

시각 체계는 그 어떤 사진기보다 훨씬 복잡하지만, 사진기와 눈은 폐쇄된 공간의 뒷면에 있는 빛에 민감한 층에 상이 초점을 맺

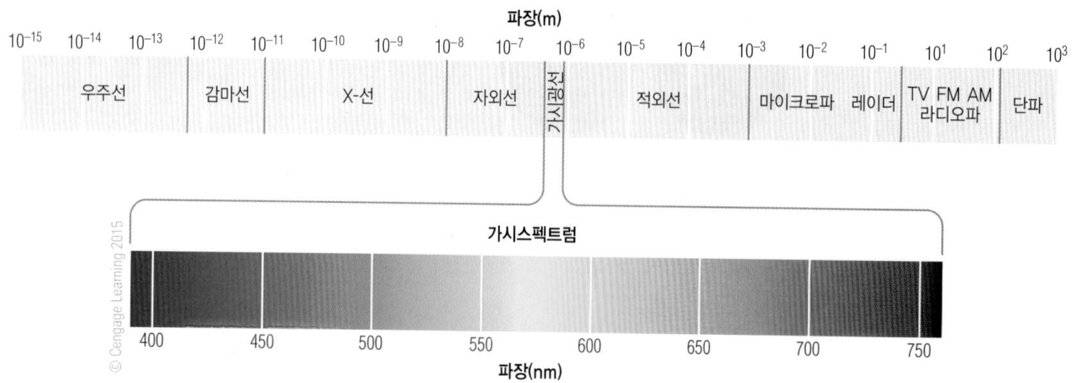

그림 18.1
가시 스펙트럼

도록 하는 *렌즈*가 있다. 사진기는 디지털 이미지 감지기에 빛에 민감한 층이 있다. 눈은 우표만 한 크기와 두께를 가진 영역인 망막(retina)에 *광수용기 층*이 있다(그림 18.2).

눈이 초점을 어떻게 맞추는가? 빛을 안쪽으로 굽히는 투명한 막인 *각막*이 눈의 앞에 자리 잡고 초점 조정의 상당 부분을 한다. 추가로 수정체가 약간의 조정을 한다. 수정체에 붙은 근육이 수정체의 형태를 바꾸면서 눈의 초점 위치가 바뀐다. 이 과정을 조절(accommodation)이라고 한다. 사진기는 렌즈와 이미지 감지기 사이의 거리를 변화시켜서 초점이 이뤄지는 간단한 방식이다.

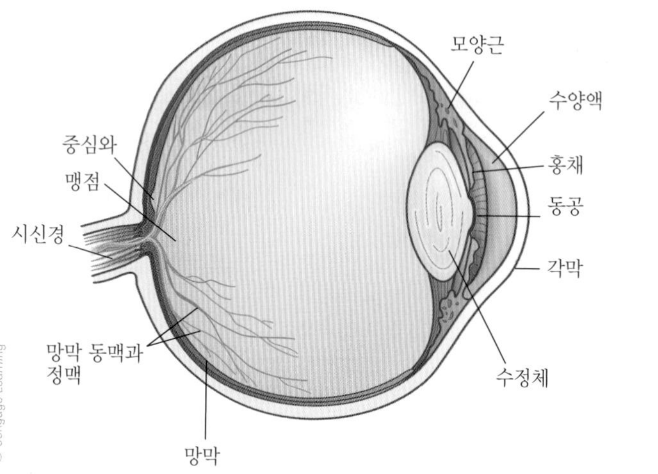

시각 문제 초점 조정은 눈의 형태에 영향을 받는다. 안구가 너무 짧다면 가까운 물체는 흐릿하게 보이지만 멀리 있는 물체는 또렷이 보인다. 이를 **원시**(hyperopia)라고 한다. 안구가 길쭉하면 상은 망막에 미치지 못하고, 멀리 있는 물체의 상을 맺을 수가 없다. 그 결과로 **근시**(myopia)가 생긴다. 망막이나 수정체가 기형이면 시각의 일부는 상이 깨끗하고 다른 일부는 희미하게 된다. 이런 경우에 눈은 둘 이상의 초점이 생기는 **난시**(astigmatism)가 된다. 세 가지 시력 결함은 빛의 경로가 바뀌게 눈앞에 안경을 쓰면 교정될 수 있다(그림 18.3).

모양근
수양액
중심와
맹점
홍채
동공
시신경
각막
망막 동맥과 정맥
수정체
망막

그림 18.2
단순화된 인간의 눈

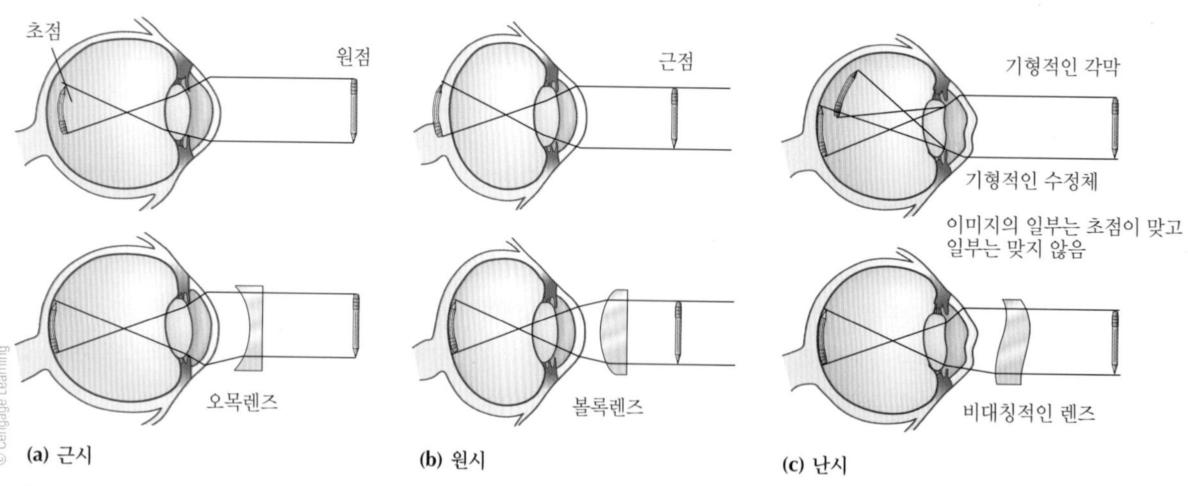

그림 18.3
시각 결함과 교정 렌즈. (a) (보통보다 긴) 근시안. 오목렌즈로 눈의 초점 거리를 증대시킬 정도로 빛을 확산시킨다. (b) (보통보다 짧은) 원시안. 볼록렌즈로 망막에 빛이 초점을 맞출 수 있을 정도로 빛의 굴절을 증가시킨다. (c) (수정체나 각막이 대칭이 아닌) 난시안. 난시는 시각 일부는 초점이 맞고 일부는 초점이 안 맞는다. 난시를 교정하는 렌즈는 비대칭적이다.

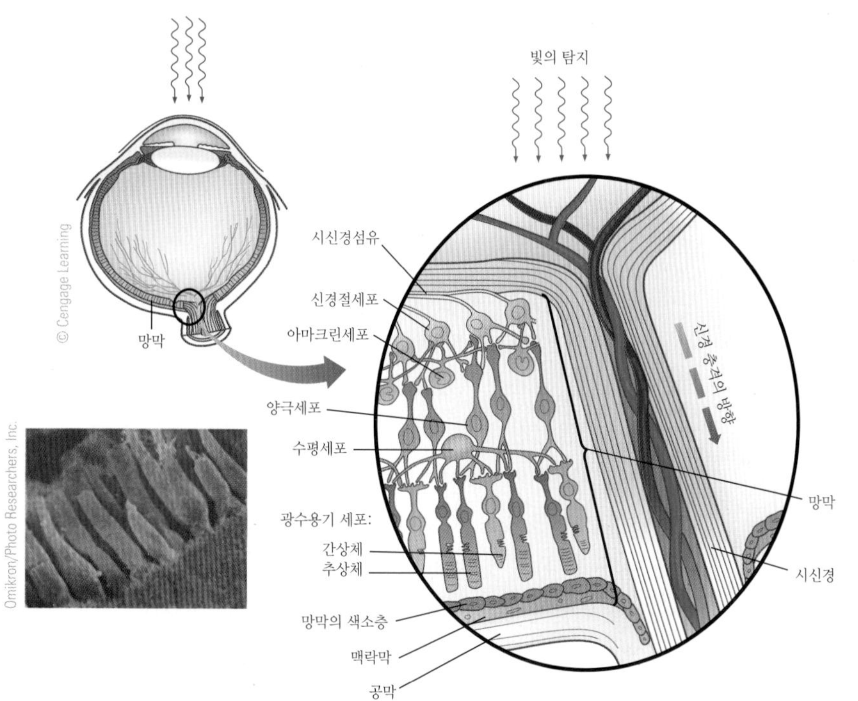

그림 18.4
망막의 해부도. 빛은 간상체와 추상체에 직접 떨어지지 않음을 주목하라. 각막, 수정체, 유리체, 망막의 외부층을 먼저 통과해야 한다. 눈앞에 있는 빛의 절반만이 간상체와 추상체에 도달하는데, 이는 망막의 놀라운 민감성을 말해준다. 좌측 하단의 사진은 전자현미경으로 본 간상체와 추상체를 보여 준다. 이 사진에서 추상체는 녹색으로, 간상체는 청색으로 표시된다.

사람이 나이가 들면 수정체는 탄력을 잃고 조절하기가 어려워진다. 이를 **노안**(presbyopia)이라고 하는데, 노화로 인한 원시가 된다. 아마 여러분의 할아버지나 친한 어르신들이 노안으로 인해 신문을 멀리 놓고 읽는 것을 본 적이 있을 것이다. 지금 근시로 안경을 쓴 사람들은 나이 들면 이중 초점 안경이 필요하게 된다. 이중 초점 렌즈는 근시와 원시를 동시에 교정한다.

간상체와 추상체

눈은 두 가지 유형의 '이미지 감지기'를 가지고 있는데, *간상체*와 *추상체*라고 부르는 수용기 세포로 되어 있다(Mather, 2011). 각 눈은 밝은 빛에서 가장 잘 작용하는 500만 개의 **추상체**(cones)가 있다. 이와는 대조적으로 1억 2,000만 개 정도 되는 **간상체**(rods)는 색을 탐지할 수 없다(● 그림 18.4). 순수한 간상체 시각은 흑백이다. 그러나 간상체는 추상체보다 빛에 훨씬 더 민감하다. 그러므로 간상체는 아주 희미한 빛에서 우리가 볼 수 있게 해 준다.

그런데 망막에 구멍이 있다는 사실은 참으로 믿기 힘들다. 각 눈은 시신경이 빠져나가고 혈관이 들어오는 *맹점*이 있으며 여기에는 수용기가 없다(Lamb, 2011; 그림 18.5a). 시각이 뇌에 크게 의존한다는 것을 맹점이 보여 준다. 한 눈을 감으면 뜬 눈의 맹점에 들어오는 빛이 있다. 여러분이 보는 시각에 틈이 있는가? 그 답은 뇌의 시각 피질이 틈 주위의 패턴으로 틈을 적극적으로 메운다는 것이다(● 그림 18.5b). 한 눈을 감고 다른 사람의 이미지를 맹점에 떨어지게 하면 여러분은 시각적으로 그 사람을 '참수'할 수도 있다. 뇌는 또한 주의산만한 정보를 '지울' 수 있다. 눈을

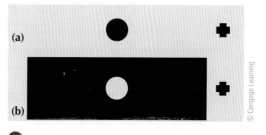

그림 18.5
맹점 경험. (a) 오른쪽 눈을 감은 채로 우상단의 십자를 응시하라. 책을 눈으로부터 30cm 정도 떨어뜨려 놓고 앞뒤로 천천히 움직여라. 여러분은 검은 점이 사라져 안 보이는 위치를 잡을 수 있을 것이다. 이때가 검은 점이 맹점에 맺히는 것이다. 또한 약간만 연습하면 여러분이 싫어하는 사람이나 대상을 보이지 않게 만드는 법을 배울 수 있다! (b) 기술된 절차를 반복하면서 하단의 십자를 응시하라. 흰 공백이 맹점에 맺힐 때 검은 선은 연속된 것으로 보이게 된다. 여러분이 보통은 시야에서 맹점을 경험하지 못하는 이유를 이해하는 데 이것이 도움을 준다.

완전히 오른쪽으로 굴리고 오른쪽 눈을 감아 보라. 여러분은 왼눈의 시야에서 코를 볼 수 있다. 이제 오른쪽 눈을 뜨면 뇌가 코

망막 눈의 뒤쪽에 있는 빛에 민감한 세포층
조절 눈의 수정체 형태의 변화
원시 가까운 물체에 초점을 맞추기 어려움
근시 먼 물체에 초점을 맞추기 어려움
난시 시각의 일부 부위가 초점을 맞추지 못하게 되는 망막, 수정체 또는 눈의 결함
노안 노화로 인한 원시
추상체 색상과 주간 시력을 담당하는 시각 수용기
간상체 흑백 감각만을 낳는 희미한 빛에서 작용하는 시각 수용기

의 존재를 무시하기 때문에 코는 거의 사라질 것이다.

시력 간상체와 추상체는 또한 **시력**(visual acuity)에 영향을 준다(Foley & Matlin, 2010). 추상체는 주로 눈의 중앙부에 있다. 실제로 *중심와*라고 불리는 망막의 중앙에 작은 간장종지 모양을 한 영역에는 5만 개 정도의 추상체만 있다. 수많은 작은 픽셀로 구성된 고해상도 디지털 감지기처럼 빼곡히 채운 중심와에 있는 추상체가 가장 선명한 이미지를 생성한다. 정상 시력을 20/20 시력이라고 하는데, 20피트(약 6m)의 거리에서 보통 사람들이 20피트 거리에서 보는 것을 구분할 수 있는 것이다(● 그림 18.6). 만일 시력이 20/40이라면 보통 사람이 40피트 거리에서 보는 것을 20피트의 거리에서 볼 수 있다. 시력이 20/200이라면 모든 것이 흐릿하고 안경이 필요하다. 시력이 20/12라면 보통 사람이 8피트 더 다가가야 보는 것을 20피트에서 볼 정도로 보통 시력보다 좋다는 것이다. 미국 우주비행사인 Gordon Cooper는 지구에서 160km 떨어진 상공에서 북인도에 있는 철도를 봤다고 주장하는데 시력이 20/12였다.

주변시 *망막의 나머지 부분은 무엇을 위해 있는가?* 중심와 바깥 영역도 또한 빛을 받아들이고 **주변시**(peripheral(side) vision)라는 넓은 영역을 구성한다. 간상체는 중심와의 중심에서 20도 떨어져서 가장 많이 있고 우리의 주변시의 대부분은 간상체시이다. 비록 간상체시가 고해상도는 아니지만 간상체는 주변시에서 *움직임*에 상당히 민감하다(Yamamoto & Philbeck, 2013). 간상체의 이런 특징을 경험하려면 정면을 쳐다보면서 머리 옆으로 90도 정도에 손을 놓는다. 손가락이 움직이는 것을 탐지할 때까지 손가락을 까닥까닥하면서 손을 앞쪽으로 천천히 움직인다. 실제로 손가락을 '볼' 수 있기도 전에 움직임을 의식하게 될 것이다. 곁눈질로 보는 것은 스포츠, 운전, 그리고 어두운 골목길을 걷는 데에서 중요하다. 주변시를 잃은 *터널시*로 고통받는 사람들은 눈가리개를 착용한 듯한 느낌을 갖는다(Godnig, 2003).

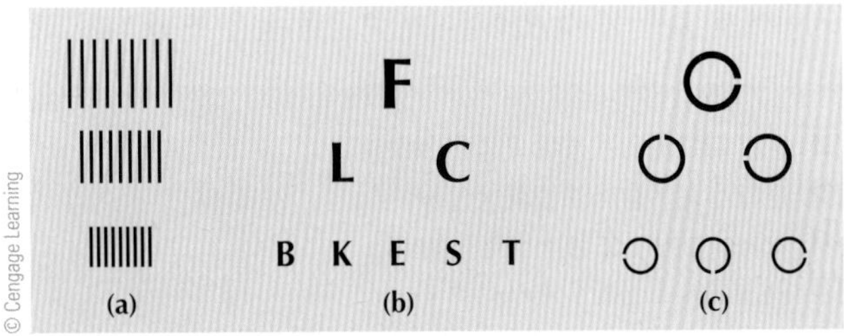

그림 18.6
시력 검사. 일반적인 시력 검사가 제시되었다. (a) 선명성은 개별 선분으로 보이는 가장 작은 격자로 나타낸다. (b) 스넬른 도표는 더 이상 구분을 할 수 없게 줄인 크기의 철자 열을 읽는다. (c) 랜돌트 원은 철자에 대한 친숙성이 없어도 된다. 간단하게 틈이 어느 쪽에 있는지를 알아본다.

간상체는 또한 약한 빛에도 반응한다. 중심와의 20도 정도 주변에 있기 때문에 가장 좋은 야간시는 여러분이 보고자 하는 대상의 옆쪽을 쳐다보는 것이다. 어느 날 밤에 희미한 별을 똑바로, 약간 옆으로 쳐다보면서 확인해 보라.

색채시

추상체는 어떻게 색 감각을 만드는가? 색채시의 **삼원색 이론**(trichromatic theory)은 세 가지 유형의 추상체가 있으며 각각은 적색, 녹색, 청색에 가장 민감하다고 한다. 다른 색상은 3개를 조합해서 만들어진다.

삼원색 이론의 기본적인 문제는 적, 녹, 청, 황의 네 가지 빛 색상이 일차적인 것으로 보인다(다른 색을 혼합해서 이들 색을 얻을 수가 없다)는 것이다. 또한 붉은 녹색 또는 누런 청색이 없는 이유가 무엇인가? 이러한 문제는 시각은 색을 '양자택일' 메시지로 분석한다고 하는 **대립과정 이론**(opponent-process theory)으로 알려진 두 번째 견해를 발전시켰다(Goldstein, 2014). 즉 시각 체계는 적색 또는 녹색, 황색 또는 청색, 흑색 또는 백색으로 메시지를 만들어 낼 수 있다. 한 짝에서 하나의 색(예를 들어, 적색)을 부호화하면 들어오는 다른 메시지(녹색)를 막는 것으로 보인다. 결과적으로 붉은 녹색은 불가능하지만, 누런 적색(주황)은 생길 수 있다.

대립과정 이론에 따르면 하나의 반응을 만드느라 피곤해지면 체계가 회복할 때 대립색상으로 잔상을 만든다. *잔상*은 어떤 자극이 제거되었을 때 지속되는 시각 감각인데, 전구가 꺼진 다음 점이 보이는 것과 같다. 대립과정 이론이 예측하는 유형의 잔상을 보려면 ● 그림 18.7을 보면서 지시를 따라가 보라.

어떤 색채 이론이 옳은가? 둘 다 옳다. 삼원색 이론은 세 가지 다른 유형의 추상체가 발견된 망막에 적용된다. 각 추상체는 빛

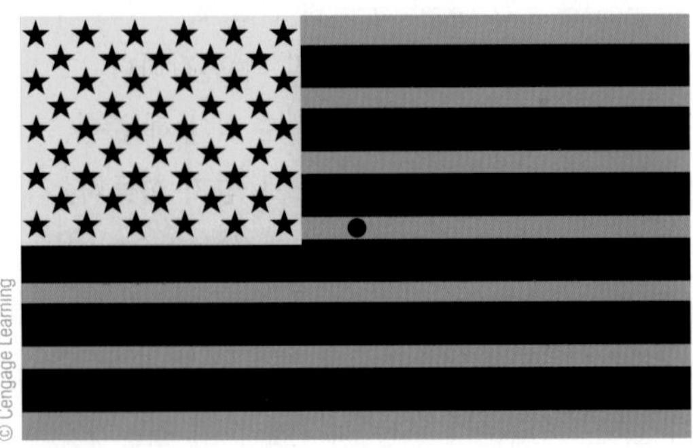

그림 18.7
부적 잔상. 깃발 중간에 있는 점을 최소한 30초 이상 응시하라. 그러고 나서 즉시 흰 종이나 벽을 쳐다봐라. 정상적인 색상의 미국국기를 보게 될 것이다. 오랫동안 응시해서 시각 체계는 황색, 녹색, 흑색에 대한 민감성이 감소되고 보색 색상이 보이게 된다. 다른 색상으로 칠한 표면 위에 잔상을 투영하면 추가 효과가 있다.

이 충돌하면 분해되는 빛에 민감한 색소인 이오돕신의 유형이 다르다. 빛이 충돌하면 활성 전위를 만들고 뇌로 신경 메시지를 보낸다. 세 가지 유형의 추상체는 적색, 녹색, 청색에 가장 민감하다. 다른 색상은 이 3개의 조합으로 생긴다. 예측한 바와 같이 이오돕신의 각 형태는 얼추 적색, 녹색, 청색 영역의 빛에 가장 민감하다. 그러므로 세 가지 유형의 추상체는 다양한 색상 감각을 낳을 때 상이한 비율로 신경 충격을 만든다(● 그림 18.8).

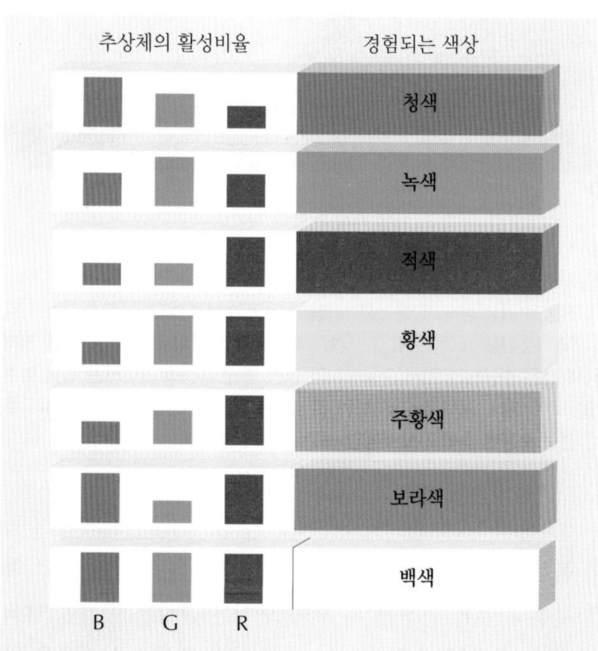

● 그림 18.8
다양한 색상에 대한 반응에서 청-, 녹-, 적- 추상체의 발화비율. 색상 막대의 길이가 길수록 그 유형의 추상체가 높은 비율로 발화하는 것이다. 여러분이 보듯이 색상은 정상적인 눈에서 세 가지 유형의 추상체의 활동에서 차이로 인해 부호화된 것이다. (Goldstein, 2014에서 수정)

대조적으로 대립과정 이론은 정보가 눈을 떠난 후 시신경 경로와 뇌에서 일어나는 일을 더 잘 설명한다. 예를 들어 어떤 뇌신경 세포는 적색에 흥분하고 녹색에는 억제된다. 따라서 두 이론 모두 맞다. 하나는 눈 자체에서 일어나는 일을 설명하고, 다른 것은 메시지가 눈을 떠난 후 어떻게 색이 분석되는가를 설명한다(Gegenfurtner & Kiper, 2003).

색맹과 색약 여러분은 혹시 아주 어울리지 않는 색상의 옷을 입어서 폭소를 자아내게 하는 사람을 아는가? 또는 어떤 대상의 색을 말하지 않으려고 우물쭈물하는 하는 사람을 아는가? 만일 그렇다면 여러분은 아마도 색맹인 사람을 아는 것이다.

색맹이 된다는 것은 어떤 상황일까? 왜 색맹이 될까? **색맹**(color blindness)인 사람은 색을 지각할 수 없다. 마치 세상이 흑백 영화인 것이다. 색맹인 사람은 추상체가 결여되어 있거나 정상적으로 기능하지 않는 추상체를 가지고 있다(Deeb, 2004; Neitz & Neitz, 2011). 완전히 색맹인 사람은 드물다. **색약**(color weakness)은 특정 색상을 볼 수 없다. 대략 서양 남자의 8%가 적녹색맹이다(아시아인, 아프리카인, 미국 원주민은 더 적고, 여성은 1% 미만이다). 이들은 적색과 녹색을 같은 색상으로 보는데, 보통은 누런 갈색으로 지각한다(● 그림 18.9). 다른 유형의 색약은 황색과 청색이 관련이 있는데, 극히 드물다(National Institutes of Health,

Michael Newman/PhotoEdit

(a)

(b)

(c)

● 그림 18.9
색맹과 색약. (a) 정상적인 색채시를 나타내는 사진. (b) 청황으로 인쇄된 사진으로 적녹 색맹인 사람이 보는 것에 대한 인상을 준다. (c) 완전 색맹을 모사한 사진. 만일 완전 색맹인 경우라면 세 사진이 거의 동일하게 보인다.

시력 시감각의 선명함
주변시 시야의 주변에서의 시각
삼원색 이론 적녹청의 세 가지 유형의 추상체에 근거하는 색채시 이론
대립과정 이론 적록, 청황, 흑백의 세 가지 부호화 시스템에 근거한 색채시 이론
색맹 색을 전혀 지각할 수 없음
색약 일부 색상을 구분할 수 없음

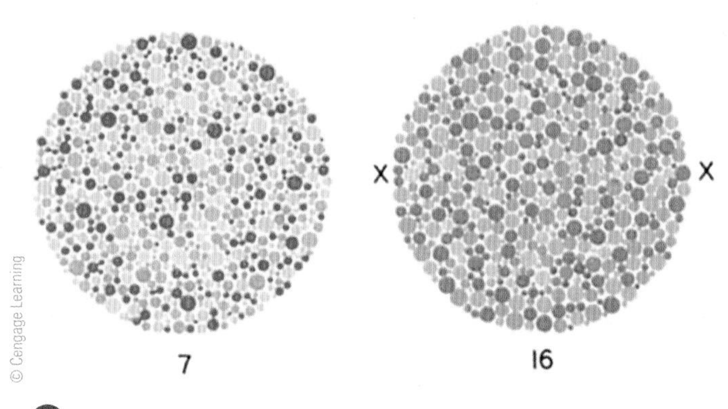

그림 18.10
널리 사용되는 적록 색맹의 이시하라 검사 이미지의 복사본

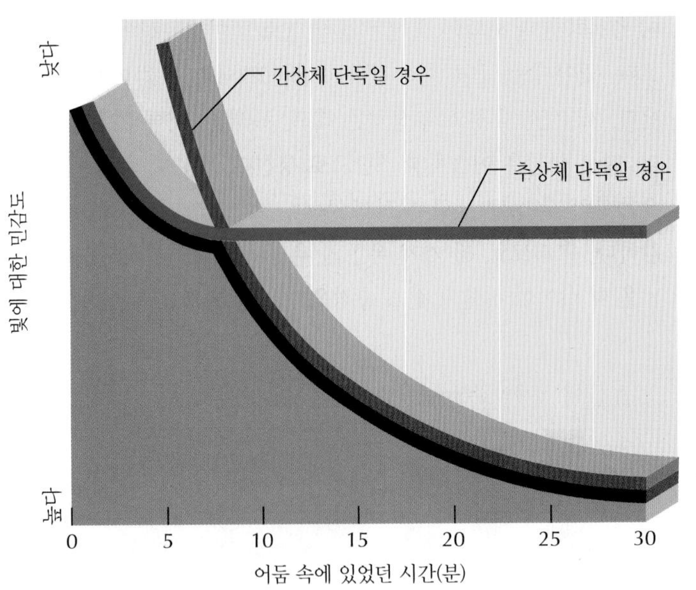

그림 18.11
암순응의 전형적 경과 상태. 짙은 선은 사람이 어둠 속에서 보낸 시간에 따라 시각의 역이 내려가는가를 보여 준다. (더 낮은 역은 시각에 빛이 더 적어도 됨을 의미한다.) 청색 선은 추상체가 먼저 순응하지만 금방 빛 민감성에 기여하는 바를 멈춘다는 것을 보여 준다. 적색 선으로 보인 간상체는 더 천천히 순응한다. 그러나 추상체가 완전히 순응된 후에도 오랫동안 야간 시각의 향상에 계속 기여한다.

2013).

어떤 사람은 어떤 색상을 보지 못한다는 것을 모르고 성인이 된다는 것은 놀라운 일이다(Gündogan et al., 2005). ● 그림 18.10에서 숫자 5가 보이지 않거나 X에서 X까지 점을 따라가지 못한다면 아마도 적녹 색맹일 가능성이 높다.

색맹인 사람이 어떻게 운전할 수 있는가? 신호등을 보는 데 문제가 없는가? 적녹 색맹인 사람은 황색과 녹색은 정상시이므로 주된 문제는 녹색과 적색 신호등을 구분하는 것이다. 실제로 이는 문제가 되지 않는데 (미국의 경우) 적색 신호등은 항상 맨 위에 있고 녹색 신호등은 적색 신호등보다 밝다. 또한 적색 신호등은 적색에 노란색이 섞여 있으며 녹색 신호등은 실제로는 청녹색이다.

어둠 속에서 보기

어두운 방에서 눈이 적응할 때 어떤 일이 일어나는가? 암순응(dark adaptation)은 사람이 어둠 속에 들어간 후에 빛에 대한 망막의 민감도가 극적으로 증가하는 것이다(Goldstein, 2014). 극장 안에 들어가는 상황을 가정해 보자. 만일 환한 로비에서 들어갔다면 자리를 안내받아야 할 것이다. 그러나 잠시 후 극장 전체를 자세히 (구석에서 입맞춤하는 연인까지도) 볼 수 있다. 완전히 어두운 상태에서 최대의 시각 민감도에 도달하는 데 30~35분이 걸린다(● 그림 18.11). 이때 눈은 빛에 10만 배 더 민감해진다.

암순응은 어떻게 이뤄지는가? 이오돕신을 함유한 추상체처럼 간상체도 빛에 민감한 시각 색소인 *로돕신*을 함유하고 있는데 흑백으로 볼 수 있다. 빛과 충돌하면 시각 색소는 탈색이 되고 화학적으로 분해된다. 전구를 본 후에 보이는 잔상은 이러한 탈색의 결과이다. 사실상 밝은 백색에 몇 초간 노출하면 암순응은 완전히 사라진다. 여러분이 밤에 운전하면서 반대편에서 오는 차의 전조등, 특히 푸르스름한 백색 크세논 등을 정면으로 보는 것을 피해야 하는 이유가 이것이다. 빛에 대한 민감도를 회복하기 위해서는 간상체의 로돕신을 재조합해야만 하고 시간이 걸린다.

간상체는 극단적인 적색에는 *무감각*하다. 이것이 잠수함, 비행기 조종실, 전투기 조종사 대기실이 적색등으로 조명한 이유이다. 각 사례에서 사람들은 순응할 필요 없이 어둠 속에서 빨리 움직일 수 있다. 적색등은 간상체를 자극하지 않기 때문에 어둠 속에서 시간을 이미 보낸 것과 유사한 효과가 있다.

암순응 빛에 대해 향상된 망막 민감도

모듈 18: 요약

18.1 시각 체계는 어떻게 작동하는가?

18.1.1 눈은 시각 체계이지 사진 시스템이 아니다. 전체 시각 체계는 시각 정보를 분석하는 구조로 되어 있다.

18.1.2 근시, 원시, 난시, 노안이 네 가지 흔한 시각 결함이다.

18.1.3 간상체와 추상체는 눈의 망막에 있는 광수용기이다.

18.1.4 간상체는 주변 시각, 야간 시각에 특화되어 있으며, 흑백으로 보고, 움직임을 탐지한다. 추상체는 색채 시각, 정밀 시각, 주간 시각에 특화되어 있다.

18.1.5 색채 시각은 망막에서는 삼원색 이론으로 눈 이후의 시각 체계에서는 대립과정 이론으로 설명된다.

18.1.6 완전한 색맹은 드물지만 남자의 8%와 여자의 1%는 적녹색맹 또는 색약이다.

18.1.7 암순응은 주로 간상체에 있는 로돕신의 양이 증가함으로써 이뤄진다.

모듈 18: 지식 쌓기

암기

1. 짝짓기

    ________근시　　A. 원거리 시력
    ________원시　　B. 길쭉한 눈
    ________노안　　C. 각막 또는 수정체가 왜곡된 상태
    ________난시　　D. 노쇠로 인한 원거리 시력을 갖게 됨

2. 희미한 조명하에서 시각은 주로 ________ 에 의존한다. 밝은 조명하에서 색과 세세한 부분은 ____가 담당한다.

3. 가장 높은 시력은 ______와 _____에 관련이 있다.
    a. 삼색자, 간상체　　b. 초자액, 추상체
    c. 중심와, 추상체　　d. 나노미터, 추상체

4. 색채 잔상효과를 가장 잘 설명하는 것은?
    a. 삼원색 이론　　b. 난시의 효과
    c. 감각 국재화　　d. 대립과정 이론

5. 암순응은 ______의 증가와 직접적인 관련이 있다.
    a. 로돕신　　b. 난시
    c. 조절　　d. 포화도

반영

비판적으로 생각하기

6. 감각변환은 우선 각막에서 발생하고, 그다음에 렌즈, 그리고 망막에서 차례대로 발생한다. O X

자기반영

여러분이 빛줄기라고 가정해 보자. 눈을 통과해서 망막에 도달하기까지 각 단계에서 어떤 일들이 일어나는가? 만일 눈이 완벽하게 모양을 갖추지 못했다면 어떤 일이 일어나는가? 망막은 여러분이 도달했음을 어떻게 알 수 있는가? 어떤 색깔의 빛인지 망막은 어떻게 구분할 수 있는가? 여러분에 관해서 망막은 뭐라고 뇌에게 보고를 하겠는가?

정답

1. B, A, D, C **2.** 간상체, 추상체 **3.** c **4.** d **5.** a **6.** X. 비록 각막과 수정체가 들어오는 빛줄기를 구부리고, 망막에 초점을 맞춘다고 하더라도 빛을 다른 형태의 에너지로 바꾸지는 않는다. 망막이 빛을 신경 충격으로 변환하기 전까지는 에너지 유형의 변화는 일어나지 않는다.

19 Module

감각과 지각: 다른 감각들

stetsko/Shutterstock

통감조차도?

우리는 시각에 지나치게 의존하기 때문에 다른 감각들을 때때로 무시한다. 그러나 귀마개를 잠깐이라도 하면, 우리가 의사소통, 길 찾기, 여흥, 그리고 다른 목적을 위해서 얼마나 청각에 의존하는지 그 진가를 인정하게 된다. 유사하게 노련한 작가는 글을 쓸 때 미각과 후각에 대한 묘사를 항상 포함한다. 아마도 이 사람들은 직관적으로 어느 장면이나 맛과 냄새가 없으면 완전하지 않다고 느끼고 있다. 다른 감각들과 마찬가지로 신체 감각 또한 우리의 감각 세계에 필수적인 부분이다. 촉감, 균형감, 그리고 다른 신체 감각이 없이는 움직이기, 똑바로 서 있기, 또는 살아남기조차 매우 힘들 것이다. 환영하는 사람이 거의 없는 통감조차 우리 삶에 있어서 중요하다. 예를 들어, 여러분의 발이 활활 타는 모닥불에 아주 가까이 있는데도 아무런 고통을 느낄 수 없다면, 스스로에게 얼마나 커다란 신체 상해를 가하는 상황이 될지 상상만 해도 통감의 가치를 충분히 이해하게 될 것이다.

SURVEY QUESTIONS

19.1 청각의 기제는 어떻게 되어 있는가?

19.2 화학적 감각은 어떻게 동작하는가?

19.3 체성감각이란 무엇인가?

청각–아름다운 울림

SURVEY QUESTION 19.1 청각의 기제는 어떻게 되어 있는가?

록, 클래식, 재즈, 블루스, 컨트리, 힙합 등 여러분의 음악 기호가 무엇이든 간에 의심할 여지 없이 소리의 풍부함에 감동을 받는다. 청각은 또한 보지 못한 차가 다가오는 방향을 탐지하는 것처럼 신체 사방에서 오는 정보를 모은다(Johnstone, Nábělek, & Robertson, 2010). 시각은 그 모든 출중한 능력이 눈의 정면에 있는 자극에 한정되어 있다.

청각을 위한 자극은 무엇인가? 잔잔한 연못에 돌을 하나 던지면 동심원의 파장이 모든 방향으로 퍼져나간다. 아주 유사한 방식으로 소리는 일련의 *압축*(정점), *희박*(저점)의 보이지 않는 파형의 형태로 공기 중에 전달된다. 소리굽쇠, 악기의 줄, 또는 성대와 같은 떨리는 물체는 음파를 만든다(공기 분자의 주기적인 움직임). 액체 또는 고체와 같은 물질도 소리를 전달할 수 있다.

음파의 *주파수*(초당 파형의 수)는 소리의 지각된 *음고*(소리의 높고 낮음)와 대응된다. 음파의 *진폭* 또는 물리적인 '높이'는 얼마나 많은 에너지가 포함되어 있는지를 나타낸다. 심리적으로 진폭은 소리의 *강도* 또는 크기에 대응된다(● 그림 19.1).

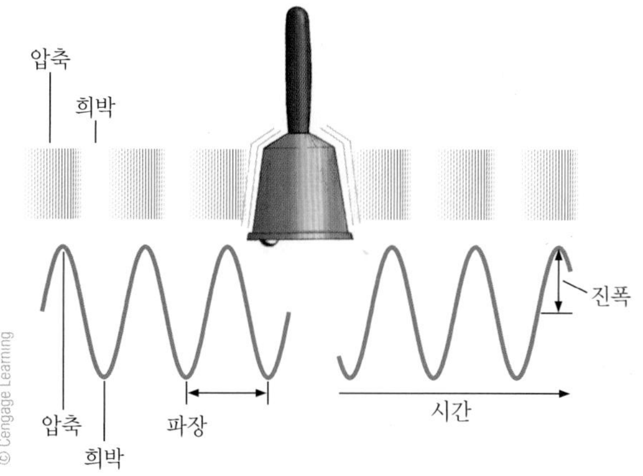

그림 19.1
공기 중의 압축의 파형 또는 진동은 청각 자극이다. 음파의 주파수는 음고를 결정한다. 진폭은 크기를 정한다.

어떻게 우리가 소리를 듣는가?

어떻게 소리가 신경 충격으로 변환되는가? 청각은 귀의 외부에 보이는 *귓바퀴*(pinna)에서 시작되는 일련의 사건들을 포함한다. 귀걸이를 하거나 연필거치대로 쓰는 용도와 더불어 귓바퀴는 소리를 모으는 깔때기 역할을 한다. 귓구멍을 따라 들어간 음파는 *고막*(tympanic membrane)에 부딪히면서 고막에 시동을 건다. 결과적으로 3개의 작은 뼈인 *청소골*(auditory ossicles)이 진동하게 된다(● 그림 19.2). 3개의 소골 명칭은 추골(malleus), 침골(incus), 등골(stapes)이다. 각 이름은 망치, 모루, 등자라는 뜻이 있다. 소골은 내이를 구성하고 있는 *달팽이관*(cochlea)과 고막을 연결시킨다. 등골은 *난원창*(oval window)이라고 부르는 달팽이관의 막에 붙어 있다. 난원창이 앞뒤로 움직이면 달팽이관 속의 액체에 파동이 생긴다.

달팽이관 속에는 작은 **융모세포**(hair cell)가 액체의 파동을 탐

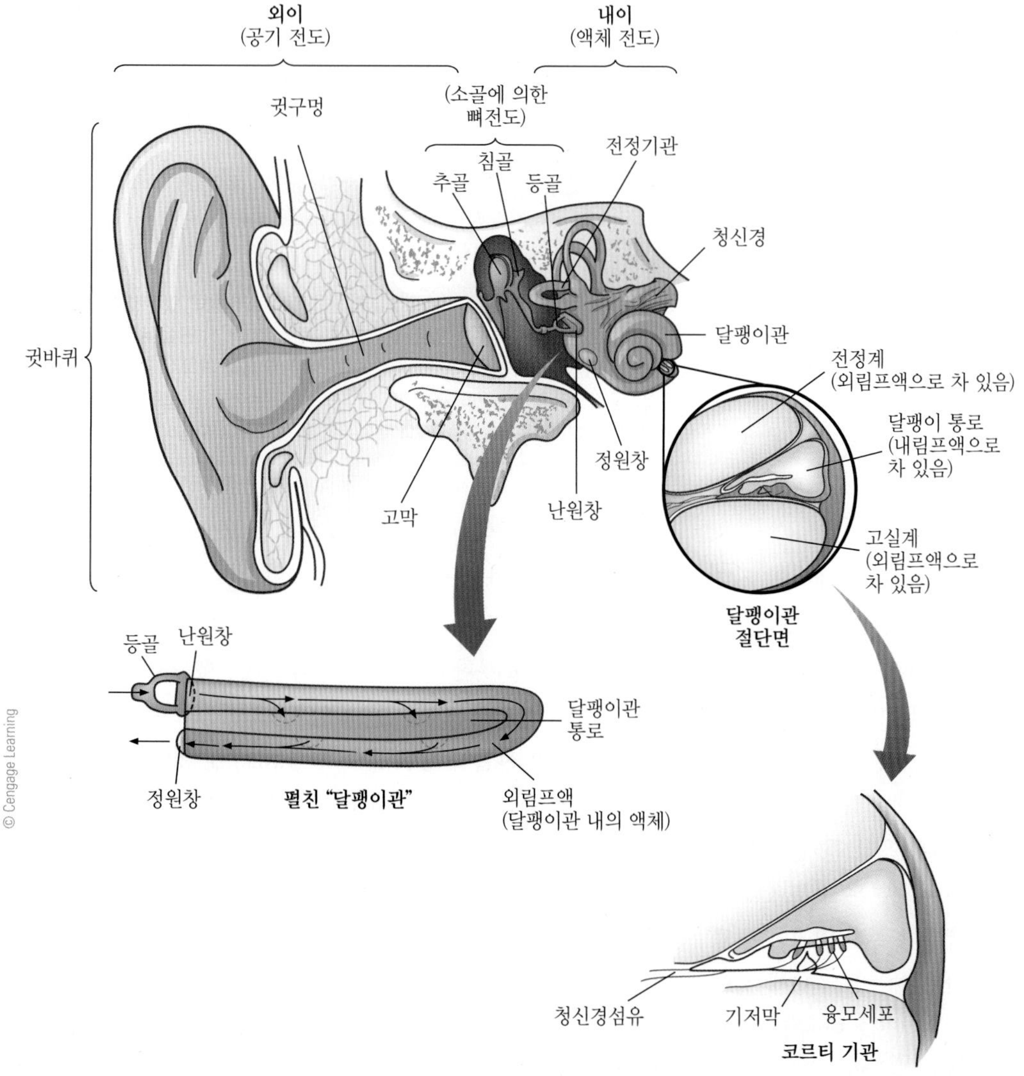

그림 19.2
귀의 해부도. 귀 전체는 공기 압력 파형을 신경 충격으로 변환하는 기제이다. 펼친 달팽이관은 난원창의 등골이 움직이고 정원창은 불룩해지면서 달팽이관 내의 액체를 통해서 파형을 일으킬 수 있다. 파형은 융모세포에 가까이 있는 기저막을 움직이고, 세포 끝에 있는 융모를 굽힌다. 융모세포는 뇌로 전달하는 신경 충격을 발생시킨다. (그림 19.3에 있는 달팽이관의 횡단면을 확장한 것을 보라.)

지한다. 융모세포는 달팽이관의 중앙 부위를 구성하고 있는 **코르티 기관**(organ of Corti)의 일부이다(● 그림 19.3). 한 세트의 *부동섬모*(stereocilia)가 유모세포의 상단에 자리하고 있으며, 파동이 코르티 기관을 둘러싸고 있는 액체를 통해서 잔물결을 만들 때 개막을 스치게 된다. 부동섬모가 굽어지면 신경충격이 촉발되면서 뇌로 흘러간다.

높고 낮은 소리는 어떻게 탐지되는가? 청각의 **주파수 이론**(frequency theory)은 음고가 상승하면 상응하는 빈도의 신경충격이 청신경으로 반영된다고 한다. 즉 800Hz의 소리는 초당 800번의 신경충격을 발생시킨다. (*헤르츠*는 초당 진동수를 가리킨다.) 이 이론은 4,000Hz까지의 소리가 어떻게 뇌로 전달되는지를 설명한다. 그러나 더 높은 소리는 어떻게 전달되는가? **장소이론**(place theory)은 높고 낮은 소리가 달팽이관의 특정한 영역을 흥분시킨다고 한다. 높은 소리는 달팽이관의 기저(난원창에 가까운 부분)에 가장 강하게 기록된다. 다른 한편으로 낮은 소리는 달팽이관의 좁은 끝 가까이 있는 융모세포를 가장 많이 움직이게 한다(● 그림 19.4). 가장 강하게 활성화된 달팽이관의 영역으로 음고에 대한 신호를 보낸다. 장소이론은 또한 사냥꾼이 좁은 음고 범위에서 청력을 잃는 이유를 설명한다. 사냥꾼 등급이라고 부르는데, 총소리의 음고가 영향을 주는 영역에 있는 융모세포가 손상되었을 때 생긴다.

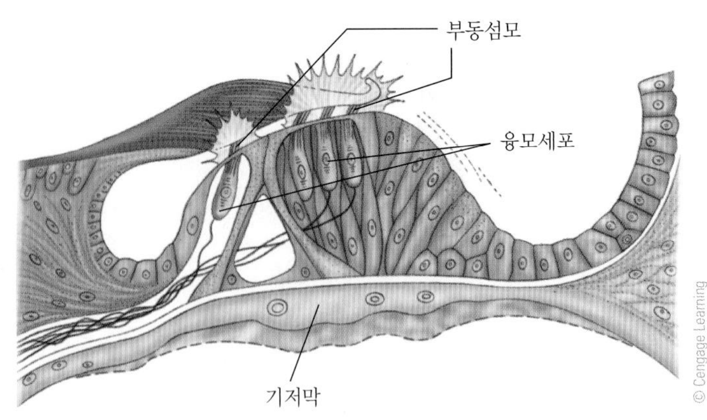

● **그림 19.3**
어떻게 달팽이관 액의 움직임이 융모를 굽혀서 신경충격을 발생하는가를 보여 주는 확대도

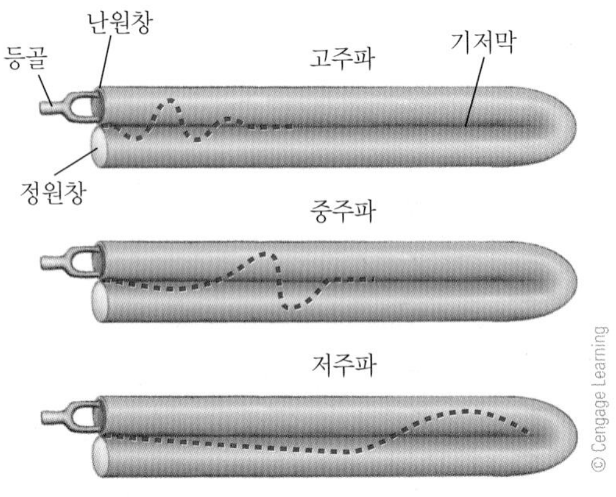

● **그림 19.4**
달팽이관을 핀 후 옆으로 본 모습. 기저막은 달팽이관 탄성이 있는 아래공간의 지붕이다. 예민한 융모 세포가 있는 코르티 기관은 기저막 위에 놓여 있다. 색이 있는 선은 달팽이관 액의 파형이 기저막의 가장 큰 굴절을 어디서 만드는지를 보여 준다. (움직임의 양은 도안에서 과장된다.) 융모세포는 가장 큰 움직임이 있는 영역에서 가장 크게 반응하는데, 소리의 주파수를 확인하는 데 도움이 된다.

청력 상실 *다른 유형의 청력 손실도 있는가?* 3,600만 명의 미국인(National Institutes of Health, 2012), 전 세계적으로 2억 7,000만 명이(Tennesen, 2007) 고통을 받고 있는 청력 상실의 두 가지 가장 흔한 유형이 있다. **전도성 청력 손실**(conductive hearing loss)은 외이에서 내이로 진동의 전달이 약화되는 경우이다. 예를 들어 고막 또는 소골이 질병이나 부상으로 인해 손상되거나 움직이지 않게 될 수 있다. 많은 사례에서 전도성 청력 손실은 소리를 크고 깨끗하게 만드는 보청기를 쓰면 극복될 수 있다.

감각신경성 청력 손실(sensorineural hearing loss)은 내이의 융모세포 또는 청신경에 생긴 손상으로 생긴다. 많은 직업, 취미, 여가생활로 인해 **소음으로 생기는 청력 손실**(noise-induced hearing loss)이 생기는데, 아주 큰 소리로 인해 연약한 융모세포가 손상되었을 때 생기는 (사냥꾼 등급에서처럼) 아주 흔한 유형의 감각신경성 청력 손실이다.

소음이 큰 작업장에서 일하거나 시끄러운 음악 듣기, 모터사이클 타기, 스노모빌 타기 등을 즐긴다면 여러분은 소음으로 생기는 청력 손실의 위험성이 있다. 융모세포가 죽어 버리면 대체할 수 없다. 융모세포를 학대하면, 잃어버릴 수 있다. 65세 정도에 이르면 융모세포의 40% 이상이 이미 사라지는데 주로 고음을 전달하는 것들이다(Chisolm, Willott & Lister, 2003; Lin et al., 2011). 이로써 어린 학생들이 아주 높은 고음의 휴대폰 벨소리를 다운로드하기 시작하는 이유가 설명된다. 만일 그들의 선생님이 나이를 먹었다면, 학생들이 듣는 벨소리를 선생님은 듣지 못한다. (저자들은 알지도 못한 채 이미 이 효과를 경험했을지도 모른다.)

얼마나 큰 소리가 위험한가? 매일 85dB 이상의 소리를 들으면 영구적인 청력 손실이 생길 수도 있다(Mather, 2011). 데시벨은 소리 강도의 측정치다. 매 20dB마다 소리 압력은 10배씩 증가한다. 환언하면 120dB의 록콘서트는 60dB 말소리의 1,000배나 강하다. 120dB에 잠깐 노출되어도 일시적인 청력 손실이 생길 수 있다. (제트기에 가까운 데서 듣는) 150dB의 소리에 잠깐 노출되면 영구적인 청력 손실이 생길 수도 있다. ● 그림 19.5에 있는 일부 활동에서 생기는 데시벨 평정을 점검해 보면 재미있을 것이다. 앰프 장치로 소리를 증폭시킨 음악 콘서트, 이어버드, 차량

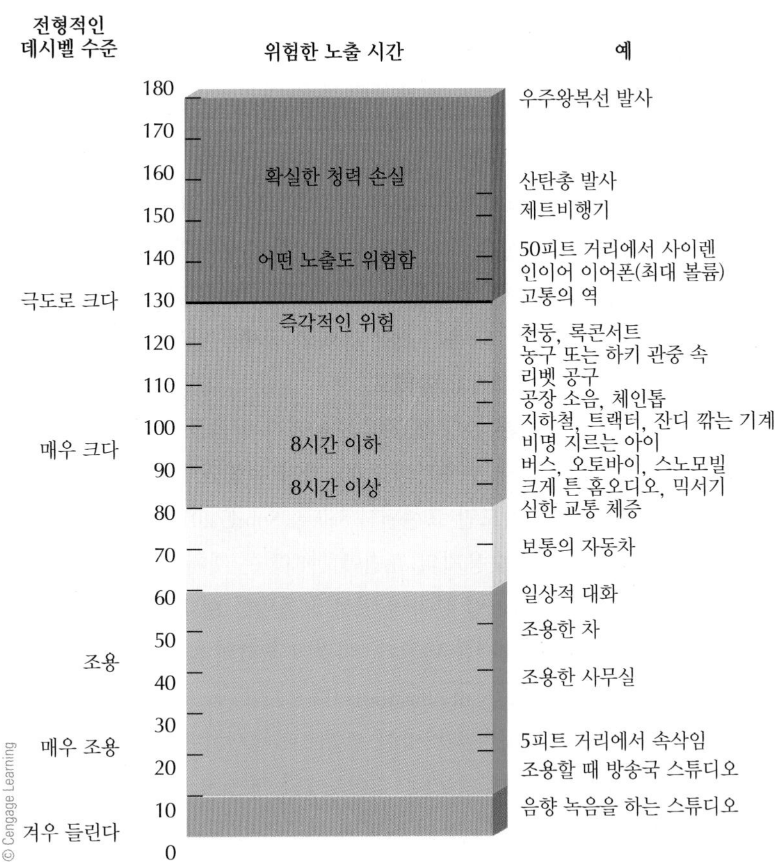

그림 19.5
소리의 크기는 데시벨(dB)로 측정한다. 0dB은 인간이 들을 수 있는 가장 희미한 소리이다. 110dB은 불편할 정도로 큰 소리이다. 85dB이 넘는 소리에 오랫동안 노출되어 있으면 내이에 손상을 줄 수도 있다. 일부 음악 콘서트는 120dB이 넘는데 음악가의 청력 손실을 일으키고 청중 또한 청력 손실을 입을 수 있다. 130dB의 소리는 청각에 대한 즉각적인 위험을 담고 있다.

스테레오 또한 청력에 손상을 준다.

인공 청각 보청기는 청각 메시지가 뇌로 닿지 못하게 막는 감각신경성 청력 손실에는 아무런 도움이 되지 못한다. 그러나 많은 사례에서 청신경은 전혀 다치지 않는다. 이 발견으로 인하여 융모세포를 우회하여 청신경을 직접적으로 자극하는 달팽이관 이식의 발전에 박차를 가했다(● 그림 19.6). 마이크에서 나온 선이 외부 코일에 전기적 신호를 전달한다. 피부 아래에 설치한 대응 코일이 신호를 잡아서 달팽이관의 하나 이상의 영역으로 전달한다. 가장 최신의 이식은 고음과 저음을 별개의 채널로 구분하는 데 장소이론을 사용한다. 이 방법은 귀머거리였던 사람이 음성, 음악, 그리고 다른 고주파 소리를 들을 수 있게 한다. 모든 다채널 이식 환자 중의 60%가 구어 일부를 이해하고 음악을 감상할 수 있다(Foley & Matlin, 2010; Leal et al., 2003). 이식을 받은 일부 귀머거리 아동은 말하기를 학습한다. 2세 이전에 달팽이관 이식 수술을 받은 사람들은 거의 정상 수준으로 구어를 학습할 기회를 가진다(Ertmer & Jung, 2012; Gordon et al., 2011).

현재는 인공 청력이 조악한 상태이다. 가장 성공적으로 달팽이관 이식이 된 환자는 소리를 "아주 잘 조율이 되지는 않은 라디오 같다"고 묘사했다. 그러나 달팽이관 이식은 점점 향상되고 있다.

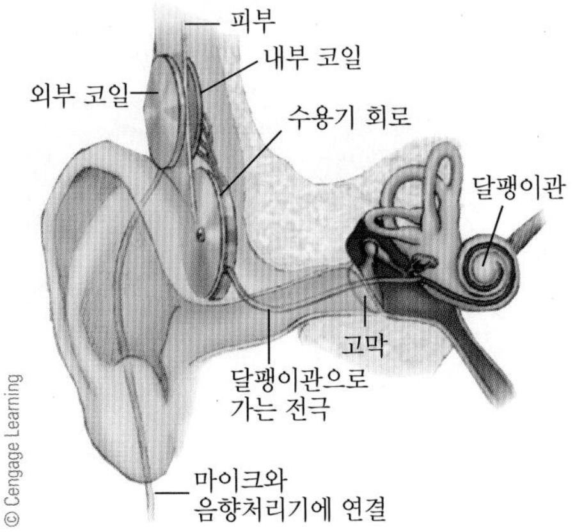

피부
내부 코일
외부 코일
수용기 회로
달팽이관
고막
달팽이관으로 가는 전극
마이크와 음향처리기에 연결

그림 19.6
달팽이관 이식 또는 인공 귀

융모세포 진동을 신경 충격으로 변환하는 달팽이관 내의 수용기 세포
코르티 기관 융모세포, 관, 기저막을 포함한 달팽이관의 핵심부
주파수 이론 4,000Hz까지의 소리는 이에 상응하는 빈도의 신경 충격으로 변환된다.
장소이론 더 높거나 낮은 소리는 달팽이관의 특정한 영역을 활성화시킨다는 이론
전도성 청력 손실 고막에서 내이로 소리를 전달하는 것이 빈약함
감각신경성 청력 손실 내이의 융모세포 손상이나 청신경 손상에 의해 발생되는 청력 손상
소음으로 생기는 청력 손실 융모세포가 큰 소리에 과도하게 노출되어 발생한 손상

그리고 현재 수준에 대해서도 Kristen Cloud 같은 열렬한 지지자와 논박하기는 힘들다. 이식 수술을 받은 지 얼마 안 돼서 Kristen은 사이렌 소리를 들을 수 있었고, 과속 차량에 부딪히는 것을 피할 수 있었다. 그녀는 "이식 수술이 나의 생명을 구했어요."라고 딱 잘라 말했다.

냄새와 맛-혀가 구분할 수 없을 때도 코는 안다

SURVEY QUESTION 19.2 화학적 감각은 어떻게 동작하는가?

와인 감별사, 조향사, 요리사, 또는 미식가가 아니라면 후각(olfaction)과 미각(gustation)이 별로 중요하지 않은 감각이라고 생각할 수도 있다. 아마 화학 분자에 반응하는 수용기인 *화학적 감각* 없이도 생존할 수 있을지도 모른다. 그러나 속지 마라. 이런 감각 없이 삶은 힘겨울 수 있다(Drummond, Douglas, & Olver, 2007). 예를 들어 어떤 사람은 아파트에 불이 났을 때 연기 냄새를 맡지 못해서 거의 죽을 뻔했다. 또한 후각과 미각은 우리의 삶에 즐거움을 더한다. 어떻게 작동하는지 알아보자.

냄새 감각

냄새 수용기는 공기 중의 분자에 반응한다. 공기가 코에 들어가면 비강 경로 상단의 내벽에 있는 약 500만 개의 신경 섬유 위를 흐른다(● 그림 19.7). 섬유의 표면에 있는 수용기 단백질은 다양한 공기 중의 분자에 예민하다. 어떤 섬유가 자극되면 뇌로 신호를 보낸다.

다양한 냄새가 어떻게 탐지되는가? 이것은 아직도 풀리지 않는 미스터리다. 한 가지 힌트가 한 유형의 후각 상실에서 나오는데, 어떤 단일 냄새를 못 맡는 것이다. 특정한 유형의 냄새에 대한 민감성의 상실은 특정한 냄새에 대한 수용기의 존재를 제안한다. 실제로 특정한 냄새를 만드는 분자는 형태가 매우 유사하다. 각 특정한 형태는 다음과 같은 유형의 냄새를 만든다. 꽃무늬, 장뇌, 사향, 민트, 그리고 에테르.

다섯 가지 다른 유형의 후각 수용기가 있음을 의미하는가? 비록 사람들이 냄새 수용기의 1,000가지 유형의 유전자를 가지고 있어도, 400개 정도만 표현된다(Sela & Sobel, 2010). 다양한 형태의 구멍이 후각 수용기의 표면에 존재하는 것처럼 보인다. 퍼즐에 딱 맞는 조각처럼 분자의 일부가 동일한 형태의 구멍에 맞으면 화학물질은 냄새를 만든다. 이것이 후각의 자물쇠-열쇠 이론(lock-and-key theory of olfaction)이다.

더 나아가 분자들은 다양한 *조합*으로 냄새 수용기의 활동을 촉발시킨다. 그러므로 인간은 적어도 1만 개 정도의 다양한 냄새를 탐지할 수 있다. 여러분이 알파벳 26자로 수천 개의 단어를 만들 수 있는 것처럼 400개 유형의 많은 조합이 가능하고 다양한 냄새를 만든다. 향기 또한 코에서 특정한 냄새가 활성화되는 수용기의 *위치*에 의해 부분적으로 확인된다. 그리고 마지막으로 활성화된 수용기의 수가 뇌에 냄새의 강도를 말해 준다(Bensafi et al.,

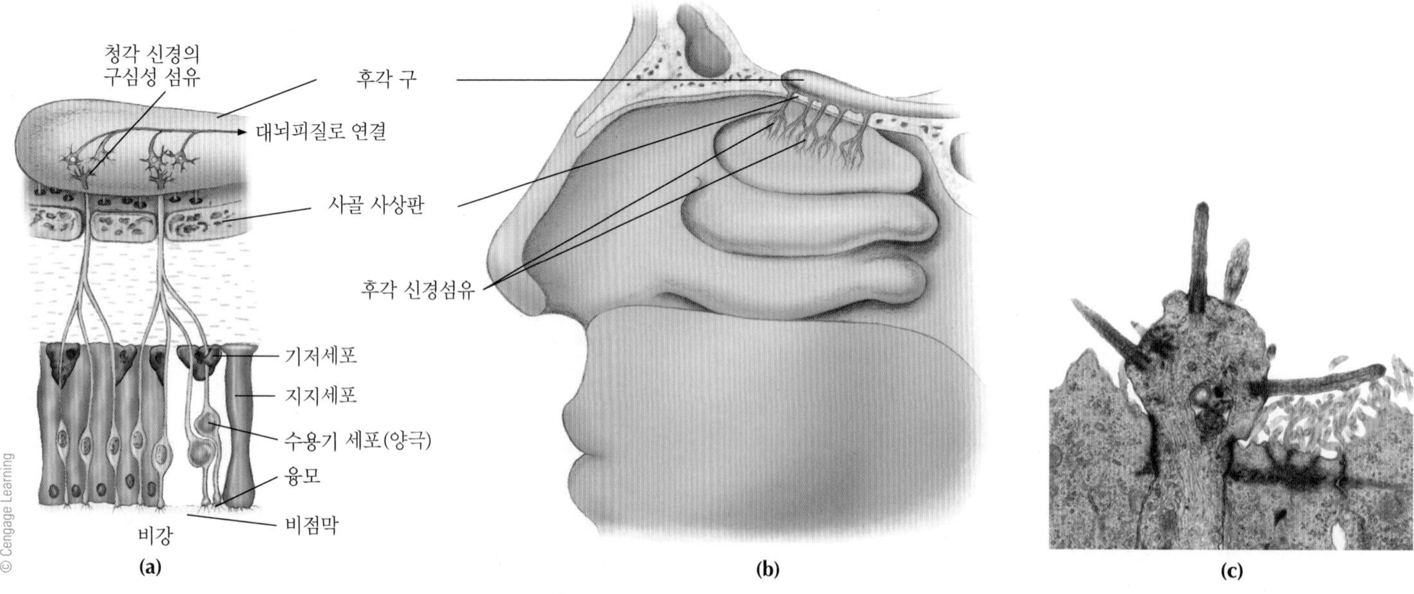

● **그림 19.7**
후각의 수용기. (a) 후각 신경 섬유는 공기 중의 분자에 반응한다. 수용기 세포는 왼쪽의 절단면에 나타나 있다. (b) 후각 수용기는 비강 위쪽에 위치한다. (c) 오른쪽이 수각 수용기를 극대화한 것인데 다양한 모양의 공기 중 분자에 감각하는 섬유를 나타낸다.

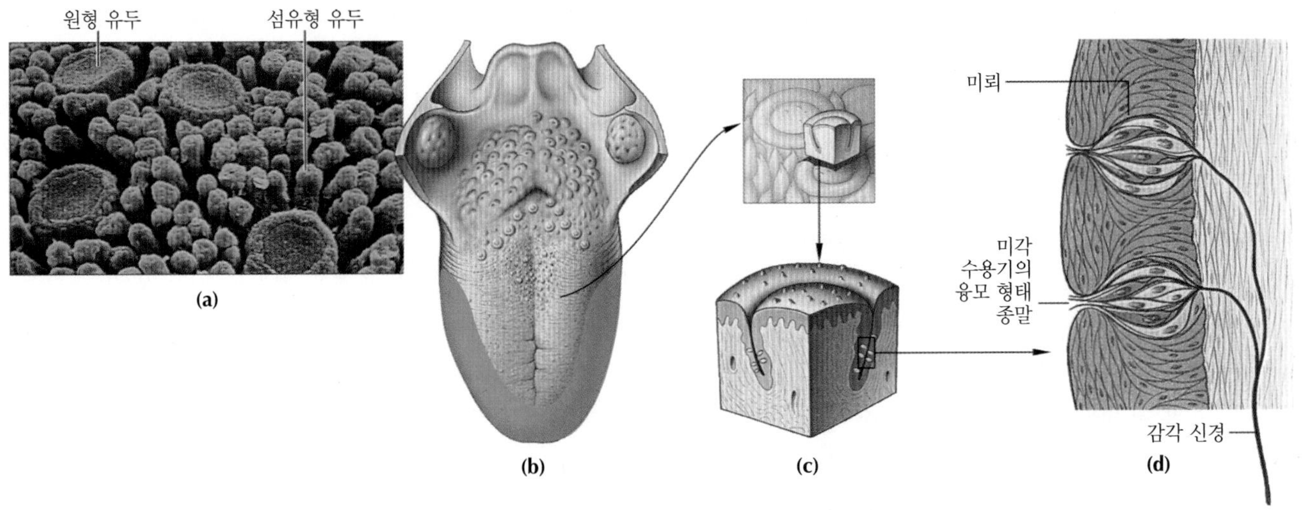

그림 19.8
미각 수용기. (a) 혀는 돌기라고 불리는 작은 돌출부로 덮여 있다. (b) 대부분의 미뢰는 혀의 상단 경계(음영 구역)에서 발견된다. 그러나 일부는 다른 곳에 있는데 혀 아래쪽에도 있다. 혀의 중앙 부분을 자극하면 맛감각을 느낄 수 없다. 네 가지 기본적인 맛감각은 미뢰가 있는 어느 곳에서도 생긴다. (c) 돌리의 저변 가까이에 있는 미뢰를 확대한 도안. (d) 미뢰의 상세도안. 수용기는 또한 입 안 같은 소화 체계의 다른 부분에서도 일어난다.

2004). 뇌는 후각 수용기에서 얻은 이러한 구분되는 메시지의 패턴을 특정한 향기를 재인하는 데 사용한다(Sela & Sobel, 2010).

후각 손실은 왜 생기는가? 100명 중 5명 정도가 후각의 완전한 상실을 포함하여 어느 정도의 후각 손실을 경험한다(Bramerson et al., 2004). 그러한 위험에는 감염, 알레르기, (후각 신경을 찢는) 머리의 충격을 포함한다. 암모니아, 페인트, 솔벤트, 그리고 미용 용액 같은 화학물질에 노출되면 후각 손실이 생길 수 있다. 후각의 가치를 안다면 냄새 맡는 것을 조심하라(Drummond, Douglas, & Olver, 2007).

맛과 향미

기본적 미각 감각에는 적어도 *단맛, 짠맛, 신맛, 쓴맛*의 네 가지가 있다. 우리는 쓴맛에 가장 민감하고, 그다음에 신맛, 짠맛, 단맛의 순으로 민감하다. 이 순서는 짠맛과 신음식이 가장 먹지 못하기 쉬운 음식이기 때문에 대부분의 사람들이 음식을 찾을 때 식중독을 방지하는 데 도움이 된다.

대부분의 전문가들은 제5의 맛이 존재한다고 믿고 있다(Nakamura et al., 2011). 우마미(うまみ)라는 일본어는 닭 국물, 고기 추출물, 다시마, 청다랑어, 모유, 치즈, 간장에 있는 어떤 아미노산과 연합된 기분 좋은 죽 맛을 뜻한다. 우마미 수용기는 글루탐산일나트륨(MSG)에서 발견되는 물질인 글루타메이트에 민감하다(Sugimoto & Ninomiya, 2005).

만일 네다섯 개의 미각이 있다면 어떻게 맛이 그렇게 다양하게 많은가? 향미는 우리가 결, 온도, 냄새 그리고 (매운 칠리 고추의) 통감까지 포함하기 때문에 더 다양하게 보인다. 냄새는 향미를 결정하는 데 특히 중요하다(Shepherd, 2006). 만일 여러분이 코를 막고 사과, 감자, 그리고 양파를 조금 먹어 본다면 모두 비슷하다고 맛을 느낄 것이다. 그러므로 젤리빈의 맛을 보라! 이것이 감기 걸렸을 때 음식이 맛을 잃어버리는 이유이다. 주관적인 향미의 절반은 냄새라고 하는 것이 아마도 공정할 것이다.

조미료로서 MSG의 평판은 그 자체로는 맛을 내지 않는 글루타메이트의 맛과 닭 국물 같은 죽 냄새의 조합이기 때문에 생겼다(McCabe & Rolls, 2007). 적어도 왜 닭 국물이 위안을 주는 음식인지는 알게 된 것 같다. 그러나 냄새가 먼저임을 기억하라.

맛 수용기 세포인 **미뢰**(taste buds)는 혀의 상부와 특히 가장자리에 주로 위치해 있다. 그러나 일부는 입 안쪽 어디엔가에서 발견된다(그림 19.8). 음식을 씹을 때, 분해되어 미뢰에 들어가는 데 여기서 뇌로 가는 신경 충격을 일으킨다. 냄새와 유사하게 단맛과 쓴맛은 분자와 복잡하게 생긴 수용기 사이에 열쇠-자물쇠의 짝에 기반을 두고 있는 것처럼 보인다(Northcutt, 2004). 그러나 짠맛과 신맛은 미각 세포의 끝으로 가는 대전된 원자의 흐름으로 인해 촉발된다(Lindemann, 2001). 후각과 미각이 중요하지 않은 감각이라면, 체성감각은 간과되는 감각이다. 체성감각이 우

후각 냄새 감각
미각 맛 감각
후각의 자물쇠-열쇠 이론 냄새는 화학 분자의 형태와 관련이 있다.
미뢰 맛의 수용기 기관

리의 주목을 받을 가치가 있는지를 알아보자.

체성감각—직감에 따라 행동하기

SURVEY QUESTION 19.3 체성감각이란 무엇인가?

이단 평행봉에서 정해진 일련의 동작을 날듯이 수행하고 있는 체조선수는 시각만큼이나 **체성감각**(somesthetic senses)에 의존하고 있다. 걷기, 달리기, 음주검사 통과하기 같은 가장 일상적인 활동도 **피부감각**(skin senses, 촉감), **운동감각**(kinesthetic senses, 몸의 위치와 움직임을 탐지하는 근육과 관절의 수용기), 그리고 **전정감각**(vestibular senses, 균형, 중력, 가속을 담당하는 내이의 수용기) 없이는 불가능하다. 그러면 피부감각부터 시작하자.

피부감각

촉감 없이 삶이 어떨지 상상하기 힘들지만 Ian Waterman의 역경이 힌트를 준다. 병을 앓은 후 Waterman은 목 아랫부분의 모든 감각을 잃었다. 따라서 자기 신체의 위치를 알기 위해서 그는 눈으로 봐야만 한다. 만일 눈을 감은 채 움직이면 어디로 움직이고 있는지 전혀 알지 못한다. 만일 실내등이 나가면, 그는 곤경에 처하게 된다(Gallagher, 2004).

피부 수용기는 적어도 다섯 가지 다른 감각(*가벼운 접촉*, *압력감각*, *통감*, *온감*, *냉감각*)을 만든다. 특정한 형태의 수용기는 다소간 다양한 감각에 특화된 것으로 보인다(● 그림 19.9). 그러나 자유 신경 종말은 다섯 가지 감각 모두를 만들 수 있다(Carlson, 2013). 종합해 보면 피부는 온도를 담당하는 20만 개, 촉감각과 압력감각을 담당하는 50만 개, 그리고 통감을 담당하는 300만 개의 신경 종말이 있다.

어떤 피부 영역의 수용기의 수와 민감도가 연관이 있는가? 그렇다. 피부는 신체 곳곳에 뜨거움, 차가움, 접촉, 압력, 통증에 대응하는 점들을 지도로 그려 볼 수 있다(Hollins, 2010). 그러한 검사는 피부 수용기의 수가 다양하다는 것, 그리고 민감도는 일반적으로 특정한 영역에 있는 수용기의 수와 대응된다는 것을 보여 준다. 대체로 입술, 혀, 얼굴, 손, 생식기 같은 중요한 영역은 수용기 밀도가 더 높다. 물론 궁극적으로 느끼는 감각은 뇌 활동에 달려 있다.

통증 *통증 수용기의 수도 또한 변하는가?* 그렇다. 다른 피부 감각처럼 통증 수용기는 분포가 다르다. 1cm^{2}당 통점이 무릎 뒤쪽에 230개, 궁둥이에 180개, 엄지에 60개, 코 끝에 40개가 있다. (어디를 꼬집는 것이 좋을까, 코끝, 무릎 뒤? 여러분이 어떤 것을 원하는지에 달려 있다.)

*큰 신경 섬유*가 운반하는 통증은 예리하고, 반짝하고, 빠른데, 특정한 신체 영역에서 올라온 것처럼 보인다(McMahon & Koltzenburg, 2013). 이것이 신체의 **경고 시스템**(warning system)이다. 핀을 가지고 조그맣게 찌르면 이런 유형의 통증을 느끼게 된다. 이렇게 했을 때 경고 통증은 빠르게 사라짐을 알게 된다. 우리 대부분은 경고 통증을 싫어할 수도 있지만, 이는 보통 신체가 손상됐거나, 된다는 신호이다. 경고 통증 없이는 부상을 탐지할 수도 방지할 수도 없을 것이다. 드물기는 하지만 통증에 대한 무감각증이 유전되어 태어난 아이는 반복적으로 화상을 입고, 뼈가 부러지고, 혀를 깨물고, 아픔을 알지도 못하면서 아프다(Erez et al., 2010). 여러분이 상상하듯이 *선천적인 통증 무감각증*을 지닌 사

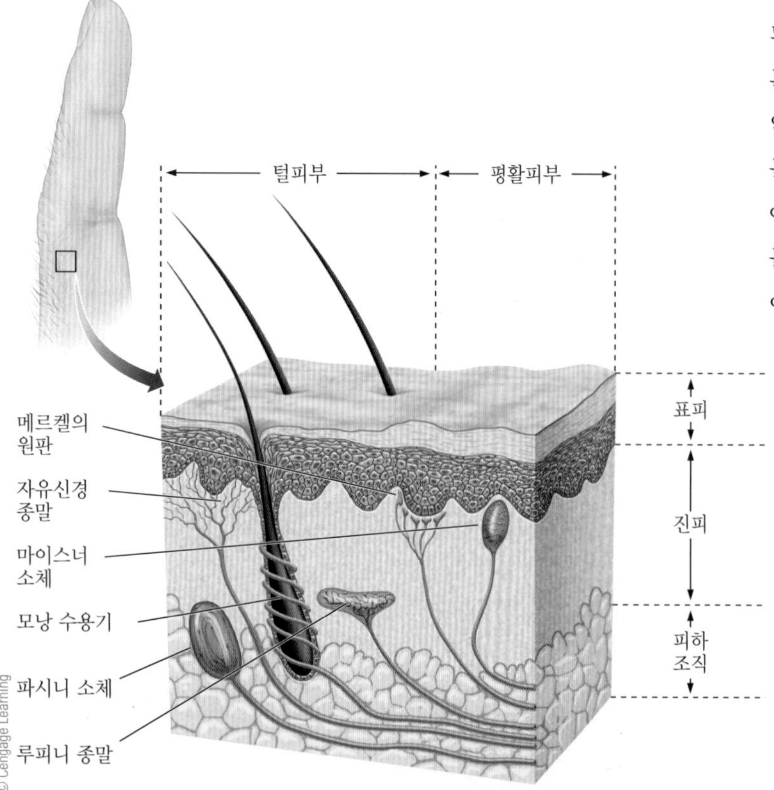

● 그림 19.9
피부 감각은 촉감, 압력, 통감, 냉감각, 온감각을 포함한다. 이 그림은 피부 수용기가 취하는 다양한 형태를 보여 준다. 이들 수용기의 기능은 다음과 같을 것이다. 메르켈의 원판은 피부의 압력을 감각한다. 자유 신경 종말은 온감, 냉감, 통증을 감각한다. 메시니 소체는 압력을 감각한다. 모낭 수용기는 털의 움직임을 감각한다. 파치니 소체는 압력과 진동을 감각한다. 루피니 종말은 피부 신축성을 감지한다(Freberg, 2010; Kalat, 2013). 닿았다는 느낌은 모든 수용기의 다양한 수준의 활동 정도가 조합되어서 만들어지기 쉽다.

람이 다른 사람의 통증에 대한 공감을 가지기는 힘들다(Danziger, Prkachin, & Willer, 2006).

두 번째 유형의 신체 통증은 작은 *신경 섬유*가 운반한다. 이런 유형의 통증은 느리고, 계속되고, 쑤시고, 광범위하고, 매우 불쾌하다(McMahon & Koltzenburg, 2013). 통증 자극이 반복되면 더 악화된다. 이것은 신체의 **연상 시스템**(reminding system)이다. 이것은 뇌가 신체가 부상을 입었다는 것을 상기시켜 준다. 예를 들어 등 아랫부분 통증이 이런 특질을 지닌다. 연상 시스템은 부상이 치유된 후에 오랫동안 또는 연상이 소용이 없을 때인 불치병에 슬프게도 극도의 고통을 야기할 수 있다.

통증 수문 여러분은 어떤 유형의 통증은 때때로 다른 유형의 통증을 상쇄시킨다는 것을 의식했을 수도 있다. Ronald Melzack(1999)은 통증 메시지들이 척수에서 동일한 신경 '수문'을 통과한다는 **수문 통제 이론**(gate control theory)을 제안한다. 그 문이 다른 통증 메시지가 '닫으면' 다른 메시지는 통과할 수 없게 된다(Melzack & Katz, 2006).

수문이 어떻게 닫히는가? 크고 빠른 신경 섬유가 운반하는 메시지는 척추 통감 수문을 직접적으로 닫는 것으로 보인다. 그렇게 함으로써 느린, '상기 시스템' 통증이 뇌에 닿지 못하게 막는다. 작고 느린 섬유로부터 나온 메시지는 다른 경로를 택하는 것처럼 보인다. 통증 수문을 통과한 후에 '중앙 편향 시스템'에 전한다. 어떤 상황에서는 뇌는 척수를 통해 내려보내 통증 수문을 닫아 버린다(● 그림 19.10). Melzack은 수문 통제 이론은 또한 침술이 통증을 없애는 효과를 설명한다고 믿는다(그러나 글상자 "네오매트릭스와 환각지"를 보라).

침술은 가는 침을 신체 내부에 삽입하여 통증과 아픔을 완화하는 동양의학 기법이다. 침을 빙글 돌리고, 열을 가하고, 전류를 흐르게 하면, 침이 작은 통증 섬유를 활성화시킨다. 이것이 편향

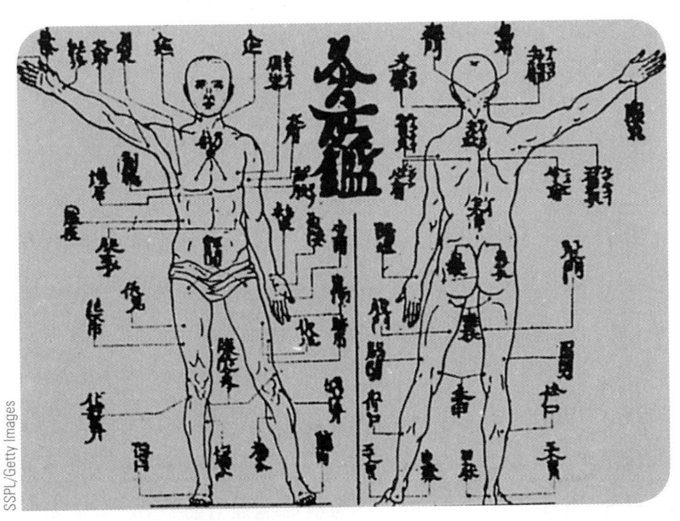

SSPL/Getty Images

©Jon Feingersh/Blend Images/Corbis

(위) 침술사의 도표. (좌) 가는 강철 바늘이 도표에 정의된 부위에 삽입된다. 현대 연구에 의하여 통증 완화에 대한 침술의 효과가 설명되기 시작했다(본문 참조). 침술로 질병을 치료할 수 있다는 주장은 좀 더 논쟁이 있다.

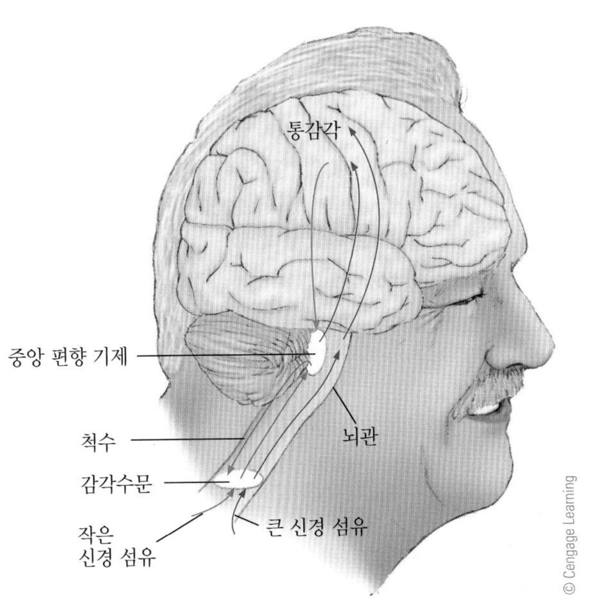

● **그림 19.10**
통증의 감각 수문의 도안. 수문을 통과하는 일련의 통증 충격은 다른 통증 메시지가 통과하는 것을 막는다. 또는 통증 메시지가 다른 충격에서 문을 닫으라고 수문에 통제력을 발휘하는 '중앙 편향 기제'를 통해서 전달될 수 있다.

체성감각 피부, 근육, 관절, 내장, 전정 기관에 의한 감각
피부감각 촉감각, 피부압력, 통증, 뜨거움, 차가움에 대한 감각
운동감각 신체 움직임과 위치에 대한 감각
전정감각 균형, 중력, 공간에서의 위치, 가속에 대한 감각
경고 시스템 큰 신경섬유에 기초한 통증. 신체의 손상이 일어날 수 있다는 경고
연상 시스템 작은 신경섬유에 기초한 통증. 신체가 부상을 입었다고 뇌에 상기
수문 통제 이론 통증 메시지가 척수의 신경 '수문'을 통과하는 과정

뇌파

네오매트릭스와 환각지

흥행에 성공한 영화 〈매트릭스〉에서 키아누 리브스가 연기했던 주인공, 네오는 기계가 매트릭스라 불리는 환상 세계 속에 인간을 가둬두고 인간의 에너지를 훔쳐서 기계 자신을 위해 사용하고 있음을 알게 된다. 실제로 '매트릭스'라는 생각이 완전히 얼토당토않은 것은 아니다. 여러분의 뇌는 자신의 신체를 지각하게 해 주는 *네오매트릭스*를 만들어 내기도 한다(Iannetti & Mouraux, 2010).

사지 절단으로 고통받고 있는 사람은 환영을 접하는데 매트릭스를 믿을 필요가 없다. 대부분의 사지 절단 수술을 받은 사람들은 팔다리를 잃은 후에도 몇 달 몇 년 동안 고통을 포함한 환지 감각에 시달린다(Long, Long, & Haggard, 2012; Murray et al., 2007). 환각지는 워낙 생생하기 때문에 다리 절단 수술을 받은 지 얼마 되지 않은 환자는 무심코 걸으려고 하다가 또 다른 부상을 입을 위험에 빠지기도 한다. 때때로 환각지는 자신이 불편한 자세로 옴짝달싹 못하게 됐다고 느낀다. 예를 들어 어떤 사람은 자신의 절단된 팔이 등 뒤로 꺾여 있다고 느끼기 때문에 똑바로 누워 잘 수가 없다.

환각지 경험은 왜 하게 되는 것일까? 수문 통제 이론은 환각지통을 설명할 수가 없다(Hunter, Katz, & Davis, 2003). 통증은 잃어버린 팔다리에서 올라올 수가 없기 때문에 뇌로 가는 통증 수문을 통과할 수가 없다. 대신에 Ronald Melzack에 따르면 시간에 걸쳐서 뇌는 네오매트릭스라고 불리는 신체상을 만들어 낸다(Melzack & Katz, 2006). 신체에 관한 내부 모형은 신체 자아의 감각을 생성한다. 절단 수술로 사지가 제거되었다 하더라도 여전히 네오매트릭스에 관한 한 사지가 존재한다.

사실상 사지 절단 수술을 받은 사람은 아무런 환각지 경험 없이 아무런 이상 없이 완전히 기능하는 사지를 꿈꾼다. 잠자는 동안은 명백하게도 절단된 사지 영역의 감각 입력은 억제된다. 대조적으로 사지 절단 수술을 받은 사람이 깨어 있을 때 절단된 사지 영역의 감각 입력은 네오매트릭스와 갈등을 일으키는데, 환각지통이 구비된 환각지와 갈등으로 해석한다(Alessandria et al., 2011; Giummarra et al., 2007). 기능적 자기공명영상(fMRI)으로 사람이 환각지를 느낄 때 뇌의 감각운동 영역이 더 활성화되어 있음이 확인되었다(MacIver et al., 2008).

때때로 뇌는 점차적으로 감각 손실에 대해서 적응하려고 재조직을 한다(Schmalzl et al., 2011). 예를 들어 팔을 잃은 사람은 처음에 환각 팔과 손을 가진다. 몇 년이 지나서 환각지는 줄어들어 어깨에서 손을 느끼게 된다. 아마도 다른 사람들보다 더 생생하게 환각지를 지닌 사람들은 우리가 경험하는 감각 세계라는 것이 순간순간 어떤 미래세계의 기계가 아니라 우리 스스로의 뇌 활동으로 구축되고 있음을 상기시켜 준다.

시스템을 통해 강하거나 만성적인 통증에 대해 수문을 닫도록 한다. 침술이 검사한 환자의 절반 정도에게서 단기간의 고통 완화를 시켰다고 연구들이 밝혔다(Weidenhammer et al., 2007; Witt et al., 2011). (그러나 아픔을 치유하는 능력은 훨씬 더 논쟁의 여지가 있다.)

통증 통제 수문 통제 이론은 통증-통제 기법으로 널리 사용된 *반대자극*(counterirritation)의 설명을 돕는다. 통증 클리닉은 피부에 가벼운 전류를 흐르게 한다. 이렇게 하면 아주 가벼운 따끔함이 생기는데, 더 참기 어려운 통증을 엄청나게 감소시킨다(Köke et al., 2004). 더 극심한 통증에 대해서는 척수에 직접 전류를 흐르게 한다(Linderoth & Foreman, 2006).

여러분은 반대자극을 자신의 통증을 통제하기 위해 사용할 수 있다(Schmelz, 2010). 예를 들어 만일 여러분이 충치를 치료 중이라면, 치과의사가 이를 깎아내는 동안 스스로 긁거나, 꼬집거나, 손가락 마디에 손톱을 넣어 보라. 스스로 만드는 통증에 주의를 집중하고 치과의사의 작업이 더 불편하거나 고통스러울 때마다 강도를 높여 보라. 이러한 전략은 이상해 보이기는 하지만, 효과가 있다. 어린 시절에는 볼기짝을 맞는 고통을 감소시키는 데 사용했었다.

일부 문화에서는 문신, 스트레칭, 절단, 화상을 작은 외현적인 고통으로 참는다. 어떻게 그들은 이를 참는가? 아마도 답은 불안 감소, 통제, 주의 같이 통증을 줄이기 위해서 누구나 사용하는 심리적인 요인에 의존하는 것에 있다(Mailis-Gagnon & Israelson, 2005). 일반적으로 공포와 불안 같은 불쾌한 정서는 통증을 증가시킨다.

의사, 치과의사, 또는 문신 시술가를 방문하는 것과 같이 통증을 예상할 때면 언제나 *충분한 고지*를 받았다고 확인되면 불안을 감소시킬 수 있다. 어떤 일이 생길지를 모두 설명받았는지 확인하라. 일반적으로 고통스런 자극에 대해 *느끼는* 통제력이 높을수록 경험되는 통증은 적다(Vallerand, Saunders, & Anthony, 2007). 이 원리를 적용하기 위하여 여러분은 신호를 하나 정해서 의사, 치과의사, 또는 몸에 장신구 구멍을 만들어 주는 사람이 이 절차 중 언제 고통스러워지고 끝나는지를 알 수 있게 만든다. 마침내 집중을 방해하면 고통이 감소된다. 예를 들면, 치과의사의 드릴이 왱왱거리는 소리를 듣는 대신에 해변에 누워서 파도타기의 외침을 듣고 있다고 상상할 수 있다. 아니면 휴대폰에 좋아하는 음악을 잔뜩 넣어서 가지고 가라(Bushnell, Villemure, & Duncan, 2004). 집에서도 음악은 만성적 통증을 잊게 해 주는 좋은 방법이다(Mitchell et al., 2007).

전정 체계

비록 우주 비행이 보기에는 재미있어도 우주 궤도에 처음 들어서면 초경험자의 약 70%가 토해 버린다.

왜? 무중력과 우주 비행은 전정 체계에 영향을 주며 종종 심한 운동 멀미를 일으킨다. 전정 체계 내에서 *이석 기관*이라고 부르는 액으로 찬 주머니가 움직임, 가속, 중력에 민감하다(● 그림 19.11). 이석 기관은 부드러운 젤라틴 같은 물질 속에 작은 결정체를 담고 있다. 중력의 당김 또는 빠른 머리 움직임은 이 물질이 이동하게 만든다. 이는 차례로 융모 같은 수용기 세포를 자극하여 우리가 중력, 가속, 그리고 우주 속에서 움직임을 감각하게 해준다(Lackner & DiZio, 2005).

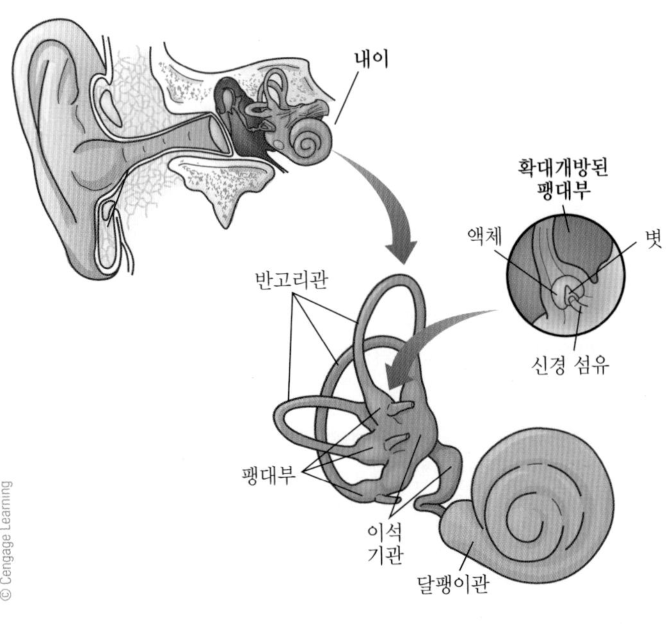

● **그림 19.11**
전정 체계 (설명은 본문 참조)

액으로 차 있는 3개의 관(*반고리관*)은 균형을 위한 감각 기관이다. 만일 여러분이 이러한 관의 안쪽을 생각해 보면 머리 움직임이 액체를 빙빙 돌게 만든다는 것을 알게 된다. 액체가 움직이면 융기(crista)라 불리는 작은 '덮개'를 굽게 하고, 반고리관에 움직임을 탐지한다.

우주비행사의 감각 적응에 무중력 상태는 진정한 도전이 된다. 2007년 루게릭병으로 투병 중인 세계적인 물리학자 스티븐 호킹 박사는 평생을 꿈꿔 왔던 무중력 상태를 경험하게 되었다. 그는 우주비행사를 훈련시키기 위해 단기간의 무중력 상태를 제공하는 NASA의 고고도 비행기인 'Weightless Wonder'를 탑승하였다. (비공식적으로 "토하는 혜성"이라 불린다.)

운동 멀미를 일으키는 것은 무엇인가? 감각 갈등 이론(sensory conflict theory)에 따르면, 어지러움과 메스꺼움은 전정 체계에서 나온 감각이 눈과 신체에서 나온 감각과 대응되지 않을 때 발생한다(Flanagan, May, & Dobie, 2004). 단단한 땅 위에서 전정 체계, 시각, 운동 감각에서 나온 정보들은 보통 일치된다. 그러나 들썩거리고 흔들리는 배, 자동차, 또는 비행기 안에서, 또는 비디오 게임을 할 때 심각한 불일치가 일어날 수 있으며, 다른 종류의 방향상실과 들썩거림을 야기한다(Chang et al., 2012).

왜 감각 불일치가 멀미를 일으키는가? 여러분은 아마도 진화를 탓할(또는 감사할) 것이다. 많은 독물은 전정 체계, 시각, 그리고 몸을 방해한다. 그러므로 우리는 독물을 쏟아내게 토함으로써 감각 불일치에 반응하도록 진화되어 왔다. 그러나 이러한 반응의 가치는 운동 멀미 때문에 힘든 사람에게는 위안이 거의 안 된다. 그러한 갈등을 최소화하기 위해서는 머리를 가만히 유지하고, 시선을 멀리 움직이지 않는 물체에 고정시키고, 할 수 있으면 눕는다(Harm, 2002).

감각 갈등 이론 시각, 전정 체계, 운동 감각에서 오는 정보들이 불일치하는 결과로 운동 멀미가 생긴다.

모듈 19: 요약

19.1 청각의 기제는 어떻게 되어 있는가?

19.1.1 음파는 청각 자극이다. 고막, 청소골, 난원창, 달팽이관, 그리고 궁극적으로 융모세포가 음파를 변환한다.

19.1.2 빈도 이론은 4,000Hz까지의 소리를 우리가 어떻게 듣게 되는지를 설명한다. 장소 이론은 4,000Hz가 넘는 소리를 설명한다.

19.1.3 청력 손실의 두 가지 기본적인 유형은 전도성 청력 손실과 감각신경성 청력 손실이다. 소음이 유발한 청력 손실은 큰 소리에 노출되어 생기는 감각신경성 청력 손실의 흔한 유형이다.

19.2 화학적 감각은 어떻게 동작하는가?

19.2.1 후각(냄새)과 미각(맛)은 공기 또는 액체 중의 분자에 반응하는 화학적 감각이다.

19.2.2 후각의 자물쇠–열쇠 이론은 부분적으로 냄새를 설명한다. 추가로 코에서 후각 수용기의 위치는 다양한 향을 확인하는 데 도움을 준다.

19.2.3 단맛과 쓴맛은 분자 형태의 자물쇠–열쇠 부호화에 기반하고 있다. 짠맛과 신맛은 미각 수용기로 직접 흘러 들어오는 이온의 흐름이 촉발한다.

19.3 체성감각이란 무엇인가?

19.3.1 체성감각은 피부 감각, 전정 감각, 그리고 운동 감각(근육과 관절 위치를 탐지하는 수용기)을 포함한다.

19.3.2 피부 감각은 접촉, 압력, 통증, 냉감각, 온감각이다. 각각에 대한 민감도는 피부 영역에서 발견되는 수용기의 수와 관계가 있다.

19.3.3 경고 통증과 연상 통증 사이가 구분될 수 있다.

19.3.4 수문 통제 이론이 설명하는 바에 따르면 통증 메시지의 선택적 입장은 척수에서 발생한다.

19.3.5 통증은 반대자극을 통해서 그리고 불안과 주의를 통제함으로써 감소될 수 있다.

19.3.6 감각 갈등 이론에 따르면, 운동 멀미는 시각 감각, 운동 감각, 전정 감각의 불일치에 의해서 야기된다. 운동 멀미는 감각 갈등을 최소화함으로써 피할 수 있다.

모듈 19: 지식 쌓기

암기

1. 음파의 주파수는 소리의 크기와 대응된다. O X
2. 감각신경성 청력 손실은 청각 소골이 손상되었을 때 생긴다. O X
3. ______데시벨 크기의 소리에 매일 노출이 되면 영구적인 청력 손실이 생길 수도 있다.
4. 후각은 분자의 형태와 수용기 장소에 대한 __________________이론으로 적어도 부분적으로 설명될 수 있는 것처럼 보인다.
5. 체감각은 다음 중 어떤 것인가?
   a. 미각　　b. 후각
   c. 희박성　　d. 운동감각
6. 경고 고통은 ______ 신경섬유가 전달한다.
7. 머리 움직임은 반고리관과 이석기관에 의해 일차적으로 탐지된다. O X

반영

비판적으로 생각하기

8. 여러분이 목소리를 녹음해서 들을 때 왜 그렇게 다른 목소리로 들리는가?
9. 운전자는 승객보다 차멀미를 덜 할 가능성이 높다. 운동 멀미에 대한 민감성이 운전자와 승객 사이에 왜 그렇게 다른가?

자기반영

눈을 감고 주변의 소리를 들어 보자. 그렇게 하면서 공기의 진동이 여러분이 듣는 소리로 변화하는 데 필요한 일들을 심적으로 추적해 보자.

여러분이 좋아하는 음식의 냄새는 무엇인가. 여러분이 좋아하는 맛은 무엇인가. 음식의 냄새와 맛을 어떻게 감지할 수 있는지 설명해 보라.

눈을 감은 채 한 발로 서 보자. 이제 검지를 코끝에 대 보자. 이런 재주를 발휘하기 위해 어떤 체감각을 사용했는가?

메슥거리기 시작하는 친구와 함께 보트를 탄다고 상상해 보자. 운동 멀미의 원인에 관하여 친구에게 어떻게 설명할 수 있으며, 이를 방지하기 위해서 여러분의 친구는 어떻게 해야 하는가?

정답

1. X **2.** X **3.** 85 **4.** 자물쇠–열쇠 **5.** d **6.** 큰 **7.** O **8.** 이에 관한 답변은 다른 질문으로 이끈다. 목소리로부터 달팽이관(와우각)에 도달하는 다른 진동은 어떤 것이 있는가? 다른 사람들은 여러분의 목소리를 오직 공기를 통해서 전달되는 것만을 듣는다. 여러분은 공기 중으로 전달된 소리뿐만 아니라 두개골이 만든 진동까지 듣는다. **9.** 운전자는 자신이 차의 움직임을 통제하기 때문에 감각 갈등을 덜 경험한다. 이렇게 되면 자동차의 움직임을 예상하고 머리와 눈의 움직임을 자동차의 움직임과 조정을 할 수 있다.

Module 20

감각과 지각: 지각 과정

저것이 사슴인가?

한 여인이 야간 운전을 할 때 사슴과 충돌을 피하기 위해 아주 긴급하게 차를 정차시켰다. 차가 미끄러지면서 멈추자 '그 사슴'이 실제로는 길가에 있는 관목이었음을 깨달았다. 그런 오인은 흔하다. 엄청난 양의 감각에서 뇌는 계속해서 패턴을 찾아야만 한다. 여러분이 Robert Silver의 사진으로 만든 모자이크를 면밀히 살펴보면 전체가 아주 작은 개별 사진으로만 구성되어 있음을 알게 된다. 유아나 새로 광명을 찾은 사람이 동일한 모자이크를 보면 의미 없는 색상으로 뒤죽박죽인 것을 보게 될 수도 있다. 그러나 사진은 친숙한 패턴을 형성하기 때문에 여러분은 쉽게 자유의 여신상을 보게 될 것이다.

우리는 어떻게 감각을 지각으로 조직하는가? 시지각은 복잡한 자극 속에서 의미 있는 패턴을 찾는 것이 관여하고 있다. 우리의 뇌는 지각적 집단화의 원리 같은 사전에 존재하는 지식을 사용하여 지각을 만들어 내고 지각 항등성은 우리가 감각을 이해할 수 있게 도와준다.

Joe Sohm/Visions of America, LLC / Alamy

SURVEY QUESTIONS

20.1 일반적으로 지각은 어떻게 구축되는가?

20.2 깊이를 보고 거리를 판단하는 것이 어떻게 가능한가?

지각—두 번째 단계

SURVEY QUESTION 20.1 일반적으로 지각은 어떻게 구축되는가?

우리는 감각에서 지각을 만드는 능력을 갖고 태어나지 않는가? 생애 내내 눈이 보이지 않다가 시각을 회복하게 되었을 때 어떨지를 상상해 보자. 실제로 세상을 처음 본 순간은 실망스러울 수 있는데, 세상을 *감각하는*(보는) 새롭게 발견된 능력이 세상을 *지각*할 수 있다고 보장하지는 않기 때문이다. 새로 볼 수 있게 된 사람은 대상을 확인하고 시계, 숫자, 문자를 읽고 크기와 거리를 판단하는 법을 *배워야* 한다. S.B.는 태어나면서부터 보지 못했던 백내장 환자였다. 나이 52세에 시력을 되찾는 수술 후에 S.B.는 시각을 사용하고자 고투했다(Gregory, 2003).

S.B.는 곧 커다란 시계에서 시간을 읽는 법과 만져서만 알았던 블록체(목판 글자)를 읽는 법을 배웠다. 동물원에서 자신이 들어 왔던 묘사로부터 코끼리를 재인하였다. 그러나 손글씨는 시력을 되찾고 1년이 지나도 무의미했고, 많은 물체는 만지기 전까지는 의미가 없었다. 이렇게 하여 S.B.는 천천히 자신의 *감각*을 의미 있는 *지각*으로 조직하는 법을 배웠다. S.B.와 같은 사례는 여러분의 경험이 여러분의 *뇌가 적극적으로 생성하는* **지각적 구성**(perceptual constructions) 또는 외적 사상의 정신 모형임을 알려준다(Goldstein, 2014).

물론 지각이 우리의 욕구, 기대, 태도, 가치, 신념을 통해서 걸러지면서 잘못 구축될 수 있다(● 그림 20.1). 저자 중 한 명이 언젠가 슈퍼마켓에서 "도와주세요! 누가 저희 아빠를 죽이려고 해요."라고 소리치는 소녀에게 다가갔었다. 그녀를 따라가 보니 두 남자가 몸싸움을 하고 있었다. 위쪽에 있는 사내가 피해자의 목을 잡고 있었다. 피가 사방에 튀어 있었다. 누가 봐도 살인이 진행 중이었다. 그러나 사실은 아래에 깔린 사내는 의식을 잃고 쓰러져 머리가 바닥에 부딪쳤었고, 위쪽에 있는 사내는 첫 번째 남자가 쓰러진 것을 보고 목 칼라를 풀어 주는 중이었음이 곧 밝혀졌다.

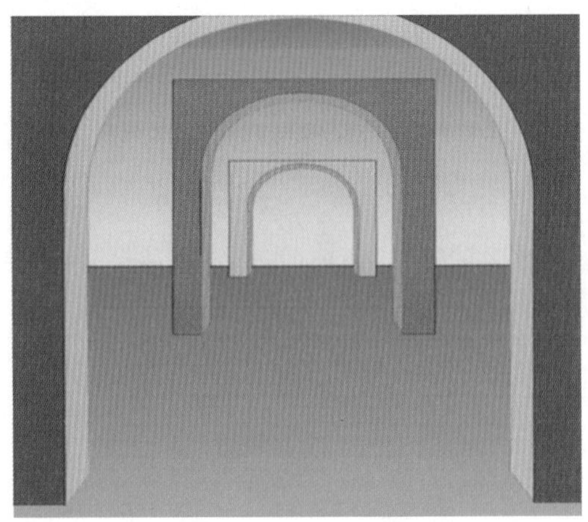

그림 20.1
이 간단한 도안을 보면 깊이를 지각하지 않기는 어렵다. 그렇지만 도안은 평평한 모양을 모아 놓은 것에 지나지 않는다. 이 페이지를 반시계 방향으로 90도 돌려놓으면 하나가 다른 것에 포함되는 C자 3개를 보게 된다. 횡으로 도안을 돌리면 거의 평평하게 보인다. 그러나 만일 페이지를 똑바로 놓으면 깊이감이 다시 나타난다. 명백해도 여러분은 깊이 착시를 구축하는 데 여러분의 지식과 기대를 사용한다. 도안 그 자체는 여러분이 의미를 투자하지 않는다면 평평한 도안에 지나지 않는다.

명백하게 그 소녀는 자기 아버지에게 무슨 일이 일어났는지를 오인하였다. 소녀의 말이 준 극적인 영향 때문에 저자도 그렇게 오인했다. 이 이야기가 보여 주듯이 감각 정보는 다양한 방식으로 해석될 수 있다. 소녀의 묘사는 저자의 최초 지각을 완전히 빚어 놓았다. 이런 것은 아마도 이해는 간다. 그러나 저자는 자신이 '살인'을 접했을 때 느낀 추가 충격을 잊을 수 없게 되었다. 저자가 잠시 전에 포악하고 무서운 인상이라고 본 사람은 낯선 이가 아니었다. 그 사람은 저자가 전에 수십 번 본 이웃이었다. 분명히 우리는 우리가 보는 것을 단순하게 믿어서는 안 된다. 우리는 믿고 싶은 것을 보기도 한다.

착시 지각적 오해는 많은 착시의 원인이다. 착시(illusion)에서 길이, 위치, 움직임, 굽어짐, 방향이 일관되게 잘못 판단된다. 예를 들어 우리는 상자처럼 형태를 갖춘 방을 수없이 많이 봤기 때문에 이러한 가정에 기초해서 우리는 습관적으로 지각을 구축한다. 그러나 이것이 반드시 사실일 필요는 없다. 최초 설계자의 이름을 딴 *에임즈 룸*은 특정 각도에서 보면 정사각형으로 보이는 한쪽으로 치우친 공간이다(● 그림 20.2). 이런 착시는 벽, 바닥, 천장, 창문의 비율을 세심하게 왜곡시켜 성사된다. 에이즈 룸의 좌측 구석은 보는 사람 기준으로 우측보다 더 먼데, 여기에 있는 사람은 아주 작아 보이고 더 가깝고 짧은 우측 구석에 서 있는 사람은 아주 커 보인다. 좌측 구석에서 우측으로 걸어가면 '마법처럼' 사람이 점점 더 커진다.

실제로 존재하는 자극에 대한 왜곡된 지각이 착시임을 주목하라. 환각(hallucination)은 사람들이 아무런 외적 실재가 없는 대상이나 사건을 지각하는 것이다(Boksa, 2009). 예를 들어 그들은 있

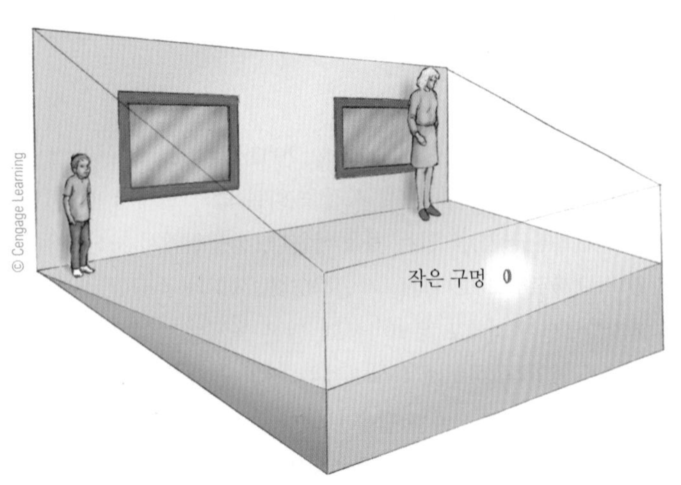

그림 20.2
에임즈 룸. 정면에서 보면 방은 정상적으로 보인다. 실제로는 우측 구석은 매우 낮고 좌측 구석은 매우 높다. 추가로 방의 왼쪽 면은 관찰자로부터 기울어 내려간다. 도식은 방의 형태를 보여 주고 왜 사람들이 방을 더 가깝고 짧은 오른쪽 구석으로 가로질러 가면 점점 더 커지는 것처럼 보이는지를 드러내 준다.

임상 파일

현실과 맞닿기

종종 경고도 없이 여러분이 "피 바가지다!"라고 외치는 목소리를 듣거나 침실 벽이 피범벅이 된 것을 본다고 간단하게 상상해 보자. 사람들은 여러분이 제정신이 아니라고 생각할 가능성이 높다. 환각은 정신병, 치매, 간질, 편두통, 알코올 금단상태, 약물 중독 등의 주요 증상이다(Plaze et al., 2011; Spence & David, 2004). 환각은 또한 사람이 현실감을 잃었다는 가장 명백한 징후 중의 하나이다.

그렇지만 수학자 존 내쉬(2002년 최우수 작품상을 수상한 〈뷰티풀 마인드〉의 실제 주인공)의 사례를 생각해 보자. 내쉬는 조현증에 시달렸지만, 그는 결국 어떤 것이 실제 지각이고 어떤 것이 환각인지를 분별할 수 있는 현실검증 방법을 배웠다. 그러나 존 내쉬와는 달리 완전히 진행된 환각을 경험하는 많은 사람들은 현실검증을 하는 능력이 제한되어 있다(Hohwy & Rosenberg, 2005).

신기하게도 '건전한 환각' 또한 발생한다. *찰스 보넷 신드롬*(Charles Bonnet syndrome)은 주로 부분적으로 시력을 잃었지만 정신적으로 온전한 노인들을 괴롭히는 드물게 발생하는 조건이다(Cammaroto et al., 2008). 동물, 건물, 식물, 사람, 다른 사물 등이 눈앞에서 나타났다 사라졌다 하는 것처럼 보인다. 부분 시력상실과 백혈병에 시달리고 있는 어느 노인은 소와 곰 등 동물들이 자신의 집에서 보인다고 불평하였다(Jacob et al., 2004). 그러나 '건전한 환각'을 경험하는 사람들은 현실검증 능력이 손상되지 않았기 때문에 자신의 환각이 실재가 아니라고 좀 더 쉽게 구분할 수 있다.

그런 흔치 않은 경험은 감각 입력에서 의미 있는 형태를 찾는 뇌가 그리고 현실검증이 우리의 정상적인 지각 경험에서 하는 역할이 얼마나 강력한지를 보여 준다.

지도 않은 목소리를 듣는다(Plaze et al., 2011)(글상자 "현실과 맞닿기" 참조). 여러분이 착시 또는 환각을 경험하고 있는 것 같다면 현실 검증을 해 보라.

현실 검증이 의미하는 바는? 의심이나 불확실성이 조금이라도 있는 어떤 상황에서 **현실 검증**(reality testing)은 여러분의 지각을 살피는 추가 정보를 얻는 것이 포함된다(Landa et al., 2006). 만일 1m나 되는 나비를 봤다고 여러분이 생각한다면 여러분은 날개를 만져서 헛것을 보고 있는지 확인할 수 있다. 착시를 탐지하려면 그림을 곧은 자로 재 볼 수 있다. ● 그림 20.3은 Fraser의 나선이라 불리는 강력한 착시를 소개하고 있다. 나선으로 보이는 것은 실제로는 일련의 원들이다. 대부분의 사람들은 즉각적으로 실체를 파악하지 못한다. 대신 이 디자인에서 실체가 무엇인지 확인하기 위해서 조심스럽게 원 하나하나를 따라가 보아야만 한다.

그러면 지각적 구축의 과정 그리고 이를 빛어내거나 왜곡시키는 요인들을 탐색해 보자.

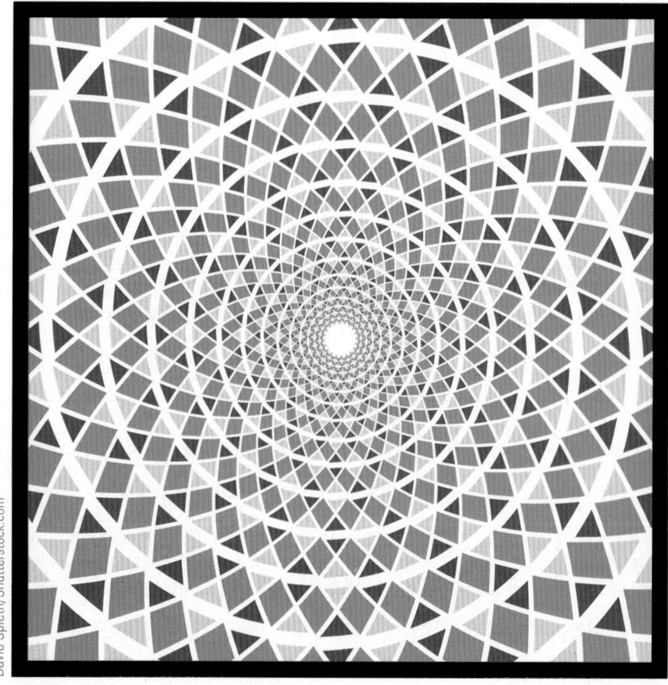

David Spieth/Shutterstock.com

● 그림 20.3

순수 지각의 한계. 단순한 디자인조차 쉽게 오지각된다. Fraser의 나선은 실제로는 일련의 동심원들이다. 착시는 너무나 강력해서 원 하나를 따라가 보려는 사람은 때때로 착각적인 나선을 따라서 이쪽 원에서 저쪽 원으로 건너뛴다. (Seckel, 2000에서 가져옴)

상향처리와 하향처리

매 순간 우리의 지각은 전형적으로 *상향*과 *하향*의 두 가지 방식으로 구축된다. 집을 짓는 과정을 생각해 보자. 목재, 문짝, 타일, 장판, 나사, 못 같은 원자재는 철저하게 서로 맞아야만 한다. 동시에 어떻게 원자재가 조립될지는 건축계획에 따라 이뤄진다.

지각적 구성 외적 사건에 대한 정신 모형
착시 오도된 또는 오해한 지각
환각 외부 세계에는 존재하지 않는 어떤 것을 보고, 듣고, 냄새 맡는 것과 같은 상상 감각
현실 검증 지각의 정확성을 살피기 위해서 추가 정보를 획득

우리의 뇌는 비슷한 방식으로 지각을 짓는다. **상향처리**(bottom-up processing)에서 우리는 원자재로 '바닥'에서 구축하기 시작한다. 즉 작은 감각 단위(세부특징)를 가지고 지각을 완성하기 위해 위로 쌓는다. 또한 역방향으로도 일어난다. **하향처리**(top-down processing)는 기존지식을 사용하여 빠르게 세부특징들을 의미 있는 전체로 조직한다(Goldstein, 2014). 만일 여러분이 한 번도 본 적이 없는 그림퍼즐을 맞추는 중이라면 상향처리에 주로 의존해야 한다. 재인이 되는 패턴이 보이기 시작할 때까지 작은 조각을 조립해야만 한다. 하향처리는 마치 여러분이 수십 번 해 본 적이 있는 퍼즐을 맞추는 것과 같다. 몇 개의 조각이 제자리를 잡으면 여러분의 과거 경험을 기초로 어떻게 최종적인 그림으로 빠르게 채울지 계획이 잡힌다.

두 가지 유형의 처리가 ● 그림 20.4에 도식으로 나와 있다. 이 그림을 처음 보면 아마도 상향처리를 해서 재인 가능할 때까지 세부특징들을 뽑아낼 것이다. 다음번에 보면 하향처리 때문에 즉각적으로 재인하게 된다.

그림 20.4
이 추상적 도안을 확인하라. 여러분이 이것을 상향처리하면 여러분이 보는 것은 경계 근처의 작고, 어두운 기하 형태 3개다. 하향 처리를 한번 시도해 보지 않겠는가? 도안의 제목이 여러분의 지식 적용에 도움을 줄 것이며, 이것이 완전히 다른 방식으로 보이게 된다. 제목이 뭐냐고? '특별한 K'이다. 이제 보이는가?

형태주의 조직화 원리에서 지각적 구축의 뛰어난 사례가 발견된다.

형태주의 조직화 원리

감각이 어떻게 지각으로 조직되는가? 형태주의 심리학자들은(모듈 3 참조) 평범한 배경에서 눈에 도드라지게 되는 대상, 형태로 감각을 집단화하는 것이 가장 단순한 조직화에 포함된다고 제안한다. **전경–배경 조직화**(figure-ground organization)가 S.B. 같은 백내장 환자가 시력을 되찾은 후 가진 첫 지각적 능력으로 보이기 때문이다. 보통의 전경–배경 지각은 오직 하나의 형태만이 보인다. 그러나 *역전 가능한 도형*은 전경과 배경이 서로 바뀐다. ● 그림 20.5는 어두운 배경의 술잔으로도 밝은 배경의 두 사람 옆모습으로 보는 것이 똑같이 가능하다. 한 패턴에서 다른 패턴으로 이동함에 따라서 여러분은 전경–배경 조직화가 의미하는 바가 무엇인지를 확실하게 감을 잡을 수 있다.

그림 20.5
가역적인 전경–배경 도형. 두 얼굴을 보는가, 와인 잔을 보는가?

형태주의 심리학자들은 여러분의 지각에 질서를 가져오는 여러 다른 원리들을 확인하였다(● 그림 20.6).

1. **근접성.** 다른 조건이 같다면 서로 가까이 있는 자극들이 같은 집단을 이룬다(Quinn, Bhatt, & Hayden, 2008). 그러므로 만일 세 사람이 가까이 서 있고, 네 번째 사람이 3m 떨어져서 있으면, 가까이 있는 세 사람은 집단으로, 떨어져 있는 사람은 외부자로 보인다(그림 20.6a 참조).
2. **유사성.** "깃털이 같은 새가 함께 모인다." 그리고 크기, 형태, 색상, 또는 모습이 유사한 자극들이 같이 집단화되는 경향이 있다(그림 20.6b 참조). 두 밴드 그룹이 나란하게 행진하고 있다고 생각해 보자. 유니폼 색상이 서로 다르면 두 밴드 그룹은 하나의 커다란 집단이 아니라 2개의 서로 다른 집단으로 보게 된다.
3. **연속성.** 지각은 단순성과 연속성을 추구하는 경향이 있다. 그림 20.6c는 형태가 복잡하게 배열되어 있는 것이 아니라 사각선 위에 있는 물결선으로 보는 것이 가장 쉽다.
4. **폐쇄.** 폐쇄는 형태를 *완성*해서 일관된 전체 모습을 갖게 하려

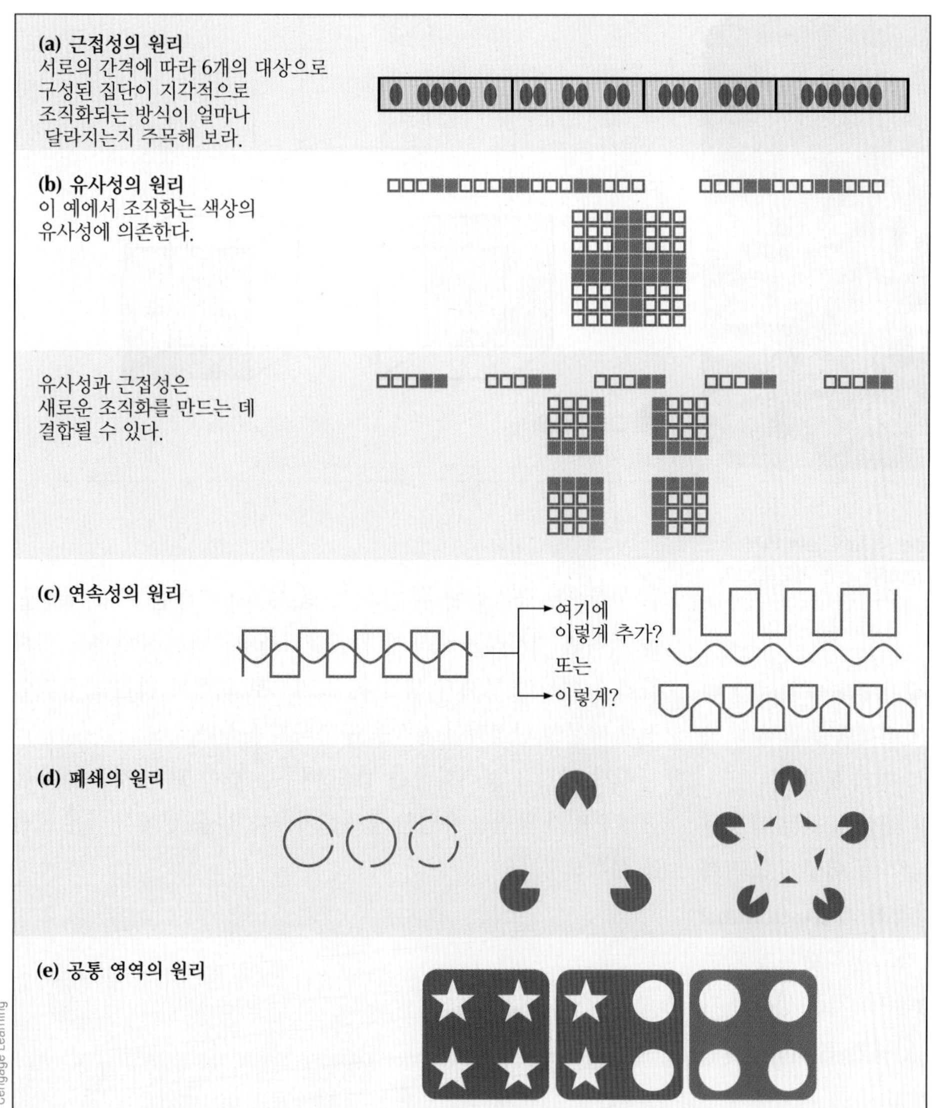
(a) 근접성의 원리
서로의 간격에 따라 6개의 대상으로 구성된 집단이 지각적으로 조직화되는 방식이 얼마나 달라지는지 주목해 보라.
(b) 유사성의 원리
이 예에서 조직화는 색상의 유사성에 의존한다.
유사성과 근접성은 새로운 조직화를 만드는 데 결합될 수 있다.
(c) 연속성의 원리
여기에 이렇게 추가?
또는
이렇게?
(d) 폐쇄의 원리
(e) 공통 영역의 원리
© Cengage Learning

그림 20.6
형태주의 조직화 원리

는 경향성을 말한다. 그림 20.6d의 각 도형은 하나 이상의 틈이 있는데 여전히 각각은 *재인 가능한 형상*으로 지각된다(모서리나 윤곽선으로 경계가 되지 않은 함축된 형태). 어린아이조차도 형상이 '존재하지 않음'을 알면서도 이러한 형태를 본다. 아무리 단서가 적어도 모양을 만들고자 하는 우리의 경향성이 강력하다는 것을 착각적인 형태로 말미암아 알게 된다.

5. **공통 영역.** 그림 20.6e에서 보듯이 공통 영역 안에 들어 있는 자극들은 같은 집단으로 보인다(Palmer & Beck, 2007). 유사성과 근접성을 기초로 하면 별이 한 집단을 이루고, 원은 다른 집단을 이뤄야만 한다. 그러나 대상을 세 집단으로 만드는 영역이 채색된 배경으로 정의된다(별 넷, 별 둘 더하기 원 둘, 원 넷).
6. **시간적인 근접성.** 그림 20.6에 표현할 수가 없는 원리가 시간적 그리고 공간적인 근접성이다. 시간적인 근접성은 한 대상이 다른 대상의 원인이라는 지각을 일으킨다(Buehner & May, 2003). 심리학자 친구 한 명이 이 원리를 교실에서 다음과 같은 예로 든다. 한 손으로 머리를 치면서 다른 손으로 안 보이게 책상을 치는데, 치는 소리는 보이는 손동작과 완벽하게 일치하게 한다. 이렇게 하면 그 사람의 머리가 나무로 만들어졌다는 거부하기 힘든 지각을 경험하게 된다.

분명히 형태주의 원리는 우리에게 하향적 방식으로 매일 지각하는 부분을 조직하는 기본적인 '계획'을 제공한다. 잠시 시간을

상향처리 저수준의 세부 특징으로부터 지각을 조직
하향처리 감각 정보를 의미 있는 지각으로 빠르게 조직화하기 위해 고수준 지식을 적용
전경-배경 조직화 자극의 일부가 덜 눈에 띄는 배경에서 물체(전경)로 두드러지게 보이도록 지각을 조직화

그림 20.7
지각적 조직화의 도발적인 예. 일단 위장한 곤충(잎 닮은 여치)이 눈에 띄게 되면 다시는 곤충을 보지 않으면서 그림을 보기는 거의 불가능하다. 한번 시도해 보라.

내서 그림 20.7에 위장하고 있는 동물을 찾아보라(녹색 덩굴 뱀은 절대로 아니다). 위장 패턴은 전경–배경 조직화를 끊어 버리기 때문에 S.B.는 이런 그림에서 전혀 의미를 찾지 못한다.

어떤 면에서 우리는 우리가 보는 것에서 패턴을 찾는 탐정들이다. 어느 정도까지는 의미 있는 패턴은 감각을 어떻게 조직화하는가에 관한 추측, 최초의 계획 또는 **지각적 가설**(perceptual hypothesis)을 나타낸다. 멀리서 보니 '친구'라고 생각했는데 가까이 가 보니 낯선 사람으로 확인된 경험이 있는가? 기존 생각과 기대는 감각을 해석하는 우리를 능동적으로 안내한다(Most et al., 2005).

지각의 능동적이고 구성적인 본질은 아마도 *애매한 자극*(하나 이상의 해석이 되는 패턴)에서 가장 확연하게 드러난다. 구름을 보면 구름 윤곽이 멋진 모습과 장면으로 조직되는 수십 가지 방식을 발견할 것이다. 분명하게 정의된 자극도 하나 이상의 해석이 가능하다. 만일 지각이 능동적인 과정임을 의심한다면 그림 20.8의 넥커의 육면체를 보라. 상단의 육면체는 철사로 된 상자라고 마음속으로 그려라. 만일 육면체를 응시하면 조직 방식이 바뀐다. 때때로 좌하단의 육면체처럼 위를 향하는 것으로 보였다가, 아래를 향하는 것처럼 보인다. 이러한 차이는 동일한 정보를 뇌가 어떻게 해석하는가에 있다. 요컨대 우리는 우리 주위에 있는 사건과 자극을 수동적으로 기록하지 않고, 의미 있는 지각을 능동적으로 구축한다(Rolls, 2008).

일부 사례에서는 지각적 조직화가 불가능한 갈등적인 정보를 주기도 한다. 예를 들어 도안에서 삼차원 대상을 만들려는 경향성은 *불가능한 형태*인 '세 갈래 도구'(그림 20.9)를 만나면 좌절을 겪는다. 그러한 패턴은 안정적이거나, 일관되는, 또는 의미 있는 지각으로 조직화될 수 없다. 그림 20.9의 도안은 어느 한쪽 끝을 가리면 지각적으로 의미가 있다. 그러나 전체 도안을 조직화하려고 애쓰면 문제가 생긴다. 그러므로 도형이 가진 갈등적인 정보 때문에 안정적인 지각을 구축하지 못한다.

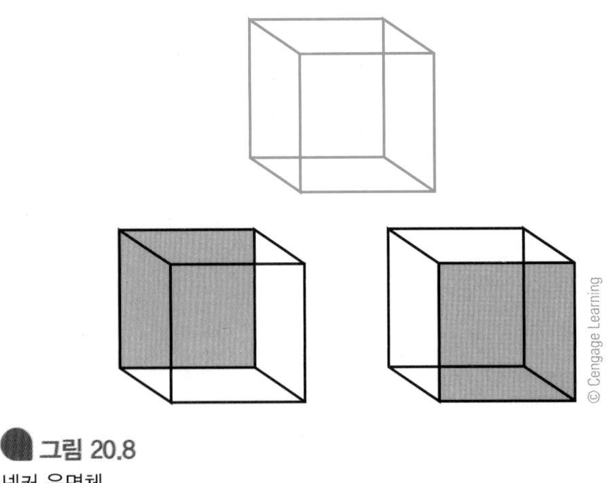

그림 20.8
넥커 육면체

시각 감각을 조직화하는 법을 배우는 법이 보는 것을 배우는 중에 S.B.가 당면한 유일한 장애물이었다. 다음 절에서 다른 예들을 살펴보자.

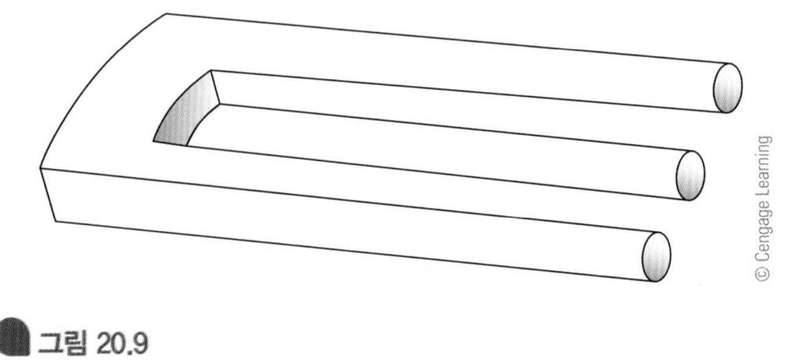

그림 20.9
불가능 도형 – '세 갈래 도구'

지각적 항등성

S.B.가 시력을 처음으로 되찾았을 때 친숙한 상황에서만 거리를 판단할 수 있었다(Gregory, 1990). 어느 날 그는 거리에 차량 흐름을 좀 더 가까이 보려고 병원 창문 밖으로 기어나가다가 발각이 되었다. 그의 호기심이 이해는 가지만 자제했었어야만 했다. 그의 병실은 4층에 있었다!

왜 S.B.는 4층 창문 밖으로 기어 나가려고 했는가? 적어도 차량의 크기를 보고 거리를 알 수 있지 않았을까? 그렇지 않다. 보통은 물체의 크기를 근거로 거리를 판단하는 데 사용하는 물체와 시각적으로 친숙해져 있음이 분명하다. 왼손은 코앞에서 몇 센티미터 정도에 두고 오른손은 팔을 쭉 펴라. 오른손은 왼손의 절반

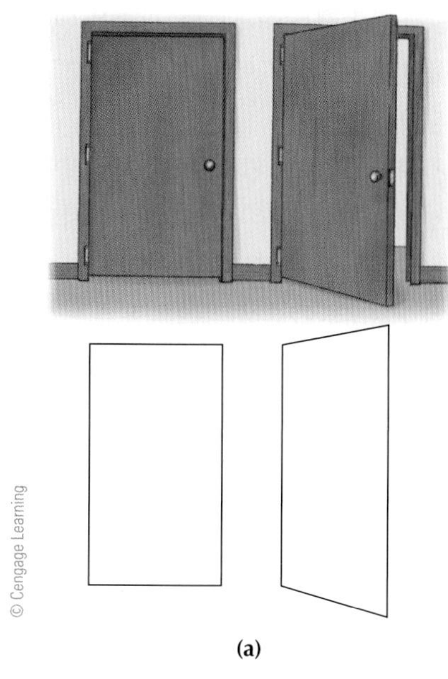
(a)

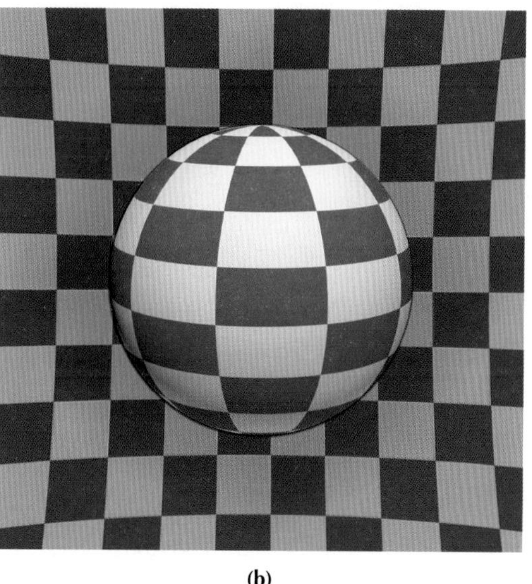
(b)

그림 20.10
모양 항등성. (a) 문이 열리면 문의 이미지는 사다리꼴을 이룬다. 문은 여전히 직사각형으로 지각되기 때문에 모양 항등성이라고 한다. (b) 엄청난 노력을 하면 이 도안을 평평한 모양들의 집합으로 볼 수도 있다. 그러나 여러분이 모양 항등성을 가지고 있다면 왜곡된 사변형들은 구의 표면이라고 강력하게 제안한다.

정도의 크기로 보일 것이다. 하지만 오른손이 갑자기 줄었다고 생각하지는 않는데, 오른손을 다양한 거리로 수없이 봐 왔기 때문이다. 이를 **크기 항등성**(size constancy)이라고 부른다. 망막상의 이미지 크기가 변해도 어떤 대상의 지각된 크기는 일정하다.

손을 정확하게 지각하기 위해서 여러분은 지각을 구축하는 하향처리 계획을 제공하는 과거 경험에 의지해야 한다. 이러한 계획의 일부는 워낙 기본적이어서 생득적인 것처럼 보인다. 일례가 종이 위에 그려진 선을 보는 능력이다. 유사하게 갓 태어난 아이도 크기 항등성이 있다는 증거가 있다(Granrud, 2006). 그러나 우리 지각의 많은 것이 *경험적*이거나 이전 경험에 기초하고 있다. 예를 들면, 차, 집, 사람을 마천루 꼭대기처럼 엄청난 거리에서 또는 친숙하지 않은 시점으로 보면 장난감처럼 보인다. 이는 크기 항등성이 타고난 것이지만 학습에 의해서도 영향을 받는다(Granrud, 2009).

모양 항등성(shape constancy)은 망막상의 이미지 모양이 바뀌어도 어떤 대상의 지각된 모양은 일정하다. 모양 항등성은 이 페이지를 바로 위에서 보고 옆에서 보면 예가 된다. 명백히 이 페이지는 정사각형이지만 눈에 도달하는 대부분의 이미지는 왜곡되어 있다. 여전히 책의 이미지는 변하지만 책 모양에 대한 지각은 그대로 남아 있다(추가 사례들은 ● 그림 20.10 참조). 알코올 중독은 크기와 모양 항등성을 손상시키는데, 고속도로에서 만취 운전자들 사이의 사고율 증가의 또 다른 요인이다(Goldstein, 2014).

실외의 밝은 태양 아래 있다고 하자. 여러분 옆에 친구가 회색 치마와 흰 블라우스를 입고 있다. 갑자기 구름이 해를 가린다. 블라우스는 밝기가 낮아지지만 여전히 밝은 흰색으로 보인다. 이는 블라우스가 여전히 주변의 물체들에 비해서 더 많은 비율로 빛을 반사하기 때문이다. **밝기 항등성**(brightness constancy)은 조명 조건이 변함에도 불구하고 물체의 밝기가 동일하게 유지되는 것으로 보이는 사실을 말한다. 그러나 이는 블라우스나 다른 물체들이 모두 동일한 양의 빛을 받는 경우에만 적용된다. 여러분은 친구의 회색 치마에 환한 조명을 비추면 치마의 한 부위가 그늘진 블라우스보다 더 하얗게 보일 수 있다.

요약하면 우리의 감각에 닿는 에너지 패턴은 동일한 물체에서 온다고 하더라도 항상 변한다. 물체가 줄기도 하고 커지기도 하고, 고무로 만든 것처럼 모양이 바뀌고, 네온등처럼 밝았다가 어두웠다가 하는 혼란스러운 세상에서 크기, 모양, 밝기 항등성이 우리를 구원한다.

지각적 가설 자극 패턴을 (지각) 조직하는 방법과 관련된 최초의 추측
크기 항등성 망막상의 변화에도 불구하고 물체의 지각된 크기가 일정하게 유지됨
모양 항등성 망막상의 변화에도 불구하고 물체의 지각된 형태가 일정하게 유지됨
밝기 항등성 물체가 동일한 양의 빛으로 비추는 한, 물체의 겉보기(상대적) 밝기는 일정하게 유지됨

깊이 지각—세상이 평평했었다면 어떠했을까?

SURVEY QUESTION 20.2 깊이를 보고 거리를 판단하는 것이 어떻게 가능한가?

지각적 구축에 관한 특별히 흥미로운 예가 우리를 둘러싼 세계를 삼차원 경험을 구성하는 뇌의 능력이다. 눈을 사팔뜨기로 하고, 머리를 움직이지 않게 하고, 방 저편에 있는 점 하나를 응시하라. 여러분의 주위는 이차원적인 그림이나 사진처럼 거의 평평하게 보일 것이다. 사시로 태어난 신경과학자 수잔 베리가 48세에 삼차원으로 보는 법을 배울 때까지 살아왔던 세상이 이런 것이었다(Barry & Sacks, 2009). 이제 사시를 풀어 보라. 갑자기 삼차원으로 지각되는 세상이 돌아온다. 깊이와 공간을 지각하는 우리의 능력에 내재된 기제는 어떤 것인가?

깊이 지각(depth perception)은 공간을 보고 정확하게 거리를 판단하는 능력이다. 지각적 구축의 한 형태인 삼차원 깊이 지각이 없다면 세상은 평평한 표면처럼 보일 것이다. 여러분은 차를 몰거나, 자전거를 타거나, 농구 바스켓에 공을 던져 넣거나, 바늘에 실을 꿰거나, 아니면 단순히 방 안을 돌아다니는 데 엄청난 불편을 겪을 것이다(Harris & Jenkin, 2011).

S.B.는 시력을 되찾은 후에도 깊이 지각에 문제가 있었다. 깊이 지각은 학습되는 것인가? 시각절벽에 대한 연구에 따르면 깊이 지각이 부분적으로는 학습되고 부분적으로는 타고나는 것이라고 한다(Witherington et al., 2005). 기본적으로 시각절벽은 유리판으로 덮인 탁자이다(● 그림 20.11). 한쪽에는 체크무늬 면이 유리판 바로 아래에 있다. 다른 쪽에는 체크무늬 면이 유리판 1.2m 아래에 있다. 이렇게 하면 유리는 한쪽에는 탁자 상판으로 다른 편은 절벽처럼 보이게 된다.

깊이 지각을 검사하기 위하여 6~14개월 된 유아를 시각 절벽 가운데에 놓았다. 얕은 곳으로 기어갈지 깊은 곳으로 기어갈지의 선택을 주는 것이다. (유리판은 깊은 곳을 택했을 때 자유낙하하지 못하도록 막는 역할을 했다.) 대부분의 유아는 얕은 곳을 택했다. 실제로 대부분은 엄마가 오라고 불러도 깊은 곳으로 가는 것을 거부했다(Gibson & Walk, 1960).

유아를 검사할 때 유아가 적어도 6개월이 되었다면 깊이를 학습했었을 가능성은 없는가? 그렇지 않다. 좀 더 최근의 연구에 따르면 깊이 지각은 2주 정도만 되어도 깊이 지각이 시작된다고 한다(Yonas, Elieff, & Arterberry, 2002). 적어도 기초적 수준의 깊이 지각은 생득적일 가능성이 매우 높다. 그런데도 깊이 지각의 발달은 6개월이 되기 전까지는 완전하지 않은데 이는 뇌의 성숙과 개인 경험 모두에 달려 있음을 제안한다(Nawrot, Mayo, & Nawrot, 2009).

그러나 좀 나이 든 유아는 탁자나 침대 밖으로 기어 나가지 않는가? 유아가 활발하게 기기 시작하면 시각 절벽에서 깊은 쪽으로 가기를 거부한다. 그러나 더 나이가 들어 이제 막 걷기 시작한 유아는 시각 절벽의 '깊은' 쪽을 피하는 것을 다시 학습해야만 한다(Witherington et al., 2005). 뿐만 아니라 깊이를 지각하는 유아도 미끄러질 때 멈추지 못할 수도 있다. 깊이를 지각할 수 없어서가 아니라 신체 조정 능력의 부족이 4개월 정도 된 유아가 바닥에 떨어지는 대부분의 이유를 아마도 설명할 것이다.

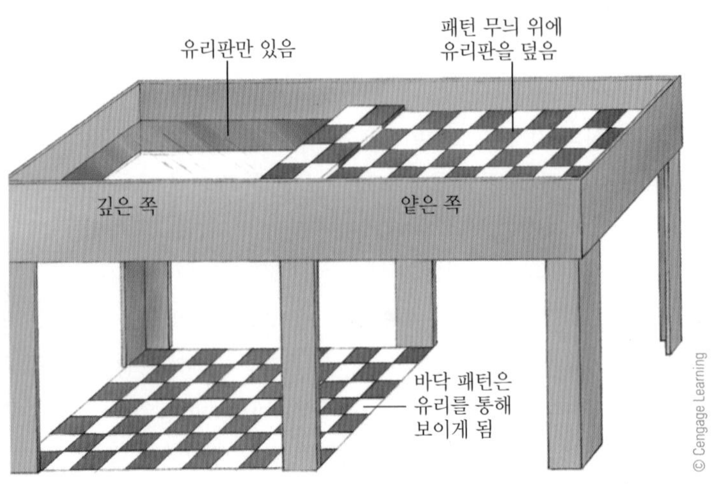

그림 20.11
유아와 갓 태어난 동물들은 시각 절벽의 경계를 넘어서 가기를 거부한다.

입체시: 각 눈에서 오는 시신경 전달은 뇌의 양쪽에 모두 연결되어 있다.

양안: 두 눈은 겹쳐진 시야가 있다.

정확한 거리 추정으로 깊이 지각이 가능해진다.

(a)

© Cengage Learning

(b)

MarcelClemens/Shutterstock.com

그림 20.12

(a) 입체시. (b) 사진은 이 사람을 볼 때 오른쪽 눈과 왼쪽 눈이 보는 것을 보여 준다. 이 페이지를 눈에서 15~20cm 정도 떨어져서 본다. 눈을 교차시키면서 두 사진 사이에 중첩되는 이미지에 초점을 맞춘다. 그렇게 해서 여인상을 하나의 이미지로 융합하려고 노력해 보라. 성공적이라면 삼차원이 마술처럼 나타날 것이다.

우리는 다양한 *깊이 단서*로부터 정보를 통합하여 삼차원 공간 지각을 구축하는 법을 배운다(Schiller et al., 2011). **깊이 단서**(depth cue)는 거리와 공간에 관한 정보를 제공하는 환경의 특징과 몸으로부터의 메시지이다. 어떤 단서는 두 눈을 필요로 하고[**양안 깊이 단서**(binocular depth cue)], 다른 단서는 오직 눈 하나로도 작동한다[**단안 깊이 단서**(monocular depth cue)].

양안 깊이 단서

깊이 지각의 가장 기본적인 출처는 *망막 부등*이다(좌안과 우안에 도달하는 이미지상의 차이). 망막 부등은 눈이 약 7.6cm 떨어져 있다는 사실에 기초하고 있다. 이것 때문에 각 눈은 세상에 관해 약간 다른 시점을 갖게 된다. 다음과 같이 해 보라. 손가락 하나를 눈앞에서 코에 가장 가깝게 놓아라. 먼저 한쪽 눈을 감고 다음에 다른 쪽 눈을 감는데 계속 반복하라. 그러면 각 눈에 도달하는 상이한 이미지를 보기 때문에 손가락이 앞뒤로 뛰는 것처럼 보이게 된다. 그러나 2개의 상이한 이미지가 하나의 전체 이미지로 융합되면 **입체시**(stereoscopic vision, 삼차원 시각)가 생긴다(Harris & Jenkin, 2011). 이렇게 생기는 강력한 깊이의 감각은 삼차원 영화를 만드는 데 사용될 수 있다(그림 20.12).

*수렴*은 두 번째 양안 깊이 단서이다. 먼 물체를 볼 때 두 눈으로부터 나오는 시선은 평행하다. 보통은 이를 자각하고 있지 않지만 (캐치볼을 하거나 쓰레기통에 휴지를 던져 넣을 때처럼) 15m 이내의 거리를 추정할 때마다 수렴을 이용하고 있다. 어떻게? 눈에 붙어 있는 근육은 눈의 위치에 관한 정보를 뇌에 전달하여 거리를 판단하는 데 도움을 준다(그림 20.13).

과하게 하면 수렴을 느낄 수 있다. 손톱에 초점을 맞추고 눈이 사시가 될 정도까지 눈 쪽으로 끌어당겨라. 손톱을 가까이 끌어당길수록 눈의 움직임을 통제하는 근육이 더 세게 작업하는 것을 느낄 수 있다.

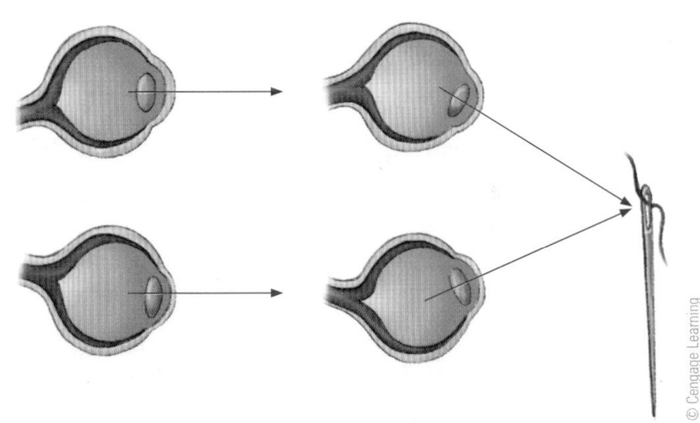

© Cengage Learning

그림 20.13

가까운 물체에 초점을 맞추기 위해서 두 눈은 수렴하거나 코 쪽으로 돌아가야 한다. 눈은 머리 위에서 본 모습이다.

깊이 지각 삼차원 공간을 보고 거리를 정확하게 판단하는 능력
깊이 단서 거리와 공간에 관한 정보를 제공하는 신체로부터 나오는 메시지와 환경의 특징
양안 깊이 단서 삼차원 공간과 거리에 관한 정보를 얻는 데 두 눈이 필요한 지각적 특징
단안 깊이 단서 삼차원 공간과 거리에 관한 정보를 얻는 데 오직 한 눈이 필요한 지각적 특징
입체시 눈이 상이한 상을 받는 결과로 인해 공간과 깊이를 지각

눈이 하나뿐인 사람도 깊이를 지각할 수 있는가? 그렇기는 하지만 두 눈을 가진 사람만큼은 아니다. 한 눈을 감은 채로 운전을 하거나 자전거를 타 보라. 차를 너무 일찍 또는 늦게 멈추는 자신을 발견할 것이며, 속도를 추정하는 데 어려움이 생긴다. ("경관님, 제가 읽은 심리학 교재에서 그러는데요….") 그럼에도 불구하고 평소보다 더 힘들기는 하지만 운전을 할 수는 있다. 눈 하나로도 여전히 단안 깊이 단서를 이용할 수 있기 때문에 운전할 수 있다.

단안 깊이 단서

이름이 함의하듯이 단안 깊이 단서는 한 눈으로도 지각될 수 있다. 그런 한 가지 단서가 *조절*인데, 가까운 물체에 초점을 맞추기 위해 수정체가 휘는 것이다. 각 수정체에 붙어 있는 근육으로부터 나온 감각이 뇌로 흘러 들어간다. 이러한 감각의 변화는 1.2m 내의 거리를 판단하는 데 도움을 준다. 이 정보는 눈 하나만을 사용하더라도 가용하므로 조절은 단안 단서이다. 1.2m가 넘으면 조절은 유용성이 제한된다. 명백하게 조절은 농구선수나 자동차 운전사보다는 시계수리공이나 바늘에 실을 꿰는 사람에게 더 중요하다. 다른 단안 깊이 단서는 *그림 깊이 단서*라고 하는데 괜찮은 영화, 그림, 사진을 보면 아무것도 없는 곳에서도 깊이에 관한 설득력 깊이 감각을 생성한다.

이차원 표면에 깊이 착시는 어떻게 만들어지는가? 그림 깊이 단서(pictorial depth cue)는 공간, 깊이, 거리에 관한 정보를 전하는 그림, 도안, 사진에서 발견되는 특징이다. 이러한 단서들이 어떻게 작동하는지를 이해하기 위해서 창문을 통해 밖을 바라보고 있다고 상상해 보자. 만일 여러분이 보는 모든 것을 유리 위에 그린다면 탁월한 도안이 될 것이다. 그러고 나서 유리 위에 있는 것을 분석한다면 다음과 같은 특징들을 발견할 것이다.

1. **선형 조망.** 이 단서는 환경에서 눈에 보이는 평행선의 수렴에 기초하고 있다. 만일 여러분이 철도 사이에 서 있다면 실제로는 철도는 어디든지 평행선이겠지만 지평선 가까이에서는 서로 만나는 것처럼 보인다. 평행이라는 것을 여러분이 알고 있기 때문에 철도의 수렴은 먼 거리를 뜻한다(● 그림 20.14a).
2. **상대적 크기.** 상이한 거리에서 있는 동일한 크기의 두 물체를 화가가 그리기를 원한다면 더 멀리 있는 물체를 더 작게 만든다(● 그림 20.14b). 행성, 비행기, 괴물 등의 이미지 크기를 빠르게 변화시키는 영화의 특수 효과로 깊이에 대한 감각적인 착시를 만든다.
3. **그림 평면에서 높이.** 그림에서 높게 (지평선에 가깝게) 있는 물체는 더 멀리 있는 것으로 지각되는 경향이 있다. 그림 20.14b의 상단 그림 중 검은 기둥들은 멀리 물러나고 있는 것처럼 보이는데 점점 더 작아질 뿐만 아니라 그림에서는 더 위로 움직이고 있다.
4. **빛과 그림자.** 대부분의 물체는 빛과 그림자의 분명한 패턴을 만드는 방식으로 조명을 받는다. 빛과 그림자의 그러한 패턴을 모방하면 이차원 다자인에 삼차원 외양을 줄 수 있다(● 그림 20.14c). (또한 빛과 그림자에 대한 정보를 더 보려면 ● 그림 20.15를 먼저 보라.)

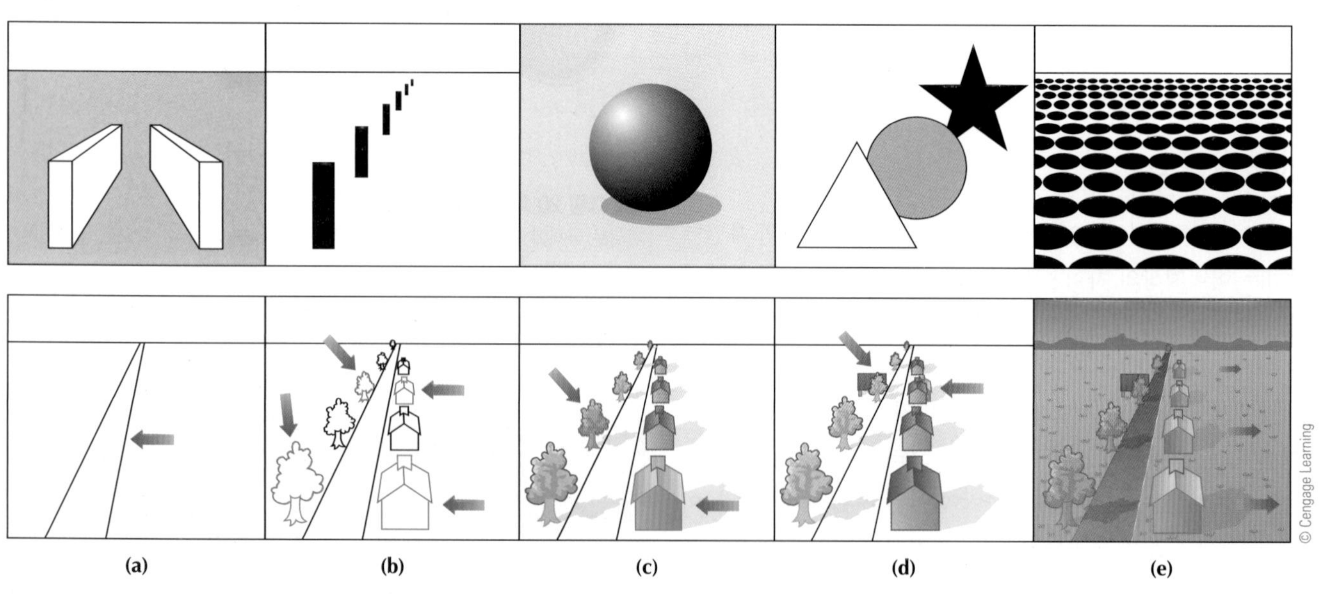

● 그림 20.14
(a) 선형 조망. (b) 상태적 크기. (c) 빛과 그림자. (d) 가림. (e) 결 기울기. 상단 열의 도안들은 각 그림 깊이 단서의 꽤 '순수한' 예이다. 하단 열은 그림 깊이 단서가 좀 더 실제적인 장면에서 조립되는 데 사용된다.

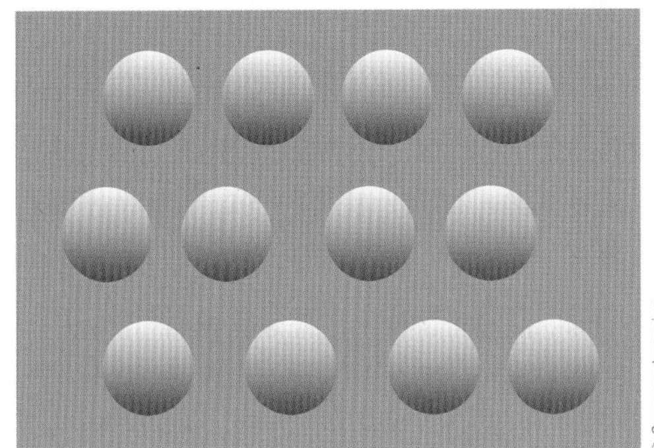

그림 20.15
(위) 깊이를 판단할 때 우리는 보통 빛이 주로 한 방향에서 오며 보통은 위에서 온다고 가정한다. 여러분이 여기서 본 이미지를 눈을 가늘게 떠서 약간 희미하게 본다…. 여러분은 밖으로 투영된 구의 무리를 지각하게 될 것이다. 만일 이 페이지를 위아래를 바꾸면 구는 오목하게 보인다. (Ramachandran, 1995에서 가져옴) (좌) 유명한 미술가 M. C. 에셔는 1953년 작 석판화 〈상대성〉에서 발견되는 빛에 관한 우리의 가정을 위반하여 깊이에 대한 극적인 착시를 만들었다. 이 석판인쇄에서 빛은 장면의 모든 측면에서 오는 것처럼 보인다.

5. **가림.** 가림 또는 *중첩*은 한 물체가 다른 물체를 부분적으로 막았을 때 생긴다. 두 손을 들어 교실 저편에 있는 친구에게 어느 손이 더 가까운지를 물어보라. 한 손이 다른 손보다 훨씬 더 가깝다면 상대적인 크기가 답을 줄 것이다. 그러나 만일 한 손이 다른 손보다 조금밖에 더 가깝지 않다면 한 손이 다른 손 앞쪽에 오기 전에는 여러분의 친구는 구분을 할 수 없을 것이다. 그런 상태에서 가림은 모든 의혹을 제거한다(● 그림 20.14d).
6. **결 기울기.** 결의 변화 또한 깊이 지각에 기여한다. 만일 여러분이 자갈길 한가운데에 서 있으면 발밑에는 자갈이 듬성듬성 보일 것이다. 그러나 자갈이 만드는 결은 먼 곳을 바라보면 점차 작아지고 가늘어진다(● 그림 20.14e).
7. **대기 조망.** 스모그, 안개, 먼지, 아지랑이는 물체의 눈에 보이는 거리에 더해진다. 대기조망 때문에 멀리 있는 물체는 흐릿하고, 색이 바래고, 두루뭉술해지는 경향이 있다. 대기 중 연무는 없으면 가장 눈에 띈다. 멀리 있는 산을 아주 맑은 날 본 적이 있는가? 산은 수 킬로미터 정도밖에 안 떨어져 있는 것처럼 보인다. 실제로 아주 맑은 날에는 80km 떨어진 산도 보인다.
8. **상대적 운동.** 운동 *시차*라고도 알려진 상대적 운동은 창밖을 보면서 머리를 좌우로 움직이면 보인다. 가까운 물체는 머리를 움직이면 상당히 크게 움직인다. 멀리 있는 나무, 집, 전신주는 배경에 비해 조금밖에 움직이지 않는 것처럼 보인다. 아주 멀리 있는 언덕, 산, 구름은 전혀 움직이는 것처럼 보이지 않는다.

그림 단서들은 조합이 되면 강력한 깊이 착시를 만들어 낼 수 있다. (지금까지 논의된 모든 그림 단서가 표 20.1에 있다.)

표 20.1 시각 깊이 단서 요약

양안 깊이 단서
• 망막 부등
• 수렴
단안 깊이 단서
• 조절
• 그림 깊이 단서(아래에 나열)
선형 조망
상대적 크기
그림 표면에서 높이
빛과 그림자
가림
결 기울기
대기 조망
상대적 운동(운동 시차)

그림 깊이 단서 공간, 깊이, 거리에 관한 정보를 전하는 회화, 소묘, 사진에서 발견되는 단안 깊이 단서

운동 시차가 정말로 그림 단서인가? 엄격하게 말하자면 이차원 영화, 텔레비전, 만화영화의 세계를 제외하고는 그림 단서라고 할 수는 없다. 그러나 시차를 제시하면 우리는 언제나 깊이를 지각한다(Yoonessi & Baker, 2011). 괜찮은 영화에서 눈에 보이는 깊이의 많은 것들은 카메라가 잡아낸 상대적 운동에서 나온다. ● 그림 20.16은 운동 시차의 정의적인 특징을 묘사하고 있다. 여러분이 버스를 타고 (도로를 직각으로 응시하면서) 지나가는 풍경을 바라보고 있다고 상상해 보자. 이러한 조건에서 가까운 물체들은 *뒤쪽으로* 빠르게 지나가고 있는 것으로 보인다. 멀리 있는 산 같은 것들은 아주 조금 또는 전혀 움직이지 않는 것처럼 보인다. 달이나 태양처럼 아주 멀리 있는 대상은 여러분이 여행하는 *동일한* 방향으로 움직이는 것처럼 보인다. (이것이 산책할 때 태양이 여러분을 '따라오는' 것처럼 보이는 이유이다.)

그림 20.16
여행 동안 보이는 물체들의 외현 움직임은 관찰자로부터의 거리에 달려 있다. 외현 움직임은 또한 관찰자의 응시점에 영향을 받을 수 있다. 중간 거리에서 응시점보다 더 가까운 물체는 뒤쪽으로 움직이는 것처럼 보인다. 응시점 이상의 물체는 앞쪽으로 움직이는 것처럼 보인다. 태양이나 달처럼 굉장히 먼 거리에 있는 물체는 항상 앞쪽으로 움직이는 것처럼 보인다.

모듈 20: 요약

20.1 일반적으로 지각은 어떻게 구축되는가?

- 20.1.1 지각은 감각을 세상을 의미 있는 정신적 표상으로 구축하는 능동적 과정이다.
- 20.1.2 지각은 동시에 발생하고 있는 상향처리와 하향처리에 기반을 둔다. 완전한 지각을 위해 '상향' 방식으로 작은 감각 세부특징이 조립되고, 세부특징을 의미 있는 전체로의 조직화를 도와주도록 '하향' 방식으로 적용되는 기존 지식이 안내한다.
- 20.1.3 전경과 배경을 구분하는 것이 가장 기본적인 지각적 조직화이다.
- 20.1.4 형태주의 원리 또한 감각을 조직화하는 것을 돕는다. 여기에는 근접성, 유사성, 연속성, 폐쇄, 시간적 근접성, 공통 영역이 있다.
- 20.1.5 지각적 조직화는 증거가 상반될 때까지 유지되는 가설로 간주될 수도 있다.
- 20.1.6 시각에서 망막에 투영된 이미지는 일정하게 변하며 외부 세계는 안정되고 왜곡되지 않게 보이는데, 이는 크기, 모양, 밝기 항등성 때문이다.

20.2 깊이를 보고 거리를 판단하는 것이 어떻게 가능한가?

- 20.2.1 깊이 지각이라는 기본적이고 선천적인 능력은 태어나자마자 존재한다.
- 20.2.2 깊이 지각은 망막 부등과 수렴이라는 양안 단서에 의존한다.
- 20.2.3 깊이 지각은 또한 조절이라는 단안 단서에 의존한다.
- 20.2.4 단안 그림 깊이 단서 또한 깊이 지각의 기초가 된다. 여기에는 선형 조망, 상대적 크기, 그림 면에서의 높이, 빛과 그림자, 가림, 결 기울기, 대기 연무, 운동 시차가 있다.

모듈 20: 지식 쌓기

암기

1. 정보의 하향처리에서 개개의 세부특징들은 의미 있는 전체를 향해 분석되고 조립된다. O X
2. 가끔은 의미 있는 지각적 조직화가 추측이나 ________을 반영하는데, 이는 여기에 반대되는 증거가 나올 때까지 유지된다.
3. 넥커의 육면체는 불가능한 도형을 대표하는 좋은 사례이다. O X
4. 기본적인 지각적 항등성의 대상이 되는 것은 다음 중 어느 것들인가?
   a. 전경-배경 조직화 **b.** 크기
   c. 애매성 **d.** 밝기
   e. 연속성 **f.** 폐쇄
   g. 모양 **h.** 근접성
5. 시각 절벽은 유아의 선형조망을 검사하기 위해 사용된다. O X
6. 다음에 제시된 깊이 단서들 중 단안 단서는 M, 양안 단서는 B로 표시하라.
   조절 ________
   수렴 ________
   망막 불일치 ________
   선형조망 ________
   운동시차 ________
   겹침(중첩) ________
   상대적 크기 ________
7. 영화는 특히 ____________깊이 단서로 인하여 3D 착시를 만들어 낼 수 있다.

반영

비판적으로 생각하기

8. LSD 또는 메스칼린 등의 환각제를 복용한 사람들은 종종 자신들이 보고 있는 대상과 사람들이 크기, 형태, 밝기가 변하는 것처럼 보인다고 보고한다. 이러한 사실은 그런 약물들이 어떤 지각적 과정을 방해한다고 제안하는가?

자기반영

여러분이 주위 영역을 둘러볼 때, 형태주의 법칙이 여러분의 지각을 조직화하는 데 어떻게 도움을 주고 있는가? 각 법칙에 대한 구체적인 예를 찾으려고 해 보라.

안정된 지각적 세계를 유지하는 데 항등성이 왜 중요한가?

액션영화와 비디오게임을 흥미진진하게 만드는 이유 중 일부는 이것들이 만드는 깊이감에 근거하고 있다. 그림 깊이 단서의 목록으로 되돌아가 보라. 깊이를 묘사하는 데 어떤 단서들이 사용됐는가? 최근에 본 영화나 게임에서 구체적인 예를 생각해 보라.

정답

1. X **2.** 가설 **3.** X **4.** b, d, g **5.** X **6.** 조절(M), 수렴(B), 망막 불일치(B), 선형조망(M), 운동시차(M), 겹침(중첩)(M), 상대적 크기(M) **7.** 운동시차 **8.** 지각적 항등성(크기, 형태, 밝기)

21 Module

감각과 지각: 지각과 객관적 타당성

잃어버린 공 찾기

(골프 실력이 엉망인) 저자 중 한 명은 때때로 (골프 실력이 출중하신) 아버지와 함께 골프 라운딩을 해야만 한다. 같이 골프하러 간 사람은 치는 것마다 페어웨이 한가운데에 척척 떨어지는데, 여러분은 공 찾으려고 하루 종일 여기저기를 헤매야 한다고 생각해 보라. 그리고 이제 상대방이 그 잃어버린 공도 찾아준다고 상상해 보라. 그 사람이 이 책의 저자이다. (에휴~~)

많은 운동경기에서 노련한 선수는 초보 선수보다 중요 정보에 주의를 기울이는 데 훨씬 더 낫다. 초심자와 비교해서 전문가는 행동과 사건을 더 빠르게 훑어보고 가장 중요한 의미 있는 정보에만 집중한다. 이로써 전문가는 판단과 반응을 더 빠르게 하게 된다. 사실상 다양한 과정이 우리의 지각을 형성하지만, 세상에 대한 완전한 모형과는 거리가 있다. 우리의 지각적 경험의 정확성에 영향을 주는 요인을 조사해 보자.

Lars Baron/Getty Images

SURVEY QUESTIONS

21.1 어떻게 기대, 동기, 감정, 학습이 지각을 바꾸는가?

21.2 어떻게 사건을 좀 더 정확하게 지각할 수 있는가?

지각 학습—믿는 것이 보는 것이다

SURVEY QUESTION 21.1 어떻게 기대, 동기, 감정, 학습이 지각을 바꾸는가?

우리는 시지각을 구축하는 데 형태주의 조직화 원리, 지각적 항등성, 깊이 단서를 사용한다(모듈 20 참조). 모든 과정과 다른 과정들이 공통적이고, 부분적으로는 타고난 우리의 지각 능력의 핵심을 이루고 있다. 게다가 우리는 우리의 지각에 하향 방식으로 영향을 줄 수 있는 특정한 삶의 경험을 제각각 가지고 있다. 예를 들어 우리가 지각하는 것은 *지각적 기대*, 동기, 정서, 그리고 *지각적인 습관*에 의해 바뀔 수 있다.

지각적 기대

지각적 기대란 무엇인가? 만일 여러분이 육상대회의 출발선에 있는 달리기 선수라면 어떤 방식으로든 반응하려는 준비를 하고 있다. 차가 폭발음을 내도 출발선에 있는 선수들은 성급하게 출발할 것이다. 유사하게 과거 경험, 동기, 맥락 또는 제안은 어떤 특정한 방식으로 지각하게끔 여러분을 준비시키는 **지각적 기대(갖춤새)**[perceptual expectancy(set)]를 만들 수도 있다. 사실상 우리는 모두 빈번하게 지각할 때 경솔하게 행동한다. 본질적으로 기대는 우리가 자극에 적용하는 것이 부적합한 경우에도 적용할 가능성이 가장 높은 지각적 가설이다.

지각적 갖춤새는 종종 우리로 하여금 우리가 *기대*하는 것을 보게 만든다. 예를 들어 운전을 하면서 방금 여러분이 불법적인 차선 변경을 했다(또는 휴대폰 문자를 보냈다!?)고 하자. 그리고 나서 번쩍이는 불을 보았다. '제기랄! 망했군.' 이렇게 생각하고는 차를 세우고 경찰을 기다린다. 그러나 차를 세우려고 하는데 번

관점 I

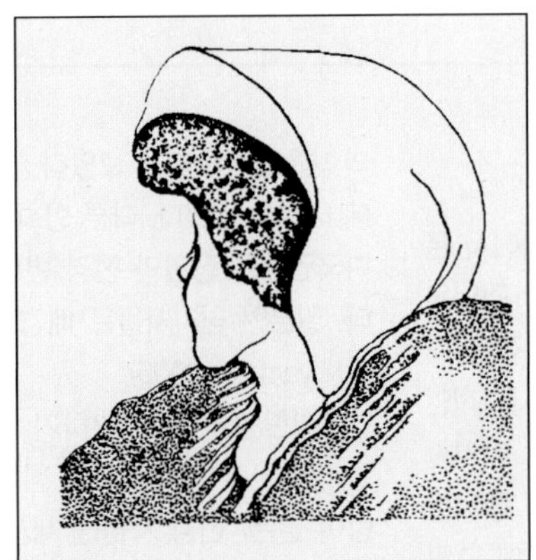
관점 II

관점 III

그림 21.1
젊은 여인/늙은 여인 삽화. 지각적 기대에 대한 흥미 있는 예시로서 친구에게 (다른 관점들을 가린 채로) 관점 I과 관점 II를 보여 주어라. 다음에 관점 III을 보여 주고 무엇을 보고 있는지를 물어보라. 관점 I을 본 사람들은 관점 III에서 늙은 여인을 볼 것이며, 관점 II를 본 사람들은 관점 III에서 젊은 여인을 볼 것이다. 둘 다 볼 수 있는가? (Leeper, 1935에서 가져옴)

쩍이는 방향 지시등을 장착한 자동차라는 것을 깨닫는다. 대부분의 사람들이 기대가 지각을 바꾸는 이런 유사한 경험을 가진 적이 있다. 지각적 경험을 직접 관찰하려면 ● 그림 21.1에 기술한 보기를 해 보라.

지각적 기대는 빈번하게 *제안*으로 생성된다. (와인 찬양자들이 주목해야 하는) 한 연구에서 10만 원짜리 와인을 받은 참가자들은 만 원짜리 와인보다 더 맛이 좋다고 보고하였다. fMRI 이미지는 참가자들이 더 비싼 와인을 맛볼 때 뇌 영역이 더 활성화된다고 확인해 주었다(Plassmann et al., 2008). 두 경우 모두 동일한 와인이 제공되었다는 것이 반전이다. 와인이 비싸다고 제안을 함으로써 그 와인이 더 맛이 좋을 것이라는 기대를 만들었다. 그리고 그런 결과가 얻어졌다(광고인 또한 주목해야 한다). 유사한 방식으로 '폭력조직원', '정신병 환자', '(남자) 동성애자', '불법 이민자', '싸구려'라고 꼬리표가 붙은 사람들은 왜곡되게 지각하기가 쉽다.

동기, 정서, 그리고 지각

우리의 동기와 정서가 또한 우리의 지각을 형성하는 데 역할을 한다. 예를 들어, 배가 고프면 음식은 물론 음식 관련된 단어도 음식과 관련이 없는 단어보다는 우리의 주의를 끌기 쉽다(Mogg et al., 1988; Werthmann et al., 2011). 광고인들은 우리 사회에 만연한 두 가지 동기인 *불안*과 *성*을 이용하고 있다. 자동차 타이어에서 성형수술까지 모든 것이 성을 이용해서 주의를 끌려고 상품 홍보가 되고 있다(Hennink-Kaminski & Reichert, 2011). 다른 광고들은 성을 불안과 조합한다. 체취 제거제, 비누, 치약, 그리고 수도 없는 다양한 제품에 매력적이고 '섹스어필'하고 당혹감을 피하고자 하는 사람들의 욕구를 자극하는 광고가 끼어든다.

우리의 정서 또한 우리의 지각을 형성한다(Yiend, 2010). 심리학자 Barbara Fredrickson에 따르면 부정적 정서는 일반적으로 우리의 지각적 초점 또는 '스포트라이트'를 좁게 만들어 무주의맹시의 가능성을 증대시킨다. 대조적으로 긍정적인 정서는 주의의 폭을 확장시킬 수 있다(Fredrickson & Branigan, 2005). 예를 들어 긍정적 정서는 사람이 다른 인종인 사람을 잘 재인할 수 있는 정도에 영향을 줄 수 있다. 얼굴을 재인하는 데 있어서 일관되게 타인종 효과가 발생한다. 다른 인종 집단에서 온 사람을 지각하는 데 "나한테는 전부 비슷해 보인다"는 식이다. 얼굴 재인 검사에서 사람들은 자기와 같은 인종을 다른 인종보다 훨씬 더 잘 재인한다. 그러나 사람이 긍정적인 기분이라면 다른 인종인 사람을 재인하는 능력이 향상된다(Johnson & Fredrickson, 2005).

타인종 효과의 주된 이유는 우리가 전형적으로 같은 인종의 사람들과 더 많은 경험을 가졌기 때문이다. 결과적으로 우리는 다른 사람을 재인하는 데 도움을 주는 특징들에 친숙하게 된다. 다른 집단에게는 어떤 얼굴을 다른 얼굴과 정확하게 분리하는 데 필요한 지각적 경험이 결여되어 있다(Megreya, White, Burton, 2011; Sporer, 2001). 그러한 차이가 다음에 다룰 주제인 지각적 학습의 중요성을 나타낸다.

다른 인종 집단의 구성원이 지각적 갖춤새를 발전시켜서 내집단 얼굴을 다르게 보게 됐다고 한다면 우리 모두는 그 외의 것들

지각적 기대(갖춤새) 강력한 기대로 유발된 특정한 방식으로 지각하려는 준비성

인간 다양성

그들이 우리가 보는 걸 보는가?

심리학자 Richard Nisbett과 그의 동료들에 따르면 다른 문화에서 온 사람들은 실제로 세상을 다르게 지각한다고 한다. 유럽에서 건너온 미국인들은 자신과 개인적인 통제감에 초점을 두는 경향이 짙은 개인주의자들이다. 반면에 동아시아 사람들은 대인 간 관계와 사회적인 책임에 초점을 두는 경향이 있는 집단주의적인 사람들이다. 이러한 결과로 유럽에서 건너온 미국인들은 내적 요인의 측면에서 행위를 지각하는 경향이 있다("그녀는 그렇게 하려고 선택했기 때문에 그렇게 했다."). 이에 비해 동아시아 사람들은 사회적 맥락에서 행위를 지각한다("그것이 자신이 지고 있는 가족에 대한 책임이기 때문에 그가 그렇게 했다.")(Henrich, Heine, & Norenzayan, 2010; Norenzayan & Nisbett, 2000).

그러한 문화적 차이가 사물과 사건에 대한 일상의 지각에 영향을 줄까? 분명히 그렇다. 한 연구에서 미국인과 일본인 연구 참가자에게 경작지 같은 일상적인 풍경을 보여 주었다. 나중에 이 장면에 약간의 변화를 준 것을 보았다. 일부 변화는 장면의 주요 지점이나 전경에 대해서 있었다. 다른 변화는 장면의 주변 맥락이나 배경에 있었다. 미국인들은 장면의 전경 변화를 탐지하는 데 뛰어난 것으로 밝혀졌다. 일본인 참가자들은 배경을 바꿔 놓은 것을 더 잘 찾았다(Nisbett & Miyamoto, 2005).

이러한 차이를 설명하기 위하여 Chua와 Boland, Nisbett(2005)은 미국인과 중국인 연구 참가자에게 (정글 같은) 배경 위에 놓인 (호랑이 같은) 전경 사진을 제시하고 눈 움직임 패턴을 감시하였다. 미국인들은 전경에 눈 움직임이 집중되었다. 중국인들은 배경 주위에 눈 움직임이 더 집중되었다. 다른 말로 하면 서양인들은 주의의 초점이 좁은 반면에 동양인들은 주의의 초점이 넓다(Boduroglu, Shah, & Nisbett, 2009). 명백하게 우리가 살고 있는 사회가 우리의 가장 기본적인 지각 습관에 영향을 줄 수 있다(Hedden et al., 2008). 지각 스타일의 이러한 차이가 동양과 서양 미술에 표현된 예술적이고 미적인 선호에까지 영향을 주었다(Masuda et al., 2008).

을 *동일하게 보게 되지 않을까?* 답은 글상자 "그들이 우리가 보는 걸 보는가?"에 있다.

지각적 습관

영국은 자동차를 우측통행시키는 몇 안 되는 나라 중의 하나이다. 이런 정반대 규칙 때문에 해외 방문자들이 차 앞에 있는 장애물을 보고 차에서 내리는 상황은 특이한 일도 아닌데, 잘 살펴보면 엉뚱한 진입로를 들어온 것이다. 이 같은 보기에서 알 수 있듯이 학습은 지각에서 하향처리에 강력한 영향을 미친다.

어떻게 학습이 지각에 영향을 미치는가? **지각적 학습**(perceptual learning)은 감각 정보를 지각으로 구축하는 방식을 바꾸는 뇌의 변화를 말한다(Moreno et al., 2009). 예를 들어 컴퓨터를 사용하려면 여러분은 아이콘과 커서 같은 특정한 자극에 주의를 기울이는 법을 배워야 한다. 또한 처음에는 같은 것처럼 보이는 자극들 사이의 차이를 구분하는 법을 배워야 한다. 음식을 처음 만들어 보는 사람은 콩나물과 숙주나물을 구분하는 법을 배워야 한다. 다른 상황에서는 자극 집단에서 한 부분에만 주목하는 법을 배운다. 이렇게 하면 집단 내에 있는 모든 자극을 처리해야만 하는 수고를 덜어 준다. 예를 들어 미식축구에서 중간 수비수는 상대를 전부 살펴보지 않고 핵심 상대 공격수를 관찰해서 다음 공격에 공을 들고 뛰게 할지 던져서 받게 할지를 구분할 수가 있다(Gorman, Abernethy, & Farrow, 2011; Seitz & Watanabe, 2005).

전반적으로 학습은 매일의 경험에 영향을 주는 *지각적 습관*—조직화와 주의의 몸에 밴 패턴—을 만든다. 잠시 멈춰서 ● 그림 21.2를 보라. 왼쪽에 있는 얼굴은 약간 특이하게 보인다. 틀림없다. 그러나 페이지 위아래를 완전히 돌려서 보기 전까지는 왜곡 정도는 경미해 보인다. 정상적인 위치로 보면 얼굴은 상당히 기괴하게 보인다. 차이가 생기는 이유가 뭘까? 정상적인 위치에서 얼굴을 볼 때는 무엇이 기대되고 어디를 봐야 하는지를 알고 있다. 또한 여러분은 전체 얼굴을 재인 가능한 패턴으로 보는 경향이 있다. 얼굴이 거꾸로 되면 우리는 각 개별 세부특징들을 구분해서 지각하도록 강요당한다(Caharel et al., 2006).

그림 21.2
지각에 대한 기존 경험의 효과. 변조된 얼굴은 정상적인 위치로 보면 훨씬 더 끔찍한데 과거 경험과 연관될 수 있기 때문이다.

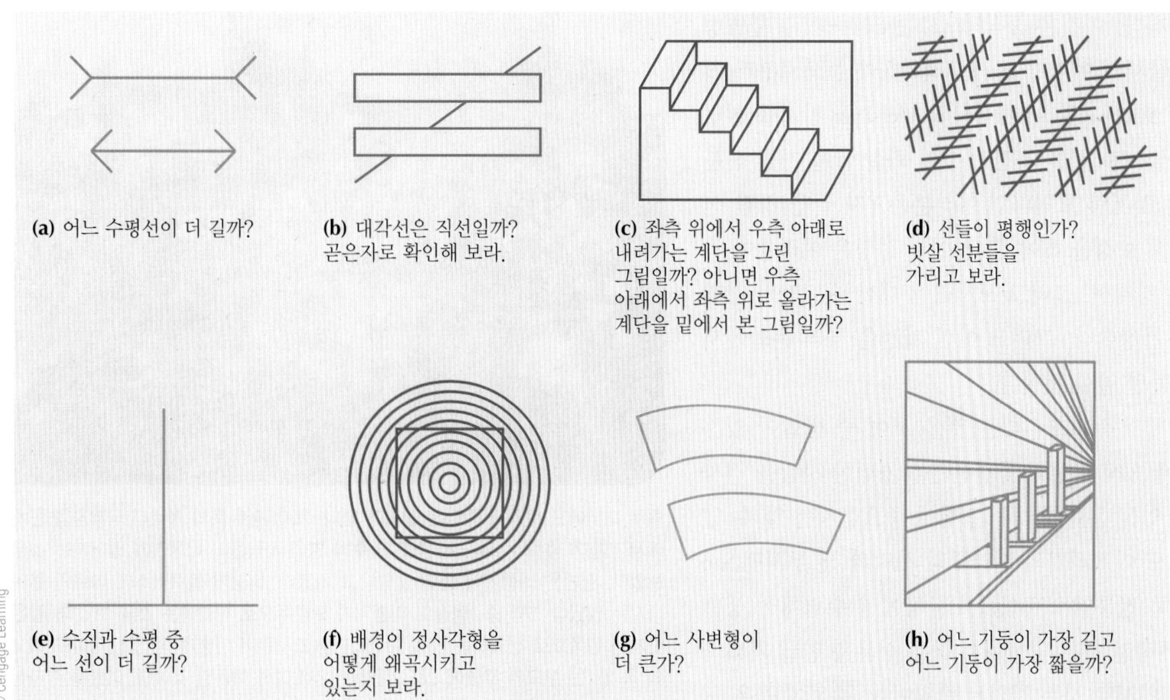

(a) 어느 수평선이 더 길까?
(b) 대각선은 직선일까? 곧은자로 확인해 보라.
(c) 좌측 위에서 우측 아래로 내려가는 계단을 그린 그림일까? 아니면 우측 아래에서 좌측 위로 올라가는 계단을 밑에서 본 그림일까?
(d) 선들이 평행인가? 빗살 선분들을 가리고 보라.
(e) 수직과 수평 중 어느 선이 더 길까?
(f) 배경이 정사각형을 어떻게 왜곡시키고 있는지 보라.
(g) 어느 사변형이 더 큰가?
(h) 어느 기둥이 가장 길고 어느 기둥이 가장 짧을까?

그림 21.3
흥미 있는 지각적 착시. 이러한 착시는 지각적으로 잘못 구축하는 것이 시지각의 정상적인 부분임을 드러낸다.

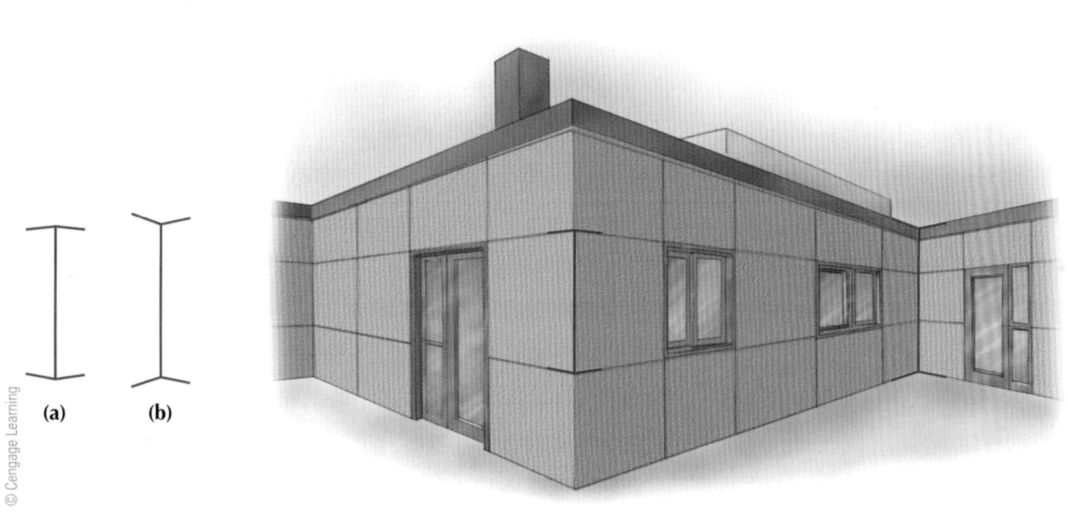

그림 21.4
왜 Müller-Lyer 착시에서 선분 (b)가 선분 (a)보다 더 길게 보이는가? 아마도 가까운 모서리보다 더 멀리 있는 모서리처럼 보이기 때문일 것이다. 수직 선분이 동일한 길이의 이미지를 형성하기 때문에 더 '멀리 있는' 선분이 더 길게 지각되어야만 한다. 오른쪽에 있는 도안에서 여러분이 볼 수 있듯이 추가 깊이 단서는 Müller-Lyer 착시를 두드러지게 한다.

Müller-Lyer 착시 *지각적 습관이 다른 착시를 설명할 수 있을까?* 지각적 습관은 일부 착시의 설명에 역할을 한다. 전반적으로 그림 21.3에 있는 착시가 경험되는데, 크기 항등성과 모양 항등성, 습관적인 눈 움직임, 연속성, 그리고 지각적 습관이 다양한 방식으로 조합된다. 전부 설명하려고 시도하기보다는 믿기 힘든 간단한 예에 집중해 보자.

그림 21.3a의 도안을 보자. Y자 끝을 가진 선분보다 화살 끝을 가진 수평 선분이 더 짧게 보이는 친숙한 **Müller-Lyer 착시**(Müller-Lyer illusion)이다. 자로 재 보면 같은 길이임을 알 수 있다. 이 착시를 어떻게 설명할 수 있는가?

방과 건물의 모서리에 대한 일생의 경험에 기초하고 있다는 증거가 있다. Richard Gregory(2000)는 화살 끝을 가진 선분(그림 21.4b)을 두 벽이 만나서 튀어나온 건물 모서리인 것으로 본다고 믿는다(그림 21.4a). 다른 한편으로 Y자 끝을 가진 선분은 두 벽이 만나는 건물 구석 모서리와 같다. (만일 두 선분이 배꼽이라면 (a)는 튀어나온 배꼽, (b)는 들어간 배꼽일 것이다.) 환언하면 삼차원 공간임을 제안하는 단서는 이차원 도안에 대한 지각을 바꾼다.

만일 두 물체가 동일한 크기의 이미지를 만들면 더 멀리 있는

지각적 학습 사전 경험으로 인한 지각에서의 변화. 뇌가 감각 정보를 처리하는 방식이 변화한 결과

Müller-Lyer 착시 Y자 형태 끝에 놓인 동일한 길이의 선분이 상이한 길이로 보인다.

물체는 더 커야만 한다. 이것은 공식적으로는 *크기–거리 불변성*으로 알려져 있다(물체의 이미지 크기는 정확하게 눈으로부터 거리와 관련이 있다). Gregory는 이 개념이 Müller-Lyer 착시를 설명한다고 믿는다. 만일 Y자 끝을 가진 선분이 화살 끝을 가진 선분보다 더 멀리 있는 것처럼 보인다면 여러분은 Y자 끝을 가진 선분을 더 길게 보도록 보정을 해야 한다. 이런 설명은 여러분이 곧은 선분, 날카로운 경계선, 그리고 모서리에 대한 수년간의 경험을 가지고 있음을 가정한다. 그리고 이런 가정은 우리 문화에서 꽤 무리 없이 받아들일 만한 것이다.

과거의 경험이 착시를 일으킨다는 것을 보여 줄 방법이 있는가? 만일 어릴 적에 오직 곡선과 물결선만을 경험한 사람을 검사한다면 '사각형'이 있는 문화에 대한 경험이 중요한지를 알 수 있을 것이다. 다행히도 아프리카의 칼라할리 사막의 샌 부시맨(San Bushmen)은 여전히 전통적으로 '둥근' 환경에서 수렵채취 생활을 하고 있다. 전통적인 샌은 일상에서 곧은 선분을 만날 기회가 거의 없다. 그들이 임시로 사는 주거는 반원이며, 주위에 곧은 도로나 사각형 건물은 거의 없다.

샌이 Müller-Lyer 도안을 본다면 어떤 일이 일어날까? 전형적인 전통적 샌은 착시를 경험하지 않는다. 기껏해야 Y자 끝을 가진 선분을 화살 끝을 가진 선분보다 약간 길게 본다(Henrich, Heine, & Norenzayan, 2010). 세계관을 결정하는 데 지각적 습관의 중요성을 확인해 주는 것처럼 보인다.

'착시 없는' 지각이 가능하기는 한가? 아마도 불가능할 것이다. 그러나 다음 절에서 사건을 좀 더 정확하게 지각하는 방법에 대한 아이디어를 제시한다.

AP Photo/John-Marshall Mantel, Pool

백주 대낮에도 목격자 증언은 신뢰가 없다. 2001년 뉴욕의 케네디 국제공항 근처에서 비행기 추락 사고가 발생했다. 수백 명의 사람들이 비행기가 떨어지는 것을 보았다. 절반은 비행기에 불이 붙었다고 하였다. 비행기 블랙박스에 따르면 불이 나지는 않았다. 5명 중 1명꼴로 비행기가 오른쪽으로 선회하는 것을 보았다. 같은 숫자가 왼쪽으로 선회하는 것을 보았다! 한 조사관이 이렇게 적었다. 아마도 최고의 목격자는 부모가 주변에 있지 않았던 12세 이하 아동일 것이다. 어른들은 자신의 기대로 인해 마음이 쉽게 흔들린다.

더 나은 삶의 목격자가 되기–주의를 주어라!

SURVEY QUESTION 21.2 어떻게 사건을 좀 더 정확하게 지각할 수 있는가?

법정에서 목격자 증언은 유무죄를 밝히는 열쇠가 된다. "이 두 눈으로 똑똑히 봤습니다."라는 주장은 여전히 배심원단에게 무게 있게 다가간다. (심리학을 수강하지 않은) 너무나 많은 배심원들이 목격자 증언은 거의 결코 틀릴 수가 없다고 믿는 경향이 있다(Brewer & Wells, 2006). 미국 판사들조차 목격자 증언에 지나친 낙관주의에 취약하다(Wise et al., 2010; Wise & Safer, 2010). 그러나 직설적으로 표현하자면 목격자 증언은 자주 틀린다(Shermer, Rose, & Hoffman, 2011). 예를 들어 저자 중 한 명이 그가 오인을 교정할 정보를 더 받지 못한 채로 슈퍼마켓에서 발생한 살인사건을 봤던 것을 법정에서 증인선서를 했었다는 것을 기억하라.

자신의 지각이 정확하다고 확신하는 목격자는 어떤가? 배심원은 그를 믿어야 하는가? 증언에 자신감이 있다는 것은 정확성과는 거의 아무런 관계가 없다(Brewer & Wells, 2006)! 불행히도 지각은 사건을 즉각 재생해 주는 경우가 거의 없다. 사람이 놀라거나, 협박당하거나, 또는 스트레스받을 때 형성된 인상은 특히 왜곡되기 쉽다(Yuille & Daylen, 1998). 경찰 라인업에서 25%가 *잘못된 사람*을 골랐다는 목격자 사례 연구가 있다(Levi, 1998). 심리학자들은 서서히 법률가, 판사, 경찰관에게 목격자 오류가 일반적이라는 사실을 납득시키고 있다(Yarmey 2010). 그럼에도 불구하고 수천의 사람들이 잘못된 유죄 판결을 받아 왔다.

범죄 피해자는 단순한 목격자보다 더 기억을 하지 않을까? 꼭 그렇지는 않다. 고전적 연구에 따르면 목격자 정확성은 피해자가 되는 것(자신의 시계를 도둑맞는 것)과 범죄 목격(휴대용 계산기가 도난되는 것을 보는 것)과 거의 같다고 밝혀졌다(Hosch & Cooper, 1982). 피해자의 증언에 더 비중을 둔다는 것은 심각한 착오다. 많은 범죄에서 피해자는 *무기 초점*(weapon focus)에 희생물이 되기 쉽다. 당연하게도 피해자들은 범인이 사용했던 칼, 총, 또는 다른 무기에 온 주의를 기울인다. 그렇게 함으로써 피해자들은 범인을 확인할 수 있는 생김새, 옷차림, 또는 다른 단서들에 대한 세부 내용을 알아차리지 못한다(Pickel, French, & Betts, 2003). 목격자 정확성을 일관되게 떨어뜨리는 추가 요인들을 표 21.1에 요약했다.

표 21.1 시각 깊이 단서 요약

오류의 출처	조사 결과의 요약
1. 질문의 단어 선택	사건에 관한 목격자의 증언은 목격자에게 물은 질문의 단어 선택에 영향을 받을 수 있다.
2. 사건 후의 정보	사건에 관한 목격자의 증언은 종종 실제로 본 것뿐만 아니라 나중에 얻은 정보도 반영한다.
3. 태도, 기대	사건에 관한 목격자의 지각과 기억은 목격자의 태도와 기대에 의해 영향을 받을 수도 있다.
4. 알코올 중독	알코올 중독은 사건을 회상하는 추후의 능력을 손상시킨다.
5. 인종 간 지각	목격자는 자신과 다른 인종보다는 동일한 인종 구성원을 확인하는 데 더 뛰어나다.
6. 무기 초점	무기의 존재로 인하여 목격자는 범인의 얼굴을 확인하는 능력이 손상된다.
7. 정확성–자신감	목격자의 자신감은 그의 정확성에 대한 좋은 지표가 되지는 못한다.
8. 노출 시간	목격자가 사건을 관찰한 시간이 짧으면 짧을수록 그 사건을 지각하고 기억하는 정확성이 더 떨어진다.
9. 무의식적 전이	목격자는 때때로 다른 상황이나 맥락에서 본 사람을 범인이라고 파악한다.
10. 색상 지각	(주황색 가로등 같은) 단색광 아래에서 이뤄진 색상 판단은 정말 믿기 어렵다.
11. 스트레스	스트레스 수준이 높으면 목격자 지각의 정확성이 손상된다.

출처: Wells & Olson, 2003; Yarmey, 2010에서 수정

함의

DNA 검사가 가용하게 된 이후에 미국에서 살인, 강간, 그리고 다른 범죄로 유죄판결을 받은 300명이 넘는 사람들이 무죄로 밝혀졌다. 이렇게 무고한 사람들의 75%가 주로 목격자 증언에 근거해서 유죄 판결을 받았다. 또한 각 사람들은 무죄 석방되기 전에 *몇 년*을 수용소에서 지냈다(Innocence Project, 2012). 얼마나 자주 일상의 지각이 감정적인 목격자의 지각처럼 부정확하거나 왜곡될까? 우리가 택하게 되는 답변은 '매우 자주'가 된다. 이것을 명심하면 여러분 자신의 객관성에 관해 더 조심하고 타인의 견해에 더 관대해지는 데 도움이 된다. 또한 여러분이 자신의 부분에 대한 *현실 검증*을 더 빈번하게 하도록 촉진한다.

어떤 사람이 여러분이 한 지각의 정확성을 점검하지도 않고 화나거나, 속상하거나 쌀쌀맞다고 결론을 짓는다면 여러분은 미묘한 함정에 빠진 것이다. 개인적 객관성은 찾기 힘든 질(quality)이고, 유지하기 위해서는 빈번한 현실 검증을 필요로 한다. 적어도 여러분이 의심이 있을 때 그가 느끼고 있는 것이 무엇인지를 물어보는 정도의 비용은 지불해야 한다. 분명히 우리들 대부분은 더 나은 '목격자'가 되는 방법을 배울 수 있다(Siegel, 2010).

전인적 인간: 지각적 정확성

어떤 사람은 사물을 다른 사람들보다 더 정확하게 지각하는가? 인본주의 심리학자 Abraham Maslow(1969)는 어떤 사람은 자신과 타인을 흔치 않은 정확성을 가지고 지각한다고 믿었다. Maslow는 이런 사람들을 특별하게 살아 있고, 열려 있으며, 자각하고, 정신적으로 건강하다고 특징지었다. 그는 그들의 지각적 유형이 현재에의 몰두—자의식의 결여와 선택, 비판, 또는 평가로부터 자유, 그리고 경험에 대한 일반적인 '투항'—라고 표시됨을 발견했다. Maslow가 묘사했던 유형의 지각은 갓 태어난 유아에 대해 갖는 어머니, 성탄절을 맞이한 어린이, 또는 사랑에 빠진 두 사람의 지각과 같다.

일상생활에서 우리는 예측가능하고 변하지 않는 자극에 대해 빠르게 *습관화*되고, 덜 반응한다. **습관화**(habituation)는 학습의 한 유형이다. 기본적으로 우리는 친숙한 자극에 주는 주의를 끊는 법을 배운다. 예를 들어 여러분이 아이튠즈에서 새로운 노래를 다운로드하면 처음에는 그 음악에 주의를 시종일관 쏟고 있다. 그러나 그 노래가 오래되면 거의 주의를 주지 않고 노래를 튼다. 자극이 *변화가 없이* 반복되면 우리의 반응은 습관화되거나 감소된다. 창의적인 사람들은 보통 사람들보다 더 천천히 습관화된다는 것은 흥미롭다. 우리는 그들이 반복되는 자극에 빠르게 지루해질 거라고 기대할 수도 있다. 대신에 창의적인 사람들은 자극이 반복되더라도 자극에 능동적으로 주의를 주는 것처럼 보인다(Colin, Moore, & West, 1996; Runco, 2012).

주의를 주는 것의 가치

평범한 사람은 "만일 여러분이 나무 하나를 보았다면, 여러분은 그 나무 전부를 본 것이다"는 다양성의 지각적 제약에 도달해 보

습관화 반복된 자극에 대한 지각적 반응의 감소

지 못한 반면에 우리들 대부분은 나무를 보고 '일반적인 나무'의 지각적 범주로 분류하면서 우리가 그런 기적을 알아보지도 못한다는 사실이다. 그날그날을 기초로 습관화의 반대인 **탈습관화**(dishabituation)를 어떻게 야기할 수 있는가? 지각적인 명료성에 몇 해의 노력이 필요한가? 다행히도 더 즉각적인 방안이 가용하다. 믿을 수 없게 단순한 탈습관화를 위한 해결책은 다음과 같다. 주의를 주어라. 다음의 이야기가 주의의 중요성을 요약한다.

> 어느 날 군중에서 한 사람이 선사에게 말했다. "선사님, 고결한 지혜를 위한 격언을 말씀해 주셨으면 감사하겠습니다."
>
> 선사는 즉각적으로 붓을 들어 "주의"란 말을 썼다.
>
> "이게 전부입니까?" 그 사람은 물었다. "더 해 주실 말씀은 없는지요?"
>
> 선사는 "주의, 주의"라고 두 번 써 줬다.
>
> "글쎄요." 약간은 짜증이 섞인 듯이 그 사람이 논평을 하였다. "나는 선사께서 써 주신 것에 깊이가 있다든가 절묘한 어떤 것이 있는지 보이지 않는데요."
>
> 그러자 선사는 "주의, 주의, 주의"라고 같은 단어를 세 번 반복해서 써 줬다. 반쯤은 화가 나서 그 사람이 따졌다. "도대체 '주의'란 말이 의미하는 바가 뭡니까?"
>
> 선사는 부드럽게 대답하였다. "주의는 주의입니다." (Kapleau, 1966)

여기에 오직 한 가지, 시인 윌리엄 블레이크가 제시한 생각을 더할 수 있다. "지각의 문을 깨끗이 씻으면 사람은 있는 그대로 무한한 모든 것을 보게 될 것이다."

삶에 대한 더 나은 '목격자'가 되는 방법

여러분이 지각적 자각과 정확성을 유지하고 향상시키는 데 도움이 되도록 이 모듈(그리고 감각 및 지각에 대한 다른 모듈)에서 나온 아이디어에 대한 개관을 제시한다.

1. *지각은 현실에 대한 구축임을 기억하라.* 스스로의 지각에 대해 정기적으로 의문을 제기하는 법을 배워라. 지각이 정확한가? 다른 해석이 사실에 적합하지 않는가? 여러분이 만드는 가정은 무엇인가? 여러분의 가정이 지각을 왜곡한다면 어떻게 될 것인가?
2. *지각적 습관을 깨고, 습관화를 중단시켜라.* 매일 습관적인 하향처리로부터 탈출하고, 새로운 방식으로 어떤 행동을 하라. 예를 들어 출근이나 등교할 때 다른 경로를 이용해 보라. 잘 안 쓰는 손으로 이 닦기, 머리 손질하기 같은 일상적인 행동을 하라. 친구와 가족을 마치 오늘 처음 만난 사람처럼 살펴보라.
3. *색다른 경험을 추구하라.* 평소에 먹지 않는 음식에서부터 자신의 견해와는 다른 의견을 읽기까지 가능성의 폭은 넓다. 숲길 걷기에서 놀이동산 즐기기까지 폭넓은 경험은 지각적으로 생기를 되찾아줄 것이다.
4. *지각적 갖춤새를 조심하라.* 여러분이 사람, 물체, 사건들을 대충 볼 때마다 여러분의 지각이 기대 또는 기존의 범주에 의해 왜곡된다는 위험이 있다. 사람을 개인으로, 사건을 특별하게 한 번만 일어난 것으로 보려고 노력하라.
5. *동기와 정서가 지각에 영향을 주는 방식을 자각하라.* 여러분이 자신의 흥미, 욕구, 욕망, 정서에 의해 흔들리는 것을 피하기는 어렵다. 그러나 이러한 함정을 자각하고 능동적으로 세상을 타인의 눈으로 보려고 노력하라. 다른 사람의 관점을 취하는 것은 특히 논쟁이나 주장에서 가치가 크다. 스스로에게 물어라. "이것이 그 사람에게는 어떻게 보일까?"
6. *현실 검증을 하는 습관을 들여라.* 적극적으로 여러분의 지각의 정확성을 알아보는 추가 증거를 찾아보라. 질문을 하고, 해명을 찾고, 정보의 대안적인 채널을 찾아라. 지각은 자동적으로 정확해지지 않는다는 것을 기억하라. 여러분이 틀릴 수 있다. 우리 모두 그렇다.
7. *주의를 주어라.* 다른 사람들과 여러분을 둘러싼 주변에 주의를 기울이는 의식적인 노력을 하라. 안개 속으로 삶이 흘러가지 않도록 하라. 완전히 집중해서 다른 사람을 경청하라. 사람들의 얼굴 표정을 지켜보라. 눈을 마주쳐라. 여러분이 보고 들었던 것에 대하여 나중에 증언을 해야 할 것처럼 지각에 접근하는 버릇을 들이려고 노력하라.

탈습관화 습관화의 반대 과정

모듈 21: 요약

21.1 어떻게 기대, 동기, 감정, 학습이 지각을 바꾸는가?

21.1.1 제안, 동기, 정서, 주의, 그리고 사전 기대는 다양한 방식으로 조합되어 지각적 갖춤새 또는 기대를 생산해 낸다.

21.1.2 개인의 동기와 가치는 종종 보이는 것의 평가를 바꿈으로써, 또는 구체적인 세부에 주의를 바꿈으로써 지각을 바꾼다.

21.1.3 지각적 학습은 하향적 조직화와 감각의 해석에 영향을 준다.

21.1.4 Müller-Lyer 착시는 모든 착시 중에서 가장 유명한 것인데, 지각적 학습, 선형조망, 크기-거리 불변성 관계와 연관이 있는 것처럼 보인다.

21.2. 어떻게 사건을 좀 더 정확하게 지각할 수 있는가?

21.2.1 목격자 증언은 놀랍게도 믿을 수가 없다. 목격자 정확성은 무기 초점과 같은 여러 유사한 요인에 의해 더 손상을 입는다.

21.2.2 어떤 자극이 변화가 없이 반복되면, 이에 대한 우리의 반응은 습관화 과정을 겪는다.

21.2.3 지각적 정확성은 현실검증, 탈습관화, 그리고 주의를 기울이려는 의식적 노력을 통해서 증진될 수 있다.

21.2.4 또한 지각적 습관을 깨뜨리고, 참조틀을 넓히고, 지각적 갖춤새를 유의하고, 동기와 정서가 지각에 영향을 주는 방식을 자각하는 것이 가치가 있다.

모듈 21: 지식 쌓기

암기

1. 어떤 사람이 특정한 방식으로 사건들을 지각하려고 준비되어 있다면 이는 지각적 기대 또는 _____가 존재한다고 말한다.
2. 전 세계에 있는 사람들은 문화와는 관계없이 동일한 방식으로 지각한다. O X
3. 지각적 습관은 뿌리 깊이 박혀 있을 수도 있으며, 이런 경우에는 우리가 자극을 오지각하도록 이끈다. O X
4. 목격자 지각에서 부정확성은 '실제 생활' 속에서 명백하게 발생하지만 심리학 실험으로 재현해 내기는 불가능하다. O X
5. 범죄 피해자들은 사건과 무관한 공정한 목격자보다 사건을 더 정확하게 목격한다. O X
6. 현실검증은 탈습관화에 대한 또 다른 용어이다. O X
7. 지각적 습관화에 대한 좋은 해소방법은 __________ 하는 의식적 노력 속에서 발견될 수 있다.
   a. 감각 통문을 거꾸로 통하게 하려고
   b. 주의를 주려고
   c. 시각적 조절을 달성하려고
   d. 모양 항등성에 대응하려고

반영

비판적으로 생각하기

8. 미국 내에서 담배광고는 흡연이 가져오는 건강상의 위험에 관한 경고 문구를 포함하도록 하고 있다. 담배회사들은 어떻게 해서 이런 문구들을 되도록 안 보이게 만드는가?

자기반영

여러분은 어떤 경우에 자신의 동기와 정서의 영향 또는 지각적 기대로 인하여 상황을 거의 확실하게 잘못 지각하게 된다. 여러분의 지각은 어떻게 영향을 받았는가?

지각적 학습이 안전 운전 능력에 어떻게 영향을 주었는가? 예를 들면, 여러분이 습관적으로 운전하면서 보는 곳이 있는가?

지각은 외적 사건에 대한 구성 또는 모형이기 때문에 우리는 모두 더 자주 현실 검증을 해야만 한다. 여러분은 아주 사소한 현실 검증을 함으로써 상황을 잘못 판단하는 것을 피할 수 있었던 최근의 사건을 생각해 낼 수 있는가?

정답

1. 갖춤새 **2.** X **3.** O **4.** X **5.** X **6.** X **7.** b **8.** 건강 경고를 가장 주의를 덜 끄는 광고의 구석에 넣는다. 또한 경고문을 숨은 그림 찾기가 되도록 아주 번잡한 배경 속에 넣는다. 마지막으로 주의를 확 끌 수 있도록 광고의 중심 이미지를 아주 강렬하게 디자인한다. 이렇게 하면 경고문을 보려는 독자의 주의를 산만하게 만든다.

22 Module

행동하는 심리학: 초감각 지각

우리는 너무너무 믿고 싶은가?

우리는 감각할 수 있는 모든 것을 제공하는 다섯 가지 감각이 있다고 하는 것이 상식이다. 그러나 이게 전부일까? 한번은 일주일간 멀리 떠나 있기로 했던 한 여인이 갑자기 한밤중에 집으로 돌아와야 한다는 강한 충동을 느꼈다. 집에 도착했을 때 남편이 잠들어 있는 집에 불이 난 것을 발견하였다. 그녀는 어떻게 알 수 있었을까? 그녀가 이해할 수 없는 초감각 능력을 사용했던 것일까?

놀랄 만한 수의 사람들이 긍정적으로 답을 내놓을 준비가 되어 있다. 일반 대중의 절반 정도가 초감각 지각의 존재를 믿는다. 아직은 이런 믿음을 공유하는 심리학자는 많지 않다. 오히려 더 많은 사람들이 믿지 않는다는 것은 놀라운 일이다. ESP와 초자연적 사건들은 많은 영화와 텔레비전 프로그램에서 사실인 것처럼 간주되고 있다. 무대 연예인들은 판에 박힌 듯 관중들을 '깜짝 놀라게' 한다.

Dekanaryas/Shutterstock

SURVEY QUESTIONS

22.1 초감각 지각이 가능한가?

초감각 지각–귀신을 믿는가?

SURVEY QUESTION 22.1 초감각 지각이 가능한가?

초감각 지각(extrasensory perception, ESP)은 알려진 감각 역량으로는 설명이 될 수 없는 방식으로 사건들을 지각한다고 알려진 능력이다. *초심리학* 분야는 ESP와 다른 **프시 현상**(psi phenomena, 투시 · 텔레파시 · 염력 등의 초자연적인 현상)을 연구한다. 초심리학자들은 세 가지 형태로 나타나는 ESP가 제시하는 의문에 대한 답을 찾는다.

1. **정신감응.** 다른 사람의 마음과 직접적으로 의사소통한다고 알려진 능력. 그 다른 사람이 죽었을 경우의 의사소통은 영매 역할이라고 한다.
2. **투시력.** 거리나 정상적인 물리적 장애에 영향받지 않는 것처럼 보이는 방식으로 정보를 얻거나 사건을 지각한다고 알려진 능력.
3. **예지력.** 미래 사건을 지각하거나, 정확하게 예측한다고 알려진 능력. 예지력은 미래를 예언하는 예언자의 꿈이라는 형태를 취한다.

여기까지 왔으면, 프시 능력이라고 알려진 다른 능력으로 끝맺음을 하는 편이 낫겠다.

4. **염력.** 의지력(정신력)으로 무생물체에 영향력을 미친다(숟가락을 휘는 것)고 알려진 능력. (염동력은 ESP의 유형으로 분류될 수는 없으나, 초심리학자들은 이를 자주 연구한다.)

ESP의 평가

심리학자들은 왜 ESP를 믿지 않는가? 모든 대중적인 열광에도 불구하고 심리학자 집단은 프시 능력에 대해 회의적이다

(Wiseman & Watt, 2006). 초감각 지각에 대한 찬반 증거들을 살펴보자. 프시 사상에 대한 공식적인 조사는 대부분이 ESP를 객관적으로 연구하고자 시도했던 J. B. Rhine 덕분이다. Rhine이 수행한 실험의 대부분은 *제너 카드*로 이뤄졌다(25개의 카드는 5개의 부호 중 하나가 있다)(● 그림 22.1). 전형적인 투시력 검사에서 사람들은 섞은 카드를 뒤집을 때 카드에 있는 부호를 추측하는 노력한다. 전형적인 정신감응 검사에서 *수신자*는 카드를 보고 전송자의 마음을 읽음으로써 옳은 부호를 추측하려고 노력한다. 이러한 검사에서 순수한 추측이라면 25개 카드에서 평균 5개가 적중이 될 것이다. Rhine와 그를 뒤따른 다른 연구자들은 결과가 우연 수준으로 기대되는 것보다 더 컸었다고 보고하였다.

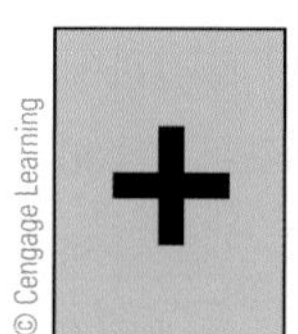
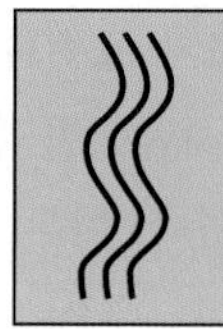

● 그림 22.1
J. B. Rhine가 초기의 초심리학 실험에서 사용한 ESP 카드

그러한 증거가 쟁점을 해결하지 못하는가? 그렇다. 여러 가지 이유가 있는데, 사기, 빈약한 설계, 그리고 운이다.

사기 사기는 초심리학을 계속해서 괴롭힌다. 회의주의에 대한 필요는 특히 심령 능력이라고 알려진 것에서 돈을 벌 엄청난 기회가 존재한다. ESP에 대한 무대 설명은 다른 이윤 추구 기업처럼 기만과 사기에 기초를 두고 있다. 예를 들어 2002년에 'Miss Cleo' 텔레비전-심령 기업의 소유주는 중대 사기죄로 유죄선고를 받았다. 자메이카 말투의 심령술사인 'Miss Cleo'는 실제로는 그저 LA에서 온 배우였다. 'Miss Cleo'로부터 '심령풀이'를 위해 분당 4.99달러를 지불한 사람들은 수백 명의 전화 교환원과 통화했다. '초보자 가능'이라고 쓴 광고를 통해서 사람들은 콜드리딩(상대에 대한 아무런 사전 정보가 없는 상태에서 상대의 속마음을 간파해 내는 기술)을 하라고 고용되었다. 완전히 거짓임에도 불구하고 'Miss Cleo' 사기는 폐쇄되기 전까지 무려 10조 달러가 넘는 수익을 내었다.

고객을 만족시킬 수 있을 정도의 콜드리딩을 하는 법은 누구나 배울 수 있다(Wood et al., 2003). *콜드리딩*은 사람들이 심령술사 또는 영매가 자신들에 대해서 하는 말을 믿게 만드는 데 사용되는 기법들이다. 여기에는 무비판적 수용, 확증편향, 바넘 효과와 같이 점성술사가 사용한 것과 동일한 기법들에 대한 의존이 포함된다. (모듈 2를 기억하는가?)

'심령술사'는 어떤 사람에 대해 일반적인 말을 하면서 '심령풀이'를 시작한다. 그러고 나서 심령술사는 그 사람의 얼굴표정, 몸짓 언어, 또는 목소리 톤에 주의하면서 '이리저리 답 찾기 전략'을 구사한다. 심령술사가 답에 근접할(올바른 방향으로 진행할) 때 그 사람에 대한 비슷한 말을 계속한다. 그 사람의 반응이 심령술사가 답과 멀어졌다고 신호를 주면 심령술사는 그 주제나 사고 방향을 포기하고 다른 것을 시도한다(Hyman, 2007).

빈약하게 설계된 실험 불행히도 Rhine의 가장 극적인 초기 실험의 일부는 부호가 뒤에서 희미하게 보이는 인쇄오류가 있는 제너 카드를 사용했다. 또한 손톱으로 카드에 표시를 하거나 정상적인 사용 중에 만들어진 표시들을 주목해서 속임수를 쓰기가 쉬웠다. 또한 초기의 실험자들은 무의식적으로 눈이나 몸짓으로 카드에 대한 단서를 주었다는 증거가 있다. 요약하면 초심리학에서 초기 연구 중 어느 것도 도움이 되는 정보의 돌발적인 누출 또는 의도적인 사기의 가능성을 제거하는 방식으로 이뤄지지 않았다(Alcock, Burns, & Freeman, 2003).

현대의 초심리학자들은 이제 이중 은폐 실험, 기록 보관상의 보안과 정확성, 실험의 반복가능성의 요구를 잘 자각하고 있다(Milton & Wiseman, 1997; O'Keeffe & Wiseman, 2005). 지난 10년 동안 수백 개의 실험이 초심리학 학술지에 보고되었다. 그중 많은 것들이 프시 능력의 존재를 지지하는 것처럼 보인다(Aldhous, 2010).

운 *그렇다면 대부분의 심리학자들이 여전히 프시 능력에 관해 회의적인 이유는 무엇인가?* 가장 중요한 이유는 운과 관련이 있다. 남편에게 나쁜 일이 일어날 것이라는 예감이 있었던 여인을 기억하는가? 그녀는 집에 일찍 돌아와서 남편이 잠자고 있는 집에 불이 난 것을 발견했다(Rhine, 1953). 이와 같이 분명한 투시력 또는 정신감응 경험은 놀라운 일이지만 ESP 존재를 확증하지는 않는다. 그러한 우연의 일치는 꽤 자주 일어난다. 어느 날 밤에 지구 상의 수천 명의 사람들이 '예감'이 든다고 행동한다. 만일 우연히도 어떤 사람의 예감이 맞는 것으로 드러나면 투시력으로 *재해석*될 수도 있다(Marks, 2000; Wiseman & Watt, 2006). 그러고 나서 바로 다음날 뉴스에서 이를 읽게 된다. 아무도 대부분의 잘못된 예감을 보고하지는 않고, 쉽게 잊힌다.

초감각 지각(ESP) 감각 기관의 알려진 능력으로는 설명될 수 없는 방식으로 사건을 지각한다고 주장되는 능력
프시 현상 받아들여지는 과학적 법칙의 영역 밖에 있는 것으로 보이는 사상

프시 연구에서 모순도 관련된 문제이다. 긍정적인 결과를 보인 연구가 모두 게재된 반면 실패하고 결코 게재되지 못한 다른 연구들이 있다(Alcock, 2010). 실험적 '성공'조차 미약하다. 초심리학에서 가장 극적인 발견 중 많은 것들이 단순하게 *반복 검증*될 수 없다(Hyman, 1996a). 더욱이 향상된 연구방법을 사용하면 보통 긍정적 결과는 더 적어진다(Hyman, 1996b; O'Keeffe & Wiseman, 2005).

어떤 사람이 프시 능력의 증거를 보여 주는 것처럼 보일 때 그 사람이 어느 일정한 기간에 걸쳐서 그 능력을 유지하는 경우는 드물다(거의 들어 본 적이 없다)(Alcock, Burns, & Freeman, 2003). 일시적으로 우연 수준 이상의 점수를 얻은 사람은 이제 우연만으로 일어날 수 있는 통계적으로 흔하지 않은 결과인 '**행운의 연속**(run of luck)'은 인정을 받기 때문이기 쉽다.

운이 다함 비판을 이해하기 위해서 여러분이 동전을 100번 던지고 그 결과를 기록한다고 상정해 보자. 두 결과 목록을 비교한다. 동전 던지기 10번을 하면 앞면이나 뒷면이 5번이라고 기대하게 된다. 여러분이 결과 목록을 쭉 훑어서 10번 중 9번 나온 짝을 찾는다고 하자. 이는 우연 기대 수준 이상이다. 그러나 첫 번째 동전으로 두 번째 동전이 어떤 것이 나올지를 알려 준다는 것을 의미하지는 않는다. 이런 생각은 어리석기 짝이 없다. 이제 어떤 사람이 다음 동전이 무엇일지를 100번 추측한다면 어떨까? 다시 우리는 동전 던지기의 결과가 일치하는 10번 추측을 찾을 수도 있다. 이것이 그 사람이 예지력을 가지고 있었는데 잃어버렸다는 것을 의미하는가?

어떤 ESP 연구자는 이런 '감소 효과'는 초심리학적 기술이 약한 휴대폰 신호 연결처럼 매우 깨지기 쉽고 시간이 지나면서 들락날락함을 보여 준다고 믿는다는 것을 알게 되면 여러분은 놀랄 수도 있다. 만일 어떤 사람이 좋은 추측의 연속이 아주 짧다면 그는 한때 예지력이 있었다고 가정된다. 나쁜 추측이 뒤따르면 그 사람의 예지력은 일시적으로 퇴색됐다고 해석된다.

사실상 창의적 해석은 프시 현상에도 공통된 문제이다. 예를 들어 우주비행사 에드가 미첼은 우주에서 정신감응 실험에 성공했다고 주장했다. 아직 일부 시행에서 미첼의 수용자는 우연 수준 이상의 점수를 얻은 반면 어떤 시행에서는 우연 수준 *이하의* 점수를 얻었다는 것은 결코 언급하지 않았다. 비록 여러분은 우연 수준 이하의 시행이 정신감응을 발견하지 못했다고 가정할 수도 있지만, 미첼은 이를 의도적인 프시 분실이라고 주장하면서 성공이라고 재해석했다. 그러나 회의주의자들이 기록했듯이 만일 높은 점수도 낮은 점수도 성공으로 간주되면 어떻게 잃을 수 있겠는가?

함의 130년에 가까운 조사연구 후에도 프시 사상이 일어나는지에 대해 결론적으로 말하기는 불가능하다. 우리가 보아 왔듯이 프시 실험을 면밀히 살펴보면 증거, 절차, 과학적 엄격함에 심각한 문제가 있음이 드러난다(Alcock, Burns, & Freeman, 2003; Hyman, 2007; Stokes, 2001). 프시 실험을 좀 더 면밀하게 살펴볼수록 주장된 성공이란 것이 물거품처럼 더 쉽게 사라진다(Alcock, 2010; Stokes, 2001). 한 비판가가 말했듯이 ESP를 지지하는 결과는 보통 '오류로 가득한 곳'이다(Marks, 2000).

어떻게 하면 ESP의 존재를 과학적으로 보여 줄 수 있을까? 매우 간단하게 사기나 운의 가능성을 제거하는 표준화된 조건하에서 어떤 능력 있고 편향이 없는 관찰자가 프시 사상을 만들도록 허락하는 지시를 사용한다(Schick & Vaughn, 2014). 사실상 전문적 마술사와 회의주의자 James Randi조차 표준화된 조건하에서 프시 사상의 존재를 보여 줄 수 있는 사람이면 누구든지 100만 달러의 상금을 지불하겠다고 제안하였다. 아무도 그 상금에 도전해 본 사람이 없다. (어서 해 보라. 인터넷으로 James Landi Educational Foundation을 검색해 보고 여러분의 멋진 100만 달러를 청구해 보라.)

의심할 여지 없이 연구자들은 거부할 수 없는 증거를 내놓으려는 시도를 계속할 것이다. 다른 사람들은 회의적 태도를 견지하고 ESP의 개념을 버릴 이유가 충분한 130년 세월의 결론 없는 노력을 고려해 본다(Marks, 2000). 아직 회의적이라고 해서 어떤 것에 반대한다는 것을 뜻하지는 않는다. 이는 여러분이 납득을 하지 못함을 의미하는 것이다. 이 논의의 목적은 대중 매체나 무비판적인 '진짜로 믿는 사람들'인 연구자들에 의해 보고된 프시 사상의 무비판적인 수용을 반박하는 것이다. (그러나 여러분은 우리가 그렇게 이야기할 것이라고 이미 알고 있지 않은가?)

물론 많은 ESP 검사에서 결과는 토론 이상이다. 좋은 사례를 신문, 라디오, 텔레비전을 통해 행해진 ESP 실험이 제공한다. 대중 매체를 통해 이뤄진 150만 개의 ESP 시행의 결과는 요약하기가 아주 쉽다. 아무런 유의미한 ESP 효과가 없다(Milton & Wiseman, 1999). 명백히 로또 위원회는 두려할 것이 아무것도 없다!

행운의 연속 동전 던지기에서 앞면이 계속해서 다섯 번 나오는 것처럼 우연만으로 여전히 일어나고 있는 통계적으로 흔하지 않은 결과

모듈 22: 요약

22.1 초감각 지각이 가능한가?

22.1.1 초심리학은 정신 감응, 투시력, 예지력, 그리고 염력을 포함하는 프시 현상이라고 주장하는 것에 대한 연구이다.

22.1.2 초심리학에서의 연구는 다양한 문제와 결점 때문에 논란의 여지가 있다. 지금까지 대부분의 증거가 ESP의 존재를 부정하고 있다.

22.1.3 ESP 실험을 더 세심하게 통제할수록 ESP가 생긴다는 증거를 제공할 가능성이 더 줄어든다.

모듈 22: 지식 쌓기

암기

1. 초심리학자들이 조사한 네 가지 프시(psi) 현상은 투시, 텔레파시, 예지, ________이다.
2. 제너 카드는 ________에 대한 초기 연구에서 사용되었다.
   a. 프시 현상
   b. Müller-Lyer 착시
   c. 무주의맹
   d. 하향처리
3. 자연적인 또는 '실제 생활' 속에서 발생한다는 것은 ESP의 존재에 대한 가장 좋은 증거로 간주된다. **O X**
4. 프시 실험에서 얻어진 긍정적인 결과들을 회의론자들은 통계적인 행운으로 돌린다. **O X**
5. ESP 실험에서 반복검증의 비율은 매우 높다. **O X**

반영

비판적으로 생각하기

6. 30명으로 이뤄진 집단에서 어떤 두 사람이 연도만 뺀 월일만 따져서 생일이 같을 확률은 얼마라고 추정하는가?
7. 텔레비전에 등장한 어떤 심령술사가 시청자들에게 6개의 고장 난 시계를 제공하였다. 잠시 후 시청자 열댓 명이 방송국에 전화를 걸어 자신의 시계가 기적적으로 다시 움직이기 시작했다고 말했다. 시청자들이 간과한 것은 무엇인가?

자기반영

여러분 친구 중의 한 명이 초자연적인 주제를 다루는 텔레비전 쇼의 열혈 팬이라고 하자. 만일 여러분이 그 친구에게 ESP에 관해서 알려진 것을 요약해서 설명할 수 있는지 알아보자. ESP의 존재에 대한 긍정/부정적인 증거들을 포함하고, 초자연 현상에 대한 무비판적인 믿음과 연관된 사고 오류도 포함시키는 것을 분명하게 하라.

정답

1. 염력 **2.** a **3.** X **4.** O **5.** X **6.** 대부분의 사람들은 이것이 매우 드문 사건이라고 가정한다. 그러나 30명으로 이뤄진 집단에서 어떤 두 사람이 연도만 뺀 월일만 따져서 생일이 같을 확률은 71%나 된다. 대부분의 사람들은, 보기에는 이해하기 힘든 많은 우연들이 발생할 자연적인 비율을 과소평가하는 경향이 있다(Alcock, Burns, & Freeman, 2003). **7.** 심리학자들이 상점에서 수리를 기다리는 시계를 만지작거렸을 때, 심령술의 도움 없이도 57%가 다시 돌아가기 시작했다. 심령술사의 주장을 믿어 버리면 수가 크기 때문에 발생하는 효과를 간과할 수 있다. 만일 쇼에 많은 관중이 몰리면, 순전히 우연하게 작동하는 '고장 난' 시계가 적어도 일부 있을 수 있다.

23 Module

조건형성과 학습: 연합학습과 인지학습

어머나, 쥐야!

래리는 쥐를 무서워하게 된 그날을 아직도 생생하게 기억한다. 여섯 살 때 그는 엄마가 어렸을 때 쥐 한 마리가 장작더미에서부터 달려 나오는 것을 보고는 얼마나 겁에 질렸는지 눈물을 흘리며 이야기하는 소리를 우연히 듣게 되었다.

어른이 되어서 래리는 비합리적 공포에 대한 글을 읽고는 *대리 고전적 조건형성*(vicarious classical conditioning)이라는 형태의 *연합학습* 때문에 자신이 쥐를 무서워하게 되었음을 깨달았다. 이런 지식으로 무장을 하고서 래리는 애완동물 가게에서 쥐를 손에 들어 보려 했다가 자신의 새로운 지식이 아무런 도움이 되지 않는다는 것을 알고는 충격을 받았다. *인지학습*의 한 형태인 그 모든 추상적인 '책 학습'은 쥐 앞에서 래리를 보호하는 데 힘을 쓰지 못했다. 래리는 결국 심리치료자를 찾아갔는데, 그는 고전적 조건형성을 이용하여 래리가 쥐에 대한 공포를 극복하는 것을 도와주었다. 래리는 이제 아인슈타인이라고 이름 붙인 쥐를 애완용으로 기르고 있다.

Oleg Kozlov/Shutterstock

서로 다른 형태의 학습이 우리 생활의 모든 구석에 스며들어 있다. 더 학습할 준비가 되었는가?

SURVEY QUESTIONS

23.1 학습이란 무엇인가?
23.2 연합학습의 몇 가지 유형은 무엇인가?
23.3 인지학습의 몇 가지 유형은 무엇인가?
23.4 학습은 모방을 통해서도 일어나는가?

학습—이런저런 방식

SURVEY QUESTION 23.1 학습이란 무엇인가?

대부분의 행동은 학습된 것이다. 여러분이 지금까지 학습해 온 모든 것을 갑자기 잃는다고 상상해 보라. 무얼 할 수 있겠는가? 읽거나 쓰거나 말을 할 수도 없을 것이다. 식사를 하거나 집으로 돌아가거나 차를 몰거나 클라리넷을 불거나 '파티'를 할 수 없을 것이다. 여러분이 완전히 무능력하게 될 것임은 말할 필요도 없을 것이다. (우둔해지기도 할 것이고!)

학습(learning)은 경험으로 인한 비교적 영속적인 행동 변화이다(Chance, 2014). 이 정의는 동기유발, 피로, 성숙, 질병, 부상, 또는 약물로 인한 일시적인 변화와 더 영속적인 변화 모두를 배제한다는 것에 주목하라. 이런 요인들 각각은 행동을 변화시킬 수 있지만 그 어느 것도 학습이라고 불릴 자격은 없다.

쥐에 대한 래리의 경험이 보여 주듯이 학습에는 서로 다른 유형이 있다(Lefrançois, 2012; Shanks, 2010). **연합학습**(associative learning)은 사람이나 동물이 여러 자극 그리고/또는 행동 간에 단순한 연합을 형성할 때 일어난다. 연합학습에는 자각이나 사고가 별로 필요하지 않다. 여하튼, 우리 인간은 다른 많은 종들과 연합학습을 위한 중요한 능력을 공유하고 있다. 이 모듈과 다음 몇 모듈에서 우리는 연합학습을 더 깊이 살펴본다.

모든 학습이 단지 자극과 반응 사이의 연합일 뿐인가? 많은

학습이 연합학습으로 설명될 수 있다. 그러나 인간은 **인지학습**(cognitive learning)도 하는데, 이는 이해하기, 알기, 예측하기, 또는 그게 아니면 정보를 다루는 고차 정신과정을 이용하기를 가리킨다. 연합학습과는 대조적으로 더 복잡한 형태의 인지학습(예컨대 독서를 통한 학습)은 인간에게 특유한 것이다. 그러나 이 모듈의 나중에 보겠지만 어떤 동물은 더 단순한 형태의 인지학습을 하기도 한다.

연합학습—개, 쥐, 그리고 인간에 관하여

SURVEY QUESTION 23.2 연합학습의 몇 가지 유형은 무엇인가?

Ivan Pavlov, John Watson, Edward Thorndike(모듈 3 참조) 같은 초기 심리학자들에게는 연합학습이 객관적 자극과 객관적 반응 또는 행동 사이에 연합을 '각인'하는 상당히 기계적인 과정이었다(Hergenhahn & Henry, 2014). 어떠한 주관적 '사고'도 필요하지 않다고 생각되었던 것이다.

연합학습의 유형

연합학습에는 두 가지 주요 유형이 있다. 러시아에서는 Ivan Pavlov가 *고전적 조건형성*(classical conditioning, 또는 고전적 조건화)을 발견했고, 북아메리카에서는 Edward Thorndike가 오늘날 *조작적 조건형성*(operant conditioning)이라고 불리는 것을 발견했다. 이 두 형태의 연합학습은 모두 알아볼 만한 가치가 충분히 있는데, 왜냐하면 인간 및 동물의 행동 중 많은 것을 이해하는 데 도움이 되기 때문이다.

연합학습의 비밀을 푸는 일은 한 특정 행동의 전과 후에 무엇이 일어나는지를 살펴봄으로써 시작된다. 어떤 행동에 앞서 일어나는 사건을 **선행 조건**(antecedent)이라 한다. 예를 들면, 3살인 애쉴리는 아빠가 집에 돌아올 때마다 현관문으로 달려간다. 최근에 애쉴리는 아빠의 트럭이 집 앞에 들어서는 소리가 들리자마자 달려가기를 시작했다. 선행 조건인 트럭의 소리를 현관문으로 달려가기와 연합한 것이다. 어떤 행동에 뒤따르는 효과를 **결과**(consequence)라고 한다. 애쉴리가 아빠로부터 받는 포옹은 애쉴리가 현관문으로 달려가는 경향성을 증강시킨다. 이 예가 보여주듯이 연합학습의 '전과 후'를 세심하게 살펴보는 것이 연합학습을 이해하는 열쇠이다.

고전적 조건형성은 우리가 반응하기 *전에* 무엇이 일어나는가를 근거로 하는 연합학습의 한 유형이다. 이는 어떤 행동을 일관되게 촉발하는 자극을 가지고 시작한다. 예를 들어 여러분의 눈에다가 공기 분사(자극)를 한다고 하자. 이 공기 분사는 매번 눈 깜박임(반응)을 일으킬 것이다. 이 눈 깜박임은 **반사**(reflex, 자동적이고 선천적인 반응)이다. 이제, 눈에다가 공기 분사를 하기 직전에 매번 경적(또 다른 자극)을 울린다고 하자. 만약 경적 소리와 공기 분사가 여러 차례에 걸쳐 함께 일어난다면 어떻게 될까? 머잖아서, 경적만 울려도 여러분은 눈이 깜박여지게 될 것이다. 분명히 여러분은 무언가를 학습했다. 이전에는 경적 소리가 여러분의 눈 깜박임을 일으키지 않았지만 이제는 일으킨다.

고전적 조건형성(classical conditioning)에서는 어떤 반응을 일으키지 않는 선행 자극이 그 반응을 일으키는 자극과 연결된다(예컨대 경적 소리가 눈에 대한 공기 분사와 연합된다). 그 선행 자극이 그 반응을 또한 유발하게 될 때 학습이 일어났다고 할 수 있다(● 그림 23.1).

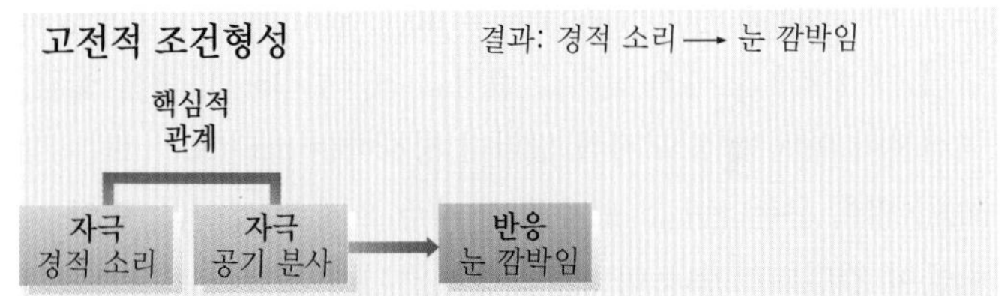

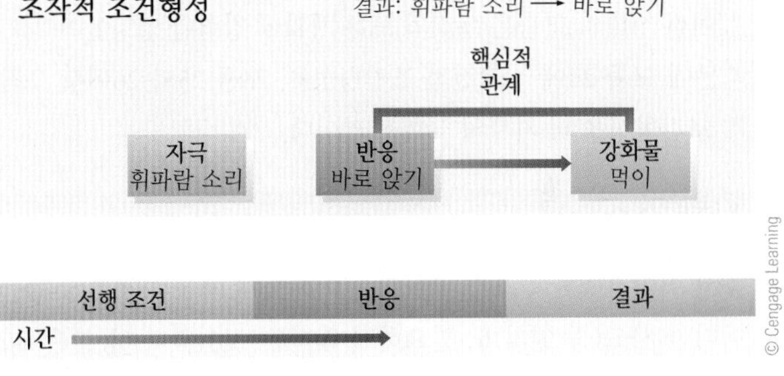

● 그림 23.1
고전적 조건형성에서는 어떤 반응을 일으키지 않는 자극이 그 반응을 유발하는 자극과 짝지어진다. 그런 짝짓기를 여러 번 하고 나면 이전에는 아무 효과를 내지 못했던 자극이 반응을 유발하기 시작한다. 이 예에서 경적 소리가 눈에 가해지는 공기 분사에 선행한다. 결국에는 경적 소리만으로도 눈 깜박임이 유발된다. 조작적 조건형성에서는 강화적 결과가 뒤따르는 반응이 미래에 일어날 가능성이 더 높아진다. 이 예에서 개는 휘파람 소리가 들리면 바로 앉기를 배운다.

학습 경험에 기인한 비교적 영속적인 모든 행동 변화
연합학습 여러 가지 자극과 반응 간의 단순한 연합의 형성
인지학습 사고, 지식, 이해 및 예측을 포함하는 높은 수준의 학습
선행 조건 반응에 선행하는 사건
결과 반응에 뒤따르는 효과
반사 눈 깜박임처럼 어떤 자극에 대한 선천적이고 자동적인 반응
고전적 조건형성 반사 반응이 새로운 자극과 연합되는 학습의 한 형태

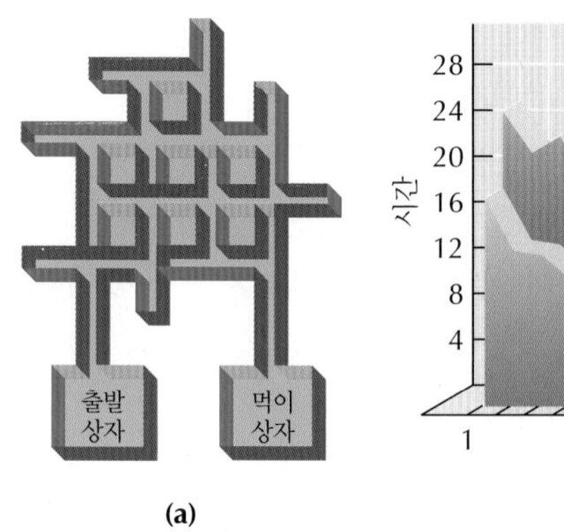

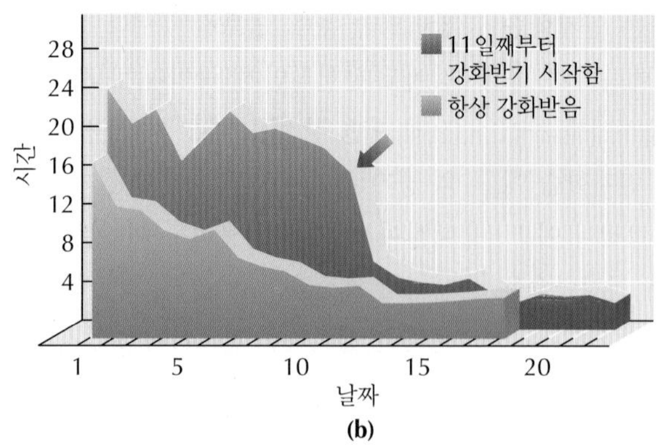

그림 23.2
잠재학습. (a) Tolman과 Honzik이 쥐에게서 잠재학습을 보여 주기 위해 사용한 미로. (b) 이 실험의 결과. 이전에 강화를 받지 않았던 동물에게 먹이가 가용해지자 일어난 수행의 급격한 향상에 주목하라. 이는 학습이 일어났지만 표현되지 않고 숨겨져 있었음을 나타낸다. (Tolman & Honzik, 1930을 수정)

또 다른 형태의 연합학습인 **조작적 조건형성**(operant conditioning)은 반응의 *결과*를 토대로 한다. 어떤 행동은 먹이 같은 긍정적인 결과, 즉 *강화물*(reinforcer)이 뒤따를 수도 있고, 찰싹 때리기 같은 부정적인 *결과*, 즉 *처벌물*(punisher)이 뒤따를 수도 있으며, 아무것도 뒤따르지 않을 수도 있다. 이런 결과가 그 행동이 다시 일어나게 될지 아닐지를 결정한다(그림 23.1). 예를 들면, 여러분이 어떤 특정 모자를 썼더니 칭찬하는 소리(보상 또는 강화)를 많이 듣는다면 그 모자를 더 자주 쓰게 될 것이다. 만약 사람들이 킬킬거리거나 여러분을 모욕하거나 경찰에 신고하거나 비명을 지른다(처벌)면, 아마도 그 모자를 덜 쓰게 될 것이다.

이런 형태의 학습은 우리의 모든 생활에 강력한 영향을 미치기 때문에 모듈 24에서 고전적 조건형성을, 모듈 25와 26에서 조작적 조건형성을 더 자세히 살펴볼 것이다.

잠재학습

앞서 이야기했듯이 초기 연합학습 이론들의 핵심 가정은 학습에 어떠한 사고(즉 인지)도 필요하지 않다는 것이었다. 동물은 '마음'이 없으며 우리 인간이 생각하는 것과 어떤 식으로라도 비슷하게 '생각'할 수가 없음은 분명하다는 것이 널리 퍼져 있던 생각이었다. 캘리포니아대학교 버클리 캠퍼스에서 1930년대에 실시되었던 일련의 실험을 통해 심리학자 Edward Tolman은 이러한 가정에 도전하기 시작했다(Olson & Hergenhahn, 2013).

Tolman의 한 실험에서는 두 집단의 쥐에게 미로를 돌아다니게 했다. 한 집단은 미로의 먼 끝에서 먹이를 발견했다. 곧 이 집단의 쥐들은 미로에 놓이자마자 먹이가 있는 곳까지 재빨리 길을 찾아가기를 학습했다. 둘째 집단의 쥐들은 먹이 보상을 받지 못했고 학습하는 기색을 전혀 보이지 않았다. 그러나 나중에 이 '교육받지 못한' 쥐들은 먹이가 주어지자 보상을 받았던 첫째 집단의 쥐들만큼 빨리 미로를 헤쳐 나갔다(Tolman & Honzik, 1930). 보상받지 못했던 쥐들은 그럼에도 불구하고 미로를 헤쳐 나가는 길을 학습했던 것이다. 비록 겉보기에는 학습했다는 기색이 없었지만 말이다(● 그림 23.2). 명백한 강화 없이 일어나서 강화가 제공될 때까지 드러나지 않고 숨어 있는 그러한 학습을 **잠재학습**(latent learning)이라 한다(Davidson, 2000; Gershman & Niv, 2010).

그 쥐들이 전혀 강화 없이 어떻게 학습을 했을까? 많은 동물(물론 인간도)이 단지 호기심을 충족시키기 위해 학습을 한다(Harlow & Harlow, 1962)는 것이 이제는 알려져 있다. 사람의 경우 잠재학습은 또한 미래의 보상을 예측하기 같은 인지 능력과 관련되어 있다. 예를 들면 여러분이 매력적인 친구를 집에까지 차로 태워다 준다면 그 집까지 가는 길이 머릿속에 기억될 수 있다. 비록 그 친구와의 데이트는 먼 미래에 일어날지도 모를 가능성일 뿐일지라도 말이다. 그리고 이런 행동에 대한 강화는 현재 주어지고 있지 않다.

인지도 Tolman의 연구 덕분에 하찮은 쥐라는 동물(꼭 수재는 아닌. 참, 우리의 아인슈타인은 제외하고)조차도 미로에서 어느 쪽으로 돌아야 먹이에 도달하는지만이 아니라 미로의 *어디*에 먹이가 있는지를 기억하기 위한 *인지도*를 형성할 수 있음을 부정하기 힘들게 되었다(Tolman, Ritchie, & Kalish, 1946). **인지도**(cognitive map)란 미로, 도시, 혹은 캠퍼스 같은 어떤 지역에 대한 내적 표상이다.

여러분은 살고 있는 동네에서 어떻게 돌아다니는가? 단순히 왼쪽과 오른쪽으로 돌기를 연속하다 보면 한 지점에서 다른 지점으로 가게 된다는 것을 학습했는가? 그보다는 동네가 어떤 식으로 펼쳐져 있는지에 대한 전반적인 정신적 그림을 갖고 있기 마련이다. 이 인지도가 둘러가야 하거나 새로운 길로 가야 할 때조차 안내자로 작용한다(Foo et al., 2005; Lew, 2011).

만약 많은 비디오게임에서 나오는 여러 레벨을 거쳐 가는 법을 배운 적이 있다면 무엇이 인지도를 이루는지 잘 이해할 것이다. 어떤 의미에서는 인지도는 다른 형태의 지식에도 적용된다. 예를 들어 여러분은 이 책을 읽는 동안 심리학에 대한 '지도'를 만들어

가고 있다고 말할 수 있을 것이다. 이것이 때로는 학생이 여러 개념이 어떻게 서로 들어맞는지를 그림이나 도식으로 그려보면 도움이 되는 이유이다.

인지학습—조건형성을 넘어서

SURVEY QUESTION 23.3 인지학습의 몇 가지 유형은 무엇인가?

새 길을 닦은 Edward Tolman의 미로 연구 이후 심리학의 초점은 기계적이고 연합적인 이론으로부터 모든 학습에 외적 강화나 처벌이 필요한 것은 아님을 인정하는 이론으로 옮겨 가기 시작했다. 우리 인간은 정보, 기대, 지각, 심상 및 다른 것들에 큰 영향을 받는다. 오늘날 인간의 학습에 *인지적*, 즉 정신적 차원이 큰 부분을 차지한다는 데는 의심의 여지가 없다(Goldstein, 2011; Lefrançois, 2012).

앞서 언급된 바와 같이 인지학습은 기본적인 조건형성을 넘어서 기억, 사고, 문제해결 및 언어 영역에까지 확장된다. 이런 주제들은 나중의 모듈에서 다루기 때문에 여기서는 조건형성을 넘어서는 학습을 먼저 살펴볼 것이다. 예컨대 *피드백*이라는 인지적 개념을 보자.

피드백

눈은 의욕에 가득 차서 불을 뿜고 있고 몸은 비틀린다. 한 손이 위아래로 홱홱 움직이는 동안 다른 손은 격렬하게 원운동을 한다. 이것은 어떤 이상한 신경생물학적 질환을 묘사하는 이야기일까? 사실 이것은 꼬마 니키가 낚시 모험을 하는 비디오게임에 열중하고 있는 모습이다.

니키가 가상 낚시 게임을 잘하는 데 필요한 복잡한 움직임을 어떻게 배웠을까? 어찌 되었건 니키가 음식이나 돈을 보상으로 받는 것은 아니다. 답은 니키의 비디오게임이 인지학습의 바탕이 되는 핵심 요소인 **피드백**(feedback)을 제공한다는 데 있다. 피드백(즉 어떤 반응이 무슨 효과를 갖는가에 대한 정보)은 인간의 인지학습에 특별히 중요하다(Lefrançois, 2012).

플레이어가 무언가를 할 때마다 비디오게임은 소리, 화면에서의 움직임 및 높고 낮은 점수로 즉각 반응을 준다. 이기기를 원하는 사람에게는 그런 반응성과 그것이 제공하는 정보 흐름이 강력하게 동기유발을 할 수 있다. 똑같은 원리가 다른 많은 학습상황에도 적용된다. 컴퓨터 사용하기, 악기를 연주하기, 요리하기, 운동하기, 또는 수학문제를 풀기 등을 배우려 하고 있다면 원하는 결과를 달성했는지에 대한 피드백을 받는 것이 그 자체로 강화적일 수 있다.[1)]

피드백의 적응적 가치는 왜 인간 학습의 많은 부분이 음식이나 물 같은 명백한 강화물 없이도 일어나는지를 설명하는 데 도움이 된다.[2)] 사람은 단순히 원하는 효과를 내거나 목표로 더 가까이 가게 만드는 반응을 쉽게 배운다. 이에 관해 더 살펴보자.

결과에 대한 지식 다트판에다가 다트를 던진다고 하자. 그런데 여러분과 다트판 사이에 스크린이 가리고 있어서 그 너머로 다트를 던져야 하기 때문에 목표를 맞추었는지를 알 수가 없다. 여러분이 다트를 1,000번 던져도 아무런 피드백이 없기 때문에 수행이 향상되리라고는 거의 기대하지 않는다. 니키의 비디오게임에서는 올바른 반응에 대해 명백한 보상이 없었다. 그렇지만 피드백이 있었기 때문에 학습이 신속하게 일어났다.

피드백을 어떻게 줄 수 있을까? 피드백—**결과에 대한 지식**(knowledge of results, KR)이라고도 불리는—을 증가시키면 거의 항상 학습과 성적이 향상된다(Snowman & McCown, 2012; Vojdanoska, Cranney, & Newell, 2010). 악기를 연주하거나 노래를 부르거나 외국어를 말하거나 연설하기를 배우려 한다면 자신의 수행이 녹음된 피드백을 받는 것이 대단히 도움이 될 수 있다. 스포츠의 경우, 테니스 서브에서부터 야구에서 견제구 던지기에 이르기까지 모든 것에 걸쳐 비디오 재생이 피드백을 주는 데 사

조작적 조건형성 반응의 결과에 기반한 학습
잠재학습 명백한 강화 없이 일어나며 강화가 주어질 때까지 표현되지 않는 학습
인지도 동일한 목표로 가는 여러 경로 중에서 하나를 선택하는 능력의 기반이 되는, 어떤 지역(미로, 도시, 캠퍼스 등)에 대한 내적 이미지 또는 기타 정신적 표상
피드백 반응이 무슨 효과를 내었는지에 대해 사람에게 되돌려주어지는 정보. 결과에 대한 지식이라고도 한다.
결과에 대한 지식(KR) 정보 피드백

---

1) 역자 주: 피드백은 사실상 조작적 학습 원리에 딱 들어맞는다. 어떤 반응의 결과로 피드백(즉 강화물)이 주어지고 그로 인해 그 반응이 차후에 변화하게 되는 것은 조작적 학습이 이야기하는 바 그대로이다. 따라서 피드백에는 인지학습적 요소가 물론 있으나 조작적 학습 요소가 결정적으로 중요하기 때문에 피드백을 인지학습보다는 조작적 조건형성의 한 종류로 간주하는 학자도 많다.

2) 역자 주: 저자는 피드백이 음식이나 물처럼 형체가 있는 것이 아니기 때문에 명백한 강화물이 아닌 것으로 보고 이 때문에 피드백을 인지학습에 특별히 중요하다고 말하고 있는 듯하다. 그런데 피드백은 어떤 식으로든(예컨대 글로든 말로든 다른 사람의 찌푸린 표정으로든) 감각기관을 통해서 주어진다는 점에서 학습자에게는 음식이나 물과 근본적으로 다르지 않고, 따라서 명백한 강화물로 당연히 작용할 수 있다. 205쪽의 둘째 문단에서 저자는 농담에 대한 사람들의 반응, 즉 피드백을 조작적 조건형성에서 강화물의 예로 들고 있다.

심리학 발견하기

학습과 환경보존

심리학자들은 사람들이 실용적인 문제를 해결하는 일을 도와주기를 즐긴다. 관심을 받아야 할 필요가 큰 한 가지 행동 영역은 우리의 '쓰레기 버리는' 사회이다. 우리는 화석연료를 태우고, 숲을 파괴하고, 화학제품을 사용하며, 땅을 갈아엎어서 농사를 짓는다. 그렇게 하면서 지구의 표면을 우리는 변경시키고 있다. 어떻게 해야 할까?

한 가지 방법은 에너지의 낭비, 환경오염 등의 *결과*를 변화시키는 것이다. 예를 들면 에너지 세금을 부과하여 화석연료 사용료를 증가시킬 수 있다. 이러한 처벌의 측면과 동시에 강화의 측면에서는, 단열재를 설치하거나 에너지 절약형 기구나 차를 사는 데 보조금을 지급할 수 있고 환경 보존에 보조를 맞추는 회사에게는 세금 감면의 혜택을 줄 수도 있다. 또 가족 전체가 재활용에 참여하여 한 사람이 재활용 행동을 보이면 다른 사람(물론 대개는 어머니)이 강화를 주는 경우 재활용이 더 효과적이게 된다(Meneses & Beerlipalacio, 2005).

피드백도 또한 중요하다. 재빠른 피드백의 결핍이 환경보존에 주된 장벽이라는 것을 환경심리학자들은 오래전부터 알고 있었다(Carrico & Riemer, 2010; McCalley, de Vries, & Midden, 2011). 가정, 작업 집단, 공장 및 기숙사는 얼마나 재활용을 많이 했는가에 대한 피드백을 매주 받을 때 대개 재활용을 더 많이 한다. *생태발자국 계산기*(ecological footprint calculator) 같은 새로운 도구는 사람들이 자신의 환경자원 소비량에 대한 피드백을 훨씬 더 쉽게 받게 만든다(Global Footprint Network, 2012b). 지구온난화에 대한 대중의 우려가 커지면서 이제는 자신의 *탄소발자국*(carbon footprint), 즉 자신의 자원 소비가 대기에 추가하는 온실 가스의 부피를 계산하는 사람이 많다(The Nature Conservancy, 2013).

용된다. 복잡한 기술을 배우려고 할 때는 항상 피드백을 많이 받는 것이 이득이다(Eldridge, Saltzman, & Lahav, 2010; Jaehnig & Miller, 2007). (또한 글상자 "학습과 환경보존"도 보라.)

학습 보조물 *피드백을 어떻게 줄 수 있을까?* 피드백의 증가는 거의 항상 학습과 성적을 향상시키기 때문에 효과적인 피드백을 주는 학습 보조물을 고안하는 것이 당연하다(Snowman & McCown, 2012). 피드백은 *빈번*하고, *즉각적*이며, *상세*할 때 가장 효과적이다. **프로그램학습**(programmed instruction)에서 학생을 가르치는 방식은 정보를 적은 양으로 주고 즉각적인 연습을 시키며 학습자에게 계속적인 피드백을 주는 것이다. 빈번한 피드백은 학습자가 연습 시에 오류를 범하지 않게 방지하며, 또한 학생이 자신에게 맞는 속도로 학습하게 한다.

프로그램학습이 어떤 것인지 감을 잡고 싶다면 이 모듈을 읽고 난 후에 나중에 "지식 쌓기"가 나오면 그것을 다 완성해 보라(여러분이 만나게 되는 모든 "지식 쌓기"에 대해 하는 것처럼 말이다). "암기" 물음을 한 번에 하나씩 풀면서 다음 물음으로 넘어가기 전에 자신의 답을 체크하라. 그렇게 하면 정반응(또는 오반응)에 즉각적인 피드백이 뒤따를 것이다.

오늘날 프로그램학습은 흔히 컴퓨터를 이용하여 실시된다(Davis, 2011; Mayer, 2011). 이는 CAI(computer-assisted instruction, 컴퓨터 보조 학습)라고도 불린다. 컴퓨터는 학습자에게 즉각적인 피드백을 줄 뿐만 아니라 왜 어떤 답이 틀렸는지 그리고 옳은 답을 하려면 무엇이 필요한지에 대한 힌트도 줄 수 있다(Jaehnig & Miller, 2007). 이야기, 파트너와의 경쟁, 음향 효과, 풍부한 컴퓨터 그래픽 같은 게임 형식을 이용하여 흥미와 동기를 높이고자 하는, *기능성 게임*(serious game)이라고 불리는 CAI 프로그램이 점점 늘어나고 있다(Charsky, 2010; Connolly et al., 2012; ● 그림 23.3 참조).

가장 복잡한 기능성 게임인 교육용 *시뮬레이션*은 학생이 가상적인 상황 또는 '축소된 세계(microworld)'를 탐색하여 실제 세계의 문제를 해결하기를 학습할 수 있게 한다(● 그림 23.4). 학생은 자신의 선택의 결과를 봄으로써 다양한 주제에 대하여 기초 원리를 발견한다(Helle & Säljö, 2012; Herold, 2010).

CAI 소프트웨어는 교사와 학습자에게 시간과 노력을 많이 절약해 줄 수 있다. 비록 습득된 기술이나 지식의 최종 수준이 반드시 더 높지는 않더라도 말이다. 게다가 사람들은 컴퓨터에게서

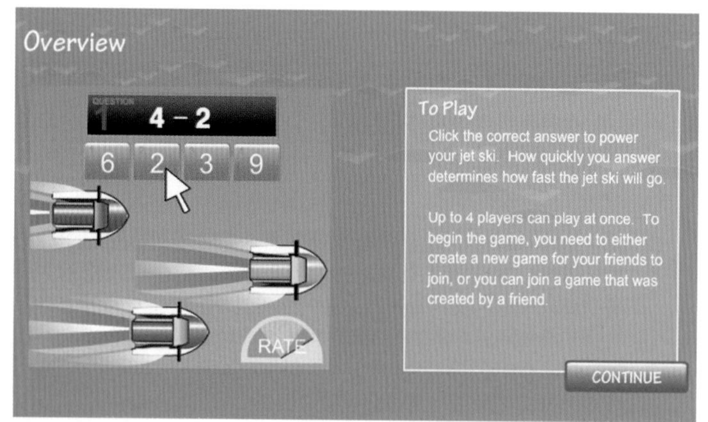

● **그림 23.3**
컴퓨터 보조 학습. 흥미와 동기를 증가시키기 위해 이 수학 게임은 학생들에게 그냥 일련의 빼기 문제를 시키기보다 쾌속선 경주에서 경쟁을 하게 한다. 더 많은 정답을 빨리 선택할수록 결승선을 향한 학생의 쾌속선 속도가 더 빨라진다. ("Island Chase Subtraction"의 스크린샷. http://www.arcademicskillbuilders.com/games/island_chase/island_chase.html. Copyright © 2012, Arcademics. 허락하에 게재)

Fredrik von Erichsen/Newscom

그림 23.4
보잉 747기 훈련 시뮬레이터. 학생 조종사가 이 비행 시뮬레이터에서 점보제트 비행기를 조종하는 법을 속속들이 배울 수 있다. 그들이 진짜 비행기(와 승객)를 가지고 훈련을 하지 않아도 된다는 게 기쁘지 않은가? 필자들은 물론 기쁘다!

피드백을 받을 때 더 잘하기 쉬운데 왜냐하면 마음대로 실수하고 그 실수로부터 배울 수 있기 때문이다(Mayer, 2011; Ward & Parr, 2010).

발견학습

인지학습이 의미하는 바의 많은 부분은 *이해*라는 단어로 요약할 수 있다. 우리는 종종 **암기학습**(rote learning), 즉 기계적 반복과 암기를 통해 개념을 배운 적이 있다. 암기학습이 효율적일 수 있지만 많은 심리학자들은 사람이 스스로 사실과 원리를 *발견*할 때 그 학습이 더 오래가고 융통성 있다고 믿는다. **발견학습**(discovery learning)에서는 암기가 아니라 통찰과 이해를 통해 기술을 습득한다(Snowman & McCown, 2012).

학습이 일어나는 한에서는 발견을 통해서든 암기를 통해서든 무슨 차이가 있을까? ● 그림 23.5가 그 차이를 보여 준다. 두 집단의 학생들에게 평행사변형의 높이와 밑변의 길이를 곱하여 그 넓이를 계산하도록 가르쳤다. 한 집단에게는 평행사변형의 한 '조각'을 '움직여서' 직사각형을 만들 수 있음을 보도록 격려했다. 나중에 이들은 높이 곱하기 밑변 공식이 적용되지 않아 보이는 이상한 문제를 더 잘 해결할 수 있었다. 단순히 규칙을 암기했던 학생들은 비슷한 문제에 혼란스러워했다(Wertheimer, 1959). 이것이 보여 주듯이, 발견은 새롭거나 이상한 문제를 더 잘 이해할 수 있게 이끈다.

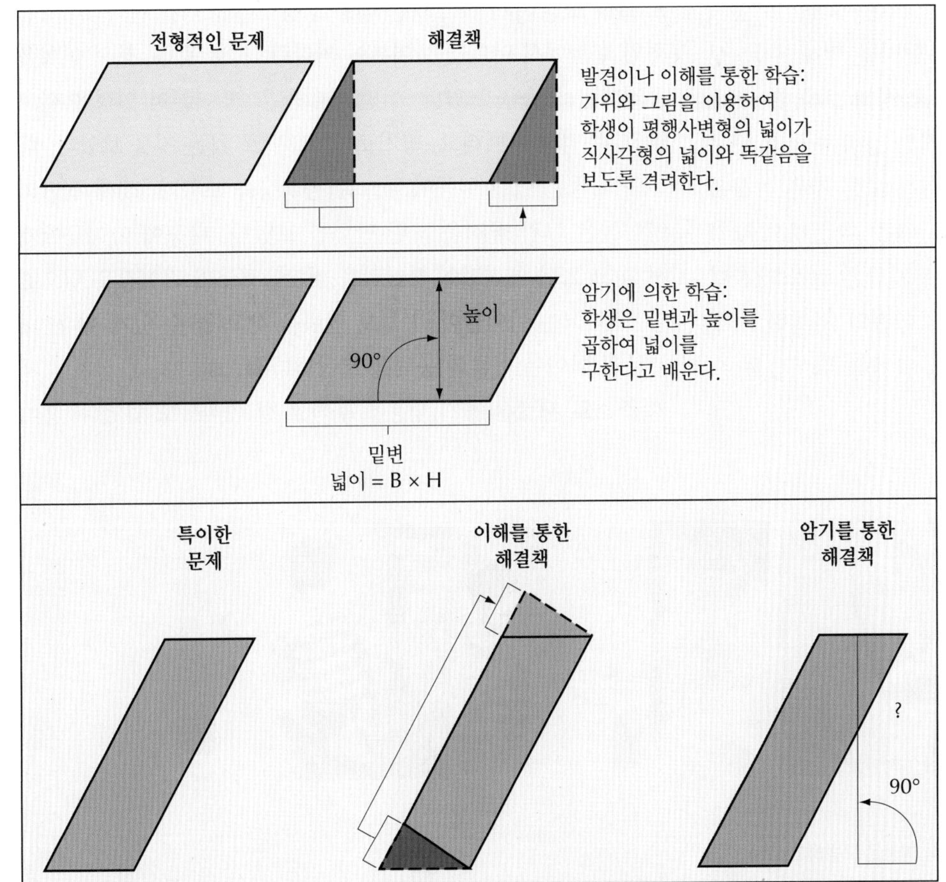

그림 23.5
이해를 통한 학습과 암기를 통한 학습. 두 가지 학습 모두가 유용하기는 하지만 어떤 유형의 학습에는 이해가 더 우월할 수 있다. (Wertheimer, 1959를 수정)

프로그램학습 적은 양의 정보를 주고 즉각적인 연습을 시키며 학습자에게 지속적인 피드백을 제공하는 모든 학습 형식

암기학습 반복과 암기를 통해, 또는 규칙의 암기를 통해 기계적으로 일어나는 학습

발견학습 통찰과 이해에 바탕을 둔 학습

가능한 경우 사람들은 학습 시에 새로운 방략을 시도하고 새로운 해결책을 발견하려 노력해야 한다. 그러나 이것이 학생들이 무턱대고 헤매다가 수학이나 물리학이나 화학의 원리를 우연히 재발견해야 한다는 의미는 아니다. 최선의 교수 방략은 *발견 유도*(guided discovery, 또는 안내된 발견)를 바탕으로 한 것이다. 즉 학생에게 문제에 대해 적극적으로 생각할 자유를 주고 유용한 지식을 얻도록 충분히 유도하는 것이다(Mayer, 2004, 2011).

관찰학습—내가 말하는 대로가 아니라 내가 행동하는 대로 해

SURVEY QUESTION 23.4 학습은 모방을 통해서도 일어나는가?

많은 기술은 Albert Bandura(1971)가 **관찰학습**(observational learning) 또는 **모델링**(modeling)이라고 부른 것을 통해, 즉 다른 사람의 행동을 보고 모방하거나 그 행동의 결과를 주목함으로써 일어난다. 우리 인간뿐 아니라 다른 많은 포유류도 관찰학습 능력을 갖고 있다(Tennie et al., 2010; Zentall, 2011).

Holloway/Stone/Getty Images

관찰학습은 지시를 읽거나 규칙을 암기함으로써는 얻기 힘든 정보를 많이 알려 줄 때가 많다.

관찰을 통한 학습의 가치는 분명하다. 누군가에게 신발끈을 어떻게 묶을지, 댄스 스텝을 어떻게 밟을지, 또는 기타를 어떻게 연주할지를 *말해 주는* 상황을 상상해 보라. Bandura는 직접 경험을 통해 배울 수 있는 모든 것은 관찰을 통해 배울 수 있다고 생각한다. 사람은 관찰학습 덕분에 학습의 지루한 시행착오 단계를 뛰어넘을 수 있다.

관찰학습

우리가 관찰을 통해 학습한다는 것은 뻔해 보이지만 어떻게 관찰학습이 일어날까? **모델**(model), 즉 본보기 역할을 하는 어떤 사람을 관찰함으로써 우리는 (1) 새로운 반응을 배우거나 (2) 과거에 학습한 반응을 수행하거나 회피하기(그 똑같은 반응을 한 모델에게 무슨 일이 일어나는가에 따라)를 배우거나 (3) 다양한 상황에 적용될 수 있는 일반적 규칙을 배운다(Lefrançois, 2012).

관찰학습이 일어나려면 여러 가지 일이 발생해야 한다. 먼저, 학습자가 모델에게 *주의*를 집중하여 모델이 무엇을 하는지 기억해야 한다. (신참 외과의사는 충분한 관심을 갖고 수술을 보지만 그 모든 단계를 기억하지는 못할 수도 있다.) 그다음, 학습자는 그 행동을 *재생*할 수 있어야 한다. (이것이 연습의 문제일 때도 있지만, 학습자가 그 행동을 절대로 실제로 수행할 수는 없을 수도 있다. 우리는 세계 최상급 음악가의 뛰어난 연주에 감탄할 수 있지만 우리 대부분은 아무리 열심히 연습해도 그런 행동을 절대로 재생할 수 없을 것이다.) 만약 모델이 어떤 과제를 *성공적으로* 하거나 어떤 반응에 대해 *보상*을 받는다면 학습자는 그 행동을 모방하기 마련이다. 마지막으로, 일단 새로운 반응을 시도하고 나면 *일반적인 강화나 피드백이 그 반응이 이후로 반복될지 말지를 결정한다.* (앞서 살펴본 잠재학습과의 유사성에 주목하라.)

모델을 모방하기 모델링은 행동에 강력한 효과를 낸다. 한 고전적인 실험에서 아이들은 어른이 커다란 '보보 광대' 풍선 인형을 공격하는 모습을 보았다. 어떤 아이들은 그 어른이 인형을 깔고 앉고, 주먹으로 때리고, 망치로 치고, 발로 차는 것을 보았다. 다른 아이들은 이런 행동이 나오는 동영상을 보았다. 셋째 집단의 아이들은 그런 공격을 그린 만화를 보았다. 나중에 아이들에게서 갖고 놀던 매력적인 장난감을 빼앗음으로써 좌절감을 일으켰다. 그러고는 아이들이 그 보보 인형을 갖고 놀 수 있게 했다. 대부분의 아이는 어른의 공격을 모방했다(● 그림 23.6). 심지어 자기 스스로 새로운 공격 행동을 추가로 한 아이들도 있었다! 흥미

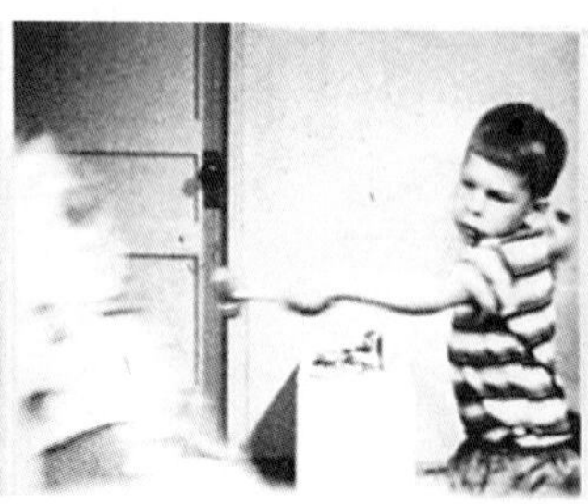
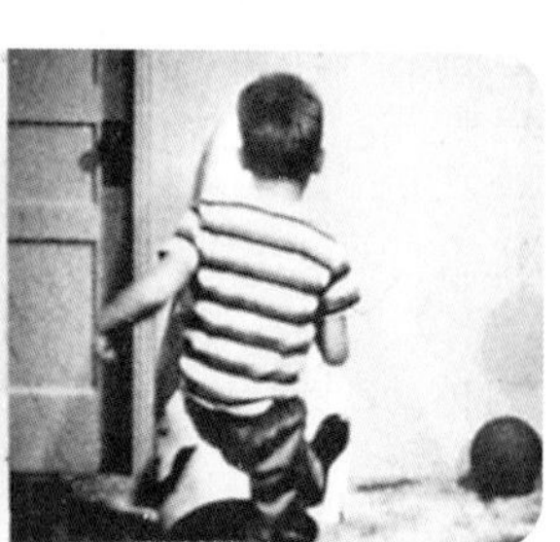
Courtesy of Albert Bandura/Stanford University.

그림 23.6
유아원 아동이 방금 동영상에서 본 어른 모델의 공격적 행동을 모방하고 있다.

비판적 사고

"비디오게임이 나한테 나쁠지도 모른다고?"

오늘날의 아이들은 대부분의 사람이 평생 동안, 심지어 군대 전투 동안, 경험했던 것보다 더 많은 유혈 장면을 하루에 경험할 수 있다. 예컨대 한 비디오게임은 좀비가 어린 소녀를 공격하여 좀비로 만드는 것을 생생하게 보여 주면서 시작한다. 이 소녀는 자기 아빠를 잔인하게 공격하다가 결국 여러 층 아래로 떨어져 죽는다.

그런 것을 보는 경험이 폭력적인 비디오게임을 하는 사람에게 어떤 효과를 낼까? 폭력적인 비디오게임이 아동과 젊은이에게서 공격적 행동을 증가시킨다고 결론 내린 개관 연구가 많다(Anderson, 2004; Krahé & Möller, 2010). 텔레비전에서와 마찬가지로 어린 아동은 비디오게임의 판타지 폭력에 특히 취약한 것으로 보인다(Anderson et al., 2003; Bensley & Van Eenwyk, 2001). 사실 비디오게임을 더 사적이고 친밀하게 경험할수록 그 효과는 더 커질 수 있을 것이다(Fischer, Kastenmüller, & Greitemeyer, 2010).

안타깝지만 초기 연구 중에는 지나치게 강한 결론을 내린 것들이 많을 수 있다(Adachi & Willowghby, 2011a; Valadez & Ferguson, 2012). 예를 들면 한 초기 연구에서 대학생들은 폭력적인 비디오게임(〈모탈컴뱃〉) 또는 비폭력적인 비디오게임(*PGA 토너먼트 골프*)을 했다. 그러고 나서 공격과 복수가 허용되는 과제에서 다른 학생(사실은 배우)과 경쟁을 했다. 폭력적인 비디오게임을 했던 학생들이 경쟁자를 처벌하는 공격을 할 가능성이 훨씬 더 높았다(Bartholow & Anderson, 2002). 그러나 그 두 게임은 폭력성의 정도만이 다른 게 아니라 경쟁의 수준, 난이도 및 액션의 속도도 또한 달랐다.

더 최근의 한 연구는 폭력적 액션 게임(〈코난〉)과 비폭력적 레이싱 게임(〈퓨얼〉)을 비교했는데, 이 둘은 동등하게 경쟁적이고 어려우며 빨리 진행되는 것이었다. 이어진 과제에서 폭력적 게임을 했던 대학생이 비폭력적 게임을 했던 대학생보다 더 공격적이지는 않았다(Adachi & Willoughby, 2011b). 다시 말하면 경쟁의 정도, 난이도, 또는 진행 속도가 게임의 폭력적 내용만큼(그보다 더는 아닐지라도) 공격성 수준에 영향을 줄 가능성이 충분히 있다.

폭력적 비디오게임을 하는 것이 다른 사람에 대한 공격을 촉발하는지의 문제는 더 많은 연구를 통해 엉킨 실타래를 확실히 풀기 전까지는 미해결 상태이다. 이와는 상관없이, 비디오게임을 아예 지워 버리기 전에 모듈 36에 있는 글상자 "비디오게임이 나한테 좋을지도 모른다고?"를 보라.

로운 것은 공격을 부추기는 데 만화가 실제 어른 모델이나 영화에 나온 모델보다 겨우 약간만 덜 효과적이었을 뿐이라는 사실이다(Bandura, Ross, & Ross, 1963).

그렇다면 아이들은 무조건 어른을 모방할까? 아니다. 관찰학습은 사람이 어떤 반응을 따라 하도록 준비만 시킬 뿐임을 상기하라. 그 반응이 실제로 모방되는지는 그 모델이 했던 것에 대해 보상을 받는지 처벌을 받는지에 따라 달라진다. 그럼에도 불구하고 부모가 아이에게 한 가지를 하라고 말하면서 자신은 완전히 다른 반응을 하는 모습을 보여 준다면 아이는 부모가 *말하는 것*이 아니라 *하는 것*을 모방하는 경향이 있다.

전형적인 상황을 보자. 꼬마 레이몬드는 방금 자기 형 로버트 때문에 뿔이 났다. 화가 나고 좌절해서 레이몬드는 형을 때린다. 이 행동은 텔레비전을 보고 있던 아빠 프랭크에 의해 중단된다. 아빠는 즉시 꼬마 레이몬드의 엉덩이를 때리면서 "이래도 네 형을 때릴 거야?"라고 말한다. 그러면 프랭크가 아이에게 준 메시지는 명확하다. 즉 "네가 날 화나게 했어. 그래서 널 때릴 거야."라는 것이다. 다음번에 꼬마 레이몬드가 화가 나면 아빠를 모방해서 형을 때리는 것이 당연할 것이다. (그런데 어쨌거나 왜 모두들 레이몬드를 사랑하는 거지?)

따라서 모델링을 통해 아이는 태도, 제스처, 정서, 성격 특질뿐만이 아니라 공포, 불안 및 나쁜 습관까지도 학습한다. 예를 들면, 청소년은 부모나 형제, 그리고 친구가 담배를 피우면 자신도 담배를 피우기 시작할 확률이 훨씬 더 높아진다(Wilkinson & Abraham, 2004). 더 비극적인 일은, 가정 폭력을 목격하는 아이는 그 자신이 가정 폭력을 행사할 확률이 더 높아진다는 것이다(Murrell, Christoff, & Henning, 2007).

모델링과 대중매체

우리가 배우는 것(좋은 것이든 나쁜 것이든)의 많은 부분은 대중매체로부터 나온다. 오늘날 아동과 젊은이들은 교실에서보다 텔레비전, 비디오게임, 영화, 인터넷, 음악 및 인쇄물 등 다양한 매체에 몰두하는 데 더 많은 시간을 쓴다(Rideout, Foehr, & Roberts, 2010). 그렇다면 대중매체에서 높은 수준의 폭력을 경험하는 것이 어떤 효과를 낼지에 대해 걱정하는 부모와 교육자가 많다는 것이 당연하다.

대중매체 폭력 평균적인 미국인은 고등학교를 졸업할 때쯤이면 몇천 건의 살인과 수없이 많은 강도, 방화, 폭격, 고문 및 구타 행위를 '목격'한 뒤일 것이다. 심지어 관람 연령 제한이 없는

관찰학습(모델링) 다른 사람의 행위를 관찰하고 모방하거나 그 행위의 결과를 주목함을 통해 이루어지는 학습

모델(학습에서) 관찰학습에서 본보기 역할을 하는 사람

만화영화조차도 시간당 평균 10분의 폭력을 보여 준다(Yokota & Thompson, 2000). 하지만 이 모든 대중매체상의 폭력이 공격성에 대한 관찰학습을 촉진하는 걸까? 초기 연구는 텔레비전에서 폭력을 많이 시청하는 아이들이 더 공격적으로 행동하기 쉽다는 것을 입증하는 것으로 보였다(Anderson, Gentile, & Buckley, 2007; Miller et al., 2012).

똑같은 결론이 비디오게임에도 적용될까? 아이들은 모든 대중매체에서 관찰하는 것을 모방하는 경향이 있다(Kirsh, 2010). 프로레슬링(Bernthal, 2003)에서부터 랩 음악(Wingood et al., 2003)과 비디오게임(Carnagey & Anderson, 2004)에 이르기까지 아이들은 선인과 악인을 모두 관찰하고 모방할 기회가 충분히 있다. (글상자 "비디오게임이 나한테 나쁠지도 모른다고?"를 보라.)

대중매체 폭력이 어떻게 공격적 행동을 증가시킬까? 우리는 대중매체에서 폭력을 보는 것이 사람들에게 실제 생활에서 어떻게 더 공격적으로 행동할지를 가르쳐 줄 수도 있다고 이미 말했다(Kirsh, 2010; Unsworth & Ward, 2001). 또 다른 가능성은 사람들이 대중매체 폭력에 반복 노출되면 무감각해져서 폭력에 대해 부정적으로 반응할 가능성이 낮아지고 따라서 더 공격적으로 되기 쉽다는 것이다(Funk, 2005; Krahé et al., 2011).

어느 쪽이든 간에, 임상심리학자 Christopher Ferguson에 따르면 대중매체 폭력을 경험하는 것이 반드시 사람을 더 공격적으로 만드는 '원인'이 되는 것은 아니다. 기껏해야 공격성이 발휘될 *가능성*을 높일 수 있을 뿐이다(Ferguson & Dyck, 2012). 성격 특징, 가족 불화, 우울증 및 부정적인 또래 영향 같은 다른 많은 요인 또한 호전적인 생각이 행위로 바뀔 가능성에 영향을 준다(Ferguson, Miguel, & Hartley, 2009).

대중매체는 폭력적이고 믿기 힘들 때가 많은 놀라운 일을 일상적으로 묘사한다. 다행히도 "집에서 이것을 따라 하지 마시오."라는 흔한 경고에도 불구하고 그런 것을 실제로 모방하려는 '멍청이'는 겨우 몇 명뿐이다.

폭력적인 대중매체가 젊은이들을 잔혹한 범죄자들의 세대로 변화시키고 있다고 걱정하는 부모와 교육자들은 ● 그림 23.7에 있는 자료를 보고 가슴을 쓸어내려도 된다. 최근에 비록 폭력적인 비디오게임의 판매는 증가했지만 젊은이들의 폭력범죄율은 감소하고 있다. 그러나 이것 중 어느 것도 모방, 둔감화, 대리 외상(vicarious traumatization)을 비롯한, 폭력적 대중매체 경험의 장기적 효과에 대해 걱정하지 말아야 함을 의미하지는 않는다. 이는 특히 더 어린 아동의 경우에 그러한데, 왜냐하면 그들은 등장인물과 줄거리가 판타지임을 항상 온전히 인식하지는 않아서 더 쉽게 영향을 받기 때문이다(McKenna & Ossoff, 1998).

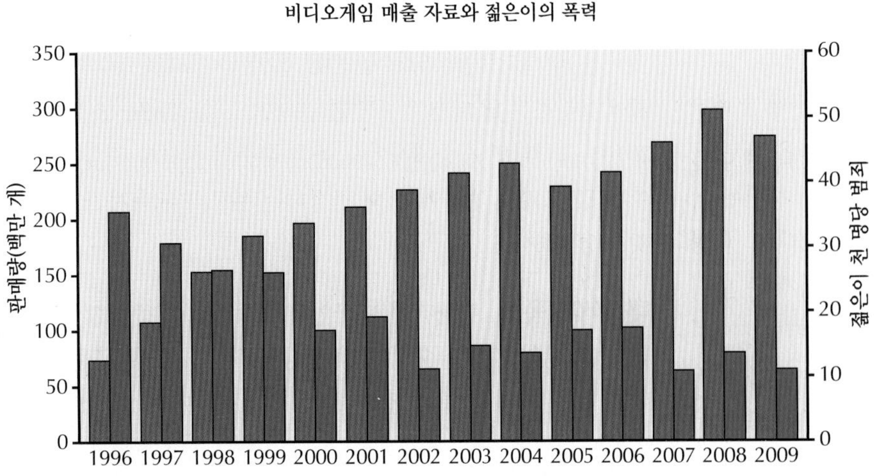

● 그림 23.7
이 그래프는 젊은이들의 폭력범죄 비율이 1996년부터 2007년 사이에 감소했음을 보여 준다. 하지만 그 똑같은 기간에 폭력적인 비디오게임의 매출은 늘어났다. 이와 같은 상관관계 자료는 그 자체로 결정적이지 않지만 비디오게임에서의 폭력 문제를 이해하는 데 도움이 된다. (Ferguson, C. J., & Garza, A. (2011). Call of (civic) Duty: Action games and civic behavior in a large sample of youth. Computers in Human Behavior, 27, 770–775. doi: 10.1016/j.chb.2010.10.026.)

모듈 23: 요약

23.1 학습이란 무엇인가?

23.1.1 학습은 경험에 기인한, 행동의 비교적 영속적인 변화이다.

23.1.2 연합학습은 일상생활의 많은 측면에 영향을 미치는 단순한 형태의 학습이다.

23.1.3 인지학습은 이해, 지식, 예측 같은 고차 정신과정을 포함한다.

23.2 연합학습의 몇 가지 유형은 무엇인가?

23.2.1 고전적 조건형성과 조작적 조건형성은 연합학습의 두 기본적 유형이다.

23.2.2 고전적 조건형성에서는 중성 자극에 무조건자극이 뒤따른다. 두 가지가 거듭해서 짝지어지면 중성 자극이 반응을 유발하기 시작한다.

23.2.3 조작적 조건형성에서는 강화가 뒤따른 반응이 더 자주 일어나게 된다.

23.2.4 잠재학습에서는 수행에 대한 보상이나 유인이 제공되기 전까지 학습이 드러나지 않는다.

23.2.5 비교적 단순한 학습 상황에서조차 동물과 인간은 인지도(관계에 대한 내적 표상)를 형성하는 것으로 보인다.

23.3 인지학습의 몇 가지 유형은 무엇인가?

23.3.1 피드백, 즉 결과에 대한 지식은 또한 학습을 돕고 성적을 향상시킨다. 피드백은 즉각적이고 상세하며 빈번할 때 가장 효과적이다.

23.3.2 프로그램학습은 학습내용을 일련의 작은 단계로 쪼개고 즉각적인 피드백을 제공한다. 컴퓨터 보조 학습(CAI)은 필요하면 다른 연습 문제와 정보를 제공하는 이점이 있다.

23.3.3 발견학습은 암기학습과 달리 통찰과 이해를 강조한다.

23.4 학습은 모방을 통해서도 일어나는가?

23.4.1 학습은 단순히 다른 사람의 행위를 관찰하거나 모방함으로써 또는 다른 사람의 행위의 결과를 주목함으로써 일어날 수 있다.

23.4.2 관찰학습은 모델의 개인적 특징과 모델의 행동의 성공이나 실패에 영향을 받는다. 공격성은 모델링을 통해 학습되고 발휘될 수 있다.

23.4.3 대중매체의 등장인물은 관찰학습을 위한 강력한 모델로 작용할 수 있다. 대중매체 폭력은 시청자의 공격성을 증가시킬 수 있다.

모듈 23: 지식 쌓기

암기

1. 연합을 형성한다는 생각은 다음 둘 모두에 적용된다.
   a. 연합학습과 인지학습
   b. 잠재학습과 발견학습
   c. 고전적 조건형성과 조작적 조건형성
   d. 모방과 모델링

2. 수행에 대한 보상이나 유인이 주어질 때 갑자기 드러나는 학습을 무엇이라 부르는가?
   a. 발견학습
   b. 잠재학습
   c. 암기학습
   d. 회상

3. 결과에 대한 지식은 또한 __________이라고 불린다.

4. 심리학자는 관찰학습을 서술하는 용어로 ________을 사용한다.

5. 모델이 성공하면, 즉 보상을 받으면 그 모델의 행동은
   a. 재생하기가 더 쉽다
   b. 주의집중을 덜 받는다
   c. 모방될 가능성이 더 높다
   d. 정적 전이가 일어날 가능성이 더 높다

6. 실제 어른이 공격적으로 행동하는 모습을 본 아이들은 더 공격적으로 되었다. 반면에 영화나 만화에서 공격성을 관찰한 아이들은 그렇지 않았다. O X

반영

비판적으로 생각하기

7. 서로 다른 형태의 피드백을 생각해 낼 수 있겠는가?

자기반영

다음 개념들에 대한 개인적인 예를 적어도 하나 생각해 보라. 인지도, 잠재학습, 발견학습, 모델링.

여러분은 어렸을 때 어떤 연예인 혹은 스포츠 선수와 자신을 동일시했는가? 그것이 여러분의 행동에 어떤 영향을 미쳤는가?

정답

1. c **2.** b **3.** 피드백 **4.** 모델링 **5.** c **6.** X **7.** 결과에 대한 지식이란 여러분의 반응이 맞았는지 틀렸는지를 여러분이 알게 됨을 의미한다. 틀린 반응에 대한 지식 또한 옳은 반응이 무엇이어야 했는지를 알려 준다. 정교화 피드백(elaboration feedback)은 옳은 답에 대한 설명 같은 추가 정보를 준다. 옳은 반응에 대한 지식의 추가 그리고/혹은 모종의 정교화는 결과에 대한 지식만 있을 때보다 더 효과적이다(Jaehnig & Miller, 2007).

24 Module

조건형성과 학습: 고전적 조건형성

노벨상을 가져온 침 흘리기

20세기 초에 러시아의 생리학자 Ivan Pavlov의 실험실에서 나중에 그에게 노벨상을 안겨 준 어떤 일이 일어났다. 즉 그의 연구대상이 그에게 침을 질질 흘렸던 것이다. 사실 Pavlov는 개를 실험대에 고정시켜 놓고 개의 혀에 먹이를 몇 조각 놓는 방법으로 소화과정을 연구하고 있었다. 개의 입에서 나오는 침을 기록장치를 작동시키는 레버로 보내 주는 튜브를 달아 줌으로써 Pavlov는 침 분비를 측정할 수 있었다.

그런데 Pavlov는 그런 절차를 여러 차례 반복하고 나자 먹이가 입에 들어오기도 *전에* 개가 침을 흘리기 시작한다는 것을 알게 되었다. 나중에 개는 심지어 Pavlov가 실험실로 들어오기만 해도 침을 흘리기 시작했다. Pavlov는 모종의 학습이 일어났음을 깨달았고 곧 '조건형성' 연구를 시작했다. 그는 개의 주변에 놓인 먹이 접시와 함께 다양한 자극을 제시하면서 개가 침을 얼마나 많이 흘리는지 측정했다. 그가 무엇을 발견했는지 살펴보자.

SURVEY QUESTIONS

24.1 고전적 조건형성은 어떻게 일어나는가?

24.2 조건형성이 정서에 영향을 미치는가?

고전적 조건형성–Pavlov란 이름을 들으면 무슨 생각이 드는가?

SURVEY QUESTION 24.1 고전적 조건형성은 어떻게 일어나는가?

Pavlov는 처음엔 침 분비가 자동적인 유전적 반사라고 생각했다. 정말로 하루하루 변해서는 안 되는 것이었다는 말이다. Pavlov의 개는 먹이가 입에 들어오면 침을 *흘려야 하고* 단순히 Pavlov를 보기만 해서는 침을 *흘리지 말아야 하는* 것이었다. 개의 행동 변화는 경험에 기인한 것이었다. 이런 형태의 학습은 역사에서 차지하는 위치 때문에 이제 **고전적 조건형성**(classical conditioning, 또한 *Pavlov식 조건형성*, *반응적 조건형성*이라고도 함)이라고 불린다(Schultz & Schultz, 2012).

Pavlov의 실험

Pavlov는 조건형성을 어떻게 연구했는가? 처음에 Pavlov는 종을 울렸다. 애초에 종소리는 중성자극이었다(즉 개가 종소리에 침을 흘리는 반응을 하지 않았다). 곧 이어서 Pavlov는 고기 가루를 개의 혀에 넣었는데, 이는 반사적인 침 분비를 일으켰다. 종소리, 고기 가루, 침 분비가 이런 순서로 여러 차례 반복되었다. 마침내 (조건형성이 일어남에 따라) 개는 종소리가 들리면 침을 흘리기 시작했다(● 그림 24.1). 이전에는 아무 효과가 없었던 종소리가 연합을 통해 먹이가 일으키는 것과 동일한 반응을 유발하기 시작했다. 이는 때때로 먹이 없이 종소리만 들려줌으로써 알 수 있었다. 개는 아무 먹이도 입에 넣어지지 않았음에도 불구하고 여전히 침을 흘렸던 것이다.

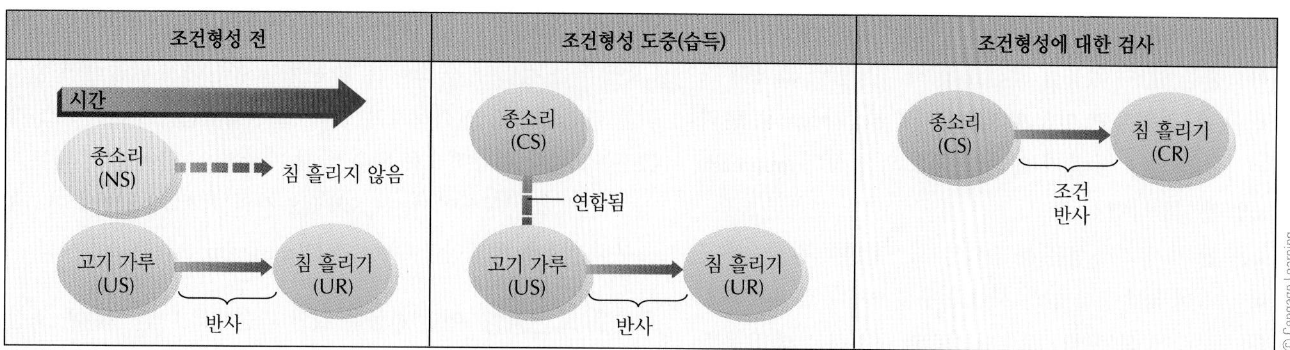

그림 24.1
고전적 조건형성 절차

표 24.1 고전적 조건형성의 요소

요소	기호	설명	예
무조건자극	US	선천적으로 반응을 유발할 수 있는 자극	고기 가루
무조건반응	UR	무조건자극에 의해 유발되는 선천적인 반사 반응	*US에 대한* 반사적 침 분비
중성자극	NS	무조건반응을 유발하지 않는 자극	*조건형성 전의* 종소리
조건자극	CS	무조건자극과 거듭해서 짝지어짐으로 인해 반응을 유발하게 된 자극	*조건형성 후의* 종소리
조건반응	CR	조건자극에 의해 유발되는 학습된 반응	*CS에 대한* 침 분비

심리학자들은 이 사건들을 지칭하는 여러 용어를 사용한다. 고기 가루는 **무조건자극**(unconditioned stimulus, US), 즉 선천적으로 어떤 반응(이 경우 침 분비)을 일으킬 수 있는 자극이다. 개가 US에 반응하기를 학습하지 않아도 되었음을 주목하라. 그런 자극은 반사나 정서 반응을 자연적으로 촉발한다. 반사는 선천적인, 즉 갖고 태어나는 것이기 때문에 **무조건반응**(unconditioned response, UR), 즉 학습되지 않은 반응이라 불린다. Pavlov의 실험에서 반사적인 침 분비가 UR이다.

종소리는 처음에 **중성자극**(neutral stimulus, NS)으로 시작한다. 시간이 지나면 종소리가 **조건자극**(conditioned stimulus, CS), 즉 학습 때문에 어떤 반응을 유발하는 자극이 된다. Pavlov의 종소리가 침 분비를 유발하는 경우 개는 새로운 반응을 하고 있는 것이다. 따라서 침 분비가 **조건반응**(conditioned response, CR), 즉 학습된 반응이 된다(그림 24.1 참조). 표 24.1이 고전적 조건형성의 중요한 요소를 요약하고 있다.

이 모든 용어가 정말로 필요한가? 그렇다. 학습의 다양한 예들 간의 유사성을 인식하는 데 도움이 되기 때문이다. 앞서의 예를 이용하여 이 용어들을 요약해 보자.

조건형성 이전	예
US → UR	공기 분사 → 눈 깜박임
NS → 효과 없음	경적 소리 → 효과 없음

조건형성 이후	예
CS → CR	경적 소리 → 눈 깜박임

고전적 조건형성을 이용하여 눈 깜박임을 일으키는 것이 하찮은 일처럼 보일지 몰라도 이는 커다란 임상적 잠재력을 갖고 있다(Laasonen et al., 2012). 예를 들면, 모듈 10에서 나왔던, 용기 있는 갇힘증후군 환자 케이트 애덤슨을 상기해 보라. 그녀는 완전히 마비되어 있었기 때문에 의사들이 뇌사 상태인 것으

고전적 조건형성 반사 반응이 새로운 자극과 연합되는 학습의 한 형태
무조건자극(US) 선천적으로 어떤 반응을 유발할 수 있는 자극
무조건반응(UR) 무조건자극에 의해 유발되는 선천적인 반사 반응
중성자극(NS) 어떤 반응을 일으키지 않는 자극
조건자극(CS) 무조건자극과 거듭해서 짝지어졌기 때문에 어떤 반응을 일으키는 자극
조건반응(CR) 조건자극에 의해 유발되는 학습된 반응

로 가정했다.[1)] 다행히도 케이트는 의도적으로 눈을 깜박거림으로써 의사소통을 할 수 있음을 발견했다. 하지만 만약 그녀가 그것조차도 할 수 없었다면 어떻게 되었을까? 설상가상으로 만약 그녀가 뇌사(*식물인간 상태*)가 아니라 *최소 의식 상태*(minimally conscious)일 뿐이었다면?

흥미로운 한 가지 가능성은 눈 깜박임 조건형성이 갇힘증후군 환자를 더 심각한 뇌손상을 입은 사람과 구분하거나 심지어 최소 의식 상태인 사람을 식물인간 상태인 사람과 구분하는 데 유용할지도 모른다는 것이다(Bekinschtein et al., 2009). 적어도 최소 의식 상태인 환자는 조건형성이 가능하고 어떤 정신적 기능을 회복할 수도 있는 반면에 식물인간 상태인 환자는 조건형성이 되거나 회복할 가능성이 별로 없다. 현재로는 일부 최소 의식 상태 환자들이 잘못 진단을 받아서 적절한 치료를 제공받지 못하고 있다.

고전적 조건형성의 원리

레너드라는 이름의 과학자가 그의 친구 쉘던을 조건형성시켜서 연구를 하기 원한다고 하자. 조건형성을 관찰하기 위해서 종소리를 들려주고 레몬주스를 쉘던의 입에 뿌려 줄 수 있을 것이다. 레너드는 이 절차를 여러 차례 반복하여 쉘던이 종소리에 침을 흘리도록 조건형성시킬 수 있을 것이다. 그러고 나면 쉘던을 이용하여 고전적 조건형성의 다른 측면들을 탐구할 수도 있다.

습득 습득(acquisition), 즉 훈련 동안 조건반응이 확립되고 증강되어야 한다(● 그림 24.2). 고전적 조건형성은 NS에 US가 뒤따를 때, 즉 이 두 가지가 연합될 때 일어난다. 그 연합이 증강됨에 따라 NS는 UR을 더 강하게 유발하게 된다. 즉 CR을 유발하는 능력을 가진 CS가 되어 가는 것이다. 쉘던의 경우 종소리가 NS였다가 CS로 되고, 신 레몬주스가 US이며, 침 분비가 UR이자 CR이 되는 것이다. 종소리가 침 분비를 유발하게 만들려면 종소리를 레몬주스와 연결시켜야 한다. 조건형성은 US(레몬주스)가 CS(종소리)를 *즉각적으로* 뒤따를 때 가장 빨리 일어난다. 대부분의 고전적 조건형성에서는 CS와 US 간의 최적 지연 간격이 0.5초부터 약 5초 정도이다(Olson & Hergenhahn, 2013).

고순위 조건형성 어떤 반응은 일단 학습되고 나면 **고순위 조건형성**(higher-order conditioning, 고차 조건형성)을 일으킬 수 있다. 이 경우 잘 학습된 CS가 또 다른 학습을 일으키는 데 사용된다(Lefrançois, 2012). 즉 무조건자극처럼 사용될 수 있을 만큼 충분히 강해진 CS를 사용한다. 또 다시 쉘던을 예로 보자.

앞서 한 학습의 결과로 종소리는 이제 쉘던에게 침을 흘리게 한다. (레몬주스는 필요 없다.) 한 발자국 더 나아가기 위해 레너드는 손뼉을 치고는 종소리를 들려줄 수 있다. (역시, 레몬주스는 필요 없다.) 고순위 조건형성을 통해 쉘던은 곧 레너드가 손뼉을 치면 침을 흘리게 될 것이다(● 그림 24.3). (이런 장난은 레너드의 친구들에게 정말로 히트를 칠 것이다.)

고순위 조건형성은 학습을 원래의 조건자극을 넘어 한 단계 이상 확장시킨다. 많은 광고제작자들은 상품의 사진을 호감을 일으키는 이미지(유명인을 비롯하여 사람들이 웃으며 즐겁게 노는 것

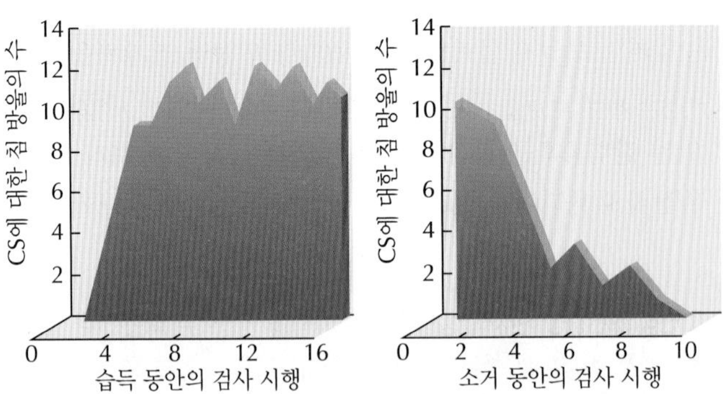

그림 24.2
조건반응의 습득과 소거 (Pavlov, 1927을 따름)

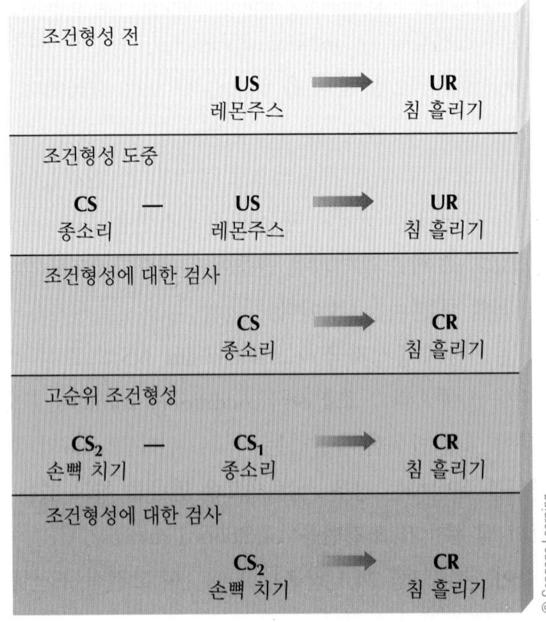

그림 24.3
잘 학습된 조건자극이 마치 무조건자극인 것처럼 쓰일 때 고순위 조건형성이 일어난다. 이 예에서 쉘던은 먼저 종소리에 침을 흘리도록 조건형성된다. 시간이 지나면서 종소리가 침 분비를 유발하게 된다. 그 시점에서 레너드는 손뼉을 치고는 종소리를 울려 준다. 이를 여러 번 반복하고 나면 곧 쉘던은 레너드가 손뼉을 치면 침을 흘리기를 배울 것이다.

1) 역자 주: 앞서 역주에서 이야기했듯이 의사들은 뇌사라기보다 '식물인간 상태'로 생각했다. 이 문단의 마지막 문장은 저자들이 뇌사와 식물인간 상태를 동일한 것으로 잘못 알고 있음을 보여 준다.

같은)와 짝지음으로써 이 효과를 이용한다. 여러분이 그 상품을 볼 때 호감을 느끼도록 연합을 통해 학습하기를 바라는 것이다(Chen, Lin, & Hsiao, 2012; Till, Stanley, & Priluck, 2008).

예기 Pavlov는 고전적 조건형성에 인지과정이 전혀 개입하지 않는다고 믿었다. 오늘날 많은 심리학자들은 고전적 조건형성에 인지적 바탕이 있다고 생각한다. 왜냐하면 고전적 조건형성은 생존에 도움이 될 수도 있는 정보와 관련되기 때문이다. 이 **정보 견해**(informational view)에 따르면, 우리는 사건들 간의 연합을 탐색한다(Schultz & Helmstetter, 2010). 그렇게 하는 것은 새로운 정신적 **예기**(expectancy), 즉 사건들이 어떻게 상호연결되는지에 대한 생각을 만들어 낸다.

고전적 조건형성이 어떻게 예기를 변화시킬까? 조건자극이 확실하게 무조건자극에 선행한다는 것에 주목하라. 그렇기 때문에 CS는 US를 *예측한다*(Rescorla, 1987). 조건형성 시에 뇌는 US가 CS를 뒤따라 나온다는 것을 *예기*하기를 학습한다. 그 결과 뇌는 그 US에 반응하도록 신체를 준비시킨다. 예를 들어 보자. 여러분은 막 피하주사를 맞으려고 할 때 근육이 긴장되고 숨을 잠시 멈춘다. 왜 그럴까? 몸이 통증이 올 것에 대비하고 있기 때문이다. 여러분은 바늘에 찔리면 아플 것임을 예기하도록 학습하였다. 고전적 조건형성을 통해 습득된 이 예기가 여러분의 행동을 변화시킨다.

소거와 자발적 회복 *일단 어떤 연합이 고전적으로 조건형성되면 언젠가 사라지기는 할까?* 만약 US가 CS를 뒤따라 나오기를 멈춘다면 조건형성은 점차로 사라진다. 즉 소거된다. 쉘던의 예로 돌아가 보자. 레너드가 종소리를 여러 차례 들려주지만 뒤이어서 레몬주스를 주지 않는다면 "종소리는 레몬주스에 선행한다"는 쉘던의 예기는 약화될 것이다. 그렇게 됨에 따라 종소리가 들리면 침을 흘리는 경향성도 상실될 것이다. 따라서 우리는 고전적 조건형성이 조건자극과 무조건자극 간의 연결을 제거함으로써 약화될 수 있음을 알 수 있다(그림 24.2 참조). 이 과정을 소거(extinction)라 한다.

만약 조건형성이 확립되는 데 시간이 걸린다면 그것을 되돌리는 데도 시간이 걸려야 하지 않을까? 그렇다. 사실상 조건형성을 완전히 역전시키려면 여러 소거 회기가 걸릴 수도 있다. 레너드가 종소리만 여러 차례 들려주었더니 쉘던이 마침내 반응하기를 멈추었다고 하자. 소거가 완전히 된 것으로 보일 수 있다. 그러나 다음날 쉘던은 벨소리에, 적어도 처음엔, 아마도 반응을 할 것이다(Rescorla, 2004). 겉보기에 소거되었던 학습된 반응이 되돌아오는 것을 **자발적 회복**(spontaneous recovery)이라 한다. 자동차 사고를 당했던 사람이 운전에 대한 공포가 완전히 소거되려면 차를 느리고 침착하게 모는 경험을 여러 차례 해야 하는데, 자발적 회복이 그 이유를 설명해 준다.

일반화 조건형성 후에는 CS와 유사한 자극도 또한 반응을 촉발할 수 있다. 이를 **자극일반화**(stimulus generalization)라 한다. 예를 들면, 쉘던은 전화벨 소리나 초인종 소리(비록 이것들이 조건자극으로 사용된 적은 전혀 없지만)에도 침을 흘릴지 모른다.

자극일반화의 효용은 이해하기 쉽다. 성냥을 갖고 놀다가 손가락을 데는 아이를 생각해 보자. 불이 붙은 성냥은 십중팔구 아이에게 조건 공포 자극이 될 것이다. 자극일반화 때문에 아이는 라이터, 벽난로, 스토브 등에서 나오는 불꽃에 대해서도 유익한 공포를 가질 수 있다. 일반화가 학습을 관련된 상황으로 확장시킨다는 것은 다행스러운 일이다. 그렇지 않다면 우리는 모두 훨씬 더 적응력이 떨어질 것이다.

짐작했겠지만 자극일반화는 한계가 있다. 자극이 원래의 CS와 달라질수록 반응은 감소한다. 피아노에서 특정 음을 칠 때마다 눈을 깜박이도록 어떤 사람을 조건형성시킬 경우 그보다 더 높거나 낮은 음을 치면 눈 깜박임은 약해진다. 만약 그 음이 훨씬 더 높거나 훨씬 더 낮으면 아예 반응이 나오지 않는다(● 그림 24.4). 자극일반화는 왜 전국적으로 유명한 상품의 모조품이 많은 가게에 나도는지를 부분적으로 설명해 준다. 많은 소비자에게는 원래의 상품에 조건형성된 긍정적 태도가 더 값싼 모조품에까지 일반화되기 쉽다(Till & Priluck, 2000).

변별 쉘던(지금쯤 폭발 직전인 상태임에 분명한)을 가지고 한 가지 개념을 더 살펴보자. 레너드가 종소리를 CS로 삼아 쉘던을 다시 조건형성시킨다고 하자. 실험으로 벨소리 대신에 버저 소리도 가끔씩 들려준다. 하지만 버저 소리에는 절대로 US(레몬주스)가 뒤따르지 않는다. 처음엔 쉘던이 버저 소리가 들리면 침을 흘린다(일반화 때문에). 그러나 레너드가 버저 소리를 여러 차례 더 들려주면 쉘던은 그것에 반응하기를 멈춘다. 왜? 기본적으로, 버저 소리에까지 일반화되었던 쉘던의 반응이 소거되었기 때문이

습득 조건형성에서 반응이 강화를 받는 기간
고순위 조건형성 조건자극이 한 단계 더 나아간 학습을 강화하는 데 사용되는 고전적 조건형성. 즉 CS가 마치 US인 것처럼 사용된다.
정보 견해 학습을 환경에서 일어나는 사건이 주는 정보의 측면에서 설명하는 관점
예기 미래의 사건이나 관계에 대한 예측
소거 강화의 제거를 통한 조건반응의 약화
자발적 회복 학습된 반응이 겉보기에 소거된 후에 다시 출현하는 것
자극일반화 조건자극과 동일하지는 않지만 비슷한 자극에 대해 반응하는 경향성

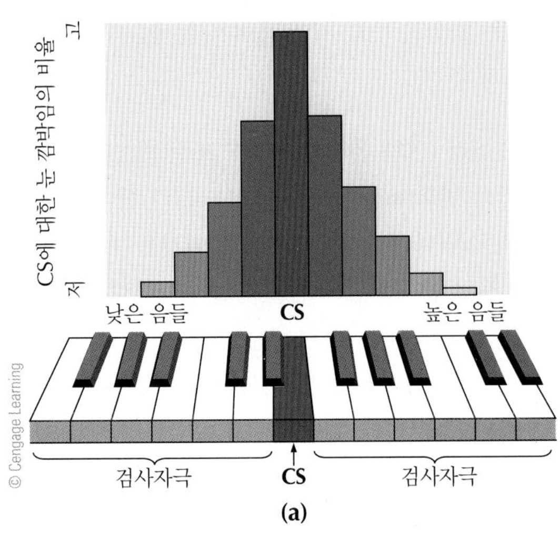

(a)

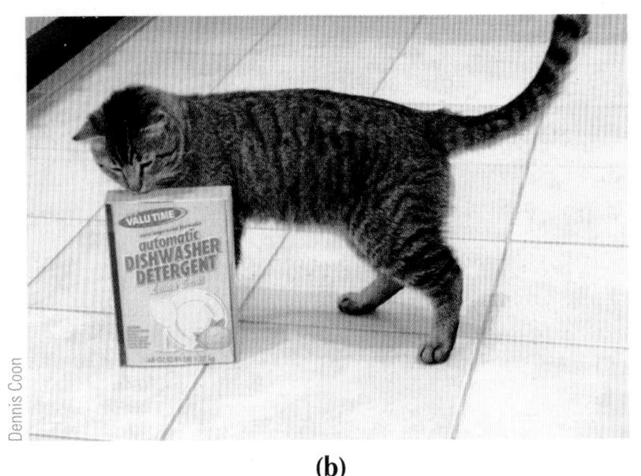

(b)

그림 24.4
(a) 자극일반화. CS와 비슷한 자극도 반응을 유발한다. (b) 이 고양이는 고양이 먹이 상자를 보면 침을 흘리도록 학습했다. 자극일반화 때문에 이 고양이는 비슷하게 생긴 세탁비누 상자가 보일 때도 역시 침을 흘린다.

다. 그 결과 그는 벨소리와 버저 소리를 *변별*하기를, 즉 그 둘에 달리 반응하기를 학습한 것이다.

자극변별(stimulus discrimination)은 다양한 자극에 달리 반응하는 능력이다. 예를 들면 여러분은 어린 시절에 엄마나 아빠의 목소리가 무서운 어조로 변할 때 느꼈던 불안감이나 공포감이 기억날 수도 있다. 대부분의 아이들은 처벌과 연관된 어조를 칭찬이나 애정과 연관된 어조와 변별하기를 재빨리 학습한다.

인간의 고전적 조건형성–감정적 문제

SURVEY QUESTION 24.2 조건형성이 정서에 영향을 미치는가?

인간 학습의 많은 부분이 실제로 고전적 조건형성에 기초한 것일까? 가장 단순한 수준에서는 고전적 조건형성은 무조건반사 반응에 좌우된다. 앞서 언급된 것처럼 반사는 확실하고 선천적인 자극–반응 연결이다. 예를 들면, 우리는 통증을 일으키는 것으로부터 반사적으로 손을 움츠린다. 밝은 빛은 동공을 축소시킨다. 눈에 가해진 공기 분사는 눈 깜박임을 일으킨다. 여러 가지 음식은 침 분비를 유발한다. 이 모든 반사는, 그리고 다른 반사도 마찬가지로, 새로운 자극과 연합될 수 있다. 적어도 여러분은 빵집이 보이거나 빵 냄새가 나면 입에 어떻게 침이 고이는지 아마도 느꼈을 것이다. 심지어 음식의 사진조차도 침을 흘리게 만들 수 있다(얇게 썬 레몬의 사진이 이런 용도로 좋다).

조건정서반응

더 복잡한 *정서적*, 즉 '내장' 반응도 또한 새로운 자극과 연합될 수 있다. 예를 들어 여러분이 어린 시절에 벌을 받을 때 얼굴이 빨갛게 되었다면 현재 부끄럽거나 창피스러운 상황에서 얼굴이 붉어질 수 있다. 또는 치과에 처음 갔을 때 그 장소와 통증이 연합되는 효과에 대해 생각해 보라. 나중에 다시 치과에 갔을 때 의사가 치료를 시작하기 *전에* 심장이 뛰고 손에 땀이 났는가?

많은 *불수의적인* 자율신경계 반응('싸움 또는 도주' 반사)이 고전적 조건형성에 의해 새로운 자극 및 상황과 연결될 수 있다. 예를 들면 학습된 반응이 고혈압을 악화시키는 사례가 많다. 교통체증, 배우자와의 말싸움 및 유사한 상황이 혈압을 위험 수준으로 높이는 조건자극이 될 수 있다(Reiff, Katkin, & Friedman, 1999).

물론 정서 조건형성은 동물에게도 적용된다. 사람들이 애완동물(특히 개)에게 하는 가장 흔한 실수 중 하나는 불러도 오지 않으면 그 동물을 때리는 것이다. 그러면 그 동물을 부르는 소리가 공포와 움츠러드는 반응을 일으키는 조건자극이 되어 버린다. 미래에 그 동물을 부르면 복종하지 않는 것이 당연하다. 자식을 무시하거나 신체적으로 학대하거나 자식에게 고함을 지르는 부모는 똑같은 실수를 하고 있는 것이다.

학습된 공포 1920년에 선구적인 심리학자 John Watson은 알버트라는 이름의 어린 아동을 쥐를 두려워하도록 고전적으로 조건형성시켰다고 보고했다(Beck, Levinson, & Irons, 2009). 그 이후로 **조건정서반응**(conditioned emotional response, CER), 즉 이전에는 중성자극이었던 것에 대한 학습된 정서적 반응이 공포증의 시작인 경우가 많다고 널리 받아들여져 왔다(Laborda & Miller, 2011). *공포증*(phobia)이란 실제로 위험이 존재하지 않는데도 지속되는 공포를 가리킨다. 동물, 물, 높은 장소, 천둥, 불, 벌레, 엘리베이터 등에 대한 공포는 흔하다.

공포증이 있는 사람들은 자신의 공포의 원인을 특히 아동기에 특정 자극에 의해 놀랐거나 다쳤거나 기분 나빴던 때에서 찾을 수 있는 경우가 많다(King, Muris, & Ollendick, 2005). 거미 때문에 놀랐거나 혐오감을 느꼈던 나쁜 경험을 한 번 하면 여러 해 동안 지속되는 공포가 조건형성될 수도 있다(de Jong & Muris, 2002). 자극일반화와 고순위 조건형성이 CER을 다른 자극들로 확산시킬 수 있다. 그 결과 한정된 공포로 시작되었던 것이 장애

그림 24.5
CER이 공포증으로 변하는 가상적인 예. 아이가 개(a)에게 다가갔다가 개 때문에 놀라게 된다(b). 이 공포는 다른 애완동물(c)에게도 일반화되고, 나중에 사실상 모든 털 달린 동물(d)에게까지 일반화된다.

수준의 공포증이 될 수 있다(● 그림 24.5).

체계적 둔감화 CER 동안 편도체라는 뇌의 한 부위의 활동이 더 높아져서 공포감을 만들어 낸다(Schweckendiek et al., 2011). 편도체는 둘레계통(변연계)의 일부로서 다른 정서도 또한 담당한다(모듈 10 참조). 인지학습은 이 하등 뇌 부위들에는 거의 효과를 내지 못한다(Olsson, Nearing, & Phelps, 2007). 아마도 그것이 공포와 공포증이 단순히 그것을 어떻게 통제하는지를 책에서 읽기만 해서는(이 모듈 첫머리에 나왔던 래리가 쥐 공포증에 대해서 알게 되었듯이) 쉽게 완화될 수 없는 이유일 것이다. 하지만 조건공포는 **체계적 둔감화**(systematic desensitization)라는 치료가 실제로 가능하다. 이는 공포증이 있는 사람을 차분하고 이완된 상태에서 공포 자극에 점차로 노출시키는 방법이다. 예를 들면 고소공포증이 있는 사람을 천천히 점점 더 높은 곳으로 데려가서 그 공포가 소거되게 하는 것이다. 마찬가지로 실제 거미에게 천천히 점점 더 가까이 다가가게 함으로써 거미에 대한 공포를 극복하게 만들 수 있다. 심지어 컴퓨터 그래픽을 이용하여 공포의 대상이나 사건의 경험을 시뮬레이트하게 해도 체계적 둔감화는 효과가 있다(Michaliszyn et al., 2010; Price et al., 2011). (학습 원리에 기초한 치료법들에 대한 정보는 모듈 55 참조)

우리의 호감, 반감 및 공포 중에서 조건정서반응으로 습득되는 것이 많음은 의심의 여지가 없다. 앞서 보았듯이 광고제작자들은 상품을 즐거운 영상 및 음악과 짝지음으로써 똑같은 효과를 달성하려 한다. 첫 데이트를 나가는 많은 학생들도 그렇게 한다.

대리, 즉 간접 조건형성

조건형성은 또한 간접적으로도 일어날 수 있다. 예를 들어 다른 사람이 전기충격을 받는 것을 여러분이 본다고 하자. 매번 전기충격이 주어지기 전에 불빛 신호가 켜진다. 여러분 자신이 전기충격을 받지는 않는다 하더라도 여러분은 곧 그 불빛에 대한 CER을 나타내게 된다. 부모가 천둥소리에 반응하는 모습을 봄으로써 천둥소리를 두려워하기를 학습하는 아이도 이와 비슷한 조건형성을 거치는 것이다. 많은 미국인들은 2001년 9월 11일에 뉴욕과 워싱턴에서 일어난 테러에 대한 대중매체의 보도를 본 결과로 외상을 입었다(Blanchard et al., 2004). 마찬가지로, 성 학대로 인해 외상을 입은 피해자를 상담하는 사람 자신도 대리 외상을 입을 수 있다(Jordan, 2010).

대리 고전적 조건형성(vicarious classical conditioning)은 어떤 자극에 대한 다른 사람의 정서적 반응을 관찰함으로써 우리가 그 자극에 정서적으로 반응할 때 일어난다(Cohen & Collens, 2012). 그런 '간접' 학습이 감정에 영향을 주는 상황이 많다. "뱀은 위험해."라는 말을 듣는 것이 뱀에 대한 아이의 *정서적* 반응을 설명하지는 못할 수 있다. 그보다 더 가능한 것은, 아이가 다른 사람이 뱀이란 단어에 또는 텔레비전에 나오는 *뱀*의 영상에 두려워하는 반응을 나타내는 것을 관찰했기 때문일 수 있다(King, Muris, & Ollendick, 2005). 이것이 정확히 어떻게 (앞서 나왔던) 래리가 쥐를 두려워하게 되었나를 설명해 준다. 아이가 성장함에 따라 부모, 친구 및 친척의 정서가 뱀, 동굴, 거미, 높은 장소 및 기타 대상에 대한 공포의 발달에 한몫함은 분명하다. 심지어 비명을 지르는 배우들로 가득 차 있는 '공포' 영화조차 비슷한 효과를 낼 수 있다.

음식, 정당, 인종집단, 에스컬레이터, 또는 무엇이든 간에 그것에 대해 우리가 갖게 되는 정서적 태도는 아마도 직접 경험만이 아니라 간접 경험에 의해서도 조건형성될 것이다. 편견을 갖고 태어나는 사람은 아무도 없다. 즉 모든 태도는 학습된 것이다. 자기 자식이 어떻게 또는 어디서 특정한 공포나 정서적 태도를 갖게 되었는지 궁금하다면 부모는 거울을 들여다보는 게 좋다.

자극변별 유사한 자극에 서로 달리 반응하는 학습된 능력
조건정서반응(CER) 과거에는 비정서적 자극이었던 것과 고전적 조건형성에 의해 연결된 정서적 반응
체계적 둔감화 사람을 대단히 이완된 상태에서 정서적 자극에 반복해서 노출시킴으로써 공포나 불안을 감소시키는 것
대리 고전적 조건형성 다른 사람이 특정 자극에 반응하는 모습을 관찰함으로써 생겨나는 고전적 조건형성

모듈 24: 요약

24.1 고전적 조건형성은 어떻게 일어나는가?

24.1.1 Pavlov가 연구했던 고전적 조건형성은 중성자극(NS)이 무조건자극(US)과 연합될 때 일어난다.

24.1.2 US는 무조건반응(UR)이라는 반사를 일으킨다. NS가 US와 일관성 있게 짝지어지면 조건(학습된)반응(CR)을 일으킬 수 있는 조건자극(CS)이 된다.

24.1.3 조건자극에 무조건자극이 거듭해서 뒤따르면 그 둘 사이에 연합이 형성되고 증강된다.

24.1.4 고순위 조건형성은 잘 학습된 조건자극이 마치 무조건자극인 것처럼 사용되어 한 단계 더 나아간 학습을 일으키는 것을 가리킨다.

24.1.5 정보 견해에서 보면 조건형성은 예기를 생성하는데, 이 예기가 반응 패턴을 변화시킨다. 고전적 조건형성에서 CS는 US가 뒤따를 것이라는 예기를 생성한다.

24.1.6 CS가 단독으로 거듭해서 제시되면 조건형성이 소거(약화 또는 억제)된다. 소거가 완전하게 된 것처럼 보인 후에 휴식 기간이 지나고 나면 조건반응이 일시적으로 다시 출현한다. 이를 자발적 회복이라 한다.

24.1.7 자극일반화를 통해 조건자극과 비슷한 자극도 또한 반응을 일으키게 된다. 유기체가 한 자극에는 반응하지만 유사한 다른 자극에는 반응하지 않기를 배우게 되면 일반화가 변별 때문에 후퇴한다.

24.2 조건형성이 정서에 영향을 미치는가?

24.2.1 조건형성은 단순 반사뿐 아니라 내장 반응, 즉 정서적 반응에도 적용된다. 그 결과 조건정서반응(CER)이 일어난다.

24.2.2 공포증이라 불리는 비합리적 공포는 CER일 수 있다. 정서적 반응의 조건형성은 직접적으로뿐 아니라 대리적으로(간접적으로)도 일어날 수 있다.

모듈 24: 지식 쌓기

암기

1. 쿠키를 굽는 냄새가 나자 여러분의 입에서 침이 나온다. 분명히 쿠키 냄새는 _______이고 여러분의 침 분비는 _________이다.
   - **a.** CR, CS
   - **b.** CS, CR
   - **c.** 결과, 중성자극
   - **d.** 반사, CS
2. 정보 견해에 따르면, 고전적 조건형성은 CS와 US에 대한 정신적 _______의 변화에 바탕을 두고 있다.
3. 조건반응은 습득된 후에 다음 무엇의 반복에 의해 약화될 수 있는가?
   - **a.** 자발적 회복
   - **b.** 자극일반화
   - **c.** CS만의 단독 제시
   - **d.** CS에 뒤따르는 US의 제시
4. 조건자극이 두 번째 조건자극의 학습을 일으키는 데 사용된 경우, 고순위 조건형성이 일어났다. **O X**
5. CER이 다른 유사한 상황으로 일반화될 때 공포증이 시작되는 경우가 많다는 이론을 심리학자들은 이야기한다. **O X**
6. 세 살 난 조쉬는 옆집 개가 다섯 살인 누나를 쫓아가는 모습을 본다. 이제 조쉬는 자기 누나만큼 그 개를 두려워하게 된다. 조쉬의 공포는 다음 무엇의 결과인가?
   - **a.** 자극변별
   - **b.** 대리 조건형성
   - **c.** 자발적 회복
   - **d.** 고순위 조건형성

반영

비판적으로 생각하기

7. 최근 여러분은 문손잡이를 잡을 때마다 정전기가 오른다. 이제 여러분은 문손잡이를 잡기 전에 주저한다. 이 상황을 고전적 조건형성으로 분석할 수 있겠는가?

자기반영

US, CS, UR, CR, 이 용어들을 어떻게 기억하겠는가? 먼저 우리는 자극(S)이나 반응(R)에 관심을 둔다는 것에 유의하라. 각각의 S나 R은 조건형성된 것(C)이거나 그렇지 않은 것(U)이다. 어떤 자극이 전혀 학습 없이 반응을 일으킨다면 그것은 US이다. 반응하기를 학습해야 한다면 그것은 CS이다. 어떤 반응이 학습 없이도 일어나는가? 그러면 그것은 UR이다. 그 반응이 학습되어야 한다면 그것은 CR이다.

정답

1. b **2.** 예기 **3.** c **4.** O **5.** O **6.** b **7.** 문손잡이가 전기충격에 일반적으로 뒤따르는 움츠리기 반사와 근 긴장을 유발하는 조건자극이 되었다. 이 조건반응이 다른 문손잡이에까지도 일반화되었을 수 있다.

Module 25

조건형성과 학습: 조작적 조건형성

열심히 해!

또 다른 형태의 연합학습인 *조작적 조건형성*의 원리는 심리학에서 가장 강력한 도구 중 하나이다. 여러분은 이것을 배운 것을 후회하지 않을 것이다. 거의 모든 동물은 조작적 조건형성을 통한 학습을 한다. 사실상 몇몇 단순한 조작적 개념이 일상적인 행동을 많이 설명해 준다.

반응에 만족스러운 사태가 뒤따를 때마다 조작적 학습은 강해진다. 마찬가지로 반응에 불만족스러운 사태가 뒤따르면 조작적 학습은 약해진다. 예를 들면, 여러분은 농담을 할 때마다 사람들이 웃는다면 계속 농담을 할 가능성이 매우 높다. 여러분의 농담을 들은 첫 세 사람이 모두 얼굴을 찡그린다면 여러분은 그 농담을 다시 하지 않을 것이다.

조작적 조건형성은 애완동물, 아동, 다른 어른 및 자기 자신의 행동을 변경시키기 위해 의도적으로 사용될 수 있다. 조작적 원리는 심지어 이 사진에 나오는 비둘기들에게 탁구를 치도록 훈련시키는 데에도 사용되었다. 어떻게 그랬는지 살펴보자.

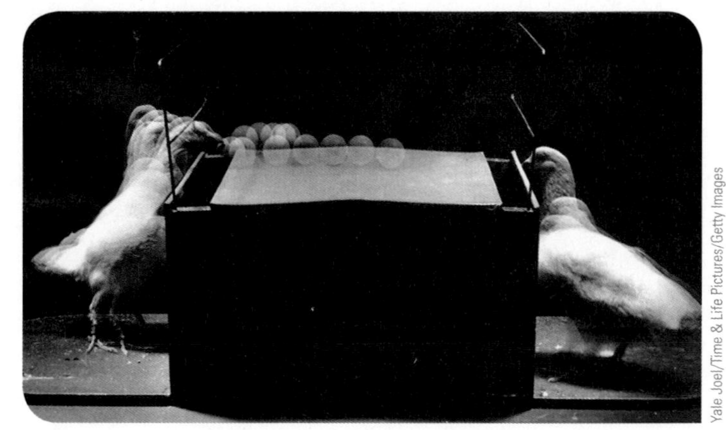
Yale Joel/Time & Life Pictures/Getty Images

SURVEY QUESTIONS

25.1 조작적 조건형성이 어떻게 일어나는가?

25.2 자극통제란 무엇인가?

조작적 조건형성: 탁구 치는 비둘기라고?

SURVEY QUESTION 25.1 조작적 조건형성이 어떻게 일어나는가?

앞서 언급했듯이(모듈 23 참조), **조작적 조건형성**[operant conditioning, *도구적 학습*(instrumental learning)이라고도 함]에서는 반응이 그 결과와 연합된다. 기본 원리는 단순하다. 즉 긍정적인 결과가 뒤따르는 행동은 다시 일어나기 쉽다(Lefrançois, 2012). 베개 밑에서 먹이를 발견한 개는 계속 베개 밑에서 먹이를 찾으려 하기 마련이다. 만약 베개 밑에서 먹이를 발견하지 못하거나 무서운 무언가를 발견하면 개는 베개 밑을 들쑤시기를 중지하기 마련이다. 선구적인 학습 이론가 Edward L. Thorndike는 이를 **효과 법칙**(law of effect)이라고 불렀다. 즉 어떤 반응의 발생 확률은 그것이 초래한 효과에 의해 달라진다(Benjafield, 2012).

조작적 조건형성에서 학습자는 환경에 적극적으로 '조작을 가한다.' 따라서 조작적 조건형성은 주로 *수의적*(voluntary) 반응을 학습하는 것을 가리킨다. 예컨대 텔레비전 리모컨의 버튼을 누르는 것은 학습된 조작적 반응이다. 특정 버튼을 누르기는 채널을 바꾸거나 괴로운 광고 소리를 무음으로 만드는 것 같은, 우리가 바라는 결과를 가져옴으로써 강화된다. 이와 대조적으로 고전적 조건형성은 수동적이다. US가 CS에 뒤이어 제시되는 것은 학습자에게 그냥 '우연히 일어나는' 일일 뿐이다. (고전적 조건형성과 조작적 조건형성의 비교는 표 25.1을 보라.)

정적 강화

강화(reinforcement)는 보상(reward)과 같은 말 아닌가? 꼭 그렇지는 않다. 정확히 말하자면 *강화물*(reinforcer)이라고 말하는 게 낫다. 왜? 보상이 항상 반응을 증가시키지는 않기 때문이다. 만약 아이에게 착한 행동에 대한 '보상'으로 초콜릿을 준다면 아이가 초콜릿을 좋아할 경우에만 효과가 있을 것이다. 한 사람에게는

표 25.1 고전적 조건형성과 조작적 조건형성의 비교

	고전적 조건형성	조작적 조건형성
반응의 성격	불수의적, 반사적	자발적, 수의적
학습의 타이밍	반응 이전에 일어남(CS가 US와 짝지어짐)	반응 후에 일어남(반응에 강화적 자극이나 사건이 뒤따름)
학습자의 역할	수동적(반응이 US에 의해 유발됨)	적극적(학습자가 반응을 방출함)
학습의 성질	중성자극이 US와의 연합을 통해 CS가 됨	반응을 할 확률이 그 반응에 뒤따르는 결과에 의해 달라짐
학습된 예기	US가 CS를 뒤따를 것임	반응이 특정 효과를 낼 것임

강화적인 것이 다른 사람에게는 아닐 수가 있다는 말이다. 대개 심리학자들은 **조작적 강화물**(operant reinforcer)을 어떤 반응에 뒤따라서 그 반응이 다시 일어날 확률을 증가시키는 모든 사건으로 정의한다(● 그림 25.1).

조작적 반응의 습득

동물을 대상으로 한 조작적 조건형성 연구 중에는 B. F. Skinner (1938)가 발명한 **조작적 조건형성 상자(스키너 상자)**[operant conditioning chamber(Skinner box)]를 이용하는 것이 많다(● 그림 25.2). 상자 벽에는 금속 레버가 달려 있고 먹이알이 떨어지는 식판이 있다. 스키너 상자 속에서는 할 일이 별로 없기 때문에 동물이 실험자가 원하는 반응인 레버 누르기를 할 가능성이 높아진다. 또한 배고픔은 동물에게 먹이를 찾도록 동기부여를 하여 동물이 다양한 반응을 적극적으로 방출하게, 즉 자유롭게 내보내게 한다. 전형적인 스키너 상자를 들여다보면 조작적 조건형성 과정이 깨끗하게 이해될 것이다.

아인슈타인이 레버를 눌러 먹이를 얻다

영리하고 배고픈 쥐(그렇다. 래리가 기르는 쥐, 아인슈타인이다)를 조작적 조건형성 상자에 넣는다. 잠시 동안 아인슈타인은 돌아다니거나 털을 고르거나 상자 구석의 냄새를 맡거나 뒷발로 일어선다. 이 모두 전형적인 쥐의 행동이다. 그러다가 아인슈타인은 상자의 천장을 더 잘 보려고 우연히 레버에 앞발을 올리게 된다. *딸깍!* 레버가 눌리고 먹이알이 식판에 떨어진다. 쥐는 식판으로 급하게 와서 먹이알을 먹고는 털 고르기를 한다. 일어나서 다시 상자를 탐색하다가 쥐는 레버에 기대게 된다. *딸깍!* 식판에서 먹고 나서 쥐는 레버를 다시 보고는 킁킁 냄새를 맡다가 레버에 발을 올려놓는다. *딸깍!* 곧 아인슈타인은 빈번하게 레버를 누르는 부드러운 패턴이 자리 잡게 된다.

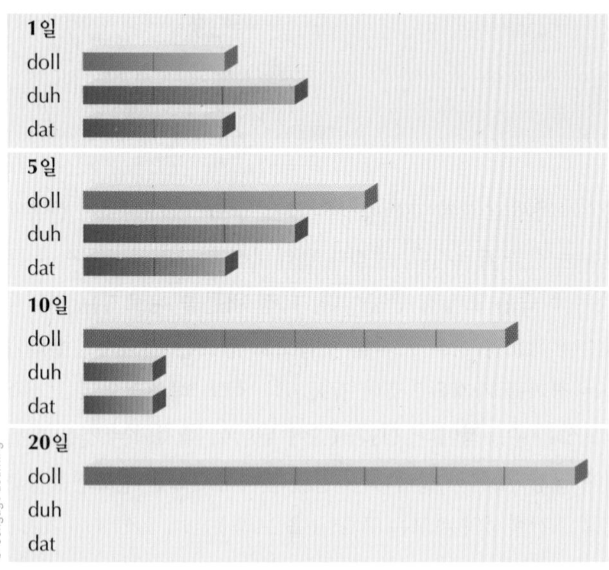

● **그림 25.1**
말하기를 배우고 있는 아이가 자기가 좋아하는 인형을 원할 때 그것을 가리키며 "doll," "duh," 또는 "dat"라고 말한다고 하자. 1일의 자료는 이 아이가 인형을 요구하기 위해 각 단어를 사용하는 횟수를 보여 준다(한 블록이 한 번의 요구를 나타낸다). 처음엔 아이가 세 단어를 모두 비슷하게 사용한다. 학습을 촉진하기 위해 부모는 아이가 인형을 정확히 발음할 때만 주기로 결정한다. 조작적 강화가 적용됨에 따라 아이의 행동이 어떻게 변하는지 잘 보라. 20일경에는 "doll"이라고 말하는 것이 가장 빈번한 반응이 되었다.

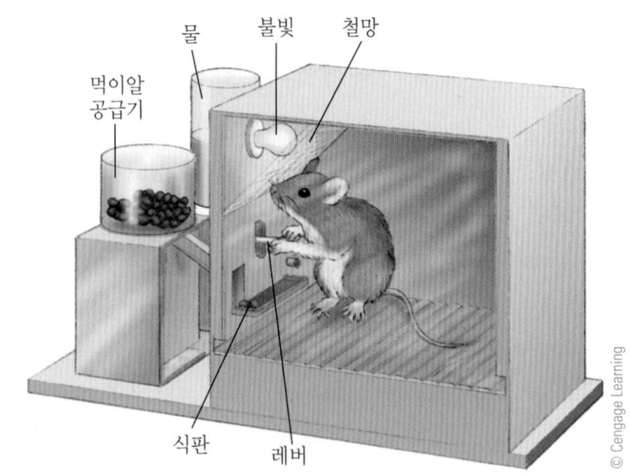

● **그림 25.2**
스키너 상자. B. F. Skinner가 발명한 이 단순한 기구 덕분에 조작적 조건형성을 세심하게 연구할 수 있다. 쥐가 레버를 누르면 먹이알이나 물방울이 자동적으로 나온다. (스키너 상자의 사진은 모듈 3에 나온다.)

쥐가 이 상황에서 새로운 기술을 습득한 것이 아님을 주목하라. 쥐는 이미 레버를 누를 수 있었다. 강화는 쥐가 레버를 얼마나 *자주* 누르는지를 변화시킬 뿐이다. 조작적 조건형성에서 새로운 행동 패턴은 여러 행동이 일어나는 확률을 변화시킴으로써 형성된다.

정보와 수반성 고전적 조건형성처럼 조작적 학습도 정보와 예기에 기초한 것으로 생각할 수 있다(Lefrançois, 2012). 조작적 조건형성에서 *우리는 어떤 반응이 특정 시각에 특정 효과를 낼 것이라고 예측하기를 학습한다.* 다시 말하면, 특정 반응이 강화와 연합된다는 것을 학습한다. 더욱이 조작적 강화는 *반응 수반적*(response contingent)일 때 가장 효과가 좋다. 즉 원하는 반응이 일어난 후에만 주어져야 한다는 것이다. 이러한 관점에서 강화물은 사람이나 동물에게 어떤 반응이 "맞다"고, 그래서 다시 할 가치가 있다고 알려 준다.

예를 들면, 세 살 난 자폐아동인 제이가 질문에 "예" 또는 "아니요"로 답하기를 가르치는 데 강화가 사용되었다(Shillingsburg et al., 2009). (모듈 9에서 나온 대로 자폐아동은 다른 사람과 의사소통하는 능력이 손상되었음을 상기하라.) 제이는 "쿠키 먹고 싶어?"(좋아하는 음식) 같은 물음에 "예"라고 답하면 쿠키와 언어적 칭찬으로 강화를 받았다. 마찬가지로 "옥수수 먹고 싶어?"(좋아하지 않는 음식) 같은 물음에 "아니요"라고 답하면 언어적 칭찬으로 강화를 받았다. 그 밖에도 제이는 "소는 '음메' 하고 울어?" 같은 질문에 "예"라고 답하거나 (보트의 사진을 보고서) "이게 신발이야?" 같은 질문에 "아니요"라고 답하면 칭찬을 받았다.

비슷한 방식으로, 조작적 원리는 가정, 학교 및 사업에서 행동에 큰 영향을 미친다. 강화물이 생산적이고 책임감 있는 행동을 촉진하도록 환경을 조성하는 것이 항상 유용한 일이다.

강화의 타이밍

조작적 강화는 올바른 반응에 재빨리 뒤따를 때 가장 효과적이다(Powell & Honey, 2013). 스키너 상자 속에 있는 쥐의 경우, 레버 누르기와 먹이 받기 간의 지연이 50초를 넘으면 학습이 거의 또는 전혀 일어나지 않는다(● 그림 25.3). 일반적으로, 변화시키고자 하는 반응 후에 *즉각적으로* 강화물을 주면 가장 효과가 좋다. 따라서 도움이 되거나 용기 있는 행동을 한 아이는 그 행동에 대해 즉각 칭찬을 받아야 한다. 사실상 학습이 일어나기 위해 필요한 모든 것은 빈틈없는 타이밍이다. (글상자 "우리는 비둘기보다 미신을 덜 믿는가?"를 보라.)

내가 어떤 과목에서 A를 받기 위해 학기 내내 열심히 공부한다고 하자. 강화의 지연 때문에 나는 아무것도 배우지 못하지는 않을까? 여러 이유로 그렇지 않다. 첫째, 성숙한 인간으로서 우리는 미래의 보상을 예측할 수 있다. 둘째, 학기 내내 퀴즈와 시험 점수로 강화를 받는다. 셋째, 단 하나의 강화물이 기다란 **반응 연쇄**(response chain)를 유지시킬 때가 많다. 반응 연쇄란 마지막에 강화물로 이어지는 일련의 연결된 행위들을 가리킨다.

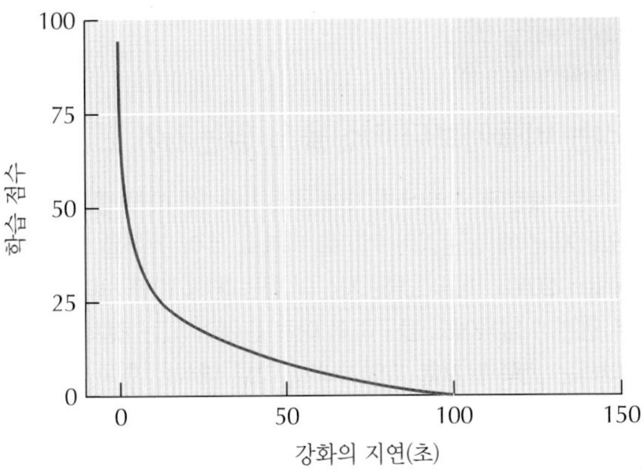

그림 25.3
강화 지연의 효과. 보상이 지연될 때 학습 점수가 얼마나 빨리 떨어지는지 잘 보라. 스키너 상자에서 레버 누르기를 학습 중인 동물은 레버 누르기에 뒤이어 먹이 보상이 나올 때까지 100초가 넘게 걸릴 경우에는 전혀 학습하는 조짐을 보이지 않았다.

반응 연쇄의 한 예는 개 민첩성 훈련(dog agility training)에서 찾아볼 수 있다. 개에게 다양한 장애물을 돌파하도록 가르친다. 허들 뛰어넘기, 시소 위를 걸어가기, 경사진 벽을 기어 올라가서 뛰어내리기, 천으로 만든 터널을 뛰어서 통과하기 등이 그런 장애물이다(Helton, 2007, 2009). 개 민첩성 시합에서 훈련자는 개가 반응 연쇄 전체를 끝낸 후에만 먹이나 포옹으로 개에게 강화를 준다. 장애물 코스를 실수를 제일 적게 하면서 가장 빨리 끝내는 개가 우승한다.

우리가 매일 하는 것 중에는 반응 연쇄가 포함된 것이 많다. 음식을 만드는 데 필요한 기다란 일련의 사건은 마지막 식사에 의해 보상을 받는다. 바이올린 제작자는 몇천 단계의 작업을 하고서 마지막으로 첫 음을 들음으로써 보상을 받을 수 있다. 여러분은 학생으로서 좋은 학점을 마지막 보상으로 얻기 위해 긴 반응

조작적 조건형성(도구적 학습) 반응의 결과에 바탕을 둔 학습
효과 법칙 원하는 효과를 초래하는 반응은 다시 일어난다. 원치 않는 결과를 산출하는 반응은 그렇지 않다.
조작적 강화물 반응에 뒤따라서 그 반응의 확률이나 빈도를 확실하게 증가시키는 모든 사건
조작적 조건형성 상자(스키너 상자) 동물에게서 조작적 조건형성을 연구하기 위해 설계된 기구
반응 연쇄 마지막에 강화로 이어지는 일련의 행동

비판적 사고

우리는 비둘기보다 미신을 덜 믿는가?

스키너는 예전에 스키너 상자에 비둘기를 몇 마리 넣고 무엇을 하고 있든지 간에 상관없이 먹이를 때때로 주어 강화를 한 적이 있다(Domjan, 2010). 비둘기들은 자신의 행동과 그 결과 사이에 실제로는 아무 관련이 없음에도 불구하고 마치 관련이 있는 것처럼 행동했다. 한 마리는 왼쪽 날개를 퍼덕거리기, 다른 녀석은 한쪽 다리로 뛰기, 또 다른 녀석은 빵빵 돌기 등을 하기 시작했다. 그런 행동이 강화를 받는 데 전혀 필요 없음에도 불구하고 말이다. (멍텅구리 새들 같으니라고!)

그러나 인간은 그런 식으로 행동하지 않을 것이다. 그렇잖은가? 너무 확신하지는 말라. 이 연구를 할 때 스키너는 골프공을 치기 전에 항상 클럽으로 땅을 세 번 두드리는 선수의 행동 같은 인간 행동을 염두에 두고 있었다. 이런 행동은 그 선수가 아마도 우연히 클럽으로 땅을 세 번 두드린 직후에 훌륭한 샷을 날린 적이 있었기 때문에 시작되었을 것이다. 그 두드리기 행동은 성공이 뒤따랐고 따라서 강화를 받았다. 비록 훌륭한 샷(스윙을 정확히 한 덕분인)과 아무런 관계도 없었지만 말이다. 강화물은 그것에 선행하는 특정 반응뿐만이 아니라 강화물 직전에 일어난 다른 반응들에도 영향을 미친다. 그런 일이 몇 번 더 일어난 후 이 골프선수는 샷을 하기 전에 매번 클럽으로 땅을 세 번 두드린다. (멍텅구리 인간 같으니라고!)

스키너는 어떤 행동이 강화를 초래하는 것처럼 보이기 때문에 불필요함에도 불구하고 반복되는 것을 가리켜 **미신 행동**(superstitious behavior)이라는 용어를 사용하기까지 했다. 운동선수의 실제 미신 행동을 몇 가지 예로 들면, 타석에 들어서기 전에 땅에다가 선을 4개 긋기, 게임 전에 매번 닭고기 먹기, 항상 똑같은 국부 보호대를 차기(무려 4년 동안. 휴!) 등이 있다(Brevers et al., 2011; Wright & Erdal, 2008).

스키너의 생각은 인간의 많은 미신을 설명하는 데 도움이 된다. 사다리 아래로 지나가다가 다치면 앞으로 사다리를 피하게 될 수 있다. 사다리를 피해 갈 때마다 아무런 나쁜 일도 일어나지 않는다면 그런 미신 행동은 강화를 받는다. 마법에 대한 믿음도 또한 비슷한 방식으로 설명할 수 있다. 비를 부르거나 병을 쫓아내거나 풍요로운 수확을 비는 의식은 참여자들의 믿음을 얻기 마련인데 왜냐하면 그런 것이 때때로 성공하는 듯이 보이기 때문이다(Abbott & Sherratt, 2011; Jahoda, 2007). 소원대로 이루어지기를!

연쇄를 축적하고 있다. (그런가?)

개가 민첩성 훈련 시합에 나가거나 경찰견 또는 탐지견으로 일하기 위해서는 기다란 반응 연쇄를 형성해야 한다.

조성

좀처럼 일어나지 않는 반응은 어떻게 강화할 수 있을까? 아무것도 없는 스키너 상자에서조차 쥐(심지어 아인슈타인처럼 영리한 녀석이라도)가 우연히 레버를 눌러서 먹이알을 얻게 되려면 오랜 시간이 걸릴 수 있다. 더 복잡한 반응 연쇄가 일어나기 바란다면 영원히 기다려야 할지도 모른다. 예컨대 오리가 우연히 새장에서 걸어 나와 전등을 켜고 장난감 피아노를 연주하고 전등을 끄고는 새장으로 돌아가는 행동이 나오려면 오래도록 기다려야 할 것이다. 이것이 여러분이 보상을 주려고 했던 행동이라면 그럴 일은 절대 없을 것이다.

그러면 텔레비전이나 놀이공원에 나오는 동물에게 어떻게 복잡한 묘기를 펼치도록 가르치는 것일까? 답은 **조성**(shaping, 조형)인데, 이는 반응을 원하는 패턴으로 점차적으로 형성시켜 가는 것이다. 우리의 쥐 아인슈타인을 다시 보자.

열심히 해, 아인슈타인

오랜 시간이 걸릴지도 모르는 아인슈타인의 우연한 레버 누르기를 기다리는 대신 그 행동을 조성할 수도 있을 것이다. 아인슈타인이 아직 레버 누르기를 학습하지 못했다고 하자. 우리는 처음엔 쥐가 레버를 향하고 앉게 만드는 데 만족한다. 쥐가 레버를 향해 돌 때마다 먹이로 강화를 준다. 곧 아인슈타인은 많은 시간을 레버를 향한 채 보내게 된다. 그다음, 쥐가 레버를 향해 한 걸음 옮길 때마다 강화를 준다. 만약 레버로부터 돌아서서 걸어가면 아무 일도 일어나지 않는다. 그러나 쥐가 레버를 향해 한 걸음 걸어오면, 딸깍! 먹이가 나온다. 쥐의 반응이 조성되고 있다.

무엇이 성공적인 반응인지에 대한 규칙을 바꾸어 감으로써 쥐가 레버에 접근하여 레버를 누르도록 점차로 훈련시킬 수 있다. 다시 말하면, 조성 시에는 원하는 반응에 대한 *연속적 근사 행동들*(successive approximations, 목표와 계속 더 비슷해지는 행동)이 강화를 받는다. B. F. Skinner는 예전에 이런 방식을 써서 두 비둘기가 탁구를 치도록 훈련시킨 적이 있다. 인간도 역시 조성될 수 있다(Lamb et al., 2010). 여러분이 공부를 더 하거나 집 청소를 더 자주 하거나 운동을 더 하기를 원한다고 하자. 각 경우마다 일련의 점진적인 매일의 목표를 정하는 것이 제일 좋을 것이다. 그러고는 정해진 방향으로 작은 단계를 수행할 때마다 자신에게 보상을 줄 수 있다(Watson & Tharp, 2014).

조작적 소거

만약 레버를 눌러도 더 이상 먹이가 주어지지 않으면 쥐가 레버 누르기를 멈출까? 그렇다. 하지만 즉각적으로는 아니다. **조작적 소거**(operant extinction)를 통해 강화받지 못하는 학습된 반응은 점차로 사라진다. 조작적 반응의 습득에 시간이 걸리는 것과 꼭 마찬가지로 소거에도 시간이 걸린다. 예를 들어 어떤 텔레비전 프로그램이 계속 지루하다면 그 프로그램을 시청하는 행동은 시간이 지나면서 소거되기 마련이다.

과거에 강화를 받았던 행동은 소거가 완전히 된 것처럼 보인 후에도 되돌아올 수 있다. 쥐를 스키너 상자에서 소거시킨 후에 잠시 휴식을 취하게 하고 다시 스키너 상자에 넣으면 레버 누르기가 다시 나타난다. 마찬가지로 복권을 사는 일을 포기한 몇 주 후에 다시 사려고 하는 사람들이 많다.

소거는 두 번째로 할 때도 똑같은 시간이 걸리는가? 강화를 여전히 주지 않는다면 쥐의 레버 누르기는 다시, 대개는 더 빨리, 소거된다. 소거 후에 조작적 반응이 잠시 되돌아오는 것은 *자발적 회복*(앞서 고전적 조건형성에서 언급된)의 또 다른 예이다. 자발적 회복은 적응에 매우 도움이 된다. 휴식 기간 후에 쥐는 과거에 먹이를 내놓았던 상황에서 다시 반응한다. "규칙이 변했는지 그냥 한번 점검해 보지 뭐!"

강화와 소거가 조합되면 행동에 현저한 변화가 일어난다. 예를 들면, 부모는 아이가 *부정적 관심 끌기*(negative attention seeking, 관심을 받기 위해 나쁜 행동을 이용하는 것)를 하는 것을 무심코 강화하는 경우가 많다. 아이들은 조용히 놀고 있으면 일반적으로 관심을 받지 못한다. 점점 더 큰 소리를 내거나 "여기, 엄마!"라고 목청껏 고함을 지르거나 버럭 화를 내거나 자랑질을 하거나 무언가를 부술 때 관심을 받는다. 이때 아이가 받는 관심이란 것이 흔히 꾸짖음이긴 하지만 그럼에도 불구하고 관심은 강력한 강화물이다. 부모들은 아이가 조용히 있거나 건설적으로 놀고 있을 때는 칭찬하거나 관심을 주고, 파괴적 행동을 하면 *무시*할 경우 극적인 향상이 일어남을 보고한다.

부적 강화

지금까지 우리는 즐겁거나 원하는 사건이 반응에 뒤따를 때 일어나는 **정적 강화**(positive reinforcement)를 강조했다. 조작적 학습이 다른 어떤 방식으로 강화될 수 있을까? **부적 강화**(negative reinforcement)를 이야기할 때가 되었는데, 이는 반응을 하면 불쾌한 사건이 제거될 때 일어난다. *부적*(否的)이라는 말에 속지 말라. 부적 강화도 역시 반응을 증가시킨다. 그런데 불편함을 끝냄(*부정함*, 즉 제거함)으로써 그렇게 한다.

두통이 있어서 진통제를 먹는다고 하자. 두통이 없어지면 진통제 복용 행동은 부적 강화를 받는다. 마찬가지로, 쥐에게 레버를 눌러서 먹이를 얻도록(정적 강화) 가르칠 수도 있고, 레버를 눌러서 지속적으로 주어지는 약한 전기충격을 종료시키게(부적 강화) 할 수도 있다. 어느 쪽이든 간에 쥐는 레버를 더 자주 누르기를 학습한다. 왜? 레버 누르기가 원하는 상태(먹이의 제시 또는 통증의 제거)를 초래하기 때문이다. 부적 강화의 두 가지 예를 더 보자.

- 야외에서 걷다 보니 손이 너무 차가워져서 아프기까지 하다. 배낭에서 장갑을 꺼내어 끼자 통증이 사라진다. (장갑을 끼는 행동이 부적 강화를 받는다.)
- 여러분을 짜증나게 하는 정치인이 저녁 뉴스에서 인터뷰를 하고 있다. 여러분은 그의 말을 듣지 않도록 채널을 바꾼다. (채널 바꾸기 행동이 부적 강화를 받는다.)

처벌

부적 강화를 처벌로 잘못 이해하는 사람이 많다. 그러나 *처벌*(punishment)은 대개 반응에 *혐오적*(불쾌한) 결과가 뒤따르는 것을 가리킨다. 이런 형태의 처벌은 또한 **정적 처벌**(positive punishment, 흔히 그냥 처벌이라고 할 때는 정적 처벌을 의미)이라고도 한다. 여기서도 역시 *정적*이란 말에 속지 말라. 정적 처벌은 그 반응이 다시 일어날 가능성을 *감소시킨다*. 그런데 불편함을 시작시킴(*추가함*)으로써 그렇게 하는 것이다. 앞서 말했듯이 부적 강화는 반응을 *증가시킨다*.

가상적인 예로 그 차이를 알아보자. 여러분이 아파트에 사는데 이웃집에서 음악을 너무 크게 틀어서 이 책을 읽는 데 집중할 수

미신 행동 강화를 초래하는 것처럼 보이지만 실제로는 필요 없음에도 불구하고 반복되는 행동
조성 반응을, 원하는 최종 패턴이 될 때까지 점진적으로 형성시키는 것
조작적 소거 강화받지 못한 조작적 반응의 약화 또는 사라짐
정적 강화 반응에 보상이나 다른 긍정적인 사건이 뒤따를 때 일어난다.
부적 강화 반응에 불편함의 종료나 불쾌한 사건의 제거가 뒤따를 때 일어난다.
정적 처벌(처벌) 반응에 뒤따라서 그 반응이 다시 일어날 가능성을 감소시키는 모든 사건. 반응을 억압하는 과정

표 25.2 다양한 결과의 행동적 효과

	반응을 한 결과	예	반응 확률에 대한 영향
정적 강화	좋은 사건이 시작됨	음식을 받음	증가
부적 강화	나쁜 사건이 끝남	통증이 사라짐	증가
정적 처벌	나쁜 사건이 시작됨	통증이 시작됨	감소
부적 처벌(반응 대가)	좋은 사건이 끝남	음식을 빼앗김	감소
무강화	아무 일도 안 일어남	—	감소

가 없다고 하자. 벽을 쾅쾅 두드리니 음악소리가 갑자기 작아진다(행동이 부적 강화를 받는다)면, 여러분은 앞으로도 벽을 두드릴 가능성이 더 높아진다. 하지만 벽을 두드리니 음악소리가 더 커진다(행동이 정적 처벌을 받는다)면 또는 이웃사람이 와서 여러분을 두드려 팬다(더 많은 정적 처벌)면 여러분의 벽 두드리기는 감소할 것이다.

불쾌한 결과가 어떤 반응에 뒤이어 일어나는 정적 처벌의 두 가지 예를 더 보자.

- 여러분은 차를 너무 빠르게 몰고 있다. 과속 운전으로 속도 위반 딱지를 받는다. 앞으로 여러분은 과속 운전을 덜 하게 된다. (과속 운전 행동이 벌금에 의해 정적 처벌을 받았다.)
- 여러분이 친구에게 충고를 할 때마다 친구는 갑자기 싸늘해지면서 거리감이 느껴진다. 최근 여러분은 그 친구에게 충고하기를 그만두었다. (충고하기 행동이 거부 반응에 의해 정적 처벌을 받았다.)

어떤 반응을 한 데 대하여 특전, 돈, 또는 기타 긍정적인 것을 빼앗기는 것도 또한 처벌 아닌가? 그렇다. 처벌은 강화물이나 긍정적인 사태가 제거될 때(예컨대 특전을 상실함) 또한 일어난다. 이러한 두 번째 유형의 처벌을 **부적 처벌**(negative punishment) 또는 **반응 대가**(response cost)라고 한다. 여기서도 역시 부적이란 말에 속지 말라. 부적 처벌도 반응을 감소시킨다. 그런데 유쾌한 어떤 것을 종료시킴(*거절함*, 즉 빼앗음)으로써 그렇게 한다.

반응 대가의 가장 유명한 예는 *타임아웃*(time-out)인데, 이는 아이가 일반적으로 강화를 얻을 수 있는 상황으로부터 아이를 쫓아내는 것이다. 여러분의 부모가 타임아웃으로 여러분을 방 안에서 나오지 말고 있으라고 한다면, 이는 여러분이 가족과 함께 있거나 친구들과 놀러 나가는 강화를 받을 수 없게 하는 일이다. 반응을 한 경우의 다섯 가지 기본 결과를 표 25.2가 편리하게 요약하고 있다.

자극통제—빨간 불, 파란 불

SURVEY QUESTION 25.2 자극통제란 무엇인가?

운전할 때 교차로에서 우리의 행동은 빨간 불이나 파란 불에 의해 통제된다. 우리가 매일 만나는 자극 중에는 이와 비슷한 방식으로 우리의 행동을 유도하는 멈춤 또는 진행 신호로 작용하는 것이 많다. 이 개념을 더 정식으로 이야기하자면, 어떤 보상받은 반응에 일관하게 선행하는 자극은 그 반응이 언제 어디서 일어날지에 영향을 주는 경향이 있다. 이런 효과를 **자극통제**(stimulus control)라 한다. 우리의 친구 아인슈타인에게 자극통제가 어떻게 작용하는지 보자.

아인슈타인에게 불이 꺼지다

레버 누르기를 배우는 동안 아인슈타인은 밝은 빛으로 조명된 스키너 상자 속에 있었다. 여러 훈련 회기 동안 그 불빛은 교대로 켜졌다 꺼졌다 한다. 불이 켜져 있을 때는 레버를 누르면 먹이가 나온다. 불이 꺼져 있을 때는 레버 누르기가 보상을 받지 못한다. 곧 이 쥐는 불이 켜져 있으면 열심히 레버를 누르고 꺼져 있으면 레버를 무시한다는 것이 관찰된다.

이 예에서 불빛은 반응을 하면 어떤 결과가 뒤따를지를 신호한다. 자극통제의 유사한 예로는 아이가 엄마의 기분이 좋으면 과자를 요구하지만 다른 때는 그러지 않기를 배우는 것을 들 수 있다. 자극통제에 대한 증거는 불빛을 끈 상태에서 먹이 공급기를 *켜* 놓음으로써 보여 줄 수 있다. 잘 학습한 동물은 규칙이 변했음을 절대로 발견하지 못할지도 모른다(Powell & Honey, 2013). 마찬가지로, 우리는 울리고 있는 전화는 집어 들지만 조용한 전화에 대고 답을 하는 경우는 거의 없다.

일반화

자극통제의 두 가지 중요한 측면은 일반화와 변별이다. 이 개념을 예시하기 위해 앞서 나온 개를 다시 생각해 보자. 먼저, 일반화를 보자.

조작적 조건형성에서의 일반화는 고전적 조건형성에서와 똑같

을까? 기본적으로 그러하다. **조작적 자극일반화**(operant stimulus generalization)는 조작적 강화에 선행한 것과 유사한 자극이 존재할 때 반응하는 경향성을 가리킨다. 즉 강화받았던 반응은 비슷한 선행조건이 있을 때 다시 나오는 경향이 있다.

예를 들어 여러분이 부엌 식탁에서 저녁을 먹고 있을 때마다 개가 여러분의 무릎으로 뛰어오르기 시작했다고 하자(짜증나는 개로군!). 그건 왜냐하면 여러분이 식탁에 떨어진 음식 부스러기로 개의 그런 행동에 보상을 주어 왔기 때문이다(한심한 주인이야!). 그러고 나면 여러분의 개는 여러분이 부엌 식탁에 앉을 때는 언제나 뛰어오르기 시작한다. 여러분이 부엌 식탁에 있을 때 강화가 주어지는 경향이 있다는 것을 개가 학습한 것이다. 개의 행동이 자극통제하에 들어왔다는 말이다. 이제 여러분의 집에 다른 탁자가 몇몇 있다고 하자. 그것들은 비슷하기 때문에 여러분이 그중 어느 탁자에 앉아도 개는 뛰어오르기 마련이다. 왜냐하면 그 반응이 다른 탁자들로 *일반화되기* 때문이다. 왜 아이들이 한때는 모든 남자를 *아빠*라고 부르기도 하는지(부모에겐 낯 뜨겁게도)를 비슷한 일반화로 설명할 수 있다.

변별

한편, 식탁으로 돌아와서, 앞서 이야기한 것처럼 변별을 한다는 것은 다양한 자극에 서로 달리 반응한다는 것을 의미한다. 한 탁자가 여러분의 개에게 강화를 받을 수 있음을 신호하기 때문에 개는 여러분이 다른 탁자에 앉을 때도 역시 뛰어오르기 시작한다(일반화). 만약 다른 탁자에 앉을 때는 개에게 먹을 것을 주지 않는다면 그 탁자에까지 일반화되었던 뛰어오르기 반응은 *무강화*(nonreinforcement)로 인해 소거된다. 따라서 개의 반응은 특정 탁자가 있는 데서만 일관되게 보상을 받는다. 다른 탁자에 대한 동일한 반응은 소거된다. **조작적 자극 변별**(operant stimulus discrimination)을 통해 개는 보상과 무보상을 신호하는 선행자극들을 구분하기를 학습한다. 그 결과 개의 반응 패턴은 이 **변별자극**(discriminative stimulus)들, 즉 강화받는 반응과 받지 못하는 반응에 선행하는 자극들에 대응되도록 변한다.

Carleton Ray/Photo Researchers, Inc.

자극통제. 조작적 조성을 사용하여 이 고래를 관람객에게 '절'을 하도록 가르쳤다. 물고기가 강화물로 사용되었다. 고래의 행동을 통제하는 변별자극으로 작용하는 조련사의 수신호를 잘 보라.

자극 변별은 공항이나 국경선에서 마약이나 폭발물을 찾아내는 탐지견에게서 좋은 예를 볼 수 있다. 조작적 변별을 이용하여 이 개들에게 금지품을 인식하게 가르친다. 훈련 시에 개는 마약이나 폭발물이 든 용기에 접근할 때만 강화를 받는다.

자극 변별은 또한 인간 행동에도 엄청난 영향을 미친다. 상이한 자동차 브랜드, 조류, 동물, 포도주, 음악의 종류, 심지어 심리검사상의 답을 인식하기를 학습하는 것은 모두 조작적 변별 학습에 부분적으로 의존한다.

대부분의 운전자에게 익숙한 변별자극은 고속도로에 나타난 경찰차이다. 이 자극은 특정한 강화 수반성(reinforcement contingency)이 적용된다는 명백한 신호이다. 아마도 본 적이 있겠지만 경찰차가 나타나면 차의 속도, 차선 변경, 앞차를 바짝 따라가기가 급속히 줄어든다.

휴대폰에 사람이나 그룹마다 다른 벨소리를 사용하는 것은 변별자극을 사용하는 한 예일까? 당연하다! 여러분이 이야기하고 싶은 사람과 이야기하고 싶지 않은 사람, 그리고 모르는 사람으로부터 오는 전화에 대해 각각 다른 벨소리를 설정한다고 하자. 당장에 여러분은 상이한 벨소리에 대해 상이한 전화 받기 행동을 나타낼 것이다.

부적 처벌(반응 대가) 반응을 한 후에 정적 강화물이 제거되는 것
자극통제 조작적 반응이 습득될 때 존재하던 자극은 그 반응이 언제 어디서 수행될지를 통제하는 경향이 있다.
조작적 자극일반화 조작적 강화에 선행하는 자극과 유사한 자극에 대해서도 반응하는 경향성
조작적 자극 변별 과거에 보상과 연합되었던 자극이 있을 때는 조작적 반응을 하고 무보상과 연합되었던 자극이 있을 때는 그 반응을 하지 않는 경향성
변별자극 조작적 조건형성에서 보상받는 반응과 보상받지 않는 반응에 선행하는 자극

모듈 25: 요약

25.1 조작적 조건형성이 어떻게 일어나는가?

25.1.1 조작적 조건형성은 수의적 행동에 강화물(반응의 빈도를 증가시키는 것)이나 처벌물(반응의 빈도를 감소시키는 것)이 뒤따를 때 일어난다.

25.1.2 강화를 지연시키면 그 효과가 급격히 떨어지지만, 단 하나의 강화물이 기다란 반응 연쇄를 유지시킬 수도 있다.

25.1.3 미신 행동은 강화와 연합된 것처럼 보이기 때문에 반응 연쇄의 일부가 될 때가 많다.

25.1.4 특정 반응을 점점 더 닮아 가는 반응에 보상을 줌으로써 행동을 원하는 패턴으로 조성할 수 있다.

25.1.5 조작적 반응은 강화를 받지 못하면 소거될(사라질) 수 있다. 그러나 소거가 완전한 듯이 보인 후에도 일시적으로 반응이 재출현할 수 있다(자발적 회복).

25.1.6 정적 강화와 부적 강화 모두 어떤 반응이 다시 일어날 가능성을 증가시킨다. 정적 처벌과 부적 처벌은 그 반응이 다시 일어날 가능성을 감소시킨다.

25.2 자극통제란 무엇인가?

25.2.1 강화받은 반응에 선행하는 자극은 미래에 그 반응을 통제하는 경향이 있다(자극통제). 자극통제의 두 측면은 일반화와 변별이다.

25.2.2 일반화에서는 조작적 반응이 강화에 선행하는 자극과 비슷한 자극이 존재할 때 일어난다.

25.2.3 변별에서는 반응이 강화와 연합된 변별자극이 있을 때 일어나고 무강화와 연합된 자극이 있을 때는 일어나지 않는다.

모듈 25: 지식 쌓기

암기

1. 조작적 조건형성에서 반응은 ________이거나 ________ 반면, 고전적 조건형성에서 반응은 수동적이거나 ________이거나 ________ 반응이다.
2. 동물(또는 사람)이 원하는 방식으로 반응하도록 점진적으로 훈련시키기 위해 규칙을 작은 단계들로 쪼개어 변화시키는 것을 ________이라 한다.
3. 조작적 조건형성에서 소거된 반응은 ________되기 쉽다.
   a. 계기적 근사
   b. 조성
   c. 자동화
   d. 자발적 회복
4. 정적 강화는 반응률을 높이고 부적 강화는 낮춘다. O X
5. 반응은 강화와 연합된 변별자극이 존재하는 상태에서 일어나고 무강화와 연합된 변별자극이 존재하는 상태에서는 안 일어나는 경향이 있다. O X

반영

비판적으로 생각하기

6. 미신 행동을 하는 것이 실제로 수행을 향상시킬 수도 있는 이유를 어떤 것이라도 생각해 낼 수 있는가?

자기반영

여러분 친구는 자기 개를 항상 혼낸다. 처벌 대신에 강화, 소거 및 조성을 어떻게 사용할지에 대해 그에게 무슨 조언을 하겠는가?

밖으로 밀어서 여는 문은 금속판이 붙어 있다. 안으로 당겨서 여는 문은 핸들이 붙어 있다. 이 변별자극들이 여러분의 행동에 영향을 미치는가?

정답

1. 수의적, 방출되는, 불수의적, 유발되는 **2.** 조성 **3.** d **4.** X **5.** O **6.** 골프 클럽으로 땅을 세 번 두드리는 것이 더 좋은 샷을 날리게 하는 원인이 아님을 여러분이 알고 있다 할지라도 그런 행동은 여러분을 진정시키거나 스윙에 주의를 집중하는 데 도움이 될지도 모른다(Damisch, Stoberock, & Mussweiler, 2010).

Module 26

조건형성과 학습: 강화와 처벌

슬롯머신

앞서 우리는 강화와 처벌을 살펴보았다. 하지만 조작적 학습에 영향을 주고자 한다면 이 두 개념에 대해 더 많은 것을 알아야 한다. 예컨대 서로 다른 유형과 패턴의 강화가 행동에 어떤 영향을 미칠까? 엄마가 아이가 방을 나가면서 불을 끄는 행동에 보상을 주기 원한다고 하자. 여러분이 생각할 수도 있는 것과는 달리 아이의 정확 반응 중 일부만 강화하는 것이 더 낫다. 왜 그럴까? 그 답은 슬롯머신의 비밀에 대한 것과 함께 이 모듈에서 나올 것이다.

엉덩이 때리기, 꾸짖음, 벌금, 징역형, 해고, F학점 등도 행동을 통제하는 데 흔히 사용된다. 안타까운 일은 조작적 행동을 조성하기 위해 오로지 처벌에만 의존하는 사람이 너무 많다는 것이다. 하지만 처벌은, 특히 무서운 처벌은 가능한 한 피해야 한다. 왜? 조작적 학습에 대한 이야기는 처벌이라는 주제로 돌아가지 않고서는 끝나지 않음은 분명하다.

Eric Raptosh Photography/Blend Images/Getty Images

SURVEY QUESTIONS

26.1 조작적 강화에 서로 다른 유형이 있는가?

26.2 우리는 보상 패턴에 의해 어떻게 영향을 받는가?

26.3 처벌은 행동에 어떤 영향을 주는가?

조작적 강화의 유형–무엇을 원하시나요?

SURVEY QUESTION 26.1 조작적 강화에 서로 다른 유형이 있는가?

사람의 경우 학습은 과자부터 칭찬에 이르기까지 무엇에 의해서든 강화될 수 있다. 강화물의 범주를 나누는 데 *일차 강화물*과 *이차 강화물*을 구분하는 것이 유용하다.

일차 강화물

일차 강화물(primary reinforcer)은 안락함을 주거나 불편함을 없애거나 즉각적인 신체적 요구를 채워 준다. 즉 자연적이고, 학습되지 않았으며, 생물학적 뿌리가 있는 것이 일차 강화물이다. 음식, 물 및 성(性)이 명백한 예이다. 여러분이 냉장고 문을 열거나 식수대로 걸어가거나 히터를 틀거나 더블라테를 주문할 때마다 그 행동은 일차 강화물을 반영한다.

이러한 뻔한 예뿐 아니라 향정신성 약물 같은 다른 덜 명백한 일차 강화물도 있다. 가장 강력한 강화물 중 하나는 *뇌 속 자기자극*(intracranial self-stimulation, 두개내 자기자극), 즉 뇌 속의 '쾌락 중추'를 직접 활성화시키는 것이다. (글상자 "자기 뇌를 스스로 자극하다"를 보라.)

이차 강화물

인간의 학습은 아직 음식, 물 및 기타 일차 강화물과 긴밀히 연관되어 있지만 사람은 훨씬 더 넓은 범위의 보상과 강화물에도 반응한다. 돈, 칭찬, 관심, 인정, 성공, 애정, 학점 같은 모든 것이

뇌파

자기 뇌를 스스로 자극하다

여러분의 뇌에 전극을 심어서 리모컨에 연결할 수 있다고 하자. 제어 버튼을 밀어 올리면 전기자극이 여러분 뇌의 '쾌락 중추' 중 하나에 주어진다. 직접적인 뇌 자극을 받아 볼 기회가 있었던 소수의 사람들은 음식, 물, 성, 약물 또는 다른 어떠한 일차 강화물보다도 더 강렬한 쾌감을 느꼈다고 말한다(Heath, 1963; ● 그림 26.1).

그러한 뇌 속 자기자극에 대해 우리가 알고 있는 것의 대부분은 비슷하게 전극 이식을 받은 쥐에 대한 연구에서 나온다(Vlachou & Markou, 2011). '쾌락 전선이 심어진' 쥐를 스키너 상자에서 레버를 눌러서 자기 자신의 둘레계통에 전기자극을 주도록 훈련시킬 수 있다(그림 26.1에서 언급). 어떤 쥐들은 뇌 자극을 받으려고 시간당 몇천 번 레버를 누른다. 15~20시간 동안 끊임없이 레버를 누르다가 때로는 탈진하여 쓰러지는 쥐도 있다. 이런 쥐들은 다시 깨어나면 또 레버를 누르기 시작한다. 보상 회로가 꺼지지 않는 한 쥐는 먹이, 물, 성을 모두 무시하고 레버를 누른다.

천연의 일차 강화물 중에는 뇌 속 자기자극을 그렇게나 강력하게 만드는 뇌 쾌락 경로를 똑같이 활성화시키는 것이 많다(Powell & Honey, 2013). 알코올이나 코카인 같은 향정신성 약물도 마찬가지다(Galankin, Shekunova, & Zvartau, 2010; Rodd et al., 2005). 사실 쥐도 니코틴을 자가투여한다. 그럴 때 쥐는 심지어 뇌 속 자기자극에 더 몰두하기 마련이다(Kenny & Markou, 2006). 분명히 니코틴이 뇌의 쾌락 경로의 민감성을 증가시키는 것으로 보인다.

만약 뇌 자기자극이 실용적으로 하기 쉽다면(그렇지 않다) 어떤 일이 일어날지 생각만 해도 몸서리쳐진다. 플레이보이에서부터 마이크로소프트에 이르기까지 모든 회사가 그런 제품을 시장에 내놓을 것이고, 우리는 어느 때보다도 정치인들을 더 엄밀하게 감시해야 할 것이다.

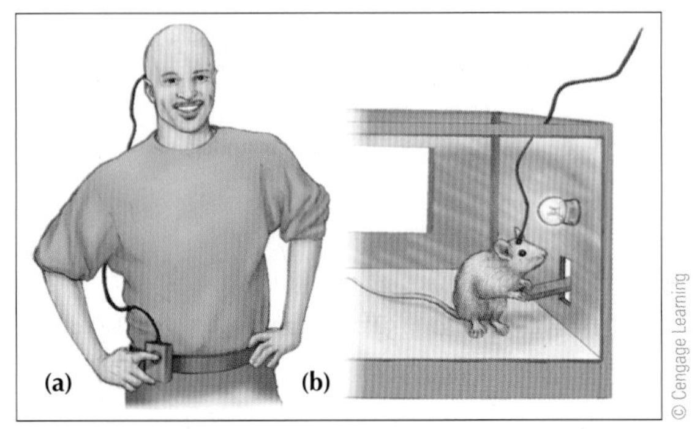

● **그림 26.1**
인간에게 (a)에서 보듯이 뇌 자극을 주기 위한 전선을 심어 놓은 적이 있다. 하지만 인간의 경우 이는 오로지 통제 불가능한 폭력의 분출을 억제하는 실험적 방법으로만 시행되었다. 그저 쾌감만 야기하기 위해 전극이 이식된 적은 없다. 대부분의 연구는 쥐를 대상으로 이루어졌다. (b)에 보이는 기구를 사용하여 쥐는 뇌의 '쾌락 중추'에 약한 전기자극을 받기 위해 레버를 누를 수 있다.

학습된 강화물, 즉 **이차 강화물**(secondary reinforcer)로 작용한다.

이차 강화물이 어떻게 학습을 촉진하는 능력을 얻게 될까? 어떤 이차 강화물은 단순히 일차 강화물과 연합된 것들이다. 예컨대 여러분이 걸을 때 개가 여러분을 따라오도록 훈련시키려면 개가 여러분 근처에 머무는 행동에 대해 약간의 먹이로 보상을 줄 수 있을 것이다. 보상을 줄 때마다 개를 칭찬한다면 칭찬이 이차 강화물이 된다. 시간이 지나면서 먹이 보상을 주지 않고 개가 원하는 대로 행동하면 단순히 칭찬만 해도 될 것이다. 똑같은 원리가 아이에게도 적용된다. 부모의 칭찬이 이차 강화물이 되는 한 가지 이유는 칭찬이 음식, 과자, 포옹 및 다른 일차 강화물과 자주 연합되기 때문이다.

토큰, 그리고 토큰 경제 일차 강화물과 *교환할* 수 있는 이차 강화물은 그 가치를 더 직접적으로 획득한다(Powell & Honey, 2013). 지폐 그 자체는 거의 또는 전혀 가치가 없음이 분명하다. 지폐를 먹지도, 마시지도, 베고 잘 수도 없다. 그러나 지폐는 음식, 물, 숙박 및 기타 필수품과 교환할 수 있다.

토큰 강화물(token reinforcer)은 돈, 금상, 포커칩 등과 같은 형체가 있는 이차 강화물이다. 일련의 고전적 실험에서 침팬지들에게 토큰을 얻기 위해 일을 하도록 가르쳤다. 침팬지는 먼저 자판기에 포커칩을 넣도록 훈련을 받았다(● 그림 26.2). 각 포커칩은 포도나 건포도를 몇 알 내놓았다. 침팬지들은 일단 토큰을 먹이와 교환하기를 학습하고 나자 포커칩을 벌기 위한 새로운 과제들을 학습했다. 토큰의 가치를 유지시키기 위해 침팬지에게 가끔씩 자판기를 사용할 수 있도록 허용했다(Cowles, 1937).

토큰의 한 가지 주된 장점은 강화력을 일차 강화물처럼 빨리 잃지 않는다는 것이다. 예를 들면, 발달장애 아동이 사물의 이름을 정확히 말하면 과자를 주어 강화를 하는 경우, 아이는 배가 더 이상 고프지 않으면 관심이 없어질 수 있다. 학습에 대한 즉각적 보상으로 토큰을 사용하는 것이 더 나을 것이다. 나중에 아이는 토큰을 과자, 장난감 또는 다른 좋아하는 것과 교환할 수 있다.

선별된 반응의 강화를 통해 행동을 관리하고 변화시키는 체계인 *토큰 경제*(token economy)는 문제 아동 및 성인을 대상으로 한 특별 프로그램에서, 그리고 심지어 일반 학교 교실에서도

Chimp-O-Mat, Yerkes National Primate Research Center, Emory University

그림 26.2
포커칩은 일반적으로 침팬지에게 가치가 거의 또는 전혀 없는 것이다. 그러나 이 침팬지는 자판기에서 포커칩을 먹이와 교환할 수 있다는 것을 일단 배우고 나면 포커칩을 벌기 위해 열심히 일한다.

사용되고 있다(Alberto & Troutman, 2013; Maggin et al., 2011; 그림 26.3). 각 경우마다 학습에 즉각적 보상을 제공하는 것이 목표이다. 일반적으로 토큰은 음식, 특별한 권리, 영화관이나 놀이공원 가기 등과 교환될 수 있다. 많은 부모들은 토큰이 어린 아동의 훈육 문제를 대단히 덜어 준다는 것을 알게 된다. 예를 들어, 아이가 한 주 동안 착한 행동에 대해 점수나 금별을 얻을 수 있다. 토큰을 충분히 모으면 주말에 작은 상들이 담긴 보물 뽑기 주머니에서 한 가지를 선택할 수 있다.

사회 강화물 앞서 말했듯이 관심과 인정에 대한 학습된 욕망은 **사회 강화물**(social reinforcer)이라고 하는데 사람의 행동에 종종 영향을 준다. 이런 사실은 고전적이지만 좀 짓궂은 예시를 통해 알 수 있다.

교사의 행동을 조성하기

이 예시를 하려면 한 학급 학생의 약 절반(또는 그 이상)이 참여해야 한다. 먼저, 목표 행동을 정하라. 이는 '교실의 오른쪽에서 강의하기' 같은 어떤 것이어야 한다. (교사가 무언가를 배우는 데 느린 사람일 경우에 대비하여 단순한 것으로 정하라.) 다음과 같은 방식으로 훈련을 시작하라. 교사가 오른쪽으로 향하거나 그 방향으로 한 걸음 걸어갈 때마다 참가 학생들은 *정말*로 흥미에 가득 찬 듯이 보여야 한다. 또한 웃음을 짓고 질문을 하고 몸을 앞으로 기울이며 교사의 눈을 보아야 한다. 교사가 왼쪽으로 향하거나 그 방향으로 한 걸음 가면 참가 학생들은 몸을 뒤로 빼거나 하품을 하거나 갈라진 모발 끝을 살펴보거나 눈을 감거나 전반적으로 지루한 듯이 보여야 한다. 왜 그런지 자각하지 못한 채 교사는 곧 수업시간의 대부분을 교실의 오른쪽에서 강의하고 있게 된다.

이는 몇십 년 동안 심리학과 대학원생들이 좋아하는 장난이었다. 한번은 이 책의 필자 중 한 사람인 교수가 교실의 오른쪽에서 창문 블라인드에 달린 줄을 만지작거리면서 내내 강의하였다. (학생들은 둘째 주에 블라인드 줄을 추가했다!) 이 예에서 기억할 요점은 관심과 인정이 아동, 가족, 친구, 룸메이트 및 직장 동료의 행동을 변화시킬 수 있다는 것이다. 여러분이 무엇에 강화를 주고 있는지 의식하라. 또한 여러분은 자기 자신의 행동을 변화시키고 있는 강화물 중에서 어떤 것은 *의식하지 못하고* 있을 수 있다는 점도 의식하라. (사실 그러한 자동적 연합학습은 경험적 처리의 특징인데, 모듈 33에서 이에 대해 더 살펴볼 것이다.)

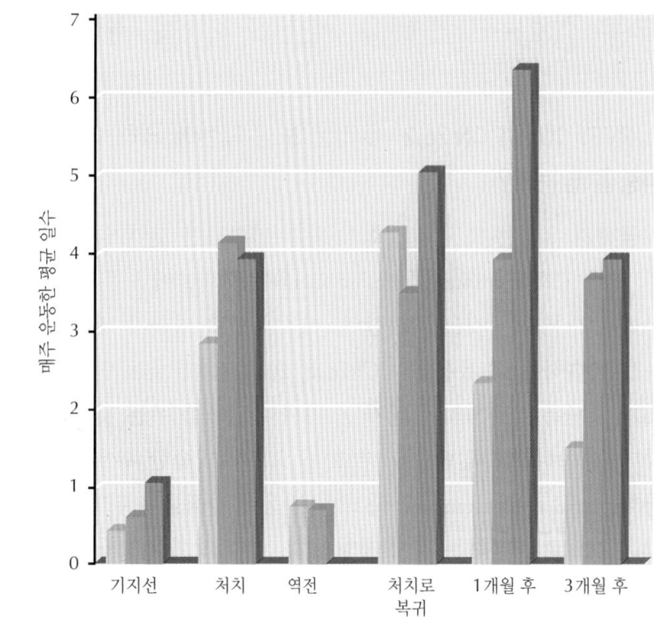

그림 26.3
토큰 경제에서의 강화. 낭포성 섬유증(유전적인 폐 질환)이 있는 아이는 운동을 하면 기도 폐쇄를 막을 수 있다. 이 그래프는 이 병이 있는 세 명의 아이에게 유산소 운동을 하면 토큰으로 보상을 준 효과를 보여 준다. 매일 유산소 운동을 몇 분 했는지를 측정하였다. 획득한 토큰은 영화를 보러 가거나 밤늦게까지 노는 것 같은 보상과 교환할 수 있었다. 이 그래프는 세 아이 모두가 운동을 강화가 없을 때(*기저선*과 *역전* 기간)는 비교적 드물게 하고 강화가 있을 때(*훈련* 및 *처치*로 복귀 기간)는 비교적 자주 했음을 보여 준다. 운동 비율이 토큰 경제를 처음 도입한 지 몇 달이 지나서도 높은 상태로 유지되었음은 고무적인 일이다. (Bernard, Cohen, & Moffett, 2009를 수정)

일차 강화물 학습되지 않은 강화물. 대개 생리적 요구를 채워 주는 것들

이차 강화물 학습된 강화물. 일차 강화물과의 연합에 의해 강화적 속성을 획득하는 경우가 많다.

토큰 강화물 돈, 금상, 포커칩 등과 같이 형체가 있는 이차 강화물

사회 강화물 다른 사람으로부터 받는 관심, 인정 또는 애정에 바탕을 둔 강화

부분 강화–라스베이거스, 인간을 위한 스키너 상자?

SURVEY QUESTION 26.2 우리는 보상 패턴에 의해 어떻게 영향을 받는가?

지금까지 우리는 조작적 강화를 마치 연속적인 것인 양 취급했다. **연속 강화**(continuous reinforcement)는 강화물이 모든 정확 반응에 뒤따른다는 것을 의미한다. 처음엔 연속 강화가 새로운 반응을 학습하는 데 유용하다(Chance, 2014). 개를 부르면 여러분에게 오도록 가르치려면 개가 올 때마다 강화를 주는 것이 제일 좋다. 이상하게도 일단 개가 부르면 오도록 학습한 후에는 **부분 강화**(partial reinforcement), 즉 모든 반응에 강화물이 뒤따르지는 않는 것으로 변경하는 것이 제일 좋다. 부분 강화로 습득된 반응은 대단히 소거시키기 힘든데, 이런 현상을 **부분 강화 효과**(partial reinforcement effect)라 한다(Chance, 2014; Horsley et al., 2012).

어떻게 모든 행동이 아니라 일부만 강화하는 것이 그 행동을 더 강하게 만들까? 카지노에 가 본 적이 있다면 아마도 많은 사람이 줄줄이 앉아서 슬롯머신을 하고 있는 모습을 본 적이 있을 것이다. 연속 강화와 부분 강화 간의 구분을 이해하려면 여러분이 슬롯머신에 천 원을 넣고 레버를 당긴다고 상상해 보라. 만 원이 슬롯머신으로 빨려 들어간다. 몇 분 동안 슬롯머신으로 도박을 한다고 하자. 레버를 당길 때마다 돈을 딴다. 연속 강화계획으로 강화를 받고 있기 때문에 여러분은 금방 코가 꿰인다(그리고 딴 돈으로 무얼 할지 계획하기 시작한다). 그러나, 아, 갑자기 레버를 당겨도 아무것도 따지 못하기 시작한다. 분명히 여러분은 여러 번 더 반응하고 나서야 포기할 것이다. 하지만 연속 강화 후에 소거가 뒤따르면 메시지는 금방 명확해진다. 즉 더 이상 따지 못한다(그리고 세우던 계획도 도루묵이다).

이를 부분 강화와 비교해 보라. 이번에는 다섯 번 당겨도 아무것도 따지 못한다고 하자. 막 포기하려다가 한 번만 더 당기기로 한다. 빙고! 기계가 이만 원을 내놓는다. 이후로 부분 강화계획으로 따기가 계속된다. 때로는 큰돈을, 때로는 적은 돈을 딴다. 때로는 두 번 연속 따기도 하고 20~30번 연속해서 꽝일 때도 있다. 이제 더 이상 딸 수 없도록 규칙이 변했다고 하자. 이번에는 여러분의 레버 당기기 행동이 소거될 때까지 몇 번이나 더 반응하리라고 생각하는가? 여러분은 어느 판이라도 크게 딸 수 있다고 기대하게 되었기 때문에 한 번만 더, 그리고 한 번만 더, 또 한 번만 더 당기고 싶은 유혹을 물리치기 힘들 것이다. 또한 부분 강화에서는 무보상이 길게 이어지는 기간이 있을 수 있기 때문에 강화기간과 소거 기간을 구분하기가 더 힘들다. 부분 강화 효과 때문에 많은 사람이 재산을 다 날렸다고 말하는 것이 절대로 과장이 아니다. 심지어 카지노에 간 심리학자조차도 깨끗하게 털릴 수 있다. (물론 필자들은 제외하고!)

앞서 들었던 예로 돌아가서, 연속 강화를 사용하여 아이로 하여금 불을 끄도록 또는 개로 하여금 부르면 달려오도록 가르치고 나서는 부분 강화로 옮겨 가는 것이 가장 좋다. 그러면 그 새로운 행동이 소거에 더 저항적으로 될 것이다(Horsley et al., 2012).

부분 강화계획

부분 강화는 여러 가지 패턴으로, 즉 부분 **강화계획**(schedule of reinforcement, 어느 반응이 강화를 받을지를 결정하기 위한 계획)으로 주어질 수 있다(Chance, 2014). 우리에게 흥미로운 효과를 내는 가장 기본적인 네 가지를 살펴보자. 각 패턴에 대한 전형적인 반응이 ● 그림 26.4에 나와 있다. 이와 같은 결과는 스키너 상자에 기록기를 연결하여 얻어진다. 빠른 반응은 경사가 급한 선을 만들어 내고, 수평선은 아무 반응이 없음을 나타낸다. 반응선상의 작은 사선은 강화물이 주어진 시점을 보여 준다.

고정비율 만약 강화물이 매 두 번째 반응마다 주어진다면 어떤 일이 일어날까? 세 번의 반응마다 한 번, 네 번의 반응마다 한 번, 다섯 번의 반응마다 한 번 등으로 강화를 준다면 어떨까? 이런 패턴 각각은 **고정비율계획**(fixed ratio schedule, FR)이라 불리며, 강화물을 얻기 위해서는 일정한 수의 정확 반응을 해야 한다. FR 계획에서는 반응에 대한 강화물의 비율이 고정되어 있음에 주목하라. FR-3은 매 세 번째 반응이 강화를 받음을 의미하고, FR-10은 강화물을 얻으려면 10번의 반응을 해야 함을 의미한다.

고정비율계획은 *매우 높은 반응률*을 만들어 낸다(그림 26.4 참조). FR-10 계획상에 있는 배고픈 쥐는 재빨리 열 번 반응하고 멈

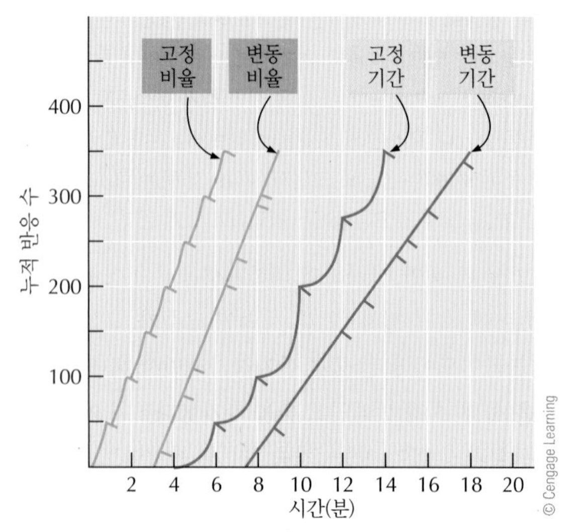

그림 26.4
부분 강화계획의 전형적인 반응 패턴

춘 후 먹고는 다시 열 번 반응한다. 공장 노동자나 농장 일꾼이 성과급을 지급받는 경우가 이와 비슷한 상황이다. 일정한 개수의 제품을 만들어야 일정량의 급여가 주어진다면 생산량이 높아진다.

변동비율 **변동비율계획**(variable ratio schedule, VR)에서는 강화물을 얻기 위해 해야 하는 정확 반응의 수가 변한다. 예컨대 VR-4 계획에서는 매 네 번째 반응마다 강화(FR-4)를 주는 대신 *평균적*으로 네 번째 반응마다 강화를 준다. 강화물을 얻기 위해 때로는 반응을 두 번 해야 할 때도 있고 때로는 다섯 번 해야 할 때도 있고 그런 식이다. 실제 반응 수는 변하지만 평균을 내면 네 번(이 예에서는)이 된다. 변동비율계획도 높은 반응률을 만들어낸다.

VR 계획은 FR 계획보다 예측하기 더 힘들어 보인다. 이것이 소거에 어떤 영향이라도 미칠까? 그렇다. 강화를 예측하기 더 힘들기 때문에 VR 계획은 FR 계획보다 소거에 대한 저항성을 더 크게 만드는 경향이 있다. 슬롯머신을 하는 것은 변동비율계획에 의해 유지되는 행동의 한 예이다. 또 다른 예로는, 아이가 전등 끄기를 일단 학습하고 나면 그런 행동에 대해 산발적으로 보상을 주는 계획을 들 수 있다. 골프, 테니스, 야구 및 다른 많은 스포츠에서도 변동비율계획으로 강화가 주어진다. 최고의 야구 타자조차도 타석에 열 번 들어서면 평균 세 번 이상 안타를 치기가 쉽지 않다.

고정간격 또 다른 패턴으로는 일정한 시간이 지난 후에 나오는 정확 반응에 대해서만 강화가 주어진다. 그 시간 간격은 마지막으로 강화를 받은 반응이 나왔던 때부터 시작된다. 그 시간 간격 도중에 나온 반응은 강화를 받지 못한다. **고정간격계획**(fixed interval schedule, FI)에서는 그 시간 간격이 지난 후에 나오는 첫 번째 정확 반응이 강화를 받는다. 따라서 FI-30초 계획상에 있는 쥐는 레버 누르기가 다시 강화를 받으려면 마지막 강화받은 반응 후 30초를 기다려야 한다. 그 기간 중에 원하는 만큼 많이 레버를 누를 수 있지만 그 반응은 보상을 받지 못한다.

고정간격계획은 *중등도의 반응률*을 만들어 낸다. FI 계획상에서 일하는 동물은 시간의 흐름에 대한 예민한 감각을 나타내는 것으로 보인다(Zentall, 2010). 강화가 주어진 직후에는 반응이 거의 나오지 않고 다음 강화가 나오기 직전에 많은 반응이 분출된다. (글상자 "동물은 시간 속에 갇혀 있을까?"를 보라.)

주당 급여는 FI 계획인가? 고정기간계획의 순수한 예는 드물지만 직장에서 주당 급여를 받는 것이 그것에 가깝다. 하지만 FI 계획이 예측하는 것처럼 대부분의 사람이 급여일 직전에 더 열심히 일하는 것은 아님에 유의하라. FI 계획에 더 비슷한 것으로는 수업에서 2주에 한 번 리포트를 제출하는 것일 것이다. 리포트를 내고 난 직후에는 아마도 공부량이 일주일이나 그 이상 0으로 떨어질 것이다(Chance, 2014).

변동간격 **변동간격계획**(variable interval schedule, VI)은 고정간격계획의 한 변형이다. 여기서는 강화가 다양한 시간이 흐른 후에 나오는 첫 번째 정확 반응에 주어진다. VI-30초 계획에서는 *평균* 30초의 간격 후에 강화가 가용하다.

VI 계획은 *느리고 꾸준한 반응률*과 소거에 대한 대단히 큰 저항성을 만들어 낸다(Lattal, Reilly, & Kohn, 1998). 여러분이 받아 볼 중요한 메시지가 있어서 수시로 전자우편함을 살펴본다면 그 보상(메시지를 받는 것)은 VI 계획상에 있는 것이다. 몇 분을 기다려야 할 수도 있고 몇 시간을 기다려야 할 수도 있다. 여러분이 대부분의 사람과 비슷하다면 메시지를 받을 때까지 자꾸자꾸 집요하게 전자우편함을 살펴볼 것이다. 낚시도 역시 VI 계획상에 있는데, 그것이 많은 낚시꾼의 황소 같은 완고함의 이유일 수도 있다(Domjan, 2010).

처벌의 결과–행동에 브레이크 걸기

SURVEY QUESTION 26.3 처벌은 행동에 어떤 영향을 주는가?

처벌(punishment)은 반응이 일어날 가능성을 낮춘다는 것을 상기하라. 가장 효과적이기 위해서는 처벌은 수반적으로(바람직하지 않은 반응이 일어난 후에만) 주어져야 한다. 강화물처럼 처벌물은 그것이 행동에 미치는 효과를 관찰함으로써 규정된다. **처벌물**(punisher, 처벌인)은 목표 행동의 빈도를 감소시키는 모든 것을 가리킨다.

연속 강화 모든 정확 반응마다 강화물이 뒤따르는 패턴
부분 강화 모든 반응의 일부만이 강화를 받는 패턴
부분 강화 효과 부분 강화로 습득된 반응이 더 소거하기 힘든 현상
강화계획 어느 반응이 강화를 받을지를 결정하는 규칙 또는 계획
고정비율계획(FR) 일정한 수의 정확 반응을 해야 강화물이 나온다. 예컨대 매 네 번째 정확 반응에 강화물이 주어진다.
변동비율계획(VR) 강화물을 얻기 위해 필요한 정확 반응의 수가 변한다. 예컨대 세 번 또는 일곱 번의 정확 반응 후에 강화물이 주어진다. 실제 반응 수는 무작위로 변한다.
고정간격계획(FI) 마지막으로 강화를 받은 반응 이후에 일정한 시간이 지나고 나서 정확 반응이 나올 때만 강화물이 주어진다. 그 시간 간격 도중에 나오는 반응은 강화를 받지 못한다.
변동간격계획(VI) 마지막으로 강화를 받은 반응 이후에 다양한 길이의 시간이 지나고 나서 나오는 첫 번째 정확 반응에 강화물이 주어진다. 그 시간 간격 도중에 나오는 반응은 강화를 받지 못한다.
처벌 반응에 뒤따라 주어져서 그 반응이 다시 일어날 확률을 감소시키는 모든 사건. 반응을 억압하는 과정
처벌물 선행하는 반응의 확률이나 빈도를 감소시키는 모든 사건

비판적 사고

동물은 시간 속에 갇혀 있을까?

우리 인간은 *인지적 시간여행자*라서 마음속에서 일상적으로 시간을 넘나든다. 예를 들어 우리는 오늘 아침에 무엇을 먹었는지 같은 과거 사건에 대해 생각할 수 있다. 그런데 동물은 어떨까? 동물은 우리보다 인지 능력이 모자라서 '시간 속에 갇혀' 있을까(Clayton, Russell, & Dickinson, 2009)? 개가 어제 얼마나 더웠는지 또는 내일 무엇을 할 계획인지에 대해 생각이라도 할까? 이런 물음에 답하기 위해 심리학자들은 연구 도구로 조작적 조건형성을 이용했다.

조건형성 연구는 동물이 시간의 흐름에 민감하다는 것을 여러 차례 보여 주었다(Zentall, 2010). 예를 들면, 고정간격계획으로 강화를 받은 비둘기와 쥐는 강화물을 받은 직후에는 반응을 멈추고 그다음 예정된 강화가 가용해지기 직전까지 반응을 시작하지 않는다(Roberts, 2002). 한 연구에서는 비둘기를 각 벽면에 부리로 쫄 원반이 있는 스키너 상자에 넣었다. 비둘기들은 아침 9시 30분이면 1번 원반만, 오후 4시면 3번 원반만 쪼기를 빨리 학습했다(Saksida & Wilkie, 1994).

또 다른 연구는 미국어치에 초점을 맞추었다. 이 새는 저장하는 습성이 있어서 남아도는 먹이를 여러 장소에 저장해 두었다가 나중에 돌아가서 그것을 먹는다. 미국어치에게 한 장소에는 견과를, 다른 장소에는 벌레를 저장할 수 있게 해 주었다. 4시간 후에 이 새들을 놓아주자 벌레에게로 직접 날아갔다. 그러나 5일 후에 놓아주면 바로 견과가 있는 곳으로 갔다. 벌레는 미국어치가 좋아하는 먹이여서 4시간 후에 왜 이를 선택하는지 알 수 있다. 하지만 벌레는 하루 정도 지나면 썩어 버리는 반면에 견과는 먹을 수 있는 상태로 유지된다. 미국어치는 정확히 어디에 어떤 종류의 먹이를 저장했는지 그리고 얼마나 시간이 지났는지 알았던 것으로 보인다(Clayton, Yu, & Dickinson, 2001).

이런 연구들은 시사하는 바가 많기는 하지만, 동물이 시간 속에 갇혀 있는가라는 문제를 비롯하여 동물 인지에 관해 현재 진행 중인 논쟁의 일부이다(Roberts & Roberts, 2002; Zentall, 2010). 어쨌거나 여러분의 소중한 개에게 제때 먹이를 주기를 깜박 잊어버리지 않도록 조심하라. 개가 지금이 먹을 시간이라고 생각하도록 조건형성되었다면 사료 대신에 여러분이 아끼는 고무 샌들을 씹어 먹으려 할 수도 있다.

Jose Luis Pelaez Inc/Blend Images/Getty Images

처벌물은 반응이 다시 일어날 가능성을 감소시키는 행동 결과이다. 교통위반딱지를 받는 것은 직접적인 처벌인데 왜냐하면 운전자가 약속에 늦게 되고 질책을 받기 때문이다. 이 처벌에다가 벌금과 보험료 인상이 반응 대가의 형태로 추가된다.

어떤 사람에게 무엇이 처벌물로 작용할지를 미리 알기가 항상 가능한 것은 아니다. 예를 들면, 제이슨은 엄마에게서 장난감을 던지는 행동에 대해 꾸지람을 듣자 그러기를 중지했다. 이 경우 꾸지람이 처벌물이다. 그러나 부모가 모두 직장에서 일하는 크리스는 부모로부터 어떠한 종류의 관심이라도 받기에 목말라 있다. 크리스에게는 사실상 꾸지람이, 또는 심지어 엉덩이 때리기조차 장난감 던지기 행동을 강화할 수도 있을 것이다. 또한 처벌물은 불쾌한 사건의 시작(*정적 처벌*)일 수도 있고 즐거운 상태의 제거(*부적 처벌 또는 반응 대가*)일 수도 있음을 기억하라.

처벌에 영향을 주는 변인

처벌은 얼마나 효과가 있을까? 처벌의 효력은 *타이밍*, *일관성* 및 *강도*에 따라 대단히 달라진다. 처벌은 반응이 일어나고 있는 동안 또는 그 *직후에*(타이밍), 그리고 반응이 일어날 *때마다*(일관성) 주어지면 가장 효과가 좋다. 그래서 개에게 식탁의 음식 부스러기를 단순히 주지 않는 것만으로는 여러분이 식탁에 앉을 때 개가 뛰어오르지 못하도록 막는 데 충분하지 않다면 개가 그럴 때마다 코에 물을 분무해 줌으로써 효과적으로(그리고 인도주의적으로) 그런 행동을 처벌할 수 있을 것이다. 대략 10~15회만 그런 처치를 하면 대개 충분하다. 만약 처벌을 아무렇게나 주거나 뛰어오르기가 끝나고 오랜 시간이 지난 후에 준다면 효과가 별로 없을 것이다. 여러분이 없는 동안 개가 화분의 식물을 파내서 먹어 버린다면 몇 시간 뒤에 여러분이 돌아와서 개를 처벌하는 것은 별 소용이 없다. 마찬가지로 "아빠가 돌아오시면 보자, 넌 후회하게 될 거야."라는, 어린 시절에 흔히 듣는 이야기는 그냥 아빠를 무서운 사람으로 만들 뿐, 바람직하지 않은 반응을 효과적으로 처벌하지 못한다.

가혹한 처벌(반응에 뒤이어 대단히 혐오적이거나 불쾌한 자극을 주는 것)은 행동을 중지시키는 데 극단적으로 효과적일 수 있다. 열 살 난 비비스가 벽의 콘센트에 자기 손가락을 집어넣어 감전된다면 그게 비비스가 그런 행동을 하려는 마지막 시도가 될 수 있다. 강한 처벌은 심지어 섭식 같은 기본적인 행위조차도 억압할 수 있다.

그러나 약한 처벌은 반응을 일시적으로만 *억압한다*. 그 반응이 여전히 강화를 받는다면 처벌은 특히 비효과적이다. 이런 사실은 스키너 상자에서 쥐가 레버를 누르면 앞발을 찰싹 얻어맞게 만든 실험에서 입증되었다. 잘 훈련된 두 집단의 쥐를 소거 계획상에 두었다. 한 집단은 레버를 누를 때마다 찰싹 얻어맞는 처벌을 받았고 다른 집단은 그러지 않았다. 찰싹 때리는 것이 레버 누르기를 더 빨리 소거시킬 것으로 생각될 수 있을 것이다. 하지만 ● 그림 26.5에서 보듯이 실제로는 그렇지 않았다. 처벌은 반응을 일시적으로 느리게 했지만 소거를 더 빨리 되게 만들지는 못했다. 쥐나 아동을 찰싹 때리는 것은 강화받는 반응에 지속적인 효과를 거의 미치지 않는다.

처벌의 단점

처벌을 사용하는 데 단점이 있을까? 처벌의 사용에는 여러 가지 단점이 있는데, 그 모두가 처벌의 강도가 높아짐에 따라 더 심각한 문제가 된다. 기본적으로 처벌은 *혐오적*(고통스럽거나 불편한)이다. 따라서 처벌과 연합된 사람이나 상황은, 고전적 조건형성을 통해, 두려움이나 분노나 반감의 대상이 되기 쉽다. 처벌은 그 혐오적 성질 때문에 아이가 예절 바르게 식사하거나 배변 훈련을 하도록 가르칠 때 사용하기에는 특히 좋지 못한 방법이다(Miltenberger, 2012).

도피와 회피 두 번째 주요 문제는 혐오적 자극은 도피 및 회피학습(일상 경험의 일반적인 부분인)을 부추긴다는 것이다(Schlund & Cataldo, 2010). **도피학습**(escape learning)에서는 우리가 어떤 혐오적 자극을 종결시키는 반응을 하기를 배운다. 예컨대 시끄럽고 밉살스러운 사람과 함께 일한다면 처음엔 그와의 대화로부터 빠져나와서 안도감을 느낄 수 있다. (도피학습은 부적 강화에 토대를 두고 있음에 주목하라.) 나중엔 그와 마주치기를 아예 피하게 될 수 있다. 이것이 **회피학습**(avoidance learning), 즉 나쁜 것을 지연시키거나 방지하기 위한 반응을 하기의 한 예이다. 그를 피할 때마다 그 회피행동은 안도감에 의해 강화를 받는다. 빈번한 처벌이 일어나는 상황에서는 이와 비슷하게 도피하고 회피하려는 욕구가 생기는 경우가 많다. 예를 들면, 벌을 주는 부모로부터 도망가는(도피) 아이는 곧 자신의 행동에 대해 거짓말을 하기(회피)를 배우거나 집 바깥에서 가능한 한 많은 시간을 보내기(역시 회피반응)를 배우게 된다.

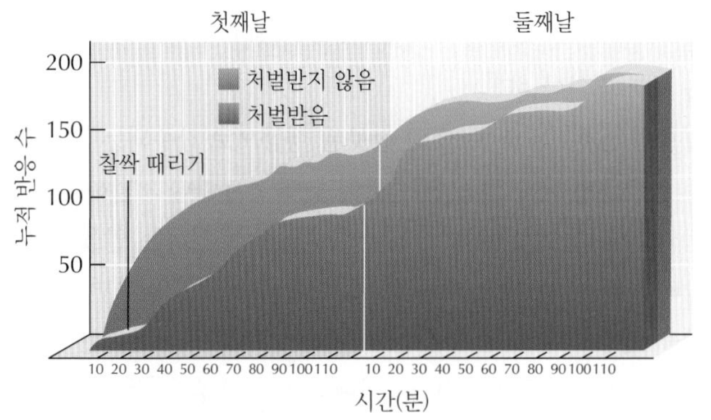

● 그림 26.5
소거에 미치는 처벌의 효과. 처벌 직후에는 레버 누르기가 억압되지만 이튿날 마지막 즈음에는 처벌의 효과가 사라졌다. (B. F. Skinner, 1938을 따름)

공격성 처벌의 세 번째 문제는 *공격성*을 대단히 높일 수 있다는 것이다. 동물은 고통을 받으면 주위에 있는 누구나 또는 무엇이나 공격하는 반응을 한다. 흔한 예로는 충실한 개가 동물병원에서 고통스러운 치료를 받는 동안 자기 주인을 깨무는 행동을 들 수 있다. 마찬가지로 사람도 아프면 다른 사람에게 비난을 퍼붓는 경향이 있다. 아이는 엉덩이를 맞으면 화가 나고 분하고 적의를 느낄 수 있다. 그러고는 만약 그 아이가 밖에 나가서 동생이나 이웃을 때린다면? 문제는 공격적 행위가 분노와 좌절을 풀어 주기 때문에 후련한 느낌을 줄 수 있다는 것이다. 만약 그렇다면 공격적 행동이 보상을 받은 셈이고 다른 좌절 상황에서 다시 일어나기 쉬울 것이다.

연구에 따르면 체벌(體罰)을 받은 아이는 공격적이고 충동적이며 반사회적인 행동에 몰두할 가능성이 더 높아진다(Taylor et al., 2010). 이와 비슷하게, 화가 난 남자 청소년에 대한 고전적인 연구에서는 이들이 가정에서 심한 처벌을 받았음이 밝혀졌다. 그런 처벌은 집에서는 그들의 나쁜 행동을 억압했으나 바깥에서는 아이를 더 공격적이게 만들었다. 부모들은 자기네 '착한 아이'가 학교에서 싸움에 말려들었다는 것을 알고는 놀라는 경우가 많았다(Simons & Wurtele, 2010). 다행히도, 적어도 더 어린 아동의 경우에는 부모가 덜 처벌적인 양육 방식으로 변하면 공격성 수준이 떨어진다(Thomas, 2004).

교실에서는 체벌, 고함치기 및 창피주기가 일반적으로 효과가 없다. 칭찬, 인정 및 보상 형태의 정적 강화가 교실에서의 소란, 불복종 및 무관심을 가라앉히는 데 훨씬 더 효과적이다(Alberto & Troutman, 2013).

도피학습 혐오적 자극을 종결시키는 반응을 하게 만드는 학습
회피학습 불쾌함을 지연시키거나 방지하는 반응을 하게 만드는 학습

처벌을 현명하게 사용하기

처벌을 그 한계와 단점에도 불구하고 행동을 통제하기 위해 사용해야 할까? 부모, 교사, 동물조련사 등에게 있는, 단순한 학습을 통제하기 위한 세 가지 기본 도구는 다음과 같다. (1) 강화는 반응을 증강시킨다. (2) 무강화는 반응이 소거되게 한다. (3) 처벌은 반응을 억압한다. (여러 유형의 강화와 처벌에 대한 기억을 되살리려면 ● 그림 26.6을 보라.) 이 도구들은 조합하여 사용하면 가장 효과가 좋다. 좋은 행동을 격려하기 위해서는 대개 처음에 정적 강화를, 특히 칭찬을 아낌없이 사용하는 것이 제일 좋다(Martin & Pear, 2011). 또한 소거를 먼저 시도해 보라. 만약 문제 행동을 무시하면 또는 바람직한 행동에 관심을 주고 그것을 칭찬하면 무슨 일이 일어나는지 보라. 원치 않는 행동을 처벌하기보다 바람직한 행동을 증강시키고 격려하는 것이 훨씬 더 효과적임을 상기하라(Olson & Hergenhahn, 2013). 동물, 아동, 또는 심지어 어른의 행동을 관리하는 데 다른 모든 것이 실패하면 처벌을 사용할 필요가 있을 수 있다. 그런 경우 명심해야 할 몇 가지 조언은 다음과 같다.

1. *가혹한 처벌을 피하라.* 엄하거나 지나친 처벌은 심각한 부정적 단점이 있다(예컨대 절대로 아이의 빰을 갈기지 말라). "매를 아끼면 자식을 망친다"고? 아니, 그 반대가 사실이다. 방금 이야기했듯이 가혹한 처벌은 부정적 정서 반응, 회피 및 도피행동, 공격성의 증가를 초래할 수 있다(Aucoin, Frick, & Bodin, 2006; Simons & Wurtele, 2010). 또한 심지어는 장기적인 정신건강 문제까지 일으킬 수 있다(Afifi et al., 2006).

   엉덩이 때리기는 어떨까? 부모는 엉덩이 때리기를 최소화하거나 아예 피해야 한다(Gershoff & Bitensky, 2007). 지지적인 양육 방식하에서는 대부분의 아이가 엉덩이 때리기 때문에 장기적인 피해를 입는 것 같지 않지만 엉덩이 때리기가 심하거나 빈번하거나 엄격한 양육 방식과 결합되면 정서적 피해가 실제로 일어난다(Maguire-Jack, Gromoske, & Berger, 2012; Stacks et al., 2009). 다른 모든 가혹한 처벌과 마찬가지로 빈번한 엉덩이 때리기는 공격성을 증가시키고 문제 행동을 더 적게가 아니라 오히려 더 많이 일으키는 경향이 있다(Simons & Wurtele, 2010). 사실상 엉덩이 때리기 금지법이 세계 여러 나라에서 통과되었다(Isaacs, 2011).

2. *잘못된 행동을 억압하기에 필요한 최소한의 처벌을 사용하라.* 처벌을 조금이라도 사용해야 한다면 강도가 약해야 한다. 아이가 뜨거운 것을 만지려 하거나 개가 거리로 뛰어나갈 때처럼 임박한 위험이 있는 상황에서는 약한 처벌이 큰 사고를 막을 수 있다. 그런 경우의 처벌은 억압하고자 하는 반응과 *양립할 수 없는* 행동을 만들어 낼 때 가장 효과가 좋다. 아이가 난로로 손을 뻗는다고 하자. 엉덩이를 찰싹 때리는 것이 효과적인 처벌물로 작용할까? 아마도 아닐 것이다. 아이의 쭉 편 손을 때려서 위험의 근원으로부터 *움츠러들게* 만드는 것이 더 나을 것이다. 특전이나 기타 정적 강화물을 빼앗는 것과 같은 부적 처벌(반응 대가)이 더 자란 아이와 어른에게는 대개 가장 효과가 좋다. 언어적 책망이나 꾸짖음으로 충분할 때가 많다.

3. *잘못된 행동이 나오는 동안이나 그 직후에 처벌을 하라.* 물론 즉각적 처벌이 항상 가능한 것은 아니다. 나이 든 아이와 어른의 경우에는 어떤 행위가 처벌을 받는지를 말로 명백히 알려 줌으로써 행위와 처벌 간의 지연을 메꿀 수 있다. 동물이나 어린아이를 즉각 처벌할 수 없는 상황이라면 그 행동이 다시 나올 때까지 기다려라.

4. *일관성을 유지하라.* 무엇이 잘못된 행동으로 간주되는지를 아주 명백하게 하라. 잘못된 행동이 일어날 때마다 처벌하라. 어떤 행동은 한 번은 처벌하고 다음번에는 무시하는 일을 하지 말라. 아이에게 대개 세 번의 기회를 줄 의향이 있다면 그 규칙을 변경시켜 첫 번째 위반에 대해 예고 없이 폭발하는 일이 일어나지 않게 하라. 엄마와 아빠 모두가 똑같은 것에 대하여 똑같은 방식으로 아이를 처벌하려고 노력해야 한다.

5. *역조건형성을 이용하라.* 강화물이 그 상황에서 아직도 가용하다면 약한 처벌은 비효과적이기 쉽다. 다른 바람직한 반응에

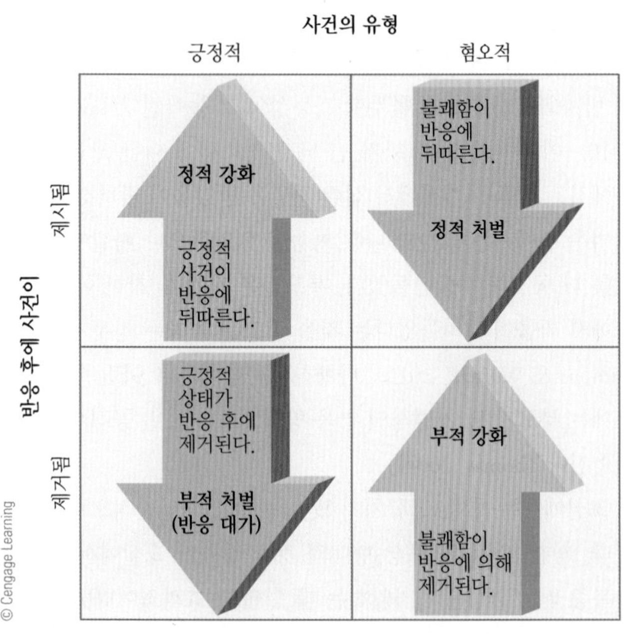

● 그림 26.6
강화와 처벌의 유형. 어떤 사건이 미치는 영향은 반응에 뒤이어 그 사건이 제시되는지 아니면 제거되는지에 따라 달라진다. 각각의 사각형 공간이 하나의 가능성을 나타낸다. 위를 가리키는 화살표는 반응이 증가함을, 아래를 가리키는 화살표는 반응이 감소함을 의미한다.

보상도 주는 것이 가장 좋은 이유가 이것이다. 예를 들면, 동생에게서 장난감을 빼앗는 버릇이 있는 샐리를 그냥 꾸짖기만 해서는 안 된다. 잘못된 행동에 *반대되는* 행동(예컨대 협동적으로 놀거나 장난감을 공유하기)을 하면 그것에 대해 *역조건형성*(counterconditioning)을 시켜야, 즉 보상을 주어야 한다.[1] 바람직한 행동이 점점 더 많아짐에 따라 바람직하지 못한 행동은 점점 줄어들게 된다. 샐리가 동생에게서 장난감을 뺏는 동시에 동생과 장난감을 공유하기는 불가능하다.

처벌은 사람이나 동물에게 어떤 반응이 '틀렸다'는 것만을 알려 줄 뿐임을 명심하라. 처벌은 '올바른' 반응이 무엇인지 알려 주지 않기 때문에 *새로운 행동을 가르치지는 않는다*. 강화와 함께 사용되지 않는다면 처벌은 효과가 떨어지게 된다(Gershoff & Bitensky, 2007).

6. *처벌받은 사람이 화를 낼 것임을 예상하라.* 그 화를 짧게 인정은 하되 강화하지는 않도록 조심하라. 여러분이 누군가를 잘못 처벌하거나 너무 심하게 처벌한다면 여러분의 실수를 기꺼이 인정하라.

7. *호의와 존중심을 가지고 처벌하라.* 여러분이 화난 상태에서 처벌하는 일을 피하라. 처벌이 지나쳐서 학대가 되기 쉽다(Gershoff & Bitensky, 2007; Gonzalez et al., 2008). 아동 학대 사건의 3분의 2가 체벌을 하려는 시도에서부터 시작된다(Trocmé et al., 2001). 부상을 입히는 일을 방지하는 한 방법은 호의와 존중심을 가지고 처벌하는 것이다. 또한 그렇게 하면 처벌받는 사람이 자기존중감을 유지할 수 있게 된다. 예를 들면, 가능하다면 누군가를 다른 사람들이 보는 앞에서 처벌하지 말라. 서로를 믿는 강한 유대 관계가 있으면 행동 문제가 최소화되는 경향이 있다. 이상적으로는 다른 사람이 처벌을 두려워해서가 아니라 칭찬을 받고 싶어서 올바로 행동하기를 원해야 한다.

요약하자면, 안타깝게도 흔히 하는 실수는 훈련이나 훈육을 할 때 처벌에 지나치게 의존하는 것이다. 주로 보상을 통해 훈육받은 아이나 애완동물은 주로 처벌로 훈육받은 경우보다 전반적인 정서적 조절을 대개 더 잘한다. 빈번한 처벌은 사람이나 동물을 불행하고 어찌할 바를 모르며 불안하고 공격적이며 두려움에 떨게 만든다(Gershoff & Bitensky, 2007; Olson & Hergenhahn, 2013).

부모와 교사들은 또한 처벌을 사용하는 '버릇이 들' 수 있다는 것을 자각해야 한다. 아이가 시끄럽거나 난잡하거나 예절이 없거나 다른 식으로 잘못된 행동을 하면 벌을 주고 싶은 마음을 뿌리치기 힘들 수 있다. 문제는 처벌이 효과적일 때가 많다는 것이다. 그럴 경우 갑자기 짜증이 가라앉는 것이 부모나 교사에게는 부적 강화물로 작용한다. 이는 미래에 처벌을 더 자주 사용하도록 부추긴다(Alberto & Troutman, 2013). 아이가 즉시 조용해지는 것이 '성공'일지 몰라도 아이의 정서적 건강 측면에서 보면 그 대가가 대단히 높은 것일 수 있다.

1) 역자 주: 역조건형성은 고전적 조건형성에서 나오는 한 절차이기 때문에 엄밀히 말하면 조작적 조건형성을 다루는 여기에 적절한 이야기가 아니다. 이 예는 샐리가 장난감을 뺏는 행동과는 반대되는 행동을 하면 강화를 주는 것이므로 상반행동 차별강화(differential reinforcement of incompatible behavior)라는 강화계획의 효과를 보여 주는 것이라 할 수 있다.

모듈 26: 요약

26.1 조작적 강화에 서로 다른 유형이 있는가?

26.1.1 조작적 학습은 일차 강화물(생물학에 뿌리를 둔)과 이차 강화물(토큰이나 사회적 강화물 같은)에 바탕을 두고 있을 수 있다.

26.1.2 일차 강화물은 생리적 기반이 있는 '자연적인' 보상을 가리킨다. 뇌 속에 있는 '쾌락 중추'에 대한 전기자극 또한 일차 강화물로 작용할 수 있다.

26.1.3 이차 강화물은 학습된다. 이것이 일반적으로 강화력을 갖게 되는 것은 일차 강화물과의 직접적 연합을 통해서거나 일차 강화물과 교환될 수 있기 때문이다.

26.2 우리는 보상 패턴에 의해 어떻게 영향을 받는가?

26.2.1 보상이나 강화는 (매 반응마다) 연속해서 주어질 수도 있고 부분 강화계획에 따라 주어질 수도 있다. 부분 강화 절차는 소거에 대한 더 강한 저항성을 만들어 낸다.

26.2.2 가장 기본적인 네 가지 강화계획은 고정비율, 변동비율, 고정간격 및 변동간격계획이다. 각 계획은 독특한 반응 패턴을 산출한다.

26.3 처벌은 행동에 어떤 영향을 주는가?

26.3.1 처벌은 반응 빈도를 낮춘다.

26.3.2 처벌은 반응에 혐오적 사건의 개시(정적 처벌)나 긍정적 사건의 제거(부적 처벌 또는 반응 대가)가 뒤따를 때 일어난다.

26.3.3 처벌은 즉각적이고 일관적이며 강력할 때 가장 효과가 좋다.

26.3.4 심한 처벌은 어떤 반응을 실질적으로 제거해 버릴 수 있지만 약한 처벌은 반응을 일시적으로 억압만 할 뿐이다. 사람이나 동물의 행동에 장기적인 변화를 일으키려면 강화가 사용되어야 한다.

26.3.5 처벌의 바람직하지 못한 부작용에는 처벌을 주는 자 및 처벌과 연합된 상황에 대한 공포의 조건형성, 도피 및 회피반응의 학습, 그리고 공격성의 증가가 포함된다.

모듈 26: 지식 쌓기

암기

1. 일차 강화물은 고전적 조건형성을 통해 학습된 것이다. O X
2. 어느 것이 옳은 쌍인가?
   a. 사회적 강화물 – 일차 강화
   b. 토큰 강화물 – 이차 강화
   c. 뇌 속 전기자극 – 이차 강화
   d. 부적 강화물 – 처벌
3. 부분 강화는 느린 반응과 소거에 대한 저항성의 감소를 산출한다. O X
4. 슬롯머신과 기타 유형의 도박과 연관된 강화계획은 어느 것인가?
   a. 고정비율 **b.** 변동비율
   c. 고정간격 **d.** 변동간격
5. 부적 강화는 반응을 증가시킨다. 반면에 처벌은 반응을 억압한다. O X
6. 약한 처벌은 강화를 받기도 하는 반응을 일시적으로만 _________할 뿐이기 마련이다.
   a. 개선 **b.** 대체
   c. 악화 **d.** 억압
7. 처벌의 바람직하지 않은 세 가지 부작용은 (1) 공포와 원한의 조건형성, (2) 공격성의 증가, 그리고 (3) 도피 또는 _______반응의 학습이다.

반영

비판적으로 생각하기

8. 부분 강화라는 개념을 이용하여 비일관적인 처벌이 왜 특히 효과가 없는지를 설명할 수 있는가?
9. 자동차의 안전벨트 착용을 독려하는 데 도피 및 회피학습이 활용되었다. 어떻게 했는지 설명할 수 있는가?

자기반영

일상생활에서 다섯 가지 기본 강화계획(연속 강화와 네 종류의 부분 강화)의 예를 적어도 하나씩 생각해 낼 수 있는가?

여러분이 어릴 때 어떤 처벌을 받았는지 생각해 보라. 그 처벌이 즉각적이었는가? 일관성 있었는가? 이 요인들이 여러분의 행동에 어떤 효과를 내었는가? 그 처벌이 효과적이었는가? 처벌의 부작용 중 어느 것을 목격 또는 경험했는가?

정답

1. X **2.** b **3.** X **4.** b **5.** O **6.** d **7.** 회피 **8.** 비일관적으로 처벌받은 반응은 부분 강화계획으로 계속 강화를 받을 것이고, 따라서 더욱더 소거에 대한 저항성이 커질 수 있다. **9.** 운전자가 안전벨트를 하지 않고 시동을 걸면 불쾌한 버저 소리가 나게 되어 있는 차가 많다. 대부분의 운전자는 그 거슬리는 소리를 멈추기 위해 안전벨트를 착용하기를 빨리 학습한다. 버저 소리가 울리기 전에 운전자가 안전벨트를 하기를 배우는 것은 분명히 회피학습이다.

Module 27

행동하는 심리학: 행동적 자기관리

자신을 통제하라

마르타는 다른 사람에게 상처를 주는 농담을 하지 않기를 원한다. 파티마는 텔레비전을 보는 데 쓰는 많은 시간을 줄이고 싶다. 이그나시오는 식사 시간에 배가 고프지 않은데도 너무 많이 먹는 데 지쳤다. 브렌트는 담배를 너무 많이 피워서 걱정이 된다. 재키는 공부에 더 많은 시간을 쏟아야 한다. 마르타, 파티마, 이그나시오, 브렌트, 재키처럼 여러분도 변화시키고 싶은 행동이 있는가? 운동을 더 많이 하거나 1교시 수업에 더 많이 출석하거나 담배를 줄이거나 더 오래 공부하거나 책을 더 많이 읽고 싶은가?

조작적 조건형성 원리를 이용하여 여러분 자신의 자기관리 프로젝트를 실행하도록 여기에 초대한다. 여러분이 줄이거나 늘리고 싶은 행동을 어떻게 찾아내고 추적하고 수정할지를 알아보자. 그런 면에서 이것은 이 책에서 심리학의 가장 사적인 활용법 중의 하나를 시작하는 것이다.

Lucky Business/Shutterstock.com

SURVEY QUESTIONS

27.1 조건형성은 일상생활 문제에 어떻게 활용되는가?

자기관리–보람 있는 프로젝트

SURVEY QUESTION 27.1 조건형성은 일상생활 문제에 어떻게 활용되는가?

조작적 조건형성 원리는 우리 자신의 행동을 관리하는 데 적용할 수 있다(Miltenberger, 2012; Watson & Tharp, 2014). 그 방법을 보자.

1. **목표 행동을 선택하라.** 변화시키고자 하는 행동을 확인하라.
2. **기저선을 기록하라.** 그 목표 행동을 하는 데 현재 얼마나 많은 시간을 쓰는지 기록하라. 또는 매일 하는 바람직하거나 바람직하지 않은 반응의 수를 세라.
3. **목표를 설정하라.** 조성 원리를 염두에 두고서 매주 연속해서 점진적으로 개선시키기 위한 현실적인 목표를 정하라. 또한 합쳐져서 매주의 목표가 달성되게 만들 매일의 목표도 정하라.
4. **강화물을 선택하라.** 매일의 목표를 달성한다면 자신에게 어떤 보상을 주겠는가? 매일의 보상은 텔레비전 보기, 과자 먹기, 친구와 놀기, 음악 듣기, 또는 자신이 즐기는 것이면 무엇이든 좋다. 또한 매주의 보상도 설정하라. 매주의 목표를 달성하면 어떤 보상을 자신에게 주겠는가? 영화? 외식? 비디오게임? 주말 등산?
5. **진행 상황을 기록하라.** 매일 원하는 행동을 한 시간이나 횟수에 대한 정확한 기록을 남겨 두라.
6. **성공에 대한 보상을 주라.** 매일의 목표를 달성하면 보상을 받아라. 달성하지 못하면 솔직하게 인정하고 보상 받기를 생략하라. 매주의 목표에 대해서도 똑같이 하라.

7. **자신의 행동에 대해서 더 많이 깨닫게 되면 계획을 그에 맞게 조절하라.** 전반적인 진행 상황이 여러분의 자기관리 시도에 강화를 줄 것이다.

무엇을 보상으로 할지 생각나지 않는다면 자신이 자주 하는 것은 무엇이든지 강화로 작용할 수 있음을 상기하라. 이것을 프리맥 원리(Premack principle)라고 하는데, 이는 그런 개념을 널리 퍼뜨린 심리학자 David Premack의 이름을 딴 것이다. 예를 들면, 매일 밤 텔레비전을 보기 좋아하지만 공부를 더 하기 원한다면, 한 시간 동안(또는 다른 원하는 시간만큼) 공부하기 전에는 텔레비전을 켜지 않는다는 규칙을 만들어라. 그러고 나서 이 조건을 매주 더 길게 하라. 재키의 계획을 예로 들어 보자.

1. *목표 행동:* 공부하는 데 들이는 시간
2. *기저선의 기록:* 매일 평균 25분, 매주 총 3시간
3. *첫째 주의 목표:* 공부 시간을 매일 40분이 될 때까지 증가시킴. 첫 주의 총 공부 시간을 5시간으로 잡음. *둘째 주의 목표:* 매일 50분, 주당 6시간. *셋째 주의 목표:* 매일 1시간, 주당 7시간. *마지막 목표:* 매주 14시간의 공부를 달성하고 유지함
4. *목표 달성에 대한 매일의 보상:* 저녁에 기타를 1시간 연주함. 목표를 달성하지 못하면 연주하지 않음. *목표 달성에 대한 매주의 보상:* 영화를 보러 가거나 DVD를 하나 구입함

자기 기록하기

보상을 주거나 보류하는 것이 힘들게 느껴진다 할지라도 자기 기록하기(self-recording), 즉 반응 빈도에 대한 기록을 남기기(일종의 피드백)가 그 자체만으로도 큰 효과가 있을 수 있다. 그 이유는 우리가 관찰을 당한다는 사실에 반응하는 경향이 있기 때문이다. 설사 그 관찰자가 우리 자신이라 하더라도 말이다. 일반적으로 우리가 자신을 체계적으로(그리고 정직하게) 관찰하면 원하는 행동을 더 많이 하고 원치 않는 행동을 덜 하게 되기 마련이다(Fireman, Kose, & Solomon, 2003; Watson & Tharp, 2014).

자신이 운동하거나 수업에 지각하거나 채소를 먹거나 담배를 피우거나 공부하거나 텔레비전을 보거나 커피를 마시거나 욕을 하거나 무엇이든 간에 자신이 변화시키기 원하는 것을 한 횟수를 기록해 두라. 단순히 종이에 횟수만큼 체크 표시를 해도 되고, 골프 점수나 칼로리를 세는 데 사용되는 것 같은 작은 기계식 계산기를 구입해도 된다. 기록 유지는 습관을 고치는 데 도움이 되며 그런 피드백은 진전의 기미가 보이기 시작할 때 동기를 유발할 수 있다.

나쁜 습관을 고치는 좋은 방법

나쁜 습관을 고치기 위한 다른 충고가 더 있는가? 우리가 살펴본 방법을 사용하면 욕하기, 손톱 물어뜯기, 다른 사람을 비난하기, 커피 마시기, 지나친 텔레비전 시청, 또는 여러분이 목표로 선택하는 어떠한 행동이라도 원하지 않는 것을 감소시킬 수 있다. 하지만 나쁜 습관을 없애려면 다른 방법이 더 필요할 수 있다. 나쁜 습관을 변화시키는 데 도움이 되는 네 가지 방략을 보자.

대안적 반응 변화를 일으키는 좋은 방략은 새로운 반응으로 똑같은 강화를 얻어 내는 시도를 하는 것이다.

예: 마르타는 다른 사람을 제물로 농담을 할 때가 종종 있다. 친구들은 때로는 그녀의 날카로운 유머에 상처를 입는다. 어떻게 해야 할까? 대개 마르타의 농담은 관심과 인정으로 강화를 받는다. 똑같은 강화를 다른 사람을 칭찬함으로써도 쉽게 얻을 것이다. 그녀가 행동을 변화시키기는 쉬울 것인데, 왜냐하면 원하는 강화를 계속 받을 것이기 때문이다.

소거 원치 않는 반응을 강화하고 있는 것이 무엇인지 알아내어 그 강화를 제거하거나 피하거나 지연시키려 해 보라.

예: 파티마는 공부를 해야 하는 시간에 텔레비전을 보는 '휴식' 시간이 점점 길어지는 습관이 생겼다. 분명히 텔레비전 시청이 휴식 취하기를 강화하고 있다. 공부 습관을 개선시키려면 도서관에서 또는 텔레비전에서 멀리 떨어진 어떤 다른 장소에서 공부함으로써 강화를 지연시킬 수 있을 것이다.

반응 연쇄 원치 않는 행동에 선행하는 반응 연쇄를 끊어라. 이것이 나쁜 습관을 없애는 데 도움이 될 것이다. 핵심 아이디어는 원치 않는 반응으로 이어지는 사건의 연쇄를 흐트러뜨리는 것이다(Watson & Tharp, 2014).

예: 대부분의 저녁에 이그나시오는 직장에서 돌아와서는 좋아하는 롤플레잉 게임을 하면서 쿠키나 칩 한 봉지를 다 먹는다. 그러고는 샤워를 하고 나서 옷을 갈아입는다. 저녁 식사 시간 즈음이면 이미 식욕이 없는 상태이다. 이그나시오는 저녁 식사를 쓰레기 같은 음식으로 대체하고 있음을 깨닫는다. 저녁 식사에 선행하는 반응 연쇄를 끊음으로써 이 문제를 해결할 수 있을 것이다. 예컨대 집에 오자마자 샤워를 하거나 저녁 식사를 하고 난 후에 게임을 시작할 수 있을 것이다.

단서와 선행 조건 나쁜 습관을 유발하는 자극을 피하거나 줄이거나 제거하기를 시도하라.

예: 브렌트는 흡연을 줄이고 싶다. 집, 차, 사무실에서 재떨이, 성냥, 여분의 담배를 제거함으로써 자기 환경으로부터 흡연을 유

발하는 자극을 많이 없앨 수 있다. 그러고 나서는 집에서만 담배를 피기로 제한을 둘 수 있을 것이다. 그 후에는 오직 한 방에서만, 또 그 후에는 집에 있는 한 의자에서만 흡연하도록 제한할 수 있다. 여기까지 성공한다면 화장실이나 지하실 또는 차고 같은 즐겁지 않은 한 장소에서만 흡연하도록 제한할 수도 있다(Riley, et al., 2002).

계약 맺기 지금까지 이야기한 기법을 시도했지만 지키기 힘들다면 행동 계약 맺기를 시도해 볼 수 있다. **행동 계약**(behavioral contract)에서는 여러분이 통제하고 싶은 특정 문제나 달성하기 원하는 목표를 분명히 밝힌다. 또한 여러분이 받을 보상, 몰수당할 특전, 또는 받아들여야 할 처벌도 확언한다. 그 계약서에는 여러분과 여러분이 신뢰하는 사람이 사인을 해야 한다.

행동 계약은 동기를 대단히 유발할 수 있다. 약한 처벌이 합의 사항의 일부일 때는 특히 그러하다. Nurnberger와 Zimmerman(1970)이 보고한 고전적인 예를 살펴보자. 박사과정에서 공부 중인 한 학생이 박사논문만 제외하고는 필요한 모든 자격을 다 갖추었지만 2년 동안 글을 한 페이지도 쓰지 않았다. 그를 위해 계약서를 만들어서 매주 마감일까지 완성해야 할 페이지 수를 정했다. 마감일에 확실히 맞추도록 하기 위해 그는 선일자 수표(postdated check)를 썼다. 그가 매주의 목표를 달성하는 데 실패하면 이 수표로 벌금을 내게 하는 것이었다. 수표는 그가 경멸하는 단체들(KKK단과 미국 나치당) 앞으로 발행되었다. 계약서에 사인하고서부터 학위를 끝낼 때까지 이 학생의 생산성은 대단히 향상되었다.

도움을 받기

자신의 행동을 관리하거나 변화시키려 노력하기는 보기보다 더 힘들 수 있다. 더 많은 정보가 필요하다는 생각이 든다면 아래에 나열한 책을 보라. 모듈 57에서도 도움이 되는 충고가 있을 것이다. 자기 수정 프로젝트를 시도하지만 목표 달성이 불가능함을 알게 된다면 전문적 도움을 받을 수 있다는 점을 명심하라.

Miltenberger, R. G. (2012). *Behavior modification: Principles and procedures* (5th ed.). Belmont, CA: Cengage Learning/Wadsworth.

Watson, D. L., & Tharp, R. G. (2014). *Self-directed behavior: Self-modification for personal adjustment* (10th ed.). Belmont, CA: Wadsworth.

모듈 27: 요약

27.1 조건형성은 일상생활 문제에 어떻게 활용되나?

27.1.1 조작적 조건형성 원리를 적용함으로써 여러분 자신의 행동을 변화시키거나 관리할 수 있다.

27.1.2 나쁜 습관을 없애는 네 가지 방략은 대안적 반응을 강화하기, 소거를 촉진하기, 반응 연쇄를 끊기, 그리고 선행 단서를 피하기이다.

27.1.3 행동을 관리하는 데는 자기 강화, 자기 기록, 피드백 및 행동 계약 맺기가 모두 도움이 된다.

프리맥 원리 어떠한 고빈도 반응이라도 저빈도 반응을 강화하는 데 사용될 수 있다.
자기 기록하기 반응 빈도의 기록을 남기는 데 바탕을 둔 자기관리
행동 계약 변화시킬 행동과 적용할 결과를 명시한 공식적 계약

모듈 27: 지식 쌓기

암기

1. 강화를 받을 목표 행동을 선정하고 난 후에는 현실적인 변화 목표를 설정할 수 있도록 기저선을 기록하는 것이 좋은 생각이다. O X
2. 자기 기록하기는, 설령 보상을 추가로 주지 않는다 하더라도, 목표 행동의 바람직한 변화를 가져올 수 있다. O X
3. 프리맥 원리는 행동 계약 맺기가 행동의 변화를 강화하는 데 사용될 수 있다고 말한다. O X
4. 자기관리 계획은 조성 원리를 사용하여 점진적인 일련의 목표를 설정해야 한다. O X

반영

비판적으로 생각하기

5. 행동적 자기관리 프로그램에서 매일의 목표를 설정하는 것이 어떻게 강화의 효과를 최대화시키는 데 도움이 되는가?

자기반영

여러분이 지금 당장 자기관리 프로젝트를 실행할 생각이 없다 하더라도 여러분 자신의 행동을 변화시키기 위한 계획의 대강을 적어 보라. 반드시 여러분이 변화시키기 원하는 행동을 이야기하고, 목표를 정하고, 강화물을 선택하라.

정답

1. O 2. O 3. X 4. O 5. 매일의 수행 목표와 보상은 강화의 지연을 감소시키는데, 이것이 강화의 효과를 최대화시킨다.

Module 28

기억: 기억 체계

Fuhgeddaboudit[1)]

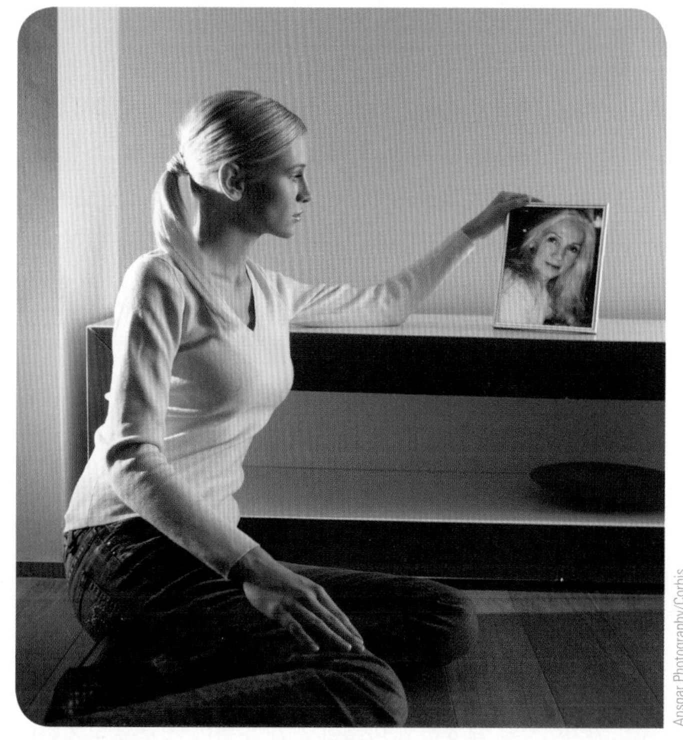
Ansgar Photography/Corbis

뉴욕 스타일로 던지는 저 조언이 시험 시간에는 도움이 안 될 수도 있다. 어쨌든 덜 까먹을수록 더 낫다. 그렇지 않은가? 한편으로는, 예컨대 자신이 어머니를 기억하지 못함을 깨닫게 된다면 대부분의 사람들은 크게 당황할 것이다. 반면에 옆의 사진에 있는 여인을 보자. 그녀는 어머니가 5년 전에 돌아가셨는데도 아직까지 어머니를 '보내 드리고' 자신의 삶에서 다음 단계로 넘어가지 못하고 있다. 매우 진정한 의미에서 우리는 우리가 기억하는 것과 우리가 잊는 것에 의해 결정된다.

오늘 아침으로 무엇을 먹었는지 기억하는가? 혹은 지난달에 일어난 일 중 기억나는 것이 있는가? 물론 있을 것이다. 그런데 그렇게 쉽게 '시간을 거슬러 여행하는 것'이 어떻게 가능할까? 우리가 "기억이 난다"고 말하게 되려면 일련의 흥미로운 사건들이 일어나야만 한다. 이 모듈(그리고 기억과 망각에 관한 다른 모듈들)을 읽으면서 여러분은 기억을 좋게 할 방법들을 발견할 것임이 거의 확실하다.

SURVEY QUESTIONS

28.1 기억이 어떻게 작동하는가?
28.2 단기기억의 특징은 무엇인가?
28.3 장기기억의 특징은 무엇인가?

기억의 단계—마음은 강철로 된 올가미 같은가 아니면 체 같은가?

SURVEY QUESTION 28.1 기억이 어떻게 작동하는가?

많은 사람들이 기억을 '사실들의 도서관'이라는 수동적인 것으로 생각한다. 현실적으로는 인간의 기억(memory)은 정보를 받아들이고, 저장하고, 정리하고, 수정하고 또 회복하는 일련의 능동적인 체계이다(Baddeley, Eysenck, & Anderson, 2009). 정보가 오랜 시간(예컨대, 여러분이 공부하는 시점부터 시험을 위해 그것을 기억할 필요가 있는 시점까지) 저장되려면 정보가 3개의 연속적인 기억을 거쳐야만 하는데, 그것은 감각기억, 단기기억 그리고 장기기억이다.

기억이 되려면 정보는 또 그 세 가지 기억에서 각각 부호화되고, 저장되고 인출되어야만 한다. 들어오는 정보는 처음에 **부호화**(encoding), 즉 사용 가능한 형태로 변화가 된다. 그다음에는 그 기억 체계에 정보가 **저장**(storage), 즉 유지된다. 마지막으로 정보가 유용하려면 저장된 상태에서 **인출**(retrieval), 즉 찾아지고 꺼내어진다.

다음 심리학 시험에 나올 9,856개의 새로운 용어를 여러분이 모두 기억하기 위해서는 감각기억에서 성공적으로 부호화해야

1) 역자 주: 'Forget about it'의 뜻으로 이탈리아계 미국인들 사이의 속어

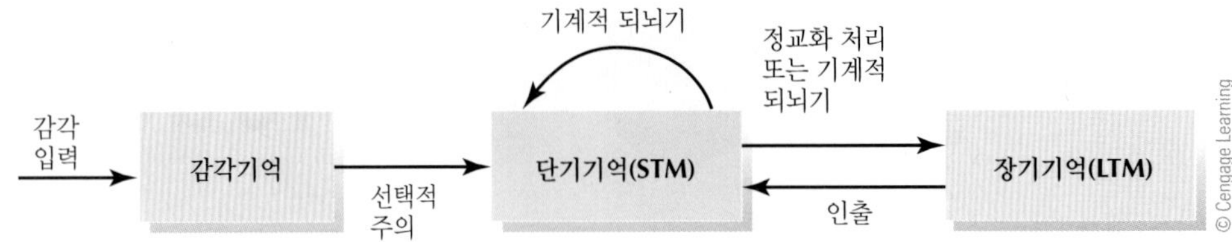

그림 28.1
Atkinson-Shiffrin 모형. 장기적으로 기억을 잘 회상하는 데는 세 단계의 기억이 관여된다. 감각기억은 정보를 부호화하고 1~2초간 저장한다. 그 정보에 선택적으로 주의를 기울이면 적은 양이 부호화되어 단기기억에 들어가는데, 거기서 처리가 일어날 수 있다. 그 결과로 생겨난 의미 있는 정보는 어떤 것이든 장기기억으로 부호화되고 저장되어 필요할 때 인출될 수 있다. 이 설명은 기억에 관한 유용하지만 매우 단순화된 모형일 뿐이어서, 뇌 안에서 일어나는 일을 문자 그대로 반영하지는 않는다.

하고, 단기기억으로 이동시키고, 마지막으로 장기기억에서 성공적으로 인출해야만 한다. 이 단계들이 요약된 것이 ● 그림 28.1에 보이는 기억의 *Atkinson-Shiffrin 모형*이다(Atkinson & Shiffrin, 1968; Reed, 2013). 여러분이 그 시험을 통과하기 전에 일어나야만 하는 일련의 기억 사건들을 따라가 보는 것은 충분히 해 볼 만한 일이다.

감각기억

다음 달에 있을 시험에 대비해 이 책에 나오는 새로운 용어 몇 개를 외우려고 여러분이 책을 펴고 앉았다고 가정해 보자. 책을 읽어 감에 따라 정보는 맨 처음에 **감각기억**(sensory memory)에 자동으로 부호화되는데, 감각기억은 여러분이 보는 것과 똑같은 복사본을 몇 초 이하로 유지할 수 있다. 우리는 보통 우리의 감각기억의 기능을 자각하지 못하는데, 감각기억은 정보가 인출되어 단기기억으로 부호화될 만큼의 시간 동안만 정보를 유지한다(Radvansky, 2011).

예를 들어, 이 책에 있는 정의를 하나 보고 재빨리 눈을 감아라. 운이 좋다면 글자들의 '순간' 복사본이 남아 있을 것이다. **영상 기억**(iconic memory, 시각적인 감각 영상)은 대개 0.5초 정도 저장된다(Keysers et al., 2005). 마찬가지로 정보를 들으면 감각기억이 정보를 **반향 기억**(echoic memory)으로 2초까지 저장하는데, 이는 청각 체계에서의 짧고 활발한 활동이다(Cheng & Lin, 2012).

공부하고 있는 용어들에 여러분이 *선택적으로 주의*를 기울이면(감각 입력의 선택된 부분에 초점을 맞춤), 그 용어들은 감각기억에서 자동적으로 인출되어 단기기억에 부호화될 가능성이 높다. 인기 예능프로의 새 시즌이 시작된다는 TV에서 나오는 목소리 같은 배경 사건은 그렇게 되지 않을 것이다. 그러나 여러분이 책장에 쓰여 있는 단어를 그냥 바라보기만 하고 주의를 기울이지 않으면(TV를 기웃거리느라 바쁘다) 시험에 좋은 징조가 아니다. 여러분의 초등학교 선생님이 옆에 계셨다면 독서는 책장 위에서 눈을 굴리는 것만이 아니라고 말했을 것이다.

단기기억

보통은 여러분이 자신의 감각기억에 대해서는 자각하지 못하지만 단기기억은 자각하지 못할 수가 없다. 다음 두 문장에 포함된 정의를 꼼꼼하게 읽어라. **단기기억**(short-term memory, STM)은 적은 양의 정보를 저장한다. 우리는 단기기억에 대해 10여 초 정도 의식적인 자각을 갖는다(Jonides et al., 2008). 그렇다. 지금 여러분이 이 순간에 대해 자각하는 것이 여러분의 단기기억에 들어 있다. 따라서 여러분은 단기기억에서 정보를 부호화하면서 그에 대해 의식적으로 자각하게 된다. 여러분이 공부하고 있는 정의로 다시 돌아가 보자. 여러분은 읽고 있는 것에 주의를 기울이고 그래서 그 정의들이 STM으로 부호화될 때 그에 대해 자각하게 된다.

작업기억 단기기억은 흔히 정보를 저장하는 것 이상에 사용된다. STM이 다른 정신 과정과 결합되었을 때에는 일종의 '마음속 잡기장', 즉 **작업기억**(working memory) 역할을 하는데, 우리는 작업기억 안에서 대부분의 생각을 한다(Nevo & Breznitz, 2013). 다시 말해, 작업기억은 우리가 생각을 하고 문제를 해결할 때 우리에게 필요한 정보를 잠깐 동안 유지한다(Chein & Fiez, 2010). 여러분이 책을 읽을 때나, 마음속으로 암산을 할 때, 퍼즐을 맞출 때, 식사 식단을 생각할 때 혹은 지시를 따를 때면 작업기억을 사용하고 있는 것이다(Baddeley, 2012; Prime & Jolicoeur, 2010).

장기기억

만약 STM이 그렇게 제한적이라면 더 오랜 시간 동안 우리가 어떻게 기억을 하는가? 중요하거나 의미가 있는 정보는 STM에서 인출되어 **장기기억**(long-term memory, LTM)으로 부호화되는데, 이것은 지식의 지속적인 저장소 역할을 한다. LTM은 여러분이 세상에 대해 알고 있는 모든 것을 갖고 있어서 땅돼지(aardvark)[2]

2) 역자 주: 기다란 혀로 개미를 핥아먹는 아프리카 남부의 동물. 여기서는 a로 시작하고 그다음 철자도 a라서 지식의 사전에서 가장 앞에 올 것으로 예상해 예로 든 것이다.

에서 얼룩말(zebra)[3]까지, 수학에서 〈*워킹 데드*(The Walking Dead)〉에 이르기까지, 사실에서 판타지까지 모두 다 들어 있다. 그런데도 공간 부족의 위험이 없어 보인다. LTM은 거의 한없이 정보를 저장할 수 있다. 사실은 아는 것이 더 많을수록 기억에 새로운 정보를 추가하기가 더 쉬워진다. 이는 LTM이 '가득 찰' 수 있다고 할 때 예상되는 바와는 정반대이다(Goldstein, 2011). 또한 이는 교육을 받는 많은 이유 중 하나이기도 하다.

STM과 LTM 사이의 관계

우리가 정보를 저장할 때마다 감각기억이 관여하기는 하지만 우리가 인지할 가능성이 가장 높은 것은 STM과 LTM이다. 그 사이의 관련성을 요약하자면 작은 책상(STM)이 서류함들로 가득 찬 거대한 창고(LTM) 앞에 있는 것을 그려 보라. 정보가 창고에 들어옴에 따라 처음에는 책상에 놓인다. 책상은 작기 때문에 새로운 정보가 놓일 자리를 마련하기 위해 재빨리 치워져야 한다. 중요하지 않은 항목들은 그냥 버려지지만 개인적으로 혹은 문화적으로 의미가 있는 정보는 서류함에 들어간다(Wang & Conway, 2004).

우리가 어떤 질문에 답하기 위해 LTM에서 지식을 사용하고자 하면 정보가 STM으로 돌아온다. 혹은 우리의 비유에서는 서류함(LTM)에서 꺼내어져 그것이 사용될 수 있는 책상(STM)으로 옮겨진다. 이제 기억에 관한 일반적인 그림을 가지게 되었으므로 STM과 LTM에 대해 더 자세히 알아볼 시간이다.

단기기억—매직 넘버를 아는지?

SURVEY QUESTION 28.2 단기기억의 특징은 무엇인가?

단기기억은 어떻게 부호화되는가? 단기기억은 영상으로 부호화될 수 있다. 그러나 단기기억은 *발음대로*(소리로) 부호화되는 경우가 가장 많으며, 이는 단어와 글자였을 때에는 특히 그렇다(Barry et al., 2011). 여러분이 어느 파티에서 팀이라는 사람을 소개받았는데 그의 이름을 까먹었다면 그를 밥이나 마이크같이 듣기에 전혀 다른 이름보다는 팀과 비슷한 소리가 나는 이름(예를 들면 짐, 킴 아니면 슬림)으로 부를 가능성이 높다. 친구가 공부하고 있는 여러분을 방해하면서 무슨 공부를 하냐고 물었을 때 "action potential(활동전위)" 대신 "axon potential"[4]이라고 하거나 "repression(억제)" 대신 "depression(우울증)"이라고 말하지 않는다면 다행이다!

STM에서 정보 되뇌기

단기기억은 얼마나 오래 저장이 되는가? 그때그때 다르다. 왜냐하면 소리 없이 반복하는 것으로 그것을 더 연장시킬 수 있기 때문인데, 이는 **유지 되뇌기**(maintenance rehearsal)라 불리는 과정이다(그림 28.1 참조). 어떤 의미에서는 정보를 되뇌는 것이 그것을 단 한 번이 아니라 여러 차례 듣게 해 준다(Tam et al., 2010). 아마도 휴대전화를 보며 전화를 걸면서 전화번호를 마음속에서 유효하게 두기 위해 여러분이 유지 되뇌기를 사용한 적이 있을 것이다.

만약 되뇌기가 막혀서 기억이 재순환되거나 LTM으로 가지 못한다면 어떻게 될까? 유지 되뇌기 없이는 STM에 저장된 내용이 급속히 사라진다. 한 실험에서는 참가자들이 67 같은 숫자 다음에 'xar' 같은 무의미 철자를 들었다. 참가자들은 숫자를 듣자마자 67에서 3씩 빼 나갔다(그들이 철자를 되뇌는 것을 막음). 12~18초의 지연 후 그들의 철자에 대한 기억은 0으로 떨어졌다(Peterson & Peterson, 1959). 여러분이 누군가를 소개받았을 때 그 사람의 이름이 STM에서 쉽게 빠져나갈 수 있는 이유는 이 때문이다. 창피함을 피하려면 이름을 잊어버리기 전에 이름에 세심한 주의를 기울이고, 여러 차례 되뇌기하고 그다음 한두 문장 속에서 그 이름을 말하도록 하라(Radvansky, 2011).

또한 여러분은 STM은 *방해* 혹은 *대치*에 매우 민감함을 알아챘을 가능성이 높다. 다음과 같은 일이 일어났을 것이다. 누군가가 전화를 걸라고 전화번호를 준다. 여러분이 번호를 누르기 시

기억 정보를 받아들이고, 부호화하고, 저장하고, 체제화하고, 변경시키고, 인출하는 능동적인 심적 체계
부호화 정보를 기억 속에 유지될 수 있는 형태로 변환시키는 것
저장 정보를 나중에 사용할 수 있도록 기억 속에 유지하는 것
인출 정보를 기억 속의 저장고로부터 되찾아내는 것
감각기억 보통은 무의식적인 맨 처음의 기억 단계로 몇 초 이하 동안 들어오는 정보의 똑같은 기록을 유지함
영상 기억 심상 혹은 시각 표상
반향 기억 어떤 소리가 들린 다음 청각 체계에서의 감각 활동이 잠깐 계속되는 것
단기기억(STM) 10여 초 동안 적은 양의 정보를 우리의 의식적 자각 속에 유지하기 위해 사용되는 기억 체계
작업기억 단기기억의 또 다른 이름으로 특히 생각 및 문제 해결을 위해 사용될 때 부르는 이름
장기기억(LTM) 의미 있는 정보를 상대적으로 영구적으로 저장하기 위해 사용되는 기억 체계
유지 되뇌기 단기기억에 정보를 유지하기 위해 정보를 소리 내지 않고 반복하거나 머릿속에서 검토하는 것

3) 역자 주: 역시 z로 시작하니 지식 사전에서 가장 뒤에 올 것이라는 추측하에 예로 든 것이다.

4) 역자 주: 활동 전위가 일어나는 부위인 axon(축삭)과 potential(전위)이 합쳐진 말

작하면서 번호를 되뇌기한다. 그런데 그 사람이 여러분에게 질문을 한다. 여러분이 답을 하고 다시 번호를 누르려 하자 여러분 기억 속의 번호는 답 처리 과정에 의해 대치되어 버렸다. STM은 적은 양의 정보만을 다룰 수 있기 때문에 한 번에 하나 이상의 과제를 하는 것이 어려울 수 있다(Mercer & McKeown, 2010; Oberauer & Göthe, 2006). 동시에 단기기억의 이런 특성이 쓸모없는 이름, 날짜, 전화번호 그리고 다른 하찮은 것들을 우리의 머리가 더 영구적으로 저장하는 것을 막아 준다.

혼자서 같은 것을 반복해서 말하는 것 또한 공부 방법 중 하나가 아닌가? 단기기억이 되뇌기되는 횟수가 많을수록 LTM에 저장될 확률이 더 높은 것은 사실이다(Goldstein, 2011; 그림 28.1 참조). 이것이 **기계적 되뇌기**(rote rehearsal) 또는 **기계적 학습**(rote learning), 즉 단순 반복에 의한 학습이다. 그러나 기계적 학습은 아주 효과적인 공부 방법이 아니다.

정교화 처리(elaborative processing)는 정보를 더 의미 있게 만드는 것으로 영구적인 기억을 만드는 훨씬 더 좋은 방법이다. 정보를 처음 부호화할 때 그 정보와 이미 LTM에 있는 기억 사이의 연결을 정교화하는 것이 최고이다. 여러분이 공부를 할 때에는 그 정보의 의미를 정교화하면 더 많은 것을 기억할 것이다(Raposo, Han, & Dobbins, 2009). 읽으면서 자주 곰곰이 생각을 해 보라. "그게 사실인 이유가 뭐지?" 같은 "왜?"라는 질문을 스스로에게 하라(Toyota & Kikuchi, 2005). 또한 새로운 개념들을 자신만의 경험 및 지식과 연관 짓도록 해 보라(Karpicke & Smith, 2012). 이 조언이 이미 친숙하지 않다면 모듈 1을 (다시) 읽는 것을 고려해 보라. 그러면 정교화 처리라는 개념을 정교화 처리할 수 있을 것이다.

단기기억의 용량

단기기억에 얼마나 많은 정보가 유지될 수 있을까? 그 답을 알려면 다음의 숫자들을 한 번 읽고 책을 덮은 다음 그 순서대로 기억하는 만큼 써 보라.

8 5 1 7 4 9 3

이는 *숫자 폭 검사*라 불리는 것인데, 주의와 단기기억을 측정하는 과제이다. 대부분의 성인은 대략 숫자 7개를 정확하게 기억할 수 있다. 이제 다음의 숫자 목록을 외우려고 해 보라. 역시 한 번만 읽는다.

7 1 8 3 5 4 2 9 1 6 3 4

이 세트는 아마도 여러분의 단기기억 용량을 넘었을 가능성이 크다. 심리학자 George Miller는 단기기억이 7(더하기 혹은 빼기 2) **정보 비트**(information bits)라는 '매직 넘버'에 제한되어 있음을 발견하였다(Miller, 1956). 한 비트는 정보의 의미 있는 한 '조각'으로, 예컨대 1개의 숫자 같은 것이다. 마치 단기기억에는 7개의 '칸' 혹은 '통'이 있어서 따로따로 항목이 들어갈 수 있는 것과 같다. 9개 비트의 정보를 기억할 수 있는 사람들은 별로 없고, 일부 유형의 정보는 5개 비트가 한계이다. 따라서 *평균* 7개 비트의 정보가 단기기억에 저장될 수 있다(Radvansky, 2011).

STM의 모든 '칸'이 꽉 차면 더 이상 새로운 정보를 저장할 공간이 없어진다. 이것이 파티에서 어떻게 작용하는지를 그려 보자. 여러분을 초대한 안주인이 거기 있는 모든 사람을 소개하기 시작한다. "천, 다시아, 산드라, 로산나, 촐릭, 사완, 키레네…" '거기서 멈춰요!' 여러분은 속으로 생각한다. 하지만 그녀는 계속해서 "넬리아, 제이, 프랭크, 패티, 애멋, 릭키."라며 소개를 마친다. 안주인은 여러분이 모든 사람을 소개받았다고 흡족해하며 자리를 뜬다. 여러분은 저녁 내내 천, 다시아 그리고 릭키하고만 대화를 하며 시간을 보내고 말았는데, 이들의 이름만 기억할 수 있었기 때문이다!

청킹

더 계속하기 전에 여러분의 단기기억을 다시 시험해 보되 이번에는 글자들을 가지고 한다. 다음 글자들을 한 번 읽고는 눈을 돌려 딴 데를 보면서 맞는 순서대로 글자들을 한번 써 보라.

T V I B M U S N Y M C A

여기에 12개의 글자, 즉 정보 비트가 들어 있음을 주목하라. 여러분이 한 번에 하나씩 글자를 익혔다면 이는 STM의 한계인 7개 항목 이상이 될 것이다. 그러나 글자들 중 일부가 집단화 혹은 함께 *묶일* 수 있음을 알아챘을 수도 있다. 예컨대, NY는 New York의 약자이다. 그렇다면 2개의 비트인 N과 Y가 하나의 청크(chunk, 덩어리)가 될 수 있다. **정보 청크**(information chunks)는 더 큰 단위로 집단화된 정보의 비트들로 이루어진다.

청킹(chunking, 의미 덩이 짓기)이 차이를 이끌어 낼까? 청킹은 이미 LTM에 있는 단위들로 정보를 재부호화(재조직화)한다. 위와 같은 목록을 사용한 고전적인 실험 하나에서는 글자들이 TV, IBM, USN, YMCA같이 친숙하고 의미 있는 *청크*로 읽혔을 때 기억이 제일 잘되었다(Bower, Springston, 1970). 만약 여러분이 이런 식으로 글자들을 재부호화했다면 여러분은 정보를 4개의 청크로 재조직화한 것이고 아마도 목록 전체를 기억했을 것이다. 만약 그렇게 하지 않았다면 돌아가서 그렇게 해 보라. 큰 차이를 느낄 것이다.

청킹은 우리가 사용하는 단위가 어떤 것이든 STM이 5~7개

정도를 수용한다는 점을 시사한다. 하나의 청크는 숫자들, 글자들, 단어들, 구절들 혹은 친숙한 문장들로 구성될 수 있다. 다시 STM을 작은 책상으로 상상해 보라. 청킹을 통해 우리는 여러 개의 항목을 연합하여 하나의 정보 '무더기(stack)'로 만든다. 이전에는 7개의 따로따로 된 항목들을 놓을 공간밖에 없었는데, 이렇게 하면 책상 위에 7개의 무더기를 놓을 수 있게 된다. 공부를 하면서 두 가지, 세 가지 혹은 더 많은 따로따로 된 사실 혹은 개념들을 더 큰 청크로 연결시킬 수 있는 방법을 찾아보라. 그러면 여러분의 단기기억이 개선될 것이다. 실제로 일부 심리학자들은 어느 정도 청킹이 일어나지 않는다면 STM이 유지할 수 있는 항목이 사실은 4개밖에 되지 않는다고 생각하고 있다(Jonides et al., 2008; Mathy & Feldman, 2012).

분명히 배울 점은 정보 청크를 만드는 것이 여러분의 단기기억을 잘 쓰는 데 핵심적이라는 것이다(Gilchrist, Cowan, & Naveh-Benjamin, 2009; Jones, 2012). 이는 예컨대 공부를 할 때 의미 있는 청크를 찾거나 만들어 내는 것이 충분히 가치 있는 일임을 의미한다. 의미 있는 조직화가 힘들다면 인위적인 것(기억술, 모듈 32 참조)이라도 아무것도 안 하는 것보다는 낫다.

의미에 대한 이야기가 나왔으니 장기기억으로 넘어가서 살펴보자.

장기기억–과거에서 날아든 돌풍

SURVEY QUESTION 28.3 장기기억의 특징은 무엇인가?

장기기억 역시 영상 혹은 소리로 부호화되는가? 그럴 수 있다. 그러나 장기기억은 통상 의미를 기초로 하여 부호화된다. 예를 들어 다음의 이야기를 암기하려고 해 보라.

> 보석을 전당 잡혀서 마련한 자금으로 우리의 영웅은 모든 비웃음에 용감하게 맞섰다. 그는 "여러분의 눈이 속이고 있는 겁니다. 이 미지의 행성의 특징을 정확하게 나타내는 것은 탁자(table)가 아니라 알(egg)입니다."라고 말했었다. 이제 세 척의 튼튼한 배가 증거를 찾아 나섰다. 꾸준히 항해를 하는 동안 며칠이 몇 주가 되면서 그를 의심하는 많은 사람들이 세상의 가장자리에 대한 두려운 소문들을 퍼뜨렸다. 마침내 생각지도 못한 데서 날개 달린 생물들이 나타났는데, 이는 중대한 성공을 의미했다 (Dooling & Lachman, 1971을 수정함).

이 이상한 이야기는 의미가 기억에 미치는 영향을 강조하고 있다. 물론 그 의미를 이해하지 못하면서도 단어를 암기할 수 있을 것이다. 그런데 이 이야기의 제목을 들은 사람들은 듣지 못한 사람들보다 이야기가 더 의미 있고 기억에 남는다고 한다. "콜럼버스, 아메리카를 발견하다"라는 제목이 그 사람들에게 그랬던 것처럼 여러분에게도 도움이 되는지 확인해 보라.

다시 심리학 시험으로 돌아가 보자. 여러분이 LTM에서 오류를 범한다면 아마도 그것은 의미와 관련이 될 것이다. 여러분이 test anxiety(시험 불안)라는 용어를 회상하려고 한다면 text anxiety 혹은 tent anxiety보다는 test nervousness 혹은 test worry라고 쓸 가능성이 더 크다.

의미를 얻는 한 가지 중요한 방법은 이미 LTM에 저장된 지식에 현재 STM에 있는 정보를 연결시키는 것이다. 이는 LTM에서의 부호화를 더 쉽게 하고 따라서 기억을 더 쉽게 한다. 예를 들어 test anxiety의 정의를 여러분이나 친구가 시험을 보는 것에 대해 초조했던 때의 기억과 연관시킬 수 있다면 그 정의를 기억할 가능성이 더 높다.

이제 그 정의에 대한 여러분의 지식이 LTM에 부호화되었으므로 여러분은 시험 때까지 그것을 저장하고 있기만 하면 된다. 안 그런가? 여러분의 지식을 LTM에 유지해야 하는 것이 사실이지만 필요하면 그 정의들을 인출할 수 있어야만 함을 잊지 말라. LTM에서의 인출에 대해서 더 알고 싶다면 모듈 30과 31을 보라.

LTM에서의 저장

전극이 환자의 뇌를 건드렸다. 그녀는 즉시 "네, 선생님, 어머니가 어디선가 어린 아들을 부르는 소리를 들은 것 같아요. 수년 전에 일어난 일 같아요. 제가 사는 동네의 누군가였어요."라고 말했다. 잠시 후 전극으로 동일한 지점을 눌렀다. 다시 환자는 "네, 똑같은 친숙한 소리들이 들려요. 한 여성, 같은 여자 분이 부르는 소리 같아요."라고 말했다(Penfield, 1958). 한 여성이 뇌수술을 받는 동안 이런 말들을 했다. 뇌에는 통증 수용기가 없으므로 환자의 뇌가 전기자극을 받는 동안 그녀는 깨어 있었다(● 그림 28.2). 뇌의 일부 영역은 활성화되었을 때 오랫동안 잊고 있던 사건들에 대한 생생한 기억을 생성하는 듯이 보였다(Jacobs, Lega, & Anderson, 2012).

우리의 모든 경험이 기억에 영구적으로 기록되어 있는가? 위와 같은 결과로 인해 신경외과의사 Wilder Penfield는 뇌가 '사운드트랙까지 다 들어 있는 영화의 한 장면'처럼 과거를 기록한다고 제안하게 되었다(Penfield, 1957). 그러나 이미 알고 있는 바와 같이 이는 과장된 이야기인데 왜냐하면 많은 사건들이 감각기억

기계적 되뇌기(기계적 학습) 단순 반복에 의한 학습
정교화 처리 새로운 정보와 기존의 기억 및 지식 사이의 연결을 부호화하는 처리를 통해 기억을 더 의미 있게 만드는 것으로 애초의 부호화 시점 혹은 이후의 되뇌기 시에 일어날 수 있다.
정보 비트 숫자, 글자, 단어 혹은 구절 같은 정보의 의미 있는 단위
정보 청크 더 큰 단위로 집단화된 정보 비트들

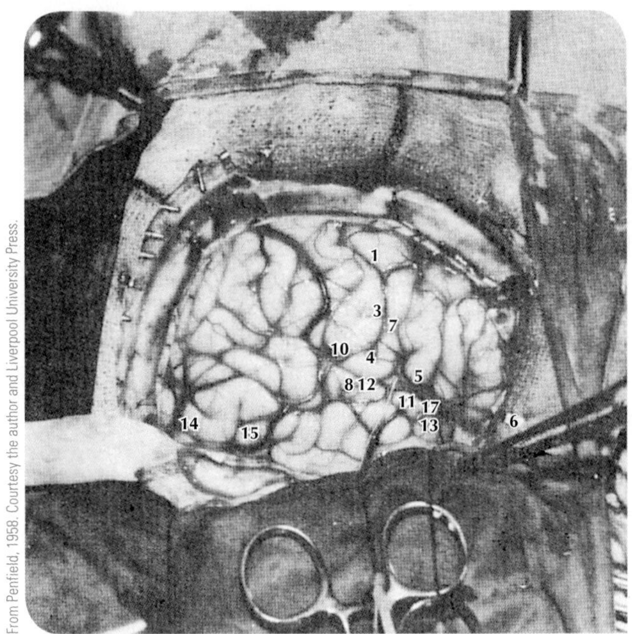

그림 28.2
뇌수술을 받는 환자의 노출된 대뇌겉질. 숫자들은 전기자극을 했을 때 반복적으로 '기억'을 만들어 내는 지점들을 나타낸다. 그런 보고들에 대한 한 가지 비판적인 분석은 그것들이 기억이라기보다는 꿈에 더 가깝다는 것이다. 이 사실은 장기기억이 영구적으로 정확하다는 주장에 의문을 제기한다.

혹은 단기기억 이상으로 결코 넘어가지 않기 때문이다. 또한 기억 같은 경험으로 보고되는 것 대부분이 기억보다는 꿈과 더 유사하고, 많은 것들은 상상임이 분명하다. 기억 전문가들은 일부 극소수의 사람들을 제외하면 장기기억은 어느 정도로만 영구적이라고 생각한다(Goldstein, 2011).

스스로 해 보기: 여러분의 기억은 어떤가?
다음 주제를 더욱 잘 이해하기 위해서는, 잠시 멈추고 아래에 보이는 단어들을 읽어라. 목록을 한 번 다 읽은 다음 이 모듈의 다음 절을 계속 읽어 나가라.

침대 꿈 담요 졸다 베개 낮잠
코골다 매트리스 자명종 시계 휴식 선잠
꾸벅거리다 이불 침상 간이 침대 요람 비틀거리다

가짜 기억의 정교화

우리의 모든 기억이 영구적으로 기록된다는 점을 의심할 또 다른 이유가 있다. 새로운 정보와 여러분이 이미 알고 있는 것들 사이에 의미 있는 연결을 만들 때에는 정교화 처리가 도움이 되지만, 그것이 일어난 적이 없는 것에 대한 *기억*을 만들 수도 있다. 기억의 공백은 흔한 일인데, 논리, 추측 혹은 새로운 정보로 채워질 수 있다(Schacter & Addis, 2008). 그 결과 흔히 새로운 장기기억이 저장되면서 그보다 오래된 기억은 수정되거나 심지어 사라진다(Baddeley, Eysenck, & Anderson, 2009).

이 점을 실제로 보여 주기 위해 Elizabeth Loftus와 John Palmer(1974)는 자동차 사고 영상을 보여 주었다. 그 후에 일부 참여자들에게는 차들이 서로 부딪혀 '박살날' 때 얼마나 빨리 가고 있었는지를 예측하라고 요청했다. 다른 참여자들의 경우에는 '박살나다'란 단어 대신에 '부딪히다', '접촉하다' 혹은 '충돌하다' 같은 단어가 사용되었다. 1주 후, 각 사람들은 "유리창이 깨어졌는지 보았나요?"라는 질문을 받았다. 영상에서는 깨진 유리창이 나오지 않았음에도 앞서서 차들이 부딪혀 '박살나다'라는 단어가 들어간 관련 질문을 받은 사람들이 깨진 유리창을 보았다고 답할 가능성이 더 높았다. 새로운 정보('박살나다')가 원래 기억에 합류하여 원래 기억을 더 정교화하고 **가짜 기억**(false memory, 오기억)을 만들어 낸다. 그와 같은 '기억'은 맞는 것같이 보이지만 실제로 일어난 일이 없다(사고 시 깨진 유리창이 전혀 없었는데도 있었다고 기억하는 것같이)(Loftus, 2003; Weinstein & Shanks, 2010).

스스로 해 보기: 나왔던 것 아니면 새 것?
몇 분 전에 읽었던 단어 목록을 다시 보지 말고 다음의 단어들 중 어떤 것들이 '나왔던 것'(여러분이 읽은 목록에 있던 것)이고 어떤 것들이 '새 것'(목록에 없던 것)인지 알 수 있을지 보라. 각각의 단어가 나왔던 것인지 또는 새 것인지 표시하라.

소파 잠 램프 부엌

또 다른 연구에서는 디즈니 리조트에 가 본 적이 있는 사람들에게 벅스버니가 나오는 가짜 디즈니 광고를 여러 개 보여 주었다. 이후, 이 가짜 광고들을 본 사람들 중 16%가 디즈니랜드에서 벅스버니를 만났었다고 주장했다. 물론 이는 불가능한 일이다. 왜냐하면 벅스버니는 워너브라더스 캐릭터라서 절대 디즈니랜드에 얼굴을 비출 일이 없기 때문이다(Braun, Ellis, & Loftus, 2002).

정교화 처리가 기억을 의도적으로 조종하기 위해 사용될 수 있을까? 물론이다. 한 이론에 따르면, 광고회사들은 항상 그렇게 한다. (글상자 "기억을 가득 채워 드릴까요?"를 보라.)

스스로 해 보기: 자, 이제 결과는?
이제 돌아가서 '나왔던 것 혹은 새 것'이라고 쓴 표시를 보라. 여러분이 '기억했다'고 생각하는 것과는 반대로 두 번째 목록에 나열된 모든 단어가 '새 것'이다. 원래 목록에 있던 것은 하나도 없다!

여러분이 '잠'이라는 단어가 원래 목록에 있었다고 '기억'했다고 생각한다면 여러분은 가짜 기억을 정교화한 것이다. '잠'이란 단어가 원래 목록에 있었던 대부분의 단어와 연합되어 있고, 그래서 여러분이 그것을 이전에 보았다는 인상을 강력하게 심어 준다(Roediger & McDermott, 1995).

비판적 사고

기억을 가득 채워 드릴까요?

극도로 친숙한 상품(탄산음료나 맥주 같은)을 대량으로 판매하는 회사들이 계속해서 심하게 광고를 하는 이유는 무엇일까? 여러분이 생각하기에 광고의 목적이 어떤 상품을 사람들에게 친숙하게 만들기 위한 것이라고 생각하면 수수께끼일 수밖에 없다. 그러나 정교화라는 기억의 본질을 생각하면 수수께끼가 풀린다. 경제학자 Jesse Shapiro(2006)에 따르면 광고를 많이 하는 의도가 제품에 대한 긍정적인 인상으로 여러분의 기억을 '가득 채우려는' 것이다.

'기억 가득 채우기'가 어떻게 작용할까? 좋아하는 맥주나 탄산음료를 마신 기억이 몇 번이나 있는가? 그리고 그 음료에 대한 광고는 몇 개나 보았는가? 모든 광고가 잠재적으로 여러분의 장기기억에 그 음료에 대한 긍정적 기억을 하나 더 보탠다. 전형적인 광고 하나는 이러하다. 즉 청년이 멋진 파티에 가서, 예쁜 여성을 보고, 좋아하는 맥주가 화면에 비치고, 그 여성을 차지한다. (맞다. 맥주는 주로 젊은 남성을 대상으로 한다.)

Shapiro(2006)에 따르면 우리가 허구적인 긍정적 광고를 더 많이 볼수록 제품에 대한 부정적인 경험을 기억할 가능성이 더 낮다. 그로 인한 최종 결과로 여러분은 특정 음료를 마시는 일이 실제로 즐거운 것보다 더 즐겁다고 기억할 수 있다. 사실상 허구적인 긍정적 기억은 우리가 어떤 제품을 살지 말지 결정할 때 우리의 머리를 가득 채워서 실제로 존재하는 부정적 기억을 떠올리는 능력을 차단한다.

앞의 예들이 보여 주는 것처럼 사고, 추론 그리고 심적 연합을 진짜 기억이라고 오해할 수 있다(Scoboria et al., 2012). 가짜 기억은 경찰 업무에서 흔한 문제이다. 예컨대, 목격자가 경찰 서류를 보고 용의자의 사진을 선택하거나 뉴스에서 어떤 사진을 볼 수 있다. 이후 그 목격자가 범죄 용의자 대열에서 혹은 법정에서 한 명을 용의자로 지목할 수 있다. 목격자가 실제로 범죄 현장에서 본 용의자를 기억하는 걸까? 아니면 그의 기억이 좀 더 최근에 본 사진 속의 용의자일까?

새로운 정보는 항상 기존의 정보 위에 '겹쳐 써지는가'? 아니다. 때로는 정교화 처리가 우리를 **출처 혼동**(source confusion)에 취약하게 만든다. 이는 기억의 출처가 잘못 기억될 때 일어난다(Fandakova, Shing, & Lindenberger, 2012; Rosa & Gutchess, 2011). 예를 들어, 이로 인해 목격자들이 범죄 현장이 아니라 실제로는 다른 데서 본 얼굴을 '기억'하게 된다(Ruva, McEvoy, & Bryant, 2007). 잘못된 신원 확인으로 인한 비극이 이런 식으로 일어나는 경우가 많다. 유명한 한 예가 기억 전문가 Donald Thomson이 관련된 예이다. 호주 TV에 생방송으로 출연한 이후,

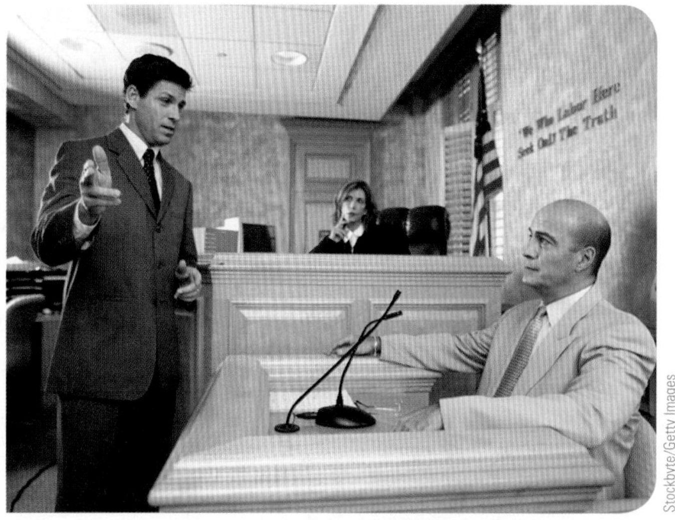

Stockbyte/Getty Images

목격자 기억은 부정확하기로 악명이 높다. 법정에서 증언을 하라는 요구를 받을 즈음에는 어떤 사건 이후 습득한 정보가 그들의 원래 기억 속에 혼합될 수 있다.

그는 강간 혐의로 고발을 당했다. 사실은 실제 강간범이 피해자의 아파트에 침입했을 때 피해자가 Donald Thomson을 TV에서 보고 있었음이 밝혀졌다(Schacter, 1996). 그녀는 자신을 공격한 사람의 얼굴은 올바르게 기억했지만 그 얼굴의 *출처*를 잘못 기억했던 것이다.

요약하자면, 장기기억을 형성하고 사용하는 것은 능동적이고, 생산적이고, 몹시 개인적인 과정이다. 우리의 기억은 정서, 판단 그리고 독특한 성격 특징들에 의해 채색이 된다. 여러분과 친구가 일심동체일 정도로 친하고 나란히 삶을 헤쳐 왔어도 여러분과 친구는 여전히 다른 기억을 가질 것이다. 우리가 무엇을 기억하는가는 우리가 무엇에 주의를 기울이는가, 무엇이 의미 있거나 중요하다고 간주하는가, 우리의 기억을 어떻게 정교화하는가 그리고 우리가 무엇에 대해 예민한가에 달려 있다.

기억의 조직화

장기기억은 일생 동안 방대한 양의 정보를 저장한다. 우리가 어떻게 특정 기억을 찾을 수 있는가? 그 답은 개인마다 '기억 색인'이 고도로 조직화되어 있다는 것이다.

그렇다면 그 정보가 사전에서처럼 가나다순으로 정리되어 있다는 의미인가? 보통은 그렇지 않다. LTM에 있는 정보는 규칙, 심상, 항목, 상징, 유사성, 공식적 의미 혹은 개인적 의미에 따라 배열될 수 있다(Baddeley, Eysenck, & Anderson, 2009). 심리학자

가짜 기억 정확한 것 같지만 그렇지 않은 기억
출처 혼동 기억의 출처가 잘못 기억될 때 일어남

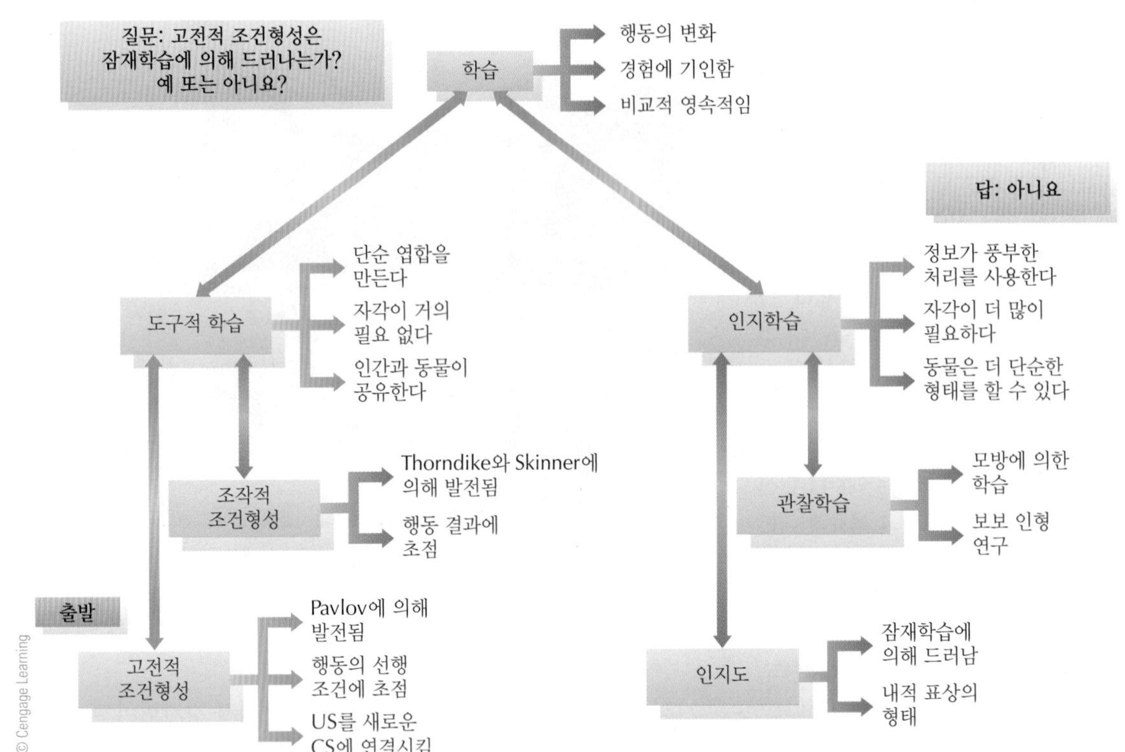

그림 28.3
심리학과 1학년인 에리카는 조건형성과 학습에 관한 시험공부를 막 끝냈다. 이 그림은 그녀가 막 공부한 것의 일부를 망 모형으로 나타낸다. 이와 같은 개념들의 작은 망이 점점 더 큰 단위로, 그리고 더 높은 수준의 의미로 아마도 조직화될 것이다.

들은 **망 모형**(network model)이 기억의 구조, 즉 조직을 가장 잘 설명한다고 생각하고 있다. 기억 구조란 정보 항목들 간의 연합 패턴을 가리킨다. 이 관점에 따르면 LTM은 연결된 개념들의 망으로 조직화되어 있다.

● 그림 28.3을 염두에 두고 에리카에게 예, 아니요로 재빨리 대답해야 할 다음 2개의 문장이 주어졌다고 가정해 보자. (1) *고전적 조건형성은 단순 연합을 만든다.* (2) *고전적 조건형성은 경험에 의한 것이다.* 이 둘 중 그녀는 어느 것에 더 빨리 답하겠는가? 에리카는 *고전적 조건형성이 단순 연합을 만든다*는 문장에 예라고 답하는 속도가 *고전적 조건형성이 경험에 의한 것이다*라는 문장에 예라고 답할 속도보다 더 빠를 가능성이 매우 높다 (Collins & Quillian, 1969).

왜 그럴 수밖에 없을까? 개념들이 서로 '멀리' 떨어져 있으면 그것들을 연결시키기 위해 필요한 연쇄가 더 길다. 2개의 항목이 더 멀리 떨어져 있을수록 답하기에 더 오랜 시간이 걸린다. 정보 연결의 측면에서 보면, 에리카의 '기억 파일' 안에서 *고전적 조건형성은 단순 연합을 만든다*에 아마도 '더 가까이 있을' 것이다. *경험에 의한 것이다*와 *고전적 조건형성*은 더 멀리 떨어져 있다. 이것이 가나다순과는 아무런 상관이 없음을 기억하라. 우리는 연관된 의미의 체계에 대해 이야기하고 있다.

복원 기억 망은 또한 한 가지 흔한 경험을 설명하는 데 도움이 될 수 있다. 여러분이 여섯 번째 생일날 혹은 고등학교 졸업식에서 찍은 사진을 발견했다고 상상해 보라. 사진을 보면서 한 가지 기억이 또 다른 것을 불러일으키고, 그것이 또 다른 기억을, 또 그것이 또 다른 기억을 불러일으킨다. 곧 여러분은 잊고 있던 자세한 것들이 가득 담긴 문을 연 것같이 될 것이다. 곧 잊었다고 생각했던 잔잔한 일들이 담겨 있는 수문을 열어 기억들이 홍수같이 쏟아질 것이다. 이 과정은 **복원**(redintegration)이라고 불린다.

복원에서 핵심 개념은 한 가지 기억이 또 다른 것을 촉발하는 단서 역할을 한다는 것이다. 그 결과, 하나의 과거 경험 전체가 한 번의 작은 회상에서부터 재구성될 수 있다. 많은 사람들이 과거의 독특한 냄새로 복원이 촉발될 수 있음을 경험한다. 어린 시절 방문한 농원, 할머니의 부엌, 해변, 예전 애인의 향수 또는 애프터쉐이브 로션 같은 것들 말이다(Willander & Larsson, 2006). 복원은 심지어 목격자 기억을 향상시키는 데 도움이 되도록 사용되기도 한다. (글상자 "범죄 기억에서 진짜와 가짜를 가려내기"를 보라.)

장기기억의 부호화에서부터 인출까지 심리학 시험을 치르는 예로 되돌아가 보자. 또 다른 심리학 개론 수강생인 제리는 최근의 한 시험에서 기계적 학습법을 사용하여 공부한 반면에 에리카는 정교화 과정을 많이 사용했다. ● 그림 28.4는 강화(모듈 25)라는 개념에 대한 이들의 기억 망이 어떤 모습일 수 있는지를 보여준다.

제리는 대부분의 시간을 기계적 되뇌기에 썼기 때문에 강화 개

비판적 사고

범죄 기억에서 진짜와 가짜를 가려내기

여러분이 어떤 범죄를 조사하고 있는 범죄심리학자라고 상상해 보라. 불행히도 여러분의 목격자는 일어난 일의 대부분을 기억하지 못한다. '기억 탐정'으로서 여러분이 어떤 도움을 줄 수 있을까?

최면술이 목격자의 기억을 개선시킬까? 그렇게 보일 수 있다. 캘리포니아의 한 사례에서는 26명의 아이들이 학교버스에서 납치되어 감금당했고 범인이 부모들에게는 몸값을 요구했다. 버스 기사는 최면에 걸린 상태에서 유괴범의 승합차 번호판을 회상했다. 이 기억이 그 사건을 푸는 데 도움이 되었다. 그런 성공적인 사례가 최면술이 기억을 개선할 수 있다고 암시하는 듯하다. 그런데 정말 그럴까?

연구는 최면술이 진짜 기억을 드러내는 것보다는 가짜 기억을 증가시킴을 보여 준다. 한 고전적인 연구에서는 최면에 걸린 피험자들의 새로운 기억 중 80%가 부정확했다(Dywan & Bowers, 1983). 그렇게 되는 부분적인 이유는 최면에 걸린 사람은 기억의 공백을 메우기 위해 상상력을 사용할 가능성이 평소보다 더 높기 때문이다. 또한 질문자가 속이거나 유도하는 질문을 하면 최면에 걸린 사람들은 질문자가 준 정보를 정교화하여 그들의 기억으로 만드는 경향이 있다(Scoboria et al., 2002). 더 나쁘기로는, 어떤 기억이 완전히 틀렸을 때에도 최면에 걸린 사람이 그에 대해 갖고 있는 확신은 확고부동할 수 있다(Burgess & Kirsch, 1999).

따라서 최면은 앞서 버스 기사의 경우에서처럼 때로는 더 많은 정보를 캐낼 수 있다(Schreiber & Schreiber, 1999). 하지만 보강 증거가 없는 경우에는 어느 기억이 진짜이고 어느 기억이 가짜인지 알 수 있는 도리가 없다(Mazzoni, Heap, & Scoboria, 2010).

목격자 기억을 개선시키는 더 좋은 방도가 있을까? 경찰수사관을 돕기 위해 R. Edward Geiselman과 Ron Fisher는 **인지적 면담**(cognitive interview)을 개발했는데, 이는 복원을 이용하여 목격자 기억을 향상시키는 기법이다(Fisher & Geiselman, 1987). 이 방법의 핵심은 범죄 현장을 재창조하는 것이다. 목격자가 상상 속에서 또는 실제로 범죄 현장을 다시 가 본다. 그러면 소리, 냄새, 또는 물체 같은 범죄 현장의 측면들이 유용한 인출 단서(기억과 연합된 자극)를 제공한다. 그 범죄의 맥락으로 되돌아가서 목격자가 사건들을 서로 다른 순서로, 서로 다른 관점에서 회상하도록 격려한다. 각각의 새로운 기억은, 아무리 사소해 보일지라도, 또 다른 더 많은 기억의 인출을 촉발하는 단서로 작용할 수 있다.

적절한 방식으로 사용할 경우 인지적 면담은 표준적인 심문보다 35% 더 많은 정확한 정보를 이끌어 낸다(Centofanti & Reece, 2006; Geiselman et al., 1986). 이러한 향상은 최면의 경우 일어나는 것 같은 가짜 기억을 더 많이 유발하지 않으면서도 얻어진다(Holliday et al., 2012). 그 결과 실제 수사 작업에서 더 효과적인(심지어 여러 문화에 걸쳐서도) 절차가 개발된 셈이다(Memon, Meissner, & Fraser, 2010; Stein & Memon, 2006).

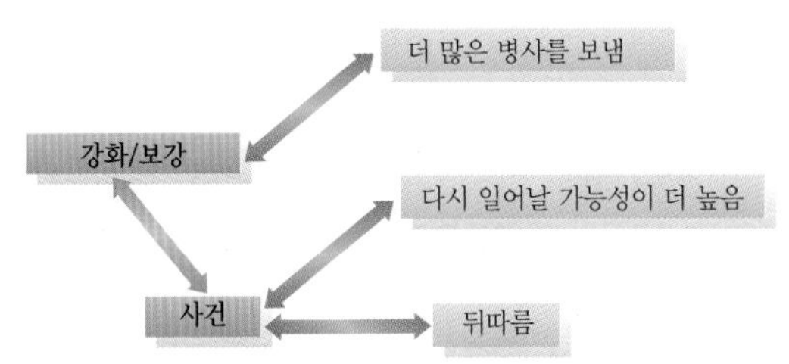

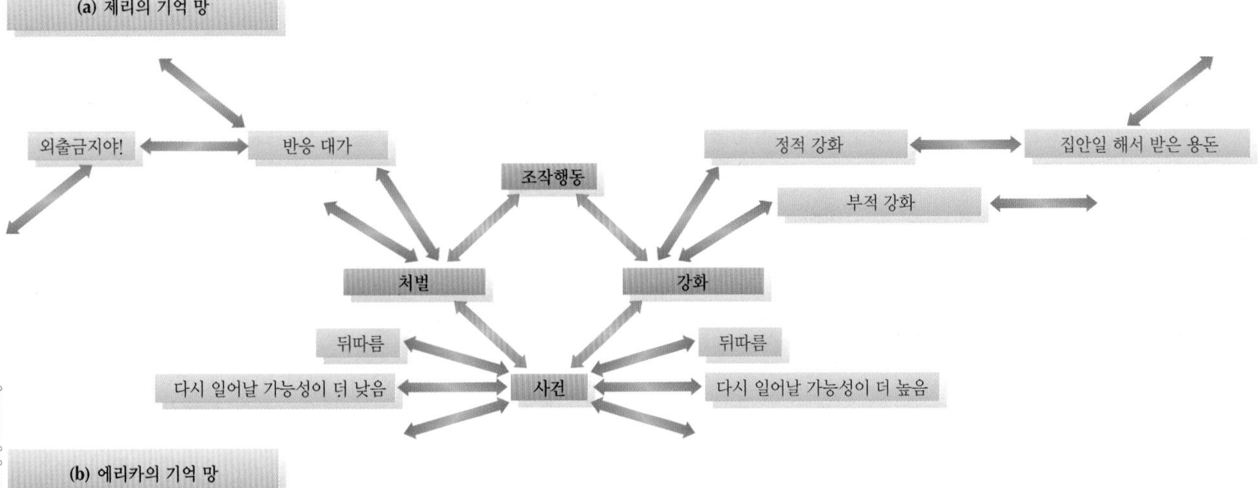

그림 28.4
강화라는 개념에 대한 두 학생의 부호화를 보여 주는 가상적인 망. 에리카의 더 정교화된 망의 일부만 여기에 나타나 있다. (본문의 설명 참조)

념에 대한 기억 망이 아주 성기다. 그는 강화의 정의는 용케 제대로 이해했다. 또한 기계적 학습을 하는 동안 그는 전투에 새로운 병사를 보강(reinforcement)한다고 말할 때도 동일한 단어를 쓴다는 생각이 들었다. 이와 대조적으로 에리카는 공부하면서 강화와 처벌이 어떻게 다른지 그리고 강화(그리고 처벌)에는 어떤 종류가 있는지를 스스로에게 물어보았다. 또한 그에 대한 개인적 예들도 생각해 내려 했다. 게다가 조작적 학습과 반응적 학습 간의 차이도 그녀는 점검했다.

이는 에리카가 심리학 시험을 더 잘 치를 가능성을 의미한다. 그렇지 않을까? 훨씬 더 잘 치를 것이다. 우선 제리는 기계적 학습을 했는데, 강화라는 개념을 에리카만큼 잘 이해했는지 확신할 수 없기 때문에 그의 기억은 더 약할 것이다. 또한 제리가 시험을 치르는 동안 강화의 정의를 직접적으로 인출해 내지 못한다고 상상해 보자. 그의 유일한 희망은 병사의 보강이라는 이야기가 기억나서 복원을 통해 강화의 정의가 떠오르는 것이다.

이와는 아주 달리 에리카는 더 정교화된 망을 성공적으로 부호화하기 위해 강화의 개념을 반드시 이해해야 했다. 따라서 그녀는 제리보다 그 정보를 필요시에 직접 인출할 가능성이 더 높다. 에리카가 필요한 정의를 직접 기억해 내지 못하는, 있을 법하지 않은 일이 일어나는 경우 에리카에게는 도움이 되는 인출 단서가 많다. 처벌, 강화의 예, 또는 심지어 자신이 벌을 받았던 경우를 회상하기만 해도 '강화'의 복원이 촉발되기 마련일 것이다.

요약하면, 더 정교한 처리는 더 정교한 기억 망을 만들어 내고 따라서 복원에 도움이 되는 인출 단서가 더 많아진다. 정교화 처리에 들인 시간은 적어도 여러분이 시험을 잘 치르기를 원한다면 아주 유용하게 쓰인 시간이다.

장기기억의 유형

장기기억에는 몇 가지 유형이 있는가? 장기기억에는 둘 이상의 유형이 있다는 것이 점점 더 명백해지고 있다. 예컨대 기억상실증에 걸리는 사람들에게 일어나는 괴상한 일이 하나 있다. 기억상실증 환자는 전화번호, 주소, 또는 사람의 이름을 학습하지 못할 수 있다. 그런데 그 동일한 환자가 복잡한 퍼즐을 정상적인 시간 내에 해결하기를 학습할 수 있다(Cavaco et al., 2004; ● 그림 28.5). 이를 비롯한 기타 관찰들을 토대로 많은 심리학자들은 장기기억이 적어도 두 범주로 나뉜다고 주장하기에 이르렀다(Lum & Bleses, 2012). 하나는 *절차 기억*(또는 기술 기억)이고, 다른 하나는 *서술 기억*(때로는 사실 기억이라고도 불리는)이다.

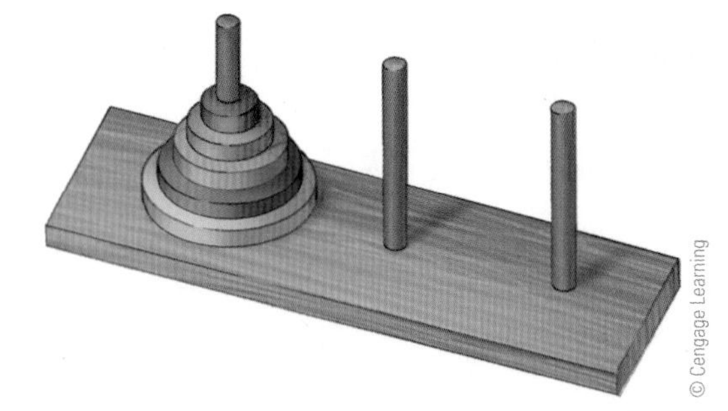

● 그림 28.5
탑 퍼즐. 이 퍼즐에서는 모든 색깔 디스크를 다른 기둥으로 옮겨야 하는데 그 과정에서 작은 디스크 위에 더 큰 디스크를 절대로 놓아서는 안 된다. 한 번에 한 디스크만 움직일 수 있고, 디스크는 항상 한 기둥에서 다른 기둥으로 옮겨야 한다(즉 옆에 놓아두어서는 안 된다). 한 기억상실증 환자는 디스크를 31회 움직여서 이 퍼즐을 풀기를 학습했는데, 이는 가능한 최소한의 횟수이다. 그럼에도 불구하고 이 퍼즐을 풀 때마다 그는 이전에 그것을 풀어 본 기억이 전혀 없으며 어떻게 시작해야 할지 모른다고 불평했다. 이와 같은 증거는 기술에 대한 기억이 사실에 대한 기억과는 구분됨을 시사한다.

절차 기억 기본적인 조건반응과 학습된 행위들(타이핑, 운전, 또는 골프 스윙 같은 데에 개입되는)이 **절차 기억**(procedural memory)에 속한다. 이러한 기억들은 오직 행위(즉 know-how)로만 완전히 표현될 수 있다. 기술 기억(skill memory)은 '하등' 뇌 영역들, 특히 바닥핵(기저핵)과 소뇌에 저장될 가능성이 높다. 이것들은 조건형성, 학습 및 기억의 더 기본적인 '자동적' 요소들을 나타낸다(Freberg, 2010; Lum & Bleses, 2012).

서술 기억 **서술 기억**(declarative memory)은 이름, 얼굴, 단어, 날짜 및 아이디어 같은 특정한 사실적 정보를 저장한다. 예를 들면, *Apple*이 과일인 동시에 어떤 컴퓨터 회사임을 아는 것이 서술 기억이다. 기억상실증에 걸린 사람에게 결핍된 것이면서 우리들 대부분이 당연시하는 것이 이런 유형의 기억이다. 서술 기억은 *의미 기억*과 *일화 기억*으로 더 나뉠 수 있다(Tulving, 2002).

의미 기억 세상에 대한 우리의 기본적인 사실적 지식은 대부분 거의 전혀 망각되지 않는다. 물체의 이름, 요일이나 달, 단순한 산수 기술, 계절, 단어와 언어, 그리고 기타 일반 지식은 모두 대단히 오래 지속된다. 그러한 비개인적 사실이 **의미 기억**(semantic memory)이라는 LTM의 일부를 구성한다. 의미 기억은 기본 지식의 정신적 사전으로 기능한다.

일화 기억 의미 기억은 시간이나 장소와의 연결이 없다. 예를 들어 계절의 이름을 언제 어디서 처음 배웠는지를 기억하는 일은 드물 것이다. 이와 달리 **일화 기억**(episodic memory)은 개인적 경험에 대한 '자서전적' 기록이다. 일화 기억은 매일, 매년 일어나는 삶의 사건들(즉 일화들)을 저장한다. 여러분은 일곱 살 때 생일날이 기억나는가? 여러분의 첫 데이트는? 어제는 무엇을 했는가? 이 모두가 일화 기억이다. 일화 기억은 우리 삶의 '무엇', '어디', 그리고 '언제'에 대한 것임을 주목하라. 일화 기억은 단순히 정보를 저장하는 것뿐만 아니라 우리가 정신적으로 시간을 되돌려서 사건을 *재경험할* 수 있게 한다(Kirchhoff, 2009; Phillippe, Koestner, & Lekes, 2013).

일화 기억은 의미 기억만큼 오래 지속되는가? 두 유형의 기억 모두 끝없이 지속될 수 있다. 하지만 일화 기억은 중요한 게 아니면 쉽게 망각된다. 사실상 일화 기억의 망각이 의미 기억의 형성을 초래한다. 처음에 여러분은 계절들의 이름을 언제 어디서 배웠는지 기억한다. ("엄마, 엄마, 오늘 유치원에서 내가 뭘 배웠게?") 시간이 지나면서 여러분은 일화적 세부사항을 망각하게 되지만 그 이름들은 평생 동안 기억하기 마련이다.

장기기억은 몇 가지 유형이나 있을까? 이 절의 첫머리에서 제기된 물음에 답하자면, 장기기억에는 세 가지 종류, 즉 절차 기억과 두 종류의 서술 기억(의미 기억과 일화 기억)이 있을 가능성이 높다(● 그림 28.6).

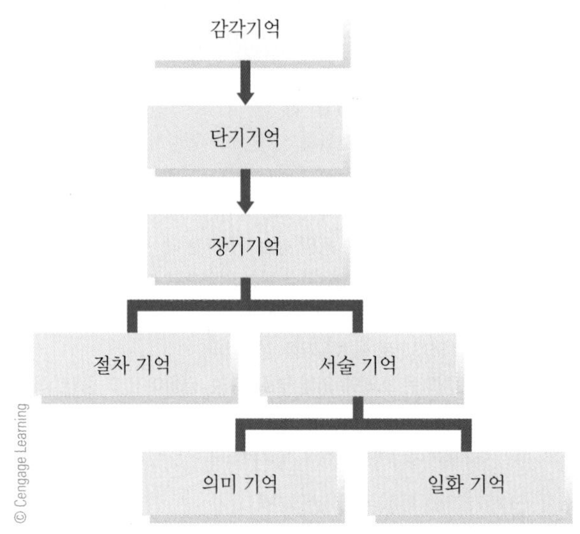

그림 28.6
여기에 보이는 모형에서 장기기억은 절차 기억(학습된 행위와 기술)과 서술 기억(저장된 사실)으로 나뉜다. 서술 기억은 의미 기억(비개인적 지식)이거나 일화 기억(특정 시공간과 연관된 개인적 경험)일 수 있다.

망 모형 기억을 연관된 정보가 조직화된 체계라고 보는 모형
복원 하나의 기억을 가지고 시작하여 연합의 연쇄를 따라감으로써 다른 관련된 기억들에 도달하는 과정을 통해 기억을 재구성하거나 확장하는 것
인지적 면담 목격자 기억을 향상시키기 위해 다양한 단서와 방략을 사용하는 것
절차 기억 조건반응과 학습된 기술에 대한 장기기억
서술 기억 특정 사실에 대한 정보를 담고 있는 장기기억 부분
의미 기억 세상에 대한 비개인적 지식을 기록하고 있는 서술 기억의 일부
일화 기억 특정 시공간과 연관된 개인적 경험을 기록하고 있는 서술 기억의 일부

모듈 28: 요약

28.1 기억은 어떻게 작동하는가?

28.1.1 기억은 정보를 부호화하고 저장하고 인출하는 능동적 체계이다.

28.1.2 기억에 대한 Atkinson-Shiffrin 모형은 기억의 세 가지 단계(감각기억, 단기기억 또는 작업기억, 장기기억)를 가정하는데, 이 단계들은 점점 더 긴 기간 동안 정보를 유지한다.

28.1.3 감각기억은 영상 기억이나 반향 기억으로 부호화된다.

28.1.4 선택적 주의는 어느 정보가 감각기억(정확하지만 매우 짧은)에서부터 STM으로 옮겨질지를 결정한다.

28.1.5 단기기억은 소리에 의해 부호화되는 경향이 있고 중단, 즉 대치에 민감하다.

28.1.6 장기기억은 의미에 의해 부호화된다.

28.2 단기기억의 특징은 무엇인가?

28.2.1 단기기억은 짧다. 하지만 유지 되뇌기에 의해 연장될 수 있다.

28.2.2 정보를 LTM으로 전이시키려 할 때 기계적 되뇌기는 정교화 처리보다 덜 효과적이다.

28.2.3 STM은 약 5~7비트의 정보 용량을 갖고 있지만 이 한계는 청킹에 의해 확장될 수 있다.

28.3 장기기억의 특징은 무엇인가?

28.3.1 장기기억은 비교적 영구적이다. LTM은 거의 무한한 저장 용량을 갖고 있는 것으로 보인다.

28.3.2 정교화 처리는 기억을 변경시키는 효과를 낼 수 있다. 기억해 내기는 능동적 과정이다. 우리의 기억은 상실되거나 변경되거나 수정되거나 왜곡되는 일이 빈번하다.

28.3.3 LTM은 고도로 조직화되어 있다. 기억 망의 구조는 현재 연구의 주제이다.

28.3.4 복구에서는 한 비트의 정보가 다른 정보로 이어지고 이것이 또 더 많은 회상을 이끌어 내는 단서로 작용하여 기억이 재구성된다.

28.3.5 LTM은 절차 기억(기술)과 서술 기억(사실)을 포함한다. 서술 기억은 의미 기억일 수도, 일화 기억일 수도 있다.

모듈 28: 지식 쌓기

암기

보기에서 맞는 것을 고르라. **A.** 감각기억 **B.** STM **C.** LTM

1. ____ 정보가 발음대로 저장되는 경향이 있다.
2. ____ 정보를 몇 초 이하로 유지한다.
3. ____ 영상 기억이나 반향 기억을 저장한다.
4. ____ 비교적 영구적이며, 용량이 무한하다.
5. ____ 적은 양의 정보를 일시적으로 잠시 저장한다.
6. ____ 선택적 주의가 그 내용을 결정한다.
7. 정교화 처리는 가짜 기억이 생성되는 원인일 때가 종종 있다. **O X**
8. 다음 중 어느 것이 기술 기억과 동의어인가?
   a. 의미 기억
   b. 서술 기억
   c. 일화 기억
   d. 절차 기억

반영

비판적으로 생각하기

9. 감각 기억이 왜 영화제작자들에게 중요한가?

자기반영

미국에서는 전화번호가 지역번호(세 자리 숫자)와 일곱 자리 숫자로 나뉘는데, 후자는 또 세 자리 숫자 더하기 네 자리 숫자로 나뉜다. 여러분은 이것을 STM 청킹 및 재부호화와 관련시킬 수 있는가?

장기기억이 여러분이 이 문장을 읽는 데 어떤 도움을 주고 있는가? 단어의 의미에 대한 여러분의 지식이 이미 LTM 내에 존재하지 않는다면 여러분은 글을 읽기조차 할 수 있을까?

여러분이 지난 1시간 동안 기억을 어떻게 사용했는지 생각해 보라. 다음 각각에 대한 예를 찾아낼 수 있는가? 절차 기억, 서술 기억, 의미 기억, 그리고 일화 기억.

정답

1. B **2.** A **3.** A **4.** C **5.** B **6.** B **7.** O **8.** d **9.** 감각기억이 없으면 영화는 일련의 정지 사진들처럼 보일 것이다. 시각 이미지들이 아주 짧게 지속되는 것이 영화의 한 프레임이 다른 프레임으로 혼합되는 데 도움이 된다.

Module 29

기억: 기억의 측정

혀끝에 맴돈다고?

자넬은 시험이 끝나고 답지를 제출하면서 화가 치밀었다. 열심히 공부했고 시험을 잘 치를 것으로 예상했다. 그러나 점수가 큰 문제를 풀려다 좌절하고 말았다. 그녀는 자신이 답을 안다는 것을 알고 *있었다*. 남은 시험 시간 동안 그녀는 고문을 받는 것 같았다.

아마 여러분도 역시 이와 같은 경험이 있을 것이다. 시험 문제를 읽고는 곧바로 답이 혀끝에 맴돈다. 하지만 생각이 나질 않는다. 그다음에 흔히 무슨 일이 일어나는지 여러분은 알고 있지 않은가? 시험장을 나오자마자 답이 마음속에 번뜩 떠오른다. (교수님, 전 답을 알고 있었다구요!)

여러분이 무언가를 '기억하는가'는 어떤 방식으로 검사를 받는가에 좌우된다. 예를 들어 범죄용의자 대열은 *재인* 기억을 이용한다. 하지만 대단히 조심하지 않으면 사람을 잘못 알아보기가 여전히 가능하다. 이 사진에 보이는 용의자 대열이 공정한가? 기억 측정의 자세한 사항들을 더 알아보자.

© Masterfile

SURVEY QUESTIONS

29.1 기억을 어떻게 측정하는가?

기억을 측정하기–답이 혀끝에 맴돌아요

SURVEY QUESTION 29.1 기억을 어떻게 측정하는가?

여러분은 어떤 것을 기억하거나 기억하지 않는다. 그렇잖은가? 아니다. 부분적인 기억은 흔하다. 예를 들면, 자넬처럼 여러분도 무언가를 기억해 내려 애써도 그것이 **혀끝에 맴도는 상태**[tip-of-the-tongue(TOT) state]에 빠져 버린 적이 있지 않은가? 이는 어떤 기억이 **가용**(availability)하지만(기억 속에 저장되어 있지만) 그 완전한 기억에 **접근**(accessibility)(찾아내거나 인출)하지 못하고 있다는 느낌이다(Brown, 2012).

한 고전적인 TOT 연구에서는 대학생들이 sextant, sampan, ambergris 같은 단어들의 정의를 읽었다. 그러고는 단어의 정의를 듣고 그 단어를 말할 수 없었던 학생들에게 그 단어에 관한 다른 어떠한 정보라도 말해 보게 했다. 학생들은 자신이 기억해 내려 애쓰는 단어의 첫째 글자와 마지막 글자 그리고 어절의 수를 종종 추측할 수 있었다. 그들은 또한 그 정의된 단어와 소리가 비슷하거나 의미가 같은 다른 단어들을 말했다(Brown & McNeill, 1966).

TOT 상태와 깊이 관련된 사실은 사람들이 어떤 것을 기억할 가능성이 높은지 아닌지를 미리 알 수 있는 때가 많다는 것이다. 이를 *안다는 느낌*(feeling of knowing)이라고 부른다(Thomas, Bulevich, & Dubois, 2011; Widner, Otani, & Winkelman, 2005). 안다는 느낌 반응은 TV의 게임 쇼에서 쉽게 관찰할 수 있는데, 경쟁자들은 답을 하기 직전에 그런 반응을 나타낸다.

데자뷰(déjà vu), 즉 여러분이 처음 경험하고 있는 어떤 상황을 이미 경험한 적이 있다는 느낌은 부분적 기억의 또 다른 예일지도 모른다(Brown & Marsh, 2010). 만약 어떤 새로운 경험이 과거

경험의 희미한 기억(그에 대한 어떠한 세부 사항도 전혀 없이)을 촉발한다면 여러분은 '내가 전에 그걸 본 적이 있는 것 같은데.'라고 느낄 수도 있을 것이다. 과거의 기억이 의식 수준까지 올라오기에는 너무나 약함에도 불구하고 그 새로운 경험이 친숙해 보이는 것이다.

기억은 실무율적 사건이 아니기 때문에 여러 방식으로 측정할 수 있다. 기억 측정에 흔히 사용되는 세 가지 방법은 *회상*, *재인*, 그리고 *재학습*이다. 이것들이 어떻게 다른지 살펴보자.

정보를 회상하기

여러분의 즐겨찾기 플레이리스트에 있는 첫 번째 노래는 무엇인가? 작년에 노벨문학상을 받은 사람은 누구인가? 〈햄릿〉을 쓴 사람은 누구인가? 이 질문들에 답할 수 있다면 여러분은 **회상**(recall), 즉 사실이나 정보의 직접 인출을 사용하고 있다. 회상 검사는 흔히 *말 그대로의 기억*(verbatim memory)을 요구한다. 어떤 시를 학습해서 보지 않고 외울 수 있다면 여러분은 그 시를 회상하고 있는 것이다. 논술 문제에 사실과 아이디어를 적어서 답한다면 여러분은 역시 회상을 하고 있다. 비록 여러분의 논술 답을 말 그대로 학습하지는 않았지만 말이다.

정보를 외운 순서가 회상에 흥미로운 효과를 낸다. 이를 경험하기 위해 다음 목록을 단 한 번만 읽고서 기억하려고 하라.

빵, 사과, 탄산음료, 햄, 쿠키, 쌀,
상추, 콩나물, 겨자, 치즈, 오렌지,
아이스크림, 크래커, 밀가루, 계란

여러분이 대부분의 사람들과 같다면 이 목록의 중간 부분에 있는 항목들을 회상하기가 가장 힘들 것이다. ●그림 29.1은 비슷한 검사의 결과를 보여 준다. 대부분의 오답이 목록의 순서상 가운데 부분에 있는 항목들에 대해 일어남을 주목하라. 이를 **계열위치효과**(serial position effect)라 부른다(Bonk & Healy, 2010). 목록의 마지막 부분에 있는 항목들은 아직 STM 속에 있기 때문에 기억할 수 있다. 초기의 항목들 또한 잘 기억되는데 왜냐하면 '비어 있는' 단기기억에 들어갔기 때문이다. 그 덕분에 이 항목들은 되뇌기를 많이 하여 장기기억으로 옮겨진다(Addis & Kahana, 2004). 중간 부분의 항목들은 단기기억 속에 유지되지도 않고 장기기억으로 옮겨지지도 않기 때문에 종종 상실된다.

정보를 재인하기

여러분이 작년에 들었던 수업에서 배운 것을 모두 기억나는 대로 적어 보라. 실제로 이것을 해 보면 여러분은 배운 게 별로 없었다는 결론을 내릴지도 모른다. 그러나 재인을 기반으로 한 더 민감한 검사를 사용할 수도 있을 것이다. **재인**(recognition)에서는 이전에 학습했던 내용을 올바로 분간한다. 예를 들어 수업에서 나왔던 사실과 아이디어에 관한 선다형 검사를 치를 수도 있다. 정답만 재인하면 될 것이기 때문에 아마도 여러분은 많은 것을 배웠음을 알게 될 것이다.

그림과 사진에 대한 재인은 놀랄 만큼 정확할 수 있다(Oates & Reder, 2011). 한 고전적인 연구에서 사람들은 매 10초당 1장의 속도로 2,560장의 사진을 보았다. 그러고는 이들에게 280쌍

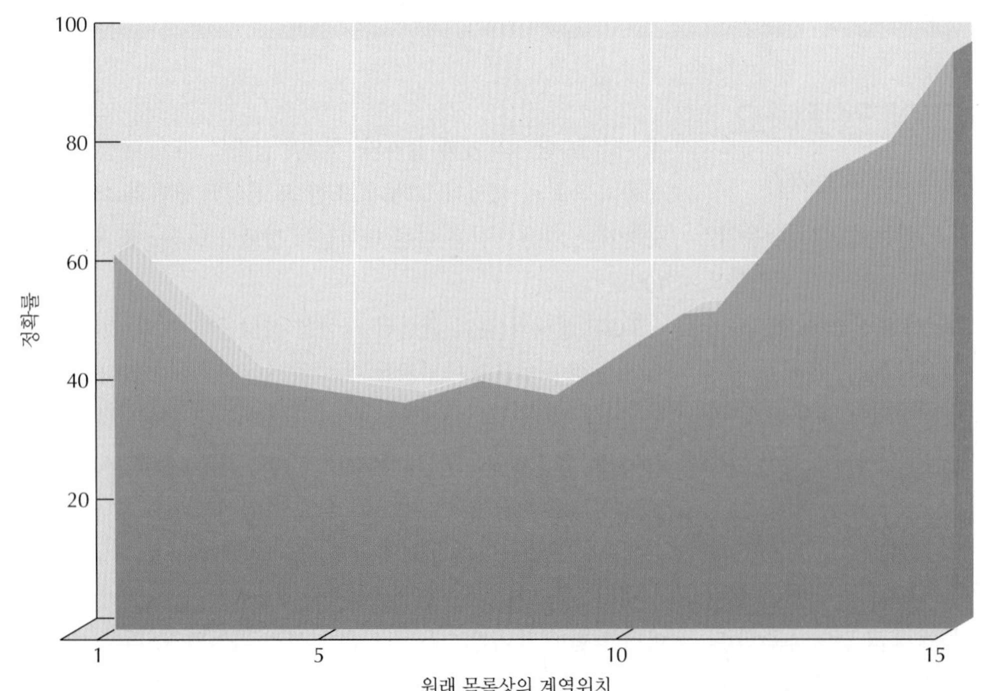

그림 29.1
계열위치효과. 이 그래프는 15항목짜리 목록에 있는 각 항목을 참가자들이 정확히 회상하는 비율을 보여 준다. 회상은 초기와 말기의 항목들에 대해 가장 좋다. (Craik, 1970의 자료)

의 사진을 보여 주었다. 각 쌍에서 하나는 앞서 보았던 사진이고 다른 하나는 비슷하지만 새로운 사진이었다. 참가자들은 어느 사진을 이전에 보았는지 85~95% 정확하게 말할 수 있었다(Haber, 1970). 이런 결과는 우리가 왜 친구가 놀러 가서 찍은 사진을 한 번 이상 볼 필요가 거의 없는지를 설명해 줄 수 있다.

재인은 보통 회상보다 우수하다. 그것이 사람들이 흔히 "난 이름은 잊어먹어도 얼굴은 절대로 잊어먹지 않아."라고 말하는 이유이다. (이름을 회상할 수는 없지만 얼굴을 재인할 수는 있다.) 그것은 또한 경찰이 범죄 용의자를 식별하기 위해 사진이나 용의자 대열을 사용하는 이유이다. 목격자들이 용의자의 키, 체중, 연령, 또는 눈동자 색깔을 회상하려 하면 서로 일치하지 못하는 경우 그 사람을 단순히 재인하게만 하면 서로 완전히 일치할 때가 많다.

재인이 항상 더 우수한가? 이는 어떤 종류의 *방해 자극*(distractor)이 사용되는가에 따라 많이 달라진다(Flowe & Ebbese, 2007). 방해 자극이란 재인해야 할 항목과 함께 포함되는 가짜 항목이다. 방해 자극들이 올바른 항목과 비슷하면 기억은 나쁠 수 있다. 그 반대의 문제가 오직 하나만 있는 선택지가 올바른 것처럼 보일 때 일어난다. 이는 *긍정 오류*(false positive), 즉 잘못 재인하는 느낌을 일으킬 수 있다.

잘못된 목격자 기억 때문에 교도소에 들어간 사람들이 많다(Lampinen, Neuschatz, & Cling, 2012; Wade, Green, & Nash, 2010). 어떤 경우에는 목격자가 범죄자를 흑인이거나 키가 크거나 젊은이라고 묘사했다. 그러고 나서 한 사람만 흑인이거나 한 사람만 키가 크거나 한 사람만 젊은이인 용의자 대열이 제시되었다. 그런 경우 잘못 지목하는 일이 일어나기 마련이다. 비극적인 착오를 피하기 위해서는 모든 방해 자극을 목격자가 묘사한 그 사람과 비슷하게 만드는 것이 더 좋다. 또한 긍정 오류를 줄이기 위해서는 목격자에게 범죄자가 용의자 대열에 *있지 않을 수도 있다*고 경고해 주어야 한다. 또한 목격자에게 한 번에 한 장의 사진만 보여 주는 것(연속적 대열)이 더 좋을 수도 있다. 각 사진에 대해 그다음 사진을 보기 전에 목격자는 그 사람이 범죄자인지 아닌지를 결정해야 한다(Mickes, Flowe, & Wixted, 2012; Wells & Olsen, 2003).

정보를 재학습하기

또 다른 고전적 실험에서 한 심리학자가 자기 아들이 15개월에서 3세 연령 사이였을 때 매일 그리스어로 된 짧은 글을 읽어 주었다. 8세 때 이 아이에게 그 그리스어 글을 기억하는지 물어보았다. 아이는 전혀 회상하지 못했다. 그러고 나서 그가 들었었던 글에서 나온 문장들과 다른 그리스어 글에서 나온 문장들을 보여 주었다. 아이가 유아 때 들었던 것을 재인할 수 있었을까? 그는 "하나도 모르겠어요!"라고 말해서 재인도 하지 못함을 나타냈다. (그러고는 그 방에 있던 모든 사람이 얼굴을 찌푸렸다.)

이 심리학자가 거기서 그쳤다면 그리스어에 대한 기억이 전혀 남아 있지 않다고 결론 내렸을지도 모른다. 하지만 그러고 나서 그 아이에게 원래의 글을, 그리고 동일한 난이도의 다른 글들을 외우게 했다. 이번에는 과거의 학습 효과가 명백하게 드러났다. 아이가 이전에 들었던 글을 다른 것보다 25% 더 빨리 외웠던 것이다(Burtt, 1941). 이 실험이 시사하는 바와 같이 **재학습**(relearning)은 일반적으로 기억에 대한 가장 민감한 측정치이다.

어떤 사람을 재학습을 통해 검사할 때 기억이 아직 존재한다는 것을 어떻게 아는가? 위에서 이야기한 소년의 경우와 마찬가지로 재학습은 *절약 점수*(정보를 재학습할 때 절약되는 시간의 정도)로 측정한다. 여러분이 전화번호부에 있는 모든 이름을 외우는 데 1시간 걸린다고 하자. (작은 동네의 전화번호부이다.) 2년 후 여러분은 그것을 45분 만에 재학습한다. 여러분은 15분을 '절약'했기 때문에 여러분의 절약 점수는 25%(15 나누기 60 곱하기 100)일 것이다. 이런 유형의 절약 때문에 광범위한 주제들을 공부하는 것이 좋다. 대수학, 역사, 또는 외국어를 공부하는 것이 만약 그 지식을 곧바로 사용하지 않는다면 시간 낭비인 것처럼 보일 수 있다. 그러나 여러분이 그 정보를 정말로 필요로 할 때 여러분은 그것을 재빨리 재학습할 수 있을 것이다.

외현 기억과 암묵 기억

한국의 지난 세 사람의 대통령은 누구인가? 오늘 아침으로 무얼 먹었는가? 올해 가장 좋았던 TV 드라마는 무엇인가? 외현 기억은 이런 물음에 답하는 데 사용된다. **외현 기억**(explicit memory)은 의식적으로 마음속에 떠올릴 수 있는 과거 경험이다. 회상, 재

혀끝에 맴도는 상태 기억이 가용하지만 제대로 인출될 수 없다는 느낌
가용성(기억에서) 현재 기억 속에 저장된 것이 사용될 수 있음
접근성(기억에서) 필요시에 인출될 수 있는, 현재 기억 속에 저장된 것이 가용하고 접근 가능함
회상 기억된 정보를 최소한의 외적 단서를 가지고 공급 또는 재생하는 것
계열위치효과 목록에서 순서상 가운데에 있는 항목들을 기억할 때 가장 오류가 많은 경향
재인 이전에 학습한 정보를 정확히 식별하는 능력
재학습 이전에 학습했던 어떤 것을 다시 학습하기. 과거 학습에 대한 기억을 측정하는 데 사용된다.
외현 기억 사람이 자신이 갖고 있음을 자각하는 어떤 기억. 의식적으로 인출되는 기억

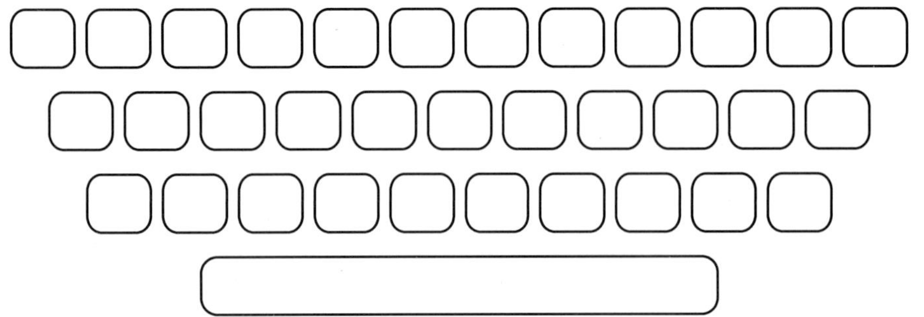

여러분은 이 키보드의 빈 공간에 각 글자를 채워 넣을 수 있는가? 그럴 수 있다면 여러분은 아마도 암묵 기억을 이용하여 그렇게 했을 것이다.

인, 그리고 여러분이 학교에서 치르는 시험은 외현 기억에 의존한다.

이와 대조적으로 **암묵 기억**(implicit memory)은 자각의 바깥에 있다(Gopie, Craik, & Hasher, 2011). 즉 우리는 기억이 존재한다는 것을 자각하지 못한다. 예를 들면, 여러분이 타이핑을 할 줄 안다면 키보드 상에 글자들이 어디에 있는지 알고 있다는 것은 명백하다. 그렇지만 키보드의 그림에다가 비어 있는 키의 글자를 정확히 넣을 수 있는 사람이 얼마나 될까? 많은 사람들은 그런 정보를 비록 '알고는' 있지만 직접적으로 기억해 내지는 못한다는 것을 알게 된다. 그럼에도 불구하고 키보드 상에서 글자가 어디에 있는지를 무의식적으로 아는 것 같은 암묵 기억은 우리의 행동에 커다란 영향을 미친다(Voss, Lucas, & Paller, 2012).

점화 *어떤 기억이 우리의 자각 바깥에 존재한다면 그것이 존재한다는 것을 어떻게 보여 줄 수 있는가?* 심리학자들은 뇌 손상으로 인한 기억 상실을 연구하다가 암묵 기억에 처음으로 주목하게 되었다. 예컨대 어떤 환자에게 *chair*, *tree*, *lamp*, *table* 등의 흔한 단어로 이루어진 목록을 보여 준다고 하자. 나중에 이 환자는 그 목록에 있는 어떠한 단어도 회상하지 못한다.

이제 그 환자에게 목록을 명시적으로 회상하게 하는 대신에 그에게 각 단어의 첫 두 글자를 알려 줌으로써 그의 기억을 '점화'시킬 수 있을 것이다. 우리는 그에게 "이 글자들로 시작되는 어떤 단어든지 간에 마음속에 떠오르는 것을 말해 보세요."라고 말한다. 물론 각 글자 쌍들로 시작되는 단어는 많을 수 있다. 예를 들어 첫째 항목은 ("chair"에서부터 나오는) CH라는 글자일 것이다. 환자는 'child', 'chalk', 'chain', 'check' 또는 다른 많은 단어를 말할 수 있을 것이다. 그런데 환자는 원래의 목록에 있던 'chair'를 말한다. 환자는 그 목록을 기억하고 있다고 자각하지 않지만 그가 각 글자 쌍에 대해 말하는 단어를 보면 거의 모두가 그 목록에 있는 것들이다. 글자 쌍이 숨겨진 기억을 **점화**(priming)(활성화)시켰고, 따라서 그의 대답에 영향을 미쳤음이 분명해 보인다.

정상적인 기억을 가진 사람들에게서도 비슷한 효과가 발견되었다. 위의 예가 의미하듯이 암묵 기억은 사람에게 단어의 첫 글자나 물체에 대한 부분적인 그림 같은 한정된 단서를 줌으로써 드러날 때가 많다. 일반적으로 그 사람은 마음속에 떠오르는 것을 그냥 말하고 있을 뿐이라고 믿는다. 그럼에도 불구하고 과거에 보거나 들은 정보가 그의 대답에 영향을 미치는 것이다(Lavigne et al., 2012).

모듈 29: 요약

29.1 기억을 어떻게 측정하는가?

- **29.1.1** 혀끝에 맴도는 상태는 기억이 실무율적 사건이 아님을 보여 준다. 기억은 회상, 재인, 재학습, 또는 점화에 의해 드러날 수 있다.
- **29.1.2** 회상에서는 기억이 논술 시험에서처럼 명시적인 단서 없이 인출된다. 목록화된 정보의 회상은 흔히 계열위치효과를 나타낸다.
- **29.1.3** 흔한 재인 검사는 선다형 문제이다.
- **29.1.4** 재학습에서는 망각된 것처럼 보이는 내용이 다시 학습되는데, 기억은 절약 점수에 의해 드러난다.
- **29.1.5** 회상, 재인, 재학습은 주로 외현 기억을 측정한다. 점화 같은 다른 기법은 암묵 기억을 드러내는 데 필요하다.

암묵 기억 그것이 존재한다는 것을 사람이 알지 못하는 기억. 무의식적으로 인출되는 기억
점화 숨겨진 기억을 활성화시키는 단서를 사용함으로써 암묵 기억의 인출을 촉진하는 것

모듈 29: 지식 쌓기

암기

1. 기억을 측정하거나 입증하는 네 가지 기법을 쓰라.

   ______________ ______________

   ______________ ______________

2. 논술 시험은 사실이나 아이디어에 대한 ___________을 필요로 한다.

3. 기억 측정치로서 절약 점수는 다음 무엇과 관련되는가?
   a. 재인　　**b.** 점화
   c. 재학습　　**d.** 재구성

4. 기억에 대한 가장 민감한 두 검사는 _______이다.
   a. 회상과 복원
   b. 회상과 재학습
   c. 재인과 재학습
   d. 재인과 숫자폭

5. 점화는 어느 유형의 기억을 드러내는 데 사용되는가?
   a. 외현 기억
   b. 감각기억
   c. 기술 기억
   d. 암묵 기억

반영

비판적으로 생각하기

6. 사람들에게 왜 어떤 정보를 회상해 내지 못했는지를 설명하라고 하면 그 정보가 더 이상 자기 기억 속에 있지 않기 때문임이 분명하다고 흔히 주장한다. 암묵 기억의 존재는 왜 이러한 설명에 이의를 제기하는가?

자기반영

여러분은 주로 회상에 기반하거나 주로 재인에 기반한 시험 중 어느 것을 선호하는가? 여러분은 (고등학생 때 같은) 과거에 공부한 정보를 재학습하면서 절약 효과를 느껴 본 적이 있는가?

여러분이 하는 것 중에 암묵 기억에 기반을 둔 것은 어떤 것들인가? 예를 들어 여러분의 집이나 기숙사에 있는 여러 가지 손잡이를 어느 방향으로 돌려야 할지 어떻게 아는가? 여러분은 행동하기 전에 '오른쪽으로 돌려야지.'라고 명시적으로 생각해야 하는가?

정답

1. 회상, 재인, 재학습, 점화 **2.** 회상 **3.** c **4.** c **5.** d **6.** 의식적으로 회상될 수 없는 암묵 기억을 갖는다는 것이 가능하다. 이와 같은 기억(의식적으로 접근할 수 없지만 기억 속에 가용한)은 무언가를 회상하지 못하는 것이 그것이 더 이상 기억 속에 있지 않음을 보장하는 것은 아님을 보여 준다(Voss, Lucase, & Paller, 2012).

30 Module

기억: 망각

내 차가 어디 있지?

망각이 항상 나쁜 것만은 아니다. 기억 전문가, 즉 *기억술사*(mnemonist)가 직업인 S씨를 생각해 보자. 그는 기다란 숫자 행렬, 무의미한 자음들, 수학 공식, 외국어로 된 시 등을 모두 똑같이 쉽게 외우는 능력으로 관중에게서 어김없이 감탄을 자아냈다. S씨의 능력을 너무 성급하게 부러워하지는 말라. 그는 중요하지 않은 정보를 *망각하는* 방법(예컨대 그것을 종이에 써놓고는 그 종이를 태워 버리는 것 같은)을 만들어 내야 했다.

복 받은 S씨는 제외하고, 우리는 왜 어떤 기억을 그다지도 빨리 잊어버리는가? 우리는 여러 가지 이유로 망각을 한다는 사실이 밝혀졌다. 예를 들면, 여러분의 차를 매일 다른 장소에 주차한다면 여러분은 *간섭*에 의한 망각을 경험했을 수 있다. 여러분의 차를 주차한 곳에 대한 오늘의 기억은 어제의 기억과 혼동되기 쉽고, 그저께의 기억과, 그리고 그 이전의 기억과도 혼동되기 쉽다. 망각에 대한 몇몇 설명을 더 살펴보자.

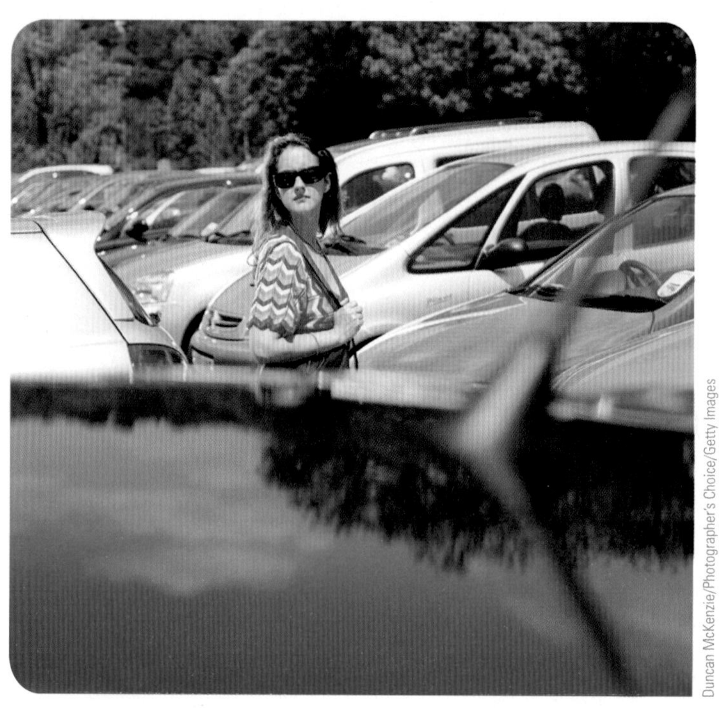
Duncan McKenzie/Photographer's Choice/Getty Images

SURVEY QUESTIONS

30.1 우리는 왜 망각하는가?

30.2 뇌는 어떻게 기억을 형성하고 저장하는가?

망각—왜 우리는, 어, 잠깐만… 왜 우리는, 어… 까먹었네!

SURVEY QUESTION 30.1 우리는 왜 망각하는가?

우리는 감각기억과 단기기억이 오래도록 우리에게 남아 있기를 기대하지 않는다. 그러나 여러분이 정보를 일부러 장기기억 속에 부호화하고 저장할 때는 그것이 거기에 유지되기를 바란다(아무튼, 그건 *장기적*이어야 하는 거다). 예를 들어 시험공부를 할 때 여러분은 장기기억이 정보를 적어도 시험을 치를 때까지는 보유하고 있기를 기대한다.

왜 우리는 장기기억을 망각하는가? 우리가 어떻게 기억을 '상실'하는가에 대해 더 많이 알수록 여러분은 기억을 더 잘 붙들어 둘 수 있을 것이다. 대부분의 망각은 외운 직후에 일어나는 경향

The New Yorker Collection. Mick Stevens/Cartoonbank.com

이 있다. Herman Ebbinghaus(1885)는 학습 후 다양한 기간에 걸쳐 자신의 기억을 검사한 것으로 유명하다. 과거의 학습에 확실히 영향을 받지 않도록 그는 *무의미 철자*(nonsense syllable)를 외웠다. 이는 cef, wol, gex 같은 의미 없는 세 글자 단어이다. 무의미한 단어를 사용하는 일의 중요성은 Vel, Fab, Duz가 더 이상 기억 검사에서 사용되지 않는다는 사실에서 볼 수 있다. 이 단어들이 세제(洗劑)의 이름임을 알아보는 사람들은 그것을 기억하기가 쉽다는 것을 깨닫는다. 이는 새로운 정보를 여러분이 이미 알고 있는 것과 연결시키는 것이 기억을 향상시킬 수 있음을 보여 주는 또 다른 예이다.

Ebbinghaus는 자신을 검사하기 전에 다양한 기간 동안 기다림으로써 *망각 곡선*을 그려 내었다. 이 그래프는 다양한 시간이 흐른 후에 기억되는 정보의 양을 보여 준다(● 그림 30.1). 망각이 처음엔 급격하고 이어서 천천히 일어난다는 것에 유의하라(Hintzman, 2005; Sternberg, 2012). 의미 있는 정보에 대해서도 동일한 일이 일어나지만 그 망각 곡선은 더 긴 시간에 걸쳐 늘어진다. 짐작하겠지만 최근의 사건이 먼 과거의 사건보다 더 정확하게 회상된다. 따라서 여러분은 〈노인을 위한 나라는 없다〉가 2008년도에 아카데미상을 받았다는 사실보다 〈아르고〉가 2013년도에 아카데미상을 받았다는 사실을 더 잘 기억하기 마련이다.

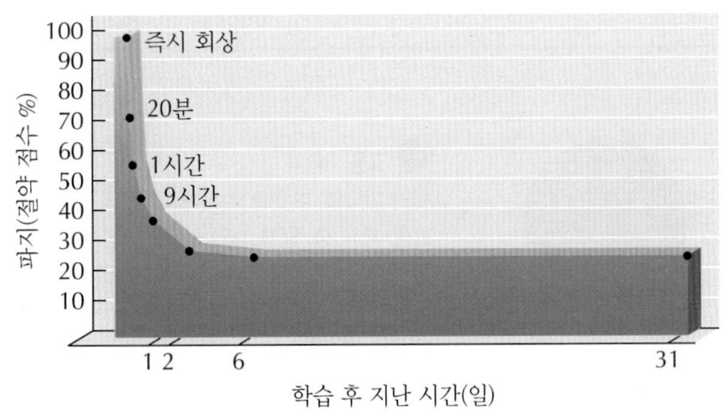

그림 30.1

망각 곡선. 이 그래프는 다양한 시간이 흐른 후에 기억되는 양(재학습으로 측정한)을 보여 준다. 망각이 얼마나 빨리 일어나는지 유심히 보라. 학습 재료는 무의미 철자였다. 의미 있는 정보에 대한 망각 곡선도 또한 초기의 상실 후에 오랫동안 점진적으로 감소하는 양상을 보여 주지만 전반적으로 망각이 훨씬 더 천천히 일어난다. (Ebbinghaus, 1885를 따름)

여러분은 학생으로서 공부와 시험 사이의 지연이 짧은 것이 망각을 최소화시킨다는 것에 주목해야 한다. 그러나 이것이 벼락치기 공부를 할 이유는 아니다. 대부분의 학생들은 오직 벼락치기 공부만 하는 오류를 범한다. 벼락치기를 한다면 여러분은 아주 오래도록 기억할 필요는 없지만 애초에 충분히 학습하지 못할 수 있다. 매일 짧게 공부하고 시험 전에 집중적으로 복습을 하면 충분한 준비와 최소한의 시간 지연의 혜택을 볼 것이다.

Ebbinghaus 곡선은 겨우 이틀만 지나도 30% 미만이 기억됨을 보여 준다. 망각이 정말로 그렇게 빨리 일어나는가? 아니, 항상 그렇지는 않다. 의미 있는 정보는 무의미 철자만큼 빨리 상실되지 않는다. 심리학 개론 수업을 들은 학생들은 3년 후에 배웠던 것의 약 30%를 망각했다. 그 후로는 더 이상의 망각이 거의 일어나지 않았다(Conway, Cohen, & Stanhope, 1992).

Ebbinghaus 곡선은 장기기억의 망각에 대한 일반적인 그림을 보여 주지만 그것을 설명하지는 않는다. 설명을 위해서는 더 깊이 탐색해야 한다. (그러기 전에 글상자 "카드 마술!"을 보라. 재미있는 예시가 나올 것이다.) 모듈 28에서 우리는 성공적인 기억에는 세 과정, 즉 부호화, 저장 및 인출이 관여함을 지적했다. 반대로 망각은 이 세 과정 중 어느 하나라도 실패하는 데 기인한다.

기억 부호화가 실패할 때

100원짜리 동전에 있는 인물은 누구인가? 그는 어느 방향을 보고 있는가? 여러분은 100원짜리 동전을 정확히 그릴 수 있는가? 흥미로운 실험에서 Ray Nickerson과 Marilyn Adams(1979)는 많은 학생들에게 1센트짜리 동전을 그리게 했다. 거의 모두가 그리지 못했다. 사실 가짜 그림 중에서 진짜 1센트 그림을 식별할 수 있는 사람도 거의 없었다(● 그림 30.4). 여러분은 할 수 있는가?

망각의 가장 뻔한 이유는 또한 가장 흔히 간과되는 것이다. 명백히, 1센트 동전의 세부 사항을 부호화하는 사람은 거의 없다. 마찬가지로 우리는 읽고 있는 책이나 시험을 위해 공부하고 있는 것의 자세한 사항을 부호화하지 않을 수 있다. 그런 경우 우리는 **부호화 실패**(encoding failure) 때문에 '망각한다'(Johnson, Nessler, & Friedman, 2012). 즉 기억이 애초부터 아예 형성되지 않았던 것이다(여러분이 방금 본 카드 마술이 또 다른 예이다). 여러분이 자주 망각하거나 건망증 때문에 곤혹스럽다면 "내가 애초부터 그 정보를 부호화하고 있었나?"라고 자문하는 게 현명하다(Kirchhoff, 2009). 그런데 텔레비전을 보거나 문자 메시지를 하면서 공부하고 싶다면 조심하라. 공부와 다른 활동 사이에 주의력을 나누는 것은 부호화 실패의 가능성을 증가시킨다(Johnson, Nessler, & Friedman, 2012; Naveh-Benjamin, Guez, & Sorek, 2007).

여러분이 학습하고 있는 정보에 적극적으로 집중하는 것(정

부호화 실패 유용한 기억을 형성할 만큼 충분한 정보를 저장하지 못하는 것

심리학 발견하기

카드 마술!

그림 30.2

위의 그림 30.2에 보이는 6장의 카드 중에서 하나를 골라라. 그것을 자세히 보고서 어느 카드가 여러분의 것인지 잘 기억하도록 하라. 이제 여러분의 손가락을 딱 튀기고 아래에 있는 그림 30.3의 카드들을 보라. 펑! 5장의 카드만 남아 있는데 여러분이 선택한 카드가 사라졌다. 분명히 여러분은 그림 30.2에 있는 6장의 카드 중 어느 것이라도 선택할 수 있었다. 우리가 어느 카드를 없애야 할지 어떻게 알았을까?

이 속임수는 완전히 기억의 착각에 근거한 것이다. 그림 30.2에 있는 6장의 카드 중 하나에 집중하라고 했던 말을 상기하라. 이 말이 여러분으로 하여금 다른 카드들에 주의를 주는 것을 차단했고, 따라서 그것들은 여러분의 기억 속에 저장되지 않았다(Naveh-Benjamin, Guez, & Sorek, 2007). 그림 30.3에서 여러분이 보는 5장의 카드는 모두 새 것이다(어느 것도 그림 30.2에 나와 있지 않다). 여러분은 '남아 있는 5장' 중에서 여러분의 카드를 발견할 수 없었기 때문에 그것이 사라진 것처럼 보였다. '카드 마술'인 것처럼 보였던 것이 사실은 기억 마술이다. 이제 "기억 부호화가 실패할 때" 부분으로 돌아가서 계속 읽으면서 망각에 대해 더 배워 보자.

그림 30.3

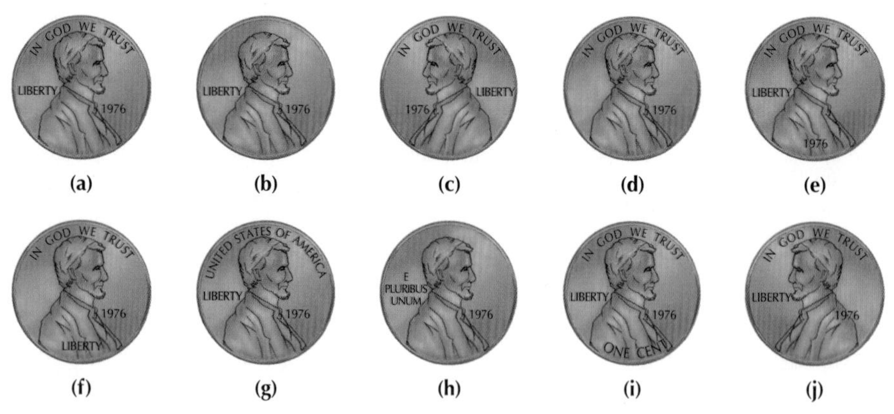

그림 30.4
재인 기억과 부호화 실패에 대한 연구에 사용된 방해 자극 중 일부. a의 1센트 동전이 정답이지만 제대로 인식된 경우는 거의 없었다. g와 j의 동전이 흔한 오답이었다. (Nickerson & Adams, 1979를 수정함)

교화 처리)이 부호화 실패를 방지하는 좋은 길이다(Hall et al., 2007; Wong, 2012). 모듈 1 "심리학 공부 방법"에서 더 많은 기억 전략을 찾아볼 수 있다. 아직 보지 않았다면 지금 살펴보라.

대학생: 모두들 비슷해! 부호화 실패는 심지어 사람들에 대한 우리의 기억에까지 영향을 미칠 수 있다. 다음과 같은 상황을 상상해 보자. 여러분이 캠퍼스를 걷고 있는데 대학생 같아 보이는 젊은 남자가 여러분에게 와서 길을 묻는다. 여러분이 이야기를 하는 동안 두 작업자가 문을 운반하면서 여러분과 그 젊은 남자 사이를 지나간다. 여러분의 시야가 그 문에 의해 가려져 있는 동안 또 다른 남자가 그 첫 번째 남자의 자리에 들어선다. 이제 여러분은 바로 몇 초 전에 거기에 있었던 사람과는 다른 사람을 대면하고 있다. 만약 이런 일이 여러분에게 일어난다면 여러분은 그런 변화를 알아챌 것으로 생각하는가? 놀랍게도 이런 식으로 검사한 사람들 중 절반만이 그 바뀌치기를 알아챘다(Simons &

Levin, 1998)!

어떻게 한 낯선 사람이 다른 사람으로 뒤바뀐 것을 알아채지 못할 수 있는가? 첫 번째 사람을 기억하지 못한 이들은 모두 더 나이가 많은 성인이었다. 대학생들은 그런 바꿔치기에 속지 않았다. 더 나이 든 성인들은 첫 번째 사람을 '대학생'이라는 아주 일반적인 용어로 부호화했음이 분명해 보인다. 그 결과 그들이 기억한 것은 그게 전부다. 바꿔치기된 사람도 역시 대학생처럼 보였기 때문에 그들은 그가 동일한 사람이라고 생각했다.

우리는 모두 낯선 사람들을 일반적인 범주로 분류하는 경향이 있다. 그 사람이 젊은지 늙었는지, 남자인지 여자인지, 나와 같은 인종인지 아닌지? 이런 경향이 목격자들이 다른 집단보다 자신과 같은 인종집단의 일원을 더 잘 식별하는 한 가지 이유이다(Wallis, Lipp, & Vanman, 2012). 이렇게 말하는 것이 거슬릴 수 있지만, 짧은 사회적 접촉 동안 사람들은 정말로 다른 인종집단의 사람들이 '모두 비슷해 보이는' 것처럼 행동한다. 물론 사람들이 가까워지면서 서로를 개인으로서 더 잘 알게 될 때 이러한 편향은 사라진다(Bukach et al., 2012).

기억 저장이 실패할 때

망각에 대한 한 관점은 **기억 흔적**(memory trace), 즉 신경세포나 뇌 활동의 변화가 시간이 가면서 쇠퇴한다(흐려지거나 약화된다)고 주장한다. **기억 쇠퇴**(memory decay)는 감각기억과 단기기억의 상실에서 한 요인이다. 이 기억들에 저장된 정보는 뇌에서 짧은 활동을 일으키고는 급속히 사라지는 것으로 보인다. 따라서 감각기억과 단기기억은 '물이 새는 양동이'처럼 작동한다. 즉 새로운 정보가 끊임없이 들이부어지지만 빠른 속도로 사라져 버리고 더 새로운 정보로 대체된다.

불용 *장기기억에서도 쇠퇴가 일어나는가?* 인출되어 '사용'되거나 되뇌기되지 않는 기억은 시간이 지나면서 약해진다는 증거가 있다. 즉 어떤 장기기억은 **불용**(disuse, 드문 인출)으로 인해 쇠퇴하고 결국엔 너무 약해져서 인출되지 않을 수 있다. 그러나 불용 하나만으로 망각을 완전히 설명할 수는 없다(Della Sala, 2010). 불용은 겉보기엔 망각된 기억을 복원, 재학습, 점화를 통해 회복할 수 있는 우리의 능력을 설명할 수 없는 것으로 보인다. 또한 불용은 사용되지 않은 기억 중 왜 어떤 것은 쇠퇴하는 반면 다른 것은 평생 지속되는지를 설명하지도 못한다.

세 번째 문제는 어르신들과 시간을 보내 본 사람이라면 누구나 인정할 것이다. 노년기의 사람들은 깜박하기를 너무 잘해서 일주일 전에 일어난 일도 기억하지 못한다. 안타깝게도 이는 *알츠하이머병*이나 다른 *치매* 같은 병 때문인 경우가 흔한데, 이런 병들은 뇌가 정보를 처리하고 저장하는 능력을 서서히 옥죄인다(Hanyu et al., 2010; Verma & Howard, 2012). 그러나 여러분의 할아버지는 최근의 사건에 대한 기억이 쇠퇴함과 동시에 먼 과거에 일어났던 사소하고 잊은 지 오래된 사건들에 대한 기억은 생생할 수도 있다. "왜 그러냐, 난 그게 마치 어제 일처럼 생생하게 기억나는데."라고 할아버지는 말씀하실 것이다. 지금 하시려는 이야기가 아까 하셨던 이야기인 것을 망각하시고서 말이다. 요약하면, 불용은 장기기억의 망각에 대한 부분적인 설명일 뿐이다.

기억 인출이 실패할 때

부호화 실패와 저장 실패가 장기기억의 망각을 완전히 설명하지 못한다면 무엇이 완전한 설명인가? 여러분이 정보를 부호화하고 저장했다면 망각의 그럴듯한 원인으로 남는 것은 인출 실패이다(Della Sala, 2010; Guerin et al., 2012). 기억이 *가용하다*(기억 속에 저장되어 있다)고 할지라도 여러분은 여전히 그것에 *접근할*(찾아내거나 인출할) 수 있어야 기억을 할 수 있다. 예를 들어 앞서 언급한 것처럼 여러분은 시험 문제에 대한 답을 알고 있음을 알지만(답이 가용함을 알지만) 시험 중에 그 답을 인출할 수는 없었던(접근 불가능했던) 경험을 했을 수도 있다.

단서 의존적 망각 인출이 실패하는 한 이유는 정보를 인출할 시간이 왔을 때 **인출 단서**(retrieval cue, 기억과 연합된 자극)가 없는 것이다. 예를 들면, 여러분이 "2년 전 5월 셋째 주 월요일 오후에 무엇을 하고 있었나요?"란 질문을 받으면 "아이고, 내가 어떻게 알겠어요?"라고 답할지도 모르겠다. 하지만 "그날 법원에 불이 났어요." 또는 "그날이 스테이시가 교통사고를 당한 날이에요."라고 여러분에게 상기시키면 여러분은 곧바로 기억을 할 수도 있다.

적절한 단서의 존재는 거의 항상 기억을 향상시킨다. 앞서 보았듯이 더 정교하게 부호화된 기억은 더 잘 떠올려지기 마련인데 왜냐하면 더 많은 인출 단서가 정보의 어떤 부분과 연합되어 있기 때문이다. 심지어 여러분이 시험을 치를 그 교실에서 공부를 하면 기억은 더욱 좋아질 것이다. 그렇게 하기는 불가능

기억 흔적 기억이 저장될 때 일어나는 신경세포나 뇌 활동의 물리적 변화

기억 쇠퇴 기억 흔적이 약해질 때 일어나는 것으로 생각되는 기억의 흐려짐 또는 약화

불용 기억이 주기적으로 사용 또는 인출되지 않을 때 기억 흔적이 약화된다는 이론

인출 단서 기억과 연합된 자극. 인출 단서는 보통 기억을 향상시킨다.

사진이나 낙서장에서 또는 옛 동네를 걸어 다니는 중에 발견되는 것 같은 외적 단서들은 잊힌 줄 알았던 기억을 회상하는 데 흔히 도움을 준다. 많은 참전용사들에게 베트남전 참전용사 기념비에 새겨진 아는 이름을 발견하는 것은 기억의 봇물이 터지게 만든다.

할 때가 많기 때문에 공부할 때 시험을 치를 교실을 상상하도록 노력하라. 그렇게 하면 나중에 기억이 향상될 것이다(Jerabek & Standing, 1992).

상태 의존적 학습 술 취한 사람이 지갑을 둔 곳을 잊어버려서 지갑을 찾기 위해 다시 술을 마셔야 했다는 이야기를 들어 본 적이 있는가? 이는 얼토당토않은 이야기가 아니다. 학습 도중에 존재하는 신체 상태가 나중의 기억에 대한 강력한 인출 단서가 될 수 있는데, 이러한 효과를 **상태 의존적 학습**(state-dependent learning)이라 한다(Radvansky, 2011). 예컨대, 매우 목이 마르면 여러분이 목이 말랐던 다른 경우에 일어났던 일들이 기억나기 쉽다. 이러한 효과 때문에 어떤 약물의 영향하에 학습된 정보는 그런 약물 상태에 다시 들어갈 때 가장 잘 기억난다(Koek, 2011; Mariani et al., 2011). 그러나 이는 실험실에서 나온 결과이다. 학교에서는 애초부터 맑은 정신으로 공부하는 것이 훨씬 더 낫다.

비슷한 효과가 정서 상태에도 적용된다(Wessel & Wright, 2004). 예컨대, Gordon Bower(1981)는 즐거운 기분일 때 단어 목록을 학습한 사람들이 다시 즐거운 상태가 되었을 때 더 많은 단어를 회상한다는 것을 발견했다. 슬픈 기분일 때 학습한 사람들은 슬픈 기분일 때 가장 잘 기억했다(● 그림 30.5). 마찬가지로, 여러분이 즐거운 기분이라면 최근의 즐거운 사건을 더 잘 기억하기 마련이다. 여러분이 기분이 나쁘다면 불쾌한 기억들이 생각나기 쉬울 것이다. 정서적 단서와 기억 간의 이러한 연결은 왜 부부가 말다툼을 하면 흔히 과거의 말다툼이 기억나는지, 그래서 싸움을 재탕하게 되는지를 설명해 줄 수 있을 것이다.

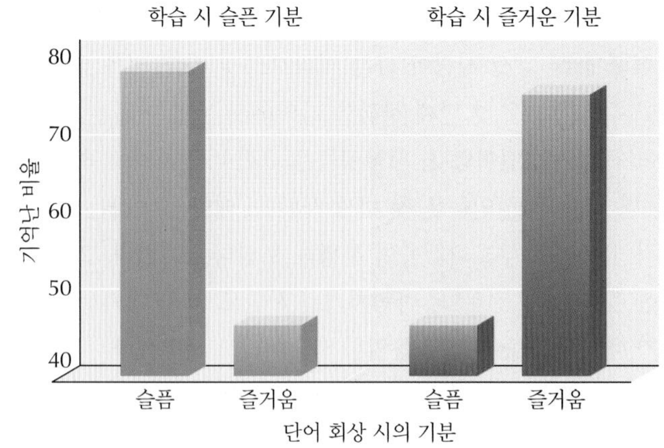

그림 30.5
기분이 기억에 미치는 효과. 단어 목록을 학습한 참가자들은 검사 시의 기분이 학습 시의 기분과 같았을 때 가장 잘 기억했다. (Bower, 1981을 수정함)

간섭

망각에 대한 더 깊은 이해를 대학생에게 무의미 철자의 목록을 학습시킨 한 고전적인 실험에서 얻을 수 있다. 학습 후 한 집단의 학생들은 8시간 동안 잔 후에 그 목록에 대한 기억 검사를 받았다. 둘째 집단은 8시간 동안 깨어 있으면서 평소처럼 활동을 했다. 둘째 집단의 기억을 검사하자 잠을 잤던 첫째 집단보다 성적이 더 *낮았다*(● 그림 30.6). 이 차이는 새로운 학습이 과거의 학습을 인출하는 능력에 간섭을 일으킨다는 사실에 근거한다. (수면은 또 다른 방식으로 기억을 향상시킬 수 있다. 즉 REM 수면과 꿈꾸기 또한 우리가 기억을 형성하도록 돕는 것으로 보인다.) **간섭**(interference)은 새로운 기억이 과거의 기억의 인출을 방해하는

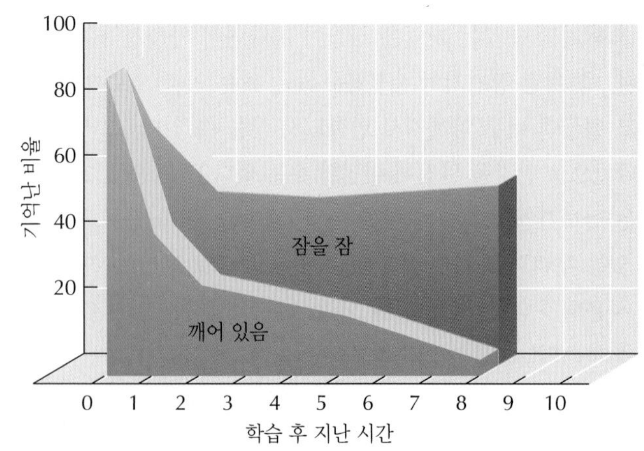

그림 30.6
잠을 자거나 깨어 있었던 후의 망각의 양. 수면이 깨어 있는 동안의 활동보다 더 적은 기억 상실을 일으킴에 주목하라. (Jenkins & Dallenbach, 1924를 따름)

경향(그 반대도 포함)을 가리킨다. 이는 단기기억과 장기기억 모두에 적용되는 듯하다(Radvansky, 2011; Rodríguez-Villagra et al., 2012).

새로운 기억이 기존의 기억 흔적을 변경시키는지 아니면 이전의 기억이 더 인출되기 힘들게 만드는지는 잘 알려져 있지 않다. 어찌 되었건 간섭이 망각의 한 주요 원인임에는 의심의 여지가 없다(Radvansky, 2011). 한 고전적 연구에서 단어 목록 20개를 하루에 한 목록씩 외웠던 대학생들은 마지막 목록의 겨우 15%만 회상할 수 있었다. 오직 1개의 목록만 외웠던 학생들은 80%를 기억했다(Underwood, 1957)(● 그림 30.7).

무의미 철자를 학습하고 잠을 잤던 대학생들이 기억을 더 잘했던 이유는 역행 간섭이라 불리는 것이 최소한이었기 때문이다. **역행 간섭**(retroactive interference)은 새로운 학습이 기존 학습의 인출을 억제하는 경향을 가리킨다. 새로운 학습을 피하면 역행 간섭을 방지할 수 있다. 이는 꼭 여러분이 시험공부 후에 벽장 속에 숨어 있어야 한다는 의미가 아니다. 하지만 여러분은 가능하다면 시험 때까지 다른 주제를 공부하기를 피해야 한다. 공부 후의 수면은 기억을 유지하는 데 도움이 되며, 독서, 글쓰기, 또는 심지어 텔레비전 시청도 간섭을 초래할지 모른다.

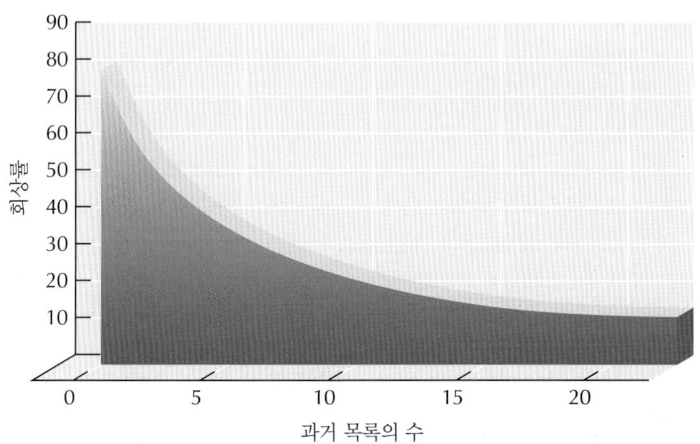

그림 30.7
기억에 대한 간섭의 효과. 이 그래프는 회상률과 외운 단어 목록의 수 사이의 대략적인 관계를 보여 준다. (Underwood, 1957을 수정함)

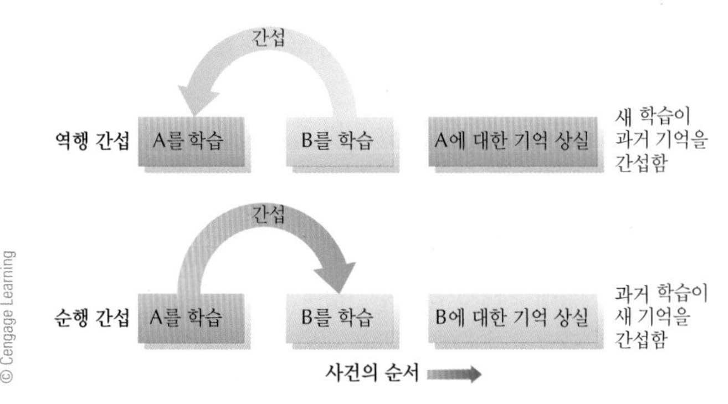

그림 30.8
역행 간섭과 순행 간섭. 학습과 검사의 순서가 간섭이 역행(후방)인지 순행(전방)인지 보여 준다.

역행 간섭은 다음의 방식으로 실험실에서 쉽게 입증된다.

실험집단:	A를 학습	B를 학습	A를 검사
통제집단:	A를 학습	휴식	A를 검사

여러분이 실험집단의 한 사람이라고 하자. A 과제에서 여러분은 전화번호 목록을 학습한다. B 과제에서 여러분은 주민등록번호 목록을 학습한다. A 과제(전화번호)에 대한 검사에서 여러분은 몇 점을 얻을까? 여러분이 A 과제만 학습한 통제집단만큼 기억을 하지 못한다면 역행 간섭이 일어난 것이다. 두 번째로 학습한 것이 첫 번째로 학습한 것에 대한 기억에 간섭을 일으켰다. 즉 간섭이 '역방향'으로 갔기 때문에 '역행'이다(● 그림 30.8).

두 번째 유형의 간섭이 **순행 간섭**(proactive interference)이다. 이는 이전의 학습이 나중의 학습의 회상을 억제할 때 일어난다. 순행 간섭에 대한 검사는 다음의 형식을 띨 것이다.

실험집단:	A를 학습	B를 학습	B를 검사
통제집단:	휴식	B를 학습	B를 검사

실험집단이 B 과제에 대한 검사에서 통제집단보다 기억을 덜 한다고 하자. 그런 경우 A 과제를 학습하는 것이 B 과제에 대한 기억을 간섭했다.

그렇다면 순행 간섭은 '전방으로' 작용하는가? 그렇다. 예를 들면, 여러분이 심리학 시험공부를 벼락치기로 하고 나서 그날 밤에 역사 시험공부를 벼락치기로 한다면 두 번째로 공부한 과목(역사)에 대한 여러분의 기억은 역사 공부만 했었을 경우보다 덜 정확할 것이다. (역행 간섭 때문에 아마도 심리학에 대한 여러분의 기억 또한 떨어질 것이다.) 공부한 두 과목이 유사할수록 간섭이 더 심하게 일어난다. 물론 교훈은 시험공부를 미루지 말라는 것이다. 서로 경쟁하는 정보를 피할수록 여러분이 기억하기를 원하는 것을 회상할 가능성이 높아진다(Wixted, 2004).

지금까지 이야기한 간섭 효과는 이 모듈의 내용 같은 언어적 정보의 기억에 주로 적용된다. 여러분이 어떤 기술을 배우고 있

상태 의존적 학습 학습 시와 인출 시의 신체 상태에 영향을 받는 기억. 두 신체 상태가 같을 때 기억 향상이 일어난다.
간섭 새로운 기억이 그 이전 기억의 인출을 방해하는, 또 그 반대로 작용하는 경향
역행 간섭 새로운 기억이 과거 기억의 인출을 간섭하는 경향
순행 간섭 과거의 기억이 새로운 기억의 인출을 간섭하는 경향

을 경우에는 유사성이 때로는 방해가 되기보다 이득이 될 수 있다. 다음 절은 어떻게 그런 일이 일어나는지를 설명한다.

훈련의 전이 두 사람이 만돌린 레슨을 받기 시작한다. 한 사람은 이미 바이올린을 연주할 줄 안다. 다른 사람은 트럼펫 연주자다. 다른 모든 것이 동등하다면, 어느 사람이 만돌린을 처음에 더 잘 배울까? 여러분이 바이올린 연주자를 선택했다면 정적 전이의 의미를 직관적으로 이해하고 있다. (만돌린의 현은 바이올린과 똑같이 조율된다.) **정적 전이**(positive transfer)는 한 과제의 숙련이 다른 과제의 숙련에 도움을 줄 때 일어난다. 또 다른 예로는, 오토바이를 타는 법을 배우기 전에 자전거에서 균형을 잡고 회전하기를 배우는 것이다. 마찬가지로 서핑과 스케이트보딩 기술은 스노우보딩에 전이된다.

부적 전이(negative transfer)에서는 한 상황에서 발달한 기술이 새로운 과제에 숙련되는 데 필요한 기술과 상충된다. 트레일러를 뒤에 매단 차를 후진하기를 배우는 것이 좋은 예이다. 정상적으로는 차를 후진할 때 전진할 때와 마찬가지로 운전대를 여러분이 가기를 원하는 방향으로 돌린다. 그러나 트레일러를 후진할 때는 트레일러가 가야 할 방향과는 반대쪽으로 운전대를 돌려야 한다. 이 상황은 부적 전이를 야기하며, 흔히 캠핑장과 보트 선착장에서 우스운 장면을 만들어 낸다.

좀 더 심각한 측면에서는, 부적 전이로 인한 많은 비극적인 충돌 때문에 마침내 비행기 조종석이 더 표준화되게 되었다. 다행히도 부적 전이는 대개 짧으며 정적 전이보다 덜 자주 일어난다. 기존의 자극에 대하여 새로운 반응이 나와야 할 때 부적 전이가 일어날 가능성이 제일 높다(Besnard & Cacitti, 2005). 밀어서 열어야 하는 문에 달린 당기는 형태의 손잡이를 사용해 본 적이 있다면 여러분은 이 점을 이해할 것이다.

기억의 억압과 억제

잠시 동안 여러분의 지난 몇 년간의 삶에서 일어난 사건을 생각해 보라. 어떤 종류의 것들이 가장 쉽게 마음속에 떠오르는가? 많은 사람들은 실망스럽고 불쾌한 사건보다 즐겁고 긍정적인 사건을 더 잘 기억한다(Moore & Zoellner, 2007). 이런 경향성을 **억압**(repression), 즉 동기화된 망각이라 부른다. 억압을 통해 고통스럽거나 위협적이거나 수치스러운 기억은 의식의 바깥에 유지된다.

임상 파일

회복된 기억/가짜 기억 논쟁

성적 학대를 당한 아이들에게는 성인기까지 지속되는 문제가 생기는 경우가 많다. 성적 학대에 대한 모든 기억을 억압하는 사례들도 있다. 일부 심리학자들에 따르면, 그런 숨겨진 기억을 밝혀내는 것이 정서적 건강을 되찾는 중요한 한 걸음일 수 있다(Colangelo, 2007; Haaken & Reavey, 2010).

위의 이야기가 사실일 수 있기는 하지만, 성적 학대에 대한 억압된 기억을 탐색하는 것 자체가 문제가 된 적이 있다. 나중에 완전히 가짜인 것으로 판명된 성적 학대에 대한 고발로 풍비박산 난 가정들이 생겼다. 예를 들면, Meridith Maran은 아버지에게 성희롱을 당한 생생한 기억을 회복했다고 생각하고서 자신과 자기 자식들을 자기 아버지와 전혀 접촉하지 못하도록 떼놓았다. 9년이나 지나서야 그녀는 자신의 '기억'이 사실이 아님을 깨닫고서 마침내 자기 아버지에게 사과를 했다(Maran, 2010). 다른 사람들에겐 훨씬 더 나쁜 일들이 일어났는데, 법정으로 간 사례들도 있고 결백한 사람들이 교도소에 가기도 했으며 실제 성적 학대 피해자들이 자신의 진짜 기억에 대해 가짜 주장을 한다는 비난을 받기도 했다.

왜 그런 충격적인 사건에 대해 가짜 기억이 생기게 되는 것인가? 여러 대중서적과 잘못된 생각을 가진 소수의 치료자가 사람들로 하여금 학대에 대한 억압된 기억을 찾아내도록 적극적으로 부추겼다. 최면, 상상요법, 암시, 연령 퇴행, 소위 자백약의 투여 및 기타 유사한 기법들이 환상을 유발하여 진짜 기억으로 착각하게 만들 수 있다. 앞서 본 바와 같이 가짜 기억을 만들어 내기(특히 최면을 이용하여)는 쉽다(Weinstein & Shanks, 2010).

가짜 기억을 생성하는 것이 얼마나 쉬운지를 입증하기 위해 그리고 *가짜 기억 증후군*(false memory syndrome)을 널리 알리기 위해 기억 전문가 Elizabeth Loftus는 배우 Alan Alda에게 가짜 기억을 일부러 심어 넣은 적이 있다. 텔레비전 시리즈 〈Scientific American Frontiers〉의 진행자로서 그는 Loftus를 인터뷰하기로 되어 있었다. 인터뷰 전에 Alda에게 음식에 대한 그의 취향을 묻는 설문지를 작성하게 했다. Alda가 도착하자 Loftus는 그에게 그의 답안이 그가 삶은 계란을 먹고 분명히 탈이 난 적이 있음(이건 사실이 아니다)을 보여준다고 말했다. 그날 나중에 소풍을 나가서 Alda는 삶은 계란을 먹으려 하지 않았다(Loftus, 2003).

의식에 다시 떠오르는 학대에 대한 기억 중 일부는 분명히 진짜이며 처리해야 할 문제이다. 그러나 '회복된' 기억 중에는 순전히 환상인 것도 있음에는 의심의 여지가 없다. 회복된 기억이 아무리 진짜처럼 보인다 하더라도 가짜일 수 있다. 다른 사람들에 의해서나 법정에서 또는 의료 기록에 의해서 입증되지 않는 한 말이다(Bernstein & Loftus, 2009; Otgaar & Smeets, 2010). 그런 주장과 관련된 가장 안타까운 일은 그것이 실제 학대에 대한 대중의 민감성을 무디게 한다는 사실이다. 아동기 성적 학대는 널리 퍼져 있다. 그 존재에 대한 자각은 억압되어서는 안 된다.

전투 때 보았던 끔찍한 장면들 일부를 억압한 병사들이 그런 한 예이다(Anderson & Huddleston, 2012).

과거의 실패, 괴로운 아동기 사건, 여러분이 싫어하는 사람들의 이름, 또는 지키고 싶지 않은 약속 등을 망각하는 것은 억압을 드러내는 것인지도 모른다(Goodman, Quas, & Ogle, 2010). 정서적 사건에 극히 민감한 사람들은 위협적인 생각으로부터 자신을 보호하기 위해 억압을 사용하는 경향이 있다. 더 조심해야 될 점들에 대해서는 글상자 "회복된 기억/가짜 기억 논쟁"을 보라.

만약 내가 망친 시험을 잊어버리려 한다면 나는 그것을 억압하고 있는 것인가? 아마도 아닐 것이다. 억압은 무언가를 마음에서부터 밀어내려는 능동적이고 의식적인 노력인 **억제**(suppression)와는 구분된다(Anderson et al., 2011). 그 시험에 대해 생각하지 않음으로써 여러분은 단지 기억을 억제했을 뿐이다. 원한다면 여러분은 그 시험을 기억해 낼 수 있다. 임상가들은 억압을 *무의식적* 사건으로 간주하며 우리가 정서적 위협에 대항하여 사용하는 주요 심리적 방어의 하나로 생각한다. (자세한 사항은 모듈 45 참조) 기억이 억압될 때는 우리가 망각이 일어났는지조차 자각하지 못할 수 있다.

어떤 심리학자들은 억압이 존재하는지 여부를 의심하지만, 우리가 괴로운 기억을 능동적으로 억제하기를 선택할 수 있다는 증거는 존재한다(Ceylan & Sayin, 2012; Neufeind et al., 2009). 여러분이 고통스러운 정서적 사건을 경험했다면 아마도 그와 연관된 모든 생각을 피하려 할 것이다. 이는 고통스러운 기억을 촉발할 수 있는 단서를 마음으로부터 차단하기 쉽다. 시간이 지나면서 그 기억에 대한 여러분의 능동적인 억제는 진정한 억압이 될지도 모른다.

기억과 뇌–몇몇 '충격적인' 발견들

SURVEY QUESTION 30.2 뇌는 어떻게 기억을 형성하고 저장하는가?

망각에 대한 지금까지의 논의에서 간과된 한 가지 가능성은 기억이 형성되고 있는 중에 상실될 수도 있다는 것이다(Papanicolaou, 2006). 예를 들면, 머리 부상은 그에 선행하는 기억에서 '빈 곳'을 야기할 수 있다. 소위 **역행 기억상실증**(retrograde amnesia, 후향 기억상실증)은 부상이나 충격 이전에 일어난 사건들을 망각하는 것이다(MacKay & Hadley, 2009). 반면에 **순행 기억상실증**(anterograde amnesia, 전향 기억상실증)은 부상이나 충격 이후에 일어나는 사건을 망각하는 것이다(Dewar et al., 2010). (이 유형의 기억상실증에 대한 예는 조금 후에 논의할 것이다.)

응고화

지속적인 기억이 형성되는 데는 시간이 걸린다[이 과정을 **응고화**(consolidation)라고 한다]고 가정함으로써 역행 기억상실증을 설명할 수 있다(Nadel et al., 2012). 응고화는 덜 굳은 콘크리트에다가 여러분의 이름을 적어 넣는 것과 좀 비슷한 것으로 생각할 수 있다. 일단 콘크리트가 마르고 나면 그 정보(여러분의 이름)는 상당히 오래간다. 하지만 콘크리트가 말라 가는 동안에는 그 정보를 지워 버리거나(기억상실증) 그 위에 다른 것을 겹쳐 쓸 수 있다(간섭).

응고화에 관한 고전적인 실험을 보자. 쥐를 작은 단 위에 놓는다. 쥐는 바닥으로 내려서면 고통스러운 전기충격을 받는다. 한 번의 전기충격 후 쥐를 작은 단 위에 다시 놓을 수 있는데, 그렇지만 쥐는 바닥으로 내려서지 않는다. 분명히 쥐는 전기충격을 기억하는 것이다. 만약 응고화가 차단되면 쥐가 그것을 기억할까?

희한하게도 응고화를 차단하는 한 방법은 *전기경련충격*(electroconvulsive shock, ECS)이라는 다른 종류의 전기충격을 주는 것이다. ECS는 뇌에 가해지는 약한 전기충격이다. 이는 동물에게 해를 입히지는 않지만 형성되는 중인 모든 기억을 파괴한다. 만약 각각의 고통스러운 전기충격(동물이 기억하는 그것)에 ECS(응고화 동안 기억을 지워 버리는)가 뒤따르면 쥐는 작은 단에서 계속 내려선다. 매번 ECS는 고통스러운 전기충격에 대한 기억을 지워 버린다. (ECS는 인간에게서 심각한 우울증에 대한 정신과적 치료법으로 사용된다. 모듈 56을 보라.)

만약 학습한 지 여러 시간 후에 ECS가 주어지면 어떤 일이 일어나는가? 최근 기억은 더 오랜 기억보다 더 쉽게 파괴된다. 만약 학습과 ECS 사이에 충분한 시간이 있으면 기억은 영향을 받지 않는데 왜냐하면 응고화가 이미 완성되었기 때문이다. 경미한 머리 부상을 입은 사람들이 사고 직전에 대한 기억만 상실하면서 더 오랜 기억은 온전히 남아 있는 이유가 이것이다(Baddeley, Eysenck, & Anderson, 2009). 마찬가지로, 만약 여러분이 공부하

정적 전이 한 과제의 숙련이 다른 과제의 학습이나 수행을 도와줌
부적 전이 한 과제의 숙련이 다른 과제의 학습이나 수행을 방해함
억압 원치 않는 기억을 자각의 바깥으로 무의식적으로 밀어냄
억제 어떤 것을 자각되지 않도록 마음에서 밀어내는 의식적 노력
역행 기억상실증 머리 부상이나 기타 기억상실증 유발 사건에 선행하는 사건에 대한 기억의 상실
순행 기억상실증 부상이나 충격 후에 일어나는 사건들에 대한 기억을 형성하거나 인출하는 능력의 상실
응고화 비교적 영속적인 기억이 뇌에서 형성되는 과정

고 나서 8시간 깨어 있은 후에 8시간을 잔다면, 공부하고 나서 8시간 잔 후에 8시간을 깨어 있은 후보다 더 많은 것을 망각할 것이다. 두 경우 모두 16시간이 지나간다. 하지만 둘째 경우에 망각이 덜 일어날 것인데 왜냐하면 간섭이 시작되기 전에 응고화가 더 많이 일어날 것이기 때문이다.

뇌의 어디에서 응고화가 일어나는가? 뇌의 많은 부위가 기억을 담당하지만 **해마**(hippocampus)가 특별히 중요하다(Squire & Wixted, 2011). 해마는 단기기억과 장기기억 사이에서 일종의 '개폐소'로 작용한다(Hardt, Einarsson, & Nader, 2010). 해마는 부분적으로 새로운 뉴런을 생성함으로써 그리고 뇌 속에서 새로운 연결을 만듦으로써 이런 일을 한다(Leuner & Gould, 2010).

해마가 손상된 환자는 대개 순행 기억상실증이 생겨서 새로운 기억을 응고화시키지 못하는 놀라운 현상을 보인다. Brenda Milner(1965)가 기술한 한 남자가 극적인 예를 제공한다. 해마를 손상시키는 수술을 받은 2년 후에 29세가 된 H. M.은 자기 나이가 여전히 27세라고 하면서 수술을 방금 받았다고 말했다. 수술 이전의 사건들에 대한 그의 기억은 명확했으나 새로운 장기기억의 형성은 거의 불가능했다. 그의 부모가 같은 거리에서 몇 블록 떨어진 곳으로 이사를 가자 그는 그 새 주소를 기억할 수 없었다. 몇 달에 걸쳐 그는 똑같은 잡지들을 읽고 또 읽었지만 읽었다는 기억이 없었다. 여러분이 이 사람을 만난다면 그는 상당히 정상적으로 보일 것이다. 왜냐하면 그는 여전히 단기기억을 갖고 있기 때문이다. 하지만 여러분이 방을 나가서 15분 후에 돌아온다면 그는 마치 여러분을 이전에 한 번도 본 적이 없는 것처럼 행동할 것이다. 지속적인 기억을 새로이 형성하지 못하기 때문에 그는 2008년에 82세의 나이로 죽을 때까지 영원히 현재를 살고 있었다(Bohbot & Corkin, 2007).

기억, 스트레스, 그리고 정서 나이 든 사람들 중에는 2001년 뉴욕의 세계무역센터에 가해진 테러리스트 공격 소식을 들었을 때를 아직도 기억할 수 있는 이들이 많다. 그들은 심지어 자신이 어떻게 반응했는지를 비롯하여 자세한 사항을 많이 회상할 수 있다. 그들은 이 9/11 테러에 대한 **섬광 기억**(flashbulb memory)을 갖고 있다(Paradis et al., 2004). 섬광 기억이란 정서적으로 중요한 개인적 또는 공적 사건이 일어났던 때에 대하여 기억 속에 고정되어 있는 듯한 특별히 생생한 이미지이다(Lanciano, Curci, & Semin, 2010). 여러분의 나이에 따라 여러분도 또한 존 F. 케네디 대통령이나 마틴 루터 킹 목사의 암살, 다이애나 왕세자비의 죽음, 또는 2011년 일본을 덮친 거대한 쓰나미와 지진에 대한 섬광 기억을 갖고 있을 수 있다(Curci & Luminet, 2006).

뇌는 섬광 기억을 달리 취급하는가? 극도로 흥분시키거나 스트레스를 유발하는 경험은 정서를 처리하는 뇌 부위인 둘레계통(변연계)을 활성화시킨다. 둘레계통의 활동 증가는 이어서 기억 응고화를 강화시키는 것으로 보인다(LaBar, 2007). 그 결과, 강력한 정서가 일어날 때는 섬광 기억이 형성되기 쉽다.

섬광 기억은 흔히 국가적 비극과 관련되지만 긍정적이거나 부정적인 사건 모두에 대한 기억이 '섬광 기억'과 같은 명확성을 가질 수 있다. 여러분은 다음 중 어느 하나라도 섬광 기억이라고 간주하겠는가? 여러분의 첫 키스 또는 첫 데이트? 많은 사람 앞에서 발표를 해야 했던 때는 어떤가? 여러분이 겪었거나 목격한 자동차 사고는?

Mark Wilson/Getty Images

여러분은 2012년에 미국을 강타한 초대형 폭풍 샌디에 대한 섬광 기억이 있는가? 만약 여러분이 그것을 경험했고 아직도 마치 어제 일처럼 기억한다면 여러분은 섬광 기억을 갖고 있다. 심지어 여러분이 텔레비전에서 그 뉴스를 보고 여러분이 어떻게 반응했는지에 대한 명확한 기억을 갖고 있다면 또한 그러하다.

*섬광 기억*이란 용어는 별나게 생생하고 영구적으로 보이는 기억을 기술하기 위해 처음 사용되었다(Brown & Kulik, 1977). 그러나 섬광 기억이 특별히 정확한 것은 아님이 명백해졌다(Talarico & Rubin, 2007). 다른 무엇보다도 섬광 기억을 특별하게 만드는 것은 우리가 그것에 대단한 *확신*을 갖는 경향이 있다는 것이다. 심지어 그 기억이 틀렸을 때도 말이다(Niedzwienska, 2004). 아마도 그 이유는 우리가 정서적 사건을 자꾸자꾸 다시 생각하며 다른 이들에게 이야기하기 때문일 것이다. 또한 전쟁, 지진, 선거 같은 공적인 사건들은 뉴스에 여러 번 재등장해서 기억 속에서 그것이 강조된다. 시간이 가면서 섬광 기억은 우리의 삶에서, 완전히 정확하지는 않더라도, 변함없는 표지물로 고정되는 경향이 있다(Lanciano, Curci, & Semin, 2010).

어떤 기억은 섬광 기억의 명확성을 넘어 지나치게 강해져서 사람을 여러 해 동안 괴롭힐 수도 있다. 군대에서의 전투나 아동기의 학대처럼 극단적으로 충격적인 경험은 둘레계통을 지나치게

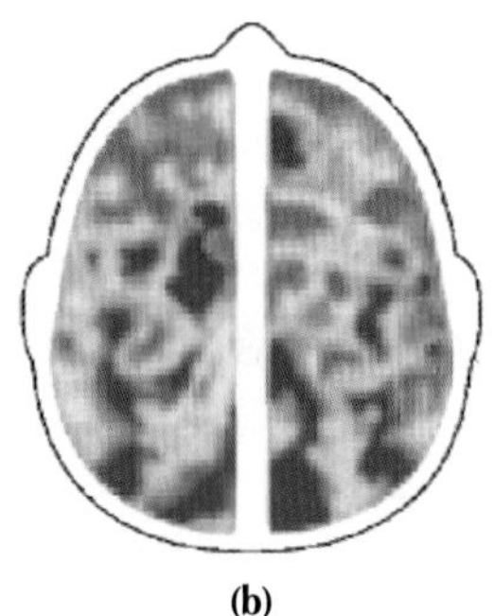
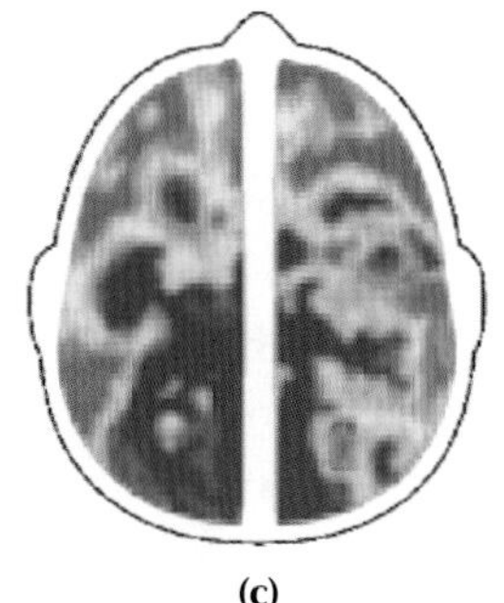

(a) (b) (c)

그림 30.9
대뇌겉질(뇌의 주름진 표면 층)의 혈류 패턴은 뇌 영역들이 더 또는 덜 활동함에 따라 변화한다. 따라서 혈류는 뇌 활동의 '지도'를 그리는 데 사용될 수 있다. 뇌를 위에서 본 모양을 보여 주는 이 그림은 사람들이 의미 기억(a) 또는 일화 기억(b)에 대해 생각하고 있는 동안의 뇌 혈류를 측정한 결과를 나타낸다. 이 그림에서 초록색은 의미 기억에서 더 활동적인 영역을, 빨간색은 일화 기억에서 더 활동적인 영역을 나타낸다. 그림 (c)에 있는 뇌는 그림 (a)와 (b) 사이의 활동 차이를 보여 준다. 그 결과 얻어진 패턴은 뇌의 앞부분이 일화 기억과 관련됨을 시사한다. 뇌의 뒷부분과 옆부분에 있는 영역들, 특히 관자엽(측두엽)은 의미 기억과 더 연관된다(Tulving, 1989, 2002). Copyright © Tulving, E. (1989). "Remembering and knowing the past." *American Scientist*, 77(4), 361–367. 허락하에 게재.

활성화시키고, 그 결과 생겨나는 기억과 '플래시백'은 사람을 정서적 장애인으로 만들 수 있다(Goodman, Quas, & Ogle, 2010).

장기기억과 뇌

1.4kg짜리 인간의 뇌 어딘가에 우리가 아는 모든 것(우편번호, 사랑하는 사람들의 얼굴, 역사, 좋아하는 멜로디, 사과의 맛, 그리고 훨씬 더 많은 것)이 들어 있다. 이 정보가 어디에 있을까? 신경과학자들에 따르면, 우리가 장기기억을 형성하고 인출할 때 뇌의 많은 부위가 활성화되는데, 그러나 어떤 영역들은 서로 다른 유형의 기억과 기억 과정에 더 중요하다(Squire & Wixted, 2011).

예를 들면, 대뇌겉질(뇌의 주름진 표면 층)에서 혈류 패턴이 뇌 활동을 알아내는 데 사용될 수 있다. ● 그림 30.9는 사람들이 의미 기억이나 일화 기억에 대해 생각하고 있는 동안 일어나는 혈류를 측정한 결과를 보여 준다. 그 결과는 우리가 일화 기억에는 겉질의 앞부분을 사용함을 나타낸다. 뒤쪽 영역들은 의미 기억과 더 관련된다(Tulving, 1989, 2002). 또 다른 예로서, 우리가 기억 인출이나 억제를 하고 있을 때 겉질의 서로 다른 부분들이 활성화된다(Mecklinger, 2010).

요약하자(그리고 대단히 단순화시키자). 앞서 우리는 해마가 기억 응고화를 담당함을 보았다(Wang & Morris, 2010). 서술적 장기기억은 일단 형성되고 나면 뇌의 겉질(일화 기억은 앞부분, 의미 기억은 뒷부분)에 저장되고 인출되는 것으로 보인다(Mecklinger, 2010; Squire, 2004). 절차적(기술) 장기기억은 바닥핵(기저핵)과 소뇌에 저장되는데, 이들은 또한 근육 협응을 담당하는 뇌 부위들이다(Freberg, 2010; Lum & Bleses, 2012).

기억이 뇌에 어떻게 기록되는가? 과학자들은 신경세포가 정보를 기록하는 정확한 방식을 밝혀내기 시작하고 있다. 예컨대 Eric Kandel과 동료들은 *군소*(aplysia)라는 바다달팽이의 학습을 연구해 왔다. 군소에서 학습은 어떤 신경회로에 있는 특정 신경세포들이 분비하는 신경전달물질의 양이 변할 때 일어난다(Bailey & Kandel, 2004). 학습은 또한 뇌 세포의 활동, 구조 및 화학을 변화시킨다. 그런 변화가 어느 연결이 더 강해지고 어느 연결이 더 약해질지를 결정한다.

과학자들은 기억에 영향을 주는 다양한 화학물질, 특히 신경전달물질을 계속 연구한다(Xu & Yao, 2010). 그들의 연구는 궁극적

군소. 이 해양생물의 비교적 단순한 신경계 덕분에 과학자들은 단일 신경세포에서 일어나는 기억을 연구할 수 있다.

해마 정서, 그리고 단기기억에서 장기기억으로의 정보 전이와 연관된 뇌 구조
섬광 기억 강한 정서가 있을 때 생성되는 특별히 생생한 기억

뇌파

기억증진제의 장기 증강

마침내 과학자들은 달팽이부터 쥐뿐 아니라 인간에게까지 걸쳐 기억을 기록하는 화학적 '서명'을 발견했는지도 모른다. 만약 둘 이상의 서로 연결된 뇌세포가 동시에 더 많이 활동하면 그들 사이의 연결이 더 강해진다(Kalat, 2013). 이 과정을 *장기 증강*(long-term potentiation, 또는 장기상승작용)이라 한다. 이것이 일어난 뇌세포는 다른 세포들로부터 들어오는 메시지에 더 강하게 반응한다. 뇌는 이 기제를 이용하여 지속적인 기억을 형성하는 것으로 보인다(Blundon & Zakharenko, 2008; Kimura et al., 2012).

그런 일을 어떻게 보여 주었을까? 기억에 관여하는 뇌 부위(해마 같은)를 전기적으로 자극하면 장기 증강을 감소시킬 수 있다(Ekert & Racine, 2006; Ivanco & Racine, 2000). 앞서 본 바와 같이 전기경련 충격을 사용하여 쥐의 뇌에서 기억 영역을 과도하게 자극하면 장기 증강이 간섭을 받는다. 이는 또한 기억 상실을 초래한다. 인간에게 우울증 치료를 위해 ECS를 사용할 때와 꼭 마찬가지로 말이다.

연구자들은 정상적인 기억을 가진 사람들을 위한 '기억증진약'을 결국 만들어 낼까? 그럴 가능성이 점차 커지고 있긴 하지만, 한 초기의 후보 약물인 *은행잎 추출물*(ginko biloba)은 실망스러운 연구결과를 만들어 냈다(Snitz et al., 2009). 하지만 장기 증강을 높여 주는 약물들은 기억 또한 향상시키는 경향이 있다(Farah et al., 2004). 예를 들어 그런 약물을 투여받은 쥐는 받지 않은 쥐보다 미로를 통과하는 정확한 길을 더 잘 기억할 수 있었다(Service, 1994). 그런 결과는 기억이 인위적으로 향상될 수 있고 앞으로 그럴 것임을 시사한다. 그러나 '물리학 증진제'나 '수학 증진제' 같은 것이 개발될 가능성은 아직 요원하다.

으로 기억 장애를 겪고 있는 몇백만의 사람들에게 도움이 될 것이다(Elli & Nathan, 2001; 글상자 "기억증진제의 장기 증강"을 보라).

모듈 30: 요약

30.1 우리는 왜 망각하는가?

30.1.1 망각은 학습 직후에 가장 많이 일어난다.

30.1.2 정보를 부호화하지 못하는 것이 '망각'의 한 가지 흔한 원인이다.

30.1.3 감각기억과 STM에서의 망각은 기억 흔적의 약화(쇠퇴)를 통한 저장의 실패 때문이다. STM 망각은 또한 대치를 통해서도 일어난다. 불용으로 인한 기억 흔적의 쇠퇴도 또한 일부 LTM 상실을 설명할 수 있다.

30.1.4 인출 실패는 정보가 기억 속에 있는데도 불구하고 인출되지 못할 때 일어난다. 인출 단서의 부족이 인출 실패를 야기할 수 있다. 상태 의존적 학습은 인출 단서의 효과와 관련된다.

30.1.5 LTM에서의 망각의 많은 부분은 간섭 때문에 일어난다. 역행 간섭에서는 새로운 학습이 이전의 학습을 인출하는 능력을 방해한다. 순행 간섭은 오래된 학습이 새로운 학습의 인출을 방해할 때 일어난다.

30.1.6 기억은 의식적으로 억제될 수 있고 무의식적으로 억압될 수도 있다.

30.2 뇌는 어떻게 기억을 형성하고 저장하는가?

30.2.1 기억을 응고화시키는 데는 시간이 걸린다. 뇌에서 기억 응고화는 해마에서 일어난다. 장기기억은 응고화될 때까지는 쉽게 파괴될 수 있어서 역행 기억상실증이 발생할 수 있다.

30.2.2 대단히 정서적인 경험은 섬광 기억을 야기할 수 있다.

30.2.3 기억이 응고화되고 나면 뇌의 겉질에 저장되는 것으로 보인다.

30.2.4 지속적인 기억은 신경세포의 활동, 구조 및 화학의 변화뿐 아니라 그들 사이의 상호 연결의 변화로도 기록된다.

모듈 30: 지식 쌓기

암기

1. 다음 중 어느 설명이 단기기억의 상실을 설명하는 것으로 보이는가?
   a. 쇠퇴　　b. 불용
   c. 억압　　d. 대치
2. 기억이 가용하지만 접근 불가능일 때 망각은 단서 의존적일 수 있다. O X
3. 한 가지를 학습하는 것이 다른 것을 회상하기를 더 어렵게 만들 때 망각은 ________에 의해 초래된 것일 수 있다.
4. 여러분은 전화번호들로 이루어진 긴 목록을 외워야 한다. 10일 동안 매일 새로운 목록을 학습한다. 3번 목록에 대한 시험을 보자 여러분은 첫 3개의 목록만 학습한 사람보다 기억을 더 적게 한다. 여러분의 기억 상실량이 더 큰 이유는 아마도 다음 무엇 때문일까?
   a. 불용　　b. 역행 간섭
   c. 억압　　d. 순행 간섭
5. 만약 여러분이 고통스러운 기억을 의식적으로 마음 바깥으로 쫓아내는 데 성공한다면 여러분은 다음 중 무엇을 사용한 것인가?
   a. 복원　　b. 억제
   c. 부적 되뇌기　　d. 억압
6. 응고화가 더 빨리 일어날 때 역행 기억상실증이 야기된다. O X

반영

비판적으로 생각하기

7. 상태 의존적 학습에 근거해서 생각할 때 여러분은 왜 음악이 흔히 기억을 강하게 유발한다고 생각하는가?

자기반영

여러분이 심리학 시험에서 왜 어떤 답을 맞히지 못했는지를 다음의 어느 개념이 가장 잘 설명하는가? 부호화 실패, 불용, 기억 단서, 간섭.

여러분은 이름을 기억하기 어려운 어떤 누군가를 알고 있는가? 여러분은 그 사람을 좋아하는가 싫어하는가? 여러분은 그런 어려움이 억압의 한 예라고 생각하는가? 아니면 억제, 간섭, 또는 인출 실패의 한 예라고 생각하는가?

정답

1. a와 d 2. O 3. 간섭 4. b 5. b 6. X 7. 음악은 사람의 기분에 영향을 주기 쉬운데, 기분은 기억에 영향을 주기 쉽다(Miranda & Kihlstrom, 2005).

31 Module

기억: 우수한 기억력

조명, 카메라, 액션!

여러분의 기억력이 얼마나 좋은가와는 상관없이 때때로 여러분은 아마도 기억력이 더 좋았으면 하고 바랄 것이다. 이 모듈에서는 예외적인 기억력을 살펴본다. '사진적' 기억 같은 우수한 기억력은 생물학적인 재능인가? 아니면 기억력이 뛰어난 사람들은 단순히 정상적인 기억력을 평균 이상으로 사용하는가?

예를 들면, 배우들은 많은 양의 복잡한 정보를 여러 달 동안 기억할 수 있다. 심지어 기존의 배역을 하는 사이사이에 새로운 역할을 맡게 될 때도 말이다. 검사 시에 그들은 공연을 할 때처럼 돌아다니고 몸짓을 할 수 있는 경우에 자기 대사를 가장 잘 기억한다. 그들의 움직임이 회상을 도와주는 단서를 제공하는 것이 분명해 보인다. 마찬가지로 청킹을 연습함으로써 스티브라는 이름의 장거리 달리기 선수는 한 번에 80자리 숫자들로 된 목록을 기억하기를 학습했다.

© Lebrecht Music and Arts Photo Library/Alamy

우리가 기억증진제의 도래를 기다리는 동안 이 모듈은 여러분의 기억 기술을 즉각 향상시키는 몇몇 방법을 이야기한다.

SURVEY QUESTIONS

31.1 사진적 기억이란 무엇인가?

31.2 어떻게 나의 기억력을 향상시킬 수 있는가?

탁월한 기억력–회상의 달인

SURVEY QUESTION 31.1 사진적 기억이란 무엇인가?

우리가 앞 장에서 살펴본 기억 전문가 S씨같이 진정으로 뛰어난 기억력을 가진 사람은 드물다(Luria, 1968). 그러나 이미 본 바와 같이 그런 기억력이 반드시 좋은 것만은 아니다. Jill Price가 자신의 '완벽한' 기억력에 대해 어떻게 생각하는지 보자. "내 기억이 내 인생을 지배해 왔어요. 텔레비전에(또는 그런 것으로 치자면 어디에라도) 날짜가 보이면 나는 자동적으로 그날로 돌아가서 내가 어디에 있었는지, 무엇을 하고 있었는지, 무슨 요일이었는지 등등 끊임없이 많은 게 기억나요…. 그건 멈추지 않고, 통제 불가능하며, 완전히 진이 빠지게 만들어요…. 대부분의 사람들은 이걸 재능이라고 부르지만 나는 짐이라고 불러요. 매일 내 머릿속에서 내 인생 전체가 지나가는데, 그게 날 미치게 해요!!!"(Parker, Cahill, & McGaugh, 2006; Price & Davis, 2009).

심상

탁월한 기억력을 가지려면 Jill Price처럼 사진적 기억이 필요한가? 드문 경우에 심상(mental imagery)이 너무나 생생하고 지속적이어서 그 사람이 '사진적 기억'을 갖고 있다고 말하는 게 일리가 있다. 그러나 *사진적 기억*(photographic memory)이란 용어는 사진적 심상이라는 드문 기억 능력을 기술하는 데 더 많이 쓰인다.

사진적 심상(eidetic imagery)은 시각적 이미지가 충분히 명확해서 적어도 30초 동안 '스캔'할 수 있도록 유지되는 경우를 가리킨다. 내적 심상은 눈을 감고서 정신적으로 '볼' 수 있다. 이와 달리 사진적 심상은 그 사람의 앞에 '투사된다'. 즉 흰 종이 같은 편평한 표면에서 제일 잘 '보인다'. 그런 면에서 사진적 심상은 섬광

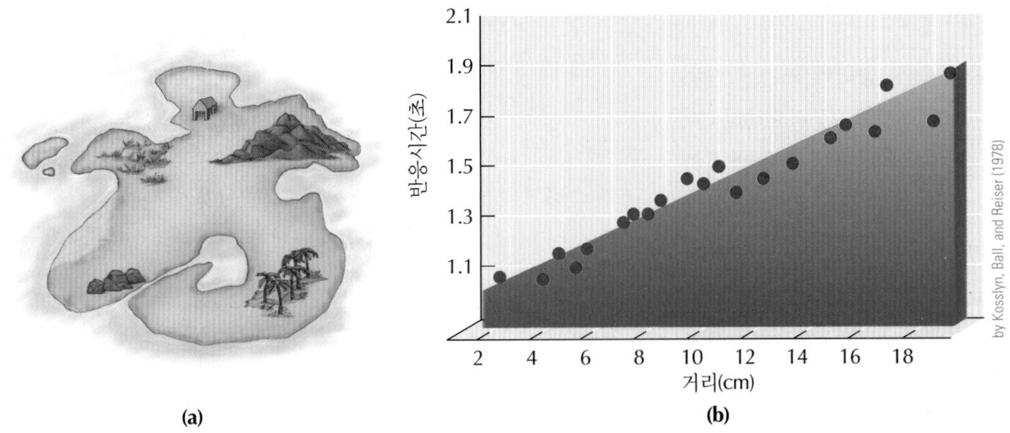

그림 31.1
(a) 기억에서 심상을 연구하기 위해 Kosslyn, Ball과 Reiser(1978)가 사용한 것과 비슷한 '보물지도'. (b) 이 그래프는 참가자들이 시각적으로 상상한 점을 지도에 대한 심상에서 다양한 거리에 걸쳐 움직이는 데 걸린 시간을 보여 준다. (본문의 설명 참조)

이나 아주 밝은 네온사인을 보고 나서 생길 수 있는 잔상과 어느 정도 비슷하다(Brang & Ramachandran, 2010). 영상 기억(eidetic memory)은 아동기에 더 흔하며 성인기 즈음에 드물어진다(Haber & Haber, 2000).

하지만 여러분은 탁월한 기억력을 갖고 있든지 말든지 상관없이 심상을 사용하기 마련이다. 여러분의 주택이나 아파트에 문이 몇 개나 있는지 기억할 수 있는가? 이런 식의 질문에 답하기 위해 많은 사람들은 각 방에 대한 **심상**(mental images)—정신적 그림—을 만들어 내고 거기에 보이는 문의 수를 센다. 이 예가 함의하듯이 많은 기억은 심상으로 처리되고 저장된다(Ganis, 2013; Shorrock & Isaac, 2010).

Stephen Kosslyn, Thomas Ball과 Brian Reiser(1978)는 기억이 실제로 심상으로 존재함을 보여 줄 흥미로운 방법을 발견했다. 참가자들은 처음에 그림 31.1a에 보이는 것과 비슷한 일종의 보물지도를 외웠다. 그러고 나서 참가자들에게 검은 점이 한 대상(예컨대 나무)에게서 다른 대상(섬의 윗부분에 있는 오두막)으로 움직이는 모습을 상상하게 했다. 사람들이 이 과제를 하기 위해 정말로 심상을 만들어 냈을까? 그런 것으로 보인다. 그림 31.1b에서 보듯이 검은 점을 '움직이는' 데 걸린 시간은 그 지도 상의 실제 거리와 직접 관련되었다.

기억 챔피언

영상 기억, 사진적 심상, 또는 Jill Price나 S씨의 거의 완벽한 회상처럼 태생적으로 놀라운 기억 능력을 가진 어른은 거의 없다. 대부분의 탁월한 기억 전문가들은 열심히 노력해서 자신의 기억 기술을 개발해야 한다.

매년 영국에서는 세계 기억 챔피언십이 열린다. 대회 참가자들은 엄청나게 많은 양의 정보(서로 무관한 단어와 숫자들의 긴 목록 같은)를 빠른 속도로 외워야 한다. 심리학자 John Wilding과 Elizabeth Valentine은 이런 대회를 탁월한 기억력을 연구할 기회로 생각하고 참가자들에게 추가로 기억 검사를 받도록 설득했다. 이 검사들은 일반적인 것(이야기 회상)에서부터 어려운 것(여섯 사람의 전화번호를 회상하기), 그리고 끔찍하게 어려운 것(행렬로 배열된 48개의 숫자를 회상하기)에까지 걸쳐 있었다(Maguire et al., 2003; Wilding & Valentine, 1994).

8 7 3 7 9 2 6 8
2 0 1 1 7 4 9 5
0 1 7 5 8 7 8 3
1 9 4 7 6 0 6 9
3 6 1 6 8 1 5 4
4 5 2 4 0 2 9 7

이 숫자 행렬은 세계 기억 챔피언십에서 대회 참가자들이 외워야 했던 것과 비슷하다. 정답으로 채점되기 위해서는 숫자들이 올바른 위치에서 회상되어야 했다(Wilding & Valentine, 1994).

탁월한 기억 전문가는 다음의 특질을 가진 것으로 식별된다.

- 그들은, 흔히 생생한 기억력을 포함하여, 선천적으로 우수한 기억력을 갖고 있다.
- 그들은 우수한 지적 능력이나 유별난 뇌를 갖고 있지 않다.
- 그들은 특정 유형의 정보를 부호화하고 회상하기 더 쉽게 만드는 전문화된 관심과 지식을 갖고 있다.

사진적 심상 '투사된' 심상을 정보의 원천으로 사용할 수 있을 만큼 오래 유지하는 능력
심상 기억과 사고에서 사용되는 정신적 그림이나 시각적 묘사

- 그들은 기억 방략과 기법을 사용한다.

다른 말로 하면, 탁월한 기억력은 선천적 능력에 또는 학습된 방략에 기반한 것일 수 있다. 대개 두 가지 모두가 필요하다. 대회 참가자 중 여러 사람이 학습된 방략과 기법의 사용을 방지하는 과제에서 뛰어난 성적을 낼 수 있었는데, 이는 탁월한 기억 능력이 '재능'일 수 있음을 함의한다(Yi & Qian, 2009). 흔해빠진 기억력을 가진 우리에게 더 중요한 것은 전문화된 관심과 지식도 어떤 과제에서는 도움이 되었다는 것이다. 예컨대 수학자인 한 참가자는 숫자를 외우는 데 특별히 뛰어났다(Wilding & Valentine, 1994). 많은 참가자들은 또한 *기억술*(mnemonics)이라는 특별한 기억 '묘기'를 비롯하여 기억 방략을 적극적으로 사용했다.

대부분의 훌륭한 기억 전문가들은 (*망각*하는 방법을 개발해야 했던 S씨 같은 사람과는 달리) 무엇을 어떻게 기억할 것인지를 선택하는 데 까다롭다. 만약 여러분이 선택적 기억력을 갖고 있지 않다면 음식 포장지에 있는 모든 성분, 여러분이 본 모든 거리의 주소 및 다른 무한히 많은 쓰레기 정보를 회상할 것이다. 다시 말하면, 대부분의 훌륭한 기억 전문가들은 기억하기 위한 효과적인 방략을 학습한 이들이다.

청크 만들기를 학습하기

효과적인 기억 방략의 한 예로 스티브를 보자. 이 겁 없는 학생 자원자는 처음엔 7자리 숫자를 외울 수 있었다. 그가 연습하면 향상될 수 있을까? 20개월(!) 동안 스티브는 점점 더 긴 숫자 목록을 외우기를 연습했다. 마침내 그는 다음의 예와 같은 대략 80자리 숫자를 외울 수 있었다.

92842048050842268953990190252912807999706606574717310601080585269726026357332135

어떻게 스티브는 그걸 했을까? 기본적으로 그는 숫자들을 각각 서너 자리 숫자들을 포함하는 의미 있는 집단들로 청킹했다. 장거리 달리기에 대한 스티브의 열렬한 관심이 대단한 도움이 되었다. 예를 들면, 위의 첫 세 숫자는 그에게 2마일 달리기의 좋은 성적인 9분 28초를 나타냈다. 달리기 시간에 잘 꿰어 맞출 수 없으면 스티브는 연령이나 날짜 같은 다른 연관성을 이용하여 숫자들의 청크를 만들었다(Ericsson & Chase, 1982). 스티브의 성공이 학습된 방략에 근거한 것임은 명백하다. 비슷한 기억법을 사용하여 다른 사람들은 스스로 훈련을 통해 스티브의 수준에 다다랐다(Bellezza, Six, & Phillips, 1992). 사실상 정보를 청크로 조직화하는 능력은 많은 분야에서 전문성의 토대를 이룬다(Gilchrist, Cowan, & Naveh-Benjamin, 2009; Gobet, 2005).

심리학자 Anders Ericsson은 탁월한 기억력이 정상적인 기억력의 학습된 확장일 때가 많다고 믿는다. 그 증거로 그는 스티브의 단기기억이 몇 달의 연습 동안 향상되지 않았음을 지적한다. 예를 들어 스티브는 여전히 7개의 자음만 외울 수 있었다. 숫자에 대한 스티브의 발군의 기억력은 부호화 시에 숫자를 청킹하고 그것들을 LTM에 저장하는 새로운 방법을 그가 찾아냄에 따라 증진되었다. 그는 숫자에 대한 정상 기억을 갖고 시작했고, 근면한 연습을 통해 기억을 확장시켰다. 분명히, 우수한 기억력은 어느 정도까지는 학습될 수 있다(Ericsson et al., 2004). 이 중요한 주제를 더 깊이 살펴보자.

기억력 향상시키기–기억 은행의 열쇠

SURVEY QUESTION 31.2 어떻게 나의 기억력을 향상시킬 수 있는가?

여러분이 어떻게 기억력을 향상시킬 수 있는지 보자. 먼저 여러분은 장기기억을 저장하는 뇌의 능력을 향상시키기 위해 할 수 있는 일이 거의 없다. 인간의 기억을 향상시킨다는 약물, 약초(은행잎 추출물 같은) 및 비타민(비타민 E 같은)에 대한 판결은 아직 나오지 않았다(McDaniel, Maier, & Einstein, 2002; McGaugh & Roozendaal, 2009). 그러나 기억증진제가 나오기 전까지는 여러분은 의미에 근거한 방략을 사용하여 기억 부호화와 기억 인출을 향상시킬 수 있다(Fry, 2012; Hancock, 2011). 대부분의 우수한 기억 전문가들은 이러한 방략을 사용하여 자신이 가진 선천적 재능을 증강시킨다. 그들의 방략 중 일부가 이 절의 나머지 부분에 기술되어 있다. 나중에 모듈 32에서 기억술을 살펴본다. 그것을 읽는 것을 잊지 말라.

부호화 방략

여러분의 기억력을 향상시키는 한 방법은 정보를 완전히 부호화하기를 확실히 하는 것이다. 그럼으로써 여러분은 부호화 실패로 인한 망각을 피할 수 있다. 부호화를 더 잘하기 위해 여러분이 할 수 있는 몇 가지 일은 다음과 같다.

정교화 처리를 사용하라 반복해서 이야기한다. 여러분이 읽으면서 정보를 더 많이 *되뇌기*(정신적으로 다시 보기)할수록 그것을 더 잘 기억할 것이다. 심지어 사실에 대해 거듭 생각하는 것조차도 기억 속에서 그 사실들을 연결시키는 데 도움이 된다. 그러나 유지 되뇌기만으로는 그다지 효과적이지 않음을 상기하라. 기존 지식과의 연결점을 탐색함으로써 되뇌기하는 정교화 처리가 훨씬 더 낫다. 대학 수준의 정보를 학습하려면 더 반성적인 공부 방략을 적극적으로 사용해야 한다(Halonen & Santrock, 2013).

선별하라 네덜란드의 철학자 에라스무스는 좋은 기억력은 어망 같아야 한다고 말했다. 즉 큰 고기는 모두 잡아 두면서 작은 고기는 도망가게 해야 한다는 것이다. 만약 여러분이 대부분의 교과서에 있는 단락들을 한두 개의 중요한 용어나 아이디어로 정리하면 여러분의 기억 임무는 더 달성하기 쉬울 것이다. 본문에 선별적으로 표시를 하고 여백에 노트를 달아서 아이디어를 더 요약하라. 대부분의 학생들은 본문에 표시를 너무 적게가 아니라 너무 많이 한다. 만약 모든 것에 밑줄이 그어져 있다면 여러분은 선별적이지 않았던 것이다. 그리고 애초부터 여러분이 주의를 집중하지 않았을 가능성이 매우 높다.

조직화하라 여러분이 다음의 단어 목록을 외워야 한다고 하자. 북, 남자, 빨강, 봄, 여자, 가을, 노랑, 여름, 소년, 파랑, 서, 겨울, 소녀, 초록, 남. 좀 어려운 이 목록은 다음과 같은 *청크*로 재조직화할 수 있다. 북–동–남–서, 봄–여름–가을–겨울, 빨강–노랑–초록–파랑, 남자–여자–소년–소녀. 수업 노트를 조직화하고 모듈이나 챕터를 요약하는 일은 매우 도움이 된다(Ellis, 2013). 여러분은 심지어 여러분이 요약한 것들을 또 요약해서 아이디어의 전반적인 망을 더 명백하고 단순하게 만들고자 할 수도 있다. 요약은 정보를 더 잘 부호화하도록 부추김으로써 기억을 향상시킨다(Anderson, 2010a).

전체 대 부분 학습을 고려하라 만약 여러분이 어떤 발표문을 외우고자 한다면 그것을 처음부터 끝까지 외우는 것과 단락 같은 더 작은 단위별로 외우는 것 중 어느 것이 더 나을까? 경우에 따라 다르다. 꽤 짧고 정리가 된 정보의 경우에는 작은 부분들보다 전체 정보를 외우는 것이 대개 더 낫다[*전체 학습*(whole learning)]. 부분별로 배우기는 대개 대단히 길고 복잡한 정보에 대하여 더 낫다. *부분 학습*(part learning)에서는 커다란 정보 덩어리의 부분들(교과서 모듈이나 챕터의 절 같은)을 학습한다. 어느 방법을 사용할지 결정하기 위해서는 여러분이 한 번에 공부할 수 있는 *가장 큰 의미 있는 정보량*을 알아야 한다.

대단히 길거나 복잡한 내용에 대해서는 학습과제를 일련의 작은 부분들로 나누는 *점진적 분습법*(progressive-part method)을 시도하라. 처음엔 A부분을 마스터할 때까지 공부한다. 그다음 A와 B부분을 공부한다. 그러고는 A, B, 그리고 C를 공부하는 식으로 이어진다. 이는 연극 대사, 긴 음악, 또는 시를 학습하는 좋은 방법이다(Ash & Holding, 1990). 그 내용을 학습한 후에는 여러분은 또한 A가 아닌 다른 지점(예컨대 C, D, 또는 B)에서 시작함으로써 연습해야 한다. 이는 수행 도중에 까먹거나 멍해지는 것을 방지하는 데 도움이 된다.

계열위치에 유의하라 여러분이 무언가를 *순서대로* 학습해야 할 때는 항상 계열위치효과를 염두에 두라. 기억하겠지만 이는 목록의 중간 부분을 기억할 때 가장 오류가 많이 생기는 경향성을 가리킨다. 만약 여러분이 일렬로 늘어선 많은 사람에게 소개된다면 여러분이 잊기 마련인 이름들은 그 대열의 가운데에 있는 것이기 마련이다. 따라서 여러분은 그 중간 부분에 더 많이 집중하도록 노력해야 한다. 여러분은 또한 목록, 시, 또는 발표문의 중간 부분을 더 많이 연습해야 한다. 기다란 정보 목록을 짧은 하위 목록들로 나누고 중간의 하위 목록을 가장 짧은 것으로 만들도록 하라.

인출 단서를 부호화하라 최선의 *인출 단서*(인출을 도와주는 자극)는 부호화 시에 존재했던 단서들이다(Anderson, 2010a). 예를 들면, 한 고전적 연구에서는 학생들에게 600개의 단어로 된 목록을 회상해야 하는 깜짝 놀랄 만한 과제를 시켰다. 학생들은 목록을 읽으면서(그들은 나중에 검사를 받을 것임을 몰랐다) 각 단어와 의미상 깊이 관련된 다른 단어 3개를 말해야 했다. 나중에 실시한 검사에서 각 학생이 말했던 단어들을 기억을 일깨울 단서로 사용했다. 학생들은 원래의 단어 목록의 90%라는 놀랄 만큼 많은 단어를 회상했다(Mantyla, 1986).

이제 아래 문장을 읽어 보라.

물고기가 헤엄치는 사람을 물었다.

여러분이 이제부터 일주일 후에 검사를 받는다면 인출 단서가 주어질 경우 그 문장을 더 잘 회상할 것이다. 그리고 놀랍게도, *물고기*보다는 *상어*가 상기자극(reminder)으로 더 효과가 좋을 것인데 왜냐하면 대부분의 사람들은 그 문장을 읽을 때 상어가 생각나기 때문이다. 그 결과 상어가 강력한 인출 단서가 된다.

위의 예는 여러분이 학습을 할 때 정보를 *정교화*하는 것이 종종 도움이 된다는 것을 또 다시 보여 준다. 공부할 때 새로운 이름이나 아이디어나 용어를 여러 문장에 사용하도록 노력하라. 또한 새 정보를 포함한 심상을 형성하고 그것을 여러분이 이미 갖고 있는 지식과 관련 지으라. 여러분의 목표는 의미 있는 단서들을 여러분의 기억 체계로 결합시켜서 필요할 때 정보를 인출하는 데 도움이 되도록 만드는 것이어야 한다.

과학습하라 여러분이 *과학습*(overlearning)을 하면, 즉 가까스로 마스터하는 수준을 넘어서 계속 공부하면 기억이 대단히 향상됨을 많은 연구가 보여 주었다. 내용을 오류 없이 한 번 기억할 만큼 잘 학습하고 나면 공부를 계속해야 한다. 과학습은 시험에서 초조함 때문에 기억이 나지 않는 일에 대비하는 최선의 보험이다.

분산 학습을 하라 지루함과 피로를 최소화하기 위해서는 짧은 공부 시간과 잠깐의 휴식 시간을 교대로 시행하라. **분산 학습**(spaced practice)이라는 이런 패턴은 공부 시간 사이에 휴식 시간이 거의 또는 전혀 없는 **집중 학습**(massed practice)보다 대개 더 효과가 좋다(Radvansky, 2011). 세 번의 20분짜리 공부 시간은 주의집중과 응고화를 향상시킴으로써 연속 1시간 공부보다 더 많은 학습을 이끌어 낸다.

아마도 분산 학습을 하는 최선의 방법은 *시간표*를 짜는 것이다. 효과적인 시간표를 짜기 위해서는 그 주에 여러분이 특정 과목을 공부할 시간을 수업 이전과 이후, 그리고 수업들 사이의 시간에 표시하라. 그리고 그 시간들을 마치 여러분이 출석해야 하는 수업처럼 취급하라.

인출 방략

일단 정보를 성공적으로 부호화하고 나도 여러분은 아직 그것을 인출해야 한다. 다음은 여러분이 인출 실패를 피하도록 도와주는 몇몇 방략들이다.

인출 연습을 하라 학습은 여러분이 피드백을 통해 진도를 점검할 수 있을 때 가장 잘 진행된다. 피드백은 더 많은 공부가 필요한 부분을 파악하는 데 도움이 된다. 게다가 여러분이 무언가를 기억했다거나 정확히 답했다는 것을 아는 것은 즐겁다. 공부하는 동안 자신에게 피드백을 주는 주요 방법은 *암기*(recitation)이다. 여러분이 무언가를 기억할 것이라면 결국에는 그것을 인출해야 한다. *암기*는 학습을 하고 있는 동안 소리 내어 요약하기를 가리킨다. 암기는 여러분에게 정보를 인출하는 연습을 강제로 시킨다. 교과서를 읽고 있는 동안 여러분은 자주 멈추고 방금 읽은 것을 여러분 자신의 말로 재진술함으로써 기억하도록 노력해야 한다. 한 고전적 실험에서 최고의 기억 점수를 받은 학생들은 시간의 80%를 암기하는 데 그리고 20%만 읽는 데 사용한 이들이었다(Gates, 1917). 어쩌면 혼잣말을 하는 학생들이 결국 미친 것은 아닌 듯하다.

만약 여러분이 분산 학습과 과학습을 했다면 복습 형태의 인출 연습은 금상첨화일 것이다(Karpicke & Blunt, 2011). 시험 직전에 복습을 하면 시험에서 중요할지도 모를 세부 사항을 기억해 내는 데 걸리는 시간을 줄일 수 있다. 복습 시에 외우려고 하는 새로운 정보의 양을 최소한도로 하라. 여러분이 학습한 것에다가 마지막 순간에 벼락치기로 약간을 더하는 것이 현실적일 수 있다. 하지만 약간의 새로운 학습을 넘어선 지나친 학습은 여러분이 이미 알고 있는 것을 간섭할 수 있음을 명심하라.

회상을 돕는 방략을 사용하라 성공적 인출은 대개 계획된 기억 *탐색*의 결과이다(Reed, 2013). 예컨대 한 연구에서는 학생들이 부분적인 정보를 이용하면 좀처럼 생각나지 않던 이름을 회상할 확률이 가장 높았다(Reed & Bruce, 1982). 학생들은 "그는 주디 갈랜드가 주연했던 영화 오즈의 마법사에서 허수아비 역할로 제일 유명하다." 같은 문제에 답을 하려고 노력하고 있었다. (답은 레이 볼거이다.) 학생들의 기억에 도움이 된 부분적 정보는 그 이름의 길이, 이름 속 글자의 소리, 비슷한 이름 및 관련 정보(그 영화 속 다른 캐릭터들의 이름 같은) 등이었다. 비슷하게 효과적인 방략은 여러분이 찾으려는 이름이나 단어의 첫 소리로 알파벳 글자를 하나씩 넣어 가면서 시도하는 것이다.

모듈 28("범죄 기억에서 진짜와 가짜를 가려내기" 참조)에서 이야기한 *인지적 면담*은 맥락을 되살리고 기억을 일깨우는 몇 가지 힌트를 더 제공한다.

1. 여러분이 찾고 있는 정보와 관련하여 여러분이 기억할 수 있는 *모든 것*을 말하거나 글로 써라. 그게 얼마나 사소해 보이는지는 걱정하지 말라. 여러분이 기억해 내는 한 조각의 정보가 다른 정보를 불러내는 단서로 작용할 수 있다.
2. 사건이나 정보를 다른 순서들로 회상하려고 시도하라. 여러분의 기억이 거꾸로 또는 제멋대로 흐르도록 놔두라. 혹은 여러분에게 가장 깊은 인상을 준 것부터 시작해 보라.
3. 다른 관점에서 회상하라. 정신적으로 다른 장소에 서서 사건을 다시 보라. 또는 다른 사람이 그 정보를 기억할 바대로 그것을 보려고 하라. 예를 들어, 시험을 칠 때 다른 학생이나 여러분의 교수가 그 주제에 대해 무엇을 기억할지 스스로에게 물어보라.
4. 여러분이 그 정보를 학습했던 상황으로 마음속에서 자신을 되돌려놓으라. 그 학습 환경을 정신적으로 다시 생성하거나 그 사건을 다시 겪도록 노력하라. 그렇게 하면서 소리, 냄새, 자세한 날씨, 부근의 물체들, 주위에 있었던 사람들, 여러분이 말하거나 생각했던 것, 그리고 여러분이 그 정보를 학습할 때 어떤 기분이었는가를 포함시키라(Milne & Bull, 2002).

여러분이 기억하는 기간을 늘려라 새로운 정보를 학습할 때는 인출을 거듭해서 연습하라. 그럴 때 여러분이 자신에게 부과하는 시험들의 간격을 점차로 늘려 가라. 예를 들어 여러분이 독서 카드에 독일어 단어를 써서 외우려 할 경우, 첫째 카드를 보고 나서는 그것을 몇 장의 카드 뒤에 끼워 두라. 그다음 몇 장의 카드에

분산 학습 공부 시간과 짧은 휴식을 교대로 하는 학습 스케줄
집중 학습 중단 없이 오랜 기간 공부를 계속하는 학습 스케줄

대해서도 똑같이 하라. 여러분이 그 첫째 카드에 다시 도달하게 되면 답을 하고서 맞혔는지 점검하라. 그러고 나서는 그것을 카드 묶음에서 더 뒤로 끼워 넣어라. 앞서 한 번 보았던 다른 카드들에 대해서도 똑같이 하라. 이미 보았던 카드를 세 번째로 만나면 카드 묶음의 제일 뒤로 제쳐 두라.

수면에 유의하라 공부 후에 잠을 자는 것이 간섭을 감소시킨다는 사실을 상기하라. 하지만 여러분이 야행성 인간이 아닌 이상 늦은 밤은 공부하기에 그다지 효율적인 시간이 아니다. 또한 여러분은 공부 시간 후마다 잠을 잘 수도, 모든 것을 잠을 자기 직전에 공부할 수도 없음은 명백하다. 이것이 앞서 이야기한 것("분산 학습을 하라"를 보라)처럼 여러분의 공부 시간표에 과목들 사이에 휴식 시간을 많이 넣어야 하는 이유이다. 시간표의 휴식 시간과 자유 시간은 공부 시간만큼 중요하다.

배고픔에 유의하라 한편으로는 식사 후보다 식사 전에 공부하는 것이 더 좋다(Diano et al., 2006). 다른 한편으로는 배고픈 사람은 기억 검사에서 거의 항상 점수가 더 낮다. 따라서 어머니의 말씀처럼 학교에서 시험을 치기 전에 반드시 아침이나 점심을 잘 먹는 게 좋은 생각이다(Smith, Clark, & Gallagher, 1999). 커피 한 잔도 역시 시험 성적에 해가 되지는 않을 것이다(Smith, Christopher, & Sutherland, 2013).

미리보기 심리학자들은 기억의 성질과 어떻게 기억을 향상시킬지에 대해 아직도 알아야 할 것이 많다. 현재로는 한 가지를 명백하게 말할 수 있다. 즉 기억력이 좋은 사람들은 의미 있는 정보를 조직화하는 데 뛰어나다는 것이다. 그러나 때로는 별로 의미가 없는 정보를 외워야 하는 경우가 있다. 예컨대 쇼핑 리스트에는 별로 관련 없는 항목들뿐이다. 당근, 화장실 휴지, 저녁식사거리, 그리고 초콜릿 사이에는 의미 있는 관계가 별로 없다. 여러분이 그것들이 더 필요하다는 점만 제외하고 말이다. 이를 염두에 두고 모듈 32에서는 이 모듈에서 소개된 것 같은 의미에 근거한 방략들이 도움이 되지 않을 때 여러분이 암기를 향상시키는 기억술을 어떻게 사용할지를 배울 것이다.

모듈 31: 요약

31.1 사진적 기억이란 무엇인가?

31.1.1 사진적 심상(사진적 기억)은 어떤 사람이 심상을 빈 표면상에 투사할 수 있을 때 일어난다. 사진적 심상은 어른에게서는 드물게 발견된다. 그러나 많은 어른들은 아주 생생할 수 있는 내적 심상을 갖고 있다.

31.1.2 탁월한 기억력은 선천적 능력이나 학습된 방략에 기반한 것일 수 있다. 대개 두 가지 모두가 관여한다.

31.2 어떻게 나의 기억력을 향상시킬 수 있는가?

31.2.1 우수한 기억력은 학습을 효율적으로 만들고 인간 기억의 선천적 약점을 보완하는 방략과 기법을 사용하는 데 토대를 둔다.

31.2.2 기억은 부호화 방략을 통해 향상될 수 있는데, 그런 방략으로는 정보를 정교화하고, 선별하고, 조직화하는 것, 전체 학습, 점진적 분습법, 인출 단서를 부호화하기, 과학습 및 분산 학습 등이 있다.

31.2.3 기억은 또한 더 좋은 인출 방략에 의해서도 향상될 수 있는데, 이에는 피드백, 암기, 복습, 적극적 탐색 방략 등이 있다.

31.2.4 공부나 암기를 할 때 여러분은 또한 계열위치, 수면 및 배고픔의 효과도 염두에 두어야 한다.

모듈 31: 지식 쌓기

암기

1. 대부분의 사람들에게 특별히 좋은 기억력을 갖는다는 것은 다음 어느 것에 토대를 두고 있는가?
   a. 유지 되뇌기 **b.** 정교화 처리
   c. 음성 심상 **d.** 학습된 방략

2. 새 정보를 부호화할 때 그 의미를 토대로 정교화하고 그것을 다른 정보와 연결시키는 것이 도움이 된다. **O X**

3. 공부하는 동안 정보를 정교화하는 것은 기억에 거의 효과가 없는데 왜냐하면 장기기억이 이미 고도로 조직화되어 있기 때문이다. **O X**

4. 기억을 향상시키려면 읽기만큼 또는 그보다 더 암기에 더 많은 시간을 들이는 것이 합당하다. **O X**

5. 인지적 면담은 다음 무엇을 제공함으로써 사람들이 더 많은 것을 기억하는 데 도움을 주는가?
   a. 인출 단서 **b.** 계열위치효과
   c. 음성 점화 **d.** 집중 학습

반영

비판적으로 생각하기

6. 교과서를 읽을 때 단어에 밑줄을 긋는 것에 비해 노트를 하는 것의 장점은 무엇인가?

자기반영

여러분은 어떤 종류의 정보를 잘 기억하는가? 여러분의 기억이 그런 주제에 대해 더 좋은 이유가 무엇이라고 생각하는가?

앞서 기억을 향상시키는 기법들을 나열한 쪽들로 돌아가서 소제목들을 보라. 여러분이 주목하지 않았던 것들을 다시 보고, 각 기법을 학교, 집, 또는 직장에서 어떻게 사용할 수 있을지에 대한 구체적인 예를 생각해 보라.

정답

1. d **2.** O **3.** X **4.** O **5.** a **6.** 제대로 한다면 노트 작성은 정교화 처리의 한 형태이다. 그것은 능동적인 사고를 하게 만들고 중요한 아이디어를 조직화하고 선별하기를 촉진한다. 그리고 여러분의 노트는 복습하는 데 사용될 수 있다.

Module 32

행동하는 심리학: 기억술

On Old Olympus' Towering Top

열두 쌍의 뇌신경 이름을 (물론 번호 순서대로) 외워야 하는 불쌍한 생물학 전공생이나 심리학 전공생을 상상해 보자. 척수신경은 뇌와 몸을 척수를 통해 연결시키지만 뇌신경은 뇌와 몸을 직접 연결시킨다. 여러분이 알고 싶어 할지도 모르니까 알려 주자면 뇌신경의 이름은 후각, 시각, 눈돌림, 도르래, 삼차, 가돌림, 얼굴, 평형청, 혀인두, 미주, 더부, 혀밑신경이다.[1)]

짐작하겠지만 우리들 대부분은 이 목록을 성공적으로 부호화하기 어려워한다. 이 용어들 사이에 아무런 명백한 의미 관계가 없기 때문에 모듈 31에서 살펴본 기억 전략을 적용하기가 힘들다. 대신에 우리는 *기계적* 학습(단순 반복을 통한 학습)에 의지하고 싶어진다. 다행히도 기억술이라는 대안이 있다. 그 기본 아이디어는 학습할 내용에 인위적인 조직화(자연적으로는 없다면)를 부여하는 것이다. 기억술을 실행함으로써 별로 노력을 들이지 않고 기억을 대단히 향상시킬 수 있어야 한다.

기억술은 시험 준비에 도움을 줄 수 있다. 하지만 기억술은 정보 저장의 첫 단계에서 가장 도움이 되기 때문에 그 후에는 정교한 학습 방략을 가지고 공부를 지속하는 것이 중요하다.

SURVEY QUESTIONS

32.1 기억술이란 무엇인가?

기억술–(기억)사업의 요령

SURVEY QUESTION 32.1 기억술이란 무엇인가?

기억술(mnemonic)이란 모든 종류의 기억 보조 체계를 가리킨다. 기계적 학습에 대비되는 기억술 학습의 우수함은 여러 차례 입증된 바 있다(Saber & Johnson, 2008; Worthen & Hunt, 2010).

어떤 기억술은 너무나 보편적이어서 거의 모두가 그것을 알고 있다. 무지개의 색깔은 '빨주노초파남보'로 모두들 기억한다. 조선시대 왕들의 이름 또한 '태정태세문단세'식으로 왼다.

여러 세대의 학생들은 뇌신경의 이름을 "**O**n **O**ld **O**lympus' **T**owering **T**op **A** **F**amous **V**ocal **G**erman **V**iewed **S**ome **H**ops"라는 문장을 암기함으로써 학습했다. 각 뇌신경 이름의 첫 글자를 따서 무의미한 문장을 생성한 이 기억술은 실제로 뇌신경에 대한 회상을 더 잘되게 한다. 그러한 *약성구*(acrostics)는 여러분이 자신만의 것을 만든다면 더욱 효과적이다(Fry, 2012).

그러면 기억술의 몇 가지 기본 원리를 보자.

1. **의미를 부여하라.** 일반적으로 정보를 단기기억에서 장기기억으로 전이시키는 데는 그 정보를 의미 있게 만들면 도움이 된다. 여러분에게 별로 의미가 없는 기술적인 용어를 만나게 되면, 좀 억지를 쓰게 되더라도 거기에 의미를 *부여*하라. (이 점은 이 목록에 뒤따르는 예들에서 명백해질 것이다.)

---

1) 역자 주: 영어 원어를 차례대로 적으면 olfactory, optic, oculomotor, trochlear, trigeminal, abducens, facial, vestibulocochlear, glossopharyngeal, vagus, spinal accessory, hypoglossal nerve이다.

2. **정보를 친숙하게 만들어라.** 정보를 장기기억 속에 넣는 또 다른 방법은 그것을 이미 장기기억 속에 있는 다른 정보와 연결시키는 것이다. 어떤 사실이나 아이디어가 여러분의 기억 속에 쉽게 유지되는 것 같으면 다른 더 어려운 사실을 그것과 연합시켜라.
3. **심상을 이용하라.** 시각적 그림, 즉 심상은 대개 단어보다 더 기억하기 쉽다. 따라서 정보를 심상으로 변환시키면 대단히 도움이 된다. 그 심상을 가능한 한 생생하게 만들어라(Soemer & Schwan, 2012).
4. **기괴하거나 특이하거나 과장된 정신적 연합을 만들어라.** 말이 되는 심상을 만드는 것이 대부분의 상황에서는 더 좋다. 하지만 두 아이디어나 용어들을, 특히 심상들을, 연합시킬 때 그 연합이 더 엉뚱하고 과장된 것일수록 기억하기가 더 쉬울 수도 있다. 기괴한 심상은 저장된 정보를 더 *두드러지게* 하며 따라서 인출하기가 더 쉽다(Worthen & Hunt, 2010).

   낯선 동물들의 이름을 외우기 위해 과장된 심적 연합을 사용한 대학생들은 단순히 기계적 학습만을 한 학생들보다 더 기억을 잘했다(Carney & Levin, 2001). 기괴한 심상은 주로 즉각적 기억을 향상시키는 데 도움이 되며, 상당히 단순한 정보에 대해 가장 효과가 좋다(Fritz et al., 2007). 그럼에도 불구하고 이는 학습을 향한 첫걸음이 될 수 있다.

기억술의 전형적인 적용 예를 들어 보이는 것이 위의 네 요점을 더 명백하게 만들 것이다.

예 1 여러분이 스페인어 단어를 몇 개 새로 외워야 한다고 하자. 기계적 암기(외워질 때까지 몇 번이고 반복)를 통해 진행할 수도 있고 아니면 **열쇠말 기법**(keyword method)을 사용하여 별 노력을 기울이지 않고 학습할 수도 있다. 이 기법은 익숙한 단어나 심상을 이용하여 다른 두 단어나 항목을 연결 짓는 방법이다(Campos, Camino, & Pérez-Fabello, 2011; Fritz et al., 2007). Pajaro라는 단어가 새를 의미한다는 것을 외우기 위해 여러분은 그것을 영어의 '열쇠' 단어와 연결시킬 수 있다. 즉 *Pajaro*('빠하로'라고 발음됨)는 'parked car-o'와 좀 비슷하게 들린다. 따라서 pajaro가 새를 의미함을 외우기 위해 새들로 꽉꽉 들어찬 주차된 차를 상상할 수 있다. 이 심상을 가능한 한 생생하고 과장되게 만들도록 노력해야 한다. 예컨대 새들이 날개를 퍼덕거리고 짹짹거리는 와중에 깃털이 사방에 날아다니는 장면처럼 말이다. 마찬가지로 *carta*(글자를 의미)라는 단어에 대해서는 편지로 가득 찬 카트(cart)를 상상할 수도 있다.

목록의 나머지 단어들에 대해서도 비슷하게 열쇠말과 심상을 연결 짓는다면 여러분은 그것들 모두를 기억하지는 못할지도 모르지만 더 많은 연습 없이도 대부분을 기억할 것이다. 사실상 여러분이 pajaro와 carta 심상을 형성했다면 그 단어들을 보고서 그것들이 무슨 의미인지를 기억해 내지 못하기는 거의 불가능할 것이다.

과장된 심상은 두 단어나 아이디어를 기억에 도움이 되는 방식으로 연결 지을 수 있다. 여기서는 열쇠말 기법을 이용하여 영어 단어 *letter*를 스페인어 단어 *carta*와 연결 짓고 있다.

지금부터 1년 후에는 어떻게 될까? 열쇠말 기억은 얼마나 오래 지속될까? 기억술로 학습한 것들은 단기적으로 가장 효과가 좋다. 나중에는, 평범하게 학습한 기억보다 더 쉽게 잊힐 수도 있다. 그 때문에 기억술은 대개 학습 초기 단계에서 사용하는 게 가장 좋다(Carney & Levin, 2003; Fry, 2012). 더 지속적인 기억을 형성하려면 모듈 31에서 살펴본 기법들을 사용할 필요가 있다.

예 2 여러분이 인간 신체의 모든 뼈와 근육의 이름을 배워야 한다고 하자. 턱뼈가 *mandible*임을 외우려면 그것을 *man nibbling*과 연합시킬 수 있다. 또는 턱으로 농구공을 드리블하는 사람(*man dribbling* a basketball with his jaw)을 상상할 수도 있다(심상을 가능한 한 터무니없게 만들어라).

그렇게 하면 외워야 할 것이 더 적은 게 아니라 더 많은 것처럼 보인다. 그리고 단어의 철자를 틀리게 될지도 모른다. 기억술은 보조 수단이기에 정상적인 기억을 완전히 대체하는 것은 아니다. 기억술은 여러분이 심상을 대단히 많이 사용하지 않는 한 도움이 될 가능성이 별로 없다(Worthen & Hunt, 2010). 심상은 여러분에게 쉽게 다시 생각날 것이다. 철자를 틀리는 문제에 대해서는, 기억술은 여러분의 기억 속에 내장된 힌트로 간주될 수 있다. 시험을 칠 때 흔히 약간의 힌트만 있으면 여러분은 정확한 기억을 이끌어 낼 수 있다. 기억술 심상은 마치 누군가가 여러분의 어깨 너

머로 "그 근육의 이름은 농구공을 생각해 봐."라고 속삭여 주는 것과 같다. 만약 철자 틀리기가 계속 문제라면 철자를 도와주는 기억 보조 수단을 생성하도록 노력하라.

예를 2개 더 보면 공부에서 기억술의 융통성을 이해하게 될 것이다.

예 3 만약 예술사 과목의 교수가 시험에서 그림을 슬라이드로 보여 주고는 여러분에게 그 그림을 그린 화가의 이름을 적게 할 예정이라고 하자. 여러분은 그 슬라이드들 중 수업 중에 딱 한 번만 본 게 많다. 그것들을 어떻게 기억할 수 있을까? 수업에서 슬라이드를 볼 때 화가의 이름을 어떤 물체나 이미지로 만들어라. 그러고는 그 물체를 그 화가가 그린 그림 속에 넣어서 상상하라. 예컨대 반 고흐(Van Gogh)의 경우 밴(*van*, 승합차)이 반 고흐의 각 그림 속을 지나가는(*going*) 것을 상상할 수 있다. 그 밴이 물건들을 치거나 넘어뜨리는 모습을 상상하라. 또는 반 고흐가 자기 귀를 잘랐다는 것을 여러분이 기억한다면 그의 그림들마다 거대한 피 묻은 귀가 있는 모습을 상상하라.

예 4 여러분이 역사를 공부하기 힘들다면 역사적 사건을 희미한 과거로부터 나온 무언가로 생각하지 말도록 하라. 예컨대 역사적 인물을 여러분이 지금 알고 있는 어떤 사람(친구, 선생, 부모 등)으로 상상하라. 그러고는 이 사람이 그 역사적 인물이 했던 일을 하고 있는 상상을 하라. 또한 전투나 기타 사건을 마치 그것이 여러분의 동네에서 일어나고 있는 것처럼 상상하라. 또는 공원과 학교를 국가로 바꾸어 생각할 수도 있다. 여러분의 상상력을 발휘하라.

어떤 것들을 순서대로 기억하기 위해 기억술을 어떻게 이용할 수 있을까? 세 가지 도움 되는 기법을 소개한다.

1. **이야기나 연쇄를 만들어라.** 아이디어, 물체, 또는 단어들을 순서대로 외우기 위해서는 첫째 항목을 둘째 항목과, 그러고는 둘째 항목을 셋째 항목과, 그리고 그런 식으로 연결시키는 과장된 연합(심상)을 만들려고 하라. 코끼리, 문손잡이, 실, 시계, 소총, 오렌지라는 짧은 목록을 순서대로 외우려면, 문손잡이 위에 균형을 잡고 서 있는 *코끼리*에 *시계*가 실로 묶여 있고 소총이 그 시계에다가 (탄환 대신에) *오렌지*를 쏘는 상상을 하라. 이 기법은 20개 이상의 항목으로 된 목록에 대해 상당히 성공적으로 사용될 수 있다. 한 검사에서 이러한 연결 짓기 기억술을 사용한 사람들은 15개의 그리고 22개의 볼일 목록을 훨씬 더 잘 기억했다(Higbee et al., 1990). 여러분이 다음번에 장 보러 갈 때 목록을 집에 두고 이를 시도해 보라. 또 다른 유용한 방략은 여러분이 외우고자 하는 목록상의 모든 항목을 연결시키는 짧은 이야기를 만드는 것이다(McNamara & Scott, 2001; Worthen & Hunt, 2010).
2. **정신적 산보를 하라.** 고대 그리스의 연설가들은 연설을 할 때 아이디어를 기억하는 흥미로운 방법을 사용했다. 그들의 방법은 친숙한 길을 따라 정신적 산보(mental walk)를 하는 것이었다. 그러면서 그들은 연설 주제를 길을 따라 나오는 조각상들의 이미지와 연합시켰다. 여러분은 친숙한 길을 정신적으로 걸어가면서 물체나 아이디어를 길에 '놓아둠'으로써 기억할 수 있다(Radvansky, 2011).
3. **기억법을 사용하라.** 이미 보았듯이 단어나 아이디어의 첫 글자나 첫 음절을 따서 순서를 상기시키는 역할을 하는 또 다른 단어를 만들 수 있을 때가 많다.

여러분이 기억술을 사용해 본 적이 없다면 아직도 의구심이 있을 수 있겠지만 그것을 한번 공평하게 시험해 보라. 대부분의 사람들은 기억술을 사용하여 기억을 대단히 확장시킬 수 있음을 깨닫게 된다. 그러나 해 볼 만한 다른 대부분의 일들처럼 기억하는 데는 노력이 필요하다(Hancock, 2011).

기억술 모든 종류의 기억법 또는 기억 보조 수단
열쇠말 기법 기억을 돕기 위해 익숙한 단어나 이미지를 이용하여 두 항목을 연결 짓는 것

모듈 32: 요약

32.1 기억술이란 무엇인가?

32.1.1 기억법(기억술)은 즉각적 기억을 대단히 향상시킨다. 하지만 전통적인 학습법이 가장 오래가는 기억을 만들어 내는 경향이 있다.

32.1.2 기억술은 심상과 특이한 연합을 이용하여 새로운 정보를 이미 LTM 속에 저장되어 있는 익숙한 기억과 연결시킨다.

32.1.3 효과적인 기억술은 심상과 기괴하거나 과장된 심적 연합에 의존하는 경향이 있다.

모듈 32: 지식 쌓기

암기

1. 기억법과 보조 수단을 __________이라고 한다.
2. 다음 중 어느 것이 기억을 향상시킬 가능성이 가장 적은가?
   a. 과장된 심상을 사용하기
   b. 연합들의 연쇄를 만들기
   c. 시각적 정보를 언어적 정보로 변환하기
   d. 새 정보를 이미 알고 있거나 익숙한 정보와 연합시키기
3. 기괴한 심상은 저장된 정보를 더 두드러지게 만들어서 인출되기가 더 쉽게 한다. O X
4. 일반적으로 기억술은 서로 관련된 단어나 아이디어에 대한 기억만 향상시킨다. O X

반영

비판적으로 생각하기

5. 정교화 처리와 기억술은 어떤 면에서 비슷한가?

자기반영

최선의 기억술은 여러분 자신이 만든 것이다. 연습으로 12쌍의 뇌신경에 대한 더 좋은 약성구를 만들 수 있는지 보라.

정답

1. 기억술 **2.** c **3.** O **4.** X **5.** 두 방법 모두 새로운 정보를 LTM에 저장되어 있는 친숙하거나 이미 인출하기 쉬운 정보와 관련 짓는다.

Module 33

인지와 지능: 사고의 양식

호모사피엔스

다른 종과 달리 인간이 성공할 수 있었던 것은 체력이나 속도가 아니고 사고 능력 때문이다. 그래서 인간을 *호모사피엔스*라고 부른다. (라틴어로 호모는 '인간'을, 사피엔스는 '현명하다'를 의미한다.) 인간의 심적 능력은 인간의 적응력을 매우 높여 주었다. 인간은 사막에서도, 정글에서도, 산 속에서도, 광기 어린 도시에서도, 고요한 휴양지에서도, 심지어 우주정거장에서도 살 수 있다.

스티븐 호킹을 생각해 보라. 루게릭병이 그의 척추를 망가뜨려서 뇌와 근육 사이의 연락이 단절되었다. 그는 휠체어에 갇혀 있었지만 얼굴 움직임을 이용하여 음성합성기를 조작하는 방식으로 다른 사람과 대화를 하였다. 그는 심각한 장애를 가졌지만 그의 뇌는 루게릭병에 의해 영향을 받지 않았고, 평생 왕성하게 활동하였다. 그는 루게릭병에도 불구하고 여전히 생각할 수 있었다. 스티븐 호킹은 이론물리학자이자 우리 시대 가장 유명한 과학자 중 한 명이었다.

우리는 어떻게 사고하는 걸까? 언어는 사고와 무슨 관계가 있는 걸까? 우리는 문제를 어떻게 해결할까? 지능이란 무엇인가? 지혜는 무엇인가? 이런 것들에 대해서 생각해 보자.

Kevin Dietsch/UPI/Landov

SURVEY QUESTIONS

33.1 사고의 본질은 무엇인가?

33.2 이미지와 사고는 어떤 관계인가?

33.3 개념은 무엇이고 어떻게 학습되는가?

33.4 언어는 무엇이며 사고에서 어떤 역할을 하는가?

사고란 무엇인가?–근육보다 두뇌

SURVEY QUESTION 33.1 사고의 본질은 무엇인가?

인지[cognition, **사고**(thinking)]는 기본적으로 문제 또는 상황에 대한 *심적 표상*(심적 표현)을 처리하는 것이다(Sternberg, 2012). ● 그림 33.1을 보면서 한번 생각해 보자. 왼쪽(a)의 얼굴은 행복한가 아니면 슬픈가? 사진을 보면 금방 답이 나온다. 여러분은 상당히 수동적이고, 용이하고, 그리고 자동적인 **경험적 처리**(experiential processing)를 하였다. 이제 (b)를 보고 숫자의 합이 얼마인지 계산하라. 이 경우는 경험적 처리로는 충분하지 않다. 여기서는 의도적으로 집중하는 **반영적 처리**(reflective processing)가 필요하다(Kahneman, 2011; Norman, 1994). (두 유형의 인지의 차이점은 우리가 배우는 것을 얼마나 잘 이해하고 기억하고 있는가 하는 것과 관련이 있다. 모듈 1, "심리학 공부 방법"을 보라.)

모듈 23에서 동물은 단순한 형태의 인지 학습을 할 수 있었다. 반면에 인간의 인지는 다양한 형태를 취하는데, 경험적 백일몽에서 훨씬 더 반영적 문제해결과 추론에 이르기까지 다양하다. 예

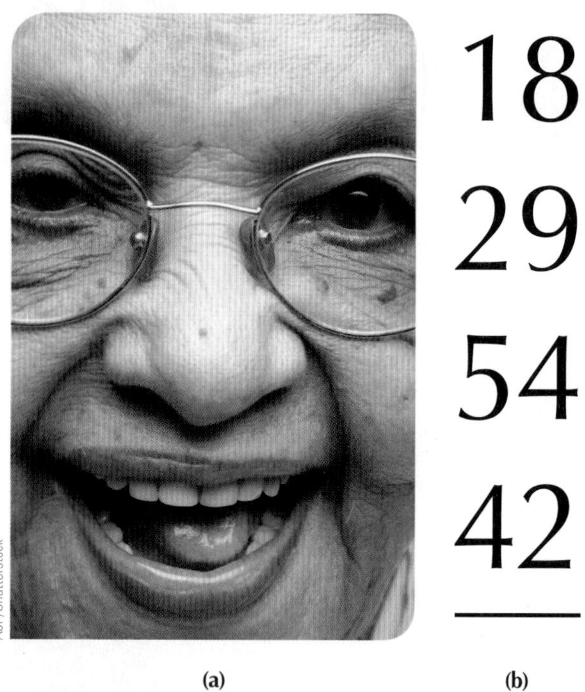

그림 33.1
경험적 처리 과제(a)와 반영적 처리 과제(b). 설명은 본문을 보라. (Kahneman, 2011을 따름)

를 들어, '계획하기'의 상당히 반영적 과정에 대해 생각해 보라. TV 앵커가 생방송 시작 전에 마음속으로 질문을 생성하는 장면을 떠올려 보라. *계획하기*를 통해서 많은 실수를 피할 수 있다. 시험 공부를 어떻게 해야 할지, 취업 면접에서 무슨 말을 해야 할지, 여행 중 숙소를 어떻게 찾아갈지 등에 대해 계획하는 것을 생각해 보라. 한 걸음 더 나아가서, 계획을 하지 않았거나 할 수 없었다면 이런 경우에 어떤 일이 일어날지 상상해 보라.

사고의 기본 단위

문제를 마음속으로 표상하는 능력은 체스 챔피언 미겔 나이도프가 잘 보여 준다. 그는 체스판을 보지 않고 동시에 45명과 체스를 둔 적이 있다. 어떻게 그것이 가능했을까? 일반인과 마찬가지로 그는 사고의 기본단위를 이용하였다. 그것은 이미지, 개념, 그리고 언어(또는 상징)였다. **이미지(image)**는 그림처럼 생긴 심적 표상이다. **개념(concept)**은 사물이나 사건의 범주를 표상하는 관념이다. **언어(language)**는 단어와 상징, 그리고 그것들을 조합하는 규칙으로 구성된다. 사고는 보통 이 세 가지를 모두 사용한다. 예를 들어, 체스 챔피언은 체스판과 말을 보는 대신, 시각적 이미지, 개념("2번 게임은 잉글리시 오프닝 전략으로 시작한다."), 그리고 체스의 부호 체계 또는 체스 언어에 의존한다.

이미지, 개념, 언어에 대한 이야기를 시작하기 전에, 사고는 주의, 패턴재인, 기억, 의사결정, 직관, 지식 등을 포함한다는 사실에 주의하라(Reed, 2013). 모듈 33은 인지심리학의 아주 작은 맛보기에 불과하다.

심적 이미지—개구리에게는 입술이 있는가?

SURVEY QUESTION 33.2 이미지와 사고는 어떤 관계인가?

거의 모든 사람이 시각적 이미지와 청각적 이미지를 가지고 있다. 우리 중 절반은 운동, 촉각, 맛, 냄새, 고통 등의 이미지도 경험한다. 그러므로 심적 표상은 단순한 '그림'이 아니다. 예를 들면, 빵가게의 이미지는 맛있는 향기도 포함할 수 있다. 어떤 사람들은 *공감각*(synesthesia)이라는 특별한 형태의 이미지를 경험한다. 이런 사람들에서 이미지는 정상적 감각 경계를 넘어간다(Craver-Lemley & Reeves, 2013). 예를 들어, 양념 치킨은 뾰족한 맛이 난다. 어떤 사람들에게 통증은 오렌지 색깔로 보인다. 또 다른 경우에 인간의 목소리는 넘치는 색깔과 맛의 감각을 가져온다(Dixon, Smilek, & Merikle, 2004; Robertson & Sagiv, 2005). 그렇기는 하지만 우리 대부분은 사고하고, 기억하고, 문제를 풀기 위하여 이미지를 사용한다. 예를 들면, 우리는 이미지를 사용하여 다음과 같은 일을 한다.

- 의사 결정을 하거나 문제를 해결한다(어떤 옷을 입을지 선택하기, 가구를 어떻게 배치할지 결정하기).
- 기분 전환을 한다(기분이 나쁠 때 유쾌한 이미지를 상상하기, 다이어트를 위해서 날씬한 자기 모습을 상상하기).
- 기술을 향상시키고 행동을 준비한다(테니스 스트로크를 향상시키기 위해 이미지를 사용하기, 급여 인상을 요구하기 위해 무슨 말을 할지 미리 연습해 보기).
- 기억을 보조한다(Cook 씨의 이름을 기억하기 위해 Cook 씨가 요리사 모자를 쓰고 있는 모습을 그려 보기).

심상의 속성

심상(심적 이미지)은 평면적이지 않다. 사진과 다르다. Stephen Kosslyn은 이것을 보여 주기 위해 사람들에게 질문하였다. "개구리에게는 입술과 통통한 꼬리가 있습니까?" 여러분이 개구리와 키스해 본 적이 없다면, 이 질문에 답하기 위해 심상을 사용할 것이다. 사람들은 개구리를 머릿속에 그려 본다. 그리고 입을 바라본다. 이어서 꼬리는 어떻게 생겼는지 보기 위해 마음속에서 개구리를 '회전'시킨다(Kosslyn, 1983). 심적 회전(mental rotation)은 부분적으로 상상적 운동에 근거한다(● 그림 33.2). 우리는 어떤

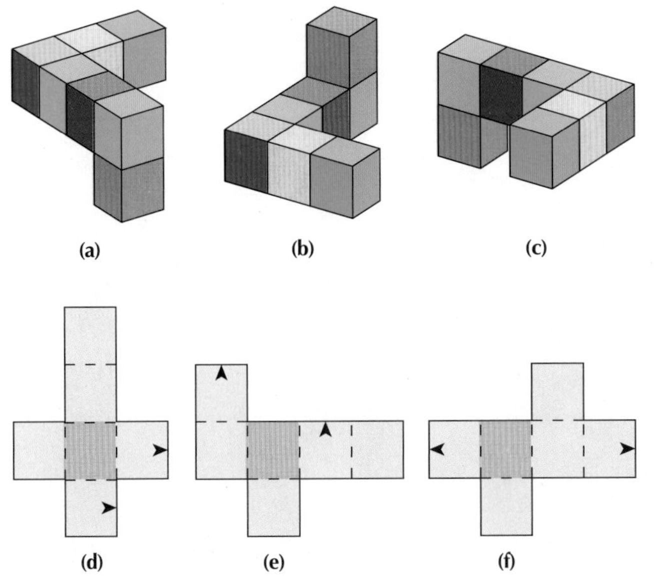

그림 33.2
심상으로 사고하기. (위) 사람들에게 (a)그림을 보여 주고 (b)와 (c) 중 어떤 것이 (a)와 동일한지 질문한다. 사람들은 (a)그림을 마음속에서 회전시켜 본 후 대답한다. 마음속에서 회전시켜야 하는 반경이 크면 클수록 대답하는 시간은 길어진다. 이것은 사람들이 (a)와 같은 그림을 볼 때 그것을 삼차원 심상으로 마음속에 표상하며 그것을 회전시킨다는 것을 보여 준다(Shepard, 1975). (아래) 마음속으로 종이접기에 도전해 보라. 종이를 접어서 육면체를 만들었을 때 화살표 표시된 부분은 서로 만나는가? (Kosslyn, 1985)

대상을 마음속에 떠올리고 그걸 돌리거나 접을 수도 있다(Harris, Hirsh-Pasek, & Newcombe, 2013; Wraga, 2010).

"역행 시각" *심상을 떠올릴 때 뇌 속에서 무슨 일이 일어나는가?* 마음의 눈으로 어떤 대상을 바라보는 것은 실제 대상을 눈으로 보는 것과 유사하다. 눈에서 오는 정보는 대뇌의 일차시각영역으로 들어가며 거기서 어떤 이미지가 만들어진다(● 그림 33.3). 그 이미지를 저장된 이미지와 연결시켜 재인을 가능하게 하는 것은 또 다른 뇌의 영역이다. 심상을 형성할 때에는 이 시스템이 거꾸로 작동한다. 기억이 저장되어 있는 뇌영역이 시각피질로 신호를 보내고 거기서 다시 한 번 이미지가 만들어진다(Borst & Kosslyn, 2010; Ganis, Thompson, & Kosslyn, 2004). 예를 들어, 여러분이 지금 친구의 얼굴을 떠올린다면 여러분의 뇌 속에서 얼굴 지각을 담당하는 영역이 활성화된다(Prochnow et al., 2013).

심상의 사용 *심상은 어떻게 문제해결에 사용되는가?* "빈 달걀판을 사용하는 방법은 얼마나 많은가?"라는 질문을 받았다고 해보자. 여러분은 이미 알고 있는 사용법을 머릿속에 떠올릴 수 있다. 예를 들어, 단추를 분류하는 데 사용한다. 좀 더 창의적 대답을 위해 여러분은 머릿속에서 새 이미지를 만들거나 조합할 수 있다. 조각가는 조각에 착수하기 전에 만들고자 하는 작품 이미지를 머릿속에서 완전하게 생성한다. 심상화 능력이 우수한 사람들은 창의력 점수가 높다. 심지어 맹인인 경우에도 그렇다(Eardley & Pring, 2007; Morrison & Wallace, 2001).

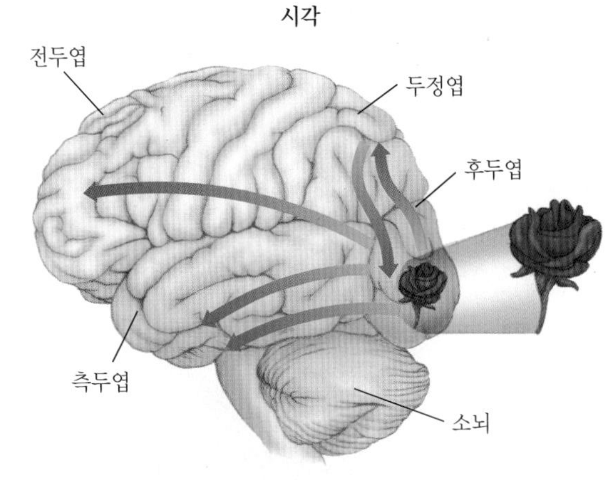

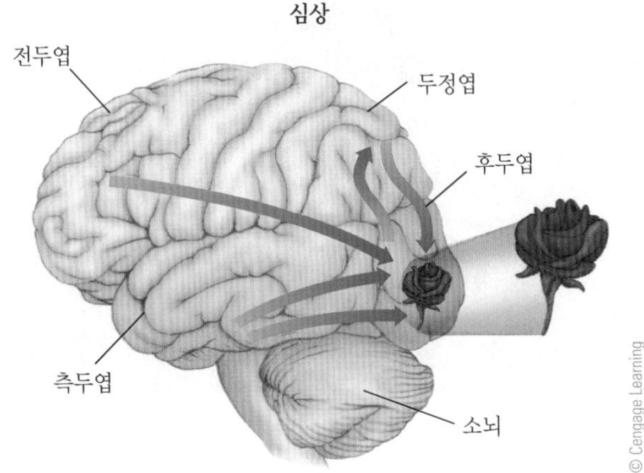

그림 33.3
(위) 실제의 꽃을 볼 때는 대뇌 후두부의 일차시각영역이 활동하여 이미지를 표상한다. 이미지 정보는 뇌의 다른 영역으로 전달된다. (아래) 꽃의 심상을 떠올리면 정보의 흐름은 거꾸로가 된다. 그 결과 일차시각영역이 또다시 활성화된다.

운동 심상 우리는 머리뿐만 아니라 몸을 사용하여 사고한다. 운

인지(사고) 마음속에서 정보(이미지, 개념, 단어, 상징 등)를 처리하는 과정
경험적 처리 수동적이며, 의도적 노력이 필요하지 않고, 자동적인 사고 과정
반영적 처리 능동적이며, 의도적 노력이 필요하고, 통제된 사고 과정
이미지 '그림'이나 '도상'과 같이 생긴 심적 표상
개념 서로 유사한 사물이나 사건으로 이루어진 범주를 표상하는 일반화된 관념
언어 단어 또는 상징, 그리고 그것들을 조합하는 규칙. 사고와 전달을 위해서 사용된다.

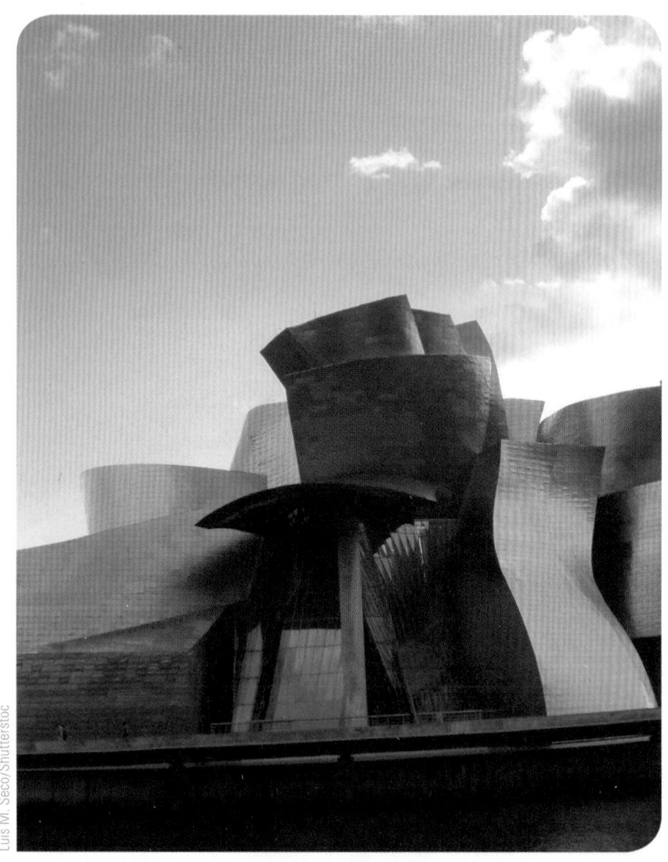
Luis M. Seco/Shutterstoc

스페인 빌바오에 위치한 구겐하임 미술관. 건축가 프랭크 게리가 설계하였다. 심상 능력이 부족한 사람이 이런 걸작을 디자인할 수 있었을까? 미술가, 건축가, 디자이너, 조각가, 영화감독 등은 모두 탁월한 심상 능력을 가지고 있다.

Vixit/Shutterstock

암벽등반가는 등산 루트를 파악하고 다음 동작을 계획하기 위해 운동 심상을 사용한다(Smyth & Waller, 1998).

동 심상은 근육 감각으로부터 만들어진다(Grangeon, Guillot, & Collet, 2011; Guillot et al., 2009). 운동 심상은 우리가 동작이나 행동에 대해 생각하는 것을 도와준다.

우리가 생각하고 이야기하는 동안 운동 감각은 사고의 흐름을 유도한다. 예를 들면, 친구가 전화를 해서 여러분이 빌려 준 자물쇠의 번호를 요구한다면 여러분은 마치 실제 자물쇠를 만지는 것처럼 손가락을 움직일 것이다. 또는 다음 질문에 대답하려고 해 보라. 주방 싱크대에 물이 나오게 하려면 꼭지를 어느 쪽으로 돌려야 하는가? 여러분이 만약 '왼쪽 열기', '오른쪽 잠그기'처럼 준비된 요령을 기억하고 있지 않다면, 여러분은 아마 대답하기 위해 상상 속에서 수도꼭지를 돌려 볼 것이다. 심지어는 실제로 돌려 보는 동작을 하게 될지도 모른다.

운동 심상은 운동과 관계된 기술, 예를 들어 음악, 스포츠, 댄스, 스케이트 보딩, 무술 등에서 특히 중요하다. 그런 기술을 향상시키기 위한 효과적 방법은 여러분이 완벽하게 동작하는 모습을 심상으로 반복적으로 그리면서 연습하는 것이다(Anema & Dijkerman, 2013).

개념—틀림없어! 그건 이거야

SURVEY QUESTION 33.3 개념은 무엇이고 어떻게 학습되는가?

앞서 말했듯이 *개념*(concept)은 사물이나 사건의 범주를 표상하는 관념이다. 개념은 세상의 중요한 특징을 파악하는 것을 도와준다. 그래서 전문가들은 사물을 분류하는 데 능하다. 탐조가, 열대어 사육가, 공룡에 열중하는 다섯 살짜리, 이들의 공통점은 초심자가 놓치기 쉬운 세부 특징들을 금방 파악한다는 것이다. 여러분이 승마, 화초, 축구 등에 대해 많이 알고 있다면 미숙한 사람들과는 다른 방식으로 사물을 보게 된다(Harel et al., 2010; Ross, 2006).

개념 형성

개념은 어떻게 학습되는가? 개념 형성(concept formation)은 정보를 의미 있는 카테고리로 분류하는 과정이다(Ashby & Maddox, 2005; Newell, 2012). 기본적으로 개념 형성은 *정적 사례*(특정 범주에 속하는 사례)와 *부적 사례*(특정 범주에 속하지 않는 사례)에 대한 경험을 바탕으로 한다. 그러나 개념 형성은 그렇게 단순하지 않다. '*개*(dog)'라는 개념을 학습하는 아이를 상상해 보라.

개고생

아이와 아버지가 산책을 나갔다. 옆집에서 중간 정도 크기의 개를 보았다. 아버지가 "저 개 좀 봐."라고 말했다. 다음 집 마당에서 아이는 고양이를 보고 외쳤다. "개!" 아버지가 고쳐 주었다. "그건 고양이야." 아이는 생각한다. '아하, 개는 크고 고양이는 작구나.' 또 다른 집 마당에서 아이는 페키니즈를 보았고 "고양이!"라고 외쳤다. 아버지는 "아니야! 그건 개야."라고 말했다.

아이가 얼마나 혼란스러울지 이해가 될 것이다. 처음에는 아이가 페키니즈를 대걸레로 오해할 수도 있다. 그러나 정적 사례와 부적 사례를 경험하면서 아이는 그레이트 데인에서 치와와에 이르기까지 모든 개를 동일한 범주에 넣는 것을 학습한다.

어른들은 *개념 규칙*(conceptual rule)의 학습 또는 형성을 통해서 개념을 습득한다. 규칙은 사물이나 사건이 어떤 개념에 속하는지 아닌지를 결정하는 가이드라인이다. 예를 들면, 삼각형은 폐쇄된 도형이며 3개의 직선으로 구성된다. 규칙은 개념을 학습하는 효과적 방법이지만 사례들도 중요하다. 음악의 초보자가 규칙만 가지고 리듬앤블루스, 힙합, 퓨전, 살사, 록, 컨트리, 랩을 정확하게 구분할 수는 없다.

개념의 유형

개념은 여러 가지 유형이 있는가? 그렇다. 연접 개념(conjunctive concept), 즉 '그리고 개념(and concept)'은 둘 이상의 속성을 가진다(Reed, 2013). 다시 말해, 하나의 사례는 이런 속성과 저런 속성과 또 다른 속성을 가지고 있어야 한다. 예를 들면, 오토바이는 2개의 바퀴가 있어야 하고, 엔진이 있어야 하고, 핸들바가 있어야 한다.

관계 개념(relational concept)은 어떤 대상이 다른 것들과 어떤 관계를 맺고 있는지, 어떤 특징이 다른 특징과 어떤 관계를 맺고 있는지에 따라 결정된다. 예를 들면 다음과 같은 것들이다. '*더 크다*(larger)', '*위*(above)', '*왼쪽*(left)', '*북쪽*(north)', '*거꾸로*(upside down)' 등이다. '형제(brother)'도 관계 개념이다. 그것은 '동일한 부모를 가진, 남자와 남자의 관계'로 정의된다.

이접 개념(disjunctive concept)은 여러 개의 특징 중 적어도 하나를 가지는 경우이다. either/or 개념이다. 이 범주에 속하기 위해 사례는 이런 특징이나 저런 특징 중 어떤 하나의 특징을 가져야 한다. 예를 들면, 야구에서 *스트라이크*는 헛스윙이거나 플레이트 위로 들어간 투구이거나 파울볼이다. 이접 개념의 either/or 특성은 개념 학습을 어렵게 한다.

원형 새라는 개념에 대해 생각할 때 사람들은 마음속으로 새의 특징들을 떠올릴까? 아마 그렇지 않을 것이다. 특징과 규칙 이외에 사람들은 **원형**(prototype)을 사용한다. 원형은 이상적 모형을 가리키며 개념을 파악할 때 사용된다(Rosch, 1977; Tunney & Fernie, 2012). 예를 들어 로빈(robin)은 원형에 가까운 새이다. 타조는 그렇지 않다. 다시 말해 어떤 대상은 다른 대상보다 개념에 좀 더 적합한 사례이다(Smith, Redford, & Haas, 2008). ● 그림 33.4에 있는 대상 중 어떤 것이 컵의 가장 좋은 사례인가? 컵은 높아지거나 넓어지면서 화병이 되기도 접시가 되기도 한다. 언제 경계를 넘어가는지 어떻게 아는가? 아마도 우리는 마음속에서 그림들을 '이상적' 컵(5번)과 비교한다. 우리가 적당한 원형을 가지고 있지 않을 때 개념을 파악하는 것은 어렵다(Minda & Smith, 2011).

오류 개념 부정확한 개념을 사용하면 잘못 생각할 수 있다. 예를 들면, *사회적 고정관념*(social stereotype)은 인종이나 집단에 대한 극도로 단순화된 개념이다(Le Pelley et al., 2010). 남성, 흑인, 여성, 보수주의자, 진보주의자, 경찰관 등에 대한 고정관념은 해당 집단 멤버에 대한 사고를 혼란시킨다(고정관념, 편견, 차별에 대한 더 많은 정보는 모듈 61 참조). 이와 관련된 문제는 *흑백 사고*이다(일차원적 사고). 이 경우 사람들은 사물을 절대적으로 옳거나 틀린 것으로, 절대적으로 선하거나 악한 것으로, 절대적으로 공정하거나 불공정한 것으로, 절대적으로 희거나 검은 것으로, 절대적으로 정직하거나 부정직한 것으로 분류한다. 이런 방식으

● **그림 33.4**
컵은 언제 접시가 되는가? 또는 화병이 되는가? 어떤 대상이 어떤 개념에 속하는가를 결정할 때 원형과 비교하면 도움이 된다. 원형은 이상적 사례를 가리킨다. 실험참가자들은 5번 그림을 가장 좋은 컵으로 선택한다(Labov, 1973을 따름)

개념 형성 정보를 의미 있는 범주로 나누는 과정
연접 개념 2개 이상의 특징을 공유하는 대상들의 집합(예를 들면, 어떤 개념의 사례가 되기 위해 대상은 붉은색이면서 동시에 삼각형이어야 한다)
관계 개념 특징들 간의 관계에 의해 정의되는 개념(예를 들어, '보다 더 크다', '치우치다' 등)
이접 개념 다수의 가능한 특징 중 적어도 하나를 보유하는 대상들로 정의되는 개념(예를 들면, 사례가 되기 위한 자격으로 '붉거나' '둥글거나' 중 하나가 필요한 경우)
원형 어떤 개념의 최적합 사례로 사용되는 이상적 모형

로 사고하게 되면 인간 사회의 많은 미묘한 문제들을 제대로 파악할 수 없게 된다(Alberts, Thewissen, & Raes, 2012).

암시적 의미 개념은 일반적으로 두 가지 의미를 가진다. **명시적 의미**(denotative meaning)는 단어 또는 개념의 정확한 정의를 가리킨다. **암시적 의미**(connotative meaning)는 정서적 또는 개인적 의미를 가리킨다. naked의 명시적 의미는 누디스트에게나 검열관에게나 동일하다. '옷을 입지 않았다'는 의미이다. 그러나 암시적 의미는 서로 다르다. 누디스트에게는 긍정적 가치를 암시하고 검열관에게는 부정적 가치를 암시하기 때문이다.

여러분은 암시적 의미가 무엇인지 명확히 할 수 있는가? 그렇다. *의미미분법*(semantic differential)을 사용하여 암시적 의미를 측정할 수 있다. ● 그림 33.5를 보라. 우리가 단어나 개념을 평가할 때 암시적 의미는 대부분 세 차원으로 환원된다. 좋다/나쁘다, 강하다/약하다, 능동적/수동적. 세 차원은 단어의 명시적 의미가 유사하더라도 매우 다른 암시적 의미를 부여할 수 있다. 예를 들면, 나는 성실하고(conscientious), 너는 조심스럽고(careful), 그는 까다롭다(nitpicky). 실제로 우리는 모두 성실하다.

암시적 의미의 차이는 우리가 어떤 이슈에 대해 생각할 때 영향을 줄 수 있다. 여러분은 '*최고급 소고기*'를 먹겠는가, 아니면 '*피가 뚝뚝 흐르는 죽은 암소의 살덩이*'를 먹겠는가? '*정치적 홍보*'와 '*프로파간다*'는 암시적 의미를 조작한다. 예를 들면, 말기 질병을 앞에 두고 있는 여러분은 '*임종 카운슬링*'을 받겠는가 아니면 '*사망 판단 위원회*'에 가겠는가(Payne, 2009)? 언어에 대해서 좀 더 살펴보자.

'재즈(JAZZ)'를 평가하세요

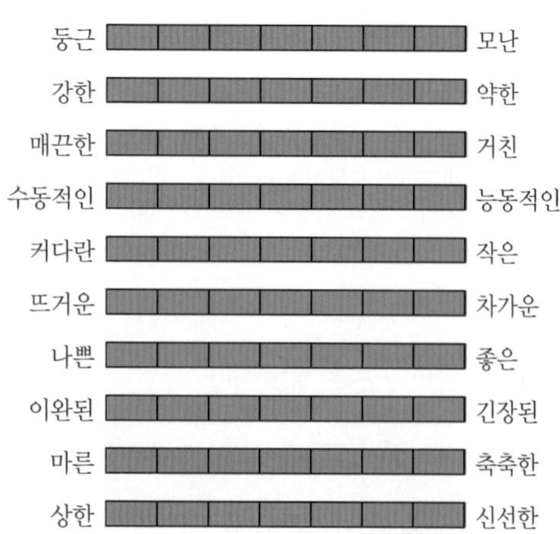

그림 33.5
이것은 Osgood의 의미미분법의 예이다. 재즈(jazz)의 암시적 의미는 척도상에서 평가된다. 여러분의 평가를 빈칸에 X를 사용하여 표시하라. 그리고 X 표시를 선으로 연결하라. 친구에게도 평가를 하게 하라. 친구의 반응이 여러분과 같은지 비교하라. 로큰롤(rock and roll)과 힙합(hip-hop)에 대해서도 똑같이 해 보라. 심리학(psychology)에 대해서도 해 보길 권한다(Osgood, 1952를 수정).

언어–그것 없이는 집 떠나지 마라

SURVEY QUESTION 33.4 언어는 무엇이며 사고에서 어떤 역할을 하는가?

지금까지 살펴본 바와 같이 사고는 언어가 없이도 가능하다. 누구나 막연한 이미지나 느낌으로만 존재하는 어떤 생각을 표현할 단어가 없어서 곤란을 겪은 적이 있을 것이다. 그렇기는 하지만 대부분의 사고는 언어에 크게 의존한다. 왜냐하면 언어는 세계를 조작이 용이한 상징으로 부호화(번역)하기 때문이다(● 그림 33.6). 또한 앞에서 보았듯이 우리가 선택하는 단어가 우리의 사고에 크게 영향을 줄 수 있다. (글상자 "내 포크의 북쪽에는 무엇이 있는가?"를 보라.)

단어나 문장의 의미에 대한 연구를 **의미론**(semantics)이라고 한다(Traxler, 2011). 언어와 사고의 연결이 가장 현저한 곳이 여기다. 다음 단어 중 이질적인 것에 동그라미를 쳐야 한다고 생각해 보자.

고층빌딩	성당	교회	기도

*기도*를 골랐다면 정답이다. 대부분의 사람이 기도를 선택한다. 이번에는 다른 문제를 해 보자. 무엇이 이상한 항목인지 동그라미 표시를 하라.

성당	기도	교회	고층빌딩

이번에는 *고층빌딩*에 표시를 했는가? 달라진 순서 때문에 마지막 단어의 의미도 미묘하게 달라진다(Mayer, 1995). 이것은 단어 의미 중 많은 부분이 *문맥*(context)에서 오기 때문이다. 예를 들

Heinrich van den Berg/Getty Images

그림 33.6
와인 시음은 언어의 부호화 기능을 예시한다. 자신의 경험을 다른 사람에게 전달하기 위해 와인 감별사는 미각을 단어로 옮겨야 한다. 여기 있는 와인은 "자두, 블랙베리, 건포도의 맛이 깊이 응축된 것 같고 탄닌과 산이 절묘한 조화를 이루고 독특한 오크 향기를 머금고 있다."

비판적 사고

내 포크의 북쪽에는 무엇이 있는가?

사고가 언어에 영향을 주는 것은 분명하다. 그러나 그 반대도 사실일까? 우리가 사용하는 언어가 우리의 사고와 행동에 영향을 줄까? 그 대답은 오스트레일리아 동북 지역의 오지에서 찾을 수 있다. 인지심리학자 Lera Boroditsky의 보고에 의하면 다섯 살짜리 원주민 아이들은 나침반의 방향을 정확하게 가리킬 수 있다. 대부분의 미국 아이들은 그렇게 할 수 없으며, 심지어 어른들에게도 어렵다(Boroditsky, 2011).

왜 그럴까? Boroditsky에 따르면 쿠크 타요레(Kuuk Thaayorre) 언어는 영어와 달리 방향 지시에 *절대적 좌표*를 사용한다. 쿠크 타요레 언어도 영어처럼 '북쪽', '남쪽' 등을 가리키는 단어가 있다. 다만 상대적 방향 지시어—'왼쪽', '오른쪽' 등—가 없다.

멀리 떨어진 대상을 가리키는 경우 영어 사용자는 "시카고는 우리 동네의 북쪽에 있다."고 말한다. 가까이 있는 대상에 대해서는 상대적 방향 지시로 바꾸어 "내 동생은 내 오른쪽에 앉아 있다."고 말한다. 반면에, 쿠크 타요레 언어에서는 항상 절대적 방향을 사용하여 이렇게 말한다. "내 친구는 나의 동남쪽에 앉아 있다." "디저트 스푼은 커피 잔의 서쪽에 있다." 원주민 아이는 절대적 방향을 학습해야 한다. 그렇지 않으면 대화를 할 수 없다.

또 다른 재미있는 영향은 쿠크 타요레 언어 사용자가 시간을 나열하는 방식이다. 한 연구에서 영어 사용자에게 일련의 사건(예: "사람이 늙어 간다", "요리를 만들어서 먹다")을 구성하는 카드를 주고 시간순으로 배열하도록 하였다. 영어 사용자는 왼쪽에서 오른쪽으로 배열하였다. 히브리어 사용자는 오른쪽에서 왼쪽으로 배열하였다. 아마도 이런 방향 차이는 글을 쓰는 방향의 차이에서 온 것이다. 히브리어는 오른쪽에서 왼쪽으로 쓰기 때문이다. 그러나 쿠크 타요레 언어 사용자는 동쪽에서 서쪽으로 배열한다. 참가자가 북쪽을 향하고 있는 경우 배열은 오른쪽에서 왼쪽으로 향한다. 그러나 남쪽을 향하고 있는 상태에서는 왼쪽에서 오른쪽으로 향한다(Boroditsky & Gaby, 2010).

이런 발견은 **언어상대성 가설**(linguistic relativity hypothesis)을 지지한다. 우리가 사용하는 언어는 우리의 생각을 반영할 뿐만 아니라 우리의 생각을 조종하기도 한다. 그러므로 다음에 여러분의 미래가 여러분의 앞에 있고 여러분의 과거는 뒤에 있다는 생각이 날 때 다시 한 번 생각해 보라. 남미의 아이마라(Aymara) 언어 사용자에게는 과거가 앞에 있고 미래는 뒤에 있다(Miles et al., 2010). 그러니 뒤를 잘 살펴야 한다.

어, shot의 의미는 우리가 생각하는 것이 골프냐 사진이냐 병원이냐 술집이냐 사격이냐에 따라 달라진다(Carroll, 2008).

더 미묘한 효과도 일어난다. 예를 들면, 대부분의 사람들은 ● 그림 33.7의 아래 두 줄에 있는 단어를 적은 잉크 색깔을 신속하게 말하는 데 어려움이 있다. 단어 의미의 자동적 처리는 무시할 수 없을 정도로 강하다.

언어는 또한 소수민족이나 사회집단을 정의하는 데 큰 역할을 한다. 언어는 문화 간 가교일 수도 있고 장벽일 수도 있다. 언어를 번역하는 것은 많은 의미적 문제를 일으킬 수 있다. 캘리포니아 새너제이의 공립도서관은 한때 필리핀 현지어로 '환영합니다'를 뜻하는 커다란 현수막을 내건 일이 있다. 그런데 실제로 현수막은 '포경수술하셨네요'라는 의미가 되어 버렸다. 국제 비즈니스나 외교 등 중요한 상황에서는 의미적 혼동을 피하는 것이 대단히 중요하다. (글상자 "이중언어사용—*Si o No, Oui ou Non,* Yes or No?"를 보라.)

언어의 구조

언어를 만들기 위해 필요한 것은 무엇인가? 우선 언어는 사물이나 생각을 표현할 수 있는 *상징*을 가져야 한다(Harley, 2008). 그런 상징 중 하나인 단어(word)는 **음소**(phoneme)와 **형태소**(morpheme)로 구성된다. 음소는 발음의 기본 단위이고 형태소는 의미의 기본 단위이다. 예를 들면, 영어에서 *m*, *b*, *w*, *a*와 같은 소

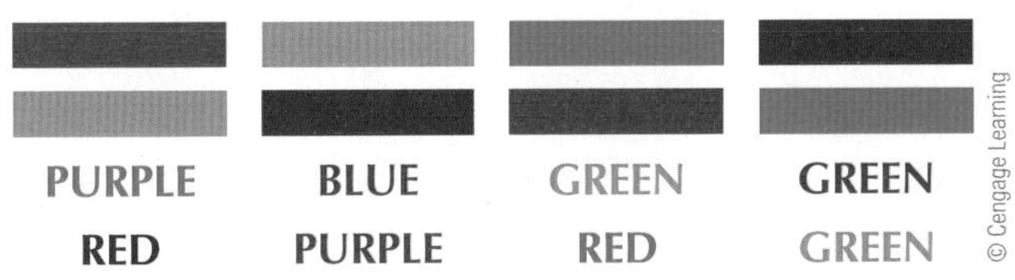

● **그림 33.7**
스트룹 간섭 과제. 위 두 줄에 있는 네모의 색깔을 가능한 한 빨리 말해 보라. 그런 후 아래 두 줄의 단어를 적은 잉크 색을 말해 보라(단어를 말해서는 안 된다). 아래 줄의 잉크 색을 말하는 것이 더 어렵다.

명시적 의미 단어나 개념의 정확한 사전적 정의. 객관적 의미
암시적 의미 단어나 개념의 주관적, 개인적, 또는 감정적 의미
의미론 단어나 언어의 의미에 대한 연구
언어상대성 가설 우리가 사용하는 단어는 우리의 사고를 반영할 뿐 아니라 우리의 사고를 조형할 수도 있다는 생각
음소 각 언어에서 기본이 되는 말소리 단위
형태소 어떤 언어에서 의미의 최소 단위. 음절일 수도 있고 단어일 수도 있다.

인간 다양성

이중언어사용–*Si o No, Oui ou Non*, Yes or No?

둘 이상의 언어를 구사하는 능력을 가지면 무슨 이득이 있는가? 이득이 분명히 있다. **이중언어사용**(bilingualism)은 둘 이상의 언어를 구사하는 능력이다. 연구에 의하면, 둘 이상의 언어를 사용하는 학생은 심적 유연성, 일반 언어 기능, 주의 통제, 문제 해결 능력 등이 우수하다(Bialystok & Barac, 2012; Bialystok & DePape, 2009).

미국에서는 유감스럽게도 가정에서 영어를 사용하지 않는 수백만 소수민족 아동들이 *제거적 이중언어사용*(subtractive bilingualism)을 경험한다. 영어만 사용하는 몰입식 학교 교육에서 아동들은 방치되며, 그 결과 대부분은 모(국)어 능력 중 일부를 상실하게 된다. 그들은 제1언어와 제2언어 모두에서 불완전하게 된다. 게다가 아이들은 수업에서도 뒤처진다. 아이들이 영어와 씨름하는 동안 수학, 사회, 과학 등 다른 과목은 소홀히 된다. 결국 영어 전용 교육은 아이들이 주류 사회에 진출할 준비를 실패하게 만든다(Durán, Roseth, & Hoffman, 2010; Matthews & Matthews, 2004).

가정에서 영어를 사용하는 아동들의 대다수는 상당히 다르다. 이 경우 제2언어의 학습은 언제나 이득이 된다. 제2언어는 아동의 가정 언어를 위협하지 않고 다양한 인지 기능을 향상시킨다. 이런 경우를 *부가적 이중언어사용*(additive bilingualism)이라 한다. 왜냐하면 제2언어가 아동의 전체 능력 향상에 기여하기 때문이다(Hermanto, Moreno, & Bialystok, 2012).

양방향 이중언어 교육(two-way bilingual education)은 아동들이 이중언어사용에서 이득을 얻고 손해는 피하도록 한다(Benitz, 2009; Lessow-Hurley, 2013). 그런 프로그램에서 주류 집단 아동과 영어 미숙 아동이 함께 교육을 받는다. 반나절은 영어로 진행하며 반나절은 제2언어로 진행한다. 주류 언어 사용자와 소수 언어 사용자 모두 두 언어에 유창해진다. 그들은 영어만 사용하는 아동에 비해 성적이 좋고 학업 능력이 우수하다.

그렇다면 양방향 이중언어 교육이 널리 보급되지 않는 이유는 무엇인가? 이중언어교육은 정치적인 의미에서 주류 언어 집단에 인기가 없기 때문이다(Garcia, 2008). 언어는 집단 멤버임의 증거가 되는 중요한 표식이다. 주류 문화가 고도로 지배적인 경우 구성원 중 일부는 이민자나 '외국어'가 그들의 문화를 잠식한다고 느낀다. 그럼에도 불구하고 제2언어로 생각하고 소통하는 것은 놀라운 선물이다. 이중언어사용의 인지적 혜택을 고려하면, 이중언어사용을 독려하는 것은 신속하게 세계화되는 정보경제 사회에서 경쟁력을 향상시키는 최선의 길이다.

John Mitterer

알바니아어	mak, mak
중국어	gua, gua
네덜란드어	rap, rap
영어	quack, quack
프랑스어	coin, coin
이탈리아어	qua, qua
스페인어	cuá, cuá
스웨덴어	kvack, kvack
터키어	vak, vak

그림 33.8
동물들이 내는 울음소리는 세계 어디서나 비슷하다. 그러나 언어가 그것을 표현하는 방식은 서로 다르다. 오리의 울음소리가 여러 언어에서 어떻게 표현되는지 보라.

리는 *mbwa*라는 음절을 구성하지 못하지만 스와힐리어에서는 가능하다(그림 33.8 참조).

다음으로 언어는 **문법**(grammar)을 가져야 한다. 문법은 소리를 연결하여 단어를 만들거나 단어를 연결하여 문장을 만드는 규칙을 가리킨다(Reed, 2013). 문법 중 한 요소인 **통사론**(syntax)은 단어의 배열 순서에 관한 규칙이다. 통사론이 중요한 이유는 단어의 배열이 바뀌면 문장의 의미가 달라지기 때문이다. "개가 사람을 물었다(Dog bites man)"와 "사람이 개를 물었다(Man bites dog)"를 비교해 보라.

전통 문법은 언어의 표면—우리가 실제로 말하는 문장—에 대한 것이었다. 반면에 언어학자 Noam Chomsky는 말하는 사람이 생각을 문장으로 바꾸는 데 사용하는 심층적 규칙에 초점을 맞추었다. Chomsky(1986)는 사람들이 가능한 모든 문장을 배우는 것은 아니라고 믿었다. 사람들은 보편적 핵심 문장에 **변형 규칙**(transformation rules)을 적용하여 능동적으로 문장을 생산한다. 사람들은 이런 규칙을 이용하여 단순 서술문을 다른 시제나 형식(과거형, 수동태 등등)으로 바꾼다. 예를 들면, 핵심문장 "개가 사람을 문다(Dog bites man)"는 다음과 같은 패턴으로 변형될 수 있다.

과거형: 그 개가 그 사람을 물었다(The dog bit the man).

수동형: 그 사람이 그 개에게 물렸다(The man was bitten by the dog).

부정형: 그 개가 그 사람을 물지 않았다(The dog did not bite the man).

의문형: 그 개가 그 사람을 물었나(Did the dog bite the man)?

아이들이 틀린 문장을 말할 때가 있는데, 예를 들어 "I runned home"이라고 틀리게 말하는데, 이것은 아동들이 변형규칙을 사용한다는 증거이다. 아이들은 불규칙 동사 run에 과거 시제 규칙을 적용하였다.

그러므로 진짜 언어는 *생산적*(productive)이다. 그것은 새로운 사고나 생각을 생성한다. 실제로 문장의 단어들을 재배열하면 무한한 수의 문장을 생산할 수 있다. 그중 어떤 것은 웃기는 것이 될 수 있다. "제발 나를 금붕어에게 먹이지 마세요." 어떤 것은 심오할 수 있다. "우리는 다음과 같은 사실이 자명하다고 믿는다. 모든 사람은 평등하게 창조되었다." 어느 쪽이든 언어의 생산적 능력은 언어를 사고의 강력한 도구로 만든다.

제스처 언어

상식과 달리 언어는 말소리에 국한되지 않는다. 일데폰소는 젊은 사람인데 태어나면서부터 귀가 먹었다. 24세의 나이에도 일데폰소는 다른 사람과 대화한 적이 없다. 손짓 발짓을 시도할 뿐이었다. 그러다가 드디어 극적 계기가 찾아왔다. 수어 교사를 만나서 열심히 공부한 끝에 '고양이'와 제스처 사이의 관계를 이해하게 되었다. 바로 그 마술 같은 순간에 일데폰소는 수어를 이용하여 다른 사람에게 '고양이'를 말할 수 있다는 생각을 터득하였다.

미국 수어(American Sign Language, ASL)는 제스처 언어이며 일데폰소에게 돌파구를 제공하였다. ASL은 실제 언어이다. 독일어, 스페인어, 일본어와 같은 언어이다(Liddell, 2003). 실제로 멕시코 수어를 하는 사람은 미국 수어(ASL)를 쉽게 이해하지 못한다(Lucas & Bayley 2011; Shaw & Delaporte, 2011).

ASL은 문법을 가지고 있고 고유한 통사론과 의미론을 가지고 있지만 그것들은 *공간적*(spatial)이다(● 그림 33.9 참조). 그러나 말소리와 제스처는 둘 다 보편적 언어 패턴을 따른다. 수어 아동도 일반 아동처럼 동일한 연령대에 동일한 언어 발달을 경험한다. 어떤 심리학자들은 말소리 언어가 제스처에서 진화해 온 것으로 생각한다(Slocombe, Waller, & Liebal, 2011). 제스처는 우리가 말할 때 단어들을 연결하는 것을 도와준다(Moreno-Cabrera, 2011). 어떤 사람은 손을 움직이지 못하도록 묶어 놓으면 말하는 데 어려움이 있다. 전화로 이야기하면서 손으로 제스처를 취한 적이 있는가? 있다면 여러분은 언어의 제스처 기원설을 증거하는 것이다. 사람들이 구어를 할 때나 수어를 할 때 동일한 뇌영역이 활성화되는 것은 그 때문인 것 같다(Enrici et al., 2011).

수어는 시각적 소통을 위해 나온 것이다. 그러나 수어에는 개인적 특성이나 사회적 특성이 반영된다. 하나의 수어를 사용하는 사람들은 하나의 언어를 공유할 뿐 아니라 하나의 문화를 공유하는 것이기도 하다(West & Sutton-Spence, 2012).

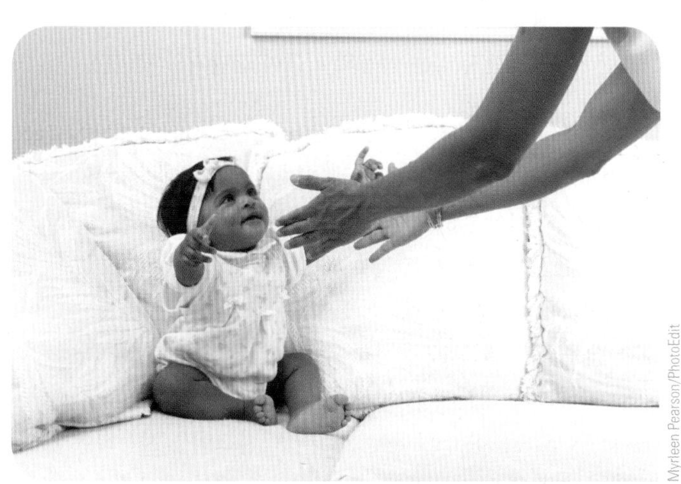

어린아이는 '나를 안아 줘.'라는 생각을 입으로 말할 수 있게 되기 전에 제스처를 통해 표현할 수 있다. 제스처에서 구어로 바뀌어 가는 과정은 인간 언어 능력의 진화 과정을 반영하는 것 같다(Genty et al., 2009).

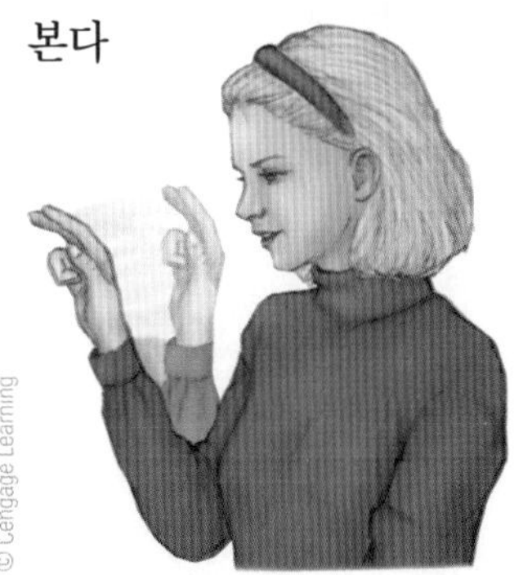

● 그림 33.9
ASL은 약 3,000개의 수어 단어를 가지고 있다. 이것을 구어 영어의 60만 개 단어와 비교해 보라. 그러나 수어의 변형은 ASL을 굉장히 표현력이 풍부한 언어로 만든다. 예를 들면 '본다(LOOK-AT)'라는 수어 단어를 변형시키면 '나를 본다', '그녀를 본다', '마주 본다', '응시한다', '쳐다본다', '들여다본다', '계속 찾는다', '자꾸 본다', '뒤돌아본다, '미리 본다', '기대한다', '예측한다' 등등 많은 것을 의미하게 만들 수 있다.

이중언어사용 2개의 언어를 말하는 능력
양방향 이중언어 교육 제2언어 교육 프로그램. 영어 모국어 아동과 영어 외국어 아동이 한 교실에서 교육을 받는다. 하루의 절반은 영어로 진행되고 다른 절반은 제2언어로 진행된다.
문법 언어 단위를 조합하여 의미가 있는 글이나 말을 만드는 규칙의 집합
통사론 단어를 배열하여 문장을 만드는 규칙
변형 규칙 단순 서술문에 적용하여 다양한 형태의 문장(과거형, 수동형, 의문형 등)을 만드는 데 사용되는 규칙

동물의 언어

동물에게도 언어가 있을까? 그렇다. 야생에 사는 동물들도 서로 의사 전달을 한다. 동물들의 울음소리, 제스처, 짝짓기 신호 등은 같은 종의 다른 개체에 의해 금방 이해될 수 있는 의미를 가지고 있다(Bradbury & Vehrencamp, 2011). 그러나 대부분의 경우 동물의 의사 전달에는 한계가 많다. 유인원이나 원숭이의 경우에도 울음소리는 열댓 가지를 넘어서지 못한다. 그것은 '공격하라', '도망하라', '여기 먹이가 있다' 등을 나타내는 정도이다. 더 중요한 것은 동물 언어에는 인간 언어에 있는 생산적 능력이 부족하다는 것이다. 예를 들면 원숭이가 발생하는 '독수리 경계 울음소리'는 항상 '저기 독수리가 있다'를 의미한다. 원숭이에게는 "저기 독수리가 없다"라든가 "저기 독수리가 없어서 다행이다"라든가 "어제 본 놈은 거대한 독수리였어"라고 말할 수 있는 방법이 없다(Pinker & Jackendoff, 2005).

동물에게 인간 언어를 가르칠 수 있는가? 지금까지 수많은 침팬지와 고릴라, 또한 돌고래, 바다사자, 앵무새에게 다양한 유형의 단어를 사용하여 소통하는 훈련이 실시되었다. 아마도 가장 우수한 사례는 '캔지'라는 이름의 피그미 침팬지일 것이다.

캔지의 렉시그램 1980년대부터 Duane Rumbaugh와 Sue Savage-Rumbaugh, 두 사람은 캔지에게 컴퓨터와 연결된 특별한 키보드를 눌러서 의사소통하는 방법을 가르쳤다. 키보드에는 250개의 버튼이 있었으며 각각을 *렉시그램*(lexigram)이라고 불렀다. 렉시그램은 단어를 나타내는 도형이었다(● 그림 33.10 참조). 캔지가 배운 어떤 도형은 상당히 추상적인 것으로, 예를 들어 '좋다'를 나타내는 버튼과 '나쁘다'를 나타내는 버튼이 있었다(Lyn, Franks, & Savage-Rumbaugh, 2008). 렉시그램을 사용하여 캔지는 원시적 문장을 만들었다. 캔지는 여러 개의 단어를 조합하여 문장을 구성하였다. 캔지는 650개 정도의 구어 문장도 이해할 수 있었다.

● **그림 33.10**
캔지의 언어 학습은 인상적이다. 캔지는 영어 단어를 듣고 이해할 수 있다. 캔지는 영어 단어를 듣고 그에 대응하는 렉시그램을 골라낼 수 있다. 캔지는 렉시그램이 가리키는 대상이 앞에 없을 때에도 그것을 사용할 수 있다. 그리고 요구를 받으면 그 대상이 있는 곳으로 사람을 데리고 갈 수 있다. 이런 모든 기능은 관찰학습을 통해 습득되었으며 조건형성을 통해 습득되지 않았다(Segerdahl, Fields, & Savage-Rumbaugh, 2005).

캔지의 문장은 올바른 어순을 사용하였다. 언어를 배우는 아이들처럼 캔지는 인간의 언어에서 규칙들을 파악하였다(Segerdahl, Fields, & Savage-Rumbaugh, 2005). 그러나 그 자신만의 패턴을 발전시키기도 했다(Gillespie-Lynch et al., 2011). 예를 들어, 캔지는 행동을 나타내는 렉시그램을 자신이 원하는 행동 순으로 배열하였다. '쫓아간다–간지른다' 또는 '쫓아간다–숨는다'.

캔지의 어휘와 문장 생성 능력은 대략 두 살짜리 어린이에 해당한다. 캔지는 30년 동안 훈련을 받았다. 캔지의 언어 사용은 분명히 주목할 만하며 인간 언어의 기원을 이해하는 데 도움이 된다(Slocombe, Waller, & Liebal, 2011). 그러나 Chomsky가 지적한 것처럼, 침팬지가 언어에 대한 생물학적 능력이 있었다면 침팬지는 스스로 그것을 사용했을 것이다.

모듈 33: 요약

33.1 사고의 본질은 무엇인가?

33.1.1 사고는 외적 자극 또는 외적 상황에 대한 내적 표상을 조작하는 것이다.

33.1.2 사고는 자동적으로 일어나는 경험적 처리이거나 좀 더 의도적 노력이 필요한 반영적 처리이다.

33.1.3 사고의 세 가지 기본 단위는 이미지, 개념, 그리고 언어(상징)이다.

33.2 이미지와 사고는 어떤 관계인가?

33.2.1 많은 사람들이 고유한 내적 이미지를 가지고 있다. 때로 이미지들은 정상적 감각 경계를 넘어서서 공감각이라 불리는 유형이 된다.

33.2.2 이미지는 삼차원적이며 공간상에서 회전 가능하다.

33.2.3 동일한 뇌영역이 실제의 시각과 시각적 심상에 관여한다.

33.2.4 운동심상은 운동이나 활동을 표상하는 데 사용된다.

33.3 개념은 무엇이고 어떻게 학습되는가?

33.3.1 개념은 일군의 사물이나 사건에 대한 일반화된 관념이다.

33.3.2 개념형성은 정적 사례와 부적 사례를 통해 이루어지거나 규칙 학습을 통해 이루어진다.

33.3.3 개념은 연접적(둘 이상의 특징의 결합)이거나 이접적(둘 중 하나의 특징 출현)이다.

33.3.4 실제 장면에서 개념을 파악할 때에는 원형, 즉 이상적 모형이 자주 사용된다.

33.3.5 단어나 개념의 명시적 의미는 사전적 정의를 가리키는 반면, 암시적 의미는 개인적이거나 정서적이다.

33.4 언어는 무엇이며 사고에서 어떤 역할을 하는가?

33.4.1 언어는 사건을 상징으로 부호화하여 심적으로 조작하기 쉽게 한다. 언어 의미에 대한 연구를 의미론이라 한다.

33.4.2 이중언어는 가치 있는 능력이다. 양방향 이중언어 교육은 학교에서 아동들이 부가적 이중언어사용을 발달시키는 것을 돕는다.

33.4.3 언어는 의미를 전달하기 위해 상징을 조합하는 규칙(문법)을 가지고 있다. 통사론은 단어의 순서를 정하는 규칙이다.

33.4.4 진짜 언어는 생산적이다. 새로운 생각이나 가능성을 생성하기 위해 사용된다.

33.4.5 복합적인 제스처 시스템, 예를 들어 미국 수어(ASL)는 진짜 언어이다.

33.4.6 침팬지를 비롯한 유인원들은 두 살짜리 아동 수준의 단어 상징 체계를 사용하는 것을 학습할 수 있다.

모듈 33: 지식 쌓기

암기

1. 반영적 처리는 자동적이고 인위적 노력이 필요 없다. **O X**
2. 사고할 때 이미지를 사용한다는 사실은 언어나 상징에 의해 문제해결이 방해될 수 있음을 뜻한다. **O X**
3. 인간은 심적 공간에서 이동이나 회전이 가능한 삼차원 이미지를 형성할 수 있다. **O X**
4. '멉'은 작고, 푸르고, 털이 난 물건으로 정의된다. '멉'은 ________ 개념이다.
5. 고정관념은 사고에서 과잉단순화의 한 예이다. **O X**
6. 진짜 언어는 ________이다. 왜냐하면 새로운 가능성을 생성하는 데 사용될 수 있기 때문이다.
7. 말소리의 기본 단위는 ________라 하고, 의미의 가장 작은 단위는 ________라 한다.
8. Noam Chomsky에 따르면 인간이 무한한 수의 문장을 만들 수 있는 것은 ________을 보편적 문장에 적용할 수 있기 때문이다.

반영

비판적으로 생각하기

9. 민주당원과 공화당원에게 의미미분법 척도에서 '민주주의'라는 단어를 평가하도록 요구하였다. 양쪽의 판단이 서로 가장 가까워지는 것은 어떤 경우인가?

자기반영

오늘 여러분의 사고에서 이미지를 얼마나 사용하였는지 말해 보라.

외발자전거에 대한 개념 규칙을 적어 보라. 이 개념을 규칙을 사용하여 정의할 수 있는가? 정적 사례와 부적 사례는 개념을 다른 사람에게 설명하는 데 도움이 되는가?

재미 삼아 지금까지 누구도 말하지 않은 새로운 문장을 만들어 언어의 생산성을 예시할 수 있는지 보라.

정답

1. X 2. X 3. O 4. 연접 5. O 6. 생산적 7. 음소, 형태소 8. 변형규칙 9. '민주주의'를 정당이나 후보가 아니고 정부의 형태를 가리키는 단어로 간주하는 경우

34 Module

인지와 지능: 문제해결

적어도 그들은 호랑이는 아니었다

여러분은 파이가 얼마나 놀랐는지 이해할 수 있다. 그들은 작은 모터보트를 섬에서 10마일 떨어진 곳에 정박시키고 스노클링을 하러 갔다. 그리고 보트로 돌아왔을 때 두 마리의 물개가 잠들어 있는 것을 발견했다. 그는 보트에 올라가서 시동을 걸고 섬을 향해 시속 7마일의 속도로 운전했다. 그때 두 물개가 깨어나서 불만스럽게 물속으로 뛰어들었다. 그리고 섬을 향해 헤엄쳤다. 그 순간 파이의 친구는 돛단배를 타고 섬을 떠나 시속 3마일의 속도로 모터보트를 향해 전진했다. 물개들은 모터보트와 돛단배 사이를 시속 8마일의 속도로 헤엄쳤다.

문제해결을 공부하는 좋은 방법은 실제로 문제를 풀어 보는 것이다. 두 배가 만났을 때 물개들은 얼마나 멀리 헤엄을 쳤을까?

John Mitterer

SURVEY QUESTIONS

34.1 우리는 문제해결에 대해 무엇을 알고 있는가?

문제해결—그림을 그려 보라

SURVEY QUESTION 34.1 우리는 문제해결에 대해 무엇을 알고 있는가?

문제해결은 남은 음식을 이용하여 안전한 음식을 만드는 것처럼 아주 일상적이거나, 암치료법을 개발하는 것처럼 심각한 것일 수 있다. 문제가 어떤 형태를 취하든 간에 *전심전력하여* 해결을 시도해야 한다(Hayes, Strosahl, & Wilson, 2012). 여러분은 반영적 처리 방식을 사용하여 물개와 보트 문제를 풀고 있는가? 해답이 금방 생각이 나지 않거든 다시 시도해 보라. (해답은 "통찰적 해결" 절에 나와 있다.)

기계적 해결

일상적 문제의 경우 **기계적 해결책**(mechanical solution)이 적합할 수 있다. 기계적 해결은 시행착오나 암기에 의해 이루어질 수 있다(Goldstein, 2011). 만약 자전거 자물쇠 번호를 잊었다면 시행착오를 통해서 그것을 찾아낼 수 있다. 암기(rote)를 이용하여 문제를 해결할 때에는 사고는 **알고리즘**(algorithm) 또는 해답을 찾아내는 학습된 규칙에 의해 구동된다. 알고리즘의 간단한 예는 그림 33.1에 있는 숫자들을 합산하는 데 이용되는 절차이다(암산으로 하건 계산기를 사용하건 관계없다). 어떤 분야에서 문제해결의 전문가가 되기 위해서는 그 분야에서 통용되는 알고리즘과 친숙해질 필요가 있다. 수학자가 되고 싶어 하면서도 어떤 알고리즘도 학습하려고 하지 않는 경우를 상상해 보라.

여러분이 수학적 훈련을 잘 받았다면 물개와 보트 문제를 암산으로 해결했을 것이다. (우리 저자들은 여러분이 해결하지 못했기를 바란다. 더 쉬운 해결 방법이 있기 때문이다.)

이해를 통한 해결

많은 문제들은 기계적 해결이 불가능하다. 그런 경우 **이해**(understanding), 즉 문제에 대한 깊은 이해가 필수적이다. 다음 문제를

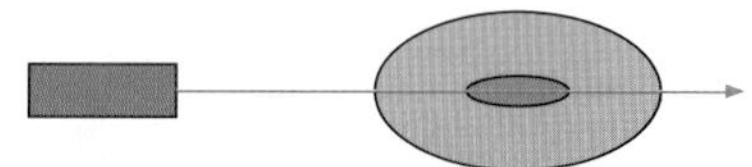

그림 34.1
Duncker의 종양 문제를 그림으로 나타냈다. 중앙의 검은 부위가 종양이고 그 주위에 건강한 조직이 있다. 어떻게 하면 종양은 파괴하고 주위의 건강한 조직은 살릴 수 있을까? (Duncker, 1945를 수정)

풀어 보라.

> 어떤 사람의 위에 수술 불가능한 종양이 있다. 방사선 장치로 치료할 수 있는데 강하게 쪼이면 조직을 파괴한다(건강한 조직과 병든 조직을 모두 파괴한다). 종양 주변의 건강한 조직은 파괴하지 않고 종양만 파괴하려면 어떻게 해야 할까? (그림 34.1의 스케치 참조)

이 문제는 문제해결에 대해 무엇을 알려 주는가? 독일 심리학자 Karl Duncker는 이 문제를 대학생들에게 내주었다. 이 고전적 실험에서 Duncker는 문제를 푸는 동안 떠오르는 생각들을 구두로 말하게 하였다. 처음에 성공적인 학생들은 올바른 해결을 위한 *일반적 속성*을 발견해야 했다. **일반적 해결책**(general solution)은 성공의 필수 조건이기는 하지만 디테일이 충분하지 않아서 더 이상의 활동을 이끌어 내지 못하는 것이다. 이 단계에서 학생들은 방사선이 종양에 다다르기 전에 강도가 낮아져야 한다는 것을 인식했다. 그다음 단계에서 학생들은 수많은 **기능적 해결책**(functional solution), 즉 가능한 해결책을 떠올렸으며 그중에서 가장 좋은 것을 선택하였다(Duncker, 1945). (하나의 해답은 여러 각도에서 종양을 향해 약한 방사선을 집중하는 것이다. 또 다른 해답은 건강한 조직의 노출을 최소화하기 위해 환자의 신체를 회전시키는 것이다.)

또 다른 예가 있다. 아마추어 생물학자는 보통 처음에 새, 나비, 포유류, 또는 식물을 파악하기 위해 생물 도감을 꼼꼼하게 검색한다. 그래야 정확한 학명과 특징을 알 수 있다. 그러나 시간이 지남에 따라 그들은 기억을 이용하여 동물의 정체를 파악하거나 경험을 통해 학습한 일반적 속성에 근거하여 종을 파악한다. 충분한 연습이 필요하기는 하지만 이것이 다양한 분야에서 초심자가 전문가가 되는 방법이다.

휴리스틱

"나는 어떻게 할 수 없어!" 문제를 마주했을 때 벽을 마주 보는 느낌이 종종 든다. 문제해결은 종종 방략을 요구한다. 대안이 많지 않을 때는 *무작위적 탐색 방략*(random search strategy)이 좋을 수 있다. 이것은 시행착오적 사고의 한 예이다. 거기서는 모든 가능성이 전부 시도되며 상당히 임의적 방식으로 시도된다. 예로, 여러분은 현재 여행 중이며 FBI의 옛 친구 올리비아 던햄을 지금 방문 중인 대도시에서 찾기로 결심했다고 상상하자. 온라인 전화번호부를 뒤져 다행히 던햄이란 이름을 열댓 개 발견했다. 물론 일일이 전화를 걸어 보면 던햄을 찾을 수 있다. '그러지 말고, 탐색 범위를 좀 더 좁힐 수 없을까?'라고 여러분은 생각한다. '그래, 올리비아는 해변가에 산다는 말을 들은 적이 있어!' 그러고는 지도를 이용하여 바닷가 근처의 주소를 가진 전화번호를 누른다.

이런 방식을 **휴리스틱**(heuristic)이라고 한다. 문제해결의 한 방법이다. 전형적으로 휴리스틱은 고려해야 할 *대안 가능성의 수를 좁히는 데* 사용되는 '경험 법칙(a rule of thumb)'이다(Benjafield, Smilek, & Kingstone, 2010). 문제해결 전문가는 휴리스틱 방략을 구사하는 데 뛰어나다. 예를 들면 다음과 같다.

- 현재 상태와 목표 상태가 어떻게 다른지 파악한다. 그리고 차이를 줄이기 위한 방법을 찾는다.
- 원하는 목표에서 시작점으로 또는 현재 지점으로 역행하려고 노력한다.
- 최종 목표에 직접 도달할 수 없으면 중간 지점의 목표를 설정하고 먼저 거기에 도달하는 방법을 찾는다.
- 문제를 표상하는 방식을 바꾼다. 그래프를 그리거나 그림을 이용하거나 유추를 사용한다.
- 가능한 해답을 산출하고 그것을 테스트한다. 그런 방식으로 많은 대안들을 제거할 수 있다. 또는 문제해결에 무엇이 필요한지 명확히 할 수 있다.

마지막으로 이런 휴리스틱들이 성공의 확률을 높이기는 하지만 문제해결을 보장하지 않는다는 점에 유의하라.

통찰적 해결

갑작스럽게 문제를 해결하는 사람은 **통찰**(insight)을 경험한다(Cushen & Wiley, 2012). 통찰은 문제의 재구성에 따른 경우가 많다. 통찰은 문제를 새로운 방식으로 보게 만들며 해답이 쉽게 보이도록 한다(Hélie & Sun, 2010)

기계적 해결책 시행착오를 통한 문제해결, 또는 학습된 규칙에 근거한 고착된 절차
알고리즘 문제의 올바른 해답으로 이끄는 규칙들. 학습을 통해 습득된다.
이해 문제에 대한 심도 있는 파악
일반적 해결책 성공을 위해 필요한 조건들을 올바르게 제공하지만 다음 행동을 위한 디테일이 부족한 해결
기능적 해결책 구체적인, 실제적인, 작동 가능한 해결
휴리스틱 문제해결을 도와주는 방략 또는 기술. 검토해야 할 해답 후보의 수를 줄여 준다.
통찰 돌발적으로 문제가 재조직화되는 상황이며 해답이 자명해진다.

수련

문제: 연못의 수련은 24시간마다 두 배로 증가한다. 어떤 봄날에 수련 한 무더기가 처음 연못에 나타났다. 60일 후에 연못 전체가 수련으로 뒤덮였다. 수련이 연못의 절반을 차지하게 된 날은 언제인가?

20달러

문제: 제시카와 블레어는 가지고 있는 돈이 똑같다. 제시카가 얼마를 블레어에게 주면 블레어가 제시카보다 20달러를 더 갖게 되는가?

애완동물의 수

문제: 당신의 애완동물은 두 마리를 빼면 전부 새이고, 두 마리를 빼면 전부 고양이고, 두 마리를 빼면 전부 개다. 애완동물은 모두 몇 마리인가?

2와 3 사이

문제: 2와 3 사이에 어떤 수학적 기호를 넣으면 2보다 크고 3보다 작은 수가 되는가?

한 단어

문제: NEWDOOR를 재배열하여 한 개의 새로운 단어를 만들어 보라.

그림 34.2
통찰력 문제

다시 보트와 물개의 문제로 돌아가자. 최선의 해법은 통찰을 이용하는 것이다. 두 배가 이동한 거리는 1시간에 10마일(7마일 + 3마일)이고 물개는 1시간에 8마일을 이동한다. 따라서 두 보트가 서로 만나게 되는 시점이면 물개는 시속 8마일을 헤엄쳤을 것이다. 통찰을 사용하면 수학이 거의 필요가 없다. ● 그림 34.2에 통찰이 필요한 문제들을 나열하였다. 시도하여 보기 바란다. (해답은 표 34.1에 나와 있다.)

통찰의 본질 심리학자 Janet Davidson(2003)은 통찰력은 세 가지 능력으로 구성된다고 믿고 있다. 첫째는 *선택적 부호화*(selective encoding)이다. 문제해결에 유관한 정보를 선택하고 무관한 정보를 무시한다. 예를 들어 다음 문제를 생각해 보라.

> 흰 양말과 검은 양말이 4대 5의 비율로 있다. 같은 색깔의 양말을 한 켤레 갖기 위해 몇 개의 양말을 집어야 할까?

'4대 5의 비율'이 무관하다고 인식하는 사람은 '3개'라는 정답에 먼저 도달할 수 있다.

통찰은 또한 *선택적 조합*(selective combination)에 의존한다. 겉으로 볼 때는 무관하지만 실제로는 유용한 정보를 통합한다. 다음 예제를 풀어 보라.

> 7분짜리 모래시계와 11분짜리 모래시계가 있다. 달걀을 15분 삶아야 할 때 모래시계를 사용하는 가장 간단한 방법은 무엇인가?

정답은 2개를 조합하여 사용하는 것을 요구한다. 우선, 7분 시계와 11분 시계를 동시에 작동시킨다. 7분 시계가 종료하면 바로 달걀 삶기를 시작한다. 이 시점에서 11분 시계는 종료까지 4분이 남아 있다. 11분 시계가 종료하면 그것을 한 번 더 작동시키면 정확하게 15분을 얻을 수 있다.

세 번째는 *선택적 비교*(selective comparison)이다. 이것은 새로운 문제를 이미 해결된 문제와 비교하는 것이다. 좋은 예가 옷걸이 문제다. 방 한가운데 오버코트를 걸 수 있는 구조물을 만드는 것이다. 2개의 긴 막대기와 하나의 C-클램프를 사용할 수 있다. ● 그림 34.3에 해답이 나와 있다. 클램프를 사용하여 2개의 막대를 연결하고 그것이 천장과 바닥을 지탱하도록 한다. 이 문제를 받고서 천장과 바닥에 닿아 있는 기둥 램프를 먼저 떠올릴 수 있다면 해결에 가까이 갈 수 있다.

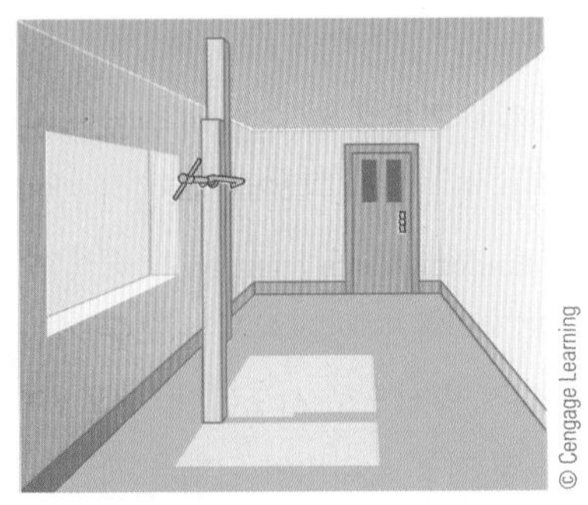

그림 34.3
옷걸이 문제의 해결

고착 문제해결의 가장 큰 장애물은 고착(fixation)이다. 이것은 잘못된 해법에 매달리거나 대안을 보지 못하는 것이다(Sternberg, 2012). 고착은 특별한 이유 없이 자신의 생각에 불필요한 제한을 가할 때 일어난다(McCaffrey, 2012). 예를 들어, 네 그루의 나무를 심는데 각 나무가 나머지 다른 나무와 동일한 간격이 되도록 하려면 어떻게 해야 하는가? (해답은 ● 그림 34.4 참조)

● **그림 34.4**
네 그루의 나무가 서로 동일한 간격이 되도록 하기 위해 흙을 쌓아 둔덕을 만든다. 먼저, 세 그루의 나무를 둔덕 아래 동일한 간격으로 심는다. 나머지 한 그루는 둔덕 위에 심는다. 만약 네 그루를 평평한 지면에 배치하겠다는 생각에 집착한다면 삼차원 해법을 보지 못한다.

제한적 사고의 대표적 예가 **기능적 고착**(functional fixedness)이다. 이것은 특정한 용도로 사용되는 물건이나 친숙한 대상에 대해서 그것이 다른 새로운 방식으로 사용될 수 있다는 것을 보지 못하는 것이다(Bernstein & Lucas, 2008). 10원짜리 동전을 드라이버 대신으로 사용하는 것은 기능적 고착을 극복한 예라고 할 수 있다.

기능적 고착이 어떻게 문제해결에 영향을 주는가? Karl Duncker는 학생들에게 벽면에 양초를 1개 붙인 후 정상적으로 불이 타도록 하라고 요구하였다. Duncker는 각 학생에게 양초 3개, 성냥 한 통, 종이상자 1개, 압핀 몇 개를 주었다. 어떤 학생들에게는 종이상자에 다른 모든 것들을 담아 주었다. 다른 학생들에게는 종이상자를 포함하여 모든 물건들을 따로 테이블 위에 펼쳐 두었다.

Duncker는 물건들이 종이상자 안에 들어 있을 때 문제해결이 어렵다는 것을 발견했다. 왜 그럴까? 학생들은 종이상자를 '용기'로 간주했다. 그들은 종이상자가 문제해결의 일부분임을 알아채지 못하였다. (아직 해답을 모른다면 ● 그림 34.5를 보라.) 우리가 세상을 범주화할 때 좀 더 융통성을 발휘한다면 분명히 많은 고착을 피할 수 있다(Kalyuga & Hanham, 2011; Langer, 2000). 예를 들어, '이것은 상자다'가 아니라 '이것은 상자가 될 수 있다'고 생각한다면 '용기' 문제에서 창의적 사고를 촉진할 수 있다.

양초 문제를 풀도록 했을 때 다섯 살짜리 아동은 기능적 고착을 나타내지 않았다. 아동들은 여러 물건의 사용법에 대해 경험이 적었기 때문이다. 창의적이 되기 위해서는 선입견 없이, 아동

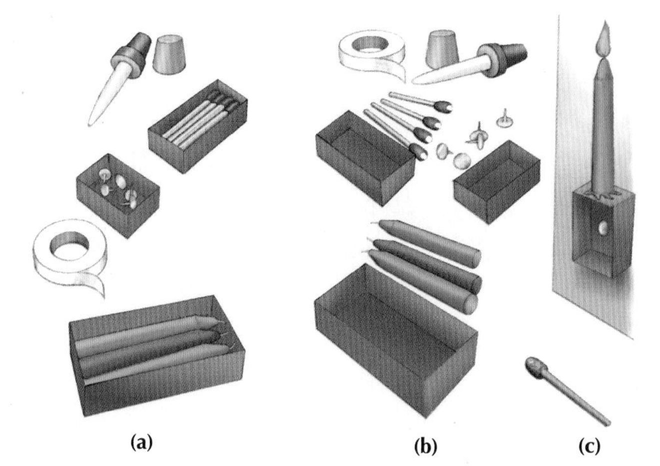

● **그림 34.5**
촛불 문제를 푸는 데 필요한 재료들이 상자 속에 들어 있거나(a) 밖에 흩어져 있다(b). 조건 (a)는 기능적 고착을 일으켜 문제해결을 방해했다. 해답은 (c)에 있다.

의 눈으로 세상을 보아야 한다고 말하는데 일리가 있는 말이다(German & Defeyter, 2000).

문제해결의 방해물

기능적 고착은 통찰을 가로막는 심적 장애물 중 하나에 불과하다(Reed, 2013). 또 다른 예를 들어 보자. 5달러 지폐가 테이블 위에 있고 지폐 위에 물건들이 높이 쌓여 있다. 물건들은 아슬아슬하게 균형을 잡고 있다. 물건들에 손을 대지 않고 또한 물건들을 넘어뜨리지 않고 지폐를 빼내는 방법은 무엇인가? 답은 지폐의 한 쪽 부분을 잘라낸 후 반대쪽에서 조심스럽게 당기는 것이다. 많은 사람이 이런 답을 찾아내지 못한다. 아마 돈을 손상시키면 안 된다고 배웠기 때문이다(Adams, 2001). 다시 한 번 카테고리 나누기의 영향을 고려해 보라. 지폐는 '가치 있는 것'(손상시켜서는 안 되는 것)으로 분류될 것이다. 문제해결을 방해하는 다른 심리적 요인은 다음과 같다.

1. **정서적 방해물:** 억제, 무시당함에 대한 공포, 실수에 대한 공포, 모호함에 대한 불관용, 과도한 자기 비판
   예: 다른 건축가들이 무시할까 봐 새로운 디자인을 시도하지 못하는 건축가.
2. **문화적 방해물:** 가치관의 문제. 상상은 시간 낭비라는 생각. 놀이는 아이들이나 하는 것이라는 생각. 추리, 논리, 수리 등

고착 틀린 답이나 잘못된 반응을 반복하는 경향으로, 대안에 주의하지 않기 때문에 생긴다.
기능적 고착 친숙한 물체를 새로운 용도로 사용하지 못하는 데서 기인한 문제해결의 경직성

은 좋은 것이고, 육감, 직관, 쾌감, 유머 등은 나쁘다는 생각, 또는 문제해결에 도움이 안 된다는 생각

예: 사업상의 문제를 해결하려는 회사 중역, 그러나 직원들이 장난스럽게 농담을 주고받으며 가능한 해결책을 찾는 것을 보고 완고한 태도를 보이거나 분노한다.

3. **학습된 방해물:** 관습적 용도(기능적 고착), 의미성, 가능성, 터부

   예: 깨끗한 믹싱볼이 없을 때 냄비를 대신 사용할 수 있다는 생각을 하지 못하는 요리사

4. **지각적 방해물:** 문제의 중요 요소를 인식하는 것을 실패하게 만드는 습관

   예: 꽃병을 그리는 데 집중하는 초보 화가는 꽃병의 주변 빈 공간도 그림의 한 부분이라는 것을 인식하지 못한다.

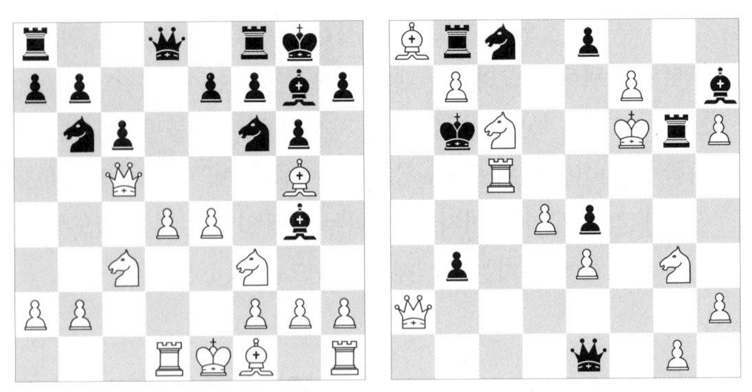

그림 34.6
왼쪽 체스판은 실제로 진행된 게임에서 가져온 것이다. 오른쪽 체스판은 말을 무작위로 배치한 것이다. 체스 챔피언은 왼쪽 체스판은 슬쩍 한 번만 보고도 기억할 수 있지만, 오른쪽 체스판에 대한 기억은 초보자와 다름없다(Ross, 2006). 전문가의 수행은 대부분의 경우 습득된 방략과 지식에 의존한다. 여러분이 어떤 능력에서 또는 어떤 기술에서 수월성을 성취하고 싶다면 여러분의 지식을 증가시키기 위해 매일 노력하라(Reed, 2013).

표 34.1 통찰 문제의 해답

수련: 59일

20달러: 10달러

애완동물: 세 마리(새 한 마리, 고양이 한 마리, 개 한 마리)

2와 3 사이: 소수점

한 단어: ONE WORD(여러분은 정답이 두 단어라고 이의를 제기할 수 있다. 그러나 문제는 정답이 'one word'임을 요구하고 있고 그게 정답이다.)

전문가와 초보자

지금까지 우리는 문제해결의 전문성이 *습득된 방략*(학습된 휴리스틱)과 특별한 *조직적 지식*(체계적 정보)에서 나온다는 것을 보았다. 전문가들은 문제의 본질을 더 잘 인식할 수 있고 일반적 원리를 사용하여 보다 유연하게 문제를 정의할 수 있다(Anderson, 2010a; Kalyuga & Hanham, 2011). 예를 들면, 체스 전문가는 초보자보다 문제해결을 위한 휴리스틱을 훨씬 더 많이 가지고 있다. 그러나 전문가와 초보자를 정말로 구분하는 것은 다른 데 있다. 체스 전문가는 대국이 어떤 방향으로 전개될 수 있는지를 신호하는 *패턴*을 직관적으로 인식하는 능력이 있다. 많은 수의 가능한 경로를 고려 대상에서 제거할 수 있다. 따라서 전문가는 비생산적 경로를 탐색하는 데 시간을 소비하지 않는다(Ross, 2006).

바꾸어 말하면, 명인이 되기 위해 반드시 높은 지능이 필요한 것은 아니다. 체스 챔피언이 초보자보다 더 좋은 기억력을 가진 것도 아니다(실제의 체스판에 대한 기억은 예외다)(Gobet & Simon, 1996; Goldstein, 2011; ● 그림 34.6 참조). 또한 체스 챔피언이 초보자에 비해 더 깊이 수를 읽는 것도 아니다.

여러분은 전문가들이 항상 심사숙고하는 반영적 과정을 사용한다고 생각할 것이다. 아주 이상하게 들리겠지만 실상은 그 반대다. 전문적 능력은 경험적이고 *자동적인* 처리, 즉 유사한 경험을 통해서 습득된 신속하고 유창한 사고를 특징으로 한다. 자동적 처리는 단기기억에 여유 공간을 만들어서 문제를 푸는 작업을 용이하게 한다(Kalyuga, Renkl, & Paas, 2010). 최고 수준에 도달하면 전문가들은 규칙과 전략에 얽매이지 않는다. 그들의 결정, 사고, 행동은 신속하고 유창하고 통찰력이 넘친다(Hélie & Sun, 2010). 그러므로, 체스 챔피언은 체스판의 패턴을 한 번 바라보면 가장 바람직한 전략이 즉시 머리에 떠오른다. 기억할 것은 이런 능력은 수없이 많은 시간과 노력을 투자한 결과이다. 체스 전문가들은 5만 개에서 10만 개 사이의 패턴을 금방 인식할 수 있는데, 이런 수준에 도달하려면 10년 이상 집중적이고 반영적인 처리를 해야 한다(Ross, 2006).

어떤 영역에서 전문가가 되기 위해서는 휴리스틱 해결 방략을 학습해야 할 뿐 아니라 그 영역에 대해 더 깊고 넓게 이해를 해야 한다. 전문적 능력은 수천 개의 패턴을 학습하고 많은 문제를 해결하는 것을 반복해야 얻어지는 것이다. 따라서 장기간에 걸친 노력이 필요하다. 결코 쉽게 이야기할 수 없는 것이다.

모듈 34: 요약

34.1 문제해결에 대해 우리는 무엇을 알고 있는가?

34.1.1 문제해결은 기계적 방법(단순한 시행착오 또는 규칙의 암기)을 통해 이루어질 수 있다.

34.1.2 이해를 통한 해결은 해답의 일반적 속성을 발견하는 것으로 시작하며, 이어서 기능적 해결이 따라온다.

34.1.3 문제해결은 휴리스틱에 의해 도움을 받을 수 있다. 휴리스틱은 해결을 위한 탐색을 줄여 준다.

34.1.4 이해를 통해서 신속한 해결에 도달하면 통찰이 생긴다. 통찰의 세 가지 요소는 선택적 부호화, 선택적 조합, 선택적 비교이다.

34.1.5 통찰은 고착에 의해 방해될 수 있다. 기능적 고착은 아주 흔한 문제이지만 정서적 장애, 문화적 가치, 학습된 관례, 지각적 습관도 문제가 될 수 있다.

34.1.6 전문가의 문제해결에는 자동적 처리와 패턴 재인도 사용된다.

모듈 34: 지식 쌓기

암기

1. 통찰은 통째로 외우기나 시행착오를 통한 문제해결을 말한다. O X
2. 이해를 통한 문제해결의 첫 단계는 정답의 일반적 속성을 발견하는 것이다. O X
3. 문제해결을 위해 탐색을 할 때 사용하는 방략을 _____이라 부른다.
4. 통찰의 근저에 있는 공통적 요소는 정보가 ___________ 부호화되고 조합되고 비교되는 것이다.
   a. 기계적으로
   b. 암기를 통하여
   c. 기능적으로
   d. 선택적으로
5. 기능적 고착은 무엇의 장애물인가?
   a. 통찰적 문제해결
   b. 무작위적 탐색
   c. 기계적 문제해결
   d. 문제해결을 통한 고착의 성취
6. 지식의 조직화, 휴리스틱의 습득, 그리고 패턴을 재인하는 능력은 모두 전문적 능력에 속한다. O X

반영

비판적으로 생각하기

7. 명확하게 정의된 문제는 거의 다 풀린 문제다. 이 말이 사실이라고 생각하는가?
8. 흰손긴팔원숭이가 그네를 만들어 타고 노는 것이 관찰되었다. 이것은 긴팔원숭이가 사고할 수 있다는 증거가 되는가?

자기반영

기계적으로 풀어 본 적이 있는 문제를 적어도 하나 제시해 보라. 그리고 이해를 통해서 풀어 본 적이 있는 문제도 하나 제시해 보라. 이해를 통한 문제해결은 일반적 해결책을 찾는 것이었는가, 기능적 해결책을 찾는 것이었는가? 또는 둘 다였는가?

지금까지 자신이 수행한 것 중 가장 통찰적인 문제해결은 무엇이었나? 그것은 선택적 부호화, 선택적 조합, 선택적 비교를 포함하였는가?

문제를 풀기 위해 기능적 고착을 극복한 경험이 있는가?

정답

1. X **2.** O **3.** 휴리스틱 **4.** d **5.** a **6.** O **7.** 지나친 일반화일 수 있지만, 시작할 때 문제를 명확하게 설정하고 목표를 분명하게 하는 것이 문제해결의 유용한 휴리스틱이 될 수 있다 **8.** 여기에는 도구 사용이 포함되어 있다. 도구를 사용하는 행동은 결과를 예상하고 계획된 것으로 볼 수 있기 때문에 긴팔원숭이는 사고를 할 수 있다고 답할 수 있다.

35 Module

인지와 지능: 창의적인 사고와 직관

한 작품만 흥행한 귀재는 없다

독창적인 발상이 인간 역사의 흐름을 바꾸어 왔다. 예술, 의약, 음악, 기술, 그리고 과학에 대해 지금은 당연하게 여겨지고 있는 것 중 많은 것들은 한때는 급진적이거나 불가능한 것으로 여겨졌다. 스티븐 호킹처럼 창의적인 사고자는 우리를 새로운 영역으로 나아가게 하는 그런 돌파구들을 어떻게 이룩해 낸 것일까?

우선, 창의적인 사고자들은 보통 꾸준히 창의적이다. 모차르트는 600개 이상의 곡을 작곡했다. 발명가 토머스 에디슨은 그의 발명으로 1,000개가 넘는 미국 특허를 따냈다. 에밀리 디킨슨은 597편의 시를 썼다. 살바도르 달리(사진 참조)는 조각품, 소묘, 삽화, 책, 그리고 1,500개가 넘는 그림들을 창작해 냈고, 심지어 만화영화도 창작했다. 이 작품들이 모두 명작인 것은 아니다. 그러나 유창하게 아이디어를 쏟아내는 것은 이 천재들 각각이 쏟은 창의적인 노력의 영양분이 되었다.

심리학자들은 창의성이 어떻게 나타나는지 그리고 창의성을 어떻게 촉진시키는지에 대해 많은 것들을 알게 되었다. 창의적인 사고자들의 유창성 이외에, 그들이 알아낸 것은 무엇이 있을까?

© AP Photo

SURVEY QUESTIONS

35.1 창의적인 사고의 본질은 무엇인가?

35.2 직관은 얼마나 정확한가?

창의적인 사고–많이 다니지 않은 길을 가라

SURVEY QUESTION 35.1 창의적인 사고의 본질은 무엇인가?

우리는 문제해결이 기계적일 수도, 통찰적일 수도, 또는 이해에 기반한 것일 수도 있다는 것을 보아 왔다. 이에 더해, 생각은 특정 사실이나 관찰로부터 일반 원리로 진행되는 **귀납적**(inductive) 사고일 수도 있고, 일반 원리로부터 특정 상황으로 진행되는 **연역적**(deductive) 사고일 수도 있다. 생각은 또한 명시적인 규칙들에 근거하여 주어진 정보로부터 새로운 결론으로 이끌어 나가는 **논리적**(logical) 사고일 수도 있고, 직관적이거나 연합적이거나 개인적인 **비논리적**(illogical) 사고일 수도 있다.

무엇이 좀 더 통상적인 문제해결로부터 창의적인 사고를 구분하게 해 주는가? 문제해결은 보통 의식적인 숙고적 처리 활동인 반면, 창의성은 명백히 무의식적인 경험적 처리를 포함할 가능성이 더 높다(Ritter, van Baaren, & Dijksterhuis, 2012). 창의적인 생각은 또한 *유창성*과 *융통성*, 그리고 *독창성*을 포함한다.

여러분이 매해 버려지는 수십억 개의 플라스틱 용기를 창의적으로 사용하는 방법을 알아보려고 한다고 하자. 여러분 의견의 창의성은 다음의 방식으로 평가될 수 있다. **유창성**(fluency)은 여러분이 만들 수 있는 의견의 총수로 정의된다. **융통성**(flexibility)은 가능한 한 가지 종류로부터 다른 종류로 바꾼 횟수이다. 독창성(originality)은 여러분의 발상이 얼마나 새롭거나 유별난지를 말한다. 여러분이 보인 유창성, 융통성, 독창성의 횟수를 세어 여러분의 창의성 또는 *확산적 사고 능력*을 평가할 수 있다(Runco, 2012; Runco & Acar, 2012).

통상적인 문제해결이나 생각에는 하나의 정확한 답이 있고, 그 문제는 바로 이 답을 찾는 것이다. 이는 **수렴적 사고**(convergent thinking)로 이어진다(일련의 생각들이 정답으로 수렴한다). **확산적 사고**(divergent thinking)는 그 반대인데 한 출발지점으로부터 많은 가능성들이 펼쳐진다. (예는 표 35.1 참조) 창의적인 생각은 학습된 해결책들을 반복하기보다는 새로운 답과 아이디어 또는 패턴을 만들어 낸다(Davidovitch & Milgram, 2006).

표 35.1 수렴적 문제와 확산적 문제

수렴적 문제
- 밑변이 3피트이고 높이가 2피트인 삼각형의 넓이는 얼마인가?
- 에리카는 조이보다 작지만 카를로보다는 크고, 카를로는 자레드보다 크다. 두 번째로 큰 사람은 누구인가?
- 만약 여러분이 야구공과 볼링공을 높은 건물에서 동시에 떨어뜨린다면, 어느 공이 먼저 땅에 닿을 것인가?

확산적 문제
- 철자가 BR로 시작하는 물체는 무엇인가?
- 버려진 알루미늄 캔을 어떻게 사용할 수 있는가?
- 불과 얼음에 대한 시를 써 보라.

창의성 검사

확산적 사고는 여러 방법으로 측정될 수 있다(Kaufman, 2009; Runco & Acar, 2012). *독특한 용도 검사*에서는, 여러분은 앞서 언급된 플라스틱 용기와 같은 어떤 물체에 대해 가능한 많은 용도들을 생각해 내라고 요청받는다. *결과 검사*에서, 여러분은 이 세상에서 기본적인 변화가 가져올 결과들을 나열한다. 예를 들어, 여러분은 "만약 모두가 갑자기 균형감각을 잃고 더 이상 똑바로 서 있지 못한다면 무슨 일이 일어날까?"라고 질문을 받을 수 있다. 사람들은 가능한 많은 반응들을 써내기 위해 애쓸 것이다. 만약 여러분이 *단어 만들기 검사*를 받는다면, 창의성과 같은 단어를 받은 후에 낱자들을 재배열하여 가능한 많은 단어들을 새로 만들라고 요청받는다. 이 검사들 각각은 유창성과 융통성, 그리고 독창성으로 채점될 수 있다. (확산적 사고 검사의 다른 예는 그림 35.1 참조)

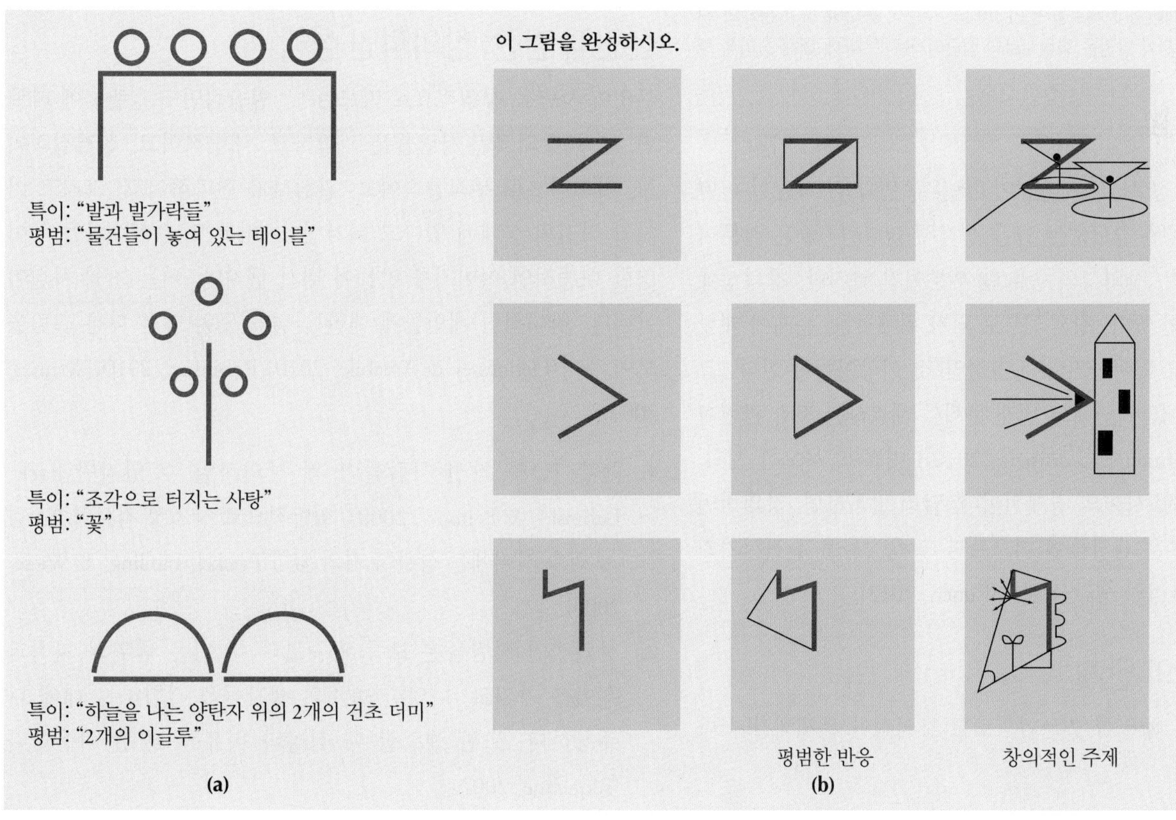

그림 35.1
확산적 사고의 몇몇 검사들. 창의적인 반응들은 더 독창적이고 더 복잡하다. [(a) Wallach와 Kogan(1965)에서 수정됨. (b) Barron(1958)에서 수정됨.]

엉뚱한 발명가인 일본인 켄지 카와카미는 '건초열 모자(hay fever hat)'를 발명했다. 알레르기가 있어도 누구든 화장지 없이 (화장실로) 가는 일이 없을 것이다. 창의적 해결책은, 독창적이거나 새로울 뿐만 아니라 수준이 높아야 하고 문제와 관련이 있어야 한다. 켄지의 발명은 화장지로의 접근이라는 '문제'에 대해 창의적 해결책인가?

창의성은 확산적 사고 그 이상이 아닌가? 만약 한 사람이 어떤 문제에 대해 수많은 쓸모없는 답을 생각해 낸다면? 좋은 질문이다. 확산적 사고는 창의성의 중요한 부분이긴 하지만, 창의성에는 그 이상의 것이 있다. 창의적으로 되기 위해서는, 문제에 대한 해결책이 새롭고, 특이하거나 독창적인 것 이상이어야 한다. 그것은 수준 높은 해답이면서도 원래 문제를 해결하는 것과 *관련이 있어야* 한다(Kaufman & Sternberg, 2010). 이것이 '무모한 계획'과 '천재적인 솜씨' 사이의 경계선이다. 달리 말하자면, 창의적인 사람은 일단 새로운 생각들이 떠오르면 그 생각들을 진전시키기 위해 추론과 비판적인 생각을 한다(Runco, 2012).

창의적 사고의 단계

창의적 사고에는 패턴이 있는가? 보통 창의적인 문제해결에 다섯 단계가 있다.

1. **오리엔테이션.** 첫 번째 단계로서, 창의적인 사람은 문제를 정의하고 문제의 가장 중요한 차원들이 무엇인지 확인한다.
2. **준비.** 두 번째 단계에서 창의적 사고자들은 그 문제에 대한 가능한 많은 정보로 스스로를 흠뻑 적신다.
3. **부화.** 대부분의 주요 문제들에는 그동안 시도했던 모든 해결책이 헛된 시기가 있다. 이 지점에서 문제해결은 잠재의식 수준에서 진행될 수도 있다. 비록 그 문제가 제쳐놓아진 것처럼 보이지만, 여전히 마음 뒤편에선 '요리'되고 있다.
4. **조명.** 부화 단계는 종종 순간적인 통찰이나 일련의 통찰들에 의해 종결된다. 이 통찰들은 종종 만화에서 생각하는 사람 머리 위에 전구로 묘사되는 "아하!" 경험을 낳는다.
5. **검증.** 마지막 단계는 조명 단계 동안 얻어진 해결책을 검사하고 비판적으로 평가하는 것이다. 만약 그 해결책이 잘못된 것으로 판명된다면, 사고자는 부화 단계로 되돌아간다.

물론 창의적 사고는 항상 그렇게 깔끔하지는 않다. 그렇기는 하지만, 여기에 열거된 단계들은 가장 전형적인 사건 순서를 적절하게 요약한 것이다.

몇몇 심리학자들은 정말 이례적인 창의성은 사고 기술과 성격, 그리고 사회적 환경의 지원 간의 희귀한 조합을 필요로 한다고 믿는다. 그들이 믿는 이 혼합으로 에디슨, 프로이트, 모차르트, 피카소 등과 같은 창의적인 거인들이 설명된다(Robinson, 2010; Simonton, 2009).

전인적 인간: 창의적인 성격

무엇이 사람을 창의적으로 만드는가? 일반적인 고정관념에 따르면, 매우 창의적인 사람들은 괴팍하고, 내향적이고, 신경질적이고, 사회적으로 부적응적이고, 관심사가 편파적이고, 그리고 미치기 직전의 상태에 있다고 여겨진다. 비록 몇몇 예술가들이 이러한 대중적인 이미지를 만들어 내긴 했지만, 이는 거의 사실이 아니다. 창의적인 개인들에 대한 직접 연구는 매우 다른 그림을 보여 준다(Hennessey & Amabile, 2010; Robinson, 2010; Winner, 2003).

1. 높은 IQ를 가진 사람들이 꽤 창의적일 수 있지만(Park, Lubinski, & Benbow, 2008), 일반적으로 창의성 검사와 IQ 검사 점수 사이에는 상관이 거의 없다(Preckel, Holling, & Wiese, 2006).
2. 창의적인 사람들은 보통 평균보다 더 넓은 범위의 지식과 흥미를 가지고, 다양한 출처의 생각들을 결합하는 데에 더 유창하다. 또한 생각할 때 심상과 비유를 더 잘 사용한다(Riquelme, 2002).
3. 창의적인 사람들은 다양한 경험에 대해 열려 있다. 그들은 비합리적인 생각들을 받아들이고 그들의 감정과 환상에 대해

거리낌이 없다. 그들은 폭넓은 범주들을 사용하고, 가정에 대해 의문을 갖고, 마음 갖춤새를 깨는 경향이 있으며, 그리고 혼돈에서 질서를 찾는다. 그들은 또한 생생한 꿈이나 신비스러운 경험과 같은, 더 특이한 의식 상태를 경험한다(Ayers, Beaton, & Hunt, 1999).

4. 창의적인 사람들은 상징적인 사고, 아이디어, 개념, 그리고 가능성을 즐긴다. 그들은 명성이나 성공보다는 진실과 형식, 그리고 아름다움에 흥미를 가지는 경향이 있다. 그들의 창의적인 작업은 그 자체로 목적이다(Robinson, 2010; Sternberg & Lubart, 1995).
5. 창의적인 사람들은 그들의 독립성을 가치 있게 여기고, 복잡성을 선호한다. 그러나 그들은 주로 자신의 작업에서 비관습적이고 비순응적이다. 그렇지 않았다면, 그들은 특이하거나 기이한, 또는 별난 성격을 가지진 않을 것이다. 창의성에 대해 더 알아보기 위해선 모듈 37을 잊지 말고 읽어 보라.

창의성은 학습될 수 있는가? 이젠 몇몇 창의적인 사고 기술들은 학습될 수 있는 것처럼 보인다. 특히 여러분은 확산적 사고를 연습함으로써, 그리고 위험을 감수하고, 특이한 질문을 묻고, 아이디어를 분석하고, 아이디어들 간의 독특한 연결을 찾아봄으로써 더 창의적으로 될 수 있다(Bucher, 2011; Sternberg, 2012).

직관적 사고—마음의 지름길인가? 아니면 위험한 우회로인가?

SURVEY QUESTION 35.2 직관은 얼마나 정확한가?

경험적이고 직관적인 사고는 창의적인 문제해결에 기여할지도 모르지만, 동시에 사고 오류로 이끌 수도 있다(Kahneman, 2011). 이것이 어떻게 일어나는지 보기 위해, 다음의 문제들을 풀어 보라.

문제 1. 전염병이 발병하여, 600명의 사람들이 곧 죽을 것이다. 의사들에게는 2개의 선택지가 있다. 만약 사람들에게 A약을 투여한다면, 200명은 살아남을 것이다. 만약 B약을 투여한다면, 600명이 살아남을 가능성이 3분의 1이고, 아무도 살아남지 못할 가능성이 3분의 2이다. 그들은 어떤 약을 선택해야 할까?

문제 2. 앞에서처럼 600명이 곧 죽는데, 의사들은 선택을 해야만 한다. A약을 투여한다면, 400명이 죽을 것이다. B약을 투여한다면, 아무도 죽지 않을 가능성이 3분의 1이고, 600명이 죽을 가능성이 3분의 2이다. 의사들은 어떤 약을 선택해야 할까?

대부분의 사람들은 첫 번째 문제에서 A약을 선택하고 두 번째 문제에서 B약을 선택한다. 이는 흥미로운데, 왜냐하면 두 문제는 동일하기 때문이다. 유일한 차이점은 첫 번째 문제는 살아남는 사람이란 면에서 서술되었고, 두 번째 문제는 죽는 사람이란 면에서 서술되었다는 것이다. 그러나 자신의 답이 모순적이라는 것을 깨달은 사람들도 답을 바꾸는 것을 어려워한다(Kahneman, 2011; Kahneman & Tversky, 1972).

직관

앞의 두 문제의 예가 보여 주듯이, 우리는 종종 논리적이거나 합리적이기보다는 직관적으로 결정을 한다. **직관**(intuition)은 빠르고 충동적인 사고다. 직관은 빠른 답을 제공해 주기도 하지만, 오해를 불러일으킬 수도 있고, 때때로 형편없는 것일 수도 있다. (글상자 "여러분은 선생님을 얇게 조각내 본 적이 있는가?"를 보라.)

유명한 두 심리학자, Amos Tversky와 Daniel Kahneman은 우리가 불확실함에 직면했을 때 어떻게 결정을 내리는지에 대해 연구했다. 그들은 인간의 판단에는 종종 심각한 결함이 있다는 것을 발견했다(Kahneman, 2011; Kahneman, Slovic, & Tversky, 1982). 몇몇 흔한 직관적 사고 오류들을 알아보자. 그러면 여러분은 그것들을 더 잘 방지할 수 있을 것이다.

대표성 판단할 때 매우 흔한 위험 한 가지가 다음 질문에 예시되어 있다. 어느 것이 더 가능성이 높은가?

A. 뉴욕 양키즈는 야구 시즌 전반 이후에 선두에 있지 않을 것이지만, 지역 리그에서 우승할 것이다.

B. 뉴욕 양키즈는 시즌 전반 이후에 선두에 있지 않을 것이다.

귀납적 사고 일반적인 규칙이나 원리가 일련의 특정 사례들로부터 모아지는 생각. 예를 들어, 낙하하는 많은 물체들을 관찰함으로써 중력의 법칙을 추론하는 것이다.
연역적 사고 일반적인 일단의 규칙들을 특정 상황에 적용하는 사고. 예를 들어, 중력의 법칙을 떨어지는 물체의 움직임을 예측하는 데 사용하는 것
논리적 사고 공식적인 추론 원리들에 근거하여 결론을 내리는 것
비논리적 사고 직관적이거나 제멋대로의, 또는 비합리적인 사고
유창성 창의성 검사에서, 만들어 낸 해결책의 총수를 말한다.
융통성 창의성 검사에서, 서로 다른 유형의 해결책을 얼마나 많이 만들었는지를 가리킨다.
독창성 창의성 검사에서, 해결책들이 얼마나 새롭거나 독특한지를 말한다.
수렴적 사고 하나의 확증된 정확한 답을 발견하는 방향으로 향하는 사고. 관습적이다.
확산적 사고 많은 아이디어 또는 대안들을 만들어 내는 사고. 독창적이거나 창의적인 생각의 주요 요소
직관 형식적인 논리나 명확한 추론을 사용하지 않는, 신속하고 충동적인 사고

비판적 사고

여러분은 선생님을 얇게 조각내 본 적이 있는가?

여러분이 가장 덜 좋아했던 선생님을 회상해 보라. (물론 현재의 선생님 말고!) 그 선생님이 여러분의 스타 선생님 목록에 들어가지 않는다는 것을 알아차리는 데 얼마나 걸렸는가?

한 흥미로운 연구에서, 심리학자 Nalini Ambady는 사람들에게 그들이 모르는 선생님들의 비디오 클립을 보도록 요청했다. 10초 길이의 세 단편을 본 후, 참여자들은 그 선생님들을 평가하도록 요청받았다. 놀랍게도, 그들의 평가는 실제 학생들이 했던 연말 강의평가와 높은 상관이 있었다(Ambady & Rosenthal, 1993). Ambady는 교육 행동에 대한 심지어 더 짧은, 즉 2초 길이의 세 클립으로 된, 더 얇은 '조각'을 보여 주었을 때에도 같은 결과를 얻었다. 단지 6초가 참여자들이 선생님의 수업에 대한 직관적인 판단을 형성하는 데 필요한 시간인 것이다!

Malcolm Gladwell은 그의 책 『블링크(Blink)』(2005)에서 이것이 성급한 비합리성의 사례는 아니라고 주장한다. 대신에, 이것은 '얇은 조각' 또는 얇은 경험 조각들을 빠르게 이해하는 것이다. Gladwell에 따르면, 이 즉각적이고, 직관적이고, 경험적인 반응들은 때때로 좀 더 주의 깊게 추론된, 숙고적인 판단의 기초가 될 수 있다. 이것들은 인지적 무의식이란 힘의 증거인데, 인지적 무의식은 자동적이고 무의식적인 처리를 하는 뇌의 한 부분이다(Wilson, 2002). 직관은 전혀 비합리적인 것이 아니라, 어쩌면 우리의 사고방식의 중요한 한 부분일 것이다(Ritter, van Baaren, & Dijksterhuis, 2012).

물론 비결은 언제 그 얇은 조각을 믿을 수 있고, 믿을 수 없는지를 파악하는 것이다. 결국 첫인상이 언제나 맞는 것은 아니다. 예를 들어, 여러분은 수업이 잘 진행된 후에만 또는 강좌가 끝난 후에만 진가를 알아보게 됐던 선생님이 있었는가? 많은 경우에, 순간적 인상들은 여러분이 시간을 들여 좀 더 숙고하는 관찰을 통해 그것들을 확인할 때에 가장 가치가 있다(Tom, Tong, & Hesse, 2010).

Tversky와 Kahneman(1982)에 따르면, 야구에 관심이 있는 사람들은 B보다 A 같은 진술문을 더 그럴싸하게 여긴다(잘 모르는 사람들을 위해 말하자면, 양키즈는 종종 포스트 시즌 경기에서 경쟁력이 있다). 그러나 이 직관적인 답은 중요한 사실을 간과한다. 두 사건이 함께 일어날 가능성은 둘 중 하나만 일어날 가능성보다 낮다. (예를 들어, 동전을 튕겼을 때 앞면이 나올 가능성은 2분의 1, 즉 0.5다. 2개의 동전을 튕겼을 때 둘 다 앞면이 나올 가능성은 4분의 1, 즉 0.25이다.) 그러므로 A는 B보다 참일 가능성이 적다.

Tversky와 Kahneman에 따르면, 그러한 잘못된 결론들은 **대표성**(representativeness) **휴리스틱**(heuristic, 어림법)에 근거한 것이다. 즉 우리는 그 선택이 우리가 이미 알고 있는 것을 대표하는 것처럼 보인다면 그 선택에 더 큰 가중치를 두는 경향이 있다는 것이다. 따라서 여러분은 아마도 양키즈에 대한 정보를 성공적인 프로 야구팀의 움직임은 어떠할 것이라는 여러분의 심적 모형과 비교했을 것이다. 그러므로 A는 B보다 더 그럴싸하게 보인다. 비록 그렇지 않을지라도 말이다. 법정에서, 배심원들은 만약 피고가 범죄를 저지를 것 같은 사람의 프로파일에 맞는 것으로 보인다면, 피고가 유죄일 것이라고 생각하기가 더 쉽다(Davis & Follette, 2002). 예를 들어, 가난한 지역에 사는 젊은 독신 남성은 부유한 교외에 사는 중년의 기혼 남성보다 절도죄로 유죄 판결을 받기 쉽다.

기저 확률 판단에서의 두 번째로 흔한 오류는 **기저율**(base rate), 또는 사건의 기저 확률을 무시하는 것이다. 한 실험에서 사람들은 70명의 변호사와 30명의 기술자로 된 총 100명에 대한 서술문을 받게 될 것이라고 들었다. 그런 다음 참여자들은 어떤 인적 정보도 없이 그 사람이 기술자인지 변호사인지 알아맞혀 보라고 요청받았다. 모든 사람들이 변호사일 확률을 70%로 그리고 기술자일 확률을 30%로 정확하게 진술하였다. 참여자들은 그러고 나서 다음 서술문을 받았다.

> 에릭은 30세의 남성이다. 그는 자녀가 없는 기혼자이다. 그는 높은 능력과 동기를 가진 남성이며 그의 분야에서 꽤 성공을 할 것으로 기대된다. 그는 그의 동료들에게서 호감을 받고 있다.

이 서술문이 에릭의 직업에 대해 아무런 새로운 정보도 주지 않는다는 것을 명심하라. 그는 여전히 기술자일 수도 있고 변호사일 수도 있다. 그러므로 확률은 다시 70 대 30으로 추정되어야 한다. 그러나 대부분의 사람들은 확률을 50 대 50으로 바꾸었다. 직관적으로, 에릭이 기술자나 변호사일 확률이 똑같은 것처럼 보인다. 그러나 이런 추측은 기저 확률을 완전히 무시한 것이다.

아마도 가끔은 우리가 기저 확률을 무시하는 것이 다행일 수도 있다. 그렇지 않다면, 어떻게 많은 사람들이 50%의 이혼 확률에도 불구하고 결혼을 하겠는가? 또는 어떻게 고위험 사업을 시작하려고 하겠는가? 반면, 흡연을 하거나, 음주운전을 하거나, 또는 자동차 안전벨트를 매지 않는 사람들은 부상이나 질병의 다소 높은 확률을 무시한다. 많은 고위험 상황들에서, 기저율을 무시하는 것은 여러분은 예외일 것이라고 생각하는 것과 같은 것이다.

비판적 사고

"아주 뜨겁고, 디카페인에, 더블샷…

…무설탕, 제일 큰 사이즈의 바닐라 두유, 저지방 휘핑크림, 페퍼민트 화이트 초콜릿 모카, 무지방, 시럽 추가에 거품 없이, 그리고 이중컵으로 주세요." 가장 좋아하는 커피 가게에서 줄을 서 있는 동안 그 주문을 우연히 엿듣던, 나이 든 여인은 남편에게 말했다. "크림과 설탕을 탄 커피를 주문할 수 있었던 때가 그립지 않아요?" 그들 뒤에서, 한 젊은 남자가 친구 귀에 속삭였다. "불쌍한 늙은이들!" 노인들에 대한 한 고정관념은 노인들은 현대 생활에 잘 대처하는 데 어려움이 있다는 것이다. 그러나 과연 노인들만이 가끔씩 커피 한 잔 주문하는 것만큼 '단순한' 과제에 당황스러워하는 유일한 사람들일까?

선택폭이 넓다는 자유를 갖는 것이 좋은 것일까(Leotti, Iyengar, & Ochsner, 2010)? 아마 아닐 것이다. 행동경제학자인 Dilip Soman(2010)에 따르면, 우리는 모두 점점 더 복잡해지는 세상에서 선택하기 위해 무진 애를 쓴다.

한 연구에서, 소비자들은 잼을 구매할 선택권을 받았다. 그들 중 반은 여섯 가지 다른 맛에서 선택할 수 있었고, 다른 반은 스물네 가지 맛에서 선택할 수 있었다. 비록 더 많은 선택권을 가진 소비자들이 더 많은 흥미를 보였지만, 그들은 어떤 잼이라도 구매할 가능성이 10배나 더 적었다(Iyengar & Lepper, 2000). 이와 비슷하게 넓은 선택폭을 특징으로 하는 메뉴가 있는 식당들은 종종 손님들이 더 적은 수의 익숙한 선택지 중에서 주문할 가능성이 높다는 것을 발견한다(Soman, 2010). 명백하게, 취급하는 제품의 다양성을 늘리는 사업들이 판매 증가를 보장하지는 않는다(Gourville & Soman, 2005).

사람들이 커피숍이나 식료품점, 또는 식당에서 선택을 하는 데 어려움을 겪는다는 것은 약간 재미있을 수도 있다. 최선의 약이나 의료절차를 선택하는 것처럼 더 중요한 일이 관련되어 있을 때엔 그것은 그리 재미있지는 않다. 예를 들어, 병이 심각한 유아에게서 생명 유지 장치를 제거할지를 정할 때 너무 많은 선택지에 직면한 것을 상상해 보라(Botti, Orfali, & Iyengar, 2009).

왜 복잡한 선택일수록 결정하기가 어려울까? Soman과 같은 연구자들은 스트레스 증가, 인지 과부하, 모든 선택지를 기억하는 것의 어려움, 그리고 가능성 간의 혼동과 같은 많은 요인들을 확인해 냈다(Soman, 2010). 비록 현대 생활에서 복잡성의 증가는 우리의 자유를 늘려 줄 수도 있지만, 우리의 선택지들은 그것에 대처할 우리의 능력 이상으로 팽창할 수 있다. 그러니 때로는 크림과 설탕이 들어간 커피를 주문해 보기로 하자.

틀에 넣기 직관에 대한 가장 일반적인 결론은 문제가 진술되는, 또는 틀에 넣는(framed) 방식이 결정에 영향을 미친다는 것이다(Kahneman, 2011; Tversky & Kahneman, 1981). 이 논의의 첫 번째 예가 드러내듯이 사람들은 만약 문제가 약간 다른 방식으로 서술되어 있을 경우, 같은 문제에도 종종 다른 답을 한다. 틀에 넣기에 대한 추가 이해를 위해서는 또 다른 생각 문제를 해 보라.

> 한 커플이 이혼하려 한다. 두 부모는 모두 그들의 외동자녀의 양육권을 바라지만, 양육권은 오직 한 부모에게만 주어진다. 여러분이 다음 정보에 근거하여 판단을 내린다면, 어느 부모에게 아이의 양육권을 줄 것인가?
>
> **부모 A**: 평균적인 수입, 평균적인 건강, 평균적인 근무 시간, 아이와의 상당히 친밀한 관계, 비교적 안정적인 사회생활
>
> **부모 B**: 평균 이상의 수입, 약간의 건강 문제들, 잦은 출장, 아이와의 매우 밀접한 관계, 상당히 활동적인 사회생활

대부분의 사람들은 몇몇 단점이 있지만 몇몇 장점(평균 이상의 수입과 같은)을 가진 부모 B에게 양육권을 주는 것을 선택했다. 이는 사람들이 아이에게 주어질 수 있는 *긍정적인 자질*들을 찾는 경향이 있기 때문이다. 그러나 여러분은 다음 질문을 받는다면 어떤 것을 선택할 것인가? "어느 부모가 양육권이 인정되지 않아야 하는가?" 이 경우에, 대부분의 사람들은 부모 B의 양육권을 인정하지 않는 선택을 한다. 왜 부모 B는 한때는 좋은 선택이지만 그 다음번엔 나쁜 선택인가? 이는 두 번째 질문이 누가 양육권이 인정되지 *않아야* 하는지 물었기 때문이다. 이 질문에 답하기 위해서, 사람들은 부모의 자격으로 부적합한 *부정적인 자질*들을 찾는 경향이 있다. 여러분이 보듯이, 질문을 틀에 넣는 방식이 우리를 좁은 경로로 생각하도록 만들 수 있다. 그래서 우리는 모든 장단점을 고려하기보다, 제공된 정보의 부분에만 주의를 주게 된다.

보통, 틀에 넣기 또는 문제 진술하기에서 가장 폭넓은 방식이 최선의 결정을 만들어 낸다. 그러나 사람들은 종종 문제를 단일한, 그리고 외견상 명백한 답이 나올 때까지 점차 좁은 용어로 문제를 진술한다. 예를 들어, 직업을 선택하기 위해선 급여, 근무 환경, 직업 만족, 요구 기술, 미래 고용 전망, 그리고 많은 다른

대표성 휴리스틱 이미 존재하는 심적 범주들에 맞추려는 것처럼 보이기 때문에 잘못된 답을 선택하는 경향성

기저율 한 사건이 시간에 걸쳐 발생하는 기본 비율. 또는 한 사건의 기본 확률

틀에 넣기 사고(생각)에서 문제가 서술되는 용어 또는 문제가 구조화되는 방식

요인들을 고려하는 것이 현명할 것이다. 대신에, 그런 결정들은 "난 글쓰기를 좋아해. 그러니까 난 기자가 될 거야.", "난 큰돈을 벌고 싶고 법조인이 급여가 좋아.", 또는 "난 사진술에 창의적일 수 있어."와 같은 생각들로 종종 좁혀진다. 결정들을 그렇게 좁은 틀에 넣는 것은 나쁜 선택을 할 위험을 크게 증가시킨다. 만약 여러분이 좀 더 비판적으로 그리고 분석적으로 생각하려 한다면, 문제들을 풀어 보려 애쓰기 전에, 여러분이 문제를 어떻게 정의하고 있는지에 대해 주목하는 것이 중요하다. 답으로 가는 지름길은 종종 명확한 사고를 방해한다는 것을 기억하라.

'뜨거운' 인지 마지막으로 언급할 만한 요인이 하나 있다. 정서도 좋은 판단에 영향을 미치는 경향이 있다. 우리가 선택을 해야 할 때, 다양한 대안에 대한 우리의 정서적인 반응이 직관적으로 정답으로 보이는 것을 결정할 수도 있다. 물론 분노나 정열, 또는 스트레스의 흥분 상태에서 조치를 취하는 것이 가장 현명한 조치는 아닐 것이다. 술집에서 싸움을 걸거나, 연인과 눈이 맞아 달아나고 도망치거나, 또는 감당하기 힘든 일자리 제안을 바로 거절하기 전에, 약간 흥분을 가라앉히는 것이 더 좋을 것이다(Johnson, Batey, & Holdsworth, 2009). 열까지 숫자를 세는 것과 같은 개인적 의식, 잠시 명상하기, 그리고 심지어는 일을 진행하기 전에 손가락을 교차시키는 것처럼 미신적인 행동으로도 여러분은 진정될 수 있다(Damisch, Stoberock, & Mussweiler, 2010).

낮은 수준의 스트레스와 같은 가벼운 정서조차도 우리가 어떻게 생각하고 행동하는지에 대해 미묘하게 영향을 끼칠 수 있다. (예를 들어, 글상자 "아주 뜨겁고, 디카페인에, 더블샷…"을 보라.) 공포나 희망, 불안, 좋아함, 또는 혐오와 같은 정서는 여러 가능성을 고려 대상에서 제거하거나 목록의 최상위에 올려놓을 수 있다(Kahneman, 2011). 많은 사람들에게, 어느 후보자에게 투표할지를 선택하는 것은 어떻게 정서가 명백한 사고를 흐리게 만들 수 있는지에 대한 좋은 예이다. 후보자들의 이력과 정책을 비교하는 것 대신, 그 일에 가장 적격인 사람보다는 우리가 좋아하는 사람에게 투표하려는 유혹을 받는다.

모듈 35: 요약

35.1 창의적인 사고의 본질은 무엇인가?

35.1.1 창의적으로 되기 위해선, 해결책이 독창적일 뿐만 아니라 실용적이고, 합리적이어야 한다는 것이다. 창의적인 생각에는 유창성과 융통성, 그리고 독창성이 특징인 확산적 사고가 필요하다. 창의성 검사들은 이런 특성들을 측정한다.

35.1.2 창의적인 문제해결에서 종종 보이는 다섯 단계는 오리엔테이션, 준비, 부화, 조명, 그리고 검증이다.

35.1.3 연구들은 창의적인 성격은 여러 특성을 가지고 있고, 그것들 중 대부분은 일반적인 고정관념과 모순된다는 것을 보여 준다. IQ와 창의성 간에는 매우 낮은 상관이 있을 뿐이다.

35.1.4 몇몇 창의적인 사고 기술들은 학습될 수 있다.

35.2 직관은 얼마나 정확한가?

35.2.1 직관적인 생각은 신속하고 정확할 수도 있지만, 종종 오류로 이어지기도 한다. 답이 우리가 이미 참이라고 믿는 것을 상당히 대표하는 것처럼 보일 때 잘못된 결론이 도출될 수 있다.

35.2.2 다음 문제는 사건의 기저율(또는 기저 확률)을 무시하는 것이다.

35.2.3 명확한 생각은 보통 문제를 폭넓은 방식으로 진술하거나 틀에 넣는 것에서 도움을 받는다.

35.2.4 정서 또한 직관적인 생각과 나쁜 선택으로 이어질 수 있다.

모듈 35: 지식 쌓기

암기

1. 유창성, 융통성, 그리고 독창성은 무엇의 특징들인가?
   a. 수렴적 사고
   b. 연역적 사고
   c. 창의적 사고
   d. 시행착오적 해결
2. 추론과 비판적 사고는 창의성을 막는 경향이 있다. 이것들은 비창의적 자질들이다. **O X**
3. 창의적으로 되기 위해선, 독창적 사고 또한 수준 높은 것이면서 관련성 있는 것이어야 한다. **O X**
4. 지능과 창의성은 매우 상관이 높다. 한 사람의 IQ가 높을수록 그 사람이 창의적일 가능성이 높다. **O X**
5. 우리의 결정은 문제가 서술되는 방식에 의해 상당한 영향을 받는데, 이 처리를 무엇이라고 부르는가?
   a. 틀에 넣기
   b. 기저율로 보기
   c. 귀납
   d. 선택적 부호화

반영

비판적으로 생각하기

6. 한 동전이 네 번 튕겨져 다음 결과들 중 하나가 나온다.
   (a) 앞 뒤 뒤 앞, (b) 뒤 뒤 뒤 뒤, (c) 앞 앞 앞 앞, (d) 앞 앞 뒤 앞.
   다섯 번째 동전을 튕겨서 앞면이 나오기 전에 이들 중 어떤 순서가 나올 가능성이 가장 높은가?

자기반영

답하는 데 수렴적 사고를 요구하는 문제를 만들라.
이제, 확산적 사고에 대해서도 똑같이 해 보라.

본문에서 설명된 창의성 검사들 중 여러분이 가장 잘할 수 있을 것 같다고 생각하는 검사는 무엇인가? (그 검사들 전부가 생각나지 않는다면 앞으로 돌아가 확인하라.)

어떻게 대표성과 기저율이 사고 오류의 원인이 되는지 여러분의 말로 설명해 보라.

정답

1. c **2.** X **3.** O **4.** X **5.** a **6.** 다섯 번째 던져서 앞면을 얻을 확률은 매 경우 모두 같다. 동전을 튕길 때마다 앞면을 얻을 확률은, 그 전에 무엇이 일어나든, 50%이다. 그러나 많은 사람들은 앞면이 '늦게 나오기' 때문에 b가 답이라고, 또는 동전이 '연달아' 앞면이기 때문에 c가 맞다고 직관적으로 생각한다.

36 Module

인지와 지능: 지능

Noah Graham/Contributor/National Basketball Association/Getty Images

지능이라는 개념은 얼마나 지적인가?

영리한 물리학자 스티븐 호킹과 같은 사람을 '지적'이라고 말하는 것은 어떤 의미인가? 여러분은 대부분의 심리학자들이 호킹과 같은 사람이 지적이라는 의미에 동의할 것이다. 어쨌든 호킹은 천재다. 그런가? IQ 검사는 지능을 측정한다. 그리고 호킹은 점수가 높을 것이다. 그렇지 않은가? 호킹은 자신의 IQ에 대해 질문 받았을 때 모른다고 했다. 그리고 "자신의 IQ에 대해 자랑하는 사람들은 패배자"라고 농담했다.

여러분은 아직까지 지능에 대한 많은 질문에 답을 얻지 못했다는 것을 알게 된다면 놀랄지도 모른다. 지능을 정확하게 측정할 수 있을까? 지능이 너무 높다거나 낮다는 것은 어떤 의미일까? 지능은 '책으로 배운 지식'에 관한 것인가? '세상 물정에 밝은 것(street smart)'은 어떤가? 운동 능력은 '지능'의 또 다른 형태인가 아니면 다른 무엇인가?

지능과 관련한 이러한 질문들과 또 다른 관심사항들은 100년 이상 심리학자들의 관심을 불러일으켰다. 배운 내용들과 여전히 논의되고 있는 문제를 살펴보자.

SURVEY QUESTIONS

36.1 인간의 지능은 어떻게 정의하고 측정하는가?
36.2 지능은 사람마다 얼마나 다른가?
36.3 지능의 연구는 어떠한 문제점이 있는가?

인간의 지능 – IQ와 여러분

SURVEY QUESTION 36.1 인간의 지능은 어떻게 정의하고 측정하는가?

심리학의 많은 중요한 개념들과 마찬가지로, 지능은 직접적으로 관찰할 수 없다. 그럼에도 불구하고 우리는 그것이 존재한다는 것을 확신한다. 두 명의 아동을 비교해 보자.

> 앤이 14개월이 되었을 때, 자신의 이름을 썼다. 앤은 두 살 때 스스로 읽는 것을 터득했다. 다섯 살 때 교실에 아이패드를 가져와 백과사전을 읽고 있어 유치원 선생님을 놀라게 했다. 열 살 때 고등학교 대수학 과정 전체를 12시간 만에 쉽게 끝마쳤다.
>
> 열 살인 빌리는 자신의 이름을 쓸 수 있었으며 세는 것을 할 수 있었지만 간단한 덧셈과 뺄셈 문제에 어려움이 있었으며 곱셈은 불가능했다. 그는 학교에서 두 번이나 유급하였으며 여덟 살 친구들이 쉽게 할 수 있는 일을 여전히 할 수 없었다.

앤은 천재로 생각되고 빌리는 학습지진아로 생각된다. 앤과 빌리의 지능은 다르다는 것은 거의 의심할 여지가 없다.

잠깐! 앤의 능력은 확실하지만 우리는 빌리가 단지 게으른 게 아니라는 것을 어떻게 알 수 있을까? 이 질문은 1904년에 Alfred

Binet가 직면한 것과 동일한 질문이다(Benjafield, 2012; Jarvin & Sternberg, 2003). 프랑스 교육부 장관은 느린 학생과 유능한 학생(또는 유능하지만 게으른 학생)을 구분할 수 있는 방법을 찾기를 원했다. 번뜩이는 아이디어로, Binet와 동료는 '지적인' 질문과 문제로 구성된 시험을 만들었다. 다음으로, 그들은 평균 연령의 아동이 각 나이에 대답할 수 있는 질문을 알아냈다. 아동에게 검사를 해 봄으로써, Binet와 동료들은 아동이 자신의 잠재력을 발휘하고 있는지를 알 수 있었다(Kaplan & Saccuzzo, 2013; Kaufman, 2000).

Binet의 접근 방식은 현대 지능검사를 낳았다. 동시에, 지능에 대한 정의는 아직도 논쟁이 지속되고 있다. 논쟁의 일부는 지능을 정의하는 기본적인 어려움과 관련이 있다(Sternberg et al., 2011).

지능 정의하기

일반적으로 용인된 지능의 정의는 없을까? 대체로 말하자면 그렇다. **지능**(intelligence)은 합목적적으로 행동하고, 합리적으로 생각하며, 주변 환경에 적응할 수 있는 종합적인 능력이다(Barber, 2010; Flynn, 2012). 그러나 이 외에도 많은 의견 차이가 있다. 일부 이론가들은 추론, 문제 해결, 지식 및 기억처럼 앞서 탐구한 것과 같은 지능의 핵심이 일반적인 정신 능력[**g요인**(g-factor)]의 작은 집합이라고 제안한다(Sternberg, 2004; Ziegler et al., 2011). 일부 이론가들은 어떤 일반적인 정신 능력이 모여야 지능을 구성하는지에 대해서 의문을 가진다. 또 다른 이론가들은 다른 '지능'이 있음을 제안하면서 *g요인* 자체에 대한 의문을 제기한다.

사실 많은 심리학자들은 그들이 지능을 측정하기 위해 사용하는 절차를 설명함으로써 지능의 조작된 정의를 단순하게 받아들인다(Neukrug & Fawcett, 2010). 따라서 지능 검사를 위해 항목을 선택함으로써 심리학자는 "이것은 지능을 의미하는 것"이라고 직접적으로 말하고 있다. 기억, 추론 및 언어적 유창성을 측정하는 검사는 움켜쥐는 힘, 신발 크기, 사냥 기술 또는 게임 〈기타 히어로〉의 최고 점수를 측정하는 것보다 지능의 매우 다른 정의를 제공한다(Goldstein, 2011).

Bob Daemmrich/The Image Works

현대의 지능 검사는 지적 능력을 측정하는 데 널리 사용된다. 적절히 운영될 때 검사는 지능에 대한 조작적 정의를 제공한다.

지능 측정하기

미국의 심리학자들은 Alfred Binet 검사의 가치를 빠르게 알아차렸다. 1916년 스탠퍼드대에서 Lewis Terman과 동료들은 북미에서 그것을 사용하기 위해 개정했다. 더 많은 개정이 이루어진 후에, *Stanford-Binet 지능 척도, 제5판*(SB5)이 계속해서 널리 사용되었다. 주로 SB5는 각 연령 수준에서 조금 더 어려워지는 연령별 질문으로 구성되었다. SB5는 2~85세 이상까지의 사람들에게 적합하며 검사 점수는 매우 신뢰할 만하다(Decker, Brooks, & Allen, 2011; Raid & Tippin, 2009).

SB5는 유동 지능, 지식, 양적 추론, 시각적 공간 처리 및 작업 기억과 같은 일반적인 지능을 구성하는 다섯 가지 인지적 요소(정신 능력의 유형)를 측정한다. 각 요소는 언어적 질문(단어와 숫자가 포함된 질문)과 비언어적 질문(그림과 사물을 사용하는 항목)으로 측정된다. SB5를 사용했다면 여러분의 일반적인 지능, 언어적 지능, 비언어적 지능 및 각각의 다섯 가지 인지 요인 점수를 산출한다(Decker, Brooks, & Allen, 2011). 이제 각 요소에 대해 알아보자.

유동적 추론 유동적 추론을 검사하기 위해 다음과 같은 질문을 사용한다.

사과, 건포도, 바나나는 사탕무와 어떻게 다른가?

초보자가 ________이(가) 되듯이 실습생은 숙련자가 된다.

"나는 내 가방이 내가 본 마지막 장소에 있을 것을 알았기 때문에 먼저 그곳부터 들여다보았다." 여기서 잘못되거나 불가능한 것은 무엇인가?

다른 항목들은 일련의 그림에서 빠진 모양을 채우고 일련의 그림에서 어떤 일이 벌어지고 있는지 설명하는 이야기를 사람들에게 물어본다.

지식 지식 요소는 광범위한 주제에 대한 지식을 평가한다.

이스트가 빵 반죽에 첨가되는 이유는?

'비밀'이란 무엇을 의미하는가?

이 그림에서 잘못되거나 불가능한 것은 무엇인가? (예를 들어, 자전거에 네모 난 바퀴가 있다.)

양적 추론 양적 추론을 위한 검사 항목은 숫자와 관련된 문제를

지능 합리적으로 사고하고, 합목적적으로 행동하며, 주변 환경에 적응할 수 있는 전반적인 능력

g요인 추론, 문제 해결 능력, 지식 및 기억을 포함하는 일반적인 지적 능력의 핵심은 지능의 근간을 이루기 위해 제안된다.

표 36.1 WAIS-IV에서 사용된 것과 유사한 예시 항목

언어 이해	**샘플 항목 또는 설명**
공통성	늑대와 코요테는 어떤 점이 비슷한가? 스크루 드라이버와 끌은 어떤 점이 비슷한가?
어휘	검사는 "_____은 무엇인가?" 또는 "_____은 어떤 의미인가?"라는 질문으로 구성된다. 단어의 범위가 더 친숙한 것에서 덜 친숙한 것까지 그리고 더 어려운 것부터 덜 어려운 것까지 다양하다.
상식	나비의 날개는 몇 개인가? 『로미오와 줄리엣』을 누가 썼는가?
지각 추론	
토막 짜기	토막으로 제시된 형태대로 재생하라(오른쪽 그림 참조).
행렬 추론	행렬을 완성하는 항목을 선택하라.
퍼즐	그림을 구성하기 위해 함께 사용되는 조각을 선택하라.
작업기억	
숫자 폭	한 번 들은 후 85701362와 같은 일련의 자릿수를 기억에서 반복하라.
산수	4명의 소녀가 28개의 젤리를 똑같이 나누었다. 소녀 1명당 젤리를 몇 개씩 받았는가? 3개의 복숭아를 찾아서 선택하는 데 2분이 걸린다면 12개의 복숭아를 찾아 선택하려면 얼마나 걸릴까?

(계속)

해결할 능력을 측정한다. 여기에 몇 가지 예시가 있다.

> 내가 6개의 대리석을 가지고 있고 여러분이 나에게 하나를 더 주면 나는 대리석이 몇 개인가?
>
> 3, 6, 9, 12라는 숫자가 주어지면 다음에 오는 숫자는 무엇인가?
>
> 만약 셔츠가 정상 가격의 50%에 판매되고, 가격표에 60달러로 표시되어 있다면, 셔츠의 가격은 얼마인가?

시공간적 처리 시공간적 기술을 가진 사람들은 그림 퍼즐을 맞추고 기하학적 모양(예: 삼각형, 직사각형 및 원)을 모방하는 데 능숙하다. 시공간적 처리 문제는 수검자에게 토막의 패턴을 재현하고 종이를 접거나 자르면 종이의 조각이 어떻게 보일지 보여주는 그림을 선택하도록 한다. 언어적 질문은 또한 시공간적 능력을 요구할 수 있다.

> 여러분이 동쪽으로 가서 우회전한 다음, 다시 우회전한 뒤, 좌회전한다. 지금 어떤 방향으로 가고 있는가?

작업기억 SB5의 작업기억 부분은 단기기억 사용 능력을 측정한다. 일반 전형적인 기억 과업에는 다음이 포함된다.

> 막대에 있는 색깔 구슬의 순서를 정확하게 기억하라.
>
> 여러 문장을 들은 후 각 문장의 마지막 단어의 이름을 지정하라.
>
> 한 번 청취한 후 일련의 숫자들을 (바로 또는 거꾸로) 되풀이하라.

Wechsler 검사

Stanford-Binet 검사법이 유일한 지능 검사인가? 널리 사용되는 대안은 Wechsler 성인용 지능 검사, 4판(WAIS-IV)이다. 아동을 위한 버전은 Wechsler 아동용 지능검사, 4판(WISC-IV)이라고 한다(Kaplan & Saccuzzo, 2013). Stanford-Binet와 마찬가지로 Wechsler 검사는 단일 전체 지능 점수를 산출한다. 또한 검사는 **동작성(비언어적) 지능**[performance (nonverbal) intelligence]과 **언어성 지능**[verbal intelligence, 언어 또는 상징 지향지능] 점수로 나뉜다. Wechsler 검사와 몇 가지 표본 검사 항목에 의해 측정된 능력은 표 36.1에 열거되어 있다.

집단검사

SB5 및 Wechsler 검사는 *개별* 지능 검사이며 숙련된 전문가가 한 명에게 실시한다. 대조적으로 *집단* 지능 검사는 최소한의 감독으로 많은 개인 집단에게 실시될 수 있다. 집단 검사는 보통 사람이 읽고, 지시를 따르며, 논리, 추론, 수학 또는 공간 기술 문제를 해결할 것을 요구한다. 여러분이 전에 지능 검사를 한 적이 있는지 궁금하다면 대답은 '예'일 것이다. 잘 알려진 SAT 추론 시험(SAT)

표 36.1 WAIS-IV에서 사용된 것과 유사한 예시 항목(계속)

처리속도		
동형 찾기	분리 그룹에 들어 있는 기호를 맞게 대응하시오.	동형 찾기
기호 쓰기	기호를 채워 넣으시오.	

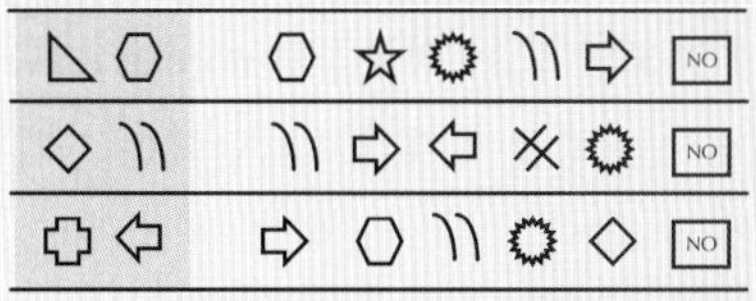

1	2	3	4
X	III	I	0

3	4	1	3	4	2	1	2

항목은 Wechsler 성인 지능 척도, 제4판(Wechsler, 2008)에 나와 있는 것과 같다.

은 언어, 수학 및 추론에 대한 적성을 측정한다. SAT는 대학에서의 성공 가능성을 예측하기 위해 고안되었다. 그것은 여러 다른 정신 적성(mental aptitude)을 측정하기 때문에 일반 지능을 평가하는 데도 사용될 수 있다.

지능지수

IQ는 무엇인가? 위안이라는 아이가 평균 7세 정도가 대답할 수 있는 지능 검사 문제에 대답할 수 있다고 상상해 보라. 우리는 7세가 위안의 **정신연령**(mental age, 평균 지적 능력)이라고 말할 수 있다. 위안은 얼마나 똑똑한가? 우리는 위안의 나이를 모르기 때문에 말할 수 없다. 위안이 열 살이라면, 위안은 영리하지 않다. 위안이 다섯 살이라면, 위안은 영리하다. 아이의 지능을 평가하려면 정신연령과 *생활연령*을 비교할 필요가 있다. Stanford-Binet가 처음 사용되었을 때, 정신연령(MA)을 생활연령(CA)으로 나누었다. 결과 몫은 소수보다는 정수가 되기 위해 100이 곱해져서 **지능지수**(intelligence quotient, IQ)를 산출한다.

정신연령/생활연령*100=IQ

이 방법으로 생활연령과 정신연령이 다른 아이들을 비교할 수 있다. 예를 들어, 열 살인 저스틴은 정신연령이 12세이다. 따라서 저스틴의 IQ는 120이다. 저스틴의 친구 수케도 정신연령이 12세이다. 그러나 수케의 생활연령은 12세이므로 수케의 IQ는 100이다. IQ에 따르면 열 살 저스틴은 열두 살 수케과 지적 능력이 같지만 더 영리하다. 정신연령과 생활연령이 같을 때 사람의 IQ는 100이 된다. 이것이 IQ 점수 100이 평균 지능으로 정의된 이유다.

그렇다면 IQ 점수가 100 미만인 사람은 평균 지능 아래인가? IQ가 100 아래로 떨어지지 않는 한 평균 지능은 일반적으로 90~109까지의 점수로 정의된다. 중요한 점은 정신연령이 생활연령보다 높을 때 IQ 점수가 100을 넘을 것이란 점이다. 100 미만의 IQ 점수는 생활연령이 정신연령을 초과할 때 발생한다.

편차 IQ 위의 예제를 통해 IQ 점수에 대한 통찰력을 얻을 수 있지만 더 이상 IQ를 직접 계산할 필요는 없다. 대신 현대 검사에서는 **편차 IQ**(deviation IQ)가 사용된다. 검사와 함께 제공된 표는 그룹에서 사람의 상대적 위치를 IQ 점수로 변환하는 데 사용된다. 즉 평균 점수의 평균보다 높거나 낮은 점수를 나타낸다. 예를 들어, 백분위 점수가 50일 때, 여러분의 연령대에서 여러분보다 시험점수를 더 높게 받은 사람들이 절반이고 나머지 절반은 여러분보다 시험점수를 더 낮게 받았다. 이 경우 여러분의 IQ 점수는 100이다. 만약 여러분이 백분위 점수가 84이면 IQ 점수는 115이다. 백분위 점수가 97이면 IQ 점수는 130이다(자세한 내용은 모듈 67 참조).

동작성(비언어적) 지능 퍼즐 풀기, 물체 조립, 그림 완성 및 기타 비언어적인 작업으로 측정된 지능
언어성 지능 어휘, 일반 정보, 산술 및 기타 언어 또는 기호 중심 작업과 관련된 질문에 대답하여 측정된 지능
정신연령 주어진 연령의 사람들이 보여 주는 평균 정신 능력
지능지수(IQ) 사람의 정신연령을 생활연령으로 나눈 값에 100을 곱한 값으로 정의되는 지능지표
편차 IQ IQ는 연령집단에서 사람의 상대적 위치, 즉 평균보다 얼마나 높거나 낮은지 다른 사람의 점수와 관련하여 통계적으로 얻은 것이다.

지능의 변이–종 모양과 같은 곡선

SURVEY QUESTION 36.2 지능은 사람마다 얼마나 다른가?

IQ 점수는 ● 그림 36.1과 같이 분류된다. IQ 점수 분포(또는 분산)는 종 모양 또는 **정규곡선**(normal curve)과 비슷하다. 즉 대부분의 점수는 평균에 가깝고 극단에는 거의 없다.

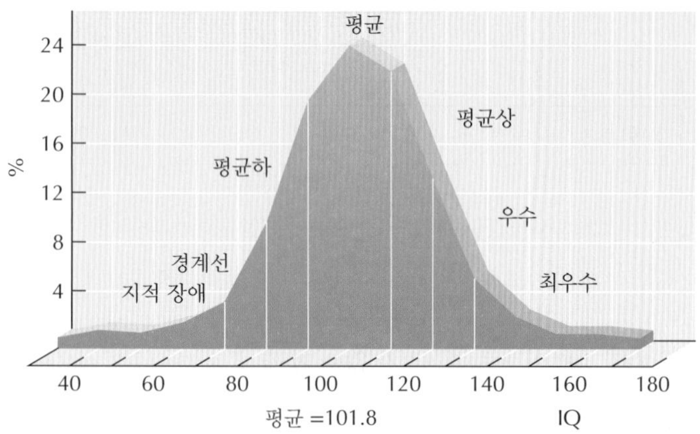

그림 36.1
3,184명의 아동을 대상으로 한 Stanford-Binet 지능 검사 점수 분포(Terman & Merrill, 1937/1960을 따름)

타고난 영재들

천재의 IQ는 얼마나 높은가? IQ 검사에서 130 이상은 100명 중에 2명뿐이다. 이 영리한 사람들은 일반적으로 '영재'라고 묘사된다. 인구의 1% 중 절반 이하가 140을 넘는다. 이 사람들은 분명 영재거나 심지어는 '천재'이다. 그러나 일부 심리학자들은 더 높은 IQ를 가진 사람들이나 특별히 창조적인 사람들을 위해 천재라는 용어를 유보한다(Hallahan, Kauffman, & Pullen, 2011).

영재 아동 *어린 시절의 높은 IQ 점수는 훗날의 능력을 예측하는가?* Lewis Terman은 이 질문에 직접 대답하기 위해 IQ가 140 이상인 1,500명의 아동을 선정했다. Terman은 이 재능 있는 그룹('Termites'라고 부름)을 성인이 될 때까지 연구했고 대부분 성공적이었다. 대다수 대학을 끝마쳤고, 높은 학위를 받거나 전문직이었으며 많은 사람들이 책이나 과학 기사를 썼다(Terman & Oden, 1959).

일반적으로 IQ 점수와 학교 성적 간의 상관관계는 .50이다. 상관관계가 더 강해질지라도 동기 부여, 특별한 재능, 캠퍼스 밖 학습 및 기타 여러 요소가 성적에 영향을 미친다. 학교 밖의 실제 성공에 대해서도 마찬가지다. IQ는 예술, 음악, 작문, 연기, 과학 및 리더십에서 성공을 예측하는 데 전혀 도움이 되지 않는다. 창의력이 이들 영역에서 잘하는 것과 훨씬 더 밀접한 관련이 있다(Preckel, Holling, & Wiese, 2006; Runco, 2012).

모든 Termites 집단 개개인은 성인 집단보다 우월했는가? 그렇지 않다. 비록 영재가 심리적으로 잘 적응하는 경향이 있지만(Dai, 2010; Garland & Zigler, 1999), 일부는 범죄를 저지르거나 실업자이거나 불행한 부적응자였다. 높은 IQ는 잠재력이 있다는 것만을 의미함을 기억하라. 그것이 성공을 보장하지는 않는다. 또한 IQ가 낮다고 실패를 보장하는 것도 아니다. 많은 사람들이

Hill Street Studios/AGE Fotostock

Vladimir Godnik/Getty Images

아동은 다양한 면에서 재능이 있음을 기억하는 것이 현명하다. 많은 학교에서는 이제 IQ 검사에서 우수한 성적을 받은 학생들을 위하기보다는 여러 특별한 능력을 갖춘 학생들에게 영재 및 재능 교육 프로그램을 제공한다.

천재로서 존경하는 노벨 물리학상 수상자 Richard Feynman은 IQ가 122이다(Michalko, 2001, 2006).

Terman의 더 성공적인 Termites는 덜 성공적이었던 것과 어떻게 다른가? 대부분은 학습을 소중히 여기고 그와 동시에 Termites를 격려하는 숙련된 부모를 가졌다. 일반적으로 성공하고 재능 있는 사람들은 *지혜로운 결단력*을 가지고 있는 경향이 있다. 즉 알려고 하고, 탁월해지려 하고, 인내하려 한다(Winner, 2003). 재능의 유무에 상관없이, 가장 성공적인 사람들은 *꾸준하고* 배우기를 *원하는* 경향이 있다(Reis & Renzulli, 2010). 성취할 수 있는 능력을 지닌 채 가만히 앉아 있는 사람은 아무도 없다. 여러분이 하는 일은 여러분이 할 수 있어야 하는 것보다 항상 더 중요하다. 그렇기 때문에 어린 아동의 재능이 지원, 격려, 교육 및 노력으로 양육될 때 아동의 재능이 꽃필 가능성이 있다(Callahan, 2006).

영재 아동 발견하기 *부모는 어떻게 특별히 영리한 아동을 발견할 수 있을까?* 영재성의 초기 신호는 항상 순수하게 '지적인' 것만은 아니다. **영재**(giftedness)는 높은 IQ나 특별한 재능 혹은 적성을 가졌을 수 있다(Kreger Silverman, 2013). 다음의 징후는 아동이 재능이 있음을 나타낼 수 있다. 나이가 더 많은 아동과 성인을 찾는 경향, 설명과 문제 해결에 대한 초기 매력, 2~3세의 이른 시기에 완전한 문장으로 말하기, 특출하게 좋은 기억력, 예술, 음악 또는 숫자 기능에서 타고난 재능, 초기 독서(보통 3세까지)와 함께 책에 대한 이른 관심, 친절과 이해 및 타인에 대한 협동을 보여 준다(Dai, 2010; Distin, 2006).

이 목록은 g요인 또는 일반적인 '학술적' 지능을 뛰어넘는 것이다. 사실 예술적 재능, 기계적 적성, 음악적 적성, 운동 능력 등이 고려된다면, 많은 어린이들이 한 종류 또는 다른 종류의 특별한 '재능'을 가지고 있다. 영재성을 높은 IQ로 제한하면 특별한 재능 또는 잠재력을 가진 아이들을 무시하게 될 수 있다. 이는 표준화된 지능 검사에서 미묘한 편향의 희생자가 될 수 있는 소수 민족 아동들에게 특히 그러하다. 이 아동들뿐만 아니라 신체적 장애를 가진 아동도 영재로 인정받을 가능성이 더 적다(Castellano & Frazier, 2011; Kornilov et al., 2012).

다음 절에서는 지적 장애에 대해 논의한다.

지적 장애

이 절을 시작하기 전에, 잠시 시간을 내어 글상자 "레인 맨"을 읽어라. 여러분은 탁월함과 지적 장애가 뚜렷하게 혼합된 것에 대한 정보를 얻을 수 있다. 계속 읽으면서 킴 픽(영화 〈레인 맨〉의 실제 주인공_역자 주)에 주목하라. 지적 장애는 일반적으로 IQ 검사 결과에 의해 드러나는 것보다 훨씬 많은 것을 담고 있다 (Treffert, 2010). 지적 장애는 감정과 관련하여 장애가 없다는 것을 깨닫는 것이 특히 중요하다. 지적 장애는 거부, 괴롭히거나 조롱하는 것에 의해 쉽게 상처받는다. 마찬가지로, 지적 장애는 사랑과 수용에 따뜻하게 반응한다. 이는 각자 사회적으로 잘 적응하는 구성원이 될 기회가 더해지는 어린 시절에 특히 더 중요하다.

평균 이하의 정신 능력을 가진 사람을 지적 장애라고 한다(이전에 사용하던 정신지체라는 용어는 이제 모욕적인 것으로 간주된다). 미국 정신과학회의 *정신장애진단 및 통계매뉴얼(DSM-5)*에 수록된 정의에 따르면 **지적 장애**[intellectual disability, **지적 발달 장애**(intellectual developmental disorder)]는 약 70 미만의 지능 지수에서 시작된다. 그러나 이 장애를 평가할 때 *적응력 있는 행동*(옷 입기, 식사, 의사소통, 쇼핑 및 일하는 것과 같은 기본 기술)을 수행하는 능력이 더 중요하다(American Psychiatric Association, 2013; Kirk et al., 2011).

지적 장애의 원인 *지적 장애의 원인은 무엇인가?* 지적 장애는 다양한 요인으로 인해 발생할 수 있다. 가장 일반적인 요인 가운데 일부는 다음과 같다.

- **유전적 이상.** 상실된 유전자, 가외의 유전자 또는 결함 있는 유전자와 같은 다양한 유전적 이상은 지적 장애를 초래할 수 있다. 예를 들어 다운증후군 아동은 21번 염색체에 가외물질을 가진다. 21번 염색체의 삼체성이라고도 불리는 이 상태는 부모의 난자 또는 정자 세포에 결함이 있음을 나타낸다. 다운증후군은 유전자의 이상이지만 일반적으로 유전되지는 않는다(가족 내력은 아니다). 반대로, PKU(페닐케토뇨증)를 앓고 있는 아동은 신체에 축적되는 파괴 화학 물질을 통제할 수 없는 유전성이 있다.
- **태아 손상.** 모듈 12에서 보았듯이 성장 중인 태아는 질병, 감염 또는 약물과 같은 다양한 기형 유발 물질에 의해 손상될 수 있다. *태아 알코올 증후군*(fetal alcohol syndrome, FAS)은 임신기간 중 과음에 의한 것으로, 불행히도 지적 장애의 가장 일반적인 원인 중 하나이다(Jones & Streissguth, 2010).
- **출생 상해.** 출산 중 산소 부족이나 심한 조기 출산과 같은 출생 상해는 지적 장애를 유발할 수 있다.

정규곡선 중간 영역에서 많은 수의 점수를 특징으로 하는 종 모양의 곡선으로 매우 높거나 매우 낮은 점수는 거의 없다.
영재 높은 IQ 또는 특별한 재능 또는 적성을 가지고 있다.
지적 장애(지적 발달 장애) 발달 장애의 존재, 공식적인 IQ 점수는 70점 미만, 적응행동의 심각한 손상

임상 파일

레인 맨

아카데미상 수상작 영화 〈레인 맨〉에서 더스틴 호프만의 극중 역할 모델인 킴 픽(Kim Peek)을 만나 보자(Peek & Hanson, 2007). 2009년 그가 죽을 당시에는 9,000권이 넘는 책을 기억해 낼 수 있었다. 그는 미국의 모든 우편 번호와 지역 번호를 알고 있었으며 미국의 주요 두 도시 간에 정확한 여행 경로를 알려 줄 수 있었다. 그는 또한 수백 가지의 클래식 음악을 자세하게 토론할 수 있었으며, 대부분 연주를 잘할 수 있었다. 놀랍게도, 그런 기술을 가진 킴은 추상적 사고와 일반적인 지능 검사가 어려웠다. 그는 근육을 사용하는 것이 어려웠고 자신의 옷을 스스로 입지도 못했다(Treffert, 2010; Treffert & Christensen, 2005).

킴 픽은 *서번트 증후군*을 앓고 있었는데, 서번트 증후군은 일반적인 지능은 제한되었지만 암산, 달력 계산, 예술 또는 음악과 같은 하나 이상의 좁은 영역에서 탁월한 정신 능력을 보여 준다(Crane et al., 2010; Young, 2005).

서번트 증후군을 가진 사람은 대부분의 사람들에게는 공유되지 않은 특별한 정신력이 있는가? 한 이론에 따르면, 서번트 증후군을 가진 많은 사람들은 그들의 좌반구에 어떤 형태의 손상을 입게 되고, 이것이 언어, 개념, 그리고 고차원적 사고의 '산만함'으로부터 자유롭게 해 준다. 이를 통해 음악, 그림, 소수, 번호판, TV 광고 및 기타 특정 정보에 대해 날카로운 명료성을 가지고 집중할 수 있다(Young, 2005). 또 다른 이론은 서번트 증후군을 가진 많은 사람들의 능력은 열정적인 연습에서 나온다고 주장한다. 아마 우리 각자는 열정적인 연습이 완전한 불꽃으로 부풀어 오를 수 있는 정신적 탁월함을 지니고 있을 것이다(Snyder et al., 2006; Treffert, 2010).

서번트 증후군은 완전히 설명되지는 않았지만 일반적인 지능과는 별도로 특별한 능력이 존재할 수 있음을 보여 준다.

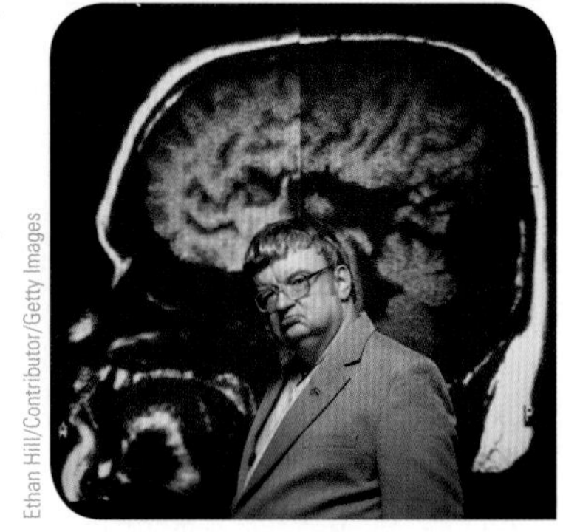
Ethan Hill/Contributor/Getty Images

한번은 소설을 읽고 4개월이 지난 후에 킴 픽에게 한 인물에 대해 물었다. 그는 즉시 그 인물의 묘사가 나타난 페이지 번호를 알려 주며 인물에 대한 몇몇 절을 정확하게 말했다(Treffert & Christensen, 2005).

Marcel Jankovic/Shutterstock

이 어린 여성은 아몬드 모양의 눈, 약간 돌출된 혀, 다부진 골격, 그리고 뭉툭한 손과 깊게 주름진 손바닥을 포함하는 전형적인 다운증후군의 모습을 보여 주고 있다. 그녀는 약간의 지적 장애가 있지만 사랑스럽고 자기존중과 공동체에 속할 권리를 가지고 있다.

- **출생 후의 문제.** 유년기 초반에 영양실조와 납, PCB 및 기타 독소에 노출되면 기질적 지적 장애가 발생할 수 있다(Beirne-Smith, Patton, & Shannon, 2006). 많은 경우, 생물학적 문제가 확인될 수 없다. 종종 다른 가족 구성원들 또한 경도 지적 장애가 있다. *가족성 지적 장애*는 영양, 지적인 자극, 의료 및 정서적 지원이 불충분할 수 있는 매우 가난한 가정에서 주로 발생한다(Harris, 2010).

의문스러운 지능—답보다 많은 질문

SURVEY QUESTION 36.3 지능의 연구는 어떠한 문제점이 있는가?

이 절에서는 지능에 관한 연구에서 발생한 일부 쟁점들을 살펴본다. 대부분은 지능에 대한 전형적인 가정들에 대한 질문에서 비롯된다. 지능은 일반 정신 능력들의 작은 집합적인 측면에서 정의될 수 있고, SB5나 Wechsler 척도들과 같은 IQ 검사로 측정될 수 있다. 한 비판점은 이 접근법이 너무 모호하다는 것이다. 인공지능 분야의 연구자들에 따르면 더 나은 접근법은 우리가 지능적인 행동이라 의미하는 것을 충분히 자세히 컴퓨터가 지능적으로 행동하게 프로그래밍하여 명시하는 것이다. 다른 사람들은 전통적 접근법이 너무 범위가 좁고 다른 문화권에선 적용할 수 없을지도 모른다는 의문을 가진다. 그 사람들은 여전히 일반 지능 요소들로 지능을 정의하는 것에 대한 가치에 의문을 제기하고 있다. 마지막으로 많은 사람들은 지능을 주로 부모로부터 물려받는다는 암묵적인 가정에 반론을 제시해 오고 있다.

인공지능

대부분의 노력은 인간의 지능을 측정하는 데 초점을 두었지만 작은 집단의 심리학자와 컴퓨터 과학자들은 완전히 다른 접근 방식을 취했다. 그들의 기본 아이디어는 **인공지능**(artificial intelligence, AI)을 장착한 기계를 만드는 것이다. 이것은 보통 사람에 의해 행해지는 지능이 필요한 작업을 수행할 수 있는 컴퓨터 프로그램을 만드는 것이다(Müller, 2012; Russell & Norvig, 2010).

Aaron Sloman은 컴퓨터 과학자로서 "사람의 뇌는 마술로 움직이지 않는다. 그래서 그것이 무엇이든지 간에 기계로 할 수 있을 것이다."라고 설명했다(Brooks, 2009; Sloman, 2008). 그 결과로 만들어진 프로그램들은 사람들이 그 같은 일들을 어떻게 하는지 이해하는 데 도움이 될 수 있다. RuBot II 같은 로봇은 루빅스 큐브 퍼즐을 푸는 세련된 일을 할 수 있으며, 또한 사람의 섬세한 행동, 특히 생각, 의사결정, 그리고 문제 해결 등을 하는 것, 결정하는 것, 그리고 문제 해결을 모방하려고 시도하는 *컴퓨터 시뮬레이션*으로 생각될 수도 있다. 여기서 컴퓨터의 행동은 인지모델을 검증하기 위한 '실험실'로서 역할을 한다. 만약 컴퓨터 프로그램이 (사람처럼 실수하는 것을 포함하여) 사람처럼 행동한다면, 그 프로그램은 우리가 어떻게 생각하는지에 대한 좋은 모델이 될 것이다.

그래서 컴퓨터는 얼마나 지능적인가? 지금까지의 대답이 "그렇게 좋지 못하다."라는 것을 알게 되면 여러분은 놀랄 것이다. 컴퓨터는 복잡한 기술을 컴퓨터가 따라갈 수 있는 명확한 규칙으로 변환할 수 있는 특정 상황에서 가장 성공적이다. 그 결과로 인한 *전문가 시스템*은 이미 날씨를 예측하고, 지질학적 형성물을 분석하고, 질병을 진단하고, 체스를 하고, 글을 읽고, 주식을 매매할 시기를 알려 주고, 음악을 조율하고, 인간보다 더 많은 업무를 더 잘 수행할 수 있다(Giarratano & Riley, 2004). 예를 들어 IBM의 슈퍼컴퓨터인 '왓슨'이 텔레비전 게임 〈제퍼디!〉에서 전문가들을 능가한 것을 생각해 보자(Markoff, 2011). 다른 예로, 1997년에 세계 체스 챔피언 가리 카스파로프가 딥 블루라고 불리는 컴퓨터에게 진 적이 있다. 그러나 여러분이 너무 감명받기 전에 컴퓨터는 그 작은 전문 분야를 벗어나면 '전문 시스템' 영역이 혼란스러운 바보가 된다는 것을 잊지 말라. 딥 블루가 체스를 한다. 그저 그뿐이다.

전문가 시스템이 왜 전부가 아닌지를 보기 위해서 Siri-ous를 보면 도움이 된다. 여러분이 이미 알듯이, Siri는 애플사 아이폰의 '지능형 개인 비서'이다. 여러분은 Siri에게 말을 걸 수 있고 '그녀'는 대답을 한다. 여러분이 물어보는 것에는 한계가 없을지라도, Siri는 간단한 질문-대답 모드에서 작동하여 믿을 만한 자유로운 대화는 나눌 수 없다. 반대로 우리 인간은 정신적으로 전문가 시스템으로 구현할 수 없는 믿을 수 없을 만큼 엄청난 융통성으로 한 주제에서 다른 주제로 '기어 변환'을 할 수 있다. 지금껏 어떤 기계도 자유로운 대화를 이어 나갈 수 있다고 증명되지 않았다는 사실을 알게 되면 여러분은 놀랄지도 모른다(Floridi, Taddeo, & Turilli, 2009).

AP Photo/Bela Szandelszky

큐비네이터라고 불리는 RuBot II는 최근 컴퓨터 세계에서 루빅스 큐브를 20초 만에 맞추는 기록을 세웠다. 가장 빠른 사람은? 6초이다! 큐비네이터가 솔루션을 가지고 해결하는 방법이 사람들이 그것을 해내는 방식을 이해하는 데 어느 정도까지 도움이 될까?

그럼에도 불구하고 Siri 같은 지능형 개인 비서는 이미 아주 유용하다. 여러분이 만약 "Siri, 집에 전화하는 것을 상기시켜 줘."라고 말했다면, 그녀는 아마 "언제 알려 드릴까요?"라고 대답할 것이다. 여러분이 그녀에게 "정오"라고 말한다면 그녀는 정오에 알람을 맞출 것이다. 그러나 Siri는 간혹 질문을 잘못 이해하고 당황스러운 응답을 할 수도 있다. "어디에 몸을 숨겨야 하지?"라는 질문에 대한 대답은 유명하다. 그녀는 이렇게 대답할 것이다. "어떤 장소를 찾고 계십니까? 광산, 저수지, 금속 주조 공장, 쓰레기장 혹은 늪지?" 적어도 그녀는 유머감각을 갖고 있다!

그러나 실수를 하지는 않는다. 지능형 개인 비서들과 다른 컴퓨터, 그리고 로봇들은 심리학자와 컴퓨터 과학자들이 인간의 지능을 더 잘 이해하는 것을 도우면서 계속해서 발전해 나갈 것이다(Cassimatis, 2012).

인공지능(AI) 인간처럼 문제를 해결하거나 지능적으로 반응하는 어떤 특정한 시스템(보통은 컴퓨터 프로그램)

문화와 지능

어린 아프리카 사냥꾼 원주민에게 Stanford-Binet 5라는 지능 검사를 실시하는 것을 상상해 보자. 그가 먹이를 잘 추적하는 것을 가치 있게 여기고 실제로 잘한다면 IQ 점수가 낮게 나온 것이 그에게 의미가 있을까? 다시 말해 현재의 IQ 검사에서 평가한 정신 능력이 모든 문화에서 동일한 가치를 지니는 것은 아니다. (잠깐 다른 문화에서 '지능'을 어찌 정의하는지 보기 위해 "지능–바보는 어떻게 행동하는가?"를 보라.)

문화적 가치, 지식, 언어방식, 그리고 전통은 서양 문화에 맞춰 설계된 검사의 수행에 대단히 큰 영향을 미칠 수 있다(Nisbett et al., 2012; Sternberg & Grigorenko, 2005). 심리학자 Jerome Kagan은 한때 "만약 Wechsler와 Binet 척도를 스페인어, 스와힐리어, 그리고 중국어로 번안한 뒤에, 열 살의 라틴아메리카, 동아프리카, 그리고 중국 어린이에게 준다면 대다수가 지적 장애 범위의 IQ 점수를 얻을 것이다."라고 언급했다. 분명히 우리는 다른 문화권의 아이들 모두가 지능 장애라는 것을 믿을 수 없다. 그 잘못은 검사에 책임이 있다(Casles, 2012).

이런 문제를 고려해서, 심리학자들은 특정 집단에 불리하지 않은 '문화적으로 공평한' 지능 검사를 만들려고 노력했다. **문화적으로 공평한 검사**(culture-fair test)는 일부 문화권에서 보다 일반적일 수 있는 기술과 지식의 중요성을 최소화하기 위해 고안되었다. (문화적으로 공평한 검사 항목의 예는 ● 그림 36.2를 보라.)

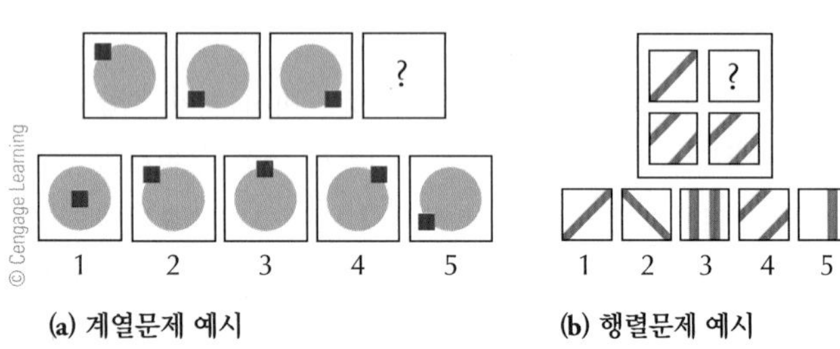

(a) 계열문제 예시 (b) 행렬문제 예시

그림 36.2
저런 예시들은 종종 문화적으로 공평한 지능 검사에서 찾을 수 있다. (a) 계열문제 예시. 어떤 패턴이 정확히 위에 있는 패턴 순서를 계속 이을 수 있는가? (4번) (b) 행렬문제 예시. 오른쪽 상단에 표시된 패턴 행렬을 가장 잘 맞추는 패턴은 어느 것인가? (1번) 읽기 능력과 문화적인 지식에 숙달된 능력이 잘 수행하는 데 필수적이지 않다. 그럼에도 불구하고 여러분은 브라질 상파울루의 고아들이나 호주의 오지 사막에 사는 원주민들이 이것을 여러분만큼이나 쉽게 완성할 수 있다고 생각하는가? 그렇지 않다면, 여러분은 다른 문화권에서도 지능을 검사할 수 있는 문화적으로 진정한 공평한 대안을 생각해 볼 수 있는가?

문화적으로 공평한 검사는 개인의 언어기술, 문화적 배경, 그리고 교육 수준의 영향을 가능한 많이 배제한 지능을 측정하려고 시도한다. 그들의 가치는 다른 문화권의 사람들을 검사하는 데 있지 않다. 그들은 또한 가난한 지역사회, 농촌 지역, 또는 소수민족 가정에서 온 미국 아동을 검사하는 데 도움을 준다(Stephens et al., 1999). 그러나 어떤 지능 검사도 문화적 영향으로부터 완전히 자유로울 수 없다. 예를 들어, 우리의 문화는 매우 '시각적'인데, 왜냐하면 아동들은 지속적으로 텔레비전, 영화, 비디오게임과 같은 것들에 노출되기 때문이다. 따라서 개발도상국의 어린아이와 비교했을 때, 미국에서 자란 아이가 비언어적 검사와 전형적인 IQ 검사에 더 잘 준비되어 있다.

지능의 개념이 문화 전반에 걸쳐 다양성을 나타내기 때문에, 많은 심리학자들은 지능 그 자체의 개념을 다시 생각할 필요에 대해 강조하기 시작했다(Greenfield, 1997; Sternberg & Grigorenko, 2005). 만약 우리가 완전히 문화적으로 공평한 방식으로 지능을 측정하는 방법을 찾고 있다면, 전 세계 사람들

인간 다양성

지능–바보는 어떻게 행동하는가?

여러분은 몇몇 물건들을 범주로 분류하라는 요청을 받았다. 옷, 그릇, 도구, 그리고 음식을 따로따로 쌓아 놓는 것이 현명하지 않을까? 꼭 그런 것은 아니다. 리베리아의 크펠르족 문화에서 물건들을 정렬해 달라고 요구하면, 그들은 기능별로 분류한다. 예를 들어, 감자(음식)는 나이프(도구)와 함께 배치한다. 크펠르족에게 왜 물건들을 이런 방식으로 분류하였는지를 물었을 때 그들은 그것이 지혜로운 사람들이 하는 방식이라고 대답한다. 조사자들은 마지막으로 크펠르족에게 물어보았다. "바보라면 그것을 어떻게 했을까요?" 그러자 크펠르족은 서양인들이 선호하는 멋지고 깔끔한 범주로 물건들을 분류했다.

이 일화는 문화심리학자 Patricia Greenfield (1997)와 관련이 있으며, 지능에 대한 일반적인 정의에 대해 심각한 질문을 제시한다. 예를 들어 북부 캐나다의 크리족에서 '똑똑한' 사람들은 얼어붙은 툰드라에서 음식을 찾아낼 수 있는 기술을 가진 사람들이다(Darou, 1992). 남태평양의 플루와트족 사람들에게 똑똑하다는 것은 섬과 섬 사이를 다닐 때 필요한 항해 기술을 보유하는 것을 의미한다(Sternberg, 2004). 그래서 각각의 문화권은 그들의 자녀들에게 바보가 아니라 현명한 사람이 어떻게 하는지 가르쳐 준다(Barber, 2010; Correa-Chávez, Rogoff, & Arauz, 2005).

아프리카 칼라하리 사막에 있는 원주민 사냥꾼에게 현대의 지능 검사가 평가하는 정신 능력이 얼마나 중요할 것이라 생각하는가?

의 지능에 있는 핵심 인지 기술을 확인해야 한다(Gardner, 2008; Henrich, Heine, & Norenzayan, 2010).

다중지능

지능을 g요인(일반 능력)으로 정의하는 것 또한 의문이 생긴다. 우리가 방금 알아차렸듯 영리함에는 여러 방식이 있을 수 있다. 예를 들어, 초등학교에서 읽기에 2년 뒤처진 윌리엄은 선생님에게 어려운 컴퓨터 프로그래밍 문제를 해결하는 것을 보여 준다. 그렇다면 수학에 약하지만 복잡한 피아노 연주를 하는 그의 반 친구 말리카는 어떤가? 이 아이들 둘 다는 지능에 분명한 신호를 보여 준다. 그러나 아이들은 전형적인 IQ 검사에서 평균 이하의 점수를 받을 수 있다. 그리고 우리가 보았듯이, 킴 픽과 같은 자폐 성향의 서번트는 더욱 극단적인 지적 강점과 약점을 가지고 있다. 그러한 관찰은 많은 심리학자들에게 새로운 지능의 더 넓은 정의를 만들어야 할 때임을 확신시켜 주었다. 그들의 기본 목표는 학교에서의 성공 가능성뿐만 아니라 현실의 성공을 더 잘 예측하는 것이다(Richardson, 2013; Sternberg & Grigorenko, 2006).

그런 심리학자 가운데 한 명은 하버드대학의 Howard Gardner이다. Gardner(2008, 2011)는 여덟 가지의 뚜렷한 다른 종류의 지능이 있다고 이론화했다. 사람들이 사고하는 데 사용하는 다른 정신적인 '언어'가 있다. 각각을 사용하는 추적 사례와 함께 아래에 나열되어 있다.

1. *언어*(언어 능력)—작가, 변호사, 코미디언
2. *논리와 수학*(숫자적 능력)—과학자, 회계사, 프로그래머
3. *시각과 공간*(회화능력)—엔지니어, 발명가, 예술가
4. *음악*(음악적 능력)—작곡가, 음악가, 음악 비평가
5. *신체의 운동감각성*(신체적 능력)—댄서, 운동선수, 외과의
6. *자기내부*(자기이해)—시인, 배우, 목사
7. *사람 간*(사회적 능력)—심리학자, 선생님, 정치가
8. *자연주의자*(자연환경을 이해하는 능력)—생물학자, 제약사, 유기농 농부

큰 것을 단순화하기 위해, 사람들은 *언어적으로 영리*, *숫자적으로 영리*, *그림으로 영리*, *음악적으로 영리*, *신체적으로 영리*, *자기 영리*, *인간적으로 영리*하거나 *자연적으로 영리*할 수 있다. 자기 영리함과 다른 영리함들은 감정을 갖춰야 한다고 주장할 수 있다. 우리 대부분은 아마 몇몇 종류의 지능에 강할 것이다. 대조적으로, 앨버트 아인슈타인 같은 천재들은 문제를 푸는 데 모든 지능을 사용할 수 있는 것처럼 보인다.

Gardner의 **다중지능**(multiple intelligences) 이론이 맞다면, 전통적인 IQ 검사는 현실세계의 지능, 즉 언어적 · 논리적 · 수학적 · 공간적 능력의 일부만을 측정한다(Roberts & Lipnevich, 2012). 이러한 결과로, 우리의 학교는 사람들의 많은 잠재력을 낭비하고 있었던 걸지도 모른다. 예를 들어서 몇몇 아이들은 예술, 음악, 춤, 희극 등 기타 관련 주제가 수학이나 독서보다 쉽다는 것을 발견할 수도 있다. 이제는 많은 학교들이 Gardner의 이론을 사용하여 더 많은 재능과 기술을 키운다(Campbell, 2008).

논란이 많은 질문인 부모로부터 지능을 얼마나 물려받는지에 대해 살펴보며 이 장을 끝내고자 한다.

IQ와 유전

많은 사람들이 부모와 자녀, 또는 형제자매 사이의 지능에 대한 적정한 유사성을 알고 있다. ● 그림 36.3은 두 사람이 가계도에서 가까이 있을수록 그들의 IQ가 비슷하다는 것을 보여 준다.

이것이 지능은 유전이라는 것을 가리키는가? 꼭 그런 것은 아니다. 형제, 자매 그리고 부모는 유사한 유전자뿐만 아니라 유사한 환경도 공유한다(Grigorenko, 2005). 선천과 후천을 구분하기 위해서 **쌍둥이 연구**(twin study)를 수행한다. 그런 연구는 함께 길러지거나 출생 시에 떨어진 쌍둥이의 IQ를 비교한다. 이것은 우리에게 얼마나 유전과 환경이 지능에 영향을 끼치는지 측정할 수 있게 해 준다.

쌍둥이 연구 그림 36.3을 보면 이란성 쌍둥이의 IQ 점수가 일반 형제자매의 IQ 점수보다 더 유사하다는 것을 알 수 있다. *이란성 쌍둥이*는 같은 시기에 수정된 2개의 분리된 난자에서 탄생한다. 그들은 일반적인 형제자매보다 더 유사하지는 않다. 그렇다면 왜 쌍둥이들의 IQ 점수는 더 유사할까? 그 이유는 환경적인 것이다. 부모는 쌍둥이들을 일반적인 형제자매 관계보다 더 비슷하게 다루기 때문에 IQ 점수가 더 비슷한 결과가 나온 것이다.

하나의 난자에서 발생하여 동일한 유전자를 가진 일란성 쌍둥이에서 더 현저한 유사점이 관찰된다. 그림 36.3의 상단에서, 같은 가족에서 자란 쌍둥이가 상관성이 높은 IQ를 가지고 있음을 알 수 있다. 이것이 우리가 동일한 유전과 매우 유사한 환경에서 예상할 수 있는 것이다. 그렇다면 일란성 쌍둥이가 분리되어 양육될 때 무슨 일이 일어나는지 고려해 보자. 상관성은 떨어지지

문화적으로 공평한 검사 다른 일부 문화권에서 일반적일 수 있는 기술 및 지식의 중요성을 최소화하도록 설계된 검사(예: 지능 검사)
다중지능 Howard Gardner의 이론으로 몇몇 특화된 종류의 지적 능력
쌍둥이 연구 태어나서부터 떨어져서 자랐거나 함께 길러진 쌍둥이의 성격을 비교하는 것. 유전과 환경의 상대적인 영향을 확인하는 데 사용됨

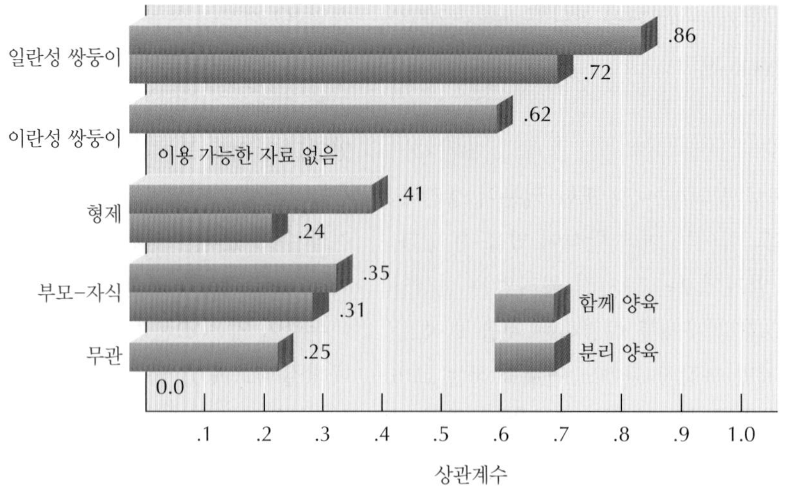

그림 36.3
다양한 정도의 유전과 환경적 유사성을 가진 사람들의 IQ 점수들 간의 상관관계이다. 유전적 유사성이 감소함에 따라 상관관계가 작아지는 것을 주목하라. 또한 환경적 유사성은 모든 상관관계를 증가시킨다. (Bouchard, 1983; Henderson, 1982에서 추정)

만 .86부터 .72까지만 떨어진다. 유전을 강조하는 심리학자들은 성인 지능에서 차이점을 보이는 이 수치가 거의 50%는 유전자의 영향이라고 믿는다(Jacobs et al., 2008; Nisbett et al., 2012).

환경론자들은 이 수치를 어떻게 해석하는가? 그들은 일부 분리된 일란성 쌍둥이가 IQ 20점만큼 다르다고 지적했다. 이런 결과가 발생한 모든 사례에서 두 쌍둥이 간에 교육과 환경에서 큰 격차가 있었다. 또한 분리된 쌍둥이들은 거의 항상 그들 부모와 사회적 및 교육적으로 유사한 가정에 배치된다. 이것은 쌍둥이의 IQ를 더 비슷하게 만들어서 명백한 유전 효과를 부풀리는 경향이 있다. 자주 간과되는 또 다른 사실은 쌍둥이는 출생 전에 같은 환경(자궁)에서 자란다는 것이다. 이런 환경적 유사성을 고려하면 지능에서 유전적 영향은 50% 미만으로 볼 수 있다(Nisbett et al., 2012; Turkheimer et al., 2003).

IQ와 환경 환경적 견해에 대한 몇몇 증거는 입양 자녀와 생물학적 자녀가 함께 있는 가정에서 찾을 수 있다. ● 그림 36.4에서 볼 수 있듯이 부모는 생물학적 자녀에게 유전자와 환경을 제공한다. 입양아에게는 환경적으로만 기여한다. 만약 지능이 매우 유전적인 것이라면, 생물학적 아이들의 지능지수가 입양아의 지능지수보다 부모의 지능과 비슷해야 한다. 그러나 연구에 따르면 같은 어머니가 양육한 아이들은 IQ에서 그녀와 비슷한 수준이었다. 그녀와 유전자를 공유한 것은 상관이 없다(Kamin, 1981; Weinberg, 1989).

환경이 지능을 얼마나 바꿀 수 있는가? 이것은 환경의 질에 달려 있다(Nisbett et al., 2012). 환경 영향을 조사하는 한 가지 방법은 *사회경제적 지위*가 높거나 낮은 부모에게 입양된 아동들을 비

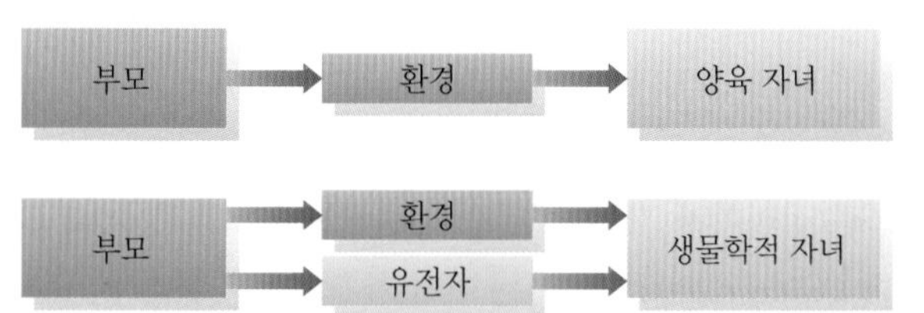

그림 36.4
입양아와 동일한 가정에서 자란 생물학적 자녀의 비교(Kamin, 1981을 따름)

교하는 것이다. 여러분은 아마 높은 사회경제적 지위를 가진 집에서 자란 아이가 낮은 사회경제적 지위를 가진 집에서 자란 아이보다 IQ가 더 높을 것이라고 예상할 것이다. 아마도 더 높은 사회경제적 지위를 가진 가정이 더 나은 영양, 더 좋은 교육기회 및 기타 장점을 가진 풍성한 환경을 제공할 것이다(Nisbett et al., 2012).

더 중요한 것은 낮은 사회경제적 지위 환경에서 입양된 아이들은 비교적 크게 지능이 높아질 수 있다는 것이다. 즉 유동적인 사회경제적 지위의 아동들의 IQ가 환경 요인에 의해서 높은 사회경제적 지위의 아동들보다 더 극적으로 영향을 받는다(Henrich, Heine, & Norenzayan, 2010). 한 연구에서 고아원으로부터 그들에게 사랑과 가족, 그리고 격려하는 환경을 제공하는 가정으로 입양된 25명의 아이들의 IQ가 크게 증가했다. 한때 지적 장애와 부적응 장애를 가졌다고 여겨지던 아이들이 평균적으로 IQ 점수가 29 증가했다. 실험 초기에 지적 장애가 덜했고 고아원에 남아 있었던 두 번째 그룹은 평균적으로 IQ 점수가 26 낮아졌다(Skeels, 1966).

비판적 사고

비디오게임이 나한테 좋을 수도 있다고?

Flynn 효과가 환경 요인이 지능에 영향을 미침을 보여 줌에도 불구하고(Flynn, 2012), 우리는 질문이 남아 있다. "어떤 요인?" 작가 Steven Johnson(2005)은 현대문화에 책임이 있다고 믿는다. 그는 많은 대중매체 콘텐츠가 본질적으로 너무 폭력적이거나 성적인 것에 동의하지만, 비디오게임, 인터넷, TV조차도 점점 복잡해지고 있다고 지적했다. 결과적으로, 그들은 우리에게서 더 큰 인지적 노력을 요구한다. 즉 우리가 경험을 한 것을 이해하는 것만큼 환경을 경험하는 방법을 이해하는 것이 중요하다.

예를 들어, 〈퐁〉이나 〈팩맨〉과 같은 대부분의 초기 비디오게임은 단순하고 반복적인 시각 경험을 제공했다. 반대로 〈콜 오브 듀티〉나 〈매스 이펙트〉와 같이 오늘날 가장 많이 팔리는 게임 중 상당수는 풍부하고 복잡한 경험을 제공하기 때문에 많은 시간 동안 강렬한 게임 플레이와 문제 해결을 완료할 수 있다. 게다가 게임 플레이어들은 보통 그들 스스로 규칙을 알아내야 한다. 유명한 게임을 완료하기 위해 팬들이 만든 지침은 이 책에 있는 가장 긴 모듈보다 더 길 수 있다. 복잡하고 매력적인 게임만이 사용자가 그런 지침을 사용하고 다른 사람을 위해 그런 지침을 덜 쓰게 한다(Johnson, 2005).

Johnson에 따르면 대중문화의 다른 형태들도 인터넷과 컴퓨터 소프트웨어를 포함하여 더욱 복잡해졌다. 심지어 유명한 TV 프로그램도 더 많은 인지를 요구한다. 예를 들어 과거의 TV 드라마와 비교해서 현재의 드라마는 전체 프로그램의 시즌 전체 동안 줄거리를 짜고 캐릭터를 만든다. 결국에 대중문화는 우리로 하여금 이전보다도 더 읽고, 반영하고, 문제를 해결하게 한다(Jaeggi et al., 2008). (무비판적으로 비디오게임을 포용하기 전에, 모듈 23의 글상자 "비디오게임이 나한테 나쁠 수도 있다고요?"를 보라.)

환경적 요인을 극적으로 보여 주는 단적인 예는 지난 30년 동안 14개국에서 5에서 25점으로 평균 IQ 점수가 상승한 것이다(Dickens & Flynn, 2001; Flynn, 2012). *Flynn 효과*라고 하는 뉴질랜드 심리학자 James Flynn의 연구 결과에 따르면, 이러한 IQ 향상은 유전학으로 설명하기엔 너무 짧은 시간에 일어났다는 것이다. 교육 및 영양 개선, 기술적으로 복잡한 사회에서의 생활과 같은 환경적 영향을 반영한 결과일 가능성이 크다(Barber, 2010; Johnson, 2005). 여러분이 컴퓨터 게임을 하거나 무선 네트워크를 집에 설치하려 시도해 본 적이 있다면 왜 사람들이 IQ 검사에서 더 잘 대답했는지를 이해할 수 있을 것이다. (글상자 "비디오게임이 나한테 좋을 수도 있다고?"를 보라.)

IQ와 인종 역사적으로 미국계 흑인 아이들은 유럽계 미국인 아이들보다 표준 IQ 검사에서 평균 15점이 낮았다(이 격차는 1972년 이래로 3분의 1로 줄어들었다(Nisbett et al., 2012). 일본계 미국인 아이들은 평균 이상의 IQ 점수를 냈다. 이런 차이점이 유전적인가? 논란에도 불구하고 하나의 끈질긴 주장은 아프리카계 미국인들이 가난에서 벗어날 수 없기 때문에 그들이 평균보다 낮은 IQ 점수를 받는다는 것이다(Hernstein & Murray, 1994; Rushton & Jensen, 2005). 심리학자들은 이러한 주장에 대해 여러 가지 반론을 제기했다.

우선 아프리카계 미국인 집단이 유럽계 미국인들보다 신체적, 정신적, 교육적, 지적으로 빈곤한 환경에 살 확률이 크다는 것은 비밀이 아니다. 이런 불공평한 교육 상황을 고려할 때 IQ는 유전이 지능에 거의 영향을 끼치지 않는다고 말하고 있는지도 모른다(Sternberg et al., 2011; Suzuki & Aronson, 2005). 실제로 한 연구에 따르면, 불우한 아프리카계 미국인 아동을 유럽계 미국인 가정에 입양시켰을 때 그 아이의 IQ가 평균 13점이나 증가했고, 이것은 유럽계 미국인 자녀들과 일맥상통했다(Nisbett, 2005, 2009). 즉 아프리카계 미국인 아동에게 동일한 환경적 경험을 제공하면 IQ의 차이가 사라진다.

또한 IQ가 학교 성적을 예측한다고 해서 그것이 나중에 직업적 성공을 예측하는 것은 아니다(McClelland, 1994). 이것을 고려해 볼 때, '세상 물정에 밝은 것' 혹은 Robert Sternberg가 말하는 *실용적인 지능*이 소수 문화에서 보았을 때 '책을 읽는 것' 혹은 Sternberg가 말하는 *분석적 지능*보다 더 중요할 수 있다(Stemler & Sternberg, 2006; Wagner, 2011).

대부분의 심리학자들은 평균 IQ의 집단 차이가 유전학에 근거한다는 과학적 증거는 없다고 결론지었다. 사실 실제 혈액 검사를 사용한 연구에서는 민족적 조상과 IQ 점수 간에 유의한 상관관계가 발견되지 않았다. 이는 피부색과 같은 외적 표식인 '인종' 간에 유전자 차이가 거의 없기에 인종별로 이야기하는 것부터 말이 되지 않기 때문이다(Bonham, Warshauer-Baker, & Collins, 2005; Sternberg, 2007). IQ 점수의 그룹별 차이는 유전적 요인만큼이나 문화와 환경적 다양성에 기반한다(Nisbett, 2009; Nisbett et al., 2012). 다른 식으로 결론을 내리는 것은, 과학적 사실이 아니라 정치적 신념과 편견을 반영한다는 것이다.

전인적 인간: 지혜

최종적으로 분석하면 지능은 잠재력만이 아니라 개발된 것을 반영하며 선천성만이 아니라 후천성도 반영한다(Richardson, 2013). 또한 지능이 유전에 의해 부분적으로 결정된다는 사실 자체는 우리에게 실제적 가치가 거의 없음을 나타낸다. 유전자는 출생 시에 고정된다. 아이들이 배우고 성장하는 환경을 개선하는 것이 그들의 잠재력을 최대한 발휘할 수 있게 하는 방법이다

(Grigorenko & Sternberg, 2003; Roberts & Lipnevich, 2012).

아마도 가장 중요한 것은 사람들은 현명하지 않고도 지능적으로 행동할 수 있다. 예를 들어 학교와 IQ 검사에서 잘한 사람도 자신의 인생을 완전히 엉망으로 만들 수 있다. 마찬가지로 사람들은 창의력 없이도 지적일 수 있다. 그리고 사람들의 명확하고 이성적인 생각은 옳지만 독창적이지 않은 답을 이끌어 낼 수 있다(Solomon, Marshall, & Gardner, 2005). 인간 삶의 많은 부분에서 지혜는 창의력과 독창성을 곁들인 집중적 사고, 지능, 그리고 합리성의 혼합물을 의미한다(Meeks & Jeste, 2009). 현명한 사람들은 개방성과 관용으로 삶에 접근한다(Le, 2011).

모듈 36: 요약

36.1 인간의 지능을 어떻게 측정하고 정의할 수 있는가?

36.1.1 지능은 목적의식을 가지고, 합리적으로 사고하며, 환경에 적응하기 위한 일반 능력(혹은 g 요인)으로 대표된다.

36.1.2 실제로 지능은 지능 검사에 의해 기능적으로 정의되어 유용하지만 실생활의 지능에서는 좁은 범위의 추정만 제공한다.

36.1.3 첫 번째로 실제적인 지능 검사는 Alfred Binet가 만들었다. Binet 검사의 현재 버전은 Stanford-Binet 지능 검사 척도—제5판(SB5)이다.

36.1.4 두 번째로 대중적인 지능 검사는 Wechsler의 성인 지능 검사 척도—제4판(WAIS-IV)이다. Wechsler의 아동 버전은 Wechsler 아동 지능 검사 척도 – 제4판(WISC-IV)이다.

36.1.5 지능은 정신연령을 생활연령으로 나눈 다음 100을 곱한 지능지수(IQ)로 표현된다.

36.2 지능은 사람마다 얼마나 다양한가?

36.2.1 10점의 분포는 정규곡선에 가깝다. 사람들 대부분의 점수는 지능 검사의 중간범위에 있다. 오직 아주 적은 퍼센트의 사람들이 예외적으로 높거나 낮은 점수를 얻는다.

36.2.2 140보다 높은 타고난 '천재성'을 지닌 IQ를 가진 사람은 많은 면에서 우월한 경향이 있다. 그러나 다른 10가지 기준으로 보면 많은 어린아이들은 어떤 방법으로나 재능이 있는 것으로 볼 수 있다.

36.2.3 *지능 장애*라는 용어는 IQ가 70 이하로 떨어지고 다양한 적응행동이 부족한 사람들에게 적용된다. 원인에는 유전적 이상, 태아의 손상, 출생 시의 상해 및 산후 문제가 포함된다.

36.3 지능을 연구할 때 어떤 문제가 있는가?

36.3.1 *인공지능*이란 사람이 작업을 수행할 때 지능이 필요한 작업을 수행할 수 있는 모든 인공시스템을 말한다. 특정 인간 기술에 대한 인공지능 연구의 두 가지 주요 영역은 컴퓨터 시뮬레이션과 전문가 시스템이다.

36.3.2 전통적 IQ 검사는 문화 및 인종적 편견으로 고통받는 경우가 많다. 여러 이유에서 IQ는 단지 지능의 지표이고 그 지능은 대부분의 검사에서 좁게 설정되었다는 것을 기억하는 것이 현명하다.

36.3.3 많은 심리학자들이 새롭고 광범위한 지능의 정의를 만들어 내기 시작했다. Howard Garder의 이론은 다중지능의 좋은 예이다.

36.3.4 지능은 부분적으로 유전에 의해 결정된다. 그러나 교육과 자극적인 환경의 결과로 IQ가 증가하였기 때문에 환경 또한 중요하다.

모듈 36: 지식 쌓기

암기

1. 우리가 지능을 쓰기 시험으로 정의한다면 우리는 _______ 정의를 사용해야 한다.
2. 어떤 사람이 평균 지능을 갖고 있다면 다음 중 어느 것에 해당하는가?
   a. MA = CA
   b. CA = 100
   c. MA = 100
   d. MA × CA = 100
3. IQ의 분포는 (종 모양의) _______ 곡선에 가깝다.
4. 많은 종류의 유전적 원인이 없는 지적 장애의 경우 ______인 것처럼 보인다.
5. 유전이 평균 IQ 점수의 인종 차이를 설명한다는 주장은 환경적 차이와 표준 IQ 검사에 내재된 문화적 편견을 무시한다. **O X**
6. 실용적인 관점에서 볼 때 지능은 다음의 무엇에 의해 즉시 향상될 수 있는가?
   a. 유전학
   b. 적응행동을 가르치는 것
   c. 자극적인 환경
   d. 편차 IQ를 적용하는 것

반영

비판적으로 생각하기

7. 기계를 '지적'이라고 묘사하는 것이 정확한가?
8. 어떤 사람들은 IQ를 영구적으로 각 아이의 이마에 찍혀 있는 고정된 숫자처럼 취급한다. 이 관점은 왜 오류인가?

자기반영

여러분이 지능 검사를 만든다면 어떤 종류의 질문을 포함시킬 것인가? SB5, WAIS–Ⅲ 또는 문화적으로 공평한 문제에서 찾을 수 있는 질문들은 얼마나 유사한가? 여러분은 전 세계에 있는 특정 문화에서 강조되는 정신적 기술을 요구하지 않는 모든 형식의 질문을 생각해 볼 수 있는가?

다음과 같은 개념에 대한 이해가 어떻게 바뀌었는가? IQ, 재능, 지적 장애

친구가 여러분에게 이렇게 말한다. "지능은 부모로부터 완전히 물려받았다고 생각해." 여러분은 친구에게 더 잘 알려 줄 수 있는가?

정답

1. 조작적 **2.** a **3.** 정규 **4.** 가족성 **5.** O **6.** c **7.** 규칙 중심 전문가 시스템은 좁은 범위의 문제 해결에서 '지능적'으로 보일 수 있다. 그러나 그들은 그 밖의 모든 것에 '돌머리'이다. 이것은 대개 인간의 지능을 논의할 때 우리가 염두에 두지 않는 것이다. **8.** IQ는 그것을 측정하는 데 사용된 지능 검사에 달려 있다. 그렇기 때문에 검사를 변경하면 점수도 어느 정도 변한다. 또한 유전은 다양한 가능성을 제시한다. 그것은 자동적으로 사람의 지적 능력을 제한하지 않는다.

37 Module

행동하는 심리학: 창의성 향상시키기

브레인스톰

삶은 한 세트의 정답이 있는 표준화된 검사가 아니다. 삶은 텅 빈 캔버스와 한층 더 비슷한 것인데, 거기에 여러분의 재능과 흥미를 독특하게 표현하는 디자인을 창조해 낼 수 있다. 달리 말해, 마음껏 창의적이어라. 그리고 '상자에서 벗어나 생각해라.'

여러분이 *브레인스톰*을 혼자 하든 집단으로 하든, 요지는 발상의 결과물을 그것의 평가로부터 분리시키는 것이다. 다시 말해, 그 생각들이 이상하게 보인다고 곧바로 그 생각들에 대해 '콧방귀'를 뀌지 말라는 것이다. 대신, 비판에 대한 두려움 없이 가능한 많은 생각들을 만들어 내라. 생각들을 마음껏 수정하고 결합해 보라. 많은 생각들을 만들어 내라. 여러분의 상상들이 미친 듯이 날뛰게 해라! 독특하거나 동떨어진, 또는 무모한 생각들을 추구하라. 가장 성공적일 만한 생각을 개선하거나 정교화하기 전까지는 절대 생각들에 대해 비판하지 마라.

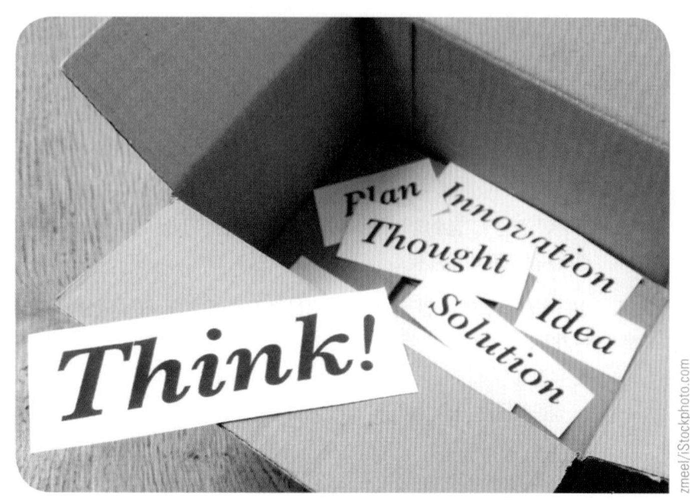

zmeel/iStockphoto.com

계속해서 어떻게 더 창의적인 생각들을 얻는지에 대한 더 창의적인 생각들을 몇몇 살펴보도록 하자.

SURVEY QUESTIONS

37.1 사고를 향상시키고 창의성을 촉진하기 위해 무엇을 할 수 있는가?

창의성 향상시키기—상자 밖으로 나가라

SURVEY QUESTION 37.1 사고를 향상시키고 창의성을 촉진하기 위해 무엇을 할 수 있는가?

토머스 에디슨은 그의 창의성에 대해 설명하길, "천재는 1퍼센트의 영감과 99퍼센트의 땀이다."라고 말했다. 창의성에 대한 많은 연구들은 '천재성'과 '탁월성'은 그것이 영감 덕분인 것만큼 고집과 전념의 덕분이라는 것을 보여 준다(Robinson, 2010; Winner, 2003). 일단 창의성이 노력될 수 있다고 인식된다면, 창의성을 향상시키기 위해 할 수 있는 것들이 있다. 여기에 몇 가지 제안이 있다.

마음 갖춤새를 깨고 가정에 도전하라

마음 갖춤새(mental set)는 가능한 해결책들을 못 알아차리는 방식으로 문제를 지각하는 경향성이다. 마음 갖춤새는 창의적인 생각의 주요 걸림돌이다. 이것은 흔히 우리를 '상자 안에' 가둬 버리고, 우리의 문제해결 시도들을 방해하는, 선입견을 갖고 문제를 바라보도록 이끈다(Hurson, 2008). (모듈 35에서 설명된 고착과 기능적 고착은 마음 갖춤새의 특정 유형이다.)

● 그림 37.1에 묘사된 문제들을 풀어 보라. 만약 어렵다고 느껴진다면, 여러분이 갖고 있는 가정들이 무엇인지 스스로 물어보라. 이 문제들은 마음 갖춤새가 제한하는 효과를 보여 주기 위해 설계되었다. (문제에 대한 답은 그 해결을 방해하는 갖춤새에 대한 설명과 함께 ● 그림 37.2에 나와 있다.)

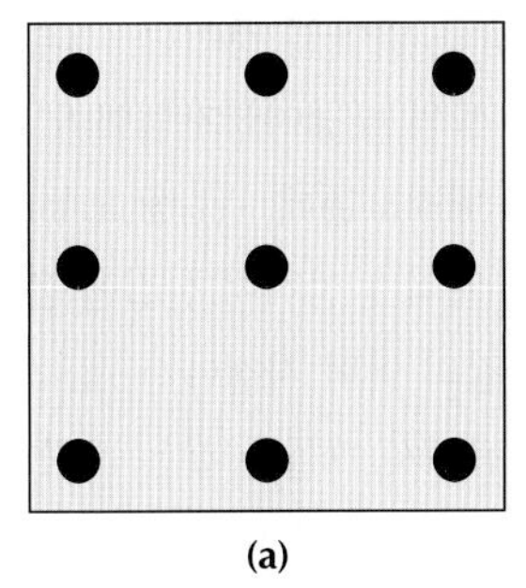

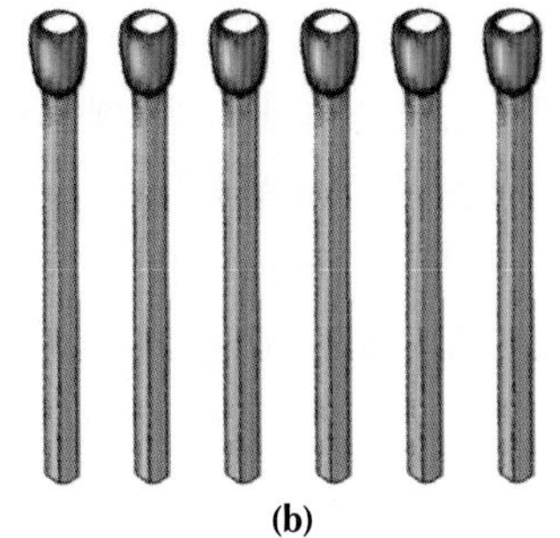

그림 37.1
(a) 정사각형 안에 9개의 점이 배열되어 있다. 연필을 종이에서 떼지 않고 4개의 연속되는 직선을 그려서 이 점들을 연결시킬 수 있는가? (b) 6개의 성냥개비가 4개의 삼각형을 만들도록 배열되어야 한다. 삼각형들의 크기는 같아야 하고, 각 변은 성냥개비 하나의 길이와 같아야 한다. (이 문제에 대한 해답은 그림 37.2에 나타나 있다.)

이제 여러분은 잘못이 있는 가정들의 위험에 대해 경고를 받았으니, 여러분이 다음 문제들에 대해 정확하게 답할 수 있는지 확인해 보라. 만약 이들 중 어떤 것에라도 발목을 잡힌다면, 그것은 어떤 경우의 문제해결에서든 여러분이 갖고 있는 가정에 적극적으로 도전하는 것이 중요하다는 것을 추가로 알려준다고 생각하라.

1. 몇몇 달은 30일, 몇몇 달은 31일을 가지고 있다. 얼마나 많은 달이 28일을 가지고 있는가?
2. 노스캐롤라이나의 윈스턴 세일럼에 살고 있는 사람이 미시시피강 서편에 묻히는 것은 불법이 아니다. 참 또는 거짓?
3. 나는 합해서 30센트가 되는 2개의 동전을 가지고 있다. 동전 중 하나는 니켈이 아니다. 두 동전은 무엇인가?

이 질문들은 사고 오류를 일으키도록 설계되었다. 여기에 답이 있다. 1. 모두 다. 2. 살아 있는 사람을 어디에든 묻는 것은 불법이다. 3. 쿼터(25센트) 하나와 니켈(5센트) 하나. 동전 중 하나는 니켈이 아니지만 다른 하나는 니켈이다![1]

문제를 넓은 틀에 넣어라

마음 갖춤새를 깨는 효과적인 한 방법은 문제의 틀을 넓히는 것이다(Thurson, 2008; Reed, 2013). 예를 들어, 여러분의 문제가 더 나은 출입구를 설계하는 것이라고 가정해 보자. 이는 평범한 해결책을 낳을 것이다. 이 문제를 벽을 통과하는 더 나은 길을 설계하는 문제로 바꾸면 안 될까? 이제 여러분의 해결은 더 독창적일 것이다. 가장 좋은 경우는 문제를 다음과 같이 진술하는 것일 것이다. 주거구역과 작업구역을 분리하기 위한 더 나은 방법을 찾아라. 이것은 정말 창의적인 해결책으로 이어질 수 있다.

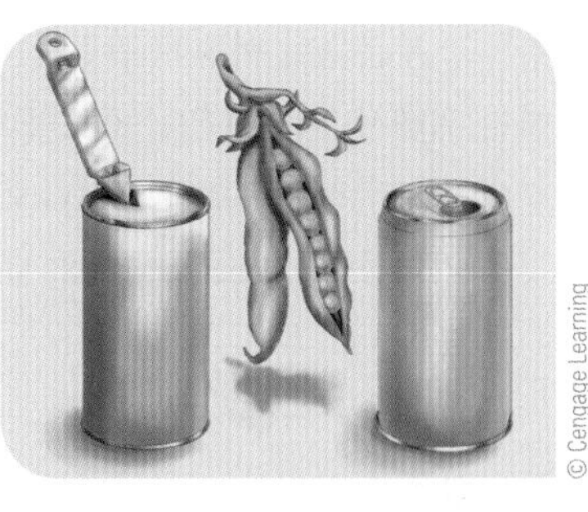

여러분이 새로운 캔 따개를 설계하는 그룹을 이끌고 있다고 해 보자. 현명하게도, 여러분은 그 그룹에게 캔 따개에 대한 것보다는, 일반적인 열기(opening)에 대해 넓게 생각하라고 요청한다. 이것이 바로 고리를 당겨 따는 캔(pop-top can)을 낳은 접근법이었다. 그 설계 그룹이 열기 개념에 대해 논의했을 때, 한 멤버가 콩깍지의 부드러운 이음매처럼, 자연은 그 자체로 여는 도구를 가지고 있다고 주장했다. 캔을 따는 새로운 도구 대신에, 그 그룹은 그 자체로 열기 기능이 있는 캔을 발명했다(Stein, 1974).

문제를 다른 방식으로 재진술하라

문제를 새로운 방식으로 재진술하는 것 또한 더 창의적인 해결책을 만들어 내는 경향이 있다. 다음 낱자들에서 한 단어를 만들기 위해 어떤 6개의 낱자들을 지울 것인지를 확인해 보라.

C S R I E X L E A T T T E R E S

어려움을 느낀다면, 그건 아마도 여러분이 이 문제를 재진술할 필요가 있다는 것이다. 6개의 낱자를 지우려고 애쓰고 있는가? 진짜 해결책은 'six letters(6개의 낱자들)'이라는 단어에 있는 낱자들을 지우는 것이다. 그러면 단어 CREATE가 나올 것이다.

문제를 재진술하는 한 방법은 다른 사람은 그 문제를 어떻게 바라보는가를 상상해 보는 것이다. 아이나 기술자, 교수, 정비공, 예술가, 심리학자, 판사, 또는 성직자는 그 문제에 대해 무엇을 물어볼 것인가? 또한 다음과 같은 '우습거나' 장난스러운 질문들을 물어보는 것을 두려워하지 말라. 그 문제가 살아 있는 것이라면 어떻게 보일까? 그 문제가 먹을 수 있는 것이라면 무슨 맛이 날까? 문제에 예쁜 부분이 있나? 못생긴 부분은? 멍청한 부분은? 친절한 부분은?

적어도, 여러분은 거의 항상 다음 질문을 해야 할 것이다. 내가 가진 정보가 무엇인가? 내가 모르는 것은 무엇인가? 내가 그 정보들을 모두 사용했나? 내가 필요한 추가 정보는 무엇인가? 그 문제의 부분들은 무엇인가? 그 부분들은 어떻게 관련되어 있는

1) 역자 주: 미국 동전은 1센트짜리 외에는 모두 니켈이 들어 있지만, 특히 5센트 동전은 니켈이라 불린다.

마음 갖춤새 특정 방식으로 지각하거나 반응하는 성향

가? 그 부분들이 어떻게 관련될 수 있는가? 더 창의적으로 생각하기 위해서, 여러분은 스스로를 마음 갖춤새로부터 그리고 습관적인 사고방식으로부터 빠져나오게 하는 방법을 찾아야 한다는 것을 기억하라(Michalko, 1998; Simonton, 2009).

다양한 정보를 구하라

창의성은 확산적 사고를 요한다는 것을 기억하라. 논리로 깊게 파는 것보다는, 마음의 '탐사(prospecting)'를 새로운 영역으로 옮기려고 하는 것이 낫다. 이러한 전략의 한 예로서, Edward de Bono(1992)는 사전에서 단어들을 무작위로 찾아보고 그 단어들을 문제와 관련시켜 보는 것을 추천한다. 종종 그 단어들은 신선한 관점을 촉발하거나 새로운 방안을 열어 준다. 예를 들어, 여러분이 해변의 기름을 깨끗이 닦아내는 새로운 방법을 고안해 내도록 요청받았다고 해 보자. de Bono의 제안에 따르면, 여러분은 무작위로 선택된 다음의 단어들을 읽고, 각 단어들을 문제와 연관지어 보고, 그리고 무슨 생각들이 촉발되는지를 볼 수 있다. 잡초, 녹, 가난한, 확대하다, 거품, 황금, 틀, 구멍, 대각선의, 진공, 부족, 꼭두각시, 코, 연결, 표류, 초상화, 치즈, 석탄. 여러분은 다양한 대상들을 문제와 관련 지어 봄으로써 이와 비슷한 이득을 얻을 수도 있다. 또는 이것들이 무슨 생각들을 촉발하는지 보려면 산책을 하거나 신문을 훑어보거나 또는 사진 더미들을 살펴보라(Michalko, 2001; 2006). 스스로를 매우 다양한 정보들에 노출시키는 것이 확산적 사고를 부추기는 좋은 방법이다(Gilhooly et al., 2007).

유추를 찾아라

많은 '새로운' 문제들은 실제로는 새로운 옷을 입은 오래된 문제들이다(Siegler, 1989). 문제를 다양한 방식으로 표상하는 것이 종종 해결의 핵심이다. 대부분의 문제들은 효과적으로 표상될 때 해결하기 쉬워진다. 예를 들어, 다음 문제를 고려해 보자.

> 두 배낭여행자들이 오전 6시에 가파른 산길을 오르기 시작한다. 그들은 가끔씩 쉬면서 하루 종일 산을 올라, 오후 6시에 정상에 도착한다. 다음 날, 그들은 오전 6시에 산길을 되돌아 내려가기 시작한다. 내려오면서, 그들은 몇 번씩 멈추기도 하고 속도를 달리하기도 한다. 그들은 오후 6시에 되돌아온다. 내려오는 중에, 수학자인 한 여행자가 다른 여행자에게 산길의 한 지점을 전날과 정확히 같은 시각에 그들이 지나갈 거라는 것을 깨달았다고 말한다. 수학자가 아닌 그녀의 친구는 두 날 모두 그들은 몇 번이고 멈췄다가 다시 걸었고, 그리고 걷는 속도도 달랐기 때문에 그 말을 믿기 어렵다고 생각한다. 문제: 수학자가 옳은가?

아마도 여러분은 곧바로 이 문제의 답을 알아챌 것이다. 그렇지 않다면, 이 방식대로 생각해 보라. 두 쌍의 배낭여행자들이 있고, 한 쌍은 산길을 올라가고, 다른 쌍은 내려오는데, 두 쌍 모두 같은 날 산행을 한다면 어떻게 될까? 한 쌍의 등산객이 산길을 올라가고 다른 쌍이 내려갈 때, 그들은 산길의 어떤 지점에서 서로 지나쳐야 하지 않는가? 그러므로 그 지점에서 그들은 같은 시각 같은 장소에 있을 것이다. 이제 그 쌍들 중 하나가 어느 날 산길을 오르고 다른 쌍이 그다음 날에 산길을 내려간다면 여러분의 결론이 바뀌는가? 만약 여러분이 마음속으로 그들이 산을 오르는 경로를 그려 본 다음에, 다음 날 그들이 되돌아 내려오는 모습을 마음속에 그려 본다면, 두 경로가 두 날의 같은 시각 같은 장소에서 만날 것이라는 것이 이해되는가? 좋다. 같은 등산객 쌍이 한 날에는 올라가고 다음 날에는 내려온다면 어떻게 되는가? 여러분도 이제 알 수 있듯이, 수학자가 옳았다.

부화를 위한 시간을 주어라

만약 여러분이 시간 압박감 때문에 다급함을 느낀다면, 여러분은 창의적으로 생각할 가능성이 거의 항상 낮을 것이다(Amabile, Hadley, & Kramer, 2002). 여러분은 처음의 해결책들이 순간적인 통찰에 의한 것이더라도, 그것들을 수정하고 꾸며 볼 필요가 있다. 부화는 여러분이 문제와 관련된 외부 단서에 노출되어 있을 때 특히 유용하다. 예를 들어, 활판 인쇄의 창시자인 요하네스 구텐베르크는 포도를 수확할 때, 포도를 으깨는 데 사용되는 기계식 압력장치가 종이에 글자를 찍는 데에도 사용될 수 있다는 것을 깨달았다(Dorfman, Shames, & Kihlstrom, 1996).

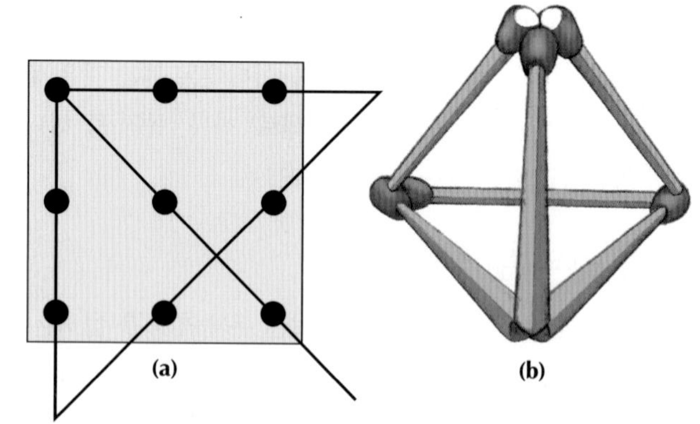

그림 37.2
문제 해결. (a) 점 문제는 점들로 이루어진 정사각형을 넘어서 선들을 연장시킴으로써 해결될 수 있다. (b) 성냥 문제는 삼차원 피라미드를 만듦으로써 해결될 수 있다. 대부분의 사람들은 성냥개비들이 평면에 배열되어야 한다고 가정한다. 만약 여러분이 이전 모듈의 4개의 나무 문제를 기억한다면, 성냥 문제는 풀기 쉬웠을지도 모른다.

평가를 지연시켜라

다양한 연구가 시사하는 바는 사람들은 그들이 받을 평가에 대해 걱정할 필요 없이 아이디어와 해결책을 가지고 놀 자유가 주어질 때 창의적일 가능성이 아주 높다는 것이다. 창의적 사고의 첫 단계에선, 여러분의 노력들을 비판하는 것을 피하는 것이 중요하다. 해결책의 정확성에 대한 걱정은 창의성을 억제하는 경향이 있다(Basadur, Runco, & Vega, 2000).

더 창의적으로 살라

관습적인 방식으로 생각하는 많은 사람들은 지적이고, 성공적이고, 그리고 성취하는 삶을 산다. 마찬가지로, 창의적인 생각은 삶에 양념을 더해 주고 흥미진진한 개인적인 통찰을 낳는다(Kaufman, 2009). 심리학자 Mihalyi Csikszentmihalyi(1997)는 어떻게 더 창의적일 수 있는지에 대해 다음과 같은 것을 추천하였다.

- 매일 여러분을 놀라게 할 만한 것을 찾아라.
- 매일 최소한 한 명을 놀라게 하도록 노력하라.
- 만약 여러분의 흥미를 자극하는 것이 있다면, 그것을 따라가라.
- 일을 잘하는 데 전념하라.
- 도전을 추구하라.
- 생각하고 여유를 가지는 데 시간을 내라.
- 여러분이 진정 즐기는 것을 많이 하도록 하고 여러분이 싫어하는 것을 덜 하도록 하라.
- 문제를 가능한 많은 관점에서 바라보려고 노력하라.

여러분이 이 제안들을 따름으로써 더 창의적으로 되지는 못하더라도, 이것은 여전히 좋은 조언이다. 더 창의적으로 살기 위해서, 여러분은 일을 하는 새로운 방식을 추구할 준비가 되어 있어야 한다. 오늘 최소한 한 사람이라도 놀라게 해 보려고 노력하라. 만약 그럴 사람이 없다면, 여러분 자신이라도.

모듈 37: 요약

37.1 사고를 향상시키고 창의성을 촉진하기 위해 무엇을 할 수 있는가?

37.1.1 확산적 사고를 촉진시키는 다양한 전략은 창의적인 문제 해결을 향상시키는 경향이 있다.

모듈 37: 지식 쌓기

암기

1. 고착과 기능적 고착은 마음 갖춤새의 특정 유형이다. O X
2. 창의적 문제 해결에서 부화 기간은 보통 단 몇 분 정도만 지속된다. O X
3. 창의적인 모델에의 노출은 창의성을 향상시킨다고 입증되어 왔다. O X
4. 더 창의적으로 살아가는 한 방법은 매일 자기 자신을 놀라게 하는 것이다. O X

반영

비판적으로 생각하기

5. 여러분은 여러분의 기분과 창의성 간에 어떤 연관성이 있다고 생각하는가?

자기반영

앞의 페이지들을 검토하고 여러분의 사고의 질을 향상시키기 위해 여러분이 어느 방법을 더 자주 사용할 것인지 메모하라. 이제 여러분이 특히 기억하고자 하는 요점들을 마음속으로 요약하라.

정답

1. O 2. X 3. O 4. O 5. 보통 더 강한 기분은 더 높은 창의성과 연관된다(Davis, 2009).

성격: 성격의 개관

카우걸도 우울을 경험한다

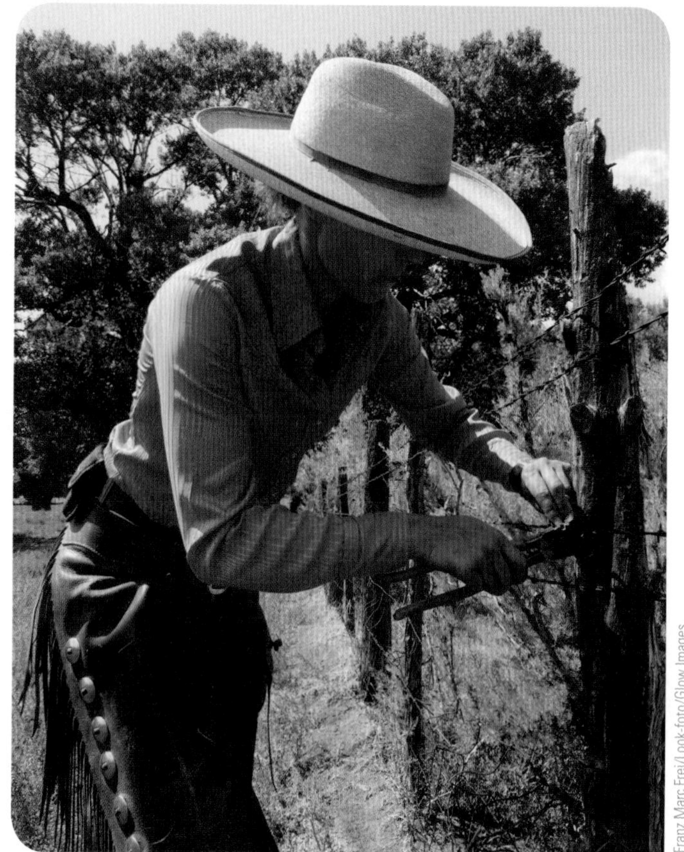

시시는 오랫동안 만나지 못했던 친구를 보고는 반가움에 현관에서 손을 흔들었다. 만일 와이오밍의 야생에 적합한 사람이 있다면 그건 아마도 강하고 임기응변에 능한 여성 시시일 것이다. 여전히 보다 급격한 변화를 상상하는 것은 어려운 일이었다. 남편과의 별거 당시 우울증을 겪은 이후 그녀는 맨해튼에서의 편안한 삶 대신 목장에서의 힘든 시간을 택했다. 시시의 친구는 그녀가 변할까 봐 걱정했지만 그녀는 그 어느 때보다도 '원래의 자기' 모습 그대로였다.

당신은 이와 유사한 경험을 한 적 있는가? 오래된 친구와 긴 이별 이후의 재회는 언제나 즐거운 일이다. 낯선 사람인 줄 알았던 이가 한때 알고 지냈던 사람이란 것을 알아차린다면 당신은 매우 기뻐할 것이다. 이처럼 심리학자는 성격이라는 용어를 사용할 때 일관성을 염두에 둔다. 그러나 어떻게 *성격*을 정의하고 측정할 것인가? 지금부터 그 해답을 찾아보자.

SURVEY QUESTIONS

38.1 심리학자는 성격이라는 용어를 어떻게 사용하는가?

38.2 성격을 측정할 수 있는가?

성격심리학—당신에겐 성격이 있는가?

SURVEY QUESTION 38.1 심리학자는 *성격*이라는 용어를 어떻게 사용하는가?

"시시는 성격이 매우 낙천적이다." "라미로는 잘생기진 않았지만 성격이 굉장히 좋다." "아버지의 사업 파트너는 그가 좋은 사람이라고 생각한다. 그들은 아버지의 진짜 성격이 드러나는 집에서의 모습을 봐야 한다." "타냐와 닉키가 자매라는 것을 믿기 어렵다. 둘의 성격은 상당히 다르다."

우리 모두는 명백히 *성격*이라는 용어를 자주 사용한다. 그러나 당신이 생각하는 성격이 '매력', '카리스마' 또는 '스타일'을 의미하는 것이라면, 당신은 성격이라는 용어를 잘못 사용한 것이다. 또한 많은 사람이 성격과 특성이라는 용어를 혼동하는데, 특성(character)은 개인이 지닌 자질을 단순히 묘사하는 것이 아니라 개인의 긍정적인 자질에 대한 평가이다(Bryan & Babelay, 2009). 당신이 누군가의 '성격'에 대해 친절하고 외향적이며, 정직하다고 말한다면 아마 당신의 문화권에서 긍정적인 특성으로 여겨지는 묘사를 한 것일 수 있다. 그러나 어떤 문화권에서는 험악하고 호전적이며, 잔인한 것

이 남성은 어떤 인격인가? 당신도 그러한가?

을 바람직한 특성으로 여긴다.

심리학자는 성격(personality)을 사고, 감정, 행동에 대한 개인의 고유하고 오랫동안 지속되는 양식으로 간주한다(Engler, 2014; Ewen, 2009). 다시 말해 성격은 당신이 어떤 사람인지, 어떤 사람이었는지, 어떤 사람일지에 대한 일관성을 의미한다. 또한 성격은 재능, 가치, 소망, 사랑, 증오, 습관이 특별하게 조합된 것으로, 개개인을 고유한 사람으로 만들어 준다. 특정 문화권의 모든 사람이 성격을 가지고 있지만 그렇다고 모든 사람이 특성을 가지는 것은 아니다. 또는 최소한 좋은 특성을 가지는 것은 아니다. (당신은 어떤 좋은 특성을 알고 있는가?)

심리학자는 성격을 설명하기 위해 다양한 개념과 이론을 사용한다. 그러므로 성격에 대해 학습하는 동안 방향성을 유지하기 위해 몇 가지 핵심개념부터 이해하고 시작하는 것이 현명할 것이다.

특질

성격에 대해 이야기할 때 우리는 항상 특질(trait)이라는 개념을 사용한다. 예를 들어, 데릴은 사교적이고 예의 바르며, 총명하다. 데릴의 여동생인 홀리는 수줍음이 많고 예민하며, 창의적이다. 이러한 성격 특질은 꽤 안정적이라 할 수 있다(Allemand, Steiger, & Hill, 2013; Rantanen et al., 2007). 당신의 가장 친한 친구가 지난 5년 동안 얼마나 변하지 않았는지에 대해 생각해 보라. 사실 친구나 지인을 만날 때마다 다른 사람과 이야기하는 것 같은 느낌이 든다면 이상할 것이다. 일반적으로 이러한 성격 특질(personality traits)은 대부분의 상황에서 개인이 나타내는 안정적인 특징이다(Mõttus, Johnson, & Deary, 2012).

보통 특질은 행동으로 추론한다. 당신이 데릴이 낯선 사람과 이야기하는 것을 본다면—처음에는 슈퍼마켓에서, 이후에는 어떤 모임에서—그가 '사교적'이라고 추론할 수 있다. 일단 성격 특질이 파악되면 앞으로의 행동을 예측할 수도 있다. 예를 들어, 데릴이 사교적이란 것을 알고 있다면 당신은 데릴이 학교나 직장에서도 사람들과 어울리기 좋아한다고 예상할 수 있을 것이다. 사실 이와 같은 일관성은 장시간 지속되어 온 것일 수 있다(Mõttus, Johnson, & Deary, 2012).

특질은 심지어 결혼생활과 직업적 성공뿐만 아니라 건강에도 영향을 준다(Donnellan et al., 2012; Roberts et al., 2007). 예를 들어, 자신이 택한 직장에서 양심적인 제인과 그렇지 않은 샐리 중 누가 더 성공적일 것이라 생각하는가(Brown et al., 2011; Ng & Feldman, 2010)?

유형

"그 또는 그녀는 어떤 유형의 사람인가요?"라는 질문을 한 적이

Tyler Stableford/Getty Images

심리학자와 고용주는 특히 위험성이 크고 스트레스를 많이 받는 공공 안전 관련 업무 종사자인 경찰관, 소방관, 항공 교통 관제사, 원자력 발전소 직원의 성격 특성에 관심이 있다.

있는가? 성격 유형(personality type)은 *몇 가지 공통적 특질*을 가진 사람들을 칭하는 용어이다(Larsen & Buss, 2010). 당신은 경영자형, 투사형, 모성형, 힙합형, 테크노광 등과 같은 범주를 자연스레 떠올릴지도 모른다. 이와 같은 비공식적 유형에 대해 정의하려면 각 유형별 특질의 차이점에 대해 열거해야 할 것이다.

성격 '유형'을 증명하는 것이 얼마나 타당한가? 심리학자는 수년간 유형에 따라 성격을 범주화하는 다양한 방법을 제시했다. 예를 들어, 스위스 정신과 의사인 Carl Jung은 개인은 *내향적*이거나 또는 *외향적*이라고 제안했다. **내향적인**(introvert) 사람은 수줍어하고 소극적인 사람으로 주의가 대개 내부로 집중된다. **외향적인**(extrovert) 사람은 대담하고 사교적인 사람으로 주의가 대개 외부로 향한다. 이러한 용어는 매우 광범위하게 사용되고 있는바, 우리는 스스로나 친구를 내향적이거나 외향적인 사람이라고 생

특성 판단되거나 평가된 개인적 특성. 개인의 바람직하거나 바람직하지 못한 자질

성격 사고, 감정, 행동에 대한 상대적으로 안정된 고유한 개인의 양식

성격 특질 대부분의 상황에서 나타나는 안정적이고 지속적인 개인의 성향

성격 유형 관련된 특질의 집합으로 정의되는 성격 양식

내향적 주의가 내부로 집중된 사람. 수줍고, 소극적이며 자기 초점적인 사람

외향적 주의가 외부로 향한 사람. 대담하고, 사교적인 사람

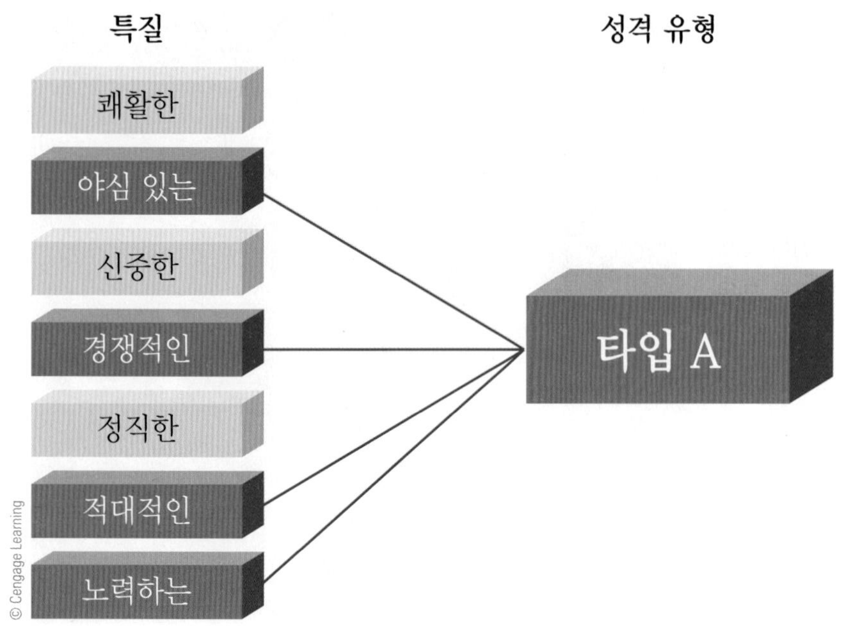

그림 38.1
몇 가지 구체적인 특질로 성격 유형을 정의한다. 예를 들어, 그림의 왼쪽에 가능한 몇 가지 성격 특질이 있다. 타입 A 성격인 사람은 일반적으로 파란색으로 된 특질의 전부 혹은 대부분을 지니고 있다. 그들은 특히 심장질환에 취약하다(모듈 46 참조).

각할 수 있다. 하지만 어떤 사람이 외향적인지 또는 내향적인지 알게 된다고 해서 그 사람이 얼마나 양심적인지, 얼마나 친절한지 또는 새로운 견해에 대해 얼마나 열린 마음을 가지고 있는지 파악할 수 있는 것은 아니다. 요컨대, 대체로 두 가지 범주(또는 몇 개의 범주라도)는 성격의 차이를 완전히 구별해 내기에는 충분치 않다. 그렇기 때문에 두세 가지 유형으로 개인을 구분하는 것보다는 특질을 목록화하여 특질별로 평가하는 것이 더 유용하다(Engler, 2014).

비록 이러한 성격 유형이 성격을 지나치게 간소화하는 경향이 있더라도 그 가치는 충분하다. 유형은 몇 가지 공통적 핵심 특질을 가진 개인을 분류하는 간단하고 명쾌한 방법이다. 예를 들어, 모듈 46에서는 타입 A 및 타입 B 성격에 대해 논하고 있다. 타입 A인 사람은 심장마비를 경험할 위험이 높은 성격 특질을 가진다. 타입 B인 사람은 삶에 대해 더 느긋한 접근방식을 취한다(● 그림 38.1 참조). 유사하게, 모듈 51에서는 편집성 성격, 의존성 성격, 반사회성 성격과 같은 건강하지 못한 성격을 다루고 있다. 이들 문제시되는 유형들은 부적응적인 특질이 특정한 형태로 조합된 것이다.

자기 개념

자기 개념은 성격을 이해하는 또 다른 방법을 제공한다. **자기 개념**(self-concept)은 스스로에 대한 자신의 생각, 인식, 이야기, 느낌으로 구성된다. 또한 자기 개념은 자신의 성격에 대해 지니고 있는 정신적인 '심상'이다(Jonkmann et al., 2012; Ritchie et al., 2011).

우리는 스스로의 자기 개념을 일상적 경험을 통해 독창적으로 만들어 낸다. 그 후 우리가 새롭게 경험하는 것으로 차츰 수정해 나간다. 일단 안정적인 자기개념이 있으면, 우리가 어떤 것에 집중하고 기억하며 생각하는가는 자기개념에 따라 유도되는 경향이 있다. 이러한 사실 때문에, 특히나 자기 개념이 부정확할 때 자기 개념이 개인의 행동과 적응에 큰 영향을 미칠 수 있다(Wouters, et al., 2011). 예를 들어, 알레샤는 좋은 성적을 받고 있어도 자신이 멍청하고 쓸모없으며 실패자라고 생각하는 학생이다. 이런 부정확한 자기개념 때문에, 알레샤는 자신의 성취와 관계없이 우울한 경향이 있다.

자기 존중감 잘못된 자기 개념과 더불어 알레샤가 낮은 자기 존중감(부정적 자기 평가)을 가지고 있는 것에 주목하라. 높은 **자기 존중감**(self-esteem)을 가진 사람은 자신 있고 당당하며, 자부심이 있다. 낮은 자기 존중감을 가진 사람은 불안하고 자신감이 부족하며, 자기 비판적이다. 알레샤처럼 낮은 자기 존중감을 가진 사람은 대개 불안하고 우울하다. 일반적으로 낮은 자기 존중감을 가진 사람은 부족한 자기이해로 고통받는다. 자기 존중감이 낮은 사람의 자기 개념은 일관성이 없고 부정확하며, 혼란스럽다(모듈 42 참조).

자기 존중감은 성공을 경험하거나 칭찬을 받을 때 고양된다. 또한 자기 존중감은 부정적 경험으로부터 우리를 보호한다(Brown, 2010). 경쟁력 있고 유능한 사람과 타인에게 사랑받고 칭송받으며 존경받는

자기 개념은 상당히 일관적일 수 있다. 노인에게 자신이 몇 년 뒤 얼마나 변해 있을지 질문한 흥미로운 연구가 있다. 대부분의 노인은 자신을 어릴 때와 본질적으로 같은 사람이라고 생각했다(Troll & Skaff, 1997). 90세가 넘은 넬슨 만델라는 자신의 성인기를 생각하며, 스스로를 매우 헌신적인 인권 운동가였다고 회고했다.

인간 다양성

자기 존중감과 문화—유망주 혹은 팀 플레이어?

당신은 몇몇 친구와 축구를 하고 있는 중이다. 당신이 꽤 좋은 활약을 했기 때문에 당신의 팀이 이겼다. 경기 이후 당신은 임무를 다 했다는 기분을 만끽했다. 당신의 긍정적 활약상에 대해 자랑을 늘어놓고 싶지는 않지만 당신의 자기 존중감은 성공으로부터 얻어진다.

시노부는 일본에서 몇몇 친구와 축구를 하고 있다. 그가 어느 정도 좋은 활약을 했기 때문에, 그의 팀은 이겼다. 경기가 끝나고, 시노부는 자신의 팀이 잘했기 때문에 행복했다. 그러나 시노부는 또한 자신이 팀에 악영향을 미치지는 않았는지 곰곰이 생각한다. 시노부는 자신이 개선할 수 있는 방법을 생각하고, 더 나은 팀플레이어가 되기로 다짐한다.

이 이야기는 동양과 서양 심리학의 기본적인 차이점을 설명한다. 미국과 같은 개인주의적인 문화에서 자기 존중감은 개인적 성공과 탁월한 수행에 근거한다(Buss, 2012; Ross et al., 2005). 이들이 더 높은 자기 존중감에 이르는 방법은 자기고양에 달려 있다. 이들은 자신의 성공에 의해 강화되고 스스로의 잘못과 실패를 경시하는 경향이 있다.

일본과 다른 아시아 문화권에서는 사람들 사이의 상호 의존 또는 집단주의를 더 강조한다. 이들에게 자기 존중감은 사회적 집단에서의 소속감을 획득하는 데 달려 있다. 결과적으로, 아시아 문화권에 있는 사람은 자기비판에 더 사로잡히는 경향이 있다(Kitayama, Markus, & Kurokawa, 2000; Tafarodi et al., 2011). 이들은 자신의 잘못을 개선함으로써 자신이 속한 집단의 안녕을 추구한다. 그리고 *집단*이 성공할 때 각 구성원은 자신을 더 나은 사람으로 지각하며, 이러한 사실이 이들의 자기 존중감을 향상시킨다.

아마도 자기 존중감은 여전히 동양 문화권과 서양 문화권 모두에서 성공으로부터 기인하는 듯하다(Brown et al., 2009). 하지만 각 문화권이 이처럼 다른 방식으로 성공을 규정하는 것 자체는 흥미롭다(Buss, 2012; Schmitt & Allik, 2005).

사람은 언제나 자기 존중감이 높다(Baumeister et al., 2003; Buss, 2012). 하지만 자기 존중감이 높은 이유는 문화권마다 다를 수 있다. 더 많은 정보는 글상자 "자기 존중감과 문화"를 참고하라.

'나는 매력적이야'라고 생각하고 있지만 그렇지 않다면 어떨 것 같은가? 진정한 자기 존중감은 자신의 강점과 약점에 대한 정확한 평가에 근거한다. 너무 쉽게 자기를 긍정적으로 평가하는 것은 건강하지 않을 수 있다(Kernis & Lakey, 2010; Twenge & Campbell, 2001). 자신을 매우 높이 평가하는(그리고 다른 사람에게 그 사실을 알리는) 사람은 처음에는 자신감 있어 보일지 모르지만 이러한 오만은 타인으로 하여금 그 사람이 싫증나도록 만든다.

전인적 인간: 성격 이론

당신이 이미 알고 있듯 인간 성격의 다양함을 이해하기 위한 기초 없이는 방향을 잃기 쉽다. 우리의 사고, 행동 그리고 감정은 서로 어떻게 연관되어 있는가? 성격은 어떻게 발달하는가? 어떤 사람은 왜 심리적 문제로 고통받는가? 이들은 어떻게 도움을 받을 수 있는가? 이러한 질문에 대한 답으로 심리학자는 다채로운 이론의 집합체를 만들어 냈다. **성격 이론**(personality theory)은 성격을 설명하기 위해 제시된 개념, 가정, 견해, 원리에 대한 체계이다. 지금까지 상세한 성격 이론이 다양하게 제시되었지만 수많은 성격 이론은 대체로 네 가지 주요 관점으로 분류될 수 있다.

1. **특질 이론.** 특질이 성격을 이룬다는 점과 특질이 실제 행동과 어떻게 연관되는지 이해하고자 한다.
2. **정신역동 이론.** 특히 내적 갈등 및 투쟁과 같은 성격의 내적 작용에 초점을 맞춘다.
3. **인본주의적 이론.** 개인적이고 주관적인 경험과 개인의 성장을 강조한다.
4. **행동주의와 사회학습 이론.** 외부환경 및 조건형성과 학습의 효과에 중점을 둔다. 사회학습 이론은 사회화, 기대, 정신적 과정으로 인해 성격의 차이가 나타난다고 여긴다.

어떤 성격 이론이 옳은가? 지금까지 각각의 주요 성격 이론은 인간의 행동을 관찰할 수 있는 시각을 제공함으로써 우리의 이해를 증진시켜 왔다. 그럼에도 성격 이론은 완전히 입증되거나 반증될 수 없다. 우리는 단지 "이 증거가 이 이론을 지지하는 것인가 아니면 부당성을 증명하는 것인가?"라는 질문을 던질 수 있다. 특정 이론이 맞는 것도 틀린 것도 아니지만 그 이론이 암시하거나 예측하는 바가 있을 수 있다. 그래서 이론을 판단하기 가장 좋

자기 개념 자신의 성격 특질에 대한 개인의 인식
자기 존중감 자신을 가치 있는 사람으로 여기는 것. 자신에 대한 긍정적 평가
성격 이론 성격을 설명하고 이해하기 위해 사용되는 개념, 가정, 견해 및 원리에 관한 체계

표 38.1 성격 이론의 비교

	특질 이론	정신역동 이론	인본주의 이론	행동주의와 사회학습 이론
유전의 영향(유전학)	최대화된	강조된	최소화된	최소화된
환경의 영향	인정된	인정된	최대화된	최대화된
인간 본성에 대한 관점	중립적인	부정적인	긍정적인	중립적인
행동은 자유로운가 아니면 결정되어 있는가?	결정된	결정된	자유의지	결정된
주요 동기	개인의 특질에 따라 다름	성과 공격성	자기실현	모든 종류의 추동
성격 구조	특질	원초아, 자아, 초자아	자기	습관, 기대
무의식의 영향	최소화된	최대화된	최소화된	사실상 실재하지 않는
도덕 개념	정직성, 기타	초자아	이상 자기, 가치화 과정	자기강화, 처벌 경험
발달에서의 강조점	유전과 환경의 영향이 결합된	심리성적 단계	자아상의 발달	중요한 학습 상황, 동일시, 모방
개인 성장의 방해요소	건강하지 않은 특질	무의식적 갈등, 고착	가치의 조건화, 부조화	부적응적인 습관, 유해한 환경

은 방법은 그 이론의 *유용성*에 관한 것이다. 특정 이론이 행동을 적절하게 설명하는가? 새로운 연구를 하게 하는가? 심리적 장애를 다루는 방법에 대해 제시하고 있는가? 각 이론은 이러한 영역에서 다르게 진행된다(Cervone & Pervin, 2013). 표 38.1은 성격의 네 가지 주요 접근법에 대해 개략적으로 보여 준다. 결국 성격 이론가가 현재 당면한 과제는 성격에 관한 네 가지 주요 관점을 어떻게 단일하고 체계적인 설명으로 통합할 것인가이다(Mayer, 2005; McAdams & Pals, 2006). 폭넓은 관점을 가지고 심리학자가 성격을 평가하려고 했던 방법 중 일부를 탐구해 보자.

성격 평가 – 심리학적 척도

SURVEY QUESTION 38.2 성격을 측정할 수 있는가?

성격의 개념이 매우 광범위하기 때문에 심리학자는 성격을 평가하기 위해 면접, 관찰, 설문지 그리고 투사검사를 사용한다(Engler, 2014). 각각의 방법은 강점과 제한점이 있다. 그렇기 때문에 이들 평가방법은 보통 함께 사용된다.

구조화된 성격 평가는 개인을 판단하는 일상적인 방법을 개선시킨 것이다. 한 번쯤 당신은 대화를 통해 잠재적 데이트 상대, 친구, 룸메이트를 '평가'했을 것이다(면접). 아마 친구들과 다음과 같은 대화를 나눈 적이 있을 것이다. "나는 약속에 늦을 때 화가 나는데, 너도 그래?"(설문지). 학생에게 예상치 못한 질문을 받았을 때 당황해하거나 화를 내는 교수의 모습을 보고 당신은 교수가 '실제로' 어떠한 사람인지 알 수 있을 것이다(관찰). 혹은 당신이 "내 생각에 사람들이 느끼기에는…"이라고 말할 때, 당신 스스로의 감정을 표현하고 있다는 사실을 알아차릴 수 있을 것이다(투사). 심리학자가 성격을 파악하기 위해 각 방법을 어떻게 적용하는지 알아보자.

면접

면접(interview)에서의 직접적인 질문은 한 사람의 인생사, 성격 특질 또는 현재의 정신 상태를 알아보기 위해 사용된다(Craig, 2013; Murphy & Dillon, 2011). **비구조화된 면접**(unstructured interview)에서의 대화는 비형식적이며 주제는 떠오르는 대로 자유롭게 선택된다. **구조화된 면접**(structured interview)에서는 계획된 일련의 질문을 통해 정보를 수집한다.

면접이 어떻게 사용되는가? 면접은 성격의 병리적인 측면을 확인하고 개인에게 적합한 직업, 대학 또는 특별한 프로그램을 선택하고, 성격의 역동을 연구하는 데 사용된다. 또한 면접은 상담과 심리치료를 위한 정보를 제공한다. 예를 들어, 한 상담자는 우울증 환자에게 "당신은 자살을 생각한 적이 있습니까? 그 당시 상황이 어땠나요?"라고 질문할 수 있다. 그 후 상담자는 "당신은 그것에 대해 어떻게 느끼셨나요?" 혹은 "당신이 지금 느끼는 것과 그때 느꼈던 것 간에는 어떤 차이가 있나요?"라고 질문함으로써 면접을 이어 나갈 수 있다.

면접은 정보를 제공할 뿐 아니라 개인의 어조, 손동작, 자세 그리고 얼굴 표정을 관찰할 수 있도록 한다. '신체 언어'와 같은 단서는 개인이 통제할 수 없을 정도로 떨고 있지만 '완전히 차분'하다고 주장하는 경우와 같이 철저히 메시지를 바꾸어 전달하기 때문에 중요하다.

제한점 면접은 성격에 대해 빠르게 통찰할 수 있도록 하지만 몇 가지 제한점을 가진다. 우선 면접자가 선입견에 영향을 받을 수 있다. '가정주부', '대학생', '고등학교 운동선수', '불량 청소년', '괴짜' 또는 '스키광'으로 간주되는 사람은 면접자의 개인적 편견 때문에 잘못 판단될 수 있다. 두 번째로 면접자 자신의 분명한 특질이 왜곡되거나 두드러질 수 있다(Perry, Fowler, & Howe, 2008; Pollner, 1998). 세 번째 문제는 사람들이 가끔 면접자들을 기만하려고 하는 것이다. 예를 들어, 범죄 혐의를 받고 있는 한 사람이 정신 질환이 있는 척함으로써 처벌을 피하려고 할지도 모른다.

네 번째 문제는 **후광효과**(halo effect)로, 호의적인(또는 호의적이지 않은) 인상을 전체 성격으로 일반화하는 경향을 말한다(Hartung et al., 2010). 후광효과 때문에 호감이 가거나 신체적으로 매력적인 사람은 실제보다 더 성숙하고 총명하며 또는 정신적으로 건강하다고 평가될 수 있다. 후광효과는 채용 면접에서 고려해야 할 사항이다.

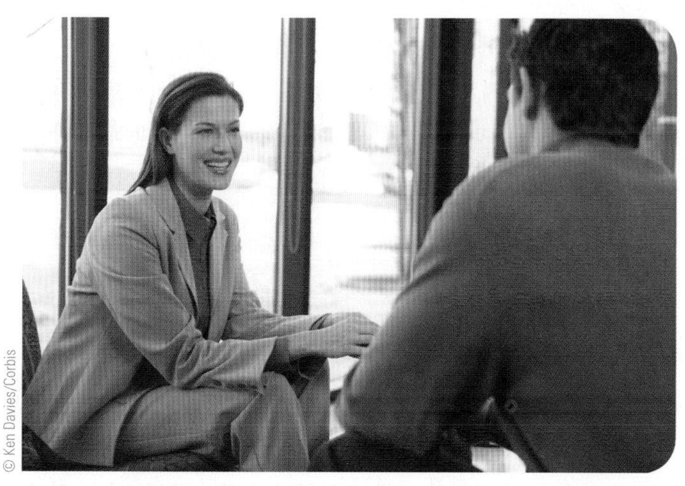
© Ken Davies/Corbis

베이지색 정장을 입은 사람에 대한 당신의 인상은 어떠한가? 그녀가 친절하고 매력적이거나 단정하다고 생각한다면 그녀에 대한 당신의 인식은 이러한 인상에 의해 변경된 것일지도 모른다. 면접자는 종종 후광효과(본문을 보라)에 의해 영향을 받는다.

위와 같은 제한점에도 불구하고 면접은 훌륭한 평가 방법이다. 많은 사례에서 면접은 성격을 평가하는 첫 번째 단계이며 치료를 준비하기 위한 필수적 단계이다. 그렇지만 보통 면접은 성격에 관한 흥미로운 사실을 충분히 밝혀 주지 않기 때문에 다른 측정과 검사로 보완되어야 한다(Meyer et al., 2001; Murphy & Dillon, 2011).

직접 관찰법과 평정척도

당신은 공항, 버스 정류장, 공원, 술집, 지하철역 또는 다른 공공장소에 흥미를 느낀 적이 있는가? 많은 사람은 다른 사람의 행동을 관찰하는 것을 좋아한다. 평가를 위해 **직접 관찰법**(direct observation)으로 행동을 자세히 살피는 것은 '인간 관찰'에 대한 자연스러운 흥미가 단순히 확장된 것이다. 예를 들어, 한 심리학자는 다른 친구들과 함께 놀 때 불안해하는 한 여자아이를 관찰하려고 계획할 수 있다. 그 아이는 내향적인가? 또는 갑자기 적대적이거나 공격적으로 변하는가? 그는 주의 깊은 관찰을 통해 그 소녀의 성격 특질을 확인하고 문제의 본질을 명확히 할 수 있다.

관찰법은 면접에서 오지각의 경우처럼 유사한 문제에 노출될 수 있지 않은가? 그렇다. 오지각은 문제시될 수 있으므로 평정 척도가 종종 사용된다(● 그림 38.2). **평정 척도**(rating scale)는 개인을 평가하는 데 사용될 수 있는 행동의 측면이나 성격 특질의 목록이다(Siefert, 2010). 평정 척도는 다른 특질은 과장되는 데 반해 몇몇의 특질이 간과될 가능성을 제한한다(Synhorst et al., 2005). 아마도 그것은 동거인, 배우자, 연인을 선택하기 위한 표준절차가 되어야 한다!

하나의 대안적 접근은 구체적인 행동 빈도를 측정함으로써 **행동 평가**(behavioral assessment)를 하는 것이다(Cipani & Schock, 2010). 이러한 경우 관찰자들은 그들이 생각하는 개인의 특질이 아니라 행동을 기록하게 된다. 예를 들어, 입원한 정신장애환자를 대하는 심리학자는 환자의 공격성, 자기관리능력, 언어능력, 특이한 행동에 주목할 수 있다. 행동평가는 또한 사고과정을 파악하는 데 사용될 수 있다. 예를 들어 한 연구에서 커플이 그들의 성생활에 대해서 서로 이야기하는 동안 서로를 평가하였다. 성적 어려움을 가진 커플은 그들의 성생활에 대해 논의하는 것을 덜 수용하는 경향을 보였고 성적 어려움이 없는 커플들보다 서로에 대해 더 비난하는 경향을 보였다(Kelly, Strassberg, & Turner, 2006).

면접(성격) 한 개인의 인생사, 성격 특질, 현재의 심리상태 등에 대한 정보를 얻을 목적으로 만나는 대면과정
비구조화된 면접 대화의 형식을 정하지 않고 주제가 떠오르는 대로 자유롭게 선택하는 면접
구조화된 면접 보통 일련의 계획된 질문, 예정된 절차를 따르는 면접
후광효과 호의적인 또는 호의적이지 않은 특정한 인상을 관련 없는 성격의 세부사항으로 일반화하는 경향성
직접 관찰법 직접 관찰한 것으로 행동을 평가하는 것
평정 척도 개인이 평정되는 행동의 측면이나 성격 특질 목록
행동 평가 다양한 행동의 빈도를 기록하는 것

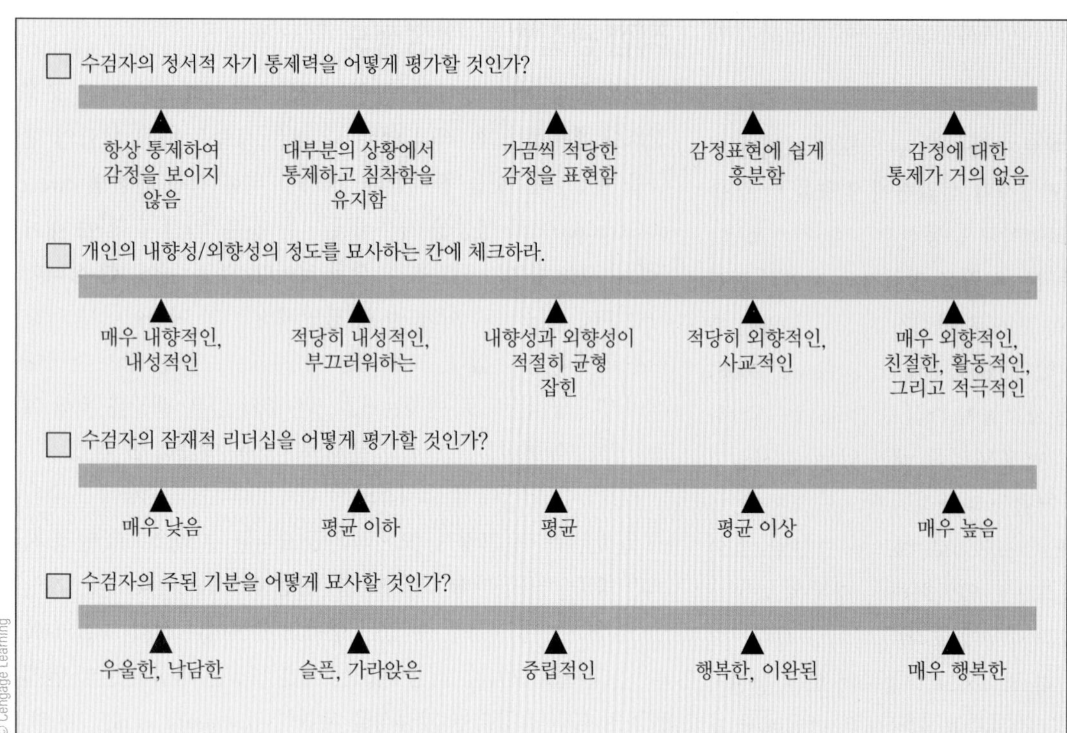

수검자의 정서적 자기 통제력을 어떻게 평가할 것인가?
항상 통제하여 감정을 보이지 않음
대부분의 상황에서 통제하고 침착함을 유지함
가끔씩 적당한 감정을 표현함
감정표현에 쉽게 흥분함
감정에 대한 통제가 거의 없음
개인의 내향성/외향성의 정도를 묘사하는 칸에 체크하라.
매우 내향적인, 내성적인
적당히 내성적인, 부끄러워하는
내향성과 외향성이 적절히 균형 잡힌
적당히 외향적인, 사교적인
매우 외향적인, 친절한, 활동적인, 그리고 적극적인
수검자의 잠재적 리더십을 어떻게 평가할 것인가?
매우 낮음
평균 이하
평균
평균 이상
매우 높음
수검자의 주된 기분을 어떻게 묘사할 것인가?
우울한, 낙담한
슬픈, 가라앉은
중립적인
행복한, 이완된
매우 행복한

그림 38.2
평정 척도 항목 예시. 척도의 작용 방법을 이해하기 위해 당신이 잘 아는 누군가를 떠올려 보자. 개인의 특성을 평가하는 각각의 척도 중 어디에 체크할 것인가?

상황 검사 직접 관찰의 일종인 **상황 검사**(situational test)는 개인의 자연스러운 행동을 관찰하기 위해 실제 상황을 시뮬레이트한 조건에 놓인다. 상황 검사는 사람들을 실제 상황 안에 두고 어떤 일이 벌어지는가를 지켜보는 것이 개인이 어떻게 반응하는지 알기 위한 가장 좋은 방법이라 가정한다. 상황 검사는 좌절, 유혹, 압박, 권태 혹은 개인적 특성을 밝힐 수 있는 다른 조건에 개인을 노출시킨다(Weekley & Polyhart, 2006). 〈아메리칸 아이돌〉, 〈서바이벌〉, 〈어메이징 레이스〉와 같은 유명한 리얼리티 TV 프로그램은 상황 검사와 몇 가지 유사성을 가지고 있으며 이는 수백만 명의 시청자들을 매료시키는 힘을 설명할 수 있다.

경찰 특수 전술 팀이 소형화기 판단훈련을 하고 있다. 상황 검사가 변형되어 많은 경찰기관에서 사용되고 있다. 모든 경찰들은 합격 점수를 얻어야 한다.

상황 검사는 어떻게 시행되는가? 흥미로운 상황 검사의 사례로 많은 경찰기관에서 제공되는 소형화기 판단훈련을 들 수 있다. 보통 발사–중지 시험에서 배우들은 무장한 범죄자를 연기한다. 위험성이 높은 다양한 장면이 DVD나 컴퓨터를 통해 실시간으로 제시되면 경찰관은 발사하거나 발포를 중지해야 한다.

성격 질문지

성격 질문지(personality questionnaire)는 성격 특성을 밝혀내는 지필검사이다. 설문지는 면담이나 관찰보다 객관적이다. [**객관적 검사**(objective test)는 각기 다른 사람이 채점해도 동일한 점수가 도출된다.] 질문, 시행 그리고 점수는 검사자의 어떠한 편견에도 영향을 받지 않도록 모두 표준화되어 있다. 또한 좋은 검사는 신뢰할 수 있고 타당해야 한다(Kaplan & Saccuzzo, 2013). 검사가 한 사람에게 제시될 때마다 거의 같은 점수를 산출한다면 검사는 신뢰(reliability)할 수 있다. 검사가 측정하려고 하는 것을 측정한다면 검사는 **타당**(validity)하다. 공교롭게도 잡지 혹은 인터넷에서 당신이 접할 수 있는 많은 성격 검사는 거의 타당하지 않다.

Guilford-Zimmerman 기질 조사(the Guilford-Zimmerman Tempera-ment Survey), *캘리포니아 성격 검사*(the California Psychological Inventory), *Allport-Vernon*(the Allport-Vernon Study of Values), 16 PF를 포함하여 수많은 성격 검사들을 이용할 수 있다. 가장 많이 알려지고 널리 사용되는 객관적 검사는 미네소타

다면적 인성 검사(Minnesota Multiphasic Personality Inventory-2, MMPI-2)이다(Butcher, 2011). MMPI-2는 수검자가 반드시 "그렇다" 혹은 "아니다"로 반응해야 하는 567문항으로 구성되어 있다. 문항에는 다음과 같은 문장이 포함된다.

모든 것에서 같은 맛이 난다.
나는 성적으로 매우 정상적이다.
나는 새를 좋아한다.
나는 보통 오후에 공상에 잠긴다.
대개 나는 다른 사람들과 떨어져 있다.
누군가가 나를 해하려고 하고 있다.
때때로 나는 이상한 생각을 한다.[1)]

이러한 문항들이 성격에 대한 것을 어떻게 보여 주는가? 예를 들어, 감기에 걸려서 '모든 것에서 같은 맛이 난다'면 어떻게 될까? 이에 대한 답을 위해(그리고 약간의 흥미를 위해) 다음 문항을 읽어 보라. 대답은 "예", "아니요", 혹은 "날 귀찮게 하지 마, 못 참겠어!"

나는 오래된 1,243개의 피자 상자 수집품을 가지고 있다.
나는 간(liver)맛이 나는 아이스크림을 먹는 생각을 즐긴다.
나는 아침의 네이팜 냄새를 사랑한다.
나는 〈지옥의 묵시록〉 영화를 싫어한다.
나는 숫자를 정확히 더할 수 없다.
목욕을 싫어한다.
나는 쥐와 마른 핸드타월을 좋아한다.
나는 이 교재를 굉장히 사랑한다.

위와 같은 문항은 성격 질문지를 풍자하기 위해 본 저자들이 작성했다.(당신만의 어떤 것을 작성해 보는 것은 어떠한가?) 이러한 질문은 터무니없어 보이지만 실제의 것과 크게 다르지 않다. 그렇다면 어떻게 MMPI-2와 같은 검사의 문항으로 성격을 밝혀낼 수 있을까? 그 답은 단일 문항은 성격에 대해 거의 말해 주지 못한다는 것이다. 예를 들어, "모든 것에서 같은 맛이 난다."에 동의하는 사람은 그냥 감기에 걸린 것일 수 있다. 성격 차원을 밝혀내는 것은 반응 패턴을 통해서만 가능하다.

MMPI-2 문항은 특정한 심리적 문제를 가진 사람을 정확하게 식별해 낼 수 있다(Butcher, 2011). 예를 들어, 우울한 사람이 지속적으로 일련의 문항에 특정한 방식으로 응답한다면, 같은 방식으로 대답하는 다른 사람도 우울한 경향이 있다고 추정된다. 위 목록에 있던 문항이 우스꽝스럽게 보이지만 몇 문항은 타당한 검사에서 유용할 수 있다. 그러나 어떤 문항이 검사에 포함되려면 그것이 어떤 특질 또는 성격 차원과 상당히 관련 있는 것으로 드러나야 한다.

MMPI-2는 10가지 성격의 주된 측면을 측정한다(표 38.2에 나와 있다). MMPI-2의 채점 결과는 프로파일 그래프로 제시된다(● 그림 38.3). 심리학자는 수검자의 프로파일과 전형적이고 일반적인 성인의 점수를 비교함으로써 몇 가지 성격장애를 확인할 수 있다. 추가적인 척도들을 통해 약물 남용, 섭식장애, A 유형(심근경색이 발생하기 쉬운) 행동, 억압, 분노, 냉소적 태도, 낮은 자기존중감, 가족 문제, 직업에 있어서의 무능력 그리고 다른 문제들을 확인할 수 있다(Butcher, 2011).

MMPI-2는 얼마나 정확한가? 성격 질문지는 개인이 자신에 대해 진실을 말할 때만 정확하다. 이 때문에 MMPI-2에는 수검자의 점수를 사용할 수 있는지에 대한 여부를 알려 주는 추가적인 타당도 척도가 있다. 타당도 척도로 수검자가 '긍정왜곡(fake good)'(스스로를 좋게 보이려고 하는) 혹은 '부정왜곡(fake

표 38.2 MMPI-2 기본 임상 소척도

1. **건강염려증.** 신체 건강에 대한 지나친 걱정
2. **우울증.** 무가치함, 절망적인 느낌, 그리고 비관주의
3. **히스테리.** 근거 없는 신체적 통증의 존재
4. **반사회성.** 관계에서의 정서적 피상성, 사회적 · 도덕적 규범의 무시
5. **남성성/여성성.** 전통적인 '남성다운' 공격성 또는 '여성적' 세심함의 정도
6. **편집증.** 과도한 의심과 학대당하는 느낌
7. **강박증.** 강박 관념, 비합리적인 공포(공포증) 그리고 충동적인(의례적인) 행동
8. **정신분열증.** 감정의 철회, 특이하거나 기이한 사고와 행동
9. **경조증.** 흥분, 조증의 기분 또는 행동 그리고 과도한 활동
10. **사회적 내향성.** 사회적으로 철회하려는 경향

MMPI®-2 2001 Revised Manual

상황 검사 개인의 반응을 직접적으로 관찰하기 위해서 실제상황 조건을 모의 실험하는 것
성격 질문지 성격의 측면을 밝히는 질문으로 구성된 지필 검사
객관적 검사 서로 다른 사람이 채점해도 동일한 점수를 제공하는 검사
신뢰도 동일인에게 매 시행마다 동일한 점수를 얻을 수 있는가의 정도
타당도 검사가 측정하고자 하는 것을 측정할 수 있는 것
미네소타 다면적 인성 검사-2(MMPI-2) 가장 잘 알려지고 널리 쓰이는 객관적 성격 질문지

1) 검사의 타당도를 보호하기 위해 MMPI-2 문항을 그대로 인용할 수 없음.

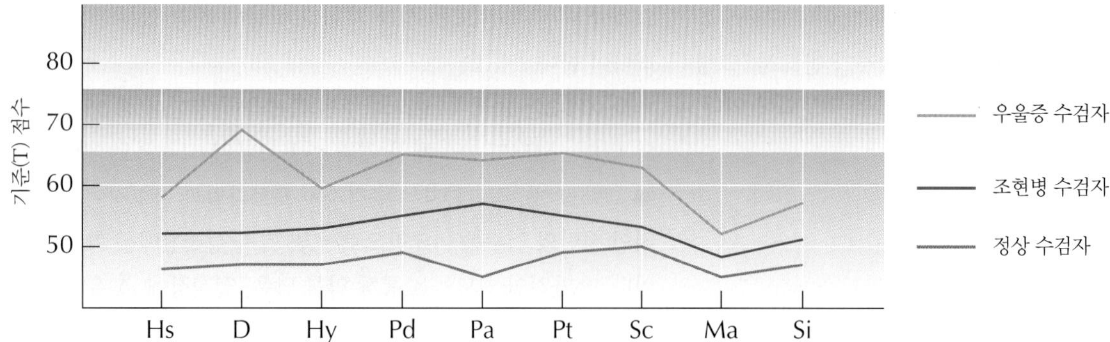

그림 38.3

MMPI-2 프로파일. MMPI-2는 치료로 인한 향상 정도 또한 파악할 수 있다. 치료 초기 심각한 문제가 있는 수검자 집단의 개별 척도 점수는 대부분 상승했다. (남성성/여성성 점수는 포함되지 않는다는 것에 주목하라.) 치료 3년 후, 그들의 점수는 유의하게 감소하였고 대개 45~50 범위로 떨어져 정상적인 점수와 비슷해졌다. 매우 낮은 점수(40점 이하) 또한 성격적인 특성 혹은 문제가 있음을 보여 줄 수 있다. (Gordon, 2001에서 수정)

bad)'(스스로가 문제를 가진 것처럼 보이게 하는)을 시도하려는 것을 발견할 수 있다(Scherbaum et al., 2013). 다른 척도로는 결점과 문제를 과장하려는 경향성이나 방어에 대해 밝혀낼 수 있다.

임상심리학자라면 개인이 정서적인 문제를 보이는지 결정할 때 MMPI를 고려하는 것이 바람직할 것이다. 검사 점수는 유익한 정보를 주지만 어떤 사람들을 잘못 낙인찍을 수도 있다(Kaplan & Saccuzzo, 2013). 다행히 임상적 판단은 보통 면접, 검사 그리고 다른 자료로부터 얻은 종합적인 정보를 요한다. 또한 이러한 제한점에도 불구하고 심리학적 평가가 일반적으로 사용되는 의료 검사만큼 정확하다는 점은 고무적이다(Neukrug & Fawcett, 2010).

성격에 대한 투사검사

투사검사는 성격에 대해 다른 접근법을 취한다. 면접, 관찰, 평정 척도 그리고 질문지는 명시적이고 관찰 가능한 특질을 직접적으로 식별해 내려 한다. 대조적으로 투사검사는 깊이 숨겨진 것 혹은 *무의식적* 소망, 사고 그리고 욕구를 밝히고자 한다(Burger, 2011; McGrath & Carroll, 2012).

어렸을 적 구름의 형태를 보고 얼굴과 사물을 찾는 일을 즐겼을 것이다. 또는 친구가 영화나 그림에 대해 보이는 반응을 보고 그 친구의 성격에 대한 어떤 것을 알 수 있었을 것이다. 그렇다면 당신은 투사검사의 이론적 근거에 대해 이해하고 있는 것이다. **투사검사**(projective tests)에서 수검자는 모호한 자극을 묘사하거나 그에 대한 이야기를 구성하도록 요구받는다. 모호하지 않은 자극(예를 들어, 자동차 사진)을 묘사하는 것은 당신의 성격에 대해 거의 알려 주지 않는다. 하지만 구조화되지 않은 자극에 직면했을 때 당신은 스스로의 인생 경험의 관점에서 본 것을 조직화하게 된다. 투사검사에서는 모든 사람이 다른 것을 보며, 지각된 것은 성격의 내적 작동을 설명해 줄 수 있다.

투사검사는 옳거나 틀린 답이 없는데, 이는 수검자가 답을 꾸며내기 어렵게 만든다. 또한 투사검사는 반응이 간단히 그렇다/아니다 혹은 예/아니요로 제한되지 않기 때문에 풍부한 정보의 원천이 될 수 있다.

로샤 잉크반점 검사 *잉크반점 검사가 투사적 기법인가?* **로샤 잉크반점 검사**(Rorschach Inkblot Test)는 가장 오래되고 널리 사용되는 투사검사이다. 이 검사는 1920년대 스위스의 심리학자인 Hermann Rorschach에 의해 개발되었으며, 10개의 표준화된 잉크반점으로 구성되는데, 각 반점은 색깔, 명암, 모양 그리고 복잡성에서 차이를 갖는다.

이 검사는 어떤 기능을 하는가? 첫째, 수검자에게 각 반점을 보여 주고 그것에서 보이는 것을 묘사하도록 요청한다(그림 38.4). 이후 심리학자는 반점으로 되돌아가 수검자에게 그것의 특정한 부분을 식별하고 그에 대해서 더 상세히 말하도록 하거나 혹은 반점에 내포되어 있는 새로운 인상에 대해 말하도록 요구한다. 내용상의 명백한 차이('단도에서 뚝뚝 떨어지는 피' 대 '바구니 안에 만개한 꽃')는 개인적 갈등과 환상을 알아보는 데 중요하다. 그러나 뜻밖에도 내용보다 이미지를 조직화하기 위해 사용되는 잉크반점의 부분이 더 중요하다. 이는 심리학자가 개인이 세상을 지각하는 방식을 관찰함으로써 정서적 동요를 발견할 수 있도록 한다(Bornstein, 2012). 조현병과 다른 정신증적 장애들은 사고와 지각의 심각한 혼란과 관련이 있다. 이러한 혼란은 보통 투사검사를 하는 동안 쉽게 확인할 수 있다(Moore et al., 2013). (모듈 49 참조).

주제통각검사 또 다른 유명한 투사검사는 성격 심리학자 Henry Murray(1893~1988)에 의해 개발된 **주제통각검사**(Thematic

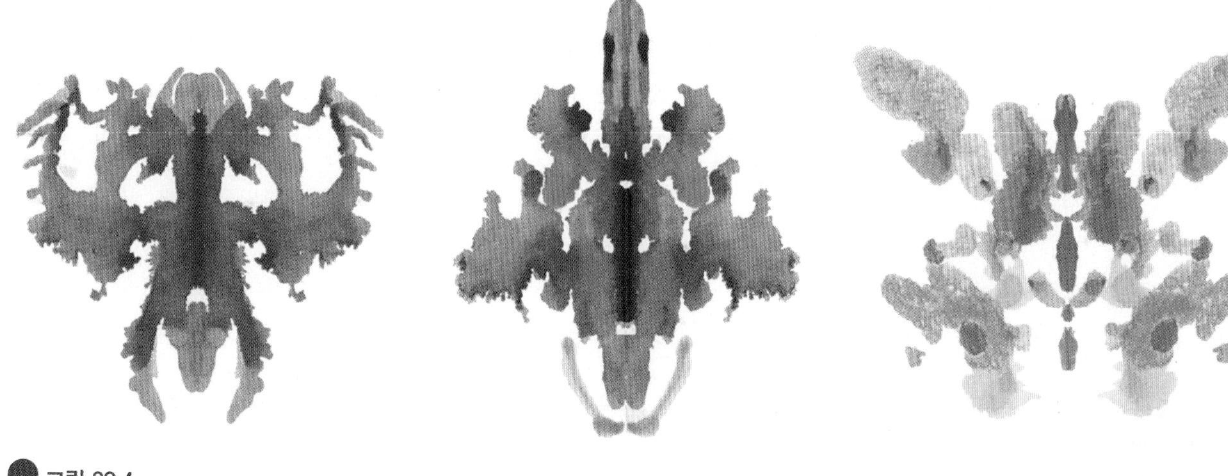
© Cengage Learning

그림 38.4
로샤 검사에서 사용된 것과 유사한 잉크반점. 무엇이 보이는가?

Apperception Test, TAT)이다.

TAT는 로샤와 어떤 차이가 있는가? TAT는 다양한 배경과 삶의 장면들이 묘사된 20개의 그림으로 구성된다(● 그림 38.5). 검사를 하는 동안 수검자는 각각의 그림을 보고 등장인물에 대한 이야기를 만들어야 한다. 이후 수검자는 그림을 두세 번 살펴보고 이전의 이야기에 대해 상세히 설명하거나 새로운 이야기를 만든다.

심리학자는 TAT를 채점하기 위해 이야기의 내용을 분석한다.

© Cengage Learning

그림 38.5
위 그림은 주제통각검사에서 사용되는 것과 유사한 것이다. 이 검사를 시연해 보기 원한다면 그림의 상황이 되기까지 어떤 일이 있었는지 설명하고, 지금 어떤 일이 일어나고 있는지와 어떤 결말을 맺을지에 대한 하나의 이야기를 만들어 보라.

해석은 사람들이 어떻게 느끼고 상호작용하는지, 무엇이 그림에서 묘사된 사건에 대한 실마리가 되는지 그리고 어떻게 이야기가 끝날지에 초점을 둔다. 예를 들어, 사별 경험이 있는 대학생들의 TAT 이야기는 보통 죽음, 비탄 그리고 상실에 대한 대처와 관련된 주제를 포함한다(Balk et al., 1998).

심리학자는 또한 TAT 이야기에서 중심인물이 얼마나 자주 화가 나고 용서하고 냉담하며, 질투하고 또는 위협받는지 측정할 수도 있다. 한 학생이 그림 38.5를 묘사한 이야기는 다음과 같다.

> 소녀는 그녀의 어머니가 좋아하지 않는 이 소년을 보고 있다. 어머니는 그녀에게 그를 다시 보지 않는 게 낫다고 말하고 있다. 어머니는 말했다. "그는 너의 아버지 같아." 어머니와 아버지는 이혼했다. 어머니는 그녀가 옳다고 생각하기 때문에 웃고 있다. 하지만 그녀는 그 소녀가 원하는 게 무엇인지 정말 알지 못한다. 여하튼 소녀는 다시 그 소년을 보러 갈 셈이다.

예시에서 알 수 있는 바처럼 TAT는 특히 개인의 사회적 관계에 대한 감정을 드러내는 데 유용하다(Aronow et al., 2001; Teglasi, 2010).

투사검사의 제한점 투사검사의 인기에도 불구하고 검사의 타당성에는 의심의 여지가 있다(Bornstein, 2012; Wood et al., 2003). TAT와 로샤 잉크반점 검사는 검사자 간 객관성과 신뢰성(일관성)이 낮다. 수검자가 모호한 자극을 해석한 후, 채점자는 수검

투사검사 모호하거나 구조화되지 않은 자극을 사용하는 심리검사
로샤 잉크반점 검사 10개의 표준화된 잉크반점으로 구성된 투사검사
주제통각검사(TAT) 수검자가 이야기를 만들어야 하는 20개의 다른 배경과 생활 장면으로 구성된 투사검사

자의 (가끔) 모호한 반응을 해석해야 한다는 점에 주목하라. 어떤 의미에서 투사검사의 해석은 채점자에 대한 투사검사가 될 수 있다!

이러한 결점에도 불구하고 투사검사는 여전히 가치 있는 검사이다(McGrath & Carroll, 2012). 이는 투사검사가 *검사 배터리*(평가 도구와 면담의 모음)의 한 부분으로 사용될 때 특히 그러하다. 숙련된 임상가가 시행한 투사검사는 수검자의 주요 갈등을 찾고, 언짢은 주제에 대해 이야기할 수 있도록 하며 치료 목표를 설정함에 있어 유용한 방법이 될 수 있다(Garcia-Barrera et al., 2013; Teglasi, 2010).

모듈 38: 요약

38.1 심리학자들은 성격이라는 용어를 어떻게 사용하는가?

38.1.1 *성격*은 개인의 사고, 감정 그리고 행동에 대한 일관되고 독특한 패턴과 관련된다.

38.1.2 성격 특질은 행동으로부터 추론되는 지속적인 개인의 특성이다.

38.1.3 성격 유형은 공유하는 특질에 근거하여 개인을 범주로 분류한 것이다.

38.1.4 행동은 자기 개념에 영향을 받는데, 이는 개인의 성격 특질에 대한 개념이다. 긍정적인 자기 평가는 높은 자기 존중감으로 이어진다. 낮은 자기 존중감은 스트레스, 불행 그리고 우울과 관련된다.

38.1.5 4개의 각 주요 성격 이론—특질, 정신역동, 인본주의 그리고 행동주의와 사회학습—은 서로 관련된 가정, 생각 그리고 원리로 묶여 있고 성격의 어떤 측면을 이해하는 데 유용하다.

38.2 성격을 측정할 수 있는가?

38.2.1 성격 평가를 위해 전형적으로 사용되는 기법은 면접, 관찰, 질문지 그리고 투사 검사이다.

38.2.2 구조화된 그리고 비구조화된 면접은 많은 정보를 제공하지만, 면접자의 편견과 오해가 일어날 가능성이 있다. 또한 후광효과는 면접의 정확성을 낮춘다.

38.2.3 직접 관찰은 때때로 상황 검사, 행동 평가를 포함하고, 평정 척도를 사용하여 개인의 실제 행동을 평가한다.

38.2.4 *미네소타 다면적 인성 검사(MMPI)–2*와 같은 성격 질문지는 객관적이고 신뢰할 수 있지만, 타당도는 의심의 여지가 있다.

38.2.5 투사검사는 모호한 자극 혹은 비구조화된 상황에 대한 사고 혹은 감정을 수검자에게 투사시킨다. 두 가지 잘 알려진 투사검사로는 *로샤 잉크반점 검사*와 *주제통각검사(TAT)*가 있다.

38.2.6 투사검사는 타당도와 객관성이 낮다. 그럼에도 불구하고 많은 임상가는 투사검사가 특히 검사 배터리의 한 부분으로서 유용하다고 간주한다.

모듈 38: 지식 쌓기

암기

1. 자신의 성격에 대한 개인의 지각은 개인의 ________으로 여겨진다.

2. 후광효과는 (　　)에 기초한 성격 평가의 정확성에 있어서 심각한 문제가 될 수 있다.
   a. 투사검사　　**b.** 행동 기록
   c. 면접　　**d.** TAT

3. 행동 평가의 시행은 개인의 행동에 대한 직접적인 관찰 혹은 개인의 사고에 대한 정확한 보고를 요한다. **O X**

4. 개인이 다른 시점에서 수행했을 때 계속해서 동일한 점수를 낸다면 그 검사는 타당하다고 여겨진다. **O X**

5. 다음 중 객관적인 성격의 측정법으로 가장 적절한 것은 어느 것인가?
   a. 평정 척도　　**b.** 성격 질문지
   c. 투사검사　　**d.** TAT

6. 모호한 자극의 사용은 (　　)의 최대 특징이다.
   a. 면접　　**b.** 투사검사
   c. 성격 질문지　　**d.** 직접 관찰

반영

비판적으로 생각하기

7. 기억이 어떻게 정확하거나 부정확한 자기상 형성에 기여하는가?

8. 투사검사는 어느 유형의 성격 이론가가 가장 흥미로워할 것인가?

자기반영

다음 용어를 자신만의 단어로 정의하거나 묘사할 수 있는지 확인하라. *성격, 특성, 특질, 유형, 자기 개념, 자기 존중감.*

당신은 성격을 어떻게 판단하는가? 당신은 이 모듈에 묘사된 방법 중 어떤 것을 자연스럽게 사용하는가?

정답

1. 자기 개념 **2.** c **3.** O **4.** X **5.** b **6.** b **7.** 모듈 28에서 논의한 것처럼, 기억은 매우 선택적이고 장기 기억은 종종 최신 정보에 의해 왜곡된다. 이러한 특성은 자기 개념의 형성을 증가시킨다. **8.** 정신역동. 투사검사는 무의식적 사고, 감정, 그리고 갈등을 밝히기 위해 고안되었다.

성격: 특질 이론

양심적인 운전자들은 항상 후방을 확인한다

샘은 좋은 남성이자 훌륭한 친구다. 또한 말하기를 좋아하고, 호기심이 많으며 착하다. 양심적인가? 썩 그렇진 않다. 도서관에서 공부하는 장면보다 근처 술집에서 친구를 사귀는 모습이 빈번하게 관찰될 것이다.

우리가 샘을 묘사한 것처럼 특질 이론은 적은 수의 근본적 성격 특질 또는 요인들로 성격을 설명하고자 한다. 특질 접근은 현재 성격 연구를 위한 주요 방법이며, 다양한 특질 이론들 중 *5요인 성격 모델*(Big Five)이 가장 영향력 있는 모델이다. 이 이론에 따르면 모든 성격은 주요 5개 요인(*외향성, 친화성, 성실성, 신경증 그리고 경험에 대한 개방성*)에 따라 다양하게 설명될 수 있다.

'빅 파이브' 성격 요인 중 어디에 속하는지 아는 것은 개인의 행동을 예측하는 데 도움이 된다. 예를 들어, 성실성에서 높은 점수를 받은 사람은 교통사고의 가능성이 낮은 안전한 운전자가 되는 경향이 있다(샘, 샘 무슨 짓을 한 거니! 하하하).

Eleanor Bentall/Corbis

SURVEY QUESTIONS

39.1 다른 것보다 더 기본적이거나 중요한 성격 특질이 있는가?

특질 접근—약 18,000개의 단어로 당신을 설명하라

SURVEY QUESTION 39.1 다른 것보다 더 기본적이거나 중요한 성격 특질이 있는가?

잠시 표 39.1을 보고 당신의 성격을 설명하는 특질에 체크해 보자. 당신의 핵심 특질 중 몇 가지가 표에 없다고 해서 걱정하지는 마라. 18,000개 이상의 영단어가 개인적 특성을 나타낸다. 당신이 체크했던 특질 중 비슷한 중요도를 갖는 것들이 있는가? 다른 것보다 더 기본적이거나 강력한 것이 있는가? 중복되는 것이 있는가? 예를 들어, '지배적인'에 체크했다면 '자신감'과 '용감한'에도 체크했는가? 특질 이론가는 이러한 질문에 답하는 것을 흥미로워할 것이다.

성격을 더 잘 이해하기 위해 **특질 이론가**(trait theorist)는 특질을 분석하고, 분류하며 서로 연관 지으려 한다. 게다가 특질 이론가는 종종 특질을 특정 방식으로 행동하기 위한 인간의 유전적 준비성인 *생물학적 성향*으로 생각하기도 한다. (모듈 14에서 개인의 언어 학습과정에 대한 생물학적 성향이 있다는 견해가 제시되었다.)

언급한 것처럼 특질은 대부분의 상황에서 개인이 보여 주는 안정적인 기질이다(Mõttus, Johnson, & Deary, 2012). 예를 들어, 당신이 평소 친절하고, 낙관적이고 신중하다면 이 특질들이 바로 당신의 성격 특질이다.

때로 내가 수줍어하거나, 비관적이거나 혹은 거리낌 없다면 어떨까? 본래의 세 가지 특성이 당신의 행동에서 가장 일반적이라

표 39.1 형용사 체크리스트

당신이 느끼는 특질인 성격의 특성에 체크해 보라. 어떤 것은 다른 것보다 더 기본적인가?

공격적인	체계적인	야심찬	영리한
자신감 있는	충실한	너그러운	차분한
따뜻한	용감한	신중한	믿을 수 있는
세심한	어른스러운	재능 있는	질투하는
사교적인	정직한	재미있는	독실한
지배적인	재미없는	정확한	과민한
겸손한	거리낌 없는	공상적인	발랄한
배려하는	진지한	도움이 되는	감정적인
질서 있는	불안해하는	동조적인	온화한
진보적인	호기심 많은	낙관적인	친절한
온순한	우호적인	열정적인	강박적인

면 여전히 그것은 당신의 특질이다. 우리의 친구 시시는 대부분의 상황들에 낙관적으로 접근하지만 일자리에 지원할 때마다 최악을 예상하고 취업하지 못할까 봐 걱정한다. 그녀의 비관주의가 이런 상황이나 몇몇 상황들로 제한되어 있다면, 시시가 낙관적인 사람이라고 설명하는 것은 여전히 정확하고 유용하다.

행동 예측하기

앞서 언급했듯이 '내향적인' 혹은 '외향적인'과 같이 광범위한 유형으로 개인을 분류하는 것은 성격을 지나치게 단순화시킨 것일 수 있다. 그러나 내향성/외향성을 하나의 특질로 생각해 볼 수 있다. 단일 관점에 대해 어떻게 평가하는지 안다면 다양한 장면에서 개인이 어떻게 행동할지에 대해 예측할 수 있다. 예를 들어, 당신은 서로 얼굴을 맞대고 사람들을 만나는 것을 선호하는가? 혹은 인터넷을 통한 만남을 선호하는가? 연구자들은 높은 내향성 특질을 가진 학생들이 인터넷을 통한 만남을 선호하는 경향이 있다는 것을 발견해 냈는데, 이는 온라인으로 이야기할 사람을 찾는 것이 더 쉽기 때문이다(Mitchell et al., 2011; Rice & Markey, 2009). 특질과 행동 사이에 또 다른 연결점이 있다. 글상자 "당신의 음악 취향은 어떤가?"를 보라.

특질 분류하기

특질에도 다양한 유형이 있는가? 그렇다. 심리학자 Gordon Allport(1961)는 다양한 유형의 특질을 밝혔다. **공통 특질**(common traits)은 한 문화권 내 대부분의 구성원이 공유하는 특성이다. 공통 특질은 특정 국가나 문화에 속한 사람들이 얼마나 비슷한지 혹은 한 문화에서 어떤 특질을 강조하는지를 알려 준다. 예를 들어, 미국에서는 경쟁심이 꽤 흔한 특질이다. 그러나 북부 애리조나의 호피족에서는 흔치 않다.

물론 공통 특질만으로 개인을 설명할 수는 없다. 미국 문화에서 많은 사람들이 경쟁적이라도 당신이 아는 다양한 사람들은 이 특질에서 높음, 중간, 낮음 등의 여러 수준으로 평가될 수 있다. 연구자들은 개인의 독특한 특성을 설명하는 **개인 특질**(individual traits)에도 관심을 가진다.

개인 특질과 공통 특질의 구분을 돕기 위한 비유를 살펴보자. 당신이 애완견을 사기로 결정했다면 해당 견종의 일반적인 특성(공통 특질)을 알고 싶을 것이다. 또한 개를 집으로 데려오기로 결정하기 전에 당신은 그 개의 '성격'을 알고 싶을 것이다(개인 특질).

Allport는 또한 특질을 *주 특질*, *중심 특질* 그리고 *이차적 특질*로 구분했다. **주 특질**(cardinal traits)은 개인의 모든 활동을 귀결시킬 수 있는 기본적인 특질이다. 예를 들어, 박애정신은 테레사 수녀의 성격에 있어 다른 무엇보다 중요한 특질이었다. 마찬가지로 에이브러햄 링컨의 성격에서는 정직이 우세한 주 특질이었다. Allport에 따르면 주 특질을 가진 사람은 많지 않다.

중심 특질 *중심 특질과 이차적 특질은 주 특질과 어떻게 다른가?* **중심 특질**(central traits)은 성격의 기본 토대로, 아주 적은 수의 중심 특질로도 개인의 본질을 파악할 수 있다. 예를 들어, 지배적인, 사교적인, 쾌활한, 정직한, 똑똑한, 낙관적인 등의 여섯

심리학 발견하기

당신의 음악 취향은 어떤가?

당신이 모든 장르의 음악을 좋아한다고 해도 다른 것보다 선호하는 스타일이 있을 것이다. 여기 있는 목록 중에 당신이 가장 즐기는 것은 어떤 것인가? (당신이 선택한 것에 원을 그려 보자.)

얼터너티브 블루스 클래식 어덜트 컨템포러리
컨트리 댄스 일렉트로닉 포크송
펑크 하드록 헤비메탈 힙합
재즈 오페라 팝 펑크록
R&B 랩 종교음악 로큰롤
소프트록 소울 세계 각지의 대중음악

일련의 연구에서 Peter Rentfrow는 개인이 선호하는 음악과 성격 특성이 관련됨을 발견하였다(Rentfrow & Gosling, 2003). 당신의 음악적 취향은 MUSIC 유형[부드러운(**M**ellow), 난해하지 않은(**U**npretentious), 세련된(**S**ophisticated), 강렬한(**I**ntense), 현대적인(**C**ontemporary)] 중 어디에 속하는지 선택해 보라(Rentfrow et al., 2012; Rentfrow, Goldberg, & Levitin, 2011).

- **부드러운(M):** 여유 있고, 사려 깊고 평화로우며 조용한 사람은 잔잔하고 마음을 느긋하게 해 주는 음악을 선호하는 경향이 있다(어덜트 컨템포러리, R&B, 소프트록, 소울).
- **난해하지 않은(U):** 쾌활하고 평범하며 외향적이고 신뢰할 만하며, 타인을 잘 돕는 보수적인 사람은 활기차고 평범한 음악을 즐기는 경향이 있다(컨트리, 팝, 종교음악, 로큰롤).
- **세련된(S):** 미학적 경험을 중시하고 언어적 능력을 가지고 있으며, 자유롭고 타인에게 관대한 사람은 사색적이고 복합적인 음악을 좋아하는 경향이 있다(블루스, 클래식, 포크송, 오페라, 세계 각지의 대중음악).
- **강렬한(I):** 새로운 경험에 호기심이 많고 위험을 감수하는 것을 즐기며, 신체적으로 활동적인 사람은 강렬하고 반항적인 음악을 선호한다(얼터너티브, 하드록, 헤비메탈, 펑크록).
- **현대적인(C):** 수다스럽고 에너지로 가득 차 있으며, 너그럽고 신체적으로 매력적이며 전통적인 사고방식을 거부하는 사람은 정열적이고 리드미컬한 음악을 선호하는 경향이 있다(댄스, 일렉트로닉, 펑크, 힙합, 랩).

명백하게 성격 특질은 우리의 일상적인 행동과 관련이 있다(Rentfrow, 2012).

가지 특질로도 Jacintha의 성격을 충분히 설명할 수 있을 것이다. 대학생을 대상으로 친숙한 사람에 대해 설명해 달라고 요구했을 때, 평균적으로 7개의 중심 특질을 보고하였다(Allport, 1961).

이차적 특질(secondary traits)은 좀 더 피상적인 개인 특성으로, 선호하는 음식과 태도, 정치적인 견해, 음악 취향 등이 해당된다. Allport식의 표현을 빌리자면, 다음과 같은 항목을 통해 성격을 묘사할 수 있다.

이름: Jane Doe

나이: 22세

주 특질: 없음

중심 특질: 소유욕이 강한, 자주적인, 예술적인, 극적인, 자기중심적인, 사람을 잘 믿는

이차적 특질: 다채로운 색상의 의상을 선호함, 혼자 일하는 것을 좋아함, 진보적인 정치 성향, 항상 늦음

근원 특질 *성격 특질이 중심 특질인지 이차적 특질인지 어떻게 알 수 있는가?* Raymond B. Cattell(1906~1998)은 다수의 참가자를 대상으로 한 특질 연구를 통해 이 질문에 답하고자 하였다. Cattell은 성격의 뚜렷한 특징을 나타내는 **표면 특질**(surface traits)의 측정에서부터 연구를 시작하였다. 또한 Cattell은 이러한 표면 특질이 흔히 집단 내에서 함께 나타난다는 점에 주목했다. 실제로 어떤 특질은 종종 기본 특질보다 더 단일한 특질을 대표하는 것처럼 보일 만큼 하나의 군집을 이룬다. Cattell은 보다 심오한 이러한 특성 혹은 차원을 **근원 특질(요인)**[source traits(factors)]이라 명명하였다(Cattell, 1965). 이는 개인의 성격을 이루는 핵심적인 특질이다.

특질 이론가 성격을 이해하기 위해 특질을 분류하고 분석하고 서로 관계 짓는 데 관심 있는 심리학자
공통 특질 특정 문화 내 대부분의 구성원이 공유하는 성격 특질
개인 특질 개인의 독특한 개인적 특성을 정의하는 성격 특질
주 특질 개인의 모든 활동과 관련 지을 수 있는 기본적인 성격 특질
중심 특질 개인의 성격을 특징지을 수 있는 핵심 특질
이차적 특질 일관성이 없거나 상대적으로 피상적인 특질
표면 특질 개인의 성격에서 쉽게 눈에 띄는 관찰 가능한 특질
근원 특질(요인) 개인의 성격에서 기본적인 근본 특질 또는 차원. 각 근원 특질은 여러 표면 특질을 반영함

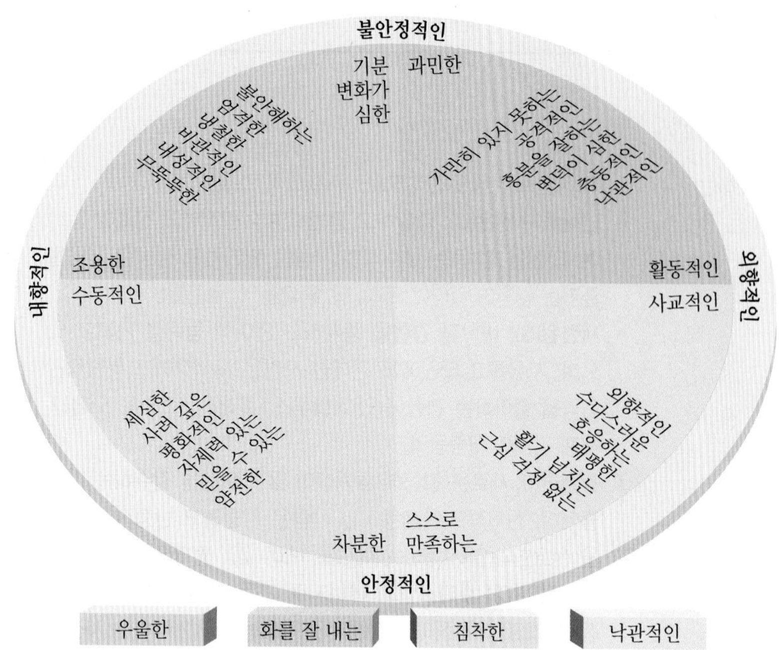

그림 39.1

영국 심리학자 Hans Eysenck(1916~1997)는 다양한 성격 특질이 개인의 내향성–외향성, 정서적 안정성–불안정성(매우 정서적인)과 관련된다는 성격 이론을 제안하였다. 이러한 특성은 초기 그리스인이 최초로 알아낸 기질의 네 가지 기본 유형과 관련 있다. 그 유형은 다음과 같다. *우울한*(슬픈, 침울한), *화를 잘 내는*(성격이 급한, 짜증을 내는), *침착한*(느릿느릿한, 차분한), *낙관적인*(쾌활한, 희망에 찬). (Eysenck, 1981에서 수정)

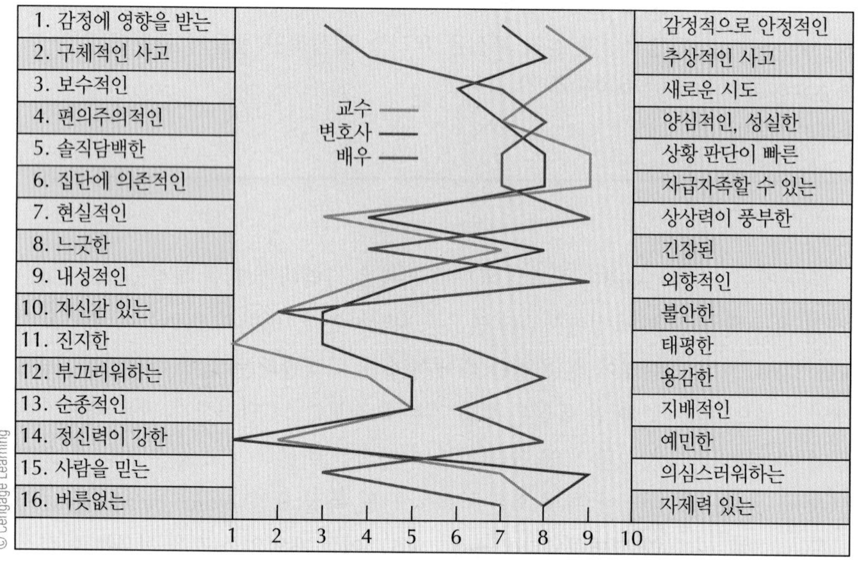

그림 39.2

Cattell(1973)의 16 PF에 의해 측정된 16개의 근원 특질이 좌측 그래프에 나열되어 있다. 점수는 개인 혹은 집단에 대한 프로파일로 나타낼 수 있다. 제시된 가상의 프로파일은 대학 교수, 변호사, 전문 배우의 평균을 나타낸 것이다. 교수와 변호사 간의 공통점 및 이 두 집단과 전문 배우 간 차이점에 주목하라. (물론 저자는, 교수와 변호사는 배우보다 추상적으로 사고하는 것을 더 중시하는 사람이라거나, 배우가 교수와 변호사보다 정서적으로 덜 안정적이지만 더 태평할 것이라는 일반적으로 정형화된 생각을 나타내고자 한 것일 수 있다. 당신은 어떻게 생각하는가?)

근원 특질은 Allport의 중심 특질과 어떤 점에서 다른가? Allport는 자신의 개인적 의견에 따라 특질을 분류했기 때문에 가끔 틀리기도 하였다. 특질 간 연관성을 찾고자 Cattell은 요인 분석을 사용하였는데, **요인 분석**(factor analysis)이란 다양한 측정치 간 상관을 밝히고 일반적인 기저 요인을 확인하기 위해 사용하는 통계적 기법이다. 예를 들어, 그는 창의적인 사람은 대부분 독창적이고 호기심이 많으며, 창조적이고 기발하다는 것을 발견하였다. 당신이 창의적인 사람이라면 우리는 당신이 가진 몇몇 특성을 바로 떠올릴 수 있다. 그러므로 '창의적인' 특질은 근원 특질 또는 근원 요인이라 할 수 있다. 예를 들어 그림 39.1은 내향성–외향성과 정서적으로 안정적–불안정적, 두 가지 요인으로 구성되어 있는 초기 특질 이론 중 하나를 보여 준다.

Cattell(1973)은 16가지의 근원 특질을 밝혔다. 그에 따르면, 개인의 성격을 충분히 설명하기 위해서는 16가지의 특질이 모두 필요하다. 근원 특질은 *16 성격 요인 설문지(16 PF)*를 통해 측정된다. 다른 성격 검사와 마찬가지로 16 PF도 **특질 프로파일**(trait profile) 혹은 각 특질에 대한 개인의 수행 점수 그래프를 사용한다. 성격 특질 프로파일은 개인의 성격을 '그림'으로 보여 주며, 특질 간 비교를 용이하게 한다(그림 39.2).

외향성										
혼자 있기를 더 좋아하는 조용한 수동적인 내성적인	낮음	1	2	3	4	5	6	7	높음	어울리기를 더 좋아하는 수다스러운 활동적인 다정한

친화성										
의심 많은 비판적인 무자비한 과민한	낮음	1	2	3	4	5	6	7	높음	신뢰할 수 있는 관대한 마음이 약한 온화한

성실성										
태만한 게으른 체계적이지 못한 늦는	낮음	1	2	3	4	5	6	7	높음	성실한 근면한 체계적인 시간을 잘 지키는

신경증										
차분한 온화한 편안한 침착한	낮음	1	2	3	4	5	6	7	높음	불안한 신경질적인 타인의 시선을 의식하는 감정적인

경험에 대한 개방성										
현실적인 창조적이지 못한 평범한 호기심이 없는	낮음	1	2	3	4	5	6	7	높음	창의적인 창조적인 독창적인 호기심이 많은

그림 39.3
5요인. 5요인 모델에 따르면 성격의 기본적 차이는 다음과 같은 차원으로 '수렴'될 수 있다. 자신이 각 요인의 어느 특질에 해당하는지 평가해 보라. 5요인 모델은 개인에 관한 다음의 중요한 질문에 답해 준다. 개인은 외향적인가 혹은 내향적인가? 협조적인가 혹은 비협조적인가? 성실한가 혹은 무책임한가? 정서적으로 안정적인가 혹은 안정적이지 못한가? 영리한가, 영리하지 못한가? 이러한 질문은 개인의 성격에 대해 우리가 알고 싶어 하는 것을 어느 정도 포함하고 있다(특질에 대한 설명은 McCrae & Costa, 2001에서 번안).

5요인

노엘은 외향적이고 친절하며, 성실하고 차분하며 호기심이 많다. 형 조엘은 내성적이고 무책임하며, 신경질적이고 사상에 무관심하다. 우주 캡슐에서 일주일을 노엘과 조엘 둘 중 한 명과 보내게 된다면 당신은 누구를 선택하겠는가? 당신이 이에 대해 분명히 대답할 수 있다면, 이는 가장 기본적인 5가지 차원을 설명하는 체계인 **5요인 모델**(five-factor model)로 노엘과 조엘의 성격을 나타낼 수 있기 때문일 것이다.

5가지 핵심 차원 ● 그림 39.3에 나타난 '5가지(Big Five)' 요인은 Cattell의 16가지 요인을 5개의 보편적인 차원 혹은 근원적인 특질로 요약하고자 한 것이다(Costa & McCrae, 2006; Noftle & Fleeson, 2010). 5요인 모델은 "인간 성격의 본질은 무엇인가?"와 같은 모든 질문에 대한 가장 좋은 답이 될 수 있다.

당신이 두 사람의 성격을 비교해 보고 싶다면, 그림 39.3에 제시된 5가지 차원으로 간단히 평가해 보라. 요인 1, *외향성*에서 각 개인이 얼마나 내향적인지 또는 외향적인지를 평가해 보자. 요인 2인 *친화성*은 얼마나 우호적이고 타인을 배려하고 잘 보살피는지와 이와는 대조적으로 차갑고, 무관심하며 자기중심적이거나 악의적인지를 의미한다. *성실한*(요인 3) 사람은 자제력 있고 책임감이 있으며 성취적이다. 이 요인에서 낮은 점수를 받은 사람은 무책임하고 경솔하며 신뢰할 수 없다. 요인 4, *신경증*은 부정적이고 언짢은 정서와 관련된다. 신경증에서 높은 점수를 받은 사람은 불안해하고 정서적으로 '시큰둥'하며 짜증을 잘 내고, 불만이 많다. 마지막으로 요인 5, *경험에 대한 개방성*에서 높은 점수를 받는 사람은 똑똑하고 새로운 견해에 대해 개방적이다(Ashcraft, 2012).

5요인 모델의 장점은 명명할 수 있는 대부분의 특질을 5요인 중 하나와 관련 지을 수 있다는 점이다. 당신이 기숙사 룸메이트를 선택하는 경우, 직원을 고용하는 경우, 혹은 커플 찾기 사이

요인 분석 다양한 측정치의 상관 및 일반적인 근본 요인을 확인하는 데 사용하는 통계적 기법
특질 프로파일 몇몇 성격 특질에 대한 점수의 그래프
5요인 모델 성격이 5가지 보편적인 차원을 가지고 있다는 견해

트의 게시물에 답변하는 경우라면 5요인에 해당하는 성격 차원에 대해 모두 알고 싶을 것이다. "당신은 어떤 성격에 해당하는가?(그리고 당신을 가장 잘 설명해 주는 성격은 어떤 것인가?)"라는 질문에 대해 스스로 평가해 보라.

5요인 특질은 서로 다른 대뇌 시스템 및 화학적 변화와 관련된다(DeYoung et al., 2010; Nettle, 2008). 또한 다양한 환경에서 개인이 어떻게 행동할지 예측할 수 있다(Sutin & Costa, 2010). 예를 들어, 성실성에서 높은 점수를 받은 사람은 맡은 일을 잘 해내는 경향이 있고, 학교생활도 잘하며, 교통사고를 내는 일도 드물다(Brown et al., 2011; Chamorro-Premuzic & Furnham, 2003). 또한 이들은 다른 사람에 비해 비교적 건강하고 훨씬 오래 산다(Hampson et al., 2013; Martin, Friedman, & Schwartz, 2007).

심리학 발견하기

당신은 어떤 성격에 해당하는가?(그리고 가장 좋은 성격은 어떤 것인가?)

*5요인 모델*에 따르면, 5개의 기본적인 성격 차원 또는 요인 각각에 대한 당신의 평가는 성격에 대한 전반적 설명을 제공한다. 스스로를 평가해 보라(그림 39.3 참조). 이러한 평가가 당신을 얼마나 잘 설명하고 있다고 생각하는가? 자신에 대해 평가할 때, 그다지 매력적이지 않은 특질이 있다는 것을 알아차렸는가? *외향성*에서 낮은 점수를 받기 원하는 사람이 있는가? 조용하고, 수동적이고, 과묵한 것에는 어떤 장점이 있는가? 다시 말해, 보다 더 나은 성격 양상이 있는가?

그렇다면 가장 좋은 성격 양상은 무엇인가? '가장 좋은' 성격 양상이 없다는 것을 알게 된다면 의아할 수도 있다. 예를 들어, 직장에서 외향적인 사람은 내향적인 사람보다 돈을 더 잘 버는 경향이 있으며 더 많은 성적 파트너를 만나지만 그만큼 더 큰 위험을 감수하는 경향이 있다(그리고 부상을 입어 병원에 가게 된다). 이혼율 또한 외향적인 사람이 더 높은 경향이 있는데, 이는 외향적인 사람은 자녀와 함께 보내는 시간이 적기 때문이다. 다시 말해, 외향성은 일부 삶의 경험에 있어서는 좋은 방향으로 작용할 수 있으나 다른 어떤 측면에 대해서는 그렇지 못한 경향이 있다(Cain, 2012; Nettle, 2005).

*친화성*도 마찬가지이다. 친화력이 좋은 사람은 친구의 관심을 잘 끌고 다른 이들로부터 강한 사회적 지지를 받는다. 그러나 친절한 사람은 종종 자신보다 친구나 가족을 우선으로 생각한다. 이는 친절한 사람, 그 자신에게는 이롭지 못하다. 예술 작품처럼 창의적인 작업이나 그와 관련된 업계에서 성공하기 위해서는 자신의 관심사를 우선순위에 두어야 한다(Nettle, 2008).

성실함은 어떤가? 성실성은 높은 성취와 어느 정도 관련 있다. 그러나 불가능하게 높은 기준을 상정하는 완벽주의적인 특질은 오히려 문제를 낳을 수 있다. 여러분도 알다시피 완벽주의자인 대학생은 좋은 성적을 받는 경향이 있다. 그렇지만 부적응적인 완벽주의에 해당하는 학생은 학교 및 기타 장면에서 일반적으로 *낮은* 수행을 보인다(Weiner & Carton, 2012). 진품 나바호족 양탄자는 항상 복잡한 디자인 안에 흠을 넣는다. 베를 짜는 나바호족 사람들은 양탄자를 짤 때마다 고의적으로 '실수'를 하는데, 이는 사람은 완벽하지 않다는 것을 상기시키기 위함이다. 여기서 다음과 같은 교훈을 얻을 수 있다. 아무리 바람직한 것이라도 반드시 '완벽해야' 할 필요는 없다. 경험을 통해 무언가를 배우기 위해서는 실수를 하는 것에 대한 부담을 내려놓아야 한다. 장기적인 관점에서 봤을 때, 성공이란 '완벽함'보다 '탁월함'을 추구하는 것에 기초한다(Enns, Cox, & Clara, 2005).

부적응적이고 극단적인 성격 양상을 제외하고 대부분의 '성격'은 편익과 대가를 수반한다(Turiano et al., 2013). 우리는 모두 자신의 독특한 성격 양상에 걸맞은 삶의 경험을 추구하는 과업과 마주하게 된다(Nettle, 2008).

모듈 39: 요약

39.1 몇몇 특질이 다른 특질에 비해 더 기본적이거나 중요한가?

39.1.1 특질 이론은 개인의 지속적인 특성 혹은 특징을 구분한다.

39.1.2 Allport는 공통 특질과 개인 특질 및 주 특질, 중심 특질, 이차적 특질 간의 유용한 차이점을 밝혔다.

39.1.3 Cattell의 이론에서는 눈에 띄는 표면 특질의 기저에 16개 근원 특질이 존재하는 것으로 보았다.

39.1.4 근원 특질은 *16 성격 요인 설문지(16 PF)*로 측정할 수 있다.

39.1.5 5요인 모델은 성격의 5가지 보편적인 차원인 외향성, 친화성, 성실성, 신경증, 경험에 대한 개방성을 밝혀냈다.

모듈 39: 지식 쌓기

암기

1. Eysenck의 초기 특질 이론은 두 가지 요인인 정서적 안정성–불안정성 그리고 ________으로 구성되어 있다.
2. 특질은 대부분의 ________에서 개인이 보이는 안정적인 성향이다.
3. 중심 특질은 한 문화 속 대부분의 구성원이 공유하고 있는 특질이다. **O X**
4. Cattell은 ________ 특질의 군집이 기본적으로 ________ 특질이 있음을 나타내는 증거라고 믿었다.
5. 다음 중 성격 5요인이 아닌 것은?
   a. 복종
   b. 친화성
   c. 외향성
   d. 신경증

반영

비판적으로 생각하기

6. 성격 5요인 모델에서, 성실성을 제외한 4가지 성격 특질이 학업 성취와 관련이 있을 것이라 생각하는가?

자기반영

당신의 성격을 가장 잘 묘사하는 6~7가지의 특질을 나열해 보라. Allport의 이론, Cattell의 이론, 성격 5요인 모델 중 어떤 특질 이론이 당신이 나열한 특질과 가장 부합하는가?

당신의 특질 목록에서 가장 두드러진 특질 하나를 선택해 보라. 당신이 선택한 특질은 특정 상황에 영향을 받는 것인가? 유전이 특질에 영향을 준다고 생각하는가?

정답

1. 내향성–외향성 **2.** 상황 **3.** X **4.** 표면, 근원 **5.** a **6.** 한 연구에서, 성실성이 학업 수행과 정적으로 관련되어 있음을 밝힌 바 있다. 높은 신경증 점수를 받은 학생은 스트레스를 많이 받지 않는 상황일 때에만 학업 수행이 좋았다(Kappe & van der Flier, 2010).

40 Module

성격: 정신역동과 인본주의 심리학

성격의 이유

메건은 낯선 사람들의 시선을 의식한다. 여러분은 메건이 수줍어한다고 말할 수 있을 것이다. 이것은 그녀의 지속적인 성격 특성이었다. 그러나 메건은 자주 그 이유에 대해서 궁금해한다. 성격의 특성에 관한 연구에 만족하지 못하는 정신역동 이론가들 역시 그 이유를 궁금해한다. 정신역동 이론가들은 성격 특성보다는 오히려 어떤 추동, 갈등과 에너지가 우리에게 활력을 주는지를 이해하기 위해 성격의 이면을 파악하려고 한다. 정신역동 이론가들은 메건의 수줍음을 숨겨진 혹은 *무의식적인* 생각, 욕구와 정서로 설명할 것이다.

반면에 인본주의 이론가들은 성격을 *의식적인* 생각, 욕구와 정서에 초점을 두고 설명하였다. 예를 들면, 인본주의자들은 자기상(self-image)이 행동과 개인적 적응의 중심적 결정요인이라고 생각한다. 인본주의 이론은 인간의 잠재력을 충분히 활용하는 것에 특별한 관심을 기울이고, 성격에 대한 전반적인 관점의 균형을 가지게 도와준다. 인본주의자는 메건에게 자의식을 느끼게 만드는 메건 자신에 대한 태도가 어떤 것인지 질문할 것이다.

자, 메건은 어느 쪽일까? 확인해 보기로 하자.

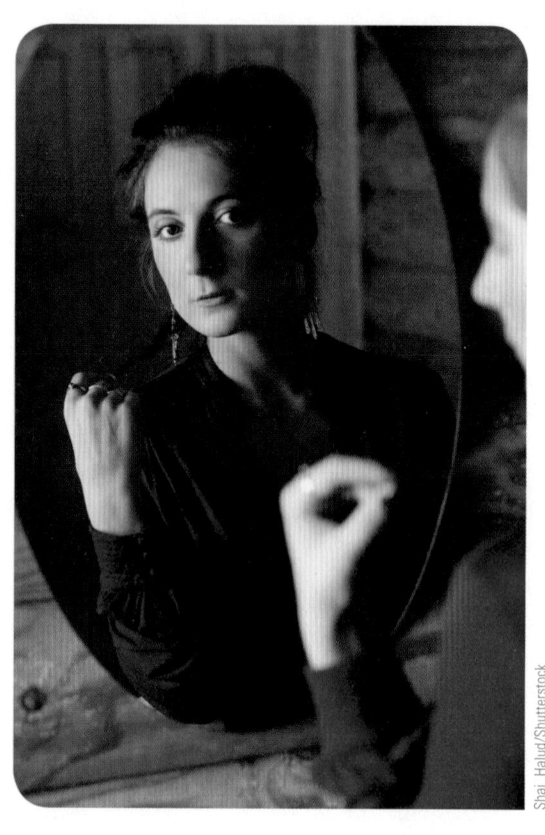

Shai_Halud/Shutterstock

SURVEY QUESTIONS

40.1 정신역동 이론은 성격을 어떻게 설명하는가?

40.2 인본주의적 성격 이론이란 무엇인가?

정신분석 이론—꿈을 꾸던 중 원초아가 나타나다

SURVEY QUESTION 40.1 정신역동 이론은 성격을 어떻게 설명하는가?

먼저, **정신분석 이론**(psychoanalytic theory)은 가장 잘 알려진 정신역동적 접근이며, 오스트리아 빈의 내과 의사였던 Sigmund Freud에 의해서 발전하였다. Freud는 신체적인 것보다 정서적인 것에 문제가 있어 보이는 환자에게 매료되었다. Freud는 1890년부터 그가 사망한 1939년까지 성격 이론을 발전시켰으며, 현대의 성격이론에 큰 영향을 주었다(Schultz & Schultz, 2013; Tauber, 2010). 이 이론의 주요 특성에 대해 자세히 살펴보자.

성격의 구조

Freud는 성격을 어떻게 보았는가? Freud의 모형은 *원초아*(id), *자아*(ego)와 *초자아*(superego)라는 세 가지 정신 구조로 알려진 역동 체계로 성격을 묘사한다. Freud는 대부분의 행동이 세 가지 체계의 활동과 연관된다고 말한다. (편의상 표 40.1에 Freud의 이론에 포함된 개념을 정의하였다.)

표 40.1 Freud학파의 핵심 개념

항문기(anal stage) 대략 배변훈련 기간에 해당하는 심리성적 단계(만 1년 ~ 3년)

항문 폭발적 성격(anal-expulsive personality) 무질서한, 파괴적인, 잔인한, 지저분한 사람

항문 보유적 성격(anal-retentive personality) 고집 센, 인색한, 강박적인, 쉽게 그만두지 못하는 사람

양심(conscience) 초자아의 기준에 만족하지 못할 때 죄책감을 초래하는 초자아의 일부

의식(conscious) 개인이 특정한 순간에 자각하는 심적(정신) 내용을 포함하고 있는 마음의 영역

자아(ego) 합리적인 행동을 지시하는 성격의 집행 부분

자아 이상(ego ideal) 초자아의 기준에 만족할 때 이상적 행동을 자부심의 근원으로 제시하는 초자아의 일부

엘렉트라 갈등(electra conflict) 아버지에 대한 소녀의 성적 끌림과 어머니에 대한 소녀의 경쟁자적인 태도

성감대(erogenous zone) 쾌감을 느끼게 하는 신체 부위

에로스(eros) '생의 본능'을 나타내는 Freud식 용어

고착(fixation) 욕구좌절이나 과잉만족으로 인한 지속적인 갈등

성기기(genital stage) 심리성적 발단 단계의 마지막 시기로, 성숙한 성인의 성욕을 달성하는 것이 목표

원초아(id) 무의식에 머물러 있는 성격의 원시적 부분으로, 에너지를 공급하고, 쾌락을 요구함

잠복기(latency) 심리성적 발달이 일시적으로 휴지되는 기간

리비도(libido) Freud학파 이론에서 성격의 동력을 공급하는 힘을 의미함. 주로 쾌락을 지향함

도덕적 불안(moral anxiety) 사고, 충동, 행동이 초자아의 기준과 갈등할 때 느끼는 불안

신경증적 불안(neurotic anxiety) 자아가 원초아의 충동을 조절하기 위해 투쟁할 때 느끼는 불안

오이디푸스 갈등(oedipus conflict) 소년의 어머니에 대한 성적 끌림과 아버지에 대한 경쟁자적 태도

구강기(oral stage) 유아가 표출의 수단과 쾌락의 근원으로서 입에 몰두하는 시기

구강 공격적 성격(oral-aggressive personality) 함성, 악담, 깨물기 등으로 적대감을 표현하기 위해 입을 이용하는 사람. 또한 다른 사람을 착취하려는 사람

구강 의존적 성격(oral-dependent personality) 수동적으로 관심, 선물, 사랑 등을 받고자 하는 사람

남근기 성격(phallic personality) 허영심이 많고, 과시욕이 있고, 예민하며, 자기도취적인 사람

남근기(phallic stage) 아동이 성기기에 사로잡힌 심리성적 단계(대략 만 3세 ~ 6세)

쾌락 원리(pleasure principle) 바람, 욕망 또는 욕구에 대한 즉각적인 만족에 대한 갈망

전의식(preconscious) 자발적으로 의식에 가져올 수 있는 정보를 포함하는 정신 영역

정신(psyche) 마음, 정신생활, 그리고 전체적인 성격

심리성적 단계(psychosexual stages) 다양한 성격 특질이 형성되는 동안의 구강기, 남근기, 성기기 단계

현실 원리(reality principle) 적절할 때까지 행동(또는 쾌락)을 지연하는 것

초자아(superego) 사고와 행동에 대한 판단 또는 검열

타나토스(thanatos) Freud가 제안한 죽음의 본능

무의식(unconscious) 의식의 이면에 있는 정신 영역, 특히 개인이 바로 알지 못하는 충동과 욕망

원초아 **원초아**(id)는 선천적인 생물학적 본능과 충동으로 구성된다. 원초아는 **쾌락 원리**(pleasure principle)에 따라 작동한다. 이것은 이기적, 비합리적, 충동적이며 완전히 무의식적이다. 즉 모든 종류의 쾌락추구 충동을 자유롭게 표현하고자 한다. 우리가 전적으로 원초아의 통제에 있다면, 세상은 확신할 수 없을 정도로 혼란스러워질 것이다.

원초아는 전체적 **정신**(psyche)이나 성격을 위한 힘의 근원 역

정신분석 이론 무의식의 힘과 갈등을 강조하는 Freud의 성격 이론

할을 한다. **리비도**(libido)라고 불리는 이 에너지는 **삶의 본능**(life instincts)[**에로스**(Eros)]에서 나온다. Freud는 리비도가 성욕과 쾌락추구뿐만 아니라 생존을 위한 정신적 노력의 근간을 이룬다고 한다. 또한 Freud는 **죽음 본능**(death instinct)[**타나토스**(Thanatos)]—현재는 공격성에 대한 충동과 파괴적인 충동으로 여겨지는 경우가 많다—에 대해 서술했다. Freud는 이러한 충동의 증거로 전쟁과 폭력에 관한 인간의 긴 역사를 언급했다. 즉 원초아 에너지의 대부분은 성과 공격성에 관련된 긴장상태를 해소하기 위한 것이다.

자아

자아(ego)는 원초아가 제공하는 에너지의 방향을 지시하기 때문에, '집행(executive)' 역할을 하는 것으로 서술된다. 원초아는 굉장한 힘을 가졌지만 명령을 수행하기 위해 다른 것에 의지해야만 하는 눈 먼 전사와 같다. 원초아는 단지 욕구에 대한 심상만 형성할 수 있다. 자아는 원초아의 욕구를 외부 현실과 연결시킴으로써 행동을 지시하는 힘을 가진다.

자아와 원초아 사이에 차이점은 있는가? 대답은 '그렇다'이다. 원초아는 쾌락 원리에 의해 작동된다. 대조적으로 자아는 **현실 원리**(reality principle)를 따른다. 자아는 사고, 계획, 문제해결과 결정을 위한 체계이다. 성격에 대한 의식적인 통제하에 있는 것이고, 현실적이거나 적절해질 때까지 행동을 지연시키는 경향이 있다.

Rykoff Collection/Corbis

Freud는 성격을 충돌하는 두 힘의 표출로 여겼다. 삶의 본능과 죽음의 본능. Allan Gilbert의 그림은 이 둘을 상징하고 있다(만약 여러분이 즉각적으로 죽음의 상징이 보이지 않는다면, 좀 더 떨어져서 그림을 보라).

초자아

초자아의 역할은 무엇인가? **초자아**(superego)는 자아의 행동이나 사고에 대한 심판관이나 검열관의 역할을 한다. **양심**(conscience)은 초자아의 일부이며, 개인이 처벌된다는 것을 반영한다. 우리는 양심의 기준에 충족하지 않으면 *죄책감*에 의해 내적으로 처벌을 받는다.

초자아의 다른 부분은 **자아 이상**(ego ideal)이다. 부모가 허락했거나 보상했던 모든 행동이 자아 이상에 반영된다. 자아 이상은 목표와 열망의 근원이다. 우리가 이 기준을 충족한다면 *자부심*을 느끼게 된다.

초자아는 '내면화된 부모(internalized parent)'로서, 행동을 통제하는 역할을 한다. 초자아가 약한 사람은 Freud학파의 관점에서 태만한, 범죄자적 혹은 반사회적 성격이 될 것이다. 대조적으로 너무 엄격하거나 가혹한 초자아는 억제, 엄격함 혹은 견딜 수 없는 죄책감을 초래한다.

성격의 역동

원초아, 자아, 그리고 초자아는 어떻게 소통하는가? Freud는 원초아, 자아와 초자아를 뇌의 한 영역이거나 인간 정신을 움직이는 '소시민'이라고 상상하지 않는다. 대신 이들은 모순되는 정신적 과정이다. Freud는 이 세 힘의 섬세한 균형을 이론으로 제시했다. 예를 들어, 즉각적인 쾌락에 대한 원초아의 요구는 때때로 초자아의 도덕적 제한과 충돌한다. 아마도 한 예가 각각의 역할을 명확히 하는 데 도움이 될 것이다.

> 예를 들면, 당신이 지인에게 성적으로 매료되어 있다. 원초아는 성적 욕망의 즉각적인 만족을 요구하지만 초자아가 반대할 것이다(초자아는 성을 충격 그 자체로 생각한다). 원초아는 "어서 해!"라고 말하고, 초자아는 냉담하게 "다시는 생각조차 하지 마."라고 대답한다. 그렇다면 자아는 무엇이라 말할까? 자아는 "나에게 계획이 있어!"라고 말한다.

물론 이 예시는 극단적으로 단순화되어 있기는 하지만 Freud학파의 핵심적인 사고를 담고 있다. 자아는 긴장을 완화하기 위해 우정에서 연애, 구혼과 결혼으로 이어지는 행동을 시작할 수 있다. 만약 원초아가 매우 강력하다면, 자아가 굴복하고 유혹을 시도할 수 있다. 만약 초자아가 승리한다면, 자아가 성적 에너지를 다른 활동으로 *대체*(displace)시키거나 *승화*(sublimate)시킬 수 있다(스포츠, 음악, 댄스, 푸시업, 찬 물로 목욕하기). Freud는 내적 투쟁과 다른 방향으로 에너지를 돌리는 것이 대부분 성격 기능의 특징이라고 한다.

자아는 항상 이들 중간에 붙잡혀 있을까? 기본적으로 그렇다. 그리고 그 압박은 격렬할 수도 있다. 자아는 원초아와 초자아의

상충되는 요구를 충족시키는 것 외에도 외부 현실을 다루어야 한다.

Freud는 자아가 위협당하거나 압도당하면 불안을 느낀다고 한다. 자아가 원초아의 충동을 거의 통제할 수 없는 경우에 **신경증적 불안**(neurotic anxiety)이 유발된다. 초자아의 처벌 위협 때문에 **도덕적 불안**(moral anxiety)이 유발된다. 각 개인은 이러한 불안을 진정시키는 특유의 방법을 발전시키며, 많은 사람들은 내적 긴장을 감소시키기 위해 *자아 방어기제*를 사용하는 것에 의지한다. 방어기제는 위협이나 불안의 원천을 부정, 왜곡, 또는 차단하는 정신 과정이다(자아 방어기제는 Freud가 스트레스, 불안 및 위협 상황에 대항하는 보호의 형태로 고안하고 사용된 것이다. 모듈 45 참조).

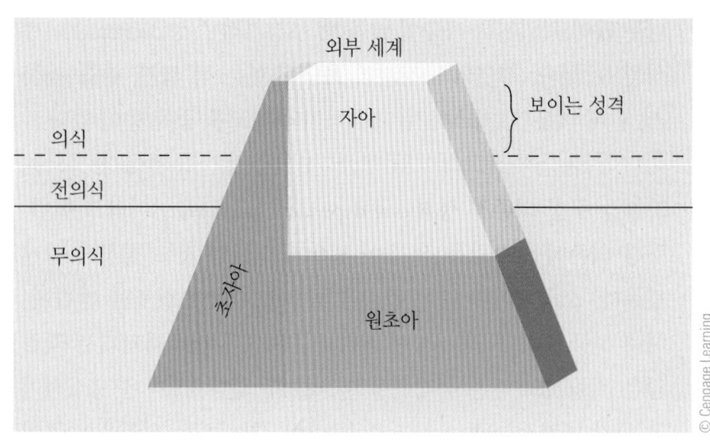

그림 40.1
원초아, 자아, 그리고 초자아 사이의 대략적 관계와 의식 수준

자각 수준 Freud는 다른 정신역동 이론가들처럼 우리의 행동이 때때로는 무의식적인(또는 숨겨진) 힘에 의해 표현된다고 믿었다. **무의식**(unconscious)은 억압된 기억과 정서뿐만 아니라 원초아의 본능적인 추동(instinctual drive)을 가지고 있다. 현대 과학자들이 무의식적인 정서나 기억을 유발하고 억압의 근간이 되는 뇌 회로를 발견한 것은 흥미로운 일이다(Berlin, 2011; Ceylan & Sayin, 2012).

비록 무의식적 사고, 느낌 또는 충동이 자각되지는 않지만 위장되거나 상징적인 형태로 행동에 스며들 수도 있다(Reason, 2000; 그렇다. 프로이트식 실수가 존재한다). 만약 친해지고 싶은 사람을 만난 경우라면 후에 다시 만날 수 있도록 무의식적으로 책이나 재킷을 그 사람의 집에 두고 올 수도 있다.

원초아처럼 자아와 초자아의 행동 또한 무의식적인 것일까? 가끔은 그렇다. 그러나 그것들은 또한 다른 2개의 자각 수준(level of awareness)에서 작동한다(● 그림 40.1). **의식**(conscious) 수준은 사고, 지각, 느낌과 기억을 포함하여 그 순간에 자각하는 모든 것을 포함한다. **전의식**(preconscious)은 쉽게 자각할 수 있는 재료를 포함한다. 여러분이 화가 났거나 거절당했던 순간을 떠올리기 위해 걸음을 멈춘다면 여러분은 전의식적인 수준에서 의식적인 수준으로 자각 수준을 움직이는 것이다.

초자아의 활동 또한 다른 자각 수준을 드러낸다. 우리는 의식적으로 도덕이나 기준대로 행동하려고 노력하지만, 어떤 경우 이유 없이 죄책감을 느끼는 경우도 있다. 정신분석 이론은 이 죄책감을 초자아의 무의식적인 활동이라고 믿는다. Freud는 실제로 많은 감정의 무의식적인 기원을 쉽게 자각할 수 없다고 믿었다.

성격의 발달

정신분석 이론은 성격 발달을 어떻게 설명하는가? Freud는 성격의 핵심이 6세 이전에 **심리성적 발달단계**(psychosexual development stage)에 따라 연속적으로 형성된다는 이론을 제시했다. Freud는 아동기의 성적 욕구가 발달에 지속적으로 영향을 준다고 믿었다(Ashcraft, 2012). 예상하듯이 이는 논란의 여지가 있는 생각이다. 그러나 Freud는 신체적인 쾌락의 원천을 나타내는 '성(sex)'과 '성적인(erotic)'이라는 용어를 매우 광범위하게 사용했다.

Freud학파의 개인적 우화란? Freud는 심리성적 단계가 **구강기**(oral stage), **항문기**(anal stage), **남근기**(phallic stage)와 **성기기**(genital stage) 등으로 이루어져 있다고 설명했다[잠복기(latency stage)가 남근기와 성기기 사이에 일어난다고 덧붙였다. 잠복기는 뒷부분에서 설명하겠다]. 각 단계마다 신체의 다른 부분이 아동의 주 **성감대**(erogenous zone)—쾌감을 일으킬 수 있는 부위—가 된다. 각각의 다른 부위가 쾌감, 좌절감 그리고 자기표현의 주요 원천이 된다. Freud는 성인의 성격적 특질이 하나 이상의 단계에서 고정되었을 것이라 믿었다.

고착이란 무엇일까? **고착**(fixation)은 탐닉이나 좌절로 인해 해결되지 않은 갈등 혹은 감정적 문제이다. 심리성적 단계를 살펴보면 Freud가 고착의 중요성을 강조한 이유를 이해하게 될 것이다.

Freud가 담배를 하나의 구강 고착의 표현이라고 설명한 적이 있는가? 담배는 남근의 상징일까? 둘 다인가? 아니면 둘 다 아닌가? Freud가 이 질문을 받았을 때 그는 "담배는 그저 담배일 뿐일 때가 있다."라고 대답했다. 이처럼 확실하게 대답하지 못하는 것은 정신분석 이론의 단점 중 하나이다.

구강기 유아가 태어난 첫 해의 쾌감 대부분은 구강의 자극으로부터 온다. 아동이 너무 많이 먹었거나 짜증이 났을 때 구강기적 특성(oral trait)이 형성될 수 있다. 성인의 구강기적 욕구 표현은 껌 씹기, 손톱 깨물기, 담배 피우기, 키스하기, 과식하기와 알코올 중독 등이 있다.

만약 구강기적 고착이 존재한다면? 구강기 초기에 형성되는 고착을 **구강 의존적 성격**(oral-dependent personality)이라고 한다. 구강 의존적인 사람은 잘 속아 넘어가고(어떤 것도 굉장히 쉽게 믿는다) 소극적이며 많은 관심을 필요로 한다(보살핌을 받길 원하며 선물 공세를 받고 싶어 한다). 구강기 후반에 나타나는 좌절감은 깨물기와 같은 공격성을 일으킬 수 있다. 고착은 냉소적이고 **구강 공격적**(oral-aggressive)이며 남을 착취하는 성인을 만들어 낸다. 그들은 논쟁하는 것도 좋아한다('빈정대기'가 바로 그들의 강점이다!).

항문기 아동의 관심은 유아가 1세에서 3세 사이에 배출의 과정(process of elimination)으로 이동한다. 아동은 부모가 배변 훈련을 시키면 승인을 얻거나 '참기'나 '내보내기'로 반항 혹은 공격성을 표현할 수 있다. 그런 이유로 가혹하거나 관대한 배변 훈련은 이러한 반응을 성격으로 만드는 항문기 고착현상을 일으킬 수 있다. Freud는 '참기' 혹은 **항문 보유적 성격**(anal-retentive personality)을 고집이 세고 인색함, 질서 정연함과 강박적인 청결함으로 서술했다(만약 누군가 여러분이 지나치게 꼼꼼하다는 이유로 비판한다면, Freud를 탓하라). 또한 Freud는 '내보내기' 혹은 **항문 폭발적 성격**(anal-expulsive personality)은 무질서하고, 파괴적이며, 잔인하거나 지저분하다고 기술했다.

남근기 성인의 **남근기적 성격**(phallic personality)의 특질은 자만함, 노출증, 예민한 자부심과 자기애이다. Freud는 남근기적 고착이 3세에서 6세 사이에 일어난다는 이론을 제시했다. 이 시기에 아동들은 성적 호기심이 증가해 이성 부모에게 육체적으로 끌린다. 남아의 경우 이런 끌림이 **오이디푸스 갈등**(Oedipal conflict)으로 이어진다. 어머니에 대한 애착 때문에 아동은 아버지를 경쟁 상대로 보게 된다. Freud는 남아가 아버지로부터 위협(아동이 특히 거세를 두려워하여)을 느낀다고 믿었다. 남아는 불안을 낮추기 위해 아버지와 *동일시*해야 한다. 아동이 아버지처럼 되려고 할 때 비로소 그들의 경쟁은 끝이 난다. 아동은 아버지의 가치관을 받아들이고 양심을 형성한다(Kupfersmid, 2012).

그렇다면 여아는 어떨까? 여아들은 **엘렉트라 갈등**(Electra conflict)을 경험하게 된다. 이 경우에 여아는 아버지를 사랑하게 되고 어머니와 경쟁하게 된다. 하지만 Freud에 따르면 여아는 어머니와 보다 점진적으로 동일시하게 된다.

Freud는 여아가 이미 거세를 경험했다고 생각했다. 그 때문에 여아가 남아보다 동일시하는 경향이 적어지게 된다. Freud는 이런 현상이 양심을 형성하는 데 덜 효과적이라고 말했다. Freud의 이러한 생각은 현대 여성심리 전문가에게 철저히 거부당했다. 이 부분은 Freud가 살았던 남성 지배적 사회의 반영이라고 여기는 것이 나을 듯하다.

잠복기 Freud는 6세부터 사춘기까지를 잠복기 시기라고 했다. **잠복기**(latency)는 하나의 단계이기보다 심리성적 발달이 잠잠해지는 조용한 시기이다. 이 시기의 심리성적 발달이 '보류된 상태'라는 Freud의 신념은 받아들이기 어렵다. 그런데도 Freud는 잠복기를 생후 6세까지의 질풍노도의 시기와 비교하면 상대적으로 조용한 시간이라고 보았다.

성기기 사춘기에 성적 에너지의 상승은 초기의 해결하지 못한 모든 갈등을 활성화시킨다. Freud는 이런 급상승이 청소년을 감정과 혼란으로 가득하게 만든다고 한다. 성기기는 사춘기에 시작된다. 청소년기는 책임감 있는 사회적 성적 관계에 대한 능력이 점차 커지는 시기이다. 성기기는 사랑을 수용할 수 있는 성숙함과 완전한 성인의 성생활에 대해 인식하게 되면서 끝이 난다.

비판적인 논평 *Freud의 이론은 아직도 일반적으로 받아들여지고 있는가?* 오늘날 Freud의 이론을 전적으로 포용하는 심리학자는 거의 없지만, 여전히 몇 가지 이유로 영향을 미치고 있다. 첫째, Freud의 이론은 무의식 과정의 개념을 만들어 낸 선구자 역할을 했다. 현대의 정신역동 이론가들은 비록 성과 죽음이 동기부여의 원동력이라는 Freud의 생각을 공유하지 않았지만, 인간의 마음이 무의식적이라는 것과 행동을 형성하는 데 중요한 역할을 한다는 점에 동의했다(Epstein, 2003). 오늘날 다른 동기부여와 인지 요인은 동등한 중요성이 있는 것으로 여겨진다.

둘째, 생의 첫해 동안에 일어난 결정적인 사건들이 성인의 성격을 형성하는 데 도움을 준다는 생각이 여전히 일반적으로 받아들여지고 있다. 예컨대 Freud는 발달 과정을 단계별로 제안한 최초의 사람 중 하나였다(Shaffer, 2009). (출생 시부터 노년기까지의 단계를 다룬 Erik Erikson의 심리사회적 단계는 Freud 학설에 대한 현대적 분파이다. 모듈 15를 보라.)

그러나 세부사항을 다룰 때마다 Freud의 이론은 대체로 명확하지 못함이 드러났다. 초등학생 시절(잠복기)은 성으로부터 자유로우며 성격 발달에 중요한 역할을 하지 않는다는 그의 설명은 믿기 어렵다. 남성의 강한 양심을 발달시키는 데 엄격하고 위협적인 아버지의 역할에 대한 그의 생각 또한 이의가 제기되었다. 아버지가 엄격하고 처벌적인 경우보다 다정하고 보다 수용적인 성향의 아버지 밑에서 자란 아들이 좀 더 강한 양심이 발달한다는 연구결과도 제시되었다.

Freud의 여성 발달단계도 철저히 불신을 받았다(Hyde & Else-Quest, 2013). 예를 들어 아동기에 성폭행을 당했다고 믿는 환자에 대한 그의 관점에 대해 심한 비난이 쏟아졌다(Marcel, 2005). Freud는 그 사건이 단지 아동기의 환상일 뿐이라고 생각했다. 이러한 그의 관점은 성폭행을 당한 아동과 강간을 당한 여성을 오랫동안 신뢰하지 못하게끔 만들었다(Brannon, 2011).

또 하나의 중요한 비판은 Freud의 개념을 과학적으로 증명하는 것이 거의 불가능하다는 것이다. 그의 이론은 어떤 사건이 일어난 *후의* 모든 생각, 행동 또는 감정을 설명할 수 있는 다양한 방법을 제공한다. 그러나 이런 방법은 예측(prediction)을 이끌어 내지 못하기 때문에 그 주장을 검증하는 것이 어렵다. Freud의 이론에 대해 더 많은 비판을 열거할 수는 있지만, 그가 진술한 대부분의 측면들은 여전히 가치롭게 받아들여지고 있다(Moran, 2010; Tauber, 2010).

인본주의 이론에서 절정 경험과 개인의 성장

SURVEY QUESTION 40.2 인본주의적 성격 이론이란 무엇인가?

인본주의(humanism)는 인간의 경험, 문제, 잠재성과 이상에 중점을 둔다. 우리가 모듈 3에서 보았듯이, 인본주의의 핵심은 유전, 학습 또는 무의식적인 힘에 결정되지 않고 선택하고, **자유 의지**(free will)가 있는 창조적 존재로서의 인간에 대한 긍정적 이미지이다. 즉 인본주의자들은 우리의 잠재력을 꽃피울 수 있는 방법을 모색한다.

인본주의는 정신역동과 행동주의 성격 이론과 대조되는 '제3의 물결'이라고 불린다. 인본주의는 정신분석 또는 정신분석 이론에 반발하면서 발생했다. 이는 성격을 무의식적인 힘과 본능의 치열한 전장으로 보는 Freud학파의 관점을 거부한다. 대신, 인본주의는 개인의 특질, 자질, 잠재력과 행동 패턴과 같은 **인간 본성**(human nature)이 본질적으로 긍정적이라 여긴다. 또한 행동주의가 인간의 본성을 기계와 같은 함축적인 존재로 지각하는 것도 부정한다(모듈 41에서 설명한다). 인본주의자들은 인간을 한낱 형틀로 찍어내는 반응 뭉치로 여기지 않는다.

인본주의자들은 모든 선택의 결과가 모여 오늘날 자신을 만든다고 여긴다. 또한 인본주의자들은 인간이 이전에 학습했던 것보다 **주관적 경험**(subjective experience)—현실에 대한 개인의 지각—을 강조한다. 그들은 사람들이 존재하는 만큼 '실제적인 세계'가 있다고 생각한다. 우리는 인간의 행동을 이해하기 위해 사람들이 주관적으로 세상을 보는 방식—그 또는 그녀에게 '실제'가 무엇인지—을 배워야 한다.

인본주의학파의 주요 심리학자는 누구일까? 많은 심리학자들이 인본주의적 전통을 발전시켰다. 이들 중 Abraham Maslow와 Carl Rogers는 가장 잘 알려진 인본주의 학자이다. 모듈 3에서 Maslow의 자아실현에 대한 관점을 소개한 바 있으며, 지금부터 그의 자아실현 개념의 이면에 대해 보다 자세히 살펴보고자 한다.

Maslow와 자아실현

Abraham Maslow는 매우 효율적으로 삶을 영위하는 사람들을 흥미롭게 생각했다(Hoffman, 2008). 그들은 서로 어떤 차이가 있었을까? Maslow는 그 답을 찾기 위해 Albert Einstein, William James, Jane Addams, Eleanor Roosevelt, Abraham Lincoln, John Muir와 Walt Whitman 등 역사상 위대한 남성과 여성의 삶을 연구하기 시작했다. 또한 현존하는 예술가, 작가, 시인, 그리고 다른 창조적인 개인을 직접 연구하기 시작했다.

이러한 과정에서 Maslow의 생각이 근본적으로 바뀌었다. 그는 처음에는 창의성이나 성취도가 높은 사람들만 연구했다. 그러나 결국 누구나 풍부하고 창조적이며 만족스러운 삶을 살 수 있다는 것이 분명해졌다(Davidson, Bromfield, & Beck, 2007). Maslow는 개인적 잠재력을 **자아실현**(self-actualization)으로 완전히 발전시키는 과정을 언급했다(Maslow, 1954). 자아실현의 핵심은 개인이 성취를 지속적으로 추구하는 것이다(Peterson & Park, 2010; Reiss & Havercamp, 2005).

자아실현인의 특성 *자아실현인*(self-actualizer)은 자신의 잠재력을 활용하고 창조적으로 살아가고 있는 사람을 의미한다. Maslow는 자신의 연구에서 자아실현인이 많은 유사점을 공유한다는 것을 발견했다. 이들은 유명인이거나 무명인, 고학력자이거나 무학자, 부자이거나 가난한 자에 상관없이 아래의 특징을 공유하는 경향이 있다.

1. **효율적인 현실 인식.** 자아실현인들은 상황을 정확하고 정직하게 판단할 수 있다. 그들은 거짓이나 정직하지 못함에 매우 민감하다.
2. **자기, 타인 및 본성에 대한 편안한 수용.** 자아실현인들은 그들이 가진 모든 결함과 인간의 본성을 수용한다. 그들은 타인의

인본주의 인간 경험, 문제, 잠재력 그리고 이상에 초점을 둔 접근 방법
자유 의지 유전, 학습, 또는 무의식적인 힘에 통제되지 않는 자유롭게 선택하는 능력
인간 본성 인류의 가장 특징적인 특성, 속성, 잠재성 및 행동
주관적 경험 객관적인 것이 아니라 지각되고 해석된 실재(reality)
자아실현 개인의 잠재성을 완전히 개발하는 과정

결점과 인간의 모순된 측면 또한 인정한다.

3. **자발성**(spontaneity). Maslow는 이 주제를 일상생활로 확장시켰다. 자아실현인들은 매우 활기가 넘치고, 열정적이며, 자발적인 경향이 있다.
4. **과제 중심적**(task centering). Maslow의 주제는 스스로 추구하고자 하는 삶, 어떤 과업 혹은 외부 세계의 과제 등을 완수하고자 하는 사명을 가지고 있었다. 이러한 사람들 중 인도주의자인 슈바이처와 테레사 수녀가 대표적이다.
5. **자율성**(autonomy). 자아실현인들은 외부의 권위 대상이나 타인에 대한 의존으로부터 자유롭다. 그들은 내적 자원이 풍부하고 독립적인 경향이 있다.
6. **지속적으로 감사하는 마음.** 자아실현인들은 삶에서 기본적으로 주어지는 것들에 대해서도 끊임없이 감사함을 느끼는 것처럼 보인다. 일몰이나 꽃을 처음 경험한 것처럼 매번 강렬함을 느낀다. 자아실현인들은 예술가나 아동처럼 '순수한 비전(innocence of vision)'을 가진다.
7. **인류애.** 자아실현인들은 다른 사람과 인간의 일반적인 상황에 깊게 공감한다.
8. **깊이 있는 대인관계.** 자아실현인의 애정이 깃든 깊은 대인관계를 나타낸다.
9. **편안함과 고독.** 자아실현인들은 다른 사람과 만족스러운 관계를 맺고 있음에도 불구하고, 혼자 있을 때 편안함을 느끼는 것에 개인적 가치를 둔다.
10. **공격적이지 않은 유머감각.** 이는 자기 스스로를 낮추는 놀라운 능력과 관련이 있다. 에이브러햄 링컨도 이러한 유머 감각을 지녔다. 그는 타인에게 상처 주는 농담은 하지 않았다. 그는 인간의 단점에 대해 온화하면서도 자극이 되는 논평을 하였다.
11. **절정 경험.** Maslow가 주목한 사람들은 모두 절정 경험(peak experience) 또는 일시적이면서도 빈번한 자아실현 경험을 보고하였다. 이때 황홀감, 조화로움, 깊은 의미를 생생하게 느낀다고 한다. 자아실현인들은 어느 때보다 강하고 침착하며 빛으로 가득 찬 우주와 하나 되는 기분을 느끼며, 아름답고 행복한 경험을 한다고 보고하였다.

요컨대, 자아실현인들은 신중하고, 불안해하지 않으며 애정이 깊고 생동감을 느낀다.

Maslow는 자아실현인들에 대한 경험적 연구를 하고자 했지만, 결국 주관적으로 연구 대상자들을 선택했다. 단, 확실한 한 가지는 개인의 잠재력은 여러 가지 방법을 통해 최대로 활용될 수 있다는 것이다. Maslow는 평생 동안 일어날 수 있는 개인의 성장 가능성에 대해 주목하였다. 그는 인간의 삶이 평생 성장 가능성이 있다는 사실에 주목할 수 있도록 한 점에서 큰 공헌을 하였다(Peterson & Park, 2010).

자아실현을 촉진하기 위한 단계는 무엇인가? Maslow는 보다 창조적인 삶을 이끌기 위한 마법의 공식은 찾지 못했다. 자아실현은 목적지나 종점이 아닌 과정 그 자체이다. 따라서 자아실현은 근면, 인내 그리고 노력(몰입)이 필요하다. 그럼에도 불구하고 몇 가지 도움이 되는 제안을 그의 글에서 찾아볼 수 있다(Maslow, 1954, 1967, 1971), 그 몇 가지 방법은 다음과 같다.

1. **기꺼이 변화하라.** 끊임없이 자신에게 질문하라. "나는 어느 정도로 나를 깊이 만족시키고, 진정으로 나를 표현하면서 살고 있는가?" 그렇지 않더라도, 여러분의 인생을 변화시킬 준비를 하라.
2. **책임감을 가져라.** 여러분은 삶의 모든 측면에 대한 개인적 책임이 있는 것처럼 행동하는 그 자체로 자신의 인생의 설계자가 될 수 있다. 자신의 단점을 비난하는 습관을 피하라.
3. **동기를 검토하라.** 자아 발견은 위험요소를 포함한다. 여러분의 행동이 안전 욕구에 의해 제한된다면, 이것이 약간의 한계를 시험하는 시점이 될 수도 있다.
4. **정직하고 직접적으로 경험하라.** 자아실현인은 왜곡 없이 자신의 두려움과 욕망 및 모든 유형의 정보를 받아들일 수 있을 만큼 자기 자신을 신뢰한다. 희망적 사고는 개인의 성장에 또 다른 장벽이다. 다른 이들이 하는 것처럼 자기 자신을 돌아보라.
5. **긍정적 경험을 활용하라.** Maslow는 자아실현의 일시적 순간인 절정 경험을 고려했다. 따라서 여러분은 두려움, 놀람, 의기양양, 회복, 존경, 겸손, 성취 또는 즐거운 느낌이 야기되는 활동을 반복할지도 모른다.
6. **남다름을 준비하라.** Maslow는 모든 사람이 '위대함'에 대한 가능성을 가지고 있지만, 대부분의 공포는 거기서부터 시작한다고 느꼈다. 개인적 성장의 한 부분으로, 자기 자신의 충동과 감정을 신뢰할 수 있도록 하라. 타인의 기준으로 자신을 자동적으로 판단하도록 두지 마라.
7. **관여하라.** 몇 가지 예외를 제외하고, 자기 확신을 가진 사람은 삶의 사명이나 '소명'을 갖는 경향이 있다. 이들에게 '일'은 단지 결핍욕구를 채우기 위함이 아니라, 진실, 아름다움, 지역사회와 의미에 대한 높은 열망을 충족하기 위함이다. 자기 주변의 문제에 대해 관심을 두라.
8. **경과를 평가하라.** 자기실현을 하는 데에 최종 목적지는 없다. 여러분의 진행상황을 자주 확인하고, 개인적 노력을 지속해 나가는 것이 중요하다. 만일 학교, 일, 관계에 대해 지루해진다면, 그것을 도전으로 받아들여라. 여러분은 자신의 개인적 성장에 대한 책임을 져 본 적 있는가?

전인적 인간: 번영

자아실현을 해 나가는 사람은 단지 생존하는 것이 아닌 번영(thriving)하는 것이라고 할 수 있다. Maslow와 같은 긍정심리학 지지자들은 행복과 안녕에 기여하는 긍정적인 성격 특질을 연구하기 위해 노력했다(Ryan, Curren, & Deci, 2013; Seligman, 2003). 이들의 연구가 항상 인본주의적 전통에 속하는 것은 아니지만, 연구 결과는 그와 관련이 있다.

Martin Seligman, Christopher Peterson, 그리고 다른 연구자들은 안녕과 삶의 만족도에 기여하는 여섯 가지 인간의 강점(strength)을 발견하였다. 각각의 강점은 아래에 나열된 긍정적 성격특성으로 표현된다(Peterson & Seligman, 2004).

- **지혜와 지식**: 창의성, 호기심, 열린 마음, 학습의 즐거움, 안목
- **용기**: 담력, 끈기, 진실성, 활력
- **인간성**: 사랑, 친절함, 사회지능
- **정의**: 시민의식, 공정성, 리더십
- **절제**: 용서, 겸손, 신중함, 자제력
- **초월성**: 아름다움과 뛰어난 것에 대한 감탄, 감사함, 희망, 유머, 영성

긍정적인 성격 특성 중 행복과 가장 관련 있는 것은 무엇인가? 희망, 활력, 감사함, 사랑 그리고 호기심에 관한 한 연구 결과에 따르면, 이들 성격 특성은 삶의 만족도와 높은 관련이 있는 것으로 나타났다(Park, Peterson, & Seligman, 2004). Maslow의 자아실현인에 대한 설명과 함께 이러한 특성은 행복하고 의미 있는 삶을 사는 데 도움이 되는 성격 특성에 대한 훌륭한 지침을 제공한다.

Carl Rogers의 자기 이론

인본주의자로 잘 알려진 또 다른 인물인 Carl Rogers는 내적 평화와 행복을 위한 인간역량을 강조하였다(Elliott & Farber, 2010). Carl Rogers는 **충분히 기능하는 사람**(fully functioning person)은 깊은 감정과 충동이 조화를 이룬다고 하였다. 이들은 경험에 개방적이며, 자신의 내적 충동과 직관을 신뢰한다(Rogers, 1961). Rogers는 개인이 타인으로부터 충분한 사랑과 인정을 받았을 때 이러한 사고방식이 생겨날 가능성이 높다고 여겼다.

성격구조와 역학 Rogers의 이론은 개인 정체성의 인식 변화와 유연성인 **자기**(self)를 강조한다. 많은 행동은 우리의 *자기상*과 행동 사이의 일관성을 유지하기 위한 시도로 이해될 수 있다. [여러분의 **자기상**(self-image)은 여러분의 신체와 성격의 주관적 인식 전체이다.] 예를 들어, 스스로 친절하다 생각하는 사람은 대부분의 상황에서 배려하려는 경향이 있다. Rogers에 따르면, 우리는 스스로 서서히 변화하는 지점에서 경각심을 갖고 우리의 자기상과 연결하는 경험을 받아들인다.

예를 들어 그녀는 자신을 친절하다고 생각하지만 실제로는 그렇지 않다. Rogers의 이론이 적합한가? 자기상과 모순되는 인식이나 감정은 불일치한다고 말할 수 있다. 따라서 그녀는 자신을 친절하다고 생각하지만 실제로 그렇지 않은 것은 **불일치**(incongruence) 상태에 있는 것이다. 다시 말해서, 그녀의 경험과 자기상 사이에는 모순이 있다. 다른 예로, 매일 끓어오르는 분노에 차 있는 당신이 '절대 화내지 않을 거야.'라고 생각하는 것은 불일치 상태이다.

심각한 자기상 불일치 경험은 위협적일 수 있으며, 때때로 왜곡되거나 자각하고 있는 인식을 부인한다. 경험을 차단, 부인, 또는 왜곡하는 것은 변화하는 자기를 방어하는 것이다. 이는 자기상과 실제 사이의 차이를 만든다(Ryckman, 2013). 자기상이 더 비현실적으로 성장함에 따라, *자기상이 일치하지 않는* 사람은 혼란스럽고 취약하며 불만스럽거나 심각하게 부적응적으로 된다(● 그림 40.2). Rogers의 관찰과 비슷하게, 대학생 연구에서 *진실한 삶*(authentic)이 건강한 기능을 위하여 필수적임을 확인하였다. 즉 우리는 우리의 행동이 정확하게 우리를 나타낸다고 느낄 필요가 있다(Wenzel & Lucas-Thompson, 2012). 하지만 완전하다는 것이 당신이 원하는 것을 무엇이든 요구하라는 의미가 아님을 유의해야 한다. 자신에게 진실되는 것이 무책임하게 타인의 감정을 무시하는 행동에 대한 이유가 되지 않는다(Kernis & Goldman, 2005).

여러분의 자기상이 여러분이 생각하는 것, 느끼는 것, 행동하는 것, 그리고 경험하는 것과 실제로 일치할 때, 여러분의 잠재력을 가장 잘 실현할 수 있다. 또한 Rogers는 자아상과 이상적 자아 사이의 일치를 필수적인 것으로 생각하였다. **이상적 자기**(ideal self)는 Freud의 자아 이상(ego ideal)과 유사하다. 그것은 여러분이 가장 되고 싶은 사람의 심상이다(Przybylski et al., 2012).

그것이 여러분의 이상적 자아에 부합하지 않게 불일치하는가?

절정 경험 자아실현의 일시적 순간
충분히 기능하는 사람 자신의 깊은 감정, 충동, 그리고 직관과 조화롭게 사는 사람
자기 한 개인의 정체성에 대한 지속적으로 발달하는 개념
자기상 개인의 신체와 성격에 대한 주관적 인식(자아 개념을 가리키는 다른 용어)
불일치 개인의 경험과 자아상 또는 개인의 자아상과 이상적 자아 사이의 불일치가 존재하는 상태
이상적 자기 자신에 대한 이상화 이미지(개인이 되고 싶은 사람)

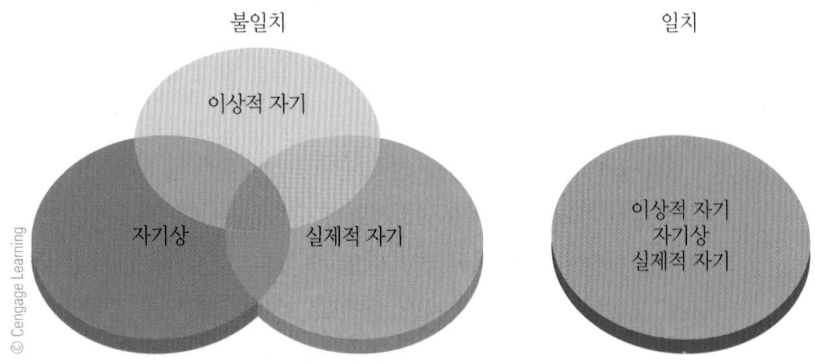

그림 40.2
세 개념 간 어떠한 차이라도 있을 시 불일치가 발생한다. 이상적 자기(여러분이 되고 싶은 사람), 여러분의 자기상(여러분이 자신이라고 생각하는 사람), 참자기(실제 자신). 개인의 이상적 자기와 자기상 사이의 차이가 클 때 자존감은 영향을 받는다. 자기상이 참자기와 불일치할 때 흔히 불안과 방어가 나타난다.

Rogers는 우리가 결코 완전히 이상을 이루지 못한다는 것을 알고 있었다. 그럼에도 불구하고 여러분 스스로를 보는 방식과 여러분이 되고 싶은 방식 사이의 차이가 클수록 긴장과 불안을 경험할 것이다.

Rogers는 우리의 잠재력을 극대화시키기 위해, 우리가 가능한 한 솔직하게 우리에 대한 정보를 받아들여야 한다고 강조하였다. 그의 생각과 일치하게, 연구자들은 자기상과 이상적 자기 사이가 비슷한 사람들이 사회적으로 균형과 자신감, 그리고 재치가 있는 경향을 발견하였다. 불일치한 사람들은 우울하고 불안해하며, 자신 없어 하는 경향이 있다(Boldero et al., 2005).

심리학자 Hazel Markus와 Paula Nurius(1986)에 따르면, 우리의 이상적 자기는 우리가 되거나 되기를 두려워하는 수많은 **가능한 자기**(possible selves) 중 하나이다. 지적으로 타고난 재능이 있는 아프리카계 미국인 학생 윌리엄을 살펴보자. 그는 그의 지적 시야를 넓혀 주는 가능한 자기와 배기바지를 입은 정형화된 깡패에 대한 가능한 자기를 두려워하는 것을 동시에 받아들인다. 윌리엄과 같이, 여러분은 여러 가능한 정체성을 고려했을지도 모른다. (글상자 "우리 자신에 대한 이야기"를 보라.)

임상 파일

우리 자신에 대한 이야기

여러분은 다음의 두 가지 학생 고정관념을 알고 있다. 자유분방한 파티광과 성실한 책벌레. 어쩌면 여러분 자신도 두 유형 중 하나일 것으로 생각할지 모른다. 이러한 고정관념에 사실이 있는가? 여러분은 자신의 유형을 바꿀 수 있는가?

일반적으로, 우리의 성격 특성은 상대적으로 안정적인 특질이다(McAdams & Pals, 2006). 결과적으로, 빅 파이브 특성에서 외향성과 친화성이 높은 사람은 자유분방한 대학 생활 방식을 받아들일 경향이 있다. 비교해 보면, 성실성이 높은 사람은 열심히 공부하는 것을 쉽게 알 수 있다(McGregor, McAdams, & Little, 2006).

이것이 파티광이 책벌레가 될 수 없다는 것을 의미하는가? (또는 그 반대?) 그것은 상황에 따라 다르다. 여러분은 일주일 이상을 의미하는가? 혹은 일생을 의미하는가? 성격 특성은 우리가 나이 드는 것처럼 천천히 변화한다(Mõttus, Johnson, & Deary, 2012). 특히 우리는 나이가 들수록 더욱 친화적이고, 성실하며, 정서적으로 안정되는 경향이 있다(Roberts & Mroczek, 2008).

오, 여러분은 학기 말까지 바뀌었으면 하는가? 그것은 어려운 일이다. 그런 경우, 여러분은 자신에게 여러분이 될 수 있는 가능한 자기에 대한 이야기를 할 수 있다. 성격의 *서술적 접근*은 성격이 우리가 자신에게 하는 이야기에 의해 형성된다고 주장한다(Frazier, 2012; Lodi-Smith et al., 2009). 다시 말하면, 선택 가능한 삶의 이야기는 환상이나 공상이 아니다. 그들은 우리가 누구이고, 누가 될 것인지에 실제로 영향을 미친다.

만약 여러분 스스로가 학교에서 너무 부주의하고 자유분방하다고 느낀다면, 공부를 더 많이 하고 수업 시간에 정확히 도착하고 좋은 성적을 얻는 여러분을 상상해 보라. 성공적인 학생의 이야기를 듣고 여러분의 이야기를 수정하기 위하여 그것을 이용하라. 학교생활을 잘하는 방법을 더 자세하게 알기 위해 대학 내 상담센터를 방문하라. 다시 말하면, 여러분 스스로를 책벌레라고 상상하라. (여러분의 자유분방한 본성은 여러분을 저버리지 않을 것이니, 걱정하지 말라!)

만약 여러분이 너무 성실하고 일을 열심히 한다고 느낀다면, 자주 친구들과 어울리는 스스로를 상상해 보라. 여러분의 외향적인 반 친구의 이야기를 들어 보라. 여러분의 삶에서 일과 오락의 균형에 대한 이익을 상상해 보라. 만약 여러분이 수줍음이 많거나 완벽주의자라면, 교내 상담센터에 방문하여 어떻게 사교적 혹은 느긋해질 수 있는지 배우도록 하라. 그리고 다시 한 번 말하지만, 걱정하지 말라. 즐거운 시간을 조금 더 보낸다고 해서 여러분을 무책임하게 만들지 않는다.

여러분이 추구하는 어떠한 가능한 자기도 점차 새로운 행동 양식을 취하는 것처럼 만약 여러분의 이야기를 정교하게, 상세히, '현실적'으로 만든다면, 여러분이 상상하는 대로 될 수 있다. 여러분은 스스로 새로운 서사적 정체성을 만들 수 있다(Bauer, McAdams, & Pals, 2008; Nelson et al., 2012).

가능한 자기는 우리의 기대, 공포, 환상, 그리고 목적을 나타낸다. 그러므로 법학도 1학년은 자신을 성공적인 변호사로 상상할 수 있고, 진취적인 대학생은 스스로를 인터넷 사업가로 상상할 수 있으며, 다이어트를 하는 사람은 날씬하거나 병적으로 비만인 가능한 자기를 생각할 수 있다. 이와 같은 이미지는 우리의 미래 행동에 직접적인 경향이 있다(Barreto & Frazier, 2012; Oyserman et al., 2004).

물론, 30세 이상의 몇몇 사람들은 어떤 가능한 자기는 절대로 실현되지 않을 것이라는 것에 대하여 괴로워할 수 있다. 그럼에도 불구하고 "나는 누구입니까?"라고 자문하는 것만이 아니라 "나는 누가 되기를 바랍니까?"라고 자문하는 것 또한 가치 있다. 여러분이 한 것처럼, 모든 사람들은 '위대함(greatness)'에 대한 잠재력을 가지고 있으나, 대부분의 두려움은 그들에게서 비롯된다는 Maslow의 조언을 기억하라.

발달에 대한 인본주의적 견해

왜 거울, 사진, 비디오카메라와 같은 것들에 많은 사람들이 흥미나 위협과 같은 감정을 가지게 되는가? Carl Rogers의 이론은 거울, 사진, 비디오카메라와 같은 물건들이 자기에 대한 정보를 제공해 주기 때문이라고 제안한다. 자기상의 발달은 환경으로부터의 정보에 크게 영향을 받는다. 자기상은 지각과 감각의 분류로부터 시작된다. 나의 몸, 나의 발가락, 나의 코, 내가 좋아하는, 내가 원하는 것 기타 등등. 분류는 곧 자기평가로 확장된다. 나는 좋은 사람이다, 나는 방금 어떠한 일을 했고 그것은 나쁜 일이었다.

자기발달이 이후 성격 기능에 어떻게 기여하는가? Rogers는 다른 사람들에 의한 긍정적이거나 부정적인 평가는 아동들의 **가치의 조건화**(conditions of worth)를 발달시킨다고 믿었다. 다시 말해, 우리는 몇 가지 행동을 통해 부모로부터 사랑과 수용을 받을 수 있는 반면, 이 외의 행동은 부모로부터 거부된다는 것을 알고 있다. 더 중요한 것은, 부모님은 나쁘거나 틀린 것과 같은 약간의 *감정*에 꼬리표를 붙일 수 있다. 예를 들어, 아동은 형제나 자매에 대한 분노가 지극히 당연하다고 느낄 수 있지만 그것이 잘못된 것이라고 듣게 된다. 마찬가지로, 아동은 울거나, 두려움을 나타내는 두 가지 매우 정상적인 감정을 숨겨야 한다고 들을 수 있다.

다른 사람들의 '좋고, 나쁜' 기분이나 경험을 평가하는 것을 배우는 수용력은 자존감, 긍정적인 자기평가 또는 **긍정적 자기존중**(positive self-regard)과 같은 Rogers의 용어와 관련 있다. 스스로를 매력적이고, 가치 있는 사람이라고 생각하기 위해서는, 행동과 경험이 내면의 가치의 조건화와 일치하여야 한다. 문제는 이러한 과정 속에서 많은 사실적 감정과 경험이 부정될 수 있고 이것이 비일관성을 야기할 수 있다.

다시 말해, Rogers는 다른 사람들의 삶의 기준에 따라 살아가려고 노력하는 것 때문에 정서적 문제들이 일어난다고 주장하였다(Ashcraft, 2012). Rogers는 일치성과 자기실현이 가치조건화와 더불어 **유기체적 가치**(organismic valuing), 자연스러운 경험, 왜곡되지 않은 전신의 반응 상태로 대체됨으로써 힘이 생긴다고 믿었다. 유기체적 가치는 비일관적인 선별과 왜곡을 방지하는 직접적이고 본능적인 반응이다. 유기체적 가치는 내담자의 온전한 느낌과 견해를 믿어 주는 것을 포함한다. Rogers는 아동들(또는 성인)이 **무조건적인 긍정적 존중**(unconditional positive regard), 즉 타인으로부터 확고한 사랑과 수용을 받을 때 유기체적 조건화가 발달한다고 생각했다. 인간은 어떤 환경이나 조건에 따라 변화하지 않고 존재 자체만으로도 가치 있는 인간일 때 소중히 여겨진다. 이러한 말은 소수의 사람들이 즐기는 호화스러운 말일 수 있지만, 우리는 주변에 의미 있는 타인으로부터 긍정과 지지를 받을 경우 보다 이상적인 자아에 가까워질 수 있다(Drigotas et al., 1999).

가능한 자기 개인이 될 수 있는 사람에 대한 사고, 신념, 기분, 그리고 심상의 모음

가치의 조건화 내면의 기준은 하나의 생각, 행동, 감각 또는 경험의 값을 판단하는 데 사용된다.

긍정적 자기존중 좋은, 매력적인, 가치가 있는 사람으로서의 자신의 생각

유기체적 가치 경험에 대한 자연스럽고 왜곡되지 않은, 전신 반응

무조건적인 긍정적 존중 무조건적이고 흔들리지 않는 사랑과 수용

모듈 40: 요약

40.1 정신역동 이론은 성격을 어떻게 설명하는가?

40.1.1 다른 정신역동적 접근과 같이 Freud의 정신분석 이론은 성격 내의 무의식의 힘과 갈등을 강조한다.

40.1.2 Freud의 이론에서 성격은 원초아, 자아, 초자아로 구성되어 있다.

40.1.3 삶의 본능에서 나온 리비도는 성격을 운영하는 근본적 에너지이다. 성격 내에서의 갈등은 신경증적 불안, 도덕적 불안의 원인이 되며, 방어기제를 일으킬 수도 있다.

40.1.4 성격은 세 가지 수준에서 작동한다. 의식, 전의식 그리고 무의식.

40.1.5 성격 발달에 대한 Freud의 견해는 발달이 구강기, 항문기, 남근기, 성기기처럼 일련의 심리성적인 발달을 거친다는 것이다. 또한 다음 단계로 발달되지 못할 경우 성격이 고착될 수 있다고 지적하였다.

40.2 인본주의적 성격 이론이란 무엇인가?

40.2.1 인본주의적 이론은 주관적 경험, 자유 의지, 자기실현 그리고 인간 본성의 긍정적 모델을 강조한다.

40.2.2 Maslow는 현실의 효율적인 지각에서 잦은 절정 경험을 한다는 자아실현의 특징을 발견하였다.

40.2.3 긍정심리학자들은 건강한 삶의 만족도에 기여하는 여섯 가지 미덕을 확인하였다. 지혜, 지식, 용기, 인간성, 정의, 절제와 초월성

40.2.4 Rogers는 개인적인 경험에서 도출하는 존재를 자기로 보았다. 우리는 자기상과 일치하지 않는 부적절한 경험을 제외하고 자기상과 일치하는 경험만 인식하는 경향이 있다.

40.2.5 부적절한 사람은 허황되고 비현실적인 자기상 또는 현실적 자기상과 이상적 자기상 사이의 불일치가 존재한다. 적절하거나 완전히 기능하는 사람은 경험과 감각에 탄력적으로 대응한다.

40.2.6 부모가 자녀의 행동, 생각, 감정에 가치 조건화를 적용할 때, 아동들도 동일한 작업을 수행하기 시작한다. 내면적 가치 조건화는 유기체적 가치를 방해하는 비일관성에 영향을 준다.

모듈 40: 지식 쌓기

암기

1. Freud는 세 가지 수준으로 마음의 기능을 언급하였다. 의식, 무의식 그리고 _____.
   a. 정신　　b. 전의식
   c. 초자아　　d. 잠재의식

2. 다음 인물에 의해 가정된 3개의 성격 구조를 나열하라.
   Freud: ______________________

3. Freud는 삶의 본능으로 알려진 타나토스를 제안했다. O X

4. Freud의 성격 발달에 대한 견해는 ________발달 단계의 개념에 기반한다.

5. 인본주의는 기본적으로 인간의 본성을 선한 것으로 보고 주관적 학습과 무의식적 선택의 영향을 강조한다고 보고 있다. O X

6. Maslow는 절정을 경험하는 일시적 순간을 ______으로 생각했다.
   a. 일관성　　b. 긍정적 자기존중
   c. 자아실현　　d. 자기강화

7. Rogers의 따르면 자기상과 이상적 자기상이 가까우면 부조화가 일어난다. O X

8. Rogers는 가치의 조건이 이것으로 대체될 때 개인적 성장을 야기할 수 있다고 믿었다.
   a. 자기 효능감　　b. 잠복기
   c. 도구적 가치　　d. 유기체적 가치

반영

비판적으로 생각하기

9. 여러분의 자기상과 '가능한 자기'는 대학교 전공 선택에 어떠한 역할을 할까?

자기반영

여러분의 생각, 감각 또는 행동이 각각 동작하는 것처럼 보였을 때 적어도 한 번쯤 생각해 보라: 원초아, 초자아, 자아.

여러분은 구강기, 항문기 또는 남근기적 성격 특성을 갖고 있는 사람을 알고 있는가? 여러분은 Freud의 고착이라는 개념이 자신의 특성을 잘 설명한다고 생각하는가?

여러분은 개인 잠재력을 잘 활용하고 있는 사람을 알고 있는가? 그 사람은 Maslow의 자아실현의 이론에 적합한가?

여러분은 여러분의 자아상, 이상적 자기, 여러분의 사실적인 자아 사이에 얼마나 많은 차이가 있다고 생각하는가?

정답

1. b **2.** 원초아, 자아, 초자아 **3.** X **4.** 심리성적 **5.** X **6.** c **7.** X **8.** d **9.** 전공 선택에 있어 자기상과 '가능한 자기'의 역할이 크다. 그런 가능한 '장래의 자기'는 우리가 내리는 많은 주요한 결정에 역할을 한다(Masters & Molley, 2006).

Module 41

성격: 행동과 사회학습 이론

수라는 소년

Phanie/RGB Ventures LLC dba SuperStock/Alamy

어린 수(Sue)는 왜 공격적일까? 농담이 아니다. 수의 아버지는 오래된 미국 전통음악에서 영감을 얻어 그의 이름을 수라고 지었다. Freud는 공격적 욕구가 본능에 따른 것이라고 믿었다. 정신역동과 인본주의 이론가들과 달리 행동주의이론은 공격성과 같은 개인적 특성은 학습된 것이라고 믿고 있다. 수의 공격성은 관찰학습, 강화 또는 처벌의 결과로 설명이 될까?

수는 여러분에게 자신의 이름이 항상 여자아이들에게 웃음거리와 조롱의 대상이 된다고 말할 것이다. 그 결과, 수는 친구들의 놀림에 공격적인 방법으로 반응하였고, 싸움과 논쟁은 수의 삶에서 피할 수 없는 한 부분이 되었다. 여러분은 그의 아버지에게 그의 이름을 왜 수라고 지었는지 질문할 것이다. 수의 아버지는 수가 더 강하게 크길 바랐다고 하였고, 이후 수가 세 살이 되는 해에 수의 아버지는 가족을 버리고 떠났다.

진지하게 표현하면, 행동주의이론과 사회학습이론은 변화를 원하는 사람들을 돕기 위한 치료방법이며, 성격을 객관적으로 바라보는 과학적인 연구이다.

SURVEY QUESTIONS

41.1 행동주의와 사회학습 이론가들은 성격에 대한 접근에서 무엇을 강조하는가?

41.2 유전과 환경은 성격에 어떤 영향을 미치는가?

성격의 학습이론 – 내가 이전에 봤던 여러분의 습관

SURVEY QUESTION 41.1 행동주의와 사회학습 이론가들은 성격에 대한 접근에서 무엇을 강조하는가?

행동주의 이론가들은 어떻게 성격에 접근하는가? 일부 비평가들에 따르면, 행동주의는 사람을 마치 로봇처럼 단순한 존재라고 생각한다. 하지만 실제로, 행동주의 관점은 기계적이지 않고, 이론적 가치가 체계적으로 확립되어 있다. 행동주의 이론가들은 아이들이 친절함, 적대감, 아량, 혹은 파괴성과 같은 것들을 학습할 수 있다고 반복적으로 보여 주었다. 성격은 무엇과 관계가 있는가? 모든 것은 행동주의적 관점에서 생각한다.

행동에 대한 성격 이론(behavioral personality theories)에서 성격은 학습된 행동 양식의 비교적 안정된 모음에 불과하다고 강조한다. 성격은 다른 학습된 행동과 같이 고전적 조건화, 관찰학습, 강화, 소거, 일반화, 변별을 통해 습득된다. 엄마가 "믹서기를 들고 진흙파이를 만드는 것은 좋지 않아. 만약 네가 어른처럼 자라길 원한다면 다시는 그러면 안 돼, 알겠어?"라고 말할 때, 엄마는 모델로서 역할하고 있으며, 또 다른 측면으로는 딸의 성격을 형성해 나가고 있는 것이다.

엄격한 **학습 이론가들**(learning theorists)은 성격이 특성을 구성한다는 생각을 거부한다. 예를 들어, 그들은 '정직성'의 특성 같은 것은 존재하지 않는다고 강하게 주장한다(Mischel, 2004).

틀림없이 어떤 사람들은 정직할 것이며, 다른 사람들은 그렇지

않을 것이다. 어떻게 정직성은 특성이 될 수 없는가? 기억하라. 많은 특질 이론가들은 특질이 생물학적인 요소와 관련 있다고 한다. 반면, 학습 이론가들은 성격이 고정 학습 반응의 결과라고 생각한다. 만약 그의 부모들이 어린 알렉산더에게 정직성에 대해 지속적으로 보상한다면, 그는 좀 더 정직한 성인이 되어 있을 것이다. 만약 그의 부모가 양심이 부족하였다면, 알렉산더는 다르게 자랐을 것이다(Schultz & Schultz, 2013).

또한 학습 이론가들은 행동에서 외적 원인 혹은 **상황적 결정요인**(situational determinants)을 강조한다. 어떤 누군가가 정직하다는 것을 아는 것이 특정한 상황 속에서 사람이 정직할 것인가를 예측 가능하게 하는 것은 아니다. 잃어버린 지갑을 돌려주는 영예로운 사람이 시험에서 부정행위를 하고, 학기말 과제를 돈으로 사고, 제한속도를 지키지 않는 것을 발견할 경우는 흔치 않은 일이다. 만약 여러분이 학습 이론가들에게 "여러분은 정직한가요?"라고 질문한다면, 대답은 "무슨 상황이냐에 따라?"라고 말할 것이다.

상황이 어떻게 영향을 줄 수 있는지에 대한 좋은 예는 과제 수행에 대해 할당된 보수를 고의적으로 초과 지급한 연구이다. 일반적인 상황에서, 80%는 달리 언급하지 않고 계속 여분의 돈을 가지고 있었다. 그러나 겨우 17%의 사람들은 상황이 바뀌었을 때 거짓말을 하였다. 예를 들어, 만약 사람들이 연구를 하는 사람들의 주머니에서 그 돈이 나왔다고 생각했다면, 훨씬 더 적은 사람들이 거짓말을 하였을 것이다(Bersoff, 1999). 이와 같이 상황은 항상 행동을 활성화시키는 우리의 사전학습과 함께 상호작용한다.

Image Source/SuperStock

미국 대학생의 75%는 그들이 학문적으로 어떻게 해서든 부정직했다고 인정한다. 이 높은 부정직률에 대해 무엇을 할 수 있는가? 행동주의적 관점은 정직이 성격만큼 상황에 의해 결정된다고 본다. 이에 따라, 학급에서 무결성 코드가 실시될 것이라고 발표하는 것처럼 간단한 조치가 부정행위를 상당히 줄일 수 있다. 여러 가지 형태의 시험과 웹 기반 표절 소프트웨어를 사용하고 학생들에게 표절에 대해 교육하는 것도 부정을 방지할 수 있다(Altschuler, 2001; McKeever, 2006).

상황은 어떻게 행동에 영향을 미치는가?

상황은 그들의 영향 속에서 매우 다양하다. 어떤 것은 강력하고 다른 것들은 사소하여 행동에 적은 영향을 미친다. 상황이 더 강력할수록, 더 쉬워질수록 무엇이 *상황적인 결정요인*들을 의미하였는지 알 수 있을 것이다. 예를 들어, 다음 각각의 상황은 여러분의 행동에 의심할 여지 없이 강력한 영향을 가져다줄 것이다. 무장한 사람들이 교실로 들어온다. 뜻하지 않게 불붙은 담배 위에 앉게 된다. 애인이 가장 친한 친구와 침대에 같이 있는 것을 발견한다. 하지만 이러한 같은 상황에서도 다른 성격들로부터 매우 다른 반응들이 나타난다. 행동은 언제나 사전학습과 우리 자신이 속해 있는 상황 둘 다의 산물로 나타난다(Mischel & Shoda, 2010; Mischel, Shoda, & Smith, 2008).

궁극적으로, 성격에 대해 예측할 수 있는 것은 분명한 상황 속에서 꽤 일관성 있게 반응한다는 것이다. 생각해 보라. 예를 들어, 쉽게 화를 내는 두 사람이 있다. 한 사람은 시간이 늦어질 때 화를 낼지도 모르지만(예를 들어, 교통체증 혹은 호텔 체크아웃 줄), 집에서 어떠한 것을 찾지 못할 경우에는 그렇지 않다. 다른 사람은 물건을 찾지 못할 때 화를 내지만, 시간이 늦어질 때는 그렇지 않다. 종합적으로 볼 때, 두 여성은 동일하게 화를 내는 경향이 있지만, 그들의 화는 다른 양상으로 나타나고 다른 상황에서 발생되는 경향이 있다(Mischel, 2004).

성격 = 행동

성격의 구조에 대한 학습 이론가들의 관점은 어떠한가? 성격에 대한 행동주의적 관점은 John Dollard와 Neal Miller(1950)에 의해 일찍이 이론으로 제안되어 설명되었다. 그들의 관점에서 학습된 행동 양식 혹은 **습관**(habits)은 성격의 구조로 구성되었다. 성격의 역동에 따르면, 습관은 학습의 네 가지 구성요소인 *추동*(drive), *단서*(cue), *반응*(response)과 *보상*(reward)에 의해 좌우된다. 추동은 사람의 행동을 자극시킬 충분히 강력한 어떤 자극이다(예를 들어 굶주림, 통증, 성욕, 좌절감 혹은 두려움). *단서*는 환경으로부터의 신호이다. 이들 신호는 *보상*(긍정적 강화)을 가져올 가능성이 높은 것에 *반응*(행동)하도록 유도된다.

성격과 어떻게 연관될까? 애미나라는 소녀가 가지고 있는 장난감을 오빠 켈빈이 가져가서 소녀가 좌절하는 상황에 대해 이야기해 보자. 이때 애미나는 다양한 방법으로 반응할 것이다. 애미

나는 짜증을 내고, 켈빈을 때리고, 엄마에게 이르는 등 여러 가지 행동을 할 수 있다. 그녀가 선택한 반응은 이용 가능한 단서 그리고 각 반응 이전의 효과에 의해 유도될 것이다. 만약 엄마에게 이른 것이 성과를 가져다줬다면, 그리고 현재 엄마가 자리에 있다면, 이르는 것은 애미나의 즉각적인 반응이 되었을 것이다. 만약 다른 단서가 존재한다면(만약 엄마가 부재하거나 혹은 켈빈의 인상이 별로 좋지 않게 보인다면), 애미나는 또 다른 반응을 선택할지도 모른다. 외부 관찰자에게 애미나의 행동은 애미나의 성격을 반영하는 것처럼 보일 것이다. 하지만 이 같은 애미나의 반응을 학습 이론가들은 충동, 단서, 반응 그리고 보상이 결합된 결과라고 표현한다. 행동주의 이론은 다양한 심리학적 문제와 장애에 대한 치료의 탄생에 크게 기여했다. 모듈 55에서 행동치료의 논의를 보라.

이 분석이 많은 것을 남겨 두지 않았는가? 그렇다. 학습 이론가들은 원래 성격의 분명한 모델을 단순하게 제시하기 위해 준비하였다. 그러나 그들은 결국 '사람들이 생각한다'는 것을 무시했었다는 사실에 직면해야만 했다. 현대의 행동주의 심리학자들—이들의 관점은 지각, 사고, 기대, 다른 정신적 사건들을 포함한다—은 *사회학습 이론가*로 불린다. 학습 이론들, 모델링, 사고 양식, 지각, 기대, 신념, 목표, 정서적, 그리고 사회적 관계는 성격을 설명하기 위해 **사회학습 이론**(social learning theory)과 결합되었다(Mischel, Shoda, & Smith, 2008; Santrock, 2012).

사회학습 이론

사회학습 이론의 '인지행동주의(cognitive behaviorism)'는 Julian Rotter에 의해 제안된 세 가지 전형적인 개념인 심리적 상황, 기대 그리고 강화가치(Rotter & Hochreich, 1975)로 설명될 수 있다. 각각을 살펴보자.

누군가가 여러분을 넘어뜨리려고 한다. 여러분은 어떻게 반응할 것인가? 여러분의 반응은 아마도 계획된 것인지 아니면 우연한 것인지에 따라 달라진다. 사람들의 반응 장면을 아는 것만으로는 충분하지 않다. 우리는 또한 사람들의 **심리적 상황**(psychological situation)—사람들이 상황을 해석하거나 혹은 정의하는 방식—을 알 필요가 있다. 또 다른 예로는 여러분이 시험에서 낮은 점수를 받았다고 이야기해 보자. 여러분은 더 열심히 공부해야 할 도전으로 생각하는가? 아니면 수업을 포기해야만 하는 신호로 생각하는가? 또는 술을 마셨다고 변명해야 한다고 생각하는가? 이렇듯 여러분의 해석은 중요하다.

우리의 행동은 **기대**(expectancy), 또는 강화로 이어질 것이라는 예상에 의해 영향을 받는다. 계속되는 예에서, 만약 과거에 열심히 공부하여 결실을 얻었다면, 낮은 시험 점수에 반응할 것 같다. 그러나 여러분의 반응을 예상하기 위해서, 우리는 또한 여러분의 노력이 결실을 얻을 것이라고 기대했다는 것을 알아야만 한다. 실제로 기대된 강화는 아마도 사실상의 과거 강화보다 더 중요할 것이다. 그리고 여러분의 성적, 학업우수 또는 개인의 능력에 대해 가치를 두는 것이 어떠한가? 세 번째 개념인 **강화가치**(reinforcement value)는 우리가 다양한 활동이나 보상 같은 주관적인 가치에 의미를 두는 것이다. 여러분이 수업과정을 통과하고 학위를 취득하는 것에 높은 가치를 둔다면, 더 열심히 공부하는 것을 선택할 것이다. 이것 역시 성격을 이해하기 위해서는 고려되어야만 한다.

자기효능감 여러분의 삶을 통제할 수 있는 능력은 인간이라는 것이 의미하는 본질이다(Corey & Corey, 2014). 이러한 이유로, Albert Bandura는 가장 중요한 기대 중의 하나가 **자기효능감**(self-efficacy)—자신이 어떤 일을 성공적으로 수행할 수 있는 능력—을 발전시키는 것이라고 믿었다. 우리의 행동을 믿는다는 것은 우

John Mitterer

키웨스트에서 봄방학. 우리는 개인적 성취와 다른 '좋은' 행동에 대한 자기 강화를 통해 우리 자신에게 보상할 수 있다. (최소한 그것이 이론이다, 맞지?)

행동에 대한 성격 이론 학습과 관찰 가능한 행동을 강조한 성격 모형
학습 이론가 행동 조성과 성격을 설명하는 것에 관심 있는 심리학자들
상황적 결정요인 행동에 영향을 미치는 외적 조건들
습관 깊이 뿌리 박힌 학습된 행동 패턴
사회학습 이론 학습 원리, 인지, 사회적 관계의 효과를 결합한 성격 이론
심리적 상황 객관적으로 존재하는 것이 아닌 한 개인에 의해 주관적으로 지각 해석된 상황
기대 특히 보상과 관련된 반응의 결과로서의 기대
강화가치 특정 행위나 강화물에 한 개인이 부여한 주관적 가치
자기효능감 원하는 결과를 만들어 낼 수 있다는 자신의 능력에 대한 믿음

리가 선택한 활동과 환경에 영향을 미치는 바라는 결과를 만들어 낼 것이다(Bandura, 2001; Schultz & Schultz, 2013). 여러분이 인류학 수업에서 누군가에게 매료되었다면, 그 또는 그녀에게 데이트 신청을 할 것인가? 여러분은 심리학적 경험에서부터 생각을 시작할 것이다. 여러분은 대학원에 들어가기 위해 필요한 과정을 이수할 것인가? 여러분이 주말에 더 많은 운동을 하고 싶다면 하이킹 클럽에 가입할 것인가? 이러한 수많은 다른 상황에서 주관적 규범은 우리의 삶을 형성하는 데 중요한 역할로 작용할 것이다(Byrne, Barry, & Petry, 2012; Prat-Sala & Redford, 2012).

자기강화 생각 하나 더 언급할 필요가 있다. 때때로 우리는 자신의 행동에 대하여 '좋은 행동'이라고 여기거나 치부하며, 우리의 행동에 대하여 스스로 평가하고 **자기강화**(self-reinforcement)를 주기도 한다. 이러한 점을 들어, 사회학습 이론에서는 자기강화라는 개념을 추가하였다. 자기강화는 (학교 과제를 완료한 것과 같은) 여러분 스스로 보람을 느끼는 특정한 일에서 나타날 수 있다. 그러므로 자화자찬이나 자기비난과 같은 습관은 성격의 중요한 부분이 될 수 있다(Schultz & Schultz, 2013). 사실 자기강화는 사회학습 이론가들에게는 초자아와 대응되는 개념이다.

자기강화는 높은 자존감과 밀접한 관계를 가지고 있다. 거꾸로 이와 반대되는 개념 또한 진실이다. 약한 수준의 우울감을 보이는 전문대 대학생은 낮은 빈도의 자기강화를 하는 경향이 있다. 잘 알려지지는 않았으나 낮은 빈도의 자기강화는 우울감을 유발할 수 있다고 한다. 반대의 경우, 높은 빈도의 자기강화는 더 낮은 수준의 우울감과 더 나은 수준의 생활만족도와 연관되어 있다고 한다(Seybolt & Wagner, 1997). 행동주의적 관점은 이러한 행동이 '여러분 스스로에게 좋은 사람이 되어라.'라는 믿음에서 학습된다고 본다.

발달에 대한 행동주의자들의 관점

학습 이론가들은 성격 발달을 어떻게 설명할까? 학습 이론적 측면에서 Freud의 여러 가지 이론들이 재정립될 수 있다. John Dollard와 Neal Miller(1950)는 초기 6년이 성격발달에 결정적인 시기라는 Freud의 입장에 동의한다. 그러나 그 이유는 다르다. 그들은 Freud가 말한 심리성적 욕구나 고착보다는 오히려 '초기경험에서 그들이 학습하는 데 무엇이 더 영향을 미치는가?'라는 점에 주목한다. 학습 이론가들은 아동기가 긴박한 충동, 강화와 처벌이 강력하게 작용하고, 좌절감에 압도되는 시기라고 본다. 또한 타인의 칭찬과 관심, 인정과 같은 **사회적 강화**(social reinforcement)를 중요하게 생각한다. 이러한 여러 가지 영향들이 결합되어 성격의 핵심을 형성하게 되는 것이다(Shaffer, 2009).

결정적 상황 Dollard와 Miller는 아동기 동안 네 가지 **결정적 상황**(critical situations)—(1) 섭식(수유), (2) 배변 및 청결을 위한 훈련, (3) 성교육, (4) 분노 및 공격성의 표현학습—이 성격에 각인되어 남아 있을 수 있다고 믿는다. (Freud가 떠오르지 않는가?)

왜 이러한 행동들이 특별히 중요한 것일까? 섭식(수유)은 다음과 같은 예를 제공한다. 만약 아동들이 울 때 부모가 먹을 것을 준다면, 아동에게 있어 울음은 그들의 부모를 자신의 목적대로 움직이게 하는 것이 된다. 아동이 우는데도 먹을 것을 주지 않았을 때 그들은 수동성을 학습하게 된다. 즉, 이러한 초기 섭식경험으로부터 세상에 대한 적극적이거나 수동적인 성향이 형성되게 되는 것이다. 섭식은 또한 이후의 사회적 관계에도 영향을 미칠 수 있다. 이는 아동들은 사람들을 즐거움, 또는 좌절감이나 불편감 등과 연관시키는 법을 배우기 때문이다.

배변 및 청결과 관련된 훈련은 부모와 자녀 모두의 강력한 정서적 근간이 될 수 있다. 라샤드의 부모는 그가 자신의 대변을 찍어 바르며 즐겁게 놀고 있는 것을 보고 깜짝 놀랐다. 부모가 심하게 다그치자 아이는 혼란스러워했고, 크게 낙담하였다. 청결에 대한 여러 가지 태도는 순응성이나 신체적 역할에 대한 개념을 형성시킨다. 또한 많은 연구들이 오래전부터 배변훈련과 관련된 심한 처벌이나 좌절경험이 성격 발달에 바람직하지 않은 영향을 미친다고 말하고 있다(Christophersen & Mortweet, 2003). 이러한 점 때문에, 배변훈련에는 인내심과 유머감각이 필요하다.

성(sex)과 분노는 무엇일까? 아동이 분노나 성적인 감정을 표현하는 것을 배우는 시기, 장소, 방법은 그들의 성격에 각인된다. 특히 아동기에 성적인 자유분방함과 공격적인 행동이 관대하게 허용되는 것은 성인의 권력 욕구와 연관성을 가진다(McClelland & Pilon, 1983). 이러한 연관성은 아마도 그들이 자신을 주장하는 것으로부터 즐거움을 경험하기 때문일 것이다. 또한 성교육은 사회적으로 정의된 '남성'과 '여성'의 성역할을 학습하게 한다. 결국 이러한 점은 성격에 영향을 미치게 된다(Cervone & Pervin, 2013).

성격과 성별 *'남성스런' 또는 '여성스런' 성격은 무엇을 의미하는 것일까?* 태어나면서부터 아이들은 '소년' 또는 '소녀'로 나뉘고 각각의 **성별 역할**(gender roles)에서 기대되는 행동들을 보이게끔 부추겨진다(Fine, 2010; Orenstein, 2011). 사회학습 이론에 따르면, 동일시와 모방은 성교육과 성격 발달에 큰 영향을 미친다고 한다. 동일시는 아동들이 정서적 애착을 느끼고 선망의 대상이 되는 어른들에게서 보이는데, 이는 어른이 아동들에게 사랑이나 보살핌을 제공하고 있을 경우에 더욱 그렇다. 이러한 **동일시**(identification)는 선망하는 어른처럼 행동하려 하는 모방을 불러

성인의 성격은 부모와 동일시와 그들의 행동의 모방에 의해 영향을 받는다.

일으키게 된다. 대다수의 '남성적' 또는 '여성적' 특성은 그들이 동일시하는 동성부모의 행동을 **모방**(imitation)하려는 시도로부터 생겨나게 된다(Helgeson, 2012).

만약 아동이 부모 주변에 있으면 왜 이들은 동성부모의 행동을 모방하는 전형적인 행동뿐 아니라 이성부모의 행동도 모방하려는 모습을 보이지 않는가? 여러분은 모듈 24의 대리학습과 직접학습을 떠올릴지도 모른다. 이는 우리가 다른 사람의 행동을 관찰하고 기억함으로써 직접적인 보상이나 강화 없이도 배울 수 있다는 것을 의미한다. 그러나 이러한 행동은 그들의 결과물에 의하여 '선택된' 모방이다. 예를 들어, 소년과 소녀가 어른이나 다른 아동들이 난폭하게 행동하는 것을 관찰할 동등한 기회를 가지게 되었다고 해 보자. 그러나 소녀들은 소년들보다 직접적 공격행동(고함을 지르거나, 다른 사람을 때리는)을 모방하는 경향이 적다. 대신에 소녀들은 간접적 공격행동(헛소문을 퍼트리는 등의)을 더 많이 선택할 것이다. 직접적 공격행동을 소녀들이 선택한다면 그것은 '소녀로서' 부적절하게 보이게 될 것이기 때문이다.

결론적으로, 소녀들의 직접적 공격 행동들이 강화를 받거나 허용되는 것은 거의 볼 수 없다(Field et al., 2009). 즉 '여자의 싸움'은 문화적 강화의 양상으로 보인다(Brown, 2005). 그러나 지난 몇 년 동안 여성들이 문화적인 측면에서 활발하게 참여하고 있으며, 점점 더 직설적이고 진보적인 여성상이 인기를 얻고 있는 점은 매우 흥미롭다(Artz, 2005).

우리는 성격과 사회학습이 서로 연관된 몇 가지 사례만 살펴보았다. 그럼에도 불구하고 이러한 연관성은 오해의 여지가 없다. 부모가 자식에게 애착을 가지고 보살핌을 주고 수용적일 때, 자식은 사교적이게 되고 긍정적이고 정서적으로 안정되며, 그들은 높은 자존감을 가지게 된다. 부모가 자식을 거부하고 처벌하며, 빈정대거나, 굴욕이나 거부감이 들게끔 행동한다면, 아동은 적대적이며 무반응하고 불안정적이게 된다. 또한 그들은 의존적일 수 있으며, 손상된 자존감을 지니게 될 것이다(Cervone & Pervin, 2013; Triandis & Suh, 2002).

특질과 상황 – 중요 논쟁들

SURVEY QUESTION 41.2 유전과 환경은 성격에 어떤 영향을 미치는가?

성격 이론가들은 성격 형성에 있어 선천적인 것과 후천적인 것에 대한 상대적인 역할에 대해 오랜 시간 논쟁해 오고 있다. 특질 이론이나 정신분석 이론과 같은 일부 이론들은 유전적인 생물학적 소인의 영향을 강조하는 반면, 인본주의와 행동주의를 포함한 다른 이론들은 학습과 경험을 강조한다. 유전적이고 생물학적인 요인(본성, nature)과 환경적 상황(양육, nurture)이 성격형성에 어떻게 작용하는지 살펴보자.

성격은 유전되는가?

태어나면서 아기들은 서로 다른 기질을 갖는다. 이것은 기질이 유전적임을 의미한다. **기질**(temperament)은 그야말로 성격을 형성하는 '원료(원자재)'라고 할 수 있다. 기질이란 성격의 유전적인 면을 의미하는 것으로 예민함, 짜증 그리고 괴로움을 더 잘 느끼는지나 일상에서의 정서와 같은 것을 나타낸다(Shiner et al., 2012). 기질에는 영유아기 시절 부모와의 상호작용이 큰 영향을 미친다.

성격특질은 언제 확고히 정립되는 것일까? 성격은 3세경 안정되기 시작하여 50세가 넘어서까지 계속하여 단단해진다(Caspi, Roberts, & Shiner, 2005; Hopwood et al., 2011). 그러나 이미 말했듯이 성격은 나이가 들어 감에 따라 천천히 성숙해지고 이에 따라 사람들은 더욱 성숙해지고 수용적이 되며 정서적으로 안정

자기강화 특정한 반응이나 사건(예를 들어, 학교과제를 끝마치는 것)에 대하여 자기 스스로 칭찬이나 보상을 주는 것
사회적 강화 타인으로부터 칭찬이나 관심, 인정 또는 애정을 받는 것
결정적 상황 아동기에서 성격에 지속되는 각인을 형성하게 하는 상황
성별 역할 그들의 문화에 의하여 '남성적인' 또는 '여성적인'으로 간주되는 행동 양상들. 때때로 이것이 성역할(sex role)로 표현되기도 한다.
동일시 어떤 사람과 감정적으로 연결되어 있다고 느끼거나 그를 또는 그녀를 자신처럼 보는 것
기질 성격의 유전적 측면으로 예민성, 활동수준, 전반적 정서 그리고 순응성을 포함한다.

감을 지니게 된다(Roberts & Mroczek, 2008). 이를 미루어 보면 '괴팍한 할아버지'나 '기이한 할머니'는 별로 눈에 띄지 않는다.

성격특질의 안정성은 유전에 영향을 받는다는 것을 뜻할까? 어떤 종의 개들은 상냥하거나, 공격적이거나, 똑똑하거나, 우울하거나 또는 감수성이 풍부하다는 평판을 듣는다. 이러한 차이점은 유전적 행동 특성을 연구하는 **행동유전학**(behavioral genetics) 영역에 속한다. 우리는 얼굴의 특징, 눈의 색깔, 체형 등의 많은 신체적 특징들이 유전된다는 것을 알고 있다. 더불어 많은 행동적 기질도 있다(Bouchard, 2004; Kalat, 2013). 유전학 연구에 따르면 지능, 언어, 몇몇의 정신장애들, 기질, 그리고 기타 복잡한 특성들이 유전적인 영향을 많이 받는다고 한다. 이러한 관점에서 보면, 유전자가 성격에도 영향을 미친다는 것이 놀랄 일은 아니다(Nettle, 2006).

일란성 쌍둥이의 성격을 비교하는 것이 이 질문에 대답하는 데 도움이 되지 않을까? 그렇다. 특히 쌍둥이들이 출생 시 혹은 출생 직후 분리되었다면 더욱.

쌍둥이와 특성 수십 년간, 미네소타대학의 심리학자들은 다른 가정에서 자란 일란성 쌍둥이에 대하여 연구해 왔다. 의학적 및 심리학적 검사결과, 재회한 쌍둥이들은 그들이 떨어져서 양육되었음에도 매우 닮아 있다는 것이 밝혀졌다(Bouchard, 2004; Johnson et al., 2009). 만약 한 사람이 예술, 음악, 춤, 드라마, 운

비판적 사고

놀라운 쌍둥이

미네소타 쌍둥이 연구에서, 다수의 재회한 쌍둥이들은 유전을 기반으로 추측되는 것을 넘은 유사성을 나타낸다. '짐 쌍둥이'인 제임스 루이스와 제임스 스프링거는 유명한 사례이다. 둘 다 린다라는 이름의 여성과 결혼하였다 이혼하였고, 둘 다 경찰 훈련을 받았다. 한 명은 자신의 첫아들을 제임스 앨런이라 이름 지었으며 나머지 한 명 또한 자신의 첫아들의 이름을 제임스 앨런이라 지었다. 둘 다 쉐보레를 운전하였으며, 여름마다 같은 해변에서 휴가를 보냈다. 둘 다 목공일과 기계 제도를 취미로 가졌으며 그들의 마당 한켠 나무 근처에 벤치를 세웠다(Holden, 1980).

모든 일란성 쌍둥이는 그렇게 동일한가? 아니, 그렇지 않다. '짐 쌍둥이'와 달리 그들의 유년기를 함께 살면서 지내온 캐롤린 스피로와 파멜라 스피로 와그너를 생각해 보라. 6학년 때, 그들은 케네디 대통령이 암살되었다는 것을 알았다. 캐롤린은 왜 모두가 그렇게 화가 났는지 알 수 없었다. 파멜라는 그녀가 그의 죽음에 책임이 있다고 주장하는 목소리를 들었다. 모두로부터 그 목소리를 숨긴 몇 년 뒤, 쌍둥이가 브라운대학에 다니는 동안 파멜라는 자살을 시도하였다. 그녀는 조현병으로 진단받았다. 치료되지는 않았지만, 그녀는 상을 받은 시를 계속 썼다. 캐롤린은 결국 하버드대 정신과 의사가 되었다(Spiro Wagner & Spiro, 2005). 떨어져 양육된 일부 쌍둥이들은 매우 유사한 것 같으나, 함께 양육된 일부 쌍둥이들은 다소 다르게 나타난다.

그럼 왜 '짐 쌍둥이'와 비슷한 일부 일란성 쌍둥이는 분리되어 양육되었음에도 이렇게 많이 비슷할까? 비록 유전이 매우 중요하지만, 아이 이름 짓기 유전자와 벤치 세우기 유전자가 있다고 제안하는 것은 터무니없다. 그럼 우리는 어떻게 이러한 일부 분리된 쌍둥이들의 삶에서의 이상한 유사성에 대해 설명할까? 여러분이 출생 후 쌍둥이 형제나 자매와 분리되었다고 상상해 보라. 만약 오늘 여러분이 쌍둥이와 재회한다면, 여러분은 무엇을 할까? 꽤 그럴듯하게, 여러분은 여러분의 삶의 모든 상상 가능한 세부사항을 비교하며 며칠을 보낼 것이다. 이러한 상황에서 여러분과 여러분의 쌍둥이는 긴 유사성의 목록을 알리고, 수집할 것이 거의 확실하다. ("와우, 나도 네가 사용하는 것과 똑같은 브랜드의 치약을 사용해.") 그러나 아마 같은 나이, 성별, 인종의 관련 없는 두 사람도, 만약 그들이 유사성을 찾으려는 동기가 있다면, 여러분의 목록과 닮아 있을 것이다.

Courtesy of Pam Wagner

일란성 쌍둥이 팸(좌측)과 캐롤린(우측)은 함께 자랐다. 그럼에도 불구하고 캐롤린은 정신과 의사가 되고 팸은 조현병이 발병했고 수상경력이 있는 시인이 되었다(Spiro Wagner & Spiro, 2005). 그들의 이야기는 성격을 형성하는 요인들의 복잡한 상호작용을 보여 준다.

사실 한 연구는 쌍둥이와 서로 관련 없는 학생들의 쌍을 비교하였다. 같은 나이와 성별인 관련이 없는 쌍들은 쌍둥이만큼이나 거의 비슷하였다. 그들은 매우 비슷한 정치적 신념과 음악적 취향, 종교적 선호, 직업적 경력, 취미, 좋아하는 음식 등등을 가졌었다(Wyatt et al., 1984). 서로 관련이 없는 학생들이 왜 그렇게 비슷할까? 기본적으로 이것은 같은 연령과 성별의 사람들이 같은 역사적 시대에 살고 있으며, 비슷한 사회적 선택사항을 선택한다는 것이다. 하나의 예로서, 가까운 모든 초등학교 교실에서 여러분은 같은 이름을 가진 어린이들을 발견할 것이다.

재회한 쌍둥이에 의해서 공유된 다수의 외견상 '놀라운' 우연은 아마도 모듈 2에서 설명한 확증 편향의 다른 예시일 수도 있다. 재회한 쌍둥이들은 유사점은 알아차리지만 차이점은 무시하는 경향이 있다.

동에서 뛰어나다면, 어린 시절 환경의 광범위한 차이에도 불구하고 다른 한 명 또한 그러했다. 그들은 목소리, 얼굴 표정, 손동작, 손톱 깨물기와 같은 신경 틱이 비슷하였다. 그러나 글상자 "놀라운 쌍둥이"에서 설명하듯이, 재회한 쌍둥이의 이례적인 유사성에 대한 일부 보고서에 대해서 신중해야 한다.

요약 쌍둥이 연구는 유전이 우리 각자에게 큰 영향을 준다는 것을 명백하게 보여 준다. 이를 모두 감안하면, 많은 성격 특성의 약 25~55%의 차이는 유전이 담당한다고 결론 내리는 것이 합리적인 것처럼 보인다(Caspi, Roberts, & Shiner, 2005; Kandler, 2012). 그러나 그와 같은 숫자는 성격이 생물학적 경향에 의하여 그러하듯, 환경에 의해서도 그만큼 혹은 더 형성됨을 의미한다는 것을 알아야 한다(Johnson et al., 2009).

그렇다면 각각의 성격은 유전과 환경과, 본성과 양육과, 생물학과 문화의 독특한 혼합이다. 신께 감사하게도, 우리는 행동과 개성 특성이 삶 동안 '배선된' 유전적으로 프로그래밍한 로봇이 아니다. 삶에서 여러분이 어디로 가는가는 여러분이 만든 선택의 결과이다. 비록 이러한 선택은 유전적인 경향성에 의하여 영향받긴 하지만, 단지 유전자의 부산물만인 것은 아니다(Funder, 2010).

성격과 환경

샐리는 늘 침착하고 조용하게 생활하는 편이었다. 그러던 어느 날 바에서, 샐리는 그녀를 귀찮게 하는 남자를 때려 눕혔다. 어떻게 이런 일이 일어날 수 있을까? 우리는 답을 하기 전, 잠시 아래의 질문에 대해 답할 시간을 가져야 한다. 이것은 성격심리학에서 오랫동안 이어져 오는 논란에 대한 여러분의 이해를 추가시킬 것이다.

스스로 평가하라: 여러분은 성격을 어떻게 보는가?

1. 내 친구들의 행동은 매일, 다른 상황에서 거의 일정하다. O X
2. 사람이 솔직하든지 솔직하지 않든지, 친절하든지 무례하든지, 영웅인지 겁쟁이인지에 대한 여부는 주로 상황에 달렸다. O X
3. 몇 년간 내가 알아 온 많은 사람들은, 그들을 내가 처음 만났을 때와 성격이 매우 비슷하다. O X
4. (선생님, 변호사, 의사와 같이) 그들의 직업에서 그들이 특정한 방식으로 행동하길 원하는 것 때문에 같은 직종에 있는 사람들은 매우 유사해 보인다. O X
5. 새로 만날 룸메이트에 대해서 알기를 원하는 첫 번째 중 하나는 '그 사람의 성격이 어떠한가?'이다. O X
6. 나는 사람들이 어떤 시간에 어떻게 행동하는지는 보통 당면한 상황에 따라 결정된다고 믿는다. O X
7. 특정 직업에서 편안하기 위해서, 사람의 성격은 그 일의 성향과 맞아야만 한다. O X
8. 거의 모든 사람은 결혼식 피로연에서 정중하다. 이것이 사람의 성격 유형에 중요하다. O X

이제 여러분이 홀수 문항에서 O라고 표시한 횟수를 세어 보라. 짝수 문항도 동일하게 하라. 만약 여러분이 대부분의 홀수 문항에 동의했다면, 여러분은 생물학적 요인 혹은 학습에도 불구하고 행동은 성격적 특성에 의하여 강력하게 영향을 받거나 혹은 성격적 기질은 유지된다는 관점을 갖는 경향이 있다. 만약 여러분이 대부분의 짝수 문항에 동의했다면, 여러분은 행동을 외부적인 상황이나 환경에 의해서 강하게 영향을 받는 것으로 보는 것이다.

짝수와 홀수 문항에서 동일하게 대답했는가? 그렇다면 여러분은 행동을 설명하기 위한 방식으로, 성향과 환경에 동일하게 비중을 두고 있다. 이것은 많은 성격심리학자들이 가진 견해이다(Funder, 2010; Mischel, Shoda, & Smith, 2008).

성격적 특성과 외부적인 환경 모두를 고려하는 것이 사람이 어떻게 행동할 것인지를 더 잘 예측하게 하는가? 그렇다. 두 가지 모두 고려하는 것이 좋다. 왜냐하면 성격적 특성은 일관적으로 직업적 선호나 위험한 주행이나 혹은 성공적인 결혼과 같은 것들을 예측 가능하게 하기 때문이다(Burger, 2011). 그러나 앞에서 언급했듯이 *상황* 또한 우리의 행동에 큰 영향을 미친다. 예를 들어 보통 차분한 행동을 하는 사람은 일반적이지 않은 극한 상황에서만 공격적으로 변할 수 있다.

모든 일상적이지 않은 행동들을 비일상적 상황 탓으로 돌릴 수 있는가? 좋은 질문이다. 그를 아는 사람에 의해서 학교에서 모범생이며, 어린이를 사랑하며, 조용하고, 신사적이라고 묘사되는 프레드 코완을 생각해 보자. 그의 큰 사이즈(182cm, 113kg)에도 불구하고, 프레드는 동료들에 의해서 '쉽게 주변에서 이래라 저래라 할 수 있는 사람'이라 묘사된다. 정직을 당한 지 2주 후, 프레드는 그의 상관에게 복수하기로 작정하고 직장에 돌아온다. 그는 죽기 전 그 상관을 찾을 수 없었으나, 네 명의 동료와 경찰을 죽였다(Lee, Zimbardo, & Bertholf, 1977).

프레드 코완 같은 우발적 살인자는 조용하고, 자신을 과도하게 통제하는 경향이 있다. 만약 그들이 통제력을 상실한다면, 특히 폭력적으로 변할 수 있다. 그들의 공격이 작은 짜증이나 좌절에 의해서 촉발될 수 있지만, 그 공격은 수년간의 표현되지 못한

행동유전학 행동 특성과 경향성에 대한 유전학적 입장을 가진 학문

분노와 경시의 감정을 반영한다. 우발적 살인자들이 그들의 행동 통제를 유지하는 엄격한 통제력을 잃어버리면, 마침내 맹렬하고 광분한 공격이 뒤따른다(Cartwright, 2002). 보통 그들이 범죄를 저지르는 정도는 전적으로 적정선을 벗어나 있으며, 많은 이들이 그들의 폭력적 행동에 대한 기억상실을 경험한다. 일반적이지 않은 상황에 예상치 못한 방식으로 반응하는 샐리와 달리, 프레드의 과한 행동은 그의 성격적 패턴을 공유하는 사람들에게 전형적이다.

특질–상황 상호작용 영화관에서 춤을 추거나 풋볼경기장에서 책을 읽는 것은 여러분에게 일상적이지 않을 것이다. 마찬가지로 롤러코스터에서 잠을 자거나, 장례식장에서 저속한 농담을 하는 사람은 거의 없다. 그러나 여러분의 성격적 특질은, 우선 여러분이 책을 읽을 것인지, 영화관에 갈 것인지, 풋볼게임을 볼 것인지를 선택할 것이다. 일반적으로, 특질은 어떻게 우리가 행동할지를 결정하기 위하여 상황과 *상호작용*한다(Mischel, 2004).

특질–환경 상호작용(trait-situation interaction)에서 외부 환경은 성격적 특성의 표현에 영향을 미친다. 예를 들어, 여러분이 교회에서 교실로 파티로 풋볼경기장으로 이동한다면, 어떤 것이 일어날지 상상해 보라. 이 장면들이 변화함에 따라 여러분은 아마 좀 더 시끄럽고 활기차질 것이다. 동시에 여러분의 성격적 특성 또한 드러날 것이다. 만약 여러분이 교회와 교실에서 평균보다 조금 더 조용하다면, 또한 아마도 여러분은 다른 환경에서 평균보다 좀 더 조용할 것이다.

모듈 41: 요약

41.1 행동주의와 사회학습 이론가들은 성격에 대한 접근에서 무엇을 강조하는가?

- 41.1.1 성격의 행동주의 학자들은 학습, 조건과 그들의 상황의 즉각적인 효과(상황적 결정요인)를 강조한다.
- 41.1.2 학습 이론가 Dollard와 Miller는 습관이 성격의 중요한 기본이라고 여긴다. 습관은 추동, 단서, 반응과 보상의 복합적인 결과이다.
- 41.1.3 사회학습 이론은 성격에 대한 행동주의적 관점에 지각, 사고, 이해와 같은 인지적 요소를 추가하였다.
- 41.1.4 사회학습 이론은 Julian Rotter의 심리적 상황, 기대와 강화가치의 개념에 의해 예시된다.
- 41.1.5 성격 발달에 대한 행동주의자들의 관점은 네 가지 상황에서의 사회적인 강화를 중요하게 여긴다.
- 41.1.6 동일시와 모방은 '남성'과 '여성' 됨됨이를 학습하는 데 특별히 중요하다.

41.2 유전과 환경은 성격에 어떤 영향을 미치는가?

- 41.2.1 기질이란 개인의 정서적 본성의 유전적 생리적 측면을 뜻한다.
- 41.2.2 행동유전학과 일란성 쌍둥이에 관한 연구들은 유전이 성인기 성격적 특성에 중대하게 기여한다는 것을 제안한다.
- 41.2.3 생물학적 유전적 소인(특질)은 환경(상황)과 상호작용함으로써 우리의 행동을 설명한다.

특질–환경 상호작용 외부적인 장면 혹은 상황이 성격적 특성의 표현에 영향을 미치는 것

모듈 41: 지식 쌓기

암기

1. 학습 이론가들은 성격적 특성이 정말 사전학습을 통하여 획득된 ______ 이라고 믿는다. 또한 그들은 행동의 ____ 결정요인을 강조한다.
2. Dollard와 Miller는 기본적인 성격의 구조를 단서라고 여겼다. **O X**
3. 행동을 설명하기 위하여, 사회학습 이론가들은 정신적인 요소를 포함하였다. 예를 들어_____. (반응이 강화로 이어질 것이라고 예상)
4. 행동주의 이론에서 자기강화는 정신분석 이론에서의 초자아와 같다. **O X**
5. 성격 발달의 행동주의자 이론에서 '중요한 상황'이 아닌 것은 아래 중 어떤 것인가?
   a. 섭식
   b. 성별 훈련
   c. 언어 훈련
   d. 분노 훈련
6. 기초적인 처벌과 보상뿐만 아니라 아동의 성격은 또한 ____ 강화에 의하여 조성된다.
7. 발달의 사회학습 이론가들은 동일시와_____의 측면을 강조한다.

반영

자기반영

어떤 사람들은 쇼핑을 좋아하나 다른 사람들을 싫어한다. 심리학적 상황, 기대, 강화 가치가 '떨어질 때까지 쇼핑'한다는 여러분의 의지에 어떻게 영향을 미치는가?

성격에 대해서 설명 가능한 한 가지 방법은 특성과 상황과 관련 있는 법칙으로 '만약–그렇다면(if-then)'의 용어를 사용하는 것이다(Kammrath, Mendoza-Denton, & Mischel, 2005). 예를 들어, 샐리는 독립적인 특성을 가지고 있지만, 모든 상황에서 독립적인 것은 아니다. 이곳에 샐리를 위한 만약–그렇다면 법칙이 있다. 샐리가 혼자 집에서 일을 하고 있다면 그녀는 독립적일 것이다. 만약 샐리가 건강검진을 위해 간다면 그녀는 독립적이지 않을 것이다. 여러분의 성격을 묘사하는 만약–그렇다면 법칙을 적을 수 있겠는가?

정답

1. 습관, 상황적 2. X 3. 기대 4. O 5. c 6. 사회적 7. 모방

42 Module

행동하는 심리학: 수줍음을 이해하기

왜 수줍음을 타나?

여러분은 낯선 사람과 이야기하는 것이 힘든가? 주위 사람들에게 자신감이 부족한가? 사회적 상황에서 불안함을 느끼는가? 낯선 친구와 함께 있으면 초조함을 느끼는가? 여러분은 수줍어할 것 같다. 왜 그럴까? 그리고 더 중요한 것으로, 여러분은 수줍음을 느낄 때 어떻게 대처하는가?

대부분의 사람들은 적어도 어떤 사회적 상황에 대해 걱정을 한다. 그러나 수줍어하는 사람과 그렇지 않은 사람들이 불안을 드러내는 방법에는 중요한 차이가 있다. 수줍어하는 사람은 자신의 사회적 불안함을 *지속적인 개인의 특성*으로 보려는 경향이 있다. 즉 수줍음은 수줍어하는 사람의 자아개념의 일부가 된다. 대조적으로 수줍어하지 않는 사람들은 가끔 수줍음을 느낄 때 원인이 *외부 상황*에 있다고 믿는다. 수줍어하지 않는 사람들이 불안을 느끼거나 무대공포증을 느낄 때 거의 모든 사람들이 자신과 비슷한 상황에서 자신들과 비슷하게 느낄 것이라고 단정 짓는다.

Joshua Rainey Photography/Shutterstock

수줍음을 지속시키는 *자기패배적 편향*의 역할에 대해 더 많이 읽고, 자기패배적 편향을 극복하는 방법과 관련한 조언을 얻는 것을 부끄러워하지 말라. 계속 읽어 나가라.

SURVEY QUESTIONS

42.1 수줍음의 원인은 무엇이며, 수줍어할 때 무엇을 할 수 있는가?

수줍음의 이해–장벽과 다리

SURVEY QUESTION 42.1 수줍음의 원인은 무엇이며, 수줍어할 때 무엇을 할 수 있는가?

성격적 특성으로서 **수줍음**(shyness)은 다른 사람을 피하는 경향이 있고, 불안한 감정을 동반하며, 집착하며, 사회적 억제와 관련이 있다(사람들과 어울릴 때 불안과 긴장)(Flowers, 2011). 수줍어하는 사람은 시선맞춤을 하지 못하며 무슨 말을 하려고 할 때 조용하게 말을 하며 대화상에서 자신의 관심사를 드러내지 않을 뿐만 아니라 자신감도 없다(Brunet, Mondloch, & Schmidt, 2010).

거의 50% 이상의 미국 청소년들은 어느 정도 수줍음을 느끼는 반면에 8%는 매우 수줍음을 느낀다고 보고된 바 있다. 약간의 수줍음을 느끼는 사람은 아무런 문제가 되지 않지만 극도로 수줍음을 느끼는 사람의 경우 사회부적응(*사회불안장애*) 또는 사회기피(*사회공포증*)와 같은 것들이 진단될 수 있으며 이는 또한 우울증, 고립감, 두려움, 사회불안, 대인기피, 낮은 자존감을 느끼게 되는 것들로 나타나게 된다(Baker & McNulty, 2010; Burstein, Ameli-Grillon, & Merikangas, 2011).

수줍음의 요소

수줍음의 원인은 무엇일까? 우선, 수줍음은 흔히 **사회적 불안**(social anxiety)—다른 사람의 존재를 의식하면서 생기는 감정—이나 걱정에서 온다. 거의 모든 사람은 어떤 사회적 상황에 초조함을 느낀다(예를 들어 매력적인 낯선 사람을 만날 때). 일반적으로, 이것은 **평가 두려움**(evaluation fears)—적절하지 않은, 쑥스러

운, 조롱 또는 거부의 두려움—에 대한 반응이다. 비록 거절의 두려움은 흔하지만, 수줍어하는 사람들에게는 거절의 두려움이 더 빈번하거나 극심하다(Bradshaw, 2006).

또한 수줍어하는 사람들은 시간이 지남에 따라 사고의 왜곡을 일으킬 수 있고, 그 사고는 **자기패배적 편향**(self-defeating bias)이라 불린다. 구체적으로, 수줍어하는 사람들은 거의 대부분 사회적 만남이 잘 되지 않을 때 자신을 비난한다. 더군다나 수줍어하는 사람들은 사회적 상황을 피하기 때문에 그들은 *사회기술*—다른 사람들과의 상호작용에서 능숙함—을 발전시키는 데 실패한다. 많은 사람들은 사람을 만나거나 대화를 시도하고 대화를 이끌어 나가는 방법을 모른다.

수줍음의 원동력

수줍음은 대부분 *새로운* 또는 *익숙하지 않은* 사회적 상황에 의해 유발된다. 가족들이나 가까운 친구가 편한 사람은 낯선 사람을 만날 때 사회적으로 불안하고 어색할 수 있다. 수줍음은 또한 격식 있는 분위기, 높은 지위의 누군가를 만나는 것, 다른 사람들과 두드러지게 다른 것, 또는 관심이 집중되는 것에 의해(연설을 하는 경우처럼) 더 극대화된다(Larsen & Buss, 2010).

이런 상황에서 대부분의 사람들은 조심스럽고 억제되지 않는가? 그렇다. 그렇기 때문에 우리는 수줍어하는 사람의 성격과 수줍어하지 않는 사람의 성격이 어떻게 다른지에 대한 논의가 필요하다. 수줍어하는 사람은 자신의 감정과 생각에 휘말려 있다고 생각하는 경향이 있다. 그러나 놀랍게도 연구자 Jonathan Cheek와 Arnold Buss(1979)는 수줍음과 **사적 자의식**(private self-consciousness) 사이에는 연관이 없다는 것을 발견했다. 대신에 그들은 수줍음이 **공적 자의식**(public self-consciousness) 또는 사회적 객체로서 자신을 인지하는 것에 연관되어 있음을 발견하였다.

공적 자의식이 높은 사람들은 다른 사람들이 그들을 어떻게 생각하는지에 대해 강하게 걱정한다(Cowden, 2005; Fenigstein, 2009). 공적 자의식이 높은 사람들은 불필요하게 사회적 상황에서 자기비판적이다. 공적 자의식이 높은 사람들은 잘못된 일 또는 어리석음을 드러내는 것에 대해 말하는 것을 걱정한다. (잘 알지 못하는) 사람들이 있는 곳에서, 공적 자의식이 높은 사람들은 마치 벌거벗은 것처럼 또는 다른 사람들이 그들을 훤히 보고 있는 것같이 느낄지도 모른다. 이러한 감정은 사회적인 만남 동안에 불안 또는 완전한 두려움이 유발되며 어색함과 억제로 이어진다(Cowden, 2005). 수줍어하는 사람의 불안은, 결국 그녀 또는 그로 하여금 사회적 상황 속에서 남을 오해하는 원인이 된다.

자기패배적 편향과 수줍음

수줍음은 *자아존중감*에 영향을 미친다. 일반적으로 수줍어하지 않는 사람들은 수줍어하는 사람보다 높은 자아존중감을 가지는 경향이 있다. 수줍어하지 않는 사람들은 사회적 성공을 스스로의 공로라고 생각하고 실패는 대개 환경 때문이라고 인지한다(Burgess et al., 2006). 대조적으로 수줍어하는 사람들은 사회적 실패에 대해 자신을 비난하고 결코 성공을 자신 때문이라고 인정하지 않으며, 인정받는 것이 어려울 것으로 예상한다(Jackson et al., 2002).

어떻게 하면 수줍음을 줄일 수 있을까? 수줍음은 대개 비현실적 또는 자기패배적 편향에 의해 유지된다(Antony & Swinson, 2008; Butler, 2008). 다음에 제시된 이러한 믿음을 마음에 새기는 것은 수줍음의 영향을 줄이는 중요한 첫걸음이다(Flowers, 2011). 여기에 그러한 믿음의 표본이 있다.

1. *만약 사교모임에서 오래 기다릴 경우, 어떤 일이 발생한다.*
   견해: 이것은 대화를 시작하는 두려움을 감추는 것이다. 두 사람이 만났을 때 적어도 한 사람은 노력을 해야만 하는데 그가 당신일 수도 있다.
2. *인기 있는 사람들이 사회적 모임에 초대받거나 데이트 신청을 받는 것은 행운이다.*
   견해: 사람들은 정식으로 새로운 누군가를 소개받을 때를 제외하고 이건 행운이 아니다. 사회적으로 더 활동적인 사람들은 일반적으로 다른 사람들과 함께 시간을 보내고 만나기 위해 노력한다. 그들은 클럽에 가입하고, 다른 사람들과 무엇을 하기 위해 초대하고, 대화를 시작하고, 일반적으로 그것은 행운은 아니다.
3. *사교에 관심이 있는 사람을 만날 확률은 내가 어디에 있든지 상관없이 항상 동일하다.*
   견해: 이것은 활동하지 않는 것에 대한 변명이다. 클럽, 단체 및 학교 행사와 같이 사회적 접촉을 초래할 가능성이 더 높은 상황을 찾아나서는 것이 좋다.
4. *만약 누군가가 바로 당신을 당장 좋아하지 않는 듯 보이면, 그들은 정말로 당신을 좋아하지 않는 것이고 절대로 당신을 좋아할 일이 없다.*
   견해: 이러한 믿음은 불필요한 수줍음으로 이어진다. 사람들이 즉각적으로 관심을 보이지 않더라도 사람들이 당신을 싫

수줍음 다른 사람을 피하는 경향성과 사교를 할 때 불안과 부담
사회적 불안 다른 사람 앞에 있을 때 불안한 감정
평가 두려움 적절하지 않은, 쑥스러운, 조롱 또는 거부의 두려움
자기패배적 편향 인지 행동 사고의 왜곡
사적 자의식 속마음, 사고, 환상의 몰두
공적 자의식 사회적 객체로서 자신을 인지하는 것

어하는 것은 아니다. 호감을 갖게 하는 것은 시간이 걸리고 관계를 발전시킬 수 있는 기회이다.

앞서 말한 것과 마찬가지로 비생산적인 믿음은 다음과 같은 진술로 대체될 수 있다(Antony & Swinson, 2008; Butler, 2008에서 수정).

1. 나는 사회적 상황에 활동적이어야 한다.
2. 나는 사회적 위험을 감수하기 전에 내가 완전히 이완되고 편안해지기를 기다릴 수는 없다.
3. 나는 내가 아닌 다른 사람인 척을 할 필요가 없다. 그것은 나를 더욱 불안하게 만든다.
4. 다른 사람들이 나를 가혹하게 평가한다고 내가 생각할지 모른다. 그러나 실제로는 나 스스로가 나에게 가혹하게 행동한다.
5. 나는 나의 사회적 경험과 기술을 늘리는 등 적절한 목표를 설정할 수 있다.
6. 사교적인 기술이 있는 사람이라 할지라도 100% 성공하지는 못한다. 만남이 나쁘게 흘러갈 때, 너무 속상하지 말아야 한다.

사회적 기술과 수줍음

수줍어하는 사람들은 사회적인 만남을 회피하기 때문에 그들이 사회적 기술을 배우고 연습할 기회가 더 적다(Carducci & Fields, 2007; Miller, 2012). 사람을 만나고 대화를 시작하는 방법을 아는 것은 타고난 것이 아니다. 사회적인 기술을 다양한 방법으로 연습할 수 있다. 예를 들면, 당신의 대화를 녹음해서 듣는 것은 도움이 될 수 있다. 당신은 당신이 멈추거나 방해하거나 신호를 놓치는 도중에 놀랄지도 모르고 혹은 흥미를 잃을지도 모른다. 마찬가지로, 거울에서 당신 스스로를 보는 것과 놀라움, 즐거움, 싫음, 기쁨, 기타 등등의 과장된 얼굴표정을 짓는 것도 도움이 될 수 있다. 이러한 방법들에 의해, 대부분의 사람들은 좀 더 활기를 얻고, 스스로 표현하는 방법을 배울 수 있다. (관련된 기술에 대해 토론하기 위해, 모듈 59에 있는 자기 과시 부분을 참고하라.)

사회적인 기술을 발달시키는 가장 쉬운 방법 중의 하나는 대화를 하는 동안에 질문하는 방법이다. 일련의 좋은 질문들은 다른 사람의 주의를 전환시키고, 당신이 관심 있다는 것을 보여 준다. 격식을 차릴 필요는 없다. 당신은 "어디에서 (일하나요, 공부하나요, 사나요)? (춤, 여행, 음악)을 좋아하나요? 얼마나 오랫동안 (학교에 있었나요, 여기에서 일했나요, 여기에 살았나요)?"와 같은 질문을 할 수 있다. 어색함을 깬 후에 할 수 있는 최고의 질문은 대개 개방형 질문이다(예, 아니요로 대답될 수 없다).

> "당신은 그 나라의 어디까지 가 본 적이 있나요?" ("당신은 플로리다에 가 본 적이 있나요?"와는 반대로)
>
> "웨스트 사이드에 사는 것은 어떤가요?" ("당신은 웨스트 사이드에 사는 것을 좋아하나요?"와는 반대로)
>
> "당신은 어떤 종류의 음식을 좋아하나요?" ("당신은 중국음식을 좋아하나요?"와는 반대로)

개방형 질문들이 도움이 되는 이유를 알 수 있다. 개방형 질문들의 대답에서, 사람들은 대개 그에 대한 '무료 정보'를 제공한다. 추가적인 정보는 대개 다른 질문을 물어볼 수 있게 하고, 대화의 다른 주제로 이끌어 나가게 된다.

그러나 이러한 간단한 예시들로는 실제 대화를 대신할 수 없다. 수줍음을 극복하는 것은 오랜 믿음과 태도를 시험하고 새로운 기술을 배우는 것에 대한 노력을 필요로 한다. 상담사 혹은 치료사의 도움이 필요할지도 모른다. 적어도, 수줍어하는 사람은 사회적 위험을 기꺼이 받아들여야 한다. 수줍음의 장벽을 허무는 것은 어색하거나 성공적이지 않은 만남을 늘 포함하게 될 것이다. 그럼에도 불구하고 보상은 크다: 유대관계, 개인적 자유.

모듈 42: 요약

42.1 수줍음의 원인은 무엇이며, 수줍어할 때 무엇을 할 수 있는가?

42.1.1 수줍음은 전형적으로 사회적 불안, 평가의 공포, 공적 자의식의 고조, 자기패배적 편향, 개인의 부끄러움이 지속적인 특징 그리고 사회적 기술의 부족 등으로 간주되는 경향을 포함한다.

42.1.2 수줍음은 자기패배의 믿음을 더 지지적인 사고로 대체함으로써 그리고 사회적 기술을 배움으로써 감소될 수 있다.

모듈 42: 지식 쌓기

암기

1. 사회적 불안과 평가의 두려움은 거의 대부분 수줍음을 타는 개인의 전유물이다. 부끄러워하지 않는 사람들은 그런 경험이 거의 없다. **O X**
2. 친근하지 않은 사람들과 상황은 대부분 수줍음을 야기한다. **O X**
3. 많은 사람들이 생각하는 것에 반해서, 수줍음은 이것과 관계가 없다.
   a. 사적 자의식
   b. 사회적 불안
   c. 자부심
   d. 사회적 실패를 스스로의 탓으로 돌리는 것
4. 수줍음이 많은 사람은 그들의 사회적 불안을 ________으로서 고려하는 경향이 있다.
   a. 상황적 반응
   b. 개인적 특성
   c. 대중의 효험
   d. 습관
5. 개인적인 믿음을 변화시키고 사회적 기술을 연습하는 것은 수줍음을 극복하는 데 도움이 될 수 있다. **O X**

반영

비판적으로 생각하기

6. 수줍음은 폰다(Vonda)의 성격 특성이다. 부끄러움이 많은 대부분의 사람들과 같이 폰다는 친숙하지 않은 사회적 환경에 부끄러움을 느낄 것이다. 폰다의 부끄러워하는 행동은 (성격상) 특질의 표현이 어떤 개념에 의해 지배받는지를 드러내는가?

자기반영

여러분이 부끄러움이 많은 사람이라면, 사회적 기술, 사회적 불안, 평가의 공포, 자기패배적 사고 그리고 공적 자의식이 여러분의 사회적 억제에 어떻게 기여하는지 요약해 보라. 여러분이 수줍은 사람이 아니라면, 여러분이 어떻게 수줍음을 타는 친구에게 이 개념들을 설명할 수 있는지를 상상해 보라.

정답

1. X 2. O 3. a 4. b 5. O 6. 특성–상황 상호작용

43 Module

건강심리학: 건강심리학 개관

미정이의 지옥 같은 학기말

RedChopsticks Batch 17/Glow Asia RF/Alamy

이 얼마나 힘든 나날이었던가! 미정은 기말 리포트, 연구 계획서 작성, 수업시간 과제 발표 등으로 매일매일 죽을 지경이었다. 게다가 연속적인 수면 부족, 엄청나게 마셔 대는 커피와 정크푸드 그리고 매일매일 해야 되는 벼락치기 공부들의 힘든 짐이 학기말까지 계속되었다. 그녀는 절정기에 달한 가라테 수련에도 불참했다. 드디어 휴식과 이완 그리고 무언가 즐거운 일을 좀 할 수 있게 되었다. 그렇지만 그것이 계속 가능할 것인가? 학교가 끝나고 나흘이 지나자 미정은 독한 감기에 걸렸고 그 후 기관지염으로 악화된 후 무려 한 달간이나 지속되었다.

미정이 겪은 지옥 같은 학기말 경험은(그녀는 이를 무엇이라 정확히 부르지 않았다.) 개인의 습관, 스트레스, 건강이 충돌했을 때 일어날 수 있는 사건을 예시하였다, 비록 미정의 감기 발병이 우연일 수도 있지만 터무니없는 일은 아니다. 일정 기간 지속되는 스트레스는 흔히 병을 수반한다. 이 모듈에서 우리는 건강이 스트레스와 같은 다양한 행동 건강 위험요인에 의해 어떻게 영향받을 수 있는가를 탐색해 볼 것이다.

SURVEY QUESTIONS

43.1 건강심리학이란 무엇이며, 어떻게 인지와 행동이 건강에 영향을 끼치는가?

건강심리학–이것이 좋은 건강이다

SURVEY QUESTION 43.1 건강심리학이란 무엇이며, 어떻게 인지와 행동이 건강에 영향을 끼치는가?

수 세기 동안 *의학적 모델*(medical model)이 서구의 사고를 지배해 왔다(Ghaemi, 2010). 이 모델에 따르면 건강은 질병이 없는 것이고 여러분의 몸은 복잡한 생물학적 기계로 되어 있어서 고장 날 수도 있고, 질병에 걸릴 수도 있다는 것이다. 때로는 바이러스와 같은 외부적 요인이 질병 발생의 원인이 될 수도 있고, 흡연이나 과식과 같은 잘못된 라이프스타일의 선택과 같이 스스로 병을 야기할 수도 있다는 것이다. 어느 경우든 문제는 신체적 또는 생물학적인 것이어서 '마음'은 별다른 역할을 하지 못하는 것으로 간주한다. 더구나 신체적 문제에는 신체적인 처치(약을 먹는 것)가 요구되므로 회복에 있어서도 마음은 별다른 역할을 하지 못한다. 의학적 모델에 있어서는 건강에 미치는 마음의 영향을 플라시보 효과로 간과해 버린다(모듈 4에서 본 위약 효과에 대해 기억하기 바란다).

50여 년이 지나는 동안 의학적 모델은 **생물심리사회적 모델**(biopsychosocial model)로 서서히 자리가 바뀌었다. 이 모델은 질병이란 생물, 심리 및 사회적 요인들의 결합에 의해 발생된다는 것이다(Suls, Luger,& Martin, 2010). 우리가 생각할 수 있는 경우보다 더 자주 심리적 및 사회적 과정들이 '생물학적' 질병의 진전과 결과에 영향을 미친다. 약물은 의사가 환자에게 치유를 극대화할 수 있는 의학적 조건들을 *이해*할 수 있도록 도와줄 때 최고의 효과를 보여 준다(Benedetti, 2009; Moerman, 2002). 더구나 생물심리사회 모델은 건강은 우리가 능동적으로 획득할 수 있고, 유지할 수 있는 안녕상태라고 정의한다(Oakley, 2004). 자신의 안녕을 유지하기 위해 자신에게 책임이 있다고 생각하는 한 건강은 어느 정도 자신의 마음에 달려 있다는 점을 고려할 수 있다.

우리는 우리의 건강을 돈 주고 살 수 없다는 데는 동의할 것이다. 게다가 북미에서는 많은 질병의 발생과 매년 발생하는 모든 사망의 반 이상이 불건강한 행동에 기인한다는 점이 밝혀졌다(Danaei et al., 2009). 그러므로 **건강심리학**(health psychology)은 질병과 죽음을 예방하고 건강을 증진시키기 위해 인지적 및 행동적 원리를 사용하는 것을 목적으로 한다(Harrington, 2013). **행동의학**(behavioral medicine) 분야에서 일하고 있는 심리학자들은 당뇨병이나 천식과 같은 의학적인 문제를 관리하기 위해 심리학을 응용한다. 이들은 환자들에게 통증을 관리하고, 만성질환에 대처하는 방법을 도와주고, 스트레스 관련 질병, 질병에 대한 자가 탐색(예컨대 유방암), 그리고 유사한 주제 등에 관심을 갖는다(Brannon, Feist, & Updegraff, 2014).

행동적인 위험요인

1세기 전에는 주로 전염성 질환이나 사고에 의해 사망하였다. 그러나 오늘날에는 일반적으로 건강을 해치는 개인적인 습관과 관련 있는 **생활양식 질병**(lifestyle diseases)으로 사망하게 된다(Kozica et al., 2012). 이러한 질병의 예로서 심장병, 뇌졸중, HIV/AIDS, 그리고 폐암 등이 있다(● 그림 43.1). 명백한 것은 어떤 생활 유형은 건강을 증진시키지만 다른 어떤 생활 유형은 질병과 죽음을 초래한다(Hales, 2013). 한 논평자가 지적한 것처럼 "만약 자기 자신을 잘 돌보지 못하면 갑자기 그 책임감이 자기 자신에게로 덮쳐 올 것이다."

불건강한 행동이란 무엇일까? 질병을 야기하는 어떤 원인들은 우리의 통제 밖에 있지만, 많은 행동위험 요인들은 낮출 수 있다. **행동위험 요인**(behavioral risk factors)은 질병, 손상 또는 조기 죽음의 기저를 증가시키도록 작용한다. 예컨대 매년 약 45만 명의 미국인이 흡연과 관련된 질병—원인 불명의 모든 사망의 약 20%—으로 사망한다(National Institute on Drug Abuse 2012b). 유사하게 미국 성인의 약 3분의 2가 과체중을 보인다. 이 중 반 정도는 지나치게 심한 과체중 또는 *비만*이다(Flegal et al., 2010). 20세에 과체중을 보이는 사람은 예상된 수명의 5~20년 줄어들 것

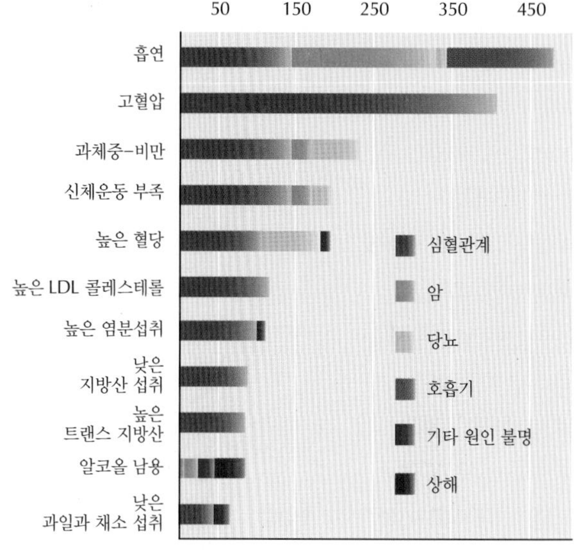

그림 43.1
미국에서 예방할 수 있는 사망의 주 원인은 흡연, 음주, 불량음식 그리고 운동습관이다. 이런 요인들이 모든 요절의 반 이상으로 고려되고 있고 일상의 건강 문제로 끊임없이 대두되고 있다. (Data adapted from Danaei et al., 2009.)

으로 예기된다(Fontaine et al., 2003).

다음에 언급하는 개개의 요인이 중요한 행동위험 요인이다(Brannon, Feist, & Updegraff, 2014). 즉 높은 수준의 스트레스, 방치된 고혈압, 흡연, 알코올과 다른 약물의 남용, 과식, 부적절한 운동, 안전치 못한 성향의 성행동, 독물에 노출, 폭력, 태양광에 지나친 노출, 무모한 운전 및 안전의 경시(피할 수 있는 사고) 등이다. 모든 의료비용의 70%는 흡연, 알코올 남용, 약물 남용, 불량한 음식, 불충분한 운동, 그리고 안전치 못한 성 행위와 같은 여섯 가지 요인과 관련 있다(Brannon, Feist, & Updegraff, 2014; Orleans, Gruman, & Hollendonner, 1999).

18세 또는 19세가 되기 전 형성된 개인 습관은 그 후의 건강, 행복 그리고 기대 수명에 크게 영향을 미친다(Gurung, 2014; Hales, 2013). 표 43.1은 많은 미국 고교생들이 다양한 종류의 위험한 행동들에 개입하고 있음을 보여 주고 있다.

생물심리사회적 모델 생물, 심리 및 사회적 요인들의 상호작용이 질병과 건강에 영향을 준다는 것을 인정하는 입장
건강심리학 인지 및 행동의 원리가 질병의 예방과 건강 증진에 사용될 수 있다는 방법을 연구한다.
행동의학 의학, 신체질병 그리고 의학 치료에 있어 행동 요인을 연구한다.
생활양식 질병 건강에 해를 끼치는 개인적 습관과 관련 있는 질병
행동위험 요인 질병, 손상 그리고 요절의 기회를 높이는 행동

표 43.1 건강을 해롭게 하는 행동에 관여하는 미국의 고교생 백분율

위험행동	백분율
음주운전 (지난 30일간)	24
몸싸움에 관여 (지난 12개월간)	33
총기휴대 (지난 30일간)	17
음주 (지난 30일간)	38
마리화나 사용 (지난 30일간)	23
성교 (지난 90일간)	34
콘돔 미사용(지난 성교 시)	40
흡연 (지난 30일간)	18
과일 미섭취(지난 7일간)	5
채소 미섭취(지난 7일간)	6
3시간 이상 비디오게임 (평균 학교 수업일)	31

출처: Eaton et al., 2012.

특별한 위험요인만 관심거리일 수는 없다. 어떤 사람들은 우울하고, 불안하고 적대적으로 종종 아픈 모습을 보이는 일반적 **질병경향성 성격**(disease-prone personality)이란 것을 보여 준다. 이와 반대로 지적 능력이 풍부하고, 인자하고, 낙천적이고, 적개심이 없는 사람들이 좋은 건강을 보여 준다(Li et al., 2009; Taylor, 2012). 특히 우울은 건강에 손상을 일으키기 쉽다(Luppa et al., 2007). 우울한 사람은 식사도 잘 하지 못하고, 잠도 잘 자지 못하고, 운동도 잘 하지 못하고, 운전도중 안전켈트 착용도 잘 하지 않고, 흡연도 과다하게 한다.

Chris Selby/Alamy

Martin Diebel/fstop/Corbis

긴 안목으로 보면 행동위험 요인들과 생활양식이 건강과 기대 수명을 다르게 만든다.

생활양식 마음의 눈으로 여러분의 노년을 한번 상상해 보라. 두 번을 상상하는데 먼저는 온갖 종류의 행동위험 요인들을 포함하는 생활양식을 상상해 보고, 다음은 위험 요인이 없는 생활양식을 상상해 보라. 여러 개의 작은 위험 요인들이 점차 쌓여 가게 되면 질병에 걸릴 기회가 극적으로 증가하게 된다는 것은 지극히 자명한 것이다. 만약 여러분의 삶에서 스트레스를 자주 만나게 된다면 여러분의 몸이 매일매일 감정과 뒤섞여 소용돌이 치고 있음을 상상할 수 있을 것이다. 만약 담배를 피운다면 빨아들인 담배연기가 여러분의 폐 속으로 들어가 쌓인 것을 상상할 수 있을 것이고, 술을 마신다면 평생 들이킨 알코올이 뇌, 위, 그리고 간을 끊임없이 공격하게 될 것이니 드디어 여러분의 몸은 악화되고 파괴되어 죽음에 이르게 될 것이다. 만약 고지방, 고콜레스테롤 음식을 섭취한다면 동맥을 막아 심장을 괴사시키는 프라그가 만들어진다.

설교하자는 게 아니다. 단지 위험 요인들이 엄청난 차이를 만들어 낸다는 것을 염두에 두길 바랄 뿐이다. 문제를 더욱 악화시키는 것은 불건강한 생활양식이 다양한 위험 요인들을 만들어 낸다는 것이다. 말하자면 흡연을 하는 사람이 과음을 하는 경향성을 높이고, 과식을 하는 사람은 충분한 정도의 운동을 하지 않는다는 등등(Lippke, Nigg, & Maddock, 2012). 감염성 질환조차도 행동상의 위험 요인과 연계되어 있다. 예컨대 폐암과 기타 감염성 질환이 암, 심장병, 폐질환 또는 간질환을 가진 사람들에서 높은 비율로 나타난다. 그러므로 감염에 기인된 사망의 다수도 금연, 불량음식, 또는 알코올 남용으로 거슬러 올라갈 수 있다(Mokdad et al., 2004).

건강 증진 행동

질병을 예방하기 위해 건강심리학자들은 제일 먼저 행동위험 요인을 줄이려고 노력해 왔다. 이 세상에 있는 모든 약물을 다 쓴다 하더라도 행동상의 변화가 없다면 건강을 되돌리기에 충분하지 않다. 우리는 심장병이나 폐질환을 가진 사람들이 그 질병의 원인이 되는 습관을 변화시키지 못하는 경우를 많이 볼 수 있다.

어떤 경우에는 생활양식 질환은 특정한 행동을 한다거나 작은 행동의 변화를 일으킴으로써 고쳐지거나 예방할 수 있다. 예컨대 고혈압은 치명적인 병인데, 소금 섭취를 줄임으로써 이 '침묵의 살인자'를 피해 갈 수 있다. 게다가 체중을 줄인다거나, 알코올 섭취를 삼간다거나, 보다 운동을 많이 하는 것으로 도움을 줄 수 있다(Edenfield & Blumenthal, 2011; Hales, 2013).

특별한 위험 요인을 제거하는 것에 덧붙여, 심리학자들은 건강을 증진시키는 행동을 많이 할 수 있도록 하게 하는 데 관심을 갖는다. 건강 증진 행동이란 규칙적으로 운동을 한다거나 흡연이나

표 43.2 주요 건강 증진 행동

원천	바람직한 행동들
담배	금연. 연기가 나지 않는 담배도 금연
영양	균형 잡힌, 저지방, 적절한 칼로리를 섭취한다. 건강한 체중을 유지한다.
운동	매주 5일간 최소 30분 정도 유산소 운동을 한다.
혈압	식이와 운동 그리고 필요하면 약물을 복용하여 혈압을 낮춘다.
알코올과 약물	하루 2번 이상 음주하지 않는다. 약물 사용을 금지
수면과 이완	수면 결핍을 피한다.
성	안전한 성관계를 한다. 계획하지 않은 임신은 피한다.
상해	위험스런 운동 습관을 억제한다. 좌석 벨트를 사용한다. 태양광 노출을 최소화한다. 위험한 행동을 그만둔다.
스트레스	스트레스 관리를 학습한다. 적개심을 낮춘다.

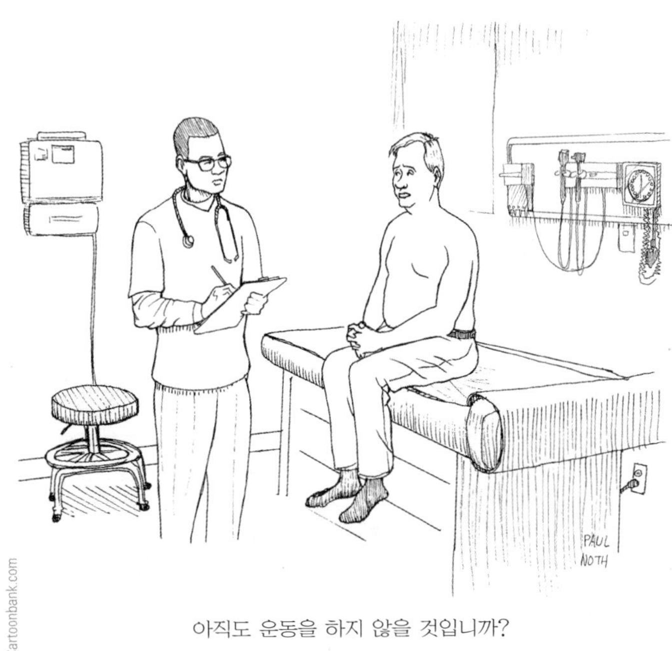

아직도 운동을 하지 않을 것입니까?

음주를 통제한다거나, 균형 잡힌 음식물 섭취를 유지한다거나, 좋은 의료 도움을 받는다든가, 스트레스를 관리하는 것과 같은 것들을 분명하게 실천해 나가는 것들이다(Zarcadoolas, Pleasant, & Greer, 2006). 한 연구에 따르면 식이요법, 알코올, 운동 그리고 흡연과 같은 요인들을 10년 동안 주의 깊게 잘 실천한 성인들이 사망 위험률이 65%까지 감소되었다고 한다(Knoops et al., 2004).

건강 증진 행동을 한다는 것이 까다롭거나 짐이 되어서는 안 된다. 예컨대 건강한 식이요법을 유지한다는 것이 꼭 두부나 밀싹 같은 것을 먹으란 뜻은 아니다. 위에 언급한 연구에서 가장 건강했던 사람들은 과일, 채소, 생선은 많이 먹고 그 대신 붉은색 육류와 낙농품을 적게 먹는 이른바 '지중해성 식이요법'을 맛나게 실천한 사람들이다. 마찬가지로 신체 운동을 통해 도움을 받기 위해 올림픽 선수처럼 운동할 필요도 없다. 필요한 정도는 일주일에 3~4차례 한 번에 30분 정도(활기찬 걸음으로)만으로도 족하다. 모든 사람들이 이와 같은 '생활양식으로서의 운동 활동(lifestyle physical activity)'을 삶의 스케줄 속에 적응시켜 가면 된다(Pescatello, 2001).

알코올은 어떤가? 음주를 조절한다는 것은 반드시 술을 안 마시는 사람이 되라는 말은 아니다. 하루 한두 번 알코올을 마신다는 것은 일반적으로 대부분의 사람들에게 안전하다. 특히 일주일 동안 2~3일간 술을 마시지 않는다면 문제가 되지 않는다. 하루 한 잔의 붉은 포도주는 건강에 좋다고 한다(Anekonda, 2006). 그러나 하루 3~4번 마시는 것은 뇌졸중, 간경변, 암, 고혈압, 심장병 그리고 기타 질병 발생을 크게 증가시킨다(Knoops et al., 2004; Lamont et al., 2011).

요약하자면 소수의 몇 가지 행동 양상들은 공통적으로 많은 건강 문제를 일으키는 이유가 된다(Eaton et al., 2012; Straub, 2012). 표 43.2에는 건강을 증진시키기 위한 몇 가지 중요 방법을 예시했다. (공통적으로 건강 문제의 근저에 있다고 보는 사회적 요인을 알기 위해서는 글상자 "불건강한 사람들끼리 모인다"를 보라.)

조기 예방

우리가 논의했던 행동위험 요인들 가운데 흡연이 가장 큰 사망 원인의 예방요인이고 또한 가장 큰 단일 사망요인이다(National Center for Chronic Disease Prevention and Health Promotion,

질병경향성 성격 불량한 건강과 관련 있는 성격 유형. 불안, 우울 및 적개심을 포함하는 지속적인 부정적 정서에 의해 특징지어짐

2011). 이런 이유로 흡연은 질병의 예방에 있어서도 가장 중요하다.

흡연의 위험요인을 낮추기 위해 건강심리학자는 무엇을 했는가? 젊은이에게 흡연을 시작하고 싶어 하는 욕구에 '면역성을 주기 위한' 시도가 좋은 예이다. 유머 작가 마크 트웨인이 "금연이 이 세상에서 가장 쉬운 일이라는 것을 내가 이미 수천 번을 시도해 보았기 때문에 잘 알고 있다."고 말했는데 이것은 10명의 흡연자 중 오직 1명만이 장기간 금연에 성공한다는 기본 사실을 언급한 것이다(Krall, Garvey, & Garcia, 2002). 그러므로 흡연을 다룰 때 가장 좋은 방법은 흡연이 오랫동안 삶의 습관이 되기 이전에 조기에 예방해야 된다는 것이다. 예컨대 학교에서 하는 예방 프로그램인 흡연과 관련된 퀴즈, 멀티미디어를 통한 홍보물, 흡연 반대 예술 공연, 포스터나 T셔츠 선물, 학부모를 위한 흡연 방지 팸플릿 같은 것은 성공하지 못했다(Flynn et al., 2011; Prokhorov et al., 2010). 이러한 노력은 흡연이 위험하고 무모한 것이란 것을 아이들에게 설득하기 위해 계획된 것이다.

어떤 흡연 반대 프로그램 가운데 **거절 기술 훈련**(refusal skill training)이란 것이 있다. 이 훈련에서는 젊은이들이 흡연을 시작해 보고 싶은(또는 다른 약물을 사용하고 싶은) 욕구에 대해 저항하는 것을 학습한다. 예컨대 고등학교 2년생이 동료, 어른들로부터 학습하는 것이다. 유사한 방법으로 성적으로 전파되는 질병들이나 10대의 임신과 같은 기타 건강위험질환에도 응용될 수 있다(Wandersman & Florin, 2003; Witkiewitz et al., 2011).

많은 건강 프로그램은 학생들에게 일반적인 삶의 기술을 가르친다. 이런 생각은 아이들에게 매일매일의 스트레스를 대처하는 데 도움을 줄 수 있는 기술을 가르쳐 주기 위한 것이다. 이렇게 함으로써 약물을 사용한다거나 다른 파괴적인 행동들을 통해 문제를 회피해 가려는 시도가 줄어들 것이다. **삶의 기술 훈련**(life skill trainning)에는 스트레스 감소, 자기보호, 의사결정, 목표설정, 자기통제, 그리고 사회적 기술과 같은 훈련이 포함된다(Allen & Williams, 2012; Corey & Corey, 2014).

심리학 발견하기

불건강한 사람들끼리 모인다

여러분은 더 좋게 먹고, 운동을 보다 많이 하고, 담배를 끊고 싶지 않은가? 연구자 Nicholas Christakis와 James Fowler는 왜 불건강한 행동을 바꾸는 것이 어려울 수 있는지를 알 수 있다고 믿었다. 가끔 사회적 요인은 변화를 일으키는 데 장벽이 된다. 만약 여러분이 흡연자라면 여러분 친구 역시 담배를 피우지 않는가? 여러분의 가족들은 여러분처럼 패스트푸드 마니아가 아닌가? 여러분 친구들은 모두 주당이 아닌가? 과식을 한다거나 흡연을 하는 것처럼 불건강한 행동은 '정신적 바이러스'처럼 전파되는 것 같다(Christakis & Fowler, 2009; Lyons, 2011).

사회적 전염에 관한 한 연구는 만약 처음으로 살찐 사람을 친구로 가지게 된다면 57% 이상이 비만하게 된다는 것을 발견하였다(Christakis & Fowler, 2007). 유사하게 흡연자들은 다른 사람의 흡연을 '따라 한다'(Christakis & Fowler, 2007). 또 다른 연구에서는 음주자들과 함께 시간을 보내면 알코올 섭취가 증가함을 보였다(Ali & Dwyer, 2010). 사람들은 함께 모여들어 많은 습관을 함께하는 경향이 있다.

그렇다면 만약 나의 가족과 친구들이 불건강한 습관을 갖고 있다면 나도 불건강하게 되는 것을 의미하는 것인가? 반드시 그렇지는 않다. 사회적 관계성은 또한 건강한 행동을 전파할 수 있다(Fowler & Christakis, 2010). 만약 한 흡연집단에서 한 명의 흡연자가 금연을 하면 다른 흡연자들도 따라 금연하려는 경향이 늘어난다. 만약 여러분의 배우자가 담배를 끊으면 여러분은 67% 이상 금연할 경향이 있다. 만약 한 좋은 친구가 금연하면 여러분이 금연할 가능성이 36%가 된다(Christakis & Fowler, 2008). 흡연에 대해 사회적으로 인기가 없어지는 것이 미국 성인이 점점 흡연자가 줄어드는 것을 (지금은 단지 19%) 잘 설명해 줄 수 있다(Centers for Disease Control, 2012c).

이것은 무엇을 의미하는가? 여러분의 친구나 가족이 건강한 습관을 채택하는 것을 기다리지 말라. 리더를 선택하면 그들의 습관을 함께하라. 건강한 사람들과 시간을 함께하는 것부터 시작하라. 여러분은 무언가 건강한 것을 얻을 수 있을 것이다.

Centers for Disease Control and Preventio

젊은이들이 흡연을 시작하지 못하도록 설득하는 데 연예인들이 도움을 줄 수 있다.

지역건강

건강심리학자들은 조기 예방에 더하여 **지역사회건강 캠페인**(community health campaigns)이란 성공적인 사업을 이루었다. 중요한 위험요인을 낮추기 위해 설계된 지역 교육 계획이다(Lounsbury & Mitchell, 2009). 이 건강 캠페인은 스트레스, 알코올 남용, 고혈압, 고지혈, 흡연, 성적 접촉 질병, 또는 과도한 태양광 노출과 같은 위험 요인을 먼저 사람들에게 알린다. 그 후 자신들의 행동을 변화시키기 위한 동기유발을 일으키는 노력이 뒤따르도록 한다. 이 캠페인에서는 가끔 자신의 건강을 향상시킨 사람들을 등장시켜 *역할모델*(긍정적인 사례)을 제공하기도 한다. 또한 이 캠페인에서는 건강검진, 충고, 치료하는 서비스도 제공한다. 건강 캠페인은 대중매체, 공립학교, 건강 박람회, 작업장 또는 자조 프로그램 등을 통해 사람들에게 다가간다.

스트레스

스트레스는 만약 오래 지속되거나 심할 경우 하나의 중요 행동위험 요인이 될 수 있다. 그러나 스트레스가 언제나 나쁜 것은 아니다. 캐나다의 스트레스 연구의 개척자인 Hans Selye(1978)가 '전체적으로 보아 스트레스가 없다는 것은 죽음의 상태'라는 것을 관찰하였다. 왜냐하면 **스트레스**(stress)는 우리가 환경에 적응할 때 일어나는 정신적 · 물리적 조건이기 때문이다. 작업상의 압력, 군사적인 문제 또는 재정상의 어려움과 같은 불쾌한 사건들이 자연스레 스트레스를 일으킨다. 그러나 여행, 스포츠, 새로운 직업, 암벽 타기, 데이트 등과 같은 긍정적인 활동을 할 때도 스트레스를 받는다. 비록 여러분이 스릴을 즐기는 사람이 아니라 하더라도 건강한 생활양식 속에도 적정량의 *좋은 스트레스*(eustress)가 포함될 수 있다. '좋은 스트레스'를 야기하는 활동은 일반적으로 도전적이고, 보수가 수반되고 열정적인 것이다.

유쾌한 사건이나 불쾌한 사건에 의해 발생되는 **스트레스 반응**(stress reaction)은 정서 상태 동안 일어나는 동일한 자율신계통(automatic nervous system, ANS)의 각성으로 시작된다, 만약 여러분이 처음으로 세찬 바람이 내리치는 스키 점프대 위에 서 있다고 상상해 보라. 신체 내적으로 심장박동, 혈압, 호흡, 근육 긴장이 급상승하고 기타 ANS 반응이 일어남을 경험할 것이다. 이런 종류의 *단기간* 스트레스는 불편할 수 있지만 그러나 좀처럼 손상은 일으키지 않는다. *장기간* 스트레스는 전혀 달리 문제를 일으킨다.

일반 순응 증후군

장기간 스트레스의 영향을 **일반 순응 증후군**(general adaptation syndrome, GAS)으로 알려진 스트레스에 대한 신체방어에 의한 예를 제시함으로써 이해할 수 있을 것이다. GAS는 장기간의 스트레스에 대해 신체가 보이는 일련의 신체 반응이다. Selye(1978)는 거의 모든 질병이나 트라우마(독물, 감염, 상해 또는 스트레스)에 대해 보이는 첫 신체 증후가 동일한 것에 주목하였다. 어떤 종류의 스트레스에 대해서도 신체가 동일한 반응을 보이는 것은 감염, 실패, 골칫거리, 새로운 직장, 학교생활에서의 어려움 또는 격렬한 사랑조차도 동일하다.

신체는 스트레스에 어떻게 반응하는가? GAS는 경고반응, 저항 단계 그리고 고갈 단계의 3단계로 이루어진다(● 그림 43.2; Selye, 1978).

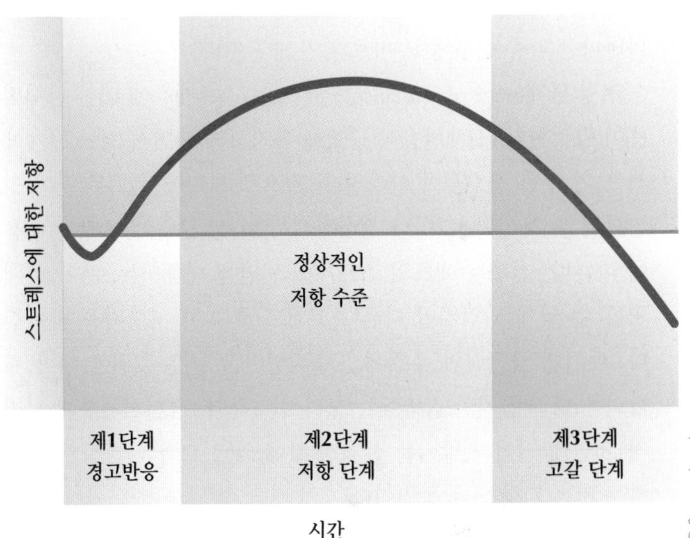

그림 43.2
일반 순응 증후. 스트레스에 대한 처음 경고반응 단계 동안에는 저항력이 정상 이하로 낮아진다. 저항 단계 동안에는 신체 자원이 동원되면서 저항력은 다시 올라가고 높은 상태로 머물게 된다. 마지막으로 고갈 단계에 이르게 되면 저항력은 다시 떨어지게 된다(Selye, 1978).

거절 기술 훈련 젊은이들에게 어떻게 하면 처음으로 흡연을 시작하도록 종용하는 압력을 거절하도록 하는가를 가르치는 프로그램이다. (약물섭취나 건강 위험요인에도 적용할 수 있다.)

삶의 기술 훈련 스트레스 감소, 자기보호, 의사결정, 자기통제 및 사회기술 등을 가르치는 프로그램

지역사회건강 캠페인 어떻게 하면 건강의 위험요인을 낮추고 건강을 증진시킬 수 있는가에 관한 정보를 제공해 주는 지역사회 교육 프로그램

스트레스 한 개인이 환경에 적응하거나 순응하지 않으면 안 될 때 일어나는 정신적 및 신체적 조건

스트레스 반응 스트레스에 대한 신체반응. 주로 자율신경계의 흥분과 관련 있는 신체 변화로 구성됨

일반 순응 증후군(GAS) 경고, 저항, 고갈의 세 단계에서 일어나는 지속되는 스트레스에 대한 일련의 신체반응

경고반응(alarm reaction)은 신체에 가해진 스트레스에 대처하기 위해 자원을 동원한다. 뇌하수체는 부신에 신호를 보내어 보다 많은 양의 아드레날린, 노르아드레날린 그리고 코르티솔을 생산하도록 한다. 이 스트레스 호르몬들이 혈액 속으로 들어오면 몇몇 신체 과정은 가속화되지만 다른 과정들은 저속화된다. 이렇게 함으로써 신체의 자원이 필요한 곳에 쓰일 수 있게 된다.

우리는 우리의 몸이 위기에 자동적으로 반응하는 것에 감사해야 한다. 그러나 이러한 놀라운 위기 체계가 또한 문제를 야기할 수 있다. 첫 단계인 경고반응 단계에서 두통, 발열, 피로, 근육통, 가쁜 숨, 설사, 위통, 식욕상실 그리고 기억의 저하와 같은 증후를 보여 준다. 그 밖에도 아플 때, 스트레스가 심한 여행 도중, 고도가 높은 산에 올라갔을 때, 학기말 시험 때, 사랑에 빠졌을 때 나타나는 각종 증후 등도 바로 같은 증후이다.

저항 단계(stage of resistance) 동안에는 스트레스에 대한 신체적응이 안정된다. 신체반응이 균형을 유지하게 되면서 경고 단계에서 보여 주던 징후들이 사라진다. 겉으로 보기에는 모든 것이 정상화된 듯 보인다. 그러나 정상화된 듯한 이 모습에는 많은 비용이 따른다. 신체는 애초의 스트레스 원인에 대해서는 보다 잘 대처할 수 있게 되었지만 다른 스트레스에 대한 저항력은 낮아진다. 예컨대 극단적인 추위에 노출되었던 동물은 추위에 대한 저항력은 더 커졌지만 감염에는 보다 취약하다. 정신신체장애(심리적 요인에 의해 촉발되는 신체적 장애)의 신호가 나타나기 시작하는 것은 저항 단계 동안이다.

스트레스가 계속되면 **고갈 단계**(stage of exhaustion)로 이어진다. 이 단계에서는 신체의 자원은 줄어들고 스트레스 호르몬은 고갈된다. 고갈 단계가 임박할 때 나타나는 전형적인 징후는 다음과 같다(Friedman, 2002; Gurung, 2014).

정서적 징후: 불안, 무감동, 과민성, 정신적 피로

행동적 징후: 책임감과 인간관계로부터 회피, 극단적 또는 자기 파괴적 행동, 자기태만, 판단 부족

신체적 징후: 질병에 대한 과다한 걱정, 빈번한 질병 발생, 소진감, 약물의 과량 사용, 신체적 장애와 불편감

GAS는 건강하거나 젊다거나 또는 스트레스가 오랫동안 지속되지 않는다면 건강한 멜로드라마 같은 것이다. 그러나 스트레스를 가벼이 여길 수 없다. 만약 스트레스를 구제하지 않고 그냥 둔다면 그 결과로 정신신체질병, 심각한 건강상의 상실 또는 완전한 쇠약이 일어날 수 있다. Selye는 GAS의 마지막 단계에 있는 동물들을 검사해 보았더니 동물들의 부신이 확대되었고 변색되어 있음을 발견하였다. 흉선, 이자 그리고 림프절과 같은 내부기관이 심하게 수축되어 있는 것이 분명하게 보였고 많은 동물들이 위궤양을 보였다. 이런 직접적 영향 외에도 스트레스는 신체의 면역계통을 손상시킬 수 있다.

건강심리학은 스트레스가 건강과 질병에 미치는 영향에 대해 특별한 주의를 기울이고 있다. 스트레스에 대한 이해와 스트레스 통제에 관한 학습은 건강뿐만 아니라 삶의 질을 증진시킬 수 있다(Allen, Carlson, & Ham, 2007). (이러한 이유로 스트레스에 관한 논의와 스트레스의 관리가 모듈 44~47에서 이어진다.)

전인적 인간: 주관적 안녕

건강은 단지 질병이 없는 것이 아니다(Diener & Chan, 2011; Tay & Diener, 2011). 진정으로 건강한 사람은 **주관적 안녕감**(subjective well-being)이란 긍정적 상태를 즐긴다. 주관적 안녕감을 유지하는 것은 평생을 통해 추구하는 것이고 갈망하는 일이다. 최상의 주관적 안녕감을 성취한 사람들은 신체적으로나 심리적으로 건강하다. 이들은 행복하고, 낙천적이고, 자신감에 차 있어 역경으로부터 정서적으로 회복될 수 있다. 안녕감을 즐기는 사람들은 다른 사람들과 지지적인 관계를 유지하고, 의미 있는 일을 하고, 깨끗한 환경에서 산다. 주관적 안녕감의 이런 측면들에서는 관해서는 이 책의 여러 군데에서 언급하였다.

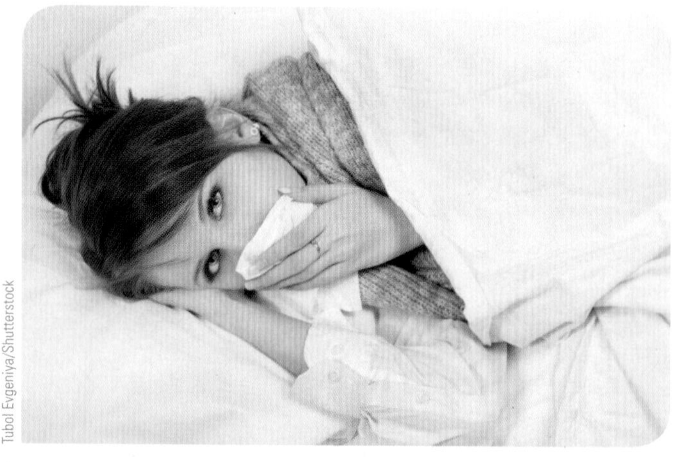

Tubol Evgeniya/Shutterstock

스트레스와 부정적 정서는 면역체계의 활동성은 낮추고, 감염은 증가시킨다. 이것은 감염에 대한 취약성을 높이고, 질병을 악화시키고 그리고 회복을 지연시킨다.

경고반응 일반 순응 증후의 첫 번째 단계로 신체 부존자원이 스트레스 요인에 대처하기 위해 동원된다.

저항 단계 일반 순응 증후의 두 번째 단계로 스트레스에 대한 신체 적응은 안정되지만 높은 신체적 비용을 치러야 한다.

고갈 단계 일반 순응 증후의 세 번째 단계로 신체의 부존자원이 고갈되고 심각한 건강 문제가 뒤따른다.

주관적 안녕감 질병이 없는 상태를 넘어 좋은 건강의 긍정적 상태

모듈 43: 요약

43.1 건강심리학이란 무엇이며, 어떻게 인지와 행동이 건강에 영향을 끼치는가?

43.1.1 건강심리학자는 어떻게 인지와 행동이 건강의 유지와 증진을 도와주는가에 관심을 갖는다.

43.1.2 건강과 질병에 관한 연구는 일반 건강과 기대수명에 영향을 미치는 몇몇 행동상의 위험요인들을 확인했다.

43.1.3 최소한 다이어트, 알코올, 운동, 흡연과 같은 것들이 건강증진 인지 및 행동 유지에 중요하다.

43.1.4 건강심리학자들은 지역에서 건강캠페인을 통해 불건강한 습관 발달을 방지하고, 안녕감을 증가시키기 위해 선구적인 노력을 해왔다.

43.1.5 스트레스란 어떤 요구들이 하나의 유기체가 적응해 나갈 때 직면하게 되는 삶의 정상적 부분이다.

43.1.6 신체는 일반 순응 증후군(GAS)이라 부르는 일련의 단계의 스트레스에 반응한다. GAS의 단계는 경고, 저항, 고갈의 단계이다. GAS에서의 신체적 반응들은 정신실체질병의 발달에서 관찰되는 양상을 보인다.

43.1.7 좋은 건강을 유지한다는 것은 운이 아니라 한 개인의 책임 문제이다. 웰니스란 위험요인을 최소화하고 건강 증진 활동들에 관여하는 데 기반을 둔다.

모듈 43: 지식 쌓기

암기

1. 만성 질병이나 통증의 통제는 건강심리학자들보다 _________ 전문가들이 보다 관심을 가지는 과제이다.
2. 건강에 관하여, 다음 중 주요 건강위험 요인이 아닌 것은?
   a. 과잉 운동　　**b.** 흡연
   c. 스트레스　　**d.** 고혈압
3. 생활양식 질병은 모든 의료비의 70%를 차지하는 6가지 행동과 관련 있다. 즉 흡연, 알코올 남용, 약물 남용, 불량 음식, 불충분한 운동, 그리고
   a. 과속 운전　　**b.** 과다 태양광 노출
   c. 불건전한 성　　**d.** 독물에 노출
4. 건강심리학자는 한 번 형성된 어떤 습관(흡연 같은 것)을 수정하는 것보다는 _________ 하는 것을 더 선호한다.
5. 질병 경향성 성격이란 _________, 불안 및 적개심으로 특징지어진다.
6. 정신신체 장애의 첫 번째 징후는 _________ 단계 동안 나타난다.
   a. 경고　　**b.** 소진
   c. 저항　　**d.** 평가

반영

비판적으로 생각하기

7. 일반 대중들은 건강 위험과 건강 행동에 관한 많은 정보를 잘 알고 있다. 왜 수많은 사람들이 이 정보를 활용하는 데 실패하는지를 설명하기 위해 강화의 개념을 응용할 수 있겠는가?

자기반영

여러분에게 적용했을 때 주요 행동위험 요인들을 열거해 보라.

표 43.1에 실린 건강증진 행동들 가운데 여러분이 증가시키고 싶은 것은?

만약 여러분이 지역사회건강 캠페인을 설계한다면 여러분이 건강행동의 롤모델로 사용하고자 하는 것은?

여러분은 어떤 GAS 징후를 경험하고 있는가?

정답

1. 행동의학 **2.** a **3.** c **4.** 예방 **5.** 우울 **6.** c **7.** 건강행동에 대한 즉각적 보상이 이뤄지지 않아 많은 건강 이득이 몇 개월에서 몇 년간 지연되었다(Watson & Tharp, 2014).

44 Module

건강심리학: 스트레스 요인

세상에서 가장 운이 좋은 소녀

달랴는 이 세상에서 가장 운 좋은 소녀였다. 애인과 결혼한 후 자메이카에서 화려한 신혼여행을 즐겼다. 지금 두 사람은 신혼의 삶을 시작할 새 아파트로 이사했다. 그런데도 왜 그녀는 마치 트럭이 그녀를 치고 넘어간 것 같은 느낌이 들까?

달랴가 처음 알게 된 것은 장기간 지속되거나 심한 스트레스는 비록 그것이 긍정적인 것이라도 건강상 문제를 일으킬 수 있다는 것이었다. 지난 몇 개월이 지나는 동안 그녀는 몇 가지 큰 삶의 변화를 경험했다. 이러한 변화를 겪으면서 지금 그녀는 심한 기침과 열이 났다.

우리는 이 모듈에서 스트레스성 사건들은 누구에게나 흔히 '일어나는 것'으로 극히 상식적인 생각에서부터 시작한다. 비록 이런 사건들이 때때로 일어나는 경우도 있지만 보다 흔한 스트레스는 우리가 이런 사건들을 어떻게 지각하며 또는 그것에 어떻게 반응하는가이다. 우리는 또한 스트레스 요인의 강도를 결정하는 요인들에 관한 문제가 좌절과 갈등을 포함한다는 것과 스트레스 요인의 다양한 형태에 관해서도 자세히 알아볼 것이다.

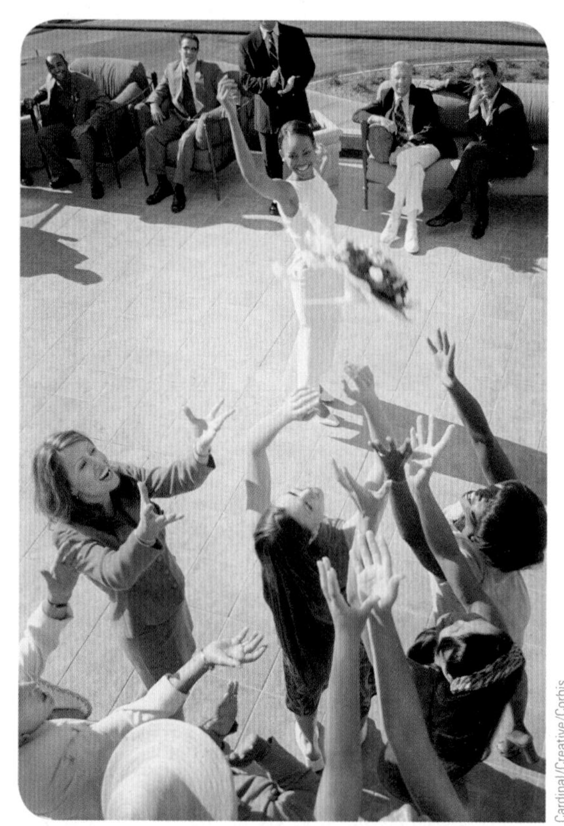

Cardinal/Creative/Corbis

SURVEY QUESTIONS

44.1 스트레스 요인이란 무엇이며, 어떤 요인이 스트레스의 심각성을 결정하는가?

44.2 스트레스 요인에는 어떤 유형이 있는가?

스트레스, 위협인가 스릴인가?

SURVEY QUESTION 44.1 스트레스 요인이란 무엇이며, 어떤 요인이 스트레스의 심각성을 결정하는가?

어떤 사건은 다른 사건보다 스트레스를 더 잘 일으킬 수 있다는 것은 두말할 나위가 없다. 스트레스 요인(stressor)이란 사람에게 도전해 오거나 위협하는 조건 또는 사건을 일컫는다. 그러나 무엇이 스트레스 요인이 되는 사건을 만드는가?

스트레스 요인 평가

때로는 스트레스적 사건이 그냥 '단지 나타나'지만 그러나 우리의 정서는 우리가 그 상황을 어떻게 평가하는가에 따라 크게 영향받는다. 어째서 어떤 사람들은 스릴 또는 도전(*좋은 스트레스*)으로 보는 사건을 또 다른 사람들은 괴로운 것으로 보는가? 결국 스트레스는 어떤 상황을 여러분이 어떻게 지각하는가에 달려 있다. 아키토라는 내 친구는 그의 아들이 힙합 CD를 듣는 것을 자기는 스트레스라고 하는데 그의 아들 아카시는 아버지의 오페라 CD를 듣는 것을 스트레스로 여긴다. 하나의 스트레스 요인을 *위*

협적인(잠재적으로 해로운) 것으로 평가할 때마다 강력한 스트레스 반응이 뒤따른다(Lazarus, 1991a; Smith & Kirby, 2011).

"나에게 괜찮은가 아니면 골칫거리인가?" 여러분은 300명의 사람들 앞에서 연설을 하기 위해 선발되었다. 또는 의사가 여러분이 위험하고 고통스러운 수술을 받아야만 한다고 말한다. 또는 진정으로 사랑하던 사람이 여러분을 떠나가 버렸다. 이 세 가지 사건에 대한 여러분의 정서적 반응은 어떠한가?

Richard Lazarus(1991a)에 따르면 위험을 관리하는 데는 중요한 두 단계가 있다고 한다. 첫 번째 단계가 **일차적 평가**(primary appraisal) 단계인데 이 단계에서는 지금 이 상황이 적절한지 또는 적절치 못한지, 긍정적인지 또는 위협적인지를 결정한다. 요컨대 이 단계는 "나는 지금 괜찮은가 아니면 골칫거리인가?"라는 물음에 답하는 단계이다. 다음은 **이차적 평가**(secondary appraisal) 단계인데 이때는 여러분이 가진 자원을 알아보고 위협이나 도전에 맞설 방법을 선택한다. ("이 상황에 어떻게 할 수 있나?") 그

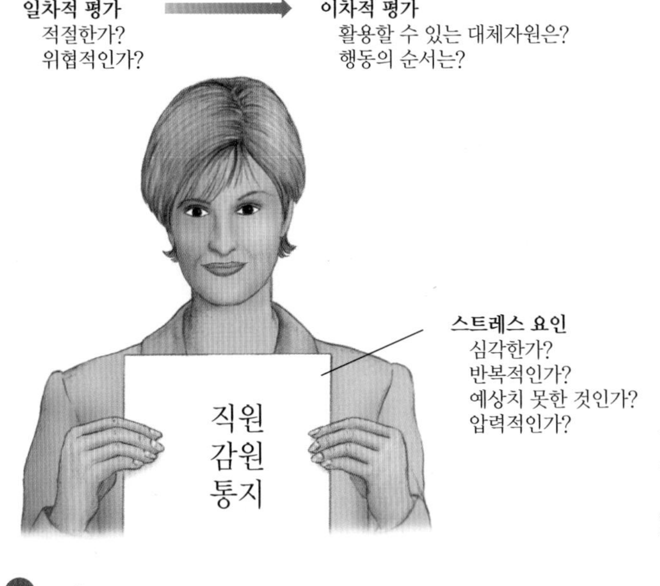

그림 44.1
스트레스는 한 개인과 환경 간 교환의 산물이다.

인간 다양성

그래서 여러분은 여러분이 가난하다고 생각하는가

가난하다는 것은 즐거운 일이 아니다. 가난이 건강에 좋지 않다는 것을 안다는 것에 대해 놀라지도 않을 것이다(Fuller-Rowell, Evans, & Ong, 2012). 일반적으로 가난한 사람일수록 더 많이 고통받고, 기대수명도 짧다. 세계보건기구(WHO)에 따르면 12억 명에 이르는 사람들이 하루 1달러 미만으로 살아가는 절대빈곤의 상태에서 살아간다. 비극적인 것은 절대빈곤이 건강을 황폐화시킨다는 것이다(WHO, 2013). 그러나 이것이 전부는 아니다. 예컨대 Stephen Bezruchka라는 의사는 그리스인은 평균적으로 미국인 수입의 절반 이하지만 기대수명은 더 길다는 사실을 보여 주고 있다(Bezruchka as cited in Sapolsky, 2005).

어떻게 이럴 수가 있을까? 하나의 가능성 있는 힌트는 캘리포니아에 사는 여성들이 만약 이웃이 자기보다 가난한 사람들인 경우보다 부자인 경우 더 일찍 사망한다는 사실을 발견한 연구에서 찾을 수 있다(Winkleby, Ahn, & Cubbin, 2006). 여러분은 특별 관리되는 비교적 가난한 부류에 속한다는 것을 염두에 두라(Bjornstrom, 2011; Wilkinson & Pickett, 2006, 2007). 이에 더하여 미국은 현재 선진국가들 가운데 소득 불균등이 가장 큰 나라이다. 계속하여 상대적으로 가난하다는 것을 알고 살아간다는 것은 미국인이 그리스인의 기대수명보다 더 짧다는 것을 설명하는 데 도움을 줄 수 있을 것이다.

아무도 미국의 상대적 빈곤이 전 세계의 절대적 빈곤만큼 중요한 문제라고 여기지 않는다. 그럼에도 불구하고 빈부의 격차가 커지면서 더욱 큰 문제로 되고 있다(Emerson, 2009; Oishi, Kesebir, & Diener, 2011).

내가 언제나 가난하다고 느낀다면 나는 무엇을 해야 된단 말인가? 바로 여러분이 이 책을 읽어야 할 이유의 하나이다. 첫째, 교육과 노동을 통하여 여러분의 상황을 바꾸도록 힘써라. 이렇게 하는 것을 문제 중심 대처라 부른다(모듈 45에서 읽을 것이다). 지금은 Lazarus (1991a)가 지적한 평가, 즉 만약 여러분이 그것을 스트레스의 원인의 하나로 평가했다면 단지 하나일 뿐이다. 여러분의 상태를 실제적으로 평가하면 여러분은 생각한 것보다는 더 '부자'인 것이 드러난다. 인생에 있어서 모든 것이 다 이루어지는 일은 결코 없다. 왜 여러분 자신을 여러분보다 더 부자 속에 데리고 가 괴로워해야 하는가(Wilkinson & Pickett, 2009)?

미국에서 가난하게 산다는 것은 절대빈곤 수준보다는 높지만 심한 불균등의 스트레스를 갖고 살아간다는 것을 의미한다(Wilkinson & Pickett, 2009).

러므로 평가된 상황에 따라 이에 대처해 나갈 능력이 크게 영향받는다(● 그림 44.1). 말하자면 맞서 나갈 수 있는 기회인지 아니면 강한 위협인지를 평가하는 것이다. 위협 쪽으로 강조하게 되면 실패, 거부 또는 골칫거리로 생각되어 분명히 재앙을 초래하게 될 것이다(Tripp et al., 2011). (평가가 달라지면 여러분의 인생이 너무나 크게 달라질 수 있다는 것을 글상자 "그래서 여러분은 여러분이 가난하다고 생각하는가"에서 살펴보라.)

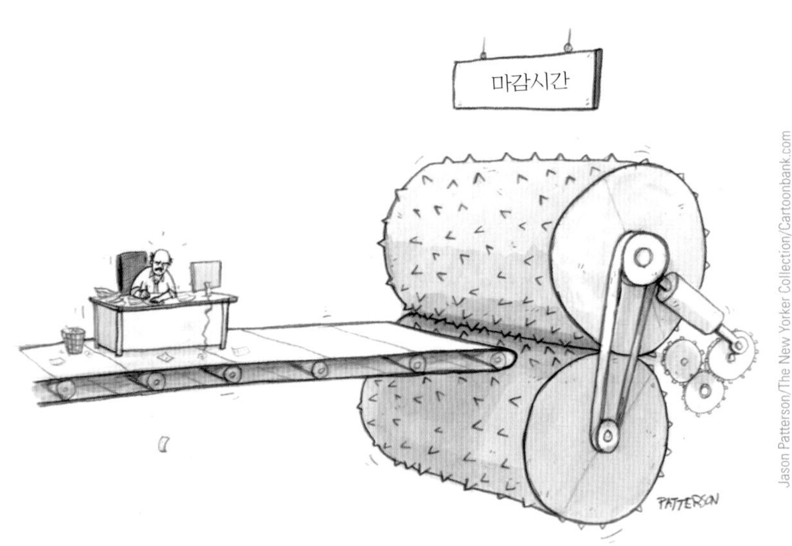

Jason Patterson/The New Yorker Collection/Cartoonbank.com

위협의 본질

하나의 사건이 위협으로 평가되었다면 몇 가지 요인이 이 위협의 강도와 관련 있다. 대부분의 일상적 삶의 상황에서는 삶이 위험하다고 생각하지 않는다. 위협은 주로 통제와 관련해서 문제가 된다. 우리는 특히 지금 이 환경을 통제할 수 없거나 또는 그렇게 생각할 때 스트레스를 느낀다. 간단히 말해 지각된 통제력의 부족이 실제 통제력 부족처럼 위협이 된다. 예컨대 작업이 과다하다고 느끼는 대학생들은 동료 학생들이 과다하다고 느끼지 않는 것에 대해서도 스트레스를 느낀다(Jacobs & Dodd, 2003).

또한 통제감은 갈망하는 목표에 도달할 수 있다는 믿음으로부터도 온다. 삶의 요구에 대처할 수 있는 *자신감*이 부족하다고 느끼는 것이 위협이다(Bandura, 2001; Leiter, Gascón, & Martínez-Jarreta, 2010). 이런 이유로 신체의 스트레스 반응의 강도는 스트레스 요인에 대해 여러분이 생각하고 말하는 것에 크게 의존하는 것이다. 그러므로 신체의 스트레스 반응을 격퇴하는 법으로 생각하는 방법을 배운다는 것은 가치 있는 일이다(골칫거리 생각을 통제하기 위한 착각은 모듈 47에 있다).

Daniel G.; PH3 Lavoie/Corbis

항공교통통제란 스트레스가 심한 일이다. 고용원들은 오랜 시간 심한 주의집중을 하지 않으면 안 된다. 그리고 업무의 속도를 통제하기 어렵고 과오로 인한 결과는 소름끼치는 일이다.

예측 불가가 또 하나의 중요 요인이다. 예를 들어 경찰관은 스트레스 관련 질병에 걸려 고통받는 비율이 높다. 손상과 죽음에 대한 위협에다가 종종 맞닥뜨리는 화난 사람, 술 취한 사람, 또는 적개심이 많은 시민들과의 조우가 희생자를 낸다. 주 요인은 경찰관 업무의 *예측 불가성* 때문이다. 교통위반 딱지를 발부하기 위해 차를 정지시키는 경찰관은 협조적인 시민일지 또는 무장한 갱이 차 안에 타고 있을지 알 수 없다.

예측 불가성이 얼마나 스트레스가 되는지를 연구한 것이 있다. 일련의 1분짜리 짧은 실험 시행에서 대학생들에게 마스크를 통해 숨을 쉬도록 한다. 어떤 시행에서는 공기 속에 탄산가스(CO_2)를 정상보다 20% 더 많이 포함시켰다. 만약 탄산가스가 더 많은 공기를 들이키면 불안하고, 스트레스를 받고, 약간 숨막힐 듯할 것이라고 말해 준다. 이런 말을 들은 학생들은 CO_2가 더 많이 든 시행을 몹시 싫어한다. 미리 이번 시행에는 CO_2가 더 많이 들어 있어 숨막힐 것이라고 미리 말해 준 경우에는 스트레스를 덜 느꼈다는 것이 발견되었다(Lejuez et al., 2000).

압력(pressure)은 또 하나의 스트레스 요인이다. 특히 직업 스트레스의 경우에 그러하다. 압력은 개인이 외적인 요구나 기대에 반드시 부응해야만 할 때 발생한다(Szollos, 2009). 예컨대 최대의 속도를 늘려 일하지 않으면 안 될 때, 마감시간에 맞추어야만 할 때, 과다한 일거리가 더 많이 얹어졌을 때, 또는 오랜 시간 최대에 가까운 능력으로 일하지 않으면 안 될 때 압력을 느낀다. 기말시험에서 살아남은 대부분의 학생들은 압력의 효과에 대해 익숙할 것이다.

만약 내가 나 자신에게 마감시간을 설정한다면 어떻게 될까? 압력의 원천과 차이가 날까? 일반적으로 사람들은 통제하기가 힘들거나 아예 통제할 수 없는 상황하에서 보다 많은 스트레스

표 44.1 10대 업무 스트레스

업무 스트레스	순위
박봉	1
성장기회의 결여	2
과다한 업무량	3
너무나 긴 시간	4
직장 전망 불투명	5
직장 전망 비현실	6
작업이 개인시간 방해	7
직장 불안	8
의사결정에 참여 부족	9
경직된 시간	10

출처 : American Psychological Association(2012)의 자료

를 느낀다(Leiter, Gascón, & Martínez-Jarreta, 2010; Taris et al., 2005). 한 연구에서 통제값(즉 작업의 속도나 작업 환경의 물리적 배치 등)이 높은 간호사는 통제값이 낮은 간호사에 비해 신체적으로나 정신적으로 질병에 덜 걸렸다(Ganster, Fox, & Dwyer, 2001).

요약하면 정서적 충격이 *통제 불능*, *예측 불능*, 그리고 *압력*과 관련이 있을 때 스트레스는 더 커지고 손상은 더 잘 일어나는 경향이 있다. 작업을 할 때 사람들은 매일 이러한 종류의 스트레스에 직면하게 된다(표 44.1에 작업 시 발생하는 공통적인 스트레스 유형을 열거하였다). 사실 만성적인 작업 스트레스는 심신피로 상태인 *소진* 상태를 야기한다.

소진

소진(burnout)은 작업자가 신체적, 정신적 그리고 정서적으로 소모되었을 때 나타난다(Leiter, Gascón, & Martínez-Jarreta, 2010). 소진 상태가 되면 정서적 고갈, 냉소 또는 고립, 그리고 낮은 개인적 성취감 같은 것을 경험한다(Gallavan & Newman, 2013).

소진은 어떤 직업에서도 일어나지만 간호, 교육, 사회사업, 아동보육 상담 그리고 경찰 업무처럼 정서적으로 도움을 요구하는 직업에서 특별한 문제이다. 자신의 일에 보다 열정적인 사람들이 소진에 더 취약하다(Saban et al., 2013; Vallerand et al., 2010). 도움을 주는 직업에 종사하는 사람을 잘 관리하려고 한다면 업무량, 보수 그리고 관리하는 사람의 수와 같은 것에 적응해 나가야 한다(Leiter & Maslach, 2005).

대학생도 소진을 경험할 수 있을까? 물론이다. 대학생들도 소진을 경험할 수 있다(Parker & Salmela-Aro, 2011). 만약 학생들이 학과 공부에 부정적인 태도를 갖고 또 대학에서의 활동이 너무 많다고 생각되면 이런 학생들은 소진되기 쉽다(Jacobs & Dodd, 2003). 반면 학과공부에 긍정적인 태도를 갖고 과외 활동에 참여하고 친구들로부터 좋은 사회적 지지 관계를 즐기고 있다면 기분을 좋게 해 준다.

스트레스 요인의 유형

SURVEY QUESTION 44.2 스트레스 요인에는 어떤 유형이 있는가?

결혼을 한다, 다른 지방으로 이사를 간다 등의 삶에서 중요한 사건들로부터 여러분 앞에 있는 차 때문에 통화가 끊긴다거나 해야 할 일이 너무 많다거나 같은 시시한 골칫거리 그리고 좌절과 갈등에 이르기까지 많은 것들이 정상적 환경하에서도 스트레스 요인이 된다. 다음에 보다 자세하게 스트레스 요인에 대해 살펴보자.

삶의 사건과 스트레스

흔히 재앙, 우울 그리고 슬픔이 질병 발생 이전에 나타난다(Harrington, 2013), 보다 놀라운 것은 좋은 일이든 나쁜 일이든 *삶의 변화*는 사고나 질병에 걸릴 민감성을 높인다는 것이다. 주변 환경이나 일상에서의 중요한 변화는 반응을 방어하거나 준비하게 한다. 이것은 오랜 시간에 걸쳐 명백한 스트레스가 될 수 있다(Sternberg, 2009).

만약 나 자신이 스트레스에 사로잡혀 있다고 어떻게 말할 수 있을까? 정신의학자 Thomas Holmes와 대학원생 Richard Rahe는 스트레스가 덧붙여졌을 때 우리가 직면하고 있는 건강상의 위험을 평가하기 위한 평가척도를 처음 개발하였다(Holmes & Rahe, 1967). 지금까지 사용되고 있는 **사회적 재적응 평가척도**(Social Readjustment Rating Scale, SSRS)가 표 44.2에 수록되어 있다(Miller & Rahe, 1997; Woods, Racine, & Klump, 2010). 삶의 사건 영향이 *삶의 변화 단위*(life change units, LCUs)로 표시되었다

스트레스 요인 한 개인에게 도전하거나 위협하는 환경상의 특정 조건이나 사건
일차적 평가 상황이 나 자신에게 적절한지 위협적인 것인지를 결정
이차적 평가 위협이나 도전에 어떻게 대처해야 할지를 결정
압력 긴급한 외적 요구나 기대를 만나야만 할 때 나타나는 스트레스적 조건
소진 정신적, 신체적, 정서적 고갈과 관련 있는 업무 조건
사회적 재적응 평가척도(SRRS) 질병 발생의 경향성에 영향을 미치는 다양한 삶의 사건들의 영향을 평가하는 척도

표 44.2 사회적 재적응 평가척도

순위	삶의 사건	단위	순위	삶의 사건	단위
1	배우자나 자식의 죽음	119	23	대출금이나 융자금이 만 달러 이상	44
2	이혼	98	24	직장 내 책임감의 변화	43
3	가까운 가족원의 죽음	92	25	생활 조건의 변화	42
4	다툼 끝에 별거	79	26	거주지의 변화	41
5	직장에서 해고	79	27	학교생활의 시작 또는 종결	38
6	주요 개인적 손상이나 질병	77	28	시댁식구들과의 문제	38
7	징역형	75	29	두드러진 개인적인 업적	37
8	가까운 친구의 죽음	70	30	작업시간 또는 조건상의 변화	36
9	임신	66	31	학교생활의 변화	35
10	주요한 업무상 재적응	62	32	크리스마스	30
11	대출금이나 융자금의 압류	61	33	상관과의 갈등	29
12	새로운 가족원이 생김	57	34	레크리에이션의 변화	29
13	다툼 끝에 화해	57	35	만 달러 이하의 대출금 또는 융자금	28
14	가족원 가운데 건강이나 행동상의 변화	56	36	개인적 습관의 변화	27
15	재정상태의 변화	56	37	식사습관의 변화	27
16	은퇴	54	38	사회활동의 변화	27
17	직장에서 다른 업무 부서로 이동	51	39	가족회의의 수적 변화	26
18	배우자와의 언쟁수의 변화	51	40	수면습관의 변화	26
19	결혼	50	41	방학	25
20	배우자의 일 시작이나 종료	46	42	교회활동의 변화	22
21	성적인 곤란	45	43	경미한 법률 위반	22
22	아이의 가출	44			

출처: Miller & Rahe (1997). Journal of Psychosomatic Research, Vol. 43, No. 3.

(숫자의 의미는 개별 삶의 사건에 해당되는 수치이다).

왜 리스트상에 휴가 같은 것도 포함되어 있는가? 긍정적인 삶의 척도 또한 스트레스가 될 수 있다(예컨대 일반적으로 행복한 사건으로 평가되는 결혼 50점, 그리고 크리스마스 30점). 사회활동의 변화와 같은 것도 27점인데 이런 사회활동의 변화는 상승하는 것일 수도 있고 하강하는 것일 수도 있다. 스트레스를 느끼는 적응이란 상승적이든 하강적인 것이든 모두 삶의 요구일 수 있다. 표 44.2에 보여 준 척도를 활용하기 위해 지난해 동안 여러분이 경험했던 삶의 사건들의 LCU를 합해서 다음 기준에 합친 점수를 비교해 보라.

0~150: 별 의미 없는 문제
150~199: 약간 삶의 위기(33% 정도 질병 발생 기회)
200~299: 중간 정도 삶의 위기(50% 정도 질병 발생 기회)
300 이상: 중요 삶의 위기(80% 정도 질병 발생 기회)

여러분의 LCU 합계가 300점 이상이면 질병이나 사고 발생의 기회가 매우 높아진다. 보다 큰 스트레스 보존력 점수는 지난 6개월 동안의 LCU 합계에 의해 얻어질 수 있다. 대학생의 건강도 대학입학, 전공변경, 지속적인 인간관계의 불화와 같은 스트레스적인 사건들에 의해 영향받을 수 있다.

평가 같은 사건에 대해서도 사람마다 반응성에 있어서 차이를 보인다. 이런 이유로 SRRS와 같은 스트레스 척도도 스트레스에 대해 거친 지표만을 보여 줄 뿐이다. 그럼에도 불구하고 스트레스 수준이 지나치게 높다면 활동이나 삶의 양식에 있어 적응이 필요하다. 한 고전적 연구에선 사람들에게 일반 감기를 일으키는 바이러스에 조심스럽게 노출시켰다. 결과는 대단한 것이었다. 즉 높은 스트레스 점수를 보여 준 사람은 실제로 감기에 더 잘 걸렸다는 것이다(Cohen, Tyrrell, & Smith, 1993). 이런 발견에 비추어 보면 높은 수준의 스트레스는 심각하게 받아들여야 한다는 것이다(Hales, 2013). "경고는 곧 대비하라는 것이다"라는 것을 기억하라.

귀찮은 일의 위험성

중요한 삶의 변화보다 더 중요한 스트레스가 있다. 현재 진행 중인 스트레스와 건강 간에는 어떤 연계가 있지 않을까? 중요한 삶의 사건들은 직접 충격을 주는 것 외에도 셀 수 없을 정도로 많은 일상적 좌절과 짜증을 야기한다(Henderson, Roberto, & Kamo, 2010). 또한 대부분의 사람들은 중요한 삶의 변화에 포함되지 않는 작은 스트레스들을 직장에서나 가정생활에서 직면하게 된다(Pett & Johnson, 2005). 이처럼 비록 작지만 빈번한 스트레스를 **귀찮은 일**(hassles)이라 부른다(대학생들이 직면하는 귀찮은 일들의 몇몇 예를 표 44.3에서 볼 수 있다).

1년간 지속된 연구에서 100명의 남녀 학생들은 그들이 1년 동안 경험한 귀찮은 일을 기록하였다. 참가자들은 또한 그들의 신체적, 정신적 건강도 보고하였다. 빈번하게 발생하고 심각한 강도의 귀찮은 일들이 중요한 삶의 사건들보다 매일매일의 건강상 더 좋은 예견지표가 된다는 것이 밝혀졌다. 그러나 중요한 삶의 사건들은 그것이 발생되고 난 후 1년 또는 2년이 지난 후 건강상에 변화가 생긴다는 것을 예견했다. 일상적으로 일어나는 귀찮은 일들은 즉각적으로 생기는 건강과 심리적 안녕감과 밀접하게 관련되어 있음이 밝혀졌다(Crowther et al., 2001). 중요한 삶의 변화는 보다 장기간에 걸쳐 영향을 끼치고 나아가 일상의 귀찮은 일들의 효과를 더욱 악화시킨다(Woods, Racine, & Klump, 2010).

다양한 삶의 변화와 귀찮은 일을 경험할 수 있다는 것을 확실히 해 줄 수 있는 방법으로 외국 문화에서 생활하는 것을 들 수 있다. 글상자 "문화적응 스트레스—낯선 땅의 낯선 사람"이 문화충격에 뒤따르는 결과를 간단하게 짐작할 수 있게 해 준다.

표 44.3 대학생이 직면하는 공통적인 귀찮은 일의 예

해야 할 일이 너무 많다.
주거비가 풍족하지 못하다.
냉대받는다.
성적 농담을 당한다.
친구들과 커뮤니케이션 문제가 있다
학교 등교하기
나의 종교에 대해 놀려 댄다.
귀중품 상실에 대한 두려움이 있다.
학업 계획 짜기
세상물정 알기
부모의 기대

출처 : Pett & Johnson, 2005.

좌절

좌절(frustration)은 사람들이 갈망하는 목표에 도달하려는 것을 방해받았을 때 일어나는 부정적 정서 상태이다. 만약 여러분이 목표로 한 주차공간이 다른 차에 의해 방해받았을 때 여러분은 좌절될 것이고 스트레스를 경험할 것이다.

많은 종류의 장애물이 좌절을 야기한다. 좌절의 원인을 외적인 것과 개인적인 것으로 나누어 보면 매우 편리하다. *외적 좌절*(external frustration)이란 목표로 향해 나아가는 행동이 방해받는 원인이 바깥 조건에 있다는 것이다. 다음의 경우가 외적 좌절의 예이다. 즉 타이어에 공기가 빠져 한 곳에 머물기, 청혼이 거절당함, 배고픈 개에게 먹이를 주려고 하는데 찬장이 빔. 다른 말로 하면 외적 좌절은 *지연*, *실패*, *거절*, *상실* 그리고 그 밖의 동기화된 행동을 하려고 할 때 직접적으로 좌절시키는 것이다.

외적 장애란 *사회적*인 것이 될 수도 있고(천천히 차를 모는 운전사, 극장에서 내 앞에 사람이 키가 큰 경우, 새치기하는 사람) 또는 *비사회적*인 것이 될 수도 있다(문이 잠겼다, 건전지가 소모되었다, 시합이 있는 날 비가 온다). 만약 여러분이 친구에게 최근 무엇이 좌절을 일으켰냐고 물어본다면 아마 대부분은 어떤 사람의 행동("내 동생이 내가 입으려고 한 원피스를 입고 외출해 버렸어." 또는 "나의 역사 선생님이 학점을 너무 짜게 주셨어.")을 주로 언급할 것이다. 사회적 동물로서 우리 인간은 좌절의 사회적 원인에 대해 매우 민감하다(Taylor, 2012). 이런 이유로 왜 우리가 인종적 편견과 관련 있는 불공평한 취급이 좌절의 중요 원천이 되고 또 많은 아프리카계의 미국인과 기타 많은 소수 인종이 스트레스를 많이 받는가를 알 수 있을 것이다(Brondolo et al., 2011; Gurung, 2014).

좌절은 차단된 동기의 *강도*, *긴급성* 또는 *중요성*이 증가하면 일반적으로 증가하게 된다. 동기는 목표에 가까워질수록 더욱 강

귀찮은 일(미미한 스트레스 요인) 어떤 것이든 일상생활 속에서 괴로움을 주는 작은 일들
좌절 목표에 이르려는 것을 방해할 때 나타나는 부정적 정서 상태

인간 다양성

문화적응 스트레스—낯선 땅의 낯선 사람

이 지상에는 계속 증가하고 있는 이민자와 피난민들이 언어, 복장, 가치 및 사회규범에 걸쳐 극적인 변화에 적응해 가지 않으면 안 된다. 많은 사람들에게 있어 문화의 충격 또는 **문화적응 스트레스**(acculturative stress)—낯선 문화에 적응하느라 생긴 스트레스—의 시기가 생긴다. 문화적응 스트레스에 대한 전형적인 반응은 불안, 적개심, 우울, 소외, 신체질병 또는 정체성 혼미이다. 이민자들에게 문화적응 스트레스는 정신건강 문제의 주요 근원이 된다(Choi & Dancy, 2009; Mejía & McCarthy, 2010; Yeh, 2003).

문화적응 스트레스의 심각성은 한 개인이 어떻게 새로운 문화에 적응하는가와 부분적으로 관련 있다. 여기에는 네 가지 주요 양상이 있다(Berry et al., 2005; Sam & Berry, 2010).

- **통합:** 과거 자기의 문화 정체성을 유지한 채 새로운 문화에 참여하는 일
- **분리:** 과거 자기의 문화 정체성을 유지한 채 새로운 문화와 접촉을 피하는 일

JIM WEBER/The Commercial Appeal/Landov

문화적응 스트레스에 대한 최상의 해독제는 인종적 다양성을 용인하거나 축하해 주는 하나의 사회이다. 비록 어떤 사람들은 새로운 이민자를 받아들이기가 어렵다는 것을 알지만 사실은 거의 모든 가족의 계통수는 한때 낯선 땅에서의 낯선 사람들이었다는 것이다.

- **동화:** 자기 스스로 새로운 문화에 적응하고 새로운 문화의 사람들과 접촉하는 일
- **소외:** 과거 자기의 문화를 거부하지만 새로운 문화의 사람들에게 거부당하는 고통

위의 각 양상을 이해하기 위해 상상의 국가 헤인레이니아에서 미국으로 이민 온 한 가족을 예로 들어 보자.

> 아버지는 통합을 좋아해 영어를 배우고 미국인의 삶에 몰입되기를 바랐다. 동시에 아버지는 헤인레이니아계 미국인과 여가 시간을 즐겼다. 아버지의 문화적응 스트레스 수준은 낮았다.
>
> 어머니는 오직 헤인레이니아어만 쓰고 헤인레이니아계 미국인만 접촉한다. 어머니는 미국 사회에는 거의 전적으로 분리되어 있다. 어머니의 스트레스 수준은 높다.
>
> 10대 딸은 집에서 헤인레이니아 말을 들어야 하고, 어머니가 헤인레이니아 음식을 제공하고, 여가 시간을 헤인레이니아계 가족들과 함께 보내지 않으면 안 된다는 것이 괴로웠다. 그녀는 영어로 말하고 미국인 친구들과 함께하는 것을 더 좋아했다. 동화하려고 하는 그녀의 욕망은 적절한 수준의 스트레스를 만들었다.
>
> 아들은 헤인레이니아 문화유산에 특별한 가치를 두지 않았으며, 학교 친구들이 아직도 헤인레이니아식 액센트를 사용하여 말하기 때문에 그를 싫어했다. 그는 두 문화 사이의 함정에 빠졌다고 느꼈다. 그의 위치는 소외되었고 스트레스는 높았다.

요약하면 소외를 느끼는 사람들은 높은 스트레스를 느끼는 경향이 있고, 분리감에 머물고 있는 사람들도 높은 스트레스를 느꼈지만, 새로운 문화 속으로 통합을 추구하는 사람들은 최소한의 스트레스를 느끼고, 동화하려는 사람들은 적절한 스트레스를 느꼈다.

살펴볼 수 있는 것처럼 통합과 융합은 최상의 선택이다. 그러나 동화의 최상 이익은 새로운 문화를 포용하고 사회적 단점은 적게 느끼는 사람들이다. 바로 이것이 새로운 관습과 문화의 가치에 적응해 가는 데 스트레스가 타당함을 보여 주는 것이다(Gutrung, 2014; Sam & Berry, 2010).

력해진다는 것을 기억하라. 한편 목표에 가까워졌을 때 장애물이 끼어든다면 좌절도 더 커질 수밖에 없다. 만약 5점이 모자라 A학점을 받지 못해 심한 좌절감을 느꼈는데, 만약 1점이 모자라 A학점을 놓쳤다면 이때의 좌절은 인격형성에 영향이 있다고 해야 하지 않겠나?

좌절감에 영향을 미치는 마지막 요인은 "낙타의 등을 부셔 버리는 지푸라기 하나"라는 옛 속담에 잘 요약되어 있다. 반복되는 좌절감은 차곡차곡 쌓여 드디어는 조그마한 자극에 의해 기대하지 않았던 광폭한 반응을 야기할 수 있다. 적절한 예로서 오랫동안 매일매일 통근하는 사람들은 '교통 체증으로 인한 짜증'을 더 쉽게 나타낼 수 있다는 사실이다(Sansone & Sansone, 2010).

*개인적 좌절*은 개인적 특성에 기반을 둔 것이다. 만약 여러분의 키가 120cm인데 프로 농구선수가 되고 싶은 욕망이 있다고 한다면 좌절감을 느끼기 쉬울 것이다. 만약 여러분이 의과대학에 가고 싶지만 성적을 D밖에 못 받았다면 좌절할 것이다. 이 두 가지 예에서 볼 수 있듯이 좌절은 모두 개인적 한계 때문이지만 실

패한 이유를 외적인 것에 기반하는 것으로 지각한다. 우리는 이 점에 관해 스트레스 관리로 돌아가 다시 논의하겠지만 여기서는 먼저 좌절에 대한 몇 가지 전형적인 반응을 살펴볼 것이다.

좌절에 대한 반응 **공격**(aggression)은 사람이나 사물에 대해 손상의 의도를 가진 어떤 반응이다. 공격은 좌절에 대해 가장 끈덕지고 빈번하게 일어나는 반응이다(Shaver & Mikulincer, 2011).

좌절은 언제나 공격을 일으키는가? 다른 반응은 일으키지 않는가? 비록 좌절과 공격과의 관계를 강조하지만 좌절은 언제나 공격에 불을 붙이지는 않는다. 흔히 좌절은 끈덕진 반응을 낳게 되지만 보다 왕성한 노력과 다양한 반응을 야기한다(● 그림 44.2). 예컨대 만약 여러분이 마지막 남은 돈을 자동판매기에 집어넣고 버튼을 눌렀는데도 응답하지 않는다면 아마 여러분은 버튼을 더 세게 더 빠르게 눌러 댈 것이다(왕성한 노력). 그러고 나서는 다른 버튼들도 다 눌러 볼 것이다(다양한 반응). 끈덕짐은 장애물을 피하여 에둘러 감에 의해 목표에 도달하는 데 도움을 줄 수 있다. 그러나 만약 기계가 보상을 해 주지 않으면 화가 나서 기계를 발로 걷어 찰 수도 있다.

끈덕짐은 잘 적응할 수 있도록 해 준다. 장벽을 넘어가면 좌절은 끝나고 필요가 해결되거나 만족감을 얻을 수 있다. 공격성 또한 장벽을 제거하거나 파괴하면 사라진다. 목마른 몇 명의 유목

Sean Murphy/Stone/Getty Images

고통을 주는 공 놀이는 많은 놀이 참가자들에게 공격적 충동을 드러내 놓는 것 같다. 사진에서의 사격은 놀이의 일종이지만 이런 참가자에게 있어서는 삶의 다른 장면에서 일어난 좌절과 관련 있는 공격적 충동을 전위된 공격으로 표시하는 것이다.

민이 우물로 갔다가 위협적인 동물에 의해 뿔뿔이 흩어졌다고 생각해 보라. 동물을 공격하는 것이 바로 생존을 보장해 줄 것이라고 쉽게 생각할 수 있을 것이다. 그러나 현대 사회에서는 이와 같은 직접적 공격은 잘 용납되지 않는다. 만약 여러분이 물을 마시기 위해 우물가에 긴 줄로 서 있는 사람들을 발견했다면 여기서 직접적으로 공격한다는 것은 적절치 못하다는 것을 알게 될 것이다. 직접적 공격은 바람직하지 않기 때문에 흔히 모습을 *바꾸게* 된다(Reijntjes et al., 2013).

공격이 어떤 방식으로 바뀔까? 좌절을 일으킨 원천에 대한 직접적 공격이 불가능해 보이거나 또는 몹시 위험해 보일 수도 있다. 만약 여러분이 직장에서 상사로부터 또는 학교에서 선생님으로부터 좌절을 당했다면 직접적 공격에 대한 대가가 지나치게 높을 수 있다(직장에서 쫓겨날 수도 있고 낙제할 수도 있다). 대신 공격은 모습을 바꿀 수 있거나 방향을 돌릴 수 있다. 이렇게 **전위된 공격**(displaced aggression)의 목표는 원래의 좌절 원천보다 안전하거나 쉽게 보복할 수 있는 것으로 바뀐다. 아마 여러분은 언제가 여러분을 괴롭힌 직접 당사자가 아닌 친구나 친척에게 폭언을 퍼부어 본 적이 있을 것이다. 이것이 시사하는 것처럼 경미한 노여움에 대한 과다한 분노 표출이 전위된 공격의 전형적 모습이

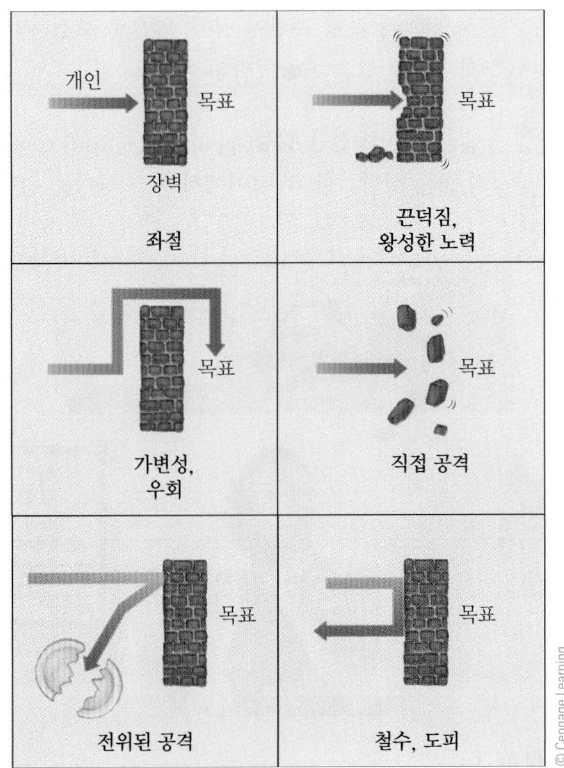

그림 44.2
좌절과 좌절에 대한 공통적 반응

문화적응 스트레스 한 개인이 새로운 낯선 문화에 갔을 때 요구되는 많은 변화나 적응에 의해 야기되는 스트레스
공격 손상의 의도를 가지고 만들어진 어떤 반응
전위된 공격 좌절의 실제적 원천보다 다른 목표에 다시 보내는 공격

다(Miller et al., 2003).

심리학자들은 지나친 적개심을 전위된 공격으로 돌린다. 혼란스런 예로서 실업자 또는 이혼자가 심한 아동 학대와 관련 있다는 발견은 바로 이런 예이다(Weissman, Jogerst, & Dawson, 2003). **전가**(scapegoating)라고 알려진 패턴에서는 조건을 직접 만들지 않는 사람이나 집단이 비난받는 경우가 있다. 이런 희생양은 전위된 공격의 상습적 목표가 된 사람들이다. 최근에 많이 개선되었음에도 불구하고 많은 소수 집단들이 전가에 바탕 둔 적개심에 계속 직면하고 있다(Vasquez, Lickel, & Hennigan, 2010). 예컨대 적개심에 관해 생각해 보면 경제가 어려울 때 불법 이민자들을 향해 표현된다. 수많은 공동체들에서 일시해고나 실업은 폭력의 증가와 밀접하게 관련 있다(Glick, 2008). 미국에서는 테러분자의 공격이 있은 후 막연하게 외국인으로 보이는 사람들에게 적개심이 표현된다.

내 친구 가운데는 지나가는 차에 편승하면서 도보 여행을 즐기다 낙제를 한 친구가 있었다. 그는 학교를 떠나기 전 몹시 좌절한 것 같았다. 좌절에 대한 그의 반응이 아니었을까? 그 밖에 다른 중요 반응은 도피 또는 철수 반응이다. 이 행동은 좌절에 대한 스트레스와 불쾌 반응이다. 만약 다른 반응으로 좌절을 적절히 감소하지 못한다면 도피하게 될 것이다. **도피**(escape)는 실제로 좌절의 원천으로부터 떠나는 것을 의미한다(학교로부터 떨어져 나가는 것, 직장을 사직하는 것, 불행한 결혼으로부터 떠나는 것). 심리적 도피를 의미한다. 두 가지 형태의 심리적 도피가 있는데 무감동인 체하는 것(관심이 없는 듯)과 코카인, 알코올, 마리화나, 또는 마약과 같은 약물 복용이다. 이런 것들은 *정서 중심 대처*(emotion-focused coping)로서 효과적이지 못하다는 것을 주목하라(모듈 45 참조).

좌절에 대한 대처 한 고전적 실험을 보면 좌절을 연구하던 한 심리학자는 쥐를 기다란 막대기의 꼭대기 위에 마련한 작은 플랫폼 위에 올려 두었다. 그런 후 쥐에게 플랫폼에서 앞에 있는 2개의 문을 향해 뛰어내리게 하였다. 2개의 문 중 하나의 문은 잠겨 있고, 다른 하나의 문은 잠겨 있지 않다. 만약 쥐가 잠겨 있지 않은 문을 선택하여 뛰어내렸다면 문은 열리고 쥐는 다른 플랫폼에 안전하게 내릴 수 있다. 반면 잠긴 문으로 향해 뛰어내린 쥐는 한참 아래에 마련되어 있는 그물 속으로 떨어진다.

열려 있는 문을 선택하는 문제는 어떤 문이 잠길지는 무작위적으로 이루어지기 때문에 해결할 수 없고 심한 좌절감을 야기하게 된다. 결국에 가서 대부분의 쥐들은 상동적인 반응을 취한다. 다시 말해 쥐들은 매번 똑같은 문을 선택하는 것이다. 그런 후 이번에는 이 문을 연속적으로 잠궈 버렸다. 쥐들은 떨어지지 않기 위해 다른 쪽 문을 선택하지 않을 수 없었지만 그럼에도 불구하고 쥐들은 계속 잠긴 쪽 문으로만 뛰어내렸다(Maier, 1949).

이것이 바로 끈덕짐의 한 예가 아닐까? 아니다. 융통성 없는 끈덕짐은 마치 도약대에서 뛰어내리는 쥐처럼 '어리석은' 상동 행동임이 밝혀졌다. 좌절을 다룰 때는 지금 계속하던 행동을 끊고 새로운 방향으로 바뀌어야 한다는 것을 꼭 알아야 한다. 여기에 쓸데없는 좌절을 회피하는 데 도움 될 몇 가지 시사점을 열거했다.

1. 좌절의 원천을 확인하려고 노력하라. 외적인 것인가 개인적인 것인가?
2. 좌절의 원천이 변화할 수 있는 것인가? 그것을 바꾸려고 하면 얼마나 어려운가? 과연 전적으로 통제할 수 있는 것인가?
3. 좌절의 원천이 변화될 수 있거나 제거될 수 있다면 노력의 가치가 있겠는가?

이 질문에 대한 답은 끈덕진 행동을 계속하는 것이 무익한 것이 될지 아닌지를 결정하게 되는 데 도움을 줄 것이다. 변화될 수 없는 것들을 우아하게 수용하는 것은 학습할 가치가 있는 것이다.

갈등

갈등(conflict)은 모순적인 필요, 욕망, 동기 또는 요구 사이에서 선택하지 않으면 안 될 때 발생하는 것이다. 대학진학과 직장, 결혼을 할까 싱글로 살까 등과 같은 선택이 공통적인 갈등이다. 갈등에는 기본적으로 세 가지 유형이 있다. 앞으로 보겠지만 개개 유형은 나름의 특성을 갖는다(● 그림 44.3 및 44.4).

접근–접근 갈등 **접근–접근 갈등**(approach-approach conflict)은 2개의 긍정적 또는 바람직한 것 사이에서 어느 하나를 선택해야

● **그림 44.3**
세 가지 기본형의 갈등. 이 부인에게 있어서는 파이와 아이스크림이 작은 접근–접근 갈등이다. 주말에 필요할 수 있는 일을 해야 할까 말까를 결정하는 것은 접근–회피 갈등이다. 값비싼 집세 지불과 이사를 선택해야 하는 것은 회피–회피 갈등이다.

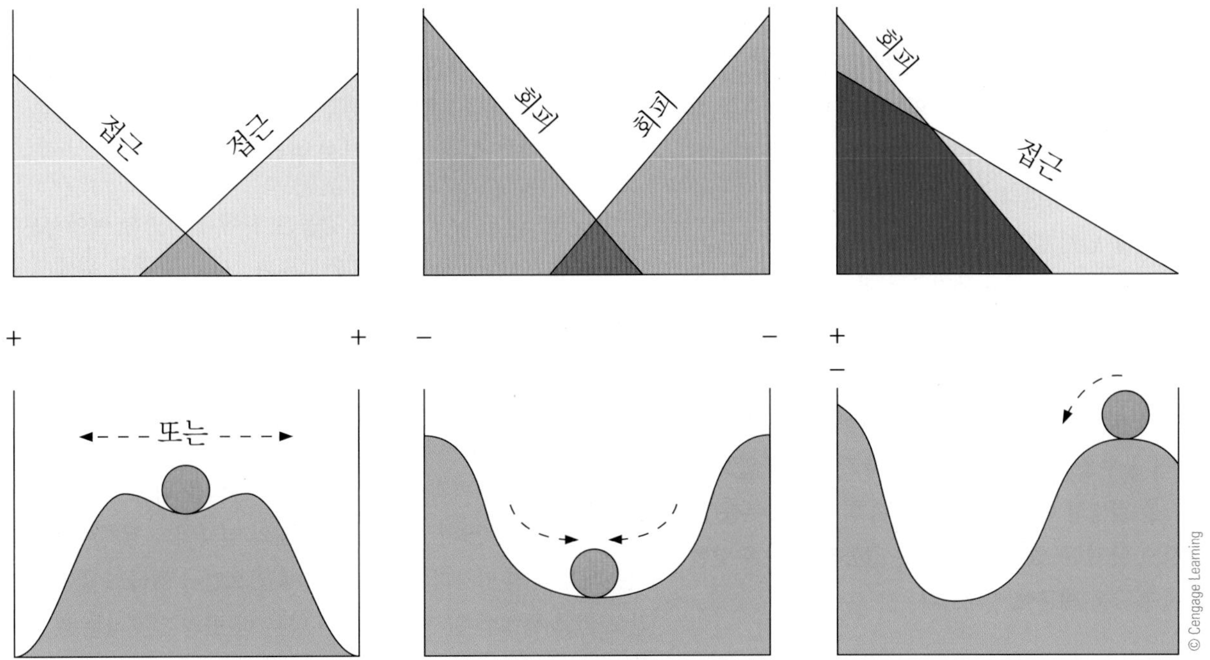

그림 44.4
갈등 도해. 그래프에서 색깔로 나타낸 것처럼 접근과 회피하려는 욕망이 목표 근방에서 증가한다. 이 경향성의 효과는 각 그래프의 바로 아래 표시했다. 각각의 예에서 공의 '움직임'은 갈등의 성질을 나타낸 것이다. 접근–접근 갈등(왼쪽)은 쉽사리 결정된다. 한쪽 목표 쪽으로 움직이면 매력이 증가(그래프)하고 재빨리 해결을 낳게 된다(만약 공이 어느 한쪽 방향으로 움직이면 한쪽 목표 쪽으로 갈 것이다). 회피–회피 갈등에 있어서는(중간) 회피하려는 경향성은 교착상태에 머물 것이며 결과적으로 움직이지 않을 것이다. 접근–회피 갈등에 있어서는(오른쪽), 접근과 회피하려는 욕망이 상쇄하는 점 이상일 때는 접근이 우선이 된다. 다시 말해 이 경향성은 공의 움직임으로 묘사하였다(아래쪽). (Miller, 1944에 따른 그래프)

만 할 때 온다. 코코넛모카샴페인 아이스커피와 오렌지피넛버터 커피 사이에서 선택하는 데 있어서 일시적으로 갈등이 일어난다. 그러나 만약 둘 다 좋아한다면 결정은 재빨리 이루어질 수 있다. 보다 중요한 선택, 이를테면 스테이크를 선택하는 경우 접근–접근 갈등은 쉽사리 해결된다. 목마르고 배고파 죽음 직전에 처한 노새에게 한 동이의 물을 마시게 할 것인가 한 동이의 귀리를 먹게 할 것인가를 선택해야만 된다는 옛날 얘기가 있다. 이때 두 가지 선택은 긍정적인 것이지만 결정의 눈금은 어느 한쪽 방향으로 쉽게 기울어진다.

회피–회피 갈등 2개의 부정적 또는 바람직하지 않은 것 중에 어느 하나를 선택하도록 강요되는 경우 **회피–회피 갈등**(avoidance-avoidance conflict)이 발생된다. 회피 갈등에 있는 사람은 '악마와 깊은 푸른 바다', '프라이팬과 불', '바위 덩이와 딱딱한 장소' 사이에 사로잡혀 있는 것이다. 실제 삶에서의 회피–회피 갈등은 원치 않는 임신과 낙태, 치과방문과 치아부식, 단조로운 직업과 빈궁 또는 기숙사의 식사와 굶기 간의 선택과 같은 딜레마를 말한다.

나는 성스런 임신을 고대하지만 참견하는 것을 원치 않는다. 또는 나는 낙태를 반대하지 않는다고 추측해 보라. 많은 스트레스적인 상황들처럼 이러한 데는 개인적인 요구나 가치에 바탕을 둔 갈등이라고 정의할 수 있다. 만약 한 부인이 어떤 상황에서도 낙태하는 것을 고대하지 않는다면 그녀는 갈등을 경험하지 않을 것이다. 만약 이 부인이 임신을 끝내기를 원하고 낙태를 반대하지 않는다면 이 또한 갈등을 경험하지 않을 것이다.

회피 갈등은 '만약 해도 저주받고, 하지 않아도 저주받는' 상황이다. 다른 말로 하면 양쪽의 선택이 모두 부정적이지만 *선택하지 않는다는 것*이 불가능하다거나 바람직하지 않다는 것이다. 예를 들자면 한 사람이 한 호텔의 20층에서 불이 나 곤경에 처해 있었다. 창문에서 뛰어내리지 않으면 안 될 것이지만, 뛰면 틀림없이 보도 위에 떨어져 죽을 것이고 화염 속을 달려 나가게 되면 연

전가 조건을 직접 만들지 않은 사람이나 집단을 비난하는 것
도피 좌절을 일으킨 장면에서 떠난다든가 그 장면으로부터 심리적으로 철수함으로써 불편함을 감소하는 것
갈등 양립할 수 없거나 모순적인 양자 중 어느 하나를 선택하지 않으면 안 될 때 일어나는 스트레스적인 조건
접근–접근 갈등 2개의 긍정적 또는 바람직한 것 가운데 하나를 선택하는 갈등
회피–회피 갈등 2개의 부정적 또는 바람직하지 않은 것 가운데 하나를 선택하는 갈등

기를 들이마시거나 타 죽을 것이다. 이와 같은 어려운 선택에 처했을 때 왜 사람들이 취할 행동을 쉽게 발견하지 못하고 또한 어떤 결정도 불가능하다는 것을 알고 쉽게 *얼어붙어* 버리는지를 이해할 수 있을 것이다. 이런 종류의 실제적 불행에 직면하여 사람들은 방 안에서 그냥 죽어 버린다거나 취할 행동이 없어 그냥 희생자가 되고 마는 것을 쉽게 발견할 수 있다.

결정 불가, 행동 불가, 그런 행동 동결은 회피-회피 갈등의 유일한 반응은 아니다. 회피 갈등은 스트레스가 심하고 풀기 어렵기 때문에 사람들은 그곳으로부터 천천히 벗어날 수도 있다. 이 반응은 '경기장에서 벗어나기'라 부르는데 이 반응은 도피의 또 다른 형태이다. 왜 공부를 하지 않는 학생이 학교에 가지 않으려는 행동을 하는가를 설명할 수 있다. 그러나 이 학생이 공부를 많이 해도 진급하지 못할 수도 있다. 그는 많은 갈등과 이런 뚜렷한 결정을 못한 끝에 결국은 해군에 입대했다.

접근-회피 갈등 접근-회피 갈등 또한 풀기가 어려운 것이다. 어떨 때는 이 갈등이 회피 갈등보다 더 어려울 수도 있는데 그 이유는 접근-회피 갈등 상황에서는 도피할 수 없기 때문이다. **접근-회피 갈등**(approach-avoidance conflict)에 처한 사람은 같은 목표나 활동에 대해 매력을 느끼기도 하지만 동시에 퇴출될 수도 있다는 입장에 사로잡혀 있는 격이다. 매력은 이 상황에 사람을 붙잡아 두는 격이 되지만 부정적 측면은 혼란과 고통을 야기하는 것이다. 예컨대 한 고등학교 남학생이 처음으로 그의 데이트 상대를 픽업하기 위해 여자친구의 집 앞에 도착했다. 그런데 문 앞에서 그녀의 아버지를 맞닥뜨렸다. 그녀의 아버지는 키가 2m에 체중이 130kg이나 나가는 프로레슬러였으므로 완전히 압도되었다. 이 아버지는 소년에게 손을 내밀어 으깰 정도의 강한 악수를 한 후 만약 소녀가 약속한 시간에 집에 돌아오지 않는다면 반쯤 죽여 버릴 것이라고 으름장을 놓았다. 이 학생은 이 소녀가 매력적이었고 좋은 시간을 가졌다고 생각했다. 그러나 과연 다시 데이트를 요청할 수 있을까? 그것은 그녀에 대한 매력과 공포 간의 상대적 강도에 따른다. 확실한 것은 그녀에게 다시 외출을 요청하는 것은 그를 기다리고 있는 그녀의 아버지와 다시 마주친다는 것에 대해 *양면감정*을 느낄 것이란 것이다.

양면감정(ambivalence)은 긍정적 감정과 부정적 감정이 혼합되어 있는 감정으로 접근-회피 갈등의 중심 특성이다. 양면감정은 일반적으로 *부분적 접근*으로 번역된다(Miller, 1944). 위에 본 고교생은 여전히 그 여학생에 매력을 느껴 학교에서와 또 다른 곳에서 그녀와 함께 시간을 보낼 수 있지만 실제로 다시 데이트를 하지는 않을 것이다. 접근-회피 갈등의 좀 더 현실적인 사례로서 여러분의 양친이 강력하게 허락하지 않는 사람과 결혼을 계획한다거나 연주를 원하지만 무대 공포로 고통을 느끼는 경우, 새 차를 사고 싶은 욕망과 매달 갚아야 할 돈, 그리고 이미 과체중인데도 더 먹고 싶은 욕구 같은 것들이 있다. 인생에 있어서 많은 중요한 결정들은 접근-회피 갈등의 면을 보여 준다.

다면 갈등 *실제 삶에서 겪는 갈등은 위에서 기술한 예에서보다 더욱 복잡한 것이 아니겠는가?* 그렇다. 사실 갈등은 위에서 언급한 것처럼 명쾌한 경우는 거의 없다. 갈등 중인 사람은 일반적으로 한꺼번에 몇 가지 어려움이 엄습해 온다. 그러므로 몇 가지 유행의 갈등이 섞여 있다. 실제 삶에서는 **다면 접근-회피 갈등**(multiple approach-avoidance conflict)을 직면하는 게 보통이다. 이 갈등은 동시에 매력적이지만 개별적인 선택을 함에 의해서는 저항적이 될 수도 있다. 예컨대 두 군데의 일자리가 동시에 제공되었는데 하나의 일자리는 좋은 도시에 있으면서 월급도 좋지만 시간도 없고 멍청한 일자리다. 반면 다른 한 곳의 일자리는 썩 내키지 않는 도시에 있고 월급도 별로 많지 않지만 흥미진진한 일이고 시간 여유도 많다. 둘 중 어느 일자리를 선택해야 할까? 이러한 상황은 흔히 우리가 결정하지 않으면 안 될 전형적인 선택적 상황이다. 이때의 선택은 완전 긍정적인 것만도 아니고 완전 부정적인 것만도 아니다.

단순한 접근-회피 갈등처럼 다면 접근-회피 갈등에 직면한 사람들은 둘 중 하나의 선택을 하는 것처럼 양면적 감정의 갈등을 느끼는 경향이 있다. 양면적 감정이 두 가지 중 하나를 선택하는 데 망설임 또는 흔들림을 일으키게 하는 것이다. 양자 중 하나를 선택해야 할 즈음 선택하려는 것에서 바람직하지 않은 면이 너무나 크게 모습을 드러낸다면 이때는 어떻게 하는가? 다른 것을 선택하기 위해 되돌아가기도 한다. 여러분이 만약 동시에 두 사람—두 사람 모두 여러분이 좋아하거나 싫어하는 특성을 가진—에 대해 감정적으로 매력을 느낀 적이 있다면 아마 여러분은 망설임을 경험했을 것이다. 흔히 경험해 보았을 또 다른 예로서 대학 진학 시 2개의 전공학과를 두고 장점과 단점을 가진 하나의 학과를 결정하기 위해 애썼을 것이다.

다면 접근-회피 갈등은 인생의 중요 결정 장면, 예컨대 장래 진로 선택, 학교의 선택, 배우자의 선택 또는 직장의 선택과 같은 결정이 포함될 때 스트레스가 크게 덧붙여질 것이다.

접근-회피 갈등 같은 목표나 활동에 대해 매력적이면서도 동시에 퇴출될 수도 있는 갈등
다면 접근-회피 갈등 몇 개의 대안적 선택 가운데 어느 하나를 선택할 때 동시에 매력적이기도 하고 퇴출될 수도 있는 갈등

갈등의 관리

나는 어떻게 갈등을 보다 효과적으로 관리할 수 있을까? 앞서 좌절에서 다루었던 대부분의 암시가 갈등에도 적용될 수 있다고 본다. 그러나 갈등 중에 있거나 어려운 결정을 내리지 않을 수 없을 때 유념해야 할 몇 가지 부가적인 것이 있다.

1. 중요한 결정을 내려야 할 때는 서둘지 말라. 흔히 서둘러 내린 결정은 후회한다. 비록 잘못된 결정을 내렸을지라도 더 이상의 과오를 피하기 위해 모든 가능한 일을 다 했을 때는 괴로움이 덜할 수 있다.
2. 가능하다면 중요한 결정을 내리기 전 *부분적으로* 먼저 테스트해 보라. 만약 신도시로 이사할 생각을 했다면 먼저 그곳에 가서 며칠 정도 지내 보라. 만약 대학을 선택해야 하는 경우라도 그렇게 해 보라. 만약 수업이 진행 중이라면 어느 누구 옆에 앉아서 일단 청강해 보라. 스쿠버다이빙을 배우길 원한다면 장비를 사기 전에 일정한 기간만큼 장비를 빌려라.
3. 실현할 수 있는 타협안을 찾아보라. 다시 한 번 모든 활동할 수 있는 정보를 수집하는 것이 중요하다. 단지 한두 개의 선택지밖에 없다고 생각되고 그것도 바람직하지 않고 감내할 수 없는 것이라 생각되면 먼저 선생님, 카운슬러, 목사님, 또는 사회사업가를 찾아 도움을 청하라. 이 사람들이 알려 줄 수 있는 대안들에서 가능성을 찾아볼 수 있을 것이다.
4. 그 밖에 달리 대안을 찾지 못했을 때 결정을 내리고 그대로 받아들여라. 미결정과 갈등은 높은 비용을 요구한다. 때로는 여러분이 결정한 후, 명백한 과오가 없는 한 그러한 결정을 선택하고 그대로 받아들이는 것이 최선일 수 있다.

갈등은 삶의 정상적인 한 부분이다. 실천을 통하여 여러분이 직면할 수 있는 많은 갈등들을 관리해 가는 것을 학습할 수 있다.

모듈 44: 요약

44.1 스트레스 요인이란 무엇이며, 어떤 요인이 스트레스의 심각성을 결정하는가?

- 44.1.1 한 개인에게 도전하거나 위협하는 조건이나 사건을 스트레스 요인이라 한다.
- 44.1.2 일차적 평가를 하는 것이 상황에 대한 정서적 반응에 큰 영향을 미친다. 상황을 위협적이라고 평가할 때 스트레스는 더 강화된다.
- 44.1.3 이차적 평가를 하는 동안 스트레스를 관리할 방법을 선택한다. 스트레스에 능숙하게 대처할 능력을 느끼지 못할 때 스트레스는 강화된다.
- 44.1.4 스트레스 요인이나 압력을 통제할 수 없다거나, 예측 불가한 상황에서 스트레스는 보다 손상적이다.
- 44.1.5 작업 환경에서 지속되는 스트레스는 소진 상태를 유도할 수 있다.

44.2 스트레스 요인에는 어떤 유형이 있는가?

- 44.2.1 사회적 재적응 평가척도에서처럼 스트레스 평가에서는 다양한 삶의 변화들이 장기간에 걸쳐 사고나 질병에 대한 민감성을 증가시키는 경향성이 있다고 지적한다.
- 44.2.2 즉각적인 신체나 심리적 건강은 일상의 귀찮은 일의 강도나 심각성과 보다 밀접하게 관련된다.
- 44.2.3 좌절은 목표로 향해 가는 진전이 막혔을 때 일어나는 부정적 감정 상태이다. 외적 좌절은 동기가 지연되거나, 실패했거나, 거부당하거나, 상실되거나 기타 직접 저지당했을 때이다. 개인적 좌절은 개인의 통제감이 부족한 개인적 특성과 관련 있다.
- 44.2.4 좌절에 대한 주요 행동 반응은 끈덕짐, 보다 왕성한 반응, 우회, 직접 공격, 전위된 공격(전가를 포함) 및 도피나 철수를 포함한다.
- 44.2.5 네 가지 주요 유형의 갈등으로 접근–접근, 회피–회피, 접근–회피, 및 다면 접근–회피가 있다.
- 44.2.6 접근–접근 갈등이 대체로 가장 풀기 쉬운 것이다.
- 44.2.7 회피–회피 갈등은 풀기 어렵고 무활동, 망설임, 행동 동결, 그리고 도피하고픈 욕망(경기장에서 벗어나기)으로 특징지어진다.
- 44.2.8 사람들은 접근–회피 갈등에서 일반적으로 가만히 머물고 있지만 문제를 충분하게 풀지 못한 것이다. 접근–회피 갈등은 양면 감정과 부분적 접근과 관련 있다.
- 44.2.9 망설임은 다면 접근–회피 갈등에서 공통적인 반응이다.

모듈 44: 지식 쌓기

암기

스트레스 요인

1. 사회적 재적응 평가척도(SRRS)는 장기간에 걸쳐 일어날 건강상의 변화를 예측하지만 일상에서 일어나는 작은 스트레스의 빈도나 심각성은 즉각적인 건강 평가와 밀접하게 관련 있다. **O X**

2. Richard Lazarus에 따르면 위협이나 도전을 만났을 때 방법의 선택은 ________ 동안에 일어난다.
   a. 일차적 스트레스 반응
   b. 이차적 스트레스 반응
   c. 일차적 평가
   d. 이차적 평가

3. 스트레스는 상황을 ________으로 평가하거나, 상황을 대처하는 데 ________을 느끼지 못할 때 극대화되는 경향이 있다.

4. 정서적 고갈, 냉소 그리고 낮은 성취감은 업무 ________의 특징이다.

5. 다음 중 좌절의 공통 반응이 아닌 것은?
   a. 양면 감정
   b. 공격
   c. 전위된 공격
   d. 끈덕짐

6. 전위된 공격은 ________로 알려진 행동의 양상과 매우 밀접하게 관련 있다.
   a. 전가
   b. 경기장에서 벗어나기
   c. 상동적 반응
   d. 소진

7. 다음 상황들 가운데 가장 방황감을 많이 느끼는 경우는?
   a. 접근–접근 갈등
   b. 회피–회피 갈등
   c. 다면 접근–회피 갈등
   d. 정서 중심 대처라 부르는 조건

반영

비판적으로 생각하기

8. 좌절되는 것은 불쾌하다. 만약 공격을 포함하여 어떤 행동으로 좌절을 끝냈다면 왜 다른 경우에도 그런 행동을 반복할 것으로 기대되는가?

자기반영

여러분은 주요 삶의 사건들과 여러분의 건강 간에는 단순한 관계 이상이 존재한다고 생각하는가? 만약 그렇다면 작은 스트레스 요인들과 여러분의 건강 간에 존재하는 관계를 관찰한 적이 있는가?

여러분이 외국으로 갔다고 생각해 보자. 여러분이 직면한 문화적응 스트레스가 얼마나 많은가? 여러분이 생각하건대 어떤 형태의 적응을 받아들였는가?

여러분이 좌절되었을 때를 생각해 보자. 여러분의 목표는 무엇이었나? 무엇이 목표에 이르는 것을 방해했나? 여러분의 좌절은 외적인 것이었나 개인적인 것이었나?

여러분은 전위된 공격을 해 본 적 있는가? 왜 여러분은 여러분의 적개심을 다른 목표를 향해 선택했는가?

갈등의 주요 형태를 살펴보고 개개 형태의 예를 들면서 여러분이 직면했던 갈등을 생각해 보라.

정답

1. O **2.** d **3.** 위협, 능숙함 **4.** 소진 **5.** a **6.** a **7.** c **8.** 만약 어떤 반응이 불편하게 끝나면 그 반응은 부정적으로 강화된 것이다. 이 반응은 앞으로(미래) 더 자주 출현하게 된다(모듈 25를 보라).

Module 45

건강심리학: 스트레스 대처

진퇴양난에 처해

산악등반자 아론 랠스톤은 트라우마를 경험했다. 그는 추락하여 고통을 경험한 후 그의 팔은 두 바위 사이에 박혀 꼼짝 않고 곤란하게 되었다. 놀랍게도 그는 문제 중심과 정서 중심 대처방법을 결합하여 그의 트라우마를 극복할 수 있었다. 어떤 선택도 불가능했던 그는 자신의 팔을 둔한 칼로 절단한 후 다시 기어 올라가 살 수 있었다. 랠스톤은 그의 이야기를 2004년에 『진퇴양난에 처해』란 책으로 출간하였고 2010년에는 〈127시간〉이란 영화로 감동을 주었다.

스트레스나 위협적인 경험은 불안을 야기한다. (여러분은 랠스톤이 엄청난 불안을 경험했을 것이라 확신할 것이다.) 우리는 이러한 불쾌한 상태를 어떻게 다루어야 할까? 정신역동심리학자들은 불안으로부터 방어하기 위한 다양한 방어기제가 있다는 것을 찾아내었다. 여러분은 언제나 그런 방어기제를 의식하지는 못하지만 아래 기술한 몇 가지 방어기제를 사용한다. 또한 여러분은 이 모듈에서 특히 "대학생의 우울"이라는 절에서 무력감과 우울이라는 흥미 있는 관점도 발견하게 될 것이다.

AP Photo/E. Pablo Kosmicki

SURVEY QUESTIONS

45.1 문제 중심 대처와 정서 중심 대처란 무엇인가?

45.2 방어기제란 무엇인가?

45.3 무력감과 우울감의 대처에 대해 무엇을 알고 있는가?

대처양식—최고로 만들기

SURVEY QUESTION 45.1 문제 중심 대처와 정서 중심 대처란 무엇인가?

여러분은 스트레스적인 상황을 평가하였다. 그러면 다음에는 어떻게 할 것인가? 두 가지 중요한 선택이 있다. 스트레스 요인을 다루는 데 도움 될 방법에는 사고하는 것과 행동하는 것이 있다. **문제 중심 대처**(problem-focused coping)는 괴롭히는 상황을 관리하거나 교정하는 것에 목표를 둔다. 다음 나아갈 단계에 대한 활동 계획을 짜거나 주의를 집중하는 것이 이에 속한다. 반면 **정서 중심 대처**(emotion-focused coping)에서는 상황에 대한 정서적 반응을 통제하도록 한다. 예를 들어 괴로움을 당하고 있는 사람이 스스로 음악을 듣는다거나, 이완을 위해 산책을 한다든가, 다른 사람으로부터 정서적 지지를 찾음으로써 괴로움을 줄일 수 있다(Herman & Tetrick, 2009; Smith & Kirby, 2011).

두 가지 대처양식을 함께 사용할 수는 없을까? 때로는 두 양식의 대처가 서로에게 도움을 줄 수 있다. 예컨대 정서를 안정시키는 것이 문제를 해결할 수 있는 방법을 쉽게 발전시킬 수 있다. 예컨대 과제를 발표하기 위해 교실 앞에 발길이 미쳤을 때 불안을 느꼈다고 하자. 만약 불안을 낮추기 위해 몇 번 심호흡을 취한

임상 파일

외상 스트레스에 대한 대처

외상경험은 심리적 상처와 강력한 정서적 고통을 낳게 된다. 예컨대 전쟁, 고문, 강간, 암살, 비행기 추락, 자연재해, 그리고 시가지에서의 폭력 등과 같은 **외상 스트레스**(traumatic stress) 희생자는 악몽, 회상, 불면, 과민성, 신경질, 비통, 감정 마비, 그리고 우울 때문에 고통을 받을 수 있다(Durand & Barlow, 2013). 예컨대 2012년 초대형 폭풍 샌디는 대혼돈과 함께 의심할 바 없는 외상성 스트레스 사건이었다.

재앙을 목격했거나 살아남은 사람들은 외상 스트레스에 의해 가장 영향받는다. 뉴욕시 월드트레이드센터 주변 사람들의 20%가 9/11 테러리스트의 공격 후 심각한 스트레스 장애로 고통을 경험했다(Galea et al., 2002). 멀리 떨어져 있으면서도 공포감을 경험한 사람들도 외상을 받았던 것 같다(Galea & Resnick, 2005). 단지 텔레비전을 통해 9/11 테러리스트의 공격을 보았다고 하는 미국 성인의 44%가 최소한 어느 정도의 스트레스 징후를 가졌다(Schuster et al., 2001). 예컨대 9/11이 끝난 3년 후에도 고혈압과 심장문제의 위험성이 증가하는 문제에 직면했다(Holman et al., 2008). 이처럼 테러리스트의 공격에 간접적인 노출은 현재 진행 중인 위험성을 높인 것에 더하여 수많은 사람들이 미래에 진행될 스트레스로 고통을 받을 것이다(Marshall et al., 2007).

외상 스트레스는 무력감과 취약성을 만든다. 희생자들은 재앙이 예고 없이 다시 발생할 것으로 알고 있다. 많은 희생자들은 위협감에 더하여 자신들의 삶을 통제하지 못할 것이라는 느낌을 갖게 된다(Fields & Margolin, 2001; Ford, 2012).

이와 같은 반응에 대해 어떻게 해야 할까? 심리학자들은 다음과 같은 것을 추천한다.

- 여러분이 지금 느끼고 있는 것을 확인하고 여러분의 공포와 관심에 대해 다른 사람들과 이야기하라.
- 여러분이 과거에 역경을 극복하는 데 도움이 되었던 기술들에 관해 생각하고 현재의 상황에 그 기술들을 응용하라.
- 여러분이 즐거워하는 일과 삶을 의미 있게 하는 일들을 계속하라.
- 다른 사람들로부터 지지를 얻어라. 이것이 모든 외상적 사건으로부터 회복하는 데 있어 중요한 요소가 된다.
- 치유하기 위한 시간을 주라. 다행스럽게도 대부분의 사람들은 그들이 생각하는 것보다 더 탄력적이다.

외상 스트레스들이 심각하고 반복적일 때 어떤 사람들은 보다 심각한 징후를 보인다(Durand & Barlow, 2013). 이들은 심각한 불안으로부터 고통을 받거나 정서적으로 멍한 상태가 된다. 전형적으로 이들은 괴로움을 준 사건들에 대해 생각하는 것을 멈추지 못하고, 사건과 관련 있는 어떤 것에 대해서도 불안해하여 회피하며, 계속 공포와 과민하게 된다. (이러한 것을 *스트레스 장애* 징후라고 하는데 이것에 관해서는 모듈 51에서 언급하였다.) 이러한 반응은 재앙 후 몇 개월에서 몇 년 동안 정서적으로 핸디캡을 남겨 두게 된다. 외상 희생자가 어린이인 경우에는 그 결과들이 평생을 지속한다(Gillespie & Nemeroff, 2007; Salloum & Overstreet, 2012). 만약 여러분이 심각한 정서 충격에 대처하는 데 어려움을 느낀다면 심리학자나 다른 전문가들로부터 도움을 구하라(Bisson et al., 2007).

다고 하자(정서 중심 대처). 그러면 여러분이 발표할 노트의 내용을 보다 잘 볼 수 있을 것이다(문제 중심 대처).

격렬하게 부딪치는 것이 대처가 될 수도 있다. 예컨대 몹시 어려운 결정을 하지 않으면 안 될 때, 정서적으로 매우 고통스러울 것이다. 이러한 상황하에서는 매우 빠르고 별 생각 없이 금방 이 고통을 끝내 버리고 싶은 유혹을 느낄 수 있다(Arnsten, Mazure, & Sinha, 2012). 이때 즉각적으로 행동하는 것이 정서에 대처하는 데 도움을 줄 수 있다. 그러나 이것은 문제 중심 대처를 속이는 것에 불과하다.

일반적으로 문제 중심 대처는 통제 가능한 스트레스 요인, 즉 무언가 실제로 할 수 있는 상황에 직면해 있을 때 특히 유용한 편이다. 정서 중심 대처는 통제할 수 없는 자극 요인들에 대한 반응을 조정하는 데 적합하다(Folkman & Moskowitz, 2004; Smith & Kirby, 2011).

지금까지의 논의는 일상적인 스트레스에 초점을 두었다. 전쟁, 폭동, 또는 천재지변에 의해 가해지는 극단적인 스트레스에 대해서는 어떻게 반응해야 할까? 이 중요한 주제에 관해서는 글상자 "외상 스트레스에 대한 대처"에서 논의한다.

심리적 방어–정신적 가라테?

SURVEY QUESTION 45.2 방어기제란 무엇인가?

위협적인 상황은 **불안**(anxity)을 야기하는 경향이 있다. 불안할 때는 긴장감, 불편감, 염려, 걱정 그리고 취약함을 느끼게 된다. 이러한 불편한 상태는 방어적인 정서 중심 대처를 야기하게 된다(Kramer et al., 2010). 정신역동 심리학자들은 스트레스적인 상황이나 자기 자신의 결점에서 기인되는 불안을 감소시키기 위해 다양한 방어기제가 있다는 것을 확인하였다. 우리가 언제나 이 방어기제를 잘 인식하지 못할 수도 있지만 여기에 언급한 몇 가지 방어를 사용하는 것이다.

표 45.1 심리적 방어기제

보상	약점 부분이나 기타 부분에서 우세하기 위해 바람직한 특성을 강조한다거나 찾음으로써 실제 또는 상상적인 약점을 상쇄하게 되는 것
부정	불쾌한 현실을 지각하는 것을 거부함으로써 그 현실로부터 스스로를 보호하는 것
환상	상상적인 성취나 활동으로 미충족 욕구를 채우는 것
동일시	개인의 약점 또는 결점을 보상하기 위한 방법으로 어떤 존경하는 사람의 특징을 취하는 것
지성화	인간미 없는 '지적' 용어로 말하고 생각함으로써 위협 또는 불안 발생 상황으로부터 정서를 분리하는 것
고립화	모순되는 생각이나 느낌을 분리하며 '논리–불통'의 정신적 구획 속에 가두어 둠으로써 갈등으로 나타나지 못하도록 하는 것
투사	자기 자신의 느낌, 결점 또는 수용할 수 없는 충동을 다른 데로 돌리는 것
합리화	자신의 행동을 이성적 또는 '합리적인' 것이라 정당화하지만 잘못은 이유가 있다고 하는 것
반동형성	위험스런 충동을 반대 방향의 행동을 과장함으로써 행동상으로 표현되는 것을 방지하는 것
퇴행	발달의 초기 단계로 후진하거나 보다 어린 시절의 덜 요구적인 습관 또는 상황으로 후진하는 것
억압	고통스럽거나 위험스런 생각이 의식선상으로 나오는 것을 무의식적으로 방지하는 것
승화	충족되지 않는 욕망 또는 용납되지 않은 충동을 건설적인 행동으로 풀어내는 것

심리적 방어기제란 무엇이며 이것이 어떻게 불안을 낮출 수 있나? **방어기제**(defense mechanism)는 특히 자아상을 위협하거나 불안을 일으키는 원천을 회피하거나, 거부하거나 왜곡시키기 위해 사용하는 정신적 과정이다. 많은 방어기제들이 *무의식적으로* 작용한다고 주장한 Sigmund Freud에 의해 처음으로 확인되었다. 예컨대 자기 자신이 구두쇠인 것을 완전히 인식하지 못하는 사람은 자기 자신이 구두쇠란 것을 완전히 모르는 극히 인색한 사람일 수 있다.

모든 사람은 때때로 방어기제를 사용한다. 가장 대표적인 방어기제를 고려해 보자. 표 45.1에서 보다 자세한 방어기제의 목록을 제시하고 있다.

부정

가장 기본적인 방어기제의 하나가 **부정**(denial)인데 이것은 불쾌한 현실을 수용하기를 거부하거나 믿기를 거부함으로써 불쾌한 현실로부터 자기 자신을 방어하는 것이다. 우리는 죽음, 질병, 그리고 유사한 고통스럽고 위협적인 사건들을 부정하려는 경향이 있다. 예컨대 만약 여러분이 앞으로 3개월밖에 살지 못할 것이란 얘기를 들었다면 여러분은 어떻게 반응할 것인가? 여러분의 첫 생각은 "아마 누군가 X-선 사진을 뒤섞었거나 의사가 오진한 게 틀림없어." 또는 "이건 사실이 아니야."일 것이다. 이와 유사한 부정이나 불신이 친구나 친척의 예상치 못한 죽음에 대해 "이건 사실이 아니야. 나는 이를 믿을 수 없어."라는 것이 공통적인 반응이다.

억압

Freud는 그의 환자가 어린 시절에 받은 충격적 사건을 회상하는 데 엄청난 어려움을 갖고 있음에 주목하였다. 무언가 강력한 힘이 괴로운 기억이 의식화되는 것을 붙잡고 있는 것처럼 보였다. Freud는 이를 **억압**(repression)이라 불렀고 위협적인 생각이나 충동이 바깥으로 튀어나오는 것을 붙잡음으로써 스스로를 보호하기 위해 사용된다고 말하였다. 가족원들에게도 향하는 적개심, 싫어하는 사람의 이름, 그리고 과거에 실패한 일들이 억압의 공통적 목표이다. 연구들에 의하면 자신의 이미지에 위협적인 정보를 가장 잘 억압하는 것 같다고 암시한다(Axmacher et al., 2010; Mendolia, 2002).

반동형성

반동형성(reaction formation)에서는 충동이 바로 억압되는 것이 아니라 반대행동을 과장함으로써 억제하고 있는 것이

문제 중심 대처 스트레스적 또는 위협적인 상황을 직접적으로 관리하거나 교정하는 것

정서 중심 대처 스트레스적 또는 위협적인 상황에 대한 자신의 정서적 반응을 관리하거나 통제하는 것

외상 스트레스 심리적 상처나 심한 정서적 고통을 야기하는 극단적인 사건들

불안 공포와 유사한 염려, 두려움, 또는 불편감. 그러나 불명확한 위협에 바탕을 둔 것이다.

방어기제 불안을 감소시키기 위해 습관적이고 무의식적으로 사용하는 심리적 과정

부정 불쾌한 현실을 지각하는 것을 거부함으로써 그 현실로부터 스스로를 보호하는 것

억압 고통스럽거나 위험한 생각이 의식선상으로 나오는 것을 무의식적으로 방지하는 것

반동형성 위험한 충동을 반대 방향의 행동을 과장함으로써 행동상으로 표현되는 것을 방지하는 것

다. 예컨대 자신의 아이에 대해 무의식적으로 분개하고 있는 어머니가 반동형성을 통해 모순적으로 과잉보호한다거나 지나치게 관대하게 대할 수 있다는 것이다. "나는 너희들을 미워해.", "나는 너희들이 없기를 바라."라고 하는 진정한 어머니의 생각이 "나는 너희들을 사랑해.", "나는 너희들이 없으면 어떻게 해야 할지 모르겠어."로 바뀌게 되는 것이다. 어머니의 적대적 충동을 '은폐한' 사랑으로 바꿈으로써 어머니가 아이들을 미워하는 것을 받아들이지 않으려고 하는 것이다. 그러므로 반동형성의 기본 생각은 개인이 위협적인 충동이나 감정을 차단하기 위하여 반대 방향으로 행동하는 것이라 할 수 있다.

퇴행 넓은 의미로 보면 **퇴행**(regression)은 초기 시절로 되돌아오는 것이다. 다시 말해 덜 도구적인 상황이나 습관으로 돌아오는 것을 의미한다. 둘째 아기를 갖게 된 대부분의 부모들은 첫째 아이가 보여 주는 어느 정도의 퇴행을 느긋하게 잡아 주지 않을 수 없다. 사랑에 대해 새로운 경쟁자의 출현이라는 위협에 의해 첫째 아이는 동생이 태어난 후 아기 같은 소리로 말하고, 대소변을 가리지 못하고 또는 유아의 놀이를 하는 등의 퇴행을 보여 줄 수 있다. 만약 여러분이 여름 캠프나 휴가에서 아이가 향수병에 걸린 것을 보았다면 바로 퇴행을 관찰한 것이다. 아이는 '안전한', 즉 집으로 되돌아가려고 하는 것이다. 울화통을 터트리는 성인이나 어머니가 있는 집으로 가자고 졸라대는 결혼한 어른도 퇴행을 하고 있는 것이다.

투사 투사는 만약 자신의 과실에 대해 인식할 때 느낄 수 있는 불안으로부터 자신을 보호하려는 무의식적 과정이다. 투사를 하고 있는 사람은 자신의 느낌, 결점, 또는 수용할 수 있는 충동을 타인의 것으로 보려고 한다. **투사**(projection)는 타인의 부정적 특성을 과장함으로써 자신의 불안을 낮추려 하는 것이다. 이것은 자신의 행동을 정당화시키고 자신의 실패로부터 오는 주의의 초점을 다른 곳으로 돌리려는 것이다.

이 책의 저자 중 한 사람은 한때 많은 고객을 속이는 욕심쟁이 가게 주인 밑에서 일한 적 있다. 이 가게 주인은 자기 자신을 지역사회의 한 기둥이라 생각해 왔고 매우 도덕적이고 종교적인 사람이라고 생각했다. 어떻게 이 사람이 자신의 욕심과 부정직성을 정당화했을까? 그는 그의 가게에 들어온 모든 손님은 그들이 할 수 있는 어떤 방법을 쓰더라도 자기를 속이려 한다고 믿고 있었다. 실은 그의 손님들 가운데 극소수의 사람만이 그의 생각과 일치했을 수 있었지만 그는 그 자신의 욕심과 부정직을 손님들에게 투사하였다.

합리화 모든 선생님은 이 이상한 현상에 대해 친숙하다. 어떤 시험이 있는 날, 믿을 수 없는 재앙의 물결이 그 도시를 휩쓸었다. 엄마, 아빠, 자매, 형제, 숙모, 삼촌, 조부모, 친구, 친척, 그리고 학생들의 애완동물이 아프거나 죽었다. 갑자기 자동차에서 떨어지고 책이 없어지거나 도둑맞고 알람시계가 고장 나 울리지 않으며 모든 컴퓨터 장비가 작동되지 않았다.

해명을 한다는 것은 자신의 행동을 설명하기 위한 자연스런 경향이다. **합리화**(rationalization)는 개인의 행동을 '합리적'으로 정당화하는 것을 의미하지만 이유는 거짓이다. 여러분의 행동에 대해 여러분이 주는 설명이 그럴듯하고 확신이 가는 것 같기는 하지만 그러나 그것은 진정한 이유가 아니라 여러분이 합리화하는 것이다. 예컨대 미정이는 학기 초에 받은 한 과목의 과제를 제출하는 데 실패했다. 아래는 미정이가 교수에게 표명한 해명이다.

> "이틀 전 제 차가 고장 나 어제까지 도서관에 가지 못했습니다. 그런 다음 제가 필요로 한 책을 누군가 이미 빌려 가 버렸기에 책을 구할 수 없었습니다. 그래서 제가 할 수 있는 한 작성했습니다. 그리고 어제 저녁에는 프린터의 카트리지잉크가 바닥났습니다. 모든 가게가 문을 닫았기에 페이퍼를 손으로 적느라 다 마칠 수가 없었습니다."

마지막 시간까지 왜 과제를 제출하지 못한 채 남겨 두었느냐고 미정에게 물었을 때(늦은 것이 참된 이유) 미정은 일련의 합리화를 한 것이다. 많은 다른 사람들처럼 미정이도 합리화란 방어 없이 자기 자신을 내보이는 데 어려움을 갖고 있었던 것이다.

앞서 기술한 모든 방어기제는 다소 바람직하지 못한 것 같다. 방어기제가 긍정적인 면도 갖는가? 방어기제를 과다하게 사용하는 사람은 불안을 통제하기 위해 그리고 비현실적인 자아상을 유지하기 위해 많은 양의 정서적 에너지를 사용하기 때문에 다소 적응적이지 못하다는 것으로 된다. 그렇다 하더라도 방어기제는 가치도 있다. 가끔 방어기제는 즉각적인 위협에 휩쓸려가는 것을 막는 데 도움을 준다. 이것은 보다 효율적으로 문제 중심성 방식으로 대처할 수 있도록 학습하는 시간을 갖도록 해 줄 수 있다. 만약 여러분의 행동 가운데 일부가 여기서 언급했던 어떤 것이라 하더라도 여러분이 희망 없는 방어의 사인이라 여기지는 않을 것이다. 앞서 언급한 것처럼 많은 사람들은 때때로 방어기제를 사용한다.

결정적으로 보다 긍정적인 성질을 갖는 두 방어기제가 있는데 그것은 보상과 승화이다.

보상 보상적인 반응은 열등감에 대항하는 방어이다. 어떤 결점이나 약점을 가진 사람(실제로나 상상적으로)은 다른 분야에서 수월성을 보임으로써 약점을 극복하거나 **보상**(compensation)하기 위해 상상하기 힘들 정도의 많은 시간을 보낼 수 있다. '역기 들기' 운동의 개척자 중 한 사람인 잭 라란네는 미국에서 처음으로 현대식 헬스클럽을 오픈한 사람이다. 라란네는 젊은 시절 야위고 병든 사람이었음에도 불구하고 보디빌딩의 성공적인 인물이 되었다. 아마 그것은 그가 야위고 병이 들었기 때문이라고 말하는 것이 보다 정확할 것이다. 여러분은 기업 장면에서 수많은 보상의 사례를 발견할 수 있다. 어린 시절 말더듬이가 대학에서 언변에 뛰어난 사람이 될 수 있다. 어린아이일 때, 헬렌켈러는 보지도 듣지도 못했지만 뛰어난 사상가와 작가가 되었다. 아마 레이 찰스, 스티비 원더, 안드레아 보첼리, 그리고 그 밖의 맹인 엔터테이너들은 그들의 신체장애 때문에 음악의 수월성을 끌어낸 것이리라.

승화 승화(sublimation)라 부르는 방어기제는 좌절된 욕망(특히 성적 욕망)을 사회적으로 용납 가능한 활동을 통하여 풀어내는 것으로 정의한다. Freud는 회화, 음악, 댄스, 시, 과학적 연구 그리고 그 밖의 창조적 활동들을 성적 에너지가 출로를 바꾸어 생산적 활동으로 전환하는 것이라 믿었다. 또한 Freud는 모든 강력한 욕망들은 승화될 수 있다고 느꼈다. 예컨대 매우 강력한 공격자가 직업군인, 복서, 또는 축구선수와 같은 사회적으로 용납하는 인물로 된 것을 발견할 수 있을 것이다. 탐욕이 성공적인 기업가로 품위 있게 바뀌게 할 수도 있고 거짓말하는 것이 이야기하기, 창조적인 작품 쓰기, 또는 정치가로 승화시킬 수 있다.

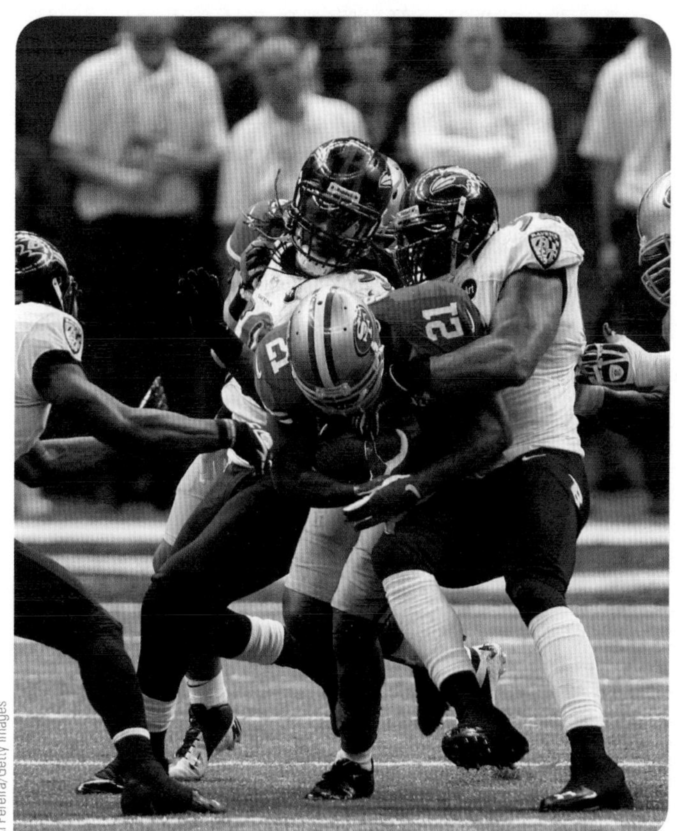

Al Pereira/Getty Images

몇몇 선수들과 팬들에게 풋볼은 아마 공격적 욕구를 승화시킬 것이다. 〈콜 오브 듀티〉, 〈매스 이펙트〉 같은 게임과 이와 유사한 컴퓨터 게임도 유사한 목적으로 쓰인다.

성적 동기가 가장 쉽게 그리고 광범위하게 승화되어 나타날 수 있다(Moran, 2010). Freud는 오늘날의 오락으로 파도 타기, 모터사이클 타기, 드래그 레이싱, 그리고 댄싱 또는 록 뮤직과 같은 놀이를 하는 야외 행사를 예로 들었을 것이다. 사람들도 다양한 이유로 이러한 활동을 즐기고 있지만 이러한 활동에 풍부한 성적인 상징성이 출현한다는 것을 관찰하기란 힘들다.

학습된 무기력과 우울

SURVEY QUESTION 45.3 무력감과 우울감의 대처에 대해 무엇을 알고 있는가?

만약 이 방어가 실패하거나 위협적 상황에 대해 절망적으로 평가할 때 어떤 일이 발생할까? Martin Seligman은 월남전 동안 포로로 붙잡혀 스트레스에 적응된 듯이 보이는 마린이라는 젊은이의 사례를 연구하였다. 마린의 건강은 그를 체포한 사람의 약속과 관련 있었다. 즉 만약 마린이 협조적으로 행동한다면 어떤 날 석방해 줄 것이라 말했다. 약속한 날이 다가오자 그의 정신은 활기찼지만 그 후 절망적인 바람이 불어왔다. 그는 속았던 것이다. 그를 체포한 사람은 그를 석방해 주기 위한 어떤 의도도 보여 주지 않았다. 곧 마린은 깊은 우울 속으로 빠져들었고 먹기와 마시기를 거부하고 얼마 지나지 않아 죽고 말았다.

이것은 극단적인 예이다. 포로수용소 바깥에서도 이와 비슷한 상황이 일어났을까? 분명히 일어났다. 예컨대 텍사스 샌안토니오에 있는 연구자들이 노인들에게 자신들의 미래에 대해 희망적인가 물어보았다. 희망이 없다고 대답한 사람들은 급속한 비율로 죽어 갔다(Stern, Dhanda, & Hazuda, 2001).

학습된 무기력

이와 같은 양상을 설명하기 위해 심리학자들은 장애물을 극복하

퇴행 발달 초기 단계로 후진하거나 보다 어린 시절의 덜 요구적인 습관 또는 상황으로 후진하는 것
투사 자기 자신의 느낌, 결점, 또는 수용할 수 없는 충동을 다른 데로 돌리는 것
합리화 자신의 행동을 이성적 또는 '합리적인' 것이라 정당화하고 잘못은 이유가 있다고 하는 것
보상 약점 부분이나 기타 부분에서 우세하기 위해 바람직한 특성을 강조하거나 찾음으로써 실제 또는 상상적인 약점을 상쇄하려는 것
승화 충족되지 않은 욕망 또는 용납되지 않은 충동을 건설적인 행동으로 풀어내는 것

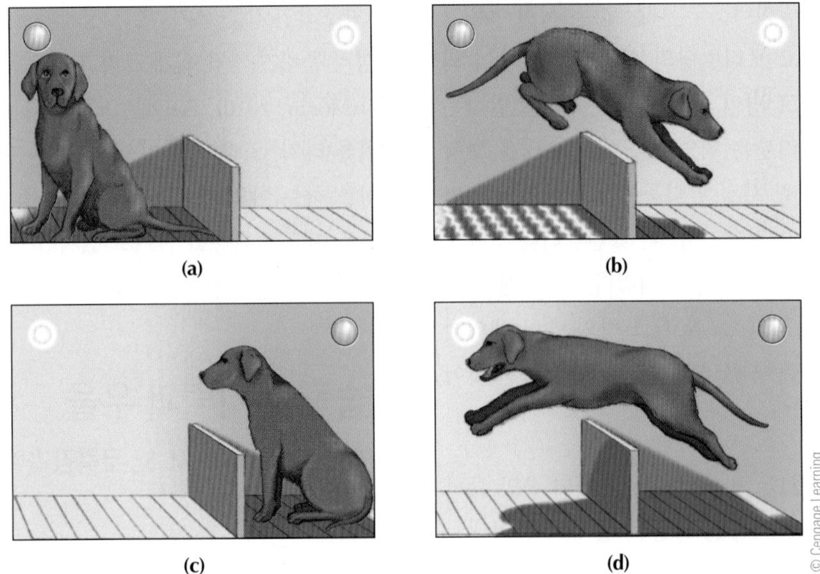

그림 45.1

정상적인 과정의 도피 및 회피 학습에 있어서 하나의 불빛이 바닥에 전기가 통하기 전에 잠깐 비친다(a). 아직 이 빛이 개에게는 어떤 의미를 갖지 못하기 때문에 개는 쇼크를 받고(그런데 유쾌하지는 않다.) 장벽을 넘어간다(b). 개는 곧 빛이 조명되는가를 관찰하는 것을 학습한다(c). 그리고 충격을 받기 전에 뛰어넘는다(d). 개들은 쇼크를 회피하기는커녕 쇼크를 도피하는 것을 학습했을지라도 좀처럼 '무기력'을 느끼지 않는다.

고 혐오적인 자극을 회피하는 과정에서 얻게 된 무능력, 즉 **학습된 무기력**(learned helplessness)이라고 하는 개념에 초점을 두었었다(Seligman, 1989). 학습된 무기력을 관찰하기 위하여 동물을 셔틀박스(● 그림 45.1)에 넣어 검사했을 때 어떤 일이 일어나는지 살펴보자. 만약에 두 구역으로 나뉜 박스의 한쪽 구역에 개를 두면 개가 전기충격을 피하기 위하여 다른 쪽 구역으로 뛰어나가는 것을 쉽게 학습할 수 있다. 만약 쇼크가 오기 전 미리 경고를 해 주면(예컨대 어두운 빛 제시) 대부분의 개는 쇼크가 나타나기 전 장벽을 뛰어넘어 쇼크를 피하는 것을 학습할 수 있다. 사실 대부분의 개는 그렇게 하지만 무기력을 느끼는 것을 학습한 개들은 그렇게 도망가지 못한다(Overmier & LoLordo, 1998).

어떻게 개가 무기력을 느끼게 되었을까? 셔틀박스에서 검사하기 전 개를 마구(개가 도망가지 못하게 만든 장치)에 넣고 몇 번에 걸쳐 강력한 전기충격을 주었다. 개는 이 쇼크를 막아내기에 무기력하다. 그 후 개를 셔틀박스에 넣었을 때 개는 첫 번째 쇼크가 왔을 때 몸을 웅크리고, 울부짖으며, 낑낑대는 반응을 보였다. 이런 반응들은 도망가는 데 아무런 도움이 되지 않는다. 개들은 이런 반응들을 그만두게 된다. 결국 개들은 얻어 맞게 된 쇼크에 대해 할 수 있는 것이 아무것도 없다는 것을 이내 학습하게 된 것이다.

셔틀박스 실험이 시사하는 것처럼 무기력은 *통제 불가능한 사태가 일어났을 때* 나타나는 심리적 상태이다(Seligman, 1989). 무기력은 또한 인간도 괴롭힌다(Domjan, 2010; Reivich et al., 2013). 무기력은 반복된 실패 그리고 예기치 못한 또는 회피 불가한 처벌에 대한 공통적인 반응이다. 가장 중요한 예로서 학교 수업에 대해 무력감을 느끼는 대학생을 들 수 있다. 이런 학생들은 꾸물거리고, 쉽게 포기하고, 그리고 결국엔 학교를 그만둔다(Perry, 2003).

인간이 관여하는 곳에서는 귀인이 무기력에 큰 영향을 가진다. 만약 자신의 실패를 *지속적인*(lasting), *일반적인*(general) 요인에 귀인시키면 한 상황에서 무기력을 느낀 사람은 다른 상황에서도 무기력을 더 잘 느낀다. 예컨대 한 생물학 과목의 시험에서 낮은 성적을 받은 후 "나는 틀림없이 머리가 둔해."라고 결론 짓기 쉽다. 반면 그 상황에서 특정 요인 때문에 낮은 성적을 받았다고 귀인시킨다는 것은("나는 생물학 교수가 사용하는 유형의 시험에는 좋은 성적을 받을 수 없어." 또는 "나는 생물학에 매우 흥미가 없어.") 학습된 무기력이 넓게 퍼져나가는 것을 막을 수 있다(Peterson & Vaidya, 2001; Prochaska & Norcross, 2010).

우울

Seligman과 동료들은 학습된 무기력과 **우울**(depression) 간에 유사성이 있음을 지적했다. 이 둘은 낙담, 무력감, 그리고 절망감이 유사성으로 나타난다. '무기력'한 동물들은 활동성이 줄어들고, 공격성은 감소하고, 식욕이 감퇴하고 그리고 성욕도 감소된다. 인간도 유사한 영향으로 괴로워하고 또한 실패하지 않았을 때조차 실패한 것처럼 스스로 보이려고 한다(Brown & Barlow, 2011;

LoLordo, 2001).

우울은 가장 만연화된 정서문제의 하나이고, 많은 원인을 갖는 것을 의심할 바 없다. 그러나 학습된 무기력은 우울이나 절망감의 많은 사례를 설명할 수 있어 보인다. 예컨대 Seligman(1972)은 15세 소년 아키의 비운에 관해 기술했다. 아키에게 학교는 끝없는 쇼크와 실패의 연속이었다. 다른 학생들은 그를 마치 바보로 취급했고 수업시간에 단어를 잘 몰랐기 때문에 질문에 대해 답하지 못했다. 그는 부딪히는 곳마다 녹초가 되었다. 이번 녹초는 전기충격 때문이 아니다. 확실히 정서적 충격 때문이었다. 아키는 충격을 방지하기 위해 무력감을 느끼는 것을 학습했다. 그가 학교를 그만둘 때까지 성공할 기회가 거의 없었다. 그는 삶에서 어떤 종류의 충격이 다가오더라도 수동적으로 참아 가는 것을 학습했었다. 아키는 이 점에 있어서는 외롭지 않았다. 절망감은 거의 모든 우울의 중요 요소이다(Durand & Barlow, 2013; Reivich et al., 2013).

우울의 인지 대부분의 사람들은 자신들이 '우울한' 때를 너무나 잘 알고 있다. 기분이 작은 변동 이상으로 다음과 같은 조건들이 나타날 때를 반드시 알아야만 한다(National Institute of Mental Health, 2012a).

1. 끊임없이 슬프고 불안하고 '공허한' 느낌이 듦
2. 죄의식, 무가치함, 또는 무기력감
3. 집중력 장애, 자세한 것에 대한 기억 장애 그리고 의사결정 장애
4. 절망감 그리고 염세관
5. 성을 포함하여 한때 즐거워했던 활동 또는 취미에서 흥미감 상실

희망 *Seligman의 연구가 '무학습' 무기력에 관해서는 어떤 단서를 주었는가?* 개를 갖고 한 실험에서 효과적인 방법이란 것이 개에게 전기충격을 주어 '안전한' 방으로 강제로 끌어내는 것이었다. 이런 시행을 여러 번 하고 난 후에 개들은 '희망', 즉 환경을 통제할 수 있다는 느낌을 갖게 된다. 사람에서도 이런 방법으로 가능할 수 있는지 여부를 지금 심리학자들이 탐색하고 있다. 예컨대 아키와 같이 반복적으로 '성공하도록' 해 주는 교육 프로그램을 통해 도움을 받을 수 있도록 할 수 있을 것이다.

숙달훈련(mastery training)에서는 위협을 극복하게 하거나 자신의 환경을 통제할 수 있는 반응은 강화시켜 준다. 이러한 훈련을 받은 동물은 학습된 무기력에 보다 저항적이 된다(Volpicelli et al., 1983). 예컨대 쇼크를 도피하는 것을 처음 학습한 동물들은 도피할 수 없는 충격으로부터 피하려고 지속적으로 노력하게 된다. 요컨대 이런 동물들은 실제로 상황이 희망 없을 때조차도 포기를 하지 않는다.

이러한 발견은 어려운 과제를 푸는 것을 숙달시켜 줌으로써 무기력이나 우울에 빠진 사람에게 '면역을 갖게 하는 것'이 가능하다는 것을 시사하는 것이다(Miltenberger, 2012). 등산의 어려움, 급류에서 카누 타기 그리고 황야에서의 생존하기와 같이 어려움에서 살아남는 The Outward Bound 학교는 이런 프로그램의 모형이 될 수 있다.

희망의 가치는 결코 간과해서는 안 된다. 희망이란 정서가 취약해 보이지만 우울이나 무기력에는 강력한 해독제가 된다(Weingarten, 2010). 한 사람의 개인으로 여러분은 종교, 자연, 인간적 동료 관계, 또는 기술에 있어서조차도 희망을 발견할 수 있다. 희망을 발견할 수 있는 어느 곳이나 희망의 가치를 기억하라. 희망은 인간의 모든 정서 가운데 가장 중요한 것이다. 낙천성, 희망 그리고 의미나 통제와 같은 긍정적 신념은 전반적인 안녕과 밀접하게 관련되어 있다(Diener & Chan, 2011).

대학생의 우울

대학생활 동안 많은 학생들이 학업수행에서 희생자를 낼 수 있는 우울로 큰 고통을 겪고 있다(Lindsey, Fabiano, & Stark, 2009). 한 연구에 의하면 우울증으로 진단된 학생들은 우울증이 아닌 학생들에 비하여 학점 성적이 반 이하로 떨어졌다고 한다(Hysenbegasi, Hass, & Rowland, 2005). 왜 학생들이 우울할까? 여러 가지 문제가 우울감에 관여한다. 여기에 가장 공통적인 몇 가지를 제시한다(Aselton, 2012; Enns, Cox, & Clara, 2005; Gonzalez, Reynolds & Skewes, 2011).

1. 대학 공부로 인한 스트레스와 직업 선택에 따르는 압력이 즐거움을 놓치게 하고 모든 힘든 학과 공부가 별 의미가 없다는 기분을 남기게 한다.
2. 학생들이 지지그룹을 내버려 두고 왔을 때 외로움과 고독이 공통적으로 남는다. 과거에는 가족, 고등학교 때의 서클 친구, 남자친구나 여자친구들이 지지와 용기를 주는 데 의지해 왔다.
3. 공부와 관련된 문제점과 학점들이 자주 우울을 촉발한다. 많은 학생들은 높은 사기와 이전의 실패에 관한 별다른 경험 없이 대학생활을 시작한다. 이와 동시에 많은 학생이 학과 성공에 필요한 기본 기술이 부족하고 실패에 대한 두려움이 있다.

학습된 무기력 장벽을 극복하거나 벌을 회피하는 데 학습된 무능력. 유해한 자극에 대한 학습된 수동성과 무대책
우울 무력감과 절망감으로 표현되는 의기소침의 상태
숙달훈련 위협의 극복과 자신의 환경을 통제하도록 하는 반응들의 강화

4. 우울은 과거의 남자친구나 여자친구 또는 대학에 들어와 최근에 맺은 애인과의 갈등과 같은 친밀한 관계가 깨어질 때 발생한다.
5. 자기 자신의 이상적 이미지에 따라 생활하기가 어렵다는 것을 발견한 학생들이 특히 우울증이 되는 경향이 있다.
6. 한 가지 부가적인 위험은 우울한 학생들은 알코올을 남용하기 쉬운데 알코올은 바로 진정제이다.

대학생의 우울 대처 대학생 우울 발작은 스트레스 사건과 밀접하게 관련되어 있다. 대학생활을 관리하고 자기비판적 생각에 도전하는 것을 학습하는 것이 가벼운 학교 관련 우울을 경감시키는 데 도움을 줄 것이다(Halonen & Santrock, 2013). 예컨대 시험을 잘 치르지 못했거나 수업의 과제를 잘 처리하지 못했을 때 어떻게 반응하는가? 만약 이것을 그냥 소소한 개별적인 좌절이라 간주한다면 아마 크게 나쁘진 않을 것이다. 그러나 보기에 따라서는 '얼 빠진 짓'을 했다고 느낀다면 우울이 뒤따라올 것이다. 일상의 사건들을 장기 목표와 강력히 연결되어 있다고 믿는 학생들은 하루하루 일어나는 실망에 과잉반응하게 된다(McIntosh, Harlow, & Martin, 1995; Halonen & Santrock, 2013).

어떤 선행적인 일이 대학생 우울에 대해 말해 줄 수 있을까? 일상의 과제를 한 번에 한 단계씩 취하여 조금씩 처리해 나가는 것이 중요하다(Watson & Tharp, 2014). 그렇게 하면 압도되고, 무기력 또는 절망감도 덜 느끼게 될 것이다. 우울감을 느낄 때 자기 자신을 위한 하루하루의 계획을 수립해야만 한다(Burka & Yuen, 2008). 하루 동안 매시간 활동계획을 수립하라. 쉬운 활동으로 시작해서 좀 어려운 과제로 진행되도록 하는 것이 좋다. 한 과제가 완성되었을 때마다 표시를 하라. 이렇게 하면 무기력감이나 뒤처지는 감이라는 자발적인 사이클을 끊기 시작할 것이다(우울한 학생은 잠을 더 많이 잔다). 일련의 작은 성취, 성공 또는 즐거움을 활성화시키는 게 필요하다. 그러나 대학생활에서 성공에 필요한 기술이 부족하게 되면 기술을 배우기 위해 도움을 요청하라. 결코 '무기력'에 머물지 말라.

무가치감과 절망감은 자기비판적 또는 부정적 사고에 의한다. 특히 슬픈 생각이 일어나기 직전 이러한 생각들을 잘 기록해 보라(Pennebaker & Chung, 2007). 이러한 생각들을 다 모은 후 개개의 생각에 대한 합리적인 답을 써 보라. 예컨대 '아무도 나를 사랑해 주지 않는다.'라는 생각에 대해 여러분을 돌봐 주는 모든 사람들의 리스트를 작성해 보라. 하나 더 마음속에 두어야 할 것으로 사건이 좋아지기 시작할 때 이것은 보다 좋아지는 시간이라는 신호로 받아들여라. 만약 긍정적 사건을 일시적이거나 취약한 것이 아니라 안정되고 계속되는 것으로 본다면 긍정적 사건이 우울을 종결시키는 게 가장 바람직한 것이다.

대학생의 우울은 보편적이므로 보다 심각한 우울과는 반드시 구분해야 한다. 심각한 우울은 자살이나 중요한 정서적 기능장애를 불러올 수 있는 심각한 문제이다. 이러한 경우에는 전문적인 도움을 요청하는 것이 현명하다(Corsini & Wedding, 2011).

모듈 45: 요약

45.1 문제 중심 대처와 정서 중심 대처란 무엇인가?

45.1.1 문제 중심 대처는 스트레스적 또는 위협적 상황을 직접적으로 관리하거나 처리하는 것을 포함하며, 정서 중심 대처는 스트레스적이고 위협적 상황에 대한 개인의 정서적 반응을 관리하거나 통제하는 것에 의한다.

45.2 방어기제란 무엇인가?

45.2.1 방어기제란 자신의 자아상을 위협하는 것을 포함하여 위협 또는 불안의 원천에 대해 회피, 부정, 왜곡을 사용하는 정신적 과정이다. 방어기제를 과용하면 적응을 잘 못하게 된다.

45.2.2 보상, 부정, 환상, 지성화, 고립화, 투사, 합리화, 반동형성, 퇴행, 억압 및 승화와 같은 것들이 방어기제로 확인되었다.

45.3 무력감과 우울감의 대처에 대해 무엇을 알고 있는가?

45.3.1 학습된 무기력이 우울을 이해하기 위한 모델로 사용된다. 우울은 주요하고 공통적인 정서적 문제이다.

45.3.2 무기력에 상반되는 활동과 생각은 우울을 감소시킬 수 있다. 숙달 훈련, 낙천성, 희망은 학습된 무기력이나 우울에 해독제로 작용한다.

45.3.3 대학생의 우울은 비교적 약한 형태의 우울이다. 대학에서의 과업을 관리하는 것과 자기비판적 생각에 도전하는 것을 학습하는 것이 대학생 우울을 낮추는 데 도움을 줄 수 있다.

모듈 45: 지식 쌓기

암기

1. 스트레스는 언제나 문제 중심 대처를 통해서 더 잘 관리할 수 있다. O X

2. 좌절된 욕망을 상상적 성취나 활용을 통해 이루려는 방어기제는?
   a. 보상 b. 고립
   c. 환상 d. 승화

3. 보상의 경우, 자기 자신의 바람직하지 못한 특징이나 동기를 남의 탓으로 돌린다. O X

4. 방어기제들 중 비교적 유사한 것으로 생각되는 두 가지는?
   a. 보상 b. 부정
   c. 고립 d. 투사
   e. 퇴행 f. 합리화
   g. 승화

5. 인간의 우울은 동물실험에서 관찰되는 ________과 유사하다.

6. 학습된 무기력은 사건이 어떨 때 나타나는 경향인가?
   a. 좌절이 일어날 때 b. 갈등 중에
   c. 통제 불능일 때 d. 문제 중심

7. 빈번한 자기비평과 자기비난은 대학생활에서 자연스런 결과이다. O X

반영

비판적으로 생각하기

8. 학습된 무기력은 스트레스의 심각성을 결정하는 어떤 요인들과 밀접한 관련이 있는가?

자기반영

여러분이 대중 앞에서 강연을 한다거나 중요한 시험에 임했을 때와 같은 스트레스 요인에 직면했을 때 잘 사용하는 대처 유형은 무엇인가?

우리는 자기 자신의 방어기제에 의존하는 맹목성이 있다. 여러분 자신이나 다른 사람들이 잘 사용하는 개개 방어기제의 예를 생각해 보라.

여러분은 어떤 특정 상황에서 무기력감을 느껴 보았는가? 무엇이 그런 생각을 야기했다고 느끼는가?

여러분의 친구가 대학생 우울로 고통받고 있다고 상상하라. 여러분이 친구에게 해 줄 수 있는 충고는?

정답

1. X 2. c 3. X 4. a, g 5. 학습된 무기력 6. c 7. X 8. 무능감과 통제 불능

46 Module

건강심리학: 스트레스와 건강

타입 A

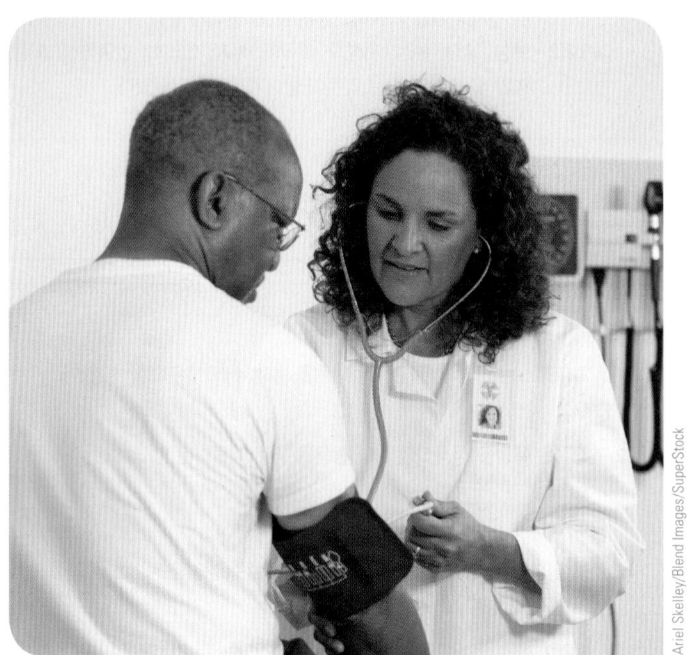
Ariel Skelley/Blend Images/SuperStock

여러분은 스트레스가 심한 학기말 시험이 임박하여 병이 난 적이 없었는가? 또는 결혼과 같은 한두 가지 긍정적 경험을 한 후에 아팠던 적은 없었는가? 또는 스트레스와 질병이 동시에 발생된 적은 없었는가? 아마 병을 가진 체하여 비난을 받았거나 또는 정신신체(psychosomatic)상의 문제를 가졌거나 정신과 의사를 찾아야 할 필요성을 느낀 적도 있었을 것이다. 한 대학에서 (미식축구의) 와이드리시버 역을 맡고 있는 앤토니는 그의 팀 동료들이 그가 고혈압이 있다는 것을 발견하고 놀려 댔다. 동료들은 그를 '타입 A'라는 별명으로 불렀다.

이 모든 용어들은 무엇을 의미하는가? 오늘날 심리학자들은 스트레스가 우리의 신체건강에 영향을 미친다는 것을 확고하게 밝혔다. 이제부터 마음-신체와 연결이 얼마나 강력한가를 *심리신경면역학*으로 설명해 보자.

우리는 우리가 직면하는 건강 위험성을 제한시키는 몇 가지 요인들에 대해서도 탐색해 본다. 우리는 너무나 급속한 속도와 스트레스가 심한 사회에 살고 있기 때문에 이 요인들은 강조할 만한 가치가 있는 주제이다.

SURVEY QUESTIONS

46.1 스트레스와 건강 그리고 질병은 어떻게 관련되어 있는가?

스트레스와 건강–숨은 살인자의 가면을 벗긴다

SURVEY QUESTION 46.1 스트레스와 건강 그리고 질병은 어떻게 관련되어 있는가?

어떻게 스트레스가 질병을 낳게 되는가? 이에 대한 답은 우리의 몸속에 있는 신체면역체계에서 찾을 수 있다. 면역체계는 백혈구 세포와 같은 방어물질을 미생물이나 기타 질병요인에 대항하여 동원한다. 방어체계는 부분적으로 뇌에 의해 조절된다. 이러한 연계 때문에 스트레스와 혼란스런 정서는 질병에 걸릴 수 있는 가능성을 증가시키는 방향으로 면역체계에 영향을 미칠 수 있다(Janusek, Cooper, & Mathews, 2012; Zachariae, 2009). 그런데 행동, 스트레스, 질병 그리고 면역체계 간의 연결관계를 연구하는 분야를 **심리신경면역학**(psychoneuroimmunology)이라 부른다(Daruna, 2012; Kendall-Tackett, 2010).

연구들에 의하면 면역체계는 불행하게도 이미 여러분 스스로 발견했던 것처럼 중요 시험 기간에 있는 학생들에서 약화된다는 것이 밝혀졌다. 면역은 이혼, 사별, 골치 아픈 결혼생활, 실직, 불량한 수면, 우울 그리고 이와 유사한 스트레스들에 의해서도 낮아진다(Motivala & Irwin, 2007; Segerstrom, & Miller, 2004).

저하된 면역은 오래 지속되는 스트레스나 심한 스트레스와 대처하고 있는 동안 질병에 쉽게 걸리게 되는 이유를 설명해 준다(Pedersen, Bovbjerg, & Zachariae, 2011). 스트레스는 신체로 하여금 염증을 증가시키는 물질의 방출을 야기한다. 이것은 위협에 대한 신체의 자기 보호 반응의 일부이지만 염증을 오래가게 할 수 있고 치유를 지연시키게 된다(Kiecolt-Glaser, 2010).

긍정적 정서의 가치를 다시 한 번 주목해 볼 만하다. 행복, 웃음, 그리고 기쁨은 면역체계의 반응을 강화시킨다. 여러분을 행복하게 해 주는 일을 행하는 것은 건강을 보호해 준다(Diener & Chan, 2011; Rosenkranz et al., 2003).

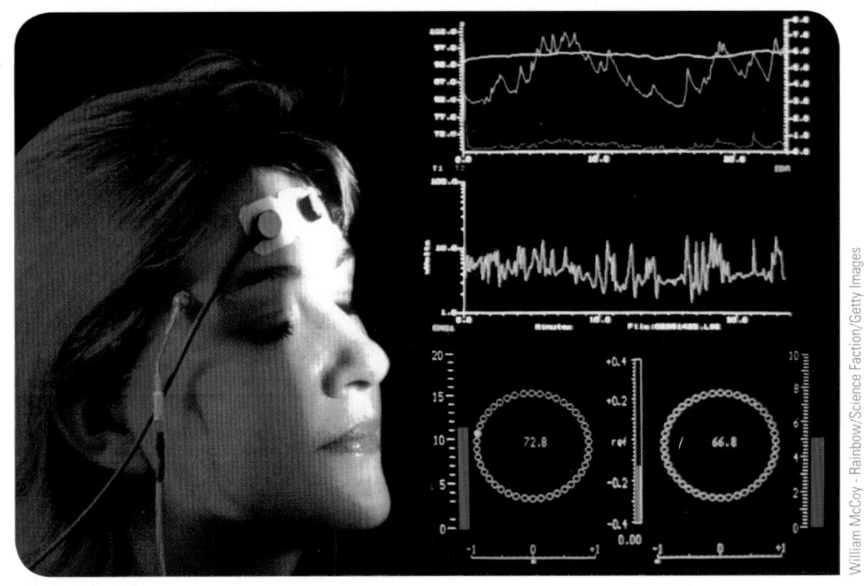

William McCoy - Rainbow/Science Faction/Getty Images

그림 46.1
바이오피드백 훈련에서 신체적인 과정들이 전자적으로 청취되고 전달된다. 그런 후 그 신호는 헤드폰, 신호광선 또는 다른 수단을 통하여 환자에게 돌아온다. 이 정보는 환자로 하여금 수의적 통제하에서 정상적으로 되지 않는 신체 활동을 변경시키는 데 도움을 준다. 이 여성은 이완하기 위하여 자신의 뇌파를 통제하는 것을 학습하고 있는 중이다.

스트레스 감소가 질병을 예방하는 데 도움을 줄까? 그렇다. 지지집단, 이완연습, 유도한 상상, 그리고 스트레스 관리 훈련은 면역체계의 기능을 실제로 높일 수 있다(Kottler & Chen, 2011). 이런 훈련을 하면 건강이 향상되고 복구된다. 예컨대 대학생 집단에서 스트레스 관리는 감기와 인플루엔자 증후를 낮춘다(Reid, Mackinnon, & Drummond, 2001).

스트레스 관리가 생명을 위협하는 심각한 질병인 암, 심장병, 그리고 HIV/AIDS 환자의 생존기회를 증가시킬 수 있다는 증거도 있다. 이런 환자들에게 용기를 북돋아 줄 수 있는 연구들을 바탕으로 심리학자들은 지금 질병에 맞서 환자들을 도와줄 수 있는 가장 좋은 대처 방법의 조합을 찾는 데 분주하고 있다(Phillips et al., 2012; Schneiderman et al., 2001).

정신신체질환

앞서 보았던 것처럼 만성 또는 반복적인 스트레스는 정서적 안녕을 혼란에 빠뜨릴 뿐 아니라 신체적 건강에도 손상을 끼칠 수 있다. 지속적인 스트레스 반응은 많은 정신신체질환들과 밀접하게 관련되어 있다. **정신신체질환**(psychosomatic disorders)은 심리적 요인들이 실제로 신체적 손상이나 신체기능의 변화에 손상을 일으키는 데 관여한다는 것이다(Asmundson & Taylor, 2005; Bourgeois et al., 2009). 따라서 정신신체문제는 심기증과는 다르다. **심기증 환자**(hypochondriacs)는 자신이 질병을 가졌다고 상상한다. 천식, 편두통 또는 고혈압은 상상에 의한 병이 아니다.

가장 공통적인 정신신체문제는 위장과 호흡기(위통과 천식)지만 그 밖에도 많다. 전형적인 문제로 습진, 두드러기, 편두통, 류마티스성 관절염, 고혈압, 대장염 그리고 심장병이다. 이것은 단지 중요 문제의 예일 뿐이다. 많은 소소한 건강 문제들이 스트레스와 관련 있다. 전형적인 예로서 근육통, 두통, 견비통, 요통, 소화불량, 변비, 만성설사, 피로, 불면, 월경전 통증, 성기능 장애 등이 포함된다(Taylor, 2012). 심한 정신신체장애는 치명적일 수도 있다. 그러므로 "아, 그건 단지 정신신체 문제야."라고 말하는 사람은 스트레스 관련 질환이 실제로 얼마나 심각한가를 이해하지 못하고 있는 것이다. 이런 질환 가운데 어떤 것은 바이오피드백이 도움을 줄 수 있다. 다음 절은 이것을 설명한다.

바이오피드백

심리학자들은 한때 불수의적이라 생각했던 신체활동들을 임의적으로 통제하는 것을 학습할 수 있다는 것을 발견하였다. 이것은 **바이오피드백**(biofeedback)이라 부르는 과정으로 신체를 통제하기 위해 정보를 피드백하는 것을 응용함으로써 가능하다. 만약 여러분이 오른쪽 손의 온도를 상승시켜 보라는 부탁을 받으면 여

심리신경면역학 행동, 스트레스, 질병 그리고 면역체계 간에 연결을 연구하는 것
정신신체질환 심리적 요인들이 신체적 손상 또는 신체적 기능상의 변화에 손상을 일으키는 데 관여하는 질병
심기증 환자 상상에 의해 일어나는 질병에 대해 고통을 호소하는 사람
바이오피드백 자신에게 현재 일어나고 있는 신체적 활동을 자신에게 전해 주는 정보. 신체적 상태를 임의적으로 조절하는 데 도움을 준다.

러분은 그것을 성공시키는 법을 잘 모르기 때문에 해낼 수 없을 것이다. 이 과제를 쉽게 하기 위해 우선 민감한 체온계를 손에 부착한다. 이 체온계에는 전선이 연결되어 있어서 상승된 체온이 광선 신호를 작동시킬 수 있다. 그런 후 오직 해야 할 일은 가능한 많은 빛이 켜져 있도록 하는 것이다. 훈련과 바이오피드백의 도움 끝에 여러분은 여러분의 의지에 따라 여러분 손의 온도를 올리는 것을 학습할 수 있게 된다.

바이오피드백은 어떤 정신신체질환(● 그림 46.1)을 다룰 수 있는 방법을 알 수 있도록 한다. 예컨대 사람들은 바이오피드백을 사용하여 편두통을 예방하는 훈련을 받는다. 센서를 환자의 손과 이마에 부착한다. 그 후 환자들은 혈액의 흐름을 머리에서부터 사지말단 쪽으로 내보내는 것을 학습한다. 편두통은 머리에 과다한 혈액의 흐름 때문에 일어나기 때문에 바이오피드백은 환자에게 두통의 빈도를 감소시키는 것을 도와줄 수 있다(Larsson et al., 2005; Stokes & Lappin, 2010).

바이오피드백은 또한 근육긴장성 두통이나 만성통증의 구제에도 도움을 줄 수 있다(Middaugh & Pawlick, 2002; Sousa et al., 2009). 바이오피드백은 혈압을 낮추고 심장의 리듬을 통제하는 데도 유용하다(Olsson et al., 2010; Wheat & Larkin, 2010). 이 기법은 간질 발작과 아동의 과잉 활동을 통제하는 데도 성공적으로 사용되었다(Demos, 2005). 불면증도 바이오피드백 치료의 도움을 받을 수 있다(Gathchel & Oordt, 2003; McLay & Spira, 2009).

바이오피드백이 어떻게 작동하는가? 몇몇 연구자들은 바이오피드백의 많은 효과가 *일반적 이완*(general relaxation)으로부터 온다고 믿는다. 다른 연구자들은 바이오피드백 방법은 *자기조절*(self-regulation)을 포함하며 과제를 수행하는 데 단지 '거울'의 역할을 함으로써 환자를 도왔을 뿐이라고 강조한다. 거울만으로는 머리를 빗을 수 없는 것처럼 바이오피드백은 그 자체로서는 어떤 일도 하지 못한다. 그러나 바이오피드백은 사람들에게 자신의 행동을 바람직하게 변화할 수 있도록 하는 데 도움을 줄 수 있다.

심장병성 성격

스트레스가 정신신체질환을 일으키는 유일한 원인으로 생각하는 것은 잘못이다. 유전적 차이, 기관의 허약성 그리고 스트레스에 대한 학습된 반응이 손상을 일으키는 데 결합하여 작용한다. 성격 또한 고려해 볼 수 있는 요인이다. 앞서 언급한 것처럼 일반 질병 경향 성격유형이 존재한다. 어느 정도 범위 안에서는 '두통성 성격', '천식성 성격' 등이 있다. 이러한 유형들 가운데 가장 증거자료가 많은 것으로 '심장병성 성격'이 있다. 이 성격은 심장병에 가장 위험성이 있는 사람이다.

심장병에 있어 두 사람의 전설적 연구자, 즉 Meyer Friedman과 Ray Rosenman은 심장병 발작에 높은 위험성을 보이는 **타입 A 성격**(Type A personalities)과 심장병 발작에 위험성이 낮은 **타입 B 성격**(Type B personalities)으로 나누었다. 8년이 지난 후 타입 A에 속한 사람들은 타입 B에 속한 사람들보다 심장병 발병률이 두 배나 더 높았다(Friedman & Rosenman, 1983).

타입 A *타입 A 성격이란 어떤 것인가?* 타입 A를 가진 사람은 열심히 밀어붙이고, 야망이 크고, 매우 경쟁심이 많고, 성취지향과 투쟁적이다. 타입 A는 어떤 장애물도 극복할 수 있다고 보고 스스로 밀어붙인다. 아마 타입 A 성격의 가장 숨길 수 없는 표시는 *시간의 조급성*과 *만성 노여움*, 또는 *적개심*이다(Allan, 2011).

타입 A는 스스로 부과한 조급한 마음에 따라 촌각을 아끼면서 이 활동에서 저 활동으로 서둘러 댄다. 이들이 이러한 활동을 하는 동안 계속하여 좌절감과 분노를 느낀다. 특히 노여움과 적개심이 심장발작의 위험성을 증가시키는 것과 강력하게 관계있다(Boyle et al., 2004; Bunde & Suls, 2006). 한 연구에서는 25세 때 실시한 심리검사에서 적개심 점수가 높았던 의사와 변호사의 15%가 50세 이전에 사망했다는 것을 발견하였다. 대부분의 손상 양상은 끓어오르는 노여움을 갖고 있었던 적대적인 사람에서 일어나는 것 같다. 이런 사람은 노여움이 끓어오르지만 바깥으로 표현하지 못한다. 노여움을 표현하지 못하면 맥박과 혈압을 증가시키고 심장에 엄청난 압박을 가하게 된다(Bongard, al'Absi, & Lovallo, 1998).

요약하자면 노여움이나 적개심이 타입 A 행동의 중요한 치명적 요인이 되는 것이다(Lemogne et al., 2010; Smith & Traupman, 2011). 이런 관점에서 본다면 타입 A는 자신의 높은 건강 위험요인을 심각하게 여기는 것이 현명할 것이다.

Donald Reilly/The New Yorker Collection/Cartoonbank.com

타입 Z 행동

표 46.1 타입 A 성격의 특징

여러분에게 해당되는 항목에 체크하시오.

_________ 스스로 계속하여 매우 빡빡한 스케줄을 만들어 간다.

_________ 다른 사람의 말을 끊기 위해 성급하게 뛰어든다.

_________ 신문 전체 기사를 읽지 않고 표제 기사나 요약 기사만을 읽는다.

_________ 차량이나 사람들이 길게 줄 서 천천히 움직일 때 분통이 터지는 것을 느낀다.

_________ 흔히 사건들이 너무 느리게 풀려 가는 것을 느낀다.

_________ 인생을 즐기거나 또는 아름다운 낙조를 즐기지 않는다.

_________ 몇 가지 일들을 동시에 하면서 보다 효과적으로 일하려 한다.

_________ 여러분이 필요를 느끼지 않을 때에도 여러분의 말에 핵심 단어를 지나치게 강조하는 경향이 있다.

_________ 만약 여러분이 휴식을 취하려 하거나, 휴가를 가거나, 해야만 할 특별한 것이 없는 것에 대해 약간의 죄의식을 느낀다.

_________ 즐기는 일보다는 성취(수입, 스포츠경기에서 얼마나 이겼는가, 학교에서 얻은 성적)에 초점을 둔다.

_________ 언제나 가만히 있지 못한다(다리를 반복적으로 두드린다거나, 반지를 만지작거리거나, 머리카락을 만지거나, 손가락을 두드린다).

_________ 다른 일을 생각하기 때문에 다른 사람이 여러분에게 말하는 것을 듣는 데 어려움이 있다.

_________ 언제나 너무 많은 일을 떠맡아 결국 과부하에 걸린다.

_________ 편안한 식사나 조용한 산책을 즐기지 못한다.

출처: 타입 A의 특징을 보여 주기 위해 저자가 만든 것이다.

타입 A를 가진 사람을 어떻게 확인할까? 타입 A를 가진 사람의 특징이 표 46.1에 나타낸 간편 자기확인 검사에 요약되어 있다. 만약 표에 열거된 대부분의 문항이 여러분에게 적용된다면 아마 여러분은 타입 A일 것이다. 그러나 타입 A의 확정을 위해서는 보다 강력한 심리검사 방법이 요구된다. 또한 타입 A 행동의 원래 정의는 대단히 광범위하다. 심장병 위험을 증가시키는 결정적 심리요인은 노여움, 적개심 그리고 불신감이다(Myrtek, 2007; Smith et al., 2004). 비록 타입 A 행동이 심장병을 촉발할 수도 있지만 우울이나 걱정거리가 심장병 발작의 마지막 촉발자인 것 같다(Denollet & Van Heck, 2001; Dinan, 2001).

우리 사회가 성취도, 경쟁력 그리고 전문성 등에 프리미엄을 얹어 주기 때문에 많은 사람들이 타입 A 성격으로 발달되는 것은 결코 놀랄 일이 아니다. 타입 A를 야기하는 가장 중요한 요인, 즉 스스로 부가하는 스트레스를 회피하기 위해 가장 좋은 방법은 표 46.1에 열거한 것과 정반대되는 행동을 기르는 것이다(Williams, Barefoot, & Schneiderman, 2003). 이렇게 진행되어 가면 건강이나 행복에 희생됨이 없이 인생에서 성공이 가능하다.

다른 사람에 대해 가끔씩 분노나 적개심을 느끼는 사람은 Redford Williams(1989)의 충고로부터 도움을 받을 수 있다. Williams에 의하면 적개심의 감소를 위해 세 가지 목표가 있다고 했다. 첫째, 다른 사람의 동기를 불신하는 것을 멈춘다. 둘째, 노여움, 분개, 흥분, 그리고 격정을 느끼는 것을 감소하는 방법을 찾지 않으면 안 된다. 셋째, 보다 친절하고 보다 인정이 많은 사람이 되는 것을 배우지 않으면 안 된다. 이렇게 진행되어 나가면 건강이나 행복에 희생됨이 없이 인생에서 성공이 가능하다.

강인한 성격

심장병이 생기지 않는 타입 A와 심장병이 생기는 타입 A 간에는 어떤 차이가 있는가? 심리학자 Salvatore Maddi는 **강인한 성격**(hardy personality)을 가진 사람들을 연구하였다. 이러한 사람은 일반적으로 스트레스에 저항적인 사람이다(Maddi et al., 2009;

타입 A 성격 잠재적으로 심장병이 일어날 높은 위험성을 가진 성격 유형. 시간적 절박감, 분노와 적개심으로 특징지어진다.

타입 B 성격 타입 A가 아닌 성격유형. 심장병 발견의 위험성이 낮은 성격

강인한 성격 특별한 스트레스 저항성을 가진 것과 관련 있는 성격 스타일

Stix, 2011). 강인성에 관한 최초의 연구는 큰 공익기업에 근무하는 두 집단의 매니저를 상대로 시작하였다. 모든 매니저는 높은 스트레스 위치에 있는 사람들이다. 어떤 사람들은 스트레스적인 사건을 겪은 후 병에 잘 걸리는데 다른 사람은 병에 잘 걸리지 않았다. 잘 견디는 사람은 '스트레스로 지친' 동료와 어떻게 다른가? 두 집단원은 전형적인 타입 A 특성을 소유하고 있는 것 같은데 어떻게 설명해야 할까? 그 밖에 대부분의 다른 면에서도 유사했다. 중요한 차이는 강인한 집단원은 세 가지 특성으로 구성된 세계관을 가지고 있는 듯했다(Maddi, 2006; Maddi et al., 2009).

1. 이들은 자기 자신, 일, 가족 그리고 다른 안정적 가치에 개인적으로 *전념*하는 감을 갖는다.
2. 자신의 삶과 일에 *통제력*을 갖는다고 느낀다.
3. 이들은 인생을 일련의 위협과 문제라기보다 *도전*이라 보는 경향이 있다.

이런 특성이 어떻게 스트레스의 영향으로부터 사람들을 보호해 줄 수 있을까? 강한 *전념감*(commitment)을 갖고 있는 사람은 무슨 일을 하든 간에 흥미와 중요성으로 보이는 그 무언가 속으로 들어갈 수 있는 전환의 방법을 찾는다. 이들은 소외감을 느끼기보다는 전념감을 느끼는 경향이다.

강력한 *통제감*(control)을 갖는 사람은 주변에서 일어나고 있는 일련의 사건들에 영향을 줄 수 있다고 믿는다. 이것이 자기 자신을 상황의 희생자가 되는 것을 수동적으로 지켜보는 것을 방지할 수 있게 한다.

끝으로 강력한 *도전감*(challenges)을 갖는 사람은 끊임없는 성장을 통해 성취를 발견한다. 이들은 안이한 편암감, 안정감 그리고 일상성을 받아들이기보다는 자신의 경험을 통해 학습하는 것을 찾는다. 사실 '부정적' 경험들을 통해 개인의 성장을 도울 수 있다. 만약 도전에 대처하는 데 필요한 기술이나 다른 사람들로부터 지지를 받을 수만 있다면 특히 그러하다(Garrosa et al., 2008; Stix, 2011).

전인적 인간: 강인성, 낙천성, 행복감

좋은 사건이나 나쁜 사건은 인생에 걸쳐 일어난다. 행복한 사람과 불행한 사람을 구분하는 것은 주로 태도의 문제이다. 행복한 사람은 비록 인생의 도정에서 고통을 만난다 하더라도 그들은 인생의 이 시기를 보다 긍정적인 기간으로 바라보는 경향이 있다. 예컨대 보다 행복한 사람들은 실망 속에서도 유머를 발견하는 경향이 있다. 이들은 고난을 도전으로 본다. 이들은 상실에 의해 오히려 강해진다(Lyubomirsky & Tucker, 1998). 간단히 말해 행복은 강인함과 관련 있는 듯하다(Cohn et al., 2009; Maddi et al., 2009).

어떤 관계가 있을까? 심리학자 Barbara Fredrickson은 긍정적 정서는 우리의 정신적 초점을 넓히는 경향이 있다고 지적하였다. 즐거움, 흥미 그리고 만족감은 놀고, 창조하고, 탐색하고, 인생을 즐기고 새로운 경험을 찾고, 통합하고, 성장하는 욕망을 만든다. 스트레스를 받았을 때 긍정적 정서를 경험하는 것은 문제를 창의적으로 해결할 수 있는 길을 발견하게 해 주는 것 같다. 긍정적 경험은 스트레스를 받았을 때 나타나는 신체적 각성을 낮추는 경향이 있다. 그래서 스트레스 관련 손상을 제한시킬 수 있는 것이다(Diener & Chan, 2011; Fredrickson, 2003).

낙천성은 강인성과 행복을 함께하게 되므로 그 가치를 다시 한 번 주목해야 한다. 낙천주의자들은 매사가 잘될 것으로 기대한다. 이러한 기대감은 역경에서 힘껏 대처할 수 있는 동기를 부여한다. 낙천주의자들은 일시적인 곤경에서 멈추지 않고, 문제를 정면으로 돌파하여 대처해 나가는 경향이 있다. 비관주의자는 문제를 무시하거나 거부하는 경향이 있다. 이러한 차이의 결과물로 낙천주의자는 비관주의자에 비해 스트레스를 덜 받고 덜 불안해한다. 이들은 또한 비관주의자에 비해 보다 건강하다. 일방적으로 낙천주의자는 건강하게 유지하려는 그들의 노력이 성공할 것이라 믿기 때문에 그들 자신을 더 잘 돌보는 경향이 있다(Peterson & Chang, 2003; Taylor, 2011).

미리 보기 우리가 여기서 개관한 작업은 우리 모두가 건강을 유지하고 증진하기 위해서는 개인적 책임감이 있다는 사실에 새로운 주의를 환기시켰다. 모듈 47에서 우리는 스트레스와 건강의 위험요인을 어떻게 하면 보다 잘 대처해 나갈 수 있는가를 전망해 볼 것이다. 그러나 먼저 다음의 질문이 다음 심리학 시험에서 건강한 학점을 유지하는 데 도움이 될 것이다.

모듈 46: 요약

46.1 스트레스와 건강 그리고 질병은 어떻게 관련되어 있는가?

46.1.1 정신면역학 연구들은 스트레스는 면역계통을 약화시킴으로써 질병에 대한 신체의 저항을 낮춘다고 한다.

46.1.2 강력하거나 오래 지속되는 스트레스는 정신신체 문제란 형태로 손상을 야기할 수 있다.

46.1.3 바이오피드백 훈련을 하는 동안 신체 과정은 신체가 지급하고 있는 것을 전해 주는 신호로 청취될 수 있거나 전환될 수 있다. 바이오피드백은 신체활동을 변경시킴으로써 정신신체 질환을 완화시킬 수 있다.

46.1.4 타입 A 성격을 가진 사람은 경쟁적이고, 분투하고, 적대적이고, 참을성이 없으며, 심장병에 잘 걸리는 경향이 있다.

46.1.5 강인한 성격을 가진 사람은 스트레스에 대단히 저항적이다.

46.1.6 낙천성과 긍정적 정서는 스트레스를 완화시키는 경향이 있다.

모듈 46: 지식 쌓기

암기

1. 스트레스가 심한 기말시험을 치르는 학생은 감기 바이러스에 보다 취약하다. 다음 중 어떤 개념으로 이것을 가장 잘 설명할 수 있나?
   a. 질병 경향성 성격
   b. 심리신경면역학
   c. 정서 중심 대처
   d. 반동형성
2. 궤양, 편두통, 그리고 심기증은 흔한 정신신체 질환이다. **O X**
3. 바이오피드백의 중요한 두 가지 요소는 이완과 자기 조절이다. **O X**
4. 증거들에 따르면 타입 A 성격의 가장 중요한 요인은 분노나 적개심이라기보다 성급함이다. **O X**
5. 몰입감, 도전감 그리고 통제감이 강인한 성격의 특징이다. **O X**
6. 여러모로 보아 강인한 성격을 가진 사람은 ________과 반대이다.
   a. 높은 STD 점수
   b. 낮은 LCU 점수
   c. 타입 A 특성
   d. 타입 B 특성

반영

비판적으로 생각하기

7. 강인한 성격 타입을 가진 사람은 모듈 45에서 논의한 문제들 중 어떤 것에 특별히 저항적일까?

자기반영

마인디는 온종일 자신의 건강에 대해 불평했지만 건강하게 보였다. 마인디의 한 친지는 "마인디는 진짜로 아프지 않아, 단지 정신신체일 뿐."이라고 말하면서 무시했다. 여기서 정신신체란 말의 사용은 잘못된 게 아닌가?

여러분은 기본적으로 타입 A 성격인가, 아니면 타입 B 성격인가? 어느 정도는 강인한 성격 특질들도 갖고 있지 않은가?

정답

1. b 2. X 3. O 4. X 5. O 6. c 7. 학습된 무기력

47 Module

행동하는 심리학: 스트레스 관리

블로그에 올려라

프레디에게는 참으로 힘든 시기였다. "나는 암의 두려움에 직면했고, 여자 친구와의 관계가 깨졌으며 학자금 대출 융자금은 바닥이 났고, 학기말 시험은 코앞에 다가왔다. 몇 달째 스트레스를 받아 다음에 무엇을 해야 할지 모를 지경이다."

프레디는 학생상담센터를 방문할 것을 결심하였다. 상담소의 카운셀러는 프레디가 겪은 고통에 관해 글을 써 보라고 권했다. 그의 감정을 공유할 사람이 아무도 없었기 때문에 그는 심각한 걱정거리를 스스로 극복하지 않으면 안 되었다.

그는 그의 가족과 몇몇 친한 친구들이 볼 수 있도록 블로그에 글을 올리기 시작했다. 프레디는 그의 감정을 표현하는 것이 대단히 도움이 된다는 것을 발견하고 몹시 놀랐다. 가족과 친구들로부터 정서적 지지와 건설적인 피드백을 받고 난 후 프레디는 그들이 스트레스에 대해 완충 역할을 해 줄 수 있다는 것을 알게 되었다. 또한 그의 애완견 '부(Boo)'와 함께하는 시간 또한 도움이 되었다. 프레디와 다르게 삶의 스트레스와 긴장을 푸는 데 도움을 받을 만한 다른 방법이 있는가?

william casey/Shutterstock

SURVEY QUESTIONS

47.1 스트레스를 관리하는 데 가장 좋은 전략은 무엇인가?

건강심리학–여러분의 건강을 위하여

SURVEY QUESTION 47.1 스트레스를 관리하는 데 가장 좋은 전략은 무엇인가?

스트레스 관리(stress management)는 스트레스를 낮추고 대처기술을 좋게 하기 위해 인지적 · 행동적 책략을 사용하는 것이다. 앞서 약속했던 것처럼 이 절에서는 스트레스를 관리하기 위한 책략을 기술한다. 만약 아직까지 기회를 가져 보지 못했다면 앞으로 돌아가 표 44.2의 *사회적 재적응 평가척도*(Social Readjustment Rating Scale)를 사용하여 여러분의 스트레스 수준을 측정해 보라. SRRS에서 높은 점수를 받았다면 아마 여러분의 건강이 위협받는 스트레스 수준에 노출되어 있음을 암시한다. 그러나 스트레스는 내면 상태임을 기억하라. 만약 여러분이 스트레스 원인에 잘 대처해 나가고 있다면 높은 점수는 여러분에게 문제가 되지 않을 수도 있다.

그러나 현재 여러분의 스트레스 수준을 상상해 보고, 그것에 대해 어떻게 대처해야 하겠는가? 스트레스에 대처하는 가장 단순한 방법은 스트레스 원천을 바꾸어 버리거나 떠나 버리는 것, 예컨대 스트레스가 많은 직업을 그만두는 것 같은 것이다. 분명 이렇게 하는 것은 불가능할 때가 많다. 그러므로 스트레스 관리를 학습하는 것이 보다 중요한 것이다.

● 그림 47.1에서 볼 수 있는 것처럼 스트레스는 *신체에 영향을*

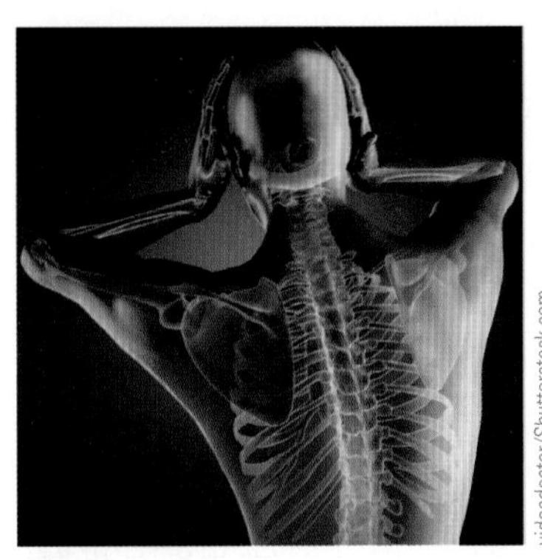

신체반응	비효과적 행동	잘못된 생각
• 공격 또는 도피 반응	• 지나치게 빠른 속도	• 부정적 자기주장
• 근육의 긴장	• 지나치게 산만함	• 공포에 질린
• 쿵쿵거리는 심장	• 지나치게 불균형	• 걱정스런
• 얕은 호흡	• 비현실적	• 산만해진
• 부족한 수면	• 우유부단한	• 강박적인
• 피로	• 회피성	• 지나친 신체의식
• 스트레스 기반 질병	• 비효율성	• 건강 공포
• 소화불량	• 공격적	• 자기 회의

그림 47.1
스트레스가 신체, 행동 및 사고에 미친 영향

*미치고, 생각의 혼란을 가져오고, 비효과적 행동*을 촉발한다. 개개의 요소가 악순환 사이클을 통해 다른 요소를 악화시키는 사실은 예시하지 않았다. 일단 이 사이클이 시작되면 이 사이클을 끊어 놓을 수 있는 조치를 취하지 않는 한 통제할 수 없이 돌아가고 있다는 것을 알게 될 것이다.

신체반응의 관리

스트레스에 의해 일어나는 즉각적인 불편감은 공격 또는 도피 정서 반응에 의해 야기되는 것이다. 신체는 긴장하는 근육과 박동치는 심장으로 반응할 준비를 갖춘다. 만약 활동이 방해받게 되면 '긴장된' 상태로 머문다. 합리적인 해결책은 믿을 만한 비약물적인 이완 방법을 학습하는 것이다.

운동 스트레스에 기인한 흥분은 신체를 활동함으로써 소산될 수 있다. 어떤 종류의 신체적 운동도 효과적이다. 겁 없는 여학생 미정이는 가라테를 즐긴다. 수영, 춤, 줄넘기, 요가, 대부분의 운동 그리고 특히 걷기가 바람직한 에너지 발산 수단이다. 규칙적인 운동이 호르몬, 순환, 근육긴장, 그리고 다양한 측면의 신체기능을 바꾼다. 이러한 변화들이 함께하여 불안을 감소시키고 질병 발생의 위험 요소를 낮춘다(Brannon, Feist, & Updegraff, 2014; Edenfield & Blumenthal, 2011).

긴장을 낮추는 데 충분한 억센 운동에서부터 반복해도 즐거운 운동에 이르기까지 선택해야 된다는 것을 확실히 하라. 스트레스 관리를 위한 운동은 매일 행할 때 가장 효과적이다. 최소한 매일 30분, 비록 한 회기에 짧게는 10~20분 정도 한다 하더라도 기분과 에너지를 상승시킬 수 있다(Hansen, Stevens, & Coast, 2001).

명상 많은 스트레스 카운셀러들이 신체를 안정시키고 이완을 높이기 위해 명상을 추천한다. 명상은 이완을 위해 가장 효과적인 방법의 하나이다(Sears & Kraus, 2009; Zeidan et al., 2010). 음악을 듣거나 연주하는 것, 자연 속에서 걷는다거나, 취미 및 기호 즐기기가 명상적인 것이 될 수 있다. 혼란스런 생각을 멈추고 이완을 높이는 어떤 것이든 도움을 줄 수 있다. 요즈음은 명상을 쉽게 배울 수 있다고 말해도 충분하다. 비싼 상업적 코스를 행하는 것은 불필요하다.

점진적 이완 체계적으로 완벽하게, 선택적으로 하는 이완도 가능하다. **점진적 이완**(progressive relaxation)의 기본 생각은 우리 몸의 어떤 주어진 영역(예컨대 팔)에 있는 모든 근육을 긴장시킨 후 임의적으로 이완시킬 수 있다는 데 있다. 신체에 있는 각 영역의 부위를 먼저 긴장시킨 후 이완시킴에 의해(또한 *긴장이완법*이라 불리기도 함) 근육이 긴장할 때 느끼는 것을 알 수 있다. 그 후 각 영역의 근육이 이완될 때 느끼는 것을 알면 긴장할 때나 이완할 때의 변화를 보다 잘 알아차리고 보다 잘 통제할 수 있게 된다. 이런 방법으로 훈련을 하면 긴장을 이완시킬 수 있다. 어떻게 하는가에 대해 좀 더 자세히 알고 싶으면 모듈 55를 참고하라.

유도된 심상 **유도된 심상**(guided imagery)이라 부르는 기법에서는 사람들에게 여러 가지 방법을 통합하여 평온하고, 이완되고, 유익한 영상을 시각화하도록 한다. 예컨대 평화로운 장면을 시각화함에 따라 이완을 증대시킬 수 있다. 먼저 안전, 평온 그리고 편안함을 느낄 수 있는 장소를 선정한다. 전형적인 장소로 해안가나 호수가, 숲속, 따뜻한 풀장 속에서 매트리스 위에 둥둥 떠다니는 것 또는 조용한 공원에서 태양광선을 쬐며 누워 있는 것

스트레스 관리 스트레스를 낮추고 대처기술을 개선시키기 위한 인지 및 행동 전략의 적용
점진적 이완 모든 신체 부위의 깊은 이완을 일으키기 위한 한 방법
유도된 심상 진정, 이완, 또는 기타 방법으로 유익함을 불러오는 의도적인 시각적 심상법

등의 영상이 사용된다. 이완하기 위해 이러한 장소 가운데 한 곳을 선정해서 그곳을 선명하게 상상한다. 시각적으로 나타나는 장면 속에는 반드시 홀로 있어야 하고 편안한 자세를 취해야 한다. 가능한 현실적인 장면으로 시각화하는 것이 무엇보다 중요하다. 이런 평온한 장면에서 체험할 수 있는 것을 느끼고, 맛보고, 냄새 맡고, 소리 듣고, 보도록 노력한다. 하루에 몇 차례씩 한 번에 5분 정도 이러한 심상훈련을 하라. 심상장면이 친숙하게 되고 자세하게 볼 수 있게 되면 불안을 감소시키는 데 사용할 수 있게 되고 이완이 증가하게 된다. 지지적인 친구나 사랑스런 애완동물이 옆에 있는 것으로 심상하는 것도 긴장과 불안을 감소시킬 수 있다(Allen, Blascovich, & Mendes, 2002; Smith, Ruiz, & Uchino, 2004).

비효과적인 행동의 수정

스트레스는 잘못 유도된 반응에 의해 더욱 악화되는 수가 있다. 다음에 보여 주는 것은 스트레스를 보다 효과적으로 다루는 데 도움을 줄 것이다.

느긋하라 스트레스란 자기 스스로 일으킬 수 있는 것이란 것을 기억하라. 보다 느린 속도로 일하도록 하라. 특히 여러 해 동안 급한 속도로 일해 왔다면 특히 천천히 하도록 하라. 여러분 스스로에게 "내가 그곳에 제일 먼저 도착하지 않았다 해서 뭐라고 할 것인가? 결국에는 그곳에 도착할 터인데." 또는 "나의 목표는 먼 곳에 있으니 서두르지 마."라고 말하라.

질서를 잡아라 무질서는 스트레스를 일으킨다. 일어나는 상황을 신선하게 받아들이고 질서를 잡아 가라. 우선적으로 해야 할 일을 설정하는 것이 진정으로 스트레스와 싸우는 것이 될 수 있다. 진정으로 중요한 것을 스스로에게 물어보고 그 일에 집중하도록 한다. 시시하지만 혼란스럽게 만드는 것을 내려놓는 것을 학습한다. 스트레스를 느끼고 있을 때 무엇보다 먼저 '단순하게 받아들여라'를 기억하라.

균형을 유지하라 직장, 학교, 가정, 친구, 흥미, 취미, 오락, 지역사회, 교회와 같이 만족한 삶은 많은 중요한 요소를 갖는다. 스트레스에 의한 손상은 이러한 요소 중의 하나를 잃게 하며 특히 학교나 직장 균형이 깨어진다. 여러분의 목표는 양이 아니라 삶의 질이 되어야 한다. 좋은 스트레스와 이완 간에 균형을 유지하라. '아무 일도 하지 않을 때'가 매우 중요한 무엇을 하고 있다는 것을 상기하라. 빈둥거리기, 이것저것 구경하기, 꾸무적 대기, 장난치기 및 낮잠 자기 등 나를 위한 시간을 할애하라.

한계를 알고 수용하라 많은 사람들이 비현실적이거나 완벽한 목표를 설정한다. 어느 누구도 결코 완벽할 수 없기에 이러한 태도는 비록 열심히 일했다 하더라도 적절하지 못하다는 느낌을 남긴다. 자기 자신을 위해 점진적으로 성취 가능한 목표를 설정하라. 어떤 주어진 날 할 수 있는 현실적인 한계를 설정하라. 더 이상 부가된 요구나 책임감에 대해서는 거절하겠다는 말을 하는 것을 학습하라.

사회적 지지를 찾아라 사회적 지지(social support)란 다른 사람과 가깝고 긍정적인 관계를 말하는데 이는 좋은 건강과 사기를 북돋아 준다(Ai et al., 2013; Winfree & Jiang, 2010). 가깝고 지지적인 관계를 가지고 있는 사람들은 좋은 면역반응과 건강을 보여 준다(Smith, Ruiz, & Uchino, 2004; Taylor & Master, 2011). 가족, 친구 그리고 심지어 애완동물로부터 지지를 받는 것은 분명 스트레스적인 사건으로부터 오는 영향을 완화시키는 것이 분명하다(Allen, Blascovich, & Mendes, 2002).

여자들은 남자들보다 사회적 지지를 더 잘 활용하는 것 같다. 스트레스를 받는 여자들은 지지자를 찾고 또 다른 사람들을 잘 격려해 준다. 남자들은 보다 공격적이 되기 쉽고 정서적으로 움츠러든다(Taylor, 2012). 이런 이유로 왜 '남자다운 남자'를 찾지 않고, 반면 고통 속에 있는 여자는 친구를 찾는지를 알 수 있을 것이다. 스트레스가 있을 때 많은 남자들이 다른 사람들을 보듬어 주고 친하게 해 주는 여성적 경향성을 채택함으로써 오는 이익을 얻을 수 있는 것이다.

어떻게 하면 사회적 지지의 도움을 더 받을까? 많은 사람들은 결혼, 출산, 졸업, 생일과 같은 긍정적인 일에 다른 사람들과 함께한다. 분위기가 잘 진행되어 가면 우리는 다른 사람에게 말하길 좋아한다. 이러한 좋은 일을 함께 나눈다는 것은 긍정적인 정서를 강화하고 사회적 지지를 더욱 증가시킨다. 많은 방법을 통해 좋은 뉴스를 함께 나누는 것은 긍정적 사건들이 개인의 안녕에 기여함으로써 중요한 수단이 된다(Gable et al., 2004).

자신의 감정에 관해 쓰라 만약 여러분이 스트레스적인 사건에 대해 말할 수 있는 사람이 없다면 여러분의 생각과 느낌을 글로 써서 표현하고 싶을 것이다. 몇몇 연구에서 속상하게 한 경험, 생각 그리고 느낌에 관해 글을 쓴 학생들은 스트레스에 보다 잘 대처할 수 있었다는 것을 발견하였다. 이 학생들은 질병에 덜 걸렸고 학점도 더 잘 받았다(Smyth & Pennebaker, 2008). 자신의 감정을 글로 쓴다는 것은 마음을 보다 깨끗하게 한다는 것이다. 이렇게 하면 삶의 도전거리에 주의 집중을 쉽게 하게 되고 대처 전략을 효과적으로 생각해 낼 수 있다. 그러므로 자신의 감정을 글로 쓰고 나면 속상하게 하는 경험에 대처하기 위한 특별한 계획을 수립하는 데 도움을 받을 수 있다(Klein & Boals, 2001; Smyth,

Pennebaker, & Arigo, 2012).

하나의 좋은 대책으로 긍정적 경험을 글로 쓰는 것이 있다. 한 연구에서 긍정적인 경험에 관해 쓴 학생들은 그 후 3개월 동안 질병에 덜 걸렸다. 놀랍게도 3일 동안 하루 20분만 글을 써도 학생들의 기분이 상승했고 건강도 좋아지며 장기간 지속되는 효과도 있었다(Burton & King, 2004).

골치 아픈 생각을 없애기

여러분이 시험을 친다고 생각해 보라. 갑자기 짧은 시간 달리고 있는 것을 실감하게 된다. 여러분 스스로에게 "아니야, 이것은 정말 괴로운 일이야. 나는 지금 통증에 휩싸였어."라고 말해 보라. 여러분의 신체반응은 땀을 흘리고 있고, 온몸이 굳어 오고 그리고 위속이 불편함을 느낄 것이다. 이번에는 반대로 "나는 시간을 잘 지켜봐야 해. 마음이 혼란스러워지면 도움이 안 될 거야. 그래서 한 번에 한 문제씩만 풀고 나갈 거야."라고 말했다면 여러분의 스트레스 수준은 많이 낮아질 것이다.

앞서 이야기한 것처럼 스트레스는 우리가 만난 사건을 어떻게 보느냐에 따라 많은 영향을 받는다. 신체적 증후들과 결정을 잘못 내릴 경향성은 부정적 생각이나 '자기대화'에 의해 증가한다. 많은 경우에 있어 여러분 자신에게 말하는 것이 대처와 붕괴 간의 차이를 의미할 수 있다(Smith & Kirby, 2011).

대처의 말 심리학자 Donald Meichenbaum은 **스트레스 접종**(stress inoculation)이라 부르는 기법을 유행시켰다. 즉 환자는 긍정적 대처의 말을 내면적으로 독백하며 공포와 불안을 싸워 나가는 것을 학습한다는 것이다. 첫 번째, 환자는 불안을 상승시키는 **부정적 자기의 말**(negative self-statements), 자기비판적 생각을 확인하고 들어 보는 것을 먼저 학습한다. 부정적 생각은 직접적으로 신체적 흥분을 높이기 때문에 문제가 된다. 부정적 생각을 없애기 위해 환자들은 부정적인 말로부터 대처적인 말로 바꾸는 것을 학습한다. 궁극적으로 자신의 대처적 말의 리스트를 작성하는 것이 도움을 받을 수 있다(Meichenbaum, 2009).

대처의 말을 어떻게 응용할까? **대처의 말**(coping statements)이란 기운을 돋우고, 자기를 향상시키는 말을 말한다. 이 말은 스트레스 상황에서 부정적인 자기 말은 못하게 막고 없애는 데 이용할 수 있다. 예컨대 "나는 두렵다.", "나는 이것을 할 수 없다.", "내 마음은 하얗게 되어 패닉 상태에 들 것 같다."는 부정적인 말을 하기 전에 "나는 내가 좋아하는 무엇을 말할 것이다." 또는 "내 심장이 뛰는 것은 내가 최선을 다하기 위해 정신이 집중되었다는 것을 의미하는 것이야."로 대처할 수 있다. 대처의 말에 관한 몇 가지 예를 보라.

스트레스가 심한 상황에 준비하기

- 나는 한 번에 한 단계씩만 일을 할 것이다.
- 만약 내가 불안해지면 나는 잠깐 동안 쉴 것이다.
- 내일 나는 이것을 끝낼 것이다.
- 나는 이전에 이것을 관리했었다.
- 내가 해야만 할 일이 정확하게 무엇인가?

스트레스가 심한 상황에 직면해서

- 지금 이완해, 이것은 절대로 나를 해치지 않아.
- 질서를 잡아, 과제에 초점을 둬.
- 서둘지 마. 한 단계 한 단계 나아가.
- 아무도 완벽할 수 없어. 나는 최선을 다할 거야.
- 곧 끝날 거야. 침착해.

Meichenbaum은 여러분 자신에게 "맞아"라고 말하는 것은 스트레스 내성을 증가시키는 데 충분하지 못하다고 경고했다. 실제 스트레스 장면에서는 이러한 방법을 반드시 실천해야만 한다. 또한 여러분의 경우에 실제로 잘 작용하는 여러분 자신의 대처하는 말의 리스트를 개발하는 것이 중요하다. 이러한 학습과 다른 스트레스 관리 기술 그리고 많은 스트레스는 스스로 만들어 낸 것이란 것을 함께 고려해야 한다. 여러분이 당면한 상황을 스스로 관리할 수 있다는 것을 안다는 것이 스트레스에 대한 좋은 해독제가 된다. 한 연구에 의하면 스트레스 접종을 학습한 대학생들은 불안과 우울이 줄어들었을 뿐 아니라 자아존중감도 높아졌다고 한다(Schiraldi & Brown, 2001).

가볍게 생각하기 유머는 스트레스를 낮추기 위한 방법으로 개발할 가치가 있다. 유쾌한 의미의 유머는 곤란한 상황에 따르는 불쾌한 반응을 낮출 수 있다(Morrison, 2012). 게다가 파란만장한 인생의 삶 속에서 웃을 수 있다는 능력은 질병에 대한 좋은 면역과 관련이 있다(Earleywine, 2011). 자기 자신에게나 우리 인간 스스로가 만든 곤란한 일들에 대해 웃음으로 넘기는 것을 두려워하지 말라. 아마 여러분은 일상의 스트레스에 대해 "시시한 일에 땀 흘리지 마.", "모두 시시한 것들이야." 등의 충고를 들어 봤을 것이다. 유머는 사건을 좀 더 전망적으로 보도록 하는 데 도움을 주기 때문에 불안과 정서적 괴로움에 가장 좋은 해독제가 된다

사회적 지지 다른 사람들과 친밀하고 긍정적인 관계
스트레스 접종 공포나 불안을 통제하기 위해 긍정적인 대체적 언어를 사용하는 것
부정적 자기의 말 불안을 높이고 수행을 낮출 수 있는 자기비판적 생각
대처의 말 자기비판적 생각을 멈추기 위해 사용되는, 안심하게 하고 자기를 부추기는 말

(Crawford & Caltabiano, 2011; Kuiper & McHale, 2009). 수많은 방대한 사건들 중 오직 여러분이 허용한 것만이 스트레스가 된다. 즐겁게 살아라. 그것이 바로 완벽한 건강이다.

모듈 47: 요약

47.1 스트레스를 관리하는 데 가장 좋은 전략은 무엇인가?

47.1.1 스트레스 관리 기법은 신체 영향, 비효율적 행동 및 속상하게 하는 생각과 같은 세 가지 영역들 중에서 어느 하나에 초점을 두는 것이다.

46.1.2 운동, 명상, 점진적 이완 그리고 유도된 심상, 이 방법들은 스트레스에 대한 신체적 반응을 관리하는 좋은 방법이다.

46.1.3 스트레스를 받고 있을 때 비효율적 방법을 극소화하기 위해 느긋하고, 질서를 잡고, 균형을 유지하고, 한계를 알고 수용하며, 사회적 지지자를 찾고, 자신의 감정에 대해 글을 쓰라.

46.1.4 대처의 말을 학습한다는 것은 골치 아픈 생각을 없애기 위한 좋은 방법이다.

모듈 47: 지식 쌓기

암기

1. 운동, 명상 및 점진적 이완은 부정적 자기의 말을 없애기 위해 효과적 방법이라 생각된다. **O X**
2. 스트레스 관리를 위해 점진적 이완을 사용하는 사람은 어떤 스트레스 요소를 통제하려는 경향이 있는가?
   a. 신체 반응
   b. 골치 아픈 생각
   c. 비효율적 행동
   d. 일차적 평가
3. 가족이나 친구로부터의 사회적 지지는 스트레스로 인한 건강에 별다른 영향을 미치지 못한다고 한다. **O X**
4. 스트레스가 심한 교실에서 시험을 치르는 중 자기 자신에게 "질서를 잡고 과제에 집중하라."고 말하는 것은 곧 ________을 사용하는 게 분명하다.
   a. 유도된 심상
   b. 대처의 말
   c. LCUS
   d. 유도된 이완

반영

비판적으로 생각하기

5. 스티브는 학기말 과제 제출 날짜가 다가오면서 극도의 압박감을 느낀다. 이런 경우 어떻게 스트레스를 낮춰야 할까?

자기반영

만약 여러분이 스트레스 관리를 위한 '도구장치'를 조립하고 있다고 한다면 어떤 항목을 포함시켜야 할까?

정답

1. X **2.** a **3.** X **4.** b **5.** 습관적으로 과제 처리를 미루는 학생들은 '벼랑 끝 전술(인내의 한계까지 미루는)'을 포기해 버리면 대학생활이 얼마나 즐거운지를 알고 깜짝 놀랄 것이다.

Module 48

심리장애: 정상과 정신병리학

미친 사람

"그 남자 완전 미쳤어. 정신이 나갔다구." 또는 "와플에 있는 버터가 미끄러져 떨어지고 있어. 그는 곧 싸우려 달려들 거야."라는 말을 듣거나 사용하는 것은 재미있을 순 있다. 재미있든 없든, 이런 말들은 '미친'에 대한 작은 통찰을 준다. 정상과 정신병리 사이의 경계선이 어디인지 결정하기 전에 우리는 몇 가지 복잡한 쟁점들을 좀 더 신중히 검토해 볼 필요가 있다.

엘라가 처한 상황을 살펴보자. 그녀의 남편은 25세가 되던 해 갑작스레 심장마비로 사망하게 되었고, 엘라는 그 이후로 계속 검은색 옷을 입고 남편을 그리워하며 대부분의 시간을 보내고 있다. 그녀는 집에 혼자 앉아 깊은 우울감을 경험하고 있다. 이런 엘라를 지켜보면서 그녀의 친구들은 그녀를 몹시 걱정하고 있다. 그녀가 경험하고 있는 슬픔은 정상적인 우울일까? 아니면 정신병의 징후라고 판단할 수 있는 정도의 오래 지속되는 깊은 수준의 우울일까?

심리학자들과 정신과의사들이 진단하고 치료하는 주요 장애에 대해 알아보기 전에, 정상성의 판단에 영향을 미치는 몇 가지 요인들을 살펴보자.

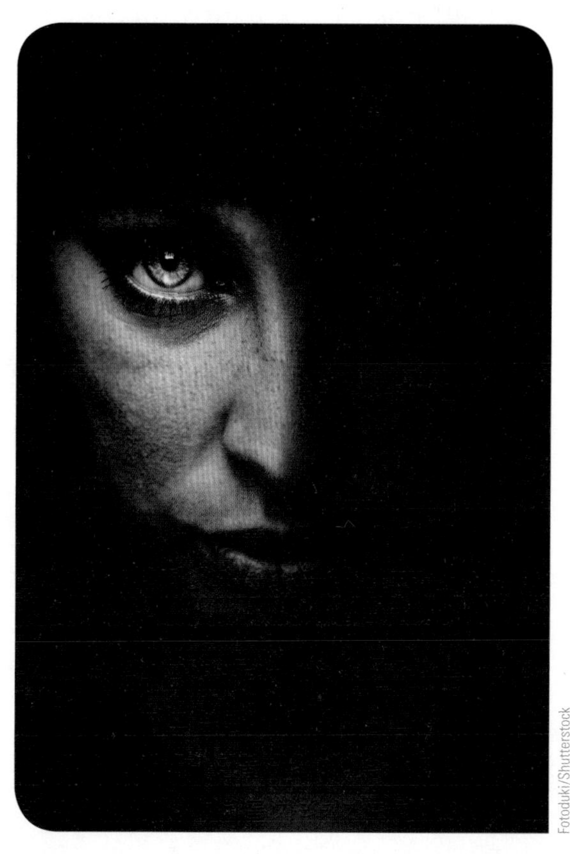

Fotoduki/Shutterstock

SURVEY QUESTIONS

48.1 비정상은 어떻게 정의되는가?
48.2 주요 정신장애는 무엇인가?
48.3 정신의학적인 명칭은 어떻게 오용되는가?

정상성–정상은 무엇인가?

SURVEY QUESTION 48.1 비정상은 어떻게 정의되는가?

정신병으로 도움을 청하는 사람들을 치료하는 직접적 비용은 거의 600억 달러에 이른다. 기회비용과 같은 간접적인 비용을 더하면, 전체는 3,150억 달러를 초과한다. 이뿐 아니라 인적 비용도 엄청나다. 매년 미국인의 25% 이상이 정신병으로 진단받는다(Kessler, 2010; National Institute of Mental Health, 2013). 2011년에는 38,000명이 넘는 미국인들이 자살을 했다(Hoyert & Xu, 2012). 그들 중 약 90% 이상이 정신병으로 진단받았다(National Institute of Mental Health, 2010a).

정신적, 정서적, 행동적 장애에 대한 과학적인 연구를 **정신병리학**(psychopathology)이라고 부른다. 이 용어는 조현병이나 우울증, 혹은 사람들을 불행하게 만들거나 개인의 성장을 방해하는 행동 패턴과 같은 정신장애 자체를 가리키기도 한다(Sue et al., 2013). 이러한 정의가 명확하다고 볼 수도 있다. 그러나 어떤 사람이 정신적으로 건강하지 않다고 정확히 분류할 것인가에 대한 문제는 오랜 시간 동안 논쟁으로 이어져 온 주제다(Luyten &

Blatt, 2011). 거리를 활보하는 매우 보수적인 기독교 신자인 평범한 주부가 정신병자일 수도 있고, 그렇다면 그녀의 자녀들이 위험에 처해질 수도 있다. 공원에서 많은 시간을 보내는 괴짜 은둔자가 그 도시에서 가장 멀쩡한 사람일 수도 있다.

몇몇 심리학자들이 정상성을 더 객관적으로 정의하기 위해 사용하는 **통계적 비정상**(statistical abnormality)의 개념에 대해서 살펴보자. 통계적 이상성은 지능, 불안, 혹은 우울과 같은 몇 가지 차원에서 매우 높거나 낮은 점수를 받는 것이다. 예를 들어 우리는 얼마나 많은 사람들이 낮은, 중간 또는 높은 불안에 속하는지 알아보기 위해 검사지를 통해 불안을 측정한다. 일반적으로, 검사 결과는 (종모양의) *정상분포*를 나타낸다(여기서 *정상*은 곡선의 모양만을 의미한다). 대부분의 사람들은 정상분포의 중간에 있다. 매우 적은 사람들만이 극도로 높거나 낮은 점수를 받는다 (● 그림 48.1). 항상 불안을 느껴서(높은 불안) 정상에서 벗어난 사람은 정상이 아닌 비정상에 속할 수 있다. 그러나 불안을 전혀 느끼지 않는 사람도 마찬가지로 정상이 아닌 비정상 범주에 속하게 된다.

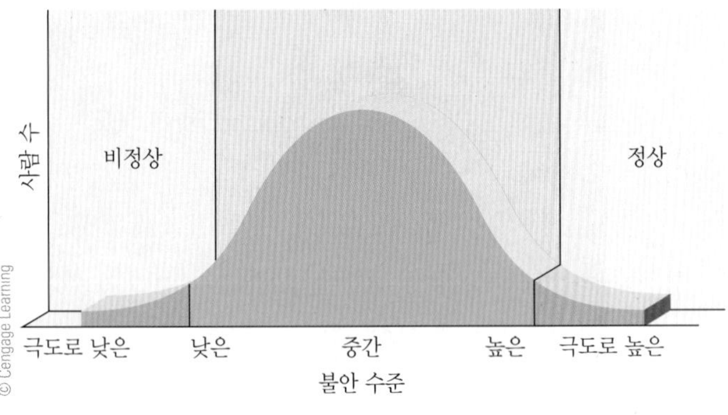

그림 48.1
개인 특성을 보여 주는 수치는 어떤 것이 통계적으로 비정상인지 정의하는 데 도움을 줄 수 있다.

그러면 통계적 이상성은 정상에서 벗어나는 의미 이상의 아무것도 말해 주지 않는 것일까? 그렇다. IQ검사에서 145점 이상을 받은 사람과 55점 이하를 받은 사람은 통계적으로 '비정상적'(평범하지 않은)일 뿐이다. 그러나 일반적으로 우리는 낮은 점수만을 '비정상적'이거나 바람직하지 못하다고 여기곤 한다. 같은 맥락에서, 4개 국어를 하는 사람이나 올림픽에서 우승한 사람들은 평범하지는 않지만, 이들이 소수일 경우 이들의 능력을 성취로 간주한다.

통계적인 정의는 정상성과 이상성을 구분하는 정확한 *경계점이 어디인지에 대한 정보*는 제공하지 않는다. 예를 들어, 특정 연령, 성별, 성적 취향, 결혼 여부에 따른 성교 하루 평균빈도를 얻을 수 있다. 하루에도 수십 번 성관계를 하고 싶어 하는 사람은 명백히 문제가 있다. 그러나 정상과 비정상을 명확히 구분할 수 있는 성교 빈도를 명확히 정하는 것은 여전히 어려운 문제다. 즉 통계적인 경계선은 약간 임의적인 경향이 있다(Comer, 2013).

사회 비동조가 자동적으로 정신병리를 의미하지는 않는다.

비동조 개념도 살펴볼 필요가 있다. **사회적 비동조**(social nonconfor-mity)는 받아들여질 수 있는 행위에 대한 일반적인 기준을 따르지 않는 것을 가리킨다. 과도한 비동조는 파괴적인, 자멸적인, 혹은 불법적인 행동을 이끌 수 있다(예를 들어, 마약 남용자나 매춘부를 생각해 보라).

그러나 우리는 독창적인 생활방식과 건강하지 않다고 여겨지는 비동조를 구분하는 것에 주의해야 한다. 많은 괴짜 '특성'은 매력적이고 정서적으로 안정적이다. 또한 사회 규범을 엄격하게 따르는 것이 정신건강을 보장하지는 않는다는 것을 기억하라. 일부 사례에서, 정신병리는 융통성 없는 동조를 포함하고 있다(글상자 "하루만 미쳐 보기"를 보라).

우리가 어떤 행동을 비정상적이거나 비동조로 판단하기 전 그것이 발생할 때의 *상황맥락*(사회 상황, 행동의 배경, 혹은 전반적인 정황)을 고려할 필요가 있다. 한 젊은 여성이 고무로 된 줄을 발목에 묶고 히스테릭하게 소리를 지르며 다리에서 거꾸로 뛰어내렸다. 40년 전이라면 이 여성의 행동은 완전히 미친 것처럼 보였을 것이다. 오늘날 이것은 오락—번지점프—의 일반적인 형태이다. 야외에서 호스로 잔디에 물을 주는 것이 이상한 것으로 간주될까? 그것은 비가 오느냐의 여부에 따라 결정될 것이다. 성인 남성이 사업장에서 바지를 벗고 다른 남성이나 여성에게 스스로를 노출하는 것이 비동조일까? 이에 대한 판단은 반대편에 서 있는 사람이 의사인지에 따라 달라질 것이다.

어떤 행동은 일부 맥락에서 정상으로 간주되기도 한다. 예를 들어, 2003년에 어떤 남자는 그의 팔을 톱으로 잘라냈다. 등산하던 중 한 남자가 두 바위 사이에 팔이 끼여 크레바스(빙하 속 깊이 갈라진 틈)에 갇혀 버렸다. 5일간 팔을 빼려고 노력하다 의식을 잃어 가던 중 그는 살아남기 위해 필요한 행동을 했을 뿐이다(Ralston, 2004).

심리학 발견하기

하루만 미쳐 보기

비정상적 행동을 해 보는 것은 사회 규범이 '정상성'을 어떻게 정의하는지에 대한 감을 얻는 데 좋은 방법이다. 여러분에게 다음과 같은 임무가 주어진다. 공공장소에서 이상한 짓을 하고 사람들이 어떻게 반응하는지 관찰해 보라(위험하거나, 해롭거나, 공격적인 일은 하지 마라, 그리고 체포되지 마라!). 아래에 다른 학생들이 했던 비정상인 행동들이 나열되어 있다.

- 패스트푸드 식당의 식탁에 앉아서 큰소리로 상상 속의 친구와 대화를 함.
- 붐비는 학교 현관에 서서 쿵푸자세를 취하고 그 자세로 10분 동안 있음.
- 맑은 날에 우비를 입고 우산을 쓰고 학교 주변을 걸음. 건물 안에 있을 때도 우산을 쓰고 있음.
- 한 손가락은 코에 대고 다른 손가락은 귀에 대고 있음. 그리고 붐비는 쇼핑몰을 걸어감.
- 하루 종일 혹성탈출 가면을 쓰고 있음.

Mikeledray/Shutterstock

이런 행동을 하고 있는 자신을 생각해 보자. 불편하게 느껴지는가? 만약 그렇다면, 여러분은 사회 규범이 우리의 행동을 얼마나 강력하게 억제하는지 이해하기 위한 일을 더 할 필요가 없을 것이다. 우리가 관찰했던 것처럼, 사회 비동조는 비정상적인 행동의 일면에 불과하다. 그럼에도 불구하고 특정한 문화 내에서 "이상하다"고 간주되는 행동은 타인에게 그 사람이 문제가 있다는 첫 번째 신호이다.

사회적 규범에 관한 논의에서 시사된 것처럼 문화는 모든 행동을 판단하는 데 가장 영향을 많이 주는 것 중 하나이다(Fabrega, 2004; Whitbourne & Halgin, 2013). 일부 문화에서는 공공장소에서 배변하거나 오줌을 누거나 벌거벗고 나타나는 것을 정상으로 간주하기도 한다. 우리 문화에서 그런 행동은 특이하거나 정상이 아닌 것으로 간주될 것이다. 일부 이슬람권 문화에서는 집에만 있는 여성이 정상적이거나 심지어는 고결하다고 여겨진다. 일부 서양문화에서 그들은 광장공포증이라는 장애에 시달리는 사람으로 진단될 것이다(광장공포증에 대한 설명은 모듈 51에 나와 있다).

이러한 *문화적 상대성*(그 사람이 속한 문화적 가치의 상대성에 따라 판단해야 한다는 개념)은 심리학적 장애 진단에 영향을 줄 수 있다. 여전히 모든 문화에서 어떤 사람이 타인과 의사소통이 안 되거나 그들의 행동에 대해 지속적인 예측이 불가능해질 때 그 사람을 이상하다고 분류한다.

또 다른 접근에서는 정신병리를 *주관적인 불편함*(주관적인 고통감, 불행, 혹은 정서적인 고통)으로 규정한다.

그렇다면 정신병리로 진단받지 않으면서 심한 고통을 느끼는 사람은 없을까? 또는 불편감을 느끼지 않으면서 심하게 마음이 동요되는 사람은 없을까? 둘 다 가능한 일이다. 예를 들어, 엘라처럼 사랑하던 대상을 잃거나 허리케인 같은 자연재해에서 살아남은 사람들은 보통 그들의 고통을 극복하기 위한 일정 시간을 필요로 한다. 또한 정신병리가 항상 고통을 야기하지는 않는다. 조증에 걸린 사람은 우쭐하고 '세계의 정상에 있는 것처럼' 느낄 수도 있다. 실제로는 고통감을 잘 느끼지 못하는 것이 오히려 문제가 될 수도 있다. 예를 들어, 만약 여러분이 친한 친구의 죽음 후에 슬픔이나 고통의 징후를 보이지 않는다면, 여러분이 정신병리를 가지고 있지는 않은지 의심해 볼 수도 있다. 실제 전문적인 도움을 자발적으로 찾게 되는 사람들의 대부분의 경우는 주관적 불편감 때문일 경우가 많다.

장애행동의 핵심 특징

만약 비정상성을 정의하기 어렵다고 한다면 정신병리에 대한 판단기준은 어떻게 마련해야 할까? 우리가 지금까지 논의해 왔던 기준들이 상대적이기는 하지만, 정신병리학적인 행동을 설명하는 데 고려할 수 있는 핵심 특성들이 있다. 그것은 바로 **부적응행**

정신병리학 정신, 정서, 행동적 장애 그리고 부적응적 행동에 대한 과학적인 연구

통계적 비정상 IQ나 불안 같은 특정 차원에서 받은 극단의 점수를 기반으로 정의된 비정상성

사회적 비동조 사회적 행위를 수행하는 데 있어 필요한 최소한의 사회 규범 또는 사회적 규준을 따르는 데 실패하는 것

부적응행동 환경에 적응하고 일상생활의 요구에 맞추는 것을 어렵게 만드는 심리적, 생물학적인 역기능에서 비롯된 행동

동(maladaptation)이다. 부적응적인 행동은 기저의 심리적/생물학적 역기능에서 비롯되는데, 이는 사람들이 일상 생활의 요구에 성공적으로 대처하는 것을 어렵게 만든다(American Psychiatric Association, 2013). 부적응적인 행동은 결과적으로 심리적 불편감과 장애 그리고 생각, 행동 및 정서에 대한 *통제 상실감*을 유발한다.

예를 들어, 사람들이 오락의 목적으로 내기를 하고 자기통제를 잘 유지해 간다면 도박은 전혀 문제가 되지 않는다. 그러나 강박적인 도박은 정신병리의 신호이다. 한 사람이 통제할 수 없을 정도로 어떤 소리를 계속 듣게 된다면 이는 생각에 대한 통제를 잃는 것을 의미한다. 더 극단적인 경우 사람들은 스스로에게 또는 타인에게 위험한 존재가 되기도 하는데, 이는 명백히 부적응적이다(Bennett, 2011).

실제로 어떤 사람이 타인의 도움이 필요하다고 결정하는 것은 그들의 인생에서 *힘 있는 사람*(고용주, 선생님, 부모님, 배우자, 혹은 그들 자신)*의 관심을 얻고자* 하거나 *곤란한 어떤 것*(사람을 공격하고, 환각을 느끼고, 멍하니 허공을 쳐다보고, 오래된 피자 상자를 과하게 모으는 등)을 *하게 될 때*이다. 이 같은 상황에서 개인은 자발적으로 도움을 찾을 수도 있고 긴급히 심리학자를 찾아가야 할 것 같은 생각이 들기도 하며 또는 경찰에 바로 연락을 할 수도 있다. 때로 이들의 친척은 정신이상 판정을 위한 절차들을 알아보거나 이를 위한 행동을 취하기도 한다.

법률상의 정신이상과 정신이상 방어

정신이상 판정 절차란 무엇인가? 이는 정신이상을 발견하게 될 수도 있는 법적인 절차에 대한 용어이다(Fuller, 2012). 이것은 한 사람이 자신의 일을 처리할 수 없거나 행동의 결과를 전혀 예측하지 못하는 것을 의미한다. **정신이상**(insanity)이라고 선고된 사람들은 법적으로 그들의 행동에 책임이 없다. 필요한 경우 비자발적으로 정신병원에 수감될 수도 있다.

법률상 정신이상은 특정 주제에 전문적인 의견을 제시할 수 있는 자격을 갖추었다고 법정에서 인정된 *전문가*(심리학자와 정신과 의사)의 증언에 의해 확증된다. 비자발적인 수감은 대부분 응급실에 오게 되거나 혹은 범죄를 저질러서 체포될 때 발생한다. 비자발적으로 수감된 사람들은 보통 그들 자신이나 타인에게 위험하다고 판단되었거나 심각한 지적 장애가 있는 경우이다.

정신이상 방어란 무엇인가? 범죄 피의자는 정신이상을 이유로 자신의 행동을 무죄라고 주장할지도 모른다. 실제로 피의자가 진단 가능한 정신장애를 가지고 있다면 그는 그가 저지른 일이 잘못된 것임을 깨닫지 못한다는 것을 의미한다(Gowensmith, Murrie, & Boccaccini, 2013). 이는 자폐증이나 지적 장애자와 같이 *한정 책임능력을 가진 사람이라는 이유로 내리는 무죄*와는 구별된다.

정신장애로 진단받은 사실 그 자체가 바로 정신이상 방어로 적용되지는 않는다. 예를 들어, 살인을 저지른 사람이 불안장애로 진단받았더라도 그 사람은 살인이 법률 위반임을 알고 있을 것이다. 이런 상황에서 정신이상 방어로 판결이 되는 경우는 극히 드물다(Fuller, 2012; Martin & Weiss, 2010).

정신장애 분류하기—책에 의한 문제

SURVEY QUESTION 48.2 주요 정신장애는 무엇인가?

정신적 문제들은 *정신장애진단 및 통계편람*인 DSM의 가장 최신판(제5판)을 사용하여 분류된다(American Psychiatric Association, 2013). *DSM-5*는 정신건강 장면에서의 대부분 활동에 영향을 준다—치료에 대한 판단부터 회사에 청구하는 보험까지(American Psychiatric Association, 2013).

정신장애(mental disorder)란 정신기능에 상당한 손상이 있음을 의미한다. *DSM-5*를 대충 훑어보더라도, 그곳에 많은 장애들이 기술되어 있음을 확인할 수 있을 것이다. 여기에서 이러한 장애들을 모두 논의하는 것은 불가능하다. DSM-5에 나와 있는 주요 장애 유형들의 목록은 표 48.1에서 확인할 수 있다. 각 장애에 대한 설명은 다음 절에 나와 있다.

정신장애의 개요

DSM-5에 나와 있듯이, 매우 다양한 정신장애가 진단되고 다루어진다. 다양한 유형의 신경계 손상은 결과적으로 다양한 유형의 정신병리를 유발한다. 성인기 전에 나타나는 자폐증은 **신경발달장애**(neurodevelopmental disorders)라고 불리고, 반면에 성인기 이후에 나타나는 알츠하이머형 치매는 **신경인지장애**(neurocognitive disorders)라고 불린다.

조현병 스펙트럼 및 기타 정신증적 장애(schizophrenia spectrum and other psychotic disorder)로 고통받는 사람들은 '현실에서 철수되어' 있다. 즉 그들은 환각과 망상으로 인해 고통받고 사회적으

정신이상 일을 처리해 나가거나 행동의 결과를 인식하는 정신적 능력이 없음을 나타내는 법적인 용어
정신장애 정신 기능의 심각한 손상
신경발달장애 성인기 이전에 신경계에 나타나는 다양한 형태의 손상으로 인한 정신병리
신경인지장애 성인기 이후 신경계에 나타나는 다양한 형태의 손상으로 인한 정신병리
조현병 스펙트럼 및 기타 정신증적 장애 현실로부터의 철수, 환각과 망상, 사회적 철회가 특징인 심각한 정신 질환

표 48.1 정신병리의 주요 DSM-5 범주

문제	주요 증상	장애문제에 해당하는 전형적인 신호	예시
신경발달장애	성인기 이전 신경계 발달의 손상	생애 초기, 의사소통, 주의, 운동 또는 지적 영역에 문제를 나타낸다.	지적 장애, 자폐스펙트럼장애, 주의결핍과잉행동장애, 뚜렛장애
조현병 스펙트럼 및 다른 정신증적 장애	현실 접촉의 상실	다른 사람이 지각할 수 없는 것을 보고 듣는다.	망상장애, 단기 정신병적 장애, 조현병
양극성 및 관련장애	조증과 우울증이 번갈아 나타남	우울을 느낀다. 혹은 큰 소리로 빠르게 말하고 타인의 생각이 불합리하다는 생각이나 느낌이 갑자기 몰려든다.	제 I 형 양극성장애, 제 II 형 양극성장애, 순환성 장애
우울장애	우울증	슬프고 희망이 없는 것처럼 느낀다.	주요우울장애, 지속성 우울장애(기분부전증)
불안장애	높은 수준의 불안 또는 불안관련 행동의 왜곡	불안 발작을 보이고 곧 죽을 것처럼 느껴진다. 혹은 모든 사람들이 할 수 있는 일을 두려워한다.	특정공포증, 사회공포증, 공황장애, 광장공포증, 일반화된 불안장애
강박 및 관련장애	불필요한 일이지만 자꾸 반복되는 행동	손을 씻거나 심장박동을 세는 등의 일에 과도한 양의 시간을 소비한다.	강박장애, 저장장애, 발모광(모발을 잡아 뜯는 장애)
외상 및 스트레스 관련 장애	외상이나 스트레스를 일으키는 사건을 다루기 어려움	끊임없이 외상 사건을 재경험한다. 매우 불안하고, 우울하고, 잠들지 못하는 증상을 보이는 등 외상 사건에 매우 강한 부정적인 반응을 보인다.	외상 후 스트레스 장애, 급성 스트레스 장애, 적응장애
해리장애	건망증, 비현실적인 느낌, 다중 인격	사건에 대한 기억에 심각한 공백이 있다. 스스로를 로봇이나 낯선 사람처럼 느낀다. 내가 기억하지 못하는 일을 했다고 다른 사람이 말해 준다.	해리성 정체성 장애, 해리성 기억상실증, 이인화/비현실감 장애
신체증상장애	장기의(신체의) 특별한 문제가 없음에도 불구하고 느끼는 신체 불편감	신체적으로 아픈 것처럼 느낀다. 하지만 의사는 문제가 없다고 말한다. 특별한 이유 없이 신체적 통증으로 고통받는다. 혹은 아프게 될 거라는 생각에 사로잡힌다.	신체증상장애, 전환장애, 허위성장애
급식 및 섭식장애	음식을 수용하는 것의 장애	음식이 아닌 물건을 먹거나(이식증) 또는 건강 유지에 필요한 충분한 음식을 섭취하는 것에 어려움이 있다.	이식증, 신경성 식욕부진증, 신경성 폭식증
배설장애	신체에서 배설물을 내보내는 것의 장애	소변(야뇨증)이나 대변(대변실금증)의 배설을 조절하는 것에 문제가 있다.	유뇨증, 배변실금증
수면–각성장애	잠드는 것, 잠을 계속 자는 것 그리고 잠에서 깨어나는 것의 문제	건강한 수면을 취하는 데 어려움이 있다. 졸거나 악몽을 꾸거나, 혹은 부적절하게 갑자기 잠든다(수면발작증).	불면장애, 과다수면장애, 수면발작증, 악몽장애
성기능장애	성적 적응의 문제	성적 욕구, 흥분, 혹은 실행에 문제가 있다.	발기장애, 여성 성적 관심/흥분 장애, 성교통증장애, 남성 성욕 감퇴장애
성 정체성 장애	성 정체감의 혼란	자신이 여성의 몸에 갇힌 남자라고 느낀다(혹은 그 반대).	성 정체성 장애
파괴적, 충동 통제장애 및 품행장애	자기 통제의 어려움	반항적이고 공격적이다. 불을 지르거나(방화증) 상습적인 절도를 한다(도벽증).	적대적 반항장애, 품행장애, 방화증, 도벽증
물질 사용 및 중독장애	마약 남용 및 의존뿐 아니라 다른 중독 행동과 관련된 장애	술을 너무 많이 마시고, 불법 마약을 하고, 의사의 처방 없이 입수할 수 없는 약을 권장량보다 많이 섭취하고, 혹은 도박을 과도하게 한다.	아편관련장애, 각성제관련장애, 도박장애

표 48.1 정신병리의 주요 DSM-5 범주(계속)

문제	주요 증상	장애문제에 해당하는 전형적인 신호	예시
신경인지장애	성인기에 나타나는 신경계의 손상	성인기에 생각하고 기억하는 능력이 급격히 감소한다.	섬망, 알츠하이머병에 의한 신경인지장애, 파킨슨병에 의한 신경인지장애, 에이즈 감염에 의한 신경인지장애
성격장애	건강하지 않은 성격 유형	여러분의 행동이 회사, 학교, 그리고 타인과의 관계에서 끊임없이 문제를 야기한다.	반사회적 성격장애, 경계선 성격장애
성도착장애	비정상적인 성적 행동	매우 이상한 성적 행동에 관여해야만 성적 만족을 얻는다.	관음장애, 노출장애, 소아성애장애, 복장도착장애

로 고립되어 있다. 정신장애는 기능에 심각한 손상을 주어 심지어는 입원을 하게 만든다. 일반적으로, 정신장애 환자들은 그들의 생각과 행동을 통제하는 데 어려움이 있다. 정신장애 증상은 *조현병*, *망상장애*, 심지어는 일부 *기분장애*에서 발생한다.

기분장애는 극심한, 강렬한, 그리고 오래 지속되는 정서가 나타나는 것으로 정의된다. **우울장애**(depressive disorder)는 깊은 우울증이 수반된다. **양극성 및 관련장애**(bipolar and related disroder)는 초조한, 우쭐한, 과잉활동적인 조증기간과 우울한 기분이 번갈아 가며 나타난다(Ellison-Wright & Bullmore, 2010).

불안관련장애의 주 특징은 두려움, 불안 그리고 왜곡된 행동이다. 특정 **불안장애**(anxiety disorder)는 공포 기분을 수반한다. 다른 것들은 공포증(비합리적인 두려움)이나 견디기 어려운 불안 및 신경과민의 형태를 취한다. **강박 및 관련장애**(obsessive-compulsive and related disorder)는 특정 생각과 특정 행동의 강박적 수행에 대한 심한 몰두를 수반한다. **외상 및 스트레스 관련장애**(trauma- and stressor-related disorder)는 외상 스트레스를 경험함으로써 나타나는 높은 불안과 관련된 행동 패턴이다. **해리성 장애**(dissociative disorder)를 가진 사람은 일시적인 기억상실이나 다중인격을 가지고 있을 수 있다. 또한 이 장애는 얼어 버린 것처럼 옴짝달싹하지 못하는 이인화 삽화를 포함하고 있는데, 이 시기 동안 사람들은 자신의 몸에서 벗어나 외부에서 자신을 관찰하는 것처럼 느끼고, 감정 없이 로봇처럼 행동하고, 꿈에서 길을 잃은 듯한 느낌을 가지게 된다. **신체증상 및 관련장애**(somatic symptom and related disorder)는 신체적 원인을 확인할 수 없는 질병이나 *부상*(예를 들면, 마비, 실명, 질환, 만성의 통증) 등을 호소할 때 발생한다. 이런 사례에서는, 증상의 원인을 심리적인 요인에서 찾는다.

성격장애(personality disorder)는 몸에 매우 깊이 밴 건강하지 않은 성격 유형이다. 이런 유형은 보통 청소년기에 나타나서 성인기 내내 지속된다. 성격장애에는 편집성(과하게 의심하는), 자기애성(과하게 스스로를 사랑하는), 의존성, 경계선, 그리고 반사회적 성격장애가 포함된다.

소화기관 장애는 *신경성 식욕부진증* 같은 **급식 및 섭식장애**(feeding and eating disorder), 그리고 배뇨를 조절하는 것에 어려움이 있는 *야뇨증* 같은 **배설장애**(elimination disorder)를 포함한다.

수면–각성장애(sleep–wake disorder)는 잠들고, 계속 자고, 그리고/혹은 잠에서 깨는 데 어려움이 있는 것을 말한다.

성 장애에는 넓은 범위에서 성적 적응, 성 정체성, 그리고 이상한 성적 행동과 관련된 어려움이 포함된다. **성기능장애**(sexual dysfunction)는 성적 욕구, 흥분 및 반응의 문제들을 포함한다. **성 정체성 장애**(gender dysphoria)는 성 정체성이 그 사람의 신체적인 성과 일치하지 않고, 성전환수술을 원할 때 발생한다. **성도착장애**(paraphilic disorder)는 소아애호증, 노출증, 물품음란증 및 관음증 등을 포함한다.

파괴적, 충동통제장애 및 품행장애(disruptive, impulse control, and conduct disorder)는 보통 *적대적 반항장애*나 *방화증*(불을 지르는) 같은 자기통제의 어려움을 수반한다.

물질관련장애(substance-related disorder)는 향정신성 약물의 남용이나 의존을 포함한다. 대표적인 것으로 알코올, 신경안정제, 아편제, 코카인, 암페타민, 환각제, 마리화나, 그리고 니코틴을 포함한다. 물질관련장애가 있는 사람은 약의 사용을 멈추지 못하고 금단증상, 섬망, 기억상실증, 감정 폭발, 성 문제, 그리고 수면장애로 시달린다.

우리가 살펴보았던 공식적인 정신병 외에도, 많은 문화권에서 '비공식적인' 정신'장애'들을 정의하여 사용하고 있다. 글상자 "문화적인 정신병으로서의 살상욕을 수반하는 정신착란"에 몇 가지 예가 나와 있다.

동반이환

장애가 있는 많은 사람들에게 **동반이환**(comorbidity)이 나타난다.

인간 다양성

문화적인 정신병으로서의 살상욕을 수반하는 정신착란

대부분의 문화권에서는 DSM-5에서 찾을 수 없는 병에 대해 민속적인 이름을 붙여 사용하고 있다. 전 세계에서 사용하고 있는 *문화 관련 증후군*에 관한 몇 가지 예시를 아래에 소개하고 있다(Durand & Barlow, 2013; López & Guarnaccia, 2000; Teo & Gaw, 2010).

- **아모크**: 말레이시아, 라오스, 필리핀, 그리고 폴리네시아의 남자들에게 나타나는 증상으로 종종 무엇인가가 자신을 공격했다고 믿는 살상욕과 함께 정신착란 증상이 나타난다. 무작위로 사람 또는 사물에 폭력적이고, 공격적이고, 혹은 살인적인 행동을 표출한다.
- **서스토**: 라틴아메리카인들에게 나타나는 것으로 불면증, 불안초조, 공포, 그리고 땀과 심박률의 증가를 보인다. 흑마술의 저주에 매우 겁을 먹게 될 경우 이런 증상이 나타난다고 알려져 있다.
- **유령병**: 많은 아메리카 원주민들 사이에서, 죽음에 몰두된 사람들이 *유령병*(Ghost sickness)을 앓는다고 알려져 있다. 유령병의 증상은 악몽, 쇠약, 식욕 감퇴, 기절, 현기증, 두려움, 불안, 환각, 의식의 상실, 정신착란, 무가치한 느낌, 그리고 질식되는 느낌으로 나타난다.
- **코로**: 남아시아와 동아시아에서, 남자는 그의 남근(여성이라면 외음부와 유두)이 몸 속으로 들어갈 것이라는 갑작스럽고 강한 불안을 경험할 수 있다. 이런 공포와 함께, 심해지면 죽음을 야기한다고 믿는다. 성기의 축소에 관한 비슷한 공포가 서아프리카에서도 보고되었다(Dzokoto & Adams, 2005).
- 히키코모리: 일본사회에서, 한 번에 몇 달 동안 부모의 집에서 벗어나는 것을 거부하는 청소년이나 젊은 성인은 은둔형 외톨이라고 불리는 사회적 고립의 극심한 형태를 경험하고 있다.

문제가 되는 행동을 명명하고 분류할 필요가 있다는 것은 분명하다. 일부의 청소년이나 젊은 성인은 몇 달씩 부모집에서 나오지 않는다(Flaskerud, 2009). 여기 열거된 용어는 사람들이 보이는 문제에 대한 특성이나 이런 문제들을 치료하기 위한 최선의 방법이 무엇인지에 대한 지침을 제공한다. *DSM-5*는 경험적인 자료와 임상적 관찰에 기반해 발전되어 왔는데, 그렇지 않았다면, 심리학자들과 정신과 의사들은 민속신앙 치료자보다 낫다고 할 수 없을 것이다(Ancis, Chen, & Schultz, 2004).

문화 관련 증후군은 모든 사회에서 발생한다. 예를 들어, 미국의 심리학자 Pamela Keel과 Kelly Klump는 폭식증이 미국 같은 서부 문화의 대표적인 증후군이라고 믿는다(Keel & Klump, 2003).

즉 이들은 동시에 하나 이상의 정신병으로 고통받는다. 동반이환이 나타나게 되는 경우는 *1차* 장애가 *2차* 장애를 야기할 때이다. 엘라의 예를 들면, 엘라는 오래 지속되어 온 깊은 우울증이 있는 상태에서 약물에 중독되는 복잡한 양상을 보이면서 약물 및 약물 관련 장애로 이차 진단을 받는다(Fenton et al., 2012).

사회학자인 Ronald Kessler에 의하면, 공존질환은 꽤 흔하다. 정신병을 가진 사람들 중 40% 이상이 공존질환을 가지게 된다(Kessler, 2010). 공존질환은 사람들의 고통을 증가시킬 뿐만 아니라, 진단하고 치료하는 것을 더욱 어렵게 만들기도 한다.

우울장애 깊은 우울을 포함한 주요 기분 장애
양극성 및 관련장애 조증과 우울이 번갈아 나타나는 기분장애. 불안초조, 우쭐함 그리고 과잉활동 특성이 나타남
불안장애 두려움, 공포, 불안의 감정들이 나타나거나 불안을 직접적으로 유발할 정도의 왜곡된 행동 패턴이 나옴
강박 및 관련장애 특정 생각과 특정 행동에 대한 강박적 수행에 극도로 몰두되어 있음
외상 및 스트레스 관련장애 외상 스트레스 사건에 의해 유발된 행동 패턴들을 보임
해리성 장애 일시적 기억상실, 다중인격 또는 이인화
신체증상 및 관련장애 신체적 원인을 명확히 찾을 수 없는데도 불구하고 신체적 질병이나 상처와 유사한 신체적 증상을 보임(예: 마비, 만성통증, 질병 등)
성격장애 부적응적 성격 패턴을 보임
급식 및 섭식장애 적정한 체중을 유지하기 힘들 정도로 음식섭취하는 것을 힘들어함
배설장애 신체상 배설을 다루는 데의 어려움, 예를 들어, 배뇨 조절의 어려움
수면-각성장애 불면장애 같은, 잠들거나 잠만 자거나, 그리고/혹은 잠에서 깨는 것의 어려움
성기능장애 성적 욕구, 흥분, 혹은 반응의 문제
성 정체성 장애 성 정체성이 개인의 육체적 상과 일치하지 않을 때 발생할 수도 있는 고통
성도착장애 소아애, 노출증, 페티시즘, 관음증 등 성 행동의 일탈
파괴적, 충동통제장애 및 품행장애 적대적 반항장애나 방화증(불을 지르는) 같은, 자기 통제의 어려움
물질관련장애 기분이나 행동을 바꾸는 마약에 대한 중독이나 의존
동반이환(정신장애의) 한 사람에게 둘 이상의 정신장애가 동시 존재

정신과적 진단의 유동성

정신병 진단이 시간이 지남에 따라 바뀐다는 것을 배우면 놀랄지도 모른다. 예를 들어, 1952년 *DSM-I*이 처음 발간되었을 때는 *신경증*이 포함되어 있었다. 그러나 다음 판에서 용어가 정확하지 않다는 이유로 신경증이 제외되었다. 신경증이라는 단어가 과거 용어이기는 하지만, 지나친 불안을 포함한 문제들에 대해서는 여전히 신경증이라는 단어가 사용되기도 한다. 비슷하게, *동성애*도 1974년에 진단에서 빠졌다.

2013년에 발간된 *DSM-5*는 최신의 조사결과들을 반영한다(American Psychiatric Association, 2013; Birgegård, Norring, & Clinton, 2012). 그럼에도 불구하고 DSM-5의 발간으로 가는 과정은 논란이 많았다(Frances, 2012; Marecek & Gavey, 2013). 가장 중요하고 확실하면서 논란의 여지가 많았던 것은 아마도 진단의 확산일 것이다. 원래의 *DSM*은 약 100개의 진단을 포함했다. 현재는 350개가 넘는 진단들이 포함되어 있다. 진단을 내리는 것에 대해 반대 의견을 표명하는 사람들은 점점 더 많은 '정상인' 사람들이 '정신적으로 병들었다'고 진단된다고 비난하기도 한다(Frances, 2012; Lane, 2009). 예를 들어, *주의결핍성과잉활동장애*는 원래의 *DSM*에서는 진단으로 포함되지 않았다. 이 장애는 어린아이들에게는 가장 넓게 진단되는 장애 중 하나가 되었고, 비판가들은 이 진단을 '소년기 병리화하기'라고 비난하였다(Bruchmüller, Margraf, & Schneider, 2012).

걱정거리 중 하나는 진단이 점점 적용하기 쉬워지고 있다는 것이다. 예를 들어, *DSM-5*로의 변화는 엘라같이 남편을 잃은 후에 나타나는 증상을 애도보다는 *주요우울장애*로 진단하는 것을 더 쉽게 만들었다(Frances, 2012).

한편 어떤 변화들은 더 폭넓게 수용되었다. 가령 상당한 논쟁 이후에, *성 정체성 장애*(gender identity disorder)는 *DSM-5*에서 *성불편감*(gender dysphoria)으로 새롭게 나타났다(American Psychiatric Association, 2012; De Cuypere, Knudson, & Bockting, 2011). 과거에 사용하던 용어를 반대하고 나서는 사람들은 신체적인 성이 성 정체성과 맞지 않는 많은 사람들이 잘 적응하고 있고 따라서 '장애가 있는' 것으로 불려서는 안 된다고 주장한다(Hein & Berger, 2012). 새로운 진단은 이것이 성적인 불일치로 인해 문제가 되는 사람에게만 적용되어야 한다는 생각을 반영하고 있다.

*DSM*에 열거된 각 문제들은 한 사람의 인생에 심각하게 피해를 주고, 그래서 아마도 *DSM*의 일부가 된 것일 것이다. *DSM-5*로의 변화가 도움이 필요한 사람들을 위한 더 나은 진단과 치료로 이끌어지기를 바란다.

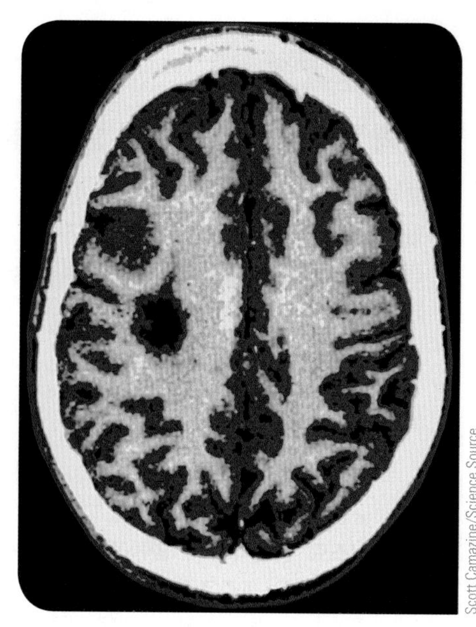

그림 48.2
MRI 스캔에 종양(어두운 부분)이 보인다. 정신병은 종종 이런 종류의 기질적 원인을 가지고 있다. 그러나 많은 사례에서 명확한 기질적 손상이 발견되지 않기도 한다.

Scott Camazine/Science Source

일반적인 위험 요소

어떤 요인들이 표 48.1에 나열된 심리적 장애를 야기하는 것일까? 정신병리에 기여하는 몇 가지 일반적인 위험요소들을 정리해 보았다.

- **생물학적/기질적 요인:** 유전자 결함 혹은 유전적 취약성, 불안정한 산전 관리, 출산 시 저체중, 만성적 신체 질병 또는 신체장애, 독성 화학물질이나 마약에의 노출, 머리 부상(그림 48.2)
- **심리적 요인:** 스트레스, 낮은 지능, 학습장애, 통제나 숙달의 부족
- **가족적 요인:** 미성숙한, 정신적으로 혼란된, 범죄의 과거력을 가진 혹은 학대적인 부모, 심각한 부부싸움, 아동 훈육에 있어서의 미숙함, 병리적인 가족 의사소통 유형
- **사회 환경:** 빈곤, 스트레스가 많은 생활 환경, 무주택, 사회해체, 과밀 거주

몇 가지 구체적인 장애와 그 원인을 탐구하기 전에, 정신의학의 명칭과 관련된 이슈들로 돌아가 보자.

장애에 대한 관점—정신의학적 명칭

SURVEY QUESTION 48.3 정신의학적인 명칭은 어떻게 오용되는가?

이번 장에서 보게 될 용어들은 인간이 경험하는 문제들에 대한 의사소통을 돕는 데 목적이 있다. 그러나 만약 악의를 가지고 이 용어들을 부주의하게 사용할 경우 사람들에게 상처를 줄 수도 있

인간 다양성

자유라 불리는 병

(지금은) 1840년이고 여러분은 잔인하고 폭력적인 주인으로부터 끊임없이 탈출하기를 시도하는 노예이다. 여러분은 자유로워지기를 원한다. 전문가는 여러분의 '이상적'인 행동에 대해 진찰하였다. 그의 결론은? 여러분이 '드라페토메니아(drapetomania)'를 앓고 있다는 것인데, 이것은 노예에게 자유를 얻고자 도망치려고 하는 정신장애가 있다는 것을 일컫는 말이다(Wakefield, 1992). 전문가는 여러분의 발가락을 잘랐다.

이 사례에서 보듯이, 정신의학 용어들은 오용되기 쉽다. 역사적으로 일부는 장애가 아닌데도 불구하고 문화적으로 용납되기 어려운 행동에 대해 정신의학적 용어들을 적용했음을 알 수 있다. 또 다른 예를 들자면, 오래된 진단 중 하나로 더 민주주의적인 사회를 염원하는 정신이상의 형태인 '무정부주의'가 있다(Brown, 1990).

다음에 나오는 모든 것은 한때 장애로 간주되었다. 유년기 자위, 질 오르가즘의 어려움, 자기패배적인 성격(주로 여성들에게 적용되는), 동성애, 그리고 여성색정증(활발한 성욕을 가진 여성)(Wakefield, 1992). 심지어 오늘날에도 다양한 장애의 진단에 인종, 성별, 그리고 사회 계층이 계속 영향을 주고 있다(Mizock & Harkins, 2011; Poland & Caplan, 2004).

규준이 남성에 기반해 있기 때문에 성별은 아마 정상을 판단하는 데 있어서 편견을 불러일으키는 가장 대표적인 예일 것이다(Fine, 2010; Nolen-Hoeksema, 2011). 심리학자 Paula Caplan에 따르면, 여성들은 여성의 고정관념에 순응하는 것과 그것을 무시하는 것 모두 유죄가 된다. 만약 여성이 독립적이고, 공격적이고, 그리고 이지적이라면, 그녀는 '건강하지 않다'고 판단될 것이다. 그러나 동시에, 몰상식하고, 감정적이고, 비이성적이고, 그리고 타인에게 의존적인(우리 문화에서 '여성다운' 모든 특성) 여성은 성격장애가 있는 것으로 분류될 것이다. 실제로, 의존적인 성격장애를 가졌다고 분류된 사람의 다수는 여성이다. 이런 관점에서, Paula Caplan은 묻는다. 몹시 불쾌감을 주는 남성에 대해 '망상성격장애'라고 분류할 수 있는 기준은 왜 없는 것인가(Caplan, 1995)?

편견은 장애와 정상에 대한 관점에 영향을 미칠 수 있기 때문에, 타인의 특정 정신건강 상태에 대해 결론을 내리거나 명칭을 부여하기 전에 조심스레 주의를 기울일 필요가 있다(American Psychiatric Association, 2013). (유인원 가면을 쓰는 장애? 그들은 아마 심리학 수업을 위한 과제를 하고 있을지 모른다!)

다. (글상자 "자유라 불리는 병"을 살펴보자.) 짧은 기간 동안의 스트레스 상황에서 또는 강렬한 정서를 경험하는 상황에서 일반인들도 '미친' 것 같은 느낌을 받거나 그런 행동을 하기도 한다. 정신장애가 있는 사람들은 우리가 경험하는 것보다 더욱 심각하고 오래 지속되는 문제를 갖고 있다. 그게 아니면, 그들은 우리와 다르지 않을 것이다.

심리학자 David Rosenhan은 정신의학적 진단명을 붙이는 것이 사람들에게 어떤 영향을 주는지에 대한 실험을 수행하였다. Rosenhan과 동료들은 스스로를 '조현병'으로 진단하여 정신병원에 들어갔다(Rosenhan, 1973). 입원한 후에, 연구진 모두 정신병자처럼 행동하지 않았다. 그들은 심지어 완전 정상적으로 행동을 하기도 했는데 병원 직원 중 한 사람도 이들이 가짜 환자임을 알아채지 못했다. 그러나 진짜 환자들은 쉽게 속지 않았다. 환자들이 연구자들을 향해 "여러분은 미치지 않았고, 병원을 조사하기 위해 온 겁니다!"라거나 "여러분은 저널리스트입니다."라고 말하는 것이 특이할 만한 일이 아니었다.

관찰한 것들을 기록하기 위해, Rosenhan은 그의 손에 숨긴 작은 조각의 종이에 조심스레 필기를 했다. 그러나 그는 곧 은밀한 방법이 완전히 불필요하다는 것을 알게 되었다. Rosenhan은 클립보드를 들고 산책하며 관찰한 것을 기록했다. 그 누구도 이 행동에 의문을 품지 않았다. Rosenhan의 필기노트는 단지 그가 가지고 있는 '병'의 또 다른 증상으로 여겨졌다. 이 연구를 통해 왜 병원 직원들이 가짜 환자들을 가려내는 데 실패하는지를 알아냈다. 정상적인 연구원들이 정신병원에 입원해 있고, 조현병으로 진단되었기 때문에, 가짜 환자들이 했던 모든 행동이 정신병리의 증상으로 보여졌다.

Rosenhan의 연구가 시사하듯이, 사람 자체에 이름을 붙이기보다는 문제에다 이름을 붙이는 것이 낫다. "여러분은 심각한 정신장애를 겪고 있습니다"와 "여러분은 조현병 환자입니다"라는 말이 주는 영향의 차이점을 생각해 보라. 어느 진술을 더 선호하는지 생각해 보자.

사회적 낙인

정신의학적 명칭을 내리는 것에 대한 또 다른 문제로는 그것이 흔히 차별이나 편견을 이끌 수 있다는 것이다. 즉 우리는 흔히 정신병을 가지고 있는 사람들에게 *낙인을 찍는다*. 특정 정신병으로 명명된(그들의 인생에서 언제라도) 장애를 가지고 있는 사람들은 고용되기 쉽지 않다. 슬프게도, 스스로에 대한 낙인을 포함하여 낙인에 대한 두려움이 많은 사람들은 그들의 정신병을 치료하기 위해 쉽사리 도움을 요청하지 않는다(Mojtabai et al., 2011). 그러므로 정신병을 치료하려고 노력하는 사람들은 심리적 문제뿐만 아니라 사회적 낙인에 의해 손해를 입을 수도 있다(Elkington et al., 2012).

중요한 점–여러분은 괜찮다, 정말로! 우리는 여러분이 '의대생병'에 희생물이 되지 않기를 바란다. 의대생들은 그들이 공부하는 끔찍한 질병의 증상들을 알아차리는 예측가능한 경향을 지니고 있는 것 같다. 마찬가지로, 심리학 학생인 여러분은 아마 여러분의 행동 중 어떤 것이 이상한 경향으로 보이는지 알아차릴 수 있다. 만약 그렇다면, 무서워하지 마라. 대부분의 경우에 정신병리적 행동은 정상적인 방어 또는 반응의 *과장된 형태*이다. 여러분의 행동이 이상한 것이 아니다. 다음에 이어지는 4개의 장에서 몇몇 장애들에 대해 좀 더 자세히 살펴볼 것인데, 각 장을 공부해 가면서 이 점을 잘 명심하라. 다음 장으로 넘어가기 전에, 정신병리에 대한 이해와 진단을 돕기 위한 잠시 동안의 휴식을 가지기 위한 내용이 다음에 제시되어 있다.

모듈 48: 요약

48.1 비정상성은 어떻게 정의되는가?

48.1.1 정신병리학은 정신장애에 대한 과학적인 연구와 부적응적 행동을 나타낸다.

48.1.2 전형적으로 비정상성 판단에 영향을 주는 요인은 통계적 이상성, 비동조, 배경, 문화, 그리고 주관적인 불쾌감을 포함한다.

48.1.3 장애 판단 요소의 핵심은 사람의 행동이 부적응적이냐 아니냐에 있다. 그 결과는 보통 심리적 불안이나 통제감 상실 또는 통제감에 대한 무능력감이다.

48.1.4 정신이상은 어떤 사람이 그나 그녀의 행동에 책임이 있는지 여부를 정의하는 법률상의 용어이다. 정신이상은 법정에서 전문가 증인의 증언에 근거하여 결정된다.

48.2 주요 정신장애는 무엇인가?

48.2.1 정신적 문제들은 정신장애진단 및 통계편람(제5판)(DSM-5)을 사용하여 분류된다.

48.2.2 문화 관련 증후군들은 DSM-5에서는 찾을 수 없고, 모든 문화마다 독특하다.

48.2.3 정신병리에 관여하는 일반적 위험 요인들에는 생물학적/기질적, 심리적, 가족적, 사회환경적 요인이 포함된다.

48.3 정신의학적인 명칭은 어떻게 오용되는가?

48.3.1 정신의학적인 명칭은 사람들에게 상처를 주고 낙인을 찍으면서 오용될 수 있다.

모듈 48: 지식 쌓기

암기

1. 이상행동의 주요 특징에 해당하는 것은?
   a. 통계적 이상치 b. 부적응
   c. 사회적 비동조 d. 주관적 불편감

2. 정상과 비정상을 판단하는 데 가장 강력하게 영향을 미치는 요인 중 하나는?
   a. 가족 b. 직장
   c. 종교 d. 문화

3. 법적인 개념에 해당하는 것은?
   a. 신경증 b. 정신증
   c. 배회증 d. 정신이상

4. '현실에서 철수된' 특징을 나타내는 장애에 해당하는 것은?
   a. 정신증 b. 기분장애
   c. 신체증상 장애 d. 성격장애

5. 기억상실, 다중인격 장애, 이인화 같은 문제를 나타내는 장애에 해당하는 것은?
   a. 기분장애 b. 신체증상 장애
   c. 정신증 d. 해리장애

6. 소아애호증을 가지고 있는 사람이 가지고 있는 장애는?
   a. 해리장애 b. 신체화 장애
   c. 물질장애 d. 성 장애

7. 동반이환은 ____________________를 경험할 때 발생한다고 알려져 있다.

반영

비판적으로 생각하기

8. 많은 주에서는 전 미국 대통령을 암살하려고 시도했던 존 힝클리가 정신이상으로 무죄를 선고받은 이후 정신이상 방어를 사용하는 것을 금지하기 시작했다. 이를 통해 정신이상에 대해 어떤 점을 생각해 볼 수 있는가?

자기반영

자신이 목격한 이상행동이 있는지 생각해 보자. 어떤 기준으로 목격했던 행동이 정상이 아니라고 판단할 수 있는가? 모든 사회에서 이 기준을 적용할 수 있는가? 적용될 수 있는가? 이 행동이 어떤 면에서 부적응적이라고 할 수 있는가?

TV나 드라마에서 정신장애로 낙인찍는 것에 대해서는 어떻게 생각하는가? 정신장애를 긍정적으로 그린 예(예: 영화 〈뷰티풀마인드〉)를 생각해 볼 수 있는가? 이러한 측면은 정신장애에 대한 사람들의 태도에 어떻게 영향을 미친다고 생각하는가?

정답

1. b 2. d 3. d 4. a 5. d 6. d 7. 하나 이상의 장애 8. 정신이상이란 정신과적 진단이 아닌 법적 개념이라는 것을 강조한다. 법률은 공동체 기준을 반영한다. 이러한 기준이 바뀌면, 국회의원들은 법적 책임의 정의를 바꾸려고 할 수도 있다.

Module 49

심리장애: 정신병, 망상장애, 그리고 조현병

달의 어두운 면

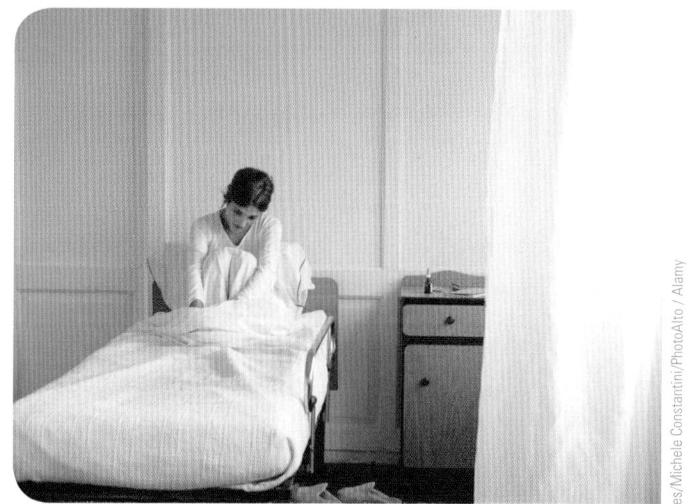
es/Michele Constantini/PhotoAlto / Alamy

여러분이 아는 누군가가 다른 사람에게는 들리지 않는 어떤 목소리가 들리고, 집파리가 그에게 암호로 말을 걸어온다고 하며 그의 머리가 알루미늄 호일로 덮여 있다고 믿는 것을 상상해 보라. 최근에 그는 "네가 시간의 25를 할 때, 이것은 Syd가 소포를 보내기 전 네가 집 25를 떠나고 그래서 네가 절망에 대해 조용해지는 것을 원한다는 의미하는 것일 수 있어…. 그리고 그들은 네가 어디 가는지를 알아. 그들은 동물이야. 네가 여기 있기를 희망해."라고 말했다.

만일 여러분이 이와 같은 증상을 가지고 있는 사람을 관찰하고 있다면, 그 사람의 상태에 대해 걱정을 할 것 같은가? 물론 여러분은 그럴 것이고 마땅히 그럴 만한 일이다. 대개 현실과의 단절을 수반하는 정신병적 장애는 모든 정신 문제들 중 가장 심각한 것에 속한다. 그들은 또한 치료하기 가장 어려운 장애에 속한다. 약물 치료가 희망을 주기도 하지만, 정신병을 앓고 있는 많은 개인들은 결국 수감되거나 정신병원에 수용되게 된다.

정신병적 장애의 일반적인 특성과 주요 유형을 보자.

SURVEY QUESTIONS

49.1 정신병적 장애의 일반적인 특성은 무엇인가?

49.2 망상장애의 유형은 무엇인가?

49.3 조현병은 무엇이고 무엇이 원인인가?

정신병적 장애–현실접촉의 상실

SURVEY QUESTION 49.1 정신병적 장애의 일반적인 특성은 무엇인가?

정신병을 앓는 사람은 사고, 행동, 그리고 감정에 현저한 변화를 겪는다. 이런 변화들에 가장 기초적인 것으로는 **정신병**(psychosis는 단수형, psychoses는 복수형)이 현실에서 공유되는 의견들과의 접촉 상실을 반영하고 있다는 사실이다(Durand & Barlow, 2013).

정신병적 장애의 주요 증상은 무엇인가? 먼저 *양성 증상*과 *음성 증상*을 구별하는 것이 도움이 된다(Rollins et al., 2010).

망상이나 환각과 같은 *양성 증상*은 정상적인 행동과 비교할 때 지나치고 과장되어 있다. **망상**(delusion)으로 고통받는 사람들은 반박할 만한 수많은 증거가 있음에도 불구하고 그들이 사실이라고 주장하는 과장되고 잘못된 믿음을 가지고 있다. 한 34세 여성은, 그녀가 '세계의 미국의 대통령'이 될 것이라 확신한다(Mendelson & Goes, 2011). 망상의 몇몇 흔한 예: (1) 우울망상을 가지고 있는 사람들은 그들이 끔찍한 범죄 또는 나쁜 행동을 저질렀다고 느낀다. (2) *신체*망상을 가지고 있는 사람들은 그들의 몸이 썩어 나가거나 악취를 풍긴다고 믿는다. (3) *과대*망상을 가지고 있는 사람들은 그들이 굉장히 중요하다고 생각한다. (4) *영향력* 망상을 가진 사람들은 그들이 다른 사람이나 보이지 않는 힘에 의해 조종되고 영향받는다고 믿는다. (5) *피해*망상을 가진 사람들은 다른 사람들이 '그들에게 고의적으로 문제를 일으키려고 한다'고 믿는다. (6) *관계*망상을 가진 사람들은 자신과 관계되

표 49.1 DSM-5 정신병적 장애의 범주

문제	각 장애에 해당하는 전형적인 신호
신경인지장애	
알츠하이머 장애	명확히 생각하고 기억하는 능력을 잃는다.
조현병 스펙트럼과 다른 정신증적 장애	
망상장애	깊이 뿌리박힌 기이하지만 잘못된 믿음을 가지고 있다.
조현병	성격은 해체되었고 환각 그리고/또는 망상을 가지고 있다.
긴장증	특이한 자세를 몇 시간 혹은 심지어 며칠간 취하는 동안 무언의 상태로 있는다.

출처: American Psychiatric Association (2013), Durand & Barlow (2013)

지 않은 사건에 개인적인 의미를 둔다(Kearney & Trull, 2012).

환각(hallucination)은 현실 세계에 존재하지 않는 것을 보고, 듣고, 냄새 맡는 가상의 감각이다. 가장 흔한 정신병적인 환각은 소리를 듣는 것이다. 때때로 이러한 소리들은 환자들에게 그들 스스로를 해치라고 명령하기도 한다. 불행히도 때때로 사람들은 시키는 대로 한다(Barrowcliff & Haddock, 2006). 드물게, 정신병을 앓는 사람들 중 '피부 아래 벌레가 기어간다'고 느끼거나 음식에서 '독'을 맛보거나, 그들의 '적'이 그들을 '잡기' 위해 사용한 가스 냄새를 맡기도 한다. 무감각증(마비 또는 감각의 손실) 또는 열, 추위, 고통, 또는 촉감에 대해 극단적 과민성을 나타내는 등과 같은 감각 변화 또한 나타날 수 있다.

그에 반해서, *음성 증상*은 정상 행동에 비하여 부재하고 결핍된 것들이다. 정신병적 삽화기 동안 정서가 종종 심하게 불안해진다. 예를 들어, 정신병을 앓는 사람은 걷잡을 수 없이 고양되거나 과도한 감정반응을 보일 수 있다. 그러나 때때로 정신병적 환자들은 *둔마된* 정서, 즉 우울하고 무관심하고 정서적으로 결핍된 또는 무표정한 상태의 얼어 버린 얼굴을 하고 있다. 얼어 버린 듯한 얼굴 상태를 보이는 정신병적 환자들의 뇌 영상을 보면 그들의 뇌가 정서를 비정상적인 방식으로 처리한다는 것을 알 수 있다(Lepage et al., 2011).

유사하게, 의사소통 능력의 감퇴는 정신병(psychotic)의 거의 보편적인 증상이다. 사실 정신병적 언어는 매우 알아들을 수 없고 혼란스러울 수 있어 때때로 '말비빔(word salad)'처럼 들린다. 이런 이유로 정신병 증상들은 때때로 의사소통의 원시형태로 간주되곤 한다. 즉 많은 환자들은 "나는 도움이 필요하다." 또는 "나는 더 이상 이것을 다룰 수 없다."는 의사소통을 위해 말보다는 행동을 취한다.

이에 더해 사고, 기억, 그리고 주의의 문제들뿐 아니라 성격 분열 및 현실과의 단절을 나타내기도 한다. *성격 해체*는 사람들의 사고, 행동, 그리고 감정이 더 이상 잘 협응되지 않을 때 발생한다. 정신병적 혼란과 파편화된 성격이 몇 주 혹은 몇 달 동안 지속되는 것이 분명하다고 판단될 때, 그 사람은 정신병을 겪고 있다고 볼 수 있다(American Psychiatric Association, 2013; Sue et al., 2013)(표 49.1).

신경인지장애

모든 정신병(그리고 모두는 아닐지라도 대부분의 정신질환들)은 어느 정도는 부분적으로 기질적이다. 즉 뇌의 물리적인 변화가 수반된다. 그러나 몇몇 정신병들은 뇌의 직접적 물리적인 손상에서 발생한다. 예를 들어, 납이나 수은에 의한 중독은 뇌를 손상시키고, 지적 장애, 환각, 망상, 그리고 정서 조절의 문제를 야기한다(Kern et al., 2012)(● 그림 49.1). 체내에 더 많은 양의 납이 있는 아이들은 어른이 되어 범죄자로 구속되는 일이 더 많은 것 같다(Wright et al., 2008). 약물 남용이나 다른 유형의 '독성' 또한 일탈적인 행동과 정신병적 증상들을 만들어 낼 수 있다(American Psychiatric Association, 2013).

*신경인지장애*는 노년기 뇌의 퇴화로 인해 야기되는 심각한 정신적 손상이다(Treves & Korczyn, 2012). 이 질환에서는 기억, 추론, 판단, 충동 조절, 그리고 성격에서의 주요 문제가 나타날 수 있다. 이 조합은 대개 사람들을 혼란스럽고, 의심이 많고, 무관심하고, 철수적인 모습으로 남게 한다. 신경인지장애의 몇몇 흔한 원인들로는 혈액순환의 문제, 반복적인 타격 또는 일반적인 뇌의 수축과 위축이다.

알츠하이머병(Alzheimer's disease)은 가장 흔한 신경인지장애이다. 알츠하이머 환자들은 일하고, 요리하고, 운전하고, 읽고, 쓰고 계산하는 능력을 서서히 잃어 간다. 그들은 결국 말이 없어지

Bettmann/Corbis

그림 49.1
루이스 캐럴의 〈이상한 나라의 앨리스〉의 매드 해터. 독성 화학물질로 인한 정신병의 많은 예들을 보여 준다. 캐럴의 매드 해터는 18세기와 19세기의 직업병을 앓고 있는 사람들을 모델화했다. 이 시대에 모자를 제조했던 사람들은 펠트 제조용 수은에 심하게 노출되었다. 결국, 손상된 뇌로 인해 정신병을 앓거나 '미치게' 되었다(Kety, 1979).

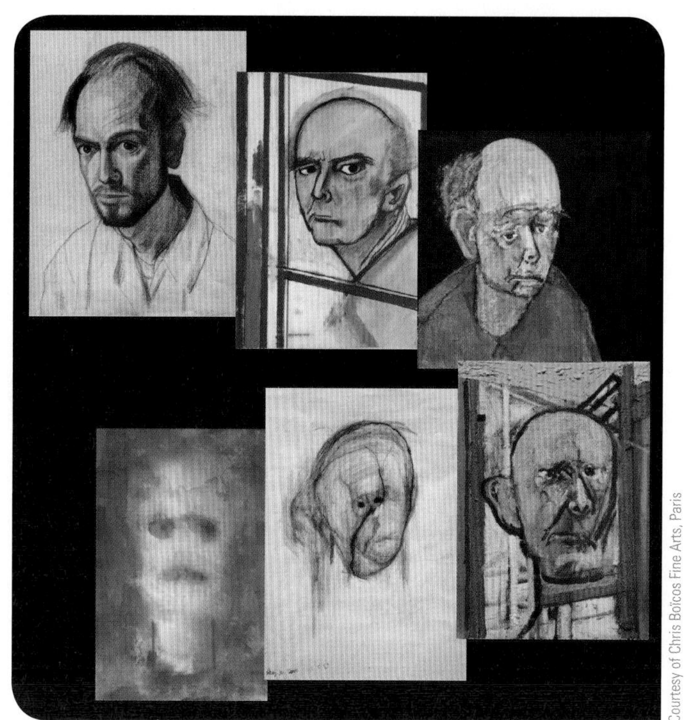

Courtesy of Chris Boïcos Fine Arts, Paris

예술가 윌리엄 어터몰렌은 알츠하이머병으로 점점 쇠약해져 가는 그림을 그렸다.

고 아파 누워 지내게 된다. 알츠하이머병은 뇌의 비정상적인 망과 엉킴에 의해 야기되어 기억과 학습의 중요한 영역을 손상시킨다(Hanyu et al., 2010; Stix, 2010). 유전적 요인들은 알츠하이머병에 대한 위험도를 증가시킬 수 있다(Treves & Korczyn, 2012).

신경인지장애 외에, 정신병적 장애들은 주로 정신병(psychotic)으로 특징지어진다. 조현병 스펙트럼과 다른 정신병적 장애의 두 가지 주요 유형은 *망상장애*와 *조현병*이다.

망상장애 – 모든 나무 뒤의 적

SURVEY QUESTION 49.2 망상장애의 유형은 무엇인가?

망상장애를 가진 사람들은 대개 환각, 과잉정서, 또는 성격 분열로 고통받지는 않는다. 그렇기는 하지만 현실과의 단절이 있음은 틀림없다. **망상장애**(delusional disorder)의 주요한 특징은 깊이 뿌리박힌 잘못된 믿음인데, 다음과 같은 하위 유형들이 있다(American Psychiatric Association, 2013; Sue et al., 2013).

- **애정형:** 사람들은 그들이 다른 사람, 특히 유명하거나 높은 지위의 누군가로부터 사랑을 받고 있다는 성적 망상(erotic delusion)을 가진다. 몇몇 유명인들의 스토커들은 색정(erotomania) 망상을 앓고 있다.
- **과대형:** 사람들은 그들이 엄청나고 인식하기조차 힘든 능력, 지식 또는 통찰을 가지고 있다는 망상을 앓고 있다. 그들은 또한 그들이 중요한 사람 또는 신과 특별한 관계를 가지고 있다고 믿는다.
- **질투형:** 이 유형을 가진 사람들은 배우자나 연인이 바람을 피운다는 생각에 과도하게 몰입되어 있다. 그러나 이러한 믿음에 대한 실질적 증거는 없다.
- **피해형:** 피해망상은 음모를 당하고 있고, 속고 있으며, 몰래 감시당하고 있고, 쫓기고 있고, 누군가가 독약을 먹이려고 한다든가, 비방받고 있거나 괴롭힘당하고 있다는 믿음을 가지고 있다.
- **신체형:** 신체망상을 앓고 있는 사람들은 전형적으로 그들의 몸이 병을 앓고 있거나 썩고 있고, 벌레나 기생충이 들끓거나 그들의 몸 일부에 문제가 있다고 믿는다.

비록 사실이 아니고 때때로 설득력 없긴 하지만, 이러한 모든

정신병 환각과 망상, 와해된 사고와 정서, 그리고 성격 분열로 특징지어지는 현실로부터의 철수

망상 모든 반대되는 증거에 맞서는 잘못된 믿음

환각 현실 세계에 존재하지 않는 것을 보고, 듣고, 냄새 맡는 가상의 감각

알츠하이머병 기억 손상, 정신적 혼란, 그리고 말기에는 거의 모든 정신적 능력의 손상이 나타나는 연령 관련 질병

망상장애 심각한 과대, 질투, 피해 또는 이와 비슷한 집착 망상으로 특징지어지는 정신병

망상이 실제 삶에서 일어날 수도 있는 경험일 수 있다. 다른 유형의 정신병에서 망상은 더 기이한 경향이 있다(Brown & Barlow, 2011). 예를 들어, 조현병을 가진 사람은 외계인들이 그의 모든 내부 장기들을 전자 모니터링 장치로 대체했다고 믿을지도 모른다. 그에 반해서, 보통의 망상을 앓는 사람들은 그저 누군가가 그들의 돈을 훔치려 한다고 하거나, 연인에 의해 속고 있다고 하거나, FBI가 그들을 지켜보고 있다고 하는 등을 믿는다.

편집성 정신병

가장 흔한 망상장애인 **편집성 정신병**(paranoid psychosis)은 피해망상에 집중되어 있다. 자칭 개혁가, 협박장을 쓰는 사람, 음모론자, 그리고 기타 이와 유사한 유형의 사람이 편집성 정신병을 앓고 있다. 편집증적인 사람들은 일반적으로 그들이 속고 있고, 몰래 감시당하고 있으며, 누군가에게 쫓기고 있거나, 독극물의 위험에 처해 있다거나 박해나 음모를 당하고 있다고 믿는다. 일반적으로, 편집성 정신병을 가진 사람들은 매우 의심이 많으며, 항상 조심해야만 한다고 믿는다.

이들이 자신의 믿음을 확증하기 위해 찾은 증거들은 모두 다른 사람들을 설득하는 데 충분하지 않은 것들이다. 이들이 경험하는 모든 세부사항들은 '실제로 무엇이 일어날 것인지'에 대한 지극히 개인적인 버전의 이야기로 엮어진다. 가령 전화 통화 중 윙윙거리는 소리는 '누군가 듣고 있는 것'으로 해석되거나, 길을 묻기 위해 찾아온 낯선 사람은 '실제로는 정보를 얻으려 하는 것'으로 해석한다.

편집망상을 앓고 있는 사람들을 치료한다는 것은 매우 어려운 일인데 그들 스스로 도움이 필요하다는 것을 받아들이는 것이 거의 불가능하기 때문이다. 그들에게 문제가 있다고 말하는 누구라도 그들을 박해하기 위한 음모의 일부가 될 뿐이다. 결과적으로, 편집증적인 사람들은 끊임없는 의심과 적대감을 느끼며 외롭고, 고립되고, 재미없는 삶을 살아나간다.

편집증적인 사람들이 다른 사람들에게 반드시 위험하다고 할 수도 없지만, 그럴 가능성을 배제할 수도 없다. 마피아, 정부 요원, 테러리스트 또는 거리의 갱단이 천천히 자신을 포위해 오고 있다고 믿는 편집증적인 사람들은 그들의 비합리적인 공포로 인해 폭력적인 행동을 할 수도 있다. 낯선 사람이 편집증적인 사람에게 길을 묻기 위해 다가가는 것을 상상해 보라. 만약 그 낯선 사람이 코트 주머니에 손을 넣고 있다면, 편집증적인 사람은 '자기 방어'로서 편집증적인 공격 시도를 하게 될 수도 있다.

망상장애는 그리 흔하지 않다. 가장 흔한 형태의 정신병은 조현병이다. 조현병에 대해 좀 더 자세히 알아본 다음 이것이 망상장애와 어떻게 다른지를 살펴보자.

조현병–산산 조각 난 현실

SURVEY QUESTION 49.3 조현병은 무엇이고 무엇이 원인인가?

조현병을 가진 사람들은 인격이 2개일까? 아니다. "로렌스가 어제는 정말 따뜻하고 상냥했는데, 오늘은 얼음만큼 차갑게 굴어. 조현병이 너무 심해서 그를 어떻게 대해야 할지 모르겠어." 이 문장은 조현병이라는 단어가 얼마나 잘못 사용되고 있는지를 보여준다. 우리가 모듈 51에서 보겠지만, 둘 또는 그 이상의 분열된 인격을 보이는 사람은 조현병이 아니라 해리장애를 가지고 있다.

조현병의 증상

다른 정신병적 장애들처럼, **조현병**(schizophrenia)은 보통 통합된 인격의 붕괴 또는 '분열'의 결과로 생기는 현실과의 접촉 상실이 주 특징이다. 100명 중 한 사람 정도 생애 어느 순간 조현병을 경험할 수 있다(National Institute of Mental Health, 2013). 조현병은 종종 망상과 환각 같은 사고의 이상, 무감동과 같은 기분 이상 그리고 *긴장증*과 같은 행동 이상으로 특징지어진다.

비정상적인 인지 많은 조현병 증상은 *선택적 주의* 문제와 관련이 있는 것으로 보인다. 다시 말해, 조현병을 앓는 사람들은 한 번에 한 정보에 집중해서 처리하는 데 어려움이 있다. 조현병 환자들이 혼란된 사고, 감각, 이미지, 그리고 감정으로 인해 압도되는 이유가 바로 그들 뇌의 손상된 '감각 필터'와 관련이 있는 것 같다(Cellard et al., 2010; Heinrichs, 2001).

편집증은 조현병에서 흔한 증상이다. 편집성 망상장애와 같이, 조현병의 **편집증**(paranoia)에서 주로 나타나는 망상은 과대망상과 피해망상이다. 하지만 편집성 망상장애와 달리 조현병에서 나타나는 편집증은 환각 증상을 동반하고 망상이 더 기이하며 설득력이 없다(Corcoran, 2010; Freeman & Garety, 2004). 조현병의 망상으로는 자신의 사고와 행동이 조종당하고 있다는 망상, 자신의 생각이 방송되고 있다는 망상(그래서 다른 사람들이 그것을 들을 수 있다는), 특정 생각이 자신의 마음에 주입되었다는 망상, 또는 자신의 생각이 제거되었다는 망상 등이 있다. 조현병을 가진 사람 중에 두드러진 증상이 편집증인 경우 때때로 *편집형 조현병*으로 불린다(● 그림 49.2).

신, 정부, 또는 '우주에서 온 우주선'이 그들의 마음을 조종하거나 누군가가 그들을 독살하려 한다고 생각하는 편집형 조현병을 가지고 있는 사람들은 그들 스스로를 '보호하기' 위해 폭력의 필요성을 느낄 수 있다. 한 예로는 제임스 휴버티를 들 수 있는데, 그는 캘리포니아 산 이시드로의 맥도날드에서 21명의 사람들

그림 49.2
2011년, 제러드 리 러프너는 애리조나 투손에서 총기 난사를 시작했고, 그의 의도적 목표 대상인 연방 하원의원 가브리엘 기퍼즈를 심하게 부상 입혔다. 그의 총에 맞은 18명 중 12명이 결국 사망하였다. 편집형 조현병의 진단이 내려지긴 했으나 그럼에도 불구하고 재판에 회부될 수 있었다. 그는 유죄판결을 받았고 종신형을 선고받았다.

을 잔인하게 살해했다. 편집형 조현병을 앓았던 휴버티는 박해당하고 인생에서 속았다고 느꼈다. 그가 그의 아내에게 "사람들을 죽이러 간다."고 말하기 직전에, 휴버티는 환청을 들었다.

정신장애는 얼마나 위험할까? 산 이시드로 살인사건 같은, 끔찍한 범죄들은 많은 사람들이 정신장애가 위험하다고 믿게 했다. 비록 선정적인 언론 보도로 인해 정신장애와 폭력 간의 연관성을 과장하기는 했지만, 현실은 오히려 정반대이다(Markowitz, 2011). 앞선 질문에 대한 답을 하기 위해 진행된 한 연구에서는 물질남용장애를 가지고 있지 않은 정신장애인들은 정상인들에 비해 그다지 폭력적이지 않은 편이라고 보고했다(Monahan et al., 2001). 일반적으로, *정신병이 활발히 진행되고 있는 단계 그리고 현재 정신병 증상이 있는* 사람만이 폭력에 대한 위험도가 증가되어 있다고 볼 수 있다. 사실 정신병을 가지고 있는 사람들의 폭력 위험은 어리고, 남성이며, 가난하고, 중독 속성을 가지고 있는 사람들에 비해 몇 배나 낮다(Corrigan & Watson, 2005).

비정상적 정서 조현병에서 정서는 둔화되어 있거나 매우 부적절하다. 예를 들어, 만일 조현병을 앓는 사람이 그녀의 엄마가 죽었다는 소식을 듣는다면, 웃고, 킥킥거리거나 전혀 정서를 보이지 않을 수도 있다(*둔마된 정서*).

비정상적인 행동 조현병은 종종 타인들과의 접촉 회피, 외부 활동에 대한 관심의 상실, 일상적인 습관행동의 상실, 그리고 매일 있는 일상의 일을 다루는 데 있어서의 무능함을 보인다(Neufeld et al., 2003; Ziv, Leiser, & Levine, 2011).

조현병 환자들은 때때로 **긴장증**(catatonia)을 보이는데, 몇 시간 혹은 심지어 며칠간 *무언*(말하지 않음) 상태로 특이한 자세를 취한다. 이러한 긴장성 혼미는 엄청난 응급상황 또는 극심한 공황 상태에서 '얼어 버리는' 상태와 비슷하다고 볼 수 있다. 긴장증을 가지고 있는 사람들은 그들의 내적 혼란을 통제하기 위해 필사적으로 투쟁하는 것 같다(Fink, Shorter, & Taylor, 2010; Fink, 2013). 이에 대한 한 사인으로 긴장성 혼미가 가끔 정서적 폭발이나 폭력적인 행동의 빌미를 줄지도 모른다는 사실이다. 여러분이 상상할 수 있듯이, 긴장증을 앓는 환자들은 손을 뻗기 어렵다. 두

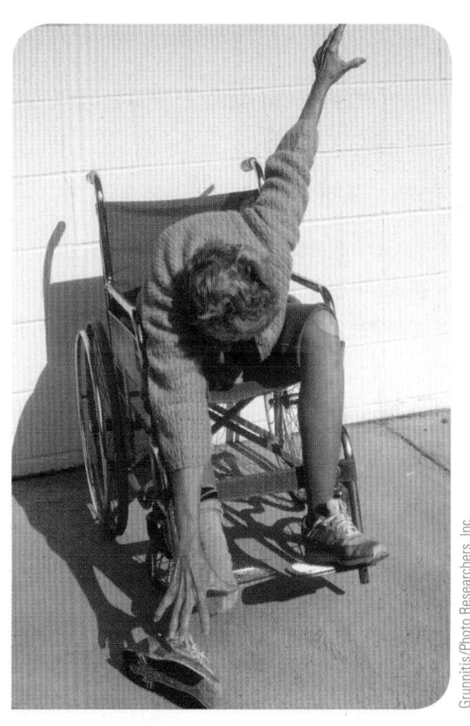

DSM-5에서는 경직된 자세와 긴장성 혼미를 보이는 긴장증 자체를 하나의 장애로 인식한다. 이는 또한 조현병, 양극성장애, 우울증, 그리고 약물 남용을 포함한 다른 상태와 함께 나타날 수 있다(Fink, 2013).

편집성 정신병 특히 피해 망상에 집중되어 있는 망상장애
조현병 망상, 환각, 무감동, 그리고 사고와 정서 간의 '분열'로 특징되는 정신병
편집증 한 가지 테마, 특히 과대 또는 피해와 관련된 망상의 몰두로 특징되는 증상
긴장증 그 자체로서 질병으로 여겨지고, 경직성 혼미, 강직, 반응 없음, 강직성 자세, 함구증, 그리고 때때로 정서적으로 흥분된, 그리고 목적 없는 행동의 특징을 가지고 있음

드러진 증상이 긴장증인 조현병은 때때로 *긴장형 조현병*이라고 불린다.

혼란형 조현병 반드시 모든 조현병에서 모든 증상이 동일하게 두드러져 나타나지는 않는 것처럼, 어떠한 사람에게는 다른 증상들이 시간에 따라 더 또는 덜 두드러지게 나타날 수도 있다. 이러한 이유로, 조현병의 다양한 징후들은 *조현병 스펙트럼 장애*라고 불린다(American Psychiatric Association, 2013). 그러나 한 사람의 성격이 거의 모두 분열되고, 사고, 감정, 행동 모두가 완전히 조직화되지 못할 때 그 결과는 영화에서 보는 '정신 이상'의 정형화된 이미지에 거의 일치하게 된다. 이런 조현병은 때로 *혼란형* 또는 *파괴형*으로 불리며 우스꽝스러움, 웃음, 그리고 기이하거나 외설스러운 행동을 보이는데, 이는 에드나라는 이름의 환자의 접수면접에서 잘 나타난다.

의사: 기분이 어떤지 말해 주실 수 있어요?

환자: 런던의 종은 길어요. 긴 부두야. 히! 히! (통제하기 어려울 정도로 킥킥거림)

의사: 당신이 지금 어디에 있는지 아나요?

환자: 내 안으로 달려오는 모든 사람들은 D____n! S____t! Grudgerometer가 잘 돌봐줄 거예요! (소리침) 나는 여왕이야. 내 마법을 봐. 나는 여러분들 모두를 영원히 smidgelings로 바꿀 거야!

의사: 남편이 당신에 대해 걱정하고 있어요. 남편 이름이 뭐죠?

환자: (일어서 벽쪽으로 걸어가 벽을 바라봄.) 나는 누구지, 우리는 누구야, 너는 누구야, 그들은 누구지. (돌아섬) 나는… 나는… 나는! (기괴한 표정을 지음)

에드나는 여성 병동에 있었고 그곳에서 계속해서 자위를 했다. 가끔 그녀는 괴성을 지르거나 외설스러운 말을 외쳤다. 그녀는 혼자서 낄낄거렸다. 그녀가 다른 환자들을 폭행한다고 알려졌다. 그녀는 그녀의 자궁이 '크렘린으로 가는 파이프라인'에 속해 있고 그녀는 공산주의자들에 의해 '지옥같이 침범당하고 있다'고 불평하기 시작했다(Suinn, 1975).[1)]

이러한 심각한 조현병은 일반적으로 청소년기 또는 초기 성인기에 발병한다. 증상 호전에 대한 예후가 좋지 않으며, 사회적 기능도 많이 손상되어 있다(American Psychiatric Association, 2013).

조현병의 원인

무엇이 조현병을 야기하는가? 전 영국 수상 윈스턴 처칠은 그를 당혹하게 하는 질문에 대해 "불가사의 속 미스터리로 포장된 수수께끼"라고 기술했다. 동일한 표현을 조현병의 원인을 기술하는 데 사용할 수 있다.

Peter Granser/Laif/Aurora Photos

혼란형 조현병은 우스꽝스러움, 기이하거나 외설스러운 행동의 특징을 보인다.

환경 조현병이 생길 수 있는 위험의 증가는 출생 시 혹은 그 전부터 시작될 수 있다. 임신을 하고 있는 동안 인플루엔자 바이러스 또는 풍진(german measles)에 노출된 여성은 조현병에 걸릴 확률이 높은 아이들을 가진다(Durand & Barlow, 2013; Vuillermot et al., 2010). 임신 기간 동안의 영양부족과 출생 시 문제 또한 조현병을 유발할 수 있다. 아마도 이런 사건들이 뇌의 발달을 방해하고, 현실과 단절된 정신병에 취약하게 만든다(Walker et al., 2004).

초기 **심리적 외상**(psychological trauma)—심리적 상처 또는 충격—또한 조현병 위험을 증가시킬 수 있다. 종종 조현병 환자들은 어린 시절 동안의 폭력, 성적 학대, 죽음, 이혼, 분리, 또는 다른 스트레스에 노출된 경험이 있다(Walker et al., 2004). 불화가 있는 가정에 사는 것도 위험 요인과 관련된다. 불행한 가정 환경에서는 스트레스를 유발하는 관계와 일탈적 의사소통 그리고 부정적인 정서가 만연하다. 일탈적인 의사소통 패턴은 불안, 혼란, 분노, 갈등, 그리고 소란을 야기한다. 일반적으로, 불행한 가족은 죄책감, 캐묻기, 비판, 부정적 경향성, 그리고 정서적인 공격이 만연한 방식으로 소통한다(Bressi, Albonetti, & Razzoli, 1998; Davison & Neale, 2006).

---

1) 출처: *Fundamentals of Behavior Pathology by* R. M. Suinn. Copyright © 1975. Reprinted by permission of John Wiley & Sons, Inc.

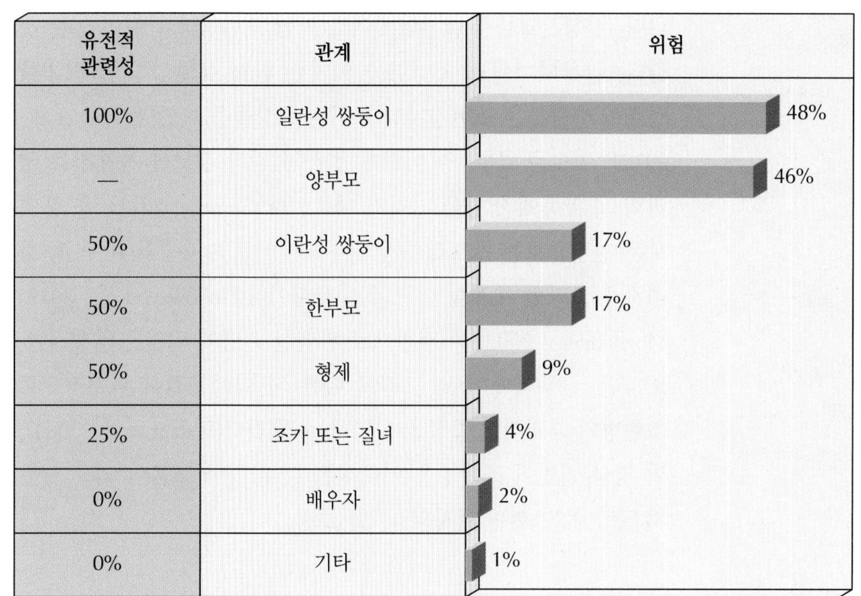

유전적 관련성
관계
위험
100%
일란성 쌍둥이
48%
—
양부모
46%
50%
이란성 쌍둥이
17%
50%
한부모
17%
50%
형제
9%
25%
조카 또는 질녀
4%
0%
배우자
2%
0%
기타
1%

그림 49.3
생애 한 시점에서 조현병을 앓게 될 위험은 조현병을 앓는 사람과 유전적으로 얼마나 가까운지와 관련된다. 공유된 환경 또한 위험을 증가시킨다. [Lenzenweger, M. F., & Gottesman, I.I. (1994). Schizophrenia. In V.S. Ramachandran (Ed.), Encyclopedia of human behavior (Vol 4, pp.41–59). San Diego, CA: Academic.]

이러한 설명이 그럴듯해 보이기는 하나, 환경적 요인만으로 조현병을 설명하기에는 충분하지 않다. 예를 들어, 조현병 부모를 둔 아이들이 혼란스러운 가정 환경에서 떠나 양육되었을 때에도 그들은 여전히 정신병을 앓게 되는 것 같다(Walker et al., 2004).

유전 *유전이 조현병의 발병 위험에 영향을 줄까?* 유전이 조현병의 원인이 될 수 있다는 견해에는 거의 의심할 여지가 없다(Gejman, Sanders, & Duan, 2010). 어떤 사람들은 조현병에 대한 *잠재력*을 가지고 태어나는 것처럼 보인다. 다시 말해서, 그들은 조현병에 더 *취약하다*(Levy et al., 2010; Walker et al., 2004).

어떻게 증명되어 왔을까? 만일 일란성 쌍둥이 중 한 명이 조현병을 앓게 되면(일란성 쌍둥이는 같은 유전자를 가진다는 것을 기억하자.), 다른 한 명이 조현병 환자가 될 확률은 48% 정도가 된다(Insel, 2010a; Lenzenweger & Gottesman, 1994). 이 수치는 일반 사람들이 조현병에 걸릴 위험인 1%와 비교할 때 높은 수치이다. (이 외 정보에 대해서는 ● 그림 49.3을 보라.) 일반적으로, 조현병은 가까운 친척들 간 흔하게 발생되고 유전되는 경향이 있다. 심지어 네 쌍둥이 모두가 조현병을 앓게 된 경우도 기록으로 남아 있다(Mirsky et al., 2000). 이러한 증거들을 고려하여, 연구자들은 조현병과 관련된 특정 유전자들을 찾기 시작했다(Curtis et al., 2011; Hyman, 2011; Roffman et al., 2011).

한편, 조현병을 유전만으로 설명하기 부족한 점이 있다. 조현병을 앓는 사람들 중 매우 적은 수만이 아이들을 가진다(Bundy, Stahl, & MacCabe, 2011). 만일 이런 사람들이 자손을 생산하지 않는다면 어떻게 유전적 결점이 한 세대에서 다음으로 전해질 수 있을까? 한 가지 가능성으로는 나이가 많은 남자일수록(비록 그가 조현병을 앓지 않는다 할지라도), 그가 낳은 아이가 조현병에 걸릴 가능성이 높아질 수 있다(Helenius, Munk-Jørgensen, & Steinhausen, 2012). 유전적 돌연변이가 나이 든 남성의 생식 세포에서 생기고 (다른 의학적 문제뿐만 아니라) 조현병의 위험이 따라서 증가한다(Sipos et al., 2004).

뇌 화학 암페타민, LSD, PCP(합성 헤로인), 그리고 이와 유사한 약물들은 부분적으로 조현병 증상이 나타날 수 있는 효과를 낸다. LSD 과다복용을 치료하는 데 쓰이는 약(페노티아진)은 정신병적 증상을 완화하는 경향이 있다. 이는 생화학 이상(뇌 화학물질 또는 신경전달물질에서의 장애)이 조현병을 앓는 사람들에게서 일어날 수 있다는 것을 시사한다. 조현병 환자의 뇌에서 *환각성*(mind-altering) 약물과 비슷한 몇몇 물질들이 생산될 가능성이 있다. 이에 대한 한 가지 그럴듯한 가설로 *도파민*을 들 수 있는데, 도파민은 뇌에서 발견된 중요한 화학적 전달물질이다.

많은 연구자들은 조현병이 뇌의 도파민 시스템에서의 장애와 관련되어 있다고 믿고 있다(Citrome, 2011). 즉 이들의 뇌 한 부분에 있는 도파민수용기가 정상적인 양의 도파민에 점점 더 즉각적으로 반응하는 것 같고, 마구 쏟아지는 관련 없는 생각, 감정, 그리고 지각을 촉발하는 것처럼 보이는데, 이것이 조현병의 양성 증상(목소리, 환각, 그리고 망상)을 설명하는 것 같다(Madras, 2013). 조현병 환자들은 그들의 몸에서 생산된 일종의 약물에 의한 환각 체험을 하고 있는 것 같다(● 그림 49.4).

과학자들의 관심을 끄는 뇌 화학물질로 도파민만 있는 것은 아

심리적 외상 폭력, 학대, 방치, 분리 등에 의해 야기된 심리적 상처 혹은 충격

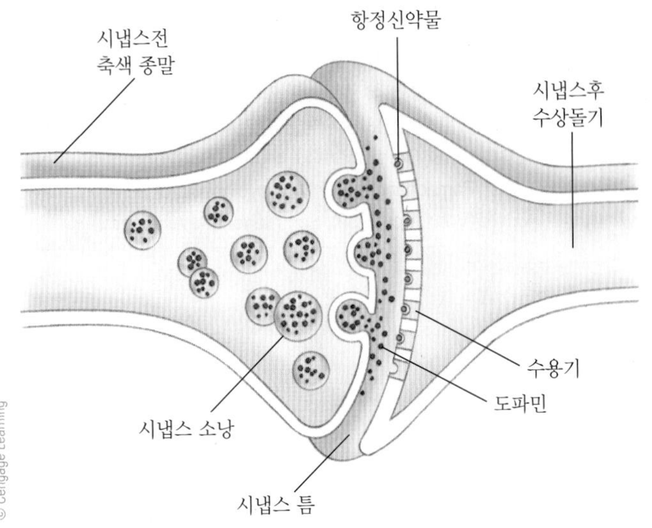

그림 49.4

도파민은 보통 두 뉴런 간의 시냅스를 가로질러, 두 번째 세포를 활성화시킨다. 항정신성 약물은 도파민이 작용하는 동일 위치에 있는 수용기들을 묶어 이것의 활동을 막는다. 조현병으로 고통받는 사람들에게서, 도파민 활동의 감소는 정서적 동요와 정신병적 증상들을 진정시킨다.

니다. 신경전달물질 글루타메이트 또한 조현병과 관련이 있는 것 같다. 글루타메이트에 영향을 미치는 환각 유발성 약물 PCP를 섭취한 사람들은 조현병처럼 보이는 증상들을 보인다(Javitt et al., 2012). 이것은 글루타메이트가 정서와 감각 정보를 통제하는 영역의 뇌 활동에 영향을 미치기 때문이다(Citrome, 2011). 또 흥미로운 설명으로는 스트레스가 글루타메이트의 수준을 바꾸고, 차례차례 도파민 체계를 바꾼다는 사실이다(Holloway et al., 2013; Moghaddam, 2002). 이것만으로 완벽한 설명이 되지는 않겠지만, 도파민, 글루타메이트, 그리고 다른 뇌 화학물질이 부분적으로 조현병의 파괴적인 증상을 설명하는 것 같다(Walker et al., 2004). 뇌 영상 기법이 조현병을 이해하는 데 얼마나 도움이 되고 있는지 글상자 "조현병 환자의 뇌"를 보자.

결과

요약하면, 엄청난 양의 스트레스에 시달린 누군가가 있다면 그(녀)는 정신병적 상태에 처하게 될 것이다. (전쟁터의 정신병이

뇌파

조현병 환자의 뇌

몇몇 뇌 영상 기법들(모듈 8을 보라)은 살아 있는 조현병 환자의 뇌를 직접 관찰하는 것을 가능하게 만들었다. 뇌 구조를 볼 수 있는 컴퓨터 단층 촬영(CT)과 자기공명영상법(MRI) 스캔 결과는 조현병 환자의 뇌가 줄어들었거나 위축되어 있음을 시사한다(Bora et al., 2011). 예를 들어, 그림 49.5는 1981년 로널드 레이건 전 대통령과 세 명의 사람들을 총으로 쏘아 죽인 존 힝클리 주니어의 뇌 CT 스캔이다. 뒤이은 재판에서 힝클리는 정신이상을 선고받았다. 사진에서 보여지듯이, 그의 뇌는 정상적인 표면의 열보다 넓다.

이와 유사하게, MRI 스캔은 조현병을 가진 사람들의 뇌실(뇌 안의 액체로 채워진 공간)이 확장되어 있고, 인근의 뇌 조직도 또한 약해져 있음을 보여 준다(Andreasen et al., 2011; Barkataki et al., 2006). 한 가지 가능한 설명은 조현병 환자의 뇌가 오래된 죽은 세포를 대신하는 새로운 뉴런을 계속해서 만들어 내는 능력이 없을 것이라는 것이다. 이와 대조적으로, 정상인의 뇌는 일생 내내 새로운 뉴런들을 만드는 것을 계속한다(신경발생이라고 불리는 과정임). 이는 관련 영역들이 동기, 정서, 지각, 행동, 그리고 주의를 조절하는 데 결정적인 역할을 한다는 것을 의미한다(DeCarolis & Eisch, 2010; Inta, Meyer-Lindenberg, & Gass, 2011; Kawada et al., 2009).

다른 기법들은 뇌 활동에 대한 이미지를 제공하는데, 양전자 방출 단층 활용 스캔(PET)이 이에 해당한다. PET 스캔을 만들기 위해, 방사성 당 용액이 정맥에 주입된다. 당이 뇌에 도달했을 때, 전기 장치

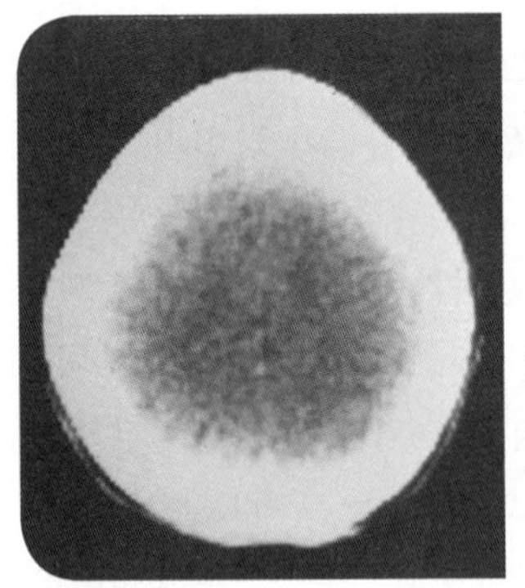

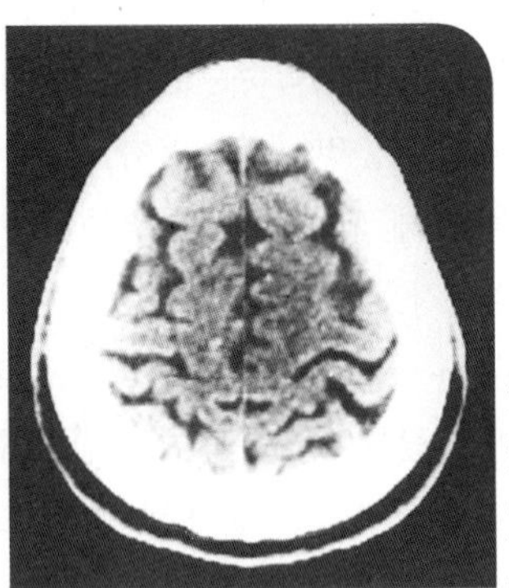

그림 49.5

(좌) 존 힝클리 주니어가 25세에 찍은 CT 스캔. 이미지를 보면 힝클리 뇌의 주름진 표면에 넓어져 있는 열을 볼 수 있다. (우) 정상인 25세의 뇌 CT 스캔. 대부분의 젊은 청년들의 뇌 표면의 주름은 매우 촘촘히 밀착되어 있어 보이지 않는다. 나이가 들어 감에 따라, 뇌의 표면 주름이 더 잘 드러난다. 젊은 청년의 뇌 스캔에서 눈에 띌 정도로 선명히 보이는 열은 조현병, 만성 알코올중독, 또는 다른 문제들을 가지고 있다는 사인이 될 수 있다.

는 각각의 영역에서 당이 얼마나 많이 사용되었는지를 측정한다. 이러한 자료들은 뇌 활동의 컬러 맵 또는 스캔으로 변환된다(그림 49.6). 연구자들은 이러한 스캔들에서 조현병, 정서장애, 그리고 다른

문제들과 일관성 있게 연관되어 있는 패턴을 발견하고 있다. 예를 들어, 조현병 환자의 뇌의 전두엽 활동성은 비정상적으로 낮은 경향이 있다(Durand & Barlow, 2013; Roffman et al., 2011). 미래에는, 조현병을 정확히 진단하는 데 PET 스캔이 사용될지도 모른다. 현재, 앞서 언급한 뇌영상 기법들은 조현병 환자의 뇌 활동에 명백히 이상이 있음을 보여 준다.

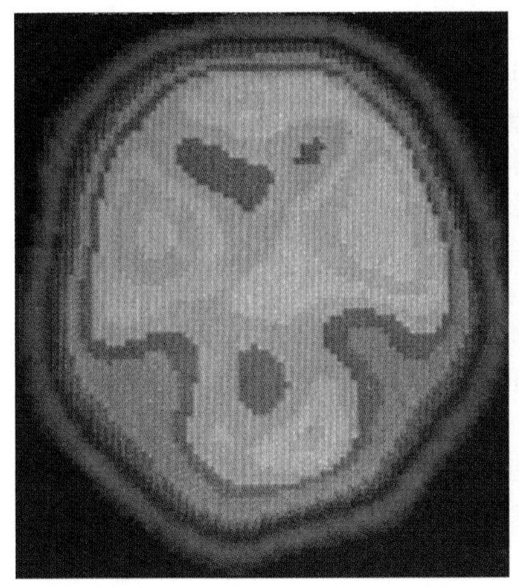
정상인

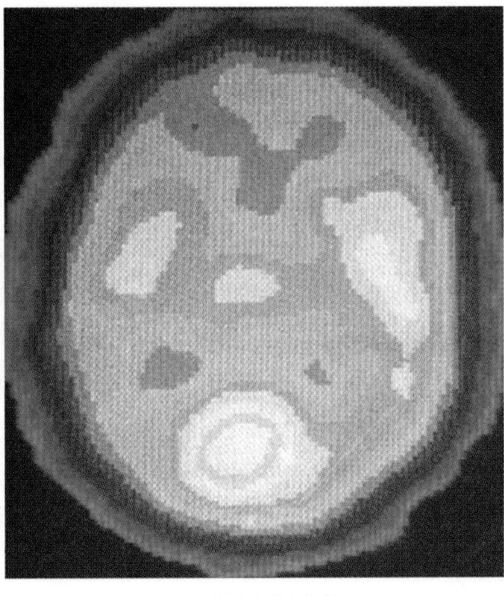
조현병 환자

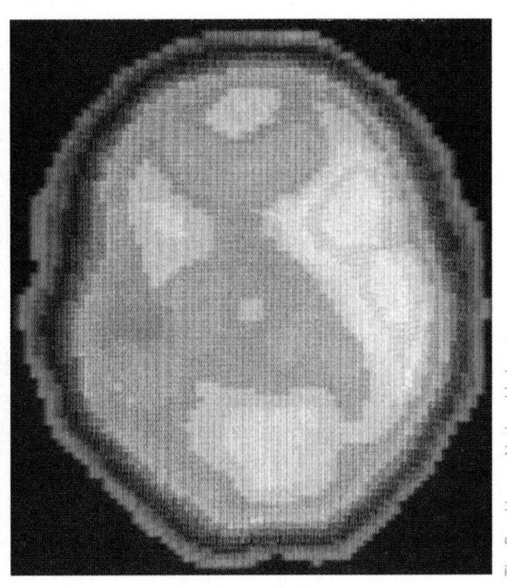

조울증 환자

그림 49.6
PET 스캔 결과. 이 사진에서 빨강, 분홍, 그리고 오렌지색은 낮은 수준의 뇌 활동을 가리키고, 흰색과 파란색은 높은 수준의 활동을 나타낸다. 정신분열증 환자의 사진을 보면 전두엽(스캔 윗부분)에서 활동 수준이 꽤 낮다는 것을 알 수 있다(Velakoulis & Pantelis, 1996). 조울증 환자의 활동수준은 좌반구는 낮고 우반구는 높다. 조현병 환자의 경우는 반대일 경우가 많다. 연구자들은 정신장애 진단을 돕기 위해 각 장애의 일관된 패턴들을 알아내려고 노력하고 있다.

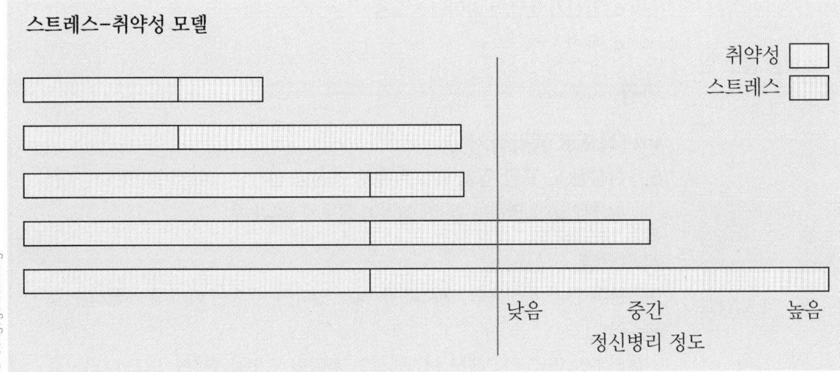

그림 49.5
유전적 취약성과 스트레스의 다양한 조합은 심리적인 문제들을 야기할 수 있다. 맨 위 막대 그래프는 낮은 취약성과 낮은 스트레스를 보인다. 그 결과는? 아무 문제 없다. 낮은 취약성과 중간 정도의 스트레스가 결합한 다음 막대 그래프에서도 마찬가지다. 심지어 가장 높은 수준의 취약성(세 번째)도 낮은 스트레스 수준과 만날 경우 아무런 문제를 야기하지 않는다. 하지만 높은 취약성이 중간 또는 높은 수준의 스트레스와 결합했을 때(아래 두 막대 그래프), 그 사람은 "선을 넘었고" 정신 병리로 고통받는다.

한 예가 될 수 있다.) 그러나 어떤 사람들은 심지어 보통 수준의 생활 스트레스를 경험했을 때에도 정신병적 장애에 더 취약할 수밖에 없는 뇌 화학 또는 뇌 구조상의 차별성을 타고난다.

이처럼 유전적 가능성과 환경적 스트레스의 적절한 결합은 우리의 정신에 영향을 미칠 수 있는 뇌 화학과 뇌 구조에서의 변화를 야기한다. 이를 **스트레스-취약성 모델**(stress-vulnerability model)이라고 부른다. 이 모델은 정신병적 장애가 환경적 스트레스와 유전적 취약성이 결합된 결과로서 발생하는 것이라고 설명한다(Jones & Fernyhough, 2007; Walker et al., 2004). 이 설명은 우울증과 같은 다른 형태의 정신병리를 설명하는 데도 적용되었다(그림 49.7).

조현병에 대한 우리의 이해가 향상되었음에도 불구하고, 정신병은 '불가사의의 미스터리로 포장된 수수께끼'로 남아 있다. 조현병 치료에 대한 최근 진척이 계속되기를 바란다.

스트레스-취약성 모델 정신질환을 환경적 스트레스와 타고난 취약성의 조합의 결과로 봄

모듈 49: 요약

49.1 정신병적 장애의 일반적인 특성은 무엇인가?

49.1.1 정신병은 현실과의 접촉에 단절이 있고, 망상, 환각, 감각 변화, 와해된 정서, 혼란된 의사소통, 그리고 성격 분열로 특징지어진다.

49.1.2 몇몇 정신병은 중독 그리고 약물 남용과 같이 뇌 손상 또는 질병으로 인해 생기기도 한다. 알츠하이머병과 같은 신경 인지 장애는 노년기에서 발생한다.

49.2 망상장애의 유형은 무엇인가?

49.2.1 망상장애는 완전히 깊이 뿌리 박힌 과대, 피해, 연인 간(부부간) 부정, 로맨틱한 매력, 또는 신체 질병에 대한 거짓된 신념들에 기반해 있다.

49.2.2 편집성 정신병은 가장 흔한 망상장애이다. 편집증적인 사람은 만일 그들이 위협당한다고 믿는다면 폭력적일 수도 있다.

49.3 조현병은 무엇이고 무엇이 원인인가?

49.3.1 조현병 스펙트럼 장애는 다양한 정도에서의 비정상적 인지(망상, 환각), 기분(둔감된 또는 부적절한 정서), 행동(대처행동의 결여, 긴장증), 그리고 분열된 성격을 수반한다.

49.3.2 편집증에는 과대 그리고 피해 망상이 포함된다.

49.3.3 긴장증은 긴장성 혼미, 무언증, 그리고 이상한 자세와 관련된다. 때때로 폭력적이고 동요된 행동 또한 나타난다.

49.3.4 조현병의 위험을 증가시키는 환경적 요인들은 엄마의 임신 중 바이러스 감염 또는 영양부족, 출산 합병증, 초기 심리적 외상, 그리고 불행한 가족 환경이 포함된다.

49.3.5 유전은 정신분열증의 주요 요인이다. 최근 생화학적 연구는 신경전달물질 글루타메이트와 도파민 그리고 그들의 수용기에 관심을 두고 있다.

49.3.6 조현병과 다른 문제들의 발병을 설명하고 있는 스트레스-취약성 모델은 유전적인 취약성과 환경적인 스트레스의 결합을 강조한다.

모듈 49: 지식 쌓기

암기

1. 안젤라는 그녀의 몸이 "썩어 들어가고 있다"고 믿고 있다. 그녀가 경험하고 있는 장애는?
   a. 우울적 환각　b. 망상
   c. 둔마된 정서　d. 알츠하이머병

2. 정신병적 발병을 겪은 콜린스는 다른 사람이 듣지 못하는 소리를 듣고 있다. 이런 증상을 뭐라고 부르는가?
   a. 둔마된 정서　b. 환각
   c. 말비빔　d. 기질적 망상

3. 납중독에 기인한 정신증은 기질장애로 간주된다. O X

4. 환각과 성격 분열은 편집성 정신증의 기본 특성이다. O X

5. 조현병을 일으키는 환경적 요인을 설명하는 입장에서는 정서적 외상과 함께 다음의 특성을 강조한다.
   a. 조증 부모　b. 정동분열 상호작용
   c. 환각적 상호작용　d. 불화가 있는 가족관계

6. 조현병을 일으키는 원인으로 생화학적 입장에서는 뇌에서 ________의 과도한 분비가 문제라고 한다. ______에 해당하는 것은?
   a. 방사성 당질　b. 망
   c. 주폐포자충　d. 도파민과 글루타민

7. 스트레스-취약성 모델은 환경적 스트레스와 ______의 조합의 결과라고 본다. ________에 해당하는 것은?
   a. 심리적 충격
   b. 일탈된 의사소통
   c. 임신기 동안의 바이러스 노출
   d. 유전

반영

비판적으로 생각하기

8. 확장된 뇌 표면 열과 뇌실은 주로 조현병 환자의 뇌에서 발견된다. 조현병 원인을 설명하는 데 이 설명이 잘못된 이유는?

자기반영

여러분이 만약 정신증의 '레시피'를 적고 있다면, 주요한 재료에 해당하는 것은 무엇인가?

여러분이 만약 연극에서 편집증적인 사람의 역할을 요청받았다면 어떤 증상을 강조할 것인가?

만약 10대 조현병 환자의 부모에게 조현병 원인에 대해 설명해야 한다면 어떻게 설명할 것인가?

정답

1. b 2. b 3. O 4. X 5. d 6. d 7. d 8. 왜냐하면 상관관계는 인과관계를 입증하지 않기 때문이다. 구조적인 뇌 이상성은 오직 조현병과 관련이 있다. 그것들은 그 장애의 원인이 아닌 추가적인 증상들일 수 있다.

Module 50

심리장애: 기분장애

감정의 기복

어떤 사람들에게 가벼운 우울증은 한바탕 앓는 감기처럼 흔한 일이 될 수도 있다. 그러나 극도의 기분 변화는 심각한 신체적 질병만큼 장애가 될 수 있다. 사실 우울증은 치명적일 수 있는데, 우울한 사람은 자살 충동을 느낄 수 있기 때문이다. 깊은 우울을 경험하고 있는 사람에게 세상이 얼마나 암울하고 절망적으로 보이는지 상상하기도 어려울 것이다.

마찬가지로, 조증을 제대로 경험해 보면 '미쳐 나갈 수 있을 만한' 일일 정도로 힘들다는 것을 알게 될 것이다. 조증 환자들은 며칠 안에 파산하거나, 체포되거나, 흥청망청 난잡한 섹스를 하기도 하고 자신이 한 행동에 대한 결과를 처리해야 한다. 우울증 그리고/또는 조증 증상이 심각할 경우 현실감각을 잃고 정신병적인 증상을 보이기도 한다.

Erica Shires/Corbis

SURVEY QUESTIONS

50.1 기분장애는 무엇이고, 무엇이 기분장애를 초래하는가?

기분장애

SURVEY QUESTION 50.1 기분장애는 무엇이고, 무엇이 기분장애를 초래하는가?

심리학자들은 *기분장애*—정서 혼란—가 모든 심리적 상태 중에서 가장 심각한 것이라고 깨닫게 되었다. 한 해에 미국 인구 중 대략 9.5%의 사람들이 기분장애로 고통받는다(NIMH, 2013). 기분장애의 두 가지 일반적 유형이 있는데, 우울장애와 양극성장애이다(표 50.1 참조).

우울장애

*우울장애*는 과장된, 지속적인 그리고 비합리적으로 보이는 슬픔과 절망을 나타낸다. 우울장애의 징후로는 낙담, 절망감, 무쾌감, 그리고 무관심이 있다. 다른 흔한 증상들로는 피로, 수면 문제, 식사 패턴의 문제, 무가치감, 매우 부정적인 자아상, 자살 등이 있다.

어떤 기분장애는 오래 지속되지만, 비교적 우울의 정도는 중간수준이다. 만약 최소 2년간 가벼운 우울감이 지속된다면, 그것은 **지속성 우울장애**[persistent depressive disorder, *기분 부전증*(dysthymia)]로 불린다. 이 수준의 우울장애도 심신을 쇠약하게 만들 수 있다. 그러나 주요우울증은 훨씬 더 해로운 영향을 준다.

주요우울장애(major depressive disorder)에서는, 더 깊은 수준의 우울 증상이 나타난다. 주요우울장애를 가지고 있는 사람들에게는 모든 것이 암울하고 절망적으로 보인다. 그들은 실패감, 무가치감, 그리고 깊은 수준의 절망을 느낀다. 우울이 심한 경우, 직장이나 학교에서 제대로 기능할 수가 없다. 우울한 사람들은 가끔 그들 스스로 식사를 하거나 옷을 입을 수 없기도 한다. 고통이 극심하고, 극도로 가라앉아 있으며, 철수되어 있거나, 강렬한 자살충동을 느낀다. 주요우울증을 가지고 있는 사람이 자살시도를 할 경우, '도움 요청'을 좀처럼 하지 않는다. 그들은 자살시도가

표 50.1 DSM-5 기분장애 유형

문제	각 장애에 해당하는 전형적인 신호
우울장애	
지속성 우울장애 (기분 부전증)	하루 대부분 기분이 울적하고 우울함을 느끼는 날이 그렇지 않은 날보다 많음. 자존감과 활력이 몇 달 동안 낮은 수준에 머무름
주요우울장애	극도로 슬프고, 쓸모 없다고 느끼고, 피로를 느끼며, 허전하다고 느낌. 즐거움을 느끼지 못함. 자살에 대한 생각을 함
양극성 및 관련 장애	
순환성 기분장애	몇 달 동안 감정기복을 경험함
제 I 양극성장애	가끔 거의 잠을 자지 않고, 말을 많이 하고, 가슴이 뛰고, 자신이 하는 모든 것을 굉장히 중요하게 느낌. 다른 때에는 극도의 슬픔, 무가치함, 그리고 공허함을 느낌
제 II 양극성장애	대부분 극도의 슬픔을 느끼거나, 무가치함, 피로감, 그리고 공허감을 느낌. 그러나 때로는 평소와 달리 기분이 좋고, 쾌활하고, 활기차거나, 기분이 고조됨

출처: American Psychiatric Association (2013), Durand & Barlow (2013)

성공하는 것에 목표를 두고 사전 경고를 주지 않을 수도 있다.

양극성 및 관련 장애들

우울장애와 달리, *양극성장애 및 관련 장애*를 가지고 있는 사람들은 감정이 오르락 내리락 하는 경험을 한다(American Psychiatric Association, 2013). 오래 지속되나 우울한 기분과 쾌활하고 팽창된, 과민한 기분이 번갈아 가며 나타나는 경우 **순환성 기분장애**(cyclothymic disorder)로 진단 내린다.

제I양극성장애(bipolar I disorder)를 가지고 있는 사람들은 극도의 조증과 깊은 우울을 둘 다 경험한다. 조증 삽화 시에는, 목소리가 크고, 의기양양하며, 과잉활동적이고, 과대적인 그리고 에너지가 매우 높은 수준에 있다. 우울 삽화 시기 동안에는 절망과 자살충동을 느낄 수 있다.

제II양극성장애(bipolar II disorder)를 가지고 있는 사람들은 대부분 슬퍼하고 죄책감에 시달리나 하나 혹은 그 이상의 경미한 조증 삽화를 가진다(*경조증*이라 불린다). 즉 제II양극성장애에서는, 의기양양함과 우울이 동시에 나타나는데, 조증은 제I양극성장애만큼 심하지 않다. 경조증인 제II양극성장애 환자들은 보통 그들 주변 사람들을 성가시게 한다. 그들은 지나치게 쾌활하며, 공격적이거나, 혹은 과민하며, 심하게 허풍을 떨거나, 너무 빨리 말하고, 대화를 방해하거나, 너무 많은 돈을 사용하기도 한다(Nolen-Hoeksema, 2011).

기분장애의 원인

기분장애는 종종 **내생적**(endogenous)인 특성을 가지고 있다고 보기 때문에 몇몇 과학자들은 기분 변화의 생물학에 주로 주목한다. 그들은 뇌 화학물질과 신경전달물질, 특히 세로토닌, 노르아드레날린, 그리고 도파민 수준에 관심을 두고 있다. 아직 명확하고 일관된 결과를 보여 주고 있지는 않지만 계속 진전하고 있다. 예를 들어, 화학물질인 탄산 리튬은 양극성 우울장애의 치료에 효과적일 수 있다(Malhi et al., 2012).

다른 연구자들은 심리학적인 입장에서 설명하고 있다. 예를 들어, 정신분석 이론에서는 우울증의 원인을 억압된 분노로 설명한다. 분노가 자기비난과 자기혐오의 형태로 대체되어 내부로 향하는 형태가 우울이라고 설명한다. 모듈 45에서 논의했듯, 행동주의 이론들은 우울증을 학습된 무기력으로 설명한다(Durand & Barlow, 2013; Reivich et al., 2013). 인지심리학자들은 비판적이고 부정적이며 왜곡되고, 자기패배적인 생각들이 우울증에 기저해 있다고 본다(이 관점은 모듈 54에서 논의되었다). 명백히, 생활스트레스가 많은 기분장애들을 촉발한다(Calabrese et al., 2009). 특히 우울증에 취약한 성격 특성들과 생각 패턴들을 가진 사람에게는 특히 더 명백히 일어날 수 있다(Dozois & Dobson, 2002).

성별과 우울증 일반적으로, 여성은 남성보다 50% 더 우울증을 경험한다(NIMH, 2013). 호르몬에서의 변화들, 가령 임신, 월경, 그리고 갱년기에 경험할 수 있는 호르몬의 변화들이 우울증의 원인이 되기도 한다(Lokuge et al., 2011). 그럼에도 불구하고 연구자들은 사회적 그리고 환경적 요인에서의 차이가 우울증의 주요 원인이 된다고 본다(Jack & Ali, 2010; McGuinness, Dyer, & Wade, 2012). 여성 우울증의 위험도를 높이는 데 기여하는 심리사회적 요인들로는 피임과 임신, 일과 육아, 그리고 타인에게 정서적 지원을 제공하는 것에 대한 부담에 관한 갈등이다. 부부간 갈등, 성적/신체적 학대, 그리고 가난 또한 우울증의 요인이 된다. 여성과 아동이 전국적으로 가난한 생활을 하고 있는 것으로 보인다. 결론적으로, 가난한 여성은 편부모, 삶에 대한 통제감 상실, 열악한 주거환경, 그리고 위험한 이웃주민들과 관련된 스트레스로 고통받는다(Grant et al., 2011; Stoppard & McMullen, 2003).

산후 우울증 여성 우울증의 원인은 상당히 쉽게 알 수 있다. 임신과 출산 후, 많은 여성들이 우울증을 경험할 수 있는 위험에 노출되어 있다(Phillips et al., 2010). 약 25~50%의 여성들은 보통 출산 하루이틀 뒤부터 일시적으로 나타나는 산후 *모성 블루*(maternity blues)를 경험한다. 이러한 '3일 블루(third-day blues)'는 울기, 선잠, 긴장, 분노, 그리고 과민성이 특징이다. 대부분의 여성들에게, 이러한 반응은 출산 후 적응과정 중에서 경험하는 자연스러운 부분이다. 우울증은 대개 짧으며 심하지 않다.

어떤 여성에게는, 산후 모성 블루를 통해 심각한 우울증으로 발전할 수도 있다. 출산한 여성들 중 약 13%가 **산후 우울증**(postpartum depression)에 걸리며, 중증도에서 심각한 수준의 우울증은 출산 후 3개월 내에 시작된다. 산후 우울증의 대표적인 징후로는 감정 기복, 낙담, 불충분감, 아이를 돌보는 것에 대한 무능감, 그리고 자해다(Healey et al., 2013; Insel, 2010b). 다른 유형의 우울증과 달리, 산후 우울증은 매우 높은 수준의 정서적 동요와 집중의 어려움을 호소하는 특징이 있다(Bernstein et al., 2008). 이런 유형의 우울증은 2달에서 1년까지 지속될 수 있다. 산후 우울증은 엄마는 물론 아이들의 발달에도 심각한 영향을 미친다(Cooper & Murray, 2001; Tikotzky et al., 2012).

출산 전 스트레스, 불안 그리고 자녀양육에 대한 부정적인 태도는 산후 우울증의 위험을 증가시킨다(Phillips et al., 2010). 결혼생활에서의 불화와 남편으로부터의 지지 결여 또한 위험 징후이다. 문제의 일부는 호르몬에 의한 것일 수도 있다. 출산 후, 에스트로겐 수준이 떨어지는데 이것이 기분 변화를 야기할 수 있다(Fernandez, Grizzell, & Wecker, 2013). 서로를 잘 지원하는 것이 얼마나 중요한 것인지에 대해 부모를 교육하는 것은 우울증의 위험을 줄일 수 있다. 산모들이 그들의 감정을 같이 나눌 수 있는 지지모임 또한 도움이 된다. 만약 우울증이 심각하거나 오래 지속된다면, 전문적인 도움을 찾아야 한다.

생물학과 우울증 *주요 기분장애가 유전과 관련이 있을까?* 그렇다. 특히 양극성장애에서 그렇다(Curtis et al., 2011; Scharinger et al., 2010). 좋은 예로 쌍생아 연구를 보면 알 수 있다. 일란성 쌍생아 중 1명이 우울증일 경우, 다른 1명이 우울증에 걸릴 확률은 67%나 된다. 이란성 쌍생아의 경우 확률은 19%이다. 생물학적 요인만큼이나 심리학적 원인도 우울증에서 중요한 역할을 한다. 하지만 주요 기분장애에서는 생물학적 요인들이 더 큰 역할을 하는 것으로 보인다. 놀랍게도, 우울증의 원인으로 계절도 포함된다.

계절성 정동장애 계절의 규칙적인 변화가 계절성 정동장애와 관련이 있거나 또는 우울증이 가을과 겨울에만 발생한다는 것을 배우게 되면 놀랄 것이다. 거의 모든 사람들이 낮이 짧고 어둡고 추울 때 우울감을 느낄 것이다. 하지만 이러한 증상들이 지속되고 기능을 손상시키게 된다면 이는 **계절성 정동장애**(seasonal affective disorder, SAD)일 가능성이 있다.

가을에 시작하는 계절성 정동장애를 가진 사람들은 잠을 더 오래 자거나 또는 잠을 설치게 된다. 낮 동안 그들은 피곤함과 졸음이 오고, 과식을 하는 경향이 있다. 날이 갈수록 그들은 더 슬퍼지고, 불안하며, 짜증을 잘 내고, 사회적으로 위축된다(Rosenthal., 2013). 비록 그들의 우울증이 대개는 심각하지는 않으나, 계절성 정동장애를 가지고 있는 많은 사람들이 매년 겨울마다 불길한 예감에 직면한다. 계절성 정동장애는 특히 겨울에 낮이 매우 짧은 북위에서 일반적이다(스웨덴과 캐나다 같은 나라를 생각해 보라)(Kegel et al., 2009; ● 그림 50.1). 한 연구에 따르면, 뉴잉글랜드 북쪽에 사는 13%의 대학생들이 계절성 정동장애에 대한 징후들을 나타낸다고 한다(Low & Feissner, 1998). 가장 영향을 많이 받을 것으로 보이는 학생들은 대학을 다니기 위해

지속성 우울장애(기분 부전증) 보통 정도의 우울감이 2년 혹은 그 이상 지속되는 것

주요우울장애 하나 혹은 그 이상의 강렬한 우울 삽화를 겪는 기분장애

순환성 기분장애 중간 정도 수준의 조증과 우울행동이 2년 혹은 그 이상 지속되는 것

제I양극성장애 조증 삽화(흥분한, 과잉행동, 활동적인, 과대한 행동)와 함께 깊은 수준의 우울 삽화를 보이는 기분장애

제II양극성장애 우울(슬픔, 낙담, 죄책감에 시달림) 삽화와 하나 혹은 그 이상의 경미한 조증 삽화(경조증)를 보이는 기분장애

내생적 우울증 생활 사건들에 대한 반응이라기보다는 개인 내부에서 초래되는 것으로 보이는 우울증(아마 화학물질의 불균형에 의한 것으로 보임)

산후 우울증 출산 후 3개월 이내에 시작된 경미한 정도에서 중등도의 우울증

계절성 정동장애(SAD) 오직 가을, 겨울 동안에만 발생하며, 아마 일광에의 노출 감소와 관련된 것으로 보임

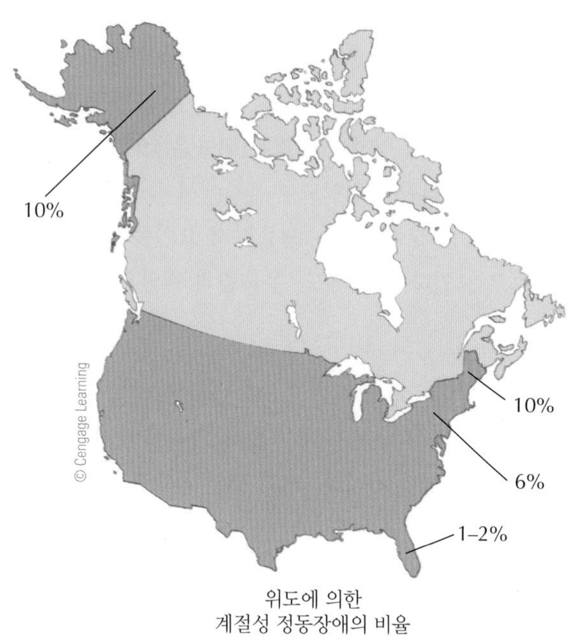

그림 50.1
계절성 정동장애(SAD)는 겨울 동안 일광에 노출되는 양의 감소와 연관되어 있는 것으로 보인다. 계절성 정동장애는 플로리다 인구의 1~2%에 영향을 미치며, 메릴랜드와 뉴욕시티에 살고 있는 사람들 중 약 6% 그리고 뉴햄프셔와 알래스카 거주자들의 거의 10%에 영향을 미친다. (Booker & Hellekson, 1992)

그림 50.2
하루에 1시간 혹은 그 이상의 밝은 백색광이나 청색광은 극적으로 계절성 정서장애의 증상을 극적으로 줄여 줄 것이다. 치료는 보통 가을부터 봄까지 필요하다. 광선요법은 여름의 새벽녘과 유사한 분위기를 연출하는 이른 아침에 하는 것이 최고이다 (Avery et al., 2001). 매일 1시간 혹은 그 이상 동안의 밝은 빛은 계절성 정동장애의 증상들을 극적으로 줄여 줄 것이다. 치료는 보통 가을부터 봄까지 필요하다. 광선요법은 일반적으로 이른 아침 밝은 백색광이나 청색광을 이용할 때 가장 효과가 있다.

남쪽에서 이사 온 학생들이었다!

계절성 우울증은 겨울 동안의 높은 수준의 멜라토닌 방출과 관련이 있다. 뇌 안의 송과선에 의해 분비되는 호르몬은 변화하는 광선 상태에 몸이 반응하는 것을 조절한다(Delavest et al., 2012). 80%의 계절성 정동장애 환자들이 광선요법이라 불리는 치료법에 의해 도움을 받고 있다(그림 50.2). **광선요법**(phototherapy)은 계절성 정동장애 환자들을 1시간 혹은 그 이상의 시간 동안 매우 밝은 형광등에 매일 노출시키는 것을 포함한다. 이 요법은 여름의 새벽녘과 유사한 분위기를 연출하는 이른 아침에 하는 것이 최고이다(Rosenthal., 2013; Vandewalle et al., 2011). 많은 계절성 정동장애 환자들에게는 따뜻한 아침 햇살을 충분히 쬐는 것이 열대지방에서의 휴가 다음으로 가장 좋은 방법인 것으로 보인다.

광선요법 계절성 정동장애의 치료법으로 밝고 전 영역의 빛에 노출시키는 치료법

모듈 50: 요약

50.1 기분장애는 무엇이고, 무엇이 기분장애를 초래하는가?

50.1.1 기분장애는 주로 기분이나 정서의 장애를 말하며, 조증 또는 우울한 상태를 초래한다. 심각한 기분장애는 정신병적 특징들을 포함하기도 한다.

50.1.2 지속성 우울장애(기분 부전증)는 오래 지속되기는 하지만 우울감의 수준은 중간 정도이다. 그에 반해서 주요우울장애는 극심한 슬픔과 낙담을 경험한다.

50.1.3 양극성장애는 조증과 우울증을 동시에 수반한다. 순환성 기분장애에서는 오래 지속되나 중간 정도 수준의 우울과 의기양양한 상태가 번갈아 나타난다. 제I양극성장애에서는 심한 정도의 조증과 심한 정도의 우울증이 번갈아 나타난다. 제II양극성장애에서는 대부분 우울증을 나타내나 경조증 삽화를 가진다.

50.1.4 기분장애는 유전적 취약성과 뇌 화학물질의 변화에 의해 부분적으로 설명된다. 기분장애는 또한 심리학적 요인들, 가령 상실, 분노, 학습된 무기력, 스트레스, 그리고 자기패배적인 사고 패턴에 의해 부분적으로 설명된다.

50.1.5 여성들은 남성보다 우울해지기 쉽다. 위험요인은 호르몬 변화와 스트레스가 되는 사회적, 환경적 조건들이다.

50.1.6 출산 후, 많은 여성들은 산후 모성 블루라는 짧은 혼란기를 경험한다. 어떤 여성들은 출산 후 더 심각하고 오래 지속되는 산후 우울증으로 인해 고통받기도 한다.

50.1.7 겨울 동안 발생하는 계절성 정동장애(SAD) 또한 우울증의 흔한 유형 중 하나다. 계절성 정동장애는 주로 광선요법으로 치료한다.

모듈 50: 지식 쌓기

암기

1. 기분부전증은 우울이고 순환성 기분장애는 조증우울이다. **O X**
2 기분장애는 종종 내인성에 해당한다. **O X**
3. 학습된 무기력은 우울의 어떤 이론에서 설명하는 것인가?
   a. 인본주의
   b. 생물학
   c. 행동주의
   d. 정신분석
4. 리튬은 불안장애 치료에 효과적인 것으로 보인다. **O X**
5. 대략 13%의 산모가 산후 첫 시기에 모성블루를 경험한다. **O X**
6. 겨울에만 발생하는 우울은 어디로 분류되는가?
   a. 계절성 정동장애
   b. 외상 후 스트레스 장애
   c. 양극성 장애
   d. 내인성 장애

반영

비판적으로 생각하기

7. 대인관계는 여성의 우울에 어떻게 기여하는가?

자기반영

평상시 '우울한' 기분과 싸우든가 그러한 상태에 계속 놓여 괴로웠던 적이 있었는가? 정상적인 기분 변동과 우울장애는 어떻게 다른가?

정답

1. O **2.** O **3.** c **4.** X **5.** X **6.** a **7.** 여성들은 관계에 더 집중하는 경향이 있다. 우울한 여성들이 보고하는 스트레스로 친구, 배우자 또는 애인의 상실; 대인관계 갈등이 있다. 그리고 좋아하는 사람들의 질병과 같은 관계에서의 문제를 보고하는 비율이 높다. 우울한 남성들은 실직, 법적 문제, 그리고 업무 문제와 같은 문제들을 언급하는 경향이 있다(Cambron, Acitelli, & Pettit, 2009).

51 Module

심리장애: 불안관련장애와 성격장애

높은 불안

여러분이 심각한 병에 걸렸는지 알아보려고 결과를 기다리고 있다고 상상해 보자. 이러한 상황에서 약간의 *불안*—우려, 두려움, 혹은 초조한 감정을 경험하는 것은 꽤 정상적인 일일 것이다. 하지만 극심한 불안을 느끼는 사람들은 대부분의 시간 동안 비참한 느낌을 가지며 행동은 점차 왜곡되어 자기패배적으로 변해 간다.

불안은 다양한 형태로 경험될 수 있다. 불안은 일반화될 수 있으며 특정 생활 스트레스 사건으로 인해 촉발될 수도 있지만 스트레스 사건과 관계없이 생겨날 수도 있다. 미국의 토네이도 시즌은 매년 많은 사람들을 속상하게 만든다. 많은 생존자들이 수년간 태풍으로 인한 스트레스 반응으로 고통받는다. 이 모듈에서는 불안관련장애들과 그것들이 왜 발생하는지에 대해 살펴볼 것이다.

여러분은 아마도 성격 특성들로 인해 힘들게 살아가는 이들을 알고 있을 것이다. 그 사람의 성격적 특질이 더 심해진다고 상상해 보라. 만약 그들이 그렇게 된다면, 그 사람은 이 모듈의 두 번째 주제인 성격장애를 가지고 있을 것이다.

FEMA/Alamy

SURVEY QUESTIONS

51.1 누군가 높은 수준의 불안으로 고통받을 때 어떤 문제들이 초래되는가?

51.2 심리학자들은 불안관련장애를 어떻게 설명하는가?

51.3 성격장애란 무엇인가?

불안관련장애—불안이 지배할 때

SURVEY QUESTION 51.1 누군가 높은 수준의 불안으로 고통받을 때 어떤 문제들이 초래되는가?

불안이 문제가 될 때는 언제인가? 해야 할 일이 있는데도 불안 때문에 일을 할 수 없을 때는 문제가 된다. 또한 불안을 통제할 수 없을 때, 걱정을 멈출 수 없을 때에도 문제가 된다. 불안관련 문제를 가진 사람들은 불안감에 위협을 느끼고 불안에 도움이 될 만한 건설적인 어떤 것을 하려고는 하지만 할 수가 없다. 그들은 그들 자신을 통제하기 위해 고군분투하지만 여전히 효과가 없으며 불행하다(Cisler et al., 2010; Rachman, 2013).

시험을 볼 때 참을 수 없을 정도로 불안 수준이 높아지는 대학생, 지안이 상담자를 찾아갔을 때, 그는 몇 개의 시험을 보지 않은 채 퇴학당할 위험에 놓여 있었다. 지안과 같은 불안관련 문제를 가진 사람들은 일반적으로 다음의 특성을 보인다.

- 높은 수준의 불안 혹은 제한적이며 자기패배적 행동 패턴들을 보임
- 일생생활에서 정교한 방어기제를 사용하거나 회피 반응을 보임
- 스트레스에 시달리는 느낌, 불안정감, 열등감, 그리고 삶에 대한 불만족감이 전반적으로 깔려 있음

이 모듈에서는 *불안장애*로 시작하여 불안과 관련된 장애들인 *강박 및 관련 장애*, *외상 및 스트레스 사건 관련 장애*, *해리장애*, 그리고 *신체 증상 및 관련 장애*들에 대해 살펴볼 것이다.

불안장애

대부분의 불안장애에서 정신적 고통감은 그들이 경험하고 있는 일들에 비해 과도하다. 아드리안 H에 대한 예를 살펴보자.

> 그녀는 아이들이 '이웃을 벗어나 다른 동네에서 놀고 있는 몇 시간 동안 연락을 받지 못하면 아이들이 다치거나 죽었을지도 모른다'는 생각으로 매우 불안해진다. 그녀는 또한 항상 자신의 업무능력과 남자들과의 관계에 대해서 걱정한다. 아드리안은 상대가 데이트 후에 거의 다시 연락하는 일은 없을 것이라고 믿었는데, 왜냐하면 '그들은 내가 재미있는 사람이 아니라는 걸 느낄 수 있기' 때문이라는 것이다. 그녀는 일에 집중하는 것에 어려움이 있고, 잦은 두통과 불면증에 시달리고 있으며, 한 번도 편안히 이완하여 휴식을 취한 적이 없다(Brown & Barlow, 2011에서 수정).

아드리안 H가 경험하는 정신적인 고통은 불안장애에서 나타나는 핵심요소이다. 성인 인구의 약 18%가 매년 불안장애로 고통받는다(NIMH, 2013). 불안은 또한 강박, 외상과 스트레스 관련장애, 해리, 그리고 신체화 장애에 기저해 있는 증상일 수 있으며, 이 경우 불안과 불편감을 줄이기 위해 부적응적 행동을 하게 된다(표 51.1). 그렇다면 불안이 어떻게 다른 스트레스 관련 문제들의 원인이 되는지 살펴보자.

범불안장애 적어도 6개월 이상 극심한 불안과 걱정이 지속된다면 **범불안장애**(generalized anxiety disorder)로 진단된다. 환자들은 일반적으로 발한, 두근거림, 축축한 손, 어지러움, 배탈, 빠른 호흡, 짜증스러움 및 집중력 저하를 호소한다. 남성보다는 여성에게 이러한 증상들이 더 많다(Brown & Barlow, 2011).

아드리안 H의 문제는 범불안장애인가? 그렇다. 하지만 만약 그녀가 *불안발작*도 경험한다면, 그녀는 공황장애로 진단될 것이다(Batelaan et al., 2010).

공황장애 **공황장애**(panic disorder)를 가지고 있는 사람들은 높은 수준의 불안과 함께 갑작스럽고 강렬하며 예상치 못한 공황을 느낀다. *공황발작* 시, 피해자들은 가슴 통증과 함께 심장이 너무 빨리 뛰고 숨이 막혀 곧 죽을 것 같은 느낌, 현기증, 그리고 비현실적인 느낌, 떨림 또는 통제감을 상실할 것에 대한 두려움을 경험한다. 많은 사람들이 심장마비가 올 것이라고 믿으며 미쳐 가거나 혹은 죽을 것이라고 믿는다. 말할 필요도 없이, 이러한 패턴은 피해자들을 오랜 시간 동안 불행하고 불편하게 만든다. 게다가 공황장애를 앓고 있는 사람들은 남성보다는 여성이 더 많다(Foot & Koszyski, 2004).

공황발작이 어떻게 느껴지는지 알고 싶다면, (타이타닉처럼) 바다 밑으로 가라앉고 있는 원양 여객선의 개인실에 갇혀 있다고 상상해 보자. 방은 물로 차고 있다. 천장 가까이에 작은 공간만이 남아 있고, 여러분은 숨을 헐떡이고 있다. 이 상황에서 여러분은 공황발작이 어떤 느낌인지 알 수 있을 것이다.

광장 공포증 **광장 공포증**(agoraphobia)은 집을 떠나거나 낯선 상황에 들어갈 때 *매우 난처한 일이 발생할 것이라는 두려움*을 느끼는 것과 관련이 있다. 광장 공포증 환자는 갑작스러운 어지러움이나, 설사, 숨가쁨 또는 공황발작을 겪을 것을 두려워하기 때문에 밖에 나가기를 거부할 것이다. 혼자서 집 밖에 나가는 것, 사람이 많은 곳에 있는 것, 줄을 서는 것, 다리를 건너는 것 또는 차를 타는 것은 광장 공포증 환자에게는 거의 불가능한 일로 다가올 수 있다. 결론적으로 어떤 광장 공포증 환자들은 포로가 된 것처럼 집을 떠나지 못한다(American Psychiatric Association, 2013).

공황장애와 광장 공포증이 서로 개별적인 분리된 장애처럼 보이기도 하지만 사실 이 두 장애가 모두 한 사람에게 일어날 수도 있다. 성인의 약 4.2%가 생애 어느 한 시점에서(공황과 함께 혹은 공황 없이) 광장 공포증으로 고통받는다(Grant et al., 2006).

특정 공포증 실제의 위험이 없음에도 불구하고 떨쳐 버리기 힘든 강렬하고 비합리적인 공포를 가지고 있을 경우 진단된다. **특정 공포증**(specific phobia)은 한 개인이 특정 물체, 활동 및 특정 상황에 대해 두려움이나 불안을 느끼고 회피를 하는 경우에 일어난다. 공포증을 가지고 있는 사람들은 그들의 공포가 불합리하다는 것을 알고는 있으나 통제하는 데 어려움이 있다. 가령 거미 공포증을 가진 사람은 사진 속 거미가 어느 누구도 물 수 없다는 것을 알고 있음에도 불구하고 거미 사진을 무시하기가 힘들다(Lipka, Miltner, & Straube, 2011). 특정 공포증은 가까운 어떤 대상이나 상황과도 관련될 수 있다(Stinson et al., 2007). 발병률 순서대로, 미국인에게 가장 흔한 특정 공포증은 다음과 같다.

벌레, 새, 뱀, 혹은 다른 동물들에 대한 공포증(당연히 거미에

범불안장애 일, 관계, 능력 또는 임박한 재난에 대한 만성적인 긴장과 우려상태
공황장애 만성적인 불안 상태와 급작스럽고 강렬하며 예상하지 못한 짧은 순간의 공황
광장 공포증 만약 집을 나서거나 친숙하지 않은 상황에 있을 때 극도로 난처한 일이 발생할 것이라는 두려움
특정 공포증 특정 사물, 활동 또는 상황들에 대한 강렬하고, 비이성적인 두려움

표 51.1 DSM-5 불안관련장애 유형

장애 유형	각 장애에 해당하는 전형적인 신호
불안장애	
범불안장애	극심한 불안과 걱정이 6개월 이상 지속된다.
공황장애	거의 대부분 시간 동안 불안하며 갑작스러운 공황발작을 겪는다. 공황발작을 겪고 난 후에는 공공장소에서 다시 공황발작이 일어날 것에 대한 두려움으로 거의 집 밖에 나가지 않는다.
광장 공포증	집 밖에 나갔을 때 엄청나게 난처한 일이 일어날 것이라고 두려워한다. (하지만 공황발작은 없다.)
특정 공포증	특정 사물, 활동 혹은 장소에 대해 강렬한 공포를 느낀다.
사회 공포증	사람들이 쳐다보고, 비판하고 난처하게 하거나 창피를 줄 수 있는 사회적 상황들을 두려워한다.
강박장애	
강박장애	특정 생각들 때문에 극도로 긴장하고 특정 행동이나 일상생활의 규칙을 엄격히 반복적으로 행해야 할 것 같은 의무감이 든다.
저장 강박장애	어떤 것을 수집하고 나눠 주거나 버리는 것에 어려움을 느낀다.
외상 및 스트레스 사건 관련 장애	
적응 장애	스트레스에 대한 반응으로 촉발되는 우울, 불안 등의 정서적 불쾌감이 나타난다.
급성 스트레스 장애	끔찍한 사고의 정서적 후유증으로 괴로워하는 일이 한 달 이내에 사라진다.
외상 후 스트레스 장애	끔찍한 사고의 정서적 후유증으로 괴로워하는 일이 한 달 이상 지속된다.
해리장애	
해리성 기억상실증	이름, 주소 또는 과거를 기억할 수 없다.
해리성 둔주	갑작스럽고 미리 계획하지 않은 여행을 가고 자신이 누구인지 혼란스럽다.
해리성 정체감 장애	둘 혹은 그 이상의 개별적 인격이나 정체성을 가진다.
신체 증상 및 관련 장애	
신체 증상 장애	신체 기능과 병에 집착한다.
허위성 장애(뮌하우젠 증후군)	주의를 끌기 위해 의도적으로 의료적 문제들을 만들어 낸다.
전환 장애	심각한 정서적 갈등을 신체 장애와 아주 유사한 증상들로 '전환시킨다.'

출처: American Psychiatric Association (2013), Durand & Barlow (2013)

대한 두려움인 거미 공포증 그리고 동물에 대한 두려움인 동물 공포증을 포함한다.)

고소 공포증—높은 곳에 대한 두려움

번개불 공포증(Astraphobia)—폭풍우, 천둥, 번개에 대한 두려움

물 공포증—물 위나 안에 있는 것에 대한 두려움

비행기 공포증—비행기에 대한 두려움

폐쇄 공포증—닫힌 공간에 대한 두려움

많은 공포들의 이름은 기초단어들을 '공포증'과 결합하여 이름을 붙인다. 숫자 13을 두려워하는 13 공포증, 외국인을 두려워하는 외국인 공포증, 피를 두려워하는 피 공포증이 그 예이다. 광대 공포증은 광대를 두려워하는 것이고 땅콩버터 공포증은 입천장에 피넛버터가 붙는 것을 두려워하는 것이다.

거의 대부분의 사람들이 높은 곳, 폐쇄된 공간, 벌레나 기어 다니는 것들에 대한 경미한 정도의 공포증을 가지고 있을 것이다. 실제 공포증을 가지게 되면 압도되는 공포감, 구토, 소스라치듯 급히 도망가거나 또는 기절을 하게 될 것이다. 공포장애로 진단받기 위해서는, 공포가 반드시 일상 생활에 지장을 줄 정도여야 한다. 공포증이 있는 사람들이 다리 건너는 것을 피하기 위해 80km를 둘러서 목적지로 가는 것처럼 그들이 두려워하는 사물

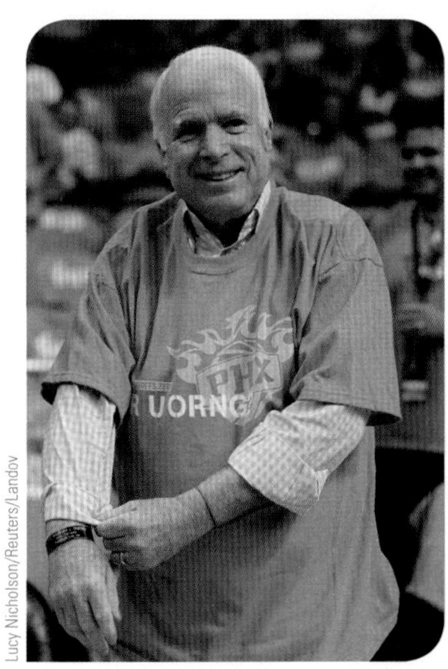

Lucy Nicholson/Reuters/Landov

농구 게임을 보고 있는 참전 용사, 상원의원 존 맥케인 씨는 숫자 13을 싫어한다. 그는 항상 31센트를 가지고 다닌다(13의 반대). 한번은, 선거사무소가 건물의 13층에 위치해 있었는데, 바로 'M층'이라고 이름이 바뀌었다(Wargo, 2008).

혹은 상황을 피하기 위해서는 어떤 고생도 마다하지 않을 만큼 위협을 받는다. 성인의 약 8.7%가 특정 공포장애를 가지고 있다(NIMH, 2013).

사회 공포증 **사회 공포증**(social phobia)을 가지고 있는 사람들은 타인에게 그들이 관찰되거나, 평가받고, 난처해지거나, 혹은 창피당할 수 있는 상황을 두려워한다. 이것은 그들을 어떠한 특정 사회적 상황을 피하도록 하는데, 먹기, 글쓰기, 화장실 사용하기, 혹은 공공장소에서 말하기와 같은 것이다. 그러한 상황들을 피할 수 없다면, 사람들은 극심한 불안 혹은 심리적 고통을 받으면서 견딘다. 그들에게 가슴 두근거림, 손 떨림, 발한, 설사, 정신 혼미, 그리고 얼굴 붉어짐과 같은 불쾌한 신체적 증상들은 흔한 일이다. 사회 공포증은 개인의 업무에 대한 능력, 학교에 다니는 것과 같은 개인적 관계를 형성하는 것을 크게 손상시킨다(American Psychiatric Association, 2013). 성인 중 약 6.8%가 사회 공포증을 가지고 있다고 한다(NIMH, 2013).

강박 및 관련 장애

DSM-5에서는 강박 및 관련 장애를 불안장애와 분리하여 다른 범주로 분류하였지만 강박 및 관련 장애는 불안에 대처하는 가장 좋은 예라고 볼 수 있다.

강박장애(obsessive-compulsive disorder)를 앓고 있는 사람들은 고통스러운 특정 생각에 집착하고 특정 행동을 수행해야 한다고 느낀다. 아마 마음속으로 거듭 특정 노래나 광고 CM송을 반복적으로 따라 부를 수도 있는데, 이는 경미한 강박사고에 해당된다고 볼 수 있다. 이러한 것은 짜증이 날 수는 있지만 일상생활에 방해가 되지는 않는다. 진짜 강박사고는 이미지나 사고가 개인의 의지에 반하여 의식으로 억지로 밀고 들어오는 것이다. 강박사고는 강렬한 불안을 일으킬 정도로 성가시고 괴롭게 한다. 강박의 주요 유형들은 (1) '더럽고' '불결한' 상태가 되는것, (2) 어떠한 행동을 했는지 하지 않았는지에 대한 것(예를 들어 문을 잠그는 것), (3) 물건을 '제자리'에 두는 것, 그리고 (4) 금기시하는 생각들 혹은 행동들(예를 들어 배우자가 독살되는 것이나 부도덕한 행위를 저지르는 것)에 관한 것이다. 관련 장애인 **저장 강박장애**(hoarding disorder)는 과도하게 여러 가지 것들을 수집하는 것이다(Rasmussen, Eisen, & Greenberg, 2013).

강박사고는 보통 강박행동을 일으킨다. 강박행동은 어떤 것을 반복하고자 충동을 느끼게 되는 비이성적인 행동이다. 강박적 행동은 어떤 것을 통제하거나 강박사고에 의한 불안을 차단하는 것을 돕는다. 예를 들어, 한 성직자는 신성모독이 마음에 떠오를 때마다 강박적으로 그녀의 심장 박동 수를 센다. 심장 박동 수를 세는 것이 그녀가 '불결한' 생각을 하는 것을 막아 줄 것이다. 어떤 사람들은 '검사자' 또는 '청소부' 역할을 한다. 가령, 아기가 칼에 찔리는 상상이 반복적으로 드는 젊은 엄마는 그녀 집에 있는 모든 칼들을 서랍에 넣어 두었다는 것에 대해 확신하기 위해 1시간에 한 번씩 확인할 것이다(검사자). 그렇게 하는 것은 그녀의 불안을 줄여 줄 수 있지만, 그것은 또한 그녀의 삶을 장악할 것이다. 마찬가지로, '세균은 어디에나 있기' 때문에 일상적 물건을 만지는 것에 대해 '오염되었다'고 느끼는 사람은 하루에 수백 번 자신의 손을 씻으려는 충동을 느낄 것이다(청소부).

물론 모든 강박장애가 극적이지는 않다. 많은 이들이 그저 질서정연하게 정돈하고 엄격한 일상규칙들을 지켜 나가고자 한다. 강박적으로 세부적인 것에 관심을 가지고 엄격한 규칙을 따르는 것은 활동을 완전히 통제하에 두는 것을 돕고 높은 수준의 불안을 가지고 있는 사람을 더 안심시킨다(Challacombe, Oldfield, & Salkovskis, 2011). (만약 이러한 패턴들이 오래되었으나 덜 강하다면 그들은 성격장애로 분류될 것이다. 이에 대해서는 후반부에 좀 더 자세히 설명할 것이다.)

사회 공포증 사회적인 상황에서 타인에 의해 관찰되고, 평가를 받고, 난처해지거나 창피를 당하는 것에 대한 강렬하고 비이성적인 두려움

강박장애 특정 사고에 극도로 집착하고 어떠한 행동들을 강박적으로 수행하는 것

저장 강박장애 과도하게 다양한 것들을 수집하는 것

Alex Garcia/MCT/Landov

수집가들은 어떤 것들을 모으는 것에 강박적이며 또한 버리는 것에도 매우 어려움을 느낀다. (Hayward & Coles, 2009)

외상 및 스트레스 사건 관련 장애

만약 어떤 상황이 심리적 고통, 불안 또는 두려움을 유발한다면, 우리는 그것을 '묻어 두고' 회피하려는 경향이 있다. 이것은 정상적인 생존 본능이다. *외상과 스트레스 사건 관련 장애*는 사람들이 대처할 수 있는 능력 밖의 외상이나 스트레스를 경험했을 때 발생한다.

불안장애와는 어떻게 다른가? 표면상의 증상은 비슷하다. 하지만 불안장애를 겪는 사람들은 그들 주변에 무슨 일이 일어나는가와 상관없이 그들의 고통을 만들어 내는 것으로 보인다. 그들은 언제든 일어날 수 있는 '미래'의 위협에 대비하여 경계해야만 한다고 느낀다(Butcher, Mineka, & Hooley, 2010). 이에 반해서 외상과 스트레스 사건 관련 장애는 개인의 특정 생활 환경에 원인이 있으며 생활 환경을 개선하면 좋아질 수도 있다(Kramer et al., 2010).

스트레스와 외상 문제들은 '신경쇠약'을 유발하는가? 외상-스트레스 사건 관련 장애를 앓는 사람들은 비참하다는 생각을 할 수는 있으나, '신경쇠약'을 경험하는 것은 드물다. 사실 '신경쇠약'이라는 용어는 공식적인 의미를 가지고 있지는 않다. 그럼에도 불구하고 적응 장애라고 알려져 있는 병은 '신경쇠약'과 유사한 것으로 간주될 뻔했다.

적응 장애(adjustment disorder)는 일상의 스트레스에 대처하는 능력 이상을 넘어서서 과도한 요구가 있을 때 발생한다. 그러한 스트레스의 예로 실직, 심각한 부부간 갈등 그리고 만성적인 신체적 질병이 있다. 적응 장애를 가지고 있는 사람들은 매우 과민하고 모든 것에 심드렁하니 관심이 없어 보이고 불안과 우울감을 가지고 있다. 그들은 또한 수면 문제가 있으며 식욕을 잃고 다양한 신체적 불편감으로 고통받는다. 적응 장애 문제는 종종 휴식, 진정제 투여, 지지적 상담, 그리고 그들의 두려움과 불안에 대해 자세히 '이야기할' 기회를 가지게 되면 완화될 수 있다(Ben-Itzhak et al., 2012).

외상이나 스트레스가 홍수, 토네이도, 지진 또는 끔찍한 사고들처럼 보통 사람의 경험 범위를 넘어서게 될 때 더 심각한 반응들이 일어난다. 많은 정치적 인질들도 이런 유형의 외상이나 스트레스로 심각한 영향을 받게 된다. 참전 용사, 전쟁 포로, 테러나 고문 및 강력 범죄, 그리고 죽음이나 심각한 부상을 목격한 사람들(Hughes et al., 2011; Polusny et al., 2011)이 이에 해당한다.

더 심각한 형태의 스트레스 장애 증상으로는 외상적 사건을 반복적으로 다시 경험하는 것, 스트레스 사건이 떠오르는 것을 피하는 것, 그리고 무뎌진 정서를 들 수 있다. 또한 일반적으로 불면증, 악몽, 경계심, 집중력 저하, 과민성, 그리고 폭발적인 분노 혹은 공격성도 보인다. 만약 이런 반응들이 외상적 사건 이후 한 달 *이내*에 사라진다면 **급성 스트레스 장애**(acute stress disorder)로 진단될 수 있다. 만약 이러한 반응들이 한 달 *이상* 지속된다면 **외상 후 스트레스 장애**(post-traumatic stress disorder, PTSD)를 가지고 있는 것으로 봐야 한다(Gupta, 2013; Sue et al., 2013).

매년 미국 성인의 약 3.5%가 외상 후 스트레스 장애를 겪는다(NIMH, 2013). 이라크와 아프가니스탄 전투에 참여한 군인들을 포함하여 전투에서 돌아온 참전 용사의 20%가 PTSD를 앓는다(Rosen et al., 2012; Salisbury & Burker, 2011). 계속되는 죽음의 위협, 끔찍한 광경과 전쟁의 소리에 계속 노출되는 것은 한 사람에게 끔찍한 고통을 준다.

해리장애

*해리장애*에서는 *기억상실*, *둔주* 혹은 *다중 인격* 삽화들을 관찰할 수 있다. **해리성 기억상실증**(dissociative amnesia)은 자신의 이름, 주소 혹은 과거에 대한 기억을 상실하는 것이다. **해리성 둔주**(dissociative fugue)는 갑작스레 집을 떠나 계획되지 않은 여행을 하게 되고 자신의 정체성에 대해 혼동을 하게 된다. 개인의 정체성을 잊어버리고 불쾌한 상황으로부터 도망가는 것은 참을 수 없는 불안에 대해 방어하는 행동인 것으로 보인다. **해리성 정체감 장애**(dissociative identity disorder)를 가지고 있는 사람은 둘 혹은 그 이상의 개별적 인격 또는 성격을 가지고 있다. (정체감 장애는 조현병과 같지 않다는 것을 잊지 마라. 조현병에 대해서는, 모듈 50에서 살펴보았다.)

다중 인격으로 유명한 예가 『시빌(Sybil)』이라는 책에 기술되었다(Schreiber, 1973). 시빌은 16개의 다른 인격을 가지고 있었는데, 각 인격은 독특한 태도와 목소리 그리고 어휘를 가지고 있었다. 한 인격은 피아노를 연주할 수 있었으나, (시빌이 아닌) 다른 인격은 그렇지 못했다.

시빌 외의 다른 정체성이 장악했을 때, 시빌은 '시차'를 경험하거나 기억상실을 경험했다. 기억상실과 함께 어린 시절의 인격들이 번갈아 나타났다. 그녀는 어릴 때 두들겨 맞고, 벽장 안에 갇히고, 심하게 고문당했으며, 성적 학대를 받았고, 거의 죽을 뻔했었다. 시빌의 첫 해리는 그녀가 집에서 고통받을 다른 인격을 만들어 내게 함으로써 그녀가 집에서 도망치는 것을 가능하게 했다. 정체감 장애는 보통 시빌이 경험한 것처럼 견딜 수 없을 정도로 고통스러운 어린 시절의 경험으로부터 시작한다. 다중 인격으로 분열된 사람들 중 많은 이들이 어린 시절의 외상 경험, 특히 성적학대 경험을 가지고 있었다(McLewin & Muller, 2006).

시빌과 같이 유명한 사건들은 일부 전문가들이 다중 인격 존재 자체에 의문을 가지게끔 했다(Boysen & VanBergen, 2013; Piper, 2008). 그러나 다수의 심리학자들은 다중 인격장애는 드물기는 하지만 실제로 존재한다고 믿고 있다(Boysen, 2011; Dell, 2009). 해리성 정체감 장애의 치료에서는 최면을 이용할 수 있으며, 최면은 다양한 인격들과의 접촉을 가능하게 해 준다. 치료의 목적은 단일의 균형 있는 인격으로 정체감을 '통합'하고 '결합'하는 것이다.

임상 파일

아픈 것에 넌더리가 난

열네 살 때, 벤은 비강문제로 다시 병원에 입원했다. 그는 이미 여덟 살 때부터 40번의 수술을 받았다. 게다가 그는 양극성장애와 적대적 반항장애 그리고 주의결핍장애로 진단받기도 했다. 벤은 19개의 각기 다른 약을 복용했고, 그의 어머니는 그가 '치유되기를' 몹시 바란다고 말했다. 그녀는 벤을 위해 수많은 검사들을 찾아 해 보았다. 하지만 오랜 시간이 흐른 후, 벤에게 아무런 문제가 없다는 것이 밝혀졌다. 의사와 단둘이 남은 벤은 "아픈 것에 신물이 난다"고 말했다.

사실 아픈 것은 벤의 어머니였다. 그녀는 결국 **허위성 장애**(factitious disorder)로 진단받았다(Awadallah et al., 2005). 허위성 장애는 *뮌하우젠 증후군*으로 본인의 의료 문제를 위조하는 장애다. 벤의 경우와 같이 본인이 돌보고 있는 사람들의 의료 문제를 위조하는 경우는 *대리 뮌하우젠 증후군*으로 불린다. 이 경우 대부분은 아이들의 어머니에 의에 의해 의료 문제가 조작된다(Day & Moseley, 2010). 가끔은 의도적으로 그들의 아이들을 다치게 하기도 한다. 가령 한 어머니는 아들에게 세븐업을 주입했다(Reisner, 2006).

그렇다면 왜? 허위성 장애를 가진 사람들은 주목받고 전문 의료진들로부터의 동정을 받고 싶어 하는 병적인 욕구가 있는 것으로 보인다. 그들은 또한 아이들의 건강에 관심을 가지고 신경을 쓰는 혹은 좋은 부모로 칭찬을 받을 것이다(Day & Moseley, 2010).

신체 증상 및 관련 장애

건강해 보이는데도 불구하고 끊임없이 자신이 병에 걸리지 않았을까 걱정하고 있는 사람을 알고 있는가? 이러한 사람들은 심장박동, 호흡 또는 소화와 같은 신체적 기능에 집착한다. 작은 신체적 문제들—작은 상처 혹은 가끔 기침하는 것—조차 암이나 다른 무서운 병에 걸렸다고 확신하기도 한다. 의사의 검진을 통해 의학적 근거가 없다고 이야기를 듣고 난 후에도 이들은 중대한 병에 걸릴지도 모른다는 두려움을 멈출 수가 없다(Dimsdale, 2011).

지금 건강 염려증에 대해 기술하고 있는가? 어느 정도는 그렇다. **신체 증상 장애**(somatic sympton disorder)는 새로운 DSM-5 장애로 *건강 염려증*, *신체화 장애*, 그리고 *통증 장애*, 이 세 가지 장애들의 특징을 결합한 것이다(American Psychiatric Association, 2013). 이 장애를 가지고 있는 사람들은 보통 다음의 특징들이 결합한 형태로 증상을 호소한다. (1) 정상적인 신체 감각을 심각한 질병을 가지고 있다는 증거로 해석하는 것(건강 염려증), (2) 그들의 불안을 다양한 신체의 통증으로 표현하는 것, (3) 명백한 신체적 원인을 찾아내지 못하는 손상 통증. 이런 사람들은 아마 구토감, 메스꺼움, 숨가쁨, 삼키기 어려움 혹은 고통스러운 월경기간을 보낼 것이다. 대개 오랜 시간 통증을 느끼며 의사를 지속적으로 방문한다. 많은 환자들이 약을 복용하거나 다른 치료를 받기도 한다. 하지만 그들 고통에 대한 명확한 원인은 찾을 수 없다

적응 장애 일상경험의 범위 내에서 진행 중인 스트레스에 의해 야기된 정서장애

급성 스트레스 장애 스트레스 후 한 달까지 지속되는 심리적 장애로 스트레스를 경험한 누구에게나 불안을 초래한다.

외상 후 스트레스 장애 스트레스 후 한 달 이상 지속되는 심리적 장애로 스트레스를 경험한 누구에게나 불안을 초래한다.

해리성 기억상실증 개인의 정체성과 관련된 중요한 정보에 대한 (부분적 혹은 전부) 기억상실

해리성 둔주 집을 떠나 갑작스런 여행길에 생긴 개인의 정체감에 대한 혼동

해리성 정체감 장애 둘 혹은 그 이상의 개별적 인격들이 존재함(다중 인격)

허위성 장애(뮌하우젠 증후군) 관심을 끌고자 하는 의도에서 본인 또는 본인이 돌보는 사람의 의료 문제를 위조함

신체 증상 장애 다음에서 하나 혹은 그 이상을 포함한다. 정상적 신체 감각들을 병의 증거로 해석한다(건강 염려증). 신체통증을 통해 불안을 표출한다. 그리고/또는 명확한 신체적 근거를 찾기 힘든 심각한 통증

(흥미롭고 반전이 있는 질병에 대해서는 글상자 "아픈 것에 넌더리가 난"을 참조하라).

또 다른 보기 드문 장애 중 하나인 **전환 장애**(conversion disorder)는 심각한 정서적 갈등이 신체적인 기능을 실제로 방해하거나 신체적 불능과 꼭 닮은 증상으로 '전환된' 경우 나타날 수 있는 장애이다. 예를 들어, 전투 바로 직전에 병사는 귀머거리나 절름발이가 되거나, '장갑 마비(glove anesthesia)'가 생길 것이다.

장갑 마비? 장갑 마비는 보통 장갑에 의해 감싸지는 피부 영역의 감각 손실이 생기는 경우를 말한다. 장갑 마비를 통해 전환증상이 종종 의학적 사실과 정반대의 현상임을 알게 된다. 손에 있는 신경계는 장갑 같은 패턴의 형태를 보이지 않고 이러한 증상이 생길 수도 없다(● 그림 51.1).

만약 환자가 잘 때나, 최면에 걸리거나, 마취됐을 때 증상이 사라진다면, 전환 반응을 반드시 의심해야 한다(Russo et al., 1998). 알아 두어야 할 다른 신호는 전환 반응을 보이는 환자들이 갑자기 장애가 생긴 것에 대해 이상하게도 별 걱정을 하지 않는다는 것이다.

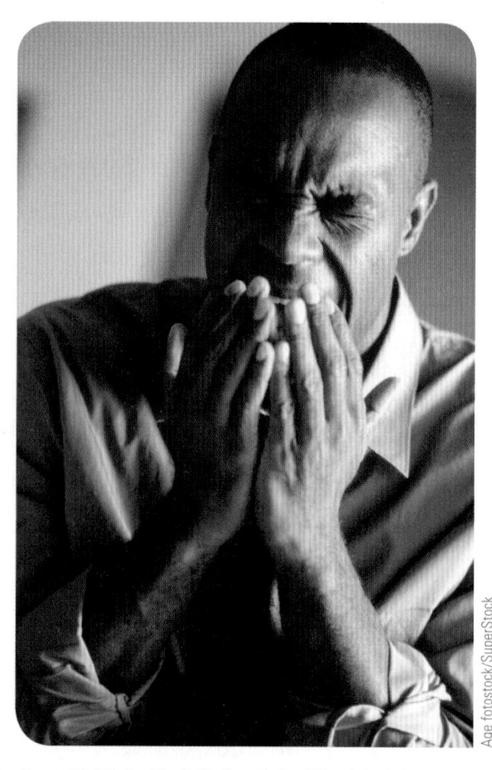

며칠 혹은 몇 주간 지속되는 조절 불가능한 재채기는 대개 전환 장애이다. 이러한 경우, 재채기의 속도나 리듬이 전형적이지 않다. 게다가 보통은 재채기 동안 눈이 감기는데 이 경우에는 눈이 감기지 않는다. 그리고 재채기가 자는 동안은 발생하지 않는다. 이러한 신호들은 재채기의 원인이 신체에 있는 것이 아니라 심리적이라는 것을 말해 준다(Fochtmann, 1995).

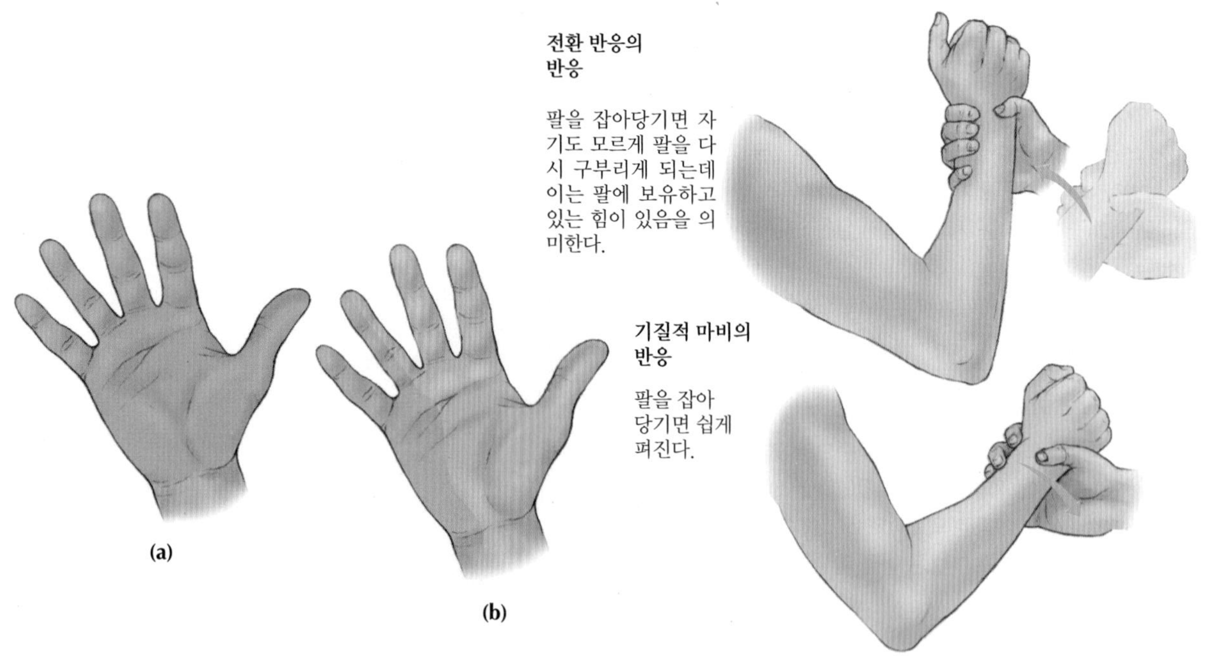

전환 반응의 반응
팔을 잡아당기면 자기도 모르게 팔을 다시 구부리게 되는데 이는 팔에 보유하고 있는 힘이 있음을 의미한다.
기질적 마비의 반응
팔을 잡아 당기면 쉽게 펴진다.
(a)
(b)

● 그림 51.1

(왼쪽) '장갑 마비'는 장갑에 의해 감싸질 수 있는 손 부분의 감각 상실이 생기는 전환 반응이다(a). 만약 '마비'가 신체적으로 발생된다면, (b)에 보여지는 패턴을 따를 것이다. (오른쪽) 팔의 자연스러운 마비를 시험해 보기 위해, 검사자가 갑자기 근육을 피면서 팔을 잡아당긴다. 환자가 팔을 무심코 당긴다면 이는 전환 반응을 나타낸다.

불안과 장애—문제에 대한 네 가지 경로

SURVEY QUESTION 51.2 심리학자들은 불안관련장애를 어떻게 설명하는가?

불안관련장애 또한 스트레스-취약성 모델로 잘 설명된다. 불안관련장애에 대한 취약성은 부분적으로 유전된 것으로 보인다(Rachman, 2013). 연구결과들을 살펴보면 몹시 예민하고 긴장된 그리고 감정적인 경향들의 유전적 특성들이 불안장애에 반영되어 있다. 가령 공황장애를 가지고 있는 부모를 둔 아이들 중 60%는 두려움이 많고 억제되어 있는 기질을 가지고 있다. 이러한 아이들은 유아들처럼 쉽게 짜증을 내고 주변에 경계적이며 걸음마를 배우는 아이처럼 부끄러움이 많거나 두려움이 많고 초등학교에 들어가서도 내성적이고 조용하고 매사에 조심하는 모습을 보인다. 이들이 시간이 지나 어른이 되면 불안 발작과 같은 불안 문제의 고위험군이 된다(Barlow, 2000; Durand & Barlow, 2013).

불안관련장애의 원인에 대한 적어도 네 가지 주요한 심리적인 관점들이 있다. (1) *정신역동적* 접근, (2) *인본실존주의적* 접근, (3) 행동주의적 접근, (4) *인지적* 접근.

정신역동적 접근

*정신역동*이라는 용어는 내적인 동기, 갈등, 무의식적 추동 그리고 정신생활의 다른 역동들을 지칭한다. Freud는 그가 '신경증'이라 불렀던 것에 대한 정신역동적 설명을 처음으로 제안한 사람이다. Freud에 따르면, 우리가 앞서 기술한 장애들은 성격의 하위 부분들(원초아, 자아, 초자아) 사이의 격렬한 갈등으로 인해 생긴다.

Freud는 성과 공격성 같은 금지된 원초아의 충동이 행동으로 나올 것 같은 위협 상황에서 강렬한 불안이 생길 수 있다고 강조했다. 사람들은 '미친' 것 또는 금지된 것을 하는 데 두려움을 느낀다. 또는 금지된 충동을 억누르기 위해 초자아로서 기능하는 죄책감으로 괴로워할지도 모른다. 원초아와 초자아 사이에 놓여 있는 자아가 결국 갈등을 조정하지 못하고 이에 압도되어 버리면 경직된 방어기제를 사용하게 되거나 통제감 상실을 막기 위한 목적으로 경직된 행동을 하게 된다(모듈 45 참조).

인본실존주의적 접근

인본주의적 이론은 주관적 경험, 인간 문제, 그리고 개인의 잠재력을 강조한다. 인본주의 심리학자인 Carl Rogers는 불안관련장애들을 포함하여 정서장애가 잘못된 자기 이미지 또는 잘못된 자기 개념의 최종산출물이라고 보았다(Rogers, 1959). Rogers는 불안이 자기상에 대한 비현실적인 이미지의 생성으로 인해 생길 수 있다고 믿었다. 어떤 사람이 비현실적인 자기 이미지를 가지고 있다면 그(녀)는 모순된 정보에 취약해지기 쉽다. 가령 샤이엔이 스스로에 대해 매우 지적인 사람이라는 자기 이미지를 가지고 있다고 생각해 보자. 그런데 학교에서 형편없는 학생이라면 그녀는 아마 스스로에 대한 또는 상황에 대한 그녀의 지각을 부정하거나 왜곡하기 시작할 것이다. 샤이엔이 불안이 점점 심각해지면 결국 방어기제에 기대어 살아갈 것이다. 자기상이 위협받을 상황에 놓이면 결국 전환 반응, 불안 발작 그리고 이와 유사한 증상들을 보일 것이다. 결국 이러한 증상들은 더 많은 왜곡을 유발하는 새로운 위협이 될 것이고 결국 부적응과 불안을 경험하게 되는 악순환에 빠지게 될 것이다.

실존주의는 죽음, 의미, 선택 그리고 책임감과 같은 존재 자체의 기본적인 문제들에 집중한다. 실존주의적 관점을 더 깊이 취하는 심리학자들은 건강하지 않은 불안을 개인 삶에서의 *의미* 상실로 설명한다. 만약 삶이 의미로워져야 한다면 우리의 선택에 *용기*와 *책임감*을 보여 주어야 한다는 것이 그들의 설명이다. 우리는 '실존적 불안'에 너무 자주 항복하고 삶을 향상시킬 수 있는 선택들로부터 뒷걸음친다. 실존적인 불안은 우리가 우리의 삶에 대한 개인적 책임이 있다는 것을 아는 것으로부터 피할 수 없는 괴로움이다. 따라서 우리가 삶의 공허함과 비인격적인 허무함을 경험할 때 더욱 현명하고 대담한 결정을 내려야 할 필요가 있다. 청소년들은 아마 그들의 정체감을 발달시킬 때 상당한 실존적인 불안을 경험할 것이다(Berman, Weems, & Stickle, 2006).

실존주의적 관점에 따르면, 불안한 사람들은 '나쁜 신념' 안에 산다. 즉 그들은 의미 있는 존재가 되기 위한 막중한 책임 앞에서 무너진 것이다. 요컨대, 그들은 그들 삶의 길을 잃었다. 이런 관점에서 보면, 여러분이 가치 있다고 여기거나, 느끼거나, 믿는 것을 진정으로 반영하지 않은 선택을 하게 되면 여러분을 아프게 만들 수 있다.

행동주의적 접근

행동주의자들은 명백하고 관찰 가능한 행동 그리고 학습과 조건화의 효과를 강조한다. 행동주의자들은 다른 행동들이 학습되는 것처럼 우리가 논의한 '증상'이 학습된다고 가정한다. 가령 모듈 24에서 우리는 공포증이 고전적 조건화에 의해 생길 수 있다고 배웠다. 비슷하게 불안 발작은 새로운 상황에 일반화된 조건화된 정서 반응일 수 있다. 그리고 건강 염려증 환자들의 '아픈 행동'

전환 장애 신체적인 장애가 있는 것으로 보이는 신체적 증상이지만 실제로는 불안이나 정서적 고통에 의해 야기된 것이다.

은 그(녀)가 받는 동정심과 관심에 의해 아마 강화될 것이다. 모든 이론가들이 동의하는 것 중 하나는 왜곡된 행동이 일시적으로는 불안을 감소시킬 수 있을지 모르지만 장기적으로는 개인을 더욱 비참하게 만들기 때문에 결국에는 자기패배적일 수밖에 없다는 것이다.

그런데 이런 패턴은 어떻게 시작되는 걸까? 행동주의적 설명에 의하면 자기패배적인 행동은 회피 학습으로 시작된다(모듈 26에서 설명됨). 회피 학습은 반응을 미루거나 고통스럽거나 불쾌한 자극의 발생을 방지하고자 할 때 일어난다. 아래 나온 이야기를 잠시 살펴보자.

> 한 동물이 특별한 우리 안에 있다. 조명이 켜지고 몇 분 뒤 고통스러운 전기쇼크가 뒤따랐다. 동물은 재빨리 옆 방으로 도망친다. 몇 분 뒤, 방 안에 조명이 켜지고 전기쇼크가 반복된다. 곧 그 동물은 쇼크가 발생하기도 전에 움직여 고통을 회피하는 방법을 학습한다. 쇼크 피하는 법을 배우고 난 뒤에는, 그리 신경 쓰지 않아도 잘 피하게 된다. 잘 훈련된 동물은 쇼크가 존재하지 않는 상황이나 자극들도 피할 수 있다.

동일한 분석이 인간의 행동에 적용될 수 있다. 행동주의자들은 회피행동이 불안이 즉각적으로 경감되는 것에 대한 강력한 보상이 될 수 있다면 자기패배적인 회피 행동은 계속 유지될 것이라고 말할 것이다. **불안 감소 이론**(anxiety reduction hypothesis)으로 알려진 이러한 관점은 우리가 앞서 논의해 왔던 행동 패턴들이 왜 외부 관찰자들에게 멍청해 보이는지를 설명해 주는 것 같다.

인지적 접근

인지적 관점에서는 왜곡된 사고를 가지고 있으면 보통 수준의 위협이나 실패들도 과장되어 받아들일 수 있다고 본다. 그리고 이는 고통을 야기한다(Steinman et al., 2013). 가령 사회 공포증이 있는 보니는 학교에서 평가받는 것에 대한 생각들로 끊임없이 괴로워하고 있다. 이러한 생각을 하게 되는 이유 중 하나는 사회 공포증을 가지고 있는 사람들이 완벽주의적인 경향이 있기 때문이다. 다른 사회 공포증처럼 보니는 실수하는 것을 지나치게 걱정한다. 그녀는 비판이 없는데도 불구하고 비판을 받았다고 생각한다. 만약 자신에게 관심이 집중되는 사회적 상황에 참석해야 한다고 예상하면 그녀는 그 상황을 피할 것이다(Brown & Barlow, 2011). 심지어 사회 공포증 환자들은 성공했을 때에도 왜곡된 생각 때문에 실패했다고 믿게 된다. 요컨대, 보니와 같은 불안한 사람들의 생각 패턴을 바꾸는 것은 그들의 공포를 줄이는 데 크게 도움이 될 것이다(Arch et al., 2013).

결과 불안을 이해하는 데 도움이 되는 핵심사항들을 앞서 설명한 네 가지 심리학적 설명을 통해 모두 살펴보았다. 불안관련장애들을 이해하는 데 한 이론보다는 각 이론들이 설명해 놓은 것들을 통합해서 살펴보는 것이 도움이 될 것이다. 각각의 관점은 또한 치료에 대해 다른 접근을 제안하고 있다. 이에 대해서는 후반부 심리치료에 대한 모듈에서 좀 더 자세히 살펴볼 것이다.

성격장애—부적응의 청사진

SURVEY QUESTION 51.3 성격장애란 무엇인가?

"여기서 당장 나가. 그리고 내가 평화롭게 죽을 수 있도록 날 혼자 내버려 둬." 주디는 정신병원의 격리실에서 간호사에게 소리 질렀다. 지난번 자살시도 때 생긴 상처를 포함하여 그녀의 한쪽 팔에는 길고 검붉은 자해 자국들이 있다. 주디는 67바늘을 꿰맨 적도 있다고 한때 자랑했다. 간호사들은 오늘 그녀가 자신의 눈을 찌르는 것을 막기 위해 줄로 묶어 놓아야만 했다. 진정제가 투입되었고 그녀는 12시간 동안 잤다. 그녀의 치료사가 아침 약속을 오후로 옮겼을 때부터 감정폭발이 시작되긴 했지만 그녀는 침착하게 깨어나 그녀의 치료사를 불렀다.

주디는 *경계선 성격장애*라는 진단을 받았다. 주디는 직장에서 직무를 수행할 능력은 있었지만 끊임없이 다른 사람과 힘든 관계를 하게 되면서 계속 여러 직장을 옮겨 다녔다. 때때로 그녀는 친근하고 실제로 매력 있는 사람이었다. 그러나 다른 때에는 매우 예측 불가능했으며 기분 변화가 심했고 심지어 자살하고 싶어 했다. 주디와 친구가 되는 것은 무시무시한 도전일 수 있다. 약속을 취소하거나 특별한 날을 잊거나 잘못된 표현을 하는 등 이와 유사한 작은 사건들은 주디의 분노와 자살시도를 유발할 것이다. 경계선 성격장애를 지닌 다른 사람들처럼 주디는 사소한 비판에도 그녀를 거부하거나 버려진다는 느낌을 받게 되어 매우 예민해진다. 이러한 '정서적 폭풍'은 그녀의 사적인 대인관계에 피해를 주게 되고 그녀가 누구인지에 대해 혼란스럽게 만든다(Siever & Koenigsberg, 2000).

비적응적 성격 패턴

앞서 언급한 바와 같이, 성격장애를 가지고 있는 사람들은 비적응적인 성격 특질들을 가지고 있다. 예를 들어 *편집성 성격장애*를 가지고 있는 사람들은 의심이 많고 과도할 정도로 예민하며 다른 사람들을 경계한다. *자기애성 성격장애자*들은 끊임없이 존경받고자 하고 파워, 부, 뛰어남, 아름다움 또는 사랑에 대한 판타지에 빠져 있다. 아마도 유명인사들은 평범한 사람들에 비해 많은 이들로부터 관심을 받기 때문에 자기애성 성격특성을 더 가지기 쉬운 것 같다(Young & Pinsky, 2006). *의존성 성격*은 매우

표 51.2 성격장애의 DSM-5 분류

성격장애의 종류	각 장애에 해당하는 전형적인 신호
편집성	다른 사람들을 깊이 불신하고 타인의 동기를 의심하여 타인이 자신을 모욕하고 위협을 준다고 지각한다.
분열성	감정을 거의 느끼지 못하고 다른 사람들과 가까운 관계를 맺지 못한다.
분열형	혼자 있기를 좋아하고 매우 이상한 행동을 한다. 생각 패턴이 이상하긴 하지만 실제 정신질환 환자는 아니다.
반사회성	책임감이 없고, 죄책감과 후회가 결여되어 있으며 공격성, 사기, 무모함과 같은 반사회적 행동을 한다.
경계선	자기 이미지, 기분, 그리고 충동이 변덕스럽게 나타나고, 타인으로부터의 비판, 거절, 버려짐에 대한 단서에 매우 예민하다.
연극성	극적이고 화려하다. 다른 이들의 관심을 얻기 위해 감정들을 과장한다.
자기애성	스스로에 대해 완벽하고, 현명하고, 중요하고, 지속적으로 존경을 받을 가치가 있다고 생각한다.
회피성	소심하고 사회적 상황에서 불편해하고 평가받는 것을 두려워한다.
의존성	자신감이 없고 매우 순종적이고 다른 이들에게 의존한다.
강박성	질서, 완벽, 통제 그리고 엄격한 틀을 항상 요구한다.

출처: American Psychiatric Association (2013), Durand & Barlow (2013)

낮은 자신감 때문에 고통받는다. 의존성 성격을 가지고 있는 사람들은 다른 사람들에게 자신의 삶을 그대로 맡겨 버리고 자신의 욕구보다 타인의 욕구를 우선시하여 처리한다. 연극성 성격장애는 끊임없이 그들의 감정과 행동을 과장함으로써 관심을 끌고자 한다.

방금 기술했던 유형의 패턴들은 보통 청소년기 또는 심지어 아동기에 시작되는 경우도 있다. 따라서 *성격장애*는 오랜 시간에 걸쳐 깊이 형성된 특성이라고 볼 수 있다. 성격장애의 유형은 매우 많다(표 51.2). 이 모듈에서는 반사회성 성격장애에 집중해서 살펴볼 것이다.

반사회성 성격장애

반사회성 성격의 특징은 무엇인가? **반사회성 성격**(antisocial personality) 환자는 양심이 부족하다. 이러한 사람들은 충동적이고, 이기적이고, 정직하지 못하고, 정서적으로 피상적이며 부적응적이다(Visser et al., 2010). *소시오패스* 혹은 *사이코패스*라고 불리는 반사회적 사람들은 사회화가 부족하고 죄책감, 부끄러움, 두려움, 충성심과 사랑을 느낄 수 있는 능력이 없는 것처럼 보인다(American Psychiatric Association, 2013).

소시오패스는 위험한가? 소시오패스는 사회와 대립하는 긴 역사를 가지고 있다. 소시오패스인 많은 이들이 일반 대중에게 위협을 주는 비행자 또는 범법자들이다(Bateman & Fonagy, 2012; Lobbestael, Cima, & Arntz, 2013). 그러나 소시오패스들이 미디어에서 묘사되는 그런 미쳐 날뛰는 살인자일 가능성은 드물다. 사실 많은 소시오패스들이 처음에는 '매력적'이다. 주변 '친구들'은 시간이 흐르면서 점차 소시오패스들이 거짓말쟁이에 자기 이익을 챙기는 사람이라는 걸 깨닫게 된다. 한 연구에서는 사이코패스들이 타인에 대한 경멸 사인에 '눈이 먼', 말하자면 경멸 사인을 잘 알아차리지 못하는 경향이 있다는 것을 발견했다. 이런 특성은 아마 사이코패스의 잔인함과 다른 사람들을 이용하려는 특성들을 더 가중시키는 데 활용될 것이다(Kosson et al., 2002). 많은 성공적인 사업가들, 연예인들, 정치가들 또는 일반인들 중에도 반사회적 성향을 가지고 있는 사람들이 있다. 기본적으로 반사회적인 사람들은 다른 이에게 냉담하고 그들의 방식으로 사람들을 속이며 살아간다(Ogloff, 2006).

원인 *소시오패스가 되는 원인은 무엇인가?* 전형적으로, 반사회적 성격을 가진 사람은 어린 시절에도 비슷한 문제들을 나타냈다(Burt et al., 2007). 성인 소시오패스는 미묘한 신경학적 문제

불안 감소 이론 불안 감소가 강화가 되어 결과로 나타나는 회피 반응의 자기파괴적인 특성을 설명하는 이론
반사회성 성격(반사회적/사이코패스 성격) 양심 부족, 정서적 피상성, 충동성, 이기적 특성, 타인을 조종하려는 경향성이 특징인 성격장애

들을 드러낸다(● 그림 51.2). 예를 들어, 소시오패스의 뇌는 저활성화된 상태의 비정상적인 뇌파 패턴을 보인다. 이것은 아마 왜 소시오패스들이 스릴을 추구하는 경향이 있는지 그리고 왜 그들이 그들의 만성적인 저각성 상태와 지루한 감정들을 극복하기에 충분히 강한 자극을 찾는지를 설명해 줄 수 있는 답이 될 것이다(Hare, 2006; Pemment, 2013).

한 연구에서는 소시오패스들에게 소름 끼칠 정도로 불쾌한 신체 절단 사진들을 보여 주었다. 일반 사람들이 분명히 깜짝 놀랄 정도로 매우 불쾌한 사진들이었다. 그러나 소시오패스들은 사진을 보고 깜짝 놀라는 반응을 보이지 않았다(Levenston et al., 2000). (그들은 '눈썹 하나 꼼짝하지' 않았다.) 이런 특성 때문에 반사회성 성격을 가진 사람들이 *감정적으로 차갑다*고 묘사된다. 그들은 정말로 양심, 죄책감 또는 불안에 대한 정상적인 고통을 느끼지 못한다(Blair et al., 2006). 이런 차가움은 태연하게 거짓말하고, 속이고, 훔치고, 다른 이들의 이득을 가져가는 그들의 비정상성을 잘 설명하는 것으로 보인다.

소시오패스는 치료될 수 있나? 반사회적 성격장애는 거의 성공적으로 치료되기가 어렵다(Bateman & Fonagy, 2012). 아주 대부분의 경우에, 소시오패스들은 다른 상황에서와 같이 치료를 조정하려고 한다. 만약 '치료된' 것처럼 행동하는 것이 그들에게 이득이 된다면, 그들은 그렇게 할 것이다. 그러나 결국 그들은 이전 행동 패턴으로 가능한 한 빨리 돌아온다. 한편, 사람들은 나이를 먹을수록 더욱 '부드러워'지는 경향이 있기 때문에 반사회적 행동은 심지어 치료 없이도 40세 이후에 어느 정도 감소하는 경향이 있다(Laub & Sampson, 2003).

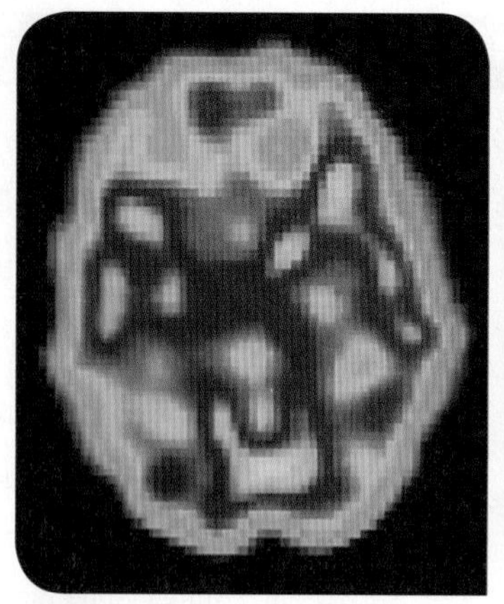
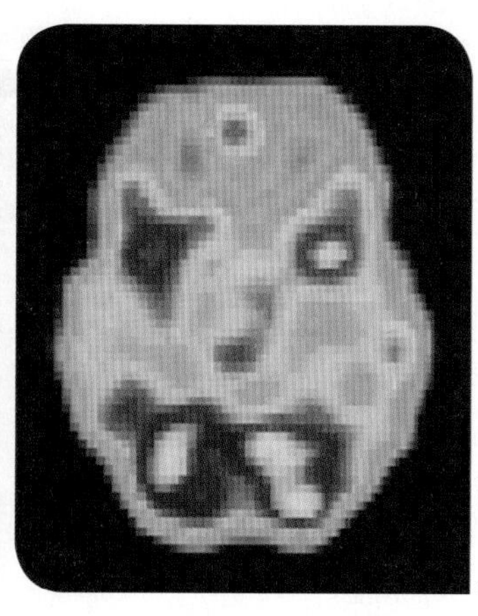

Courtesy of Robert Hare

그림 51.2
PET를 이용해서, 캐나다인 심리학자 Robert Hare는 정상적으로 기능하는 뇌(왼쪽)는 "구더기" 혹은 "암"과 같은 정서 단어들을 볼 때 활성화된다는 것을 알아냈다. 하지만 사이코패스의 뇌는(오른쪽) 같은 조건에서 특히 정서와 자기 조절과 관련된 영역이 비활성화된 채로 남아 있었다. Hare 박사가 몇몇 신경학자들에게 오른쪽 이미지를 보여 주었을 때, 한 사람이 "이 사람은 화성에서 왔나요?"라고 물었다.

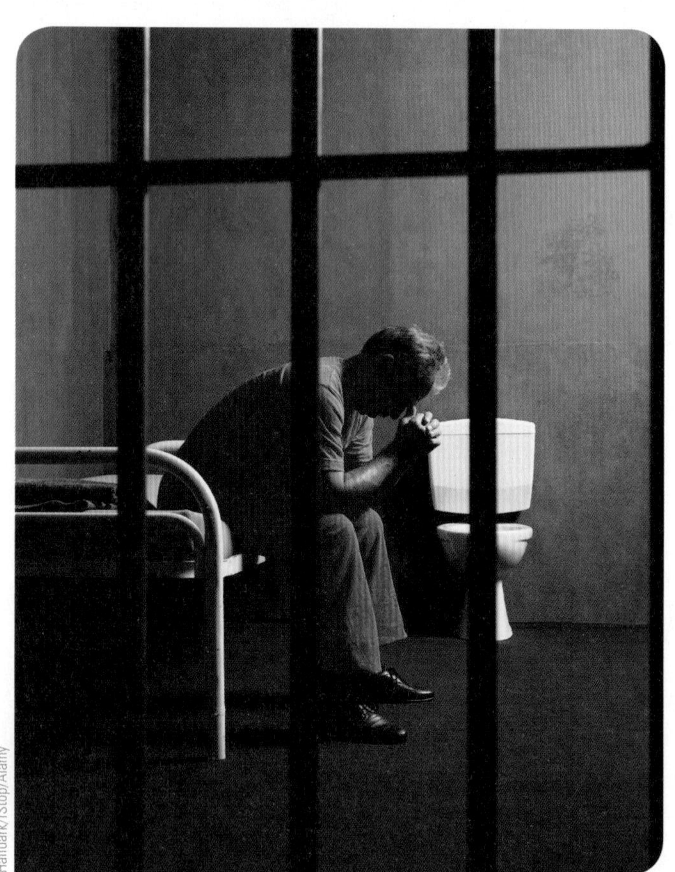

Halfdark/fStop/Alamy

많은 수감자들은 반사회성 성격장애로 진단받는다(Bateman & Fonagy, 2012).

미리보기 상담, 심리치료, 입원 그리고 약물치료까지 다양한 치료법이 존재한다. 치료법이 너무 다양하기 때문에 치료에 대한 완전한 논의는 모듈 53~56을 찾아 살펴보기 바란다. 지금은 많은 경미한 장애들이 성공적으로 치료될 수 있다는 점에 주목할 가치가 있다. 물론 주요 장애들도 약물과 다른 기법들에 반응할 것이다. '과거 정신 질환 병력을 가진 사람들'을 두려워하거나 일, 교우 관계, 그리고 다른 사회적 상황들로부터 그들을 배제하는 것은 잘못된 것이다. 주요우울증이나 정신병적 삽화를 경험한다고 해서 반드시 이들을 역기능적인 삶으로 몰아가지는 않는다. 그러나 꽤 근거 없는 두려움으로 인해 꽤 자주 이들을 불필요한 거절 상황으로 몰아가게 된다(Elkington et al., 2012; Sarason & Sarason, 2005).

꽤 오해의 소지가 큰 정신건강 문제를 언급함으로써 결론을 내리려고 한다. 여러분이 아마도 이 페이지를 다 읽어 나갈 때쯤 미국에 있는 누군가가 자살을 시도했을 수도 있다. 자살에 대해 우리가 무엇을 할 수 있을까? 이에 대한 답을 찾기 위해서 모듈 52를 읽고 생각해 보자.

모듈 51: 요약

51.1 누군가 높은 수준의 불안으로 고통받을 때 어떤 문제들이 초래되는가?

51.1.1 불안장애들 그리고 불안관련장애들(강박 및 관련 장애들, 외상 및 스트레스 관련 장애들, 해리장애들 그리고 신체증상 및 관련된 장애들)은 높은 수준의 불안, 경직된 방어기제 그리고 자기파괴적인 행동 패턴의 특징을 보인다.

51.1.2 불안장애에는 범불안장애, 공황장애, 광장 공포증 그리고 사회 공포증이 포함된다.

51.1.3 강박 및 강박 관련 장애에는 강박장애와 저장 강박장애가 포함된다.

51.1.4 외상 및 스트레스 관련 장애에는 적응 장애, 급성 스트레스 장애, 그리고 외상 후 스트레스 장애가 포함된다. 일상적인 스트레스가 사람이 대처할 수 있는 능력을 넘어서게 될 때 적응 장애가 생긴다.

51.1.5 해리장애는 기억상실, 둔주, 다중 인격의 형태로 나타날 수 있다.

51.1.6 신체 증상 및 이와 관련된 장애는 질병이나 장애처럼 보이는 신체적 증상을 호소하는 특징이 있다. 신체 증상 장애, 허위성 장애(뮌하우젠 신드롬), 그리고 전환 장애가 여기에 포함된다.

51.2 심리학자들은 불안관련장애를 어떻게 설명하는가?

51.2.1 불안관련장애에 대한 취약성은 부분적으로 유전되는 것으로 보인다.

51.2.2 정신역동적 접근은 불안의 원인으로 무의식적인 갈등을 강조한다.

51.2.3 인본주의 접근은 잘못된 자기 이미지 효과를 강조한다.

51.2.4 행동주의자들은 이전의 학습, 특히 회피 학습의 효과를 강조한다.

51.2.5 불안에 대한 인지 이론은 왜곡된 생각과 타인으로부터의 주의와 판단에 대해 염려하는 것에 중점을 둔다.

51.3 성격장애란 무엇인가?

51.3.1 성격장애는 지속적이고 부적응적인 성격 패턴이다.

51.3.2 소시오패스는 흔한 성격장애이다. 반사회적 개인들은 양심이 부족한 것처럼 보인다. 그들은 감정적으로 반응이 없거나 타인을 조종하는 데 능숙하거나 감정의 깊이가 얕고 정직하지 못하다.

모듈 51: 지식 쌓기

암기

1. 정상적 생활 스트레스 수준을 넘어서는 과도한 불안에 해당하는 장애는?
   a. 외상 후 스트레스 장애
   b. 광장공포증
   c. 건강 염려증
   d. 적응 장애
2. 공황장애는 광장 공포증이 있거나 또는 없이 나타날 수 있다. 그러나 광장 공포증은 공황 증상 없이 단독으로 발생할 수 없다. **O X**
3. 앨리스는 폐쇄된 공간에 갇히는 것에 대한 공포가 있다. 그녀가 가지고 있는 공포는 어떤 것인가?
   a. 암흑 공포
   b. 질병 공포
   c. 폐쇄 공포
   d. 불 공포
4. 급성스트레스 장애는 증상이 1개월 이내 지속될 경우 진단 내려진다. 외상 후 스트레스 장애는 증상이 1개월 이상 지속될 경우 진단 내려진다. **O X**
5. 다음 중 해리장애에 해당하지 않는 것은?
   a. 둔주
   b. 기억상실
   c. 전환장애
   d. 다중인격장애
6. ___________ 관점에 따르면 불안장애는 의미의 상실의 결과이다. ________에 해당하는 것은?
   a. 정신역동
   b. 인본주의
   c. 행동주의
   d. 인지주의
7. 반사회적 성격장애는 다루기 어렵긴 하지만 청소년기 이후 1~2년 사이에 반사회적 행동이 감소되는 경향이 있다. **O X**

반영

비판적으로 생각하기

8. 이 모듈에서 우리는 벤의 증상을 속여 질병으로 만들려 했던 벤의 엄마에 대해 접했다. 어떻게 하면 뮌하우젠 증후군을 가려낼 수 있겠는가? 벤이 거짓 증상으로 40번이 넘는 수술을 하기 전까지 의사들은 이것을 알아낼 수가 없었을까?

자기반영

불안증상을 경험해야 한다면 최소한 여러분이 경험하고 싶은 불안장애는 무엇인가? 그 이유는?

경미한 정도의 강박증상을 경험한 적이 있는가?

불안장애를 설명하는 네 가지 이론 중 가장 설득력이 높다고 생각하는 이론은 무엇인가?

성격장애를 기술하는 많은 특성들이 어느 정도는 정상적인 성격에도 존재한다. 각 성격장애를 떠올려 보고 주변 사람들 중 각 장애에 해당하는 사람이 있는지 생각해 보자.

정답

1. d **2.** X **3.** b **4.** O **5.** c **6.** b **7.** X **8.** 어떤 의사도 오랫동안 거짓된 증상을 용납하지 않는다. 일단 의사가 더 이상의 치료를 거부하면, 뮌하우젠(Munchausen) 환자는 다른 의사에게로 옮겨간다. 또한 한 명 이상의 의사를 볼 가능성이 있다.

행동하는 심리학: 자살

영구적인 해결책?

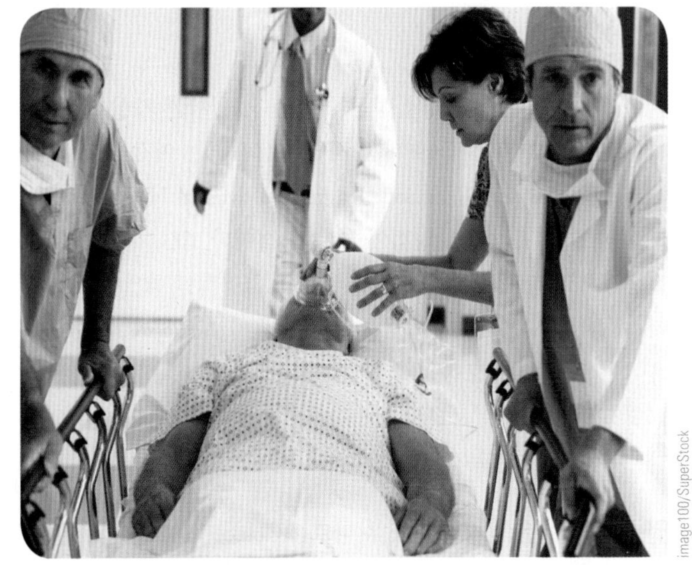
image100/SuperStock

토크쇼 호스트인 필 도나휴는 "자살은 일시적인 문제에 대한 영구적인 해결책이다."라고 얘기한 적이 있었다. 만약 이것이 확실하다면, 자살이 왜 그렇게도 흔할까? 북미에서는 타살이 3명일 때 자살은 5명이나 된다. 그리고 '성공적인' 자살에 비해 자살시도는 10배나 더 많다. 조만간 여러분은 여러분이 알고 있는 누군가의 자살시도로 영향을 받을 수 있다.

자살시도자의 3분의 2는 정말로 죽고 싶어 하지는 않는 사람들이다. 거의 3분의 1 이상의 사람들은 죽음에 대해 양가 감정이 있거나 확신을 가지지 못한다. 정말로 죽고 싶어 하는 사람들은 매우 극소수이기 때문에 대다수는 누군가가 자기를 도와줄 때 안도감을 느끼게 된다. 자살은 거의 항상 도움을 위한 외침이고 기꺼이 도울 수 있다는 것을 기억하라. 어떻게 그럴 수 있는지 알아보자.

SURVEY QUESTIONS

52.1 왜 자살할까? 그리고 어떻게 하면 자살을 멈출 수 있을까?

자살–영구적인 해결책?

SURVEY QUESTION 52.1 왜 자살할까? 그리고 어떻게 하면 자살을 멈출 수 있을까?

왜 자살할까? 이에 대한 최선의 답은 자살 이전 그 사람의 상태가 어떠했는지를 살펴보는 것이다. 자살의 원인 중 정신장애(보통 우울증이나 물질 남용 장애)가 차지하는 비율이 90% 정도나 된다(National Institute of Mental Health, 2011). 자살 충동을 느끼는 사람들은 보통 가족, 연인, 배우자와 관련된 문제의 과거력을 가지고 있다. 종종 그들은 음주나 약물 남용 문제들, 성적 적응문제 혹은 직업적 어려움들을 가지고 있다.

다음은 자살에 대한 주요 위험 요소들이다(National Institute of Mental Health, 2010a, 2011; Joiner, 2010). 약물 혹은 알코올 남용, 이전의 자살시도, 우울증 혹은 다른 기분장애, 절망감 혹은 무가치감, 반사회적, 충동적, 혹은 공격적인 행동, 심각한 불안, 공황 발작, 자살 행동의 가족력, 수치감, 모욕감, 실패 또는 거절, 그리고 총기 사용 가능성. 소수인종 청소년들 중 체면 손상, 문화 적응 스트레스, 인종차별 및 차별대우 등이 추가적인 위험요소로 확인되었다(Goldston et al., 2008).

전형적으로, 자살시도를 하는 사람들은 타인으로부터 그들을 고립시킨다. 그리고 가치 없고 무기력하고 제대로 이해받지 못한다고 느낀다. 그리고 죽고 싶어 한다. 부정적인 자기 이미지나 무기력한 감정 상태가 매우 심할 경우 이는 자살에 대한 위험 경고 사인 중 매우 높은 것에 해당한다(Britton et al., 2008; Heisel, Flett, & Hewitt, 2003). 그러나 이런 상태가 오래 지속된다 하더라도 항상 자살에 대한 열망을 불러일으키지는 않는다. 누구든지 일시적으로 충동적인 자살시도를 하기에 충분히 심각한 우울 상태에 도달할 수도 있을 것이다. 일반인들이 자살을 할 수 있는 가장 위험한 것은 이혼, 별거, 거절, 실패 그리고 사별을 했을 때이다. 이러한 상황들은 참기 힘든 그리고 도망가고 싶은, 안도감을 얻고 싶은 그래서 죽고 싶은 강한 열망을 동기화시키는 것처럼 보일 수 있다(Boergers, Spirito, & Donaldson, 1998). 젊은 사람들에게 분노와 적대감의 감정들은 위험을 더 가중시킨다. 남을 해치고자 하는 충동이 마음속에서 커질 때, 자살 위험은 극적으로 증가한다.

자살률에 영향을 주는 요인

자살률은 매우 다르게 나타날 수 있다. 하지만 몇몇 일반적인 패턴들은 존재한다.

성 남자는 여자보다 자살 성공률이 높다. *완벽한* 자살을 할 확률은 남자가 여자보다 4배나 많지만 자살시도는 여자가 더 많다(Denney et al., 2009; National Institute of Mental Health, 2010). 남자의 경우 자살시도 방법이 더 치명적이다. 왜냐하면 남자는 전형적으로 총이나 이와 유사한 정도의 치명적인 방법을 사용하기 때문이다. 여자는 약물 남용을 제일 흔히 시도하기 때문에 죽음에 이르기 전에 도움을 받을 기회가 있다. 슬프게도, 여자들도 치명적인 방법들을 사용하기 시작했고 아마 자살에 의한 죽음의 가능성이 남자와 곧 같아질 것이다.

인종 자살률은 나라마다 매우 다르다(Colucci, 2013). 미국은 아제르바이잔보다 거의 10배 더 높고 헝가리는 미국보다 3배 이상 높다(Lester & Yang, 2005). 최근 들어 아프리카계 미국인의 자살률이 증가되긴 했지만 미국 내에서 백인은 백인이 아닌 사람에 비해 더 높은 자살률을 보인다(● 그림 52.1)(National Institute of Mental Health, 2010a). 슬프게도 미국 자국민 사이에서의 자살률은 국가 내에서 단연코 가장 높다(또한 다른 국가의 자살률을 살펴보면 토착민에게 상승되어 있다)(Goldston et al., 2008; Sveticic, Milner, & De Leo, 2012).

연령 자살률은 나이가 들어 감에 따라 증가한다. 모든 자살 희생자들의 반 이상은 45세 이상이다(그림 52.1을 보라). 65세 이상 백인 남자는 특히 위험하다. 특별히 고민해야 할 대상은 젊은이들의 자살률이다. 1950년과 1990년 사이에 청소년과 젊은 성인들의 자살률은 2배가 됐다(Durand & Barlow, 2013). 사실 자살은 15세부터 24세까지의 사망 원인 중 세 번째에 해당한다(National Institute of Mental Health, 2010a). 가끔 학교가 자살의 원인이 될 수도 있는데, 이는 자살한 학생이 자신이 세운 매우 높은 기준에 부응하지 못했을 경우에 일어난 사건에 대해서 그렇다는 의미다. 많은 경우에서 자살한 학생은 좋은 학생들이었다. 학생 자살의 다른 중요한 원인으로는 코카인이나 알코올 사용(Garlow, Purselle, & Heninger, 2007), 만성적인 건강 문제들(실제이건 상상된 것이든), 그리고 대인관계의 어려움들이다. (어떤 이들은 연인에게 거절당했거나 어떤 이들은 철수되어 있거나 친구가 없는 경우다.)

배우자 관계 배우자 관계 또한 자살률과 관계가 있다. 결혼한 사람들은 적어도 남자에서는(Denney et al., 2009) 이혼하거나, 배우자를 잃거나, 싱글인 사람보다 더 낮은 자살률을 보인다(Yip & Thorburn, 2004).

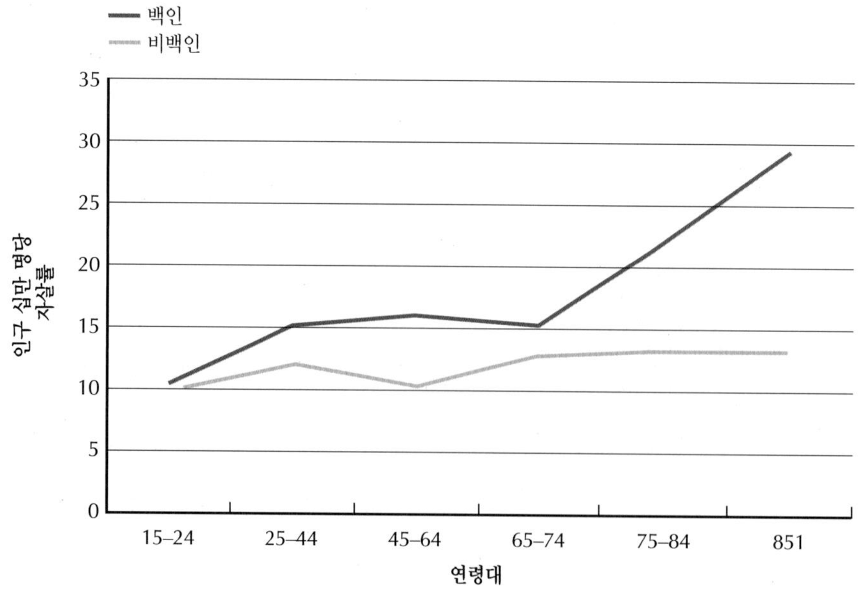

● 그림 52.1
일반적으로 미국에서 백인의 자살률은 백인이 아닌 사람들의 자살률보다 더 높다. 또한 나이 든 사람들은 어린 사람들에 비해 더 높은 자살률을 보인다(Centers for Disease Control, 2003; National Institute of Mental Health, 2008).

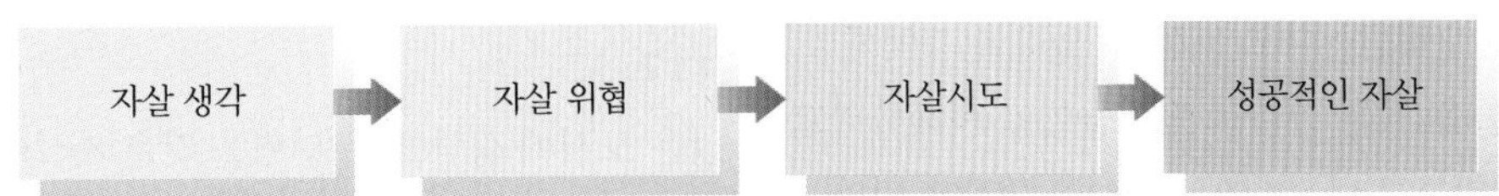

그림 52.2
자살 행동은 보통 자살 생각에서 위협 그리고 시도로 진행된다. 자살 위협을 경험하지 않고 자살시도를 하는 것 같지는 않다. 그러므로 자살 위협은 심각하게 다뤄져야 한다(Leenaars, A. A., Lester, D., & Wenckstern, S. (2005). Coping with suicide: The art and the research. In R. I. Yufit & D. Lester (Eds.), Assessment, treatment, and prevention of suicidal behavior (pp. 347–377). Neww York: Wiley).

자살 예방

자살에 대해 얘기하거나 자살에 대한 경고 신호를 보내는 사람들은 자살을 거의 시도해 보지 않은 사람이라고 하는데, 이것이 사실인가? 아니다. 이것은 매우 잘못된 사실이다. 10명의 잠재적인 자살자 중에서 8명은 사전에 경고 사인을 준다. 자살 경고 사인을 보내는 개인은 심각하게 다뤄져야 한다(그림 52.2를 보라). 자살을 시도하려는 개인은 아마 "나는 때때로 죽는 것이 더 낫다고 느껴."라고 얘기하기보다 아무것도 얘기하지 않을 가능성이 높다. 자살에 대한 경고는 또한 아마 간접적으로 올 것이다. 만약 친구가 소중한 반지를 여러분에게 주고 "여기, 난 이게 더 이상 필요할 것 같지 않아."라고 얘기하거나 "내가 추측하건대 나는 시계를 고칠 것 같지 않아. 그것은 더 이상 중요하지 않거든."이라고 언급한다면, 그것은 아마 도움을 간청하는 것이다.

다음 목록에 나와 있는 경고 신호들, 특히 만약 경고 신호들이 여러 개 관찰된다면, 자살시도가 임박했음을 알리는 신호일 수 있다(Leenaars, Lester, & Wenckstern, 2005; National Institute of Mental Health, 2011).

- 자살시도에 대한 직접적인 위협
- 죽음에 대한 집착
- 우울/절망
- 분노/화 또는 복수를 하려는 것
- 공격성 그리고/또는 위험 추구
- 알코올/약물 사용
- 다른 이들과의 관계로부터의 철수
- 삶에 대한 목적감이 없음
- 갑작스러운 기분의 변화
- 성격 변화
- 소중한 소유물을 선물로 주는 것
- 최근의 삶의 위기 혹은 정서적인 충격

자살이 예방될 수 없고, 어쨌든 자살할 방법을 찾을 것이라는 것이 사실인가? 아니다. 자살시도는 보통 사람이 외롭거나, 우울하거나, 문제를 객관적으로 보는 것이 불가능할 때 한다. 만약 누군가가 자살하고자 하는 경고를 보낸다면, 반드시 개입해야 한다.

어떻게 도울 것인가

만약 누군가가 자살을 생각하고 있다고 넌지시 얘기한다면, 어떻게 하는 것이 최선인가? 자살 생각과 감정에 대한 일반적인 특징을 아는 것이 도움이 된다(Leenaars, Lester, & Wenckstern, 2005).

1. **도피.** 가끔은, 모두들 짜증나는 상황에서 벗어나고 싶음을 느낀다. 집에서 벗어나거나, 학교를 그만두거나, 배우자로부터 버림받는 것, 이것은 모두 출발점이다. 물론 자살은 궁극적인 도피이다. 자살을 하고 싶어 하는 사람들은 도피에 대한 자연스러운 소망이 모든 것이 끝남으로써 표현되는 것이 아니라는 것을 알게 될 때 도움이 된다.
2. **참을 수 없는 심리적 고통.** 정서적 고통은 자살을 하려는 개인이 어딘가로 도피하고자 하는 곳을 찾으려는 것이다. 자살을 방지하고 싶어 하는 사람들의 목적은 가능한 할 수 있는 모든 방법을 동원하여 통증을 줄일 수 있어야 한다. 개인에게 "어디가 그렇게 아픈가?"라고 물어라. 자살은 개인의 통증을 조절할 수 있는 자원보다 통증이 더 클 때 발생한다.
3. **좌절된 심리적 욕구.** 고통받는 개인의 좌절된 욕구들이 확인되거나 덜어질 수 있을 때 자살은 종종 방지될 수 있다. 사랑, 업적, 신뢰, 안전 그리고 우정을 추구하는 데 깊은 좌절이 있었는가?
4. **제한된 선택안.** 자살을 시도하는 개인은 절망감을 느끼고 죽음이 마지막 남은 단 하나의 해결책이라고 결정한다. 자신이 할 수 있는 선택들이 오로지 죽음으로 좁혀져 있다. 그러므로 도움을 주고자 하는 사람의 목적은 개인의 인식을 넓혀 주는 것이다. 자살을 시도하는 개인들은 심지어 모든 선택안들이 불쾌하다고 느껴질 때에도 불쾌한 선택을 하는 것이 죽음을 선택하는 것보다는 더 나은 것이라는 것을 볼 수 있어야 한다.

이러한 패턴들을 알아 두는 것은 자살시도자와의 의사소통에 도움이 될 것이다. 이에 더해 해야 할 가장 중요한 것은 아마도 개인과 *라포*(조화롭고 신뢰로운 관계형성)를 형성하는 것이다. 지지, 수용, 그리고 적당한 보살핌을 제공해야만 한다.

자살시도자들이 종종 오해받는다고 느낄 수 있음을 기억해라. 개인이 표현하는 느낌들을 있는 그대로 받아들이고 이해하려고 노력해라. "자살을 생각하고 있나요?"라고 물어볼 필요가 있다.

자살시도를 하는 사람과 의사소통을 해 나가는 것은 아마도 충분히 그들을 힘든 시간에서 나오게 하는 데 도움이 될 것이다. 또한 매일 점심시간에 만나거나, 자전거를 같이 타거나, 좋아하는 것을 같이 해 보는 것도 그들에게 도움이 된다는 것을 발견하게 될 것이다. 여러분이 그(녀)가 그곳에 있기를 기대하고 있다는 것을 알게 하도록 해라. 이러한 약속들이 심지어 작은 것일지라도 개인이 외롭거나 자살에 대해 생각할 때 저울을 다른 쪽으로 기울이기에 충분할 것이다.

여러분의 노력을 너무 일찍 그만두지 마라. 자살을 할 수 있는 가장 위험한 시점은 심각한 우울 이후에 갑자기 나아지는 것처럼 보일 때이다. 이것은 개인이 마침내 자살을 하기로 결심했다는 것을 의미한다. 고통을 끝내고자 하는 기대에서 오기 때문에, 기분의 향상은 다소 속임수일 가능성이 있다.

위험 중재

많은 도시에 상담 전문 인력을 갖춘 자살예방 정신건강 중재팀이나 센터가 있다(Spencer-Thomas & Jahn, 2012). 자살할 것처럼 보이는 사람에게 센터 전화번호를 주어라. 만약 그(녀)가 겁에 질리거나 충동적이게 될 때 여러분에게 전화하거나 다른 번호로 전화하라고 당부해 두어야 한다. 아니면, 심리 치료를 받도록 약속 잡는 것을 도와주어라(Kleiman, Miller, & Riskind, 2012; Weishaar, 2006).

자살에 대한 전조는 주로 경미한 자살 생각을 갖고 있는 개인에게 적용이 된다. 만약 개인이 실제로 자살할 조짐을 보이거나 자살시도를 곧 할 것처럼 한다면 이에 대해 과잉반응하는 것에 걱정하지 말고 즉시 경찰이나, 위기 중재, 혹은 구조대에 전화함으로써 전문적인 도움을 찾아라. 만약 그것이 실현 불가능하다면, 개인이 어떻게 자살을 수행하려고 계획하는지 물어보라. *구체적이고 실현 가능한* 계획과 수단을 가진 사람의 경우 반드시 응급실까지 같이 동행할 필요가 있다.

말할 것도 없이, 개인이 자살시도 행동을 했거나 약을 이미 삼켰다면 즉시 도움을 받을 수 있도록 조치를 취해야 한다. 자살시도의 대부분은 삶의 최악의 상황에서 벌어지고 결국 자살로 이어질 수도 있다. 반드시 관여해라! 아마 생명을 구할 수 있을 것이다.

모듈 52: 요약

52.1 왜 자살할까? 그리고 어떻게 하면 자살을 멈출 수 있을까?

- 52.1.1 사망원인으로 자살이 빈번히 언급되고 있는데 자살은 많은 경우에 있어 막을 수 있다.
- 52.1.2 자살은 통계적으로 성별, 인종, 연령 및 결혼 상태와 같은 요인들과 관련이 있다.
- 52.1.3 각각의 사례들에서 자살 잠재력은 도피하고자 하는 소망, 참을 수 없을 정도로 심각한 심리적 고통 그리고 좌절된 심리학적인 욕구들에 의해 가장 잘 확인된다.
- 52.1.4 자살을 생각하는 사람들은 죽음만이 유일한 탈출구로 생각될 때까지 그들의 선택권을 좁히는 경향이 있다.
- 52.1.5 자살시도를 하고자 하는 충동들은 비교적 일시적이다. 자살을 예방하려는 노력들은 충분히 가치가 있다.

모듈 52: 지식 쌓기

암기

1. 남자들에 비해 많은 여자들이 자살시도할 때 권총을 사용한다. O X
2. 전반적인 자살률이 그대로 유지되고 있는 동안 청소년 자살률은 점점 감소하고 있다. O X
3. 자살은 모든 국가에서 동일하게 문제가 되고 있다. O X
4. 가장 높은 자살률을 보이는 집단은 이혼한 사람들이다. O X
5. 자살시도자의 대부분(3분의 2)은 죽기를 원하지 않는 사람들이다. O X
6. 다음 중 자살시도를 하는 사람들 중 가장 높은 위험을 가지고 있다고 생각되는 경우는?
   a. 구체적이고 실행 가능한 계획
   b. 최근 삶의 위기
   c. 다른 사람들로부터 철수
   d. 좌절된 심리적 욕구

반영

비판적으로 생각하기

7. 대중음악 역사에 대해 알고 있다면, 다음 질문에 여러분이 답변할 수 있는지 보자. 1994년 록그룹 리드보컬인 커트 코베인의 자살에 기여한 가장 큰 위험 요인 두 가지는 무엇이었다고 생각하는가?

자기반영

여러분은 현재 자살 핫라인 상담원으로 일하고 있고 심리적으로 매우 고통스러워하는 젊은 남자의 전화를 받고 있다. 여러분이 보기에 그가 가지고 있는 고통감의 위험 요인은 뭐라고 생각되는가?

자살사고와 자살 관련 정서의 일반적 특성은 무엇인가? 친구 중 한 명이 자살관련 사고와 정서를 표현한다면 여러분은 이에 어떻게 대처할 것인가?

정답

1. X 2. X 3. X 4. O 5. O 6. a 7. 마약 또는 알코올 남용과 총기 사용 가능성

53 Module

치료: 정신적 고통 다루기

오리처럼

조(Joe)는 교수 연구실 창문을 통해 연못에서 꽥꽥 울고 있는 오리들을 응시하고 있었다. 그의 선생은 놀랐다. 조가 수업에서 보여 준 우수한 작품과 건강하고 편안한 모습 때문에 그가 "내가 제정신이 아닌 것 같아."라고 중얼거렸을 때, 그녀는 전혀 예상하지 못했다. 그는 그녀에게 심각한 공포감, 불안 그리고 우울을 숨기기 위해 무척 애쓰고 있는 중이라고 말했다. 직장에서 그는 고객들과 동료들에게 이야기하는 것이 죽을 것처럼 두렵다고 하였다. 몇 번의 참담한 연애가 여성들을 두렵게 느끼게 하였다. 조가 그 자신의 지옥을 묘사했던 것처럼, 그는 분명히 자신을 밖에 있는 오리처럼 느꼈다. 표면적으로는 평화로워 보이지만, 그 아래에서는 미친 듯이 헤엄치고 있는 오리처럼.

Warren Goldswain/Shutterstock

이번 모듈은 조의 경우처럼 문제를 완화시키는 데 사용되는 방법들에 대해 개관을 하였다. 우리는 현대 치료법의 기원을 살펴보고, 모든 성공적인 치료법들의 공통된 핵심 특징과 오늘날 심리치료들의 차이점, 둘 다를 알아보고자 한다.

SURVEY QUESTIONS

53.1 심리치료는 어떻게 유래되었는가?
53.2 현대 심리치료들은 어떻게 다른가?
53.3 다양한 심리치료의 공통점은 무엇이며, 효과가 있는가?

치료의 기원 – 여러분의 두개골을 뚫다

SURVEY QUESTION 53.1 심리치료는 어떻게 유래되었는가?

정신적 문제에 대한 초기의 치료는 현대 치료법들을 평가하는 데 좋은 근거를 제공해 준다(Sharf, 2012). 석기시대의 고고학적 유물은 마술, 마법, 악마, 영혼에 대한 미신적인 믿음과 두려움을 보여 준다(McNamara, 2011). 만약 조가 불행하게도 수천 년 전에 태어났었다면, 그의 치료는 그를 지루(bored)하게 만들었을지 모른다. 초기 치료자들에 의해 실행되었던 더욱 극적인 '치료' 중의 하나로 *두부절제술*(trepanning, 두개골을 잘라내는 톱으로 구멍 내기)이라 불리는 과정이었고, 이는 가끔 *trephining*이라고 철자가 쓰이기도 했다(Terry, 2006). 현대적 용어로 두부절제술은 두개골을 뚫어 구멍을 내는 외과적 절차이다. 초기 치료자들의 손에서, 그것은 환자의 머리에 구멍을 뚫고, 잘게 부수고, 또는 후려치는 것을 의미했다. 아마도 이것은 그 또는 그녀가 '소유한' 영혼을 해방시키거나 영혼을 압박하는 것을 덜어 주기 위한 것이었다(● 그림 53.1).

조는 중세 시대에도 더 낫지는 않았을 것이다. 그 당시, 유럽에서 정신 질환의 치료는 **악마학**(demonology)에 초점을 두었고, 악마와 사람에 대한 연구는 그것의 영향을 받았다. 중세의 치료자들은 보통 비정상적 행동을, 악마에 홀린 것 또는 마녀나 마법사

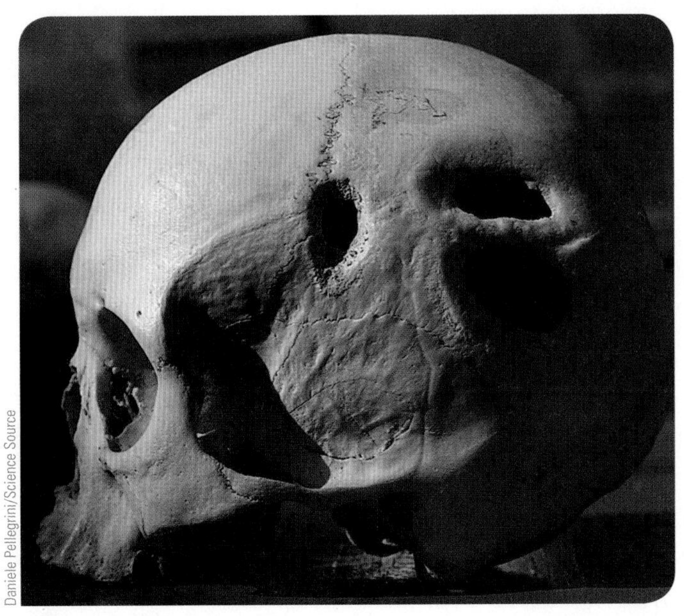
Daniele Pellegrini/Science Source

그림 53.1
정신장애를 위한 원초적인 '치료'는 때때로 두개골에 구멍을 뚫는 방법의 형태를 취하였다. 이 사례는 치유의 흔적을 보여 주고 있으며, 이것은 환자가 그 치료에서 살아남았음을 의미한다. 많은 이들은 그렇지 않았다.

로부터 저주받은 것과 같은 초자연적 힘에 의한 것으로 보았다. 치료로, 그들은 악령을 쫓아내기 위해 액막이를 했다. 운이 좋은 이들에게 액막이는 종교적인 의식이었다. 더 빈번하게는, 신체를 악마가 거주하기 어려운 장소로 만들기 위해 육체적인 고문이 사용되었다.

'악마들림(귀신들림, demonic possession)'에 대한 현대적 분석은, 많은 희생자들이 간질, 조현병, 해리성 장애, 뚜렛 증후군, 우울증으로 고통받아 왔다는 것을 시사한다(McNamara, 2011; Mirsky & Duncan, 2005; Thase, 2006; van der Hart, Lierens, & Goodwin, 1996). 따라서 퇴마사(demonologists)에 의해 치료받은 많은 이들은 이중으로 희생되었을 것이다.

Mary Evans Picture Library/Science Source

Bettmann/Corbis.

(좌) 많은 초기 정신병원은 단지 사슬에 묶인 수감자들이 있는 감옥에 지나지 않았다. (우) 19세기 후반 '치료'는 환자를 마구에 태워 흔드는 것이었다. 아마도 환자의 신경을 안정시키기 위해서일 것이다.

1793년, Philippe Pinel이라는 프랑스 의사는 파리에 있는 비세트르 정신병원을 지저분한 '정신병자 수용소'에서 입원환자들을 사슬에 묶어 두지 않는 정신병원으로 변화시켰다(Schuster, Hoertel, & Limosin, 2011). 마침내 정서장애를 겪는 사람들은 '정신적으로 아픈' 것으로 간주되었고, 동정적 대우를 받게 되었다. 비록 Pinel이 인간적인 치료를 시작한 이후 200년 이상이 되었지만, 치료를 개선해 가는 과정은 오늘날에도 계속되고 있다.

심리치료는 언제 발전되었는가? 사실상 육체적인 의료적 치료들과 대조적으로, 최초의 진정한 **심리치료**(psychotherapy)—개인의 적응 또는 성격, 행동에서 긍정적 변화를 가져오는 심리적 기법—는 Sigmund Freud에 의해 100년 전 창시되었다(Borch-Jacobsen & Shamdasani, 2011). 비엔나에서 의사였던 Freud는 히스테리 사례에 대해 흥미를 가졌다. 히스테리로 고통받는 사람들은 신체적 원인이 없으면서도 신체 증상(마비와 같은)을 가지고 있다(그러한 문제들은, 모듈 51에서 논의되었던 것처럼, 지금은 *신체증상장애*라고 불린다). Freud는 히스테리는 깊게 숨겨진 무의식적 갈등과 연관되어 있다고 확신하였으며, 환자들이 이러한 갈등을 통찰하도록 돕는 '대화치료'인 정신분석을 발전시켰다(Knafo, 2009).

Freud 이후 심리치료

정신분석의 발달 이후에 심리치료는 신프로이트학파(모듈 3 참조)인 Freud 추종자에 의해 극적인 변화를 겪어 왔다. 오늘날 다

악마학 중세유럽에 있었던, 악마에게 홀린 사람에 대한 치료와 악마에 대한 연구
심리치료 개인의 성격, 행동 또는 적응에 긍정적 변화를 용이하게 가져오는 심리적 기법

양한 심리치료적 대안들을 이용할 수 있다.

치료는 정신에 대한 일종의 '중대한 점검'인 완전한 성격 변화로써 종종 묘사되어 왔다. 그러나 수년간의 연구와 임상적 경험은 심리치료가 모든 문제에 동일하게 적용되지 않는다는 것을 분명하게 하였다. 호전의 가능성은 공포증, 낮은 자존감, 성적 문제 그리고 부부갈등에 상당히 긍정적일 수 있다. 더 복잡한 문제들은 해결되기 어려울 수 있고, 조의 사례처럼 의학적 치료가 필요할지도 모른다. 가장 극단적인 경우는 심리치료에 전혀 반응하지 않을 수 있으며, 의학적 치료만이 유일한 실행 가능한 치료법일 수 있다.

심리치료가 간단하게, 한 개인의 모든 과거를 풀 수 있다고 기대하는 것은 비현실적이다. 많은 사람들에게 심리치료의 주된 이점은 편안함과 지지를 제공하고, 건설적인 변화를 만드는 방법을 알려 준다는 것이다. 문제가 심각할 때조차, 치료는 사람에게 새로운 관점을 가지도록 돕거나 인생에서 더 잘 대처할 수 있는 행동을 배울 수 있도록 도와준다. 심리치료는 내담자와 치료자 둘 다에게 힘든 작업일 수 있지만, 성공적이라면 어떤 활동보다도 더 가치 있는 일이다.

또한 심리치료가 문제를 해결하거나 위기를 끝내기 위해서만 사용된다고 생각하는 것은 잘못이다. 개인이 이미 잘하고 있다고 할지라도, 치료는 개인의 성장을 증진시키기 위한 방법일 수 있다(Burns, 2010). 긍정심리학 운동의 치료자들은 사람들이 자신의 개인적 강점을 사용하는 것을 돕는 방법을 발전시켜 오고 있다. 사람에게 잘못된 점을 고치려고 시도하기보다 그들은 개인적 성장 동기와 자기자각과 같은 긍정적 특성을 키우는 것을 추구한다(Compton & Hoffman, 2013). 표 53.1은 치료자들이 증진시키거나 회복시키려고 하는 긍정적 정신건강의 요소 목록이다.

표 53.1 긍정적 정신건강 요소

- 개인의 자율성과 독립성
- 정체성에 대한 감각
- 개인의 가치감
- 대인 간의 의사소통
- 감수성, 양육 그리고 신뢰
- 자신과 타인에 대한 진정성과 정직
- 자기 통제 그리고 개인적 책임감
- 헌신적이고 애정 어린 대인관계
- 타인과 자기 자신을 용서할 수 있는 힘
- 인생에서 목표와 개인 가치
- 개인적 성장을 위한 동기와 자기자각
- 스트레스와 위기를 관리하는 적응적인 대처 전략
- 일에서 성취감과 만족감
- 신체적 건강을 위한 좋은 습관들

출처: Burns(2010); Compton & Hoffman(2013)에서 수정

모듈 54, 55, 56에서 우리는 현대 치료의 다섯 가지 주요 유형인 정신역동, 인간중심, 인지, 행동주의, 그리고 의학적 치료를 심도 깊게 보려고 한다. 그 전에 현대 심리치료들이 취하고 있는 다양한 형식들을 살펴보자.

치료의 범위 – 건강으로 가는 많은 경로들

SURVEY QUESTION 53.2 현대 심리치료들은 어떻게 다른가?

몇몇 치료자들이 문제 행동을 직접적으로 고치기 위한 학습원리를 이용하지만, 심리치료는 보통 치료자와 내담자 사이의 대화를 기본으로 한다. 치료자들은 선택할 수 있는 많은 접근법들이 있으며, 우리가 앞으로 살펴볼 것처럼, 각각의 치료는 다른 개념과 방법을 강조한다. 이러한 이유 때문에, 특정한 사람이나 문제에 대한 최고의 접근은 다양할 수 있다. 아래 목록의 용어들은 다양한 심리치료의 기본적인 측면을 기술하고 있다(Corsini & Wedding, 2011; Prochaska & Norcross, 2010; Sharf, 2012).

- **통찰 VS 행동치료** : 치료가 내담자의 생각, 감정 그리고 행동에 대한 깊은 이해를 하는 데 목적이 있는가? 또는 문제의 근원이나 의미에 대한 통찰 없이 문제 있는 생각, 습관, 감정 또는 행동의 직접적인 변화를 일으키는 게 목적인가?
- **비지시적 VS 지시적 치료:** 치료자가 강력한 지도와 충고를 하는가? 혹은 자신의 문제를 해결할 책임이 있는 내담자를 돕는가?
- **제한 없는 VS 제한된 치료:** 치료 시간이 제한되어 있는가 또는 제한 없는 것인가?
- **개인 VS 집단 치료:** 치료가 한 명의 치료자와 한 명의 내담자, 즉 일대일로 진행되는가? 또는 동시에 여러 명의 내담자들이 참여할 수 있는가?
- **대면 VS 원격 치료:** 치료자와 내담자는 반드시 대면해야 하는가 또는 전화나 인터넷을 통해 성공적으로 소통할 수 있는가?

하나 이상의 관점이 특별한 치료에 적용될 수 있다는 것을 염두에 두라. 예를 들어, 인터넷을 통한 행동지향적이고 지시적이며 시간제한 없는 집단 치료 또는 면담을 통한 통찰 지향적이고 비지시적이며 시간제한이 있는 개인 치료를 실시하는 것이 가능하다. 다음 내용에서 우리는 좀 더 세부적으로 이러한 치료의 관점들을 탐색할 것이다.

통찰 VS 행동 치료

정신분석을 발전시키는 데 있어서 Freud의 초기 의도는 환자가 이전의 무의식적 정신역동적 갈등에 대해 통찰을 얻도록 도움을 주는 것이었다. 정신분석가는 불안이 죽음에 대한 무의식적인 두려움에 기인한다는 것을 조가 깨닫도록 하기 위해 꿈 분석이나 자유연상법을 사용할 수 있다. 조는 동명의 삼촌이 22년 전 심장마비로 젊은 나이에 사망한 나이에 가까워지고 있다. 정신분석가는 이러한 통찰이 조의 무의식적 압박을 해소해 주고, 전반적인 불안감을 완화해 주기를 기대하고 있다. 대조적으로 행동지향 치료자는 조가 불안해하는 이유에 대해서는 덜 고려할 것이며, 치료자는 조가 불안이 너무 강하게 올라올 때 이를 직접적으로 줄이도록 그의 감정에 대해 생각하는 새로운 방법과 이완 기술을 배울 수 있도록 도움을 줄 것이다. 모듈 54와 55에서 우리는 인지행동 치료뿐만 아니라 정신분석과 인간중심 통찰치료를 접하게 된다.

비지시적 VS 지시적 치료

정신분석은 비교적 지시적인 치료이다. 조의 자유연상과 꿈에 대한 분석을 토대로 정신분석가는 죽음에 대한 무의식적 두려움을 조가 알아차리도록 할 것이다. 이러한 지도가 없다면, 조는 그의 불안을 극복하기 위해 필요한 통찰을 얻는 것에 *저항*할지도 모른다. *내담자 중심 치료*처럼 덜 지시적인 치료라면, 조가 자신의 문제를 분명히 표현하고 적극적으로 스스로 해결을 추구해야만 한다고 여길 수도 있다. 비지시적 치료자의 역할은 조에게 무엇이 잘못된 것이며 어떻게 고쳐 나갈 것인지를 말해 주는 것이 아니라, 조가 이해를 높여 나가도록 지지하는 것이다. 우리는 모듈 54, 55에서 비지시적 치료와 지시적 치료에 대해 탐색할 것이다.

제한 없는 VS 제한된 치료

전통적 정신분석가는 일주일에 3회에서 5회, 종종 몇 년 동안의 치료를 요구하면서 시간 제한이 없었다. 오늘날 대부분 환자들은 주당 1회 또는 2회만 상담을 하지만, 여전히 치료는 수년 동안 진행되기도 한다.

대부분의 정신역동 치료자는 제한된 **단기 정신역동 치료**(brief psychodynamic therapy)를 해 왔는데, 이는 무의식적 갈등을 드러내는 지시적인 질문을 사용한다(Binder, 2004). 현대 치료자들 또한 통찰을 제공하고 방어를 낮추는 정서적 반응을 적극적으로 자극하고 있다. 단기 치료가 회복을 가속화시키는 것으로 보인다는 것은 흥미롭다. 환자들은 문제의 핵심을 빠르게 파악할 필요가 있다는 것을 깨닫는 것 같다(Lemma, Target, & Fonagy, 2011).

대인관계 심리치료 단기 정신역동 치료의 한 예는 **대인관계 심리치료**(interpersonal psychotherapy, IPT)인데, 이 치료는 우울한 사람들의 타인들과의 관계 증진을 도와주기 위해 처음 개발되었다(Teyber & McClure, 2011). IPT가 섭식장애, 약물 남용, 사회공포증 그리고 성격장애뿐만 아니라 우울장애에 효과적이라는 것이 연구에 의해 밝혀지고 있다(Cuijpers et al., 2011; Fiore et al., 2008; Hoffart, 2005; Talbot & Gamble, 2008).

리오나의 치료는 IPT의 좋은 사례이다(Brown & Barlow, 2011). 리오나는 우울로 고통받고 있었는데, 치료자가 부모와의 갈등을 추적하도록 돕고 있었다. 아버지의 부재 시, 리오나는 엄마의 보호자이자 친구로서의 역할을 하였다. 그러나 아버지가 집에 있을 때, 그녀는 딸로서의 역할을 하였다. 그녀는 아버지가 빈번하게 엄마를 버리는 데 화가 났고, 너무 자주 역할이 바뀌는 게 속상했다. 리오나의 IPT 회기는 (때때로 그녀의 엄마를 포함하여) 리오나의 가족 역할을 분명하게 하는 데 초점을 두었다. 엄마가 그녀에게 "그녀답게 있으라."고 격려한 뒤로, 그녀의 기분은 많이 개선되었다.

개인 VS 집단 치료

많은 심리치료들은 집단에 적용될 수도 있다(Corey, 2012). 놀랍게도, 한 사람 이상에게 이루어지는 심리치료인 **집단치료**(group therapy)는 개인 치료만큼 효과적이고, 심지어 몇 가지 특별한 장점이 있다는 것이 판명되었다(Burlingame, Fuhriman, & Mosier, 2003).

장점은 무엇인가? 집단치료에서, 개인은 문제를 실연해 보이거나 직접적으로 문제를 경험할 수 있다. 그러한 행위는 종종 단지 문제에 대해 말하는 것에서는 일어나지 않는 통찰을 만들어 낸다. 게다가 유사한 문제를 가진 다른 집단 구성원이 지지해 주거나 유용한 조언을 해 줄 수 있다. 집단치료는 사람들이 인간관계를 이해하는 데 도움을 준다는 점에서 특별히 유익하다(Corey,

단기 정신역동 치료 정신분석적 이론을 기반으로 하고 있으나 더 빨리 통찰을 만들어 내도록 설계된 현대적 치료
대인관계 심리치료(IPT) 타인과의 관계를 증진하는 데 도움을 주도록 설계된 단기 역동적 심리치료
집단치료 집단 역동을 치료적으로 이용하기 위해 집단에서 수행되는 심리치료

집단치료 회기. 집단 구성원들은 문제와 통찰을 공유하며 서로 지지를 제공한다.

2012; McCluskey, 2002). 그와 같은 이점들 때문에, 몇몇 전문적 집단들이 나타났다. 알코올중독자 모임부터 결혼상담집단까지 다양하기 때문에 우리는 단지 몇 개의 예를 공유하려고 한다.

사이코드라마 최초의 집단 치료 중의 하나는 Jacob Moreno (1953)에 의해 발전되었는데, 그의 기법은 *사이코드라마*라고 불린다. **사이코드라마**(psychodrama)에서 내담자들은 지원하는 역할을 하는 다른 사람들과 개인적인 갈등을 연기한다(Blatner, 2006; McVea, Gow, & Lowe, 2011). 역할놀이를 통해 내담자는 실제 생활에서 문제를 야기하는 사건들을 재연한다. 예를 들어, 정신장애가 있는 10대인 던은 그의 아버지를 연기하는 치료자와 엄마, 형제, 누나들을 연기하는 다른 내담자들과 함께 전형적인 가족 싸움을 연기하였다. 모레노는 이 방법으로 얻은 통찰이 실제 생활 상황을 변화시킨다고 믿었다.

사이코드라마를 사용하는 치료자들은 **역할 바꾸기**(role reversal)가 도움이 된다는 것을 종종 발견한다. 역할 바꾸기는 그 또는 그녀가 어떻게 느끼는지를 알기 위해 다른 사람의 역할을 하는 것을 의미한다. 던은 그들의 감정을 더 잘 이해하기 위해 아버지나 엄마의 역할놀이를 하였다. 관련된 방법으로 **거울 기법**(mirror technique)이 있는데, 그것은 내담자들이 다른 사람이 자신의 행동을 재연하는 것을 관찰하는 것이다. 이와 같이, 던은 잠시 관객이 되어, 다른 집단구성원이 그의 역할을 하는 것을 지켜볼 수 있다. 이것은 다른 사람들이 그를 보는 것처럼 그도 그 자신을 볼 수 있도록 하였다. 나중에, 집단은 어떤 일이 일어난 것인지 요약하고, 그것의 의미에 대해 반영한다.

가족 및 커플 치료 가족 관계는 모든 사람들에게 종종 그러하듯, 큰 기쁨의 원천이자 큰 고통의 원천이기도 하다. **가족 치료**(family therapy)에서, 부모와 자녀들은 각 가족 구성원의 문제를 해결하기 위해 집단으로 일한다. 자녀들이 참여하지 않을 때는 *커플 치료*라고 불린다(Scheinkman, 2008). 가족과 커플 치료는 시간 제한적인 추세이며, 빈번한 싸움이나 우울한 10대와 같은 특별한 문제에 초점을 맞추었다. 몇 가지 유형의 문제에 가족 치료가 다른 접근법보다 우수하다(Eisler et al., 2007; Trull & Prinstein, 2013).

가족 치료자들은 한 명의 가족 구성원이 경험한 문제는 전체 가족의 문제라고 믿는다(Teyber & McClure, 2011). 가족 내에서 행동의 전체 패턴이 변화하지 않는다면, 한 가족 구성원의 개선은 지속되지 않는다. 그러므로 가족 구성원들은 파괴적인 패턴을 변화시키고 의사소통을 개선하기 위해 함께 작업하고, 새로운 방법으로 자신과 서로를 보아야 한다(Goldenberg & Goldenberg, 2013; Griffin, 2002).

치료자는 전체 가족과 동시에 작업하는가? 가족 치료자들은 가족을 한 단위로 다루지만, 그들이 각 회기마다 전체 가족을 만나지는 않는다(Eisler et al., 2007). 만약 가족 위기가 닥친다면, 치료자는 즉시적인 문제를 해결하는 데 도움이 될 만한 자원이 가장 좋은 가족 구성원을 파악하기 위해 먼저 노력해야 한다.

대면 VS 원격 치료

일반적으로 치료자와의 대면 면담을 선호하지만, 항상 그것이 가능하지는 않다. 오늘날 심리학적 서비스는 라디오, 텔레비전, 전

AF archive/Alamy

인기 TV 심리학자 Phillip McGraw는 정신건강 이슈를 알려 온 그의 노고를 인정한 미국심리협회로부터 대통령 표창을 수상하였다(Meyers, 2006). 미디어 심리학자들은 방송 중 실제로 치료행위 없이 교육하도록 권유받아 왔다. 그러나 몇몇 심리학자들은 그 경계를 넘기도 한다. 여러분은 Phillip 박사가 너무 멀리 나아간다고 생각하는가?

화 그리고 인터넷을 통해 집에서 이용되고 있다(Goss & Anthony, 2009). 이 방법이 비용이 더 저렴할 뿐만 아니라, 다양한 이유로 전통적인 대면 회기에 참여할 수 없는 사람들이 이용할 수 있는 치료이다.

매스 미디어 치료자들 이미 여러분은 아마도 라디오 심리학자에게 전화하는 것을 들었거나 텔레비전에서 심리학자를 보아 왔을 것이다. 참가자들은 아동 학대에서 공포증에 이르는, 그리고 성적 적응에서 우울에 이르는 문제들을 전형적으로 설명한다. 미디어 심리학자들은 그럴 때 도움을 주기 위해 제안이나 조언, 안심되는 말이나 행동을 한다. 그러한 프로그램은 유해하지 않은 것처럼 보이지만, 몇 가지 중요한 의문이 제기된다. 예를 들면, 개인의 배경에 대해 아무것도 알지 못한 채 조언을 한다는 것이 타당한가? 그 조언은 해롭지 않은가? 3분 안에 또는 1시간이라 하더라도 심리학자가 무엇을 잘할 수 있는가?

자신들을 변호하는 차원에서, 매스 미디어 심리학자들은 청취자나 시청자들이 다른 사람들이 이야기하는 것을 들음으로써 자기 문제에 대한 해결책을 배울 수 있을 거라고 강조한다. 그들은 또한 그들의 작업이 치료적인 것이 아니라 교육적인 것이라고 강조한다. 하지만 '조언이 언제 치료가 되었는가?'라는 의문이 제기된다. 미국심리학회는 미디어 심리학자들에게 실제로 누군가를 상담하는 것이 아니라 일반적인 본성에 대한 문제만을 토론할 것을 권하고 있다.

전화 및 인터넷 치료자 물론 매스 미디어 심리학자들은 교육적이어야 할 뿐만 아니라 즐겁게 해야 한다. 대부분의 원격 치료는 전화나 인터넷을 통해 일대일로 진행한다. 치료자와 내담자가 소통하는 방법과는 상관없이, 아마 성공적인 치료의 핵심은 치료자와 내담자 사이의 효과적인 관계의 형성이다. 이것이 만약 문자로만 사용된다면, 문제일 수 있다. 웃는 얼굴 그림과 문자 메시지가 얼굴 표정과 몸짓 언어와 같은 대인관계 신호를 포함하는 진정한 인간의 상호작용의 대체물이 되기에는 부족하다. 유사하게, ☺ lol.과 같은 간단한 이메일 메시지들은 진단을 내릴 수 있는 방법이 아니다. 그러나 인터넷은 양방향 오디오와 비디오 연결을 만들어 내는 것이 가능하다. 이 방법으로 치료를 실시하는 것은 면대면 상호작용에서 얻는 가까운 개인적 접촉이 부족하기는 하지만, 원격 치료에 대한 많은 반대를 잠재울 수 있다.

원격 치료가 몇 가지 명확한 장점과 단점이 있다는 것은 주목할 가치가 있다. 먼저, 내담자가 더 쉽게 익명성을 가질 수 있다. (그러나 이메일 상담이 완벽하게 비밀로 지켜지지 않고, 비밀이 유출되거나 오용될 수 있다는 점을 주의하길 바란다.) 따라서 심리학자를 만나기를 주저하는 사람은 전화나 온라인을 통해 사적으로 도움을 받을 수 있다. 특별히 고려해야 하는 것은 원격 치료

사이코드라마 환자들이 지원 역할을 연기하는 다른 사람들과 함께 개인적 갈등과 감정을 실연하는 치료
역할 바꾸기 자신의 행동이 다른 사람의 관점에서 어떻게 보이는지를 배우기 위해 다른 사람의 역할을 하는 것
거울 기법 사람들이 더 분명하게 자신을 볼 수 있도록 돕기 위해서, 연극 속 인물처럼, 다른 사람이 자신의 행동을 재연하는 것을 관찰하는 것
가족 치료 파괴적 관계와 의사소통 패턴을 변화시키기 위해 모든 가족 구성원들이 개인적으로 그리고 집단으로 참여하는 기법

표 53.2 심리치료의 비교

	통찰 또는 행동?	비지시적 또는 지시적?	개인 또는 집단?	치료의 강점
정신분석	통찰	지시적	개인	정직성 탐색
단기 정신역동 치료	통찰	지시적	개인	갈등의 생산적 이용
내담자 중심 치료	통찰	비지시적	양자	수용, 공감
실존 치료	통찰	양자	개인	개인의 역량 강화
게슈탈트 치료	통찰	지시적	양자	즉각적 자각에 초점
행동치료	행동	지시적	양자	관찰 가능한 행동 변화
인지치료	행동	지시적	개인	건설적인 지도
합리적 정서행동치료	행동	지시적	개인	생각과 목표의 명확성
사이코드라마	통찰	지시적	집단	건설적인 재연
가족 치료	양자	지시적	집단	문제의 책임감 공유

출처: Corsini & Wedding(2011); Prochaska & Norcross(2010)에서 수정

자들이 훈련된 전문가일 수도 있고 아닐 수도 있다는 사실이다(Bloom, 1998). 그들이 전문가라 할지라도, 한 주에서 자격을 얻은 심리학자가 다른 주에서 전화나 인터넷으로 합법적으로 치료를 할 수 있는지의 여부에 대한 의문이 존재한다.

마지막으로, 적절한 상황에서는 원격 치료는 성공적일 수 있다(Bauer et al., 2011; Brenes, Ingram, & Danhauer, 2011). 예를 들면, 전화상담은 사람들이 금연하도록 돕는다(Rabius, Wiatrek, & McAlister, 2012). 다른 연구에서는 사회 공포증이나 공황장애를 가진 사람뿐만 아니라 우울을 겪는 사람들이 인터넷 치료로 도움을 받는다는 것을 보여 주고 있다(Carlbring et al., 2007; Klein, Richard, & Austin, 2006; Titov, 2011).

요약 모듈 54와 55뿐 아니라 이 모듈에서 논의된 심리치료들의 주요한 차이점의 요약은 표 53.2를 보라. 여러분의 이해를 돕기 위해, 모든 성공적인 심리치료들의 공통점이 무엇인지를 간단하게 요약해 보자.

치료–개요

SURVEY QUESTION 53.3 다양한 심리치료의 공통점은 무엇이며, 효과가 있는가?

이 절에서는 어떠한 형태의 심리치료든 심리치료가 효과적인지, 효과가 있다면 공통적인 것이 무엇인지 알아보자.

심리치료의 핵심 특성

심리치료의 공통점은 무엇인가? 다양한 유형의 심리치료들은 대체로 다음의 목표를 공유한다. 즉 내담자가 희망, 용기 그리고 낙관론을 가질 수 있도록 돕기 위해 내담자의 관점 이해하기, 통찰을 얻기, 갈등을 해결하기, 자신감 향상시키기, 바람직하지 않은 행동 패턴을 바꾸기, 목적을 발견하기, 대인관계를 개선하기, 그리고 합리적으로 문제에 접근하는 것을 배운다(Frank & Frank, 2004; Trull & Prinstein, 2013).

다른 사람의 관점에 대한 이해는 문화적 차이가 내담자와 치료자 사이에 장벽을 만들 때 특별히 중요하다(Jun, 2010). (글상자 "치료와 문화—'Ifufunyane'의 나쁜 사례"를 보라.) 어떻든지 이러한 목표를 성취하기 위해 심리치료자들은 다음과 같은 것을 제공한다.

1. 아마도 어떤 다른 단일 요인보다도 효과적인 치료는 **치료 동맹**(therapeutic alliance)을 제공하는데, 이는 내담자의 문제를 해결하기 위해 함께 노력하는 치료자와 내담자를 하나로 연결하는 *돌봄 관계*이다. 이 동맹의 힘은 치료의 성공 여부에 주요한 영향을 준다(Meier et al., 2006; Muran & Barber, 2010). 이 관계의 기초는 정서적인 신뢰, 따뜻함, 우정, 이해, 수용 그리고 공감이다.
2. 치료는 감정적 *카타르시스*가 일어날 수 있는 *안전한 환경*을 제공한다. 치료는 내담자가 거부당함이나 비밀 누설에 대한 두려움 없이 개인의 비밀과 공포, 불안을 자유롭게 표현할 수

인간 다양성

치료와 문화–'Ifufunyane'의 나쁜 사례

23세의 나이에 환자는 분명히 'Ifufunyane'로 인해 고통을 겪고 있었다. 그것은 남아프리카의 호사족 문화에서 흔한 주술의 형태였다. 그러나 그는 지역 병원의 정신과 의사에게 치료를 받았고, 의사는 그에게 조현병이라고 하며 항정신병약을 주었다. 약은 도움이 되었지만, 그의 가족은 값비싼 의학적 치료를 꺼리고 그를 전통적 치료자에게 데려갔다. 치료자는 약초를 주었다. 불행하게도, 그는 상태가 더 나빠졌고 병원에 재입원되었다. 이번에는, 정신과 의사가 그의 가족들도 치료에 함께하도록 하였다. 그들은 항정신병약과 전통적 약초를 함께 사용하여 치료하는 것에 동의하였다. 환자는 훨씬 좋아졌고 그의 Infufunyane 또한 완화되었다(Niehaus et al., 2005).

예시와 같이, 다양한 문화적 배경에서 **문화적으로 숙련된 치료사**(culturally skilled therapists)가 내담자들과 함께 작업하도록 훈련되었다. 문화적으로 숙련되기 위해서, 상담자는 다음에 제시되는 모든 것들을 할 수 있어야 한다(American Psychological Association, 2003b, 2008a; Brammer, 2012).

- 유럽이 아닌 민족 혹은 인종 집단의 환자의 필요를 충족시키기 위해서 전통적인 이론과 기술에 적응하라.
- 개인의 문화적 가치와 편견을 자각하라.
- 다른 문화적 배경에서 온 사람과 친밀한 관계를 맺으라.
- 편견에 사로잡히지 말고 문화적 다양성에 개방적이 되어라.
- 인종 혹은 민족 공동체의 구성원들을 개인으로서 대우하라.
- 내담자의 민족적 정체감과 주류 사회에 대한 사회화의 정도를 자각하라.
- 문제 해결의 노력을 지지하는 문화적 집단 내의 현존하는 도움 자원을 사용하라.

문화적 자각은 정신건강과 최적의 발달에 대한 우리의 견해를 넓히도록 돕는다(Brammer, 2012). 문화적 장벽은 치료뿐 아니라 삶의 모든 영역에서 의사소통에 적용된다는 것을 기억하는 것 또한 가치 있다. 이러한 차이가 도전적이기는 하지만, 이는 또한 흔히 풍요롭게 한다(Fowers & Davidov, 2006).

있는 보호구역이다.

3. 어느 정도의 범위에서 모든 치료는 내담자의 고통에 대한 *설명*이나 *이유*를 제공한다. 그리고 심리치료자들은 내담자의 고통을 끝내는 일련의 행동을 제안한다.
4. 치료는 내담자에게 새로운 행동을 연습할 기회와 자신과 자신의 상황에 대한 *새로운 관점*을 제공한다(Prochaska & Norcross, 2010). 치료 중 얻게 된 통찰은 내담자의 삶에서 지속되는 변화를 일으킬 수 있다(Grande et al., 2003).

심리치료의 효과성

심리치료는 얼마나 효과적인가? 치료의 결과를 판단하는 것은 까다롭다. 한 국가적 조사에서 정신건강관리센터를 찾았던 10명 중 9명은 치료의 결과로써 그들의 삶이 개선되었다고 말한다(Kotkin, Daviet, & Gurin, 1996). 불행하게도 여러분은 사람들의 말을 그대로 믿지 못할 것이다. 의사들 사이의 오래된 농담으로 감기를 치료하면 7일이 걸리고, 치료를 안 받으면 일주일 걸린다는 말이 있다. 아마 치료의 진실도 같은 것이다. 6개월 동안 치료받은 후, 좋아졌다고 느끼는 사람은 *자연완화*를 경험한 것인지도 모른다. 그들은 많은 시간이 지났기 때문에 나아졌다고 느끼는 것일 뿐이다. 또는 아마도 치료를 촉발시킨 위기가 지금 거의 잊혀졌을 것이다. 또는 일종의 치료 플라시보 효과가 일어났는지도 모른다. 또한 가족, 친구 또는 성직자와 같은 다른 사람에게 도움을 받았을 가능성도 있다.

치료가 효과적인지를 알기 위해서, 우리는 치료를 받는 실험집단과 그렇지 않은 통제집단 안에 무선적으로 내담자를 배정할 수 있다. 이것이 이뤄졌을 때 통제집단은 치료를 받지 않고도 약간의 개선을 보여 줄지 모른다(Lambert & Ogles, 2002; Schuck, Keijsers, & Rinck, 2011). 이렇게 해서 만약 실험집단의 사람들이 통제집단보다 더 많이 개선된다면, 우리는 치료가 효과적이라고 결론지을 수 있다.

그러나 정말 치료가 필요한 누군가에게서 치료를 보류하는 것은 비윤리적이지 않은가? 그렇다. 이 문제를 다루는 한 가지 방법은 *대기자 통제집단*을 이용하는 것이다. 이 경우에는 치료자를 만나기를 기다리는 사람들과 치료를 받는 사람들을 비교한다. 나중에 대기 목록에 있는 사람들 또한 결국 치료를 받는다.

경험적으로 지지받는 치료들 적절하게 설계된 연구를 사용하여 심리학자들은 '경험적으로 지지받는'(또는 '경험에 기초한') 치료를 확인하는 것을 꾸준히 진행하고 있다(Duncan & Reese, 2013; Westen & Bradley, 2005). 수백 편의 연구들이 심리치료,

치료 동맹 내담자의 문제를 해결하기 위해 노력하는 치료자와 내담자를 하나로 연결하는 돌봄 관계
문화적으로 숙련된 치료사 서로 다른 문화적 배경을 가진 내담자를 다루기 위해 필요한 자각 기술과 지식, 인식을 가진 치료사

상담 그리고 다른 심리학적 치료의 긍정적 효과의 강력한 패턴을 보여 주고 있다(Barlow, Boswell, & Thompson-Hollands, 2013; Shedler, 2010). 더구나 연구들은 몇몇 치료들이 특정한 문제들에 더 효과적이라는 것을 밝혀 왔다(Bradley et al., 2005; Eddy et al., 2004). 예를 들어, 행동, 인지 그리고 약물 치료는 강박장애를 다루는 데 가장 유익하다.

임상 실제를 통해 발전된 지침에 의존하는 것뿐 아니라, 임상가들은 연구 실험을 통한 안내서를 찾고 있다(David & Montgomery, 2011; Elkins, 2012). 최종 결과는 특정 치료가 특정한 문제 유형에 가장 '효과적'이라는 더 나은 이해이다. 이러한 추세 또한 가치가 거의 없는 비주류 '치료들'을 제거하는 것을 돕고 있다.

물론 결과는 개인 사례마다 다르다. 몇몇 사람들에게 치료는 엄청나게 도움이 되지만, 다른 사람들에게는 성공적이지 않다. 전반적으로 치료는 더 많은 사람들에게 효과적이다. 더 주관적으로 말하자면, 사람의 삶이 더 좋게 변화하는 진정한 성공은, 진전이 거의 이뤄지지 않은 몇몇 사례들의 좌절과 같은 가치일 수 있다.

장기적이고 느린 과정으로서 치료를 생각하는 것이 일반적이지만, 보통 그렇지 않다(Shapiro et al., 2003). 연구에서 가장 많은 내담자들이 주 8회에서 21회의 매주 치료 후 더 나아졌다고 느낀다는 것을 보여 준다(Harnett, O'Donovan, & Lambert, 2010). 이는 내담자의 대다수가 치료 6개월 이후 개선되었음을 의미한다. 그러한 빠른 진전은 사람들이 도움을 구하기전 수년 동안 고통을 받아 왔다는 점에서 인상적이다. 불행하게도 고비용과 제한된 보험 때문에 보통의 내담자는 5회기 치료만을 받는데, 모든 환자의 20%만이 더 나아졌다고 느낀다(Hansen, Lambert, & Forman, 2002).

모듈 53: 요약

53.1 심리치료는 어떻게 유래되었는가?

53.1.1 정신병에 대한 초기 접근은 미신과 도덕적 비난에 의해 지배되었다.

53.1.2 악마론은 정신장애를 귀신들림으로 보았고 치료로서 퇴마 처방을 내렸다.

53.1.3 더 인간적인 치료가 1793년에 파리에서 Philippe Pinel의 연구로 시작되었다.

53.1.4 Sigmund Freud는 거의 100년 이상 전에, 최초의 심리치료인 정신분석을 발전시켰다.

53.2 현대 심리치료들은 어떻게 다른가?

53.2.1 모든 심리치료는 성격, 행동, 그리고 적응에 긍정적인 변화를 일으키는 데 목표를 둔다.

53.2.2 심리치료는 통찰, 행동, 비지시적, 지시적 그리고 이들의 결합으로 분류될 수 있다.

53.2.3 치료는 시간 제한이 없거나 또는 시간 제한적일 수 있으며, 개인이나 집단, 그리고 대면 혹은 원격으로 수행될 수 있다.

53.2.4 사이코드라마에서, 개인은 그들의 실제 삶의 문제와 비슷한 역할과 사건을 실행한다. 가족 치료에서, 가족 집단은 한 단위로 다루어진다.

53.2.5 전화상담자와 인터넷 치료사는 멀리서 효과적인 정신건강 서비스를 제공할 수 있다.

53.3 다양한 심리치료의 공통점은 무엇이며, 효과가 있는가?

53.3.1 대부분의 심리치료들은 치료 동맹, 안전한 환경, 카타르시스, 통찰, 새로운 관점, 그리고 새로운 행동을 연습할 기회에 기초하고 있다.

53.3.2 문화적으로 숙련된 상담자는 다른 문화적 배경을 가진 사람과 신뢰를 형성할 수 있어야만 하고, 비유럽 민족 집단 출신의 내담자의 요구를 충족시키기 위한 전통적 이론과 기법을 적용할 수 있어야만 한다.

53.3.3 비록 하나의 치료가 다른 것들보다 더 우수하지 않을지라도, 심리치료는 일반적으로 효과적이다.

모듈 53: 지식 쌓기

암기

짝 짓기: **A.** 행동을 변화시킨다 **B.** 내담자에게 책임감을 부여한다 **C.** 내담자를 강하게 지도한다 **D.** 이해를 추구한다

_____ **1.** 지시적 치료

_____ **2.** 행동 치료

_____ **3.** 통찰 치료

_____ **4.** 비지시적 치료

5. 사이코드라마에서, 사람들은 일관성 없는 생각, 감정 그리고 행동들에서 의미 있는 단위를 만들기 위해 시도한다. **O X**

6. 거울 기법은 _____에서 빈번히 사용된다.
   a. 노출 치료 **b.** 사이코드라마
   c. 가족 치료 **d.** ECT

7. 지금까지, 가장 용인되는 유형의 '원격 치료'는 ______이다.
   a. 미디어 심리학
   b. 상업적 전화 상담
   c. 이모티콘 기반 치료
   d. 오디오와 비디오가 연결된 양방향에 기초한 것

8. 정서적 신뢰, 따뜻함, 이해, 수용, 그리고 공감은 ______의 핵심이다.
   a. 치료 동맹 **b.** 대집단 자각 훈련
   c. 역할 바꾸기 **d.** 행동 치료

9. 문화적으로 숙련된 치료사는 다음 중 하나를 제외하고 모든 걸 수행한다. 어느 것이 적용되지 않는가?
   a. 내담자의 문화적 적응 정도를 인식한다.
   b. 내담자의 문화 집단 안에서 도움되는 자원을 사용한다.
   c. 문화적 고정관념에 맞는 표준 기법을 적용한다.
   d. 그들 고유의 문화적 가치를 인식한다.

반영

비판적으로 생각하기

10. 여러분의 견해에서, 심리학자들은 내담자에 의해 해를 입을 수도 있는 다른 사람을 보호해야 할 의무가 있는가? 예를 들어, 환자가 전부인에 대한 살해 환상을 가지고 있다면, 그녀에게 알려야 하는가?

자기반영

천공술, 악마론, 그리고 엑소시즘의 사용은 정신장애를 '저주받은' 것으로 암시하였다. 오늘날 정신장애는 어느 정도까지 거부되고, 낙인찍히는가?

여러분은 자연스러운 소멸(심리적 문제가 여러분의 부분에 어떤 개입도 없이 스스로 해결되었을 때)에 대한 개인적인 경험에 대해 생각할 수 있는가?

여러분이 정신건강이라고 의미한다고 생각하는 것을 묘사하는 목록을 만들라. 여러분의 목록은 표 53.1에 있는 항목들과 어떻게 잘 부합되는가?

심리치료의 '핵심'에는 무엇이 있는가? 여러분은 친구에게 어떻게 그것을 설명할 것인가?

정답

1. C **2.** A **3.** D **4.** B **5.** X **6.** b **7.** d **8.** a **9.** c **10.** 법에 따르면 치료자가 적은 노력으로 심각한 피해를 방지할 수 있을 때 다른 사람을 보호할 의무가 있다. 이 의무는 비밀유지에 대한 내담자의 권리와 내담자–치료자의 신뢰와 상충될 수 있다. 치료자는 종종 그러한 상황에서 어려운 선택을 해야 한다.

54 Module

치료: 정신역동, 인본주의 그리고 인지 치료

대화 치료

카우치에 누워 머릿속에 떠오르는 어떤 것이든 말하는 것을 상상해 보라. 이것이 바로 심리치료가 시작된 방법이다. Sigmund Freud는 이 유명한 카우치의 보이지 않는 곳에 앉아 필기를 하고 해석을 제공하였다. 이러한 절차는 무의식 속의 이미지나 생각의 자유연상을 독려하기 위한 것이었다.

대부분의 사람들은 심리치료사들이 일을 할 때 그들의 내담자들과 대화를 한다고 상상한다. 대화를 중심으로 하는 다양한 접근의 예를 들어 보자. Freud 정신분석이 시초인 정신역동 치료는 우리 모두를 지배한다고 추측되는 *무의식적* 힘을 통찰할 필요성을 강조한다. 반면 인간중심 치료 역시 통찰 치료인데, 그들은 내담자의 의식적 생각, 정서 그리고 행동에 대한 깊은 통찰을 하도록 돕는 데 중점을 둔다. 정신역동과 인간중심 치료와는 반대로, 인지치료는 통찰보다는 사람들에게 해로운 생각 패턴을 바꾸도록 돕는 것에 더 중점을 둔다.

Peter Aprahamian/Encyclopedia/Corbis

SURVEY QUESTIONS

54.1 Freud학파의 정신분석은 여전히 사용되는가?

54.2 주된 인본주의 치료는 무엇인가?

54.3 인지치료는 어떻게 생각과 정서를 변화시키는가?

정신역동 치료–대화 치료

SURVEY QUESTION 54.1 Freud학파의 정신분석은 여전히 사용되는가?

Freud는 어떻게 심리적 문제들을 치료했는가? Freud의 이론은 '신경증'과 '히스테리'가 억압된 기억, 동기 그리고 갈등—특히 성과 공격성에 대한 본능적 추동에서 나오는—에 의해 야기된다고 강조한다. 이러한 힘들은 비록 숨겨져 있을지라도 성격에 활발하게 남아 있어서 어떤 사람들은 엄격한 자아 방어를 발달시키고 강박적이고 자기파괴적인 행동을 하게 한다. 그러므로 **정신분석**(psychoanalysis)의 주된 목표는 정서적 고통을 낳게 하는 내면의 갈등을 줄이는 것이다(Fayek, 2010).

정신분석

Freud는 신경증의 무의식적 근원을 드러낼 네 가지 기본 기술을 발달시켰는데(Freud, 1949), *자유 연상*, *꿈 분석*, *저항의 분석*과 *전이의 분석*이다.

자유 연상 **자유 연상**(free association)이란 마음속에 떠오르는 생각이 고통스럽거나, 당황스럽거나, 비논리적일지라도 그에 대한 걱정 없이 마음에 떠오르는 모든 내용을 말하도록 하는 것이다. 그렇게 떠오른 생각들은 자기 검열 없이 하나의 생각에서 다른 것으로 이동하게 된다. 자유 연상의 목표는 방어를 낮추어 무의식적 생각과 감정이 드러나게 하는 것이다(Lavin, 2012; Spence et al., 2009).

꿈 분석 Freud는 꿈은 의식적으로 받아들여지지 않은 감정과 금지된 욕망이 꿈의 형태로 위장한 것으로 믿었다(Fischer & Kächele, 2009; Rock, 2004). 정신분석가들은 이 '무의식으로의 왕도'를 사용해 환자들이 꿈에서 분명하게 보이는 의미의 작업(*드러나는 내용*)을 할 수 있게 도와 숨겨진 상징적인 의미(*잠재해 있는 내용*)를 드러낼 수 있게 한다. 이것은 꿈의 상징들을 분석함으로서 성취될 수 있다.

어떤 젊은 남자가 꿈에 그의 아내가 보는 앞에서 허리밴드에서 총을 꺼내어 목적물에 조준했다고 가정해 보자. 총알이 계속해서 발사되지 않자 아내가 그를 보고 웃는다. Freud는 이것을 성교 불능의 억압된 감정의 표시로 총이 남성의 성기의 이미지로 위장된 것이라고 보았을 것이다.

저항의 분석 정신분석의 주된 관심사는 도움을 요청하여 분석을 받으러 온 내담자임에도 불구하고 그가 건강해지는 데 필요한 변화에 *저항*한다는 사실이다(Levenson, 2012). 예를 들어, 환자들은 자유연상이나 꿈을 묘사할 때, 특정한 주제에 대해 이야기하는 것이나 생각하는 것을 저항하기도 한다. 그러한 **저항**(resistance)—통찰과 생각들의 흐름을 방해하는—은 특별히 중요한 무의식적 갈등을 나타낸다. 분석가들이 저항을 인식하게 되면, 그들은 환자의 의식으로 그것들을 가져와서 환자들이 현실적으로 그것들을 다룰 수 있게 한다. 저항은 치료에 있어서 장애물이 되기보다는 단서와 도전들이 될 수 있다(Engle & Arkowitz, 2006).

전이의 분석 **전이**(transference)는 내담자가 자신의 과거에서 중요했던 인물에게 느낀 감정을 치료자에게로 '옮기는' 경향이다. 때때로 환자는 분석가에게 예를 들면, 자신의 거부적인 아버지나 사랑을 주지 않거나 혹은 과보호를 하는 어머니, 혹은 과거의 연인인 듯이 행동할 수 있다. 환자로 하여금 억압된 정서를 재경험하게 함으로써, 치료자는 환자가 자신의 정서를 인식하고 이해할 수 있도록 돕는다. 문제를 지닌 사람들은 종종 다른 사람들로부터 화, 거부, 지루함, 비판과 다른 부정적인 반응을 일으키곤 한다. 효과적인 치료를 위해 치료자들은 다른 사람들처럼 반응하지 않고 환자의 습관적인 저항이나 전이를 다루는 법에 대해 배운다. 이것 역시 치료적 변화를 이끄는 데 기여한다(Fayek, 2010).

정신분석의 오늘

오늘날의 정신분석의 위치는 어떠한가? 정신분석은 무의식적 갈등의 중요성을 강조함으로 오늘날의 치료에 주요한 기여를 하였다(Borch-Jacobsen & Shamdasani, 2011; Friedman, 2006). 그러나 전통적인 정신분석은 긴 시간과 상당한 노력이 필요했다. 결국 전통적인 정신분석이 '효과적인가'에 대한 의문이 새롭고, 간결한 역동적 치료를 발달시켰다. 고전적으로 Hans Eysenck(1994)는 정신분석이 단지 너무 오래 걸리기 때문에 환자들이 증상의 **자연완화**(spontaneous remission, 단지 시간의 흐름 때문에 개선되는 것)를 경험하는 것이라고 비판했다.

자연완화의 가능성이 얼마나 진지하게 다루어져야 하는가? 과잉활동에서부터 불안까지의 범위에 이르는 문제들이 시간이 경과함에 따라 개선되는 것이 사실이다. 그럼에도 불구하고 연구자들은 정신분석과 정신분석관련 심리치료들을 통해 다수의 환자들이 호전을 보였음을 확인하였다(Doidge, 1997; Shedler, 2010).

Eysenck는 비평의 진정한 가치는 심리학자들에게 새로운 아이디어와 기술을 시도하게 격려하였다는 것이다. 연구자들은 "정신분석가들이 작업을 할 때, 왜 효과가 있을까? 어떤 부분이 필수적이며 어떤 것이 불필요한가?"를 묻기 시작했다. 현대 치료자들은 이러한 질문에 대해 놀랍도록 다양한 답을 주었다.

인본주의 치료–인간의 잠재성을 해방시킴

SURVEY QUESTION 54.2 주된 인본주의 치료는 무엇인가?

자신을 더 잘 아는 것은 전통적인 정신분석의 목표였다. 그러나 Freud는 그의 환자들이 '히스테릭한 고통을 흔한 불행'으로 변화시키는 것을 기대할 수 있다고 주장한다. 인본주의 치료자들은 훨씬 더 긍정적이며, 인간이 건강함과 자신의 성장을 찾으려는 자연적인 노력을 한다고 믿는다. 대부분은 사람들이 자신들의 잠재성을 충분히 사용하여 풍부하게 보상하는 삶을 살 수 있다고 가정한다. 여기에서 우리는 세 가지 가장 인기 있는 인본주의 치료에 대해 논의하고자 한다. 내담자 중심 치료, 실존주의 치료 그리고 게슈탈트 치료가 그것이다.

내담자 중심 치료

내담자 중심 치료란 무엇인가? 그것은 정신분석과는 어떻게 다른가? 정신분석은 지시적이고 무의식으로부터의 통찰에 기초하

정신분석 자유 연상, 꿈 해석, 저항과 전이를 이용하여 무의식적 갈등을 드러내는 것을 강조하는 Freud학파 치료
자유 연상 정신분석에서 내담자가 머릿속에 드는 어떤 말이든, 그것이 당혹스럽거나 중요하지 않게 보일지라도, 말하도록 하는 기술
저항 분석을 하는 동안 내담자가 말하거나 생각하기를 거부하는 주제에 대해 통찰과 생각의 흐름을 막는 것
전이 환자로 하여금 과거에 자신에게 중요했던 인물에 대한 감정을 치료자에게 전이하는 것
자연완화 시간이 흐름에 따른 증상의 개선

는 반면, **내담자 중심 치료**[client-centered therapy, **인간 중심 치료**(person-centered therapy)]는 비지시적이고 의식적인 생각과 느낌에 대한 통찰을 기초로 한다(Brodley, 2006; Rogers, 1959). 정신분석가들은 꿈이나 생각, 혹은 기억이 의미하는 바를 말하면서 권위적인 입장을 취하는 경향이 있다. 반대로 내담자 중심의 치료를 만든 Carl Rogers(1902~1987)는 치료자가 옳거나 소중하다고 믿는 것이 내담자에게는 틀릴 수 있다고 믿었다. (Rogers는 환자보다는 내담자라는 말을 선호했는데 환자는 아픈 사람 혹은 치료가 필요한 사람을 암시하기 때문이다.)

결과적으로, 내담자 중심 치료에서 치료자들은 내담자를 '고치려고' 하지 않는다. 대신, 내담자들은 자신들이 각각의 회기에서 다뤄야 할 것들을 스스로 결정하기 때문에 그들 자신들이 문제를 해결하기 위해 활발하게 노력해야 한다(Cooper & McLeod, 2011). 치료자들이 해야 할 일은 내담자에게 변화의 기회를 제공함으로써 안전한 '성장 분위기'를 제공하는 것이다.

치료자들이 어떻게 그러한 분위기를 만들 수 있는가? Rogers는 효과적인 치료를 위해서 치료자가 네 가지 중요한 기본적인 태도를 지녀야 한다고 믿었다. 첫째, 치료자들은 내담자들에게 **무조건적 긍정적 존중**(unconditional positive regard), 즉 확고한 개인적 수용을 경험하게 한다. 치료자는 내담자가 말하는 것이나 느끼는 것에 관해서 충격, 실망 혹은 반감으로 반응하지 않는다. 치료자의 완전한 수용은 내담자가 자기 수용을 하게 하는 첫 번째 단계이다.

둘째, 치료자는 내담자의 눈을 통해 세상을 보고 내담자가 느끼고 있는 것을 같이 느끼면서 진심 어린 **공감**(empathy)을 하려고 한다(Grant, 2010).

세 번째 조건으로는, 치료자는 **진솔함**(authentic, 진정성 있고 솔직한)을 가지려고 노력한다. 치료자는 전문적인 역할 뒤에 숨지 말아야 한다. Rogers는 치료자가 거짓을 드러내면 내담자 중심 치료가 추구하는 성장의 분위기가 파괴된다고 믿었다.

넷째, 치료자는 해석을 하지 않고, 해결책을 제안하거나 충고를 제공하지 않는다. 대신, 치료자는 내담자의 생각과 느낌을 **반영**(reflect)—바꾸어 말하기, 요약하기, 반복하기—한다. 이것은 치료자가 심리적인 '거울'로 행동하여 내담자로 하여금 보다 분명하게 자신들을 볼 수 있게 한다. Rogers는 현실적 자기상을 인정하고, 자기 자신을 잘 수용할 수 있는 사람은 점진적으로 인생의 문제를 해결해 나갈 수 있다는 것을 이론화하였다.

실존주의 치료

실존주의자들에 의하면, '세상에서 존재'(실존)는 깊은 불안을 만든다. 우리 모두는 죽음이라는 현실과 마주해야 한다. 우리는 선택을 함으로써 우리의 사적인 세상을 만든다는 사실에 직면해야 한다. 우리는 이 광대무변한 행성에서의 고독을 극복해야 한다. 우리들 대부분은 무의미한 느낌에 직면해야 한다(Craig, 2012; Schneider, Galvin, & Serlin, 2009).

이러한 것들이 심리치료와 무슨 상관이 있는가? **실존주의 치료**(existential therapy)는 의미, 선택, 책임감과 같은 존재의 문제에 초점을 둔다. 실존주의 치료는 내담자 중심 치료와 마찬가지로 자기 인식을 촉진한다. 그러나 중요한 차이가 있다. 내담자 중심 치료는 방어의 장막 뒤에 숨겨진 '진정한 자신'을 드러내는 것에 중심을 둔다. 반대로, 실존주의 치료는 선택을 할 수 있는 인간의 능력인 자유 의지를 강조한다. 따라서 실존주의 치료자는 여러분이 되고자 하는 사람이 되는 것을 여러분이 선택할 수 있다고 믿는다.

실존주의 치료자는 내담자들에게 *용기*를 주고 사회적으로 건설적이며 보람 있는 선택을 할 수 있도록 한다. 일반적으로 실존주의 치료는 *죽음*, *자유*, *고립*, *무의미함*과 같은 실존에 있어서의 '근본적인 문제'에 초점을 둔다(Vontress, 2013). 이러한 인간의 보편적인 도전은 인간의 죽음에 대한 인식과 자신만의 세상에서 홀로 존재하는 것, 선택하는 자유에 따르는 책임감, 그리고 삶에서 의미를 만들어 내야 하는 필요성을 포함한다.

실존주의 치료의 하나의 예는 삶에서 의미를 찾고 유지하는 것이 필요하다고 강조하는 Victor Frankl의 *의미치료*이다. Frankl(1904~1997)의 접근법은 그가 나치 강제 수용소에서 수용자로 있었을 때의 경험에 기초한다. 수용소에서 Frankl은 셀 수 없이 많은 수용자들이 인간의 존엄성을 박탈당하고 모든 희망이 사라진 것을 보았다(Frankl, 1955). 의미감[*이성*(logos)]을 부여잡고 있으려 했던 사람들은 온전한 상태로 생존했다. 훨씬 더 지독한 상황에서조차 삶에서의 목적의식은 심리적 안녕감에 크게 기여하였다(Prochaska & Norcross, 2010).

실존주의 치료자가 하는 일은 무엇인가? 치료자는 내담자가 스스로 규정해 놓은 자기 정체성의 한계를 발견하고 깨닫도록 돕는다. 이것이 성공하려면 내담자는 자신의 삶을 변화시킬 도전을 충분히 받아들여야 한다(Bretherton & Orner, 2004). 불교인들이 '철저한 수용(radical acceptance)'이라고 하는 비슷한 상태를 찾고 있다는 것이 흥미로운 점이다(Brach, 2003). 실존주의 치료의 주요한 측면은 직면인데, *직면*을 통해 내담자는 진정한 실존을 위해 자신의 존재론적 가치를 깨닫고, 자유롭게 선택하고 그 선택에 대한 책임을 져야 된다는 것을 알게 된다(Claessens, 2009).

직면에 있어 중요한 부분은 두 인간 사이에서 독특하고 깊이 있는, 지금-여기의 참 *만남*이라는 것이다. 실존주의 치료가 성공적이면, 삶에서 중요한 것에 대한 재평가와 새로운 목표가 생긴다. 어떤 내담자들은 마치 죽을 뻔했던 고비를 넘기고 살아남은 것 같은 정서적인 재탄생을 경험한다. 마르셀 프루스트가 썼듯이 "발견의 진정한 여정은 새로운 광경을 보는 것이 아니라 새로운 눈을 가지는 것이다."

게슈탈트 치료

게슈탈트 치료는 부적응적인 사람들의 *자각*, 즉 지각이 혼란스럽고 온전하지 못하다는 생각에 기초를 하고 있다. 독일어로 게슈탈트는 '전체' 혹은 '완전한'이라는 의미이다. **게슈탈트 치료**(Gestalt therapy)는 사람들이 연결된 전체로서 다시 생각하고, 느끼고 행동할 수 있게 한다. 이것은 개인적인 자각을 확장하고, 생각, 느낌 그리고 행동에 대한 책임을 지고, 경험의 차이를 채움으로써 달성할 수 있다(Frew, 2013).

'경험에 있어서 차이'란 무엇인가? 게슈탈트 치료자는 우리는 종종 불편한 감정을 '갖는 것'이나 그것을 표현하는 것을 부끄러워한다고 믿는다. 이것이 개인의 성장을 막는 장벽이 될 수 있는 자기 알아차림에서의 차이를 만든다. 예를 들어, 부모님의 죽음 후에 분노를 느끼는 어떤 사람이 그것을 충분히 표현하지 못한 채 수년의 시간을 보낸다고 하자. 이런 비슷한 위협적인 차이가 정서적인 건강을 손상시킨다.

게슈탈트 접근은 내담자 중심이나 실존주의 치료보다 훨씬 직접적이며 그리고 덜 통찰적인 반면, 즉각적인 경험을 강조한다. 개인 대 개인 혹은 집단으로 작업하면서 게슈탈트 치료자는 내담자들이 순간순간 떠오르는 생각, 지각 그리고 정서를 점점 알아차리도록 격려한다(Levin, 2010). 왜 내담자가 죄책감, 분노, 두려움이나 지루함을 느끼는지 토론하기보다는, 치료자는 이러한 느낌들을 '지금 여기'에 가져오도록 하고 그것들을 선명하게 자각하도록 격려한다. 치료자는 내담자의 자세, 목소리, 눈동자의 움직임과 손동작에 주의를 기울이게 함으로 자각을 촉진한다. 내담자들은 또한 희미한 느낌들이 선명해질 때까지 과장하는 것이 요구된다. 게슈탈트 치료자들은 그러한 느낌을 표현하는 것이 사람들로 하여금 '미해결 과제에 주의를 기울이게' 하고, 정서적 교착상태에 돌파구를 줄 수 있다고 믿는다(Masquelier, 2006).

게슈탈트 치료는 Fritz Perls(1969)의 업적과 연관된다. Perls에 따르면, 정서적인 건강은 여러분이 무엇을 하기를 원하는지를 아는 것이지, 무엇을 해야만 하고, 혹은 무엇을 원해야만 하는지에 얽매여 있는 것은 아니다(Brownell, 2010). 다른 말로 바꾸면, 정서적인 건강은 개인이 자신의 감정과 행동에 온전한 책임을 지는 것에서 비롯되는 것이다. 예를 들면, "나는 할 수 없어."에서 "나는 하지 않겠어." 혹은 "나는 해야 해."에서 "나는 하기로 선택했어."로의 변화를 의미한다.

게슈탈트 치료는 사람들이 어떻게 그들이 정말 원하는 것을 발견하게 돕는가? 무엇보다도, 게슈탈트 치료는 현재의 경험을 강조한다(Levin, 2010; Yontef, 2007). 내담자들은 감정에 대해 이성적으로 설명하거나 이야기하는 것을 그만두도록 촉구된다. 설명하고, 합리화하고, 판단하는 것 대신에 그들은 지금–여기에 살고, 공상하는 것을 그만두고, 실재를 경험하고, 불필요한 생각을 그만두고, 보고 맛보고, 표현하는 것에 대해 배우게 된다. 또한 즐거움뿐 아니라 불쾌함과 고통도 받아들이고, 온전히 자기 자신으로 존재하는 것에 대해 배우게 된다. 역설적이게도, 게슈탈트 치료자들은 변화할 수 있는 가장 최선의 길은 진정한 자신으로서 존재하는 것이라고 믿는다(Brownell, 2010).

인지치료–긍정적으로 생각하라!

SURVEY QUESTION 54.3 인지치료는 어떻게 생각과 정서를 변화시키는가?

정신역동과 인본주의 치료들이 대체로 통찰을 추구하는 반면, 인지치료는 대체로 사람들이 생각하고 믿고 느끼는 것을 직접적으로 변화시키고 결국에는 행동 방식을 변화시키려고 한다(Rosner, 2012). 일반적으로 **인지치료**(cognitive therapy)는 내담자들의 문제가 되는 정서나 행동을 야기하는 생각 패턴을 변화시키는 것을 돕는다(Davey, 2008; Power, 2010).

예를 들어, 제니스는 지난 20년간 수집해 온 물건들로 가득한 집이 있는 수집가(hoarder)이다. 만약 그녀가 통찰에 중점을 두는 치료자의 도움을 찾고 있다면, 그녀는 왜 그녀가 물건들을 수

내담자 중심(혹은 인간 중심) 치료 의식적 사고와 느낌으로부터 얻은 통찰에 기초한 비지시적인 치료로, 진정한 자기를 인정하고 수용하는 것을 강조한다.

무조건적 긍정적 존중 타인에 대한 전폭적이고 흔들림 없는 수용

공감 타인의 관점을 취하고 그가 느끼는 대로 느낄 수 있는 능력

진솔함 Carl Rogers의 용어로, 치료자가 자기 자신의 느낌에 대해 진심이고 솔직할 수 있는 능력

반영 내담자 중심 치료에서, 내담자에 의해 표현된 생각과 느낌을 반복하고 바꾸어 말해 주는 과정을 통해 내담자들이 자신이 말하고 있는 것을 인식할 수 있다.

실존주의 치료 죽음, 의미, 선택과 책임감과 같은 존재의 문제들에 중점을 둔 통찰 치료로, 용감한 삶의 선택을 할 것을 강조한다.

게슈탈트 치료 즉각적인 경험과 자각을 도와 내담자로 하여금 연결된 전체로 생각하고, 느끼고, 행동하도록 돕고, 분열된 경험들의 통합을 강조하는 접근이다.

인지치료 정서적이고 행동적인 문제를 일으키는 부적응적 생각, 신념이나 느낌을 바꾸는 데 직접적인 치료

집하기 시작했는지 더 이해할 수 있을 것이다. 반대로, 그녀가 인지치료자의 도움을 찾고 있다면, 그녀는 과거를 탐색하는 데 시간을 보내는 대신에, 물건 수집에 대한 생각과 신념을 적극적으로 변화시킬 것이다. 이 두 가지 접근법의 목표는 모두 수집하는 것을 그만두게 하는 것이다. 실제적으로 인본주의 치료들은 종종 행동적 변화를 일으키고, 인지치료는 종종 더 깊은 통찰로 이끌어 주기도 한다.

인지치료는 범불안장애나 외상 후 스트레스 장애에서 부부간의 갈등, 분노에 이르기까지 많은 문제들을 치료하는 데 성공적으로 사용되어 왔다(Butler et al., 2006). 예를 들어, 강박적인 손 씻기는 더러움과 오염에 대한 내담자의 생각과 신념을 변화시킴으로써 감소될 수 있다(Jones & Menzies, 1998). 인지치료는 우울을 치료하는 데 특히 효과적이었다(Hollon, Stewart, & Strunk, 2006).

우울증을 위한 인지치료

여러분이 모듈 50에서 보았듯이, 인지심리학자들은 부정적이고 자기파괴적인 생각이 우울의 기저를 이룬다고 본다. Aaron Beck(1991)에 따르면, 우울한 사람들은 자신, 세상, 그리고 미래를 부정적으로 보는데 이는 사고에서 주요한 왜곡이 있기 때문이다. 첫째 사고는 **선택적 지각**(selective perception)인데, 더 큰 자극에서 오직 특정한 자극만을 받아들이는 것을 말한다. 만약 하루에 5개의 좋은 일과 3개의 나쁜 일이 일어나면, 우울한 사람들은 나쁜 일에만 초점을 둔다. 우울에서 두 번째 사고 오류는 **과잉일반화**(overgeneralization)인데, 안 좋은 일을 다른 관련 없는 상황에 적용해서 생각하는 경향이다. 예를 들자면, 빌리가 시험이나 아르바이트 자리에서 떨어졌다고 자신을 완전히 실패자나 무가치한 사람으로 여기는 것이다. 우울한 사람들은 **이분법적 사고**(all-or-nothing thinking)로 바람직하지 않은 사건의 중요성을 확대하는 경향이 있다. 그들은 일을 완전히 좋거나 나쁘거나, 맞았거나 틀린 것으로 보며, 자신들을 성공했거나 끔찍하게 실패한 것으로 본다(Lam & Mok, 2008).

인지치료자들은 어떻게 그러한 패턴을 고치는가? 인지치료자들은 우울이나 비슷한 문제들을 가져오는 부정적인 생각을 수정하기 위해 단계적으로 노력을 한다. 먼저, 내담자들은 그들 자신의 생각을 끊임없이 추적하고 알아차리도록 배운다. 내담자와 치료자는 그런 다음, 우울, 분노, 회피를 일으키는 생각이나 믿음을 찾는다(Segal, Williams, & Teasdale, 2013).

다음으로, 내담자들은 그들의 믿음을 검증할 정보를 수집하게 된다. 예를 들면, 우울한 사람이 일주일 동안 자신의 활동을 목록에 적어 본다. 이 목록은 "나는 끔찍한 한 주를 보냈어." 혹은 "나는 완전한 실패자야."와 같은 이분법적 사고들을 도전하는 데 사용된다. 더 많은 코칭을 통해, 내담자는 자신들의 기분, 행동 그리고 관계를 개선하는 방식으로 자신들의 사고를 바꾸는 법을 배운다.

인지치료는 많은 우울 사례들을 치료하는 데 약물만큼이나 효과적이다. 더 중요한 것은, 새로운 생각 패턴을 갖게 된 사람들은 우울의 재발이 덜하며, 이는 약물로는 이룰 수 없는 혜택이다(Eisendrath, Chartier, & McLane, 2011; Hollon, Stewart, & Strunk, 2006).

대안적 접근의 하나로, 인지치료자는 자기파괴적인 사고의 존재가 아닌, 효과적인 대처 기술과 사고 패턴의 *부재*를 찾는다(Dobson, Backs-Dermott, & Dozois, 2000). 인지치료의 목적은 내담자에게 분노, 우울, 수치심, 스트레스와 비슷한 문제들에 대처하는 법을 가르치는 것이다. 모듈 47에 서술한 스트레스에 대한 예방접종은 이 접근방식의 좋은 예이다.

인지치료는 급속도로 전문성을 확장하고 있다. 또 다른 널리 잘 알려진 인지치료를 탐색해 보자.

합리적 정서 행동 치료

합리적 정서 행동 치료(rational-emotive behavior therapy, REBT)는 정서적 문제들을 야기하는 비합리적인 신념을 바꾸는 것을 시도한다. Albert Ellis(1913~2007)에 의하면 REBT의 기본 아이디어는 A-B-C만큼 쉽다(Ellis, 1995; Ellis & Ellis, 2011). Ellis는 사람들은 비현실적이거나 잘못된 신념이 있기 때문에 자기 파괴적인 습관을 키우고 불행하게 된다고 가정한다.

왜 신념이 중요한가? Ellis는 문제들을 다음과 같은 방식으로 분석한다. A는 *촉발 사건*(activating)을 의미하며, 사람들은 이 촉발 사건으로 인해 *정서적 결과*(emotional consequence) C가 일어난다고 생각한다. 예를 들어, 거절당한(촉발 사건) 사람은 우울, 위협이나 상처를 느낀다(결과). 합리적 정서 행동 치료는 진짜 문제는 A와 C 사이에서 일어나는 것이라는 것을 내담자에게 보여준다. 즉 B는 내담자의 비합리적이고 비현실적인 신념(belief)이다. 이 예에서, 비현실적인 신념은 불필요한 고통으로 이어지게 하는데, 이는 "나는 사랑받아야 하며, 항상 다른 사람들에게 인정을 받아야 해."와 같다. REBT는 사건이 우리에게 감정을 야기하지 않는다고 주장한다. 우리는 우리의 신념들 때문에 우리가 느끼는 것처럼 느낀다(Dryden, 2011; Kottler & Shepard, 2011). (몇 가지 예는 "10개의 비합리적 신념—여러분은 어떤 것을 가지고 있는가?"를 보라.)

Ellis(1979; Ellis & Ellis, 2011)는 대부분의 비합리적 신념은 각각의 세 가지의 비현실적인 핵심적 생각으로부터 온다고 한다.

심리학 발견하기

10개의 비합리적 신념—여러분은 어떤 것을 가지고 있는가?

합리적 정서 행동 치료자들은 정서적 혼란이나 갈등을 갖게 하는 많은 신념들을 알아냈다. 다음의 비합리적 신념 중 어떤 것이 해당하는지 보라.

1. 나는 내 삶에서 거의 모든 사람들에게 사랑받고 인정받아야 하며, 그렇지 않으면 끔찍하고 나는 가치가 없는 사람이다.
   예: "내 반친구들 중 하나가 나를 좋아하는 것 같지 않아. 나는 실패자가 분명해."
2. 나는 가치 있는 사람이 되기 위해 모든 방면에서 완전하게 역량이 있어야 하고, 모든 일을 성취할 수 있어야 한다.
   예: "나는 물리 수업이 이해가 안 돼. 나는 정말 바보 같아."
3. 나는 일이 내가 생각한 대로 되지 않을 때 끔찍하게 속상하다.
   예: "나는 저 수업에서 B를 받았어야 했어. 그 선생은 멍청한 자식이야."
4. 내가 불행한 것은 내 잘못이 아니다. 나는 나의 정서적 반응들을 조절할 수 없다.
   예: "너는 나를 끔찍하게 해. 너만 없었으면 나는 행복했었을 거야."
5. 나는 무엇인가 불쾌한 사건이 생기면 절대 잊지 않는다.
   예: "나는 내 상사가 나를 모욕한 때를 절대 잊지 않을 거야. 나는 일할 때 그것을 매일 생각해."
6. 문제나 책임감에 대해, 그것을 직면하는 것보다 피하는 것이 더 쉽다.
   예: "나는 내 여자친구가 왜 화가 나는지 알 수 없어. 내가 그걸 무시하면 그냥 지나갈지 몰라."
7. 내가 상대하는 많은 사람들이 나쁘다. 나는 그렇기 때문에 그들을 심하게 처벌해야 한다.
   예: "옆집에 세 들어 사는 학생들은 나쁜 애들이야. 다음번에 그들이 불평할 때, 나는 더 크게 스테레오를 켤 거야."
8. 나는 나보다 강한 사람들에게 의지해야 한다.
   예: "그녀가 나를 떠나면 나는 살 수가 없어."
9. 그것이 나에게 강하게 영향을 미쳤기 때문에 그것은 영원히 나에게 그렇게 할 것이다.
   예: "대학 3학년 때 여자친구가 나를 버렸어. 나는 결코 다시는 여자를 믿지 않을 거야."
10. 인간 문제에는 언제나 완벽하게 분명한 해결책이 있는데, 이것이 실천되고 있지 않은 것이 비도덕적이다.
   예: "나는 이 나라의 정치에 대해 좌절해. 모든 게 희망이 없어 보여."

이 목록 중 하나라도 익숙하게 들리면, 여러분은 비현실적인 기대를 가지고 자신에게 불필요한 정서적 고통을 만들고 있을지 모른다.*

* Dryden, 2011; Ellis & Ellis, 2011; Teyber & McClure, 2011에서 수정

1. 나는 잘 수행해야 하고 다른 모든 사람들에게 인정을 받아야 한다. 그렇지 않으면 끔찍하고, 나는 그것을 견딜 수가 없고 나는 형편없는 사람이다.
2. 나를 공정하게 대해야 한다. 그렇지 않으면 끔찍하고 나는 그것을 견딜 수 없다.
3. 내가 원하는 대로 일이 되어야 한다. 그렇지 않으면 끔찍하고, 나는 그런 무시무시한 세상에서 살 수가 없다.

이러한 신념이 완벽하지 못한 세상을 사는 데 많은 슬픔과 불필요한 고통을 가져올 것이라는 것을 쉽게 알 수 있다. 합리적 정서 행동 치료자들은 내담자의 비합리적인 신념이나 '혼잣말'을 변화시키기 위해 매우 직접적인 시도를 한다. 치료자는 직접적으로 내담자의 논리를 공격하고, 그들의 신념에 반대되는 증거를 제시하고, 때로는 숙제를 주기도 한다. 예를 들면, 다음의 비합리적 신념을 반박하는 것들이 있다(Dryden, 2011; Ellis & Ellis, 2011; Kottler & Shepard, 2011에서 수정).

- "당신이 이번 한 번을 잘하지 못했다고 해서 실패자라는 증거는 어디에 있는가?"
- "누가 세상이 공평해야 한다고 했는가? 그것은 당신의 규칙이다."
- "당신 스스로에게 말하는 무엇이 당신을 화나게 만드는가?"
- "당신이 원하는 대로 일이 되지 않아서 정말 비참함을 느끼는가? 아니면 그저 불편함을 느낄 뿐인가?"

우리들 중 많은 사람들이 비합리적인 신념을 포기하는 것을 잘할 수 있을 것이다. 더 나은 자기 수용과 일상의 성가신 것들에 대한

선택적 지각 넓은 가능성 중에 특정한 자극만을 지각하는 것
과잉일반화 하나의 사건을 관련이 없는 많은 상황에서 확장해서 가져가는 것
이분법적 사고 사물이나 사건을 절대적으로 옳거나 그른 것, 나쁘거나 좋은 것, 받아들일 만한 것이나 받아들일 수 없는 것으로 분류하는 것
합리적 정서 행동 치료(REBT) 많은 정서적 문제를 일으키는 비합리적인 신념과 이러한 신념은 바뀌거나 없어져야 한다고 접근하는 치료

임상 파일

여러분은 언제 그것들을 버려야 할지를 알아야 한다

17세 조나단은 다시 돈을 다 날렸다. 이번에는 온라인 블랙잭에서 놀았다. 조나단은 5달러로 시작해서 그의 베팅을 두 배씩 올려 가며 도박을 계속했다. 물론 그는 그의 행운이 결국엔 변화를 줄 것이라고 생각했다. 그러나 딱 8번을 한 후에 그는 1,000달러 이상을 잃고 돈이 바닥났다. 지난주에도 그는 텍사스 홀드뎀에서 놀면서 많은 돈을 잃었다. 이제 조나단은 눈물을 흘린다. 그는 그가 지난 여름에 벌었던 돈을 다 잃고, 학교를 그만둬야 할지, 그의 부모님에게 그가 잃은 것을 말해야 할지를 걱정하고 있다. 조나단은 도박중독이 되어 가고 있다는 것을 인정해야만 한다(Blinn-Pike, Worthy, & Jonkman, 2010; Volberg, 2012).

Ocean/Corbis

게임중독은 젊은이들에게 점점 더 문제가 되고 있다. (LaBrie & Shaffer, 2007)

많은 도박중독자들의 문제처럼, 조나단은 도박과 관련한 많은 왜곡된 인지로 고통받고 있다. 여기 도박에 관한 잘못된 신념들이 있다 (Toneatto, 2002; Wickwire, Whelan, & Meyers, 2010).

과장된 도박 기술: 지속적으로 잃는다는 사실에도 불구하고 자신감이 과장되었다.

귀인 오류: 당신의 승리를 기술의 문제라고 하면서, 운이 나빠서 잃었다고 탓한다.

도박중독자의 오류: 연이은 패배가 계속된다면 곧 승리할 것이라고 믿는다.

선택적 기억: 잃은 것은 생각 안 하고 승리했던 것만 기억한다.

과잉해석된 신호: 다음 베팅에서 이길 것이라는 몸의 감각이나 기분 같은 관련이 없는 신호에 큰 믿음을 둔다.

특성상 행운아: 대체로 자신이 행운아라고 믿는다.

확률 편향: 무작위적 우연한 사건에 대해 옳지 않은 신념을 가지고 있다.

이러한 잘못된 신념을 가지고 있는가? 조나단의 인지 왜곡은 통제에 대한 착각을 가져오는데, 그는 그가 충분히 열심히 했더라면 그가 이길 수 있는 방법을 알 수 있었을 것이라고 생각한다. 운이 좋게도, 인지치료자는 조나단을 *인지적인 재구조화*를 통해 도울 수 있다. 그는 더 이상 그가 우연한 사건을 조절할 수 있다고 믿지 않는다. 조나단은 여전히 도박을 조금 하지만, 그의 예산 범위 내에서 잃으면서 즐길 수 있다.

인내는 비합리적인 신념을 없애는 데 도움이 될 것이다. (글상자 "여러분은 언제 그것들을 버려야 할지를 알아야 한다"를 보라.)

인지행동치료

마지막으로, 행동치료인 모듈 55로 넘어가기 전에, 여러분은 REBT의 B가 행동(behavior)을 의미하는 것을 아는가? 오늘날 많은 치료자들이 부적응적 사고와 부적응적 행동을 동시에 같이 치료할 수 있다는 것을 깨달았다. **인지행동치료**(cognitive behavioral therapy, CBT)는 인지와 행동 치료를 혼합하여 최적의 치료 결과를 낼 수 있다고 한다(Mahoney & McEvoy, 2012). 예를 들면, 물건을 강박적으로 수집하는 사람은 수집에 대한 왜곡된 생각을 수정하고 수집하는 행동을 적극적으로 수정하는 것 둘 다를 통해 해결해 나갈 수 있다(Steketee et al., 2010). 사실, CBT는 현재 비의학적 치료 접근으로 가장 인기가 있다(Pilgrim, 2011). 행동치료로 계속 가 보자.

인지행동치료(CBT) 치료 결과를 최적화하기 위해 인지치료와 행동치료를 결합한 접근

모듈 54: 요약

54.1 Freud학파의 정신분석은 여전히 사용되는가?

54.1.1 최초의 진정한 정신치료로서 Freud의 정신분석은 현대 정신역동적 치료들이 생기게 하였다.

54.1.2 정신분석자들은 자유 연상, 꿈 분석, 그리고 저항과 전이 분석을 사용하여 통찰에 이르도록 한다.

54.1.3 정신분석이 비싸고 시간이 걸리기 때문에 정신분석가들이 비교적 드물다.

54.1.4 어떤 비평가들은 전통적인 정신분석이 증상의 자연완화에 대해서 인정하고 있다고 주장한다. 그러나 정신분석은 많은 환자들에게 성공적이다.

54.2 주요한 인본주의 치료는 무엇인가?

54.2.1 내담자 중심(혹은 인간 중심) 치료는 의식적 사고와 느낌으로부터 얻어진 통찰에 기초한 비지시적인 치료로, 내담자가 성장할 수 있는 분위기를 조성해 주는 것에 주안점을 두고 있다.

54.2.2 무조건적 긍정적 존중, 공감, 진솔함과 반영은 함께 내담자가 자신의 문제를 해결할 기회를 준다.

54.2.3 실존주의 치료는 개인이 삶에서 결정한 선택과 그 결과에 중점을 둔다. 내담자들은 직면을 통해 자신의 자유의지를 실현하고 자신들의 선택에 책임을 지도록 격려된다.

54.2.4 게슈탈트 치료는 즉각적인 생각과 느낌의 알아차림을 강조한다. 게슈탈트 치료의 목표는 내담자가 전체로 사고하고, 느끼고, 행동하도록 사고 · 감정 · 행동을 재구성하고, 내담자 스스로 감정의 막힘을 깨뜨리는 것을 돕는 것이다.

54.3 인지치료는 어떻게 생각과 정서를 변화시키는가?

54.3.1 인지치료는 정서적이거나 행동적 문제를 일으키는 사고 패턴을 변화하는 것을 강조한다. 인지치료의 목적은 왜곡된 생각을 수정하는 것 혹은 발달된 대처 기술을 가르치는 것이다.

54.3.2 Aaron Beck의 인지치료는 사고에서의 다양한 주된 왜곡들을 변화시키는 것에 중점을 둔다. 주된 왜곡들은 선택적 지각, 과잉일반화, 그리고 이분법적 사고이다.

54.3.3 Albert Ellis의 인지치료에서 파생된 합리적 정서 행동 치료(REBT)는 내담자들이 부적응적인 사고 패턴들의 중심이 되는 비합리적인 신념을 인식하고 변화하도록 배운다.

모듈 54: 지식 쌓기

암기

1. 정신분석에서 내담자의 치료자에 대한 정서적 애착은 무엇인가?
   a. 자유 연상 **b.** 드러내기 연상
   c. 저항 **d.** 전이

짝 짓기:

_____ **2.** 내담자 중심 치료	**A.** 사고의 패턴을 바꾸기
_____ **3.** 게슈탈트 치료	**B.** 무조건적 긍정적 존중
_____ **4.** 실존주의 치료	**C.** 알아차림의 차이
_____ **5.** REBT	**D.** 선택과 있는 그대로 존재하기

6. 게슈탈트 치료자는 내담자의 생각과 감정을 반영하는 것을 한다. **O X**
7. 직면과 마주함은 실존주의 치료의 개념이다. **O X**
8. REBT에서 A-B-C에서 B가 의미하는 것은?
   a. 행동 **b.** 신념
   c. 존재 **d.** Aron Beck

반영

비판적으로 생각하기

9. Freud의 개념인 전이에 따르면, 내담자들은 자신들의 느낌을 정신분석가에게 '전이'한다. 이러한 생각에 비추어 '역전이'라는 용어는 무엇일까?
10. '환자'라는 용어를 쓰는 것은 개인과 치료자 사이의 관계에 어떤 영향을 미치는가?

자기반영

10분 동안 자유 연상을 (큰 소리로) 시도해 보라. 흥미로운 점이 드러나는가?

여러분은 수업에서 발표 때 치료자의 역할을 할 것이다. 여러분이 정신분석가라면 어떻게 행동할 것인가? 내담자 중심 치료자라면? 게슈탈트 치료자라면? 합리적 정서 행동 치료자라면? 인지행동치료자라면?

우리는 모두 상황에 따라 부정적인 사고를 할 수 있다. 여러분은 최근에 선택적 지각을 한 때를 기억할 수 있는가? 과잉일반화는? 이분법적 사고는?

정답

1. d **2.** B **3.** C **4.** D **5.** A **6.** X **7.** O **8.** a **9.** 정신분석가(그리고 일반적인 치료자들은) 역시 인간이다. 그들은 그들이 해결하지 못한 것이거나, 무의식 혹은 감정들을 내담자들에게 전이시킬 수 있다. 이것은 때때로 치료적 과정을 복잡하게 만들기도 한다(Kim & Gray, 2009). **10.** 의사와 환자라는 용어는 개인과 치료자 사이의 신분과 권위에서 큰 격차를 암시한다. 내담자 중심 치료 혹은 인간 중심 치료는 내담자에게 자신의 문제에 대한 해결의 최종 권위를 부여함으로써, 이 격차를 좁히기를 시도한다. 또한 환자라는 용어는 개인이 '아프며' '치료'를 받아야 하는 것을 암시한다. 많은 이들은 인간 문제에 대해 생각하는 부적절한 방식이라고 생각한다.

55 Module

치료: 행동치료

그녀의 비행을 시험하면서

John Lund/Marc Romanelli/Blend Images/Corbis

샤니카는 큰 문제를 가지고 있었다. 애당초 그녀가 카리브해를 비행한다는 데 두려움이 컸던 만큼 대회에서 뜻밖의 우승으로 얻은 카리브해 휴가는 공짜가 아니었다. 수년 전에 비행 공포증을 극복했어야 했다는 것을 상기하면서, 그녀는 비행 공포증을 극복하도록 돕는 프로그램에 등록했다. 그녀와 같은 공포증이 체계적 둔감법이라고 불리는 행동치료에 잘 반응한다는 것을 그녀는 거의 알지 못했다.

불과 몇 주 만에, 그 프로그램은 체계적 둔감법, 이완, 집단지지, 그리고 비행기에 직접적인 많은 노출과 같은 기법들을 결합하여 그녀의 비행 공포증을 치료하였다. 그 프로그램은 참가자들이 비행 체험을 할 수 있도록 고안되었으며, 프로그램에 포함된 실제 짧은 비행을 경험했을 때 그녀는 스스로 얼마나 침착했는지에 대해 놀랐다.

행동치료자들은 사람들이 더 편안하게, 그리고 효과적으로 기능할 수 있도록 행동 패턴을 직접적으로 변화시키는 것을 추구한다. 이 모듈은 체계적 둔감법을 포함하는 몇몇 혁신적이고 매우 성공적인 행동치료를 설명하고자 한다.

SURVEY QUESTIONS

55.1 행동치료란 무엇인가?

55.2 행동치료에서 조작적 원리는 어떤 역할을 하는가?

고전적 조건형성에 기초한 치료 – 학습을 통한 치료

SURVEY QUESTION 55.1 행동치료란 무엇인가?

일반적으로, 행동치료는 어떻게 작동하는가? 심리학자들이 인간의 문제를 풀기 위해서 학습 원리를 이용할 수 있다는 것을 깨달았을 때, 돌파구가 열렸다. **행동치료**(behavior therapy)는 행동에서 건설적인 변화를 만들기 위해 학습 원리를 이용하는 치료이다. 행동치료자들은 어떤 사람이 지닌 문제를 개선하기 위해서 문제에 대한 깊은 통찰은 종종 불필요하다고 생각한다. 대신에 그들은 문제 행동과 사고를 직접적으로 변화시키기 위해 시도한다. 샤니카의 경우, 그녀의 과거나 감정 또는 갈등을 탐색할 필요가 없었다. 그녀는 단지 비행 공포증을 극복하길 원했다.

행동치료자들은 사람들이 그들이 존재하는 방식을 학습해 왔다고 가정한다. 만약 그들이 문제를 야기하는 반응을 학습해 왔다면, 그들은 *재학습*함으로써 그러한 행동을 더 적절한 행동으로 바꿀 수 있다. 대체로 **행동수정**(behavior modification)은 인간의 행동을 직접적으로 변화시키기 위해 고전적 또는 조작적 조건형성을 사용하는 것을 말한다(Miltenberger, 2012; Spiegler & Guevremont, 2010). 몇몇 치료자들은 이러한 접근을 *응용행동분석*이라고 부르기를 선호한다. 행동적 접근은 혐오치료, 체계적 둔감화, 토큰 경제, 그리고 다른 기법들을 포함한다(Spiegler,

2013a, b).

고전적 조건형성은 어떻게 작동하는가? 아마도 간단한 개관이 고전적 조건형성을 이해하는 데 유용할 것이다. 고전적 조건형성은 새로운 자극과 간단한 반응(특히 반사반응)이 연합된 학습의 한 형태이다. 고전적 조건형성에서, 중립 자극은 *무조건 반응*(Unconditioned Response, UR)이라고 불리는 학습되지 않은 반응을 만들어 내는 *무조건 자극*(Unconditioned Stimulus, US) 이전에 제시된다. 결국 이전의 중립 자극은 이 반응을 직접 유발하기 시작한다. 이렇게 유발된 반응은 *조건 반응*(Conditioned Response, CR)이라고 불리고, 조건 반응을 유발한 자극은 *조건 자극*(Conditioned Stimulus, CS)이 된다. 이와 같이, 아이들은 주사기(CS)를 보는 것 다음에는 불안과 공포(UR)를 유발하는 주사(US)가 뒤따르게 된다는 것을 학습한다. 결국 주사기(조건 자극)를 보는 것은 아이가 주사를 맞기 전에 두려움이나 불안(조건 반응)을 만들어 낼 수 있다. (고전적 조건형성에 대한 더 많은 상세한 개관을 보려면, 모듈 24로 돌아가라.)

고전적 조건형성은 행동수정을 위해 무엇을 해야 하는가? 예를 들어, 고전적 조건형성은 나쁜 습관과 불편함을 연관시키기 위해 사용될 수 있다. 이러한 접근법의 더 강력한 방식을 혐오치료라고 부른다.

혐오치료

여러분이 사과를 먹고 있다고 상상해 보라. 반쯤 먹었을 때 큰 초록색 벌레를 깨문 것을 발견한다. 여러분은 토한다. 수개월 후, 여러분은 사과를 먹을 때마다 불쾌한 감정이 들어 사과를 먹지 못한다. 이것은 여러분이 사과에 조건형성된 혐오를 발전시켰다는 것을 보여 준다. (*조건형성된 혐오*는 어떤 자극들에 대해 학습된 반감이나 부정적인 감정 반응이다.)

혐오치료(aversion therapy)에서, 개인은 흡연, 음주 또는 도박과 같은 바람직하지 못한 습관에 강한 혐오가 연상되도록 학습한다. 혐오치료는 딸꾹질, 재채기, 말더듬이, 구토, 손톱 물어뜯기, 야뇨증, 강박적인 머리 잡아당기기, 알코올 중독, 그리고 흡연, 대마초, 또는 크랙 코카인 중독을 치료하는 데 사용되곤 한다. 실제로 혐오치료는 매일 일어나고 있다. 예를 들어, 폐암환자를 치료하는 많은 의사들이 흡연을 하지 않고, 많은 응급실 의사들 또한 안전벨트 없이 운전하지 않는다(Eifert & Lujuez, 2000).

혐오감 부풀리기 니코틴이 독성이라는 사실은 쉽게 혐오를 만들어 내어 사람들이 금연하도록 도움을 준다. 행동치료자들은 전기충격, 구토유발 약, 그리고 유사한 혐오 자극들이 흡연자들을 불편하게 만드는 데 꼭 필요하지 않다는 것을 알아냈다. 필요한 것은 흡연자들이 오랫동안 강제로 빠르게 담배를 피는 것이다. *빠른 흡연* 동안, 내담자들은 6~8초마다 담배를 피라고 끊임없이 듣게 된다. 빠른 흡연은 흡연자들이 참담해지고 더 이상 참을 수 없을 때까지 계속된다. 그즈음 많은 사람들은 "나는 남은 평생 동안 결코 다른 담배를 보고 싶지 않다."는 생각을 한다.

빠른 흡연은 흡연에 대한 효과적인 행동치료로 오랫동안 알려져 왔다(McRobbie & Hajek, 2007). 그럼에도 불구하고 빠른 흡연을 시도해 본 사람이라면 누구나 그것이 매우 불쾌하다는 것을 깨닫게 된다. 치료자의 도움 없이는, 대부분의 사람들은 금연을 성공하기 위한 빠른 흡연의 절차를 너무나 빨리 그만둬 버린다. 게다가 빠른 흡연은 위험할 수 있다. 그것은 오로지 전문적인 수퍼비전과 함께 이뤄져야만 한다. (더 실제적인 대체 방법은 모듈 57에 설명되어 있다.)

음주를 위한 혐오치료 혐오치료의 또 다른 훌륭한 사례는 Roger Vogler와 그의 동료들(1997)에 의해 개척되었다. Vogler는 음주를 멈출 수 없었던 알코올중독자와 함께 작업하였으며 혐오치료가 마지막 기회였다. 알코올성 음료를 마시면서, 내담자들은 손에 고통스러운 전기 충격(해롭지는 않음)을 받는다. 주로 이 충격들은 내담자가 알코올을 마시기 시작할 때 일어난다.

이러한 *반응유관 충격*들(반응과 연결되어 있는 충격들)은 분명히 음주의 즐거움을 빼앗는다. 충격들은 또한 알코올 남용자들이 음주에 대한 조건형성된 혐오를 발전시키도록 한다. 보통, 알코올 남용에 의해 야기되는 불행은 음주 후 한참 후에 오며 너무 늦어서 효과가 없다. 그러나 만약 알코올이 *즉각적*인 불편감과 연결될 수 있다면, 음주는 개인을 매우 불편하게 만들기 시작할 것이다.

이러한 방법으로 내담자를 치료하는 것이 정말 용인되는가? 사람들은 그런 방법들에 대해 종종 불편해한다. 그러나 일반적으로 내담자들은 혐오치료가 그들의 파괴적인 습관을 극복하도록 돕기 때문에 혐오치료에 자원한다. 사실 과식, 흡연, 그리고 알코올 남용을 위한 상업적 혐오치료 프로그램은 많은 의지를 가진 소비자들에게 관심을 받아 왔다. 더 중요한 것은, 혐오치료는 그것의 이득에 의해 정당화될 수 있다는 것이다. 많은 사람들은 부적응 습관과의 평생에 걸친 투쟁 때문에 일어나는 장기간의 고통

행동치료 행동을 적극적으로 변화시키도록 고안된 치료
행동수정 인간의 행동, 특히 비적응적 행동을 변화시키기 위한 학습 원리의 적용
혐오치료 바람직하지 않은 반응과 혐오(고통스럽거나 불편한) 자극을 연관시킴으로써 바람직하지 않은 반응을 억누르는 것

심리학 발견하기

긴장된다면? 이완하라!

둔감법의 핵심은 이완이다. 두려움을 억제하기 위해서 여러분은 이완을 배워야만 한다. 자발적인 이완의 한 가지 방법은 **긴장 해소 방법**(tension-release method)을 사용하는 것이다. 심부 근육 이완을 얻기 위해, 다음과 같은 훈련을 시도하라.

> 여러분의 오른팔의 근육을 떨릴 때까지 단단히 긴장시켜라. 천천히 10까지 세면서 근육을 탄탄하게 유지하다가 놔주라. 여러분의 손과 팔을 축 늘어지게 하고 완벽히 이완하라. 그 과정을 반복하라. 두세 번 긴장을 풀어 주는 것은 여러분의 팔 근육이 이완되었는지를 느끼게 해 줄 것이다. 여러분의 왼팔에 긴장 풀기 과정을 반복하라. 오른팔과 비교해 보라. 왼팔이 똑같이 이완될 때까지 반복하라. 오른다리에 긴장풀기 기법을 적용하라. 여러분의 왼다리에 여러분의 배에, 여러분의 가슴과 어깨에. 여러분의 턱, 목 그리고 목구멍을 꽉 쥐었다가 풀어 주라. 여러분의 이마와 두피에 주름이 생기게 하고 풀어 주라. 여러분의 입과 얼굴 근육을 긴장시켰다가 이완하라. 마지막 단계로, 여러분의 발가락을 구부리고 발을 긴장시키고 그러고 나서 풀어 주라.

만약 여러분이 이 지시를 수행했다면, 여러분은 시작하기 전의 여러분 상태보다 더 눈에 띌 만큼 이완되어야만 한다. 여러분이 재빨리(5분에서 10분) 완벽한 이완을 얻을 때까지 긴장 풀기 방법을 연습하라. 여러분이 1주 또는 2주 동안 하루 한 번 이완을 연습한 후에, 여러분은 몸(또는 일련의 근육들)이 긴장될 때 말할 수 있기를 시작할 것이다. 또한 여러분은 명령에 따라 이완하기를 시작한다. 이것은 여러분을 긴장되게 하거나 불안을 느끼게 하는 어떤 상황에서 여러분이 적용해 볼 수 있는 소중한 기술이다.

보다는 혐오치료의 단기간의 불편함을 더 선호한다.

체계적 둔감법

행동치료는 공포, 두려움 그리고 불안을 치료하는 데 사용될 수 있는가? 다른 행동 기법, 체계적 둔감법은 사람들이 공포(긴장, 비실제적 두려움) 또는 강한 불안을 탈학습하도록 도움을 주는 데 주로 사용된다. 예를 들어, 이 사람들은 다음과 같은 문제를 겪을 수 있다. 무대 공포증을 가진 교사, 시험 불안을 가진 학생, 대인 공포증을 지닌 영업사원, 성적 친밀감을 혐오하는 신혼부부, 또는 샤니카처럼 비행 공포를 가진 사람.

커티스가 높은 곳에 대한 두려움(고소 공포증)을 극복하는 것을 돕고자 하는 행동치료자를 생각해 보라. 행동치료자는 어떻게 진행할까? 커티스를 그의 아파트 꼭대기(35번째)층의 발코니로 억지로 나가도록 하는 것은 심리적 재앙일 수 있었다. (어쨌든 커티스는 1층에만 사는 사람이다.) 행동치료자(와 커티스)는 이완을 유지하면서, **체계적 둔감법**(systematic desenstization)—공포를 유발하는 자극에 점진적으로 접근함으로써 공포 자극에 대한 두려움, 불안, 또는 공포를 감소시키는 행동치료 방법—을 사용하는 것이 더 나을 것이다(Head & Gross, 2009).

체계적 둔감법의 수행 *체계적 둔감화는 어떻게 이루어지나?* 커티스와 치료자는 그의 **공포 위계**(fear hierarchy)—가장 덜 불안한 것에서부터 가장 끔찍한 것까지 위계적으로 공포를 유발하는 상황의 목록—를 작성함으로써 시작한다. 다음으로, 커티스는 깊게 이완하는 법에 대해 훈련받는다. (글상자 "긴장된다면? 이완하라!"를 보라.) 그러고 나서 커티스가 이완이 되면, 그는 그의 고소 공포 위계에서 가장 덜 충격적인 항목을 수행해 보는데, 그것은 (1) 의자 위에 서기이다. 첫 번째 항목은 커티스가 전혀 불안하지 않을 때까지 반복된다. 다음 단계로 진행되기 전에 완전한 이완이 이루어지지 않고 긴장된다면, 커티스는 다시 근육을 이완시켜야 한다. 천천히, 커티스는 위계를 높여 나간다. (2) 작은 사다리의 꼭대기에 올라가기, (3) 한 줄로 이어진 급경사진 계단을 내려다보기, 그리고 계속해서, 마지막 항목이 두려움 없이 수행될 때까지. (20) 꼭대기 층의 발코니에 서 있기.

체계적 둔감법은 어떻게 작용하는가? 그의 공포 위계를 통과하는 것은 커티스가 점진적으로 적응을 경험하도록 하게 한다. 체계적 둔감법은 또한 다른 상태를 막기 위해 하나의 감정 상태를 이용하는 **상호 제지**(reciprocal inhibition)에 기반한다(Heriot & Pritchard, 2004). 예를 들어, 불안과 이완이 동시에 존재하는 것은 불가능하다. 만약 우리가 이완 상태에서 커티스가 건물 계단에 있게 할 수 있다면, 그의 불안과 공포는 제지될 것이다. 반복되는 계단 올라가기는 이러한 상황에서 두려움이 사라지도록 해 줄 것이다. 커티스가 그의 두려움을 이겨 냈을 때, 우리는 *둔감화*가 이뤄졌다고 말할 수 있다(Spiegler & Guevremont, 2010).

많은 공포증에서 둔감법은 사람들이 그들이 두려워하는 상황과 자극에 직접적으로 노출될 때 가장 잘 작용한다(Bourne, 2010; Miltenberger, 2012). 거미 공포증과 같은 경미한 공포증의 경우, 이러한 노출은 집단에서 시행될 수도 있고, 또한 단일 회기에 완결될 수도 있다(Müller et al., 2011).

대리 둔감법 *공포 위계의 단계를 직접적으로 실행하는 것이 유용하지 않다면 무엇이 유용할까?* 고소 공포증이 있을 경우, 커티스가 했던 것처럼 공포 위계의 단계들이 실행될 수 있다. 그러나 만약 이것이 비현실적이라면, 비행 공포증이 있는 경우, 내담자는 두려운 행동을 수행하는 *모델*들을 관찰함으로써 문제를 다룰 수 있다(Eifert & Lejuez, 2000; Bourne, 2010; ● 그림 55.1). 모델은 관찰 학습을 위한 예시로서 도움을 주는 사람(실제이거나 촬영된)이다. 그와 같은 **대리 둔감법**(vicarious desensitization)—간접 학습—이 사용될 수 없다면, 아직 다른 선택이 있다. 다행히 둔감법은 어떤 사람이 위계의 각 단계를 *생생하게 상상*할 때 역시 거의 작용한다(Yahnke, Sheikh, & Beckman, 2003). 만약 불안감 없이 단계들이 마음속에 그려진다면, 실제 상황에서의 두려움은 감소된다. 두려운 자극을 상상하는 것이 치료자의 상담실에서 이뤄질 수 있기 때문에, 그것이 둔감법을 시행하는 가장 일반적인 방법이다.

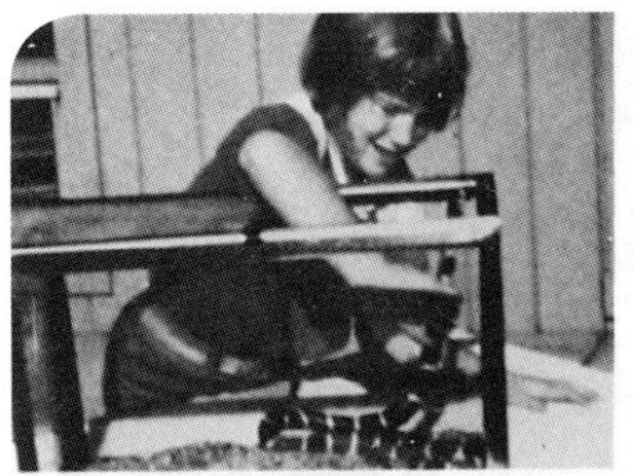

● **그림 55.1**
대리 둔감법에 의한 뱀 공포증 치료법. 이 고전적인 사진들은 뱀과 상호작용하는 모델을 보여 준다. 두려움을 극복하기 위해서 공포증 대상들은 모델을 관찰하였다 (Bandura, Blanchard, & Ritter, 1969).

가상현실 노출 둔감화는 노출 *치료*이다. 노출법의 다른 치료들과 유사하게, 둔감화는 두려움이 사라질 때까지 공포 자극에 사람을 노출시킨다. 최신 기술의 발달로, 치료자들은 공포증을 치료하는 데에 가상현실을 이용하고 있다. 가상현실은 참여자들이 비디오 디스플레이 기기를 머리에 착용하고 경험하게 되는 컴퓨터로 제작된 3차원의 입체적인 '세상'이다. **가상현실 노출**(virtual reality exposure)에서는 실제 현실에서는 조심스럽게 통제되어 제시되는 공포 자극을 컴퓨터로 제작하여 내담자에게 보여 준다 (Wiederhold & Wiederhold, 2005; Riva, 2009). 그것은 이미 고소 공포증(높은 곳에 대한 공포), 폐소 공포증, 거미 공포증뿐만 아니라 비행 공포증, 운전 공포증, 대중연설 공포증을 치료하는 데 이용되어 왔다(Meyerbröker & Emmelkamp, 2010; Müller et al., 2011; ● 그림 55.2). 가상현실 노출은 또한 환자들이 공포감에 몰입되는 것을 방해하는 환경을 만들어 고통의 경험을 줄이도록 돕는다(Keefe et al., 2012).

둔감법은 가장 성공적인 행동치료 중의 하나였다. 그러나 비교적 새로운 기법이 공포, 불안감 그리고 심리적 고통을 더 낮추는 또 다른 방법을 제공할 수 있을 것이다.

안구운동 둔감법 외상 사건은 고통스러운 기억을 만든다. 고통스런 회상은 종종 재난, 추행, 강도, 강간 또는 정서적 학대와 같은 사건의 피해자들을 따라다닌다. Francine Shapiro 박사는 외상 기억들과 외상 후 스트레스를 감소하도록 돕기 위해 **안구운동 둔감화 재처리요법**(eye movement desensitization and reprocessing, EMDR)을 개발하였다.

전형적인 EMDR 회기에서, 내담자는 마음을 가장 힘들게 하는 이미지를 시각화하도록 요구받는다. 동시에, 그 사람의 눈앞에서 연필(또는 다른 물체)을 좌우로 재빠르게 움직인다. 움직이는 물체를 보는 것은 사람의 눈을 재빠르게 왔다 갔다 움직이도록 한다. 약 30초 뒤에, 내담자는 치료자와 함께 떠올리고 의논했던 생각들과 어떤 감정, 기억들을 설명한다. 이 단계들은 힘든 생각과 감정들이 더 이상 떠오르지 않을 때까지 반복된다(Shapiro, 2012; Shapiro & Forrest, 2004).

몇몇 연구들에서, EMDR이 외상 기억으로부터 고통을 덜어 주고, 불안을 줄여 준다고 밝혀졌다(Fleming, 2012; Oren & Solomon, 2012). 그러나 EMDR은 논란이 많이 있다. 예를 들어, 어떤 연구들은 안구운동이 치료에 아무런 보탬이 되지 않는다는

긴장 해소 방법 신체의 깊은 이완을 체계적으로 얻는 과정
체계적 둔감법 혐오 자극에 계획적으로 노출되도록 함으로써 야기되는 두려움, 불안, 또는 혐오반응의 감소
공포 위계 체계적 둔감법에서 사용하는 것으로 가장 덜 두려운 공포에서부터 가장 두려운 공포까지 정리한 공포의 목록
상호 제지 두려움을 막는 기쁨이나 즐거움을 방해하는 불안과 같이 하나의 감정적 상태의 존재가 다른 감정을 억제하는 원리
대리 둔감법 내담자가 두려워하는 행동을 수행하는 모델을 볼 때 대리로서(간접적으로) 일어나는 불안 또는 공포의 감소
가상현실 노출 공포 자극을 제시하기 위한 컴퓨터화된 이미지의 사용. 가상 환경은 참여자의 머리 움직임과 다른 입력 정보 등에 반응한다.
안구운동 둔감화 재처리요법(EMDR) 눈을 이쪽에서 저쪽으로 빠르게 움직이는 동안, 가지고 있는 혼란스러운 생각으로 인한 공포나 불안을 줄이기 위한 기법

Branimir Kvartuc

Photographs used with permission from University of Southern California Institute for Creative Technologies

그림 55.2

(왼쪽) 머리에 착용하는 디스플레이 기기를 쓴 사람이 사람들에게 두려운 자극을 노출하기 위해 사용되는 가상현실 체계를 실험하고 있다. (오른쪽) 가상의 이라크 또는 아프가니스탄 컴퓨터 이미지. 외상 후 스트레스 장애(PTSD)로 고통받는 참전용사들은 그들의 트라우마를 재경험할 수 있다. 예를 들어, 검문소가 테러리스트들에게 갑자기 공격받았던 사람은 그 장면, 소리, 진동 그리고 냄새조차도 완벽한, 그 순간을 체험할 수 있다. 성공적인 노출은 외상 후 스트레스 장애 증상을 줄이는 결과를 가져온다(Gerardi et al., 2008; McLay, 2012).

것을 발견하였다. EMDR의 분명한 성공은 둔감화의 다른 형태에서 그러했던 것처럼, 불쾌한 자극에 점진적으로 노출하는 방법에 기초한 것이라고 볼 수 있다(Albright & Thyer, 2010). 반면에, 몇몇 연구자들은 EMDR이 전통적인 치료들보다 우수한 사실을 계속해서 발견하고 있다(Greenwald, 2006; Solomon, Solomon, & Heide, 2009; Tarquinio et al., 2012).

EMDR은 획기적인가? 현대 사회에서 빈번하게 발생하는 트라우마를 고려할 때 우리가 EMDR의 효과를 알아내기까지는 그리 오래 걸리지 않을 것이다.

조작적 치료 – 전 세계가 스키너의 상자인가?

SURVEY QUESTION 55.2 행동치료에서 조작적 원리는 어떤 역할을 하는가?

혐오치료와 둔감법은 고전적 조건형성에 기반하고 있다. 조작적 조건형성은 어디에 적합한가? 여러분이 생각하는 것처럼, 조작적 조건형성은 반응을 일으키는 결과에 대한 학습을 의미한다. 대부분의 행동치료자들은 행동치료를 다루는 아래와 같은 조작적 원리를 종종 이용한다.

1. **긍정적 강화.** 강화가 뒤따라오는 반응은 더 빈번하게 일어나는 경향이 있다. 만약 아이들이 징징거리고 나서 관심을 얻게 된다면, 아이들은 더 자주 징징거릴 것이다. 만약 여러분이 심리학 수업에서 A를 받는다면, 여러분은 심리학 전공 학생이 될 수도 있다.
2. **비강화와 소거.** 강화가 뒤따라오지 않는 반응은 덜 일어날 것이다. 만약 반응이 여러 번 반복된 후에 보상이 뒤따라오지 않는다면, 그 반응은 완전히 사라질 것이다. 세 번 이긴 후에 여러분은 더 이상 성공 없이 30번 이상 슬롯머신의 손잡이를 당긴다. 여러분은 무엇을 하겠는가? 여러분은 가 버릴 것이다. 손잡이를 당기는 반응은 같을 것이다(특정한 기계에서는, 어쨌든).
3. **처벌.** 만약 반응 다음에 바람직하지 않은 효과나 불편함이 뒤따라온다면, 그 반응은 제거될 것이다(그러나 반드시 소거되지는 않는다).
4. **조형.** 조형은 바람직한 반응에 점진적으로 가까워지도록 점진적으로 행동을 강화하는 것을 의미한다. 예를 들어, 지적 장애 아동에게 'ball'을 말하게 하기 위해서는, 아동이 b 소리로 시작하는 어떤 단어라도 말하게 될 때, 보상을 하여 강화함으로써 시작할 수 있다.
5. **자극통제.** 반응들은 그것들이 일어나는 상황의 통제를 받는 경향이 있다. 만약 여러분이 시계를 10분 빨리 설정한다면, 아침에 제시간에 집을 출발하는 것이 더 쉬울지 모른다. 여러분의 출발은 설혹 여러분이 시계가 빠르다는 것을 알고 있다고 하더라도, 시계의 자극 통제 아래에 있는 것이다.

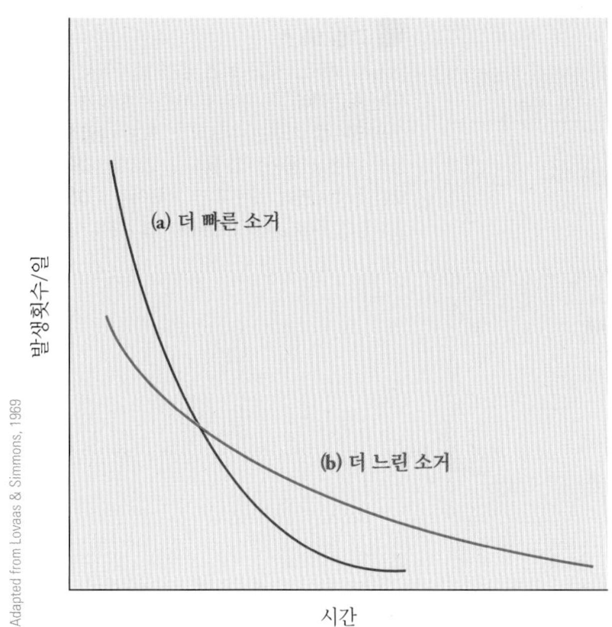

그림 55.3
발달장애 아동들은 때때로 머리를 흔드는 것과 같은 자해를 한다. 그러한 행동이 부모의 관심을 유지할 수 있기 때문에, 그러한 행동을 소거하기 위해서는 그런 행동을 무시하는 것이 효과가 있을 수 있다(그리고 대신 아동이 자해를 하지 **않을** 때 관심을 주는 것이다). 그래프는 그런 행동이 이러한 방법으로 때때로 소멸될 수 있다는 것을 보여 주는 2개의 가설적이면서 실제적인 사례를 보여 준다.

6. **타임아웃.** 타임아웃 과정은 보통 강화가 일어나는 상황에서 개인을 제거하는 것과 관련 있다. 타임아웃은 반응대가의 변형이다. 그것은 바람직하지 않은 반응에는 뒤따라오는 보상을 제공하지 않는 것이다. 예를 들어, 서로 싸우는 아이들은 분리된 방으로 보내지고 좀 더 차분하게 행동할 수 있을 때에만 방에서 나오는 것이 허용된다. (조작적 학습에 대한 더 상세한 개관을 보려면, 모듈 25와 26으로 돌아가라.)

이러한 원리들이 간단하기 때문에, 타임아웃은 직장, 집, 학교, 그리고 산업 현장에서 겪는 어려움을 극복하기 위해 매우 효과적으로 사용되곤 한다.

비강화와 소거

어떤 극심한 과체중의 정신질환자는 지속적으로 유지되는 골칫거리인 습관을 가지고 있다. 그녀는 다른 환자의 음식을 훔쳤다. 아무도 그녀에게 다이어트를 하라고 하거나 훔치는 것을 그만두라고 설득할 수 없었다. 그녀의 건강을 위해서, 행동치료자는 그녀에게 병원 식당에서 특별한 식사 좌석을 배정하였다. 만약 그녀가 다른 식탁에 접근한다면, 즉시 식당에서 나가도록 하였다. 다른 사람의 음식을 훔치려는 시도를 하였을 때는, 식사를 하지 못하게 하였다(Ayllon, 1963). 음식을 훔치려는 그녀의 시도가 보상받지 못했기 때문에, 그 시도들은 빨리 사라졌다.

이 사례에서 치료자는 어떤 조작적 원리를 사용하였는가? 치료자는 *소거*를 만들어 내는 *비강화*를 사용하였다. 가장 빈번하게 일어나는 인간 행동들은 몇 가지 형태의 보상으로 이어진다. 바람직하지 못한 반응은 그것을 유지하는 보상을 *제거*하고 *확인*함으로써 없어질 수 있다. 그러나 사람들은 항상 음식, 돈 또는 다른 분명한 보상을 위해 행동하지는 않는다. 인간 행동을 유지하는 대부분의 보상들은 더 미묘하다. *주의*, *인정* 그리고 *관심*은 평범하지만 인류의 강력한 강화물들이다(● 그림 55.3).

비보상과 소거는 특히 학교, 병원 그리고 기관들에서 많은 문제행동들을 제거할 수 있다. 종종 어려운 점은 제한된 특히 잘못된 반응들에 집중된다는 것이다. *타임아웃*은 잘못된 행동을 저지르는 사람에게 주의를 기울이는 것을 거부함으로써, 그러한 반응을 제거할 수 있는 좋은 방법이다. 예를 들어, 14세의 테렐은 장애 청소년을 위한 훈련센터의 활동실에 주기적으로 누드로 나타났다. 이 행동은 항상 스태프나 다른 환자들의 엄청난 관심을 끌게 되었다. 다음번에 그가 누드로 나타났을 때, 실험적으로 상담자와 다른 스태프들은 그에게 정상적으로 인사하고 그를 무시했다. 다른 환자들로부터의 관심도 금방 사라지게 되었다. 겸연쩍게 그는 방으로 돌아갔고 옷을 입었다.

강화와 토큰 경제

정신병원, 사회복귀 훈련시설, 지적 장애인 학교, 범법자를 위한 프로그램, 그리고 평범한 교실에서 토큰(실제 보상과 교환되는 상징적 보상)의 형태로 강화를 사용한다. 토큰은 인쇄된 가늘고 긴 종이, 점검 도장, 포인트 또는 황금별일 수 있다. 그 형태가 무엇이든 간에, 토큰은 치료자와의 사적 시간, TV시청과 같은 특권이나 사탕, 음식, 담배, 오락시간으로 교환될 수 있기 때문에 보상으로 제공된다. 그것들은 보통 행동 개선을 가져온다(Maggin et al., 2011; Matson & Boisjoli, 2009).

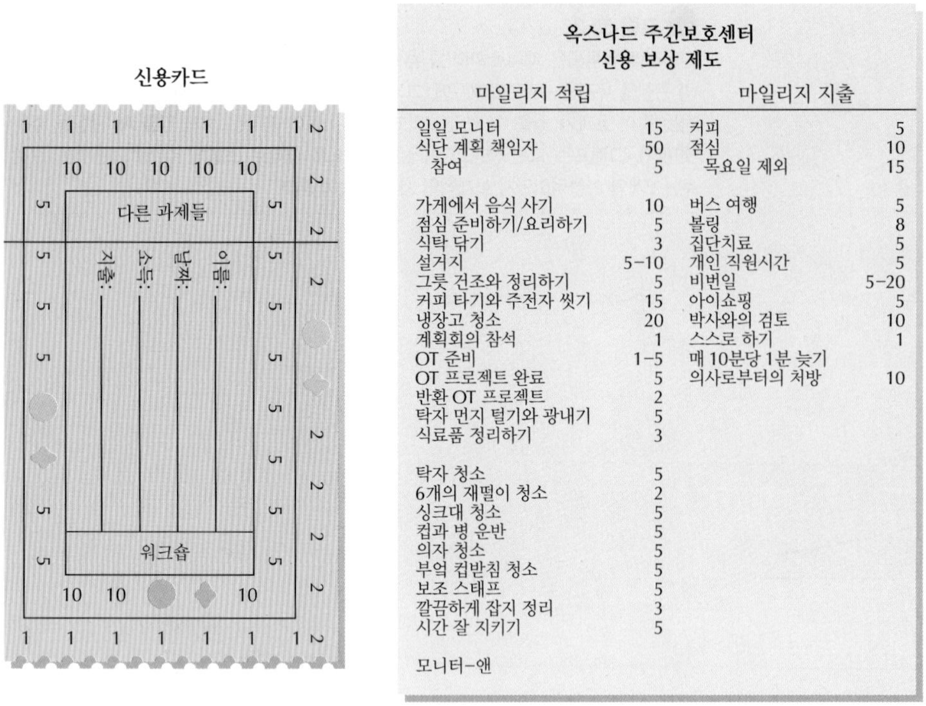

신용카드

다른 과제들

이름:
날짜:
소득:
지출:

워크숍

옥스나드 주간보호센터
신용 보상 제도

마일리지 적립		마일리지 지출	
일일 모니터	15	커피	5
식단 계획 책임자	50	점심	10
참여	5	목요일 제외	15
가게에서 음식 사기	10	버스 여행	5
점심 준비하기/요리하기	5	볼링	8
식탁 닦기	3	집단치료	5
설거지	5–10	개인 직원시간	5
그릇 건조와 정리하기	5	비번일	5–20
커피 타기와 주전자 씻기	15	아이쇼핑	5
냉장고 청소	20	박사와의 검토	10
계획회의 참석	1	스스로 하기	1
OT 준비	1–5	매 10분당 1분 늦기	
OT 프로젝트 완료	5	의사로부터의 처방	10
반환 OT 프로젝트	2		
탁자 먼지 털기와 광내기	5		
식료품 정리하기	3		
탁자 청소	5		
6개의 재떨이 청소	2		
싱크대 청소	5		
컵과 병 운반	5		
의자 청소	5		
부엌 컵받침 청소	5		
보조 스태프	5		
깔끔하게 잡지 정리	3		
시간 잘 지키기	5		

모니터–앤

그림 55.4
여기서 보이는 것은 토큰 경제 체계에서 사용되는 토큰이다. 이 경우에, 토큰은 환자가 얻은 신용 점수를 기록한 카드이다. 또한 다양한 활동에 대한 신용가치의 목록을 기재한 것이다. 토큰은 게시판에 있는 특권 목록이나 아이템과 교환된다. (Robert P. Liberman의 사진)

토큰을 사용함으로써, 긍정적 반응은 *즉시 보상*될 수 있다. 최대한의 효과를 위해, 치료자는 특별한 *표적행동*(치료자가 수정하려고 하는 행동이나 다른 행위)을 선택한다. 표적행동은 토큰으로 강화된다. 예를 들어, 말을 안 하는 정신질환자는 그 또는 그녀가 한 마디라도 말할 때 토큰이 처음으로 주어질 것이다. 다음에는, 완전한 문장을 말할 때 토큰이 주어질 것이다. 나중에, 환자는 토큰을 받기 위해서 조금씩 더 자주 말하도록 하고, 그러고 나서는 질문에 답하도록 하며, 나중에는 짧은 대화를 하도록 요구받는다. 이러한 방법으로, 심하게 철수된 환자들을 정상적으로 의사소통할 수 있도록 도울 수 있다.

기관에서 토큰의 광범위한 사용은 토큰 경제를 만들어 낸다. **토큰 경제**(token economy) 안에서, 환자들은 다양한 사회적으로 바람직하거나 생산적인 활동을 토큰으로 보상받는다(Spiegler & Guevremont, 2010). 그들은 문제행동을 할 때나 특권의 혜택을 누리기 위해서는 토큰을 지불해야만 한다(● 그림 55.4). 예를 들어, 스스로 옷을 입고, 처방받은 약을 먹고, 식사시간에 제시간에 맞추어 도착하는 행동 등을 하는 환자에게 토큰이 주어진다. 정원손질, 요리, 또는 청소와 같은 건설적인 활동 또한 토큰을 벌 수 있게 한다. 환자들은 식사와 개인실, 영화, 출입, 외출 행동 그리고 다른 특권들과 토큰을 *교환*해야만 한다. 그들은 사람들 앞에서 옷을 벗고, 싸우고, 울고, 그리고 유사한 문제행동에 대해서는 토큰을 *빼앗기게* 된다(Morisse et al., 1996; Spiegler & Guevremont, 2010).

토큰 경제는 환자의 전반적인 적응과 의욕을 신속하게 변화시킬 수 있다. 환자들의 변화에 대해서는 인센티브가 주어진다. 그리고 그들은 자신의 행동에 책임을 져야 한다. 토큰의 사용은 속임수처럼 보일 수 있지만, 그것은 환자에게 힘을 실어 준다. 많은 '가망 없어 보이는' 지적 장애인, 정신질환자, 그리고 범죄성향의 사람들은 토큰 경제에 의해 생산적인 삶으로 복귀해 왔다(Boerke & Reitman, 2011).

환자가 기관을 떠날 준비가 되었을 때, 환자들은 정상적이고 책임감 있는 그리고 생산적인 행동을 유지하기 위해서 매주 토큰을 벌 수 있을 만큼 호전되어 있을 것이다(Miltenberger, 2012). 전형적으로, 가장 효과적인 토큰 경제는 칭찬, 관심, 그리고 인정과 같은 *사회적 보상*을 토큰과 점차적으로 교환하는 것이다. 그와 같은 보상은 환자들이 가족, 친구, 그리고 공동체로 복귀할 때 받게 될 것들이다.

토큰 경제 바람직한 행동이 상품, 서비스, 활동 그리고 특권과 교환할 수 있는 토큰으로 강화되는 치료적 프로그램

모듈 55: 요약

55.1 행동치료는 무엇인가?

55.1.1 행동치료자는 인간 행동을 직접적으로 변화시키는 고전적 또는 조작적 조건형성의 학습 원리를 사용한다.

55.1.2 혐오치료에서 고전적 조건형성은 바람직하지 않은 반응을 억제하기 위해 고통이나 다른 혐오적 사건들과 부적응 행동(흡연이나 음주 같은)을 결부시킨다.

55.1.3 둔감법에서, 점진적 적응과 상호 제지는 공포와 특별한 상황의 연결고리를 끊는다. 둔감법에서의 전형적인 단계는 다음과 같다. 공포 위계를 구조화한다. 완전하게 이완하는 방법을 훈련한다. 그리고 위계상의 항목을 수행한다(가장 덜 공포스러운 것부터 가장 공포스러운 것까지).

55.1.4 둔감법은 공포 반응을 수행하는 모델을 지켜보거나 위계적 공포를 생생하게 상상함으로써 이뤄지거나 실제 환경에서 실행될 수 있다.

55.1.5 어떤 경우에는, 가상현실 노출이 통제된 방식으로 공포 자극을 제시함으로써 사용될 수 있다.

55.1.6 안구운동 민감소실 및 재처리요법(EMDR)이라 불리는 새로운 기법은 트라우마 기억들과 스트레스 장애를 위한 치료로서 가능성을 보여 준다. 그러나 현재 EMDR은 논란이 많다.

55.2 행동치료에서 조작적 원리는 어떤 역할을 하는가?

55.2.1 긍정적 강화, 비강화, 소거, 처벌, 조형, 자극 통제 그리고 타임아웃과 같은 조작적 원리는 건설적인 행동을 증진하고 바람직하지 않은 반응을 없애기 위해 사용된다.

55.2.2 비보상은 문제행동을 없앨 수 있다. 이것은 종종 강화 요인들, 특히 주의와 사회적 인정을 없애고 간단히 확인함으로써 이뤄진다.

55.2.3 조작적 조형과 긍정적 강화를 적용하기 위해, 토큰은 선택된 목표 행동을 강화하도록 종종 사용된다.

55.2.4 기관 배경에서 토큰의 본격적인 사용은 토큰 경제를 만들어 낸다. 토큰 경제 프로그램의 끝 무렵에, 환자들은 인식과 인정과 같은 사회적 보상으로 이동한다.

모듈 55: 지식 쌓기

암기

1. 혐오를 조건형성하는 방법에서 충격, 고통 그리고 불쾌감은 어떤 역할을 하는가?
   a. 조건적 자극 **b.** 무조건적 반응
   c. 무조건적 자극 **d.** 조건적 반응
2. 둔감법이 실제 또는 촬영된 모델을 이용하여 수행될 때 그것은 ___라고 불린다.
   a. 인지 치료 **b.** 홍수법
   c. 내현적 둔감법 **d.** 대리 둔감법
3. 체계적 둔감법은 세 가지 기본 단계를 가지고 있다. 위계 정하기, 불안을 가진 사람을 홍수법처럼 한 번에 노출시키기, 그리고 이완을 상상하기. O X
4. EMDR 치료에서 컴퓨터로 만들어진 가상현실 이미지는 내담자의 두려움을 조장하는 자극에 노출하도록 한다. O X
5. 바람직하지 않은 행동을 제거하는 데 목표를 두는 행동수정 프로그램이 전형적으로 사용하는 조작적 원리는?
   a. 처벌과 자극 통제 **b.** 처벌과 조형
   c. 비강화와 타임아웃 **d.** 자극 통제와 타임아웃
6. 관심은 인간을 위한 강력한 ______________ 일 수 있다.

반영

비판적으로 생각하기

7. 둔감법의 자연스러운 형태는 종종 병원에서 일어난다. 여러분은 그것이 무엇인지 추측할 수 있는가?

자기반영

여러분은 적절한 치료일 수 있는 행동치료의 세 가지 문제점을 설명할 수 있는가?

여러분은 처음에 여러분을 불안하게 만든 자극이나 상황을 자연스럽게 둔감하게 해 본 적이 있는가?(예를 들어, 높이, 공개 연설, 또는 고속도로 운전) 여러분이 두려움을 줄인 것을 어떻게 설명할 수 있는가?

아래의 원리들이 여러분의 행동에 어떻게 영향을 미쳤는지에 대한 개인적 사례를 줄 수 있는지 보라. 긍정적 강화, 소거, 처벌, 조형, 자극 통제, 그리고 타임아웃.

정답

1. c **2.** d **3.** X **4.** X **5.** c **6.** 강화물 **7.** 의사와 간호사들은 피와 다른 체액의 장면에 자주 노출되기 때문에 그런 장면에 차분함을 유지하고 이완하는 것을 배운다.

56 Module

치료: 의학 치료

Rodger Casier

대화가 효과 없을 때

심리치료는 많은 정신장애를 다루는 데 사용되지만 항상 성공적일 수는 없다. 만약 어떤 사람들이 현실에서 심각한 신경쇠약으로 고통받고 있다면 그들의 질병에 대해 어떻게 그들과 이야기할 것인가? 게다가 만약 주된 문제가 뇌 속 생화학적 불균형 때문이라면, 약물을 가지고 불균형 자체를 치료하는 게 낫지 않을까? 이러한 이유 때문에 조현병이나 주요우울장애와 같은 심각한 정신장애들은 대개 의학적으로 치료된다. 비록 약물과 심리치료를 병행하는 것이 도움이 될지라도 말이다. 적절한 치료를 통해, 많은 심각한 정신질환자들이 행복하고 생산적인 삶을 찾았다.

화가 로저 캐시어의 작품은 정신의학적 치료의 가치를 보여 주고 있다. 조현병을 지녔음에도 불구하고, 캐시어는 여기에서 보이고 있는 〈자화상〉과 같은 대중의 환호를 받는 작품들을 만들어 냈고, 그의 작품은 전문 저널에서 특집으로 다루어졌다.

SURVEY QUESTIONS

56.1 정신의학자들은 어떻게 정신장애를 치료하는가?

의학 치료–정신의학적 케어

SURVEY QUESTION 56.1 정신의학자들은 어떻게 정신장애를 치료하는가?

주된 세 가지 **신체치료**(somatic therapy)는 *약물치료*, *뇌 자극 치료*, 그리고 *정신외과술*이 있다. 신체치료는 대체로 정신과 입원의 맥락에서 이루어진다. 모든 신체치료적 접근들은 강한 의학적 관점을 가지며 의학 박사로 훈련받은 정신과 의사들에 의해 관리된다.

약물치료

정신병을 다루기 위해 약물을 사용하는 **약물치료**(pharmacotherapy)가 광범위하게 적용됨으로써, 1950년대 중반의 정신병동과 정신병원들의 분위기는 급속도로 변화되었다. 약물은 불안발작은 물론 다른 경증의 정신적 장애들에서 오는 불편함을 경감시킬 수 있다. 하지만 약물은 정신분열증과 주요 기분장애들을 치료하기 위해 보다 자주 사용되었다(Julien, 2011).

어떤 종류의 약물들이 약물치료에서 사용되는가? 세 가지 주요 약물이 사용된다. 이들 모두 다른 뇌 신경전달물질의 활동에 영향을 미침으로 효과를 나타낸다(Kalat, 2013). 바리움(Valium)과 같은 **항불안제**(anxiolytics)는 불안을 줄이거나 몸을 이완시킨다. 프로작(Prozac)과 같은 **항우울제**(antidepressants)는 우울과 싸워 기분을 좋게 하는 약물이다. 리스페달과 같은 **항정신병약물**[antipsychotics, **주요 안정제**(major tranquilizers)]은 안정을 주는 효과를 가지고 있으며 환각과 망상을 감소시킨다. (표 56.1에서 각각의 약물 분류의 예를 보라.)

표 56.1 흔히 처방되는 정신과 약물

분류	예(상품명)	효과	주요 작용 방식
항불안제(경증 안정제)	아티반, 할시온, 리브륨, 리스토릴, 바리움, 자낙스	불안, 긴장, 두려움의 완화	GABA의 효과 증진
항우울제	아나프라닐, 엘라빌, 나르딜, 노르프라민, 파네이트, 팍실, 프로작, 토프라닐, 졸로프트	우울에 대응	세로토닌과 도파민의 효과 증진
항정신병약물(주요 안정제)	클로자릴, 할돌, 멜라릴, 내번, 리스페달, 소라진	불안, 망상, 환각, 사고 장애의 감소	도파민의 효과 감소

출처: Julien, 2011; Kalat, 2013에서 수정

약물은 치료에 타당한 접근인가? 물론 그러하다. 약물은 병원에서의 입원 기간을 줄였고, 사람들이 주요 정신장애들로부터 회복할 수 있는 기회를 크게 향상시켰다. 약물치료는 많은 환자들이 지역사회로 복귀하여 외래환자 수준으로 치료받는 것을 가능하게 하였다.

약물치료의 한계 약물이 갖는 이점에도 불구하고 모든 약물들은 위험성을 가지고 있다. 예를 들어, 주요 안정제를 장기간 복용한 환자의 15%는 안면 움직임과 구강 움직임이 주기적으로 일어나는 신경 장애로 발전되었다(Chakos et al., 1996). 이와 유사하게, 약물 *클로자핀*(클로자릴)은 정신분열증의 증상을 경감시킬지라도, 이 약물을 복용하는 100명의 환자 중 2명은 잠재되어 있는 치명적 혈액질환으로 고통을 받는다(Mustafa, 2013).

이러한 위험을 감수할 가치가 있는가? 많은 전문가들은 만성 조현병의 경우에 '그렇다'라고 대답을 한다. 왜냐하면 만성 조현병은 삶을 가치 있게 만드는 모든 것을 빼앗기 때문이다. 물론 더 새로운 약물이 조현병과 같은 심각한 장애를 치료하는 데 있어서 위험률 대비 이익 비율을 향상시키는 것이 가능하다. 예를 들어, 리스페리돈(리스페달)과 올란자핀(자이프렉사)은 클로자핀과 같은 정도의 치명적 위험 없이 클로자핀만큼 효과적이다.

그러나 최고의 새로운 약물들조차 만병통치약은 아니다. 그것들은 몇몇의 사람들을 돕고 어떤 문제들을 경감시키지만 전부는 아니다. 앞에서도 말했듯이, 심각한 정신장애에는 약물과 정신치료의 병행이 약물 단독 치료보다 거의 항상 더 효과적이다(Manber et al., 2008; Oestergaard & Møldrup, 2011). 그럼에도 불구하고 조현병과 주요 기분장애들에 대해서, 약물들은 확실히 치료에 있어 계속 기본적인 방식으로 영향을 미칠 것이다(Leucht et al., 2011; Vasa, Carlino, & Pine, 2006).

뇌 자극 치료

약물치료들과는 대조적으로 뇌 자극 치료들은 뇌의 전기적 활동을 바꿈으로써 효과를 얻는다.

전기충격치료(ECT) 전기충격치료(electroconvulsive therapy, ECT)는 뇌 자극 치료들의 최초이자 가장 극적인 치료라고 할 수 있다. 이는 1940년대부터 널리 쓰인 이후에 오늘날까지 논란이 많은 치료이다(Case et al., 2013; Hirshbein & Sarvananda, 2008). 비록 ECT가 우울을 치료하는 데 주로 사용되지만, 여전히 다른 장애들을 치료하는 데 역시 사용된다(Cusin et al., 2013; Weiss, Allan, & Greenaway, 2012). ECT에서 150볼트 전류가 약 1초 이하 동안 뇌를 통과한다. 우울을 치료하기 위해 이러한 다소 과감한 의학 치료는 경련을 일으키게 하고 환자로 하여금 잠깐 동안 의식을 잃게 한다. ECT 실시 전에 근육 이완제와 진정제 약물이 주어져서 충격을 완화한다. 치료는 몇 주 혹은 몇 달 동안 연속된 세션으로 나뉘어 이루어진다.

충격이 어떻게 도움을 주는가? 충격이 아닌 발작 활동이 도움을 준다고 바라보고 있다. ECT의 지지자들은 충격-유도 발작은 뇌와 몸 안의 생화학적 균형이나 호르몬 균형을 바꾸거나 다시 맞춰서 심각한 우울과 자살 행동을 그만하게 하며 장기적으로는

신체치료 약물치료, 전기충격치료, 혹은 정신외과술과 같은 육체적인 치료
약물치료 정신병을 치료하는 데 쓰이는 약물
항불안제 불안을 감소시키고 안정을 찾게 하는 약물
항우울제 기분을 향상시키는 약물
항정신병약물(주요 안정제) 안정시키는 효과와 더불어 환각, 망상 사고를 감소시키는 약물
전기충격치료(ECT) 중증 우울증을 위한 전기 충격이 뇌를 통과하게 하여 경련을 일으키는 치료

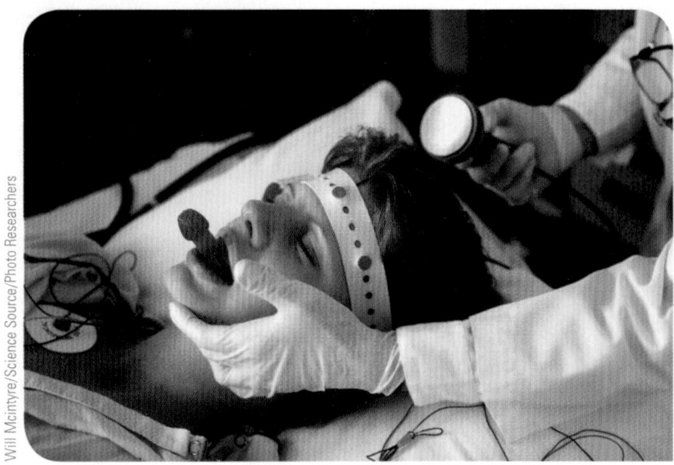

전기충격치료(ECT)에서 전극이 머리에 부착되고 잠시 동안 전류가 뇌를 통과한다. ECT는 심각한 우울증의 치료에 사용된다.

삶의 질을 향상시킨다고 주장한다(McCall et al., 2006; Medda et al., 2009). 다른 사람들은 ECT가 그저 환자들을 혼란스럽게 만들어서 그들이 왜 우울했는지 기억하지 못하게 할 뿐이라고 주장한다.

모든 전문가들이 ECT를 지지하는 것은 아니다. 그러나 대부분의 전문가들이 다음에 동의하는 것으로 본다. (1) ECT는 기껏해야 일시적인 개선을 보일 뿐이다. 다른 치료들과 병행해야 한다. (2) ECT는 몇몇 환자들의 기억을 상실시킬 수 있다(Sienaert et al., 2010), (3) ECT는 다른 치료들이 실패했을 때에만 사용되어야 한다, 그리고 (4) 재발을 낮추기 위해 ECT는 항우울 약물이 처방된 이후에 뒤따라야 한다(McCall et al., 2011). ECT는 많은 사람들에 의해 특정 우울의 경우—특히 급격한 자기 파괴나 자살 행동을 보일 경우—에는 타당한 치료라고 여겨지고 있다(Medda et al., 2009). 대부분의 ECT 환자들이 치료가 그들에게 도움을 주었다고 보고하는 것은 흥미로운 사실이다. 사실 대부분이 치료를 여러 번 했을 것이다(Bernstein et al., 1998; Smith et al., 2009).

뇌심부자극술 ECT와는 달리 **뇌심부자극술**(deep brain stimulation, DBS)은 특정 뇌 부위만을 정확하게 전기 자극할 수 있게 하는 전극을 심는 것이다. (모듈 8에서 뇌의 전자 자극에 대한 정보를 보라.) 몇몇의 연구에서 약물과 ECT로 효과를 보지 못한 우울증 환자들이 뇌의 특정 부위를 자극함으로 우울이 개선되었다는 보고가 있다(Kennedy et al., 2011; Sartorius et al., 2010). 또 다른 그룹에서 환자들의 뇌 속 쾌락 중추를 자극함으로 우울이 완화되었다(Schlaepfer et al., 2008). 또한 ECT와는 다르게, DBS는 우울증 말고도 강박장애와 같은 장애를 치료하는 데 활용될 수 있다(Haq et al., 2010).

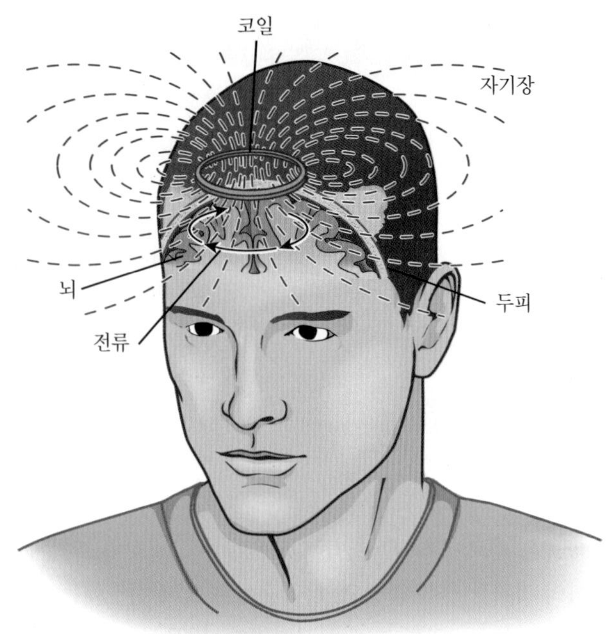

그림 56.1
경두개 자기 자극(TMS)은 두개골의 표면 근처에 작은 코일을 활용하여 자기장을 일으켜서 드러나지 않은 뇌 조직에서의 전자 활동을 유도한다. TMS는 뇌의 기능을 연구하는 데 활용될 수 있으며 이미 의학 치료로서 적용되어 오고 있다(Mantovani et al., 2010).

경두개 자기 자극 신경과학 연구는 뇌의 기능과 훨씬 다양한 세부사항들을 계속 연구하고 있다. 그 결과, 훨씬 더 적은 부작용을 낳으며 더 정확한 목표를 갖는 의학 치료가 개발되고 있다(Barr et al., 2013; Kalat, 2013). 예를 들어, **경두개 자기 자극**(transcranial magnetic stimulation, TMS)이라고 불리는 새로운 기술은 자기장을 이용하여 뇌의 특정한 부위의 활동을 일시적으로 차단한다(● 그림 56.1).

Paulo Boggio와 그 동료들(2010)은 TMS를 뇌의 전두엽 부분들에 작용시킴으로써 사람들이 도박을 할 때 결정하는 방식을 변화시킬 수 있었다. 이 기술이 강박적 도박증을 치료하는 인지치료의 강력한 부속 치료가 될 수 있을 것이다(Ladouceur, Lachance, & Fournier, 2009). 유사하게, 강박장애를 가진 환자들의 경우에 TMS가 강박 행동을 일으키는 뇌의 부위를 방해하면서 강박장애 치료의 두드러진 발전을 보였다(Mantovani et al., 2010).

정신외과술

정신외과술(psychosurgery)—정신장애를 치료하기 위한 뇌의 외과적 수술—은 가장 극단적인 의학적 치료이다. 가장 오래되고 급진적인 정신외과술은 전두엽 절제술이다. *전두엽 절제술*은 전두엽과 다른 뇌 영역들을 외과적으로 분리시킨다. 이러한 치료 과정은 다른 어떤 치료에도 반응하지 않은 환자들을 안정시키기 위해 사용된다.

전두엽 절제술이 1940년대에 처음 소개되었을 때 그것의 성공에 열광적인 반응들이 있었다. 그러나 이후의 연구들은 어떤 환자들은 안정을 찾았지만 어떤 환자들은 변화가 없었으며, 어떤 이들은 정신적 '식물'이 되었다고 주장했다. 전두엽 절제술은 또한 발작, 정서 둔화, 성격변화와 혼미와 같은 바람직하지 못한 높은 부작용을 가져온다. 이러한 문제들이 분명해질 즈음과 비슷한 시기에 최초의 항정신병약물이 등장하여 효과를 보이기 시작했다. 곧 전두엽 절제술은 사용되지 않게 되었다(Mashour, Walker, & Martuza, 2005).

지금은 어느 정도의 정신외과술이 사용되는가? 많은 신경외과의사들은 정신외과술이 여전히 유효하다고 여긴다. 그러나 대부분은 뇌의 내부에 작은 목표 부위를 파괴하는 뇌심부외과술을 더 선호한다. 뇌심부외과술은 몇몇의 특정 장애들을 위한 치료에 좀 더 효과적인 것으로 알려져 있다. 예를 들어, 중증의 강박장애로 고통받고 있는 환자들에게는 특정 부위를 치료하는 뇌심부외과술이 더 적절한 것으로 보인다(Anderson & Booker, 2006; Greenspan & Coghill et al., 2008).

그러나 정신외과술은 없었던 일로 돌이킬 수 없다는 것을 염두에 두어야 한다. 약물이나 전기 자극은 끊거나 그만둘 수 있지만, 정신외과술은 철회할 수 없다. 정신외과술이 모두 금지되어야 한다는 비판이 있는 반면, 다른 쪽에서는 뇌의 수술로 인한 성공을 계속적으로 보고하고 있다. 이러한 측면에서 정신외과술은 매우 특정한 몇몇의 장애들에는 치료적 효과의 가치가 있다고 할 수 있다(Sachdev & Chen, 2009).

입원

2008년에, 미국인들의 약 7.5%가 정신건강 문제로 입원치료를 받았다(National Institute of Mental Health, 2013). **정신과 입원**(mental hospitalization)은 의학 치료가 제공되는 환경에서 환자를 보호하는 것을 포함한다. 입원 그 자체가 치료의 형태가 될 수 있다. 병원에 머물게 하는 것은 환자들이 그들의 문제를 지속시키는 상황으로부터 벗어나게 하는 것이다. 예를 들어 약물 중독에 빠진 사람들은 일상의 삶 속에서 약물 남용의 유혹을 견디는 것은 불가능에 가까울 것이다. 입원은 그들의 자기 파괴적인 행동 패턴을 확실하게 차단할 수 있게 한다(André et al., 2003).

최고의 병원은 진단, 지원, 피난처와 치료를 제공하는 보호구역이다. 이것은, 일반 병원에 있는 정신과 병동과 개인 정신병원에 흔히 해당된다. 최악의 경우, 사람들을 어떤 기관에 넣는 것은 그들이 그러한 기관에 들어왔을 때 직면해야 할 세상에 대한 준비가 덜 되어 있어서 혹독한 경험이 될 수 있다. 이것은 대형 정신병원에서 종종 일어나는 일이다. 대부분의 경우, 이러한 정신병원들은 지역사회에서의 다른 형태의 치료법들이 소용이 없을 때에 최후의 수단으로 활용된다.

Peter Turnley/Turnley/Corbis

기관의 질에 따라, 입원은 휴식처가 될 수도 잔인한 경험이 될 수도 있다. 많은 사람들은 정신병원이 구식이며 급격한 개선이 필요하다고 주장한다.

또 다른 치료의 경향은 **부분 입원**(partial hospitalization)이다(Bales & Bateman, 2012). 어떤 환자들은 이 방식으로 낮에는 병원에서 보내고 밤에는 집으로 간다. 다른 환자들은 저녁 동안 치료 회기에 참석하기도 한다. 부분 입원의 주요한 장점은 환자들이 집에 갈 수 있고 그들이 배운 것을 집에서 연습할 수 있다는 점이다. 부분 입원은 대체로 전체 입원만큼 효과적이다(Drymalski & Washburn, 2011; Kiser, Heston, & Paavola, 2006).

탈시설화

지난 60년간, 대형 정신병원의 수가 3분의 2로 줄었다. 이것은 크게는 **탈시설화**(deinstitutionalization) 혹은 정신 기관의 풀타임 지원을 이용하는 것이 줄어든 결과이다. 장기간의 '정신 보호시설 수용'은 의존성, 고립감, 그리고 계속되는 정서적 혼란의 결과를 초래할 수 있다(Novella, 2010). 탈시설화는 이러한

뇌심부자극술(DBS) 정확하게 목표가 된 뇌의 특정 부위에 전기 자극을 주는 것으로, 자극을 일으키게 하는 전극을 뇌 속에 심는 외과적 절차가 필요하다.

경두개 자기 자극(TMS) 뇌의 특정 부위의 활동을 일시적으로 차단시키는 자기 파장을 이용하는 장치

정신외과술 바람직한 행동이나 정서로 변화시키기 위해 고안된 외과적 뇌 수술

정신과 입원 개인을 정신건강 전문가들로 구성된 보호적이고 치료적 환경에 두는 것

부분 입원 낮 동안에는 병원에서 치료를 받고 밤에는 집으로 복귀하게 하는 치료적 접근

탈시설화 정신장애를 치료하기 위해 풀타임으로 돌보던 것이 감소된 것

문제의 해결책을 의미한다.

탈시설화는 얼마나 성공적이었는가? 사실 그것의 성공은 제한적이었다(Paulson, 2012). 많은 주에서 기본적으로는 돈을 절약하기 위해 정신병원을 감소시켰다. 이로 인한 우려스러운 결과는 많은 만성적 환자들이 적절한 보살핌 없이 적대적인 지역사회로 내보내지게 된다는 것이다. 많은 정신병력 환자들이 노숙자가 되거나, 경범죄를 저질러 반복적으로 감옥에 가곤 한다. 슬픈 일이지만, 실업, 노숙과 사회적 고립을 입원으로 대체했던 환자들이 재입원, 수감 혹은 자살로 마감하는 일이 많다(Markowitz, 2011; Yoon & Bruckner, 2009).

대형 정신병원들은 더 이상 사회가 원하지 않은 사람들을 수용하는 감금 장소는 아니지만, 그러나 많은 정신병력 환자들에게 병원은 암울한 요양소, 독방, 보호감독소, 은신처 혹은 감옥처럼 생각되고 있다. 병원에 입원한 미국인 정신병 환자 10명 중 3명은 범죄자로서 형사 사법 제도에 의해 수감되어 있다(National Institute of Mental Health, 2010b). 이러한 수치는 감옥이 정신적 문제를 가진 사람들의 사회적 '고립'을 위해 정신병원을 대신하고 있는 점을 시사한다(Markowitz, 2011). 그러나 아이러니하게도, 양질의 돌봄이 거의 모든 지역사회 내에서 가능하다. 무엇보다 단순히 예산의 부족으로 도움이 필요한 많은 사람들에게 도움을 주지 못하고 있을 뿐이다.

사회복귀훈련시설은 환자의 사회 복귀를 위한 좋은 방법 중 하나가 될 수 있다(Soyez & Broekaert, 2003). **사회복귀훈련시설**(halfway house)은 기관(정신병원, 감옥 등)으로부터 독립적인 삶으로 전환을 희망하는 사람들을 위한 단기 그룹 생활 시설이다. 일반적으로, 그곳은 병원처럼 의학적으로 접근하거나 제한적이지 않으면서 감독과 지원을 제공한다. 거기에서 환자들은 가족들 가까이에서 지내게 된다. 가장 중요한 것은, 사회복귀훈련시설은 개인을 '평범한' 일상의 삶으로 복귀시키고, 재입원 비율을 감소시킨다는 것이다(Davidson et al., 2010).

Tony Kurdzuk/Star Ledger/Corbis

잘 운영되는 사회복귀훈련시설은 정신질환 환자들이 지역사회로 복귀해서 잘 적응하도록 도움이 될 수 있고, 인간적이며 비용효율이 높다고 할 수 있다.

지역사회 정신건강 프로그램들

지역사회 정신건강 센터(community mental health center)들은 넓은 범위의 정신건강 서비스와 정신과적 치료(care)를 제공하면서 정신건강 치료 영역에서 중요한 역할을 하고 있다. 이러한 센터들은 사람들이 입원을 하지 않도록 도우며, 정신건강 문제들에 대한 답을 찾고, 정신건강 판단 능력을 증진시킨다(Jorm, 2012; Mark et al., 2013). 대체적으로 지역사회 정신건강 센터에서는 단기 치료, 상담, 외래환자 치료, 응급 서비스나 자살 예방 서비스를 제공한다.

정신건강센터들은 또한 예방에 관심이 많다. 상담, 교육 그리고 **위기 개입**(crisis intervention, 심리적 응급 상황을 능숙하게 관리하는)이 문제가 심각해지기 전에 예방하기 위해 활용된다. 또한 몇몇의 센터들은 실업, 태만과 약물 남용을 다룸으로써 지역사회의 정신건강 수준을 높이기를 시도한다(Mancini & Wyrick-Waugh, 2013).

지역사회 정신건강센터들은 목표를 이루는 데 성공해 왔는가? 실제로 그들은 문제를 예방하기보다는 임상적 서비스를 제공하는 데 더 중점을 두고 있다. 이것은 정부의 빈약한 지원(돈)의 결과로 보인다. 전반적으로 지역사회 정신건강센터들은 그 어느 때보다도 심리적인 서비스를 받을 수 있게 하는 데 성공을 이루었다. 많은 프로그램들이 훈련된 스태프들의 수퍼비전 아래 전문가 수준의 능력이 있는 **전문직 보조원**(paraprofessional)들과 개인에게 의존하고 있다. 어떤 전문직 보조원들은 과거 알코올 중독자 혹은 '그곳에 있어 봤던' 과거 환자들이다. 많은 사람들이 (임금을 받든 혹은 자원봉사이건) 가르치고, 상담하고, 또한 따뜻하고 이해심이 많거나 대화술에 능통한 사람들이다. 종종 전문직 보조원들은 의사들보다 더 접근하기 쉽다. 이러한 사실이 사람들로 하여금 정신건강 서비스를 찾게 하는데, 그들이 만나기를 꺼리는 상황과 마주하지 않을 수 있기 때문이다(Farrand et al., 2009).

사회복귀훈련시설 기관(정신병원, 감옥, 등)에서 나온 개인들이 독립적인 삶을 살 수 있게 돕는 지역사회에 기반한 시설
지역사회 정신건강 센터 예방, 상담, 위기 개입과 같은 넓은 범위의 정신건강 서비스를 제공하는 시설
위기 개입 심리적 응급 상황을 능숙하게 관리하는 것
전문직 보조원 고도로 훈련된 수퍼비전하에 전문가급 능력을 가지고 일하는 개인들

모듈 56: 요약

56.1 정신의학자들은 어떻게 정신장애를 치료하는가?

56.1.1 세 가지 의학적 접근 혹은 신체치료는 약물치료, 뇌 자극 치료(전기충격치료를 포함해서) 그리고 정신외과술이다.

56.1.2 부분 입원을 포함한 입원치료는 개인을 의학 치료가 제공되는 환경에 두는 것을 말한다.

56.1.3 지역사회 정신건강센터는 정신과 입원을 최소화하기 위한 목적을 가지고 있다. 그들은 또한 교육, 상담, 위기 개입을 통해 정신건강 문제들을 예방하기 위해 노력한다.

모듈 56: 지식 쌓기

암기

1. 주요 안정제는 다음의 것으로도 알려져 있다.
   a. 항불안제 **b.** 항정신병약물
   c. 항우울제 **d.** 전두엽 진정제
2. ECT는 현대적인 약물치료의 한 형태이다. **O X**
3. 현재 전두엽 절제술은 정신외과술 중에서 가장 널리 사용되는 형태이다. **O X**
4. 탈시설화는 부분 입원이 개선된 형태이다. **O X**

반영

비판적으로 생각하기

5. 캘리포니아 버클리의 거주자들이 ECT의 사용을 도시 내에서 금지하는 것에 대해 국민투표를 하였다. 여러분은 그러한 정신외과 치료가 법적으로 통제되어야 한다고 보는가?

자기반영

모든 치료가, 특히 약물치료들이 부작용이 있다는 것(예를 들어 Casselle, 2009를 보라)을 염두에 둔다면, 정신 질병을 가지고 있는 누군가를 치료하기 위해 약물치료가 적절할 때는 언제라고 보는가?

왜 여러분은 약물 요법과 정신치료의 병행을 선택하겠는가? 여러분은 모듈 49에서 소개된 스트레스 취약성 모델의 관점에서 그 이유를 설명할 수 있는가?

정답

1. b. **2.** X **3.** X **4.** X **5.** 약물을 처방하고, 외과수술을 집행하고, ECT를 관리하는 사람이 누구냐의 문제는 법에 의해 통제된다. 그러나 정신과 의사들은 거주자들, 시의원 혹은 정부 기관들이 의학적 결정을 내리는 것에 강하게 반대한다.

57 Module

행동하는 심리학: 정신건강 문제와 마주하기

정말 그만두고 싶어

금연이 힘든가? 담배가 생각날 때마다 다음의 장면들 중 하나를 세세하게 상상해 보라.

"나는 의사의 진료실에 있다. 의사가 보고서들을 보며 나에게 폐암 진단을 내린다. 내 폐를 절제해야 한다면서 수술 날짜를 잡는다."

"나는 산소 텐트가 있는 침대에 누워 있다. 나의 가슴이 아프다. 내 목구멍에 관이 있고 나는 거의 숨을 쉬지 못한다."

"나는 아침에 일어나서 담배를 핀다. 나는 기침을 하며 피를 토하기 시작한다."

"내가 숨 쉴 때마다 썩은 냄새가 나기 때문에 나의 연인이 나와 키스하려고 하지 않는다."

이러한 기술들을 *내재적 민감화*라 하는데, 이 모듈에서 우리가 살펴볼 자기 조절 기술 중 하나이다. 모든 정신건강 문제들이 이 방법으로 극복될 수 있는 것은 아니기 때문에, 여러분이 필요할 때 도움을 얻을 수 있는 방법을 알아보려고 한다.

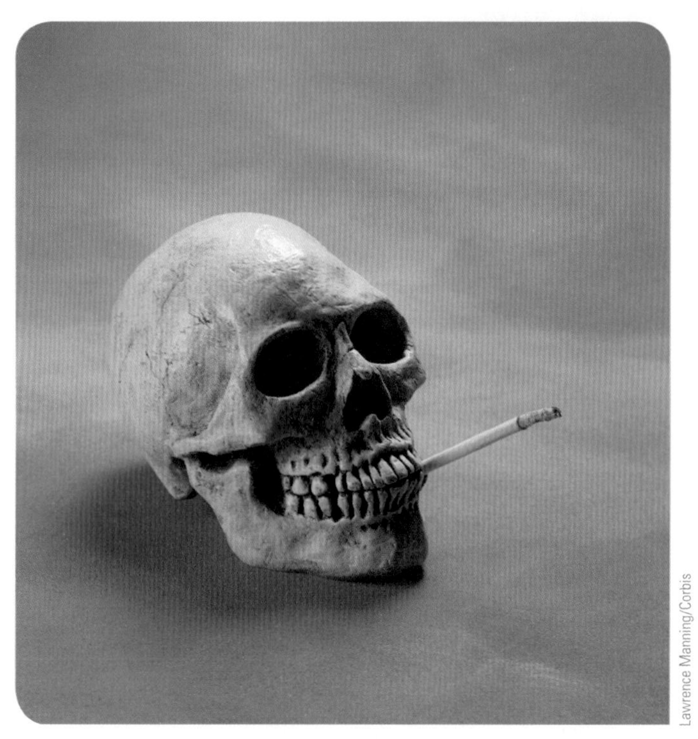

Lawrence Manning/Corbis

SURVEY QUESTIONS

57.1 행동 규칙은 어떻게 매일의 문제에 적용되는가?

57.2 기본적인 상담 기술은 무엇인가?

57.3 개인이 어떻게 전문적인 도움을 찾을 수 있는가?

자기 관리—여러분의 '의지력'을 북돋는 것

SURVEY QUESTION 57.1 행동 규칙은 어떻게 매일의 문제에 적용되는가?

여러분은 어떤 특정한 문제가 있을 때 분명히 전문가의 도움을 찾을 것이다. 여러분이 좀 더 작은 어려움에 처했을 때는 스스로 행동 원칙들을 적용하는 시도를 원할 수 있다(Martin & Pear, 2011; Watson & Tharp, 2014). (모듈 27과 55를 보라.)

내재적 민감화와 보상

행동치료들이 만병통치약은 아니지만, 여러분이 원하는 행동의 빈도를 높이고 원치 않는 행동을 덜 하게 함으로써 행동을 수정할 수 있는 단순한 도구들을 제공한다. 그들 중 몇 개를 알아보자.

내재적 민감화 **내재적 민감화**(covert sensitization)는 혐오스런 상상을 활용하여 흡연, 과식과 같은 바람직하지 못한 반응의 발생을 감소시킨다(Kearney, 2006; Watson & Tharp, 2014). 예를 들어,

제이는 자신이 가게 안으로 들어가서 무엇인가를 훔치는 것을 반복적으로 세세하게 상상한다. 그리고 자신이 물건을 훔치다가 잡히는 것과 경찰에게 넘겨져 수갑을 차고 감옥으로 가는 것을 상상한다. 그런 후 그는 아내에게 전화해서 상점에서 물건을 훔치다가 체포되었다고 말한다. 그는 아내의 분노와 아들의 실망에 매우 괴로워진다(Kohn & Antonuccio, 2002).

왜 그러한 것들을 상상하려고 할까? 제이의 행동은 보이는 것만큼 그리 이상한 것이 아니다. 그의 목표는 자신을 통제하는 것이다. 제이는 *절도광*(강박적인 도둑)이다. 그가 선택한 방식(*내재적 민감화*)은 행동치료 방식이다(Prochaska & Norcross, 2010).

내재적 민감화는 여러분이 자기 통제를 시험하는 어떤 상황에서도 사용될 수 있다. 여기에 그것이 어떻게 가능한지를 소개한다. 여섯 장의 카드를 가져와서 각각에 여러분이 통제하고 싶은 습관과 관련된 장면을 세세하게 묘사하여 적어라. 장면들은 너무 불편하고 역겨워서 여러분이 습관으로 하기에 매우 마음이 불편하게 만들 정도이다. 만약 습관이 과식에 대해서라면 카드는 이렇게 작성될 수 있다.

- "내가 좋아하는 디저트를 한 입 먹으려고 하는데 거기에 구더기들이 기어 다니고 있다."
- "누군가가 내 피자에 초록빛 무언가를 토해 놓았다."
- "내 입 속으로 프렌치프라이를 가져오는데 고약한 거름냄새가 난다."

다른 카드들이 뒤이어 계속되면 된다. 이 기술은 여러분이 하루에도 *몇 번씩* 이 불편한 장면들을 세세하게 상상하게 하는 것이다. 장면들을 상상하는 것은 그 장면들을 *자극통제*하에 둠으로써 성취될 수 있다. 그저 여러분이 매일 *빈번하게* 하는 어떤 것을 선택하라(과자를 먹는 것과 같은). 그 다음, 규칙을 정하라. 여러분이 커피 한 잔을 먹으려 한다든가 의자에서 일어날 때, 혹은 무엇이든지 여러분이 신호를 쓰기로 선택한 때에 카드를 꺼내서 여러분이 고치고 싶은 행동(식습관, 흡연 등)과 관련된 *세세한 생각*을 하라. 그런 다음, 카드 맨 위에 묘사된 장면을 세세하게 생각하라. 장면을 30초 동안 상상하라.

카드 맨 위를 시각화한 다음, 그것을 맨 아래로 옮겨서 카드들이 순환하게 하라. 매주 새 카드를 만들어라. 장면들은 여기에 샘플로 준 것들보다 훨씬 더 불편하게 만들어서 여러분을 역겹게 할 수 있다. 내재적 민감화는 '자기 자신과의 게임'으로 보일 수 있겠지만 여러분이 나쁜 습관을 그만두기를 원한다면 크게 도움을 줄 수 있다(Kearney, 2006). 한번 시도해 보라!

사고 중지법 모듈 55에서 논의되었듯이, 행동치료자들은 사고 역시 눈에 보이는 반응들처럼 문제를 일으킬 수 있다는 사실을 받아들인다. 여러분이 반복적으로 정신을 '가라앉게' 하거나 필요 없는 걱정, 두려움 혹은 다른 부정적이거나 속상한 생각에 사로잡혀 있던 때를 생각해 보라. 만약 여러분이 이러한 생각들을 통제하고 싶다면, 사고를 멈추게 하는 것이 도움될 수 있다.

사고 중지법(thought stopping)에서는 혐오 자극이 속상한 생각을 예방하고 방해하는 데 사용된다(Bakker, 2009). 가장 간단한 사고 중지 기술은 근심이 되는 정신적 이미지나 내부의 '말(사고)'을 억누르기 위해 가벼운 처벌을 사용하는 것이다. 여러분의 손목에 크고 납작한 고무 밴드를 차라. 하루 동안 이 규칙을 적용하라. 여러분이 근심이 되는 이미지나 사고를 할 때마다 밴드를 손목으로부터 잡아당기고 놓아라. 아주 아프게 할 필요는 없다. 이 행위는 여러분이 얼마나 자주 부정적인 생각을 하고 있는지에 주의를 기울이고 사고의 흐름을 막는 것이다.

두 번째 사고 중지법 절차는 근심이 되는 생각이 일어날 때마다 그 생각을 중단시키는 것이다. 여러분이 원하지 않는 생각이 시작될 때 의도적으로 한다. 원하지 않는 생각을 하기 시작하면 신념을 가지고 큰 소리로 "그만!" 하고 소리 지른다. (물론 이 절차를 수행하기 위해서는 개인적인 공간을 선택해야 한다!)

사고 중지법 절차를 처음 둘 혹은 셋째 날까지는 열 번에서 스무 번을 반복하라. 그런 후에는 크게 소리 지르기보다는 여러분 자신에게 "그만!"이라고 소리 질러 보라. 그러고 나서는 사고 중지법은 근심이 되는 생각이 일어날 때마다 하루 종일 행해질 수 있다. 이러한 연습을 며칠 하게 되면, 여러분은 원치 않는 생각이 떠오를 때마다 멈출 수 있게 될 것이다.

내현적 강화 앞서 우리는 처벌하는 이미지가 흡연이나 과식과 같은 바람직하지 못한 반응들을 감소시키는 데 어떻게 사용되는지 논의해 보았다. 많은 사람들이 바람직한 행동의 강화로 전환하는 것 역시 도움이 된다고 한다. **내현적 강화**(covert reinforcement)는 바람직한 행동을 강화하기 위해 긍정적인 상상을 하는 것이다. 앞의 예를 들어, 여러분의 목표 행동이 디저트를 먹지 않는 것이라고 해 보자. 만약 이 경우라면 다음과 같이 할 수 있다(Kearney, 2006; Watson & Tharp, 2014).

내재적 민감화 바람직하지 못한 반응의 발생을 감소시키기 위해 혐오스런 상상을 사용하는 것
사고 중지법 근심이 되는 사고를 중단 혹은 예방하기 위해 혐오스런 자극을 사용하는 것
내현적 강화 바람직한 행동을 강화하기 위해 긍정적인 상상을 사용하는 것

여러분이 친구들과 디저트 테이블 앞에 서 있다고 상상해 보라. 디저트가 건네지자,

여러분은 상냥하게 거절하며, 다이어트를 지속하고 있는 것에 대해 좋은 기분을 느낀다.

이러한 이미지들은 다음의 즐거운 강화물 장면으로 이어진다.

여러분은 원하는 이상적인 몸무게에 있다. 여러분이 정말 좋아하는 누군가가,

"와, 당신 살 빠졌네요. 당신이 이렇게 멋진 걸 본 적이 없어요."라고 말한다.

많은 사람들에게 사실적이고 직접적인 자기강화물(모듈 27에서 언급)은 행동을 변화시키는 최고의 방법이다. 그럼에도 불구하고 내현적 강화물이나 '시각화한' 강화물 역시 비슷한 효과를 갖는다. 내현적 강화를 사용하기 위해서는 한두 개의 목표 행동을 선택하고 정신적으로 그것들을 연습해 보라. 그런 다음 세세한 보상 이미지를 떠올리고 각각의 연습을 따라 하라.

자기 주도적 탈감각화

여러분은 큰 교실에서 발표를 하기 위해 2주간 준비해 왔다. 여러분의 차례가 오면서, 손이 떨리기 시작한다. 심장이 두근거리면서 숨을 쉬기 어려워진다. 여러분은 몸에게 말을 한다. "진정해!" 무슨 일이 일어나는가? 아무 일도 없다. 그래서 탈감각화의 첫 번째 단계가 모듈 55에서 묘사된 긴장완화 방법을 사용함으로서 스스로 진정하는 법을 배우는 것이다. 긴장하는 것의 대안으로서 여러분은 매우 안전하고, 기분 좋고 편안한 장면을 상상하기를 원할 것이다. 어떤 사람들은 그러한 이미지들이 긴장을 완화하는 방법만큼이나 편안하게 한다고 한다(Rosenthal, 1993). 또 다른 도움이 되는 기술은 깊은 숨을 내쉬는 것이다. 일반적으로 깊게 숨을 쉬는 사람은 안정된다. 얕은 숨은 횡격막이 적게 움직이게 한다. 만약 여러분이 여러분의 손을 복부에 두면, 깊게 숨을 쉴 때 위아래로 움직일 것이다.

여러분이 안정을 취하는 법을 알았다면, 다음의 단계는 여러분이 통제하고 싶은 두려움을 알고 *불안 위계*를 구성하는 것이다.

불안 위계를 구성하는 절차 여러분이 염려하는 상황(두려움과 관련된)의 리스트를 만들어 보라. 적어도 10개의 상황을 만들어라. 몇몇은 매우 두려운 것이고 다른 것들은 약간 두려운 것이다. 각각의 상황에 대해 카드에 한 장씩 짧게 묘사하라. 두려움이 작은 상황에서 가장 두려운 상황의 순서로 카드를 배열하라. 여기에 공개 발표를 두려워하는 학생을 위한 불안 위계의 예가 있다.

1. 수업에서 발표할 과제가 주어지는 것
2. 주제와 발표를 해야 할 날짜에 대해 생각하는 것
3. 발표문을 작성하는 것. 발표 내용을 전달하는 것에 대해 생각하는 것
4. 발표 일주일 전에 다른 학생들이 발표를 하는 것을 구경하는 것
5. 수업 때 하는 것처럼 혼자 발표 연습하는 것
6. 내 룸메이트가 선생님이라 여기고 룸메이트 앞에서 발표하는 것
7. 발표해야 하는 날에 발표를 검토하는 것
8. 강의실에 들어가는 것. 발표를 기다리고 생각하는 것
9. 이름이 불리는 것. 서는 것. 관중과 마주하는 것
10. 발표를 하는 것

위계를 사용하는 것 여러분이 이완하는 연습을 익혔고 위계가 구성되었다면, 두려움을 감소시키기 위해 시간을 투자하라. 이완하는 연습을 행하는 것으로 시작하라. 완전히 이완을 하면 첫 번째 카드(가장 덜 두려운 장면)에 있는 장면을 시각화하라. 만약 눈에 띄는 긴장을 느끼지 않고, 첫 번째 상황을 두 번 생생하게 상상할 수 있으면 다음 카드를 진행하라. 또한 절차를 진행하면서, 카드 사이마다 스스로 이완을 하라.

매일 세 번의 시도를 해도 상상할 때마다 긴장을 한다면 멈춰라. 매일 전날 여러분이 멈췄던 한두 개의 카드에서 시작하라. 여러분이 긴장을 경험하지 않은 마지막 상황을 시각화할 수 있을 때까지 카드를 가지고 계속해서 해 보라(Wolpe, 1974에 기반한 기술임).

이 접근을 사용함으로써, 여러분은 대중 앞에서의 발표, 어두운 방으로 들어가는 것, 큰 강의실에서 질문을 하는 것, 반대 성별의 사람에게 말을 하는 것, 시험을 보는 것과 같은 것과 관련된 두려움이나 걱정을 감소할 수 있을 것이다(Watson & Tharp, 2014). 비록 여러분이 두려움을 감소시킬 수 없다고 해도, 여러분은 자발적인 통제하에 안정을 취하는 것을 배울 것이다. 이것만으로도 가치가 있는 것은, 불필요한 긴장을 통제하는 것은 에너지와 효능감을 증가시킬 수 있기 때문이다.

기본적인 상담 기술—도움이 필요한 친구들

SURVEY QUESTION 57.2 기본적인 상담 기술은 무엇인가?

여러분이 현재 어떤 정신건강 문제를 경험하고 있지 않다고 해도 그런 문제가 있는 친구가 있을 것이다. 만약 여러분과 가까운 누군가가 자신의 문제에 대해 여러분과 이야기하자고 요청한다면 이 파트는 준비에 도움이 될 것이다.

우리가 몇 개의 일반적인 상담 기술을 배우기 전에, 오직 자격이 있는 전문가만이 완벽한 기술을 가지고 심각한 정신건강 문제들을 상담할 수 있다는 것을 기억하는 것이 중요하다. 친구의 문제가 여러분이 할 수 있는 능력 밖의 일이라는 것을 깨닫는다면, 친구가 더 자격을 갖춘 상담자를 찾도록 돕는다(이번 모듈의 다음 절을 보라). 친구들이 더 전문적인 상담을 받게 하는 것은 여러분이 해야 할 일을 실패한 것이 아니라 여러분이 지혜롭다는 증거가 된다. 이 교과서의 저자들이 심리학자들일지라도, 우리는 허가받은 상담자들이 아니며 꽤 많은 학생들을 대학 상담센터로 보내고 있다.

기본 상담 기술

일반적으로 도움을 주는 몇몇 기술은 여러 치료적 접근을 정리하여 얻은 것이라고 할 수 있겠다. 문제를 겪고 있는 친구나 친지들이 위안을 얻기 위해 여러분을 부를 때, 다음의 것을 명심하라(Kottler & Shepard, 2011; Sharf, 2012)(표 57.1).

적극적 경청자가 되라 사람들은 종종 정말로 듣지 않으면서 서로'한테' 말을 한다. 문제가 있는 사람들은 잘 들어 줘야 한다. 그 사람을 이해하고 듣기 위해서 진실한 노력을 기울여라. 그 사람의 말을 판단하거나 결론을 넘겨짚지 말라. 그 사람에게 여러분이 경청하고 있다는 것을 눈맞춤, 태도, 목소리 톤과 여러분의 대답으로 알게 하라(Kottler & Shepard, 2011).

표 57.1 돕는 행동

어떤 사람을 개인적인 문제에 통찰을 갖도록 돕기 위해, 다음의 차이를 염두에 두는 것이 좋겠다.

도움을 주는 행동	방해하는 행동
적극적 경청	아픈 주제를 끄집어내기
수용	판단/도덕화
감정을 반영	비판
개방적 질문	위협
지지하는 말들	거부
존중	비웃음/빈정댐
인내	참지 못함
진정성	탓하기
돌려 말하기	의견 피력

출처: Kottler & Shepard(2011)에서 수정

생각과 감정을 반영하라 다른 사람을 지지할 때 여러분이 할 수 있는 최상의 것들 중 하나는 어떤 말을 했는지를 그저 다시 이야기해 줌으로 피드백해 주는 것이다. 이것만으로도 개인이 더 이야기할 수 있게 격려할 수 있다. 여러분의 친구가 할 말을 잃어 가고 있는 듯하면, 친구가 말했던 마지막 문장을 요약해서 다시 말해 주거나 이해하기 쉬운 다른 말을 해 주라. 여기에 예가 있다.

친구: 나는 정말 학교가 싫어. 어떤 수업에도 관심이 안 가. 스페인어는 망쳤고, 누군가 내 심리학 노트를 훔쳐갔어.

나: 학교가 정말 짜증났었구나?

친구: 응, 부모님은 내 점수 때문에 계속 나를 못살게 굴어.

나: 부모님한테 압박을 느끼는 구나.

친구: 응.

나: 그분들에게 압박을 느끼니 네가 화가 나겠네.

매우 단순하게도 누군가의 감정을 정리해 주는 것만으로 매우 도움이 된다. 시도해 보라. 다른 것들이 없더라도 여러분은 훌륭한 대화 상대가 될 수 있을 것이다.

침묵을 두려워 말라 상담자들은 일반적인 생활에서의 대화에서와는 다르게 반응을 오래 기다리는 경향이 있다. 5초나 그 이상을 멈추는 것은 보통이며 개입하는 경우도 별로 없다. 인내를 가지고 듣는 것은 상대방이 느긋한 느낌을 갖도록 해 주어, 자유롭게 이야기하는 것을 격려한다.

개방적 질문을 하라 여러분의 목표가 자유로운 표현을 격려하는 것이기 때문에 개방적 질문이 도움이 된다. 폐쇄적 질문은 예 아니면 아니요로 대답되는 것이다. 개방적 질문은 개방적 대답을 요구한다. 예를 들자면, 친구가 여러분에게 "내 상사가 나를 자를 것 같은 느낌이 들어."라고 말한다. 폐쇄적 질문은 "오, 그래? 그래서 너 그만두고 싶어?"이며, 개방적 질문은 "그것에 대해서 이야기하고 싶어?" 혹은 "넌 어떻게 느끼는데?"로, 자유로운 표현을 하는 데 더 도움이 된다.

문제를 명확히 하라 삶에서 어떤 문제가 있다고 느끼는 사람들은 해결책을 찾고 싶어 한다. 그 사람의 입장에서 문제를 이해하려고 하라. 그렇게 하면서 종종 여러분이 이해한 것을 확인하라. 예를 들어, 여러분은 "네가 학교에서만 우울하게 느낀다는 거야? 아니면 일반적으로 다 느끼는 거야?"라고 물을 수 있다. 기억하라. 잘 정의된 문제는 이미 반은 해결된 것이다.

감정에 집중하라 감정은 옳지도 틀리지도 않다. 여러분은 감정에 집중하면서, 카타르시스의 기본이 되는 정서를 쏟아내는 것을 격려할 수 있다. 말한 것을 판단하는 것은 사람들을 방어하게 한다. 예를 들어, 한 친구가 자신이 시험에서 떨어졌다고 고백했다고 하자. 어쩌면 여러분은 그가 공부를 적게 했다는 것을 안다. 여러분이 "공부를 더 열심히 해. 그러면 좋은 결과가 있을 거야." 라고 말한다면, 그는 방어적이거나 적대적으로 될 수 있다. 그 대신 여러분이 "많이 좌절했겠구나." 혹은 " 그것에 대해 어떻게 느끼니?"라고 물음으로써 훨씬 많은 것들이 성취될 수 있다.

충고를 주는 것을 피하라 많은 사람들이 다른 사람들을 위해 문제를 해결해 주어야 한다고 생각한다. 여러분의 목표는 해결해 주는 것이 아니라 이해와 지지를 제공하는 것임을 기억하라. 충고를 요청받았을 때 주는 것은 합리적이다. 그러나 "너 ~~하는 게 어때? ... 맞아, 하지만..."으로 귀결되는 게임의 함정을 경계하라. 심리치료사 Eric Berne(1964)에 의하면 이 '게임'은 다음의 패턴을 가져온다. 누군가가 말한다. "나 문제가 있어요." 여러분은 말한다. "이런 걸 해 보지 그래?" 그 사람이 말한다. "맞아요, 하지만..." 그러면서 여러분에게 그 제안이 왜 잘되지 않았는지를 설명한다. 만약 여러분이 새로운 제안을 하면, 대답은 다시 똑같이 "맞아요, 하지만..."으로 될 것이다. 분명히, 그 사람은 여러분보다 그 상황에 대해서 더 잘 알거니와 여러분의 충고를 피하는 이유 역시 안다. 앞서 묘사한 학생은 공부를 더 해야 한다는 것을 안다. 그의 문제는 왜 그가 공부를 하기 싫은지를 이해하는 것이다.

그 사람이 참고하는 틀을 받아들이라 우리 모두가 다른 심리적 세상에서 살기 때문에 삶의 상황에서 '정답'이라고 할 수 있는 관점은 없다. 다른 사람의 문제에 여러분의 관점을 강요하지 말라. 자신의 관점이 이해받았다고 느끼는 사람은 그 문제를 객관적으로 살펴보고 그것에 대해 질문할 수 있는 자유로움을 느끼게 된다.

비밀을 유지하라 여러분이 만약 누군가가 털어놓은 비밀을 지키는 것을 실패했다면 여러분이 돕고자 했던 모든 노력이 헛수고가 될 것이다. 그 사람의 입장에서 생각해 보라. 소문 내지 말라.

이러한 지침들은 '준상담가'로의 초대를 의미하는 것이 아니다. 전문적인 치료자들은 위에서 묘사한 것들을 훨씬 뛰어넘는 기술들을 가지고 심각한 문제들에 접근하도록 훈련되었다. 그러나 몇 가지 도움을 줄 수 있도록 제안한 위의 내용은 치료적 관계의 질을 정의하는 데 도움을 준다. 위의 내용은 우리 각자가 어떤 때라도 적용할 수 있는 두 가지 훌륭한 정신건강 자원들을 강조한다. 그것은 우정과 정직한 대화이다.

전문적인 도움을 찾는 것–언제, 어디서 그리고 어떻게?

SURVEY QUESTION 57.3 개인이 어떻게 전문적인 도움을 찾을 수 있는가?

친구 혹은 가족이 어떤 종류의 정신건강 서비스 혜택을 받을 수 있다는 것은 다행스런 일이다. 2008년에 모든 미국인들 중 13.4%가 정신건강 문제에 대한 치료를 받았다(National Institute of Mental Health, 2013).

나는 내 삶의 어떤 상황에서 전문가의 도움이 필요하다는 것을 어떻게 알 수 있을까? 이 질문이 단순한 답을 가지고 있지 않을지라도, 다음의 가이드라인은 도움이 될 것이다.

1. 여러분의 정신적인 불편함의 정도(불행, 근심 혹은 우울 등을 예로)가 여러분으로 하여금 의사나 치과의사를 찾게 만들 정도의 육체적 불편함과 비교될 수 있다면, 여러분은 심리학자나 정신치료사를 만나는 것을 고려해 보아야 한다.
2. 또 다른 신호로 지켜봐야 할 것은, 일(혹은 학교 과제)의 질, 잦은 결석, 약물의 사용(술 포함), 혹은 다른 사람들과의 관계와 같은, 행동에서의 두드러진 변화이다.
3. 여러분이 전문적인 도움을 찾기 위해 친구나 친지들을 재촉했는데 그들이 응해 주지 않아서 실망했을 수 있다. 만약 친구들이나 친지들이 비슷한 제안을 한다면, 여러분보다 그들이 더 문제를 잘 보고 있다는 것을 인지하라.
4. 여러분이 지속적인 자살 생각이나 충동을 가지고 있다면 즉시 도움을 구하라.

치료자 두기

만약 내가 치료자와 이야기하고 싶다면 어떻게 그분을 찾을 것인가? 여기에 여러분이 시작할 수 있게 도움이 될 수 있는 몇 가지 제안이 있다.

1. **가족의 주치의.** 여러분 가족의 주치의가 있다면 그가 여러분이 찾고 있는 데 도움을 줄 수 있을 것이다.
2. **전문대 혹은 대학교.** 여러분이 학생이라면, 학생 건강 센터 혹은 특별한 학생 상담 기관에서 제공하는 상담 서비스를 간과하지 말라.
3. **직장.** 여러분이 직업을 가지고 있다면 고용주와 확인해 보라. 어떤 고용주들은 고용인들을 위해 신뢰할 수 있고 비용이 무료 혹은 적게 드는 근로자 자원 프로그램들을 가지고 있다.
4. **지역사회 혹은 국가의 정신건강 센터들.** 많은 국가와 도시들이 공공의 정신건강서비스들을 제공한다. (이러한 것들은 전

화번호부에 있거나, 인터넷 검색을 통해 알 수 있다.) 공공의 정신건강 센터들은 상담과 치료 서비스를 직접적으로 제공하기도 하며, 사설 치료자들에게 연계해 주기도 한다.

5. **정신건강협회들.** 많은 도시에서 관련된 시민들에 의해 정신건강협회들을 구성하고 있다. 이러한 그룹들은 자격을 갖춘 치료자들, 다른 종류의 서비스나 지역사회의 프로그램 리스트를 가지고 있다.
6. **전화번호부.** 정신치료사들은 전화번호부나 인터넷에 '심리학자들' 혹은 '상담 서비스'로 검색될 수 있다. 정신과의사들은 대부분 '의사'라는 부제하에 있을 수 있다. 상담자들은 대체로 "결혼과 가족을 위한 상담자"라는 제목으로 찾을 수 있다. 이러한 리스트들은 사적으로 개인들과 접촉할 수 있게 해 줄 것이다.
7. **위기 핫라인.** 대표적인 위기 핫라인은 자원봉사자들에 의해 운영되는 전화서비스이다. 이러한 사람들은 넓은 범위의 정신건강 문제를 다룰 수 있는 정보들을 제공하는 것에 훈련된 사람들이다. 그들은 또한 여러분이 도움을 받을 수 있는 지역사회의 기관, 서비스와 다른 자원들의 리스트를 가지고 있다.

표 57.2는 앞서 논의한 심리치료, 상담, 위탁을 위한 자원들과 추가적으로 참고할 것을 요약하고 있다.

선택 *어떤 종류의 치료자를 만나야 하는지 내가 어떻게 알까?* 어떻게 한 사람을 고르지? 정신과 전문의와 심리학자 사이에서 선택하는 것은 분명하지 않을 수 있다. 양쪽 다 정신치료사들로 훈련되었고 치료자로서 동등하게 효과적일 수 있다. 비록 정신과 전문의가 신체적 치료의 전문가이고 약물을 처방하지만, 뉴멕시코와 루이지애나에서는 심리학자들 또한 그러하다(Munsey, 2006). 심리학자들 역시 필요하다면, 의사와 연계하여 치료할 수 있다.

정신과 전문의의 비용은 대체적으로 높으며, 시간당 169~200달러가 평균이다. 심리학자들의 평균 비용은 시간당 100달러이다. 상담자들과 사회사업가들은 시간당 80달러 정도의 비용을 징수한다. 그룹 치료들은 대략 시간당 40달러가 평균인데 치료자의 비용을 많은 사람들이 함께 나눠서 지불하기 때문이다.

대부분의 건강보험이 심리학적 서비스에 지불한다는 것을 알아 두어라. 만약 비용이 문제라면, 많은 치료사들이 지불 가능한 정도에 따라 요금을 받는다는 것과 지역사회의 정신건강 센터들 역시 항상 차등을 두어 징수한다는 것을 염두에 두어라. 필요한 누군가에게는 하나 혹은 그 이상의 방법으로 항상 도움이 제공된다.

몇몇의 지역사회와 대학 캠퍼스들은 공감적인 전문 보조원들이나 또래 상담사들로 구성된 상담서비스를 제공한다. 이러한 서비스들은 무료이거나 매주 낮은 비용을 지불하게 된다. 앞서 언급한 대로, 전문 보조원들은 전문적인 수퍼비전하에 거의 전문가 능력 수준에서 일하는 사람들이다.

또래 상담사들(peer counselor)은 기본적인 상담 기술을 배운 비전문적인 사람들이다. 전문보조원들의 능력에 대해 의심을 하는 것이 당연할 수 있다. 그러나 전문 보조원들은 전문가들만큼이나 효과적이기도 하다(Farrand et al., 2009).

또한 전문적인 치료를 위해 소중한 지지를 더할 수 있는 **자조모임**(self-help group)을 간과하지 말라. 자조모임의 구성원들은 섭식장애 혹은 알코올 부모와 협조하는 것과 같은 특정한 유형의 문제를 나눈다. 자조모임은 멤버들과 상호적인 지지를 나누며 문제에 대해 이야기 나눌 수 있는 기회를 갖는다. 많은 경우, 도움을 주는 사람들이 다른 사람들을 돕는 것은 치료의 역할을 하기도 한다. 어떤 특정한 문제에 있어서는, 자조모임이 최선의 선택이 될 수 있다(Dadich, 2010; Galanter et al., 2005).

자질 여러분은 치료자의 자질을 질문을 통해서 간단하게 알아낼 수 있다. 평판이 있는 치료자는 자신의 배경을 드러낼 것이다. 만

표 57.2 정신건강 자원

- 가족 의사들(정신건강 전문가들과 연계해 줌)
- 정신과 전문의, 심리학자, 사회사업가와 정신건강 상담자들과 같은 정신건강 전문가들
- 종교 지도자들/상담자들
- 건강유지기관들
- 지역사회 정신건강 센터들
- 병원 정신과 부서와 외래 환자 병원
- 대학교 혹은 의학 학교와 연계된 프로그램
- 주립 병원의 외래 클리닉
- 가족 서비스/사회단체
- 사적 클리닉과 기관들
- 고용인 보조 프로그램들
- 지역 의료, 정신과 혹은 심리학적 단체들

출처: National Institute of Mental Health (2012b).

또래 상담사들 기본적인 상담 기술을 배운 비전문적인 사람
자조모임 특정 유형의 문제를 공유하고 서로에게 상호자원을 제공하는 사람들의 모임

약 여러분이 의문이 있다면, 자격증을 볼 수 있고 다른 도움이 되는 정보를 다음의 기관들의 지역 지점을 통해 알 수 있다. 여러분은 또한 여기에 있는 리스트들을 검색할 수 있다.

결혼과 가족치료를 위한 미국 협회 (www.aamft.org)
미국 가족치료아카데미 (www.afta.org)
미국 정신치료협회 (www.psych.org)
미국 심리학협회 (www.apa.org)
인본주의 심리학협회 (www.ahpweb.org)
캐나다 정신치료협회 (www.cpa-apc.org)
캐나다 심리학협회 (www.cpa.ca)
국립 정신건강협회 (www.nmha.org)

아직 어떻게 특정한 치료자를 골라야 하는지의 문제가 남아 있다. 가장 좋은 방법은 높이 평가되는 정신과 전문의, 심리학자 혹은 상담자와 짧은 상담으로 시작하는 것이다. 이것은 여러분이 상담하는 사람으로 하여금 여러분의 어려움을 평가하고 여러분에게 도움을 줄 수 있는 치료자나 치료 타입을 추천해 줄 수 있게 한다. 여러분은 위의 과정을 가르치는 사람을 소개해 달라고 요청할 수 있다.

치료자 평가하기 *치료자가 효과적인지 어떻게 알 것인가?* 정신치료자들을 균형 있게 바라보는 것은 모든 기술이 동등하게 성공적일 수 있다고 보는 것을 말한다. 그러나 모든 치료자들은 동등하게 성공적이지 않다(Elliott & Williams, 2003). 상담 경험이 있는 내담자들은 사용된 치료의 유형보다 치료하는 사람들이 훨씬 더 중요하다고 한다(Elliott & Williams, 2003).

스스로에게 여러분의 치료자와 *치료적 동맹*을 맺고 있다고 느끼는지 물어보라. 여러분과 작업을 하고 있는 치료자는 대체로 내담자를 위해서 가장 필요하다고 보이는 모든 방식을 사용하기를 원한다. 그(녀)는 또한 따뜻함, 진실성, 성실함 그리고 공감으로 그의 성격을 평가받을 수 있다(Okiishi et al., 2003; Prochaska & Norcross, 2010). 내담자와 치료자 사이의 *관계*에서 치료자에 대한 신뢰는 가장 기본적인 도구이다(Hubble, Duncan, & Miller, 1999; Prochaska & Norcross, 2010). 그렇기 때문에 치료가 효과적이기 위해서 여러분은 치료자를 신뢰해야 하고 쉽게 관계할 수 있어야 하는 것이다. 여기에 정신치료에서 몇 가지 위험한 신호라고 볼 수 있는 것들이 있다.

- 치료자에 의한 성적 접근
- 반복되는 언어적 위협을 하거나 육체적으로 위협적인 치료자
- 지나치게 탓을 하거나, 하찮게 만들거나, 적대적이거나 통제하려고 하는 치료자
- 너무 말을 하지 않는 치료자. 치료자 자신의 문제에 대해 반복적으로 말하는 자
- 치료자 자신에게 장기적으로 의존하는 것을 격려하는 치료자
- 절대적인 신뢰를 요구하거나 내담자에게 다른 사람들과는 치료에 대해 얘기하지 말라고 하는 치료자

치료적 동맹에서 가장 특별하게 중요한 부분은 치료의 목표에 관한 동의이다(Meier et al., 2006). 그러므로 여러분은 치료에 들어가면서 무엇을 성취하기를 원하는지에 대해 생각하는 것이 좋다. 여러분의 목표들을 써보고 첫 회기에 치료자와 함께 그것들에 대해 이야기하라. 여러분이 치료자와 만나는 첫 만남에서 치료자는 다음의 모든 질문에 답을 할 수 있어야 한다.

- 내가 치료에서 드러낸 정보들은 완벽하게 비밀로 유지될 것인가?
- 치료를 시작하면 어떤 위험과 마주하게 될 것인가?
- 치료가 얼마나 지속되기를 기대하는가?
- 어떤 종류의 치료가 사용될 것인가?
- 나에게 도움이 될 수 있는 치료의 대안이 있는가?

누구나 항상 개인적인 문제와 마주하는 것을 피하고 싶어 한다. 이것을 염두에 두고 여러분은 치료자에게 공정한 기회를 주고 쉽게 포기하지 않으려고 해야 한다. 그러나 만약 치료자에게 믿음을 잃었다거나 치료자와 인간적으로 잘 관계하지 못한다면 치료자를 바꾸는 것을 망설이지 마라.

모듈 57: 요약

57.1 행동 규칙은 어떻게 매일의 문제에 적용되는가?

57.1.1 어떤 개인적인 문제들은 내재적 민감화, 사고 중지법, 내현적 강화, 그리고 자기주도 탈감각화와 같이 자기 관리 기술을 사용함으로 성공적으로 치료될 수 있다.

57.1.2 내재적 민감화에서는 원하지 않은 행동을 저지하기 위해 혐오스런 이미지가 사용된다.

57.1.3 사고 중지법은 근심이 되는 사고를 예방하기 위해 경한 정도의 처벌을 사용한다.

57.1.4 내현적 강화는 정신적 연습을 통해 바람직한 반응들을 격려한다.

57.1.5 탈감각화는 불안을 줄이기 위해 근심이 되는 이미지의 위계를 가지고 안정을 갖게 한다.

57.2 기본적인 상담 기술은 무엇인가?

57.2.1 다음의 모든 것들은 도움을 줄 수 있는 기술로 배울 수 있다. 적극적 경청, 수용, 반영, 개방 질문, 지지, 존중, 인내, 진실성과 의역.

57.3 개인이 어떻게 전문적인 도움을 찾을 수 있는가?

57.3.1 다양한 정신치료사들은 대체적으로 동등하게 성공적이다. 그러나 어떤 치료자들은 다른 치료자들보다 더 효과적이다. 여러분이 도움이 필요하면, 명성이 있고 높게 평가되는 치료자를 찾으려고 노력할 가치가 있다.

57.3.2 대부분의 지역사회에서 유능하고 평판 있는 치료자들이 공중 정보 자원 내에 있거나 소개를 부탁할 수 있다.

57.3.3 치료자를 선택하는 데 비용, 자질과 같은 실질적인 고려를 하게 된다. 그러나 치료자의 개인적인 성격 역시 동등하게 중요하다.

모듈 57: 지식 쌓기

암기

1. 내재적 민감화와 사고 중지법은 혐오요법과 인지치료의 혼합이다. O X
2. 혐오 조건 전환과 마찬가지로 바람직한 반응들을 위해 내현적 강화 역시 가능하다. O X
3. 깊은 근육이완을 하는 운동은 내재적 민감화의 필수적인 요소이다. O X
4. 탈감각화 계층의 아이템들은 가장 덜 불편한 것에서 가장 불편한 것 순으로 둔다. O X
5. 탈감각화의 첫 번째 단계는 자극 통제하에 불편한 이미지를 시각화하여 두는 것이다. O X
6. 지속적인 정서적 불편함은 전문적인 심리치료가 필요하다는 분명한 신호이다. O X
7. 지역사회 정신건강 센터들은 상담이나 치료를 거의 제공하지 않고, 소개만 한다. O X
8. 치료자의 개인적인 자질은 사용된 치료의 유형보다 치료의 결과에 더 영향을 미친다. O X

반영

비판적으로 생각하기

9. 치료자가 내담자에게 문제가 많은 가족원들과 관계를 끊으라고 촉구하는 것이 수용할 만한 것일까?

자기반영

여러분의 행동을 변화하기 위해 여러분은 내재적 민감화, 사고 중지법과 내현적 강화를 어떻게 사용하겠는가?

연습을 하기 위해서, 여러분이 두려워하는 상황에 대해 불안 위계를 만들어 보라. 계층에서 세세하게 그림 그린 아이템들이 여러분을 긴장하거나 걱정스럽게 하는가? 만약 그렇다면, 여러분은 긴장 완화 방법을 사용해서 의도적으로 안정할 수 있는가?

어떤 기본 상담 기술들이 여러분이 문제가 있는 사람(혹은 멋진 대화를 하는 것)을 돕는 능력을 향상시킬 수 있게 하겠는가?

어떤 정신건강 서비스들이 여러분에게 유용할지 생각하는 시간을 가져 보라.

정답

1. O **2.** O **3.** X **4.** O **5.** X **6.** O **7.** X **8.** O **9.** 그러한 결정은 내담자 스스로 내려야 한다. 치료자들은 내담자가 중요한 결정을 내리고, 그들의 삶에서 특정한 사람들에게 느끼는 감정을 알게 도울 수 있다. 그러나 내담자에게 적극적으로 관계 선을 잘라내라고 하는 것은 비윤리적 태도이다.

58 Module

사회심리학: 사회적 행동과 인지

사람은 혼자가 아니다

2013년 4월 15일, 보스턴 마라톤의 결승선에서 2발의 폭탄이 터져 3명이 죽고 수백 명이 다쳤다. 왜 2명의 젊은 남자들은 이 같은 비열한 반사회적 행위를 하려고 결정하였을까? 또 다른 폭발의 위험이 있음에도 불구하고, 왜 많은 사람들은 부상당한 사람들과 죽어 가는 사람들을 돕기 위해 달려 나왔을까? 인간의 행동에 관한 이 같은 질문들은 사회심리학의 관점으로 가장 잘 설명할 수 있다.

가족, 팀, 군중, 부족, 회사, 정당, 군대, 무리, 종파, 갱, 승무원들, 씨족, 지역공동체 및 국가. 우리 모두는 수많은 사회적 네트워크로 얽혀 있다. 약 400년 전에 시인 존 던이 썼듯이, "어느 누구도 전적으로 외딴 섬은 아니다." 우리 모두는 자신이 포함된 사회적 네트워크에 의해 큰 영향을 받는다. 다음의 몇몇 모듈에서 사회적 상황이 우리에게 영향을 미치는 방식들을 살펴보기 시작할 것이다. 여러분이 재미있고, 생각해 볼 만한 주제들을 발견하기 바란다.

David L. Ryan/The Boston Globe/Getty Images

SURVEY QUESTIONS

58.1 사회적 상황이 우리의 행동에 어떻게 영향을 주는가?

58.2 사회적 상황이 자신과 타인에 대한 생각에 어떻게 영향을 주는가?

58.3 태도는 어떻게 획득되고 변화되는가?

58.4 어떤 조건이 설득에 가장 효과적인가?

사회적 맥락 속의 인간 – 여러분의 매너에 신경 써라

SURVEY QUESTION 58.1 사회적 상황이 우리의 행동에 어떻게 영향을 주는가?

사회심리학(social psychology)은 개인이 사회적 상황, 즉 실제 혹은 암묵적 타인이 존재하는 상황 속에서 어떻게 행동하고, 사고하고, 느끼는지를 과학적으로 연구한다. 매일같이 우리의 행동과 우리 주변 사람들의 행동 사이에는 놀라운 상호작용이 있다. 우리는 조직화된 사회 속에서 태어났다. 우리가 태어났을 때부터 이미 정해진 가치, 기대 및 행동패턴이 존재하고 있었다. 또한 한 세대에서 다음 세대로 전달되는, 현재의 생활패턴인 *문화*가 있다. 여러분이 사회와 문화의 영향력을 인정하려면, 언어, 결혼풍습, 소유의 개념 및 성 역할에 의해 자신이 얼마나 영향을 받아 왔는지를 생각해 보라(Matsumoto & Juang, 2013).

사회적 역할

우리 모두는 많은 중첩된 사회집단에 속해 있고, 각 집단구조 속에서 한 *위치*를 차지하고 있다. **사회적 역할**(social roles)은 여러 사회적 위치에 있는 사람에게 기대되는 행동패턴이다(Baumeister

& Bushman, 2014). 예를 들어 어머니, 사장, 학생의 역할수행은 서로 다른 행동과 기대를 포함한다. 남자 혹은 여자, 아들, 청소년, 수감자와 같은 어떤 역할은 *할당*된 것이다(그 사람에게 주어졌거나 혹은 그 사람이 통제할 수 없는 것이다). *성취된 역할*은 배우자, 교사, 과학자, 밴드리더, 범죄자와 같이, 특별한 노력을 통해 스스로 얻은 역할이다.

Sven Hagolani/Corbis

성취된 역할은 사회적 행동에 큰 영향을 준다. 여러분은 여러분의 선생님과 코치에게 어떤 행동을 기대하는가? 여러분은 자신에게 어떤 행동을 기대하는가? 만약 여러분이 다른 사람들의 기대에 어긋나면 어떤 일이 생기는가?

역할수행이 행동에 어떤 영향을 주는가? 역할은 우리가 다른 사람이 무슨 행동을 할 것인지 예상할 수 있게 해 줌으로써 일상생활의 상호작용을 원활하게 해 준다. 어떤 사람이 의사, 어머니, 사무원 혹은 경찰관이라면, 우리는 그 사람에게 특정 행동들을 기대한다. 그러나 역할은 부정적인 측면도 지니고 있다.

유명한 한 실험에서, 스탠퍼드대학의 Phil Zimbardo는 평범하고 건강한 남자 대학생들에게 임금을 지불하고 모의 교도소에서 '죄수' 혹은 '교도관'의 역할을 하도록 하였다(Drury et al., 2012; Zimbardo, Haney, & Banks, 1973). 며칠 지나지 않아, '교도관'들은 점점 잔인하게 죄수를 탄압하였다. 놀랄 만큼 단기간에 가짜 죄수들은 진짜 죄수처럼 보였다. 즉 그들은 낙담하였고, 정신적 충격을 받고 있었고, 수동적이고, 비인간적이었다. 결국 6일 후, 실험은 중단될 수밖에 없었다.

무슨 일이 일어났나? 분명히 할당된 사회적 역할(죄수와 교도관)의 힘은 너무 막강하여 단지 며칠 만에 그들에게 실험은 '현실'이 되어 버렸다. 우리는 원래부터 인간이 선하다 혹은 악하다고 믿는 경향이 있다. 그러나 스탠퍼드 교도소 실험에 참여한 학생들은 무선적으로 죄수 혹은 교도관으로 배정되었다. 분명 많은 파괴적인 인간관계의 기원은 파괴적인 역할에서 찾을 수 있다.

많은 사람들은 한 사람에게 둘 이상의 역할이 상충되는 요구를 하기 때문에 발생하는 **역할갈등**(role conflicts)을 경험하기도 한다(Gordon et al., 2012; Valentine, Godkin, & Varca, 2010). 예를 들어 친한 친구의 아들을 낙제시켜야 하는 교사, 직장을 다니는 어머니, 훌륭한 선수가 못 되는 자신의 딸이 소속된 팀을 맡은 코치를 생각해 보라. 이같이 일, 가정 및 학교의 충돌하는 요구는 많은 학생들에게 역할갈등을 일으킨다(Senécal, Julien, & Guay, 2003). 직장에서의 역할갈등(좋은 팀원이 되는 것과 강력한 경영자가 되는 것)은 직무소진과 건강에 부정적 결과를 초래할 수 있다(Jawahar, Stone, & Kisamore, 2007; Pomaki, Supeli, & Verhoeven, 2007).

집단구조, 응집성 및 규범

집단소속감의 차원은? 집단의 중요한 두 차원은 집단구조와 응집성이다(Forsyth, 2014). **집단구조**(group structure)는 집단 내 역할, 커뮤니케이션 통로 및 권력 네트워크로 구성되어 있다. 군대나 운동 팀과 같이 조직화된 집단은 집단구조가 잘 정비되어 있다. 비공식적인 친구집단은 구조화가 잘되어 있지 않을 수도 있다.

집단응집성(group cohesiveness)은 집단성원들 간의 호감 정도 혹은 그들이 집단에 남아 있기를 바라는 정도를 말한다. 응집성이 있는 집단의 구성원들은 문자 그대로 서로 얽혀 있다. 즉 그들은 서로 가까이 서 있거나 앉아 있고, 서로 상대방에게 주의를 기울이고, 서로 호감표시를 많이 한다. 또한 그들의 행동들은 긴밀히 잘 조정되어 있는 경향이 있다(Chansler, Swamidass, & Cammann, 2003; Lin & Peng, 2010). 응집성은 집단이 우리에게 가하는 여러 힘의 근원이다. 응집성이 사람들을 함께 잘 일하도록 돕기 때문에 치료집단, 사업체, 운동팀 등은 응집성을 높이기 위해 노력한다(Burlingame, McClendon, & Alonso, 2011; Casey-Campbell, & Martens, 2009).

내집단

응집성은 특히 **내집단**(in-groups), 즉 어떤 사람이 주로

사회심리학 사회상황에서 개인이 어떻게 행동하고, 생각하고, 느끼는지에 대한 과학적 학문

사회적 역할 특정 사회적 위치(예를 들어 딸, 노동자, 학생)와 연관된 기대된 행동패턴

역할갈등 한 사람이 상충되는 행동을 요구하는 둘 이상의 역할을 지님으로써 생기는 갈등

집단구조 집단 내에 존재하는 역할, 커뮤니케이션 통로 및 권력의 네트워크

집단응집성 집단성원들 간의 호감 정도 혹은 그 집단에 남아 있으려는 몰입 정도

내집단 한 사람이 동일시하는 집단

동일시하는 집단에서 강하다. 여러분의 내집단은 국적, 인종, 나이, 교육, 종교, 수입, 정치적 입장, 성별, 성 지향 등과 같은 뚜렷한 사회적 차원의 조합으로 정의된다. 내집단 소속감은 우리가 사회적으로 어떤 사람인지를 정의하는 데 도움이 된다. 우리는 긍정적 특성은 내집단으로, 부정적 특성은 **외집단**(out-groups), 즉 우리가 동일시하지 않는 집단으로 귀인하는 경향이 있다. 또한 우리는 외집단 구성원과 내집단 구성원의 차이를 과장하는 경향이 있다. '우리-그들'과 같은 이분적 사고는 사회생활에서는 기본적인 사실인 듯하다. 또한 그것은 집단 간 갈등과 인종편견의 무대가 되고, 모듈 61에서 살펴볼 주제인 보스턴 마라톤 폭발 사건과 같은 폭력으로 표현될 수 있다.

사회적 지위 역할을 정하는 것 이외에도, 한 개인의 집단 내 사회적 위치가 그 사람의 **사회적 지위**(social status), 즉 사회적 권력과 중요성의 수준을 결정한다. 사회적 지위가 높을수록 특권과 존경이 부여된다(Albrecht & Albrecht, 2011). 예를 들어 한 실험에서 한 남자가 여러 제과점에 들어가서 그것을 살 돈이 없다고 하면서 패스트리를 달라고 부탁하였다. 절반은 옷을 잘 차려입었었고, 절반은 볼품없는 복장이었다. 그 남자가 그 부탁을 할 때 공손하였다면, 그가 어떤 복장이었는지와 상관없이 공짜로 패스트리를 받은 비율이 비슷하였다(95% 대 90%). 그러나 그가 그 부탁을 할 때 공손하지 않았다면, 그가 잘 차려입었을 때보다 볼품없는 복장이었을 때 패스트리를 얻은 비율이 훨씬 더 적었다(75% 대 20%)(Guéguen & Pascual, 2003).

이런 일이 제과점에서만 일어나는 것은 아니다. 대부분의 상황에서 우리는 지위가 높은(잘 차려입은) 사람의 요구에 따르기 쉽다(Guéguen & Lamy, 2012). 아마도 비록 그가 공손하지 않을 때조차 지위가 높은 사람에게 더 좋은 대접을 한다는 사실은 우리 사회가 비싼 옷, 자동차 및 또 다른 지위의 상징들에 대해 집착하는 이유를 설명해 준다.

규범 우리는 집단규범에 의해 큰 영향을 받는다(Matsumoto & Juang, 2013). **규범**(norm)은 적절한 행동이라고 널리 인정받는 (그러나 때로 언급되지 않은) 행동기준이다. 만약 여러분이 규범의 힘에 대해 조금이라도 의심이 간다면 이를 검증해 보라. 즉 붐비는 슈퍼마켓에 들어가서, 계산대에 줄을 서서 최대한 큰 목소리로 노래를 시작하라. 여러분은 실제로 이런 지시를 따르는 100명 중 한 명이 될 것인가?

규범의 영향력은 쓰레기 투기를 다룬 한 고전적 연구에서 잘 보여 주었다. 연구물음은 "한 지역의 쓰레기양이 쓰레기 투기에 영향을 주는가?"였다. 해답을 얻기 위해, 공공 주차장으로 걸어가고 있는 사람들에게 광고 전단지를 주었다. ● 그림 58.1에서

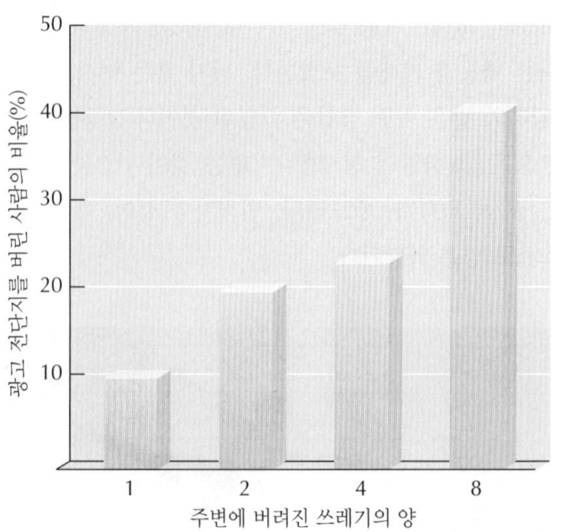

● **그림 58.1**
쓰레기 투기에 관한 규범을 연구한 실험결과. 공공장소에 있는 이전 쓰레기의 존재는 쓰레기 투기가 용인된다는 것을 암시해 준다. 이는 다른 사람들로 하여금 그곳에 쓰레기를 버리도록 고무시킨다(Cialdini, Reno, & Kallgren, 1990을 따름).

볼 수 있듯이, 길바닥에 쓰레기가 많을수록 더 많은 사람들이 자신이 받은 광고전단지를 길에 버렸다. 분명히 다른 사람들이 이미 버린 쓰레기를 보는 것이 쓰레기 투기를 용인하는 느슨한 규범을 암시하였다. 도덕적인 사람이 따로 있나? 공공장소를 깨끗하게 할수록, 사람들은 그곳에 쓰레기를 덜 버릴 것이다(Cialdini, Reno, & Kallgren, 1990; Göckeritz et al., 2010).

다음에서 우리는 주변사람들이 우리가 어떻게 행동하느냐뿐만 아니라, 우리가 자신과 타인에 대해 어떻게 생각하느냐에 영향을 준다는 사실을 보게 될 것이다. 예를 들어 우리가 자신을 이해하는 한 가지 공통적인 방법은 자신을 다른 사람과 비교하는 것, 즉 사회비교라고 부르는 과정이다(Brakel et al., 2011).

사회비교와 귀인

SURVEY QUESTION 58.2 사회적 상황이 자신과 타인에 대한 생각에 어떻게 영향을 주는가?

사회인지(social cognition)란 사회적 맥락 속에서 우리 자신과 타인에 대한 사고과정이다(Shook, 2013; Strack & Förster, 2009). 우리는 항상 타인과 사회적 관계 속에 있으며 자유롭게 자신뿐만 아니라 타인의 행동을 *관찰*할 수 있다는 사실에도 불구하고, 그 행동을 *이해*하는 것은 전적으로 또 다른 문제이다. 예를 들어 우리는 보스턴 마라톤에서 폭탄이 터진 사실은 안다. 그러나 *왜?*

다음에서 우리는 사회인지의 몇 가지 예를 다룰 것이다. 우리는 *사회비교*로부터 시작하여 타인의 행동을 이해하는 한 가지 방

식인 *귀인*과정을 살펴볼 것이다. 마지막으로 *태도*와 그것이 어떻게 형성되는지를 살펴볼 것이다.

사회비교

만약 여러분이 얼마나 뚱뚱한지를 알고 싶다면, 단지 체중을 측정하면 된다. 그러나 여러분은 자신이 얼마나 훌륭한 운동선수인지, 직장인인지, 부모인지 혹은 친구인지를 어떻게 아는가? 정책, 종교 혹은 음악에 대한 여러분의 견해가 통상적인 것인지 혹은 특이한 것인지를 어떻게 아는가? 객관적인 기준이 없을 때, 유일한 기준은 여러분 자신을 다른 사람과 비교하는 것이다(Baumeister & Bushman, 2014; Dvash et al., 2010).

사회심리학자 Leon Festinger(1919~1989)는 집단소속이 **사회비교**(social comparison), 즉 자신의 행동, 감정, 의견 혹은 능력을 다른 사람들과 비교하려는 욕구 때문이라는 이론을 정립하였다. 여러분은 시험을 치른 후에 다른 학생들과 답을 비교해 본 적이 없는가?("답을 뭐라고 작성했는지?", "마지막 문제가 어렵지는 않았는지?") 만약 그런 적이 있다면, 여러분은 사회비교 욕구를 충족시키고 있는 것이다(Festinger, 1957; Johnson & Lammers, 2012).

Jerome Corpuz/Getty Images

고등학교 동창모임은 때로 그들에게 용기를 주는 엄청난 사회비교로 악명 높다. 분명히 여러분이 얼마나 잘 살고 있는지를 알기 위해서는 여러분 자신을 이전 학급친구들과 비교하지 않을 수 없다.

통상 우리는 무작위로 혹은 어떤 절대적 척도로 사회비교를 하지는 않는다. 의미 있는 평가가 되기 위해서는 여러분 자신을 배경, 능력 및 환경이 비슷한 사람들과 비교해야 한다(Stapel & Marx, 2007). 예를 위해, 웬디라는 여학생이 뛰어난 테니스 선수인지의 여부를 물어보자. 만약 웬디가 자신을 프로선수와 비교한다면, 대답은 "아니다"일 것이다. 그러나 이는 우리에게 그녀의 *상대적인* 능력에 대해 알려 주는 것이 거의 없다. 그녀가 속한 테니스 그룹에서 그녀는 뛰어난 선수로 인정받고 있다. 공정한 비교를 근거하여, 웬디는 자신이 테니스 실력이 뛰어나고, 자부심을 지니고 있다고 알고 있다. 같은 방식으로 여러분 자신이 얼마나 성공적이고, 재능 있고, 책임감 있으며, 공정한 임금을 받고 있는지의 여부는 전적으로 여러분이 누구를 비교대상으로 하느냐에 달려 있다. 그래서 사회비교욕구는 다른 사람과 어울리려는 동기를 제공하며, 우리가 어떤 집단에 가입할 것인지에 영향을 준다(Franzoi & Klaiber, 2007; Johnson & Stapel, 2010).

이제 또 다른 형태의 사회인지를 알아보자. 본다가 슈차이를 모욕했다. 왜 그랬을까? 왜 닉은 대학에서 전공을 바꾸었나? 왜 커티는 남자들이 주변에 있을 때 말을 그렇게 빨리 할까? 이런 물음들에 대답하기 위해, 우리는 사람들의 행동을 여러 원인으로 *귀인*한다. 그들의 행동에 대한 원인추정이 맞든 틀리든 간에, 우리가 내린 결정은 우리의 행동에 영향을 준다. 어떻게 우리가 '마스크 뒤의 사람'을 채우는지를 알기 위해 귀인에 대해 살펴보자.

귀인하기

매일같이 우리는 때로 아주 적은 증거를 근거로 사람들이 어떻게 행동할지를 추측해야 한다. 우리는 **귀인**(attribution)이라 부르는 사회인지의 한 가지 형태를 통해 이런 추측을 한다. 우리가 다른 사람을 관찰할 때, 그에 대해 추론한다. 예를 들어 두 사람이 식당에 들어와서 각기 다른 음식을 주문한다. 넬은 음식 맛을 본 후 소금을 넣었다. 버트는 음식 맛을 보기도 전에 음식에 소금을 넣었다. 여러분은 그들의 행동을 어떻게 설명할 것인가? 넬의 경우, 여러분은 '음식'에 소금이 필요하다고 생각했을 것이다. 만약 그렇다면, 여러분은 그녀의 행동을 *외적 원인*(그 사람의 밖에 있는 원인)으로 귀인한 것이다. 버트의 경우, 여러분은 그가 틀림없이 실제로 소금을 좋아한다고 결론 내렸을 가능성이 크다. 만약 그렇다면, 그의 행동의 원인은 내적인 것이다. 욕구, 성격특질, 버트의 소금에 대한 취향과 같은 *내적 원인*은 그 사람의 내부에

외집단 한 사람이 동일시하지 않는 집단
사회적 지위 사회구조 내에서, 특히 권력, 특권 혹은 중요도 측면에서 한 개인이 차지하고 있는 위치
규범 적절한 행동으로 널리 인정받는 행동기준
사회인지 사회적 맥락에서 자신과 타인에 대한 사고과정
사회비교 타인과의 비교를 통해 자신에 대한 판단을 내리는 것
귀인 자신의 행동과 타인 행동의 원인을 추론하는 과정

있는 것이다.

이런 해석의 결과는 무엇인가? 우리가 내리는 귀인을 고려하지 않고서는 사회적 행동을 이해하기 어렵다. 예를 들어 여러분이 참여한 지난 다섯 번의 파티에서 매시라는 여자를 보았다고 해 보자. 이를 근거로 여러분은 매시가 사교활동을 좋아한다고 생각한다. 여러분이 또 다른 모임에서 매시를 보았고 그녀가 파티를 좋아하는 것 같다고 말한다. 그녀는 "실제로 나는 파티를 싫어하지만, 그곳에서 튜바를 연주해 달라고 초정해서 참석하였다. 음악선생님이 내가 청중 앞에서 실습할 필요가 있다고 조언해서 이런 지루한 이벤트에 참여하고 있다. 튜바 행진곡 한번 들어 볼래요?"라고 말한다.

우리가 다른 사람의 행동에 대한 진짜 이유를 아는 경우는 드물다. 그것이 우리가 상황에서 원인을 추론하는 경향이 있는 이유다. 그러나 그렇게 할 때, 우리는 종종 매시의 경우와 같이 실수를 범한다. 가장 흔한 오류는 타인의 행동을 내부 원인으로 귀인하는 것이다(Riggio & Garcia, 2009; Watson, 2008). 이런 실수를 **기본적 귀인오류**(fundamental attribution error)라 부르고, 우리는 실제로 타인의 행동이 외부적 힘이나 상황에 의해 나온 것일 때조차 그것의 원인을 내부 원인으로 생각하는 경향이 있다. 이런 오류의 재미있는 사례 중 하나는 사람들이 배역을 맡아 연기하는 배우의 행동을 명백한 외적 요인(그들이 등장인물을 연기하고 있는 것)보다는 그들의 성격으로 귀인하는 경향이 있다는 것이다(Tal-Or & Papirman, 2007).

톰 행크스는 2013년에 《리더스 다이제스트》의 투표에서 많은 정치인, 판사, 종교지도자, 운동선수들보다 더 높은 평가를 받아 미국에서 가장 신뢰로운 인물로 선정되었다. 톰 행크스가 실제로 신뢰로운 사람인가? 혹은 그가 인기 많은 영화에서 신뢰로운 배역들을 연기했기 때문인가? 우리는 여러분이 생각하는 것보다 훨씬 더 어떤 배우를 그가 연기하는 배역의 성격특질로 귀인하는 경향이 있다(Tal-Or & Papirman, 2007).

우리는 자신의 행동은 외적 요인에 의한 것으로 생각하기 쉽다. 다시 말해, 우리가 행동을 설명하는 방식에는 **행위자-관찰자 편향**(actor-observer bias)이 있다. *관찰자*로서 우리는 타인의 행동을 그 사람의 바람, 동기 및 성격특질로 귀인한다(이것이 기본적 귀인오류이다). 그러나 *행위자*로서 우리는 자신의 행동을 외적 원인으로 설명하는 경향이 있다(Aronson, Wilson, & Akert, 2013; Gordon & Kaplar, 2002). 의심의 여지도 없이 여러분은 자기 전공의 이점 때문에 대학에서 그 전공을 선택하였다. 그러나 다른 학생들은 그들의 적성에 맞기 때문에 그 전공을 선택하였다고 생각한다. 식당에서 팁을 주지 않는 사람들은 구두쇠이다. 만약 여러분이 팁을 주지 않으면, 그 이유는 서비스가 나빴기 때문이다. 물론 다른 사람들이 늦는 것은 그들이 무책임하기 때문이다. 여러분이 늦는 것은 어쩔 수 없는 일이 있었기 때문이다.

여러분도 알 수 있듯이, 귀인이론은 우리가 흔히 범하는 오류를 포함하여, 자신과 타인에 대해 어떻게 생각하는지를 알려 준다.

태도

SURVEY QUESTION 58.3 태도는 어떻게 획득되고 변화되는가?

여러 상황에서 우리의 취향, 친구선택, 투표, 선호, 목표 및 행동은 모두 태도의 영향을 받는다(Baumeister & Bushman, 2014).

구체적으로 태도란 무엇인가? **태도**(attitude)는 한 사람이 다른 사람들, 대상, 집단에 대해 긍정적 혹은 부정적 방식으로 반응하도록 하는 사전에 지니고 있는 신념과 정서의 혼합체이다. 태도는 대상에 대한 여러분의 *평가*를 요약하고 있다(Bohner & Dickel, 2010). 결과적으로, 태도는 미래의 행동을 예언하고 지시한다.

때로는 "여러분의 태도가 보인다."라는 말을 듣는다. 실제로 태도는 신념, 정서 및 행동을 통해 표현된다. 태도의 *신념 요소*는 여러분이 특정 대상이나 주제에 대해 믿고 있는 것이다. *정서 요소*는 태도 대상에 대한 여러분의 감정으로 구성되어 있다. *행동 요소*는 여러 사람, 대상 혹은 단체에 대한 여러분의 행위를 말한다. 예를 들어 총기규제에 대한 여러분의 태도를 생각해 보자. 여러분은 총기규제가 범죄나 폭력 발생률에 영향을 줄 것인지에 대한 신념을 지니고 있을 것이다. 여러분은 총을 매력적이고 바람직하다거나 혹은 위협적이고 파괴적임을 알고 총에 대해 정서적으로 반응하게 될 것이다. 그리고 여러분은 총을 가지려 하거나 혹은 총기소유를 피하는 경향을 지니게 된다. 태도의 행동 요소는 총기규제를 촉구하는 혹은 반대하는 조직에 대한 지지가 포함될 수 있다. 여러분도 알 수 있듯이, 태도는 사회적 세상에 대해 우리에게 방향을 제시한다. 그렇게 함으로써 태도는 우리가 특정 방식으로 행동하도록 준비시킨다(Forgas, Cooper, & Crano, 2010)(또 다른 예는 ● 그림 58.2 참조).

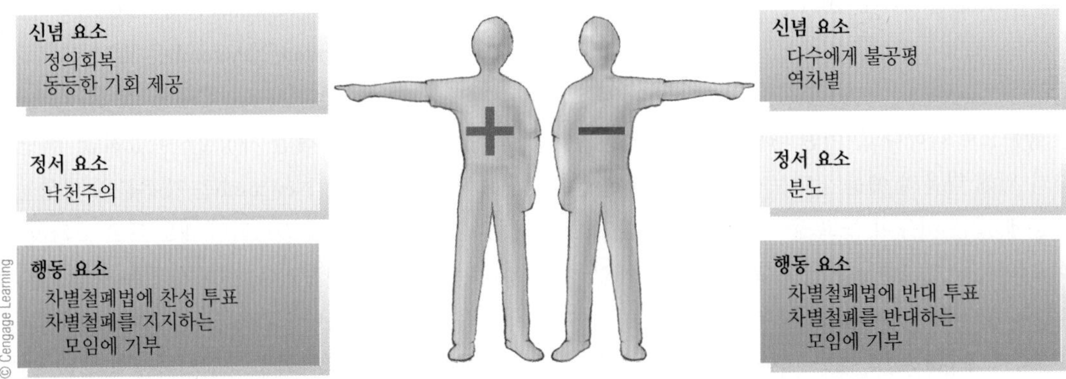

그림 58.2
차별철폐조치에 대한 긍정적 및 부정적 태도의 요소들

태도형성

사람들은 어떻게 태도를 획득하나? 태도는 몇 가지 기본적인 방식으로 획득한다. 인근 공장이 여러분이 좋아하는 강을 망쳐 놓을 때 오염에 반대하는 것과 같이, 때로 태도는 태도대상과의 *직접적 접촉*(개인적 경험)을 통해 생긴다(Ajzen, 2005). 때로 태도는 순전히 *우연한 조건형성*(우연 혹은 일치에 의해 생기는 학습)으로 인해 형성된다(Albarracín, Johnson, & Zanna, 2005). 예를 들면 여러분이 일생 동안 세 명의 심리학자를 만났다고 해 보자. 만약 이들이 모두 부정적인 사람들이었다면, 여러분은 심리학에 대해 지나치게 부정적인 입장을 갖게 될 것이다. 마찬가지로 사람들은 종종 우연히 겪게 되는 한두 가지 좋은 혹은 나쁜 경험에 근거하여 도시, 음악 혹은 어떤 나라의 특정 지역에 대해 강한 태도를 형성한다(Ledgerwood & Trope, 2010).

태도는 *타인과의 상호작용*, 즉 특정 태도를 지닌 사람과의 토론을 통해 학습되기도 한다. 예를 들어 여러분이 좋아하는 세 친구들이 지역의 재활용센터에 자원봉사를 하고 있으며 여러분이 그들과 그들의 신념에 대해 이야기를 나눈다면, 여러분도 재활용에 대해 호의적으로 될 것이다. 보다 일반적으로, 우리의 많은 태도가 *집단*소속의 영향을 받는다는 사실은 의심의 여지가 없다. 대부분의 집단은 우리의 행동에 동조압력을 가하듯이, 태도를 형성하는 데도 동조압력을 가한다. *아동양육*(부모의 가치, 신념 및 실천의 효과)도 태도에 영향을 준다(Bartram, 2006; Guidetti et al., 2012). 예를 들어 양쪽 부모가 모두 같은 정당에 속해 있다면, 아이들도 성인이 되면 같은 정당에 속할 가능성이 높다.

마지막으로 태도는 신문, TV 및 인터넷과 같은 미디어의 영향을 받는다는 사실은 의심의 여지가 없다(Mahler, Beckerley, & Vogel, 2010). 매일같이 우리는 매스미디어 속의 메시지에 의해 설득당하고 교묘하게 조정당하고 있다. 오늘날의 젊은이들은 일주일에 적어도 50시간을 TV, 비디오게임, 인터넷, 음악, 출간물과 같은 미디어에 파묻혀 보낸다(Rideout, Foehr, & Roberts, 2010). 그러므로 그런 통로로 가정에 유입되는 정보는 막강한 영향을 준다. 예를 들어 TV를 자주 보는 시청자는 타인을 신뢰하지 않으며 자신이 위해를 당할 확률을 과다추정한다. 이는 TV 폭력을 꾸준히 보는 것이 사람들에게 세상을 위험하고 위협이 많은

태도는 사회적 행동의 중요한 한 차원이다. 태도는 종종 부모와 자신이 속한 집단의 태도에 의해 상당한 영향을 받는다.

기본적 귀인오류 타인의 행동을 내부원인(성격, 좋아함 등)으로 귀인하는 경향성

행위자-관찰자 편향 타인의 행동은 내부 원인으로 귀인하는 반면, 자신의 행동원인은 외부 원인(상황이나 환경)으로 귀인하는 경향성

태도 사람들, 대상 및 집단에 대해 긍정적 혹은 부정적 방식으로 반응하도록 학습된 경향성

곳으로 생각하게 만드는 '비열한 세계관'을 발달시키도록 이끈다는 사실을 시사한다(Nellis & Savage, 2012).

태도와 행동

왜 어떤 태도는 행동으로 나타나고, 어떤 태도는 그렇지 않은가? 이 질문에 답하기 위해 다음의 예를 살펴보자. 로레인이라는 여자는 자가용 운용에 많은 비용이 들고 공기를 오염시킨다고 알고 있다. 더욱이 그녀는 스모그를 싫어한다. 왜 로레인은 매일 차를 운전하여 직장에 출근하나? 아마도 그것은 우리 행동이 가져오는 *즉각적인 결과*가 우리의 선택에 큰 비중을 차지하기 때문이다. 자신의 태도와 상관없이, 로레인은 운전이 주는 즉각적인 편리함을 뿌리치기 힘들 것이다.

다른 사람들이 우리 행동을 어떻게 *평가할* 것인가에 대한 생각도 중요하다. 로레인은 직장동료들이 그녀의 환경보호주의적 입장에 대해 비판적일 것이라는 걱정 때문에 대중교통을 이용한 출근을 꺼릴 수도 있다. 이런 요인들을 고려함으로써 연구자들은 가족계획, 청소년음주, 군 입대, 원자력 발전소 건설에 대한 투표 등을 예언할 수 있었다(Cialdini, 2009). 마지막으로 오래 지속되어 온 *습관*의 효과를 간과해서는 안 된다(Oskamp & Schultz, 2005). 예를 들어 여러 해 동안 자가운전으로 출근한 이후에 로레인은 결국 대중교통으로 바꾸겠다고 약속하였다. 그녀의 좋은 의도에도 불구하고, 2개월 후에 습관 때문에 다시 운전하고 있는 그녀를 발견하는 일은 그리 이상한 일이 아니다.

간단히 말해, 태도와 행동 간(특히 사적으로 지닌 태도와 공개적인 행동 간)에는 종종 큰 차이가 있다(Johnson & Boynton, 2010). 그러나 그 사람이 *확신*에 찬 태도를 지니고 있는 경우, 행동의 장벽은 무너진다. 만약 여러분이 어떤 이슈에 대해 확신이 있으면, 그것은 강렬한 감정을 일으키고, 그것에 대해 자주 생각하고 논의하며, 그것에 관한 지식이 더 많아진다. 확신에 찬 태도는 종종 개인행동에서 중요한 변화를 만들어 낸다(Oskamp & Schultz, 2005).

태도변화

SURVEY QUESTION 58.4 어떤 조건이 설득에 가장 효과적인가?

태도가 상당히 안정적이긴 하지만, 태도는 변한다(Forgas, Cooper, & Crano, 2010; Izuma, 2013). 어떤 태도변화는 **참조집단**(reference group), 즉 개인이 사회비교의 기준으로 사용하는 집단을 보면 이해할 수 있다. 참조집단이 되기 위해서 그 집단의 사람들과 대면해야 할 필요는 없다. 그 대신 여러분이 그들과 동일시하느냐 혹은 여러분이 그들의 태도와 가치에 관심이 있느냐에 달려 있다(Ajzen, 2005; Larimer et al., 2011).

1930년대에 Theodore Newcomb은 베닝튼대학 학생들의 실생활 태도를 연구하였다(Alwin, Cohen, & Newcomb, 1991). 대부분의 학생들은 보수적인 가정출신이었지만, 베닝튼대학은 매우 진보적인 학교였다. Newcomb은 대부분의 학생들이 베닝튼대학을 다니는 4년 동안에 진보적인 태도 쪽으로 의미 있는 변화가 생긴다는 사실을 발견하였다. 변화가 없는 사람들은 부모와 고향친구들을 주요 참조집단으로 삼고 있는 학생들이었다. 변화가 있는 사람들은 주로 대학사회를 동일시하는 학생들이었다. 모든 학생들에게 대학과 가족은 집단소속감을 주는 집단이라는 사실을 주목하라. 그러나 그중 어느 한 집단이 그들의 참조점이 되는 경향이 있었다.

Image Source/Corbis

여러분은 규칙적으로 운동하나? 베닝튼 연구의 학생들처럼, 여러분이 운동하려는 의도는 아마도 참조집단의 운동습관에 의해 영향을 받고 있을 것이다(Ajzen, 2005; Terry & Hogg, 1996).

설득

태도를 변화시키려는 광고 및 또 다른 직접적인 시도들은 효과적인가? **설득**(persuasion)은 정보와 주장을 이용하여 태도나 신념을 변화시키려는 의도를 지닌 시도이다(Gass & Seiter, 2014; Perloff, 2010). 우리를 설득하려는 사업가, 정치인 및 또 다른 사람들은 태도가 변화될 수 있다고 굳게 믿고 있다. 미국과 캐나다에서만 1년에 수백만 달러가 광고에 사용되고 있다. 설득은 일상의 미디어 상업광고로부터 친구들 간의 사적인 토론에 이르기까지 범위가 넓다. 대부분의 경우, *전달자*, *메시지* 및 *수신자*를 살펴보면, 설득의 성공 여부에 대해 이해할 수 있다.

한 지역사회 모임에서 여러분에게 중요한 어떤 이슈(예를 들어 신규 쇼핑몰 건설에 대해 찬성 혹은 반대)로 승진의 기회를 잡았

TORU YAMANAKA/AFP/Getty Images

설득. 여러분은 이 집단의 메시지에 의해 흔들리기 쉬운가? 설득의 성공 여부는 전달자, 메시지 및 수신자의 특성과 관련 있다.

다고 해 보자. 여러분은 프레젠테이션하기 위해 누구를 선택하고, 그 사람은 어떻게 프레젠테이션해야 하나? 연구가 시사하는 바는 어떤 조건들이 충족될 때 태도변화가 일어난다는 것이다. 여러분은 데오드란트(체취 제거제품) 판매부터 대통령 선출에 이르기까지 아래의 원리들이 적용된다는 것을 어렵지 않게 볼 수 있을 것이다(Aronson, 2012; Oskamp & Schultz, 2005; Perloff, 2010).

1. 전달자가 호감 있고, 잘 표현하고, 진실되고, 그 주제에 대한 전문가이고, 어떤 점에서 수신자와 유사한 면이 있다.
2. 수신자가 메시지를 수용하더라도, 그것이 전달자의 이익과 무관해 보인다.
3. 메시지가 특히 공포 혹은 불안과 같은 정서에 호소하고 있다.
4. 메시지가 그것을 따르면 공포를 줄여 주고 개인적으로 바람직한 결과를 가져오는 분명한 행동절차를 제공하고 있다.
5. 메시지가 명쾌한 결론을 담고 있다.
6. 메시지가 사실과 통계치로 뒷받침되어 있다.
7. 메시지가 가능한 한 자주 반복된다.
8. 내용을 잘 알고 있는 수신자의 경우, 양쪽 주장이 모두 제시된 메시지이다.
9. 내용을 잘 모르는 수신자의 경우, 한쪽의 주장만이 제시된 메시지이다.

앞서 보았듯이, 우리는 때로 외부의 설득에 대한 반응으로 태도를 바꾼다(Gass & Seiter, 2014). 그러나 때로 *인지부조화*라는 내부과정에 의해서도 태도변화가 일어날 수 있다.

인지부조화 이론

*만약 사람들이 자신의 태도나 자기이미지와 불일치하는 방식으로 행동하면 어떤 일이 생기나? 인지*는 사고이다. *부조화*는 충돌을 의미한다. **인지부조화**(cognitive dissonance)라는 영향력 있는 이론은 모순되거나 충돌하는 사고들은 불편감을 일으킨다고 말한다. 즉 우리는 우리의 사고, 지각 및 자신의 이미지를 *일치*시키려는 동기가 있다고 주장한다(Cooper, 2007; Festinger, 1957). 그래서 이것들 간의 불일치는 사람들로 하여금 자신의 사고나 태도를 행동과 일치하게 만들도록 동기화시킬 수 있다(Gawronski, 2012).

예를 들어 흡연자들은 담배가 건강에 해롭다는 내용이 담긴 담배갑을 갖고 있다. 그래도 그들은 담배를 피운다. 그들은 이 정보와 자신의 행동 간의 긴장을 어떻게 해결할까? 그들은 담배를 끊을 수도 있지만, 흡연이 실제로 그렇게 위험하지 않다고 자신을 확신시키는 것이 더 쉬울 수도 있다. 이렇게 하기 위해, 흡연자는 오래 산 골초 흡연자 사례를 찾고, 다른 흡연자들과 어울리고, 흡연과 암 간의 관련성에 관한 정보를 피하려 할 수도 있다. 혹은 그는 건강에 대한 생각을 모조리 억압할 수도 있다(Kneer, Glock, & Rieger, 2012). 인지부조화 이론에 따르면, 우리는 우리가 이미 갖고 있는 생각과 모순되는 새로운 정보를 배척하는 경향이 있다. 우리 모두는 때로 '내 맘은 이미 정해졌으니, 그런 사실로 나를 귀찮게 하지 마라' 전략을 사용한다.

행동에서의 인지부조화에 대한 유명한 예는 클라리언이라는 행성의 생명체와 통신한다고 주장하는 키치라는 한 여자의 사례이다(Festinger, 1957). 키치 부인이 그 행성으로부터 받은 메시지는 북미 대륙의 파괴를 예언하고 있었다. 그때 키치 부인과 추종자들, 신도들은 비행접시로 구출된다는 것이었다. 뉴스매체는 이 사건에 관심을 갖고 실시간으로 이를 보도하였다. 예언의 날 아무 일도 일어나지 않았을 때, 신도들은 씁쓸한 그리고 당황스러운 실망감을 겪었다.

그 후 그 집단이 와해되었는가? 놀랍게도 그 집단이 와해되기는커녕 신도들은 이전보다 더 확신을 갖게 되었다. 키치 부인은 신도들이 세상을 구했다는 새 메시지를 받았다고 발표하였다. 이전에 신도들은 세상에 종말이 오고 있다고 사람들을 설득하는 데는 관심이 없었다. 이제 그들은 자신들이 이룬 성과를 다른 사람

참조집단 한 개인이 사회비교의 기준으로 삼는 집단
설득 정보와 주장을 이용하여 태도나 신념을 변화시키려는 의도를 지닌 시도
인지부조화 자기이미지, 사고, 신념, 태도 혹은 자신의 행동에 대한 지각 간의 충돌로 인한 불편감

표 58.1 인지부조화를 감소시키는 전략들

르숀은 항상 자신을 환경보호 운동가라고 생각하고 있는 대학생이다. 그는 최근에 부모가 가족용 대형차를 사게 되어, 자동차 한 대를 물려받았다. 과거에 그는 돌아다닐 때 자전거 혹은 대중교통을 이용했었다. 부모가 준 낡은 차는 구식인 기름을 많이 잡아먹는 차였지만, 그는 매일 그 차를 몰기 시작하였다. 르숀은 자신의 환경보호주의 신념과 비효율적인 자동차 이용 간의 충돌로 인해 생기는 인지부조화를 어떻게 감소시킬 수 있을까?

전략	예
태도 바꾸기	"차는 사실 주요 환경문제가 아니다."
조화되는 사고를 추가하기	"이 차는 오래된 차이다. 그래서 이런 차를 운행하는 것은 기존에 만든 자원을 잘 사용하는 예가 된다."
부조화 사고의 중요성을 변화시키기	"내가 어떻게 학교나 일터로 갈 것인가를 걱정하는 것보다 환경운동을 정치적으로 지지하는 것이 나에게는 더 중요하다."
지각된 선택의 여지를 줄이기	"내 스케줄이 너무 바빠졌어. 나는 정말로 더 이상 자전거나 버스를 탈 여유가 없어."
행동을 바꾸기	"나는 자전거나 버스를 탈 수 없을 때만 차를 사용할 예정이다."

출처: Franzoi(2002).

들에게 확신시키기 위해 신문사와 방송사를 초대하게 되었다.

왜 세상의 종말이 오지 않은 이후에 키치 부인의 메시지에 대한 신도들의 믿음이 더 증가하였는가? 왜 그 집단이 갑자기 자신들이 옳다고 다른 사람들을 설득시키는 일에 관심을 갖게 되었는가? 인지부조화 이론은 신도들이 자신의 신념을 공개적으로 밝힌 후, 그들은 일관성을 유지하려는 강한 욕구를 갖게 되었다고 설명한다(Tavris & Aronson, 2007). 실제로 다른 사람들을 확신시키는 것이 자신들이 옳다는 증거를 추가하는 하나의 방법이었다(표 58.1).

태도와 상반된 행동을 한다고 해서 항상 태도변화가 일어나는 것은 아니다. 인지부조화는 그것을 어떻게 설명하는가? 여러분이 태도나 신념과 상반되게 행동했을 때, 이를 얼마나 정당화하느냐가 부조화를 얼마나 느끼는지에 영향을 준다(*정당화*는 한 사람의 행동을 보상이나 다른 상황요인으로 설명하는 크기이다). 한 고전적 연구에서 대학생들에게 오랫동안 매우 지루한 과제(판에 지름이 맞는 나무못을 골라 끼우는)를 시켰다. 그런 다음 그들에게 그 과제가 재미있고 즐거웠던 것처럼 말함으로써 다른 사람들을 그 실험에 참여하도록 유혹해 달라고 부탁하였다. 다른 사람에게 거짓말을 한 대가로 20달러를 받은 학생들은 그 과제가 "매우 지루했다"는 자신의 부정적인 의견을 바꾸지 않았다. 겨우 1달러를 받은 학생들은 나중에 그 과제를 "즐거웠고" "재미있다"고 평정하였다. 우리는 이 결과를 어떻게 설명할 수 있나? 분명 20달러를 받은 학생들은 부조화를 경험하지 않았다. 이 학생들은 누구든 20달러를 받고 선의의 거짓말을 할 것이라고 자신을 안심시킬 수 있었다. 1달러를 받은 사람들은 "나는 거짓말을 했다"

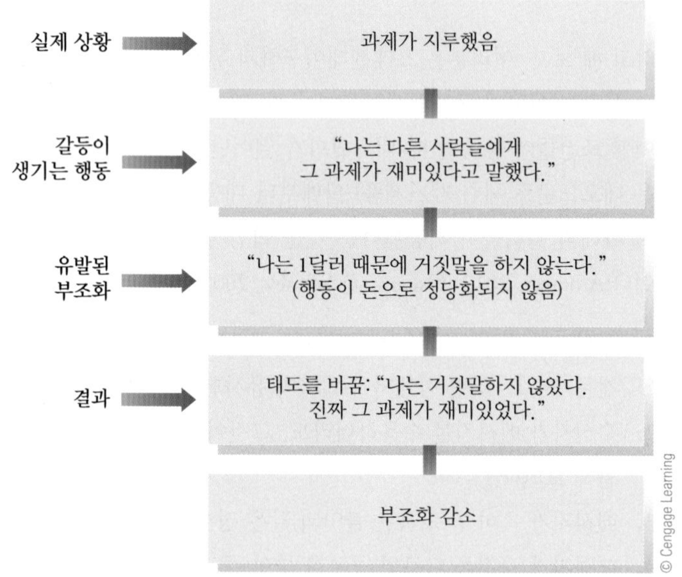

그림 58.3
인지부조화를 겪고 있는 사람의 관점으로 본 Festinger와 Carlsmith(1959) 연구의 요약

와 "거짓말을 할 충분한 이유가 없다" 간의 갈등에 사로잡혔다. 그들은 자신이 거짓말을 했다는 사실을 인정하기보다는 자신이 이미 말한 쪽으로 태도를 바꾸었다(Festinger & Carlsmith, 1959; 그림 58.3 참조).

모듈 58: 요약

58.1 사회적 상황이 우리의 행동에 어떻게 영향을 주는가?

58.1.1 사회심리학은 사회적 및 문화적 맥락의 복잡한 네트워크 속에 얽혀 있는 사회적 동물로서의 인간을 연구한다.

58.1.2 실제로 수행하는 혹은 지정된 사회적 역할은 집단 속 개인의 위치와 그 역할과 연관된 특정 행동패턴을 규정한다.

58.1.3 집단구조는 한 집단 내의 역할들, 커뮤니케이션 통로 및 권력의 조직체이다. 집단응집성은 기본적으로 집단성원들 간의 호감 크기이다.

58.1.4 집단 내 위치는 전형적으로 사회적 지위의 높이를 제공한다. 높은 사회적 지위는 특권 및 존중과 연관되어 있다.

58.1.5 규범이란 집단이 (공식적으로 혹은 비공식적으로) 요구하는 행위의 기준이다.

58.2 사회적 상황이 자신과 타인에 대한 생각에 어떻게 영향을 주는가?

58.2.1 사회비교이론은 우리가 행동, 감정 및 능력을 평가하기 위해 남들과 어울리는 것이라고 주장한다.

58.2.2 귀인이론은 우리가 어떻게 행동의 원인을 추론하는지에 관한 것이다.

58.2.3 기본적 귀인오류는 타인의 행동을 내부 원인의 탓으로 돌리는 오류이다. 행위자–관찰자 차이 때문에 우리는 자신의 행동은 외부 원인의 탓으로 돌리는 경향이 있다.

58.3 태도는 어떻게 획득되고 변화되는가?

58.3.1 태도는 학습된 소인으로, 신념 요소, 정서 요소 및 행동 요소로 구성되어 있다.

58.3.2 태도는 직접 경험, 타인과의 상호작용, 양육 행동 및 집단압력에 의해 형성된다. 또한 또래집단의 영향, 참조집단 소속감, 미디어 및 우연한 조건형성도 태도형성에 중요하다.

58.4 어떤 조건이 설득에 가장 효과적인가?

58.4.1 전달자, 메시지 및 수신자의 특성이 잘 맞아떨어질 때 설득이 효과적이다. 일반적으로 호감 있고 신뢰로운 전달자가 수신자에게 정서를 불러일으키는 신뢰로운 메시지를 반복적으로 제시하고, 명쾌한 결론을 담고 있을 때 설득적이다.

58.4.2 태도를 유지하고 바꾸는 것은 인지부조화와 사고와 행동을 일치시키려는 욕구와 밀접히 관련되어 있다.

모듈 58: 지식 쌓기

암기

1. 사회심리학은 사람들이 __________에서 어떻게 행동하는지를 연구하는 학문이다.
2. 사회적 지위는 어떤 사회적 위치와 관련된 일련의 기대된 행동들을 말한다. O X
3. 사회비교는 무선적으로 이뤄지는 경우가 매우 많다. O X
4. 기본적 귀인오류는 타인의 행동을 내부 원인으로 귀인하는 것이다. O X
5. 다음 중 태도형성과 관련된 것은?
   a. 집단 소속감　　b. 매스미디어
   c. 우연한 조건형성　　d. 육아행동
   e. 위의 것 모두　　f. a와 d
6. 설득적 메시지를 전달할 때, 만약 청중이 그 주제에 대해 이미 잘 알고 있다면 주장의 양면을 모두 제공하는 것이 가장 좋다. O X
7. 한 사람이 느끼는 인지부조화의 크기는 그가 자신의 행동에 대해 얼마나 __________을(를) 하느냐와 관련된다.
   a. 상호성　　b. 정당화
   c. 우연한 조건형성　　d. 참조

반영

비판적으로 생각하기

8. 스탠퍼드 교도소 실험은 성격이론, 특히 사회학습이론(모듈 41 참조)의 중요 개념을 보여 주기도 한다. 그것은 어떤 내용인가?
9. 인지부조화 이론은 세뇌과정에서 거짓 자백을 했더라도, 이것이 그 사람에게 태도변화를 지속시키지 않을 것으로 예언한다. 왜 그런가?

자기반영

여러분이 맡고 있는 가장 두드러진 역할들은 무엇인가? 그것들이 일으키는 갈등은 무엇인가?

사회비교는 여러분의 행동에 어떻게 영향을 주는가?

여러분은 기본적 귀인오류를 얼마나 자주 범하나? 그 개념을 예시해 주는 구체적인 개인적인 사례를 생각해 보라.

태도의 여러 원천 중 어느 것이 여러분 자신의 태도를 가장 잘 설명해 주는가?

여러분은 인지부조화 이론을 전혀 모르는 사람에게 그것을 어떻게 설명할 것인가?

정답

1. 사회적 상황 혹은 타인의 존재 **2.** X **3.** X **4.** O **5.** e **6.** O **7.** b **8.** 행동이 그 사람의 특질보다는 상황에 의해 더 많은 영향을 받는다는 것이다. **9.** 그런 행동은 강력한 정당화가 있다. 결과적으로 죄수가 자신의 신념과 상충되는 말을 하더라도 인지부조화가 발생하지 않는다.

59 Module

사회심리학: 사회적 영향

권위를 의심하라?

종종 사람들의 행동을 설명하려면, 여러 형태의 사회적 영향을 이해해야 한다. 예를 들어 이 남자 집단이 입은 옷의 유사성 하나만을 주목해 보라. 또 다른 하나는 왜 그들 모두가 똑같은 방식으로 옷을 입었는지 이해하는 것이다. 이것이 동조인가? 즉 이 친구들이 서로서로 일치시키기 위해 자발적이고 자유롭게 자신의 행동을 맞춘 것인가? 혹은 어떤 권위자의 명령에 따라 복종한 것인가?

낯선 사람 혹은 권위자의 요구에 여러분은 어디까지 응할 것인가(한계점은 무엇인가)? 여러분은 강요에 대해 어느 정도나 저항해야 하는가? 여러분은 아마도 "권위를 의심하라"는 자동차 범퍼의 스티커를 본 적이 있을 것이다. 실제로 그것이 "비판적으로 생각하라"라는 의미라면, 나쁜 조언은 아니다. 그렇다면 권위에 따르는 혹은 저항해야 하는 적절한 시기는 언제인가? 이는 우리가 사회적 영향에 의해 어떻게 영향을 받는지에 대한 중요한 질문들이다.

Hill Street Studios/Blend/Glow Images

SURVEY QUESTIONS

59.1 사회심리학자들이 발견한 여러 형태의 사회적 영향은 무엇인가?

59.2 자기주장과 공격행동은 어떻게 다른가?

사회적 영향—리더를 따르는 것

SURVEY QUESTION 59.1 사회심리학자들이 발견한 여러 형태의 사회적 영향은 무엇인가?

사회심리학자들에게는 **사회적 영향**(social influence), 즉 타인의 행동에 의해 유도된 행동변화보다 더 핵심적인 주제는 없다. 사람들이 상호작용할 때, 거의 항상 그들은 서로의 행동에 영향을 준다(Baer, Cialdini, & Lueth, 2012; Kassin, Fein, & Markus, 2014). 예를 들어 길거리에서 이루어진 한 고전적 실험에서, 복잡한 뉴욕시의 길거리에 많은 사람들이 서 있었다. 마침 때맞춰 그들은 모두 길 건너편의 6층 창문을 쳐다보고 있었다. 얼마나 많은 지나가던 사람들이 멈춰 서서 덩달아 그곳을 쳐다보는지를 카메라로 기록하였다. 영향을 주는 사람의 수가 많을수록, 더 많은 사람들이 그 창문을 쳐다보는 데 동참하였다(Milgram, Bickman, & Berkowitz, 1969).

사회적 영향의 종류에는 어떤 것들이 있나? 사회적 영향은 약한 것부터 강한 것까지 있다. 가장 약한 형태의 사회적 영향은 타인의 *단순존재*이다(다른 사람들이 주변에 있기만 해도 행동이 달라지는 것). 우리는 다른 사람과 일치시키기 위해 자발적으로 우리의 행동을 바꾸는 '동조'를 한다. 우리는 사회적 권력 혹은 권위가 작거나 없는 사람들의 부탁에 따라 우리의 행동을 바꾸는 '응종'을 하기도 한다. 복종은 한층 더 강한 사회적 영향의 형태이다. 권위자의 명령에 따른 직접적 반응으로서 우리의 행동을 바꿀 때, 이를 '복종'이라 한다. 사회적 영향 중 가장 강한 형태는

강압, 즉 강요에 의해 행동을 바꾸는 것이다.

단지 주변에 타인이 존재할 때

만약 여러분이 홀로 방에 있으면서 코를 후비고 있다고 생각해 보자. (우리들 중에서는 누구도 그런 짓을 하지 않을 것이다. 그렇지 않은가?) 만약 낯선 누군가가 그 방에 들어온다면, 여러분은 계속 그렇게 할 것인가? **단순존재**(mere presence)란 단지 주변에 타인이 존재하기 때문에 사람들이 행동을 바꾸는 경향성을 의미한다. (여러분은 아마도 코 후비기를 중단할 것이다. 그렇지 않을까?) 단지 타인이 존재한다는 사실이 우리로 하여금 행동을 수정하도록 만드는 몇 가지 방식을 살펴보자.

여러분이 산악자전거를 타고 있을 때, 옆 사람이 힘들어서 멈춰서 있다고 상상해 보라. 여러분은 자신의 페이스대로 갈 것인가? 아니면 속도를 줄일 것인가? 아니면 그 사람을 전적으로 무시할 것인가? 이런 사회적 상황을 연구한 1898년 심리학자 Triplett의 연구는 출간된 최초의 사회심리학 실험이었다(Strubbe, 2005). Triplett에 따르면, 여러분은 속도를 더 높일 가능성이 크다. **사회적 촉진**(social facilitation), 즉 타인이 존재할 때 수행이 증가되는 경향성이다(Cole, Barrett, & Griffiths, 2011).

단순존재가 항상 수행을 증가시키는가? 그렇지 않다. 만약 여러분이 능력 면에서 자신 있다면, 타인이 존재할 때 대개는 여러분의 행동이 촉진될 것이다. 만약 그렇지 않다면, 여러분의 수행은 손상을 입을 가능성이 더 크다(Uziel, 2007). 또 다른 고전적 연구는 학생회관에서 포켓볼을 치는 대학생을 연구하였다. 자신 있게 잘 치는 학생(달인?)은 통상 71%를 적중시켰다. 다른 사람들이 그들을 쳐다보고 있을 때는 그들의 정확도가 80%로 향상되었다. 자신감이 덜한, 통상 36%의 적중률을 지닌 평범한 학생들은 누군가가 그들을 보고 있을 때 정확도가 25%로 떨어졌다(Michaels et al., 1982).

사회적 태만(social loafing)은 근처에 다른 사람이 있을 때 생기는 또 하나의 결과이다. 사람들은 혼자서 자기 일을 책임지고 할 때보다 집단의 일원으로 일할 때 덜 열심히 하는 경향이 있다(Ferrari & Pychyl, 2012; Najdowski, 2010). 한 연구에서, 사람들은 자신이 혼자서 눈을 가리고 줄다리기를 하고 있다고 생각할 때 더 열심히 당겼다. 자기 팀에 다른 사람들이 있다고 생각할 때는 노력을 덜 하였다(Ingham et al., 1974).

동조

직접적인 압력이 없어도 우리의 행동을 다른 사람들의 행동, 규범 혹은 가치관에 맞추는 것을 **동조**(conformity)라 한다. 해리가 샐리를 만났을 때, 그들은 사랑에 빠졌고 캠퍼스 주변에서 사랑을 표현하는 것을 부끄러워하지 않았다. 샐리는 그들이 사랑을 표현하고 있을 때 다른 사람들이 자신과 해리를 쳐다본다는 것을 알게 되었다. 비록 그들이 의식적으로 동조하겠다고 마음먹은 것은 아니었지만, 그다음 주에는 이전과 같이 공개적으로 친밀감을 표현하지는 않게 되었다. 해리와 샐리가 발견했듯이, 모든 집단 규범의 가장 기본은 '동조하라'이다. 좋든 싫든 인생은 동조로 가득 차 있다(Baron, Byrne, & Branscombe, 2012).

앞서 언급한 것처럼, 모든 집단에는 암묵적인 규범이 있다. 사회 전체가 정의한 가장 폭넓은 규범은 대부분의 상황에서 '정상적인' 혹은 수용되는 행동을 설정하고 있다. 둘 이상의 문화권에서 헤어스타일, 언어습관, 의복, 식사습관 및 사회적 관습을 비교해 보면, 우리 모두가 사회적 규범에 동조하고 있다는 사실이 명백해진다. 사실 우리가 편안하게 상호작용하려면, 통일성이 필수적이다. 만약 타인의 행동을 전혀 예측할 수 없다고 상상해 보라. 이는 가게, 학교 및 가정에서 혼란을 가져올 것이다. 고속도로에서는 치명적일 것이다.

Asch의 실험 *집단의 동조압력이 얼마나 강한가?* 동조에 관한 첫 번째 실험 중 하나는 Asch(1907~1996)의 실험이다. 이 실험을 자세히 이해하기 위해, 여러분이 실험참가자라고 상상해 보라. 여러분은 6명의 다른 학생들과 같이 테이블에 앉아 있다고 가정하라. 여러분의 과제는 실제로 매우 단순한 것이다. 즉 여러분에게 한 카드에 있는 3개의 비교선분을 보여 주면 여러분은 그중 '기준' 선분과 길이가 같은 하나를 골라야 한다(● 그림 59.1).

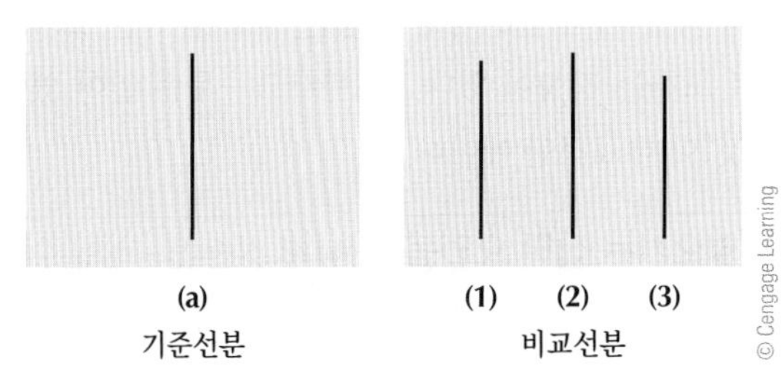

그림 59.1
Asch의 동조실험에서 사용된 자극들

사회적 영향 타인의 존재나 행동으로 인한 한 사람의 행동변화
단순존재 단순히 주변에 타인들이 존재하기 때문에 사람들의 행동이 변하는 경향성
사회적 촉진 타인이 존재할 때 수행이 더 좋아지는 경향성
사회적 태만 사람들이 홀로 자신의 일에 책임을 지고 있을 때보다 집단의 일원으로 일할 때, 일을 덜 열심히 하게 되는 경향성
동조 어떤 직접적인 압력이 없어도 사람들이 자신의 행동을 규범이나 집단 내 타인들의 행동과 일치 혹은 조화시키려는 것

실험이 시작되고, 각자는 첫 번째 카드에 대한 정답을 말한다. 여러분의 차례가 돌아왔을 때, 여러분은 다른 사람들의 대답에 동의한다. 여러분은 속으로 "전혀 어렵지 않네."라고 말한다. 이후 몇 시행 동안은 여러분의 대답은 집단의 다른 사람들의 대답과 일치한다. 그런 다음 충격이 찾아온다. 여러분은 선분 2가 기준선분과 같다고 대답하려는데 6명 모두가 선분 1이 기준선분과 일치한다고 말한다. 갑자기 여러분은 외톨이처럼 느껴지고 혼란스러워진다. 여러분은 초조하게 선분들을 다시 쳐다본다. 그 방에 침묵이 흐른다. 모든 사람들이 여러분을 응시하는 것처럼 보인다. 실험자는 여러분의 대답을 기다린다. 여러분은 집단에 굴복할 것인가?

이 연구에서, 다른 '학생들'은 모두 집단압력을 주기 위해 시행의 약 3분의 1에서 오답을 말하도록 되어 있는 연기자들이었다(Asch, 1956). 실제 학생들은 (연기자들이 오답을 말하는) 중요한 시행에서 3분의 1 정도가 집단에 동조하였다. 실험 도중 75%가 최소한 한 번은 집단압력에 굴복하였다. 이 과제를 혼자서 할 때 범하는 판단오류는 1% 이하였다. 분명히 집단압력에 굴복한 사람들은 자신이 본 것을 부정하고 있었다.

어떤 사람이 다른 사람에 비해 집단압력에 더 취약한가? 확실성의 욕구가 큰 사람은 동조할 가능성이 더 크다. 또한 불안하거나, 자기확신이 낮거나, 타인의 인정에 민감한 사람도 그렇다. 집단의 협동을 강조하는 문화권에 사는 사람들(예를 들어 많은 아시아 문화)이 동조할 가능성이 더 크다(Bond & Smith, 1996; Fu et al., 2007).

개인적 특성 이외에도 특정 상황은 때로 끔찍한 결과를 낳는 동조를 유도하는 경향이 있다. "집단사고—무슨 일이 있어도 동의하는 것"이 대표적인 예이다.

동조를 일으키는 집단 요인들 *어떻게 집단이 규범준수를 강요하는가?* 대부분의 집단에서 동조하면 수용되고 인정받음으로써 보상을 받고, 동조하지 않으면 배척받고 조롱받을 위협에 놓인다. 이런 반응을 *집단제재*라 부른다. 부정적인 제재는 비웃음, 응시 혹은 사회적 반감으로부터 완전한 배척 혹은 공식적인 추방에 이르기까지 범위가 넓다. 만약 여러분이 갑작스런 타인들의 싸늘한 반감을 느낀다면, 해리와 샐리가 그랬던 것처럼, 여러분은 집단제재의 힘을 이해하게 된다.

집단소속감이 중요한 사람일수록 그는 다른 집단성원들의 영향을 더 많이 받을 것이다. 배척의 위협이 우리 자신의 개인적인 정체감에 위협이 될 수 있다(Baer, Cialdini, & Lueth, 2012). 이것이 Asch 실험이 인상적인 이유이다. 그 연구에서의 집단은 일시적인 집단이었기 때문에 그들의 제재가 비공식적이었고, 배척도 오랫동안 중요한 영향을 주는 것은 아니었다. 그럼에도 불구하고 집단의 힘은 분명하였다. Asch의 대면집단에서, 다수의 크기도 차이를 가져왔지만, 놀랍게도 차이는 작았다. 다수의 크기보다 더 중요한 것은 *만장일치*(전체 동의)였다. 다수 중 최소한 한 명이라도 여러분의 편이 있으면, 동조압력이 크게 줄어들 수 있다.

비판적 사고

집단사고–무슨 일이 있어도 동의하는 것

예일대학교의 Janis(1918~1990)는 정부 관리들이 저지른 일련의 끔찍한 의사결정들을 이해하려는 시도로 집단사고 개념을 처음으로 제안하였다(Janis, 1989, 2007). **집단사고**(groupthink)의 핵심은 의사결정자들이 비판적 사고를 억누르고 서로에 대해 동의하려는 욕구, 즉 잘못된 충성심이다(Singer, 2005). 집단성원들은 '평지풍파 일으키기', 엉성한 생각에 질문하기를 주저하거나 대안적인 생각을 억누른다. 이러한 자기검열은 사람들에게 실제보다 더 의견일치를 보이고 있다고 믿도록 만든다(Henningsen et al., 2006; Mintz et al., 2010).

집단사고는 이라크 침공 및 점령과 같은 많은 위기를 초래하는 데 기여했다는 비난을 받고 있다(Houghton, 2008; Post, 2011). 많은 국제 위기를 분석한 결과, 집단사고가 대부분의 위기에 기여하였다는 사실이 밝혀졌다(Schafer & Crichlow, 1996; 2010).

집단사고를 방지하기 위해서는 집단리더가 다음의 단계들을 취해야 한다.

- 각 집단성원들에게 '비판적 평가자' 역할을 부여한다.
- 처음부터 개인적 선호를 드러내지 않아야 한다. 문제를 편향 없이 사실대로 언급한다.
- 악역을 담당할 집단성원 혹은 외부인을 초대한다. 집단성원들이 결정에 책임져야 한다는 사실을 분명히 한다.
- 공개적인 질의와 대안적 방안의 탐색을 권장한다(Baron, 2005; Janis, 2007).

덧붙여 Janis는 중요한 결정을 재평가하는 '두 번째' 회의를 열어야 한다고 제안하였다. 즉 모든 의사결정을 두 번씩 내린다.

의사결정자를 공평하게 만들기 위해, 너무 많은 대안을 제시하는 것은 *교착상태*를 만들기 때문에 필요한 행동을 지연시키는 결과를 초래할 수 있음을 명심할 필요가 있다(Kowert, 2002). 분명히 전쟁의 위협, 지구온난화 및 테러로 암울한 시대에 집단사고의 문제에 대한 보다 강력한 해결책이 요구된다. 아마도 우리가 그것에 대해 생각해 볼 집단을 만들어야 할 것이다!

응종

'보조를 맞추도록 하는 것'과 동조압력은 대개 간접적이다. 이와 대조적으로 **응종**(compliance)은 한 사람이 권위자가 아닌 또 다른 사람의 요청에 따르는 상황을 의미한다(Cialdini, 2009). 이 같은 보다 직접적인 동조압력은 매우 흔하다. 예를 들어 여러분은 금연구역에서 담배를 피워 누군가에게 피해를 줄 때 혹은 여러분이 공부하고 있는 도서관에서 큰 소리로 떠들어서 누군가에게 고통을 줄 때는 반항 없이 수동적으로 타인의 요청에 *따른다*. 예를 들어 낯선 사람이 전화를 걸기 위해 여러분에게 휴대폰을 빌려 달라고 하거나 동료가 커피 살 돈을 빌려 달라고 요청할 때는 능동적으로 (따져 보고) *따른다*.

어떤 사람이 요청을 따를 것인지의 여부를 결정하는 요인은 무엇인가? 많은 요인이 있지만, 특히 세 요인이 주목을 끈다(Cialdini & Griskevicius, 2010). 우리는 다음 세 가지를 지닌 요청을 따를 가능성이 더 크다.

1. 낯선 사람보다는 아는 사람이 하는 요청
2. 우리의 이전 행동에 부합되는 요청
3. 이전에 받은 선물, 호의 혹은 서비스를 보답할 수 있는 요청

이 요인들은 응종을 이끌어 낼 수 있는 몇몇 전략을 더 잘 이해하도록 해 준다. 낯선 사람은 응종을 이끌어 내기 위해 더 많은 노력을 해야 하고, 판매원의 성과는 그가 행동에 *일관성*을 지니고자 하는 경향성과 *보답*하려는 경향성에 얼마나 호소하느냐에 달려 있다.

문 안에 발 넣기 효과 방문판매원들은 오래전부터 그 집 안으로 들어가기만 하면, 판매가 거의 확실하다는 사실을 알고 있었다. **문 안에 발 넣기 효과**(foot-in-the-door effect)를 보다 정식으로 설명하자면, 처음에 작은 요구에 응한 사람은 *일관성*을 지니기 위해 나중에 큰 요구에도 따를 가능성이 더 크다는 것이다(Pascual et al., 2013). 예를 들어 누군가가 여러분의 집 앞에 안전운전을 촉구하는 크고 볼품없는 표지판을 세우도록 요청한다면, 아마도 여러분은 그 요청을 거절할 것이다. 그러나 만약 먼저 여러분의 창문에 작은 표지판을 붙이는 것에 동의했다면, 이후에 여러분의 집 앞에 큰 표지판을 세우도록 허용할 가능성이 더 크다.

얼굴 들이밀기 효과 이웃사람이 여러분의 문 쪽으로 와서 그가 한 달 동안 시골에 다녀올 동안 자기 개에게 먹이를 주고, 나무에 물을 주고, 정원의 잔디를 깎아 달라고 요청한다고 하자. 이는 무척 중요한 요청이기는 하지만, 아마 대부분의 사람들은 거절할 것이다. 여러분은 약간의 죄책감을 느끼지만, 그에게 미안하지만 도울 수 없다고 말한다. 이제 만약 그 이웃사람이 다음 날 다시 찾아와서, 그가 없는 동안 그의 우편물을 받아 놓아 달라고 요청한다면 어떻게 될까? 원래는 거절했을지 모르는 요청이지만, 여러분에게는 이 요청을 기꺼이 수용할 좋은 기회가 온 것이다.

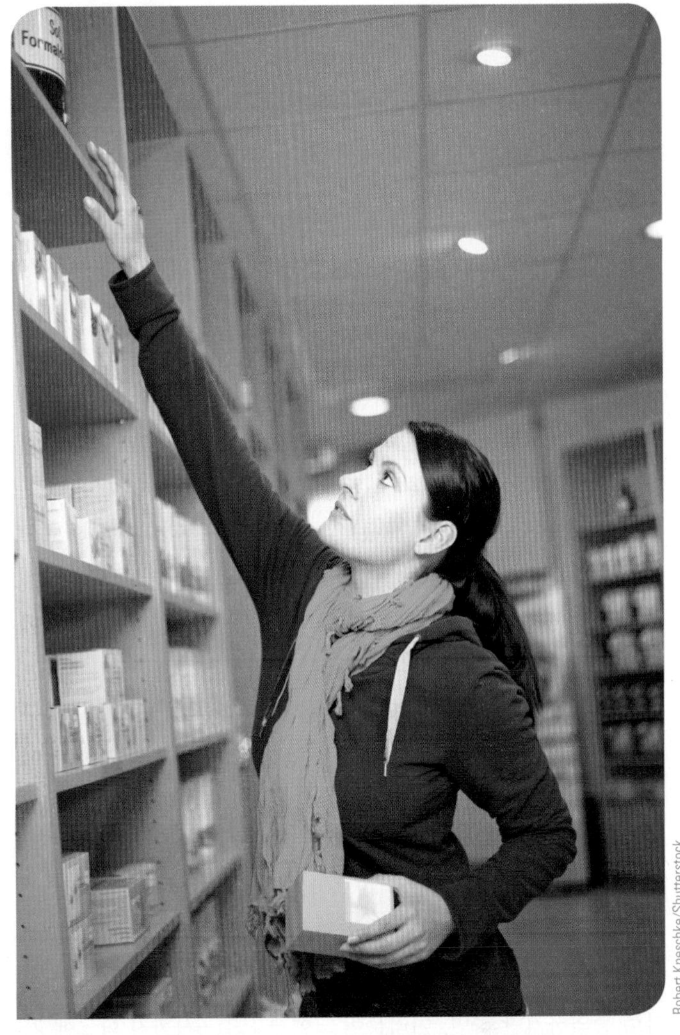

Robert Kneschke/Shutterstock

여러분은 높은 선반에서 물건을 꺼내려는 이 젊은 여자를 기꺼이 도와줄 것인가? 곧이어 그녀가 자신이 산 물건들을 그녀의 차까지 옮겨 달라고 요청한다면 어떻게 할 것인가? 만약 여러분이 응했다면, 여러분은 문 안에 발 넣기 효과의 희생자이다. (즉 여러분이 그녀에게 매력을 느끼고 여러분 자신의 발을 문 안에 넣도록 시도하지 않았다면 모를까!)

심리학자 Cialdini는 중요한 요청을 거절한 사람이 그보다 작은 요청에는 동의하는 경향성을 뜻하는 **얼굴 들이밀기 효과**(door-in-the-face effect)란 용어를 만들었다. 다시 말해 한 사람이 중요한 요청을 거부한 이후(면전에서 문을 쾅 닫음), 그는 그보다 작은 요청에는 기꺼이 응할지도 모른다. 이 전략은 큰 요청을 단념한

집단사고 의사결정 집단의 구성원들이 비판적인 생각을 희생시키면서까지, 동의를 추구하려는 강박증
응종 권위나 다른 사회적 권력이 없는 사람의 요청에 따르는 것
문 안에 발 넣기 효과 처음에 작은 요청에 응한 사람이 나중에 더 큰 요청도 더 쉽게 따르는 경향성
얼굴 들이밀기 효과 중요한 요청을 거절한 사람이 이후에 작은 요청에는 더 쉽게 응하는 경향성

사람이 무언가를 포기한 것으로 보이기 때문에 효과가 있다. 많은 사람들은 그보다 작은 요청을 들어줌으로써 그의 포기에 대한 대가를 보답해야 한다고 느낀다(Cialdini, 2009; Guéguen, Jacob, & Meineri, 2011). 사실 다른 사람을 요청에 응하도록 하는 더 좋은 방법은 먼저 그 사람이 들어줄 만한 작은 요청을 하는 것이다.

로볼 기법 자동차를 구입하는 사람은 응종을 포함한 세 가지 설득방식을 알게 될 것이다. 자동차 판매자는 소비자에게 자신이 경쟁사보다 더 싸게 준다고 믿도록 만든다. 판매자는 먼저 소비자에게 좋은 가격으로 구매하는 것이라는 사실에 대해 동의를 얻는다. 그런 다음 소비자가 마음을 정하면, 판매가 완료되기 전에 가격을 높이는 여러 기법이 동원된다.

로볼 기법(lowball technique)은 어떤 사람을 일단 행동하도록 만든 다음, 그 후 그 행동을 덜 바람직한 쪽으로 만드는 것이다(Guéguen, Pascual, & Dagot, 2002). 이 경우, 여러분은 큰 요구에 이미 응했기 때문에 그에 따른 작은 추가적인 요구를 거부하는 것은 *일관성이 없는* 것이 되어 버린다. 또 다른 예가 있다. 친구가 25달러를 하루만 빌려 달라고 요청한다. 이유가 타당하여 여러분은 동의한다. 그러나 일단 여러분이 그 친구에게 돈을 빌려주고 나면, 그는 여러분에게 2주 후 자신이 급여를 받아야 갚을 수 있다고 설명한다. 만약 여러분이 동의한다면, 로볼 기법에 굴복한 것이다. 또 하나의 예가 있다. 여러분이 누군가에게 아침에 학교까지 태워 달라고 부탁하였다고 하자. 그 사람이 그렇게 하기로 동의하기만 하면, 여러분이 그에게 오전 6시까지 학교에 가야 한다고 말하는 것이다.

복종

여러분이 비명을 지르며 풀어 달라고 요청하는, 심장에 문제가 있는 남자에게 전기충격을 가하라는 명령을 받으면 그렇게 할 것인가? 그 명령에 따를 사람은 거의 없을 것이다. 그렇지 않을까? 나치 독일에서 맹목적 복종을 하는 군인들(그들도 한때는 평범한 시민)이 강제수용소에 있던 600만 명 이상을 학살하는 것을 도왔다. 이 같은 비인간적 행위가 그들의 속에 숨은 성격결함을 반영하는 것인가? 그것이 매정한 사이코패스 혹은 미친 살인마들의 행위인가? 아니면 단지 권위자에게 맹종한 결과일 뿐인가? 이런 질문들은 권위자의 명령에 따르는 특별한 유형인 **복종**(obedience)에 대해 사회심리학자인 Stanley Milgram(1965)이 일련의 연구를 시작했을 때 지니고 있던 것들이었다.

Milgram은 복종을 어떻게 연구하였나? Asch 실험에서 그랬던 것처럼, Milgram 연구도 여러분 자신이 실험참가자라고 상상해 보면, 잘 이해할 수 있게 된다. 여러분이 다음의 상황에 있다고 생각해 보라.

Milgram의 복종연구 여러분이 예일대학에서 진행되는 '학습' 실험에 참가하라는 신문광고에 응했다고 생각하라. 여러분이 도착하자, 동전 던지기로 50대의 유쾌해 보이는 또 다른 남자참가자가 '학생'으로 정해졌다. 운 좋게 여러분은 '선생'이 되었다.

여러분의 과제는 단어 쌍 목록을 읽어 주는 것이다. 학생의 과제는 그것을 암기하는 것이다. 그가 실수할 때마다 여러분은 그에게 전기충격으로 벌을 준다. 학생은 옆방에 자리를 잡았고, 여러분은 그가 '전기의자' 장치에 앉히는 것을 본다. 전극이 그의 팔에 부착되었다. 여러분은 '전기충격 발생장치' 앞으로 안내되었다. 이 장치에는 15~450볼트가 적힌 30개의 스위치가 일렬로 있다. 스위치마다 '약한 충격'에서 '매우 강한 충격'까지 명칭이 붙어 있었고, 마지막 스위치의 명칭은 '매우 위험한 충격'이었다. 여러분이 받은 지시는 학생이 실수를 할 때마다 그에게 전기충격을 주는 것이다. 여러분은 15볼트부터 시작하여 그 이후에는 학생이 실수할 때마다 15볼트씩 더 높은 스위치를 눌러야 한다(● 그림 59.2).

실험이 시작되고, 곧 학생이 첫 번째 오류를 범한다. 여러분은

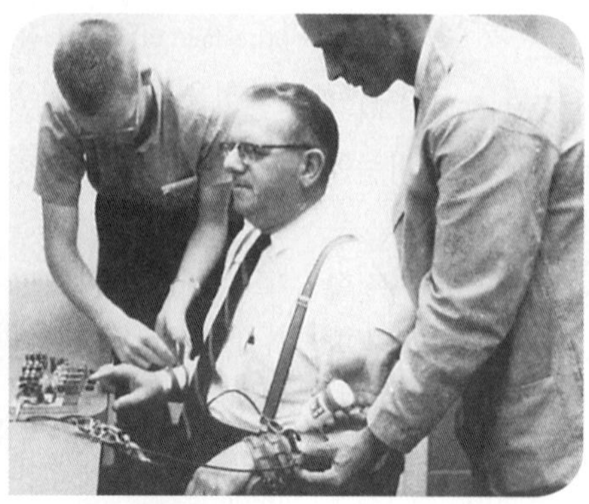

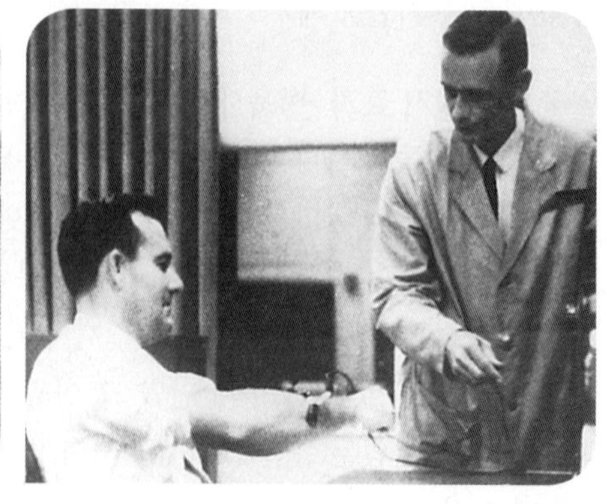

그림 59.2
Milgram 복종실험 장면 : (왼쪽부터) '전기충격 발생장치', '학생'을 의자에 묶는 장면, 학생에게 강한 전기충격을 주라고 실험자가 '선생'에게 말하는 장면

스위치를 누른다. 또 실수가 나온다. 곧 여러분은 75볼트에 도달한다. 전기충격을 줄 때마다 학생이 신음을 한다. 100볼트에서 학생은 자신이 심장에 문제가 있는 사람이라고 불평한다. 150볼트에서, 그는 더 이상 하지 않겠다고 말하며 풀어 줄 것을 요구한다. 300볼트에서, 그는 비명을 지르며 더 이상 대답할 수 없다고 말한다.

어느 시점에서, 여러분은 실험자에게 항의하기 시작한다. 여러분이 "저 남자의 심장에 문제가 있습니다."라고 말한다. 실험자는 "계속하십시오."라고 말한다. 또 전기충격을 주자 학생이 비명을 지르고, 여러분은 "당신은 내가 끝까지 가기를 원합니까? 안 됩니다, 선생님. 나는 450볼트까지 주지 않을 예정입니다."라고 말한다. 실험자는 "당신은 실험을 계속해야 합니다."라고 말한다. 한동안 학생은 어떤 질문에도 대답을 거부하고, 전기충격이 주어질 때마다 비명을 지른다(Milgram, 1965). 그 후 학생은 실험의 나머지 부분에서는 싸늘하게 침묵한다.

많은 사람들이 그렇게 했다는 것을 믿기 힘들 것이다. 무슨 일이 있었나? Milgram도 많은 사람들이 자신의 명령에 따를지에 대해 의문을 지녔다. 그가 실험 전에 정신과 의사들을 대상으로 투표를 했을 때, 그들은 1% 미만이 복종할 것이라고 예상하였다. 놀라운 사실은 65%가 450볼트 *끝까지* 복종하였다는 것이다. 실제로 300볼트('심한 전기충격') 이전에 그만둔 사람은 아무도 없었다(● 그림 59.3).

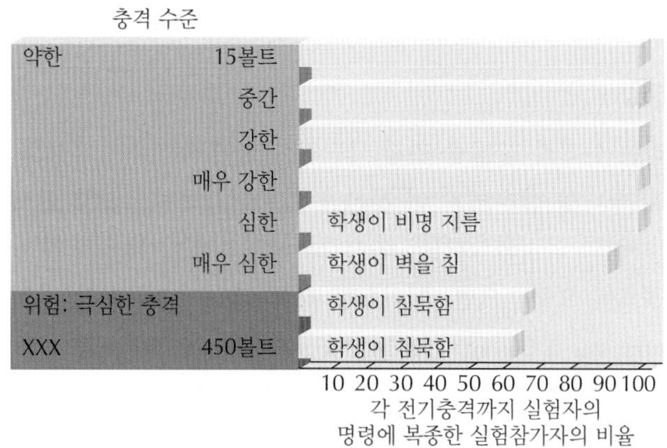

그림 59.3
Milgram의 복종실험 결과. 일부의 실험참가자만이 매우 심한 수준까지 전기충격 주는 것을 거부하였다. 복종률이 실질적으로 감소하는 첫 번째는 300볼트 수준이었다[Milgram, S. (1963). Behavioral study of obedience. Journal of Abnormal & Social Psychology, 67, 371–378. doi: 10. 1037/h0040525].

학생이 다쳤는가? '학생'은 실제로 녹음기에서 나오는 연기자였으며, 전기충격을 받는 방에는 없었다. 어떤 전기충격도 주어지지 않았지만, '선생' 입장의 갈등은 매우 리얼하였다. 실험참가자는 항의하였고, 땀을 흘렸고, 몸을 떨었고, 말을 더듬거렸고, 입술을 깨물었고, 신경질적으로 웃기도 하였다. 분명 그들은 자신이 한 일에 대해 혼란스러워하였다. 그럼에도 불구하고 대부분의 사람들은 실험자의 명령에 복종하였다.

Milgram의 후속연구 *왜 그렇게 많은 사람들이 복종했을까?* 어떤 사람들은 예일대학의 권위가 실험참가자들에게 기꺼이 복종하도록 하는 데 기여했을 것이라고 제안하였다. 그들은 실험을 진행하는 교수가 실제로 누군가를 해치지는 않을 것이라고 가정했을까? 이 가능성을 검증하기 위해, 연구를 코네티컷의 브릿지포트 인근에 있는 허름한 사무실에서 재현해 보았다. 이런 조건하에서, 복종한 사람은 더 적었지만(48%), 줄어든 비율은 크지 않았다.

Milgram은 사람들이 권위자의 명령에 기꺼이 따르고, 무감각하게 누군가에게 전기충격을 준다는 사실에 대해 혼란스러웠다. 이후 실험들에서, 그는 복종을 줄이는 방안을 찾는 데 노력하였다. 그는 선생과 학생 간의 거리가 중요하다는 사실을 발견하였다. 실험참가자가 학생과 *같은 방*에 있을 때, 40%만이 끝까지 복종하였다. 그들이 학생과 *대면*하고 있으며 손으로 '전기충격 판'을 누르고 있도록 했을 때는 단지 30%만이 복종하였다(● 그림 59.4). 권위자로부터 거리도 영향을 주었다. 실험자가 전

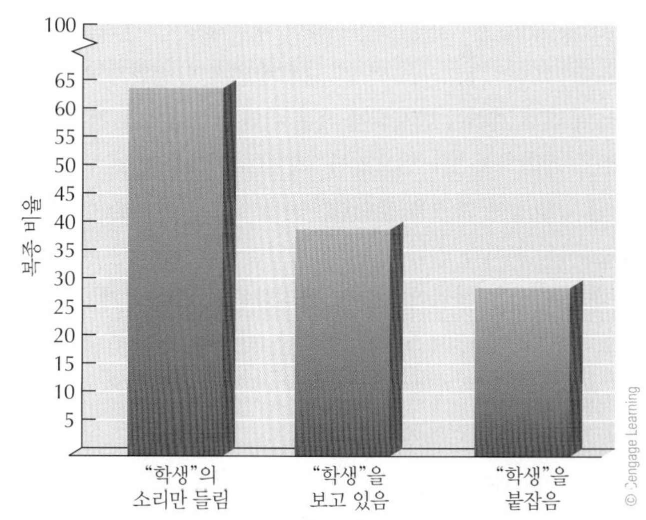

그림 59.4
'학생'과의 물리적 거리가 실험참가자들이 명령에 복종하는 비율에 상당한 영향을 주었다.

로볼 기법 먼저 타당하고 바람직한 것으로 약속을 얻어내고, 그다음에 덜 타당하고 덜 바람직한 것이 되도록 만드는 전략
복종 권위자의 명령에 따르는 것

심리학 발견하기

소처럼 음매~ 하기

다음의 사건에 대해 여러분의 반응을 상상해 보라. 첫 시간에 심리학 교수가 이 강좌의 기본 행동규칙을 정하기 시작한다. 여러분이 생각하기에 여러분이 처음으로 거부할 것 같은 지시에 밑줄을 쳐라.

1. 좌석은 지정제이고 다른 좌석으로 옮기려면 통보해야 한다.
2. 수업 중에 떠들어서는 안 된다.
3. 일찍 나가려면 교수의 허락을 받아야 한다.
4. 수업에는 항상 교과서를 지참해야 한다.
5. 필기하려면 연필만 사용해야 한다.
6. 손목시계를 차고 수업에 올 수 없다.
7. 항상 두 손을 책상 위에 올려놓고 있어야 한다.
8. 두 발은 바닥 위에 꼭 붙이고 있어야 한다.
9. 일어서서 박수를 세 번 친다.
10. "두 손가락으로 코를 붙잡고 소처럼 음매~"라고 말한다.

여러분은 이 명령 중 어느 지점에서 복종을 중단할 것인가? 실제에서, 여러분은 합법적인 권위자의 요구가 타당하지 않다는 사실을 곧 알게 되더라도, 그의 명령에 따르고 있는 자신을 발견하게 될 것이다(Aronson, Wilson, & Akert, 2013). 만약 일부 학생들이 위의 순서 중 앞 순서의 명령에 저항한다면, 어떤 일이 생길까? 그것이 다른 사람들도 맘 편히 불복종하도록 하는 데 도움이 될까? 답을 찾으려면 Milgram 실험에 대한 논의 중 마지막으로 지적한 부분으로 돌아가 보라.

화로 명령을 전달했을 때는 단지 22%만이 복종하였다. 여러분은 Milgram의 복종연구 결과가 여러분 자신에게도 적용되는지를 의심할지 모른다. 만약 그렇다면, 잠시 시간 내서 글상자 "소처럼 음매~ 하기"를 읽어 보라.

시사점 *만약 Milgram이 그의 연구를 오늘날에 한다면, 분명히 사람들은 그렇게 행동하지 않을 것이다. 과연 그럴까?* 확신하지 마라. 산타클라라대학의 심리학자 Jerry Burger가 최근 부분적으로 Milgram의 연구를 반복연구하여 매우 유사한 결과를 얻었다(Burger, 2009). Milgram의 연구는 '합법적인 권위자'의 명령에 따라 우리가 기꺼이 반사회적 혹은 비인간적 행위를 저지른다는 의문을 계속하여 불러일으킨다. 전범들이 자주 하는 변명—"나는 단지 명령에 따랐을 뿐이다."—에 새로운 의미를 부여한다. Milgram은 지시가 권위자로부터 나왔을 때, 사람들은 자기 행위에 대해 자신은 책임이 없다고 합리화하게 된다고 제안하였다. 캄보디아, 르완다, 보스니아, 베트남, 다르푸르, 스리랑카 및 이라크와 같은 여러 지역에서, 엄청난 비율의 '승인받은 대학살'이라는 비극적인 사건들이 있었다.

일상생활 속에서도 복종으로 인한 범죄는 흔하다(Zimbardo, 2007). 직업을 유지하기 위해, 많은 사람들은 정직하지 않은 비윤리적인 혹은 피해를 끼친다는 것을 자신도 이미 알고 있는 많은 일을 하도록 하는 명령에 복종한다(Hinrichs, 2007).

복종을 너무 부정적으로 보는 것은 아닌가? 권위자에 대한 복종은 분명히 여러 상황에서 필요하고 바람직한 것이다. 마찬가지로 Snow(1961)가 발견한 "여러분이 길고 암울한 인류의 역사를 생각할 때, 반란의 이름보다는 복종이라는 이름 뒤에 숨어 저지른 범죄가 더 많다는 것을 발견할 것이다."라는 말이 아마도 사실일 것이다. 이를 가슴에 새겨 두고, 더 긍정적인 부분을 지적함으로써 마무리를 하겠다. Milgram의 실험 중 하나에서, 그는 집단의 지지가 해가 되는 복종을 상당히 줄여 줄 수 있다는 사실을 발견하였다. 실제 실험참가자가 두 명의 또 다른 '선생들'(모두 연기자)이 명령을 거부하고 실험을 떠나는 것을 목격했을 때, 단지 10%만이 계속하여 복종하였다. 그래서 집단성원 중 한두 명이 하는 격려나 도덕적 용기를 보여 주는 행동은 다른 사람들로 하여금 잘못된 혹은 정당하지 못한 권위자의 명령에 안심하고 불복종할 수 있도록 해 주기도 한다.

강요

우리는 사회적 영향 중 가장 극단적 유형에 해당하는 강요의 몇 가지 형태를 살펴보고 이 부분을 마치려고 한다. 만약 여러분이 자신의 의지와 반하는 쪽으로 어쩔 수 없이 태도와 행동을 바꾸도록 요구받으면, 여러분은 **강요**(coercion)를 받은 것이다(Baumeister & Bushman, 2014; Moghaddam, 2013).

만약 여러분이 역사를 좋아하는 사람이라면, 한국전쟁 당시 중국 공산당이 미군 포로들에게 사용하였던 *세뇌*를 기억할 것이다(Jowett, 2006). 여러 유형의 '정신 개조'를 통해 중공군은 포로들에게 거짓 자백에 서명하도록 강요하였다.

세뇌 *세뇌는 다른 설득기법과 어떻게 다른가?* 이미 언급했듯이, 광고인, 정치인, 교육자, 종교단체 등은 적극적으로 태도와 의견을 변화시키려 노력한다. 그들의 설득노력이 어느 정도는 세뇌와 닮았지만, 중요한 차이가 있다. 즉 *세뇌* 혹은 강요된 태도 변화는 사로잡힌 청중이 있어야 한다. 만약 여러분이 TV 광고가 싫으면, TV를 *끄면* 된다. 포로는 전적으로 억류자의 손에 달려 있다. 환경을 완전히 통제해야만 정상상태에서는 불가능한 심리적 조작을 어느 정도 할 수 있다.

어떻게 억류가 강요를 용이하게 만드나? 세뇌는 대개 표적인물이 완전히 무력하게 느끼도록 만드는 것으로부터 시작한다. 신체적 및 심리적 학대, 수면부족, 모욕 및 고립은 그 사람이 지닌 이전의 가치와 신념을 *해동*시키거나 느슨하게 만든다. 탈진, 압력 및 공포를 견딜 수 없을 때, 그는 이전의 신념을 포기하기 시작하게 되고 *변화*가 일어난다. 한계점에 도달한 포로들은 거짓자백에 서명하거나 휴식을 얻기 위해 협조하게 된다. 그렇게 하면 그에게는 갑자기 칭찬, 특권, 음식 혹은 휴식이 주어진다. 그때부터 희망과 공포가 섞인 상태에서 새로운 태도를 *재동결*시키기 위한 동조압력이 더해진다(Taylor, 2004).

세뇌로 인한 변화는 얼마나 오래갈까? 대부분의 경우, 세뇌로 일어난 극적인 태도 변화는 일시적이다. 한국전쟁이 끝나고 미국으로 돌아온 '전향했던' 포로들은 결국 자신의 원래 태도로 돌아왔다. 그럼에도 불구하고 새 신도를 모집하는 사이비 종교집단의 성공사례가 보여 주듯이, 세뇌는 강력할 수도 있다.

사이비 종교집단 인민사원의 지도자인 짐 존스 목사의 지시에 따라 900명의 신도들은 맹독성 청산가리가 담긴 쿨에이드를 마셨다. 어떤 사람들은 자기 아이들까지도 합류시켰다. 인민사원은 리더가 설교하는 신념들보다는 그의 성격이 더 중요한 권위주의적 집단인 **사이비 종교집단**(cult) 사례 중 하나이다. 사이비 종교집단의 신도들은 완전무결하다고 여기는 짐 존스에게 충성을 다하고, 그의 명령에 무조건 따른다. 대개 사이비 종교집단의 신도들은 어떤 방식으로든 리더에 의해 희생된다.

심리학적으로 볼 때, 1978년 존스타운에서 일어난 집단자살 사건은 그렇게 믿기 어려운 사건은 아니다(Dein & Littlewood, 2005). 존스타운 주민들은 가이아나 정글에 고립되어 살고 있었고, 경호원들에게 위협을 받고 있었고, 신경안정제를 복용하였다. 또한 그들은 친구와 친척들로부터 격리되어 있었고 짐 존스에 대한 마지막 '충성 테스트'라고 알고 있는 엄격한 행동규칙을 따르는 것에 충분히 익숙한 상태였다. 심리학적으로 가장 관심을 끄는 물음은 어떻게 사람들이 이런 헌신과 의존 상태에 이르게 되는가이다(Galanter, 2013).

인민사원과 같은 집단은 어떤 방식으로 사람들을 모집할까? 종종 사람들은 우울, 우유부단 혹은 가족과 친구로부터 떨어져 있는 것과 같은 고통을 겪고 있을 때, 처음에는 사이비 종교집단에 마음이 끌리게 된다. 그럴 때 사람들은 그 집단에 들어오면 다시 행복해질 수 있다는 말에 더 쉽게 설득된다(Hunter, 1998; Richmond, 2004). 사이비 종교집단은 죄의식, 조종, 고립, 속임수, 공포 및 헌신의 증대 등을 잘 섞어서 이런 약점을 파고든다. 이런 점에서 사이비 종교집단은 세뇌시킬 때 사용한 것과 같은 고압력 세뇌기법을 사용한다(Singer, 2003; Singer & Addis, 1992).

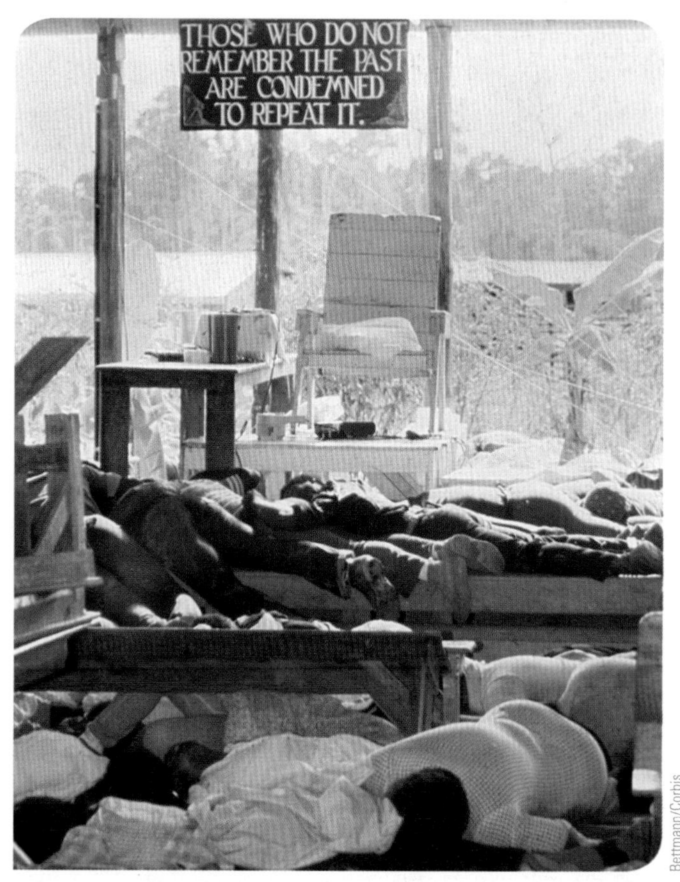

Bettmann/Corbis

존스타운 집단자살의 여파. 사이비 종교집단은 어떻게 새 신도들을 모집할까?

잠재적인 새 신도들은 처음에 많은 애정과 이해를 받음으로써 큰 사랑을 받는다. 그런 다음 신도가 아닌 사람들로부터 격리, 훈련, 훈육 및 의식(예를 들어 밤샘 명상 혹은 계속해서 노래 부르기)이 뒤따른다. 이런 의식들은 신체적 및 정서적 저항을 누그러뜨리고, 비판적 사고를 중단시키고, 헌신감을 만들어 낸다(Langone, 2002). 새 신도들은 은행계좌 혹은 재산을 그 집단에 넘겨 주고 그 집단과 함께 사는 것에 서명함으로써 끝나는 일련의 헌신증대를 요구받는다. 이 같은 공개적으로 헌신하는 것은 강력한 인지부조화 효과를 만든다. 오래지 않아 그들 자신이

강요 여러분의 의지와 상반되는 쪽으로 여러분의 신념과 행동을 바꾸도록 압력을 가하는 것

사이비 종교집단 어떤 사람에게 절대적으로 헌신을 하고, 아무런 의심 없이 그 사람을 추종하는 사람들의 집단. 일반적으로 사이비 종교집단 신도들은 여러 방식으로 그들의 리더에게 피해를 당한다.

저지른 실수를 되돌리는 것은 사실상 불가능해진다. 새 신도들이 가족과 친구들과 절연하고, 자신을 개인보다는 집단성원으로 생각하게 되면 전향은 완성된다. 이 시점에서 복종만이 남는다(Coates, 2012; Wexler, 1995).

이런 사이비 종교집단으로부터 알게 되는 하나의 교훈은 모든 진짜 영성 지도자는 사랑과 연민을 가르친다는 것이다. 그들은 추종자들에게 자신의 믿음에 대해 질문하고, 어떻게 살 것인지에 대해 스스로 결론을 내리도록 격려한다. 반면 사이비 종교집단은 개인의 독립성과 비판적 사고를 안전과 맞바꾸는 것이 얼마나 위험한지를 보여 주고 있다(Cowan & Bromley, 2008; Goldberg, 2001).

AP의 사진기자 제프 와이드너가 찍은 시간을 초월한 사진으로, 1989년 중국 북경의 천안문 광장에서 열린 민주화시위 때 한 저항자가 홀로 일련의 탱크를 멈추게 하고, 문자 그대로 자신의 권리를 주장하고 있다. 우리들 중 얼마나 많은 사람이 이 같은 권위의 직접적 표현에 대항하여 자기주장을 할 용기가 있을까?

자기주장–여러분의 권리를 세우라

SURVEY QUESTION 59.2 자기주장과 공격행동은 어떻게 다른가?

우리 대부분은 처음엔 아동으로 나중엔 성인으로서 순종하거나, 복종하거나, 혹은 '착한' 행동을 하면 보상을 받아 왔다. 아마도 이것이 많은 사람들이 자기주장을 잘 하지 못하는 이유일 것이다. 혹은 여러분이 자기주장을 하지 않는 것은 아마도 '소란을 피우게 되는 것' 같은 불안감 혹은 다른 사람들로부터 미움을 받는 느낌과 관련이 있을 것이다. 이유가 무엇이든 간에, 침착성, 자기신념 혹은 자기주장이 필요한 상황에서 어떤 사람들은 상당히 고심한다. 여러분은 아래의 것들 중 어느 것을 해 본 적이 있는가?

- 소란을 일으키는 것이 무서워서 식당계산서에 있는 오류에 대해 따지기를 주저함
- 근무조건을 향상시키거나 변화시켜 달라고 요청하는 일에서 자신은 빠지는 것
- '노'라고 말하고 싶었지만, '예스'라고 말함
- 불공평해 보이는 학점에 대해 문의하는 것을 두려워함

만약 비슷한 상황에서 여러분이 자기주장을 하는 데 어려움을 겪었다면, 자기주장을 하는 법을 익히는 것이 좋을 것이다(Tavakoli et al., 2009; Wolpe, 1974). 첫 단계는 여러분 스스로에게 세 가지 기본권(거부할 권리, 요청할 권리, 잘못된 것을 바로잡을 권리)이 있음을 확신시키는 것이다. **자기주장**(self-assertion)은 여러분 자신에게 이 권리들을 말함으로써 권리를 세우는 것을 포함하고 있다.

자기주장이 단지 여러분 자신의 방식을 관철시키는 것인가? 전혀 그렇지 않다. *자기주장*과 *공격행동* 간에는 근본적인 차이가 있다. 자기주장은 감정과 욕망의 직접적이고 정직한 표현이다. 그것은 절대로 자기보호적인 것이 아니다. 자기주장적이지 않은 사람들은 통상 잘못된 것을 잘 참는다. 때로 이들은 분노가 넘쳐 예상치 못한 격분으로 폭발하여, 대인관계에 손상을 줄 수도 있다. 자기주장 행동과는 대조적으로, **공격행동**(aggression)은 다른 사람을 해치거나 다른 사람에게 피해를 주고 자신의 목적을 달성하는 것이다. 공격행동은 타인의 감정이나 권리를 고려하지 않는다. 무엇이든 자신의 방식을 취하는 시도이다. 자기주장 기법은 공격행동이 아닌 단호함을 강조한다(표 59.1).

표 59.1 자기주장적 행동, 공격행동 및 비자기주장적 행동의 비교

	행위자	행동을 받는 상대방
비자기주장적 행동	자기부정, 억제, 속상함 및 불안. 다른 사람이 선택하도록 함. 목표달성 실패	행위자에 대해 동정심, 죄책감 혹은 모욕감을 느낌. 행위자에게 피해를 주고 목표를 달성
공격행동	다른 사람에게 피해를 주고 목표달성. 감정을 표현하지만 다른 사람에게 상처를 줌. 다른 사람 대신 선택 혹은 그들을 눌러앉힘	마음의 상처, 방어적, 굴욕감 혹은 이익을 취한다고 느낌. 자신의 욕구를 충족시키지 못함
자기주장적 행동	자기고양. 자신에게 최선의 이익이 되도록 행동함. 타인의 권리를 존중. 대개는 목표달성. 자존감이 유지됨	욕구가 존중받고 감정이 표현됨. 목표달성. 자기가치가 유지됨

자기주장 행동을 실천하는 기본적인 아이디어는 스트레스가 되더라도 그것을 반복하는 것이다. 예를 들어 한 상점직원이 여러분보다 늦게 온 사람을 먼저 처리해 줄 때 여러분이 화가 났다고 하자. 이 상황에서 여러분의 자기주장을 향상시키려면, 먼저 여러분이 상점직원이나 다른 손님들 앞에서 하게 될 주장, 자세 및 몸짓 등을 *사전에 연습*하는 것이다. 거울 앞에서 해 보는 것이 큰 도움이 될 수 있다. 가능하다면 친구 앞에서 그 장면에서의 *역할을 연기*해 보아야 한다. 반드시 여러분의 친구가 협조적인 상점직원일 경우뿐만 아니라, 실제로 공격적 혹은 무책임한 사람의 역할도 하도록 해야 한다. 예를 들어 여러분은 임금인상을 요구하거나, 학점에 이의를 제기하거나, 집주인을 대하는 것과 같이 누군가와의 대결구도가 예상되는 경우에도 사전연습과 역할수행을 사용할 수 있다.

요약하자면, 자기주장이 침착함, 신뢰 혹은 자기확신을 즉각 가져다주지는 않는다. 그러나 그것은 비인간적이고 때로는 위협적인 사회 생활에서 생기는 불안과 싸우는 하나의 방법이다(Sarkova et al., 2013). 만약 더 많은 정보가 필요하면, Alberti와 Emmons(2008)의 책『당신의 완벽한 권리(Your Perfect Right)』를 참조하라.

모듈 59: 요약

59.1 사회심리학자들이 발견한 여러 형태의 사회적 영향은 무엇인가?

59.1.1 사회적 영향이란 타인의 행동으로 인해 발생하는 행동의 변화이다. 사회적 영향은 약한 것(단순존재의 영향, 동조 및 응종)부터 강한 것(복종과 강요)까지 범위가 넓다.

59.1.2 단순히 주변에 타인이 존재한다는 사실이 다른 사람의 수행을 촉진(혹은 억제)시킬 수도 있다. 또한 사람들은 집단의 일원으로 일할 때, 덜 열심히 일하는 사회적 태만에 빠지기도 한다.

59.1.3 유명한 Asch의 실험은 집단제재가 동조를 고무시킨다는 사실을 입증하였다.

59.1.4 집단사고는 집단의사결정에서 나타나는 강박적인 동조를 말한다. 집단사고에 굴복한 집단성원들은 비판적 사고를 희생시키면서까지 서로의 인정을 추구한다.

59.1.5 응종을 얻어 내는 세 가지 전략은 문 안에 발 넣기 기법, 얼굴 들이밀기 기법 및 로볼 기법이다.

59.1.6 대부분의 사람들은 합리적 권위에 복종하는 강력한 경향성이 있다. 대개의 경우 이것이 바람직하지만, 사회적 권력이 잘못된 혹은 부도덕한 방식으로 사용될 때는 큰 피해가 될 수 있다.

59.1.7 Milgram 연구에서 희생자가 같은 방에 있을 때, 희생자와 실험참가자가 대면상태일 때, 권위자가 없을 때, 그리고 다른 사람들이 복종에 거부할 때 복종률은 줄어들었다.

59.1.8 강요는 사람들의 태도나 행동을 자신의 의지에 반하는 쪽으로 바꾸도록 강압하는 것이다. 사이비 종교집단은 강요에 의존하는 집단이다.

59.1.9 세뇌(강요된 태도 변화)의 세 단계는 기존 태도와 신념을 해빙시키기, 변화시키기 및 새로운 태도를 다시 동결시키기이다.

59.2 자기주장과 공격행동은 어떻게 다른가?

59.2.1 자기주장은 스스로 권리를 세우는 것인 반면, 공격행동은 타인에게 피해를 주면서 자신의 목적을 달성하는 것이다.

자기주장 자신의 감정과 욕망을 직접적이고 정직하게 표현하는 것
공격행동 다른 사람을 해치거나 혹은 피해를 주면서 자신의 목적을 달성하는 것

모듈 59: 지식 쌓기

암기

1. 단순히 타인이 존재한다는 사실이 항상 수행을 향상시킨다. O X
2. Asch의 동조실험에서, 실험참가자들은 검사시행에서 약 ________가 집단압력에 굴복하였다.
   a. 1%   b. 10%
   c. 1/3   d. 2/3
3. 동조하지 않으면 부정적인 집단 ________로 처벌을 받는다.
4. 응종이란 권위를 지닌 사람의 명령에 따르는 것을 의미한다. O X
5. Milgram 실험의 복종률은 다음의 어느 것과 관련되나?
   a. 학생과 선생 간의 거리
   b. 실험자와 선생 간의 거리
   c. 다른 선생들의 복종
   d. 위의 것 모두
6. 세뇌는 ____________가 필요하다는 점에서 다른 설득시도들과는 다르다.
7. 사이비 종교집단의 신도들은 대부분 한두 가지 방식으로 리더에게 희생을 당한다. O X
8. 자기주장 훈련을 통해 사람들은 사회적 상황에서 자신의 해결방법을 찾고 분노를 교환하는 기법을 배운다. O X

반영

비판적으로 생각하기

9. 전적으로 동조하지 않는 것, 즉 어떤 집단의 규범을 따르지 않는 것이 가능한가?
10. 현대전은 직접적인 접촉 없이 그리고 먼 거리에서 살상이 가능하다. 이런 사실이 Milgram의 실험과 어떻게 관련될 수 있는가?

자기반영

여러분은 사회적 태만을 보이는 사람을 만나 본 적이 있는가? (여러분은 정말 그런 적이 없는가?) 그때 여러분은 어떻게 반응했는가?

여러분이 최근에 여러 방식으로든 동조했던 경우를 찾아보라. 규범, 집단압력, 제재 및 만장일치가 여러분이 동조하는 데 어떻게 기여하였는가?

여러분이 사람들에게 자선단체에 기부하도록 설득하려 한다. 사람들이 기부하도록 하기 위해 특별히 여러분은 응종기법을 어떻게 사용할 수 있는가?

여러분은 Milgram 실험에서 그렇게 많은 사람들이 복종했다는 사실에 놀랐는가? 여러분은 복종했을 것이라고 생각하는가? 여러분은 권위자에게 어떻게 적극적으로 이의를 제기하는가?

정부에게 국민들의 태도와 행동을 수정하도록 강요할 수 있는 자격을 어느 정도까지 주어야 하는가?

여러분이 훨씬 더 자기주장적일 수도 있었던 구체적인 사례를 들라. 만약 그런 일이 다시 발생한다면, 여러분은 그 상황에서 어떻게 할 것인가?

정답

1. X **2.** c **3.** 제재 **4.** X **5.** d **6.** 포로 **7.** O **8.** X **9.** 정상적인 사회적 행동에 관한 규범조차 따르지 않는 사람은 극히 기이하거나, 정신장애가 있거나 정신병자로 지각될 가능성이 크다. **10.** 백병전에서 누군가를 죽이는 것과 비디오 화면의 인물들을 죽이는 것은 큰 차이가 있다. Milgram의 연구는 희생자가 멀리 떨어져 있고 개인적 접촉이 없을 때 누군가를 죽이라는 명령에 따르기가 더 쉽다는 사실을 시사한다.

Module 60

사회심리학: 친사회적 행동

생존을 위한 '관계형성'

Blend Images/Shutterstock

인간의 본성에 대해 잘못 알려진 것 중 하나는 우리가 생존을 위해 서로서로 끊임없이 투쟁을 벌이고 있다는 것이다. 사실 우리는 주변사람들과 갈등을 겪고 있는 경우만큼이나 그들과 협력하고 있다. 여러분이 혼자 있고 싶을 때도 있겠지만, 사실 우리는 사회적 동물이다. 여러분이 가족과 친구들 모두를 만날 수 없다고 상상해 보라. 아마도 여러분은 고통스럽게 외롭고, 혼란스러울 것이다. 만약 모든 인간과의 접촉을 박탈하면, 여러분은 생존에도 어려움을 겪을 것이다.

모든 여러 형태의 *친사회적 행동*은 우리 주변의 사람들에게 긍정적인 효과를 주고 있다. 가족과 친밀하게 지내려는 욕구로부터 모르는 사람에게 도움을 주려는 마음까지, 우리는 다른 사람들에게 신경을 쓰고 있다. 무엇 때문에 사람들은 서로 돕고, 우정을 추구하고, 사랑하는가? 이제부터 생존을 위한 '관계형성'을 살펴보자.

SURVEY QUESTIONS

60.1 왜 우리는 유친하며, 대인매력에 영향을 주는 요인은 무엇인가?

60.2 좋아하는 것과 사랑하는 것은 어떻게 다른가?

60.3 우리가 기꺼이 남을 돕는 데 영향을 주는 요인은 무엇인가?

유친과 매력–함께하는 것

SURVEY QUESTION 60.1 왜 우리는 유친하며, 대인매력에 영향을 주는 요인은 무엇인가?

친사회적 행동(prosocial behavior)은 다른 사람에게 긍정적인 영향을 주는 행동이다. 반대로 *반사회적 행동*은 다른 사람에게 부정적인 영향을 주는 행동이다. 우리는 인정, 지지, 우정 및 사랑을 주고받고자 하는 인간의 기본적인 욕망에 뿌리를 둔 **친애욕구**(need to affiliate), 즉 다른 사람과 함께하려는 욕구를 지닌 사회적 존재이다(Baumeister & Bushman, 2014). 또한 우리는 자신을 타인과 비교함으로써 자신에 대해 생각해 보는 데 도움이 되기 때문에 타인과 함께하기도 한다(모듈 58 참조). 심지어 우리는 공포나 불안을 경감시키기 위해 다른 사람을 찾기도 한다.

또한 서로에게 호감이 없으면 함께 어울리지 않는가? 물론 그렇다. 그 이유를 살펴보자.

대인 매력

대인매력(interpersonal attraction, 다른 사람에 대한 호감)은 가장 기본적인 사회적 관계의 근본이다(Berscheid, 2010; Berscheid & Regan, 2005). 우정을 형성하려면, 우리는 먼저 잠정적인 친구들을 찾은 다음, 그들에 대해 알아야 한다. 여러분이 어떤 사람에 대해 알고 싶은지 여부를 결정하는 것은 매우 빨리, 때로는 만난 지 몇 분 안에 일어날 수 있다(Sunnafrank, Ramirez, & Metts, 2004). 그 이유는 통상 여러분이 만나는 사람을 무작위로 선정하지 않기 때문일지도 모른다.

무엇이 사람들에게 처음부터 서로를 이끌리게 만드나? "유유상종", "친숙하면 무시하게 된다.", "반대 특성을 지닌 사람이 끌린다." 이런 말들이 사실인가? 좋게 봐 주더라도 이런 속담은 사실과 허구가 섞여 있다. 여러분도 예상하듯, 우리는 친절하고 이해심이 많을 것 같고 매력적인 성격을 갖고 있을 것 같은 친구와 연인을 바란다(Bradbury & Karney, 2010; Park & Lennon, 2008). 먼저 매력에 영향을 주는 요인들을 살펴보자.

친숙성 일반적으로 우리는 친숙한 사람에게 끌린다(Reis et al., 2011). (그것은 영화에서 같이 연기한 배우들이 종종 연인관계로 발전하는 이유 중 하나이다.) 사실 우리가 친구(심지어 연인)를 선택하는 것은 우리가 생각하는 것보다 훨씬 더 *물리적 근접성*(가까움)에 근거하고 있다. 근접성은 사람들 간의 *접촉빈도*를 증가시킴으로써 매력을 촉진한다.

가까이 사는 사람일수록 친구가 될 가능성이 더 크다. 마찬가지로 연인들은 자신들이 세상에서 '딱 한 사람'을 찾았다고 생각한다. 실제로 그들은 아마 반경 8km 안에서 최고의 짝을 찾았을 것이다(Reis et al., 2011). 결혼은 하늘이 맺어 주는 것이 아니다. 짝은 그 지역의 학교, 직장, 교회, 술집, 클럽 및 이웃에서 서로 맺어진다.

간단히 말해, 애정관계는 이웃집 남자와 이웃집 여자 효과가 있고, 우정에도 이웃집 사람 효과가 있다. 그러나 인터넷은 점차 '가상세계에서의 만남'을 용이하게 해 주기 때문에 점점 먼 거리 우정과 애정을 가능하게 해 주고 있다는 점을 주목하라(Aron, 2012; Sautter, Tippett, & Morgan, 2010).

유사성 잠시 여러분의 가까운 친구들을 열거해 보라. 그들의 공통점(여러분을 만난 기쁨 이외의 것)은 무엇인가? 나이가 여러분과 비슷하고, 동성이며, 같은 인종일 것이다. 물론 예외도 있다. 그러나 이 세 차원상의 유사성이 우정관계의 일반법칙이다.

유사성(similarity)은 여러분이 배경, 나이, 취미, 태도, 신념 등에서 다른 사람과 얼마나 비슷한지를 말한다. 우연한 만남에서 결혼까지의 모든 관계에서 유사한 사람들이 서로 끌린다(Miller, 2012; Montoya & Horton, 2013). 왜 그런가? 우리 자신의 신념과 태도를 공유한 사람을 만나는 것은 강화가 된다. 이는 우리가 '옳다'는 것을 보여 주며, 그들도 역시 현명한 사람임을 보여 주는 것이다!

유사성이 짝의 선택에도 영향을 주나? 그렇다. 짝을 선택할 때 우리는 거의 모든 면에서 우리와 유사한 사람과 결혼하는 경향이 있다. 이를 *동형결혼*(homogamy)이라고 부른다(Kalmijn, 2010; Schramm et al., 2012). 연구들은 결혼한 커플들이 나이, 교육수준, 인종 및 종교에서 매우 유사하다는 사실을 보여 주고 있다. 이것들보다 유사성이 약간 덜하기는 하지만, 부부들은 태도와 의견, 정신능력, 지위, 키, 체중 및 눈동자의 색도 유사하다. 놀라겠지만 동형결혼은 결혼하지 않고 동거 중인 커플에게도 해당된다(Blackwell & Lichter, 2004).

신체적 매력 *신체적으로 매력적인* 사람은 남들에게 좋은 사람으로 보인다. 아름다운 사람은 대개 평균적인 사람보다 더 시선을 끈다. 이는 부분적으로는 호감 가는 인상이 그것과 관계없는 특징들에게도 일반화되는 경향성을 의미하는 *후광효과* 때문이다. 후광효과로 인해, 우리는 잘생긴 사람을 호감 있고, 지적이고, 따뜻하고, 재치 있고, 정신적으로 건강하고, 사교적인 사람이라고 생각한다. 기본적으로 우리는 '아름다운 것은 좋은 것'이라고 본다(Lorenzo, Biesanz, & Human, 2010).

사실 신체적 매력은 지능, 재능 혹은 능력과 거의 관련이 없다. 아마도 아름다움이 주로 영향을 미치는 것은 우리가 타인을 알게 되는 첫 단계일 것이다(Keller & Young, 1996; Reis et al., 2011). 나중에는 더 의미 있는 자질들이 중요해진다. 여러분은 어떤 사람이 좋은 성격을 지니고 있다는 사실을 알고 나면, 그가 더 매력적으로 보이기 시작할 것이다. 그것은 외모보다 더 지속적인 관계를 갖도록 만든다(Berscheid, 2010; Lewandowski, Aron, & Gee, 2007; Miller, 2012).

상호성 물론 상대방이 여러분과 친숙한 사람이면 공통점이 많을 것으로 보인다. 다음 단계로 넘어가기 전에 여러분이 알아야 할 점은 무엇인가? 상대방도 최소한 여러분에게 관심 있는지를 아는 것이 좋을 것이다(Greitemeyer, 2010). 사실상 *상호성*(reciprocity), 즉 사람들이 서로 비슷한 방식으로 반응하는 것은 관계의 발전에 영향을 주는 가장 중요한 요인일 것이다. 대부분의 사람들은 자신이 시작하는 것보다 누군가가 시작하고 여러분이 화답하는 것이 더 쉽다는 것을 알고 있다(Montoya & Insko, 2008). 그것이 적어도 상대방에게 배척당함으로 인한 당혹감을 피할 수 있는 방법이다.

자기공개

일단 첫 접촉이 이루어지면, 서로를 알아야 할 시간이다. 이는 주로 여러분이 사적인 생각과 감정을 상대방과 공유하고 여러분 자신을 내보이기 시작하는 **자기공개**(self-disclosure) 과정을 통해 진행된다. 친해지기 위해서 여러분은 단순히 날씨, 운동경기 혹은 핵물리학보다는 더 많은 것들에 대해 이야기를 나누어야 한다. 일반적으로 친구들은 이야기를 나눔으로써 점차 호감, 신뢰 및 자기공개 수준이 깊어진다(Levesque, Steciuk, & Ledley, 2002).

우리는 종종 우리가 좋아하지 않는 사람보다는 좋아하는 사람에게 우리 자신을 더 많이 보여 준다. 공개는 어느 정도의 신뢰가 필요하다. 많은 사람들은 잘 알지 못하는 사람과는 안전하게 지내거나 '속옷은 감춘다.' 실제로 자기공개는 무엇이 상대방에게 수용되는지에 관한 암묵적 규칙의 지배를 받고 있다(Phillips, Rothbard, & Dumas, 2009).

적당한 자기공개는 상호성을 증가시킨다. 대조적으로 특정 관계나 상황의 적절함을 초과하는 *과잉자기공개*는 의심을 일으키고 매력을 감소시킨다. 예를 들어 여러분이 가계의 계산대에 줄 서고 있을 때 여러분 앞에서 낯선 사람이 "최근에 내가 실제로 나 자신에 대해 얼마나 잘 알고 있는지에 대해 생각해 보았다. 나는 내가 상당히 잘 적응하고 있다고 생각하지만, 때로는 내가 성적인 면에서 정상적인지 의문스럽다."고 말한다고 상상해 보라.

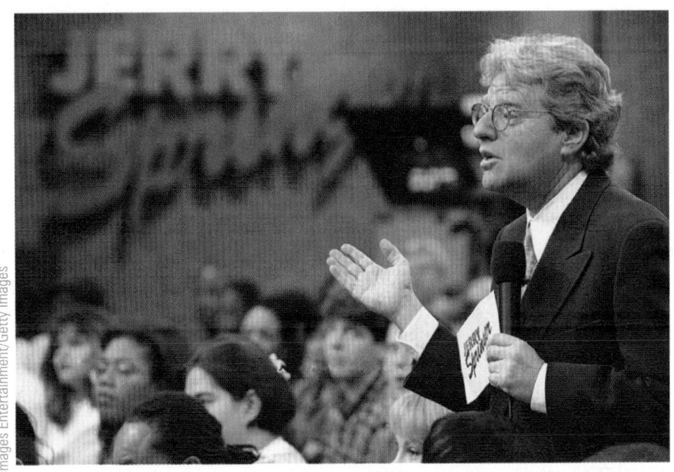

과도한 자기공개는 많은 TV 토크쇼의 특징이다. 초대 손님은 자주 가족문제, 섹스와 데이트, 육체적 혹은 성적 학대, 당황스러웠던 일, 범죄행위와 같은 개인 사생활의 은밀한 부분까지 노출한다. 시청자들은 상호적으로 자기공개를 하지 않아도 되기 때문에 이런 초대 손님의 친밀한 노출을 위협적이라기보다는 재미있다고 생각한다.

자기공개가 적당한 속도로 진행될 때, 신뢰, 친밀감, 상호성 및 긍정적 감정이 생긴다. 너무 빠르거나 부적절하면, 우리는 관계를 '철수'하거나 그 사람의 동기에 대해 의심하게 된다. 사람들은 종종 인터넷상에서(특히 페이스북과 같은 sns에서), 자신의 실제 감정을 더 자유롭게 표현하고, 그것이 개인의 성장과 진심 어린 대면적 우정관계를 이끌 수 있다고 느낀다는 사실은 흥미롭다. 그러나 그것은 매우 극단적인 과잉자기공개를 가져올 수도 있다(Jiang, Bazarova, & Hancock, 2013; Special & Li-Barber, 2012; Valkenburg, Sumter, & Peter, 2011).

좋아함과 사랑 – 사랑의 삼각형

SURVEY QUESTION 60.2 좋아하는 것과 사랑하는 것은 어떻게 다른가?

사랑은 대인매력과 어떻게 다른가? 그것은 여러분이 사랑이란 단어를 어떤 의미로 보느냐에 달려 있다. 예를 들어 **낭만적 사랑**(romantic love)은 대인매력에 근거하고 있지만, 높은 수준의 열정(정서적 흥분과 성적 욕구)도 포함된다(Berscheid & Regan, 2005; Marazziti & Baroni, 2012). 여러분이 '사랑에 빠졌을 때'가 낭만적 사랑을 하고 있는 것이다(Aron et al., 2008).

사랑의 또 다른 축을 찾기 위해, 심리학자 Sternberg(1988)는 큰 영향력을 지닌 *사랑의 삼각형이론*(triangle theory of love)을 만들었다. Sternberg에 따르면, 세 가지 기본성분의 조합에 따라 여러 다른 형태의 사랑이 나온다(● 그림 60.1).

친밀감(intimacy)은 가깝다는 느낌과 애정을 의미한다.

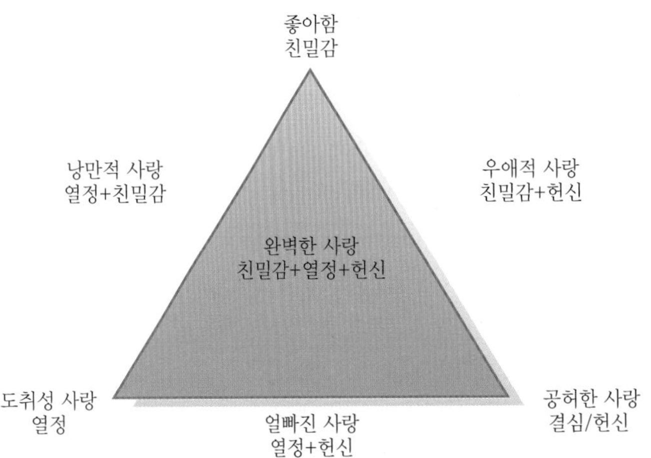

그림 60.1
사랑의 삼각형. 사랑의 세 가지 기본성분(친밀감, 열정, 헌신) 각각은 삼각형의 각 꼭지점에 있고 그것들은 사랑의 한 가지 형태이다. 두 성분의 쌍은 삼각형의 선분 위에 나와 있는 사랑 형태이다. 세 성분 모두로 이뤄진 완벽한 사랑은 삼각형 중앙에 표시되어 있다[Sternberg, R. J. (1988). The triangle of love. New York: Basic].

친사회적 행동 다른 사람에게 하는 도움이 되고, 건설적이며, 이타적인 행동
친애욕구 다른 사람들과 어울리려는 욕구
대인매력 다른 사람에 대한 사회적 매력
자기공개 다른 사람에게 개인적인 사고, 감정 및 개인사를 노출하는 과정
낭만적 사랑 높은 수준의 대인매력, 높아진 흥분, 서로 빠져듦 및 성적 욕구 등이 어울려진 사랑
친밀감 상대방과 연결되어 있는 느낌과 애정

열정(passion)은 깊은 정서적 혹은 성적 감정을 의미한다.

헌신(commitment)은 상대방과 장기적 관계를 맺겠다는 결심을 의미한다.

이 삼각형이 어떻게 작동하는가? 여러분 스스로 시도해 보라. 여러분이 사랑하는 어떤 사람을 생각하라. 여러분은 3개의 질문(나는 이 사람에게 친밀감을 느끼나? 나는 이 사람에게 열정을 느끼나? 내가 이 사람에게 헌신하고 있나?)에 예/아니요로 답을 하고, 표 60.1을 읽어 보라. 여러분이 대답한 것에 맞는 사랑의 종류를 찾을 수 있을 것이다. 예를 들어 만약 여러분이 친밀감에 대해 '예', 열정과 헌신에 대해서는 '아니요'라고 대답했다면, 여러분은 그 사람을 '**좋아하는 것**(like)'이다. 즉 여러분은 그 사람과 친구사이이다. 반면에 만약 여러분이 친밀감과 헌신에 대해 '예', 열정에 대해서는 '아니요'라고 대답했다면, 여러분은 **우애적 사랑**(companionate love)을 느끼고 있는 것이다. 이런 형태의 사랑은 오랫동안 함께 지낸 커플들 사이에서 더 흔하다. 이런 커플들은 종종 자신들을 '사랑에 빠졌다'기보다는 '사랑하고 있다'고 묘사한다(Riela et al., 2010).

가장 완전한 형태의 사랑이 완벽한 사랑인가? 그렇다. 우리가 어떤 사람에게 친밀감과 열정을 느끼고, 그 사람에게 강한 헌신을 하고 있을 때, **완벽한 사랑**(consummate love)을 경험하게 된다.

낭만적 사랑과 우정은 또 다른 흥미 있는 차이점이 있다. 단순한 호감과 달리, 낭만적 사랑은 통상 깊은 상호몰두를 포함하고 있다. 다시 말해 (친구가 아닌) 연인들은 거의 전적으로 서로에게만 주의를 집중한다(Riela et al., 2010).

연인들이 서로 상대방의 눈을 쳐다볼 때, 그들은 무엇을 보고 있는 것인가? 낭만적 사랑의 마지막 흥미 있는 특징은 상대방을 이상적으로 보고 있다는 점이다(Barelds & Dijkstra, 2009). 물론 누구나 완벽하지는 않다. 연인들이 서로 상대방을 이상적으로 볼 때, 그 관계가 지속될 가능성이 높다는 사실이 놀랄 만한 것은 아니다. 그렇게 하는 것이 단순히 상대방의 결점을 못 보도록 하는 것이 아니고, 그들이 원하는 관계를 만드는 데 실제로 도움을 준다(Murray, Holmes, & Griffin, 2003).

표 60.1 Sternberg의 사랑의 삼각형 이론

친밀감, 열정 및 헌신의 조합

사랑의 유형	친밀감	열정	헌신
사랑 아님			
좋아함	예		
도취성 사랑		예	
공허한 사랑			예
낭만적 사랑	예	예	
우애적 사랑	예		예
얼빠진 사랑		예	예
완벽한 사랑	예	예	예

출처: Sternberg(1988)

진화와 짝 선택

진화심리학(evolutionary psychology)은 인간 행동패턴의 진화론적 근거를 연구하는 분야이다(Confer et al., 2010). 많은 심리학자들은 진화가 남녀 모두에게 성적 매력과 배우자의 부정으로부터 질투와 이혼에 이르기까지 모든 것에 영향을 주는 각인을 남겨 놓았다고 믿고 있다. David Buss에 따르면, 인간의 짝짓기 형태를 이해하는 핵심은 왜 우리의 짝선택이 진화에 의한 행동인지를 이해하는 것이다(Buss, 2007, 2012).

6대륙의 37개 문화를 대상으로 한 연구에서, Buss는 다음과 같은 사실을 발견하였다. 즉 여성에 비해 남성이 임신을 위한 섹스에 더 관심이 크고, 더 젊고 신체적으로 매력적인 상대방을 선호하고, 정서적 헌신을 잃게 되는 것보다도 실제이든 상상으로든 상대방의 부정에 대해 더 질투를 한다. 남성에 비해 여성은 근면하고, 더 지위가 높고 혹은 경제적으로 성공한 것으로 보이는 자신보다 약간 더 나이가 많은 상대방을 선호한다. 여성은 상대방이 성적 외도를 한 경우보다는 다른 누군가에게 감정적으로 빠져든 경우에 더 충격을 받는다(Buss, 2012; Regan et al., 2000; ● 그림 60.2).

왜 이런 차이가 있나? Buss와 다른 학자들은 짝의 선호는 남녀가 직면한 후손을 남겨야 하는 과업의 차이에 대한 반응에서 진화된 것으로 믿고 있다(Buss, 2007, 2012; Confer et al., 2010). 대개 여성은 남성에 비해 자식을 낳고 키우는 데 더 많은 시간과 에너지를 투자한다. 결과적으로 여성은 파트너가 그들과 함께 있을 것인지의 여부와 그가 자식들에게 줄 자원을 지니고 있는지의 여부에 대한 관심을 진화시켰다.

상대적으로 남성이 성공적으로 후손을 남기느냐의 여부는 짝의 임신가능성에 달려 있다. 그러므로 남성은 후손을 남길 수 있다는 신호로 보이는 짝의 건강, 젊음 및 아름다움을 살펴보는 경향이 있다. 더 나아가 진화론은 남성이 짝의 성적 정조를 강조하는 것은 후손이 친자인지의 여부에 대한 관심에 근거한다고 제안한다. 생물학적 관점에서, 남성은 자신의 친자가 아닌 아이들에게 자원을 투자해서는 이익을 얻지 못한다(Buller, 2005).

비록 몇몇 증거들이 짝짓기에 관한 진화론적 관점을 지지하

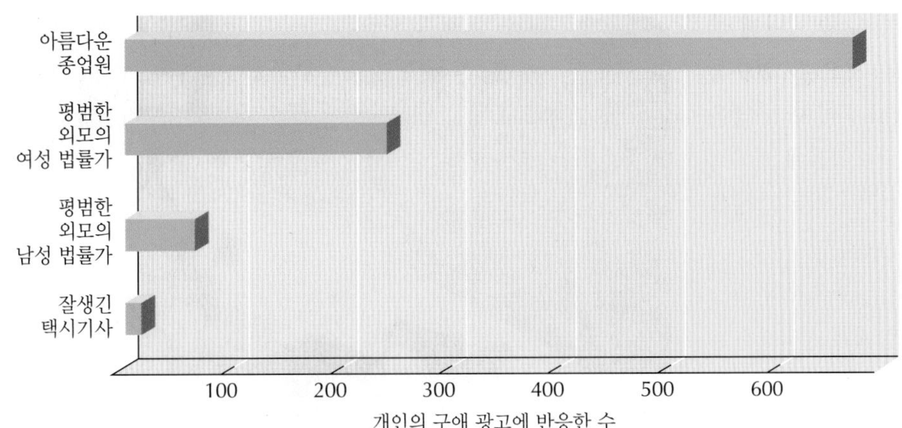

그림 60.2
사람들이 데이트 파트너를 생각할 때 무엇을 보는가? 여기 신문에 난 개인의 구애 광고를 연구한 결과가 있다. 여러분도 볼 수 있듯이, 남성들은 외모에 더 많은 영향을 받고 있고, 여성들은 성공에 더 많은 영향을 받고 있다[Goode, E. (1996). Gender and courtship entitlement: Responses to personal ads. Sex Rules, 34(3–4), 141–169. doi:10.1007/BF01544293].

Monkey Business Images/Shutterstock

진화심리학자들에 따르면, 여성은 자기 짝이 그 관계를 위해 시간과 자원을 쏟을 수 있는지의 여부에 관심이 많다. 남성은 자기 짝의 신체적 매력과 성적 정조를 더 강조한다.

지만, 짝짓기 경향성에 대한 진화론적 설명은 기껏해야 미묘하여 사실관계를 알기 어렵고, 다른 요인들의 설명에 의해 쉽게 압도당한다는 사실을 기억해야 한다. 일부 짝짓기 형태는 대부분의 사회에서 아직도 남성이 권력과 자원을 통제하는 경향성이 있다는 사실을 반영하는 것뿐일 수도 있다(Feingold, 1992; Fine, 2010). 또한 초기 연구들은 여성이 질투에 대한 질문에 대해 '상대방의 기분을 상하지 않게 하려는' 대답을 하는 경향이 있기 때문에 나온 잘못된 결과일 수도 있다. 속으로는 여성들도 남성들만큼이나 짝의 성적 외도에 대해 분노할지도 모른다(Harris, 2004).

진화와 짝짓기에 관한 논쟁의 결과가 무엇이든 간에 짝이 친절하고, 안전하고, 지적이고, 지지적인 사람인 경우에 가장 매력적으로 평가된다는 사실을 기억하는 것이 중요하다(Klohnen & Luo, 2003; Regan et al., 2000). 이 같은 자질이 사랑의 가장 큰 지원군이다.

남을 돕는 것—최상의 친절

SURVEY QUESTION 60.3 우리가 기꺼이 남을 돕는 데 영향을 주는 요인은 무엇인가?

여러분이 사람들로부터 호감을 받거나 그들의 친구 혹은 연인이기 때문에 그들이 여러분에게 친절하게 행동하는 것은 이해가 된다. 그러나 전혀 모르는 사람이라면? 전혀 모르는 사람이 어려움에 빠졌을 때 그 사람에게 친절을 베푸는 것이 아마도 친사회적 행동의 최고봉이란 사실은 의심의 여지가 없다(Mikulincer & Shaver, 2010).

매년 목숨을 걸고 다른 사람을 구해 준 사람들에게 여러 가지 상이 수여된다. 이런 영웅들은 전형적으로 화재, 익사, 동물의 공격, 감전 및 질식으로부터 사람을 구한 사람이다. 2013년 보스턴 마라톤에서 폭발사건이 일어나자 일반인을 포함한 많은 영웅적인 사람들이 희생자를 돕기 위해 달려왔다. 이는 다시 한 번 인간 본성의 친사회적 측면을 보여 주는 것이다.

이런 영웅적 행동을 하는 사람들은 대부분 남성이다. 아마도 신체적 위험이 있기 때문일 것이다. 그러나 다른 영웅적인 친사회적 행동도 타인의 생명을 구할 수도 있고 자신은 위험할 수도 있다. 예를 들면 평화재단의 신장 기증자들, 평화봉사단 자원봉사자, 세계의사회(Doctors of the World)의 자원봉사자들이다. 이런 사람들 중에는 여성도 남성만큼이나 많고, 때로는 남성보다 더 많다. 아마도 영웅들의 선풍적인, 눈에 보이는 이런 행동은 사

열정 상대방에게 느끼는 깊은 정서적 혹은 성적 감정
헌신 상대방과 장기적 관계를 맺겠다는 결심
좋아함 열정과 헌신은 부족하고 친밀감에 근거한 관계
우애적 사랑 열정은 없고 친밀감과 헌신이 특징인 사랑 형태
완벽한 사랑 친밀감, 열정 및 헌신이 특징인 사랑 형태
진화심리학 인간 행동패턴의 진화론적 기원을 연구하는 분야

람들이 사심 없이 이타적으로 행동하는 여러 방식 중 하나에 불과하다는 사실을 기억하는 것이 중요하다(Becker & Eagly, 2004). 지역사회의 자원봉사자, 가정교사, 코치, 헌혈자 등이 단지 남을 돕는 것만이 아니다. 때로 그들의 노력은 개인의 성장에 기여하고 자신을 더 건강하고 행복하게 만든다. 그래서 "우리는 선행을 함으로써 잘 산다."라고 말할 수 있다(Piliavin, 2003).

그러나 우리가 항상 남을 돕는가? 2010년 4월, 뉴욕시의 퀸즈에서 한 남성노숙자, 휴고 테일 약스가 한 사람에게 공격당하는 한 젊은 여성을 도왔다. 힘이 모자라서 그는 칼에 찔렸고 피가 흥건한 채 길 옆에 쓰러졌다. 1시간이 지난 뒤에 응급차가 도착했을 때, 그는 이미 죽어 있었다. 이 끔찍한 장면이 담긴 감시카메라의 비디오에는 그가 길 위에서 죽어 가는 동안 25명의 사람들이 그의 옆을 지나갔음을 보여 주고 있었다(Livingston, Doyle, & Mangan, 2010).

이런 최근의 사례는 1964년 38명의 방관자가 목격하였지만, 아무도 돕지 않은 이유가 궁금한, 키티 제노비스라는 젊은 여성에 대한 살인사건에서도 있었다(Manning, Levine, & Collins, 2007). 아마도 누구도 개입하고 싶지 않았을 것으로 이해된다. 즉 개인이 다칠 위험이 있었을 것이다. 그러나 이들이 적어도 경찰에 신고조차 하지 않은 이유는 무엇인가?

이것이 도시생활의 삭막함을 보여 주는 사례가 아닐까? 뉴스에서는 종종 이런 사건을 도시의 비인간화로 인해 사회적 유대가 단절된 증거로 다룬다. 비록 시골생활도 비인간화될 수 있는 것이 사실이지만, 이것이 *방관자의 무관심*[목격자가 위급한 사람을 기꺼이 돕지 않는 현상, **방관자 효과**(bystander effect)라고도 부름]을 완전히 설명해 주지는 못한다. 심리학자인 Darley와 Latané(1968)의 획기적인 연구에 따르면, 돕지 않는 것은 그 당시에 존재한 사람의 수와 관련된다. 여러 해 동안, 많은 연구들이 도울 수 있는 사람의 수가 *많을수록*, 사람들이 도울 가능성은 *줄어든다*는 사실을 보여 주었다(Fischer et al., 2011; Zoccola et al., 2011).

왜 사람들은 다른 사람들이 있을 때, 더 돕지 않는가? 기본적으로 우리는 누군가가 도울 것이라고 생각한다. 이 효과에 대한 역학은 다음의 예에서 잘 보여 준다. 두 명의 모터리스트가 길가에서 시동이 꺼져 오도 가도 못하고 있다. 이 중 한 명은 한적하게 시골길을 여행 중이었으며, 다른 한 사람은 복잡한 고속도로 위에 있다고 생각해 보라. 누가 먼저 도움을 받을까?

고속도로에서는 매분 수백 대의 차량이 지나가고, 각 운전자들은 누군가가 그를 도울 것이라고 가정할 수 있다. 그러나 도와야 하는 개인적 책임감이 엷어져서 누구도 실천하지 않는다. 시골길에서는 그 길을 지나는 최초의 사람들 중 한 명이 분명히 자신에

땅바닥에 누워 있는 이 사람은 도움이 필요한 사람인가? 그 사람이 곤경에 처해서 급히 도움을 받아야 하는지의 여부를 결정해 주는 요인들은 무엇인가? 놀랍게도 도울 수 있는 사람의 수가 많으면, 도움을 받을 기회는 더 줄어드는 경향이 있다.

게 책임이 있다고 느끼기 때문에 자의로 멈출 것이다. 일반적으로 Darley와 Latané는 방관자가 무심하거나 무정한 것은 아니라고 가정한다. 타인의 존재에 의해 그들의 도움행동이 억제당한 것이다.

방관자 관여

사람들은 도움을 주기 전에 네 가지 결정을 내려야 한다. 첫째, 그들은 무슨 일이 일어났는지를 주목해야 한다. 다음, 그 사건이 위급한 것인지를 판단해야 한다. 그런 다음 그들이 책임감을 느껴야 한다. 마지막으로 행동코스를 선택해야 한다(그림 60.3). 실험실에서 진행된 실험들은 각 단계에서 타인의 존재가 영향을 줄 수 있음을 보여 주었다.

주목하기 만약 여러분이 길가에 실신하고 쓰러졌다면 무슨 일이 벌어질까? 누군가가 도와줄까? 사람들은 여러분이 술에 취했다고 생각할까? 그들이 여러분을 주목하기나 할까? Darley와 Latané는 만약 길가에 사람들이 붐빈다면, 몇 사람은 여러분을 볼 것이라고 제안한다. 사람들이 붐빈다는 것이 사람들의 눈을 멀게 하는 것과는 상관이 없다. 대신 그것은 "대중 속에서는 다른 사람을 쳐다보지 않는다"는 널리 받아들여지고 있는 규범과 관련 있다. 대체로 사람들은 군중 속에서는 '눈을 자신에게 둔다.'

이 생각을 검증하기 위해, 학생들에게 혼자서 혹은 여러 사람이 가득한 방에서 설문지를 작성하도록 하였다. 학생들이 작성하고 있는 동안, 짙은 연기가 문틈을 통해 방으로 들어왔다.

방 안에 혼자 있던 대부분의 학생들은 즉각 연기에 주목하였다. 방 안에 집단으로 있던 학생들은 연기로 인해 잘 볼 수가 없

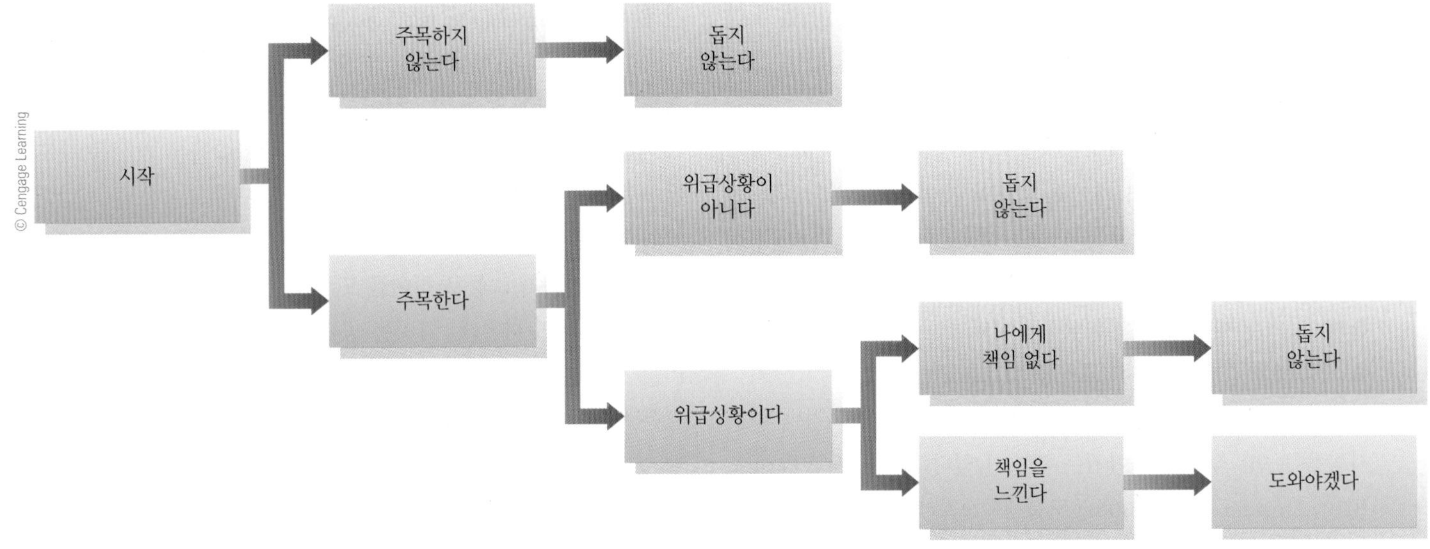

그림 60.3
Latané와 Darley의 모형에 따르면, 이 결정나무는 한 사람이 돕는 결정을 내리기 전까지의 단계를 요약한 것이다.

어질 때까지 연기에 신경을 쓰지 않았다. 집단으로 있던 참가자들은 얌전히 설문지만 쳐다보았고, 다른 사람(혹은 연기)을 보려 하지 않았다. 대조적으로 혼자 있던 사람들은 수시로 방을 둘러보았다.

위급상황인지의 여부를 판단하기 연기가 가득 찬 방에서 다른 사람들은 그 상황을 위급한 것으로 판단하는 데 영향을 준다. 집단으로 있던 참가자들은 그 연기를 보았을 때, 곁눈으로 그 방의 다른 사람들을 쳐다보았다(*사회비교*를 기억하라). 분명히 그들은 무슨 일이 일어났는지를 해석하는 데 도움이 될 만한 단서를 찾고 있었다. 누구도 위험상황이 아닌데도 불구하고 바보처럼 과잉행동하기를 원하지 않았다. 그렇지만 살피고 있었다. 실제 위급상황에서는, 때로 사람들은 각자가 침착하게 보이려 하기 때문에 '서로 속이고', 어떤 조치의 필요성을 과소평가한다. 간단히 말해, 누군가가 도울 때까지 아무도 돕지 않는다.

책임감 느끼기 아마도 도움행동의 가장 결정적인 단계는 책임감을 느끼는 것이다. 이 경우 집단은 *책임분산*(책임이 여러 사람에게 나눠지는 것)으로 인해 도움행동이 제한된다.

복잡한 고속도로 위에서 운전자들이 남을 기꺼이 돕지 않는 것과도 같은 현상인가? 그렇다. 누구도 남을 도와야 하는 개인적 책임감을 느끼지 않는다. 이 문제는 대학생 참가자들을 인터콤 시스템으로 진행된 집단토의에 참석하도록 한 실험에서 잘 예시되어 있다. 그러나 각 집단에는 실제 참가자는 단 한 명뿐이었고, 다른 사람들은 목소리가 녹음된 연기자들이었다. 각 참가자는 (비밀을 보장하기 위해서라는 명분으로) 개별적인 방에 있었고, 대학생활에 대한 토론이 시작되었다. 토론 도중 한 학생이 발작 증세를 보이면서 도움을 요청하였다. 어떤 경우에는 발작 증세를 보인 사람과 함께 있는 사람이 참가자 자신뿐이라고 알고 있었다. 또 다른 경우에는 참가자는 자신이 3명 혹은 6명 집단의 구성원 중 한 명이라고 알고 있었다.

발작을 일으킨 사람과 함께 있는 사람이 자기 혼자라고 믿고 있는 사람들은 위급함을 즉각 알리거나 혹은 그를 도우려 하였다. 3명 집단에 속한 일부 참가자들은 아무런 반응을 하지 않았거나, 반응한 사람도 늦게 반응하였다. 6명 집단에서는 참가자의 3분의 1 이상이 어떤 행동도 취하지 않았다. 분명히 이 실험에 참여한 사람들은 여러 실제 위급상황에서 느끼는 갈등을 경험하였다. 즉 자신들이 도움을 주어야 하는 책임이 있는지, 혹은 남의 일에 끼어들지 말아야 하는지? 타인의 존재가 많은 사람들로 하여금 행동을 취하지 않도록 하는 데 영향을 주었다.

어떤 위급상황에서는 사람들이 남을 돕는다. 왜 이런 차이가 생기나? 도움행동은 복잡하고, 많은 변인들의 영향을 받는다(Baumeister & Bushman, 2014). 뉴욕시의 지하철을 무대로 한 현장실험에서 중요한 힌트가 나왔다. 도움이 필요한 '희생자(연기자)'가 지하철 안에서 '쓰러졌을 때', 그가 술병을 들고 있을 때보다는 지팡이를 갖고 있을 때 도움을 더 많이 받았다(Piliavin, Rodin, & Piliavin, 1969). 이 물음에 대한 더 좋은 대답을 위해서

방관자 효과(방관자 무관심) 사람들이 위급상황에서 남에게 도움을 주거나 다른 사람의 어려움에 개입하려고 하지 않는 효과

는 도움행동에 대한 Latané와 Darley의 설명에 포함되어 있지 않은 몇 가지 요인들을 살펴볼 필요가 있다.

누가 누구를 돕는가?

당혹감, 많은 노력, 특히 개인적 위험과 같이 비용이 클수록, 거의 대부분 도움행동이 줄어든다(Zoccola et al., 2011). 한 연구에서 전혀 도움행동을 하지 않는 한 명의 수동적 방관자를 추가한 결과, 그의 존재는 잠재적 위험상황에서 사람들이 도움행동을 멈출 가능성을 증가시켰다(Fischer & Greitemeyer, 2013).

위험의 여부와 상관없이, 많은 연구들은 우리가 곤경에 처한 사람을 보면, *각성이 높아지*는 경향이 있다고 제안한다(Batson, 2010; Dovidio et al., 2006). 도움행동으로 인한 보상이 비용보다 더 클 때만이 이처럼 각성된 긴장감은 우리로 하여금 도움을 주도록 동기화시킨다. 일반적인 각성 이외에도, 도움을 주는 사람은 **공감적 각성**(empathic arousal)을 느끼기도 한다. 이는 그들이 어려움에 처한 사람을 동정하거나 그 사람의 고통, 공포 혹은 고뇌를 느낀다는 뜻이다. 우리가 타인의 관점을 취하고, 그들의 곤경에 대해 공감을 느낄 때 도움행동이 나올 가능성이 더 크다(Batson & Powell, 2003; Myers & Hodges, 2013).

공감은 어려움에 처한 사람이 우리 자신과 유사한 사람인 경우에 특히 도움행동을 동기화시킬 가능성이 크다(Guéguen, Martin, & Meineri, 2011; Batson, 2010). 사실상 우리가 희생자와 연결되어 있다는 느낌이 도움행동에서 가장 중요한 요인 중 하나이다. 비극적으로 후고 테일 약스가 지저분한 노숙자였다는 사실이 누구도 그를 돕지 않았던 이유 중 하나임이 분명하다.

아마도 이것이 기분이 좋을 때 도움행동이 증가하는 이유이다. 우리가 성공했거나, 행복하거나 운이 좋을 때, 다른 사람들과도 더 연결되어 있다고 느낀다(Dovidio & Penner, 2001; Lamy, Fischer-Lokou & Guéguen, 2012). 요약하면, 강력한 **공감-도움 간 관계**(empathy-helping relationship)가 있다. 즉 우리가 당사자를 '불쌍히 여기고' 동정심, 공감 및 연민 같은 감정을 느낄 때, 어려움에 처한 사람을 도울 가능성이 가장 크다(Batson, 2006, 2010).

다른 사람들이 돕고 있는 것을 목격한 사람들은 자신들도 도움을 줄 가능성이 크다. 또한 어느 한 상황에서 도움을 준 사람은 자신을 남을 돕는 사람으로 지각하는 경향이 있다. 이 같은 자기 이미지의 변화가 그들로 하여금 또 다른 상황에서도 남을 돕도록 고무시킨다. 또 다른 한 가지는 공평함 규범이 우리로 하여금 우리를 도와준 사람을 돕도록 만든다(Dovidio & Penner, 2001). 이 모든 이유 때문에 남을 돕는 것은 대상자에게 직접적인 도움이 될 뿐만 아니라, 그들도 남을 돕도록 만든다.

여러분 자신을 "무관심의 희생자가 되도록 하지 마라." 만약 여러분 자신이 위급상황에서 도움이 필요하다면, 여러분은 어떻게 방관자 무관심의 희생자가 되지 않을 수 있을까? 우리가 여기서 살펴본 연구들은 여러분이 눈에 띄어야 하고, 사람들이 그것이 위급상황임을 알아차려야 하고, 그들이 행동을 취할 필요가 있다는 것을 확인시켜야 한다는 사실을 시사하고 있다. 사람들의 주목을 끄는 방안으로는 어떤 상황에서는 "불이야!"라고 소리치는 것으로 알릴 수 있다. 강도나 습격을 못 본 척하는 방관자들도 불이 난 쪽을 보게 만들 것이다. 단지 소리치는 것만으로는 되지 않는다는 것을 기억하라. 그보다는 "도와주세요." 혹은 "당장 도움이 필요해요."라고 소리쳐야 한다. 가능하다면 방관자들에게 여러분의 상황을 설명하라. 예를 들어 "제가 피습을 당했어요. 경찰을 불러 주세요."라고 말하라. 혹은 "저 남자를 잡으세요. 제 지갑을 훔쳐갔어요."라고 말하라. 여러분은 특정인을 가리키며 "당신이 경찰을 불러 주세요." 혹은 "제가 다쳤으니, 당신이 구급차를 불러 주세요."라고 말함으로써 한 방관자에게 직접적으로 책임을 부여할 수도 있다.

공감적 각성 여러분이 다른 사람의 고통, 공포 혹은 고뇌를 느낄 때 일어나는 정서적 각성

공감-도움 간 관계 우리가 공감이나 연민과 같은 감정을 느낄 때 그 사람을 도울 가능성이 크다는 결과

모듈 60: 요약

60.1 왜 우리는 유친하며, 대인매력에 영향을 주는 요인은 무엇인가?

60.1.1 유친이란 사람들이 인정, 지지, 우정 및 정보 욕구를 위해 서로 결속하는 것이다. 또한 유친은 개인의 불안감을 감소시킬 수도 있다.

60.1.2 대인매력은 근접성, 빈번한 접촉, 아름다움, 유능함 및 유사성으로 인해 증가한다.

60.1.3 짝 선택에서 나타난 특징은 짝들은 많은 차원에서 유사성이 크다는 점이다.

60.1.4 자기공개는 상호성 규범을 따른다. 즉 자기공개 수준이 낮으면, 낮은 수준의 자기공개로 되돌아오고, 적당한 자기공개는 그만큼의 응답을 이끌어 낸다. 그러나 과잉자기공개는 다른 사람의 자기공개를 억제시키는 경향이 있다.

60.2 좋아하는 것과 사랑하는 것은 어떻게 다른가?

60.2.1 좋아함과 비교해서 낭만적 사랑은 정서적 각성 수준이 높고, 연인 간에 서로 빠져 있다. 친밀감, 열정 및 헌신을 포함하고 있는 완벽한 사랑은 가장 완전한 형태의 사랑이다.

60.2.2 진화심리학은 인간의 짝짓기 형태가 진화과정에서 남녀가 지닌 후손을 남기는 과업이 다르기 때문이라고 설명한다.

60.3 우리가 기꺼이 남을 돕는 데 영향을 주는 요인은 무엇인가?

60.3.1 한 사람이 도움을 주려면 4개의 결정관문(주목하기, 위급상황을 파악하기, 책임감 느끼기 및 행동과정을 선택하기)을 지나야 한다. 주변에 도움을 줄 수도 있는 타인이 존재하면, 각 단계에서 도움행동이 나올 가능성은 줄어든다.

60.3.2 일반적 각성, 공감적 각성, 기분 좋은 상태에 있는 것, 노력 혹은 위험이 적은 것 및 희생자와 도움을 주는 사람 간의 지각된 유사성에 의해 도움행동은 고무된다.

60.3.3 몇몇 이유로, 남을 돕는 것은 도움을 받은 그들도 남을 돕도록 고무시킨다.

모듈 60: 지식 쌓기

암기

1. 다음 중 대인매력을 증가시키지 않는 것은?
   - a. 물리적 근접성
   - b. 신체적 매력
   - c. 유사성
   - d. 과잉자기공개
2. 대부분의 사회적 만남에서 높은 수준의 자기공개는 높은 수준의 자기공개를 가져온다. O X
3. Sternberg의 삼각형 이론에서, 도취성 사랑은 열정은 있으나 헌신과 친밀감이 없다. O X
4. 결혼 형태에서 가장 놀랄 만한 결과는 대부분의 사람들이 자신과 성격이 매우 다른 사람을 짝으로 선택한다는 것이다. O X
5. 남성에 비해, 여성은 자기 짝으로부터 정서적 헌신을 잃게 되는 것보다는 성적 외도에 의해 더 충격을 받는 경향이 있다. O X
6. __________행동은 건설적, 이타적 혹은 남을 돕는 행동을 말한다.
7. 다음 중 사람들은 어떤 경우에 곤경에 처한 사람을 도울 가능성이 더 큰가?
   - a. 남을 돕는 다른 사람이 많이 있을 때
   - b. 책임분산이 일어날 때
   - c. 공감적 각성을 느낄 때
   - d. 무감각이 일어날 때

반영

비판적으로 생각하기

8. 인터넷은 대인매력에 관한 근접성 효과를 어떻게 변화시켰는가?

자기반영

사회비교가 여러분의 행동에 어떤 영향을 주는가? 그것은 여러분이 어떤 사람과 교류하는지에 영향을 주는가?

세 명의 친한 친구를 생각하라. 여러분의 우정 초기에 어떤 매력요인이 작용하였는가?

Sternberg의 사랑의 삼각형이론이 어느 정도나 자신의 관계에 적용되는가?

여성 노인운전자가 길가에서 펑크 난 타이어를 교체하고 있다. 그녀는 분명히 도움이 필요하다. 여러분이 차를 몰고 그녀에게 가까이 가고 있다. 여러분이 차를 세우고 그녀를 도우려면 어떤 일들이 일어나야 하는가?

정답

1. d **2.** X **3.** O **4.** X **5.** X **6.** 친사회적 **7.** c **8.** 앞서 언급했듯이, 인터넷은 대인매력에서 실제 근접성을 덜 중요하도록 만들었다. 왜냐하면 먼 거리에 떨어져 있더라도 인터넷을 통해 빈번한 접촉이 가능해졌기 때문이다. 인터넷 연애가 하나의 좋은 예이다.

61 Module

사회심리학: 반사회적 행동

생존투쟁

전쟁의 공포와 테러의 피해는 범세계적으로 살인에 대한 혐오감을 불러일으킨 것으로 보인다. 그러나 폭력과 공격 행동은 너무나 흔해서, 때로는 그것이 오락물로 보이기도 한다. 공격성은 우리 주변 사람들에게 부정적인 결과를 주는 *반사회적 행동* 중 하나일 뿐이다. 예를 들어 사랑과 우정은 사람들을 함께하도록 만들지만, 의심, 공포 혹은 증오를 낳는 편견과 차별은 그 반대 결과를 가져온다.

공격행동이 얼마나 '자연스러운' 것인가? 공격성의 원인은 무엇인가? 폭력을 감소시킬 수 있는가? 편견과 차별의 기원은 무엇인가? 이런 해로운 태도를 어떻게 감소시킬 수 있는가? 세계적으로 우리는 훨씬 더 상호의존적으로 되고 있다. 동시에 큰 피해를 일으킬 '외로운 늑대'가 되기도 더 쉬워지고 있다. 여기에 제시된 물음들에 대한 해답을 찾는 것이 한층 더 중요해졌다. 만약 그렇지 못하면, 우리는 과거와 미래의 희생자들에게 빚을 지는 것이다.

Ric Tapia/Newscom

SURVEY QUESTIONS

61.1 심리학자들은 인간의 공격성을 어떻게 설명하는가?

61.2 편견과 집단 간 갈등의 원인은 무엇인가?

공격성—세상에서 가장 위험한 동물, 인간

SURVEY QUESTION 61.1 심리학자들은 인간의 공격성을 어떻게 설명하는가?

직설적으로 말하면, 우리 인간은 사랑뿐만 아니라 증오하고 잔인해질 수 있다. 이 모듈에서는 사회적 행동의 어두운 면으로 관심을 돌려 볼 것이다. **반사회적 행동**(antisocial behavior)은 타인에게 부정적 영향을 주는 행동을 말한다. 다른 사람에게 해를 끼칠 의도를 갖고 하는 행동인 *공격성*으로부터 시작하자. 인간의 공격 능력은 충격적이다. 20세기 동안 1억 8,000만 명 이상의 인간이 다른 사람에게 살해당했다(이는 거의 평균 18초마다 1명씩이다)(Pinker, 2011). 전쟁, 살인, 폭동, 가정폭력, 암살, 강간, 습격, 강도 및 또 다른 폭력행동은 인간 공격성의 실상을 보여 주는 슬픈 증거이다(Shaver & Mikulincer, 2011).

공격성은 인종청소와 암흑가의 처형과 같이 진짜 끔찍한 것부터 괴롭힘과 손가락 욕과 같은 일상적인 것까지 많은 방식으로 표현될 수 있다는 점을 주목할 필요가 있다. 예를 들어 가장 흔한 **집단 괴롭힘**(bullying)은 한 사람에게 고의적이고 지속적으로 부정적인 경험을 드러내는 행동이다(Powell & Ladd, 2010). 집단 괴롭힘은 *언어적*(별명 부르기, 모욕 주기, 놀리기)이거나 *신체적*(때리기, 밀치기, 가두기)일 수도 있고, 또한 *직접적*(면전에서)이거나 *간접적*(의도적인 배제, 소문 퍼트리기)일 수도 있다. 남성은 여성에 비해 직접적이고 신체적인 공격을 더 많이 하고, 여성은 간접적이고 언어적인 공격이 특징인 경향이 있다(Fieid et al., 2009).

집단 괴롭힘은 세계적으로도 흔한 현상이다. 그것은 모든 연령 집단과 모든 장면에서 발생한다. 온라인상에서도 *사이버 괴롭힘*(cyberbullying)이 발견된다(Bonanno & Hymel, 2013). 아동기의 집단 괴롭힘은 가해자와 피해자 모두의 정신건강에 장기적 영향을 줄 수 있다(Sansone, Leung & Wiederman, 2013; Twemlow & Sacco, 2012). 청소년과 성인의 집단 괴롭힘은 살인과 자살과 같은 심각한 폭력을 초래할 수 있다.

집단 괴롭힘과 같은 공격성의 원인은 무엇인가? 공격성은 원인이 많다(DeWall & Anderson, 2011). 이 중 중요한 원인들을 살펴보자.

본능

어떤 이론가들은 우리는 조상으로부터 '살인자 본능'이 유전되어 왔기 때문에 자연스럽게 공격적이라고 주장한다(Buss, 2012). 이런 생각은 직관적으로는 설득력 있게 보이지만, 많은 심리학자들은 그것에 대해 의문을 지니고 있다(Rhee & Waldman, 2011). 어떤 행동을 *본능적인* 것으로 명명하는 것은 그것에 대해 거의 설명해 주지 못한다. 더 중요한 것은, 왜 어떤 사람이나 집단(아라페시족, 세노이족, 나바호족, 에스키모족 등)은 호전성과 공격성을 거의 보이지 않느냐는 물음을 남겨 놓기 때문이다. 또한 다행스럽게도 대다수의 사람들은 다른 사람을 죽이거나 해치지 않는다.

생물학적 요인

본능론이 지닌 문제점에도 불구하고, 공격성의 생물학적 근원은 있다(Rhee & Waldman, 2011). 생리학 연구들은 뇌의 특정 영역이 공격 행동을 유발하거나 멈추게 할 수 있음을 보여 주었다. 또한 연구자들은 저혈당, 알레르기, 알코올과 마약 사용, 특정 부분의 뇌 손상과 질병과 같은 신체적 요인들이 공격성과 관련되어 있음을 발견했다. 남녀 모두에게서 높은 테스토스테론 호르몬의 수치와 공격 행동이 관련되어 있었다(McDermott et al., 2007; Montoya et al., 2012). 아마도 남성이 테스토스테론 수준이 높아서 여성보다 신체적 공격을 더 많이 하는 것일지도 모른다(Anderson & Bushman, 2002).

그럼에도 불구하고 이 생물학 요인들 중 어느 것도 공격성의 직접적 원인이라 볼 수 없다(Moore, 2001; Popma et al., 2007). 그보다는 아마도 그것들이 공격성의 역치를 낮추어, 호전적 행동이 나오기 용이하도록 만들었을지 모른다(Tackett & Krueger, 2011). 우리가 생물학적으로 공격성을 지녔다는 사실이 공격성이 불가피하다거나 '인간 본성의 일부'라는 말을 의미하는 것은 아니다. 인간은 공격성을 억제하도록 학습할 능력이 충분하다. 예를 들어 매우 공격적인 고장에 살던 퀴커와 아미쉬는 비폭력을 하나의 생활방식으로 채택하였다.

좌절

여러분이 개의 꼬리를 밟으면, 개에게 물릴지도 모른다. 여러분이 누군가를 좌절시키면 여러분은 공격당할지도 모른다. 모듈 44에서 논의했듯이, 좌절은 공격성을 초래하는 경향이 있고, 이 관계는 **좌절-공격성 가설**(frustration-aggression hypothesis)이라고 알려져 있다.

Jose Luis Pelaez, Inc./Corbis

운전 중 분노와 일부 고속도로 총격은 교통체증에 대한 스트레스와 좌절의 반응일지도 모른다. 자동차가 주는 익명성 혹은 개인 정체성의 상실이 그렇지 않으면 일어나지 않을 공격성을 고무시킬 수도 있다.

좌절감이 항상 공격을 초래하는가? 비록 그 관계가 강하지만, 순간적 생각은 좌절감이 항상 공격성을 이끄는 것은 아니다. 예를 들어 좌절감은 고정관념적 반응을 이끌 수도 있고 혹은 '학습된 무력감' 상태를 이끌 수도 있다(모듈 45 참조). 또한 공격성은 좌절 없이도 일어날 수 있다. 이런 가능성은 운동경기장 관중들이 자기 팀이 이긴 이후에도 싸우기 시작하고, 병을 던지고, 골대망을 찢는 행동에서 볼 수 있다.

혐오자극 아마도 좌절감은 그것이 불편하므로 공격성을 고무시킬 것이다. 불편함이나 불쾌감을 일으키는 여러 *혐오자극*들도 호전성과 공격성을 높여 줄 수 있다(Anderson, Anderson, & Deuser, 1996; Morgan, 2005, ● 그림 61.1). 모욕, 높은 기온, 고통 및 역

반사회적 행동 타인에게 부정적 영향을 주는 행동
집단 괴롭힘 매 상황을 다루는 하나의 책략으로서, 언어적 혹은 신체적, 직접적 혹은 간접적 공격성을 고의적으로 반복적으로 사용하는 것
좌절-공격성 가설 좌절감이 공격성을 초래한다는 주장

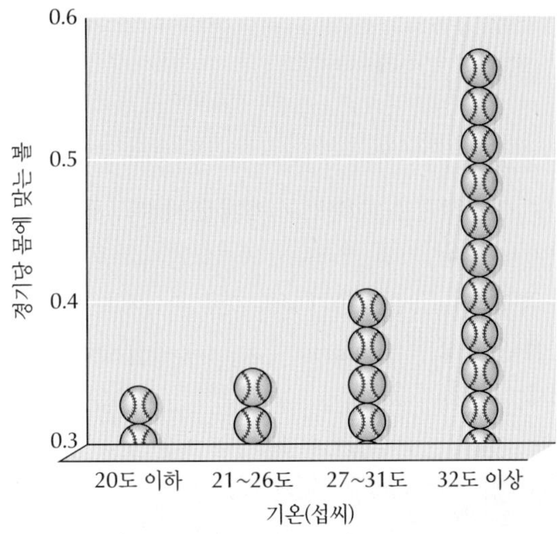

그림 61.1
혐오(불쾌한) 자극으로 인해 유발된 개인의 불편감은 공격 행동을 일으키기 쉽다. 예를 들어 범죄율을 조사한 연구는 살인, 강간 및 습격과 같은 매우 공격적인 행동의 발생은 기온이 따듯함에서 땀이 날 정도의 무더위로 올라감에 따라 같이 올라간다(Anderson, 1989). 그 결과는 차후 여러분이 날씨와 공격성 간의 연관에서 확인할 수 있다. 위 그래프는 메이저리그 야구경기 때의 기온과 그 경기에서 투수가 공으로 타자의 몸을 맞춘 숫자 간의 강한 연관성을 보여 준다. 기온이 섭씨 32도가 넘을 때, 투수의 빠른 볼을 조심하라[Reifman, A. S., Larrick,. R. P., & Fein, S. (1991). Temper and temperature on the diamond: The heat-aggression relationship in major league baseball. *Personality & Social Psychology Bulletin*, 17(5), 580–585. doi:10.1177/0146167291175013].

겨운 장면이나 냄새 등이 예이다. 이런 자극들은 아마도 우리가 *공격단서*(공격과 관련된 신호)에 더 민감해지도록 전반적인 각성수준을 높여 준다(Schwenzer, 2008). 또한 혐오자극은 분노 및 공격성과 연관된 생각, 기억 및 표현을 활성화하는 경향이 있다(Morgan, 2005).

공격성의 일부 단서는 내적(예: 분노사고)인 것이다. 많은 단서는 외부적인 것으로서, 타인의 어떤 말, 행동 및 몸짓은 공격 반응과 밀접히 연관되어 있다. 예를 들어 가운뎃손가락을 치켜세우는 것은 북미에서는 거의 보편적으로 공격성을 일으킨다. 특히 무기는 공격 행동의 강력한 단서 역할을 한다(Morgan, 2005). 이런 *무기효과*의 시사점은 공격성의 상징물과 장식품은 공격을 유발시킨다는 것이다. 대표적인 예로서 총이 있는 가정에서 살인이 일어나기 쉽다는 사실이다(Miller, Hemenway, & Azraela, 2007).

사회학습

공격성에 대한 가장 널리 인정받는 설명 중 하나는 가장 단순하다. **사회학습이론**(social learning theory)은 우리가 다른 사람들의 공격성을 보고 학습한다고 주장한다(Bandura, 2001; Lefrançois, 2012). 사회학습이론은 행동을 설명하는 데 있어 학습원리와 인지과정, 사회화 및 모델링을 결합하였다. 이 이론에 따르면, 주먹질, 몽둥이 치기, 칼 휘두르기, 총 장전, 시속 150km의 위협구 혹은 다른 폭력적 혹은 공격적인 행동에 대한 본능적인 인간 프로그래밍은 없다는 것이다. 즉 공격성은 학습하는 것이다(● 그림 61.2). 아동기 시절 폭력의 희생자가 스스로 폭력적으로 되기 쉽다는 사실이 놀랍지 않은가(Murrell, Christoff, & Henning, 2007)?

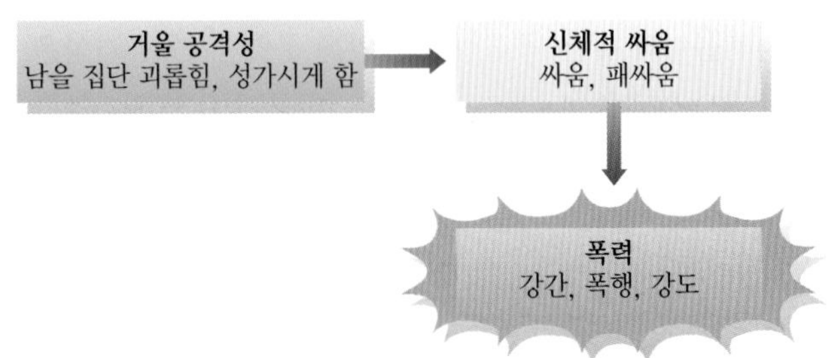

그림 61.2
비행소년들의 폭력 행동은 하루아침에 나타나는 것은 아니다. 그들의 폭력능력은 초기 청소년 시절에 소년으로서 신체적 힘이 생기고 무기에 더 접근할 수 있으므로 사소한 공격으로부터 시작하여 서서히 발전한다[Loeber, R., & Hay, D. (1997). Key issues in the development of aggression and violence from childhood to early adulthood, Annual Review of Psychology, 48, 371–410. doi:10.1146/annurev.psych.48.1.371].

사회학습이론가들은 비공격적인 문화에서 자란 사람은 비공격적이 될 것이라고 예언한다. 공격적인 모델과 영웅이 있는 문화에서 자란 사람들은 공격 반응을 배우게 될 것이다. 이런 의미에서 미국이 폭력적인 나라 중 하나가 된 것은 놀랄 만한 일이 아니다. 2011년 미국에서는 26초마다 한 건의 폭력범죄가 일어났다(Federal Bureau of Investigation, 2012). (긍정적인 측면에서 보면, 지난 10년 동안 폭력범죄율은 15% 이상 감소하였다.) 미국 가정의 40% 이상이 적어도 무기 한 정을 보유하고 있다(Agresti & Smith, 2012). 실제 행동뿐만 아니라 미디어 속에서 쉴 틈 없이 아동과 어른들에게 공격적 모델을 제공해 주고 있다. 의심의 여지없이, 미국은 공격적 문화이다.

미디어 폭력 모듈 23에서 미디어를 통한 폭력의 노출이 공격 행동의 학습에서 한 역할을 담당할 수 있다는 증거를 개관하였다. 오늘날의 아동과 청소년들은 일주일에 평균 50시간 동안 여러 미디어를 탐색하고, 그러는 동안 심각한 폭력을 목격한다(Rideout, Foehr, & Roberts, 2010). 인터넷은 아동들에게 대리적으로 폭력을 경험하도록 해 줄 뿐만 아니라 다른 사람들에 대한 괴롭힘이나 성가심을 통해 직접 *전자적 공격*(electronic aggression)을 하게 해 주기 때문에 특별한 관심을 끌고 있다(David-Ferdon & Hertz, 2009).

Bandura가 모방에 관한 그의 연구에서 보여 주었듯이, 아동들은 폭력적 혹은 공격적 행동을 봄으로써 새로운 공격 행동을 학습하거나 폭력은 '괜찮다'라는 것을 배운다. TV나 비디오게임과 같은 미디어는 새로운 반사회적 행동을 가르칠 뿐만 아니라 시청자들이 이미 갖고 있던 위험한 충동을 탈억제시킬 수도 있다. *탈억제*(억제를 해제시키는 것)는 정상적으로는 제지되었던 행동을 실행하도록 해 준다. 미디어 폭력에 관한 또 하나의 걱정은 그것이 폭력 행위에 대해 *둔감화*(정서적 민감성이 감소하는 것)를 가져올 수 있다는 점이다(Carnagey, Anderson, & Bushman, 2007; Krahé et al., 2011).

미디어 폭력이 실제로 아동과 청소년들에게 얼마나 많은 영향을 주는가? 일부 증거는 미디어 폭력에 폭넓게 노출되는 것이 공격성에 기여한다는 사실을 시사하고 있지만(Anderson, Gentile, & Buckley, 2007; Miller et al., 2012), 그 영향력의 힘이나 범위에 대해서는 의견이 분분하다(Adachi & Willoughby, 2011a, b; Valadez & Ferguson, 2012).

공격성 예방

공격성을 어떻게 대처해야 하나? 사회학습이론은 "공격이 공격을 낳는다"고 본다. 예를 들어 가정에서 신체적으로 학대를 당하거나, 심한 신체적 처벌을 받거나, 단지 지역사회에서 폭력을 목격한 아동들은 학교에서 싸움, 공격적 놀이 및 반사회적 행동을 할 가능성이 높았다(Bartholow, Sestir, & Davis, 2005; Margolin & Gordis, 2000).

따라서 공격성을 낮추는 한 방법은 폭력적 미디어의 노출을 줄이는 것이다. 만약 부모들이 다음과 같이 하면, 큰 차이를 만들 수 있다(Frydman, 1999; McKenna & Ossoff, 1998; Thoman, 2011).

1. 가정과 학교에서 안전하고 따뜻한 환경을 만들고, 세상에서 잘 어울려 사는 긍정적 방법을 보여 주는 것으로부터 시작하라.
2. 미디어 접촉시간을 제한하여 TV와 컴퓨터가 여러분 자녀의 세계관을 지배하지 못하게 하라. 미디어를 아이 돌보아 주는 사람으로 사용하지 마라.
3. 여러분의 아이가 무엇을 보고 있는지 면밀히 감시하라. 만약 여러분이 반대하는 프로그램이라면, TV의 채널을 바꾸든지 꺼라. 여러분 아이의 상상력과 창의력을 자극할 뿐만 아니라 긍정적 행동과 사회적 태도의 모델이 되는 게임과 활동을 제공하도록 준비하라.
4. 보이는 것을 반박할 수 있으려면, 여러분의 아이와 함께 미디어를 탐색하라. 여러분의 어린 자녀가 현실과 미디어 속의 환상을 구분할 수 있도록 도와주라.

몇몇 가능한 희소식으로 마무리하자. 하버드대 심리학자 Pinker는 만약 여러분이 현대의 폭력크기를 과거와 비교한다면, 우리 인간은 폭력의 맛도 잃어버리고 있는 것으로 보인다고 주장하였다(Pinker, 2011). 노예, 사형 및 고문의 감소와 함께 전반적인 인권의 개선은 '인간의 선한 본성'이 우세하다는 신호이다.

편견—해를 끼치는 태도

SURVEY QUESTION 61.2 편견과 집단 간 갈등의 원인은 무엇인가?

사랑과 우정은 사람들을 함께하게 만든다. 의심, 공포 혹은 증오가 특징인 편견은 그 반대 효과를 낸다. 일상생활에 너무나 흔한 **편견**(prejudice)은 특정 사회집단의 구성원들에 대한 부정적 정서를 지닌 태도이다(Biernat & Danaher, 2013). 편견의 근원은 무엇인가? 편견과 상처를 주는 태도는 어떻게 감소시킬 수 있나? 심리학자들은 이런 질문들에 대해 소중한 통찰을 제공해 주고 있다.

편견은 경찰청, 학교 혹은 정부기관에서도 있을 수 있다(Harrell & Medford, 2012). 이 경우, 편견은 그 대상 집단에 따라 *인종차별, 성차별, 연령차별 혹은 동성애차별*을 말한다(Payne et al., 2010). 인종차별은 매우 흔하고 피해를 주기 때문에 인종차별에 초점을 두기로 하자(Miller & Garran, 2008).

인종편견과 인종차별은 **차별**(discrimination), 즉 같은 권리를 가져야 할 사람들이 동등하지 않은 대접을 받는 것을 초래한다. 차별은 주택구매, 취업 혹은 명문학교 입학과 같이 그들이 할 수 있는 것들을 못하도록 막는다(Whitley & Kite, 2010). 예를 들어, 많은 도시에서 아프리카계 미국인들은 '인종 프로파일링'의 표적이 되어, 경찰은 이유도 없이 그들을 세운다. 때로 그들은 단순히 질문을 받지만, 많은 사람들은 고장 난 미등이나 불법 차선변경과 같은 경범죄로 소환된다. 이런 방식으로 구금된, 법을 준수하는 많은 사람들은 그것이 부당하다는 것을 깨닫게 되었다(Plous, 2003). 또한 그것은 많은 아프리카계 미국인과 미국 내 소수인종 사람들이 경찰과 법체계를 혐오하는 하나의 이유이기도 하다(Dovidio et al., 2002). 유명한 아프리카계 미국인 심리학자 Clark은 "인종편견은 그것의 희생자, 희생시키는 사람 그리고 미묘한

사회학습이론 행동을 설명하기 위해 학습원리를 인지과정, 사회화 및 모델링과 결합한 이론

편견 특정 집단의 구성원들에 대해 지닌 부정적인 정서적 태도

차별 권리와 대우가 동일해야 하는 상황에서 여러 사회집단의 구성원들을 다르게 취급하는 것

방식으로 단지 방조한 사람들까지 모든 인류를 망가뜨린다."라고 말하였다.

편견을 갖게 되는 것

편견은 어떻게 생기나? 가장 대표적인 이론은 편견을 *희생양 만들기*(그들이 만들지 않은 조건이나 행동에 대해 한 사람 혹은 한 집단을 비난하는 것)의 한 가지 형태라고 주장한다. 희생양 만들기는 좌절로 인해 유발된 호전성이 '안전한' 표적으로 방향을 바꾸는 일종의 *대치된 공격성*이다(Glick, 2008; Nelson, 2006). 이 가설을 검증한 흥미로운 고전적 연구는 젊은 남성들의 여름캠프에서 이루어졌다. 남성들에게 실패할 것이 분명한 어려운 시험이 주어졌다. 더구나 시험을 치르려면, 통상 주말에 놀거리에서 우선순위가 높은 영화 보는 일을 빼먹어야 했다. 그 시험이 있기 전과 시험에서 실패하고 영화도 보지 못하게 된 이후에 남성들의 멕시코인과 일본인에 대한 태도를 측정하였다. 이 연구에 참여한 모든 유럽계 미국인들은 그들이 좌절한 이후에 두 인종집단의 구성원에 대해 더 낮게 평정하였다(Miller & Bugelski, 1948). 이 효과는 테러리스트들이 미국을 공격한 2001년 9월 11일 이래로 쉽게 볼 수 있어서 외국인으로 보이는 사람들이 대치된 분노와 호전성의 대상이 되었다(Ahluwalia & Pellettiere, 2010).

때로 (다른 태도와 마찬가지로) 배척받는 집단성원과의 직접적 경험에 통해 편견이 발달할 수도 있다. 특정 인종집단의 구성원들에게 반복적으로 집단 괴롭힘을 당한 아동은 평생 그 집단 구성원들을 혐오할 수도 있다. 한층 미묘한 영향이지만 부모의 태도, 책과 TV에 나오는 사람들의 묘사, 타 인종 아동들에 대한 노출이 편견에 영향을 줄 수 있다. 3세만 되어도 많은 아동들이 인종편향의 신호를 보이고 있다(Katz, 2003). 슬픈 일이지만, 한번 편견이 생기면 그것은 우리가 그 편견에 반하는 긍정적 경험을 수용하지 못하도록 방해한다(Wilder, Simon, & Faith, 1996).

훌륭한 심리학자인 Allport(1958)는 편견에는 두 가지 중요한 원천이 있다고 결론 내렸다. *개인적 편견*(personal prejudice)은 타 인종 구성원이 우리 자신의 이익에 위협이 될 때 생긴다. 예를 들어 타 집단 구성원들이 취업의 경쟁자들로 보일 수 있다. *집단적 편견*(group prejudice)은 우리가 집단규범에 동조하는 것이다. 예를 들어 여러분에게 외집단 구성원을 싫어할 어떤 개인적 이유가 없다고 하자. 그럼에도 불구하고 여러분의 친구, 지인들 혹은 동료들은 여러분이 그리하기를 기대한다.

편견을 갖는 성격

다른 연구는 편견이 하나의 일반적 성격특성일 수도 있다고 주장한다. Adorno와 그의 동료들(1950)은 그들이 *권위주의적 성격*이라고 부르는 성격을 제시하였다. 이 연구자들은 반유대주의 연구로부터 시작하였다. 그 과정에서 그들은 한 집단에 대해 편견을 지닌 사람들은 다른 모든 외집단에 대해서도 편견을 지니는 경향이 있음을 발견하였다(Kteily, Sidanius, & Levin, 2011; McAvoy, 2012).

편견을 갖는 경향이 있는 성격의 특징은 무엇인가? **권위주의적 성격**(authoritarian personality)은 고지식, 억제, 편견 및 과잉 단순화(흑백 논리)가 특징이다. 더욱이 권위주의자들은 사회적 동조에 높은 가치를 두는 *우익 권위주의*를 보여 준다(Duckitt & Sibley, 2010; Feldman, 2003). 또한 권위주의자들은 자민족중심주의 경향이 매우 크다. **자민족중심주의**(ethnocentrism)는 자기 집단을 '중심'에 두고, 통상 다른 모든 집단을 배척하는 것을 의미한다. 실제로 권위주의자들은 보편적인 *사회적 우월 지향성*(social dominance orientation)을 지니고 있어, 단지 타 인종뿐만 아니라 다른 집단 사람들보다 자신이 더 우수하다고 생각한다(Altemeyer, 2004; Duckitt & Sibley, 2010).

이런 자질을 측정하기 위해 *F 척도*가 만들어졌다[*F*는 *파시즘*(fascism)을 뜻함]. 이 척도는 권위주의적인 사람들이 쉽게 동의하는, 다음과 같은 진술문들로 구성되어 있다(Adorno et al., 1950).

권위주의 신념

- 권위자에 대한 복종과 존경은 아동들이 배워야 할 중요한 미덕이다.
- 사람은 두 계급(약자와 강자)으로 구분될 수 있다.
- 만약 사람들이 말은 적게 하고 일을 많이 한다면, 누구나 더 잘 살게 될 것이다.
- 이 나라가 필요로 하는 것은 법률과 정치체계보다는 국민들에게 신망받는 용기 있고, 지칠 줄 모르고, 헌신하는 소수의 지도자들이다.
- 누구나 고생을 통해서 진짜 중요한 것을 배운다.
- 모든 사람은 초자연적 힘을 믿고, 묻지 않고 그의 결정을 따라야 한다.
- 국기에 대한 경례를 거부하는 종파에게도 이런 애국적 행위에 동참하도록 강제해야 하고, 만약 따르지 않으면 해산시켜야 한다.

여러분도 볼 수 있듯, 권위주의적인 사람들은 매우 닫힌 마음을 지니고 있다(Butler, 2000; Roets & Van Hiel, 2011). 대부분은 아동기에 심한 처벌을 받았다. 결과적으로 그들은 어린 나이에 권위를 두려워하는 (그리고 그것을 갈망하는) 것을 배운다. 일반적으로 사람들은 위협을 느낄 때, 권위주의적 신념을 더 많이 표현한다. 한 예로 경제가 나쁘고 직업 불안정성이 높을 때, 학교에서 학생들을 더 강하게 처벌하기를 요구한다.

권위주의적 신념에 관한 목록을 보면, *F* 척도가 정치적으로 보수적 권위주의에 치우쳐져 있음을 쉽게 볼 수 있다. 공평하다면 고지식하고 권위주의적 성격이 정치척도의 양끝에서 모두 나타날 것이다(Ray, 1983). 그 결과 그것은 신념이나 의견에서 부당한 확신을 갖는 **독선주의**(dogmatism)와 같은 고지식하고 편협한 사고라고 보는 것이 더 맞다. 독선주의적인 사람들은 자신의 신념과 상반되는 증거가 있을 때조차 자신의 신념을 바꾸는 데 어려움이 있다(Butler, 2000; White-Ajmani & Bursik, 2011).

권위주의 성격이 지닌 심각한 편협성을 무시한다 하더라도, 인종편견은 많은 나라에 깊이 박혀 있다. 이런 편견적 행동의 근원을 더 깊이 파헤쳐 보자.

집단 간 갈등—편견의 근원

집단소속으로 인한 불행한 부산물 중 하나는 종종 타 집단 사람들과의 접촉이 제한된다는 점이다. 더욱이 집단들은 갈등을 겪을 수도 있다. 이런 일 모두는 외집단에 대한 증오와 편견을 키우는 경향이 있다. 중동, 아프리카, 아일랜드 및 미국에서 상대방과의 피로 얼룩진 충돌은 집단 간 갈등이 널리 퍼져 있음을 떠오르게 한다. 우리는 매일같이 정치, 종교 혹은 인종 집단 간의 갈등에 대한 기사를 읽는다. 2013년 보스턴 마라톤 폭발사건에 영향을 준 것 같은 요인들의 역할은 어느 정도인가?

우수함, *불공평*, *취약함* 및 *혐오*와 같은 신념의 공유가 집단 간의 호전성을 불러오는 일반적인 요인들이다. 여러분은 다른 집단과 갈등 중인 어느 집단이라도 그들이 다음과 같은 생각을 갖고 있음을 발견하게 될 것이다. 즉 "우리는 다른 집단에 비해 우수한 특별한 사람들이지만, 부당하게 착취당하거나 부당한 대접을 받거나 혹은 멸시를 받아 왔다[우수함과 불공평]. 다른 집단이 우리에게 위협이 된다[취약함]. 그들은 정직하지 않고 계속하여 우리를 배신했다[혐오]. 자연히 우리는 그들에게 호전적이 되었다. 그들은 우리가 존중하거나 협력할 자격이 없다"(Eidelson & Eidelson, 2003; Whitley & Kite, 2010).

타 집단에 대한 호전적 태도 이외에도, 갈등은 거의 항상 증폭되고 외집단 구성원에 대한 고정관념적 이미지에 의해 정당화되기도 한다(Crandall et al., 2011; Pereira, Estramiana & Gallo, 2010).

고정관념이란 정확히 무엇인가? **사회적 고정관념**(social stereotype)은 여러 집단 사람들에 대해 과도하게 단순화된 이미지이다. 우리는 유럽계 미국인, 히스패닉, 유대인, 여자, 기독교인, 노인, 남자, 동양계 미국인, 블루칼라 노동자, 촌사람, 정치인, 사장님, 10대 청소년, 혹은 백만장자와 같은 사람들에 대한 고정관념적 이미지를 갖고 있을 수 있다(● 그림 61.3). 일반적으로 대부분의 고정관념들의 기초가 되는 상위 세 범주는 성, 나이 및 인종이다(Fiske et al., 2002).

고정관념은 사람들을 '우리'와 '그들' 범주로 단순화시키는 경향이 있다. 그러나 사람들이 항상 단순화하는 것 이외에도 종종 고정관념에는 *긍정적 혹은 부정적* 자질들이 섞여 있다. 비록 고정관념이 때로는 긍정적 특질들을 담고 있더라도, 그것은 주로 사람들을 통제하는 데 사용된다. 어떤 사람을 고정관념으로 보

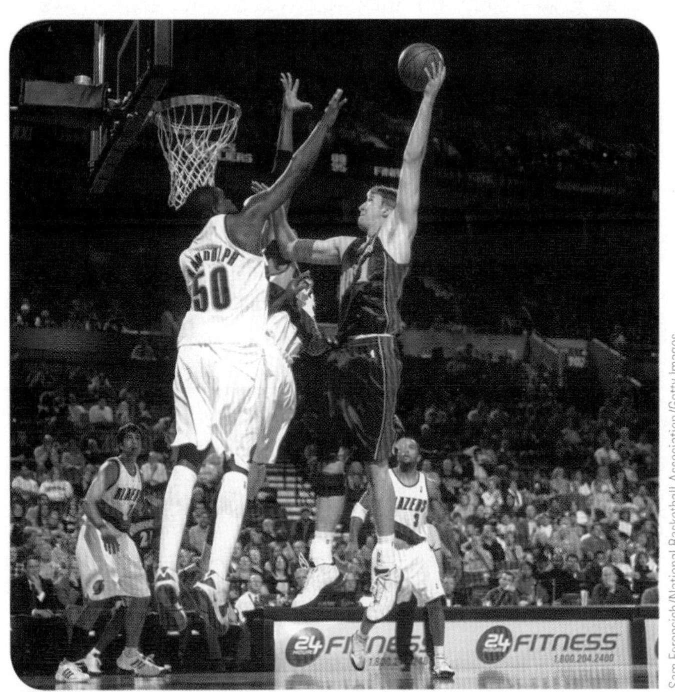

Sam Forencich/National Basketball Association/Getty Images

그림 61.3
인종 고정관념은 스포츠에서 흔하다. 예를 들어 한 연구에서 많은 사람들이 실제로 "백인은 점프를 못한다"고 믿고 있음을 확인하였다. 이 같은 고정관념은 흑인 농구선수가 천성적으로 운동능력이 우수함을 의미하는 것이다. 대조적으로 백인 선수는 흑인 선수에 비해 더 영리하고 열심히 하는 것으로 잘못 인식되고 있다. 이런 고정관념은 팬, 코치 및 스포츠기자들의 지각을 왜곡시키는 기대를 만들어 준다. 결국 그 결과로 생기는 오지각은 고정관념이 지속되는 데 도움을 준다(Stone, Perry, & Darley, 1997).

권위주의적 성격 고지식, 억제, 편견 그리고 권력, 권위와 복종에 지나친 관심을 지닌 것이 특징인 성격형태

자민족중심주의 자기 집단이나 인종을 중심에 놓는 것. 즉 자기 집단을 제외한 모든 집단을 배척하는 경향성

독선주의 자신의 신념 혹은 의견에 대해 부당하게 긍정적이고 확신을 지니는 것

사회적 고정관념 특정 사회집단에 속한 사람들의 특질에 대한 과도하게 단순화된 이미지

인간 다양성

고정관념에 질식하다

은퇴한 항공기 기술자인 빌은 고등학생들에게 상업용 비행기의 초기 시절에 대한 이야기를 해 주기로 하였다. 그가 이야기하는 동안 자신의 기억 속 조각이 잊었던 노인에 관한 고정관념을 확증하는 것을 걱정하게 되었다. 그는 기억의 착오 가능성이 걱정스럽기도 하고 뇌리를 떠나지 않았기 때문에 실제로 기억의 문제를 겪고 있는 것처럼 '질식하였다'(Mazerolle et al., 2012).

빌의 예가 시사하듯, 부정적 고정관념은 자기 충족적인 성질을 지닐 수 있다. 이는 특히 누군가의 능력을 평가하는 상황에서 그렇다. 예를 들어 아프리카계 미국인과 다른 소수집단 학생들은 종종 학업 능력에 대한 부정적인 고정관념과 부딪혀야 한다(Steele & Aronson, 1995; Owens & Massey, 2011). 이런 고정관념이 실제로 학교 수행을 손상시킬까?

심리학자인 Steele는 고정관념의 희생자들이 **고정관념 위협**(stereotype threat)을 느끼는 경향이 있다는 많은 증거를 수집하였다. 그들은 고정관념에 해당하는 측면을 평가받고 있다고 생각할 때 위협을 느낄 수 있다. 이런 위협은 실제로 수행을 떨어뜨려서, 고정관념이 확증된 것으로 보이게 한다(Inzlicht & Schmader, 2012). Steele가 수행한 한 실험이 이 효과를 보여 주었다. 그 연구에서 아프리카계 미국인과 유럽계 미국인 대학생들은 매우 어려운 언어 테스트를 받았다. 어떤 학생들에게는 그 테스트가 *학업 능력*을 측정하는 것이라고 말해 주었다. 다른 학생들에게는 그 테스트가 능력과는 무관한 실험실용 *문제해결 과제*라고 말해 주었다. 학업 능력이라고 말해 준 조건에서는 아프리카계 미국인 학생들이 유럽계 미국인 학생들보다 더 못하였다. 실험실용 문제해결 과제라고 말해 준 조건에서는 아프리카계 미국인 학생들은 유럽계 미국인과 같은 정도의 수행을 보였다(Steele, 1997; Steele & Aronson, 1995). 비슷한 효과가 여성들에게서도 나타났다. "여성은 수학을 잘하지 못한다"라는 고정관념을 상기시킨 후에는 여성들의 수학과 재정학 시험 성적이 더 낮았다(Cadinu et al., 2005; Carr & Steele, 2010).

이런 결과를 고려하여, Steele와 또 다른 학자들은 모든 학생들이 자신의 잠재력을 충분히 사용할 수 있도록 하기 위해 지금도 고정관념 위협과 싸우는 방법들을 연구하고 있다(Bowen, Wegmann, & Webber, 2013; Alter et al., 2010; Cohen et al., 2009).

면, 설령 그 사람이 품위를 떨어뜨리는 행동을 하더라도 다른 사람들의 기대에 맞는 것으로 보기 쉽다. 이것이 누구도 고정관념화되는 것을 좋아하지 않는 이유이다. 작고 왜곡된 사회적 '상자'에 갇히는 것은 제한하는 것이고 모욕적인 것이다. 고정관념은 사람들의 개성을 앗아 간다(Maddox, 2004).

사람들이 *자기-고정관념*(self-stereotype)을 시작할 때 특히 피해를 입는데, 어중간하게 그들은 고정관념이 자신들에게 적용된다고 믿거나 혹은 적어도 고정관념을 지닌 사람이 있을 때 그들에게 어떻게 보일까를 걱정한다(Latrofa et al., 2010; Tine & Gotlieb, 2013). 글상자 "고정관념에 질식하다"를 참조하라. 고정관념이 없다면 증오, 편견, 배제 및 갈등은 훨씬 적을 것이다.

오늘날의 인종주의는 종종 **상징적 편견**(symbolic prejudice)으로 위장되어 있다. 즉 많은 사람들이 잔인하고 명백한 인종주의는 사회적으로 수용될 수 없다고 생각한다. 그러나 이것으로 그들이 차별금지법, 강제 버스통학, 이민, 범죄 등에 관한 의견을 나타낼 때 미묘한 가면을 쓴 채로 편견을 표현하는 것까지는 막지 못할 수도 있다(Anderson, 2010b). 실제 현대의 인종차별주의자들은 노골적인 인종주의보다는 자신들이 편견을 다른 문제에 근거한 것처럼 합리화하는 방법을 찾고 있다.

예를 들어 아프리카계 미국인과 유럽계 미국인이 어떤 직장에 지원하였다. 두 사람은 모두 그 자리에 필요한 적당한 정도의 자질을 지니고 있다. 만약 결정권자가 유럽계 미국인이라면 누가 채용될 것인가? 여러분도 짐작하듯, 유럽계 미국인 지원자가 채용될 가능성이 크다. 다시 말해, 유럽계 미국인 지원자는 그의 능력에 대해 '유리한 판단'을 받는 반면, 아프리카계 미국인 지원자는 그렇지 못할 것이다. 이런 결정을 내리는 사람들도 종종 자신들은 편견이 없다고 믿지만, 무의식적으로 소수인종을 차별한다

Michel Friang/Alamy

인종적 자부심은 서서히 고정관념과 차별로 대치된다. 예를 들어 미국의 여러 원주민 집단은 자부심을 갖고 공개적으로 자신들의 축제를 즐긴다. 그러나 인종적 유산을 인정하기는 하지만, 편견 문제의 해결은 요원하다.

(Berg, 2013; Dovidio et al., 2002).

또한 편견을 갖고 있는 사람이 그 집단의 구성원 중 좋아할 만한 사람을 만났을 때, 그것을 고정관념에 반하는 증거로 보지 않고 그 외집단 구성원을 '규칙의 예외'로 지각하는 경향이 있음을 주목하라. 이것이 편견을 갖고 있는 사람이 고정관념적 신념을 바꾸지 못하도록 만든다(Asgari, Dasgupta, & Stout, 2012). 더구나 편견의 어떤 요소들은 무의식적이어서, 변화시키기가 어렵다(Dovidio et al., 2002).

고정관념과 집단 간 긴장은 어떻게 발달하는가? 상황은 다르지만 둘 다 아동을 실험참가자로 한 두 실험이 이 문제에 대한 통찰을 제공하고 있다.

편견에 관한 실험

무엇이 차별을 만들까? 한 독특한 실험에서 초등학교 교사인 엘리엇은 동공의 색깔이 편견을 이끄는지를 알아보았다. 실험 첫날, 엘리엇은 갈색 눈을 지닌 아동들이 교실 뒤쪽에 앉고, 그들은 식수대를 사용할 수 없다고 발표하였다. 푸른 눈을 지닌 아동들에게는 휴식시간을 추가로 주었고, 점심식사도 가장 먼저 먹도록 하였다. 갈색 눈을 지닌 아동들은 점심시간에 낭비일 뿐이라는 이유로 식사 때 음식을 한 번 더 먹지 못하도록 하였다. 갈색 눈을 지닌 아동들과 푸른 눈을 지닌 아동들이 섞이지 못하도록 하였다. 그러자 푸른 눈을 지닌 아동들은 자신들이 더 '깨끗하고', '똑똑하다'고 말하였다(Peters, 1971).

눈의 색은 편견을 만드는 하찮은 근거로 보인다. 그러나 사람들은 다른 사람의 인종에 대한 결정에서 피부색을 주로 사용한다(Glenn, 2009). 특히 최근의 생물학적 증거로 볼 때 눈의 색이 유전적 의미로 '인종'을 말한다고 할 수 없음에도 불구하고, 눈의 색으로 사람을 판단하는 것은 분명 피상적인 방식이다(Bonham, Warshauer-Baker, & Collins, 2005; 모듈 62에 있는 "인종도 하나의 사회구조임을 이해하라" 참조).

처음에 엘리엇은 갈색 눈을 지닌 아동들을 꾸준히 비판하고 깔보려고 노력하였다. 놀랍게도, 푸른 눈을 지닌 아동들이 곧바로 합류하였고, 곧 그들은 갈색 눈의 아동들에 대한 그녀의 잔인함을 능가하고 있었다. 푸른 눈을 지닌 아동들은 우월함을 느끼기 시작하였고 갈색 눈을 지닌 아동들은 끔찍하다고 느꼈다. 싸움이 벌어졌다. 갈색 눈을 지닌 아동들의 시험성적은 하락하였다.

이 실험의 결과가 얼마나 지속되었나? 2일 후 아동들의 역할이 역전되었기 때문에 그 결과의 수명은 짧았다. 오래지 않아 똑같은 나쁜 결과가 다시 발생하였지만, 이때는 반대로 나타났다. 이 실험이 시사하는 바는 분명하다. 눈의 색과 *지위불평등*(권력, 위신 혹은 특권상의 차이) 때문에, 하루도 되지 않아서 아동들이 서로 증오하게 될 가능성이 있다. 분명히 평생 동안 지속되는 실생활에서의 인종편견의 효과는 틀림없이 보다 강력하고 파괴적이다(글상자 "미국은 보라색인가?" 참조). 인종주의는 많은 유색인종의 삶에서 중요한 스트레스 원천 중 하나이다. 시간이 지남에 따라 편견은 한 개인의 신체적 및 정서적 건강에 부정적 영향을 줄 수 있다(Brondolo et al., 2011).

John Reavenall/NTI/Landov

이 아이들이 다른 '인종'인가? 그렇다. 이는 속임수가 있는 질문이다. 사실 이들은 피부색만 다른 쌍생아이다. 인종이 서로 다른 부모가 이런 쌍생아를 낳는 특이한 경우는 100만분의 1의 확률이다. 순전히 피부색 때문에 두 아이가 차별적 대접을 받는다면 그것이 공평한 것일까?

편견과 싸우기

편견과 싸우려면 어떻게 해야 하나? (인지부조화 이론을 포함한) 몇 가지 생각들은 갈등 중인 집단 간에 동등한 지위를 지니고 이루어지는 빈번한 접촉이 편견과 고정관념을 감소시킬 수 있다고 제안한다(Koschate & van Dick, 2011; Wernet et al., 2003). 동등한 지위를 지닌 접촉이란 권력이나 지위의 차이 없이 동등한 기반 위에서 상호작용하는 것을 말한다. 여러 연구는 직장, 실험실 및 학교에서 혼합 인종집단을 형성하였다. 이런 연구의 결론은 싫어하는 집단과의 개인적 접촉이 우호적 행동, 존중 및 호감을 이끌어 내는 경향이 있다는 것이다. 그러나 개인적 접촉이 협동적이고 동등한 기반 위에서 이루어질 때만 이런 이점이 발생한다(Grack & Richman, 1996).

고정관념 위협 자신이 고정관념으로 판단되고 있다는 두려움이 유발한 불안
상징적 편견 위장된 형태로 표현되는 편견

비판적 사고

미국은 보라색인가?

연구가 보여 주듯, 편견을 만드는 것은 쉽다. 한 집단의 사람들을 '우리'와 '저들'로 나누고 알리는 가장 단순한 방법을 선택해 보자. 그것이 엘리엇 선생이 자신의 반을 갈색 눈을 가진 아이와 푸른 눈을 가진 아이로 나누었을 때 했던 것이다. 금방 집단은 서로에 대해 편견을 갖게 되었다.

그러나 그것은 단지 하나의 실험일 뿐이다. 실제 세계에서는 그런 일이 일어날 수 없다. 그렇지 않은가? 심리학자인 Seyle와 Newman(2006)에 따르면, 우리가 오늘날의 미국에서 실제로 같은 예를 목격하고 있다. 2000년 미국 대통령 선거 결과를 지도로 옮겨놓기 위해 《USA Today》는 공화당 후보가 승리한 주와 민주당 후보가 승리한 주를 각각 빨간색과 파란색으로 표시하였다.

단지 몇 년 후, '빨간색'과 '파란색'은 미국인들을 두 반대진영으로 구분하는 표기가 되었다. '빨간색'은 공화당원, 보수적, 중산층, 시골, 종교적, 미국의 중앙지역에 사는 사람을 생각나게 한다. '파란색'은 민주당원, 진보적, 상류층, 도시, 무종교, 해안가에 사는 사람을 생각나게 한다. 최종결과는 복잡한 미국인 사회가 2개의 과잉 단순화된 고정관념으로 축소되어 집단 간 편견을 증가시켰다는 것이다(Binning et al., 2010; Mundy, 2004).

이 같은 과잉단순화는 많은 주에서 대통령선거가 매우 접전이었다는 사실을 무시하고 있다. 즉 어떤 주는 51%로 '빨간색'이지만, 그럼에도 불구하고 49%는 '파란색'이다. 더구나 많은 서로 다른 조합도 존재한다. 전직 대통령인 빌 클린턴은 원래 아칸소 주('빨간색' 주) 출신이고, 남부 침례교회인의 정체감을 갖고 있고, 감리교회를 다닌다. 그는 '파란색'인가? 여러분은 경제적으로는 보수주의이며, 교회는 때때로 나가며, 샌프란시스코에 살고, 동성결혼은 지지하고, 공화당 후보에 투표한 캘리포니아 출신인 사람을 어떻게 범주화할 것인가?

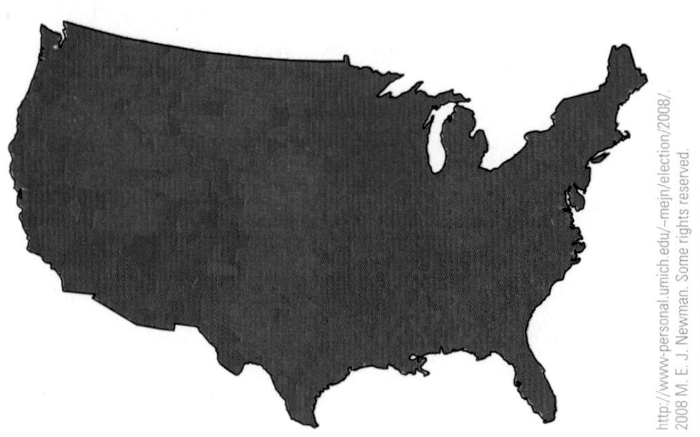

그림 61.4
보라색 미국 지도. 70% 이상이 공화당 후보에게 투표한 카운티는 빨간색, 70% 이상이 민주당 후보에게 투표한 지역은 파란색이다. 보라색은 중간 정도의 비율을 나타낸다. (Reprinted by permission of the author, Mark Newman, University of Michigan.)

Seyle와 Newman(2006)에 따르면, 미국은 정치적, 사회적, 종교적 및 경제적 관점에서 모든 스펙트럼으로 구성되어 있으며 대부분의 미국인들을 '보라색'으로 보는 것이 더 좋은 접근방법이다. 이런 식의 사고는 다른 나라 국민들과 비교해 볼 때 미국인들의 정치적 주장은 차이점보다는 유사점이 훨씬 더 많다는 사실을 조명해 준다. 미국을 더 포용적이고 덜 양극적으로 보는 관점이 '보라색 미국' 지도에 반영되어 있다(Grastner, Shalizi, & Newman, 2005; 그림 61.4). 보라색을 생각하면 오늘날의 미국이 직면한 중요한 사안들에 대해 보다 생산적인 국가적 논의가 나올 수도 있다.

상위목표 이제 11세 소년들로 수행된 흥미로운 연구를 살펴보자. 소년들은 여름 캠프에 도착하여, 두 집단으로 나뉘어 각기 다른 숙소에 기거하였다. 처음에 집단은 각자 정체성과 우정을 만들어 갔다. 곧 각 집단은 자기 집단의 깃발과 명칭('방울뱀'과 '독수리')을 만들었고, 각자 자기 구역을 주장하였다. 이 시점에서 두 집단을 서로 경쟁하도록 하였다. 몇 번의 충돌이 있은 후, 집단 간의 미움은 혐오로 확대되었다. 즉 소년들은 서로 놀렸으며, 싸우기 시작했고, 상대의 숙소를 습격하였다(Sherif et al., 1961).

소년들은 *서로를 증오한 채 집으로 돌아갔나?* 집단 간 갈등을 줄이려는 실험에서 소년들을 적으로 남아 있지 않도록 하기 위해 긴장을 줄이는 여러 가지 전략을 시도하였다. 집단 리더 간의 회담은 아무런 효과가 없었다. 두 집단을 함께 식사 자리에 초대했을 때 이벤트는 난장판이 되었다. 마지막으로 캠프에 두 집단 구성원 모두의 *협력*이 필요한 비상사태를 만들어 제시하였다. 예를 들어 식수공급 장치가 고장 나서 모든 소년들이 그것의 수리를 위해 함께 일해야 했다. 이런 비상사태는 그보다 작은 경쟁적 목표를 넘어서는 **상위목표**(superordinate goals)를 만들었다. 이 같은 상위목표는 두 집단 간에 평화를 회복시키는 데 도움이 되었다.

협동과 목표공유는 상대 집단 사람들을 하나의 큰 집단 구성원으로 보도록 함으로써 갈등을 줄이는 데 도움을 주는 것으로 보인다(Gaertner et al., 2000). 다시 말해 상위목표는 집단소속에 대한 지각에서 "우리는 모두 같은 배를 탔다"라는 효과를 준다. 상위목표의 힘은 9월 테러리스트의 공격 이후 수개월 동안 미국(그리고 세계 도처)에 널리 확산된 결속에서 볼 수 있다. 또한 상위목표는 평화유지군들이 다른 국적을 지닌 사람들과 건설적으로 함께 일할 수 있도록 돕는 중요한 요인이다(Boniecki & Britt,

Bob Daemmrich/Alamy

미국 내 많은 학교는 학생들에게 교복을 입도록 한다. 외모는 아이들이 서로를 다르게 취급하는 주요 이유 중 하나이다. 교복은 지위불평등과 내집단/외집단 구분을 최소화시키는 데 도움을 준다. 캘리포니아 롱비치의 학교에서 교복으로 바꾼 결과, 학생들 사이에서 폭행, 절도, 공공기물 파손, 무기 및 마약 위반이 91%까지 떨어졌다(Ritter, 1998).

2003; Whitley & Kite, 2010).

이런 목표가 세계적 규모로 존재할 수 있나? 하나의 예는 현재의 세계적 에너지 위기를 다루는 것이다. 또 다른 하나는 전 세계적으로 자연환경을 보존해야 할 필요성이다. 여전히 또 하나는 테러리즘과 종교적 극단주의의 계속된 위협이다. 정치적으로 보면, 이런 목표들은 전 세계적인 것들과는 거리가 멀다. 그러나 이것들이 상위목표가 될 자격은 충분하다.

'조각 맞추기' 교실 많은 인종통합 공립학교의 희망과 달리, 종종 인종통합 공립학교는 인종편견에 긍정적인 효과를 거의 주지 못하고 있다. 사실상 편견이 더 악화되고, 많은 경우에 소수집단 학생들의 자존감은 낮아진다(Aronson, 2012; Binder et al., 2009).

만약 인종통합학교가 동등한 지위를 지닌 접촉을 제공한다면, 편견이 줄어들지 않을까? 이론적으로는 그렇다. 그러나 실상은 소수집단 아동들이 동등한 기반 위에서 경쟁할 준비가 되지 않은 상태로 입학하는 경우가 종종 있다. 학교가 지닌 경쟁적 속성으로 볼 때 아동들은 서로 좋아하고 이해하는 것을 배우지 못할 것이 분명하다.

이런 전제를 감안하여, 사회심리학자 Aronson은 상위목표를 보통의 학급에 적용시키는 한 가지 방법을 고안하였다. Aronson에 따르면, 이런 목표가 효과적인 이유는 그것들이 **상호의존성**(mutual interdependence), 즉 사람들이 각자의 개인적 목표를 달성하기 위해 서로서로 의존해야 하는 상황을 만들어 내기 때문이다. 개인의 욕구가 서로 연결되어 있을 때, 협동이 장려된다 (Deutsch, 1993; Güth, Levati & von Wangenheim, 2010).

그 아이디어가 어떻게 적용되었나? Aronson은 경쟁보다는 협동을 강조하는 '조각 맞추기' 학급을 만들었다. 조각 맞추기에서 조각이란 그림 퍼즐의 한 부분을 말한다. **조각 맞추기 학급**(jigsaw classroom)에서는 각 아동에게 프로젝트를 완성하는 데 필요한 혹은 시험을 준비하는 데 필요한 정보의 한 '부분'이 주어진다.

전형적인 단계에서 아동들은 5~6집단으로 나뉘고 나중에 볼 시험을 위해 공부할 주제가 주어진다. 각 아동에게는 각자의 정보 '부분'이 주어지고 그것을 공부하도록 요청한다. 예를 들어 한 아동은 에디슨의 전구발명에 관한 정보, 다른 한 아동은 오래 작동하는 축음기판의 발명에 관한 사실, 세 번째 아동은 에디슨의 아동기에 관한 정보를 갖고 있을 수 있다. 아동들이 각자의 부분을 공부한 후, 그들이 집단에서 다른 사람에게 그것을 가르친다. 가장 경쟁적인 아동일지라도 집단 내 모든 사람의 도움 없이는 잘 해낼 수 없다는 사실을 금방 깨닫게 된다. 각 아동은 각자 필수적인 기여를 하고, 아동들은 서로 경청하고 존중하는 것을 배운다.

조각 맞추기 방법이 효과가 있나? 전통적인 학급의 아동들에 비해 조각 맞추기 집단의 아동들은 편견이 적었고, 자기 학급을 더 좋아하였고, 학교에 대해 더 긍정적 태도를 지니고 있었고, 성적이 향상되었고, 자존감이 증가하였다(Aronson, 2012; Walker & Crogan, 1998). 이런 결과들은 상당히 고무적이다.

요약하자면 다음과 같은 경우에서 편견은 감소할 것이다.

- 다른 집단의 구성원들이 함께하는 상황에서 동등한 지위를 지니고 있을 경우
- 모든 집단의 구성원들이 공동의 목표를 추구하는 경우
- 목표를 달성하기 위해서는 집단성원들이 서로 협력해야 하는 경우
- 집단성원들이 집단을 넘나드는 우정을 발달시키기 위해 함께 충분한 시간을 보내는 경우

상위목표 모든 다른 목표들을 뛰어넘는 목표. 다른 목표들을 상대적으로 덜 중요하게 만드는 목표
상호의존성 둘 이상의 사람들이 각자의 욕구나 목표를 충족시키기 위해서 서로서로 의존해야 하는 조건
조각 맞추기 학급 편견을 줄이는 한 방법으로, 학생들은 프로젝트의 완성이나 시험준비에 필요한 정보 중 일부만을 받는다.

모듈 61: 요약

61.1 심리학자들은 인간의 공격성을 어떻게 설명하는가?

61.1.1 공격성은 어쩔 수 없는 현실이지만, 인간이 불가피하게 공격적인 것은 아니다. 공격성을 설명해 주는 요인들로서 공격성을 방지할 기초를 마련할 수 있다.

61.1.2 공격성에 관한 본능적 설명은 공격성을 유전된 본능 때문으로 본다. 공격성에 관한 생물학적 설명은 공격성의 역치를 낮추는 뇌의 기제와 신체적 요인을 강조한다.

61.1.3 좌절–공격성 가설에 따르면, 좌절과 공격성은 밀접히 관련되어 있다.

61.1.4 좌절은 어떤 사람을 공격하게 만들기 쉬운 많은 혐오자극들 중 하나일 뿐이다. 공격은 특히 공격단서가 있을 때 일어날 가능성이 크다.

61.1.5 사회학습이론은 공격행동의 발달에 있어 공격적 모델의 역할을 강조한다.

61.2 편견과 집단 간 갈등의 원인은 무엇인가?

61.2.1 편견은 여러 외집단 구성원들에 대해 지닌 부정적 태도이다.

61.2.2 한 이론은 편견을 하나의 희생양 만들기로 본다. 두 번째 설명은 편견은 개인적 이유(개인적 편견) 때문에 지니게 되거나, 단지 집단규범을 준수함으로써 지닐 수 있다(집단적 편견).

61.2.3 편견을 지닌 사람은 고지식, 억제, 편협함, 과잉단순화 및 자민족중심주의가 특징인 권위주의적 혹은 독단적 성격을 지니고 있는 경향이 있다.

61.2.4 집단 간 갈등은 호전성과 사회적 고정관념을 만든다. 지위불공평이 편견을 만드는 경향이 있다. 동등한 지위를 지닌 접촉은 편견을 줄여 준다.

61.2.5 상위목표는 집단 간 갈등을 줄이는 데 있어 핵심이다.

61.2.6 보다 작은 규모에서, 조각 맞추기 학급(상호의존성을 통해 협동을 고무시키는)이 편견과 싸우는 하나의 효과적인 방안임이 확인되었다.

모듈 61: 지식 쌓기

암기

1. 무기효과란 __________효과를 의미한다.
   a. 공평한 세상 신념
   b. 공격단서
   c. 자기충족적 예언
   d. TV 속의 모델
2. 인간이 본능적으로 공격적이라는 생각을 가장 이상하게 보는 관점은?
   a. 사회학습이론
   b. 좌절–공격성 가설
   c. 생태학
   d. 혐오 자극 효과
3. 미디어에 과다 노출되면 폭력에 대한 정서적 민감성이 낮아진다. **O X**
4. 편견 중 어떤 것들은 희생양 만들기 혹은 _________으로 볼 수 있다.
   a. 대치된 공격
   b. 공감적 각성
   c. 참조집단 역전
   d. 외부귀인
5. 권위주의적 성격은 모든 외집단에 대해 편견을 지니는 경향이 있다. 이런 자질을 _________라고 한다.
6. 상징적 편견이란 용어는 위장된 혹은 숨겨진 형태로 표현되는 인종주의 혹은 편견을 의미한다. **O X**
7. 조각 맞추기 학급은 상호의존성을 만들기 위해 ________________을(를) 이용한다.
   a. 경쟁
   b. 공평한 세상 신념
   c. 자기 충족적 예언
   d. 상위목표

반영

비판적으로 생각하기

8. 법정 재판에서 변호인들은 때로 권위주의적 성격 특질을 지닌 배심원들이 있는지를 확인하고, 그 사람을 제거하려 노력한다. 여러분은 왜 그렇다고 생각하는가?

자기반영

어떤 개념 혹은 이론이 여러분의 공격 행동을 가장 잘 설명해 준다고 생각하는가? 여러분이 알고 있는 가장 고지식한 사람은 권위주의 성격의 프로파일과 일치하는가? '대학생' 혹은 '미혼 젊은이'와 같은 평범한 집단에서도 고정관념이 존재한다. 여러분은 일상생활에서 어떤 고정관념을 접하고 있는가? 그것들이 여러분에게 고정관념 위협이 되고 있는가?

유소년 레크리에이션 센터의 원장은 다른 인종집단 소년소녀들 간의 갈등을 걱정하고 있다. 여러분은 그 원장에게 어떤 조언을 할 수 있는가?

정답

1. b **2.** a **3.** O **4.** a **5.** 자민족중심주의 **6.** O **7.** d **8.** 권위주의적인 사람은 차별이 효과적이라고 믿는 경향이 있어 유죄평결을 내리기 쉽다.

62 Module

행동하는 심리학: 다문화주의

관용과 수용

대부분의 사람들은 공개적으로 평등과 공평 정책을 지지한다. 그러나 여전히 많은 사람들이 끈질기게 아프리카계 미국인, 라틴인, 무슬림 및 기타 소수인종에 대해 편향과 부정적 이미지를 갖고 있다. 이런 갈등적 태도를 우리가 어떻게 이해할 수 있을까? 의식적으로 편견을 버리는 결정을 내리는 것이 바람직하지만, 그런다고 해서 즉각적으로 다른 인종에 대해 무의식적으로 지니고 있는 편향된 사고와 감정인 *암묵적 편견*이 없어지는 것은 아니다. 이는 분명 끈질긴 고정관념과 편견이 이미 아동기 때 학습된 것임을 보여 주는 것이다.

많은 사람들에게 편견을 줄이기 위해서는 문화적으로 우리와 다른 사람들을 있는 그대로 평가하는 능력인 *타인에 대한 개방성*의 가치를 받아들이는 것으로부터 시작해야 한다. 누군가에게 개방적이 된다는 것이 여러분이 그 사람에게 동의해야 하거나 여러분 자신의 문화에 등을 돌린다는 것을 의미하는 것은 아니라는 점을 기억해야 한다. 그렇게 되면 개방성은 관용과 평등의 가치를 받아들이도록 이끈다. 여러분은 개방적이 될 마음이 있는가? 그렇다면, 계속 읽어라.

John Wilkes/Bridge/Corbis

SURVEY QUESTIONS

62.1 어떻게 우리가 다문화주의와 사회적 조화를 촉진시킬 수 있는가?

다문화주의–다양성을 지니고 사는 것

SURVEY QUESTION 62.1 어떻게 우리가 다문화주의와 사회적 조화를 촉진시킬 수 있는가?

오늘날의 사회는 문화적 '용광로'라기보다는 '토스트 샐러드'와 같다. 심리학자들은 우리가 모든 사람이 비슷하기를 기대하기보다는 서로 다름을 존중하고 인정하는 것을 배워야 한다고 생각한다. **다문화주의**(multiculturalism)는 다른 종족, 인종 및 문화집단에게 동등한 지위를 부여하는 것이다. 그것은 인간의 다양성에 대한 인정과 수용이다(Alleyne, 2011; Moghaddam, 2007).

편견 습관 깨뜨리기

관용에 가치를 둔 사람들은 편협한 사고나 감정에 반대하고, 관용은 그들로 하여금 자신들의 편향된 반응을 바꾸도록 동기화시킨다(Binning et al., 2010; Dovidio & Gaertner, 1999). 그러나 그렇게 하는 것이 쉽지 않다. 일반적으로 무의식적인 **암묵적 편견**(implicit prejudice)을 극복하기 위해서는 다르게 생각하고, 느끼고, 행동하는 것을 배우려는 꾸준한 노력이 필요하다(Anderson, 2010b; Nosek, Greenwald, & Banaji, 2005). 그럼에도 불구하고 많은 사람들이 '편견 습관'을 극복하는 데 성공하였으며, 일상생활에서 더 개방적이 되었다(Fowers & Davidov, 2006). 만약 여러분이 더 개방적이고 관용적이 되고 싶다면, 다음의 사항들을 따르면 도움이 될 것이다.

고정관념을 자각하라 고정관념은 사회적 세계를 더 다루기 쉽게 만든다. 그러나 사람들을 범주로 분류하는 것은 대부분 그들을 실제보다 더 유사하게 보이도록 만든다. 결과적으로 우리는 친구들과 가족들이 서로 다르듯이, 외집단 구성원들도 서로 다름에도 불구하고, 그들을 매우 비슷하게 보는 경향이 있다. 편견이 없는 사람들은 고정관념적 사고를 능동적으로 억제하고 공평과 평등을 강조하기 위해 많은 노력을 한다.

개별화 정보를 찾아라 고정관념을 없애는 좋은 방법 중 하나는 여러 종족과 문화집단에 속한 개인들에 대해 아는 것이다(Inzlicht, Gutsell, & Legault, 2012; Roets & Van Hiel, 2011). 대개 우리는 어떤 사람에 대해 최소한의 정보만 갖고 있을 때, 고정관념을 적용하려는 유혹에 가장 빠지기 쉽다. 고정관념은 그 사람이 어떤 사람인지, 그 사람이 어떻게 행동할지를 예측하는 데 도움을 준다. 불행하게도 통상 이런 추측은 맞지 않다.

고정관념의 가장 좋은 해결책 중 하나는 **개별화 정보**(individuating information), 즉 우리가 어떤 사람을 한 집단의 구성원보다는 한 개인으로 보는 데 도움을 주는 정보로 판단하는 것이다(Cameron & Trope, 2004; Lan Yeung & Kashima, 2010). 어떤 사람을 특정 사회적 범주에 갖다 놓지 않도록 해 주는 어떤 정보라도 그것은 고정관념 사고를 무력화시키는 경향이 있다. 여러분은 여러 배경을 지닌 개인들을 만날 때 그 사람에게 붙어 있는 '상표'를 주목하지 말고 그 '사람'에게 주목하라.

개별화 정보의 효과에 대한 좋은 예는 프랑스어 프로그램에 참가한 영어를 사용하는 캐나다 학생들에 관한 연구이다. 프로그램에 몰두한 학생들[깨어 있는 시간의 대부분을 프랑스계 캐나다인(프랑스어를 사용하는 캐나다인)들과 함께 보냄]은 그들에 대한 태도가 긍정적으로 변하였다. 프로그램에 몰두한 학생들은 프랑스계 캐나다인(프랑스어를 사용하는 캐나다인)들에게 감사하고 그들을 좋아하게 되었고, 기꺼이 그들과 만나고 상호작용하게 되었고, 자신들과 그들이 별로 다르지 않다는 것을 알게 되었다고 말하였다(Lambert, 1987). 실제로는 보다 미묘한 종류의 상징적 편견이 있을 수 있기 때문에, 이런 접촉이 집단 간 갈등을 줄여주는 가장 좋은 방법일 수도 있다(Dovidio & Gaertner, 1999).

공평한 세상 신념의 포로가 되지 마라 여러분은 세상이 근본적으로 공평하다고 생각하는가? 그렇게까지는 생각하지 않더라도, 여러분은 세상이 사람들이 뿌린 만큼 거둘 수 있을 정도로는 공평하다고 생각할지도 모른다. 분명하지는 않지만, 이런 신념이 직접적으로 편견적 사고를 키울 수 있다(Bizer, Hart, & Jekogian, 2012; Hafer & Bègue, 2005).

차별, 사회적 조건 및 상황(예를 들어 최근에 미국으로 이민 옴)의 결과로서, 소수집단은 낮은 사회경제적 위치를 갖고 있을 수 있다(Whitley & Kite, 2010). 사람들이 뿌린 만큼 거둔다는 **공평한 세상 신념**(just-world beliefs)은 우리로 하여금 소수집단 구성원들이 어떤 면으로든 열등하지 않다면, 그런 위치에 있지 않았을 것이라고 가정하게 만든다. 이런 잘못된 생각은 어려운 처지에 있는 편견과 차별의 *희생자*를 비난하게 만든다. 예를 들어 가난한 사람은 게으르기 때문이라고 가정하는 것은 고용에서의 차별이 그 사람의 취업을 어렵게 만들었다는 사실을 간과하는 것이다.

자기충족적 예언을 알아야 한다 여러 번 언급했듯(예를 들어 모듈 59 참조), 사람들은 다른 사람들의 기대대로 행동하는 경향이 있다. 만약 여러분이 여러 집단의 구성원들에 대해 강한 고정관념을 갖고 있다면, 악순환이 일어날 수 있다. 여러분이 여러분과는 다른 누군가를 만날 때, 그 사람을 고정관념과 일치하는 방식으로 대할 것이다. 만약 다른 사람이 여러분의 행동에 의해 영향을 받는다면, 그 사람은 여러분의 고정관념에 부합하는 방식으로 행동할지도 모른다. 예를 들어 다른 종족집단의 구성원들이 호전적이고 불친절하다고 믿고 있는 사람은 아마도 그 집단 사람들이 호전적이고 불친절한 반응을 일으키는 방식으로 그들을 대할 것이다. 이는 사람들의 기대가 실현되는 방식으로 행동하도록 이끄는 **자기충족적 예언**(self-fulfilling prophecy)을 만들고, 다시 그것은 그 고정관념적 신념을 강화시킨다.

다르다는 것이 열등한 것은 아니라는 사실을 기억하라 집단 간 갈등 중 어떤 것은 피할 수 없다. 피할 수 있는 것은 불필요한 집단 간 경쟁인 **사회적 경쟁**(social competition)이고, 각 집단은 자기 집단이 다른 집단보다 더 우수하다고 생각한다. 사회적 경쟁은 개인들이 어떤 집단과 동일시함으로써 자신들의 자존감

다문화주의 각기 다른 인종 및 문화 집단에게 동등한 지위, 인정 및 수용을 주는 것

암묵적 편견 다른 인종집단에 대한 무의식적으로 편향된 사고와 감정

개별화 정보 어떤 사람을 한 집단이나 사회적 범주의 구성원이 아닌 한 사람으로 정의하는 데 도움이 되는 정보

공평한 세상 신념 사람들은 일반적으로 뿌린 대로 거둔다고 믿고 있는 것

자기충족적 예언 기대가 실현되는 방식으로 사람들의 행동을 이끄는 기대

사회적 경쟁 집단 간의 경쟁. 각 집단은 자신이 타 집단보다 더 우수하다고 생각한다.

을 높이려 한다는 사실과 관련 있다. 그러나 이는 그 집단이 다른 집단보다 우수해 보일 수 있을 때만 그렇다. 사회적 경쟁 때문에 집단은 자신이 경쟁 집단보다 더 낫다고 본다(Baron, Byrne, & Branscombe, 2012). 한 조사에서 미국에 사는 모든 주요 인종집단은 자신의 집단을 타 집단보다 더 낫다고 평가하였다(Njeri, 1991).

자존감 높은 사람이 자신을 좋게 보이기 위해 다른 사람들을 열등한 사람으로 여길 필요가 없다. 마찬가지로 자기 집단의 정체성을 긍정적으로 보이기 위해 타 집단을 격하시킬 필요가 없다(Fowers & Davidov, 2006). 사실 각 인종집단은 타 집단성원들이 모방하면 좋을 만한 장점들을 갖고 있다. 예를 들어 아프리카계 미국인, 아시아계 미국인 및 라틴계 미국인들은 일상생활의 스트레스를 완충시켜 주는 데 도움이 되는 가족 간의 네트워크를 강조하고 있다(Suinn, 1999).

인종도 하나의 사회구조임을 이해하라 현대 유전학적 관점에서 보면, 인종개념은 전혀 의미가 없다(Bonham, Warshauer-Baker, & Collins, 2005; Sternberg, Grigorenko, & Kidd, 2005). 여러 집단의 구성원들은 유전적으로 너무 다양하고, 생물학적으로 수 세기 동안 서로 섞여서 어떤 사람이 속한 '인종'이 무엇인지 말할 수 없다. 그래서 인종은 피상적인 신체적 차이와 학습된 인종정체성에 근거한 하나의 착시이다. 분명 사람들은 마치 각기 다른 인종들이 존재하는 것처럼 행동한다(Glenn, 2009). 그러나 이것은 사회적 명칭의 문제이지, 생물학적 실제는 아니다. 어떤 인간 집단이 생물학적으로 더 우수하다 혹은 더 열등하다고 가정하는 것은 전적으로 잘못된 것이다. 사실 가장 분명한 증거는 모든 사람이 같은 조상의 자손임을 시사하고 있다. 우리 종의 기원은 약 10만 년 전 아프리카에 있다. 초기 인류 중 짙은 피부를 지닌 사람들은 적도 부근의 태양 노출에 대해 보호적으로 적응한 것이다(Jablonski & Chaplin, 2000). 생물학적으로, 한 꺼풀 벗기면 우리 모두는 형제자매이다(Graves, 2001; Smedley & Smedley, 2005).

공통점을 보라 우리는 경쟁과 개인의 노력을 우선시하는 사회에 살고 있다. 이와 관련된 하나의 문제는 타인과의 경쟁에서 그들을 비하하고, 물리치고, 정복하려는 욕망을 조성한다는 것이다. 우리가 남들과 협력했을 때 그들의 즐거움과 고통을 공유하는 경향이 있다(Aronson, 2012). 만약 우리가 더 큰 조화 속에서 협력하며 사는 방법을 찾지 못하면, 모든 사람이 어려움을 겪을 것이다. 최소한 그것은 우리 모두에게 공통적이다. 누구나 다르다는 것이 어떤 느낌인지 알고 있다. 그때를 기억하면 더 큰 관용이 찾아온다.

관용과 문화의 이해

다문화주의 사회에서 편안하게 산다는 것은 타 집단에 비해 개방적임을 의미한다. 여러분과 문화적 배경이 다른 사람을 알게 된다는 것은 좋은 배움의 경험이 될 수 있다(Matsumoto & Juang, 2008). 어떤 문화도 일처리에 대한 모든 해답이나 최선의 방식을 갖고 있지 않다. 다문화주의 사람들은 지역사회의 음식, 음악, 예술 및 철학을 풍요롭게 한다. 마찬가지로 다른 인종, 문화 및 종족집단에 대한 개방성은 개인적으로도 이익이 될 수 있다(Fowers & Davidov, 2006).

문화의 이해가 중요하다는 사실은 종종 미묘하고 사소한 곳에서 알 수 있다. 예를 들어 커다란 미국 사회에서 많은 작은 상점들은 한국 이민자들의 소유이다. 이들 한국계 미국인 상인들은 고객들에게 냉담하고 호전적이라는 비난을 받아 왔다. 예를 들어 거스름돈을 고객의 손에 직접 건네 주는 것을 거부하는 것이 뉴욕시에서 아프리카계 미국인들이 한국인 식료품 가게를 보이콧하도록 만든 계기가 되었다. 문제의 핵심은 양쪽 모두에서 문화의 이해가 부족했기 때문이다.

미국에서는 여러분이 상점에 들어가면, 점원이 공손하게 대하기를 기대한다. 공손함을 보여 주는 한 가지 방법은 미소를 짓는 것이다. 그러나 유교의 뿌리가 깊은 한국 문화에서 미소는 가족과 친한 친구에게 하는 것이다. 한국인이거나 한국계 미국인은 미소 지을 이유가 없으면, 웃지 않는다. "만약 여러분이 자주 웃으면, 여러분은 실없는 사람"이라는 한국 격언이 있다. "감사합니다", "실례합니다"라는 표현의 사용도 인색하고, 낯선 사람끼리는 서로 터치하는 일이 드물고, 심지어 거스름돈을 줄 때도 터치하지 않는다.

문화에 따른 행동에 대한 무지가 어떻게 쓸데없는 마찰과 오해를 가져올 수 있는지를 보여 주는 또 다른 사례가 있다. 인종적 긴장을 완화하고 싶은 한 아프리카계 여성이 이웃의 정통 유대교인 집에 갓 구운 파이를 가져다주었다. 정통 유대교인은 가까운 가족의 여성이 아닌 여성과는 악수하지 않는다는 사실을 모른 채, 그 여성은 문 앞에서 손을 내밀었다. 일단 안으로 들어온 그녀는 그 집 부부가 유대교 율법을 지키고 있으며 각기 다른 음식에는 다른 칼을 사용한다는 사실을 모른 채 파이를 자르기 위해 부엌칼 하나를 집어 들었다. 이웃 간 우애를 위한 그녀의 좋은 의도는 말싸움으로 끝이 났다! 서로 각자의 문화를 조금만 더 알았더라면, 앞서 말한 두 갈등은 모두 방지가 가능했을 것이다.

모듈 62: 요약

62.1 어떻게 우리가 다문화주의와 사회적 조화를 촉진시킬 수 있는가?

- 62.1.1 다문화주의는 인간의 다양성을 인정하고 수용하는 것이다.
- 62.1.2 다문화적 조화는 타 문화에 대해 더 관용적이 되려는 의식적인 노력을 통해 달성될 수 있다.
- 62.1.3 더 큰 관용은 개별화 정보로 고정관념을 희석시키고, 타 집단과의 공통점을 찾고, 공평한 세상 신념, 자기충족적 예언 및 사회적 경쟁을 피함으로써 촉진될 수 있다.
- 62.1.4 문화의 이해는 사회적 조화를 한층 더 촉진시키는 핵심요소이다.

모듈 62: 지식 쌓기

암기

1. 다문화주의는 여러 하위문화와 인종집단들이 섞여서 하나의 새로운 문화가 되어야 한다는 것을 의미한다. **O X**
2. 편견이 없는 많은 사람들도 여전히 소수집단에 속한 사람을 만나면 편향된 사고와 감정을 지니고 있다. **O X**
3. 고정관념을 없애는 가장 좋은 방법 중 하나는?
   a. 공평한 세상 신념을 수용하는 것
   b. 개별화 정보
   c. 자기충족적 예언을 수용하는 것
   d. 사회적 경쟁
4. 공평한 세상 신념은 사회적 경쟁의 주요 원인이다. **O X**

반영

비판적으로 생각하기

5. 왜 여러 집단의 구성원들이 불리기를 선호하는 이름(예를 들어 멕시코계 미국인, 라틴계 미국인, 히스패닉 혹은 치카노)이 무엇인지를 아는 것이 중요한가?

자기반영

여러분이 편견 습관을 깨기 위해 이미 사용하고 있는 전략은 무엇인가? 여러분은 더 관용적이 되기 위해서 나머지 전략들을 어떻게 적용할 수 있는가?

정답

1. X **2.** O **3.** b **4.** X **5.** 명칭은 그 집단 밖의 사람들에게는 없는 부정적 의미를 갖고 있을 수도 있다. 문화적으로 깨어 있는 사람들은 다른 사람들에게 명칭을 물어봄으로써 그들이 정체성을 갖도록 한다.

63 Module

응용심리학: 산업/조직심리학

출근표 찍기

톱니바퀴의 톱니처럼 느껴지게 하는 직장을 가져 본 적이 있는가? 찰리 채플린은 그의 1936년 영화 〈모던타임즈〉를 통해 이러한 느낌을 표현하였다. 다행히 채플린의 시대 이후 직업의 세계는 많이 변하였다. 새로운 방식으로 허리케인을 예측할 수 있는 인공위성 기상시스템 소프트웨어를 오랜 기간 개발하고 있는 아르만도라는 사람을 생각해 보자. 그의 작업 효율성은 쉽게 측정되는 것도 아니고 금방 향상될 수 있는 것도 아니다. 이보다 아르만도의 성공 여부는 작업에 대한 스스로의 진취성, 창조성, 그리고 몰입에 달려 있다. 아르만도는 이전 직장이 자신을 '출근표 찍는' 사람처럼 느끼게 하였기 때문에 그 직장을 그만두었다. 그러한 느낌은 그가 결코 바라지 않았던 것이었다.

CHAPLIN/UNITED ARTISTS/THE KOBAL COLLECTION

여러분은 일하기 위해 산다고 생각하는가, 아니면 살기 위해 일한다고 생각하는가. 여러분이 어떻게 생각하든 아주 분명한 사실은 대부분의 사람들이 살기 위해 일한다는 것이다. 여러분이 이미 직장을 갖고 있든지, 아니면 졸업 후에 직장을 가질 계획을 갖고 있든지 일과 조직에 대한 사람들의 심리에 대해 뭔가 알아두는 것이 도움이 될 것이다.

SURVEY QUESTIONS

63.1 심리학은 사업체와 산업체에서 어떻게 적용되고 있는가?

산업/조직심리학—일의 심리학

SURVEY QUESTION 63.1 심리학은 사업체와 산업체에서 어떻게 적용되고 있는가?

응용심리학(applied psychology)이란 현실 문제를 해결하기 위해 심리학적 원리와 연구방법을 적용하는 학문이다. 심리학에서 가장 넓은 응용 영역은 임상심리학과 상담심리학이지만 응용심리학의 범위 안에는 지역사회심리학, 교육심리학, 군사심리학, 소비자심리학, 스포츠심리학, 건강심리학, 혹은 우주심리학 등이 포함될 수 있다.

산업/조직심리학[Industrial/organizational(I/O) psychology]은 작업과 조직에서의 인간에 대한 학문으로, 가장 중요한 응용 영역 중 하나이다(Aamodt, 2013; Bryan & Vinchur, 2013). I/O 심리학자들의 연구는 어떻게 여러분이 직무에 선발되고, 훈련받으며, 승진을 위해 평가받을 것인지에 영향을 미칠 것이다. 대부분의 I/O 심리학자들은 정부, 산업체, 그리고 사업체에 고용된다. 전형적으로 이들의 두 가지 주요 활동 영역은 (1) 직무를 연구함으로써 직무 수행에 기저하는 기술이 무엇인지 확인하고, 직무 수행을 위한 선발과 훈련에 이를 적용하는 것(*산업* 부분)과 (2) 조직을 연구함으로써 작업자의 수행을 향상시킬 수 있는 조직 구조와 문화를 어떻게 창출할 수 있는지 이해하는 것(*조직* 부분)이다. I/O 심리학자들이 무엇을 하는지는 표 63.1에 좀 더 세부적으로 제시하였다.

표 63.1 산업/조직심리학자들의 주요 관심주제 영역

결근	소수집단 작업자
의사결정	임금체계
조직설계	인사선발
스트레스	인사훈련
이직	생산성
면접	승진
직무확충	과업분석
직무만족	과업설계
노사관계	작업행동
리더십	작업환경
기계설계	작업동기
경영방식	작업자 평가

표 63.1에서도 보이듯이 I/O 심리학자들의 관심 영역은 매우 다양하다. 모든 조직에서 가장 중요한 사람은 그 조직의 리더이다(Hodson & Sullivan, 2012). 가족치료사이자 랍비인 Edwin Friedman은 "리더십이란 미래에 대한 비전을 명확하게 제시하고 확대하는 방식으로 다른 사람들에게 자신을 나타낼 수 있는 역량으로 생각할 수 있을 것"이라고 언급한 바 있다. 위대한 사업체 리더들은 그들의 부하들에게 어떻게 영감을 줄까?

X 이론 리더십

어떤 주요 컴퓨터 게임 개발업체에서는 점심시간에 최고경영자를 포함하여 모든 종업원들이 컴퓨터 게임을 하면서(물론 이 게임에서 상사들이 항상 이기는 것은 아니다) 같이 식사하고, 이야기하고, 농담을 서로 주고받는다고 한다. 아무리 좋게 말해도, 이러한 것들은 일반적 직장에서는 쉽게 볼 수 있는 것은 아니다. 이들이 이렇게 하는 이유를 이해하기 위해, 리더십에 대한 두 가지 기본적인 이론을 고려해 보자.

작업자 효율성을 향상시키기 위한 최초의 시도는 1923년에 공학자였던 Frederick Taylor에 의해 이루어졌다, Taylor는 작업방식을 표준화하였고, 신중한 계획, 통제, 그리고 질서정연함을 강조하였다. 오늘날에 Taylor의 이러한 다양한 접근법은 **과학적 관리**(scientific management) 혹은 **X 이론 리더십**(theory X leadership)이라 불린다. 과학적 관리에서는 생산성을 증가시키기 위해 시간-동작(time-and-motion) 연구, 과제 분석, 직무 전문화, 조립 생산라인, 급여 체계 등을 사용한다(Crowley et al., 2010; Paton, 2013).

과학적 관리에서는 사람들을 마치 기계인 것처럼 다루는 듯 보인다. 이게 사실인가? 어느 정도까지는 그렇다. Taylor의 시대에 많은 회사들은 거대한 생산 조립라인을 갖추고 있는 제조업체들이었다. 사람들은 제조 기계 속에서 일하는 일종의 효율적인 톱니바퀴가 되어야 했다. X 이론을 추종하는 리더들은 작업을 수행하는 사람들에 초점을 맞추는 인간 지향성(person orientation)보다는 이루어져야 하는 작업에 초점을 맞추는 과업 지향성(task orientation)을 갖고 있다. 이에 따라 X 이론 추종자들은 작업자들이 생산적이 되도록 하기 위해서는 이들을 몰아붙이고 이끌어야 하는 존재라고 생각한다. 물론 사업체에서 일하고 있는 많은 심리학자들은 **작업 효율성**(work efficiency, 최소 비용에 의한 최대 산출)의 향상을 중요하게 생각한다. 이 때문에 이들은 작업자들에게 영향을 미칠 것으로 여겨지는 조건들(예를 들어, 근무시간, 작업 할당량, 보너스 등)을 변화시킨다. 심지어 이들은 종종 작업자들이 기름이 잘 칠해진 기계처럼 일하기를 바랄 수도 있을 것이다.

그러나 대부분의 사람들은 작업 효율성만큼 심리적 효율성도 중요하다는 것을 인식하고 있다. **심리적 효율성**(psychological efficiency)은 근로의욕, 노사관계, 종업원 만족 및 이와 유사한 기타 작업행동 관련 측면들을 바람직한 수준으로 유지하는 것을 말한다. 인적 요소를 무시하거나 이것을 제대로 관리하지 않는 리더십 유형은 엄청난 대가를 치를 수 있다. 연구들은 행복한 작업자가 생산적인 작업자라는 것을 일관적으로 보여 주었다(Dik, Byrne, & Steger, 2013; Lerner & Henke, 2008).

Y 이론 리더십

Y 이론 리더십(theory Y leadership)은 과학적 관리의 접근을 취하는 리더십 유형과 구분하기 위해 Douglas McGregor(1960)에 의해 만들어진 용어이다. Y 이론은 X 이론과 대비되는 새로운 접근으

응용심리학 현실적 문제해결을 위해 심리학적 원리와 연구방법을 적용하는 학문
산업/조직심리학 조직 안에서의 작업과 행동에 초점을 두는 심리학의 한 영역
X 이론 리더십(과학적 관리) 작업 효율성을 강조하는 리더십의 한 유형
작업 효율성 최소 비용에 의한 최대 산출(생산성)
심리적 효율성 근로의욕, 노사관계, 종업원 만족 및 기타 작업행동 관련 측면들을 바람직한 수준으로 유지하는 것
Y 이론 리더십 작업 장면에서 인간관계를 강조하고 사람들을 부지런하고, 책임감이 있으며, 도전적인 작업에 관심을 갖고 있는 존재로 보는 리더십의 한 유형

로 작업에서의 인간관계를 강조한다.

이 이론은 X 이론과 어떻게 다른가? Y 이론 리더들은 과업 지향성보다는 인간 지향성을 갖고 있다. 이들은 작업자들이 자율적이고 책임감을 받아들이고자 한다고 가정한다. 또한 이들은 작업자의 요구나 목표가 조직의 목표와 맞물려 있고, 사람들은 천성적으로 수동적이거나 게으른 것은 아니라고 생각한다.

여성은 남성에 비해 좀 더 인간지향적이지 않은가? 그리고 이것은 여성이 좀 더 바람직한 Y 이론 리더가 될 수 있다는 것을 의미하는 것은 아닌가? 좋은 생각이다. 인간지향적인 Y 이론 리더십 유형이 더 많이 받아들여질수록 여성이 리더가 되는 경우가 서서히 증가하고 있다(Ayman & Korabik, 2010; Eagly, 2013). (글상자 "유리천장에서 미로 속으로"를 보라.)

간단히 말해, Y 이론은 사람들이 부지런하고, 창조적이며, 도전적인 일에 의해 보상받는다고 가정한다. 만일 적당한 자유와 책임감이 주어진다면 많은 사람들은 자신의 역량을 획득하기 위해 더 열심히 일하고 자신의 재능을 사용하고자 할 것이다. 이것은 특히 **지식 근로자**(knowledge workers)에게 해당되는 내용이다(Marks & Baldry, 2009; Maruta, 2012). 지식 근로자는 정보를 창조하거나 처리함으로써 회사에 가치를 더해 주는 근로자들인데, 이들은 대개의 경우 자신의 일을 직무가 아닌 경력으로 생각한다. 여기에는 은행원, 교사, 변호사, 컴퓨터 엔지니어, 작가, 그리고 과학자들이 해당한다. 지난 60여 년 동안 북미에서 제조업은 쇠퇴한 반면 *지식 회사*(knowledge company)는 훨씬 더 흔해졌다. 오늘날 북미에서는 작업장에서 일하는 5명 중 4명은 지식 근로자이다(Drucker, 1993).

변혁적 리더십 오늘날의 가혹한 경제적 현실은 인간지향적인 Y 이론의 범위를 넘는 리더를 요구하고 있다. **변혁적 리더십**(transformational leadership)은 조직이 더 높은 경쟁력을 가질 수 있도록 하기 위해 종업원들이 기대 수준을 높이고 개인적 이해를 넘어 생각할 수 있도록 이들을 변혁시키고자 한다(Avolio, Walumbwa, & Weber, 2009; Guay, 2013). 변혁적 리더는 네 가지 방식으로 이러한 목표를 성취하고자 한다.

1. 이상화된 영향력: 믿음과 같은 가치를 강조함으로써 종업원들

비판적 사고

유리천장에서 미로 속으로

모든 미국 조직체들의 거의 4분의 1은 최고경영자가 여성이다(Martin, 2007). 심지어 연구들은 더 많은 여성이 리더십의 역할을 하는 회사일수록 재정적으로 더 건실하다는 것을 보여 주었다(Carter, Simkins, & Simpson, 2003; Krishnan & Park, 2005).

그러나 심리학자인 Alice Eagly에 따르면 여성은 아직도 몇 가지의 독특한 도전에 계속 직면하고 있다. 여성이 리더의 위치로 올라가는 것을 방해하는 보이지 않는 장벽을 의미하는 *유리천장*(glass ceiling)에 점점 더 많은 금이 가고 있는 것은 사실이다. 그러나 유리천장은 리더십에 대한 고정관념과 여성에 대한 고정관념 사이의 충돌에 의해 만들어진 미로(labyrinth)로 대체되고 있다(Brescoll, Dawson, & Uhlmann, 2010; Eagly & Carli, 2007). 한편으로, 대부분의 사람들은 리더가 *주도적인*(예: 독립적, 확신적, 야심적, 객관적, 지배적, 단호함 등) 특성을 갖고 있어야 한다고 기대한다. 또 다른 측면에서 대부분의 사람들은 여성은 좀 더 *공감적인*(의존적, 배려, 보살핌, 부드러움, 민감성, 동정적 등) 특성을 갖고 있어야 한다고 기대한다. 전통적인 성 역할 고정관념에 의하면, 주도적인 특성을 갖고 있는 것은 바로 남성이기 때문에 실제 연구 결과(Eagly, 2013)와는 반대로 남성이 더 좋은 리더가 될 수 있을 것이다.

이것은 리더십 역할을 하는 여성에게는 어떤 의미인가? 만일 그녀가 공감적이고 Y 이론을 실천한다면 그녀는 나약하게 보일 것이다. 그녀는 리더가 되기에는 '충분히 강인하지도 않고' 혹은 '자격도 제대로 있지 않다'고 여겨질 것이다. 그러나 이와는 반대로 그녀가 좀 더 단호하고 자신 있게 행동한다면 "남자처럼 하려고 하네"라고 조롱받을 수도 있을 것이다(Kark & Eagly, 2010). 이러한 갈등은 휴렛팩커드의 전 최고경영자였던 칼리 피오리나(Carly Fiorina)에게서 정확하게 표출되었다. 그녀는 "실리콘밸리의 대화방에서 나는 일상적으로 '머리 빈 섹시한 여자' 혹은 '암캐'로 불렸고, 너무 나약하지 않으면 너무 강한 것으로, 게다가 건방진 여자로까지 조롱거리가 되었다"고 회고하였다(Fiorina, 2006, p. 173).

Kim Kulish/Corbis

휴렛팩커드의 최고경영자 시절, 칼리 피오리나는 리더십에 대한 고정관념과 여성에 대한 고정관념 사이의 부조화에 항상 시달려야 했다(Fiorina, 2006).

전통적인 성 고정관념이 약해짐에 따라, 그리고 Y 이론 리더십 유형이 폭넓게 수용됨에 따라 여성은 리더십 미로를 탈출하는 것을 넘어 많은 성공을 달성할 수 있을 것이다.

이 윤리적으로 일할 수 있도록 고무시킨다.

2. 영감적 동기부여: 종업원들이 자신의 일을 의미 있고 도전적인 것으로 생각하도록 영감을 준다.
3. 지적 자극: 종업원들이 문제들에 대한 새로운 해결책을 찾을 수 있는 '새로운 생각을 할 수 있도록' 이들에게 권한을 위임한다.
4. 개인적 배려: 종업원의 개인적 요구, 목표, 그리고 능력의 가치를 높게 평가한다. 필요하다면 적합한 전문성 개발도 활용된다.

리더십 방략

Y 이론과 변혁적 리더십을 효과적으로 만드는 두 가지 기법은 *공유된 리더십과 목표에 의한 관리*(목표 관리라고도 한다)이다. **공유된 리더십**[shared leadership, **참여적 관리**(participative management)]에서 모든 수준의 종업원들은 의사결정에 직접적으로 참여한다(Pearce, Manz, & Sims, 2009). 스스로에게 영향을 미칠 수 있는 의사결정에 직접 참여함으로써 종업원들은 작업을 독단적 리더에 의해 자신에게 부과된 무언가가 아닌 일종의 협동적 노력으로 보게 된다. 이것은 생산성, 직무관여, 그리고 직무만족은 높이는 반면 직무 관련 스트레스는 경감시켜 주는 이점을 가져온다(Pearce, Conger, & Locke, 2007; Raes et al., 2013).

목표에 의한 관리란 무엇인가? **목표에 의한 관리**(management by objectives)에서는 작업자들에게 성취해야 하는 특정한 목표들이 주어지는데 이를 통해 작업자들은 자신이 직무를 제대로 수행하고 있는지의 여부를 확인할 수 있다(Antoni, 2005). 전형적인 목표들에는 특정 수준의 판매량, 특정 수준의 생산량, 그리고 특정 수준으로 낭비를 줄이는 것 등이 포함된다. 어떤 목표이든 작업자들은 그 목표를 어떻게 달성할 것인지 (특정 범위 안에서) 스스로 선택할 수 있다. 그 결과 작업자들은 자신이 독립적이라고 느끼고 자신의 작업에 대해 개인적 책임감을 더 많이 갖게 된다. 작업자들은 목표를 향한 자신의 진척 정도에 대한 피드백을 제공받을 때 특히 더 생산적이 된다. 분명히, 사람들은 목표가 무엇인지, 그리고 자신이 그것을 성공적으로 달성하고 있는지 알고자 한다(Horn et al., 2005; Lefrançois, 2012).

많은 회사들은 작업자 *집단*에 더 많은 자유와 책임을 부여하기도 한다. 이것은 전형적으로 자기관리팀을 만드는 것으로 가능해진다. **자기관리팀**(self-managed team)이란 공유된 목표를 향해 함께 일하는 종업원들의 집단을 일컫는다. 전형적으로 자기관리팀은 효과적이기만 하다면 목표를 달성하는 데 나름대로의 방법을 스스로 선택할 수 있다. 자기관리팀은 개별 종업원들의 강점을 충분히 활용하는 경향이 있다. 또한 이들은 새로운 아이디어를 증진시키고 동기를 향상시킨다. 대부분의 경우, 자기관리팀은 조직 안에서 서로 협동하고 팀워크를 형성하도록 노력한다(Woods & West, 2010). 자기관리팀 안의 작업자들은 작업에서 매우 공정하게 대우받고 있다고 느끼고 긍정적 팀 분위기를 형성할 가능성이 매우 높다(Chansler, Swamidass, & Cammann, 2003; Gilboa & Tal-Shmotkin, 2012).

경영층 아래에 있는 작업자들은 자신의 작업에 어떻게 관여할 수 있을까? 한 가지 대답은 **작업 질 서클**(quality circle)을 사용하는 것이다. 이것은 사업 문제를 해결하고 효율성을 향상시킬 수 있는 방안들을 찾고자 구성된 자발적 토론집단을 의미한다(Aamodt, 2013). 자기관리팀과는 대조적으로 작업 질 서클은 대부분의 경우 자신의 제안점들을 실제로 적용될 수 있는 권한은 갖고 있지 않다. 그러나 좋은 아이디어를 서로 주고받고 이 중의 많은 것들은 회사 리더들에 의해 채택된다. 작업 질 서클은 나름

Ghislain & Marie David de Lossy/Glow Images

공유된 리더십 기법은 모든 수준의 종업원들로 하여금 의사결정에 관여하는 것을 권장한다. 대부분의 경우, 이 기법은 좀 더 높은 수준의 직무만족을 가져온다.

지식 근로자 정보를 창조하거나 처리함으로써 회사에 가치를 더해 주는 근로자

변혁적 리더십 조직이 더 높은 경쟁력을 가질 수 있도록 하기 위해 종업원들이 기대 수준을 높이고 개인적 이해를 넘어 생각할 수 있게 종업원들을 변혁시키고자 하는 리더십

공유된 리더십(참여적 관리) 모든 수준의 종업원들이 의사결정에 직접적으로 참여하는 것을 허락하는 리더십

목표에 의한 관리(혹은 목표관리) 종업원들에게 작업을 통해 달성해야 하는 특정한 목표들을 제시하는 일종의 관리기법

자기관리팀 목표 달성을 위해 높은 수준의 자유를 갖는 작업집단

작업 질 서클 품질을 향상시키고 사업 문제를 해결하기 위한 방안들을 제안하는 종업원 토론집단

대로의 한계를 갖고 있지만, 그럼에도 불구하고 연구들은 개인적 관여가 클수록 수행이 더 좋아지고 직무만족이 더 높아진다는 것을 보여 주었다(Beyer et al., 2003).

직무만족

때에 따라 작업에 X 이론 방법들을 적용해야 할 경우도 있을 것이다. 그러나 작업자의 요구를 고려하지 않고 이것들을 적용하는 것은 전투에서는 이기는 것일 수 있지만 전쟁에서는 지는 것이다. 다시 말해, 일시적인 생산성은 향상될 수 있더라도 직무만족은 저하될 수 있다. 직무만족이 낮으면 결근율과 이직률은 높아지는 반면 근무의욕은 저하되어, 결과적으로는 높은 수준의 훈련 비용과 비효율성이 초래된다(Wright & Bonett, 2007).

이에 따라 깨어 있는 Y 이론 리더가 사용하는 다양한 방법들은 궁극적으로 **직무만족**(job satisfaction), 즉 개인이 자신의 작업을 기쁘게 받아들이는 정도를 높이고자 한다. 긍정적인 정서가 더 나은 수행, 더 높은 수준의 이타적 행동, 더 창조적인 문제해결, 그리고 더 낮은 결근과 연합되어 있다는 점에서 보면 종업원의 직무만족은 반드시 향상시켜야 하는 측면이다(Bowling, 2010; Brief & Weiss, 2002).

어떤 조건에서 직무만족이 가장 높아지는가? 기본적으로 직무만족은 개인의 관심, 능력, 요구 및 기대가 작업에 얼마나 적합한지의 여부로 결정된다. 직무만족에 영향을 미치는 주요 요인들은 아래에 목록화되어 있다. 여러분이 갖고 있던 직업을 생각해 보라. 여러분의 직업에 이러한 요인들이 포함되어 있을수록 여러분의 직무만족은 높을 것이다(Aamodt, 2013; Landy & Conte, 2009).

1. 나의 직무는 나의 기대에 부응한다. O X
2. 나의 요구, 가치 그리고 내가 바라는 것은 나의 직무와 부합한다. O X
3. 나는 나의 과업을 수행하는 것이 즐겁다. O X
4. 나는 상사 및 동료들과 즐거운 시간을 보낸다. O X
5. 내 동료들은 행복해 보인다. O X
6. 내가 일을 잘하면 충분히 보상받는다. O X
7. 나는 직무를 통해 성장하거나 도전의식을 가질 기회를 갖고 있다. O X

직무만족은 전적으로 작업조건의 문제만은 아니라는 것에 주목해야 한다. 직장을 가져 본 사람이라면 누구라도 천성적으로 성격 고약한 동료를 한 사람 이상 접해 본 경험이 있을 것이다. 다시 말해 작업자들은 자신의 성격을 집에 놔두고 출근하지는 않는다. 행복한 사람은 직장에서도 행복할 가능성이 높고, 이들은 직무가 갖는 나쁜 점보다는 좋은 점에 더 많은 초점을 맞추고자 할 것이다. 당연한 이야기이지만 생산성이 가장 높은 종업원들은 일하면서 행복한 사람들이다(Aamodt, 2013; Brown, Charlwood, & Spencer, 2012). 이러한 연결고리는 종업원들이 다양한 형태의 *유연근무제*에 따라 일하도록 했을 때 더 분명하게 드러난다.

유연근무제 사무실에서 '9시부터 5시까지' 근무해 본 경험이 있다면 이러한 전통적 근무시간제가 자신을 너무 얽매는 것 같다는 느낌을 받았을지도 모르겠다. 또한 이러한 근무시간제는 매일같이 많은 근로자들을 러시아워의 교통지옥 속으로 떨어드린다. 근로자들의 사기를 높이기 위해 I/O 심리학자들은 다양한 형태의 작업시간 제도를 추천하였는데, 그중 대표적인 것이 **유연근무제**(flexible work) 혹은 유연근무시간제(flexible working hours)이다(Kossek & Michel, 2011). 유연근무시간제의 기본적 생각은 핵심적 근로시간 동안 종업원들이 근무하기만 한다면 일을 언제 시작하고 끝마칠지는 유연하게 조절할 수 있다는 것이다. 예를 들어, 종업원들이 오전 7시 30분에서 10시 30분 사이에 출근하여 오후 3시 30분에서 6시 30분 사이에 퇴근하는 것이다. 유연근무시간제의 한 가지 변형된 형태는 *집중 시간제*(compressed workweek)라고 불리는데, 이 경우 종업원들은 더 적은 날에 근무하면서 하루 동안에는 더 오래 일한다.

원격근무(telework)라고도 불리는 유연공간근무(flexplace)는 작업이 작업장 밖(대부분의 경우 종업원 집)에서 이루어진다(Lautsch, Kossek, & Eaton, 2009; Nätti & Häikiö, 2012).

유연근무제를 통해 작업이 향상되는가? 일반적으로 말하면 그렇다(Yang & Zheng, 2011). 예를 들어, 유연근무제는 전형적으로 작업자의 생산성, 직무만족, 결근율, 그리고 작업일정에 대한 편안함 등에 긍정적 효과를 갖는다(Baltes et al., 1999). 이와 유사하게 원격근무도 높은 평가를 받고 있는 종업원이 다른 도시에 자

Sullivan/Corbis

인터넷과 작업을 연결지음으로써 원격근무 혹은 재택근무가 가능해졌다(Golden, Veiga, & Simsek, 2006).

신의 집을 갖고 있기를 원할 경우에 특히 더 효과적이다(Atkin & Lau, 2007). 심리학자들은 유연근무제가 스트레스를 낮추고 독립감을 높여 주기 때문에 이 두 가지가 생산성과 직무만족을 증가시킬 수 있다는 것에 대한 이론을 제시하였다.

물론 모든 사람이 일주일에 며칠 동안만 한꺼번에 몰아 일하거나 집에서 일하는 것을 원하지는 않을 것이다. 이상적으로 유연작업배정은 종업원의 요구에 부합하도록 이루어져야 한다(Troup & Rose, 2012). 그럼에도 불구하고 오늘날 대부분의 큰 조직체는 유연 작업배정을 사용하고 있다. 가능하다면 종업원의 요구가 충분히 반영된 유연 작업배정이 더 바람직할 것이다.

직무확충 오랜 기간 동안 사업체와 조직체에서의 추세는 작업을 능률적, 효율적으로 만들고 일을 잘하는 사람에게 더 많은 임금을 주는 것이었다. 보너스, 시간외 근무수당, 이익공유 등이 생산성을 증가시킬 수 있다는 증거들은 지금도 많이 있다. 그러나 많은 직무들은 정규적이고, 반복적이며, 지루하고, 성취감이 떨어지는 것일 수 있다. 이로 인한 종업원들의 불만을 해결하기 위해 많은 심리학자들은 *직무확충*이라고 불리는 방략을 추천한다.

직무확충(job enrichment)은 개인적으로 더 보상적이고, 흥미를 끌며, 본유적으로 일하고자 하는 동기를 높일 수 있는 직무를 만드는 것이다. IBM, Maytag, 웨스턴 일렉트릭, 크라이슬러, 그리고 폴라로이드 등과 같은 대기업들은 직무확충을 이용함으로써 큰 성공을 거두었다. 직무확충은 대개의 경우 생산비용을 낮추고, 직무만족을 높이며, 지루함을 줄이고, 결근율을 줄이는 효과를 가져온다(Gregory, Albritton, & Osmonbekov, 2010; Niehoff et al., 2001).

직무확충은 어떻게 이루어지는가? 단순히 한 개인에게 더 많은 과업을 담당하도록 하는 것은 대개의 경우 직무확충이라고 보기 어렵다. 과부하된 작업자들은 스트레스를 경험하고, 이에 따라 에러를 더 많이 범할 가능성이 높다. 직무확충은 우리가 논의하였던 많은 원리들을 적용한다. 대개의 경우 직무확충은 작업자에 대한 통제나 제약을 제거하고 더 많은 자유, 선택권, 혹은 권한을 주는 것을 포함한다. 어떤 경우에 종업원들을 작업의 완전한 순환 속에서 작업하도록 하기도 한다. 즉 큰 처리 과정 속의 고립된 일부만 수행하는 것이 아니라 제품 제작이나 프로젝트의 전체 과정을 수행하고 완수한다. 가능한 경우라면 작업자는 자신의 작업 수준 혹은 진척 정도에 대한 직접적인 피드백을 받게 된다.

직무확충은 작업자로 하여금 권한감(empowerment)을 고양시켜 준다. 또한 이것은 이들의 작업*지식*을 높여 준다. 즉 직무확충은 작업자가 다른 직업과 관련된 다양한 선택사항, 기술, 그리고 정보를 지속적으로 학습하고 연습하도록 해 준다(Gregory, Albritton, & Osmonbekov, 2010; Sessa & London, 2006). 간단히 말해, 대부분의 사람들은 자신이 잘하는 것을 즐기는 것이다.

조직문화

사업체와 조직체들은 그것의 크기와 관계없이 독특한 문화를 발달시킨다. **조직문화**(organizational culture)란 조직체 안에서의 관습, 신념, 가치, 태도, 그리고 의례의 조합물을 의미한다. 이러한 특성들은 각각의 조직에 나름대로의 독특한 '특색'을 제공한다(Chamorro-Premuzic & Furnham, 2010). 조직문화는 사람들을 어떻게 고용하고, 훈련하며, 단련시키고, 해고할 것인지와 같은 것들을 포함한다. 또한 조직문화는 종업원들의 복장, 의사소통, 갈등해결, 권한의 공유, 조직 목표와 가치에 대한 동일시, 계약 협상, 그리고 특별한 일에 대한 기념 등을 모두 망라한다.

어떤 조직에 잘 맞는 사람은 직무기술서에 특정적으로 정해 놓은 방식이 아닌 다른 방식으로 조직의 성공에 기여하는 경향이 있다. 예를 들어, 이러한 사람들은 타인을 잘 돕고, 성실하며, 예의가 바르다. 이들은 또한 사소한 일로 다투기, 소문 내기, 불평하기, 그리고 작은 문제를 크게 만드는 것과 같은 행위를 하지 않음으로써 좋은 스포츠맨십을 보여 준다. (글상자 "탁상 분노와 건전한 조직"을 보라.) 좋은 시민이 그러한 것과 마찬가지로 최상의 작업자는 회의에 참석하고 논의에 참여함으로써 조직문제에 대해 자신의 의견을 개진한다. 이러한 특징을 보여 주는 작업자는 **조직시민행동**(organizational citizenship)이라고 불리는 것을 보여 주는 것이다. 당연한 것이지만 관리자나 고용주들은 좋은 조직시민행동을 보여 주는 종업원을 더 가치 있게 평가한다(Woods & West, 2010).

직무만족 개인이 자신의 일에 대해 안락감이나 만족감을 경험하는 정도
유연근무제 종업원들이 언제 일을 시작하고 끝낼 것인지 유연하게 결정하도록 해 주는 작업 스케줄
원격근무 근무시간 동안 종업원들이 사무실이 아닌 다른 장소에서 컴퓨터로 연결하여 일할 수 있도록 하는 유연 작업의 한 형태
직무확충 개인적으로 더 보상적이고, 흥미를 끌며, 본유적으로 일하고자 하는 동기를 높일 수 있는 직무를 만드는 것. 전형적으로 작업자의 지식을 높이는 것을 포함한다.
조직문화 조직체 안에서의 관습, 신념, 가치, 태도, 그리고 의례의 조합물
조직시민행동 개인에게 주어진 직무 내용의 범위를 넘어 조직의 성공을 위해 긍정적으로 기여하는 것

임상 파일

탁상 분노와 건전한 조직

운전할 때 운전자들이 경험하는 운전 분노와 마찬가지로 '탁상 분노(desk rage)' 혹은 작업장 분노도 흔히 발생하는 것이고 경우에 따라 이것은 작업장 폭력으로까지 이어진다(Niven, Sprigg, & Armitage, 2013). 작업장 분노를 유발하는 공통적 요인을 이해하는 것은 어렵지 않다. (부당하게 대우받는다는 느낌을 포함하여) 직무 관련 스트레스에 기인한 극도의 분노, 개인의 자존감에 대한 지각된 위협, 그리고 타인과의 작업 관련 갈등(Einarsen & Hoel, 2008; Spector, 2012).

작업장에서의 분노와 공격성에 대해 어떻게 대처해야 하는가? 대부분의 대기업에서는 문제를 겪고 있는 종업원들을 위해 정신건강 서비스를 제공하고 있고, 작업장에서 폭력이 발생했을 경우 외상 카운슬링도 실시하고 있다. 더 중요한 것은 건전한 조직은 사람들의 웰빙을 적극적으로 증진시키고자 노력한다는 점이다. 이를 위해 조직은 문제에 대해 공개적으로 대처하고, 종업원들에게 권한을 위임하며, 참여, 협동 그리고 인적 잠재력을 최대로 발휘하도록 권장한다. 또한 건전한 조직은 다음과 같은 방법들을 사용하여 종업원의 웰빙을 지원한다(Hodson & Sullivan, 2012; Martinko, Douglas, & Harvey, 2006).

- 집단 구성원들은 다른 사람에 대해 비난하거나 불평하기보다는 그들의 노력에 진실된 감사를 표시한다.
- 모든 사람은 실수를 범한다. 서로 배려하는 조직은 용서의 역량도 갖고 있다.
- 모든 사람들은 때에 따라 격려가 필요하다. 격려는 작업자들에게 영감을 불러일으키고 희망과 확신감, 그리고 용기를 준다.
- 타인에 대해 세심함을 보여 주는 것은 작업환경을 극적으로 바꿀 수 있다. 세심함은 타인과 그들이 어떻게 행동하는지에 대한 관심 표현의 형태로 나타날 수 있다. 또한 세심함은 타인의 프라이버시에 대한 존중도 포함한다.
- 타인에 대한 동정은 서로를 파괴하는 경쟁이나 옹졸한 장난 모두에 대해 좋은 해결책이다.
- 사람들은 서로 다른 요구와 가치, 경험을 갖고 있다. 타인의 존엄에 대한 인내와 존중은 개인적 웰빙을 유지하기 위한 동반자이다.

조직이 직면하고 있는 경제적 압박은 적대적이고 경쟁적인 작업 환경을 가져올 수 있다. 그러나 경제적으로 어려운 시기라 하여도 생산성과 일에서의 삶의 질은 서로 뗄 수 없는 관계이다. 효과적인 조직은 이 두 가지 모두를 추구한다(Fuqua & Newman, 2002). 예를 들어, 일에서의 삶의 질에 대해 더 많은 주의를 기울이는 회사들은 감원(인력을 줄이는 것; Iverson & Zatzick, 2011)을 해야 한다 하더라도 일반적으로 생산성에서의 손실이 더 적다.

인사심리학

회사들은 처음부터 적임의 종업원을 고용하는 것을 통해서도 성공의 가능성을 높일 수 있다. **인사심리학**(personnel psychology)은 종업원에 대한 검사, 선발, 배치 및 승진의 문제를 다룬다(Campbell, 2013; Woods & West, 2010). 현재 10명 중 9명은 사업체나 산업체에 고용되고 있고, 앞으로도 그럴 것이다. 따라서 직장을 갖고 있는 거의 모든 사람들은 조만간 인사선발의 '심리적 현미경' 검사를 받게 될 것이다. 고용을 위한 선발과 승진이 어떻게 이루어지는지 아는 것은 분명 가치 있는 일이 될 것이다.

인사심리학자들은 어떻게 사람들을 선발하는가? 인사선발은 직무분석부터 시작된다. **직무분석**(job analysis)이란 특정 직무에서 요구되는 기술, 지식 및 활동에 대해 세부적으로 기술하는 것을 말한다(Sackett, Walmsley, & Laczo, 2013; Stetz, Button, & Porr, 2009). 직무분석은 전문 근로자나 감독자들을 대상으로 면접, 질문지법, 직접 관찰법 혹은 주요사건 확인법 등을 통해 이루어질 수 있다. **주요사건**(critical incident)이란 유능한 종업원이 대처할 수 있어야 하는 상황을 말한다. 예를 들어, 항공기 조종사의 경우라면 긴급한 기계적 결함 문제에 대해 차분하게 대처하는 능력을 발휘하는 것이 주요사건이 될 수 있다. 일단 직무요구가 무엇인지 알 수 있다면 심리학자들은 어떤 기술, 적성, 그리고 흥미가 필요한지 명세화할 수 있게 된다(● 그림 63.1). 또한 이제 몇몇 심리학자들은 좀 더 넓은 범위의 '작업분석(work analysis)'을 실시하기도 한다. 이 경우 심리학자들은 어떤 개인이 단지 하나의 특정 직무보다는 다양한 작업에서의 역할을 성공적으로 수행하기 위해 일반적으로 어떤 특징을 갖고 있어야 하는지 확인하고자 한다(Sackett & Lievens, 2008).

요구되는 기술과 특질이 무엇인지 확인되었다면 그다음 단계에서는 누가 그것을 갖고 있는지 찾아내어야 한다. 오늘날, 입사 지원자를 평가하는 데 가장 많이 사용되는 방법에는 *전기자료* 수집, *면접*, *표준화된 심리검사 시행*, 그리고 *평가센터* 활용 등이 포함된다. 각각에 대해 좀 더 자세히 살펴보자.

전기자료 특별할 것 같지 않게 보일 수 있지만 직무에서의 성공을 예측하는 한 가지 좋은 방법은 지원자로부터 상세한 **전기자료**(biodata, 혹은 이력)를 수집하는 것이다(Schultz & Schultz, 2010).

Tom Sheppard/Stone/Getty Images

그림 63.1
미국 공군에서는 복잡한 기술을 분석하는 것도 가치 있는 것으로 받아들여지고 있다. 수백만 달러의 항공기와 조종사의 인명이 위험에 처할 수 있다는 것을 감안하면 지상에서 가능한 많은 훈련과 연구를 하는 것이 바람직할 것이다. 공군에서 일하는 심리학자들은 사진에서 보는 것과 같은 항공 시뮬레이터를 이용하여 제트 전투기를 조종하는 데 필요한 복잡한 기술들을 분석한다. 그다음 그러한 기술들은 위험이 없는 지상에서 훈련될 수 있다. 위 사진에서 보이는 제너럴 일렉트릭 시뮬레이터는 컴퓨터를 사용하여 총천연색의 이미지를 생성하는데 이러한 이미지들은 조종사들이 제어장치를 조종하는 것에 따라 매우 현실감 있게 변화한다.

전기자료를 수집하는 이유는 과거 행동을 살펴보는 것이 미래의 행동을 예측하는 좋은 방법이 될 수 있다고 생각하기 때문이다. 종종, 개인의 삶에 대한 세부적 내용을 살펴봄으로써 그 개인이 특정 유형의 작업에 적합한지의 여부를 판단할 수 있다(Schmitt & Golubovich, 2013).

전기자료 항목 중에서 가장 유용하게 사용될 수 있는 것에는 운동에 대한 흥미, 학업성취, 과학에 대한 흥미, 과외활동, 종교활동, 사회적 인기, 형제자매와의 갈등, 학교에 대한 태도, 그리고 부모의 사회경제적 지위 등이다(Woods & West, 2010). (전기자료를 수집하는 경우 인권이나 프라이버시를 고려해야 한다는 점에 주의해야 할 것이다.) 그와 같은 자료는 개인의 성격, 흥미, 그리고 능력에 대해 상당히 많은 것을 알려 준다. 과거의 경험뿐만 아니라 개인의 최근 자료도 직무 성공을 예측하는 데 도움이 된다. 예를 들어, 여러분은 대학 학점이 별로 중요한 것이 아니라고 생각할지 모르겠지만 이것은 많은 유형의 직업에서 성공 여부를 예측해 준다(Sackett & Lievens, 2008).

면접 전통적인 개인 면접은 채용이나 승진을 위한 사람들을 선발하는 데 지금도 가장 많이 사용되는 방법 중 하나이다. **개인면접**(personal interview)을 통해 지원자의 개인적 자질을 검증한다. 이와 동시에 면접자는 지원자의 성격(혹은 성격들—그러나 이것은 또 다른 이야기이다!)에 대해 직접적인 인상을 얻을 수도 있다(Chamorro-Premuzic & Furnham, 2010).

모듈 60에서 논의하였듯이 면접에서는 *후광효과* 혹은 이와 유사한 문제가 영향을 미칠 수 있다(후광효과란 면접자가 피면접자의 외모와 같이 개인의 성격과는 관련이 없는 측면까지 고려하여 호의적 혹은 비호의적으로 인상을 확장하는 경향임을 상기하라). 더구나 피면접자는 면접자에게 자신에 대한 긍정적 이미지를 주기 위해 *인상관리*(impression management)를 적극으로 활용하고자 할 수도 있을 것이다(Kleinmann & Klehe, 2011; 글상자 "취업 면접을 위한 몇 가지 팁"을 보라).

심리학자들이 면접의 정확성을 높일 수 있는 방법들을 지속적으로 찾고자 하는 것은 바로 이러한 이유들 때문이다. 최근의 연구는 면접을 구조화할수록 면접의 정확성이 높아질 수 있음을 보여 주었다(Sackett & Lievens, 2008; Tsai, Chen, & Chiu, 2005). 예를 들어, 각각의 피면접자들에게 동일한 질문을 하는 것이다. 그러나 면접이 갖는 한계점에도 불구하고 이것은 사람들이 직무에서 어떻게 수행할 것인지를 예언하는 타당하면서도 효과적인 방법 중 하나이다(Hodson & Sullivan, 2012; Landy, Shankster, & Kohler, 1994).

심리검사 *인사심리학자들은 어떠한 유형의 검사를 사용하는가?* 일반적인 정신능력 검사들(지능검사)은 다양한 유형의 직무에서 개인이 직무를 성공적으로 수행할지의 가능성에 대해 매우 많은 것을 알려 준다(Aamodt, 2013; Schmidt & Hunter, 1998). 일반적인 성격검사도 마찬가지이다(이에 대해서는 모듈 38에 기술되어 있다; Hough & Connelly, 2013). 게다가 인사심리학자들은 **직업 흥미검사**(vocational interest test)도 종종 사용한다. 이 검사에서는 개인의 흥미를 측정한 후, 이것을 다양한 직업에서 성공적으로 직무를 수행한 근로자들의 흥미와 대응시켜 본다(Van Iddekinge, Putka, & Campbell, 2011). *Kuder 직업 흥미검사*(Kuder Occupational Interest Survey)나 *Strong-Campbell 흥미검사*(Strong-Campbell Interest Inventory)와 같은 검사들에는 다음과 같은 문항이 포함되어 있다.

인사심리학 종업원에 대한 검사, 선발, 배치 및 승진의 문제를 다루는 산업/조직심리학의 한 영역
직무분석 특정 직무에서 요구되는 기술, 지식 및 활동에 대한 상세한 기술
주요사건 유능한 종업원이 대처할 수 있어야 하는 상황
전기자료 직무 지원자에 대한 상세한 전기적 정보
개인면접 직무 지원자들의 자질을 평가하고 그들의 성격에 대한 인상을 얻기 위해 공식적 혹은 비공식적으로 질문하는 것
직업 흥미검사 개인의 흥미를 평가하고, 이것을 다양한 직업에서 성공적으로 직무를 수행한 사람들의 흥미와 대응시키는 일종의 지필검사

심리학 발견하기

취업 면접을 위한 몇 가지 팁

어떤 직장에 지원하고자 하는가? 오랜 시간에 걸쳐 검증된 몇 가지 팁이 있다. 일반적으로, 옷을 빼 입거나, 좋은 향수를 뿌리거나, 혹은 면접자에게 아부하는 것과 같은 좋은 인상을 주기 위한 간접적인 노력은 자신의 장점이나 과거의 성공을 강조하는 것과 같은 직접적 노력에 비해 덜 효과적이다(Kleinmann & Klehe, 2011; Kristof-Brown, Barrick, & Franke, 2002). 그러나 노골적인 자기 자랑은 주의해야 한다. 지나친 자화자찬은 여러분의 직무 역량이나 적합성에 대한 면접자의 지각을 떨어뜨리는 경향이 있다.

면접 준비를 철저히 하는 것이 중요하다. 여러분이 지원한 회사와 직무에 대해 알아야 한다. 지원하고자 하는 직무에 대해 여러분의 자격은 충분한지와 여러분의 이력에 대해 충분하게 검토하라. 면접에서 주어질 예상 질문과 이에 대한 대략적인 답변을 미리 생각하라. 가족이나 친구들 앞에서 미리 연습해 보는 것도 고려해 보라.

면접 시간에 제때 도착하고, 주민등록증, 이력서, 추천서 등을 지참하라. 또한 차림새를 단정히 하고, 적절한 옷을 입고, 매너 좋게 행동하라. 담배를 피거나 껌을 씹지 마라. 애완동물을 데려가거나 모친 혹은 부친과 같이 가지 마라. (농담 아니다!) 면접 동안 통화하거나 문자 메시지를 보내지 마라. (다시 한 번 말하지만 절대 농담이 아니다!)

면접자의 이름을 기억하고 자신감 있게 악수하라. 차분해야 하고, 모든 질문에 대해 정중하고, 신속하고, 간결하게 대답하라. 면접에 적극적으로 임하고, 긍정적인 몸짓을 하고, 속어를 사용하지 마라. 자신이 지원한 직무와 회사에 대해 질문하는 것을 두려워하지 마라. 그러한 질문들에 대한 대답이 회사 웹사이트에서는 모두 쉽게 찾아지지 않는 것임을 분명히 알아야 한다(즉 웹사이트에 이미 있는 내용을 질문해서는 안 된다). 확실하게 취직될 것이 아니라면 봉급이나 이점에 대한 질문은 피하라. (Doyle, 2013; Workopolis, 2013에서 수정.)

나는 a. 박물관 가기를, b. 좋은 책 읽기를, c. 야외 산책하기를 좋아한다.

흥미검사들은 전형적으로 John Holland가 열거한 6개의 주요 흥미 유형들을 측정한다(표 63.2). 여러분이 흥미검사를 받은 후 여러분의 점수가 어떤 특정 직업에서 일하는 사람의 점수와 잘 맞는다면, 여러분도 그들이 하고 있는 일을 하는 것이 더 편하다고 가정된다(Holland, 1997).

적성검사(aptitude tests)도 인사심리학에서는 중추적 역할을 한다. 그와 같은 검사는 다양한 직업에서 사용되는 과업이나 기술에 대한 개인의 학습 잠재력을 측정한다. 사무 적성, 언어 적성, 기계 적성, 예술 적성, 법률 적성, 의료 적성 및 그 외의 많은 적성들을 측정하기 위한 검사들이 있다(● 그림 63.2). 예를 들어, 사무 적성을 측정하기 위한 검사는 사무실에서의 신속하고, 정확하며, 꼼꼼하게 작업하는 역량을 강조한다. 사무 적성검사에는 아래에 제시된 숫자 혹은 이름의 쌍들 중 두 항목이 서로 동일한 것이 어떤 것인지 찾도록 요구하는 문항이 포함될 수 있다.

49837266	49832766
Global Widgets, Inc.	Global Wigets, Inc.
874583725	874583725
Sevanden Corp.	Sevanden Corp.
Cengage Publishing	Cengage Puhlishing

표 63.2 직업 흥미 유형

흥미 유형	학부전공(예시)	직업(예시)
현실형	농학	기술자
탐구형	물리학	화학자
예술형	음악	작곡가
사회형	교육학	상담가
기업형	경영학	판매업
관습형	경제학	서기

출처: Holland, 1997.

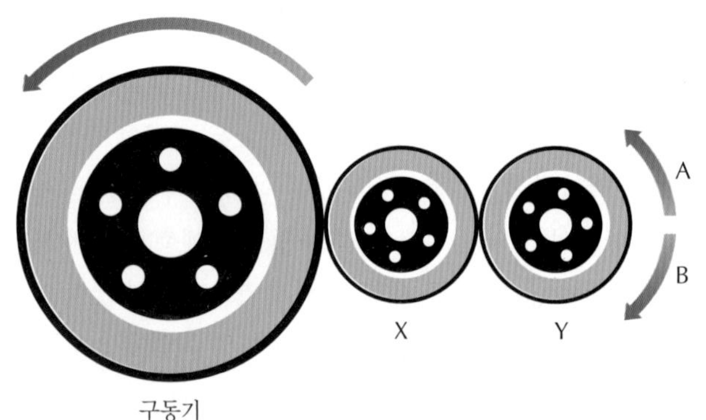

1. 구동기가 위에서 보이는 방향으로 회전한다면 휠 Y는 어느 방향으로 회전하는가? A B

2. 가장 느리게 회전하는 휠은 무엇인가? 구동기 X Y

● 그림 63.2
기계 적성검사에서 사용될 수 있는 문항의 한 가지 예시
(답은 각각 A와 구동기이다.)

졸업 후, 여러분은 평가센터에서 평가를 받을 가능성이 매우 높다. 많은 대기업들은 직무 지원자들을 심층적으로 평가하기 위해 **평가센터**(assessment center)를 활용한다. 평가센터를 활용한 접근은 매우 인기가 많아져서 이것을 사용하는 기업들(포드, IBM, 코닥, 엑손, 시어스, 그리고 그 밖의 수천 개의 기업들)의 목록이 《Who's Who》에 기재되어 있을 정도이다.

앞에서 이미 기술한 다른 선발 방법들과 비교하여 평가센터는 무엇이 다른가? 평가센터는 주로 관리직이나 중역의 선발에 사용된다. 먼저, 지원자들에 대해 기본적인 검사와 면접을 실시한다. 그다음 이들은 모사된 작업 상황에서 관찰되고 평가된다. 특히 어렵지만 현실적인 작업 상황을 지원자들에게 제시하기 위해 **상황 판단검사**(situational judgment tests)가 사용된다(Christian, Edwards, & Bradley, 2010; Lievens & Sackett, 2006). 예를 들어, 이러한 검사의 한 가지 형태로 **서류함검사**(in-basket test)가 있는데, 이 검사에서는 관리직이나 중역들이 직면할 수 있는 어려운 의사결정 상황이 제시된다. 이 검사에서는 메모, 요구사항, 혹은 전형적인 사업 문제들로 구성된 자료들이 함께 주어진다. 각 지원자들은 이러한 자료들을 통해 내용을 가능한 빠르게 파악한 후 적절한 행위를 취해야 한다. 또 다른 형태의 검사로, 지원자들이 좀 더 압박감을 경험할 수 있는 것은 **리더 없는 집단토론**(leaderless group discussion)이다. 이 검사는 일종의 리더십 검사로 집단 의사결정과 문제해결을 모사한다. 집단이 현실적인 사업 문제에 대한 해결책을 찾기 위해 고심하는 동안 '서기'가 가격변동이나 공급지연 통보 등과 같은 추가적 문제들을 제시한다. 이 상황에서 지원자들을 관찰함으로써 이들의 리더십 기술을 평가할 수 있고, 스트레스에 어떻게 대처하는지 살펴볼 수 있다(Chamorro-Premuzic & Furnham, 2010).

이 방법은 얼마나 효과가 있는가? 평가센터는 다양한 직무, 경력, 직위를 갖고 있는 지원자들의 수행을 예측하는 데 매우 성공적이라는 것이 밝혀졌다(Chamorro-Premuzic & Furnham, 2010; Landy, Shankster, & Kohler, 1994).

이 모듈에서는 산업/조직심리학에 대해 대략적으로 다루었다. 다음 모듈에서는 개인의 삶과 밀접한 관련이 있는 또 다른 영역을 살펴보고자 한다. 그 전에 지금까지 학습한 내용을 점검해 보자.

모듈 63: 요약

63.1 심리학은 사업체와 산업체에서 어떻게 적용되고 있는가?

63.1.1 응용심리학이란 현실적 문제의 해결을 위해 심리학적 원리나 연구를 사용하는 것을 말한다.

63.1.2 산업/조직심리학자들은 직무와 사람을 더 적합하게 대응시키기 위해 직무를 연구하고, 작업자의 수행을 향상시키기 위해 조직구조와 문화를 연구함으로써 작업의 질을 향상시킨다.

63.1.3 세 가지의 리더십 유형은 X 이론 리더십(과학적 관리), Y 이론 리더십(인간관계 접근), 그리고 변혁적 리더십(종업원들로 하여금 기대 수준을 초과하고, 개인적 이해의 범위를 넘어 생각할 수 있도록 영감을 줌)이다.

63.1.4 Y 이론과 변혁적 리더십은 공유된 리더십(참여적 관리), 목적에 의한 관리, 자기관리팀, 그리고 작업 질 서클을 포함하고 있다.

63.1.5 직무만족은 사업 효율성에 영향을 미치는 생산성, 결근, 의욕, 이직 등의 요인에 영향을 준다. 일과 개인의 관심, 능력, 요구 및 기대 사이의 적합성이 좋으면 직무만족이 발생한다. 직무확충은 직무만족을 높이는 경향이 있다.

63.1.6 인사심리학자는 직무와 개인을 적합하게 대응시키기 위해 직무분석을 선발 절차(전기자료, 면접, 표준화된 심리검사, 평가센터의 활용 등)와 조합한다.

적성검사 다양한 직업에서 요구되는 기술에 대한 개인의 학습 잠재력을 평가하는 검사

평가센터 직무 지원자들을 심층적으로 평가하기 위해 조직 안에 설치한 일종의 평가 프로그램

상황 판단검사 지원자들의 기술과 반응을 관찰하기 위한 현실적 작업 상황 제시

서류함검사 관리직이나 중역들이 직면할 수 있는 의사결정 문제를 모사한 검사 절차

리더 없는 집단토론 집단 의사결정과 문제해결 상황을 모사한 리더십 검사의 일종

모듈 63: 지식 쌓기

암기

1. X 이론 혹은 과학적 관리는 ____________의 향상에 주로 관심을 갖는다.
2. 리더십 공유를 통한 관리는 Y 이론을 따르는 리더가 이끄는 사업체의 특징 중 하나이다. O X
3. 대부분의 근로자들에게 직무만족은 거의 임금으로만 결정된다. O X
4. 직무확충은 과학적 관리의 원리가 직접적으로 표출된 것이다. O X
5. 중요한 작업 사건을 확인하는 것은 ____________의 일환이다.
6. 직무 지원자에 대한 상세한 전기적 정보를 ________________라고 부른다.
7. 리더 없는 집단토론은 다음의 종업원 선발 방법 중 어느 것과 가장 관련이 깊은가?
   a. 적성검사
   b. 개인면접
   c. 직무분석
   d. 평가센터

반영

비판적으로 생각하기

8. 인간의 행동 중에서 작업 이외에 어떤 영역에 대한 철저한 과제분석이 도움이 될 수 있을까?

자기반영

여러분이 어떤 사업체에서 사람들을 이끌고 있다면, 여러분은 어떤 리더십을 사용할 가능성이 가장 높은가?

여성이 효과적인 리더가 될 수 있다고 생각하는가? 사업체에서는? 정치에서는?

여러분이 잘 알고 있는 직무를 하나 생각해 보라. 이 직무에 직무확충이 적용될 수 있을까? 이와 유사한 직무를 수행하는 사람들의 직무만족을 향상시키기 위해 무엇을 할 수 있을까?

직무 지원자를 평가하는 다양한 방법 중에서 어느 방법이 가장 타당하다고 생각하는가? 여러분이 평가를 받는다면 어떤 방법으로 받고 싶은가?

정답

1. 작업(과제) 효율성 **2.** O **3.** X **4.** X **5.** 직무분석 **6.** 전기자료 **7.** d **8.** 그와 같은 경우에 해당되는 영역 중 하나는 스포츠심리학이다. 모듈 65에서도 기술되었듯이, 운동 기술은 몇 개의 하위 부분들로 분해될 수 있기 때문에 이것의 주요 요소를 확인하여 훈련시킬 수 있을 것이다. 이러한 방법은 직무분석에서 원래 사용되는 기법을 확장한 것이다. 상당히 많은 부분에서 효과적 교습이 갖는 특징이 무엇인지 확인하는 것도 과제분석에 기초한다.

Module 64

응용심리학: 환경심리학

너무 큰 구두?

환경은 사람에게 상당한 영향을 준다. 이제 그 역도 사실이라는 것이 알려져 있다. 사람은 환경에 상당한 영향을 주는 것이다. 우리 각자는 생명을 유지하기 위해 자원들을 소비하면서 *생태발자국*(ecological footprint)을 만들어 낸다. 식사를 하거나, 혹은 고물을 버리거나, 혹은 어딘가로 여행을 하거나, 심지어 그냥 앉아서 숨 쉴 때마다 우리는 우리의 발자국을 넓힌다.

생태발자국의 평균에 현재의 세계 인구인 약 70억을 곱하면, 거대한 *세계 발자국*이 나오고, 이 발자국은 지구 전체와 추가로 또 다른 절반을 덮을 것이다. 인간이 자원을 소비하는 매년, 지구가 그것을 회복하는 데 1.5년이 걸릴 것이다. 2030년에는 우리는 매년 2개의 지구에 해당하는 자원을 사용하게 될 것이다. 하나뿐인 지구로 어떻게 대처할 것인가? 이 때문에 환경심리학자들은 인간이 직면한 가장 심각한 문제들 중 몇 가지에 관심을 가지고 있다. 환경심리학이란 무엇인가?

Franck Fotos/Alamy

SURVEY QUESTIONS

64.1 물리적 · 사회적 환경의 영향에 대해 심리학자들은 무엇을 알게 되었는가?

64.2 인간은 자연 환경에 어떤 영향을 미치고 있는가?

환경의 영향 – 사람, 어디에서나 사람

SURVEY QUESTION 64.1 물리적 · 사회적 환경의 영향에 대해 심리학자들은 무엇을 알게 되었는가?

환경심리학(environmental psychology)은 환경과 인간행동 간의 관계에 관심을 두는 전공 영역이다(Winter & Koger, 2000). 환경심리학자들은, 댄스 혹은 비즈니스 회합, 또는 파티와 같은 사람들의 집단이라 정의되는 **사회 환경**(social environments), 그리고 자연적이거나 만들어진 **물리 환경**(physical environments) 모두에 관심이 있다. 그들은 또한 환경 속의 더 작은 영역으로서 그 용도가 사무실, 탈의실, 교회, 카지노 혹은 교실과 같이 잘 정의된, **행동 장면**(behavioral settings)에도 특별한 관심을 가진다. 당연히 알아차렸겠지만, 다양한 환경 및 행동 장면들은 어떤 행위를 '요구'하는 경향이 있다. 예를 들어, 도서관과 캠퍼스 센터 라운지 간의 차이를 보라. 대화를 나눌 가능성이 어느 곳에서 더 높겠는가?

환경심리학자들의 다른 주요한 관심사들은 과밀(crowding), 스트레스가 많은 환경, 건축 디자인, 환경 보호, 및 많은 관련 주제들이다(표 64.1 참조). 환경심리학에서 더 '개인적'인 주제들 중 하나는 우리 몸 주변의 공간을 조절하기 위한 우리의 노력과 관련된다. 개인 공간 규준과 영역성(territoriality)이 어떻게 행동에 영향을 미치는지를 살펴보자.

개인 공간

다음 번 여러분이 지인과 이야기할 때, 더 가까이로 간 다음 반응

Peter M. Fisher/Corbis

다양한 행동 장면들은 기대되는 방식으로 행동하도록 사람에게 강한 요구를 한다. 예를 들어, 도서관과 캠퍼스 센터 라운지 간의 차이를 보라. 대화를 나눌 가능성이 어느 곳에서 더 높겠는가?

표 64.1 환경심리학자들의 주요 관심주제 영역

건축 디자인	소음
행동 장면	개인 공간
인지도	성격과 환경
구성된 환경	공해
과밀	사생활
에너지 관리	근접학
환경 스트레스 인자	자원 관리
열	영토성/세력권
인간 생태	도시 계획
쓰레기 투기	반달리즘
자연 환경	

을 살펴보라. 대부분의 사람은 불편의 신호를 보이고 그들의 원래 거리를 회복하기 위해 뒤로 물러선다. 그 자리를 지키고 있는 사람들은 옆으로 몸을 돌리거나, 딴 곳을 보거나, 혹은 그들 앞에 장벽으로서 팔을 놓을지도 모른다. 여러분이 여러분 피험자 쪽으로 조금씩 계속 다가가면, 그들이 몇 피트 뒤로 물러서게 하는 것은 쉬울 것이다.

이 경우에, 여러분의 단순한 (그리고 근접한) 출현은 그 사람의 개인 공간에 대한 침입에 해당하는데, **개인 공간**(personal space)은 사적인 것으로 간주되고 개인적 통제의 대상이 되는 신체 주변의 영역이다(Novelli, Drury, & Reicher, 2010). 기본적으로 개인 공간은 '나'의 경계를 피부 너머 인접 환경으로 확장한다. 개인 공간을 예시하는 다른 사실은 많은 기차 통근자들이 낯선 사람에 너무 가까이 앉아 있어야만 한다면 차라리 서서 가는 것을 더 좋아한다는 것이다(Evans & Wener, 2007). 개인 공간의 사용과 관련된 규준을 체계적으로 연구하는 분야를 **근접학**(proxemics)이라 한다(Harrigan, 2005). 그런 규준은 다른 사람에 의해 침해당했다고 느끼는 사람이 왜 가끔 "내 앞에서 꺼져."라고 말하는지를 설명해 준다.

'너무 가까이' 접근하는 것이 친한 친구에게도 적용될 것인가? 아마 아니다. 편안한 혹은 수용할 만한 거리를 지배하는 규준은 활동뿐만 아니라 관계성에 의해서도 달라진다. Hall(1966)은 네 가지 기본적 영역, 즉 친밀한, 개인적, 사회적, 및 공공적 거리를 구별하였다(● 그림 64.1 참조).

공간적 규준

문화적 차이도 공간 규준에 영향을 준다(Beaulieu, 2004). 많은 중동 국가들에서, 사람들은 이야기할 때 얼굴에서 단지 몇 인치만 떨어져 있을 뿐이다. 서유럽에서 대화할 때 영국인은 프랑스인보다 서로 더 가까이 앉는다. 반면에 네덜란드인은 프랑스인보다 더 멀리 떨어져 앉는다(Remland, Jones, & Brinkman, 1991). 다음 거리들이 북미의 대면 상호작용에 적용된다.

1. **친밀한 거리**(intimate distance). 대부분의 사람에게, 가장 사적이고 배타적인 공간은 피부에서부터 약 45cm까지 확장된다. 이 공간 안으로 들어오는 것(대면)은 특별한 사람 혹은 특별한 경우에만 허용된다. 사랑을 나누거나, 다른 사람을 위로하거나, 아이들을 껴안는 일은 모두 이 공간 안에서 벌어진다.
2. **개인적 거리**(personal distance). 이것은 친구들과 편안한 상호작용할 때 유지되는 거리이다. 몸에서 약 45cm에서 1.2m까지 확장된다. 개인 공간은 기본적으로 사람들을 서로의 '팔 길이' 안에 머물게 한다.
3. **사회적 거리**(social distance). 비개인적인 비즈니스 및 일상적 사회적 모임이 약 1.2~3.6m의 범위에서 일어난다. 이 거리는 대부분의 접촉을 불가능하게 하고, 더 큰 목소리로 말할 것을 요구함으로써 대화를 공식적으로 만든다. 많은 비즈니스 사무실에서 '중요한 사람들'은 사회적 거리를 유지하기 위해 적절히 큰 책상을 사용한다.
4. **공공적 거리**(public distance). 공식적인 상호작용이 일어나는 거리이다(몸에서 약 3.6m 혹은 그 이상). 약 3.6m 이상 떨어져 있을 때, 사람들은 '단조롭게' 보이고 서로에게 말하기 위해서는 목소리를 높여야 한다. 공식적 연설, 강의, 비즈니스 회의, 및 그 밖의 것들이 공식적 거리에서 수행된다.

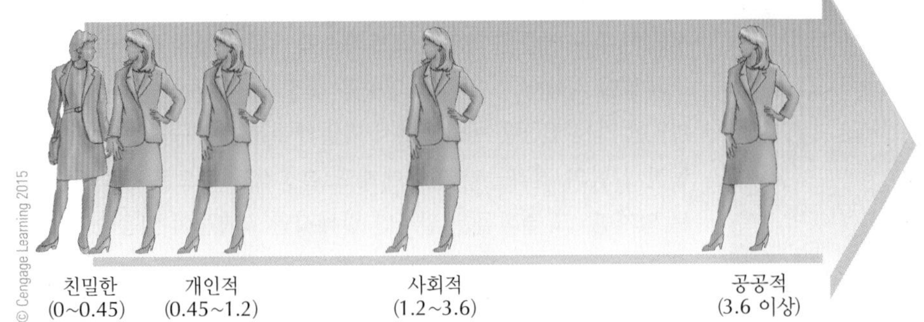

그림 64.1
북미에서 대면 상호작용에서 전형적인 공간 영역(m 단위). 종종 우리는 군중, 버스, 지하철, 엘리베이터, 다른 공공장소에서 다른 사람의 친밀한 거리 안에 서 있어야 한다. 그런 경우, 눈 접촉을 피함으로써, 어깨를 나란히 하거나 등을 붙이고 서 있음으로써, 그리고 지갑, 가방, 짐꾸러미, 또는 외투를 공간적 침입에 대한 장벽으로 세움으로써 사생활이 유지된다.

공간 행동은 매우 일관적이기 때문에 여러분이 다른 사람들과 편안하게 유지하는 거리를 살펴봄으로써 다른 사람에 대한 관계성을 알 수 있다. 그러나 문화적 차이를 알아야 한다. 다른 국적을 갖는 두 사람이 개인 공간에 대해 다른 규준을 가지고 있을 때, 재미있는 '춤'이 생겨날 수 있다. 둘은 대화할 때 불편할지도 모른다. 한 사람은 더 가까이 가려 하고 다른 사람은 계속 뒤로 물러난다. 이것은 오해를 불러일으킬 수 있는데, 한 사람은 상대편이 너무 친근하게 군다고 느끼는 바로 그때, 더 가까이 가는 사람은 거부당한다고 느낀다(Beaulieu, 2004).

영역성 우리가 몸으로부터 멀리 움직일 때, 개인 공간 또한 우리가 우리의 '영역'이라고 주장하는 인접 영역으로 확장한다는 것이 분명해진다. **영역 행동**(territorial behavior)은 어떤 공간을 자신의 영역으로 정의하거나 침입자로부터 그 공간을 보호하는 행동을 가리킨다(Costa, 2012). 예를 들어, 도서관에서 여러분은 여러분의 공간을 외투, 핸드백, 책, 또는 다른 개인적 소지품으로 보호할 것이다. 영화관이나 해변에서 '자리를 맡는 것'도 한 공간을 '우리 것'으로 식별하는 경향성을 보여 준다. 스포츠 팀들조차도 영역적이어서, 보통 다른 팀의 영역에서 시합할 때보다 자신의 홈 영역에서 경기를 더 잘함으로써 홈팀의 이점을 보여 준다(Jamieson, 2010; Sánchez et al., 2009).

공간의 일시적 소유에 대한 존중은 또한 널리 퍼져 있다. 한 사람이 테이블이나 공부방 전체를 '독차지'하여 다른 사람이 침입할 때 방해받는 것처럼 보이는 것은 흔한 일이다. 여러분 자신의 개인 영역에는 여러분의 방, 강의실에서 특정한 좌석, 또는 여러분이나 친구들에 '속하는' 캠퍼스 센터나 도서관의 특정 테이블이 있을 것이다.

연구자들은 여러분이 한 영역에 더 많은 애착을 가질수록 여러분의 '소유권'을 신호하는 명백한 **영역 표지**(territorial markers)로 그 영역을 장식할 가능성이 더 많다는 것을 발견하였다. 보통의 표지에는 장식물, 식물, 사진, 또는 포스터가 있다. 대학 기숙사와 비즈니스 사무실은 이런 종류의 영역 표시 행동을 관찰하기에 최적의 장소이다. 흥미롭게도 (낮은 것이라 할지라도) 울타리, 주차된 차, 잔디밭 설치물, 외부 전등, 및 안전 표지판과 같은 명백한 영역 표지들이 범죄를 단념시킴으로써 더 '방어 가능한 공간'을 만드는 데 도움이 될 수 있다(Reynald & Elffers, 2009). (매우 영역적인 불독도 도움이 될 수 있다.) 많은 도시에 등장하기 시작한 '관문이 있는 주거단지(gated communities)'가 좋은 예이다.

행동에 대한 환경의 영향

우리 행동의 상당 부분은 특정한 유형의 환경에 의해 어느 정도 영향을 받는다. 예를 들어, 다양한 환경 요인들이 공공장소에서 벌어지는 반달리즘의 양에 영향을 준다(Brown & Devlin, 2003). 심리학 연구를 기초로, 많은 건축가들은 이제 공공 장면을 '딱딱

환경심리학 환경이 행동에 어떻게 영향을 주는가에 대한 공식적인 연구
사회 환경 일단의 사람들과 (퍼레이드, 친목회, 또는 스포츠 행사처럼) 그들의 활동 또는 상호관계성에 의해 정의되는 환경
물리 환경 빌딩, 배, 그리고 도시와 같이 사람이 만든 환경뿐만 아니라, 숲과 해변과 같은 자연 장면
행동 장면 버스 터미널, 대기실, 또는 라운지처럼 그 용도가 잘 정의된, 환경 안의 더 작은 영역
개인 공간 사적인 것으로 간주되고 개인적 통제의 대상이 되는 신체 주변의 영역
근접학 특히 사회적 장면에서 인간이 공간을 사용하는 것에 대한 체계적인 연구
친밀한 거리 몸을 가까이 둘러싼 가장 사적인 공간(피부로부터 약 45cm까지)
개인적 거리 친밀한 친구와 상호작용할 때 유지되는 거리(몸에서 약 45cm~1.2m)
사회적 거리 비개인적인 상호작용이 일어나는 거리(몸에서 약 1.2~3.6m)
공공적 거리 연설과 같이 공식적 상호작용이 일어나는 거리(몸에서 약 3.6m 이상)
영역 행동 어떤 공간을 자신의 영역으로 정의하는 경향이 있거나 침입자로부터 그 공간을 보호하는 행동
영역 표지 특정한 장소의 '소유권' 또는 지배를 다른 이에게 나타내는 물건과 여러 신호들의 배치

John Mitterer

그래피티는 도시 생활의 어두운 그림자 중 하나인데, 명백한 형태의 영역 표시이다.

하게 하고' '기회를 제거'함으로써 반달리즘과 그래피티를 힘들게 한다. 그런 노력의 일부는 반달리즘의 기회를 제한한다(문이 없는 화장실 칸, 타일로 된 벽). 다른 것들은 그럴싸한 표적들의 유혹을 약화시킨다. (매우 이상하게도, 표지판 주변의 북돋아진 화단은 더 잘 보호되는데 사람들이 표지판에 가려고 꽃을 짓밟는 것을 거부하기 때문이다.)

마찬가지로, 많은 쇼핑 몰과 백화점은 미로처럼 디자인되어 있다. 그것들의 구불구불한 통로는 쇼핑객이 상품들을 보며 시간을 보내고 배회하도록 부추긴다. 이와 비슷하게 모든 도시에서 범죄 성향이 있는 사람들이 나들이하는 경향이 있는 몇 안 되는 음식점들과 술집 근처에서 더 많은 폭행과 절도가 일어난다(Buchanan, 2008). 공중화장실조차 행동에 영향을 준다. 자리가 제한되어 있으므로, 거기에서 모임을 갖는 사람은 거의 없다!

환경의 개인적 영향을 보면, 우리가 스트레스 많은 혹은 건강하지 않은 환경으로부터 어떻게 영향을 받는지를 아는 것이 중요하다. 이것은 다음에 살펴볼 주제이다.

스트레스 많은 환경

큰 도시들은 보통 생활하기에 스트레스가 많은 장소로 생각된다. 교통 체증, 공해, 범죄, 및 몰개성화가 곧 생각이 나는 도시 문제들이다. 이 목록에 심리학자들은 과밀, 소음, 및 과잉자극을 도시 스트레스의 주요한 출처로 추가해 왔다. 심리학적 연구들은 인간의 기능에 이런 조건들 각각이 미치는 영향을 밝히기 시작했다(Malan et al., 2008; Marsella, 1998).

과밀 많은 저개발 국가들의 바글거리는 도시들에서보다 도시화의 효과들이 더 명백한 곳은 없다(Malan et al., 2012). 집에 가까이 갈수록 만나는 빽빽한 버스, 지하철, 및 우리 자신의 거대 도시의 거주 구역들은 과밀의 스트레스에 대한 풍부한 증거이다.

과밀이 사람에게 미치는 영향을 측정할 수 있는 방법이 있는가? 한 가지 접근은 동물들에서 과밀의 효과를 연구하는 것이다. 동물 실험의 결과들이 인간에게도 결정적인 것으로 간주될 수는 없지만, 그 결과들은 얼마간 방해적인 효과들이 있음을 가리킨다.

예를 들면? 한 영향력 있는 고전적 실험에서, John Calhoun(1962)은 일단의 실험실 쥐들이 제한된 공간에서 제한 없이 새끼를 낳도록 했다. Calhoun은 쥐에게 풍부한 음식과 물, 둥지에 쓰이는 재료들을 제공했다. 쥐가 부족한 것은 공간뿐이었다. 최고점에서 쥐의 군집은 80마리에 이르렀다. 그러나 쥐들은 약 50마리를 적절히 수용할 수 있도록 설계된 우리에 가두어져 있었다. 이 우리에서의 과밀은 2마리의 가장 지배적인 수컷의 행동에 의해 더 심해졌다. 이 악동들은 사적 영토를 우리의 반대편 끝으로 확장했으며, 8~10마리의 암컷 무리를 끌어모으고 거기에서 번성했다. 그 행동은 나머지 쥐들을 작은, 심각하게 과밀한 중간 영역으로 몰아넣었다.

과밀은 동물에게 어떤 영향을 미쳤나? 수컷과 암컷 모두에서 높은 비율의 병리적 행동이 발달했다. 암컷들은 둥지 짓기와 새끼를 돌보는 일을 포기했다. 임신이 줄었으며, 새끼의 사망률이 극히 높아졌다. 많은 동물들은 무차별적으로 공격적이게 되었으며 다른 놈을 미친 듯이 공격하였다. 비정상적인 성 행동이 걷잡을 수 없었는데, 일부는 과도한 성애를 보였으며 다른 놈들은 완전한 성적 수동성을 보였다. 많은 동물들이 죽었는데, 명백히 스트레스가 유발한 질병으로 죽었다. 이런 문제들과 과밀 간의 연결은 오해의 여지가 없이 분명하다.

그러나 그것이 인간에게도 적용되는가? 같은 병리적 행동들 중 많은 것이 과밀한 도심 게토에서 관찰될 수 있다. 그러므로 이런 지역에서 보이는 폭력, 사회적 해체, 출산율 저하가 과밀과 직접 관계된다고 가정하고 싶다. 그러나 그 연결은 인간에게는 그렇게 명확하게 증명되지 않았다(Evans et al., 2010). 도심에 사는 사람들은 영양, 교육, 수입, 의료 등에서 불이익을 겪는다. 과밀보다 이런 조건들이 병리적 행동에 대해 더 비난받아야 할 것이다. 사실 인간 피험자를 사용한 대부분의 실험실 연구들은 사람들을 좁은 장소에 과밀하게 있게 함으로써 어떤 심각하게 나쁜 효과를 내는 데 실패했다. 아마도 이것은 과밀은 **밀도**(density)(주어진 공간에 있는 사람들의 수)와 별개인 심리적 조건이기 때문일 것이다.

과밀은 밀도와 어떻게 다른가? **과밀**(crowding)은 사회적 입력에 의해 과도하게 자극받고 있거나 사생활이 상실되는 주관적인

Kevin Downs/Corbis

2013년 새해 전날의 뉴욕 타임스퀘어. 고밀도는 자동적으로 과밀의 느낌을 낳지 않는다. 상황의 본질과 군중 성원들의 관계성이 또한 중요하다.

느낌을 말한다. 높은 밀도가 과밀로 경험되는지의 여부는 관계된 사람들 간의 관계에 따라 다를 수 있다. 엘리베이터, 지하철, 또는 교도소에서 고밀도는 불편할 것이다. 대조적으로, 음악 콘서트, 파티, 또는 친목회는 더 높은 밀도일 때 가장 즐거울 수 있다. 그래서 물리적 과밀은 상황과 상호작용하여 기존의 스트레스 또는 즐거움을 강화할 것이다(Evans, Lercher, & Kofler, 2002). 그러나 과밀이 자신의 직접적인 사회적 환경에 대한 *통제의 상실*을 유발할 때, 스트레스와 건강 문제가 빚어지기 쉽다(Solari & Mare, 2012; Steiner & Wooldredge, 2009).

스트레스는 아마도 왜 과밀한 조건에서 사는 죄수들과 정신병원 환자들에게서 사망률이 높은지를 설명해 준다. 훨씬 낮은 수준의 과밀도 부정적인 효과를 낼 수 있다. 과밀한 조건에서 사는 사람들은 종종 더 공격적이게 되거나 조심스러워하며 다른 사람들과 어울리지 않게 된다(Regoeczi, 2008).

주의 과부하 고밀도와 과밀에 대해 한 가지 분명한 결과는 심리학자 Stanley Milgram이 **주의 과부하**(attentional overload)라고 부른 상태이다. 이것은 감각 자극, 정보, 및 사회 접촉이 주의에 과도한 요구를 할 때 일어나는 스트레스 상황이다. 특히 대도시는 지속적인 입력으로 거주자들을 폭격하는 경향이 있다. 그 결과로 감각적 및 인지적 과부하가 꽤 스트레스적일 수 있다.

Milgram(1970)은 도시 거주자들은 간단하고 피상적인 사회 접촉에만 개입함으로써, 필수적이지 않은 사건들을 무시함으로써, 그리고 차갑고 불친절한 표정으로 다른 사람을 피함으로써, 주의 과부하를 막는 것을 배운다고 믿었다. 간단히 말해 많은 도시 거주자들은 어느 정도의 냉담함이 생존에 필수적이라는 것을 안다(Wilson & Kennedy, 2006). 그래서 다른 사람의 필요에 대한 민감성의 둔화가 도시 스트레스와 과밀로 인한 가장 심각한 비용 중 하나일 것이다. 다음에 서술하듯이, 소음도 많은 사람이 도시 환경에서 견뎌야 하는 감각적 폭행에 기여한다.

소음의 높은 비용 *일상적 소음 노출의 영향은 얼마나 심각한가?* 로스앤젤레스 국제공항 근처의 학교에 다니는 어린이들에 대한 고전적인 연구는 지속적인 소음은 매우 해로울 수 있다는 것을 보여 준다. 소음이 심한 학교의 어린이들이 공항에서 더 멀리 떨어진 학교에 다니는 비슷한 학생들과 비교되었다(Cohen et al., 1981). 비교 학생들은 비슷한 사회적 및 경제적 구성(makeup)을 갖는 가정들에서 뽑혔다. 검사 결과는 소음이 심한 학교를 다니는 어린이들이 더 조용한 학교의 어린이들보다 혈압이 더 높다는 것을 보여 주었다. 그들은 어려운 퍼즐을 푸는 시도를 더 쉽게 포기하는 편이었다. 그리고 그들은, 면밀한 주의와 집중을 필요로 하는 과제인 인쇄된 문단을 교정보는 일을 더 못했다. 다른 공항 근처에 사는, 또는 소음이 심한 이웃이 있는 아이들에 대한 다른 연구도 비슷한 스트레스 증상, 불량한 읽기 기술, 그리고 다른 해로운 효과들을 발견하였다(Evans, 2006; Linting et al., 2013; Sörqvist, 2010).

소음에 얻어맞은 아이들이 포기하거나 산만하게 되는 경향성은 심각한 핸디캡이다. 그것은 일상적인, 통제 불가능한 굉음으로 유발되는 '학습된 무기력'(모듈 45에 서술)의 상태를 보일 수도 있다. 그런 손상이 일시적으로 보일지라도, 소음 공해(noise pollution)—귀찮고 방해적인 소음—가 환경 스트레스의 주요한 출처라는 것은 분명하다.

자연환경에 대한 인간의 영향 – 지구 우주선을 유지하기

SURVEY QUESTION 64.2 인간은 자연 환경에 어떤 영향을 미치고 있는가?

인구과잉과 그 환경적 영향은 오늘날 세계가 직면한 가장 심각한 문제이다. 세계 인구는 지난 150년 사이에 폭발하였다(● 그림 64.2). 세계의 인구는 이제 70억 이상이 되고 2080년에 100억을

밀도 주어진 공간에 있는 사람들의 수 또는 역으로 각 사람에게 이용 가능한 공간의 양
과밀 사생활 상실 또는 다른 사람과의 근접에 의해 과잉 자극받고 있음에 대한 주관적인 느낌(특히 다른 사람과의 사회 접촉이 불가피할 때)
주의 과부하 감각 자극, 정보, 및 사회 접촉이 주의에 과도한 요구를 할 때 일어나는 스트레스 상황
소음 공해 스트레스를 주는 방해적인 소음. 보통 기계에 의해 인공적으로 생성되지만, 동물이나 인간이 만든 소리도 포함된다.

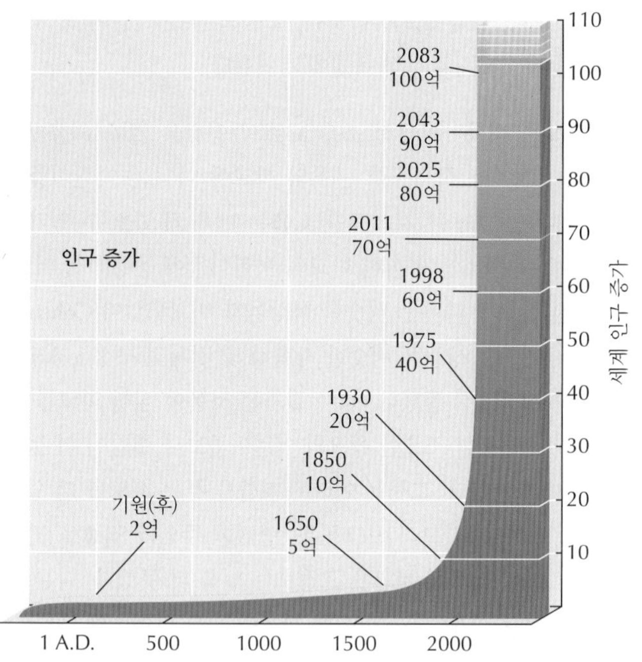

그림 64.2
인구 증가는 1850년 이후로 폭발하였으며 이미 70억을 초과한다. 과잉 인구와 급격한 인구 증가는 환경 피해, 국제적 긴장, 및 재생불능 자원의 급격한 고갈과 밀접하게 연결되어 있다. 어떤 인구통계학자들은 만일 인구 증가가 100억에 이르기 전에 자발적으로 제한되지 않으면, 인구 증가는 광범한 식량부족, 질병, 유아사망, 및 조기 사망에 의해 제한될 것이라고 예측한다(Global Footprint Network, 2012a; United Nations, 2011).

초과할 것이다(United Nations, 2011).

바로 그 인간 활동이 자연 환경을 급격히 변화시킨다(Miller & Spoolman, 2013). 우리는 화석 연료를 태우고, 숲을 파괴하고, 화학제품을 쓰고, 땅을 개간하고, 경작을 한다. 그렇게 하면서 우리는 자연의 순환, 동물의 개체 수, 그리고 바로 지구의 얼굴을 바꾼다. 그런 활동의 장기적 영향은 이미 지구 온난화, 식물과 동물의 멸종, 오존층의 구멍, 오염된 땅, 공기, 물, 및 대양에서 명백해지고 있다(Winter & Koger, 2010).

더 작은 규모로 보면, 확인되지 않은 환경 피해가 우리 아이와 후손들에게 대가를 치르게 할 것이라는 증거가 풍부하다. 예를 들어, 방사선, 살충제, 산업 화학물질과 같은 유독 요소는 신체적 및 정신적 질병의 위험을 높인다(Evans, 2006).

숲, 대양, 농경지, 및 대기는 얼마나 더 많은 사람을 지원할 수 있는가? 전문가들은 지구의 최대 유지 가능한 인구가 50억에서 200억 명 사이라고 추산한다. 이것은 지구가 이미 그것이 감당할 수 있는 수용력의 하한에 들어왔다는 것을 의미한다. 가장 비관적인 전문가는 지구가 무기한으로 유지할 수 있는 사람의 수를 우리가 이미 초과했다고 믿는다(Global Footprint Network, 2012a). 현재 비율의 인구 증가는 재앙이 될 수 있다.

USCG/Landov

AP Photo/Itsuo Inouye

2010년 4월, 멕시코만의 석유시추선이 폭발로 불이 나서 심각한 환경 재난이 생겼다. 2011년 3월, 일본의 원자로는 거대한 지진과 쓰나미에 대처하지 못해 재앙에 가까운 고장이 났다. 칼 세이건이 말했듯이, "여러분이 자세히 볼 때, 여러분은 환경과 관련해서 정말로 많은 일들이 잘못되고 있다는 것을 발견하고, 여러분은 지구에 지성적 생명체가 있다는 가설을 재평가하게 된다."

지속 가능한 생활양식

세계적인 생태 위기가 다가오고 있으며, 인간은 광범한 인간적인 고통과 항구적인 피해를 피하기 위해 경로를 바꾸어야 한다(Moran, 2010). 물론 기업 및 정부들은 많은 환경적인 피해를 일으킨다. 그래서 많은 해결책이 정치 및 정책에서의 변화를 요구한다. 궁극적으로, 해결책은 개인 행동의 변화 또한 요구한다. 우리가 직면하는 환경 문제의 대부분은 천연 자원을 남용하는 인간의 경향성으로 소급될 수 있다(Global Footprint Network, 2012b; Huang & Rust, 2011).

낭비된 자원 천연 자원의 세계적인 급격한 소모는 파괴적인 사회 문제이다. 자원 소모는 **생태 발자국**(ecological footprint)으로

2000년에 태어난 아기에게 제공하기 위해 지구는 무엇을 대가로 치를 것인가? 중요한 보전 노력이 없다면, 북미에서 태어난 한 사람은 평생에 걸쳐서, 여기에 보이는 자원을 평균적으로 소비할 것이다 (“Bringing Up Baby,” 1999).

측정될 수 있는데, 이것은 인간 집단이 소비하는 자원을 보충하는 데 요구되는 땅과 물의 양이다. 지구 발자국 네트워크(Global Footprint Network, 2012a)에 따르면, 인간은 이미 지구가 재생할 수 있는 것보다 더 많은 것을 소모하고 있다. 특히 산업 국가들은 놀라운 비율로 세계 자원을 소비하고 있다. 예를 들어, 북미는 아시아나 아프리카보다 10배나 더 높은 비율로 생태 발자국을 남기고 있다. 예상되는 부족과 낭비되는 자원에 대처하기 위해, 개인 수준에서 보전을 격려하기 위해 무엇을 할 수 있는가?

보전 자원(예컨대 전기)의 사용을 줄이려고 해 보면, 그것이 어렵다는 것을 알 것이다(Stall-Meadows & Hebert, 2011). 환경심리학자들은 *통제*와 *피드백*의 결핍이 주요한 장벽이라는 것을 오랫동안 알고 있었다(Abrahamse et al., 2005). (모듈 23 참조)

예를 들어, 프로그래밍이 가능한 집 온도계와 가전제품 및 전자기기에 에너지절약 설정을 하면 보전-의식적인 소비자가 에너지 소비를 더 정확하게 통제하는 것이 가능하다. 그러나 전기 사용에 대한 피드백(즉, 매달 전기요금 청구서)은 전열기를 켜거나 전등을 켠 채로 두려는 유혹보다 한참 뒤에 주어진다. 이 문제를 알고 있는 심리학자들은 가정이나 직장인들에게 자신들의 가스 혹은 전기 사용에 대한 피드백을 매일 주는 것만으로도 에너지 청구액이 더 낮아진다는 것을 보여 주었다(Carrico & Riemer, 2011).

절약은 에너지 보전에 금전적 보상을 주는 프로그램을 더하면 더 확대된다. 한 가지 최근 사례로, *스마트 미터기*(smart meters)는 소비자와 에너지 공급자 모두에게 에너지 사용에 관한 지속적인 피드백을 줄 수 있다(U.S. Department of Energy, 2010). 이 정보를 가지고, 예컨대, 전기 회사는 부하가 낮은 기간 동안에 더 낮은 가격으로 전기를 제공한다. 요령 있는 소비자들은 전기를 더 쉽게 보전할 수 있을 뿐만 아니라, 또한 예컨대 식기세척기를 낮 동안보다 저녁에 돌림으로써 더 많은 돈을 절약할 수 있다.

여러 기관들이 *생태 발자국 계산기*, 즉 개인들이 자신의 자원 소비를 계산하고 추적할 수 있도록 해 주는 웹사이트를 제공하면서, 전반적인 자원에 관한 효과적인 피드백이 마침내 널리 이용 가능하게 되고 있다(Global Footprint Network, 2011). 지구 온난화에 대한 대중의 관심이 증가하면서, 많은 사람들이 이제 자신의 개인적인 **탄소 발자국**(carbon footprint)을 계산하고 있는데, 이것은 개인적인 소비가 대기에 더하는 온실 가스의 양을 말한다 (The Nature Conservancy, 2013).

생태 발자국 인간 집단이 소비하는 자원을 보충하는 데 요구되는 땅과 물의 양
탄소 발자국 개인적인 소비가 대기에 더하는 온실 가스의 양

심리학 발견하기

재사용과 재활용

소비를 줄이는 것이 우리의 '폐기' 사회의 환경적인 영향을 가볍게 할 수 있는 반면, 보통 버려지기 쉬운 제품이나 물질을 개인적으로 재사용하는 것 또한 중요하다. 게다가 우리는 종이, 쇠, 유리, 알루미늄, 및 플라스틱 같은 물질을 재생할 수 있는데 이것들은 새 제품을 만드는 데 사용될 수 있다.

사람들이 재활용하도록 권장하기 위해 무엇을 할 수 있는가? 심리학 연구는 다음 전략들 모두가 재활용을 촉진한다는 것을 보여 주었다(Duffy & Verges, 2009; Winter & Koger, 2010).

- **교육하라.** 집, 학교, 및 직장에서 환경 문제 및 친환경 가치를 배우는 것은 재활용을 포함한 친환경적인 행동을 권장하는 데 가장 효과적인 방법들 중 하나였다(Carrico & Riemer, 2011; Matthies, Selge, & Klöckner, 2012).
- **금전적 보상을 주라.** 앞에서 언급했듯이, 금전적 보상은 보전을 권장한다. 유리병에 환불 가능한 보증금을 요구하는 것은 재생을 증가시키기 위해 유인책을 쓰는 좋은 예이다.
- **장벽을 제거하라.** 재활용을 더 편리하게 하는 것은 무엇이든 도움이 된다. 좋은 예는 가재도구 재활용품의 픽업장소를 길가에 만드는 도시이다. 다른 예는 소비자가 낡은 컴퓨터, 프린터기, 및 그 밖의 것들을 재활용할 수 있게 돕는 사업이다. 캠퍼스 내 교실에 재활용이 표시된 용기를 두기만 하는 것도 재활용을 권장하는 좋은 방법이다.
- **설득하라.** 많은 재활용(재생) 프로그램은 사람들이 참여하도록 설득하는 데 미디어 캠페인의 도움을 받는다.
- **대중적 참여를 얻어라.** 자신이 재활용에 개입되어 왔다고 느끼는 사람들은 더 잘 따르고 실제로 재활용하는 경향이 있다. 가끔 사람들은 그들이 재생하겠다고 약속하는 '서약 카드'에 서명하도록 요청받는다. 다른 기법은 사람들이 재활용에 참여하는 명단에 서명하게 하는 것이다. 그런 명단은 지역 신문에 공표될 수도 있고 안 될 수도 있다. 어느 방법이든 마찬가지로 효과적이다.

재활용 행동을 촉진하는 심리적인 요인에 적당한 주의가 주어지면 사람들은 재활용을 훨씬 더 잘하는 경향이 있다. 예를 들어, 이 워싱턴 주 재활용 통은 시각적으로 매력적이게 디자인되어 있다.

- **목표 설정을 권장하라.** 재활용을 위해 자신의 목표를 세우는 사람이 그것을 달성하는 경향이 있다. 목표 설정은 가정, 기숙사, 이웃, 사무실, 공장 등 여러 곳에서 성공적으로 사용되어 왔다.
- **피드백을 주라.** 되풀이하자면, 피드백은 매우 가치 있는 것으로 드러난다. 재활용은 보통 가정, 작업 집단, 기숙사 등이 얼마나 많이 재활용했는지를 주기적으로 단지 듣기만 해도 증가한다(Kim, Oah, & Dickinson, 2005). 한 연구에서 대학 캠퍼스에서 재생 용기에 표지가 붙여졌다. 그 표지는 전 주에 얼마나 많은 알루미늄 캔이 모아졌는지를 보여 주었다. 이 간단한 절차로 재생이 65%나 증가했다(Larson, Houlihan, & Goernert, 1995).
- **태도를 고쳐라.** 재활용이 가치 있다고 믿는 사람조차도 그것을 지루한 일로 여기기 쉽다. 그래서 사람들은 그들이 환경에 기여함으로써 얻는 만족감을 강조할 때 사람들은 재활용을 더 지속하기 쉽다(Nigbur, Lyons, & Uzzell, 2010).

이제 (예컨대, 에너지 효율이 좋은 전등을 설치함으로써) 에너지를 보전하고, 여러분의 탄소 발자국에 즉각적인 절감을 보는 것이 이전보다 더 쉬워졌다. 얼마간의 *탄소 부채*(carbon debt)를, 예컨대 나무를 심어서 상쇄하는 것이 더 일반적인 일이 되어 가고 있다. 에너지 사용에 관한 신속하고 정확한 정보와 피드백으로 *탄소중립적인 생활양식*(carbon-neutral lifestyle)을 열망할 수 있게 되었는데, 이런 생활양식에서 여러분의 에너지 소비는 줄어들고 나머지는 상쇄되어서 지구 온난화에 대한 여러분의 전반적인 영향은 영이 된다. 비슷한 요인들이 글상자 "재사용과 재활용"에 묘사되었듯이, 재활용을 크게 증가시킬 수 있다.

사회적 딜레마

사람들이 환경을 더 잘 보호하게 하는 것이 왜 그렇게 어려운가? *사회적 딜레마*라고 불리는 행동 패턴이 많은 환경 문제에 책임이 있다. **사회적 딜레마**(social dilemma)는 결국에는 바라지 않는 효과가 있는 행동을 보상해 주는 어떤 사회 상황이다(Van Lange et al., 2013; Van Vugt, 2009). 전형적인 사회적 딜레마에서, 어떤 개인도 의도적으로 집단 이익에 반해서 행동하지 않지만, 많은 사

람이 비슷하게 행동한다면, 집단적으로 해가 된다. 예를 들어, 많은 대도시의 고속 수송 시스템은 많이 사용되지 않고 있다. 동시에, 도로는 막힌다. 왜? 너무 많은 사람들이 각자 차를 소유하고 운전하는 것이 (심부름 가거나 등등에) 편리하다고 판단한다. 그러나 각 사람의 행동은 다른 사람의 복지에 영향을 미친다. 모든 사람이 '편리'를 위해 운전하려 하므로, 운전은 불편하게 된다. 대부분의 도시에서 차의 수량은 짜증나는 교통 혼잡과 주차 공간의 부족을 야기한다. 또한 공해와 지구 온난화의 원인도 된다. 차 소유자 각자가 딜레마에 빠진다.

공유지의 비극 사회적 딜레마는, 많은 사람에 의해 공유되어야 하는 부족한 자원을 과용하도록 우리가 유도될 때 특히 피해가 크다. 또다시, 각자는 자신의 이익에 따라 행동하지만, 집합적으로 모든 사람은 고통받는 것으로 귀결된다. 생태학자 Garrett Hardin(1968)은 그런 상황을 **공유지의 비극**(tragedy of the commons)이라고 부른다. 이미 논의했던 한 예는 가솔린, 물, 또는 전기를 보전하는 데에 대한 개인적 유인의 결핍이다. 개인적 안락 혹은 편안이 관련될 때는 언제나 '다른 사람들이 걱정하도록 내버려' 두려는 생각이 아주 유혹적이다. 그러나 결국 모든 사람이 지게 된다(Van Vugt, 2009).

왜 그런 잘못 인도된 행동이 그렇게 자주 널리 퍼져 있는가? 다시금, 우리는 사회적 딜레마가 작동하는 것을 본다. 만일 한 사람이 강을 오염시키고 도로변에 쓰레기를 버리면, 그것은 눈에 띄는 영향이 거의 없다. 그러나 많은 사람이 같은 짓을 하면, 모든 사람에게 영향을 주는 문제가 재빨리 등장한다. 플라스틱 봉지 하나를 버리는 것은 무해한 것처럼 보일지 몰라도, 세계적으로 수천억 개의 플라스틱 봉지가 매년 쓰이고 환경에서 그것이 재생되는 데 수백 년이 걸린다. 플라스틱 봉지는 세계의 대양의 중요한 오염원이다.

다른 예로서, 병충해로부터 작물을 보호하기 위해 살충제를 쓰는 농부를 생각해 보라. 농부는 즉각 이득을 얻는다. 그러나 다른 농부가 똑같이 하면, 그 지역의 물 시스템은 항구적으로 손상될 것이다. 대부분의 환경오염 사례에서, 즉각적인 이득은 오염을 통해 얻어지지만, 주요한 장기적인 비용은 지연된다. 그런 딜레마를 피하기 위해 무엇을 할 수 있는가?

딜레마의 탈출 개인과 사업체가 파괴적인 활동을 자발적으로 줄이도록 하는 데 설득과 교육이 얼마간 성공적으로 사용되어 왔다. 자기 이익(비용 절약), 집단적인 선(자신의 아이들과 미래 세대를 보호하기), 또는 단지 지구를 더 잘 보호하고자 하는 개인적 욕망에 근거해서 효과적인 호소를 할 수 있다(Pelletier, Baxter, & Huta, 2011; Winter & Koger, 2010). 보전이 집단적 노력으로 보이면 그것은 정말로 도움이 된다. 대부분의 사회적 딜레마에서 사람들은, 다른 사람들도 마찬가지로 자제할 것이라고 믿을 때 자신들을 자제하기가 더 쉽다는 증거가 있다(Kugler & Bornstein, 2013; Nigbur, Lyons, & Uzzell, 2010). 그렇지 않으면, 그들은 "왜 내가 멍청이가 되어야 해? 다른 사람이 (연료, 전기, 물, 종이, 또는 무엇이든) 보전하리라고 생각하지 않아."라고 생각하기 쉽다.

어떤 경우에, 보상과 비용을 재배치함으로써 사회적 딜레마를 푸는 것이 가능하다. 예를 들어, 많은 회사들은 공해를 일으키고자 하는 유혹을 받는데 그러면 돈이 절약되고 이익을 증가시키기 때문이다. 그런 상황을 뒤집기 위해서는, 공해세가 부과되어 사업체가 공해를 유발하는 것이 더 적은 비용이 아니라 더 많은 비용이 들게 할 수 있다. 마찬가지로, 유인책이 책임 있는 행동에 대해 주어질 수 있다. 한 예는 단열재를 시공하거나 에너지 효율적인 가전기기를 구입하는 데 환불금을 주는 것이다(Schmuck & Vlek, 2003). 다른 예는 최대 전력 사용시간을 피하여 전기를 사용할 때 더 낮은 전기료 요율을 제공하는 것이다(U.S. Department of Energy, 2010).

어떤 문제들은 해결하기가 더 어려울 수 있다. 예컨대 좁은 도로에서 길가로 차를 세우지 않기 때문에 위험한 교통 체증을 야기하는 트럭 운전사에 대해 무엇을 할 수 있는가? 쓰레기 투기는 어떻게 막거나 금지될 수 있는가? 대부분의 사람들이 카풀 혹은 대중교통을 우선 선택하도록 어떻게 할 것인가? 직장에 출퇴근할 때의 출발 시간에 시차를 두도록 사람들을 어떻게 권유할 것인가? 이 모든 그리고 더 많은 것은 해결을 필요로 하는 사회적 딜레마이다. 우리가 그것들을 무시하는 함정에 빠지지 않는 것이 중요하다(van Dijk, Parks, & van Lange, 2013).

환경적 문제해결

심리학자들은 과밀, 공해, 및 자원 남용과 같은 문제들에 대한 해결책을 어떻게 찾는가? 해결책들은 **환경 평가**(environmental assessments)를 함으로써 더 쉽게 발견될 수 있는데, 이것은 환경이 그것을 사용하는 사람의 행동과 지각에 어떻게 영향을 주는지를 살펴보는 것이다.

예를 들어, 대학 기숙사에서 살아 본 적이 있는 사람은 누구나

사회적 딜레마 결국에는 바라지 않는 효과를 낼 행동에 대해 즉각적인 보상을 주는 경향이 있는 사회 상황

공유지의 비극 각자 자신의 즉각적 이익에 따라 행동하는 개인이 부족한 집단 자원을 남용하는 사회적 딜레마

환경 평가 환경이 환경 속에서 사람의 행동과 지각에 미치는 영향을 측정하고 분석하는 것

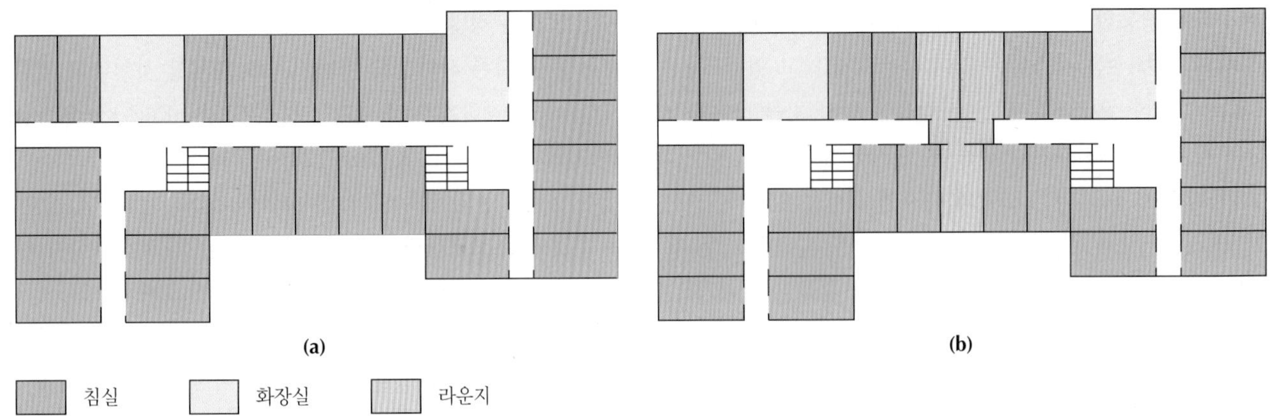

그림 64.3

과밀에 대한 건축적 해결책. 심리학자들은 왼쪽 도해에 보이는 것(a)과 같은 기숙사 홀을, 잠겨 있지 않은 문들로 분리되는 2개의 더 짧은 홀과 라운지 영역으로 나누었다(b). 이 간단한 변화는 원치 않는 사회적 접촉을 최소화했고 기숙사 거주자들 사이에 과밀 느낌을 줄여 주었다. [Baum, A., & Davis, G. E. (1980). Reducing the stress of high-density living: An architectural intervention. Journal of Personality & Social Psychology, 38, 471–481]

기숙사 홀이 가끔 꼭 '정신병원'처럼 될 수 있다는 것을 안다. 잘 알려진 환경 평가에서, Baum과 Valins(1977)는 길고, 좁고, 복도식 디자인의 기숙사에 수용된 학생들은 종종 과밀하다고 느끼고 스트레스를 받는다는 것을 발견했다. 과밀하게 있는 학생들은 다른 사람들로부터 물러나는 경향이 있고, 덜 과밀한 빌딩에 사는 학생들보다 캠퍼스의 보건소에 더 자주 들렀다.

건축 심리학(architectural psychology), 즉 건물이 행동에 미치는 효과의 연구를 통해 심리학자들은 종종 문제를 해결하거나 회피하는 디자인 변화를 제시할 수 있다(Zeisel, 2006). 예를 들어, Baum과 Valins(1979)는 두 가지 기본적인 기숙사 배치를 연구했다. 한 기숙사에는 중앙에 하나의 화장실이 있는 긴 복도가 있었다. 그 결과, 거주자들은 서로 접촉하도록 계속 강요되었다. 다른 기숙사에는 방들이 3개로 묶여 있었다. 이 묶음(suites)의 각각은 작은 화장실을 공유했다. 각 학생에게 이용 가능한 공간의 양은 두 기숙사에서 똑같았음에도 불구하고, 긴 복도 기숙사의 학생들은 더 과밀되어 있다고 느낀다고 보고했다. 그들은 또한 기숙사에 친구들이 더 적었고 사회적 접촉으로부터 철수하는 신호를 더 크게 보였다.

이것은 어떤 종류의 해결책을 제시하는가? 후속 연구는 작은 건축적 변화가 고밀도 거주 상황에서의 스트레스를 크게 줄일 수 있다는 것을 보여 주었다. Baum과 Davis(1980)는 40명을 수용하는 긴 복도 기숙사에 사는 학생들을 변경된 긴 복도 기숙사에 사는 학생들과 비교하였다. 변경된 기숙사에서, Baum과 Davis는 잠그지 않은 문으로 통로를 반으로 나누었으며, 3개의 가운데 침실을 라운지 공간으로 만들었다(● 그림 64.3 참조). 각 학기 마지막에, 분리된 기숙사에 사는 학생들은 과밀로 인한 스트레스를 더 적게 보고하였다. 그들은 또한 더 많은 친구관계를 형성했으며 사회적 접촉에 더 개방적이었다. 이와 비교해서, 긴 복도 기숙사에 사는 학생들은 더 과밀하고, 스트레스 받고, 덜 친절하다고 느꼈으며, 그들은 문을 훨씬 더 자주 닫아 두었는데, 아마 그들은 '혼자 있기를 원했기' 때문이었다.

사업체, 학교, 아파트 빌딩, 정신병원, 및 교도소의 내부 디자인을 변경함으로써 유사한 개선이 이루어져 왔다. 일반적으로, 한 사람이 빌딩의 한 부분에서 다른 부분으로 가기 위해 더 많은 공간을 가로질러 가야 한다면, 사람들은 덜 스트레스 받고 덜 과밀하다고 느낀다(Evans, Lepore, & Schroeder, 1996; Zeisel, 2006).

결론

이제 남은 여유는 환경심리학에서 창조적이고 아주 유용한 작업이 수행되는 중이라는 것을 겨우 암시할 만한 정도이다. 비록 많은 환경 문제들이 남아 있지만, 적어도 그중 일부에 대해 행동적 해결책이 존재한다는 것을 아는 것은 고무적이다. 분명히, 건강한 환경을 만들고 유지하는 것은 다가오는 세대가 직면하는 주요한 도전들 중 하나이다(Des Jardins, 2013; Winter & Koger, 2010).

우리는 일(work)과 환경을 다소 자세히 논의했는데 둘 다 우리 삶에 중요한 영향을 미치기 때문이다. 응용심리학의 다양성을 더 충분히 설명하기 위해서, 네 가지 추가적인 관심 주제를 간단히 들고 마치고자 한다. 그것은 교육심리학, 법심리학, 스포츠심리학, 및 인적 요인 심리학이다.

건축 심리학 건물이 행동에 미치는 효과 및 행동 원칙을 쓰는 건물 디자인에 대한 연구

모듈 64: 요약

64.1 물리적 · 사회적 환경의 영향에 대해 심리학자들은 무엇을 알게 되었는가?

64.1.1 환경심리학자들은 다른 주제들보다 행동 장면, 물리적 및 사회적 환경, 지속 가능성 및 인간 영역성에 관심이 있다.

64.1.2 개인 공간에 대한 연구는 근접학이라 불린다. 많은 관계성의 본질은 여러분이 다른 사람 사이에 편안하게 유지하는 거리에 의해 드러난다.

64.1.3 영역 행동은 영역 표지를 포함해서, 어떤 공간을 자신의 것으로 정의하거나 침입자로부터 보호하는 데 사용된다.

64.1.4 과밀, 공해, 낭비되는 자원과 같은 환경 문제는 인간 행동에 근거가 있다. 그 문제들은 행동 패턴을 바꿈으로써만 해결될 수 있다.

64.1.5 동물 실험은 과도한 과밀은 건강하지 못하리라는 것을 보여 준다. 그러나 인간 연구는 과밀에 대한 심리학적 느낌은 항상 밀도에 상응하는 것은 아니라는 것을 보여 준다. 과밀의 한 주요한 결과는 주의 과부하이다.

64.2 인간은 자연 환경에 어떤 영향을 미치고 있는가?

64.2.1 많은 환경적 재난의 근원은 과잉인구와 과소비에 있다.

64.2.2 자원 사용에 관한 피드백의 제공은 보전을 촉진하는 효과적인 방법이다. 연구는 다양한 심리학적 전략들이 재활용(재생)을 촉진시킬 수 있다는 것을 보여 준다.

64.2.3 공유지의 비극과 같은 사회적 딜레마는 사람들이 부족한, 공유된 자원을 남용하도록 유도될 때 생긴다.

64.2.4 환경심리학자들은, 소음 공해에서 건축 디자인까지 많은 실제적 문제에 대한 해결책을 제시한다. 그들의 작업은 종종 신중한 환경 평가와 더불어 시작한다.

모듈 64: 지식 쌓기

암기

1. 만일 두 사람이 대화하면서 서로 1.5m 떨어져 있다면, 그들은 _____ 거리라고 지칭되는 간격에 의해 분리되어 있다.
2. Calhoun의 과밀 쥐 군집에서 비록 수컷 쥐는 꽤 병리적이게 되지만, 암컷 쥐는 계속 비교적 정상적 행태로 행동했다. O X
3. Milgram은 많은 도시 거주자들이 피상적인 사회적 접촉으로 자신을 제한함으로써 주의 과부하를 막는다고 믿었다. O X
4. 피드백을 주기 위해 스마트 미터기와 생태 발자국 계산기와 같은 도구를 쓰는 것은 에너지 보전을 낳는 효과적 수단이다. O X
5. 지금까지, 에너지 보전을 낳는 가장 성공적인 접근은 과도한 소비에 대해 매달의 청구서에 금전적인 벌과금을 추가하는 것이다. O X
6. 환경 _______ 를 수행하는 것은 대학 강의실이 더 편안하고 학습에 도움이 되도록 재디자인하는 데 좋은 출발점이 될 수 있다.

반영

비판적으로 생각하기

7. 인간에 의해 야기되고 있는 환경에 대한 가장 피해 막심한 변화들 중 많은 것은 미래의 어느 때에 이르기까지 실감나지 않을 것이다. 이것은 어떻게 환경적 질을 보전하는 문제를 복잡하게 만드는가?

자기반영

여러분의 현재 자연 환경, 구성된 환경, 사회 환경, 및 행동 장면의 본질은 무엇인가?

여러분은 자신의 행위에서 어떤 형태의 영역 행동을 의식하고 있는가?

스트레스가 높은 수준의 과밀을 경험한 적이 있는가? 핵심 요인이 밀도였는가, 통제였는가?

여러분의 탄소 발자국을 계산해 본 적이 있는가? 왜 해 보지 않았는가? 여러분은 여러분이 발견한 것에 놀랄 수도 있다.

정답

1. 사회적 **2.** X **3.** O **4.** O **5.** X **6.** 평가 **7.** 결과(보상, 이득, 대가, 및 처벌)의 지연은 즉각적인 행동에의 영향을 감소시키는 경향이 있다.

65 Module

응용심리학: 법, 교육 및 스포츠 심리학

사형 선고에 해당하는가?

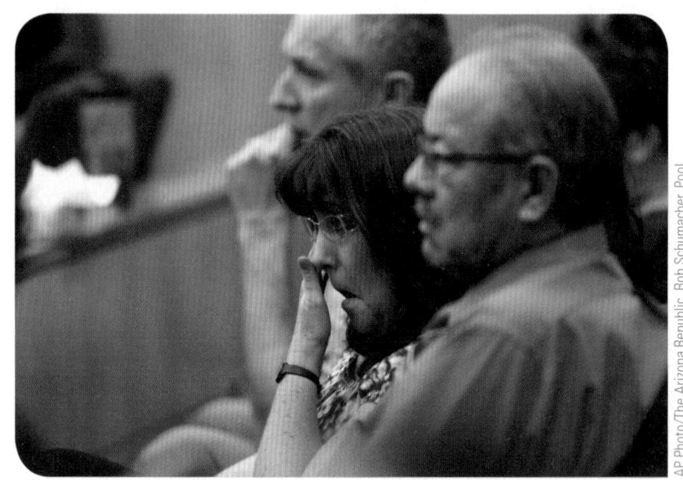

AP Photo/The Arizona Republic, Rob Schumacher, Pool

2013년 5월, 동년배들로 구성된 배심원단이, 질투로 인한 분노가 발작한 동안 자신의 전 남자친구를 잔인하게 살해한 것에 대해 조디 아리아스에게 유죄 평결을 내렸다. 종종 충격적인 4개월 이상의 증언이 있은 뒤에 배심원들은 평결에 도달했다. 그 뒤 상황은 한층 더 충격적인 것이 되었는데, 원래의 배심원들이 아리아스에게 그녀의 범죄에 대해 사형을 내려야 할지 아닐지에 대해 결정할 수 없었기 때문이었다. 대부분의 사람들이 심리학과 법에 대해 생각할 때, 그들은 *범죄자의 심리*(criminal minds)에 대해 생각한다. 그러나 배심원들의 마음을 이해하는 것이 법적 처리에 그만큼이나 중요하다.

활동 중인 심리학을 보는 가장 좋은 장소들 중 세 곳은 법원, 교실, 그리고 스포츠 현장이다. 이런 장면들은 모두 인간 행동의 가장 좋은 점과 가장 나쁜 점의 일부를 불러일으킬 수 있다. 가장 나쁜 것보다 가장 좋은 것을 발전시키는 데 심리학을 응용하는 것은 가치가 있다. 배심원들의 심리를 살펴보면서 시작하자.

SURVEY QUESTIONS

65.1 심리학은 배심원들과 법정 평결에 대해 무엇을 보여 주는가?
65.2 심리학은 교육을 어떻게 개선해 왔는가?
65.3 심리학은 운동선수의 수행을 향상시킬 수 있는가?

심리학과 법 – 판단하는 배심원들

SURVEY QUESTION 65.1 심리학은 배심원들과 법정 평결에 대해 무엇을 보여 주는가?

활동 중인 심리학을 보는 가장 좋은 장소들 중 하나는 지방 법원이다. 배심원의 평결은 종종 인간 행동에서 매혹적인 연구이다. 피고의 출현이 배심원의 결정에 영향을 주는가? 배심원들의 성격 특성 또는 태도가 그들이 어떻게 투표할지에 영향을 주는가? 이와 같은 그리고 더 많은 질문들이 법에 관심을 가진 심리학자들에 의해 연구되었다. 특히 **법심리학**(psychology of law)은 법률 제도의 행동적 차원에 대한 연구이다(Greene & Heilbrun, 2014; 표 65.1 참조).

배심원 행동

한 사건이 판결에 들어갈 때, 배심원들은 며칠 혹은 몇 주 동안 증언을 듣고 유죄 또는 무죄를 결정해야 한다. 그들은 어떻게 결정에 이르는가? 심리학자들은 그런 질문을 탐구하기 위해 **모의 배심원**(mock jurie), 즉 가짜 배심원들을 이용한다. 어떤 모의 배심원 연구에서 자원자들은 결정을 내리기 전에 읽어야 할 서면 증거들과 논쟁을 받을 뿐이다. 다른 사람들은 배우들이 연기한 비디오로 촬영한 판결을 본다. 어떤 식으로든, 모의 배심원의 행동을 연구하는 것은 실제 배심원들의 투표에 무엇이 결정적인지를 이해하는 데 도움이 된다(Pezdek, Avila-Mora, & Sperry, 2010).

배심원 연구의 발견 중 일부는 아직 안정적이지 않다(Peoples et al., 2012). 배심원들은 결정을 내릴 때 그들이 갖고 있는 편향,

표 65.1 법심리학자들의 주요 관심주제 영역

중재	배심원 태도
법에 대한 태도	배심원단 결정
보석금 설정	배심원단 선발
사형	조정
갈등 해결	기억
범죄적 성격	가석방 위원회 결정
전환 프로그램	경찰 선발
가석방의 효과	경찰 스트레스
전문가 증언	경찰 훈련
목격자 증언	폴리그라프 정확성
법의학적 최면	판결 결정
정신이상 참작 탄원	화이트칼라 범죄(지능 범죄)

태도, 가치를 거의 제쳐놓을 수 없다는 것을 연구들이 보여 준다(Buck & Warren, 2010; Stawiski, Dykema-Engblade, & Tindale, 2012). 예를 들어, (피고의) 출현은 지나치게 영향력이 있다(모듈 60 참조). 배심원들은 매력적이지 않은 피고보다 매력적인 피고를 (같은 증거에 근거해서) 유죄로 판단하는 경향이 낮았다. 한 모의 배심원 연구에서 피고들은 안경을 쓰지 않을 때보다 안경을 쓰고 있을 때 유죄를 받는 경향이 더 낮았다. 추측컨대 안경은 지성을 함축하고, 그래서 피고들은 그들이 기소된 바처럼 그렇게 어리석은 어떤 일을 하지 않았을 것을 함축한다(Brown, Henriquez, & Groscup, 2008; Perlman & Cozby, 1983).

다른 주요한 문제는 배심원들은 증거를, 예컨대 피고, 변호사, 증인의 지각, 그리고 그들이 판사가 원한다고 생각하는 것과 같은 다른 정보와 분리시키는 일에 능숙하지 않다는 것이다. 예를 들어, 복잡한 과학적인 증거가 제시되면, 배심원들은 증거 그 자체보다 증인의 전문성에 의해 더 많이 좌지우지되는 경향이 있다(Cooper, Bennett, & Sukel, 1996; Hans et al., 2011). 마찬가지로, 오늘날의 배심원들은 DNA 증거에 너무 많은 신뢰를 두는데 CSI 및 포렌식 파일즈와 같은 범죄 해결 프로그램이 그것을 명백한 것처럼 보이게 만들었기 때문이다(Myers, 2007). 더구나 판결 전에 매스컴의 주목에 노출되었던 배심원들은 그런 정보를 자신의 배심원 논의에 부적절하게, 종종 그런 일이 일어난다는 것을 의식하지 못한 채로 끌어들이는 경향이 있다(Ruva, McEvoy, & Bryant, 2007).

종종 배심원들의 최종 평결은, 피고의 이전 평결에 대한 언급과 같은 수용할 수 없는 증거에 의해 영향을 받는다. 배심원들이 법정에서 흘러나오는 정보를 무시하도록 들었을 때, 그들은 그렇게 하는 것이 매우 힘들다는 것을 깨닫는다. 관련된 문제가 배심원들이 피고가 직면한 처벌의 심각성을 고려할 때 생긴다(Sales & Hafemeister, 1985). 배심원들은 이것이 그들의 평결에 영향을 주도록 내버려 두면 안 되지만, 많은 사람이 그렇게 한다.

그러나 또 다른 종류의 어려움이 생기는데, 배심원들은 보통 모든 증거가 제시될 때까지 판단을 유보할 수 없기 때문이다. 보통 재판 초기에 그들은 하나의 견해를 형성한다. 그다음 그들은 자신의 견해와 모순되는 증거를 공정하게 판단하기는 어렵게 된다.

이와 같은 문제들은 공정성에 가치를 두는 법률 체계에 말썽거리이다. 그러나 모든 것을 놓치는 것은 아니다. 범죄가 심각할수록 증거가 더 명백할수록, 배심원의 별난 점들은 평결에 점점 더 적은 영향을 준다. 비록 완벽하지는 않지만, 배심원 제도는 대부분의 사례에서 상당히 잘 작동한다(Greene & Heilbrun, 2014).

배심원단 선발

많은 경우에 배심원단의 구성은 재판의 평결에 중요한 영향을 준다(Kovera & Cutler, 2013). 재판이 시작되기 전에, 반대편에 있는 변호사들이 편파적일 수 있는 잠재적인 배심원들의 자격을 박탈하는 것이 허용된다. 예를 들어, 재판과 연관된 어떤 사람을 아는 사람은 배제될 수 있다. 그 이상으로, 변호사들은 자신들에게 말썽을 일으킬 수 있는 사람을 제거하기 위해 배심원 선발(절차)을 사용하려고 한다. 예를 들어, 여성들로 구성된 배심원들은 아동 성폭행 재판에 유죄로 투표할 가능성이 더 높을 것이다(Eigenberg et al., 2012; Golding et al., 2007).

잠재적 배심원들 중 기피될 수 있는 수는 제한되어 있다. 그 결과, 많은 변호사들은 자신들의 노력에 도움이 되거나 해로울 사람을 식별하는 데 심리학자들의 도움을 요청한다. **과학적인 배심원 선발**(scientific jury selection)에서, 사회과학 원리가 배심원단을 뽑는 과정에 적용된다(Lieberman, 2011; Lieberman & Sales, 2007). 몇 가지 기법이 보통 사용된다. 첫 단계로, *인구통계적 정보*가 각 배심원에 대해 수집될 것이다. 배심원의 나이, 성, 인종, 직업, 교육, 정치적 성향, 종교 및 사회경제적 지위를 알면 많은 것을 추측할 수 있다. 이 정보의 대부분은 공공 기록으로부터 얻을 수 있다.

법심리학 법률 제도의 심리적 및 행동적 차원에 대한 연구
모의 배심원 법정의 배심원을 사실적으로 흉내 내는 집단
과학적인 배심원 선발 배심원단의 구성원을 뽑는 데 사회과학 원리를 사용하는 것

비판적 사고

사형평결 가능한 배심원

사형평결 가능한 배심원(death-qualified jury)에 속하는 사람들은 사형을 선호하거나 적어도 그것에 영향을 받지 않을 것임에 틀림없다. 즉 배심원들은 그것이 정당하다고 생각하면 사형 쪽으로 투표할 수 있다.

사형평결 가능한 배심원들은 사형이 의미가 있으려면 꼭 필요한 것일 수 있다. 그러나 심리학자들은 그런 배심원들의 구성이 편파적인 경향이 있다는 것을 발견했다. 특히 사형평결 가능한 배심원들은 비례에 맞지 않는 수의 남성, 백인, 고수입, 보수적, 권위주의적인 사람을 포함하는 경향이 있다. 똑같은 사실이 주어졌을 때, 사형을 선호하는 배심원들은 피고의 행동에서 범죄자의 의도를 더 잘 읽는 경향이 있으며(Goodman-Delahunty, Greene, & Hsiao, 1998; Summers, Hayward, & Miller, 2010), 평균보다 훨씬 더 많이 피고를 유죄로 판단하는 경향이 있다(Allen, Mabry, & McKelton, 1998; Butler, 2007).

사형평결 가능한 배심원들은 너무나 기꺼이 유죄 판단을 내리는가? 사형평결 가능한 배심원에 내재된 편향이 얼마나 자주 나쁜 평결을 낳는지를 말하는 것은 거의 불가능하다. 그러나 무죄인 사람이 처형되었을 가능성은 사형을 궁극적인 처벌로 사용하는 불가피한 대가 중 하나일 것이다.

Tim Wright/CORBIS

인구통계학적 정보를 보완하기 위해, 지역 시민들이 그 사건에 대해 어떻게 느끼는지를 알아내기 위해 *공동체 조사*가 수행될 수 있다. 여기에서의 가정은 배심원들이 자신과 비슷한 배경을 가진 사람들과 비슷한 태도를 가진다는 것이다. 비록 법정 밖에서 잠재적 배심원들과 이야기하는 것은 허용되지 않지만, 다른 정보 네트워크가 이용 가능하다. 예를 들어, 심리학자는 잠재적 배심원들의 친척, 지인, 이웃, 직장 동료들을 면담할 수 있다.

다시 법원 이야기를 하면, 심리학자들은 또한 잠재적 배심원들에서 *권위적 성격* 특성을 살펴본다. 권위주의자들은 처벌이 효과적이라고 믿으며, 그들은 유죄 쪽으로 투표를 더 잘한다(Devine et al., 2001; 모듈 61 참조). 동시에 심리학자는 보통 잠재적 배심원들의 *비언어적 행동*을 관찰한다. 이것은 그 사람이 어느 편을 선호하는지를 신체 언어로부터 알아내려는 것이다.

미국에서 살인 재판은 사형에 반대하지 않는 사람들로 구성된 특별한 배심원을 필요로 한다. 글상자 "사형평결 가능한 배심원"은 이것의 실행(사형)이 함축하는 바를 검토한다.

자신의 부인과 그녀의 친구를 잔인하게 죽였다고 기소된, 널리 알려진, O. J. 심슨의 사례에서, 다수의 아프리카계 미국인(흑인)들은 심슨이 재판의 초기에는 무죄였다고 생각했다. 대조적으로 유럽계 미국인(백인)들은 그가 유죄였다고 생각했다. 두 집단의 의견은 1년에 걸친 재판 과정에 걸쳐서 거의 변하지 않았다. (심슨은 결국 무죄를 선고받았으나, 그는 나중에 피해자의 가족이 제기한 민사 소송에서 패소했다.) 새로 등장하는 증거와 주장이 사람들이 믿고 있는 것에 거의 영향을 주지 않았다는 사실은 왜 배심원 구성이 때때로 재판의 결과를 결정하는지를 보여 준다(Cohn et al., 2009).

심슨과 같은 사례들은 곤란한 윤리적 질문을 제기한다. 부유한 의뢰인들은, 대부분의 사람들이 감당할 수는 없는 과학적인 배심원 선발의 이점을 누린다. 물론 변호사들은 자신이 소송사건을 이길 기회를 높이려고 하는 데 대해 비난받을 수 없다. 그리고 두 상대편이 모두 배심원들을 선발하는 데 기여하기 때문에, 대부분의 경우에 순(net) 효과는 아마 더 균형이 잡힌 배심원일 것이다. 최악의 경우에는 배심원 분석이 정당하지 않은 평결을 낳는다. 최선의 경우에, 매우 편파적이라 생각되는 사람들만을 골라내어 제거하는 것이 도움이 된다(Kovera & Cutler, 2013).

배심원 연구는 아마 심리학과 법 간에 가장 직접적인 연결일 것이지만, 다른 것들도 있다. 심리학자들은 정신건강 감정(sanity hearing)에서 사람들을 평가하고, 교도소에서 상담하고, 범죄인들의 프로파일을 만들고, 공공 정책에 관해서 입법자들에게 조언하고, 경찰후보생을 선발하고 훈련하는 것을 도우며, 그 밖의 더 많은 일들을 한다(Greene & Heilbrun, 2014; Wrightsman & Fulero, 2009). 미래에 심리학이 법과 법원에 더 증가된 영향을 미칠 것이라는 것은 꽤 그럴싸한 일이다.

교육심리학 – 유익한 주제

SURVEY QUESTION 65.2 심리학은 교육을 어떻게 개선해 왔는가?

여러분은 방금 4학년생 학급을 하루 동안 가르쳐 달라고 부탁받았다. 여러분은 무엇을 할 것인가? (뇌물수수, 영화 보여 주기, 놀이공원으로의 현장학습은 없다고 가정하라.) 가르치려고 시도해 보면, 여러분은 그것이 얼마나 도전적인 일인지에 대해 놀랄지 모른다. 유능한 교사들은 학습, 교습, 강의실 역할과 시험을 이해해야 한다.

가르치는 가장 좋은 방법은 무엇인가? 여러 연령 집단, 주제, 또는 개인들을 대상으로 최적의 교수 양식이 있는가? 이런 질문 및 관련 질문들은 교육심리학의 핵심이다(표 65.2). 특히 **교육심리학**(educational psychology)은 사람들이 어떻게 배우고 교사들이 어떻게 가르치는지를 이해하고자 한다(Snowman & McCown, 2013).

교수 전략의 요소

새 동료에게 '참견하는' 일이건, 취미에 대해 친구에게 가르쳐 주는 것이건, 또는 아이가 읽기를 배우는 것을 돕든 간에, 사실 우리는 모두 종종 가르친다. 다음 번 여러분이 자신의 지식을 공유하기를 요청받는다면 여러분은 어떻게 할 것인가? 더 효과적이 되는 한 가지 좋은 방법은 특정한 **교수 전략**(teaching strategy), 즉 계획된 교습 방법을 쓰는 것이다. 아래의 예는 교실에서 쓰도록 디자인되었지만, 다른 많은 상황에도 마찬가지로 적용된다(Ormrod, 2014).

표 65.2 교육심리학자들의 주요 관심주제 영역

적성검사	언어 학습
교실 관리	학습 이론
교실 동기	도덕 발달
교실 조직화	학생 적응
개념 학습	학생 태도
교과과정 개발	학생 요구
장애학생	교사 태도
특수학생	교수 전략
영재학생	교수 양식
개별 교습	시험 글쓰기
지적 발달	학습 전이
지능검사	

교육심리학자들은 학습 향상과 교수법 개발에 관심이 있다.

1단계: 학습자 준비. 시작할 때 학습자의 주의를 획득하고 현안인 주제에 관심을 모으라.

2단계: 자극 제시. 교습 자극(정보, 예, 예시)을 계획을 세워서 그리고 명확하게 제시하라.

3단계: 학습자 반응. 학습자가 제시된 정보에 반응할 수 있도록 시간을 주라(예컨대, 올바른 반응을 되풀이하거나 질문을 하기).

4단계: 강화. 올바른 반응을 강화하기 위해 긍정적 강화(칭찬, 격려)와 피드백("그래, 맞아.", "아니, 이렇게." 등)을 주라.

5단계: 평가. 학습자의 진전을 시험하거나 평가해서 여러분과 학습자가 모두 필요하다면 조절을 할 수 있게 하라.

6단계: 간격을 둔 복습. 주기적 복습은 가르치기에서 중요한 단계인데 그것이 핵심 자극에 대한 반응을 강화하는 데 도움이 되기 때문이다.

사형평결 가능한 배심원 사형을 선호하거나 적어도 그것에 무관심한 사람들로 구성된 배심원단
교육심리학 사람들이 어떻게 배우고 교사들이 어떻게 가르치는지를 이해하고자 하는 분야
교수 전략 효과적인 교수를 위한 계획

학습 효과와 교수 양식 *특정한 교수 전략을 따르는 것보다 가르치는 데 더 많이 할 것이 있는가?* 유능한 교사들은 학생들에게 단지 재료를 제시하기 위해 교수 전략을 쓰지는 않는다. 그들은 또한 다른 학생들이 다른 *학습 전략*을 가지고 있으며 다른 *교수 전략*을 쓰는 것이 가능하다는 것을 알고 있다.

학습 양식의 주제에 대해 여러 다른 접근들이 있다. 한 가지는 Howard Gardner의 다중 지능 이론(모듈 36 참조)에서 나온다. 언어 능력이 높은 사람은 듣기 또는 읽기로 가장 잘 배울 수 있으며, 시각 지능이 높은 사람은 그림을 통해 가장 잘 배울 수 있고, 대인 지능이 높은 사람은 집단 속에서 일함으로써 가장 배울 수 있고, 등등이다(Gardner, 2008; Kornhaber & Gardner, 2006).

또한 교수들이 학생들의 관심, 동기, 창의성에 크게 영향을 미친다는 것에도 의심할 나위가 없다. 그러나 어떤 양식이 어떤 효과를 내는가? 이 질문에 답하기 위해, 심리학자들은 몇 가지 교수 양식들을 비교하였다. 가장 기초적인 것 중 두 가지는 *직접 교습*과 *발견 학습*이다.

직접 교습(direct instruction)에서 사실 정보가 강의, 시범, 반복암기 연습으로 제시된다. **발견 학습**(discovery learning)에서 교사들은 학생들이 스스로 지식을 발견하거나 구성하는 것을 격려하는 상황을 만든다(Dean & Kuhn, 2007). 두 접근 모두가 어떤 이점들을 가지고 있다는 것이 드러났다. 직접 교습의 학생들은 발견 교실의 학생들보다 성취 검사에서 약간 더 잘한다(Klahr & Nigam, 2004). 그러나 발견 학습의 학생들이 추상적 사고, 창의성, 그리고 문제 해결의 검사에서 다소 더 잘한다. 그들은 또한 더 독립적이고, 호기심이 많고, 학교에 대한 태도에서 긍정적인 편이다(Scruggs & Mastropieri, 2007). 현재 교수 양식들의 균형이 균형 잡힌 교육과 관련되는 것처럼 보인다.

우리는 단지 작은 표집의 교육 이론과 연구만을 살펴보았지만, 교수와 학습을 향상시키는 데 그 가치는 명백하다(Snowman & McCown, 2012). 교육이란 주제를 떠나기 전에, 글상자 "마음을 위한 땅콩버터: 모든 이를 위한 교육 디자인하기"에서 교육이 앞으로 가는 방향을 엿볼 수 있다.

스포츠심리학 – 흥분돼!

SURVEY QUESTION 65.3 심리학은 운동선수의 수행을 향상시킬 수 있는가?

심리학은 스포츠와 어떤 관련이 있는가? **스포츠심리학**(sports psychology)은 스포츠 수행의 행동적 차원에 대한 연구이다(Cox, 2011). 거의 모든 진지한 운동선수들이 금방 배우듯이, 절정 수행은 신체적 훈련 이상을 요구한다. 정신적 및 정서적 '조건형성'도 중요하다. 이 사실을 깨닫고, 현재 많은 팀, 프로 및 아마추어 모두 자신들의 지원인력에 심리학자들을 넣는다. 어느 하루, 한 스포츠심리학자는 운동선수에게 어떻게 이완할지, 산만한 일을 무시할지, 또는 어떻게 감정에 대처할지를 가르칠 수 있다. 스포츠 심리학자들은 또한 수행을 떨어뜨리는 스트레스와 갈등에 대해 개인적 상담을 제공할 수도 있다(LeUnes, 2008). 다른 심리학자들은, 기술 학습, 챔피언 선수의 성격 프로파일, 관중의 효과, 그리고 관련 주제들과 같이 운동선수의 성취에 영향을 주는 요인들을 연구하는 데 관심이 있다(표 65.3). 간단히 말해, 스포츠심리학자들은 스포츠 수행을 이해하고 향상시키며, 스포츠에 참여하는 이득을 높이고자 한다(Cox, 2011).

스포츠는 종종 인간 행동 일반에 귀중한 정보를 제공한다. 예를 들어, 청소년에 대한 한 연구는 스포츠 참여와 신체적 자기존중감 간에 연결이 있으며, 이것은 다시 전반적인 자존심과 연결되어 있다는 것을 발견했다(Bowker, 2006). 다른 연구에서, 심리학자들은 그런 이득이 경쟁, 거부, 비판 및 '최종 우승자 심성(one-winner mentality)'이 최소화될 때 더 잘 일어나기 쉽다는 것을 알았다. 스포츠를 하며 아이들과 일할 때, 공정한 플레이, 내재적 보상, 정서의 자기제어, 독립성, 자기의존을 강조하는 것이 또한 중요하다.

물론 어른들도 스트레스 감소, 더 좋은 자아상, 향상된 일반 건강 등으로 스포츠로부터 이익을 얻을 수 있다(Khan et al., 2012; Williams, 2010). 예를 들어 달리기는 달리지 않는 사람들에게서 발견되는 것보다 더 낮은 수준의 긴장, 불안, 피로, 우울과 연관된다.

표 65.3 스포츠심리학자들의 주요 관심주제 영역

성취 동기	최면
운동선수 성격	정신적 연습
운동 과제 분석	운동 학습
코칭 양식	절정 수행
경쟁	긍정적 시각화
주의 통제	자기조절
대처 전략	기술 획득
정서와 수행	사회 촉진
운동과 정신건강	스트레스 감소
목표 설정	팀 협동
집단(팀) 역학	훈련 절차

인간 다양성

마음을 위한 땅콩버터: 모든 이를 위한 교육 디자인하기

"교육은 자유라는 황금 문을 여는 열쇠이다."라고 조지 워싱턴 카버가 말했다. 그는 1860년에 노예의 아들로 태어났는데, 어디서나 인기가 있는 땅콩버터를 발명했다. 오늘날의 유례없이 복잡한 세상에서 카버의 말은 전보다 더 진실하게 들린다. 그러나 교육자들은 점점 더 다양성이 증가하는 학생들의 혼합에 직면한다. '정규' 학생들, 성인 학습자들, 장애가 있는 학생들, 영어를 두 번째 언어로 쓰는 학생들, 낙제의 위기에 있는 학생들 등(Bowe, 2000). 이에 대한 반응으로, 교육자들은 *보편적인 교습 디자인*(Universal Design for Instruction)이라 불리는 접근을 적용하기 시작했다(Holbrook, Moore, & Zoss, 2010). 기본 아이디어는 수업을 풍부하게 디자인해서 전부는 아닐지라도 대부분의 학생들에게 이득이 되고, 그들의 다양한 요구와 학습 양식에 득이 되게 하는 것이다.

보편적인 교습 디자인의 한 원칙은 다양한 교습 방법, 예컨대 강의, 강의의 팟캐스트, 집단 활동, 인터넷 토론 게시판, 그리고 아마 학생들의 블로그 등을 쓰는 것이다. 예를 들어 이런 식으로 청각 및 시각 손상이 있는 학생들은 자신들이 사용할 수 있는 적어도 한 가지 학습 수단을 발견할 수 있다. 마찬가지로, 일이나 가족에 대한 책임으로 언제나 수업을 들을 수는 없는 성인 학습자들은 다른 방법으로 수업에 대한 정보를 얻을 수 있다. 궁극적으로, 모든 사람이 득을 보는데 우리가 지식을 얻는 여러 방법 중에서 선택할 수 있다면 우리는 모두 더 잘 배우기 때문이다. 그 외에도, 학습 재료들을 여러 방법으로 한 번 이상 학습하는 것도 나쁜 생각은 아니다.

다른 원칙은 불필요한 복잡성을 제거해서 학습 재료를 단순하고 직관적으로 만드는 것이다. 예를 들어, 학생들은 분명한 평점 기준, 정확하고 완벽한 수업 개요, 그리고 어려운 주제들을 뚫고 나가도록 인도해 줄 핸드북을 제공받을 수 있다. 다시 한 번, 그런 재료들은 특수한 집단의 학생들에게만 더 좋은 것이 아니다. 그것은 우리 모두에게 학습을 더 쉽게 만든다.

이런 원칙들은 대학교에서 학습에 적용되고 있는가? 간단히 말해, 그렇다(McGuire & Scott, 2002; Orr & Hammig, 2009; Thoma, Bartholomew, & Scott, 2009). 대학교의 교습은 땅콩버터처럼 넓은 호소력을 가지고 있지만, 다행히도 여러분 마음의 지붕에만 들러붙지는 않을 것이다!

Baltimore Sun/McClatchy-Tribune/Getty Images

심리학자들에 의한 시험은 심판들이 홈플레이트의 바깥 모서리의 뒤에 서 있을 때 볼과 스트라이크를 더 정확하게 부를 수 있다는 것을 보여 주었다. 이 위치는 높이와 거리에 대한 더 좋은 정보를 제공하는데, 심판은 투구가 방망이 앞에서 지나가는 것을 볼 수 있기 때문이다(Ford et al., 1999).

스포츠심리학의 탄생 전에, 운동선수들이 '소박한(homespun)' 코칭 방법 '때문에' 향상되는지 혹은 '그럼에도 불구하고' 향상되는지가 논쟁거리였다. 예를 들어, 배구와 체조의 초기 연구에서 이런 스포츠를 가르치는 사람들이 결정적인 배후 기술에 대한 지식이 매우 부족하다는 것이 명백해졌다(Salmela, 1974, 1975).

심리학은 어떻게 도움을 주었나? 복잡한 기술에 대한 자세한 연구를 하는 능력은 주요한 기여 중 하나였다. **과제 분석**(task analysis)에서 스포츠 기술은 그 하위 부분들로 쪼개져서 핵심 요소들이 식별되고 교수될 수 있다(Hewit, Cronin, & Hume, 2012). 그런 방법들은 앞에서 서술했듯이, 직무 분석에 처음 사용된 기법들의 확장이다. 예를 들어, 올림픽 사격 종목에서 과녁이 빗나가는 일은 흔한 일이다. 목표는 50m의 사격 거리의 끝에 있는 다임(10센트 동전) 크기의 중심을 맞추는 것이다. 그럼에도 불구하고 60발 중 평균 50번 과녁 중심을 맞추는 것은 국제 대회(엎드린 자세)에서 이례적인 일이 아니다.

그런 정확성에 이르기 위해서는, 예리한 눈과 안정된 손 외에도 무엇이 필요한가? 그 답은 놀랍다. 스포츠심리학자들은 최우수 사격수들은 일관적으로 심장박동 사이에 방아쇠를 당긴다는 것을 발견했다(● 그림 65.1). 분명히, 심장박동에 의해 유발되는 작은 진동은 격발이 흔들리게 하는 데 충분하다(Pelton, 1983). 신중한 심리학적 연구가 없었다면, 사격술의 이런 요소가 식별될

직접 교습 강의, 시범, 반복암기 연습으로 사실 정보를 제시하는 것
발견 학습 스스로 지식을 발견하거나 구성하도록 학생들을 격려하는 데 바탕을 둔 교습
스포츠심리학 스포츠 수행의 심리적 및 행동적 차원에 대한 연구
과제 분석 복잡한 기술을 그 하위 부분들로 쪼개는 것

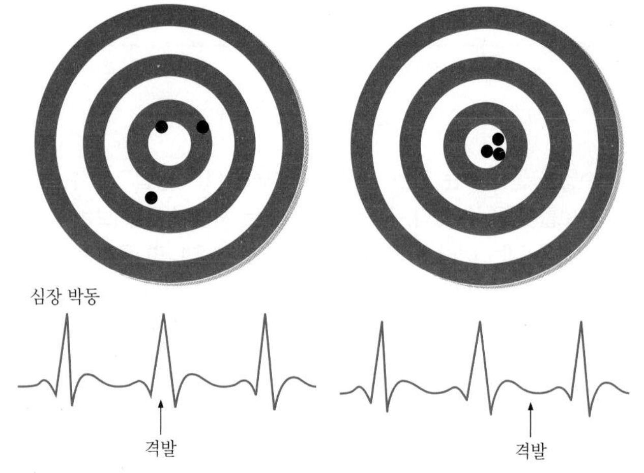

그림 65.1

왼쪽 표적은 명사수가 심장이 수축하는 동안 방아쇠를 당길 때 일어나는 것을 보여 준다. 더 높은 점수는, 오른쪽의 세 탄흔에서 보이듯이, 심장박동 간에 격발할 때 얻을 가능성이 더 높다. (Pelton, 1983을 수정)

수 있었을런지가 의심스럽다. 그 중요성이 알려졌기 때문에, 선수들은 심장박동을 안정되게 하고 제어하기 위해 이완 훈련에서 바이오피드백까지, 다양한 기법을 쓰기 시작했다. 미래에 가장 뛰어난 사격수는 자신의 심장을 완전히 제어할 때 자신의 가늠좌를 맞추는 사람일 것이다.

운동 기술 스포츠심리학자들은 우리가 어떻게 운동기술을 배우는지에 대해 매우 관심이 있다(Hodges & Williams, 2012). **운동 기술**(motor skill)은 부드럽고 효율적인 수행으로 만들어지는 일련의 행동들이다. 타자하기, 걷기, 장대높이뛰기, 농구공 슛하기, 골프 치기, 차 운전하기, 글쓰기, 스키 타기는 모두 운동 기술이다.

농구선수는 한 게임에서 정확하게 똑같은 슛을 결코 두 번 하지는 않을 것이다. 이것은 일어날 수 있는 모든 슛을 연습하는 것은 거의 불가능하다는 말이다. 그러면 운동선수는 어떻게 숙련되게 되는가? 보통 운동선수의 수행은 *운동 프로그램*을 학습하는 것을 필요로 한다. **운동 프로그램**(motor program)은 숙달된 동작이 무엇과 비슷해야 하는가에 대한 정신적 계획 또는 모형이다. 운동 프로그램은 운동선수가, 혹은 방을 그냥 가로질러 걷는 사람이 변화하는 조건들에 들어맞는 복잡한 동작을 수행하는 것을 가능하게 한다. 예를 들어, 여러분이 '자전거 타기' 운동 프로그램을 배웠다면, 여러분은 매우 다양한 표면에서 여러 크기와 종류의 자전거를 쉽게 탈 수 있다.

일생을 통해 여러분은 새 운동 기술을 배우는 도전거리에 직면할 것이다. 심리학자는 어떻게 여러분의 학습을 더 효과적이게 할 수 있는가? 스포츠 기술에 대한 연구는 여러분이 최적의 기술 학습을 위해 다음 요점을 염두에 두어야 한다는 것을 가리킨다(Karagheorgis & Terry, 2011; Williams, 2010).

1. *숙련된 모델*을 관찰하고 흉내 내는 일부터 시작하라. 모델링은 기술에 대한 좋은 정신적 그림을 제공한다. 이 지점에서 숙련된 움직임에 대한 시각적 이미지를 붙잡기만 하려고 하라.
2. 운동 학습을 뒷받침해 줄 *언어적 규칙*을 배워라. 그런 규칙은 보통 기술 학습의 초기 단계에서 가장 도움이 된다. 예를 들어, 크로스컨트리 스키를 처음 배울 때, "왼팔, 오른발, 오른팔, 왼발"이라 말하는 것이 도움이 된다. 나중에 기술이 더 자동화되면서 내적 말은 실제로 방해가 될 수도 있다.
3. 연습은 가능한 한 *실제같이* 되어야 하며 인위적인 단서나 반응이 기술의 한 부분이 되어서는 안 된다. 시합에 나가는 다이버는 트램펄린 위에서가 아니라 보드 위에서 연습해야 한다. 여러분이 스키를 배우고자 하면, 짚이 아니라 눈 위에서 연습하라.
4. 거울, 비디오테이프, 코치 또는 관찰자로부터 *피드백*을 얻어라. 가능하다면 언제나 그 기술의 숙련자가 반응할 때 정확한 반응에 주의를 향하게 하라.
5. 가능하다면, 과제를 인위적인 부분들로 쪼개기보다 *자연스러운 단위*를 연습하는 것이 더 좋다. 타자하기를 배울 때, 무의미 음절보다 실제 단어로 시작하는 것이 더 좋다.
6. 여러분 자신의 수행을 *평가*하고 *분석*하는 것을 배워라. 여러분은 운동 프로그램을 배우려고 하는 것이지 단지 여러분 근육을 훈련시키는 것은 아니라는 것을 명심하라. 실제로 운동 기술은 꽤 정신적인 것이다.

마지막 요점은 한 가지 추가적 제안으로 연결된다. **정신 연습**(mental practice), 또는 숙달된 수행을 단지 상상하는 것만으로도 학습에 도움이 될 수 있다는 것을 연구들이 보여 주었다(Blumenstein & Orbach, 2012). 이 기법은 운동 프로그램을 개선함으로써 도움을 주는 것처럼 보인다. 물론 정신 연습은 실제 연습보다 우수하지 않다. 정신 연습은 여러분이 기초 수준에서 한 과제를 숙달한 이후에 가장 가치 있는 경향이 있다. 여러분이 정말로 어떤 기술에 능숙하게 되기 시작하면, 정신 연습을 한번 해보라. 여러분은 그것이 얼마나 효과적일 수 있는지에 놀랄 것이다(Caliari, 2008; Short, Ross-Stewart, & Monsma, 2006).

전인적 인간: 절정 수행

스포츠심리학에서 가장 흥미로운 주제 중 하나는 *절정 수행*이라는 현상이다. **절정 수행**(peak performance) 동안, 신체적 · 정신적 · 정서적인 상태들이 조화롭고 최적이다. 많은 운동선수들은 자신들이 거의 무아지경에 있었던 것같이 느꼈던 일화들을 보고한다. 이 경험은 또한 *몰입*(flow)이라고 불리는데 운동선수는 자신의 수행과 하나가 되고 그것과 함께 흘러가기 때문이다. 그런 순간에 운동선수는 강한 집중, 초연함, 피로나 고통의 부재, 시간의 주관적인 서행, 그리고 이상한 힘과 제어의 느낌을 경험한다(Dietrich & Stoll, 2010; Hartley, 2012). '개인 최고기록'이 생기는 때는 바로 그런 순간들이다.

몰입의 흥미로운 측면은 그것이 일어나도록 강요될 수 없다는 것이다. 사실 그것에 대해 생각하기 위해 멈춘다면, 몰입 상태는 사라진다. 심리학자들은 이제 절정 수행을 촉진하는 조건들과 흔히 그것에 수반되는 특이한 정신 상태를 확인하려고 하고 있다(Harmison, 2011).

몰입이 붙잡기 어려운 상태이긴 하지만, 운동선수들이 수행을 향상시키기 위해 정신적으로 할 수 있는 많은 것이 있다(Williams, 2010). 출발점은 *자신의 각성 수준이 목전의 과제에 적절한지*를 확인하는 것이다. 육상 경기대회에서 단거리 달리기 선수에게, 그것은 각성을 매우 높은 수준으로 높이는 것을 뜻할 것이다. 예를 들어 그 선수는 경쟁자가 속임수를 쓰는 것을 상상함으로써 화가 나도록 시도할 수 있다. 골프선수나 체조선수에게, 큰 시합에서 '(숨)막힘'을 피하기 위해 각성을 낮추는 것이 결정적일 수 있다. 각성을 제어하는 한 방법은 각 게임 혹은 시합 전에 *고정된 정례절차*(fixed routine)를 따라 하는 것이다. 운동선수들도 자신의 각성 정도를 조절하기 위해 *심상과 이완*을 쓰는 것을 배운다(LeUnes, 2008).

심상 기법은 운동선수가 과제에 *주의를 집중*하고, 사전에 *정신적으로 시연*하는 데 쓰일 수 있다. 예를 들어 위대한 골퍼인 잭 니클라우스는 매번 샷 전에 머릿속에서 "영화를 본다." 시합 중 운동선수는 긍정적이고 도움 되는 방법으로 *자신의 노력을 인도하려고 인지행동적인 전략*을 쓰는 것을 배운다(Johnson et al., 2004). 예를 들어, 시합에서 뒤처진 것에 대해 자신을 비하하는 대신, 축구(풋볼)선수는 득점 간의 시간을 써서 좋은 슛을 음미하거나 실수를 머리에서 지울 수 있을 것이다. 보통 운동선수는, 자신을 주의산만하게 하고 자신의 자신감을 깎아내리는 부정적, 자기비판적 사고를 피함으로써 득을 본다(Cox, 2011). 마지막으로 최우수 선수들은 *자기조절 전략*을 더 많이 쓰는 경향이 있는데, 여기에서 그들은 자신의 수행을 평가하고 그것을 최적 수준으로 유지하기 위한 조절을 한다(Anshel, 1995; Puente & Anshel, 2010).

현재 스포츠심리학은 신생 분야이며 아직 과학이라기보다는 기예(art)에 더 가깝다. 그럼에도 불구하고 이 분야에 대한 관심은 급속히 팽창하고 있다(Gallucci, 2008).

미리보기 비록 우리는 응용심리학의 몇 가지 중요한 분야를 추려 봤지만, 그것은 유일한 응용 전문영역들이 결코 아니다. 즉각 떠오르는 다른 분야는 공동체심리학, 군사심리학, 건강심리학이다. 뒤이을 "행동하는 심리학" 모듈은 가장 중요한 응용 분야들 중 하나인 인적 요인 심리학을 탐구한다.

운동 기술 부드럽고 효율적인 수행으로 만들어지는 일련의 행동들
운동 프로그램 숙달된 동작을 인도하는 정신적 계획 또는 모형
정신 연습 학습을 돕기 위해 숙달된 수행을 상상하는 것
절정 수행 신체적 · 정신적 · 정서적 상태가 조화롭고 최적인 동안의 수행

모듈 65: 요약

65.1 심리학은 배심원들과 법정 평결에 대해 무엇을 보여 주는가?

65.1.1 법심리학은 법률 제도에 속하는 법정 행동과 다른 주제에 대한 연구를 포함한다. 심리학자들도 법률, 법률 집행, 형사 행정 장면에서 다양한 자문 및 상담 역할을 수행한다.

65.1.2 모의 배심원에 대한 연구는 배심원 결정이 종종 전혀 객관적이지 않다는 것을 보여 준다.

65.1.3 과학적인 배심원 선발은 특정한 특성을 가진 배심원들을 뽑으려는 시도에서 사용된다. 어떤 경우에 이것은 특정한 편향을 가진 혹은 공동체 전체를 대표하지 않는 배심원단을 낳을 수 있다.

65.1.4 피고에 유죄를 내리는 쪽으로의 편향은 많은 사형평결 가능한 배심원들의 특성이다.

65.2 심리학은 교육을 어떻게 개선해 왔는가?

65.2.1 교육심리학자들은 학습과 교수의 질을 개선한다.

65.2.2 교육심리학자들은 사람들이 어떻게 배우고 교사들이 어떻게 가르치는지를 이해하고자 한다. 그들은 교수 전략, 학습 양식, 직접 교습 및 발견 학습과 같은 교수 양식에 특히 관심이 있다.

65.3 심리학은 운동선수의 수행을 향상시킬 수 있는가?

65.3.1 스포츠심리학자들은 스포츠 수행과 스포츠 참여의 이득을 향상시키고자 한다. 스포츠 기술에 대한 과제 분석은 코칭과 수행 향상을 위한 주요한 도구이다.

65.3.2 운동 기술은 부드러운 수행으로 조립되는 비언어적 반응의 사슬이다. 운동 기술은 운동 프로그램이라 불리는 내적 정신 모형에 의해 인도된다.

65.3.3 운동 기술은 직접 연습을 통해 개선되지만, 정신 연습도 향상에 기여할 수 있다.

65.3.4 절정 수행의 순간 동안 신체적 · 정신적 · 정서적 상태가 최적이다.

65.3.5 스포츠에서 최고 수행자들은 종종 주의를 집중하고 최적 수준의 각성을 유지하기 위해 다양한 자기조절 전략을 사용한다.

모듈 65: 지식 쌓기

암기

1. 많은 제한에도 불구하고, 배심원들이 능숙한 한 가지는 수용할 수 없는 증거를 제쳐 두는 것이다. O X
2. 다음 중 어느 것이 심리학자들이 배심원 선발을 돕는 데 보통 사용되지 않는가?
   a. 모의 증언
   b. 정보 네트워크
   c. 공동체 조사
   d. 인구통계적 자료
3. 학습의 평가는 보통 체계적인 교수 전략에서 첫 번째 단계이다. O X
4. 직접 교습과 비교해서 발견 학습은 성취 검사에서 더 좋은 점수를 낸다. O X
5. 보편적인 교습 디자인은 ______ 학생들에게 유용한 교육 재료를 만드는 것을 목적으로 한다.
6. 운동 학습을 뒷받침하기 위해 언어적 규칙을 학습하는 것은 흔히 기술 획득의 초기 단계에서 가장 도움이 된다. O X
7. 몰입 경험은 ________ 수행의 사례들과 긴밀하게 관련된다.

반영

비판적으로 생각하기

8. 운동선수가 시합 전에 일단의 정례절차를 따를 때, 그 선수는 스트레스의 어떤 출처를 제거하는가?

자기반영

배심원으로 봉사하려 하는 사람에게, 그 사람이 공정한 판단을 내리기를 원한다면 여러분은 어떤 조언을 해 줄 것인가?

여러분은 어린아이에게 산수를 가르칠 예정이다. 효과를 높이기 위해 여러분은 교수 전략을 어떻게 쓸 수 있는가? 여러분은 직접 교습을 쓸 것인가, 또는 발견 학습을 쓸 것인가?

과제 분석, 정신 연습, 절정 수행의 개념을 여러분이 관심 있는 스포츠에 어떻게 응용할 수 있는가?

정답

1. X **2.** b **3.** X **4.** X **5.** 모든 **6.** O **7.** 절정 **8.** 모듈 44에서 논의했듯이, 스트레스는 한 사람이 상황을 통제한다고 느낄 때 감소한다. 정례절차(routine)를 따르는 것은 운동선수가 질서와 통제의 감각을 유지하는 데 도움이 되고, 수행해야 할 때가 올 때 지나치게 각성되지 않게 한다.

Module 66

행동하는 심리학: 인적 요인 심리학

여러분의 손가락 끝에서

Gregor Schuster/Corbis

스마트폰, MP3 플레이어, 게임 콘솔, 노트북 컴퓨터. 이제 우리 모두는 끝이 없어 보이는 디지털 기술의 폭발적 발달을 마치 당연한 것으로 받아들이고 있다. 그렇다고 디지털 기술이 끼친 영향을 무시하는 것도 쉽지 않다. 소비자들은 이러한 장치들을 이미 수억 개 구매하였다. 디지털 게임, 소셜 네트워킹, 음악 산업, 영화 산업, 그리고 심지어 도서 출판까지도 결코 지금 같지는 않을 것이다.

이러한 기술의 성공 여부는 언제나 사용가능한 기술적 설계를 찾아내고자 하는 공학자와 심리학자의 노력에 달려 있다. 터치기반 장치들은 가용한 디지털 정보의 모든 범위에 쉽게 접근하도록 하기 위해 *멀티터치 인터페이스*를 사용한다. 음성인식은 손을 사용하지 않고도 장치를 사용할 수 있게 해 주고, 게임 시스템은 몸짓만으로도 제어할 수 있다.

컴퓨터 마우스, 멀티터치 센서, 몸짓 센서, 음성 구동, 혹은 장애를 갖고 있는 사람이 뇌파만으로 제어할 수 있는 컴퓨터화된 시스템, 그것이 무엇이든 인적 요인 심리학자들이 더 나은 컴퓨터 도구를 설계하기 위해서는 인간 행동에 대한 이해가 있어야 한다. 확인해 보자.

SURVEY QUESTIONS

66.1 인간의 요구에 부응하기 위해 도구는 어떻게 설계되어야 하는가?

인적 요인 심리학–여기에서 누가 보스야?

SURVEY QUESTION 66.1 인간의 요구에 부응하기 위해 도구는 어떻게 설계되어야 하는가?

우리가 기계를 따라야 하는가, 아니면 기계가 우리를 따라야 하는가? 새로 구입한 휴대전화의 사용법을 잘 몰라 애를 먹었거나 "조립이 쉽다"고 적혀 있는 가정용 운동기구를 제대로 짜 맞추지 못한 경험이 있다면 기계가 우리에게 주는 부담이 얼마나 되는지 너무 잘 알고 있을 것이다. 기계가 우리에게 무엇을 해 주든 우리가 그것을 효과적으로 사용하지 못한다면 그것의 가치는 전혀 없는 것이다. 사용하기 매우 불편한 디지털카메라는 차라리 종이 누르개로 사용하는 게 훨씬 더 낫다. 운전자의 시각에서 사각지대를 크게 만드는 자동차 설계는 치명적일 수 있다.

인간을 위한 설계

인적 요인 심리학[human factors psychology, 혹은 **어고노믹스**(ergonomics)]의 목표는 인간의 감각과 운동역량에 부합할 수 있도록 기계와 작업 환경을 설계하는 것이다(Buckle, 2011;

표 66.1 인적 요인 심리학자들의 주요 관심주제 영역

인지 과제 분석	우주공간 인적 요인
증강인지	인간 수행 모델링
항공기 자동화	동체 요격
심혈관 작업부하	반응 실수와 넘어짐
컴퓨터 기반 훈련절차	항행 시스템 설계
창조성 지원 도구	신경촬영법
승무원 자원관리 및 훈련	간호 수행
효과적 경고 설계	신체 작업부하
운전 안전	일차 진료 효율성
근전도	제조물 안전 및 효과성
가구 설계	철도
멀티미디어 교습 설계	상황인식
휴대용 디지털 장치	수술 시각화
촉각적 상호작용	과제 방해
소음과 청력	기술과 노화
의료	교통사고 조사
인적 요인 평가방법	사용성 평가방법
사무실 인적 요인	사용자 중심 설계
국토안보	시각 디스플레이 설계
정보시각화	작업흐름 효율성

Gamache, 2004). 인적 요인 심리학자들이 좀 더 나은 설계를 하고자 노력하는 영역은 표 66.1에 정리되어 있다.

예를 들어, 디스플레이는 지각하기 용이해야 하고, 제어장치는 사용하기 용이해야 하며, 에러를 범하는 경향은 최소화해야 한다. ● 그림 66.1은 인간공학적 설계의 몇 가지 예시를 보여 주고 있다. 여기에서 *디스플레이*(display)는 인간 사용자에게 기계의 활동을 알려 주기 위해 사용되는 모든 형태의 다이얼, 스크린, 불빛 등이다. *제어장치*(control)에는 기계의 작동을 변경하기 위해 사용되는 노브, 핸들, 버튼, 그리고 레버 등이 포함된다.

심리학자인 Donald Norman(1994)은 학습할 필요 없이 자연스럽게 이해할 수 있는 지각적 신호에 기초한 인간공학적 설계를 **자연스러운 설계**(natural design)라고 불렀다. 고층건물의 층들을 모방하여 수직방향으로 배열한 엘리베이터의 숫자 버튼이 이러한 설계의 한 가지 사례이다. 이러한 설계는 단순하고, 자연스러

"이 기계가 핸드릭슨 씨에게 정말 이상한 짓을 했어요!"

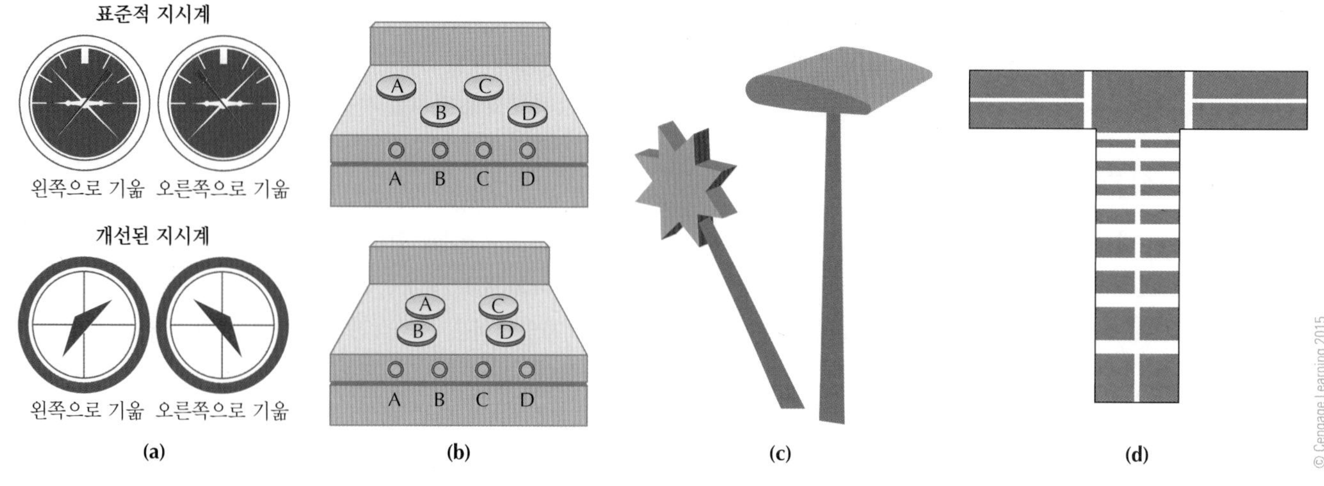

그림 66.1

인간공학. (a) 항공기의 초기 경사지시계는 지각적으로 혼동되고 판독하기 어려웠다(위쪽). 향상된 지시계는 조종사가 아닌 일반 사람에게도 분명하게 지각된다. 안개가 잔뜩 낀 상공을 비행한다면 여러분은 이 중에서 어느 것을 더 선호하겠는가? (b) 스토브라 할지라도 제어장치의 배치는 중요하다. 응급상황 모사실험에서 위쪽 스토브의 제어장치에 대해서는 아무도 에러를 범하지 않았다. 이와는 대조적으로 아래의 스토브와 같이 제어장치가 배열된 경우에는 총시행의 38%에서 에러를 범하였다(Chapanis & Lindenbaum, 1959). (c) 때에 따라, 제어장치의 기능을 알려 주고 에러를 줄이기 위해 제어장치의 형태가 활용된다. 예를 들어, 왼쪽의 제어장치는 산업용 기계의 기어를 변경하는 데 사용될 수 있고, 오른쪽의 제어장치는 항공기의 착륙 날개를 제어하는 데 사용될 수 있다. (d) 이것은 위에서 바라본 교차로의 모습이다. 심리학자들은 도로를 가로질러 흰색 띠를 칠하면 운전자들은 자신이 더 빠르게 운전하는 것처럼 느낀다는 것을 발견하였다. 이러한 효과는 선들의 간격이 점차적으로 좁아질수록 더 커진다. 사고 위험이 높은 교차로나 고속도로에 이러한 선들을 제시한 결과 사고율이 극적으로 낮아졌다.

우며, 분명하다. 자연스러운 설계를 하는 한 가지 방법은 상이한 대상들 사이에 유사점을 만들기 위해 *은유*(metaphor)를 사용하는 것이다. 즉 어떤 하나로 다른 것을 묘사하는 것이다. 많이 알려진 은유의 한 가지 예가 바로 *탁상용 컴퓨터 은유*(desktop metaphor)이다(Terkourafi & Petrakis, 2010). 최근의 모든 개인용 컴퓨터는 '파일', '폴더', 심지어 '휴지통'과 같은 이미지들을 사용하여 시각적 '탁상'의 모습을 제공해 준다. 이를 통해 여러분은 실제 세상에서의 탁상에 대한 여러분의 지식을 이용하여 컴퓨터에 있는 '가상적' 탁상을 즉각적으로 사용할 수 있다. 명령어를 일일이 입력하도록 요구하였던 초기의 개인용 컴퓨터 인터페이스는 사용하기가 훨씬 더 어려웠다. 이와 유사하게 디지털카메라도 필름 카메라와 매우 유사하게 보인다. 따라서 필름 카메라에 익숙한 사람은 이에 대한 자신의 지식을 디지털카메라를 처음 사용할 때도 적용할 수 있을 것이다.

효과적인 설계는 *피드백*(반응의 효과에 대한 정보)도 제공한다. 매우 조용한 전기자동차에 인공적인 소리를 공학적으로 첨가하면 보행자들이 그 차가 다가오고 있다는 것을 바로 탐지할 수 있을 것이다. Norman이 지적하였듯이 많은 사고의 원인은 '인적 에러'에 의한 것만은 아니다. 실제 장본인은 다름 아닌 열악한 설계이다. 인적 요인 심리학자들은 인간 사용자가 매일같이 의존해야 하는 '사용자 친화적인' 컴퓨터, 가전제품, 카메라, 휴대용 정보 단말기(personal digital assistant, PDA), 항공기 제어장치, 그리고 교통신호의 설계를 돕고 있다.

사용성 검증 유용한 도구를 설계하기 위해 인적 요인 심리학자들은 **사용성 검증**(usability testing)을 실시한다. 즉 기계를 사용하기 위해 인간이 학습해야 하는 것에서의 용이성을 직접적으로 측정한다(Bruno & Muzzupappa, 2010; Hamel, 2012). 건강과 안전도 사용성 검증의 중요한 요소이다. 예를 들어, 신축 중인 대형건물의 바닥에 철근을 설치해야 하는 건설 작업자는 작업시간 동안 부자연스러운 자세로 구부린 채 작업한다. 상해를 입지 않고 피로를 최소화하기 위해 작업자가 바른 자세로 서서 그 작업을 할 수 있도록 해 주는 기계가 설계되었다. 이 기계를 사용한 작업자는 작업속도도 빨랐을 뿐만 아니라, 허리에 무리가 가는 자세로 일하는 시간도 많이 줄어들었다(Vi, 2006).

사용성 검증 방법 중에서 흥미 있는 방법은 *생각하며 말하기* 기법이다. 이 방법에서 사람들은 기계를 사용하는 도중 생각하는 모든 것을 말하도록 요구받는다. 그들이 생각한 것과 실제 수행

인적 요인 심리학(어고노믹스) 인간의 지각 및 운동 역량에 부합하도록 기계와 작업 환경을 설계하는 데 특히 관심을 갖는 학문분야

자연스러운 설계 자연스럽게 이해되는 지각적 신호를 사용하는 인간공학적 설계

사용성 검증 기계를 사용하기 위해 인간이 학습해야 하는 것에서의 용이성을 경험적으로 조사하는 것

한 것을 서로 비교함으로써 설계를 좀 더 정교하게 수정하는 데 필요한 아이디어를 얻을 수 있다(Gerjets, Kammerer, & Werner, 2011; McDonald, Edwards, & Zhao, 2012).

인간–컴퓨터 상호작용

인적 요인 심리학의 방법을 이용하여 컴퓨터와 소프트웨어를 설계하는 것을 **인간–컴퓨터 상호작용**(human-computer interaction, HCI)이라 부른다(Fuchs & Obrist, 2010; Hickling & Bowie, 2013). 전통적으로 기계는 인간을 더 강하게 하기 위해 설계되었다. 예를 들어 자동차는 우리가 걷는 것보다 더 빠르고 멀리 갈 수 있게 해 준다. 이와는 대조적으로 컴퓨터는 우리를 좀 더 똑똑하게 만드는 것을 목적으로 한다. 예를 들어, 은행 잔고를 관리하는 프로그램은 사람이 일일이 계산하는 것에 비해 더 빠르고 정확하게 잔고를 계산해 준다. HCI의 세계에서 제어장치는 입력장치(input device)로, 그리고 디스플레이는 출력장치(output device)라고 불린다. 인간은 *인터페이스*를 통해, 혹은 컴퓨터가 제공하는 일련의 입력장치와 출력장치를 통해 컴퓨터와 의사소통한다.

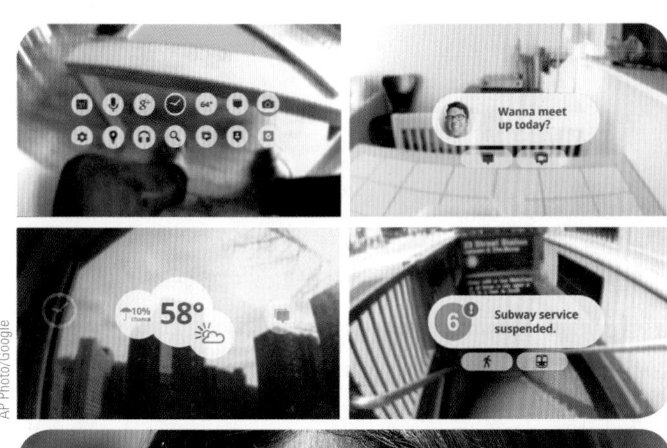

AP Photo/Google

Justin Sullivan/Getty Images News/Getty Images

인간–컴퓨터 상호작용 설계자들은 인간과 컴퓨터를 연결하는 새로운 인터페이스 방식을 적극적으로 모색하고 있다. 이 사진에서 구글 안경을 착용한 사용자는 다양한 장면들을 응시하고 있다. 이러한 착용 컴퓨터(wearable computer)는 그녀가 어디에 있고, 또 어느 방향을 응시하고 있는지 구분할 수 있다. 이 안경은 그녀가 어떤 대상이나 장면을 보고 있을 때 그것이 무엇인지에 대한 정보를 인출하여 보여 준다.

오늘날의 전형적인 노트북 컴퓨터는 입력을 위해 키보드, 터치패드 혹은 음성재인 장치를 사용한다. 출력은 디스플레이 스크린과 오디오 스피커를 통해 제공된다. 이에 따라 인간과 컴퓨터 사이의 새로운 의사소통 채널을 찾아내는 데 노력이 기울여지고 있다(Terkourafi & Petrakis, 2010). 위(Wii)의 게임 봉(wand)은 닌텐도 위(Nintendo Wii) 게임 콘솔을 이용하여 게임을 하는 플레이어가 좀 더 자연스러운 손동작과 몸동작을 통해 게임을 실행할 수 있도록 한다. 마이크로소프트의 키넥트(Kinect)는 손에 쥐는 제어기를 없앰으로써 훨씬 더 자연스러운 인터페이스를 제공하는데 이를 통해 플레이어는 동작과 음성입력만으로도 게임을 실행할 수 있다(Barras, 2010). 좀 더 최근에, 구글의 '안경' 착용형 컴퓨터는 '헤드업' 디스플레이와 음성제어형 핸즈프리 입력을 서로 결합함으로써 인터페이스에서의 새로운 장을 열었다.

컴퓨터 인터페이스는 가상세계 속으로 사람의 행위를 투영하는 것뿐만 아니라 멀리 떨어진 위치에 마치 자신이 있는 것 같은 느낌을 줄 수도 있다(Andersson et al., 2013). 이것은 *원격실재감*(telepresence)이라고 불리는데, 2001년에 뉴욕에 있는 의사가 바다 건너 프랑스에 있는 환자의 담낭을 제거하는 원격 수술에 의해 처음으로 시범되었다. 이때 의사는 로봇 팔을 이용하여 수술을 진행하였다. 수술할 때 의사는 촉감각에 의존하기 때문에 촉각 피드백을 제공함으로써 원격실재감을 향상시키는 것이 중요할 것이다(Jin, 2010; Kitada et al., 2010).

도구의 효과적 사용

신체를 위한 것이든 아니면 마음을 위한 것이든, 최상으로 설계된 도구라 할지라도 잘못 사용되거나 충분하게 사용되지 못할 수 있다. 여러분은 삶 속에서 사용하는 도구를 여러분이 통제한다고 생각하는가, 아니면 도구가 여러분을 통제한다고 생각하는가? 아래에는 여러분이 사용하는 도구를 가장 잘 사용할 수 있도록 해 주는 몇 가지 조언이 제시되어 있다.

과제를 이해하라 디지털카메라, 휴대전화, 혹은 소셜 네트워킹 소프트웨어와 같은 도구를 사용하는 것은 어려운 일이 될 수 있는데, 그러한 도구가 무엇을 할 수 있는지에 대해 확실하게 알지 못하는 경우라면 특히 더 그렇다. 도구가 여러분을 돕기 위해 어떠한 기능을 제공할 수 있는지 가능한 많이 파악하는 것부터 시작하라. 예를 들어, 디지털카메라를 위한 사진편집 소프트웨어를 구입하고자 한다면 그 소프트웨어가 사진을 조정하고, 향상시키며, 변환시키기 위해 어떤 기능을 갖고 있는지 파악하라.

정신없이 바쁜 오늘날의 세상에서는, 일을 정말 잘 해내려고 노력하기보다는 만족화(satisficing)의 유혹, 즉 일을 대충 하고 싶은 유혹을 경험하기 쉽다(Güth, Levati, & Ploner, 2009). 만족화는 단지 게을러진다는 것을 의미하는 것은 아니다. 일을 대충 하는 것은 일종의 생존 기술이 될 수도 있지만, 어찌되었건 도구가 제공하는 기능의 이점을 항상 완전하게 활용하는 것은 아닌 것이다. 예를 들어, 여러분이 사진에 대해 잘 알지 못하면서 바로 디지털카메라를 사용할 때, 여러분은 그것으로 기본적 사진을 찍을 수 있다는 것 자체만으로도 만족할 수 있을 것이다. 그러나 그것으로 끝이라면 여러분은 디지털카메라가 할 수 있는 기능의 극히 일부만을 사용하는 것이 된다.

도구를 이해하라 새로운 도구를 바로 사용하고 싶은 욕구가 있겠지만 사용설명서를 먼저 훑어보기 바란다. 최근의 많은 도구들, 특히 전자기기의 경우는 메뉴의 여러 층에 걸쳐 상당히 귀중한 기능을 감추고 있다. 사용설명서를 읽지 않고는 그 장치가 아무리 사용자 친화적인 인터페이스를 갖고 있다 하더라도 이러한 귀중한 기능 중 몇 가지는 결코 알아차릴 수 없을 것이다.

우주 거주지

멋지게 결론을 맺어 보자. 우주 비행 영역만큼 인적 요인 심리학에 부담을 주는 영역은 없다. 우주선에서 사용되는 모든 기계, 도구, 환경은 매우 신중하게 인간에 맞추어져야 한다(Mulavara et al., 2010). 이미 국제 우주정거장에서의 생활은 신체적으로 정신적으로 모두 쉽지 않다는 게 밝혀졌다. 우주 비행사들은 수개월 동안 사생활이 노출된 채 제한된 작은 거주 공간 안에서 생활해야 한다. 이러한 조건들, 그리고 다른 스트레스원들을 고려하면 우주 거주지는 인간의 요구가 충분히 고려되어 설계되어야 할 것이다. 예를 들어, 연구자들은 비록 무중력의 우주공간이라 할지라도 우주 비행사들은 '위'와 '아래'가 분명하게 구분되는 공간을 더 선호한다는 것을 발견하였다. 이것은 벽과 바닥, 그리고 천장을 서로 다른 색으로 부호화하거나 혹은 가구나 제어장치들을 모두 '천장'을 향하도록 배치함으로써 달성할 수 있을 것이다(Suedfeld & Steel, 2000).

이상적으로는, 우주정거장 안의 생활공간과 작업공간을 사용할 때는 어느 정도의 유연성이 있어야 한다. 행동 패턴은 시간에 따라 변하기 마련이다. 개인이 자신의 환경을 스스로 통제할 수 있다면 스트레스 수준을 낮출 수 있다. 이와 동시에 사람들에게는 안정이 필요하다. 예를 들어, 심리학자들은 단조로운 환경에서는 식사하는 것이 매우 중요한 일이 될 수 있음을 발견하였다. 매일 최소한 한 끼 이상을 다른 사람과 같이 식사하는 것은 승무원들이 사회적 단위로 작업하는 데 도움을 준다.

Roger Ressmeyer/CORBIS

국제 우주정거장은 상당히 긴 시간 동안 인간이 우주공간에서 생활하고 일할 수 있는 거주지를 제공하고 있다. 우주공간에서의 생활에서 발생하는 행동적 문제를 해결하는 것은 인간의 태양계 탐험을 향한 중요한 발걸음이 될 것이다.

우주공간에서는 수면 사이클을 신중하게 통제하여 신체리듬이 망가지지 않도록 해야 한다(Kanas & Manzey, 2008; Suedfeld & Steel, 2000). 과거의 우주 임무에서 일부 우주 비행사들은 다른 승무원들이 지속적으로 작업하거나 대화할 때 수면을 취할 수 없다는 것을 깨달았다. 수면 문제는 우주정거장에서의 소음에 의해 더 악화될 수 있다. 무엇보다도, 소음은 짜증을 유발한다. 소음이 몇 주 혹은 몇 개월 동안 지속된다면 이것은 심각한 스트레스원이 될 수 있다. 이러한 문제를 경감시키기 위해 연구자들은 다양한 형태의 귀마개, 눈가리개 그리고 수면 계획에 대해 실험을 수행하고 있다.

감각 제한 감각에서의 단조로움은 우주공간에서 문제가 될 수 있다. 지구를 바라보면서 경험하는 멋진 광경도 반복해서 보게 되면 흥미를 잃게 된다(Kanas & Manzey, 2008). (얼마나 자주 보아야 지구를 바라보는 것에서 흥미를 잃게 될까?)

연구자들은 단조로움이나 무료함을 극복할 수 있도록 음악, 영화, 혹은 이 외의 다양한 방법을 사용한 자극적 환경을 개발하고자 노력하고 있다. 여기에서도 연구자들은 우주 승무원들에게 선택과 통제를 제공하고자 노력하고 있다. 남극 혹은 이 외의 제한된 구역에서 생활하는 사람들에 대한 연구들은 어떤 사람에게는 멋지게 들리는 교향악이 다른 사람에게는 귀에 거슬리는 소음이

인간-컴퓨터 상호작용 컴퓨터와 소프트웨어를 설계하기 위해 인적 요인 심리학을 적용하는 것
만족화 최적의 결과보다는 받아들일 수 있는 수준의 결과를 얻기 위해 행동하는 것

될 수 있음을 확실하게 보여 주었다. 음악에 국한하여 생각해 본다면 개인적으로 사용할 수 있는 이어폰만으로도 이 문제를 충분히 해결할 수 있을 것이다.

제한된 환경에서 생활하는 사람들은 독서, 음악 듣기, 창밖 쳐다보기, 글쓰기, 혹은 영화나 TV 보기와 같은 개인적인 소일거리를 더 선호한다. 다른 것과 마찬가지로 이러한 선호는 개인적인 사생활이 필요함을 다시 한 번 보여 준다. 독서를 한다거나 혹은 음악을 듣는 것은 집단으로부터 심리적으로 분리되는 좋은 방법 중 하나이다. 예를 들어, 바이오시피어2(Biosphere 2)와 같이 지구상에서의 제한된 구역에서 생활해 본 경험에 비추어 본다면, 우주 거주지에서도 살아 있는 동물이나 식물이 있는 경우 스트레스와 무료함을 경감시킬 수 있다(Suedfeld & Steel, 2000).

지구호라는 우주선에서의 삶 우주여행에서의 눈부신 기술 발전 속에서 인간 행동의 중요성이 다시 부각되었다는 점은 주목된다. 우주공간과 마찬가지로 지구 위에서도 아무리 똑똑하게 설계된 기계나 기술이라 할지라도 이것만으로는 문제들을 해결할 수 없다. 우리가 직면하고 있는 핵전쟁, 사회갈등, 범죄, 편견, 전염병, 인구과밀, 환경피해, 기근, 살인, 경제적 재앙, 그리고 다른 대부분의 주요 문제들은 모두 인간 행동과 관련된다.

지구호는 살아남을 수 있을까? 이것은 분명 심리학적 질문이다.

모듈 66: 요약

66.1 인간의 요구에 더 잘 부응하기 위해 도구는 어떻게 설계되어야 하는가?

- 66.1.1 인간공학자라고도 알려진 인적 요인 심리학자들은 인간의 감각과 운동 역량에 부합하도록 도구를 설계한다.
- 66.1.2 성공적인 인적 요인 심리학자들은 사람들이 자연스럽게 이해할 수 있는 지각적 신호를 사용하는 자연스러운 설계를 도모한다.
- 66.1.3 인적 요인 심리학자들은 사용성 검증을 통해 기계가 배우기 쉽고 사용하기 쉬운지의 여부를 확인한다.
- 66.1.4 인간–컴퓨터 상호작용 분야는 컴퓨터와 소프트웨어를 설계하기 위해 인간공학을 응용한 것이다.
- 66.1.5 도구에 대해, 그리고 여러분이 수행하는 과제에 대해 알고 있으면 도구를 효과적으로 사용하는 데 도움이 된다. 만족화에 주의하라.
- 66.1.6 우주비행에서는 수많은 인적 요인 문제들이 발생할 수 있기 때문에 우주공간 거주지를 설계할 때는 특별한 주의가 요구된다.

모듈 66: 지식 쌓기

암기

1. 인적 요인 심리학자들은 사람들이 기계와 함께 작업할 때 기계에 맞춰 잘 적응할 수 있는 방법이 무엇인지 알아내는 데 관심을 갖고 있다. **O X**
2. Donald Norman에 따르면 인적 요인 심리학은 사람들이 자연스럽게 이해할 수 있는 지각적 신호를 사용한다. **O X**
3. 사용성 검증은 기계 설계를 경험적으로 검토하는 것이다. **O X**
4. 도구를 효과적으로 사용하기 위해서는?
   a. 사용하는 도구에 대해 이해한다.
   b. 만족화
   c. 여러분의 과제에 대해 이해한다.
   d. 아이디어가 떠오르지 않는 문제를 극복한다.
5. 연구자들은 우주 비행사들이 생활공간에서 '위'나 '아래'의 방향을 분명하게 구분할 수 있기만 하다면 특별한 어려움을 경험하지 않는다는 것을 발견하였다. **O X**

반영

비판적으로 생각하기

6. 암스테르담의 스키폴 공항에 있는 남성용 소변기의 사진을 살펴보자. 소변기에 실제로 파리가 앉아 있는 것인가? 아니라면 왜 여기에 파리가 있는가?

자기반영

여러분이 보기에 설계가 잘되었다고 여겨지는 기계가 있는가? 그 설계가 여러분에게 왜 맞는지 설명할 수 있는가?

여러분은 어떻게 글을 쓰는지 생각해 본 적이 있는가? 이점을 최대로 얻기 위해 문서편집기를 사용하는가? 어떤 점에서 향상이 있는가?

John Mitterer

이 파리는 진짜가 아니고 그려져 있을 뿐이다. 왜 이렇게 했을까?

정답

1. X **2.** O **3.** O **4.** a와 c **5.** X **6.** 남자들은 소변을 보면서 소변으로 '파리'를 맞추고자 하는 경향이 있고 이 때문에 좀 더 '정확하게' 소변을 볼 수 있다. 그 결과 남성용 화장실이 훨씬 더 청결해질 것이다.

67 Module

부록: 행동통계학

Lucy Baldwin/Shutterstock

왜 수인가?

잭슨은 무술을 열심히 연마한 이후 심리학을 전공하기로 마음먹었다. 그는 무술 연마가 학교 공부를 포함하여 거의 모든 것에 대한 그의 집중력을 향상시켰음을 깨닫고 매우 놀랐다. 그러나 그는 졸업하기 위해서는 통계과목을 이수해야 한다는 것을 알고 거의 심리학 공부를 포기할 뻔했다. 그는 중얼거렸다. "수라… 왜 수야? 심리학은 사람에 대해 공부하는 것 아니야?"

다행스럽게도, 특히 무술과 집중력에 대해, 그리고 좀 더 일반적으로 말한다면 인간 행동에 대해 잭슨이 가진 호기심은 통계학에 대한 그의 걱정보다 더 강하였다. 3학년이 되어 연구 프로젝트를 설계하기 시작하면서부터 그는 심리학적 연구의 결과들이 종종 수로 표현되고, 그 수가 어떤 의미를 갖는지 알기 위해서는 그 수를 요약하고 해석하는 것이 먼저 이루어져야 한다는 것을 이해하게 되었다. 지금부터는 심리학에서 통계학이 어떻게 사용되는지 개관하고자 한다.

SURVEY QUESTIONS

67.1 기술 통계학이란 무엇인가?

67.2 평균 점수를 확인하기 위해 통계학은 어떻게 사용되는가?

67.3 어떤 점수들이 다른 점수들과 얼마나 다른지 측정하기 위해 심리학자들은 어떤 통계치를 사용하는가?

67.4 심리학에서 상관은 어떻게 사용되는가?

67.5 추론 통계학이란 무엇인가?

기술 통계학–수로 나타내지는 심리학

SURVEY QUESTION 67.1 기술 통계학이란 무엇인가?

통계학은 심리학적 사고나 연구에 더 큰 명료함과 정확성을 부여한다(Gravetter & Wallnau, 2013). 실제로, 통계학에 의존하지 않고는 인간 행동에 대해 과학적으로 논증하는 것이 매우 어렵다. 심리학자들은 통계학의 두 가지 주요 유형에 의존한다. **기술 통계학**(descriptive statistics)은 결과가 좀 더 의미를 갖고 다른 사람과 의사소통이 좀 더 용이해질 수 있도록 하기 위해 연구로부터 얻어진 자료를 기술하거나 요약 혹은 '응축'시키는 것이다. 이와 비교하여 **추론 통계학**(inferential statistics)은 의사결정, 작은 표본으로부터 수집된 결과의 일반화, 그리고 결론 도출을 위해 사용된다. 심리학자들이 제한된 자료에 기초하여 의사결정을 해야 하는 경우가 종종 있다. 추론 통계학의 도움을 받게 된다면 그와 같은 의사결정은 훨씬 더 용이해진다.

기술 통계학에서 사용되는 세 가지 주요 통계치, 즉 *그래프 통계치*, *중앙집중 경향 측정치*, 그리고 *변산성*에 대해 먼저 고려해 보자.

그래프 통계자료

그래프 통계자료(graphical statistics)는 그림을 사용하여 수를 제시함으로써 이것을 쉽게 시각화할 수 있게 한다. 잭슨은 집중력에서의 차이에 대한 연구를 수행할 기회가 있었다. 표 67.1은 그가 100명의 대학생들을 대상으로 집중력 검사를 실시한 결과 얻어진 점수이다. 이와 같이 체제화되지 않은 자료의 경우 집중력에서의 차이에 대해 전반적으로 이해하기가 어렵다. 그러나 *빈도분포*를 사용하면 많은 정보를 말끔하게 체제화하고 요약할 수 있다. **빈도분포**(frequency distribution)를 구성하기 위해서는 얻어진 점수의 전체 범위를 동일한 크기를 갖는 계급(class)으로 먼저 나누고, 그다음 각 계급 안에 포함되는 점수의 개수(빈도)를 표기하면 된다. 표 67.2는 표 67.1에 제시된 원점수를 빈도분포로 축약한 것이다. 집단의 전체 점수가 얼마나 더 분명한 형태로 바뀌었는지 보라.

빈도분포는 자료를 좀 더 '시각화'하기 위해 종종 그래프의 형태로 제시되기도 한다. 빈도분포 그래프라고도 불리는 **히스토그램**(histogram)에서는 *가로축*(X축 혹은 수평축)에 급간(class interval)의 명칭이, 그리고 *세로축*(Y축 혹은 수직축)에 빈도가 제시된다. 그다음 막대가 각 급간에 따라 그려지게 되는데, 각 막

표 67.1 집중력 원점수

55	86	52	17	61	57	84	51	16	64
22	56	25	38	35	24	54	26	37	38
52	42	59	26	21	55	40	59	25	57
91	27	38	53	19	93	25	39	52	56
66	14	18	63	59	68	12	19	62	45
47	98	88	72	50	49	96	89	71	66
50	44	71	57	90	53	41	72	56	93
57	38	55	49	87	59	36	56	48	70
33	69	50	50	60	35	67	51	50	52
11	73	46	16	67	13	71	47	25	77

표 67.2 점수의 빈도분포

급간	계급에 포함된 사람들의 수
0–19	10
20–39	20
40–59	40
60–79	20
80–99	10

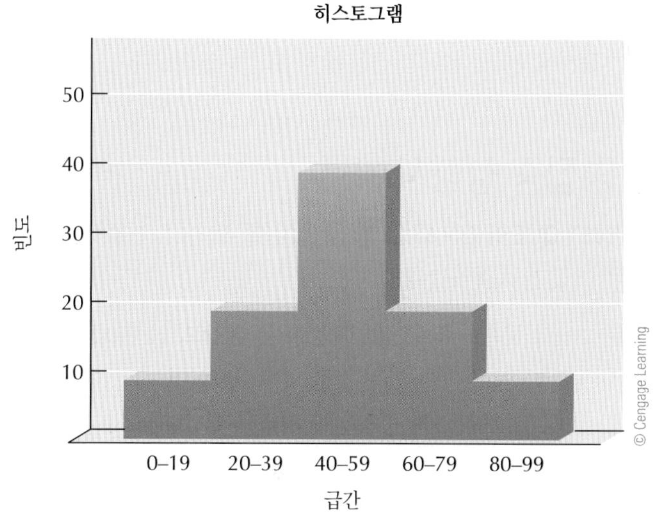

그림 67.1
표 67.2에 포함된 집중력 점수의 빈도 히스토그램

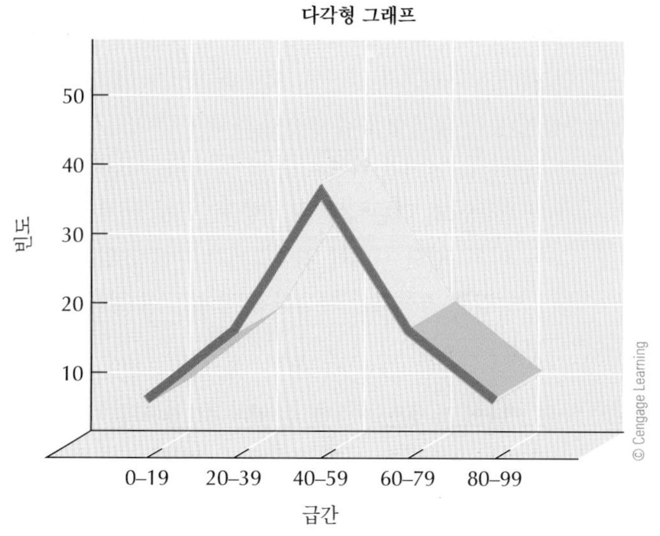

그림 67.2
표 67.2에 포함된 집중력 점수의 다각형 그래프

기술 통계학 수로 된 자료를 기술하고 요약하기 위해 사용되는 수학적 방법
추론 통계학 의사결정, 작은 표본으로부터 수집된 결과의 일반화, 그리고 결론 도출을 위해 사용되는 수학적 방법
그래프 통계자료 수를 그림으로 나타내기 위한 기법으로 주로 그래프를 이용하여 수를 표시한다.
빈도분포 점수의 전체 범위를 일련의 계급으로 나눈 후 각 계급에 포함되는 점수들의 빈도를 기록한 표
히스토그램 각 급간에 포함된 점수의 빈도를 수직 막대를 이용하여 표시한 빈도분포의 그래프

대의 높이는 각 급간에 포함된 점수의 빈도로 결정된다(● 그림 67.1). 점수를 그래프로 제시하는 또 다른 방법은 좀 더 친숙한 **빈도 다각형 그래프**(frequency polygon)를 사용하는 것이다(● 그림 67.2). 여기에서는 먼저 각 점수의 빈도가 각 급간의 중앙에 점으로 표시되고, 그다음 그 점들이 직선으로 연결된다.

중앙집중 경향치

SURVEY QUESTION 67.2 평균 점수를 확인하기 위해 통계학은 어떻게 사용되는가?

표 67.2에서 잭슨이 얻은 점수들은 다른 급간보다는 40점에서 59점 사이에 더 많이 모여 있는 것을 알 수 있을 것이다. 이것을 어떻게 제시할 수 있을까? **중앙집중 경향**(central tendency)에 대한 측정치는 점수들 중에서 '전형적인 점수'가 어떤 것인지 기술하기 위해 사용되는 측정치이다. 우리에게 익숙한 중앙집중 경향치는 그 집단의 *평균*(mean) 혹은 '대략적인(average)' 값이다. 그러나 잠시 후에 우리가 살펴보겠지만 평균 이외에 다른 유형의 중앙집중 경향치가 사용될 수도 있다. 각각에 대해 예시하기 위해 한 가지 사례를 들어 보자. 표 67.3은 잭슨이 수행한 실험 중 하나에서 얻어진 원자료를 보여 주고 있는데, 이 실험에서는 두 집단의 실험참가자들에게 두 가지 유형의 집중력 검사가 각각 실시되었다. 한 집단은 집중력을 높이기 위한 어떤 약(이 약을 '포커실'이라고 부르자)을 제공하였고, 다른 집단은 위약(placebo)을 제공하였다고 가정하자. 이 두 집단 사이에 집중력에서 차이가 있는가? 이 경우 어떤 중앙집중 경향치를 계산하기 전에는 이 질문에 대해 답하기 어렵다.

평균 어떤 집단의 특성을 기술할 수 있는 그 집단의 '대략적인' 값이 얼마인지 나타내는 한 가지 유형으로, **평균**(mean)은 각 집단의 모든 점수들을 합산한 후 이 값을 점수들의 개수로 나누어 계산한다. 표 67.3에서 평균이 두 집단 사이에서의 차이를 나타내고 있음을 확인하기 바란다.

평균은 점수의 분포에서 극단적으로 크거나 작은 값의 영향을 많이 받는다. 이 때문에 평균은 항상 중앙집중 경향에 대한 최상의 측정치가 되지 못할 수 있다. 우연하게 작은 표본 안에 오프라 윈프리와 같은 억만장자가 포함되었을 때 연소득의 평균이 얼마나 많이 왜곡될 수 있을지 상상해 보라. 그와 같은 경우에는 평균 대신에 점수들 중에서 가운데에 위치한 점수, 즉 *중앙값*이 사용된다.

중앙값 **중앙값**(median)은 점수들을 높은 점수에서 낮은 점수 순서로 배열했을 때 중앙에 위치한 점수이다. 다시 말해 전체 점수들 중 반은 중앙값의 위에, 그리고 나머지 반은 중앙값의 아래에 있게 된다. 예를 들어, 9명으로 구성된 집단에서 각 개인의 점수가 다음과 같다고 하자: 105, 111, 123, 126, 148, 151, 154, 162. 이때의 중앙값은 148이다. 물론 점수들의 개수가 짝수인 경우에는 중앙에 위치한 값이 따로 없다. 이 경우에는 중앙에 위치한 두 점수의 평균을 구하여 이 값을 중앙값으로 사용한다. (표 67.3의

표 67.3 포커실 혹은 위약을 제공받은 실험참가자들이 집중력 검사에서 받은 원점수

실험참가자	집단 1 포커실	집단 2 위약
1	65	54
2	67	60
3	73	63
4	65	33
5	58	56
6	55	60
7	70	60
8	69	31
9	60	62
10	68	61
합	650	540
평균	65	54
중앙값	66	60

평균 $= \frac{\Sigma X}{N}$ 또는 $\frac{\text{모든 점수의 합, X}}{\text{점수들의 개수}}$

평균 집단 1 $= \frac{65 + 67 + 73 + 65 + 58 + 55 + 70 + 69 + 60 + 68}{10}$

$= \frac{650}{10} = 65$

평균 집단 2 $= \frac{54 + 60 + 63 + 33 + 56 + 60 + 60 + 31 + 62 + 61}{10}$

$= \frac{540}{10} = 54$

중앙값 = 중앙에 위치한 점수 혹은 중앙에 있는 두 점수의 평균

중앙값 집단 1 = 55 58 60 65 [65 67] 68 69 70 73

$= \frac{65 + 67}{2} = 66$

중앙값 집단 2 = 31 33 54 56 60 [60 60] 61 62 63

$= \frac{60 + 60}{2} = 60$

* [ ]는 중앙의 점수(들)을 나타냄

아래 부분에 이에 대한 예시가 제시되어 있다.)

최빈값 중앙집중 경향의 마지막 측정치는 **최빈값**(mode)이다. 최빈값은 단순히 집단의 점수들 중에서 가장 빈번하게 관찰되는 점수라고 보면 된다. 표 67.3을 잘 살펴보면 집단 1의 최빈값은 65이고, 집단 2의 최빈값은 60이라는 것을 알 수 있을 것이다. 최빈값은 쉽게 구할 수 있기는 하지만 이것은 신뢰롭지 못한 측정치가 될 수 있는데, 집단 점수의 개수가 적은 경우에 특히 더 그렇다. 어찌되었건 최빈값은 가장 많은 사람들이 보인 점수가 무엇인지 알려 준다는 점에서 의미를 갖는다.

표 67.4 표준편차 계산방법

집단 1의 평균 = 65

점수 평균	편차(d)	편차 제곱값(d^2)
65 − 65 =	0	0
67 − 65 =	2	4
73 − 65 =	8	64
65 − 65 =	0	0
58 − 65 =	−7	49
55 − 65 =	−10	100
70 − 65 =	5	25
69 − 65 =	4	16
60 − 65 =	−5	25
68 − 65 =	3	9
		292

$$SD = \sqrt{\frac{d^2\text{의 합}}{n}} = \sqrt{\frac{292}{10}} = \sqrt{29.2} = 5.4$$

집단 2의 평균 = 54

점수 평균	편차(d)	편차 제곱값(d^2)
54 − 54 =	0	0
60 − 54 =	6	36
63 − 54 =	9	81
33 − 54 =	−21	441
56 − 54 =	2	4
60 − 54 =	6	36
60 − 54 =	6	36
31 − 54 =	−23	529
62 − 54 =	8	64
61 − 54 =	7	49
		1276

$$SD = \sqrt{\frac{d^2\text{의 합}}{n}} = \sqrt{\frac{1276}{10}} = \sqrt{127.6} = 11.3$$

변산성 측정치

SURVEY QUESTION 67.3 어떤 점수들이 다른 점수들과 얼마나 다른지 측정하기 위해 심리학자들은 어떤 통계치를 사용하는가?

어떤 연구자가 2개의 약물이 불안증을 앓고 있는 환자의 불안 수준을 낮출 수 있다는 것을 발견하였다고 가정해 보자. 그러나 한 약물은 불안을 어느 정도 일관적으로 낮추는 반면, 다른 약물은 때에 따라 상당히 많이 불안을 낮추거나, 전혀 효과가 없거나, 혹은 심지어 일부 환자들에 대해서는 불안을 오히려 더 높인다는 것도 가정해 보자. 전반적으로 보면 두 약물이 불안을 경감시키는 대략적인 수준(평균)에서는 차이가 없다. 그렇다고 하더라도 두 약물 사이에는 중요한 차이가 있다. 이러한 사례에서 볼 수 있듯이, 점수들의 어떤 분포를 잘 기술할 수 있는 대표적인 점수(즉 중앙집중 경향치)가 무엇인지 살펴보는 것만으로는 충분하지 않다. 대개의 경우 우리는 점수들이 서로 근접하여 모여 있는지 아니면 넓게 산포되어 있는지 알고 싶은 것이다.

변산성(variability)에 대한 측정치는 점수들이 서로 얼마나 넓게 '퍼져 있는지'를 단일한 수치로 알려 준다. 점수들이 넓게 퍼져 있으면 이 수치가 더 커진다. 표 67.3의 사례를 다시 한 번 살펴보면 각 집단 안의 점수들이 서로 크게 다르다는 것을 알 수 있을 것이다. 우리는 이것을 어떻게 제시할 수 있을까?

빈도 다각형 그래프 각 급간에 포함된 점수들의 빈도가 직선 위의 한 점을 통해 표시되는 빈도분포의 그래프
중앙집중 경향 대부분의 점수들이 가능한 범위 중에서 중간 범위에 위치하는 경향
평균 모든 점수들을 합산한 후 이 값을 점수들의 개수로 나누어 계산한 중앙집중 경향치의 한 유형
중앙값 점수들을 가장 큰 점수부터 가장 작은 점수 순으로 정렬한 후 가운데에 위치한 값을 선택함으로써 계산되는 중앙집중 경향치의 한 유형. 즉 모든 점수들 중 반은 중앙값의 위에 위치하는 반면 나머지 반은 중앙값의 아래에 위치한다.
최빈값 전체 점수들 중에서 가장 빈번하게 관찰되는 점수에 해당하는 중앙집중 경향치의 한 유형
변산성 점수들이 크기에서 차이가 나는 경향성. 변산성 측정치는 점수들이 서로 얼마나 차이가 있는지의 정도를 나타낸다.

범위 변산성을 보여 줄 수 있는 가장 단순한 방법은 **범위**(range)를 사용하는 것이다. 범위는 가장 큰 값과 가장 작은 값 사이의 차이로 정의된다. 앞에서 언급한 실험의 집단 1에서 가장 큰 값은 73이고, 가장 작은 값은 55였다. 따라서 이때의 범위는 18이 된다(73 − 55 = 18). 이와 동일한 방식으로, 집단 2에서 가장 큰 값은 63이고, 가장 작은 값은 31이기 때문에 이때의 범위는 32이다. 따라서 집단 2의 점수들은 집단 1의 점수들에 비해 더 많이 퍼져 있다(즉 변산성이 더 크다).

표준편차 범위에 비해 좀 더 나은 변산성 측정치는 **표준편차**(standard deviation, SD)이다. 이것은 점수의 평균으로부터 각 점수들이 얼마나 다른지를 단일한 지표로 알려 준다. SD를 계산하기 위해서는 먼저 평균으로부터 각 점수의 편차(deviation, 혹은 차이)를 계산한 후 이 값을 제곱한다. 그리고 제곱한 값들을 모두 합산한 다음, 합산한 값의 평균을 구한다(즉 합산한 값을 편차의 개수로 나눈다). 이 평균값의 제곱근이 표준편차이다(표 67.4). 여기에서도 집단 1의 변산성(SD = 5.4)이 집단 2(SD = 11.3)보다 더 크다는 것에 주목하라.

표준점수

표준편차가 갖는 특별한 이점 중 하나는 점수들을 표준화하는 데 이것이 사용됨으로써 점수들이 갖는 더 큰 의미를 제공해 준다는 점이다. 예를 들어, 잭슨과 그의 쌍둥이 누이인 재키가 각각 다른 반에서 심리학 과목의 중간고사를 보았다고 가정해 보자. 그리고 잭슨은 118점을, 그리고 재키는 110을 각각 받았다고 해 보자. 누가 더 잘했는가? 각 반에서의 평균 점수가 얼마인지, 그리고 잭슨과 재키가 자신의 반에서 각각 상위, 중간, 아니면 하위에 해당하는 점수를 받았는지의 여부를 알지 않고는 이 질문에 답하는 것이 불가능하다. 우리는 이러한 모든 정보에 대해 알려 줄 수 있는 한 가지 수치를 얻고자 할 것이다. 이러한 역할을 하는 수치는 다름 아닌 z-점수이다.

원점수를 **z-점수**(z-score)로 변환하기 위해서는 각 점수로부터 평균을 감산해야 한다. 그다음은 이러한 감산하여 계산된 값을 점수들의 표준편차로 나눈다. 예를 들어, 재키는 자신의 반에서 110점을 받았는데 이 반의 평균은 100, 그리고 표준편차는 10이다. 따라서 그녀의 z-점수는 +1.0이다(표 67.5). 잭슨이 수강한 반의 평균은 100, 표준편차는 18이고, 잭슨의 점수는 118점이기 때문에 그의 z-점수도 +1.0이다(표 67.5 참조). 원래의 점수로 비교하면 중간고사에서 잭슨이 재키보다 더 잘한 것처럼 보인다. 그러나 이제 상대적으로 보면 두 사람의 점수가 동등하다는 것을 알 수 있다. 즉 다른 학생들과 비교하여 두 사람은 각각 자신의 반에서 평균 위로부터 동일한 위치에 있는 것이다.

정상곡선

우연 사상들(chance events)을 기록해 보면 몇 개의 산출물은 높은 확률로 매우 자주 발생할 것이고, 다른 것들은 비교적 낮은 확률로 덜 빈번하게 발생할 것이며, 또 다른 것들은 매우 낮은 확률로 거의 발생하지 않는다는 것을 알 수 있을 것이다. 그 결과, 우연 사상의 분포(혹은 관찰 기록)는 전형적으로 정상곡선(● 그림 67.3)을 닮게 될 것이다. **정상곡선**(normal curve: 정규곡선이라고도 한다)은 종 모양으로 되어 있는데, 중간 부분에 해당되는 점수들의 개수는 많은 반면, 매우 높거나 낮은 양극단의 점수로 갈수록 점수의 개수가 점점 더 적어진다. 대부분의 심리학적 특질이나 사상은 많은 요인들의 영향을 받아 결정된다. 따라서 우연 사상과 마찬가지로 심리학적 변인들에 대한 측정치는 대략적으로 정상곡선과 대응되는 경향이 있다. 예를 들어, 신장(height), 기억폭(memory span), 그리고 지능과 같은 변인들에 대한 직접적 측정치들은 정상곡선을 따르는 것으로 알려져 있다. 다시 말해, 많은 사람들은 신장, 기억 능력, 그리고 지능에서 평균 주변에 많이 몰려 있는 반면, 평균으로부터 멀어질수록 점점 더 적은 수의 사람들이 포함된다는 것이다.

정상곡선에 대해 많은 것들이 알려져 있기 때문에 많은 심리학적 변인들이 정상곡선을 따르는 경향이 있다는 것은 다행스러운 일이다. 정상곡선이 갖는 가치 있는 속성 중 하나는 이것과 표준편차 사이의 관계에서 찾을 수 있다. 구체적으로 말하면, 표준편차를 통해 정상곡선을 평균의 위와 아래에 포함되는 비율로 나눌 수 있다는 것이다. 예를 들어, 그림 67.3에서 모든 사례(IQ 점수, 기억점수, 신장, 그리고 기타 등등)의 68%가 평균으로부터 1 표준편차 위와 아래(±1 SD)에 포함되어 있다는 것에 주목하기 바란다. 마찬가지로 모든 사례의 95%는 평균으로부터 ±2 SD 범위에서, 그리고 모든 사례의 99%는 평균으로부터 ±3 SD 범위에서 발견된다.

표 67.6은 정상곡선의 특정 영역에서 관찰되는 사례의 백분율과 z-점수 사이의 관계에 대한 좀 더 세부적인 자료를 제시하고

표 67.5 z-점수의 계산

$$z = \frac{X - \overline{X}}{SD} \text{ 또는 } \frac{\text{점수} - \text{평균}}{\text{표준편차}}$$

$$\text{재키: } z = \frac{110 - 100}{10} = \frac{+10}{10} = +1.0$$

$$\text{잭슨: } z = \frac{118 - 100}{18} = \frac{+18}{18} = +1.0$$

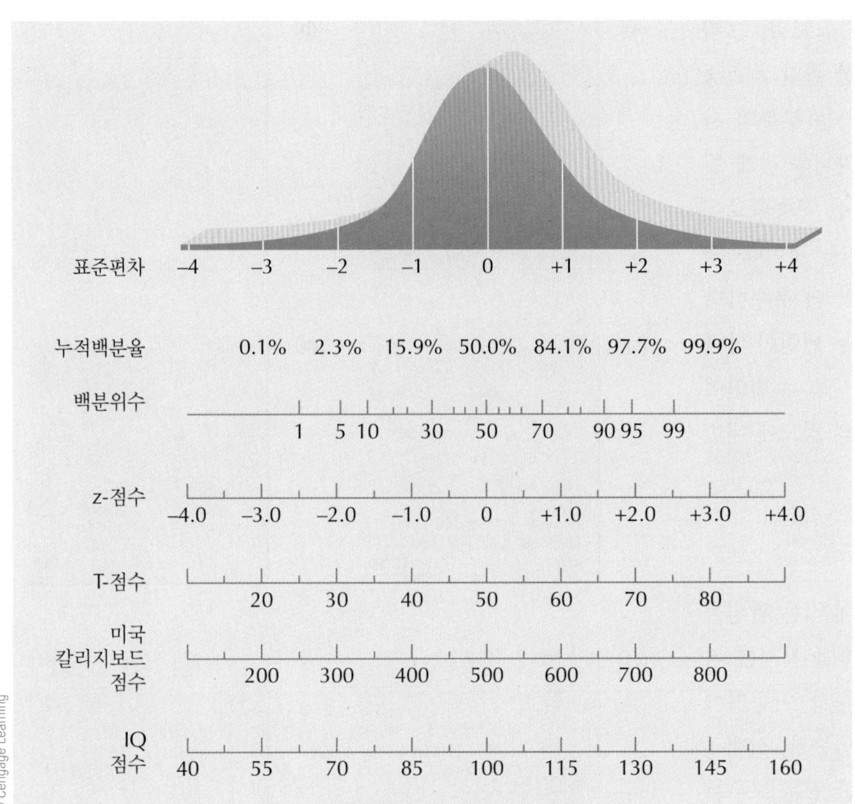

그림 67.3
정상곡선. 정상곡선은 이상적으로 최적화된 수학적 모델이다. 이 분포가 이상적인 것이기는 하지만 심리학에서의 많은 측정치들은 정상곡선에 매우 근접한다. 이 그림에서 제시된 척도들은 정상곡선과 표준편차, z-점수, 그리고 다른 측정치들과의 관계를 보여 주고 있다.

있다. 예를 들어, 모든 사례의 93.3%는 z-점수가 +1.5인 지점의 아래 영역에 포함된다. (원점수가 몇 점이든지 상관없이) 어떤 시험에서의 점수가 z-점수로 1.5라면 우수한 점수라고 할 수 있는데, 왜냐하면 모든 점수의 대략 93% 정도가 이 점수 아래에 포함되기 때문이다. 표준편차(혹은 z-점수)와 정상곡선 사이의 관계는 변하지 않는다. 따라서 다양한 검사나 집단에서 얻어진 점수들의 분포가 대략적으로 정상곡선을 따른다면 표준편차(혹은 z-점수)와 정상곡선 사이의 관계를 통해 점수들을 서로 비교하는 것이 가능하다.

표 67.6 z-점수의 계산

z-점수	이 값의 왼쪽에 있는 면적의 백분율	이 값의 오른쪽에 있는 면적의 백분율
−3.0 SD	0.1	99.9
−2.5 SD	0.6	99.4
−2.0 SD	2.3	97.7
−1.5 SD	6.7	93.3
−1.0 SD	15.9	84.1
−0.5 SD	30.9	69.1
0.0 SD	50.0	50.0
+0.5 SD	69.1	30.9
+1.0 SD	84.1	15.9
+1.5 SD	93.3	6.7
+2.0 SD	97.7	2.3
+2.5 SD	99.4	0.6
+3.0 SD	99.9	0.1

상관—관계성 평가하기

SURVEY QUESTION 67.4 심리학에서 상관은 어떻게 사용되는가?

모듈 5에서 지적하였듯이, 행동에 대한 심리학자들의 많은 진술

범위 전체 점수들 중에서 가장 큰 값과 가장 작은 값 사이의 차이
표준편차 점수의 평균으로부터 모든 점수들이 얼마나 다른지 알려 주는 지표
z-점수 어떤 점수가 평균으로부터 위 혹은 아래로 몇 표준편차 떨어져 있는지 알려 주는 점수
정상곡선 종 모양의 곡선으로 중간 부분에 해당되는 점수들의 개수는 많은 반면, 매우 높거나 낮은 양극단의 점수로 갈수록 점수의 개수가 점점 더 적어진다.

은 실험적 방법을 사용하여 얻어진 것은 아니다. 그보다, 그러한 진술은 이미 존재하고 있는 현상에 대한 면밀한 관찰과 측정을 통해 얻어진 것이다. 예를 들어, 어떤 심리학자는 부부의 사회경제적 지위가 높을수록 이들은 더 적은 수의 자녀를 갖게 될 가능성이 높다는 것을 관찰할 수 있을 것이다. 혹은 고등학교에서의 성적이 대학교에서 수행과 관련이 있을 수 있을 것이다. 잭슨은 무술 수련의 경험이 있는 학생들은 집중력이 더 우수하다는 것을 발견할 수도 있을 것이다. 이러한 경우는 두 변인이 **상관**(correlated)되어 있는지의 여부를 따져 보는 것이다. 즉 두 변인이 서로 얼마나 질서 있는 관계성을 갖고 변화되는지의 정도에 대한 것이다.

관계성

심리학자들은 사상들 사이의 관계성을 찾아내는 데 많은 관심을 갖고 있다. 편부모 가정의 아동들은 학교에서 비행을 저지를 가능성이 더 높은가, 부(wealth)는 행복과 관계가 있는가, 아동기에 인터넷을 사용하는 것과 20세 때의 IQ는 관계가 있는가, 적대적 성격은 심장 발작 위험성과 관계가 있는가, 이러한 질문 모두는 상관에 대한 것이다(Howell, 2013).

상관을 시각화할 수 있는 가장 간단한 방법은 **산포도**(scatter diagram)를 그려 보는 것이다. 산포도에서는 2개의 측정치(예를 들어, 고등학교 성적과 대학교 성적)가 제시되는데, 하나의 측정치는 X축에, 그리고 두 번째 측정치는 Y축에 나타내진다. X축에 해당하는 값과 Y축에 해당하는 값은 서로 하나의 지점(즉 X 값과 Y 값의 쌍으로 이루어진 하나의 지점)에서 교차하는 지점이 산포도에 표시된다. 그와 같은 측정치 쌍들은 ● 그림 67.4에서 보이는 것과 같은 다양한 형태를 가질 수 있다.

그림 67.4는 두 변인 사이의 세 가지 기본적 관계성, 즉 정적 상관, 제로 상관 및 부적 상관에 대한 산포도를 나타내고 있다.

- **정적 관계성:** 그래프 a, b, c는 다양한 강도를 갖는 **정적 상관**(positive correlation)을 보여 주고 있다. X의 측정치(혹은 점수)가 증가할 때 Y의 측정치(혹은 점수)가 증가할 경우 이 두 가지 측정치 사이에는 정적 상관이 있다고 말한다. 이에 대한 한 가지 예로 IQ 점수(X)가 높을수록 대학에서의 학점(Y)이 높은 경우를 들 수 있다.
- **제로 상관: 제로 상관**(zero correlation)은 두 측정치 사이에 관계성이 없다는 것을 의미한다(그래프 d). 예를 들어, 실험 참가자의 모자 크기(X)와 대학에서의 학점(Y) 사이의 관계성을 살펴보면 두 변인 사이에는 아무런 관계성이 없다는 것이 관찰될 것이다.

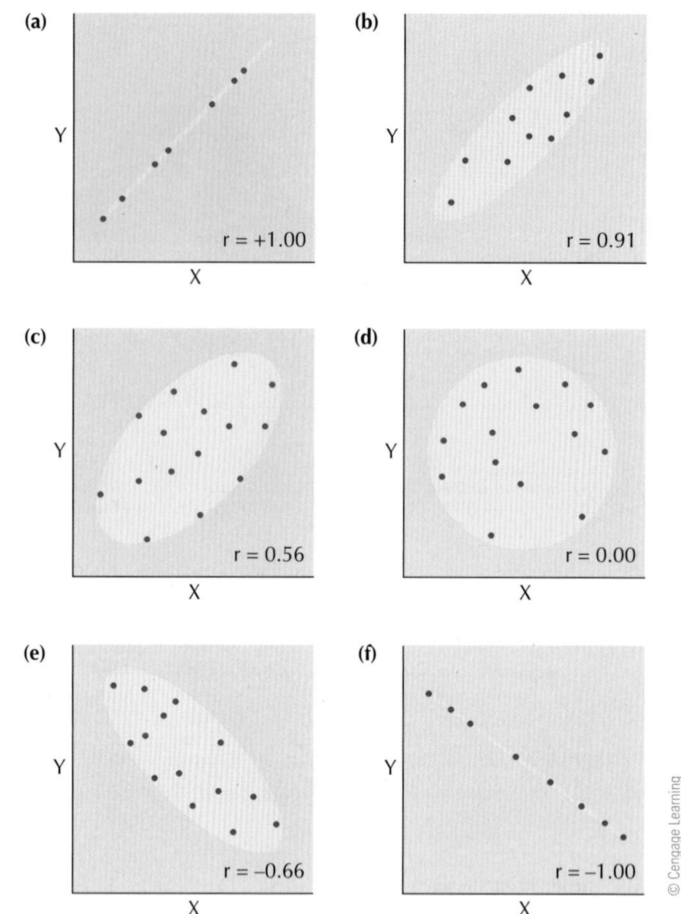

● **그림 67.4**
정적 상관, 제로 상관, 부적 상관에서 다양한 수준의 관계성을 보여 주고 있는 산포도들

- **부적 관계성:** 그래프 e와 f는 모두 **부적 상관**(negative correlation)을 보여 주고 있다. 한 측정치의 값이 증가할수록 다른 측정치의 값은 감소한다는 것에 주목하라. 이에 대한 한 가지 예로 알코올 섭취량과 신체 협응력 사이의 관계성을 들 수 있는데, 다시 말해 혈중 알코올 농도가 증가할수록 신체 협응력 점수는 감소할 것이다.

상관계수

상관의 크기는 **상관계수**(coefficient of correlation)를 사용하여 표현할 수도 있다. 상관계수는 +1.00과 −1.00 사이에 값을 갖는다. 만일 이 값이 0이거나 혹은 0에 근접하는 값을 갖는다면 변인 사이에 상관이 없거나 약하다는 것을 나타낸다. 만일 상관이 +1.00이라면 변인 사이의 **완전한 정적 관계성**(perfect positive relationship)을, 그리고 상관이 −1.00이라면 변인 사이의 **완전한 부적 관계성**(perfect negative relationship)을 의미한다. 가장 흔하게 사용되는 상관계수 중 하나는 피어슨 r(Pearson r)이다. 가상적

표 67.7 IQ 점수와 평균 학점을 통해 피어슨 *r*을 계산하는 방법

학생 번호	IQ(X)	평균 학점(Y)	X 점수의 제곱(X^2)	Y 점수의 제곱(Y^2)	X 곱하기 Y(XY)
1	110	1.0	12,100	1.00	110.0
2	112	1.6	12,544	2.56	179.2
3	118	1.2	13,924	1.44	141.6
4	119	2.1	14,161	4.41	249.9
5	122	2.6	14,884	6.76	317.2
6	125	1.8	15,625	3.24	225.0
7	127	2.6	16,124	6.76	330.2
8	130	2.0	16,900	4.00	260.0
9	132	3.2	17,424	10.24	422.4
10	134	2.6	17,956	6.76	348.4
11	136	3.0	18,496	9.00	408.0
12	138	3.6	19,044	12.96	496.8
합	1503	27.3	189,187	69.13	3488.7

$$r = \frac{\Sigma XY - \frac{(\Sigma X)(\Sigma Y)}{N}}{\sqrt{\left[\Sigma X^2 - \frac{(\Sigma X)^2}{N}\right]\left[\Sigma Y^2 - \frac{(\Sigma Y)^2}{N}\right]}}$$

$$= \frac{3488.7 - \frac{1503(27.3)}{12}}{\sqrt{\left[189.187 - \frac{(1503)^2}{2}\right]\left[69.132 - \frac{(27.3)^2}{12}\right]}}$$

$$= \frac{69.375}{81.088} = 0.856 = 0.86$$

자료로 만들어진 표 67.7에 제시되어 있듯이 피어슨 *r*을 계산하는 방법은 비교적 단순하다.

모듈 5에서도 언급되었듯이, 심리학에서 완전한 상관은 거의 없다. 대부분은 0과 ±1 사이의 어디엔가 위치한다. 상관계수가 +1.00 또는 −1.00에 근접할수록 관계성이 더 강한 것이다. 전형적인 상관에 대한 한 가지 흥미 있는 사례는 입양아의 IQ와 이들의 친부모의 IQ를 비교한 연구에서 찾아볼 수 있다. 4세경에 입양아의 IQ와 친부모의 IQ 사이의 상관은 .28이었다. 7세경에 이 상관은 .35였다. 그리고 13세가 될 때까지 이것은 .38로 증가하였다. 시간이 경과함에 따라 입양아의 IQ는 친부모의 IQ와 점점 더 유사해지는 것이다.

상관은 매우 유용한 정보를 자주 제공해 준다. 예를 들어, 흡연과 폐암 발생률 사이에 상관이 있다는 것을 아는 것은 가치 있는

상관 2개의 사상, 측정치 혹은 변인 사이에 일관적이고 체계적인 관계성이 있다는 것

산포도 짝 지어진 두 측정치의 교차 지점. 즉 X 측정치와 Y 측정치가 교차하는 지점을 표시한 그래프

정적 상관 한 측정치의 증가(혹은 감소)가 다른 측정치의 증가(혹은 감소)와 대응되는 수학적 관계성

제로 상관 두 측정치 사이에 (선형의) 수학적 관계성이 없는 것

부적 상관 한 측정치의 증가가 다른 측정치의 감소와 대응되는 수학적 관계성

상관계수 상관의 방향과 크기를 알려 주는 −1.00에서 +1.00 범위의 통계적 지표

완전한 정적 관계성 두 측정치 사이의 상관이 +1.00인 수학적 관계성

완전한 부적 관계성 두 측정치 사이의 상관이 −1.00인 수학적 관계성

일일 것이다. 상관이 유용한 정보를 제공하는 또 다른 사례는 임신 중 알코올 섭취량과 출생 시 저체중, 그리고 선천적 장애 비율 사이의 상관이다. 최근의 생활 스트레스 경험과 정서적 장애 사이에도 상관이 있다. 이 외에도 또 다른 많은 사례들을 예시할 수 있으나 여기에서의 핵심은 알아야 할 가치가 있는 관계성을 상관을 통해 확인할 수 있다는 점이다.

예측 상관은 *예측*(prediction)에 사용될 때 특히 더 가치가 있다. 만일 두 측정치가 서로 상관이 있는데, 한 측정치에 대한 점수를 알고 있다면 다른 측정치에 대한 점수도 예측할 수 있다. 예를 들어, 대부분의 대학들은 어떤 지원자가 대학생활에서 성공할 가능성이 가장 높은지 결정하기 위해 중다상관을 사용하는 공식을 갖고 있다. 대개의 경우 이 공식에는 고등학교에서의 평균 학점, 교사의 평가, 과외 활동, 그리고 대학입학 자격시험이나 이와 유사한 시험의 점수 등과 같은 예측변인들을 포함한다. 대학에서의 성공적 수행을 완전하게 예측할 수 있는 단일한 예측변인은 없다. 그러나 다양한 예측변인들이 함께 고려될 경우 이것은 대학에서의 성공과 높은 상관을 보이고, 따라서 지원자를 선별하는 데 유용한 기법이 될 수 있다.

변인들 사이의 상관에 대해 알고 있으면 이 상관을 통해 몇 가지 추가적인 정보를 얻을 수 있다. 상관계수를 제곱하면 상관에 의해 설명되는 **변량의 비율**(percent of variance) 혹은 변화의 양을 알려 주는 값을 얻을 수 있다. 예를 들어, IQ 점수와 대학평점 사이의 상관계수가 .5라고 하자. 이 상관계수(.5)를 제곱하면 .25 혹은 25%가 된다. 이것은 대학평점이 보이는 변량의 25%가 IQ 점수에 의해 설명될 수 있다는 것을 의미한다. 즉 .5의 상관일 경우 대학평점들은 그림 67.4의 그래프 c에 보이는 것과 같은 계란 모양의 타원형 영역 안에 포함된다. IQ 점수들은 이것과 연합되는 대학평점에서의 변량에서 일정 부분을 차지하는 것이다. 만일 IQ 점수와 대학평점 사이에 상관이 없다면 그림 67.4의 d와 같이 두 변인 사이에 관계성이 전혀 없고 대학 IQ 점수와는 별개로 평점은 완전하게 자유롭게 변화된다.

동일한 맥락에서 +1.00이나 −1.00의 상관은 Y 측정치가 갖는 변량의 100%를 X 측정치를 앎으로써 설명할 수 있다는 것을 의미한다. 즉 어떤 사람의 X 측정치에 대해 알고 있다면 Y 측정치를 정확하게 말할 수 있다는 것이다. 이러한 사례에 해당하는 것 중 하나는 IQ 점수에서 일란성 쌍둥이 사이의 높은 상관(.86)이다. 모든 일란성 쌍둥이 집단에서 한 쌍둥이(Y 쌍둥이)의 IQ 점수가 갖는 변량 중 74%는 다른 쌍둥이(X 쌍둥이)의 IQ 점수를 알아봄으로써 설명할 수 있다.

설명되는 *변량의 비율*을 얻기 위해 상관계수를 제곱하는 것은 대중매체나 심리학 문헌을 통해 접하는 상관을 해석하는 데 유용한 도구가 된다. 예를 들어, 이러한 영역에서 다루어지는 대부분의 내용은 관찰된 상관에 기초할 경우 설명량이 겨우 6%나 9% 정도밖에 되지 않지만 이러한 설명량의 크기 대신 .25나 .30의 크기를 갖는 상관계수로 언급된다. 이 정도 수준의 상관에 대해서는 나름대로 관심을 가질 필요는 있겠지만 그렇다고 흥분할 정도로 관심을 가질 만큼 대단한 것은 되지 못한다.

상관관계와 인과관계 두 변인 사이에서 상관이 발견되었다 하더라도 이것이 반드시 **인과적**(causal) 관계를 의미하는 것은 아니라는 것을 다시 한 번 언급하고자 한다. 다시 말해, 상관관계는 항상 인과관계를 의미하는 것은 아니다. 상관이 존재할 때 우리가 말할 수 있는 최상의 언급은 두 변인이 서로 관련되어 있다는 것 정도이지 그 이상은 아니다. 물론 2개의 상관된 변인에 대해 원인–결과의 관계성을 전혀 말할 수 없다는 것은 아니다. 단지 상관에만 기초하여 인과관계가 있다고 결론지을 수는 없다는 것을 의미한다. 인관관계에 대해 좀 더 확신 있게 말하고자 한다면 실험을 해 보아야 한다(모듈 4 참조).

종종, 제3의 변인이 미치는 영향 때문에 두 변인 사이의 상관이 관찰되기도 한다. 예를 들어, 우리는 학생들이 공부하는 데 시간을 더 많이 투여할수록 이들의 성적도 좋아진다는 것을 알고 있다. 더 많은 공부가 더 좋은 성적을 가져온다고(즉 공부에 투여한 시간이 좋은 성적의 원인이 된다고) 쉽게 결론짓고 싶지만 성적과 공부하는 시간 모두는 (실제로 그리고 가능성 높게) 학생의 동기나 흥미와 관련되어 있다.

원인과 결과의 관계성을 갖고 있는 자료와 원인이 무엇인지 모르지만 관계성을 보이는 자료 사이의 차이를 잊어서는 안 된다. 일상생활에서는 우리가 거의 실험을 수행하지 않기 때문에 우리가 의존하는 정보는 거의 대부분 상관 자료이다. 이러한 사실은 우리가 인간의 행동에 대해 진술할 때 확신의 정도에서 좀 더 겸손하고 단정적이지 않아야 한다는 것을 시사한다.

추론 통계학–유의성

SURVEY QUESTION 67.5 추론 통계학이란 무엇인가?

남자 아이들은 여자 아이들에 비해 더 공격적인지의 여부를 알고 싶다고 해 보자. 여러분은 놀이터에서 놀고 있는 5세 남자 아이 집단과 여자 아이 집단을 관찰한다. 일주일 동안 자료를 수집한 후, 남자 아이들은 여자 아이들에 비해 더 공격적인 행동을 보인다는 것을 발견한다. 이 차이는 공격성에서의 의미 없는 변동을 관찰한 것에 불과한 것일까? 아니면 남자 아이들이 여자 아이들에 비해 더 공격적이라는 것을 결정적으로 보여 주는 것일까? 추론 통계학은 그와 같은 질문에 답하기 위해 만들어졌다(Heiman, 2014).

어떤 연구자가 우울증을 갖고 있는 소규모 집단의 사람들을 대상으로 새로운 치료법의 효과에 대해 연구하고 있다고 가정하자. 이 연구자는 이러한 특정한 집단에 대해서만 관심이 있는 것일까? 대개의 경우 그렇지 않다. 심리학자들은 극히 일부의 예외를 제외하고 인간과 동물에게 광범위하게 적용될 수 있는 일반적 법칙을 찾고자 한다(Babbie, 2013). 의심의 여지 없이 이 연구자는 자신이 사용한 치료법이 모든 우울증 환자에게 효과가 있는지의 여부를 알고 싶어 할 것이다. 앞에서도 언급하였듯이, 추론 통계학은 우리가 추론할 수 있도록, 즉 소규모의 실험참가자 집단의 행동으로부터 얻어진 결과를 그들이 대표하는 대규모의 사람들에게로 일반화할 수 있도록 해 주는 기법이다.

표본과 전집

모든 과학적 연구에서 우리는 관심을 갖고 있는 개인, 대상, 혹은 사상의 전체 집합, 즉 **전집**(population)을 관찰하기를 원한다. 그러나 대부분의 경우 이것은 가능하지도 않고 실용적이지도 못한 것이다. 모든 테러리스트, 모든 암환자, 그리고 시어머니나 장모를 관찰하는 것은 (모든 사람들의 전집이 너무 크다는 점에서 보면) 실용적이지 못하고, (사람들의 정치적 관점은 바뀔 수 있고, 자신이 암을 갖고 있는지 모를 수도 있으며, 사람들의 지위가 바뀔 수 있다는 점에서 보면) 불가능한 것이다. 그와 같은 경우 **표본**(sample, 전집의 작은 일부분)을 선택한 후 이들에 대한 관찰을 통해 전집에 대해 결론을 내리게 된다.

어떤 표본이 의미를 갖기 위해서는 이것이 **대표적**(representative)이어야 한다. 즉 표본 집단은 이보다 더 큰 전집의 구성원과 특성을 충실하게 반영할 수 있어야 한다. 집중력 향상 약물에 대한 잭슨의 연구에서 실험에 참여한 20명의 실험참가자들은 일반적인 전집을 대표할 수 있어야 한다. 대표적 표본이 갖는 중요한 특징 중 하나는 표본의 구성원들이 **무선적**(random)으로 선택되어야 한다는 점이다. 다시 말해 전집에 포함된 각 구성원들이 표본에 포함될 확률은 모두 같아야 한다는 것이다.

유의한 차이

잭슨의 약물 실험에서, 그는 약물을 복용한 집단의 평균 집중력 점수가 약물을 복용하지 않는 집단(위약 집단)의 점수보다 더 높다는 것을 관찰하였다. 분명히 이 결과는 흥미 있기는 하지만 이 결과가 우연하게 나타난 것은 아닐까? 만일 두 집단이 (약물을 전혀 복용하지 않은 상태에서) 반복적으로 검사를 받는다면 이들의 평균 집중력 점수는 때에 따라 다를 것이다. 두 집단의 평균 점수 차이가 (우연에 의한 것이 아니라) '정말로' 다르다고 결론 지으려면 2개의 평균 점수는 얼마나 달라야 하는가?

통계적 유의성(statistical significance) 검증을 통해 실험을 통해 얻어진 결과들이 얼마나 자주 우연에 의해서만 발생한 것인지 추정할 수 있다. 유의성 검증의 결과는 확률로 언급된다. 이 확률은 관찰된 차이가 우연에 기인했을 가능성이 어느 정도인지 알려 준다. 심리학에서는 100번 중 우연에 의해 5번(혹은 이보다 더 적게) 발생한(즉 .05의 확률보다 더 낮게) 실험적 결과는 *유의한* 것으로 받아들여진다. 집중력 실험에서 두 집단의 평균 차이가 단지 우연에 의한 것일 확률은 .025(p = .025)였다. 이것은 약물이 실제로 집중력 점수를 높였다는 것에 대해 충분한 확실성을 갖고 결론지을 수 있도록 해 준다.

변량의 비율 점수들의 전체 변량에 포함되는 일부 변량의 상대적 크기
인과 어떤 효과를 야기하는 것
전집 특정 범주에 속하는 동물, 사람, 혹은 대상의 전체 집단(예를 들어, 모든 대학생 혹은 모든 기혼 여성 등)
표본 전집의 작은 일부분
대표적 표본 전체 전집의 특징을 정확하게 반영하고 있고 전집으로부터 무선적으로 선택된 전집의 작은 일부
무선 선택 전집의 각 구성원이 표본에 포함될 가능성이 동일한 상태에서 표본을 선택하는 것
통계적 유의성 (실험을 통해 얻어진 결과를 포함하여) 어떤 사상이 우연만으로 발생하지 않을 확률

모듈 67: 요약

67.1 기술 통계학이란 무엇인가?

67.1.1 기술 통계학은 수를 체제화하고 요약한다.

67.1.2 히스토그램이나 빈도 다각형 등과 같은 다양한 유형의 그래프를 사용하여 수를 시각화하면 심리학적 연구를 통해 얻어진 결과의 추세와 양상을 더 쉽게 이해할 수 있다.

67.2 평균 점수를 확인하기 위해 통계학은 어떻게 사용되는가?

67.2.1 중앙집중 경향치들은 점수의 집단 안에서 '전형적인 점수'가 어떤 것인지 알려 준다.

67.2.2 평균은 모든 점수들을 합산한 후 이 값을 점수들의 전체 개수로 나누어 계산된다.

67.2.3 중앙값은 점수들을 가장 큰 점수부터 가장 작은 점수 순으로 정렬한 후 가운데에 위치한 값을 선택함으로써 계산된다.

67.2.4 최빈값은 전체 점수들 중에서 가장 빈번하게 관찰되는 점수이다.

67.3 어떤 점수들이 다른 점수들과 얼마나 다른지 측정하기 위해 심리학자들은 어떤 통계치를 사용하는가?

67.3.1 변산성 측정치는 점수들이 서로 얼마나 차이가 있는지의 정도를 나타낸다.

67.3.2 범위는 전체 점수들 중에서 가장 큰 값과 가장 작은 값 사이의 차이이다.

67.3.3 표준편차는 점수의 평균으로부터 모든 점수들이 얼마나 다른지 알려 준다.

67.3.4 원점수를 표준점수(혹은 z-점수)로 나타내기 위해서는 각 점수로부터 평균을 감산한 후 이 값을 점수들의 표준편차로 나누어야 한다. 표준점수(혹은 z-점수)는 어떤 점수가 표준편차 단위로 평균의 위쪽 혹은 아래쪽으로 얼마나 떨어져 있는지 알려 준다. 이것은 서로 다른 집단에 속한 점수들을 의미 있게 비교할 수 있도록 해 준다.

67.3.5 정상곡선이 갖는 속성이 많이 알려져 있기 때문에 정상곡선을 형성하는 점수는 해석하기에 용이하다.

67.4 심리학에서 상관은 어떻게 사용되는가?

67.4.1 점수의 쌍들이 어떤 질서 있는 관계성을 갖고 함께 변화될 때 이들은 상관되어 있다고 말한다.

67.4.2 두 변인 혹은 두 측정치 사이의 관계성은 정적이거나 부적이다. 상관계수는 두 집단의 점수들이 얼마나 강하게 관련되어 있는지 알려 준다.

67.4.3 두 변인들이 상관되어 있으면 한 변인의 점수를 통해 다른 점수를 예측할 수 있다.

67.4.4 상관관계 자체만으로는 두 변인 사이의 인과적 관계를 말하기 어렵다.

67.5 추론 통계학이란 무엇인가?

67.5.1 추론 통계학은 의사결정, 표본으로부터의 일반화, 그리고 자료로부터의 결론 도출을 위해 사용된다.

67.5.2 심리학에서 대부분의 연구들은 표본에 기초한다. 대표적 표본으로부터 얻어진 결과들은 전체 전집에도 적용된다고 가정된다.

67.5.3 심리학적 실험에서 집단 사이의 평균 차이는 완전히 우연에 기인한 것일 수 있다. 유의성 검증은 집단 사이에서 관찰된 차이가 흔히 관찰될 수 있는 것인지 아니면 매우 드문 것인지의 여부를 알려 준다. 만일 차이가 흔하지 않을 만큼 충분히 크다면 이것은 우연만으로 그러한 결과가 도출된 것은 아니라는 것을 시사한다.

모듈 67: 지식 쌓기

암기

1. 세 가지의 중앙집중 경향치에는 평균, 중앙값, 그리고 _____ 이 있다.
2. 변산성에 대한 하나의 측정치로서 표준편차는 최고점과 최하점 사이의 차이로 정의된다. **O X**
3. −1의 z-점수를 갖는 점수는 이것이 점수 집단의 평균으로부터 1 표준편차 밑에 있다는 것을 말해 준다. **O X**
4. 산포도는 두 집단의 점수들 사이의 ________을 도식적으로 시각화하는 데 사용될 수 있다.
5. 상관관계는 ________에 대해서는 말해 주지 않는다는 것을 기억하는 것이 중요하다.
6. 추론 통계학에서는 ________에 대한 관찰이 전체 ________에 대한 추론과 결론 도출에 사용된다.
7. 대표적 표본은 표본의 구성원을 _________으로 선택함으로써 얻어질 수 있다.
8. 어떤 실험에서의 결과가 우연에 의해서만 발생했을 확률이 100번 중 25번보다 더 적다면, 이것은 통계적으로 유의하다고 여겨진다. **O X**

반영

비판적으로 생각하기

9. 옷을 입고 잠을 자는 것과 잠에서 깼을 때 두통이 있는 것 사이에 상관이 있다고 가정해 보자. 옷을 입고 자는 것이 두통을 야기했다고 결론지을 수 있을까?

자기반영

학급에서 본 시험 점수를 z-점수의 형태로 받아 본다면 어떤 느낌이 들 것인가?

잭슨의 집중력 실험에서 점수들이 정상곡선의 형태로 분포하고 있다고 생각하는가? 왜 그렇다고 혹은 그렇지 않다고 생각하는가?

여러분이 관찰한 인간의 행동 중에서 정적 관계성과 부적 관계성을 갖는 것이 무엇인지 각각 최소한 하나 이상 말할 수 있는가? 각 사례에서 상관은 얼마나 강하다고 생각하는가? 상관계수는 얼마나 될 것으로 기대하는가?

약물이 출산장애를 가져오는지의 여부를 검토하고 있다고 하자. 통계적 유의성을 어느 수준으로 정하고 싶은가? 만일 심리학 실험을 수행하고 있다면 이때는 어느 정도의 통계적 유의성을 사용하는 것이 바람직하다고 생각하는가?

정답

1. 최빈값 **2.** X **3.** O **4.** 상관 **5.** 인과관계 **6.** 표본, 전집 **7.** 무선적 **8.** X **9.** 아니다. 다시 한 번 언급하지만 상관은 인과성까지 보장해 주는 것은 아니다. 아마도 제3의 변인이 옷을 입은 채 잠을 자는 것과 두통 모두에 영향을 미칠 수도 있을 것이다. (어젯밤에 술 많이 마신 사람… 어떻게 생각하세요?)

68 Module

부록: 심리학 공부 이후에

교수가 그녀에게 해 준 말

그녀는 몇 달 동안 고민에 빠져 있었다. 팍팍한 경제 여건에 자신의 심리학 학위는 어떤 도움을 줄 수 있을까? 심리학을 전공한 다른 사람들은 어떤 직장을 구하는 것일까? 그러나 그녀는 교수가 자신에게 해 준 말 때문에 마침내 고민을 그만두었다.

그녀의 교수는 다음과 같이 말해 주었다. "아니타 양, 당신은 젊고, 총명하며, 활력이 있어요. 당신이 옳은 길이라고 생각하기만 한다면 많은 직장이 당신 앞에 열려 있어요. 당신은 학교에서 중요한 연구문헌들을 어떻게 읽어야 하는지, 자신이 찾고자 하는 정보를 어떻게 구할 수 있는지, 당신이 알아낸 것을 어떻게 글로 작성해야 하는지, 그리고 청중들 앞에서 어떻게 발표해야 하는지 등을 포함하여 많은 기술을 배웠고 연습했지요. 이것을 모두 잘 생각해 보면, 당신은 다양한 유형의 회사에 도움이 될 수 있을 만큼 이미 충분한 자질을 갖춘 젊은이가 되어 있다는 것을 알 수 있을 것입니다."

아니타가 학창 시절에 무엇을 습득할 수 있었다고 깨달았는지 살펴보자.

aslysun/Shutterstock

SURVEY QUESTIONS

68.1 심리학 전공생들은 어떤 기술을 습득하는가?

68.2 심리학 분야에서의 취업 전망은 어떠한가?

직장을 향하여–영차, 영차

SURVEY QUESTION 68.1 심리학 전공생들은 어떤 기술을 습득하는가?

아니타의 교수가 그녀에게 무슨 말을 하고자 했는지 좀 더 잘 이해하기 위해, 아니타가 국제적으로 컴퓨터 소프트웨어를 판매하는 회사의 판매 대리인이 되기 위해 첫 면접을 보고 있는 상황을 상상해 보자. 그리고 면접 시간 내내 자신의 관심사인 최면과 피최면성에서 대해 설명하면서 면접 시간을 다 사용해 버렸다고 해 보자. 만일 아니타가 최면에 대한 자신의 연구를 강조하는 것으로 면접에 임하고자 하였다면 면접자들이 보기에 그들의 회사가 소프트웨어를 판매하는 데 그녀가 도움이 될 수 있다고 생각하지 못하는 것은 당연한 일이다. (아니타 양, 최면을 사용해야 하는 고객은 없답니다.) 그러나 다행스럽게도 이러한 상상과는 달리 아니타는 면접에서 학위과정 동안 습득한 기술들을 강조하였고, 면접을 훌륭하게 마칠 수 있었다. 2주 동안의 회사 오리엔테이션을 마친 후 그녀는 항상 가고 싶어 했던 프랑스로 가능성 높은 잠재 고객을 만나기 위해 떠났다.

여러분의 미래에 대해 생각해 보면서 이 책을 마치는 것이 좋을 것 같다. 실제 인생이건 가상이건 심리학은 여러분의 삶에서 어떠한 역할을 할 것인가? 지금까지 언급한 것을 종합해 보면, 아니타의 교수가 그녀에게 충고한 것 중에서 가장 중요한 충고는

표 68.1 기술에 기반하여 정리한 심리학 전공자의 잠재적 취업 영역 목록

중독 상담가	경영자/관리자
경영	시장 연구 분석가
광고	마케팅
경력/고용 상담가	정신건강 전문가
사회복지 사례 담당자	동기 조사가
보육교사	인사과 직원
아동복지 종사자	인구 조사 연구가
지역사회 사업가	보호관찰/가석방 담당관
교도관	전문 컨설턴트
카운슬러	프로그램 코디네이터
문화 다양성 상담가	정신건강 지원 및 보조
세관원/출입국 관리원	공중보건 통계원
보육시설 종사자, 감독자	여론 면접관
교육 상담가	홍보
기업가	여가 전문가
펀드레이저/모금개발 담당자	연구 보조원
노년학자	판매 대리인
정부기관 연구자	사회복지사업
의료 서비스	사회복지사
호스피스 코디네이터	교직
인적 자원 관리	기술전문 저술가
이민국 관리관	여행사 직원
노사관계 전문가	청소년 문제 카운슬러

출처: Canadian Psychological Association(2012)을 수정

학창 시절에 습득했던 기술에 초점을 맞추라는 것이었다. 여러분이 이제 막 대학 생활을 시작하였든 아니면 졸업할 때가 되었든, 심리학을 전공했든 전공하지 않았든, 그리고 심리학 영역에서 직업을 구하고자 계획하고 있는지의 여부를 떠나 그 충고나 조언을 진지하게 고려한다면 많은 도움이 될 것이다.

심리학자의 기술

'기술'이란 무엇을 말하는 것인가? 심리학 전공자에게 열려 있는 취업 영역의 목록을 정리한 표 68.1을 보기 바란다.

대부분의 대학에서 제공하는 심리학 프로그램들은 미국 심리학회(American Psychological Association, 2007)의 *심리학 전공 학부생을 위한 가이드라인*(Guidelines for the Undergraduate Psychology Major)을 따르고 있다. 여기에서 제공하는 모든 문서들을 살펴본다면 많은 도움이 되는데, 이것은 온라인을 통해서도 얻을 수 있다. 이 책의 참고문헌 중 "American Psychological Association. (2007)"이 표기된 부분을 보면 URL이 제시되어 있다. 여러분이 다닌 대학의 심리학 프로그램이 무엇을 가르치고자 하는지 좀 더 완전하게 알아보는 것도 도움이 될 것이다. 표 68.2는 주요 대학의 심리학 프로그램이 학생들에게 가르치고자 하는 주요 역량들을 목록화한 것이다.

표 68.2 학부 심리학 전공생을 위한 APA 가이드라인

I. 심리학의 과학적 속성과 응용적 속성에 부응하는 지식, 기술 및 가치
- 목표 1: 심리학의 지식 기반
- 목표 2: 심리학에서의 연구방법
- 목표 3: 심리학에서의 비판적 사고 기술
- 목표 4: 심리학의 응용
- 목표 5: 심리학에서의 가치

II. 심리학에서 좀 더 발전한 교양교육에 부응하는 지식, 기술 및 가치
- 목표 6: 정보 및 기술 이해 능력
- 목표 7: 의사소통 능력
- 목표 8: 사회문화 및 국제적 관심
- 목표 9: 개인 발달
- 목표 10: 경력 계획 및 개발

출처: American Psychological Association(2007)을 수정

일부 대학생들은 그들의 유일한 목표가 심리학에 대한 '사실'을 배우는 것이라고 생각하는 것 같다. 다시 말해, 그들은 목표 1이 전부인 것으로 생각한다는 것이다. 이러한 사고방식을 갖고 있는 학생은 PsycINFO 데이터베이스에서 어떤 연구논문을 읽어보라는 과제를 받으면 대개의 경우 불평을 하게 된다. "왜 내가 이걸 하면서 시간을 낭비해야 하는 겁니까? 다른 것 말고 내가 제대로 읽고 이해할 수 있는 논문을 주세요."라고 투덜댈 것이다. 자신의 교육에 대해 잘 파악하고 있는 학생들은 필요한 논문을 어떻게 찾아야 하는지 아는 것도 모든 학자들이 배워야 하는 과정임을 잘 이해한다(목표 2, 3 및 6?).

판매 대리인도 그래야 하나? 물론이다. 다른 기술과 함께, 판매 대리인도 경쟁업체가 무엇을 제공할 수 있는지, 정부 규제는 어떠한지, 그리고 지역의 여건은 어떠한지 등과 같은 관련 정보뿐만 아니라 고객을 위해 상품과 서비스 사양에 대한 최상의 조합이 무엇인지 연구할 수 있어야 한다. 당신이 찾고 있는 데이터베이스가 PsycINFO를 포함하고 있지 않을 수도 있지만 관련된 기술들은 매우 유사하다. 아니타가 문화 사이의 차이를 인지하고 이것을 수용하는 것에 대해 배운 것은 프랑스에서, 그리고 직장을 구한 1년 동안 방문했던 여섯 나라에서 매우 도움이 되었다. 표 68.1에는 이와 유사한 기술이 요구되는 펀드 레이저, 연구 보조원, 컨설턴트, 기업가, 판매 대리인, 그리고 다른 직업들이 목록화되어 있다.

질문하는 것을 두려워하지 말라. 학업 중에 여러분에게 왜 무엇인가를 하도록 요구하였는지 모르거나, 여러분이 일련의 기술들을 개발하는 데 좀 더 배우고 싶다면 교수에게 질문하라. 여러분의 학과 선배들은 이미 이것에 대해 많이 알고 있을 것이기 때문에 이들의 도움을 받는 것도 매우 유용할 것이다. 이와 유사하게 여러분이 다니고 있는 학과나 대학의 상담 서비스 기관도 그러한 질문들에 대해 답을 줄 수 있을 것이다. 아래의 책들이 어느 정도 도움이 될 것이다(이 책의 초반부에 이러한 목록이 제시되었다는 것을 기억하고 있는가? 그렇다면 잘하고 있는 것이다).

"저는 몇 가지 기술을 갖고 있어요. 그런데 그것들이 서로 맞물려 통합적으로 사용될 수 있는지는 잘 모르겠어요."

Burka, J. B., & Yuen, L. M. (2008). *Procrastination: Why you do it*, what to do about it. Cambridge, MA: Perseus.

Chaffee, J. (2012). *Thinking critically* (10th ed.). Belmont, CA: Cengage Learning/Wadsworth.

Ellis, D. (2013). *Becoming a master student: Concise* (14th ed.). Belmont, CA: Cengage Learning/Wadsworth.

Rosnow, R. L. (2012). *Writing papers in psychology: A student guide to research papers, essays, proposals, posters, and handouts*

(9th ed.). Belmont, CA: Cengage Learning/Wadsworth.

Santrock, J. W., & Halonen, J. S. (2013). *Your guide to college success: Strategies for achieving your goals* (7th ed.). Belmont, CA: Cengage Learning/Wadsworth.

Van Blerkom, D. L. (2012). *College study skills: Becoming a strategic learner* (7th ed.). Belmont, CA: Cengage Learning/Wadsworth.

Wong, W. (2012). *Essential study skills* (7th ed.). Belmont, CA: Cengage Learning/Wadsworth.

이 책에 소개된 기술들

여기에서는 이 책을 통해 여러분이 접할 수 있었던 기술들에 대해 간략하여 정리해 보고 이 절을 마치도록 하자.

첫째, 이 책에서 다루어졌던 공부 기술은 여러분의 취업과 어떤 관련이 있을까? 학교에서의 공부 기술과 직장에서의 공부 기술은 서로 많이 겹친다. 학생으로서 심리학을 공부하는 것은 새로운 지식의 영역을 접하고 그것에 대해 어느 정도 익숙해지도록 한다. 고용주는 자신의 새로운 직무에 대해 거의 알지 못하는 신참 직원에 대해 어느 정도 인내력을 가질 수 있을 수 있겠지만, 새로운 직무에 대해 어떻게 '공부할 것인지' 아무런 조짐을 보여주지 못하는 피고용인에 대해서까지 기꺼이 그것을 감내하려 하지는 않을 것이다.

여기까지 왔다면 여러분은 이 책이 표 68.2에서 언급되었던 모든 학습 가이드라인을 다루고 있다는 것을 충분히 이해할 수 있을 것이다(지금 여러분은 목표 9와 10에 있다). 중요한 몇 가지 기술은 다음과 같다.

- **공부 기술:** "심리학 공부 방법"이라는 제목의 모듈 1에서 우리는 이해하기 위해 어떻게 읽고 어떻게 들을 것인가의 측면에서부터 어떻게 시험을 치르고 어떻게 머뭇거림을 극복할 것인지의 측면에 이르기까지 공부 기술의 모든 측면들에 대해 논의하였다. 적극적 반영 과정(reflective processing)이라는 개념을 소개하였고 이 책의 전반에 걸쳐 이에 대해 다루었다. 이러한 모든 기술들은 여러 가지 다양한 직무에서 매우 많은 도움이 된다.
- **연구 기술:** 모듈 2~6에서의 연구방법으로부터 모듈 67에서의 행동 통계학에 이르기까지 과학과 심리학 연구에 대해 소개한 바 있다. 이것은 여러분이 선택한 진로 영역에서의 주요 문헌들에 대해 여러분이 좀 더 학식을 갖추고 접근하도록 도움을 줄 수 있을 것이다. 특히 만일 이러한 것들이 어떤 방식으로든 심리학적 연구의 응용을 포함하고 있다면 더욱 그러할 것이다.
- **비판적 사고 기술:** 모듈 2와 모듈 6에서의 비판적 사고에 대한 논의에서부터 모듈 전체에 걸쳐 간간이 언급된 질문을 비판적으로 생각하기에 이르기까지 우리는 비판적 사고 기술을 강조하였다. 고용주는 스스로 사고할 수 있는 피고용자를 필요로 한다.
- **문화 인식 기술:** 현장 학습을 위해 여러분을 일본으로 데려갈 수는 없지만, 인간 다양성에 대한 논의를 포함하여 이 책의 전반에 걸쳐 우리는 민족성, 성적 지향, 연령, 그리고 성별에 따른 사람들 사이의 차이에 대해 깊이 생각해 볼 수 있도록 하였다. 좀 더 자세한 내용은 서두의 표 I.1을 확인하기 바란다.
- **개인적 기술:** 우리는 특히 행동하는 심리학을 다룬 모듈들에서 긴장 감소 방법으로부터 다문화 사회에서 어떻게 살아갈 것인지에 이르기까지, 그리고 어떻게 하면 덜 수줍어할 수 있는지 등 여러분에게 도움이 될 수 있는 다양한 개인적 기술에 대해 소개한 바 있다.

단도직입적으로 말한다면, 이러한 기술들은 경력과도 많은 밀접한 관련성이 있다. 그렇지 않은가? 아니타가 직장에서 높게 평가받을 수 있는 자신의 기술이 무엇인지 생각하면서부터 아니타는 자신에게 맞는 직업이 무엇인지 분석하기 시작하였다. 첫 번째 면접에서 회사를 위해 무엇을 할 수 있는지 정확하게 알고 있는 지원자를 만났을 때 고용주가 얼마나 좋았을지 상상해 보라. 아니타가 금방 직무에 익숙해질 것을 알아차린 후 고용주는 그녀에게 직장을 주는 것에 대해 전혀 주저하지 않았다.

심리학 영역에서의 취업–내 마음을 읽고 있나요?

SURVEY QUESTION 68.2 심리학 분야에서의 취업 전망은 어떠한가?

만일 여러분이 심리학 분야에서 취업을 계획하고 이 모듈의 첫 부분을 읽지 않고 넘어갔다면 다시 돌아가 그 부분을 다시 확인해 보기 바란다. 거기에서 우리가 제안한 기술들은 많은 도움이 될 것이다.

여러분이 이제 막 공부를 시작하는 단계이건 아니면 졸업할 때가 다 되었든 학부에서 심리학을 전공한 이후의 삶이 어떠할지 궁금해 하는 것은 당연하다. 우리는 이 책을 통해 심리학의 영역이 믿기지 않을 만큼 넓다는 것을 알려 주었기를 바란다. 심리학에서의 전공 영역을 목록화한 표 3.3(모듈 3)과, 심리학자들이 일하고 있는 분야 및 그 분야에서 어떠한 활동을 하고 있는지를 비율로 표시한 그림 3.1을 기억할 것이다. 심리학자들의 관심 영역이 매우 다양하다는 것을 알 수 있는 또 다른 방법은 심리학에서의 50개가 넘는 전공 분야와 이것의 웹사이트 목록을 제공하고 있는 미국 심리학회의 홈페이지를 살펴보는 것이다. 아니면 그냥 이 책의 목차를 다시 쭉 훑어보는 것도 도움이 된다.

이 짧은 절에서, 여러분의 전문 영역이 무엇이 되어야 하는지 혹은 그것을 하기 위해 어떤 절차를 밟아야 하고 어떤 학위를 받아야 하는지 알 수 있도록 우리가 도와줄 수는 없다. 그러나 여러분의 교수는 그것을 도와줄 수 있을 것이다. 여러분의 학과, 단과대학 혹은 대학도 경력 상담 프로그램을 갖추고 있을 것이다. 도움을 청하는 것에 주저하지 말기 바란다. 우리는 여러분이 여러분 학과에 있는 클럽이나 콜로키움(대개의 경우 다른 대학에서 온 초청연사로부터 발표를 듣는 것)에 적극 참여하는 것과 같은 학과 활동에 적극적으로 임하기를 특히 추천한다. 학교 선배들과 꾸준히 접촉하도록 노력하라. 그들의 경험은 값을 따질 수 없을 만큼 귀중한 가치를 가질 수 있다. 또한 다음과 같은 몇 가지 단체의 학생 회원이 되는 것도 고려해 보라.

- 미국 심리학회(American Psychological Association, www.apa.org)
- 미국 심리과학협회(Association for Psychological Science, www.psychologicalscience.org)
- 캐나다 심리학회(Canadian Psychological Association, www.cpa.ca)

특히 미국 심리학회가 출간한 Amira Wegenek와 William Buskist(2010)의 《The Insider's Guide to the Psychology Major: Everything You Need to Know about the Degree and Profession》을 찾아 공부하기를 특히 권고한다.

오늘날의 경제는 우리가 원하는 만큼 잘 돌아가는 것도 아니고 좋은 직장을 얻기는 더 힘들다는 것을 우리 모두 알고 있다. 모든 면에서 여러분의 교육 여정이 충만하기를, 그리고 추후에 좋은 직장에 취직할 수 있기를 바란다.

전인적 인간: 심리학과 여러분

이 책의 시작 부분에서, 우리는 심리학을 자기를 발견하는 일종의 여정으로 묘사한 바 있다. 이러한 여정을 통해 심리학이 여러분에게 일생의 관심사가 될 수 있도록 해 주는 타당한 근거와 가치를 발견하기를 간절히 바란다. 여러분의 여정을 이어 갈 때 한 가지는 분명하다. 즉 어려운 도전에 직면하거나 귀중한 순간을 경험하는 대부분의 경우에 타인이 옆에 있다는 점이다. 인간 행동에 대한 여러분의 이해를 꾸준히 넓혀 가는 것이 바람직할 것이다. 심리학의 미래가 어떻게 될지 매우 흥미진진하다. 실제 세상이건 아니면 가상 세상이건, 심리학은 여러분의 삶에서 어떤 역할을 할까?

모듈 68: 요약

68.1 심리학 전공생들은 어떤 기술을 습득하는가?

68.1.1 심리학 전공 학생들은 재학 과정 중에 다양한 형태의 공부 기술, 연구 기술, 비판적 사고 기술, 문화 인식 기술, 그리고 개인적 기술을 공부한다.

68.1.2 심리학을 공부하면서 습득한 기술은 미래의 경력 성공에 중요하다.

68.2 심리학 분야에서의 취업 전망은 어떠한가?

68.2.1 심리학 분야에서는 여러 형태의 기초 및 응용 전문성을 바탕으로 다양한 직업 영역으로의 풍부한 취업 기회가 제공되고 있다.

모듈 68: 지식 쌓기

암기

1. 학교 공부 중에 얻은 사실들이 여러분이 받은 교육에서 가장 중요한 부분이다. **O X**
2. 미국 심리학회에 속한 분과는 50개가 넘는다. **O X**

반영

비판적으로 생각하기

3. 이 모듈에서 우리는 교과목 내용에 포함된 특정 사실보다는 심리학을 공부하는 동한 학습할 수 있는 기술들에 더 초점을 맞추었다. 기억의 관점에서 본다면 이것은 기억을 어떻게 구분한 것이라고 생각되는가?

자기반영

아직 진로를 선택하지 않았는가? 누구에게 이 문제에 대해 조언을 듣고 싶은가? 이에 대해 아직 생각해 본 적이 없다면, 지금이 그것에 대해 시작해야 할 때라고 생각하지 않는가?

차분히 앉아서 여러분이 심리학 공부를 통해 혹은 다른 것에서 습득한 기술들에는 어떠한 것들이 있는지 곰곰이 생각해 보기 바란다.

정답

1. X **2.** O **3.** 절차 기억과 선언 기억 사이의 구분(모듈 28 참조). 모듈 34에서 전문성에 대해 다룬 부분도 이와 관련이 있다.

찾아보기

ㅇ

ㅈ

기타